CB134250

NEAL GABLER é autor de *An Empire of Their Own: How the Jews Invented Hollywood*, vencedor do Prêmio do Livro do *Los Angeles Times*. Sua biografia *Winchell: Gossip, Power and the Culture of Celebrity* recebeu o prêmio de melhor livro de não ficção do ano da *Time*. Ele aparece regularmente no programa *Fox News Watch* e escreve com frequência para o *The New York Times*. Atualmente é figura de destaque do Norman Lear Center para o Estudo do Entretenimento e da Sociedade, na Annenberg School for Communications, University of Southern California. Vive com a mulher em Amagansett, Nova York.

Walt Disney
O triunfo da imaginação americana

WALT DISNEY

NEAL GABLER

3ª edição

O TRIUNFO DA IMAGINAÇÃO AMERICANA

Tradução
Ana Maria Mandim

São Paulo, 2020

Walt Disney: o triunfo da imaginação americana
Walt Disney: The Triumph of the American Imagination
Published in the United States by Alfred A. Knopf, a division of Random House, Inc., New York, and in Canada by Random House of Canada Limited, Toronto
Copyright © 2020 by Novo Século Editora Ltda.

PRODUÇÃO EDITORIAL
Sieben Gruppe Serviçoes Editoriais

TRADUÇÃO
Ana Maria Mandim

PREPARAÇÃO DE TEXTO
Paulo Henrique Holzschuh

DIAGRAMAÇÃO
Cissa Tilelli Holzschuh

REVISÃO
Oswaldo Holzschuh

IMAGEM DE CAPA
Hulton Archive/Getty Images

CAPA
Vitor Donofrio

IMPRESSÃO
PlenaPrint

Texto de acordo com as normas do Novo Acordo Ortográfico da Língua Portuguesa (1990), em vigor desde 1º de janeiro de 2009.

Dados Internacionais de Catalogação na Publicação (CIP)
(Câmara Brasileira do Livro, SP, Brasil)

Gabler, Neal
Walt Disney: o triunfo da imaginação americana, 3ª ed.
Neal Gabler; [tradução Ana Maria Mandim].
Barueri, SP: Novo Século Editora, 2016.

Título original: Walt Disney: the triumph of the american imagination

1. Animadores cinematográficos – Estados Unidos – Biografia 2. Disney, Walt, 1901-1966 I. Título.

09-01049 CDD-791.43092

Índice para catálogo sistemático:
1. Animadores cinematográficos: Biografia e obra 791.43092

Este livro faz referência a vários personagens, nomes comerciais e marcas registradas Disney de propriedade de The Walt Disney Company and Disney Enterprises, Inc.

Uma marca do Grupo Novo Século

Alameda Araguaia, 2190 – Bloco A – 11º andar – Conjunto 1111
CEP 06455-000 – Alphaville Industrial, Barueri – SP – Brasil
Tel.: (11) 3699-7107 | Fax: (11) 3699-7323
www.gruponovoseculo.com.br | atendimento@gruponovoseculo.com.br

Sumário

Introdução

Ele foi congelado. Pelo menos foi o boato que surgiu logo após a sua morte e, rapidamente, tornou-se lenda: Walt Disney havia sido preservado criogenicamente, hibernando como Branca de Neve ou A bela adormecida, aguardando o dia em que a ciência pudesse ressuscitá-lo e curar sua doença. Apesar de ser impossível determinar com exatidão, a fonte do boato pode ter sido um tabloide chamado *National Spotlite*, cujo correspondente afirmou que, disfarçado de auxiliar de enfermagem, esgueirou-se para dentro do St. Joseph's Hospital, onde Disney morreu, removeu a fechadura da porta de um depósito e localizou Disney em suspensão dentro de um cilindro de metal. A história também apareceu em 1969, em uma publicação francesa, *Ici Paris*, que afirma ter baseado a reportagem em informações de pessoas próximas a Disney. A reportagem foi reproduzida pelo tabloide americano National Tattler, com o acréscimo de que Disney instruíra os médicos a descongelá-lo em 1975. Outro tabloide de supermercado, o Midnight, sob o título "Walt Disney é mantido vivo e congelado", citava um bibliotecário do estúdio, que se lembrava de Disney ter acumulado uma grande quantidade de material filmado sobre criogenia, e um conhecido de Disney, que disse que o produtor estava "obcecado" por aqueles filmes. Um roteirista do programa de televisão *The Mickey Mouse Club* (*O Clube do Mickey Mouse*), produzido sob o patrocínio de Disney, pareceu confirmar a recordação do bibliotecário, lembrando-se das perguntas feitas por Disney sobre criogenia. O roteirista, então, encarregara a equipe da biblioteca do estúdio a pesquisar sobre o assunto. Ward Kimball, animador do estúdio que gostava de pregar peças, sentia orgulho em manter vivo o boato. E o próprio Disney pareceu dar credibilidade a ele. Segundo um relato, algumas semanas após sua morte, os chefes de departamento do estúdio foram convidados a ir a uma sala de projeção onde seus nomes apareciam escritos nos assentos. Assistiram a um filme em que Disney, sentado à sua mesa, misteriosamente apontava e se dirigia a cada um deles, falando sobre seus planos para o futuro. Finalizou com um sorriso malicioso, dizendo-lhes que os veria em breve.

Na verdade o destino final de Disney foi o fogo, não o gelo. Ele foi cremado, e suas cinzas enterradas em um mausoléu em algum lugar remoto do cemitério Forest Lawn, em Glendale, Califórnia, não muito longe de seu estúdio. Porém, a persistência do boato, ainda que sem fundamento, deu testemunho não apenas da identificação de Disney com uma tecnologia futurista no entardecer de sua vida, como também da falta de disposição do público em deixá-lo partir, a ponto de mitificá-lo como um ser imortal que não podia ser derrotado por forças naturais. Provavelmente, nenhuma figura isolada dominou a cultura popular americana como Walt Disney. Segundo uma estimativa, só em 1966, o ano de sua morte, 240 milhões de pessoas viram um filme de Disney, 100 milhões de espectadores assistiram a um programa de televisão de Disney, 80 milhões leram um livro de Disney, 50 milhões ouviram os discos de Disney, 80 milhões compraram uma mercadoria de Disney, 150 milhões leram revistas em quadrinhos de Disney, 80 milhões viram um filme educativo de Disney e quase 7 milhões visitaram a Disneylândia. Segundo outra estimativa, durante a vida de Disney, seus filmes com atores reais faturaram quase US$ 300 milhões, e os desenhos animados, pouco menos de US$ 100 milhões, numa época em que estas cifras eram astronômicas, e mais de 60 milhões de pessoas visitaram a Disneylândia. O jornal *The Saturday Evening Post* chamou-o, uma vez, de "A pessoa da indústria do entretenimento mais conhecida internacionalmente e, possivelmente, a mais famosa figura pública não política", e o *The New York Times* o aclamou como "provavelmente, o único homem a ser elogiado tanto pela Legião Americana quanto pela União Soviética".

Mas a influência de Walt Disney não pode ser medida apenas em cifras e elogios. Ela só pode ser mensurada pela amplitude com que ele remodelou a cultura e a percepção americanas, Disney era versátil. No final dos anos 1920, começou a reinventar a animação, transformando-a, gradualmente, em uma novidade que enfatizava o movimento e a elasticidade do traço, criando uma forma de arte que destacava o personagem, a narrativa e a emoção. Ao fazer isso, também ajudou a reinventar o desenho gráfico, mediante a introdução de formas suaves, cheias, ousadas e coloridas que, décadas depois, seriam adotadas e adaptadas por uma vanguarda de excelentes artistas. O crítico Robert Hughes atribuiu a Disney a invenção da própria arte pop, não apenas por seu olhar, que deixou como herança, mas também pela convergência da grande arte e da arte menos refinada que expressou. "Aconteceu", escreveu Hughes, "quando, em *Fantasia*, Mickey Mouse escalou com dificuldade o pódio (real) e apertou a mão do maestro (real) Leopold Stokowski".

Além dos desenhos animados, Disney mudou a forma de recreação americana com o parque da Disneylândia. Obviamente, já existiam parques de diversão antes da Disneylândia, mas eram miscelâneas de brinquedos, jogos e espetáculos. Disney criou um novo conceito de parque de diversão como uma experiência completa da imaginação, um parque temático. Em vez de uma série de diversões e, do mesmo modo como seu desenho animado reinventou o desenho gráfico, o parque, finalmente, redefiniu o desenho urbano. Críticos chamaram o efeito de "disneyficação", referindo-se à substituição do mundo real por um mundo sintético, mas o planejador urbano James W. Rouse considerou a Disneylândia "a melhor criação de desenho urbano dos Estados Unidos" pelo fato do parque cumprir suas finalidades e satisfazer seus convidados. O crítico de arquitetura Peter Blake escreveu: "Parece improvável que qualquer escola de arquitetura americana volte a diplomar um estudante sem primeiro exigir que ele faça uma viagem de campo a Orlando (Flórida)", onde fica o Walt Disney World Resort, o prolongamento da Disneylândia na costa leste. Com o tempo, a Disneylândia, com seus ambientes falsos e experiências manipuladas, tornar-se-ia a metáfora de uma nova consciência de que, para melhor ou pior, o fabricado era preferível ao autêntico, e o real podia ser purificado de suas ameaças. Como afirmou Robert Hughes, "sua realização provocou uma grande mudança nos limites do irrealismo".

A influência de Disney também se introduziu na consciência americana por meios mais sutis e menos visíveis. Enquanto reinventava a animação e a diversão, ele mudou o ponto de vista americano sobre sua própria história e seus próprios valores. Em filmes com personagens reais, como *So Dear to My Heart*, *Old Yeller* e *Pollyanna*, ele refinou e explorou um ponto central de nostalgia que se tornou reconhecível o suficiente para ser chamado de "disneyesco". Em outros filmes, como Davy Crockett, *Westward Ho the Wagons!* e *Johnny Tremain*, criou um passado americano de heróis fortes e corajosos, um feito que, durante gerações, transformou a história em uma aventura infantil. No fim de sua vida, foram os valores singelos dos filmes nostálgicos e o forte patriotismo dos filmes históricos, tanto quanto os desenhos animados, que se associaram a Disney e o caracterizaram, ao lado de Norman Rockwell,[1] como principal avatar da pequena e patriótica cidade da América.[2] Contudo, ao mesmo tempo, programas de televisão pioneiros que descreviam o futuro ajudaram a moldar uma atitude

1 Norman Rockwell: pintor e ilustrador que retratou a vida americana e as questões de sua época em mais de 4 mil obras. (N.T.)

2 América: o autor refere-se aos Estados Unidos da América. (N.T.)

em relação à mudança tecnológica, e a NASA[3] reconheceu que a aprovação precoce de Disney às suas realizações foi útil ao gerar apoio público para a exploração do espaço. Foi Disney também quem criou a Terra do Amanhã da Disneylândia e em colaboração com a Monsanto, outra das atrações do parque, a Casa do Futuro. Foi ele quem promoveu a ideia de monotrilhos, esteiras rolantes, robôs audioanimatrônicos e outras maravilhas, a ponto de desenhar uma cidade inteira que, caso tivesse sido construída, teria incorporado as tecnologias mais recentes e a última palavra em planejamento urbano. Isso tornou Disney ao mesmo tempo um nostálgico e um futurista, um conservador e um visionário.

Além disso, promoveu a conservação da natureza. Ao conceber os animais de seus desenhos com características humanas, Disney ajudou a sensibilizar o público para as questões do meio ambiente. Somente com Bambi, desencadeou um debate nacional sobre a caça aos animais. Mais tarde, motivado basicamente por sua própria curiosidade, contratou um casal de cineastas para filmar em uma ilha remota do Alasca e, depois, em 1948, o material foi editado mostrando a história das focas que viviam e se reproduziam no local. Com o filme, intitulado *Seal Island*, criou, essencialmente, um novo gênero, o documentário da vida selvagem. Apesar de severamente criticado por alguns setores pelo fato de impor narrativas à natureza e transformar animais em atores, seus filmes podem ter desempenhado um papel maior que qualquer outro na cultura popular ao educar o público para a conservação da natureza e formar um eleitorado favorável a isso.

Finalmente, houve as realizações de Disney como empreendedor, apesar de sua relutância. Ele foi o primeiro magnata do cinema a perceber o potencial da televisão como aliada em vez de adversária, e sua decisão de fazer uma série para a American Broadcasting Company (ABC) abriu caminho para uma reaproximação da tela grande e da pequena. Ele também foi o primeiro empresário a integrar em uma única corporação, programas de televisão, desenhos animados, filmes com personagens reais, documentários, parques temáticos, música, livros, histórias em quadrinhos e comercialização da reprodução de personagens e filmes educativos. De fato, como um observador descreveu, Walt Disney criou a primeira "corporação multimídia moderna" e abriu caminho para os conglomerados de mídia que a seguiriam. Um crítico de Disney chegou a acusá-lo de ter conduzido o corporativismo, sob a forma da "imagem precisa, clara, insípida e

3 NASA: (National Aeronautics and Space Administration), agência espacial americana, criada em 29 de julho de 1958. (N.T.)

mecânica", para dentro da vida diária dos americanos e afirmou: "Mande um beijo para ele toda vez que receber uma mensagem pelo computador".

Naturalmente, os analistas buscam explicações sempre que alguém consegue implantar-se na cultura e na psique americanas tão profundamente quanto Walt Disney. No seu caso, destacaram a aparente inocência de seu trabalho, a suave restauração da confiança, o poderoso sentimentalismo, o populismo, a volta à infância, a fé ingênua na perseverança e na vitória, e até o apelo a imagens atávicas de sobrevivência, no qual, segundo uma análise, a forma redonda de Mickey Mouse lembra, subliminarmente, seios, bebês e frutas. Um estudioso atribuiu a popularidade de Disney ao fato de ele ter cruzado a distância entre o "populismo sentimental" da Grande Depressão, com sua crítica contundente à ordem social dominante, e o "sentimentalismo libertário" da era da Guerra Fria, que veio para aceitar a ordem social. Por outro lado, o romancista John Gardner, partidário de Disney, situa o seu trabalho em uma teologia cristã levemente secularizada de esperança e bondade, na qual "Deus tem as coisas bem sob o seu controle", e a vida é fundamentalmente boa. No ponto de vista de Gardner, Disney, essencialmente, reinterpretou o cristianismo para a cultura de massa.

Existem, certamente, elementos de todos esses apelos no trabalho de Disney, e sua enorme popularidade é, sem dúvida, o resultado de uma combinação de fatores – na verdade, a habilidade de Disney para reunir muitas coisas díspares e até tendências contraditórias. Um estudioso de Disney, por sua vez, imputou-lhe um grande papel na criação de um ideal de infância da classe média branca e protestante que transformou os descendentes americanos em consumidores disciplinados, dispostos ao autossacrifício, frugais e obedientes. Outro estudioso de Disney, citando o questionamento da autoridade, o antagonismo à classe endinheirada, a ênfase na liberdade pessoal, o amor pela natureza e a defesa da tolerância em seus filmes, considerou-o o "primeiro criador da contracultura, que a imaginação do público vê como a aceitação de valores que são a antítese daqueles que o conjunto de seu trabalho supostamente comunica às crianças".

Se uma das origens da mágica de Disney foi sua habilidade de mediar entre o passado e o futuro, a tradição e a iconoclastia, o rural e o urbano, o indivíduo e a comunidade e até entre o conservadorismo e o liberalismo. Sua mais poderosa fonte de atração e o seu maior legado podem ser o fato de Walt Disney, mais que qualquer outro artista americano, ter definido os parâmetros da realização dos desejos e demonstrar em grande escala para seus conterrâneos norte-americanos e, finalmente, para o mundo inteiro, como uma pessoa pode tornar-se mais forte pelo uso da imaginação – como se poderia, de fato, aprender a viver dentro das próprias ilusões e até transformar o mundo nessas ilusões. "When You Wish Upon A Star", canção que Disney tomou emprestado de *Pinóquio* para ser sua canção-tema na televisão, era seu hino e seu princípio guia. A chave de seu sucesso, como afirmou a jornalista Adela Rogers St. John, é que ele "faz os sonhos se tornarem realidade", ou ao menos dá essa impressão, e que "remodelou o mundo não apenas mais próximo do desejo de seu próprio coração, mas também do seu e do meu coração". De muitas formas, Disney atingiu o que pode ser a essência do entretenimento: a promessa de um mundo perfeito que se ajusta aos nossos desejos.

Conquistou isso em parte quase puramente por instinto ao auscultar os arquétipos que ecoam em pessoas de várias idades, eras e culturas. Um de seus maiores talentos estava em encontrar o elementar e o essencial em virtualmente todas as formas com que trabalhava – o código genético delas. Quer fossem seus contos de fadas, ou as aventuras de um garoto, ou seu castelo, ou a Rua Principal ou a canoa de Mark Twain na Disneylândia, cada um parece ter sido refinado até se tornar o conto de fadas, a aventura de um garoto, o castelo ou a Rua Principal ou a canoa aos olhos de nossa mente. Em um mundo idealizado onde a satisfação dos desejos prevalece, Disney concretizou o ideal, consistentemente, e proveu o prazer das coisas simples e puras da forma que se imagina que deveriam ser, ou, pelo menos, do jeito que se imagina na infância. Ele possuía modelos platônicos na mente.

Outros, virtualmente todos os que estão no ramo do entretenimento, tentam auscultar a mesma reserva, mas Disney compreendia a satisfação do desejo a partir de dentro, o que explicaria o porquê de seus anseios se conectarem de forma tão poderosa com os de seu público. Durante uma infância nômade, de carência material e emocional, ao menos como ele a recorda, começou a desenhar e a se recolher para dentro de seus próprios mundos imaginários. Isso estabeleceu um padrão. Sua vida se tornaria um esforço contínuo para criar o que os psicólogos chamam de "paracosmos", um universo inventado que ele poderia controlar, já que não podia controlar a realidade. Desde Mickey Mouse, passando por *Branca de Neve e os Sete Anões*, Disneylândia e EPCOT,[4] ele continuou a tentar refazer o mundo de acordo com sua própria imaginação, assegurar seu lugar como uma grande força e evitar que a realidade o invadisse,

4 EPCOT: Experimental Prototype Community of Tomorrow (Protótipo da Comunidade Experimental do Amanhã); parque temático do futuro. (N.T.)

para recapturar a sensação de poder da infância que nunca sentira ou que perdera muito tempo atrás.

Foi essa tentativa, de fato, tanto quanto os contos de fada que o inspiravam, que forjou a ligação entre Disney e a infância, uma ligação que ele frequentemente negava, insistindo em que seus filmes não eram feitos para crianças. Mas nos filmes, ou nos parques temáticos, Disney sempre prometeu uma fantasia em que se poderiam exercer os privilégios da infância – privilégios que nunca abandonou em sua própria vida. A vontade de adquirir esse poder também explicou por que o desenho animado era a sua mídia preferida. Na animação, pode-se pegar o inanimado e trazê-lo para a vida, ou para uma ilusão de vida. Na animação, pode-se exercer o poder de um deus.

Não há dúvida de que o fato de trabalhar em algo visto como linguagem juvenil, dos filmes parecerem ingênuos, despidos de autoconsciência e despretensiosos, o jovem Walt Disney era considerado, na maioria dos círculos, uma espécie de artista popular. Nos anos 1930, quando se tornou celebridade praticamente de um dia para o outro, intelectuais frequentemente o comparavam a um outro artista popular, Charlie Chaplin, e vários, como Thornton Wilder, chegaram ao ponto de dizer que Disney e Chaplin eram os únicos gênios verdadeiros que o cinema havia produzido. Mesmo assim, sempre existiu alguma coisa em Disney que o definiu não apenas como um populista, mas como peculiarmente norte-americano e, embora uma de suas biografias anteriores tivesse como subtítulo *An American Original*, ele era menos original em muitos aspectos que quintessencial. Nasceu no meio-oeste, o próprio coração do país que na virada do século era o centro de uma nação agrícola que morria e olhava para trás, para um passado idílico, e de outra industrial, que olhava à frente, para um futuro tecnológico, tendo um pé em cada uma delas. Sua infância dividiu-se entre o campo e a cidade. Como americano médio, viveu a experiência americana e parecia personificá-la em sua determinação, seu idealismo, sua informalidade, falta de afetação e, talvez, acima de tudo, em sua súbita ascensão da pobreza e do anonimato para o pináculo do sucesso. "Ele emergiu do próprio coração do povo", escreveu, entusiasmado, um admirador de Disney. "Somente dessa forma seria possível para ele corresponder às nossas mais sutis emoções." Outro observou que, "de todos os ativistas do entretenimento público, tio Walt era o que mais precisamente se encaixava na tendência convencional americana prevalecente". O sincronismo entre Disney e a América seria a sua marca. Sua imaginação formou uma dupla-hélice com a imaginação americana.

Obviamente, o trabalho de Disney tinha apelo universal, mas na América com sua crença quase religiosa nas possibilidades, a urgência em realizar o desejo ecoava de forma especial. Tanto na imaginação de Disney quanto na imaginação americana era possível afirmar a vontade individual sobre o mundo; era possível, usando o próprio poder, ou, mais exatamente, mediante o poder da bondade inata, alcançar o sucesso. Na verdade, em uma formulação tipicamente americana, nada mais importa, salvo a bondade e a vontade. Os melhores desenhos animados de Walt Disney – *Branca de Neve e os Sete Anões*, *Pinóquio*, *Bambi* e *Dumbo* – são expressões arquetípicas dessa ideia. Eles tratam, em grande medida, do processo de afirmação de uma criança no mundo, do processo de superar obstáculos para se tornar aquilo que ela ou ele querem ser. De forma semelhante, tanto na imaginação de Disney quanto na imaginação americana, a perfeição era uma meta conquistável. Em um mundo frequentemente confuso, perigoso e até trágico, e que parecia fora do controle de qualquer indivíduo, Disney e a América prometiam não apenas o predomínio, como também o aperfeiçoamento. A Disneylândia foi apenas uma variação moderna do velho ideal puritano de uma brilhante cidade na colina; da mesma forma, os robôs audioanimatrônicos de Disney eram apenas uma variante do sonho americano de se reinventar.

A dupla-hélice entre a América e Disney foi especialmente constrita durante os anos 1930, na Depressão eivada de ansiedade da América, quando seus filmes pareciam capturar e, depois, apaziguar a enfermidade nacional. Virtualmente todos interpretaram *Os três porquinhos* como uma alegoria da Depressão, e muitos outros viram na coragem de Mickey Mouse o intrépido espírito americano. Mas, entre os críticos americanos, a linha que separa o populismo ingênuo do sentimentalismo meloso demonstrou ser sutil. Já no fim da II Guerra Mundial a reputação artística de Walt Disney estava em declínio, e intelectuais que poucos anos antes se extasiavam com a inocência e a naturalidade de sua arte agora o criticavam, dizendo que ele perdera o "toque" e tornara-se mais um artista da massificação que um artista do povo. No fim da vida, embora o status de ícone como o tio favorito da América fosse, provavelmente, mais inabalável que nunca, seu status artístico despencara. O que antes fora aclamado como uma percepção infalivelmente correta do temperamento americano era agora atacado pelos críticos por sua drástica transformação em demagogia estética e vulgarização. Como disse um desapontado animador, "Walt Disney tinha o mau gosto inato do público americano.

No fim, ele era amplamente identificado com degradação cultural – "um ponto comum entre os subliteratos de nossa sociedade", escreveu o crítico Richard Schickel. Quase ninguém mais o levava a sério, à exceção das indiscriminadas hordas que amavam seu trabalho, e quase se podia dividir o país entre aqueles que aprovavam a visão de Disney e os que a detestavam. "Poucos anos atrás, quando se mencionava Walt Disney em uma reunião respeitável... a resposta padrão era um meneio negativo com a cabeça e um resmungo", escreveu John Gardner em 1973. "Intelectuais falavam de como Walt Disney desfigurava os clássicos – de *Pinóquio* a *Puff – O ursinho guloso*[5] –, de como seus filmes sobre a vida selvagem eram sádicos e fingidamente recatados, de como as esculturas de hipopótamos da Feira Mundial etc... eram uma vergonha nacional, senão internacional." A lista de acusações era longa de fato. Ele infantilizara a cultura e removera o perigo dos contos de fadas com o propósito de popularizá-los para um mercado de massa, oferecendo, nas palavras do romancista Max Apple, "a ilusão de uma vida sem nenhum problema". Ele promovia valores sentimentalistas que pareciam anacrônicos e até tolos em um mundo complexo, moderno e muitas vezes trágico, o que o definia como um troglodita cultural e político. Usurpou a imaginação individual e a substituiu por uma imaginação coletiva, homogeneizada, e promoveu o conformismo, a ponto de um crítico declarar: "As fronteiras da fantasia estão agora fechadas." Como um Midas capitalista, ele comercializava tudo aquilo em que tocava, reduzindo a totalidade das coisas e seres, na visão de outro antagonista, "a uma enjoativa mistura de fórmulas baratas prontas para vender... Sente-se toda a nossa cultura de massa subindo o rio escuro até seu manancial – o âmago da escuridão onde o Sr. Disney trafica o mal em tons suaves por ouro e marfim". E ao mesmo tempo em que comercializava seu próprio país, ele era visto, em geral, por seus detratores como, possivelmente, o exemplo primário do imperialismo cultural americano, suplantando os mitos das culturas nativas com seus próprios mitos, da mesma forma que suplantara a imaginação de seu público.

Todo esse antagonismo era dirigido ao papel de Disney como dono de estúdio, mas, nos últimos anos de sua vida e, especialmente, após a morte, sua imagem pessoal, ao menos entre os intelectuais, passou por uma transformação gradual semelhante, do bem-amado ingênuo ao chefe corporativo avarento e vilão público. Uma grande parte dessa mudança foi politicamente inspirada. A partir de uma greve geral de cartunistas, em 1941, que devastou o estúdio e despedaçou a utopia de seu dono, Disney tornou-se cada vez mais conservador, alinhando-se aos acusadores anticomunistas e aos elementos mais reacionários do Partido Republicano, colocando-se, assim, no centro das atenções políticas. Acusações sussurradas de antissemitismo e racismo claramente corroeram sua imagem. Mas muito dessa crítica tinha inspiração cultural. Sua longa identificação com

5 Desenho animado *Winnie the Pooh*. (N.R.)

a pequena e conformista cidade da América, que fora a fonte de sua popularidade, tornou-se uma desvantagem nos anos 1960, quando a própria América estava sob um crescente ataque de intelectuais e ativistas políticos e cada vez mais identificada não como uma América forte e vigorosa, mas com seus preconceitos. Disney tornou-se o símbolo da América que olhava para trás – política, cultural e artisticamente.

Um dos pontos críticos mais importantes tanto da cristalização quanto do avanço dessa visão revisionista foi o estudo de Richard Schickel, de 1968, intitulado *The Disney Version*, que retratou Disney como mercenário e hipócrita, sua vida inteira "uma ilusão criada por uma vasta maquinaria", a tal ponto que até sua própria assinatura, usada como logotipo da companhia, teve de ser manufaturada para ele. (Na verdade, a assinatura pessoal de Disney tinha volteios muito mais exuberantes que a versão corporativa modificada). "Disney era um casca-grossa, cego para padrões inerentes à natureza, à arte e à literatura", escreveu um crítico que fez uma resenha do livro de Schickel, e afirmou o que, rapidamente, se tornaria o veredicto intelectual comum sobre o principal fantasista de Hollywood: "Ele tinha um toque mágico, mas o toque transformava as coisas em ouro, não em arte. Faltava-lhe percepção para a genuína criatividade artística, e sua compulsão pelo controle o levava a não respeitar a integridade dos trabalhos de outros". Outro biógrafo, inspirando-se na profunda hostilidade que Disney agora despertava entre os intelectuais, acusou-o de tudo, desde ser filho ilegítimo de uma dançarina espanhola a alcoólatra, fanático e informante do FBI. O livro tinha o subtítulo de *Hollywood's Dark Prince*.

Por volta dos anos 1950, o próprio Disney estava bem consciente de que, como produtor, havia subido o rio rumo ao coração da escuridão comercial e que, como pessoa, deixou-se perder na obscuridade corporativa. Ele criara o estúdio; depois, o estúdio, com a sua própria cumplicidade, o recriou, tornando-o, como Disney compreendia inteiramente, tanto uma *commodity* quanto um homem – exatamente o mesmo tipo de pessoa modesta, genial, franca, desprendida e dotada de um entusiasmo infantil que teria produzido os filmes de Walt Disney. Essencialmente, ele se transformou em sua própria fantasia. Embora de fato possuísse todas aquelas qualidades, elas eram agora simplificadas, da mesma forma que sua assinatura, em uma imagem e marca. Ele disse a um empregado em potencial que o negócio do estúdio era vender o nome "Walt Disney". Com outro sócio, comentou: "Não sou mais Walt Disney. Walt Disney é uma coisa. Ele cresceu para ter um significado diferente que o de um só homem".

Embora fosse qualquer coisa, exceto príncipe da escuridão, Disney também não era a ilusão afável que o engolfara. Apesar de toda a sua aparente sociabilidade, seus sócios o achavam profundamente reservado, complexo, frequentemente deprimido e, finalmente, opaco. Ninguém parecia conhecê-lo. "Era um homem difícil de entender", disse Ben Sharpsteen, que trabalhou para ele em várias funções a partir dos anos 1920. "Ele nunca esclarecia os seus motivos... Quando completei 30 anos no emprego, descobri que o entendia ainda menos no final". Bill Peet, outro empregado antigo do estúdio, escreveu: "Acredito que conheço Walt tanto quanto qualquer empregado poderia conhecê-lo", e acrescentou, "embora ele nunca fosse o mesmo por dois dias seguidos". O sobrinho de Walt, Roy E. Disney, afirmou a um entrevistador: "Eu sempre disse que se alguém juntasse quarenta pessoas em uma sala e pedisse a cada uma delas que descrevesse quem era Walt Disney, haveria quarenta Walts diferentes".

Este livro é uma tentativa de penetrar na imagem e decifrar o mistério de Walt Disney – para entender as forças psicológicas, culturais, econômicas e sociais que atuaram sobre ele e que o levaram à sua arte e ao seu império. E, como Disney estava tão enraizado na psique e na paisagem americanas, entendê-lo também pode permitir que se compreenda o poder da cultura popular na formação da consciência nacional, o poder das possibilidades e do perfeccionismo como ideais americanos, a contínua influência recíproca do comércio e da arte e a evolução da imaginação americana no século XX. Em resumo, compreender Walt Disney, um dos mais emblemáticos americanos, é compreender muito do país em que viveu e que afetou tão profundamente.

Capítulo 1

FUGA

Elias Disney era um homem severo. Trabalhava muito, vivia modestamente e era um fiel fervoroso. Seu filho diria que Elias acreditava em "andar por um caminho reto e estreito" e o fazia, abstendo-se de fumar, beber, praguejar ou ir a festas. A única diversão que se permitiu quando jovem foi tocar violino e, mesmo assim, sua educação foi tão estrita que, quando garoto, tinha de sair discretamente e se esconder na floresta para praticar. Falava de maneira pausada, poupando as palavras e, em geral, mantinha suas emoções sob controle, exceto a ira, que podia sobrevir violentamente. Tinha uma aparência severa também, o corpo magro e tenso, os braços esticados, os olhos azuis e cabelos acobreados contrabalançados por uma expressão austera – alto e emaciado, rosto seco e boca determinada. Era o rosto de um pioneiro castigado pelo tempo – um rosto prosaico, o rosto do gótico americano.

Mas era também um rosto esculpido por anos de desapontamento – desapontamento que lançaria uma sombra sobre a vida de seu famoso filho e a modelaria, tanto quanto a tenacidade, o ímpeto e o orgulho dos Disneys. Os Disneys afirmavam que podiam remontar sua linhagem aos d'Isignys da Normandia, que chegaram à Inglaterra com William, o conquistador, e lutaram na Batalha de Hastings. Durante a restauração inglesa, no fim do século XVII, um ramo de protestantes da família mudou-se para a Irlanda, estabelecendo-se no condado de Kilkenny. Elias Disney mais tarde se gabaria de que "os Disneys foram classificados entre os intelectuais e os ricos de seu tempo e de sua época". Mas os Disneys também eram ambiciosos e dispostos a aproveitar as oportunidades, sempre buscando uma vida melhor. Em julho de 1834, uma década antes da aguda escassez de batata que detonaria migrações em massa, Arundel Elias Disney, o avô de Elias Disney, vendeu seus pertences, levou a esposa e dois filhos jovens para Liverpool e partiu para a América a bordo do *New Jersey*, com seu irmão mais velho, Robert, a esposa de Robert e seus dois filhos.

Eles tencionavam estabelecer-se na América, mas Arundel Elias não ficou lá por muito tempo. No ano seguinte, mudou-se para a pequena cidade de Goderich, região desabitada a sudoeste de Ontário, Canadá, do lado direito do Lago Huron, e comprou 149 acres[1] ao longo do Rio Maitland. Com o tempo, Arundel Elias construiu o primeiro moinho de cereais da área e uma serraria, cultivou a terra e tornou-se pai de dezesseis crianças – oito meninos e oito meninas. Em 1858, o mais velho deles, Kepple, de 25 anos, que viera de navio com os pais, casou-se com outra imigrante, Mary Richardson, e mudou-se para Bluevale, em Morris Township, logo ao norte de Goderich, onde adquiriu 100 acres de terra e construiu uma pequena cabana de pinho. Ali nasceu Elias, seu primeiro filho, em 6 de fevereiro de 1859.

Kepple Disney limpou a terra pedregosa e plantou um pomar, mas ele era um Disney, com ares e sonhos, um tipo não inclinado a ficar para sempre em uma fazenda. Era alto, quase seis pés[2] e, nas palavras do sobrinho, "jamais se conheceria um homem tão bonito". Vaidoso, usava longos bigodes cujas pontas gostava de torcer, e os cabelos negros como tinta untados com óleo e sempre bem penteados. E era

1 1 acre = 4.046,85 m². (N.T.)

2 1 pé = 30,48 cm. (N.T.)

inquieto, característica que passaria para o seu mais famoso descendente, junto da presunção. Quando acharam petróleo perto de onde morava, em um lugar que se tornaria conhecido como Oil Springs, Kepple arrendou sua propriedade, deixou a família com a cunhada e uniu-se a um grupo que cavava poços. Ficou longe por dois anos e durante este período a companhia nada encontrou. Voltou para Bluevale e sua fazenda, mas partiu novamente, desta vez para procurar poços de água salgada. Retornou após um ano, novamente sem dinheiro, construiu para si uma nova casa de madeira e, relutantemente, voltou a cultivar a terra.

Mas isso também não durou. Ouvindo falar na descoberta de ouro na Califórnia, partiu em 1877, com seu filho Elias, então com 18 anos, e seu segundo filho mais velho, Robert. Só chegaram até Kansas porque Kepple mudou de planos e comprou pouco mais de 300 acres de terras da Union Pacific Railroad, que tentava atrair pessoas para que se estabelecessem em determinados pontos ao longo da linha férrea que estava construindo no estado. (Pela lei federal denominada Homestead, de 1862, os Disneys não podiam adquirir terras, já que não eram cidadãos americanos). A região em que a família se instalou, condado de Ellis, no quadrante noroeste do Kansas, mais ou menos no centro do estado, era área de fronteira, lugar muito duro de viver. Massacres praticados por índios ainda estavam frescos na memória, e os próprios Disney ficaram tão alarmados que passavam a noite postados nas janelas com suas armas. O crime era corriqueiro. Um visitante chamou a sede do condado de a "Sodoma das Planícies".

O clima se revelou tão inóspito quanto os habitantes – seco e frio de amargar. Em certas épocas era tão difícil cultivar a terra que os homens se juntavam aos grupos que construíam a estrada de ferro enquanto as mulheres procuravam ossos de búfalo para vender aos produtores de fertilizantes. Muitos dos que ficaram na terra se tornaram criadores de gado, pois os campos estavam cobertos de grama de búfalo amarela, onde vacas e ovelhas podiam pastar. Cultivar a terra ali ou acabava com o homem ou o endurecia, como Elias endureceu, mas, propenso a tirar proveito das oportunidades tanto quanto seus antepassados, não tinha mais interesse, assim como seu pai, em cultivar a terra. Ele queria escapar.

Pai e filho agora voltavam os olhos para a Flórida. O inverno de 1885-86 tinha sido particularmente brutal em Ellis. Will Disney, filho caçula de Kepple, lembrava-se da neve formando bancos de mais de 3 metros de altura, forçando os colonizadores que se dirigiam para o oeste em comboios de carroças a acampar no prédio da escola e esperar durante seis semanas até o tempo melhorar. A neve era tão funda que os trilhos do trem só ficavam à vista quando seis locomotivas a vapor acopladas a outra equipada com um limpador de neve, forçavam a passagem pelos montes, indo e vindo sem parar, dando marcha à ré e avançando novamente e, assim, abrindo passagem pouco a pouco pela linha férrea. Kepple, cansado do clima cruel do Kansas, resolveu juntar-se a uma família vizinha em uma viagem de reconhecimento a Lake County, no meio da Flórida, onde os vizinhos tinham parentes. Elias foi com eles.

Para Elias, a Flórida tinha outro atrativo além da promessa de um clima quente e novas oportunidades. A família vizinha que eles acompanharam tinha uma filha de 16 anos chamada Flora. Os Calls, como os Disneys, eram pioneiros, todavia, desdenhavam o trabalho duro em troca de pequena paga. Seus ancestrais tinham chegado à América em 1636, fixando-se perto de Boston e indo, depois, para o norte do estado de Nova York. Em 1825, segundo relatos, o avô de Flora, Eber Call, para fugir de índios hostis e do clima cruel, partiu com a esposa e três filhos para o condado de Huron, em Ohio, onde limpou vários acres de terra e cultivou-os. Mas Eber Call, como Keppler Disney, tinha aspirações maiores. Duas de suas filhas se tornaram professoras, e seu filho, Charles, diplomou-se na Universidade de Oberlin, em 1847, com honras acadêmicas. Após ir para a Califórnia em busca de ouro e, depois, vagar pelo oeste durante vários anos, Charles acabou perto de Des Moines, Iowa, onde conheceu Henrietta Gross, imigrante alemã. Eles se casaram em 9 de setembro de 1855 e voltaram para a casa do pai dele, em Ohio. Charles tornou-se professor.

É um mistério o motivo exato pelo qual, em janeiro de 1879, aos 46 anos de idade, Charles decidiu ir embora de Ohio após quase vinte anos de residência e dez filhos. Uma de suas filhas afirmou mais tarde que ele tinha medo de que uma de suas oito filhas se casasse com um dos oito filhos de uma família vizinha, nenhum dos quais era considerado sóbrio o bastante para o devoto Charles. Igualmente misteriosa é a razão que o fez tornar-se fazendeiro, e a escolha de Ellis, em Kansas, sobretudo, já que a precária e inculta fronteira não tinha nenhuma semelhança com a pacata cidade rural em Ohio que ele deixara, e pouco tinha a oferecer além de terra barata. Mas Ellis não se mostrou mais hospitaleira para os Calls que para os Disneys. Em um ano a família começou a desintegrar. Flora, que mal entrava na adolescência, foi mandada para a escola normal em Ellsworth para tornar-se professora e, aparentemente, foi colega de quarto de Alberta Disney, irmã de Elias. É provável, aliás, que ele já a tivesse visto, pois as fazendas das duas famílias distavam apenas três quilômetros uma da outra.

Em poucos anos, o clima subjugou os Calls – provavelmente a legendária tempestade de janeiro de 1886. Com toda a certeza, foi no outono seguinte que partiram de trem para a Flórida com Elias e Kepple Disney acompanhando-os. Kepple voltou para

Ellis logo depois. Elias ficou com os Calls. A área onde se instalaram, segundo um relato, era uma "vastidão desolada", mas, depois da experiência no Kansas, os Calls acharam que era "bonita" e que sua nova vida lá seria "promissora". O lugar era conhecido em geral como Pine Island por suas florestas de pinheiros nas terras úmidas e vertiginosamente altas e pelos rios que o isolavam, porém era dotado de novos postos militares. Elias se estabeleceu em Acron, onde moravam apenas sete famílias; os Calls ficaram na vizinha Kismet. Charles limpou alguns acres para cultivar laranjas e começou a lecionar novamente em Norristown, que ficava perto, e Flora tornou-se a professora de Acron em seu primeiro ano de profissão, e de Paisley, no segundo. Enquanto isso, Elias entregava correspondência em uma carruagem puxada a cavalo e cortejava Flora.

Seu casamento, na residência dos Calls no primeiro dia do ano de 1888, uniu a intrépida determinação dos Disneys ao temperamento mais tranquilo e intelectual dos Calls – duas tendências do romantismo ligado à terra que se fundiriam em seu filho mais jovem. Até o casal parecia díspar: a rígida magreza de Elias contrastava com a amistosa redondez de Flora, assim como sua idade – ele estava com quase 30 ao casar-se – se contrapunha aos 19 anos da noiva. O casamento, no entanto, não mudou a sorte de Elias. Ele comprou um laranjal, mas uma geada destruiu a maior parte das árvores, e ele voltou a entregar cartas. Nesse meio tempo, Charles Call sofreu um acidente enquanto limpava uma área da floresta de pinheiros e nunca se recuperou totalmente. Sua morte prematura, em 1890, rompeu os laços do casal com a Flórida. "Elias era muito parecido com o pai, não gostava de ficar muito tempo em um lugar", observou seu primo, Peter Cantelon. O desejo de viajar e a necessidade de escapar levariam Elias de volta para o norte – desta vez para uma casa de nove cômodos, em Chicago.

Fora precedido em Chicago por alguém que parecia tão abençoado pela boa sorte quanto Elias amaldiçoado. Robert Disney, seu irmão, dois anos e meio mais jovem, era visto pela família como o bem-sucedido. Grande e bonito – alto, de ombros largos, carnudo, enquanto Elias era baixo, magro e rijo –, com um temperamento expansivo, amigável e falante, que combinava com sua aparência. "Ele era o verdadeiro dândi da família", diria seu sobrinho. Mas se Robert Disney parecia o próprio homem de posses, sua imagem ocultava o fato de ele viver de expedientes, na verdade, com um talento para convencer e seduzir que Elias nunca poderia ter a esperança de igualar. Seis meses depois de Elias se casar com Flora, Robert se casou com uma moça rica de Boston, chamada Margaret Rogers, e embarcou em uma carreira de especulação com imóveis, petróleo e até minas de ouro – qualquer coisa que pudesse espremer para obter lucro. Foi para Chicago em 1889, antecipando-se à Exposição Colombiana de 1893, que celebrou os 400 anos da descoberta da América por Colombo, e construiu um hotel. Elias também foi pela promessa de conseguir emprego na feira, mas seus projetos eram mais humildes. Vivendo à sombra do irmão, esperava trabalhar não como magnata, mas como carpinteiro, ofício que aprendera enquanto trabalhava na estrada de ferro, em seus dias mais difíceis.

Os Disneys chegaram a Chicago no fim da primavera de 1890, poucos meses após a morte de Charles. Levaram o filho pequeno, Herbert, e Flora estava novamente grávida. Elias alugou uma pequena casa de madeira, de um só andar, na South Vernon, nº 3515, na região sul da cidade, uma casa de fazenda de meados do século XIX, agora isolada em meio a residências muito mais luxuosas; sua principal vantagem consistia em estar localizada a apenas vinte quarteirões do local da exposição. A construção para a feira começou no início do ano seguinte, após Flora ter dado à luz, naquele dezembro, ao segundo filho, Ray. A família desfrutou de poucos luxos. Elias ganhava apenas um dólar por dia como carpinteiro, mas era ativo e frugal e, por volta do outono, poupara o suficiente para adquirir um lote de terra a US$ 700, graças aos contatos de seu irmão com as imobiliárias. No ano seguinte, entrou com um pedido de permissão para construir, na avenida Tripp, nº 1249,[3] uma casa de madeira de dois andares para a família, na qual, em junho seguinte, se acrescentaria outro filho, Roy O. Disney.

Embora situada dentro da cidade, a área no setor noroeste de Chicago para a qual se mudaram, na primavera de 1893, não era urbanizada. Tinha apenas duas avenidas pavimentadas e, naquele momento, começava a ser loteada para edificação, o que a tornava o lugar ideal para um carpinteiro. Elias foi contratado para ajudar a construir casas, e um de seus filhos lembrou que Flora também ia para as construções e "pregava e serrava tábuas com os homens". Mesmo assim, segundo estimativa da esposa, Elias ganhava, em média, US$ 7 por semana. Mas ele era um Disney e não desistia de seus sonhos. Usando os contatos de Robert e hipotecando a própria casa, começou a comprar terrenos no loteamento, projetou casas com a ajuda de Flora e, depois, construiu-as – casas pequenas de madeira para trabalhadores como ele. Lá pelo fim da década, Elias e um sócio haviam construído mais duas casas na mesma rua onde vivia: uma delas ele vendeu por US$ 2.500, e a outra, ele e o sócio alugaram. Efetivamente, sob a tutela de Robert, Elias se tornara um empreiteiro, embora bastante modesto.

3 Em 1909, o endereço foi mudado para 2156 North Tripp Avenue em uma renumeração geral das casas da cidade. (N.A.)

Na época, já com mais de 40 anos, começou a depositar sua esperança mais na fé e menos no sucesso, que parecia difícil de alcançar e era caprichoso. Tanto os Disneys quanto os Calls eram profundamente religiosos, e a vida social de Elias e Flora em Chicago agora girava em torno da igreja Congregacional que ficava perto de sua casa, e da qual eram membros dos mais devotados. Quando a congregação decidiu reorganizar-se e, depois, votou pela construção de um novo prédio, apenas a dois quarteirões da casa dos Disneys, Elias foi nomeado tesoureiro, além de membro do comitê de construção. Quando a nova igreja de St. Paul foi consagrada, em outubro de 1900, a família assistia aos serviços religiosos não apenas aos domingos, mas também durante a semana. De vez em quando, se o pastor estava ausente, Elias subia ao púlpito, "era um orador muito bom", lembraria Flora. "Ele fazia muito isso em casa, sabe?"

Entraria para o folclore da família a história de que, quando Flora teve um menino no quarto de dormir do andar de cima da casa dos Disneys, na Tripp, em 5 de dezembro de 1901, o nome da criança foi parte de uma barganha com o pastor. Segundo a história, Flora e a esposa do jovem pastor, Walter Parr, ficaram grávidas ao mesmo tempo. Elias e Parr combinaram que, se suas esposas tivessem filhos homens, Elias daria o próprio nome ao filho do ministro, e o ministro daria seu nome ao filho de Elias. Foi assim, supostamente, que o novo bebê de Elias e Flora se chamou Walter Elias Disney. A história, no entanto, só é verdadeira em parte. O segundo filho dos Disneys, Ray, pode ter, originalmente, recebido o nome de Walter – esse era o nome registrado em sua certidão de nascimento – antes que a família mudasse de ideia, o que sugere que os Disneys já haviam pensado nesse nome. (A confusão deu origem mais tarde a dúvidas sobre se Walt seria, na verdade, filho natural dos Disneys, especialmente porque Walt não tinha certidão de nascimento, apenas um certificado de batismo.)[4] Além disso, embora a Sra. Parr e Flora tivessem engravidado mais ou menos ao mesmo tempo, com Flora em estado mais avançado que a Sra. Parr, o filho dos Parrs, nascido em julho do ano seguinte, recebeu o nome de Charles Alexander. Foi apenas quando seu segundo filho nasceu, dois anos e meio depois, em maio de 1904, que os Parrs cumpriram sua parte do acordo, se é que houve algum, dando à criança o nome de Walter Elias Parr.

4 Uma invencionice persistente, cuja origem foi uma revista espanhola, *Primer Plano*, que informou ser Mojacar, na Espanha, o verdadeiro lugar de nascimento de Walt Disney, e que seus pais haviam emigrado para os Estados Unidos e trabalhado com Elias, que adotou o garoto. Ver Edmundo Lassalle para Walt, 12/jul/1945; Walt para Lassalle, 3/mai/1945, pasta de arquivo L, corr. de Walt Disney, 1945-1946, L-P, A1535. Walt: "Asseguro a você que foi com grande espanto que soube que nasci na Espanha, o que, certamente, é desviar o local umas 5 mil milhas." (N.A.)

O jovem Walter Elias Disney, de feições bonitas, cabelos dourados e puxando mais para os suaves Call que para os rígidos Disneys, não se lembraria muito de Chicago. Ele mal fizera quatro anos quando Elias decidiu mudar-se outra vez, embora agora o motivo fosse mais moral do que financeiro – ou até de temperamento. Dois garotos da vizinhança, da mesma idade que Herbert e Ray e de uma família igualmente devota da igreja de St. Paul, tentaram roubar uma oficina de automóveis e mataram um policial durante o tiroteio. Aterrorizado pela possibilidade de seus próprios filhos serem afastados do bom caminho, especialmente porque a vizinhança estava ficando mais violenta, Elias começou a procurar um ambiente mais saudável, chegando a fazer algumas rápidas viagens de reconhecimento antes de se instalar em uma remota cidade de Missouri, onde seu irmão Robert investira recentemente em terras cultiváveis. Em fevereiro, Elias vendeu sua casa por US$ 1.800, e uma outra propriedade, um mês depois. Ele, Herbert, Ray e dois cavalos de tração que haviam comprado em Chicago foram para o Missouri em um vagão fretado para arrumar a fazenda, enquanto Flora, Roy, Walt e sua nova irmã, Ruth, seguiam no trem de Santa Fé. "Foi um grande momento quando estávamos indo embora", recordar-se-ia Walt anos depois. "Para todos nós, ir para uma fazenda soava como algo maravilhoso", confirmaria Roy.

II

Walt Disney se lembraria de Marceline, Missouri. Ele se lembraria dela mais vividamente que qualquer outra coisa de sua infância, talvez mais que qualquer outro lugar em toda a sua vida. "Marceline foi a parte mais importante da vida de Walt", disse sua esposa. "Ele não viveu muito tempo lá. Viveu em Chicago e Kansas City por muito mais tempo. Mas havia alguma coisa na fazenda que foi muito importante para ele." Ele se lembraria da chegada da família – "eu me recordo claramente de todos os detalhes", diria mais tarde. Ele se lembrava de ter saído do trem e caminhado até um elevador de grãos, onde um vizinho chamado Coffman esperava por eles, e subido meio atrapalhadamente na sua carroça e percorrido a milha[5] que separava o centro da cidade da fazenda, ao norte da avenida Julep e da linha férrea que cortava diagonalmente o coração de Marceline. E ele se lembraria de sua primeira impressão do lugar – o cintilante trecho atapetado de grama verde na frente da casa, apinhado de chorões-salgueiros. Era uma fazenda pequena. A propriedade de tio Robert, uma

5 1 milha = 1.609 m. (N.T.)

milha a oeste, tinha quase 500 acres, enquanto Elias comprara apenas 40 acres em 5 de março de 1906, dos filhos de um veterano da Guerra Civil chamado Crane, que morrera pouco antes, e depois comprou apenas mais cinco acres da viúva de Crane no mês seguinte. A propriedade de Elias custara US$ 3 mil, dinheiro que não tinha naquele momento, mas combinou pagar em parcelas à medida que recebesse as prestações da venda de suas propriedades em Chicago. Walt sempre recordaria a fazenda pelo prisma da imaginação de uma criança e sempre pensaria nela como um paraíso, apesar de seu tamanho modesto. Brincadeiras não faltavam; havia raposas, coelhos, esquilos, opossums[6] e guaxinins. E havia passarinhos. Durante a migração, patos e pássaros selvagens pousavam nos laguinhos que se formavam na pastagem. Dos 45 acres, cinco eram ocupados por um pomar, onde havia macieiras, pessegueiros e ameixeiras, além de videiras e amoreiras. "Tínhamos tipos de maçãs de que nunca se ouviu falar", recordou-se Walt, "inclusive uma chamada Wolf River. Essas maçãs tinham um tamanho tremendo. Pessoas vinham de longe para ver as nossas". E havia um chiqueiro, galinhas, algumas vacas leiteiras e quatro ou seis cavalos. "Era simplesmente o paraíso para crianças da cidade", disse Roy, exatamente o que Elias pretendia que fosse.

E porque a casa ficava no campo, tudo parecia celestial, mesmo quando não era. A casa de fazenda de um andar em que os Disneys viviam era de construção grosseira, caiada de branco com esquadrias verdes e tão apertada que a sala de estar nos fundos teve de ser convertida em quarto de dormir para Herbert e Ray. Mas rodeada de chorões-salgueiros, arbustos floridos, bordos prateados, cedros, lilases e cornisos, com suas flores amarelas e frutos vermelhos comestíveis, era, nas palavras da tia de Elias, "um lugar muito boíto",[7] com um gramado na frente "que parecia um parque". Ela ficou tão encantada que pensou em jamais voltar para Ellis, onde vivia.

Walt Disney tinha a mesma visão sonhadora de sua tia-avó acerca da casa. "Qualquer coisa que tivesse ligação com Marceline era um prazer para nós", recordou nostalgicamente uma vez. Vindo do que descreveu como uma Chicago "apinhada e fumacenta", ficou especialmente fascinado pelos animais e afirmou que esse período na fazenda o imbuiu de um sentimento especial em relação a eles que nunca perderia. Frequentemente contava que reunia os porcos e montava neles, conduzindo-os às áreas alagadas para que comessem e, às vezes, era derrubado na lama – uma cena tão cômica que

6 Tipo de marsupial, que não é morcego, com aparência de um rato de pelo longo que se pendura pelo rabo, encontrado na América do Norte, ao norte do Rio Grande. (N.T.)

7 No original, a frase é "very hansome (sic) place". O correto seria "handsome". (N.T.)

Elias chamava os visitantes para presenciar. Outras vezes, ele e algumas crianças montavam em um velho cavalo chamado Charley que, segundo Walt, tinha "seu próprio senso de humor". Charley tomava a direção do pomar, forçando as crianças a pular de seu lombo para evitar serem atingidas pelos ramos das árvores. Por onde ia, Walt era seguido por um pequeno terrier maltês que ganhara de presente, seu primeiro bicho de estimação, que pulava em seus calcanhares e rasgava suas meias. Foi para ele uma "grande tragédia" quando o cachorro, um dia, seguiu Roy até a cidade e jamais retornou.

Walt sempre se referiria a essa época como seus dias lenientes. Ele não entrou para a escola senão aos sete anos, porque, segundo contou, não havia ninguém para levá-lo e porque seus pais decidiram que poderia esperar mais um ano para acompanhar a irmã, Ruth, quando ela fosse à escola. "Era a coisa mais embaraçosa que poderia acontecer a um sujeito", ele se queixaria mais tarde, "que eu tivesse praticamente que começar a escola com minha irmã pequena, que tinha dois anos menos que eu." Mas, de qualquer maneira, a escola não lhe pareceu muito atraente, exceto como um palco para atuar, e sua única recordação da educação em Marceline foi uma traquinagem do tipo das de Tom Sawyer,[8] quando sua professora pediu que as crianças trouxessem varas finas e flexíveis para usar nos estudantes de mau comportamento, e Walt, disfarçadamente, pôs uma vara mais grossa de madeira sobre a mesa dela, sabendo, segundo confessou, que arrancaria risadas dos colegas, e foi castigado pela professora com a citada vara.

Quando não estava na escola ou na fazenda, frequentemente passava tardes preguiçosas, pescando peixes-gato e bagres com os garotos da vizinhança no rio Yellow Creek ou mergulhando nu. No inverno, deslizavam de trenó ou esquis no rio congelado, fazendo uma fogueira na margem para se esquentarem. Às vezes, Walt saía para procurar Erastus Taylor, um veterano da Guerra Civil que contava seus feitos. ("Acho que ele não participou sequer de uma batalha da Guerra Civil", disse Walt mais tarde, "mas esteve em todas elas).") Até os domingos não eram mais exclusivamente dedicados à igreja e à escola porque não havia igreja Congregacional em Marceline. Em vez disso, os Disneys passavam o dia na casa de Taylor, pouco adiante, na mesma estrada, onde Elias tirava o violino do estojo e tocava com os vizinhos.

••••

8 Um garoto, companheiro de estrepolias e aventuras de outro garoto, Huckleberry Finn, ambos personagens famosos do escritor norte-americano Mark Twain. (N.T.)

A cidade não era menos encantadora que a fazenda. Ao procurar fugir das intromissões e perigos da cidade, Elias Disney dificilmente poderia ter encontrado lugar melhor que Marceline. Apesar de ser considerada como fronteira, Marceline era serena, até refinada. Localizada a oeste do rio Locust, longe da rodovia estadual 5, Marceline, como o Kansas, era um produto do espetacular progresso das linhas férreas, especificamente do desejo das ferrovias Atchison, Topeka e Santa Fé de implantar uma "Extensão Chicago", conectando esta cidade ao oeste via Kansas City, que ficava cerca de 125 milhas a sudoeste de Chicago. O plano da ferrovia necessitava o que se chamava de pontos "terminais" ou "divisões", que ficavam a cem milhas um do outro, onde os trens podiam ser reparados, e os trabalhadores, alojados. Marceline, que se tornou um desses pontos de divisão, foi anexada em 6 de março de 1888 e, dependendo de quem contava a história, recebeu o mesmo nome da esposa ou da filha de um dos diretores da estrada de ferro, ou da filha do primeiro engenheiro civil residente na cidade, ou de um imigrante francês, morador antigo de Marceline. Em seis meses, 2.500 pessoas se instalaram na pequena cidade, basicamente para prestar serviços à ferrovia. Em um ano, um prospector chamado U.C. Wheelock descobriu carvão em Marceline, o que, no final, levaria à escavação de cinco jazidas que deram trabalho a mais 500 homens. Quando Santa Fé foi reorganizada em 1903 e repartida em duas divisões, leste e oeste, Marceline tornou-se a sede do governo.

O jovem Walt Disney ficou impressionado com a aparência da cidade – que tinha o aspecto exato que uma cidade pequena deveria ter. Quando foi fundada, Marceline era um "mostruário variado de tendas e barracos", segundo descreveu o jornal local. Na época em que os Disneys chegaram, já havia se tornado uma pequena cidade "digna e robusta", de cerca de 4.500 habitantes, com duzentas casas construídas apenas nos dois anos anteriores. "Um estranho que chegue aqui se espanta com o número de encantadores relvados e casas elegantes", um expoente da cidade anunciaria anos depois que os Disneys haviam se instalado. "Quanto a isso, ela não é superada por nenhuma cidade de igual população no continente." Na principal rua da cidade, avenida Kansas – ainda sem pavimentação na época em que os Disneys chegaram a Marceline – ficavam a loja de secos Simpson & Miller; o mercado de carne Hayden & Anderson; a loja de laticínios Meriden; a loja New York Racket Store, de três andares com artigos variados, onde um cartaz se vangloriava de que uma noiva poderia encomendar ali um enxoval completo e depois escolher os móveis para o novo lar; a taverna de Hott, dirigida pelo Juiz Hott, onde "se pode ter a certeza de conseguir uma boa cama – desde que a casa não esteja lotada"; a companhia de gelo R.J. Dall & Sons; a companhia Brown de ferramentas, armas e utensílios de metal; a barbearia Sutton; a companhia Allen de implementos para maquinário agrícola; a joalheria Zircher, na esquina, com seu grande relógio; a grande loja de departamentos J.E. Eillis; e o Hotel Allen, de dois andares e granito cinza. Logo depois da avenida Kansas, no centro da cidade, havia outra imagem da quintessência do encanto da cidade pequena – a praça Ripley, um parque com árvores e um coreto para banda, um lago raso e comprido e um canhão colocado sobre um pedestal de cimento de quatro lados com um monte de balas ao lado.

Por mais que desse a impressão de ser o arquétipo da cidade rural conservadora da América, Marceline não era especialmente fundamentalista – com sua numerosa força de trabalho, era um centro de apoio ao democrata populista William Jennings Bryan – e se orgulhava de seu espírito progressista, que permitiu ao jovem Walt receber educação cultural e comentar uma vez: "Mais coisas importantes me aconteceram em Marceline que em qualquer outro lugar desde então – ou provavelmente vão me acontecer no futuro." Em Marceline, Walt foi pela primeira vez ao circo e assistiu ao seu primeiro Chautauqua, um espetáculo ambulante realizado em uma tenda, cuja principal atração eram as imitações dos grandes oradores da época. Em Marceline, Walt quebrou um cofrinho em formato de porco para conseguir dinheiro e assistir Maude Adams interpretar o papel de Peter Pan, em uma companhia teatral itinerante e que o inspirou a reprisar o papel em uma produção da escola. "Nenhum ator se identificou mais com o papel que interpretava do que eu", disse, lembrando-se de como o aparelho que o seu irmão Roy usava para levantá-lo e baixá-lo quebrou e atirou Walt "direto contra uma perplexa plateia". Em Marceline, ele estava à espera da parada do Wild West Show, de Buffalo Bill, em visita à cidade, quando o próprio Buffalo Bill deteve sua pequena carroça e convidou Walt a subir nela. "Fiquei tremendamente impressionado", escreveu Walt mais tarde. E, em Marceline, após as aulas, Walt pacientemente persuadiu sua irmã Ruth a ir com ele à primeira sessão de cinema que os dois assistiram – a vida de Cristo, segundo Ruth. Ela também se lembrou de seus pais ralhando quando voltaram para casa depois de escurecer, "embora Walt tivesse dito a mim que não haveria problema em ir".

Mas Walt não amaria, lembraria e manteria vivas pelo resto de sua vida apenas as recordações da impressão acolhedora de Marceline ou dos ritos culturais de passagem que lá experimentou; ele lembraria também do espírito de comunidade. Em Marceline as pessoas se preocupavam e eram tolerantes umas com as outras; até um homem negro que tinha discutido com alguns brancos grosseiros foi liberado pelo juiz local. "Tudo era feito com a ajuda da comunidade", recordou Walt. "Um fazendeiro ajudava o outro, eles iam juntos e consertavam as cercas, cumprindo tarefas diversas." Walt gostava especialmente da camaradagem na época da debulha, ou na separação de grãos, bagos ou sementes, quando vagões eram atrelados a uma grande máquina a vapor e estrondavam pelos campos. Os vizinhos se reuniam para ajudar, depois dormiam no gramado da frente dos Disneys, e suas esposas vinham também, todas unindo forças para cozinhar para seus homens, uma cena que Disney sempre recordaria com afeto.

Não seria apenas da comunidade que ele se lembraria. Durante o tempo em que morou em Marceline, pela primeira e última vez, a numerosa família Disney foi presente na vida de Walt, e ele, claramente, sentia prazer com a atenção dos parentes. Seu tio Mike Martin, maquinista do trem que viajava entre Marceline e Fort Madison, no Iowa (Walt disse que aquele tio "era um dos orgulhos" de sua vida), chegava a pé ou de carona, cobrindo a milha de distância da estação, no centro da cidade, à fazenda, carregando uma bolsa listrada com doces para as crianças. A avó Disney, uma mulher travessa, que, apesar da idade avançada, parecia deliciar-se atormentando o filho circunspeto e excessivamente convencional, fez Walt passar por baixo da cerca de um vizinho, certa vez, para pegar alguns nabos para ela. (Elias ficou mortificado com a transgressão, mas Walt admitiu que gostava dessas aventuras subversivas, sem dúvida porque elas, de fato, aborreciam seu pai).

O garoto ficava ainda mais entusiasmado com as visitas do tio Edmond Disney, o irmão mais novo de Elias. Edmund era portador de deficiência mental, incapaz sequer de assinar seu nome. Mas era um homem amável e independente e com frequência deixava as irmãs com quem morava no Kansas e vinha vagueando. Marceline era um de seus pontos regulares de parada, e ele inesperadamente aparecia à porta dos Disneys anunciando: "Sou eu!". Walt dizia que Edmund era um maravilhoso companheiro de brincadeiras para um menino de oito anos, uma vez que era esta sua idade mental. Ed não tinha inibições. "Tio Ed fazia tudo que queria", observou Walt. "Se queria ir para a cidade, andava pela linha do trem, e o trem vinha na direção dele. Então, acenava com um pano. O trem parava, e ele dizia: 'quero uma carona'. Subia, e o trem seguia para a cidade." Os dois também se aventuravam na floresta, e Ed sabia os nomes das plantas e dos passarinhos e conseguia identificar os últimos por seu gorjeio. E, então, após a visita habitualmente curta, dizia que ia visitar outro parente e partia. Walt admirava seu senso de liberdade juvenil – Ed era um Peter Pan na vida real –, mas também amava a alegria de seu tio, e considerava Ed um grande exemplo. "Para mim, ele representava a brincadeira em sua forma mais simples e mais pura."

Se as visitas de Edmund eram brilhantes evocações do desejo de viajar dos Disneys, as frequentes visitas de tio Robert à propriedade de Elias eram, por sua vez, lembretes das pretensões da família. Trajando um guarda-pó de linho e ostentando um colarinho à Van Dyke,[9] Robert saltava do trem como se fosse um rei, e era exatamente como agia em relação ao irmão mais velho. Ele mantinha uma carruagem na fazenda de Elias e esperava que este fosse buscá-lo. Se Elias ficava ou não ressentido não se sabe, mas alguns dos vizinhos, sim e, desdenhosamente, chamavam Robert de "inseto dourado", tanto por seus ares, como pelo mercado de ouro em que negociava. Mesmo assim, Walt gostava dessas visitas por causa da esposa de Robert, tia Margaret – a única tia, ele disse, que chamava de "titia". Ela, habitualmente, lhe trazia presentes, um grande bloco de desenho *Big Chief* e lápis.

Para a maioria das crianças, esses presentes teriam parecido perfunctórios. Para Walt, vieram a representar outra coisa importante que levou de Marceline: uma nascente consciência de si mesmo e o primeiro reconhecimento de seu talento. Walt apreciava artes e afirmou que se interessou pelo desenho "quase ao mesmo tempo em que, pela primeira vez, segurei um lápis". Mas foi só a partir das visitas de tia Margaret que começou a ser estimulado. "Ela costumava me fazer sentir como se eu realmente fosse um garoto maravilha!", disse, admitindo que tia Margaret tinha "jeito para bajular". E o elogio de tia Margaret era reforçado por outro mentor, um vizinho idoso chamado Doc Sherwood. Quando Walt o conheceu, Doc já se aposentara da prática da medicina e, portanto, tinha tempo de sobra. Como ele e a esposa não tinham filhos, passavam muito tempo com Walt, que se tornou uma espécie de filho adotivo. Doc Sherwood era um homem imperioso; usava um casaco Prince Albert,[10] guiava, no verão, uma carruagem aberta, de quatro rodas e, no inverno, um grande trenó acolchoado, ambos puxados por um garanhão premiado chamado Rupert. Walt sempre acompanhava Doc até a drogaria, onde o doutor ficava conversando. Em seus passeios com Doc, Walt normalmente o cobria de perguntas e, anos depois, ainda o encantavam o conhecimento do médico e sua paciência. "Não tenha medo de admitir sua ignorância", dizia-lhe Doc, uma filosofia que o sempre curioso Walt declarou ter lembrado "por toda a vida". Mas o que Walt mais se lembrava de Doc Sherwood – e sempre relembraria o episódio – foi a vez em que o médico pediu-lhe para trazer os lápis e o bloco para desenhar Rupert. O cavalo estava nervoso naquele dia. Doc Sherwood precisou segurar as rédeas, e Walt teve dificuldade para captar a imagem. "O resultado foi bastante ruim", recordou, "mas tanto o médico quanto

9 Colarinho alto e largo com pontas acentuadas, de algodão ou renda. (N.T.)

10 Casaco masculino que chegava aos joelhos, e lapelas e colarinho com dupla fileira de botões até a cintura. (N.T.)

sua esposa elogiaram muito o desenho, para meu grande deleite." Em uma versão da história, Doc deu a Walt um níquel[II] pelo desenho, o que outro vizinho achou pouco característico de Sherwood, conhecido pela sovinice. Em outra versão, o desenho foi emoldurado e pendurado na casa do médico. Seja qual for a versão correta, o desenho tornou-se, nas palavras exageradas de Roy, "o ponto alto da vida de Walt".

Anos depois, os Disneys também se lembrariam com frequência de outro episódio da nascente carreira artística de Walt que, segundo eles, foi um testemunho de sua obsessão. Em um dia de verão, Flora e Elias tiveram de ir à cidade e deixaram Walt e Ruth na fazenda. Como contou Ruth, os dois começaram a investigar os barris de água de chuva em volta da casa e descobriram tambores de piche para asfalto. Walt anunciou que o macio piche seria usado como tinta de desenho e, quando Ruth, por precaução, perguntou se poderia ser removido depois, o irmão assegurou-lhe que sim. Então, os dois pegaram grandes pedaços de madeira, mergulharam-nos no piche e começaram a desenhar nos lados da casa dos Disneys, que era caiada de branco. "E eu lembro que tive uma sensação horrível quando percebi um pouquinho tarde que o piche não sairia", disse Ruth. Os pais voltaram e não acharam graça. ("Ele tinha idade bastante para saber", espetou Flora 30 anos depois.) O piche ainda adornava o lado da casa quando os Disneys se mudaram – o primeiro memorial da arte de Disney.

••••

A felicidade em Marceline só era sabotada por uma coisa: Elias Disney não tinha absolutamente nenhuma aptidão para administrar uma fazenda. Ele disse a um vizinho que não acreditava em fertilizar os campos porque fazer isso "era como dar uísque para um homem – ele se sentia bem por algum tempo, mas, depois, ficava pior que antes". As colheitas sofreram até que Elias, finalmente, mudou de opinião. Outro vizinho lembrou-se de Elias ter ordenado aos filhos que dessem água aos cavalos no meio da manhã e, depois, perguntar por que ninguém fazia o mesmo, sem perceber que era necessário dar água de manhã, à tarde e à noite aos animais. Apesar dos equívocos, Elias perseverava e experimentava. Em um ano plantou um acre de milho de pipoca. Em outro, quando o mercado estava reprimido, fez com que cada membro da família fosse de porta em porta com uma cesta, vendendo maçãs, em lugar de levá-las para um atacadista. E, uma outra vez, recolheu as maçãs dos vizinhos e eliminou o

II Moeda de cinco centavos. (N.T.)

intermediário, levando-as ele mesmo ao mercado em Kansas e repartindo os ganhos. Em um determinado ano, após a colheita, quando os tempos estavam muito difíceis, voltou novamente à carpintaria e remodelou a casa de um vizinho. Mesmo assim, o dinheiro sempre era curto, e Elias, sempre frugal. As crianças Disney lembram que Flora tinha de colocar manteiga no fundo dos pães que distribuía entre eles para que o pai não a visse consumir uma das fontes de renda da família.

Se o dinheiro foi o que derrotou Elias, foi o dinheiro também que separou a família Disney. Em 1907, Herbert e Ray tinham combinado com o tio Robert que plantariam um pouco de trigo em suas terras e, naquele outono, receberam a ajuda de vizinhos para colher a safra. Elias perguntou aos filhos o que pretendiam fazer com o dinheiro e um deles disse que ia comprar um relógio de algibeira. Elias ficou fulo com a concessão ao luxo e disse que ele próprio ficaria com o dinheiro para ajudar a pagar a fazenda. "Aquela foi a gota d'água", disse um vizinho. Naquele mesmo dia, Herbert e Ray retiraram seu dinheiro do banco e, à noite, saíram por uma janela da casa da família e pularam para dentro de um trem rumo a Chicago. A ofensa causada por sua partida foi tão profunda, que, quase cem anos depois, membros da família ainda hesitavam em discutir o incidente. Na primavera, os dois se mudaram para Kansas City, onde o tio Robert conseguiu-lhes emprego como caixas de um banco e, no verão de 1909, Herbert foi ser carteiro do serviço postal. De vez em quando, os dois visitavam os pais em Marceline, mas a ferida nunca fechou completamente. Quando mandavam suas roupas velhas para que a mãe as reformasse para Roy e Walt, Herbert e Ray, às vezes, punham dentro de um bolso um pedaço de tabaco de mascar, sabendo que isso provocaria o moralismo do pai.

Sem a ajuda de Herbert e Ray, a fazenda se tornou um fardo ainda mais pesado. Elias, que trabalhava duro, atribuía as adversidades ao sistema, que forçava os fazendeiros a comercializar as safras por meio de atravessadores e monopólios, que ficavam com os lucros que, ele acreditava, os próprios fazendeiros mereciam. Um mês após a partida de seus filhos, Elias e M.A. Coffman, o vizinho que recebera sua família na chegada a Marceline, fundaram a seção local da American Society of Equity, que descreviam como um sindicato de fazendeiros. A sociedade, com sede em Dayton, Ohio, esperava, no final, fornecer celeiros, elevadores, armazéns e refrigeradores em todo o país para que os fazendeiros pudessem controlar as próprias safras, regular o próprio suprimento e estabelecer os preços. Os fazendeiros foram receptivos – havia 29 membros na abertura da seção local –, mas, até mesmo na trabalhadora e progressista Marceline, o envolvimento de Elias logo o rotulou como "radical", segundo um vizinho. O apelido não o desagradou. "Ele sempre teve grandes ideais na vida", disse sua filha. "Foi quando se interessou pela filosofia do socialismo – que lhe pareceu uma boa forma das pessoas viverem." Ele até dizia que era socialista, afirmava ter votado no candidato socialista à presidência, Eugene V. Debs, e assinava *Appeal to Reason* (Apelo à razão), um fervoroso jornal socialista, do qual Debs era coeditor.

Mas o radicalismo de Elias era uma desculpa, não um remédio. Assim como tinha acontecido com o laranjal na Flórida, a fazenda o derrotou. A queda dos preços das safras em todo o país o pressionou, e isso foi exacerbado localmente por uma greve de mineiros de cinco meses, no verão de 1910. Além disso, no início daquele ano, ele caíra doente com febre tifoide ou difteria, o que o deixou fraco e incapaz de trabalhar. Flora estava convencida de que a doença era causada pelas preocupações e insistiu para que vendesse a fazenda. No outono, ele efetuou a venda, e em novembro daquele ano – uma manhã fria, na lembrança de Roy – Elias fez um leilão para vender seus animais e implementos agrícolas. Roy e Walt localizaram vestígios das vendas por toda a área. Na tarde daquele mesmo dia, na cidade, viram uma potranca de seis meses que haviam criado e domado atada ao trailer do fazendeiro que a comprara. Ela os reconheceu e relinchou, e eles foram abraçá-la e choraram sua perda. Assim acabou o idílio.

Os Disneys mudaram-se para uma casa pequena, de quatro aposentos, na avenida Kansas, nº 508, para que as crianças pudessem completar o ano escolar enquanto Elias se recuperava. Mas a Marceline em que viviam agora era um lugar muito diferente daquele em que haviam chegado cinco anos antes, confirmando o que um estudioso de Disney escreveu sobre a ligação de Walt com a cidade: "A pequena cidade da América de Disney, a fonte de suas memórias douradas, estava, na verdade, começando a desaparecer tal como ele a conhecera." A população inchara – quase 50% desde 1900, segundo o censo – e isso não incluiu os mineiros grevistas que deixaram a cidade quando o censo foi feito. Não mais uma cidade de ruas sem pavimentação, Marceline podia gabar-se de ter mais de vinte automóveis. A cidade agora tinha uma nova escola, uma nova usina geradora de energia e um novo serviço de distribuição de água, assim como as 600 cadeiras do New Cather, que projetava filmes e apresentava espetáculos de *vaudeville*. Um mês antes dos Disneys partirem para Kansas City, no verão de 1911, "uma das maiores multidões reunidas no parque da cidade", segundo o *Marceline Mirror*, celebrou os primeiros postes de luz de rua que funcionaram com energia gerada pela própria usina elétrica da cidade.

Esta Marceline não seria, entretanto, a Marceline que Walt Disney recordaria. Sua cidade era rústica e se tornaria mais rústica ainda em sua memória. Ele idealizou

Marceline. "Sinto pena das pessoas que vivem em cidades grandes durante toda a vida", disse mais tarde, "elas não têm uma cidadezinha natal. Eu tenho." Sua esposa contou que, quando viajava e tomava um trem que cruzava o país e passava por Marceline, Walt chegava a acordar passageiros no meio da noite para apontar o lugar onde crescera. Seus sócios diziam que as recordações que Walt tinha da cidade, dos acontecimentos e dos animais eram quase completas.

Os estudiosos de Disney citariam os efeitos de Marceline, na Rua Principal, U.S.A., ou na Ilha de Tom Sawyer, na Disneylândia, ou em seus filmes ao vivo, como *So Dear to My Heart* (*Meu querido carneirinho*) e *Pollyanna* (*Poliana*), consagrados à vida da cidade pequena e glorificando suas virtudes. Como o próprio Disney admitiu, os efeitos de Marceline eram sentidos até mesmo em seus primeiros desenhos animados, na preocupação com a vida na fazenda e com os animais. Era como se Marceline fosse um exemplo de como a vida supostamente deveria ser. Ele estava tentando recriar a cidade e, nesse processo, tentando também, sem dúvida, recapturar o senso de bem-estar, liberdade e comunidade, recapturar essencialmente o que chamaria de o período mais abençoado de sua infância. Marceline seria sempre o ponto de referência das coisas e dos valores que ele tinha claros; tudo, desde a fascinação por trens e animais até o amor ao desenho e o apego à comunidade eram reminiscências dos dias em que vivera lá. Além de ponto de referência, Marceline também era um oásis – a própria libertação de Walt Disney, do tipo com que os Disneys haviam sonhado por tanto tempo e com tão pouco sucesso. Anos depois, falando com grande entusiasmo sobre a vida no campo durante uma reunião para discutir o ambiente que queria para o segmento Pastorale de Fantasia, Walt disse: "É um sentimento de liberdade em relação aos animais e às pessoas que vivem lá. Isso é o que se experimenta quando se vai para o campo. Escapa-se do mundo do dia a dia – da hostilidade e da luta. Escapa-se para onde tudo é livre e bonito".

Ele passaria o resto da vida tentando recuperar essa sensação.

III

Para Elias, a mudança para Kansas City foi outra admissão de derrota. Ele deixara Chicago para fugir das destrutivas influências da vida urbana, do ruído, da correria e do crime, e Kansas City, galvanizada pelo zelo cívico de William Rockhill Nelson, editor do *Kansas City Star*, florescia na época em que os Disneys chegaram. Em grande parte, como consequência das campanhas de Nelson, Kansas City começou a construir um sistema de bulevares de US$ 40 milhões, que criaria ruas largas, arborizadas e uma nova estação de trem no centro e quase dobrou o investimento de capital e o valor dos produtos manufaturados em menos de dez anos. Nas primeiras duas décadas do século, a população da cidade mais que duplicou – de 130 mil habitantes para 324 mil. Apesar de todo esse crescimento e do sentimento de que estava em processo de reconstrução e renovação, Kansas City continuou a ser uma cidade. "Não era bonita", disse um observador, "mas cheia de vida, na vigorosa tradição do oeste".

Se Kansas City foi um declínio em relação a Marceline, a casa em que foram morar também desapontou. Localizada na East Thirty-first Street, nº 2.706, em um bairro operário, era tão pequena que, quando os parentes os visitavam, Roy e Walt tinham de ir para o que chamavam de "celeiro", um abrigo do lado de fora. E a casa ficava tão próxima da estrada, que a família tinha de puxar as cortinas para que ninguém olhasse para dentro. Comparada à de Marceline, com suas pastagens amplas, a casa na Thirty-First Street tinha apenas uma pequena horta e não possuía sistema de fornecimento de água interno. A única graça para as crianças, lembrou Ruth, era a proximidade do parque de diversões Fairmount, "um mundo encantado em que não se podia entrar". Ela e Walt ficavam do lado de fora dos portões, olhando enlevados para as estruturas pintadas de branco.

E se a cidade e a casa representavam um declínio, o emprego de Elias era ainda mais humilhante. Ele se inscreveu no guia de Kansas City como "guarda-livros". Na verdade, vendera a fazenda em Marceline por US$ 5.175 para uma família local e comprara uma distribuidora de jornais em Kansas City a US$ 3 por cliente, mais ou menos 650 clientes no total. Se Elias se envergonhava ou não de entregar jornais, ou se existia alguma vantagem comercial nisso, o fato é que inscreveu o filho Roy, de 18 anos, como dono da empresa. O roteiro de distribuição, que se localizava em uma área de vinte quarteirões próxima à residência dos Disneys, era razoavelmente lucrativo pelos padrões de entrega de jornais. O bairro, Santa Fé, era emergente, e o próprio *Kansas City Star* tão popular que, como Walt Disney diria mais tarde, "o livro de distribuição listaria as pessoas que não recebiam o jornal" – os democratas fanáticos que se ressentiam de sua linha editorial pró-republicana. Os clientes pagavam 45 centavos por semana por treze edições do matutino *Times* e do vespertino *Star*, dos quais Elias ficava com 21 centavos – cerca de US$ 31 por semana. Roy recebia US$ 3 dólares desse total; Walt, na lembrança de Roy, recebia "alguma coisa", mas, na lembrança de Walt, nada.

A distribuidora não era apenas um meio de ganhar a vida – ela se tornou o estilo de vida dos Disneys, já que tudo o mais estava subordinado à entrega dos jornais. Mesmo quando a família se mudou, em algum momento do verão ou do outono de 1914, para uma casa modesta, de dois andares, em Bellefontaine, nº 3.028, uma rua tranquila e arborizada de bangalôs similarmente modestos, eles apenas cruzaram a Thirty-First Street, obrigados, como estavam, a ficar perto da rota de entrega dos jornais. E, da mesma forma que sua localização era condicionada pela distribuição, o mesmo acontecia com seu tempo. À diferença de outros vendedores, Elias não comprou um cavalo e uma carroça. Em lugar disso, tinha carrinhos de mão, com o formato das antigas carruagens romanas, com os lados inclinados, disse um cliente e, todas as manhãs, às vezes às 3h30 da madrugada, Elias, Walt e Roy levavam os carrinhos para o ponto de distribuição, carregavam-nos com os jornais e voltavam para Santa Fé a fim de entregá-los. Aos domingos, quando os jornais eram demasiado grossos para serem todos acomodados nos carrinhos, os Disneys tinham de entregar uma parte da carga e depois voltar para buscar a outra. Efetivamente, isso impedia Roy e Walt de irem à igreja, mas Ruth afirmou que ela própria ia à escola dominical todas as semanas.

Com apenas nove anos de idade, Walt ficava preso à distribuição dos jornais. Nos dias de semana, levantava-se cedo, no escuro, para pegar sua cota de 50 exemplares e entregá-los – no primeiro ano a pé, no segundo, de bicicleta. Voltava para casa às 5h30 ou 6 horas, tirava um cochilo, depois levantava e tomava o café da manhã. Para ter algum dinheiro no bolso, já que praticamente não recebia, entregava remédios para uma farmácia ao longo de seu roteiro de distribuição de jornais e, finalmente, convenceu o pai a deixar que pegasse mais 50 jornais para vender em uma estação de bonde e, quando outros garotos o expulsaram da beira da calçada, começou a vender dentro do próprio bonde. Após terminar o trabalho no bonde, ia para a escola, embora nunca ficasse ali até o fim das aulas. Saía meia hora mais cedo para pegar os jornais vespertinos e distribuí-los. Às 3h30 da manhã seguinte, a rotina recomeçava. Aos sábados, além de entregar os jornais, coletava o pagamento. Aos domingos também tinha a dupla carga de trabalho.

A princípio, Walt ficou entusiasmado com a distribuição de jornais. Disse que gostava de ver os homens que cuidavam dos lampiões de rua desligarem o gás todas as manhãs enquanto ele entregava os jornais e acendê-los novamente durante a tarde. Mas seu entusiasmo se evaporou rapidamente. O Star concedera a distribuição a Elias com relutância, temendo que estivesse velho demais, e ele estava ansioso para não desapontar o jornal. Como Elias insistia em que os jornais deviam ser colocados debaixo de um tijolo, para que o vento não os levasse, ou, durante o inverno, atrás das portas contra o mau tempo,[12] ao invés de serem atirados na varanda, Walt tinha de subir o caminho da entrada de todas as casas até a porta. Às vezes, um cliente não via o jornal entre as duas portas, e Elias tinha de mandar Walt entregá-lo novamente. Foi pior depois que Roy se graduou no secundário e largou a entrega de jornais para trabalhar em um banco, e Walt assumiu a clientela do irmão. Elias contratou vários outros garotos, mas, com frequência, não eram confiáveis e, uma vez mais, Walt era despachado para entregar os jornais nas casas que os garotos haviam ignorado, e foi assim que convenceu o pai a lhe dar uma bicicleta. Antes disso, Elias fazia-o correr até as casas para cobrir as falhas na entrega.

Naturalmente era pior no inverno, quando Walt tinha de andar, laboriosamente, no frio e na neve, escorregando nos degraus congelados, frequentemente chorando por causa das pontas afiadas do gelo que, segundo ele, era obrigado a enfrentar. Alguns riachos que tinha de vadear eram tão profundos que afundava até o pescoço. Às vezes, quando o frio e o cansaço uniam forças, Walt caía no sono, encolhido embaixo de seu saco de jornais, ou no saguão de um edifício de apartamentos onde fazia entrega, e acordava com o céu claro e tinha de correr para completar o roteiro. A esse cenário de trabalho duro à Dickens[13] somava-se o fato de que Elias ficava com o dinheiro que Walt ganhava vendendo seus próprios jornais no bonde e o investia, de forma que, além de trabalhar como entregador da farmácia, o garoto começou a trabalhar em uma loja de doces durante as férias para ganhar dinheiro e comprar mais jornais para vender sem o conhecimento de Elias. "O resultado é que eu trabalhava o tempo todo", Walt disse a um entrevistador. "Quer dizer, eu não tinha uma hora em que pudesse brincar." Qualquer folga que tinha para brincadeiras era roubada da entrega de jornais; ele disse que entretia-se com brinquedos que encontrava nas varandas e, depois, os deixava exatamente como os tinha encontrado. Em seis anos de entrega de jornais, só perdeu cinco semanas de trabalho – duas, com uma gripe severa, a terceira em uma visita à sua tia Josie, em Hiawatha, Kansas, em 1913 ("ela se destaca na memória", escreveu para a tia, "porque foi uma das poucas férias que meu pai e minha mãe tiveram") e duas mais em 1916, quando chutou um pedaço de gelo com a bota nova que acabara de ganhar no Natal e foi espetado por um prego escondido no bloco de gelo. (Ele gritou por socorro, mas teve de esperar durante vinte minutos até outro entregador passar, quebrar

12 Storm doors, em geral, de vidro, para vedar o vento e a chuva, adiante da porta principal, mais resistente. (N.T.)

13 Charles Dickens, escritor inglês que retratou as duras condições de trabalho de mulheres e crianças durante a Revolução Industrial na Inglaterra. (N.T.)

o pedaço de gelo e levá-lo a um médico, que arrancou o prego com alicate e lhe deu uma injeção contra tétano.) Mesmo assim, passou a recuperação ajudando Elias a aumentar a casa da família em Bellefontaine – uma cozinha nova, mais um quarto de dormir e um banheiro para, finalmente, substituir o que ficava fora de casa.

Décadas mais tarde, mergulhado na névoa da reinterpretação, Walt diria que a entrega de jornais ajudou a forjar seu caráter: "Aprendi a valorizar qualquer folga que tivesse para usá-la em prol dos meus hobbies." Mas, em outros momentos, falava de como o roteiro de entrega e suas exigências – a rotina inflexível, a neve, a fadiga, os jornais perdidos – o traumatizaram e assombraram. Quarenta anos depois, ainda acordava suado, com pesadelos – achando que havia pulado alguns clientes e tinha de voltar correndo porque Elias podia estar esperando na esquina e descobrir a negligência. E lembrava o quanto de sua vida perdera em função do roteiro e o quanto tinha de trabalhar por uma recompensa tão pequena. Seu irmão Roy disse que por causa disso, Walt nunca aprendeu a agarrar uma bola do mesmo jeito que os outros garotos.

Além da opressão do roteiro de entrega dos jornais, havia a humilhação de, ao menos no início, ela mal prover dinheiro suficiente, forçando os Disneys a complementar sua renda. Durante o verão, Walt também entregava entradas de cinema e vendia sorvete no roteiro, e Elias combinou com os laticínios McAllister, de Marceline, que lhe enviassem manteiga e ovos, para que fossem revendidos para os clientes de jornal. E, quando estava muito doente para fazer as entregas, Elias fazia Walt faltar à escola para que ele e Flora cumprissem as entregas. Com tudo isso, os Disneys ainda conseguiam economizar. No Natal, Flora tirava as amoras que decoravam a árvore e fazia geleia com elas, e Walt dizia que seu presente mais memorável não foi nenhum brinquedo e sim o novo par de botas de couro com biqueira de metal que substituiu o velho par de sapatos que usava no roteiro. Ele disse que encontrar as botas embaixo da árvore de Natal foi "como um sonho que se tornou realidade!" Segundo Walt, ele "agora podia andar de cabeça erguida entre os amigos com justificado orgulho".

Ruth Disney afirmou que seu pai não era tão draconiano quanto Walt o fez parecer e que às crianças nunca faltaram os "confortos e as boas coisas da vida e alguns outros luxos". Dentro da família, porém, Elias era conhecido por uma frugalidade quase patológica. Walt diz que seu pai ia a pé a todos os lugares – "ele era um pedestre muito rápido" – para não ter de pagar o bonde. Segundo outro relato, quando um sobrinho dele, anos mais tarde, chamou-o a Glendale, na Califórnia, para ajudá-lo a construir uma casa, Elias ficou durante três meses e só gastou US$ 1, aproveitando a oferta dos corretores de imóveis de refeições grátis em troca de tomar conta das propriedades. Elias sempre pagava suas contas em dinheiro e nunca devia dinheiro a ninguém, e tentou impor aos filhos a mesma austeridade financeira. Walt claramente se ressentia de ter de entregar seu dinheiro ao pai – em uma ocasião, achou uma nota de US$ 20 e subornou um garoto vizinho que ameaçou contar a Elias – embora Roy tenha dito que Elias ficava com o que os garotos ganhavam apenas porque acreditava em "não deixar os filhos desperdiçar dinheiro. 'Eu tomarei conta dele para você – vou guardar e economizar para você.'"

A frugalidade, a disciplina, o silêncio e a recriminação sempre foram componentes da personalidade de Elias Disney. O homem que evitava divertimentos, nunca bebia ou praguejava e sempre rezava à mesa, mesmo que agora fosse à igreja irregularmente, orgulhava-se de sua moralidade severa, incutiu o temor a Deus nos filhos e nunca deixou ninguém duvidar de que ele era o chefe da família, aquele a quem os Disneys tinham de obedecer. Walt considerava o pai tão distante e teimoso que mal falava com ele. Como observou um colega de infância de Walt: "Toda a família Disney me parecia distante e inflexível".

Em Kansas City, no entanto, Elias tornou-se ainda mais mal-humorado e indiferente – um homem duro e difícil. Segundo Walt, "ele se tornou muito conservador... Houve, provavelmente, um dia em que foi uma força motriz, quando tinha ambição, mas, depois, chegou a uma idade em que começou a desanimar". Elias, com 55 anos, perdia rapidamente sua força. Isso podia ser visto em sua posição política. O homem que um dia correra atrás da pequena carruagem do populista Jennings Bryan para apertar-lhe a mão, o homem que se gabava de ser socialista em Marceline tornou-se um republicano, embora não tivesse abandonado a convicção sobre a luta de classes. O declínio também podia ser visto em seu estado de espírito. Desistira do violino, sua única diversão, quando cortou a mão em uma corda e não conseguiu mais segurar o instrumento.

Mas, acima de tudo, podia ser visto em seu temperamento. Ele sempre fora vulcânico. Quando voltaram para Chicago, Elias pôs Roy de castigo no quarto por alguma desobediência, depois foi até a macieira, cortou um galho e repreendeu o garoto. Segundo Roy, ele lhe disse: "Você terá de baixar as calças agora para levar uma surra." "Papai era assim. Ele nos dava surras por impulso." Walt dizia que o temperamento de Elias era "violento" e que não se podia discutir com ele sem desafiar sua ira. Até Ruth, que sempre defendia o pai, reconheceu que "ele tinha um temperamento forte", mas que "compensava isso de todas as maneiras".

Por mais irascível que fosse antes de Kansas City, Elias parecia ainda mais zangado após a mudança, e depois de outro desapontamento, e Walt, ao menos de seu próprio ponto de vista, tornou-se o principal alvo da raiva do pai. De fato, à medida que crescia, Walt Disney se tornava a antítese de Elias Disney, quase como se forçasse a si mesmo a ser assim como uma forma de rebelião. Enquanto Elias era tristonho, Walt, apesar de suas dificuldades e queixas, era alegre. "Era cheio de palhaçadas", lembrou-se Roy. "Estava sempre de coração leve. Cheio de brincadeiras e de alegria." Walt adorava pregar peças, especialmente no pai. Uma vez arranjou um balão de borracha, que colocou embaixo do prato de jantar de Elias e, depois, fez com que Flora apertasse uma bola de borracha para encher o balão. Os outros Disney explodiram em gargalhadas enquanto o prato subia e baixava, mas Elias continuou a tomar sua sopa, alheio a tudo. (Walt disse que, embora seu pai fosse "muito lento para entender uma piada", quando o fazia "ria até as lágrimas.") Walt também adorava disfarces, e um primo lembrou-se de uma visita a Kansas, quando "a maior diversão de Walt era vestir-se com roupas velhas para meter medo em minha irmã e meu irmão". Em outra ocasião, Flora atendeu à porta e encontrou uma mulher alta que lhe fez "uma série de perguntas tolas". Levou alguns instantes para Flora reconhecer que aquela "mulher" usava um de seus próprios e melhores vestidos. Walt tinha até pedido emprestado uma peruca e um chapéu e usado maquiagem para completar o disfarce.

Não era apenas o espírito brincalhão de Walt que contrastava com a severidade do pai. Enquanto Elias trabalhava duro e era dominador, Walt era cheio de entusiasmo – "se animava com tudo", disse um amigo. Até Elias concordava que Walt "fazia o que queria sem nunca pensar nas consequências. Sempre tocava suas ideias adiante quer dispusesse de meios ou não". Muitas pessoas o achavam encantador. Walt percebia o efeito que causava – era extrovertido e sedutor –, e trabalhava para refinar ainda mais essas características. Roy dizia que Walt sempre dava toda a sua atenção à pessoa com quem estivesse falando, o que "passava a impressão de um profundo interesse pessoal", e que, na família, era o único que se lembrava do aniversário de todos e sempre tinha um presente. Sabia também que seu efeito podia ser pacificador. Quando era mais jovem e Herbert e Ray ainda moravam na casa da família, na lembrança de Roy, eram os garotos mais velhos que realmente aguentavam o ímpeto da ira paterna. Walt, então, puxava uma cadeira, que colocava entre seu irmão Roy e Elias, e "simplesmente acalmava os demônios internos de papai. Papai não conseguia dominá-lo". Finalmente, Elias capitulava.

Na época em que viviam em Kansas City, porém, o charme não surtia mais efeito em Elias. "Chegou ao ponto", disse Walt, "em que dizer a verdade para o meu pai me rendia uma surra." Elias também ficava impaciente com ele. Quando estavam ampliando a casa de Bellefontaine, e Walt cometia um erro, Elias tentava atingi-lo com o lado da lâmina do serrote ou com o cabo do machado. Normalmente, Walt corria para a mãe enquanto o pai se acalmava. Mas um desafio, um grande desafio, aconteceu quando Walt estava com 14 anos. Elias o repreendeu severamente por sua insolência, e depois ordenou que descesse para o porão para levar uma surra. Roy puxou Walt de lado e lhe disse para resistir. Obedecendo ao pai, entretanto, Walt desceu para o porão. Elias o seguiu, gritando e agarrando um martelo para espancá-lo. Desta vez, seguindo impulsivamente o conselho do irmão, Walt imobilizou a mão do pai e tirou-lhe o martelo. "Ele levantou a outra mão, e eu segurei ambas as mãos", Walt se lembraria mais tarde. "E eu apenas as segurei. Eu era mais forte que ele. Fiquei apenas segurando. E ele chorou." Walt disse que o pai nunca mais o tocou a partir de então. Quebrado de tanto trabalhar, Elias era agora derrotado dentro da família também.

Era Flora o estabilizador dos Disneys – Flora que administrava o dinheiro de Elias, fazia a maior parte das roupas das crianças e costurava seus lençóis, cozinhava suas refeições e os estimulava a ler, era solidária com as crianças e sempre demonstrava autocontrole e temperamento suave e, por todas essas coisas, seria a pessoa amada na memória dos filhos. E era Flora, sozinha, que conseguia arrancar o marido do que as crianças chamavam de irritação e acalmar seus acessos de fúria, embora o fizesse cuidadosamente, sem nunca confrontá-lo ou tirar-lhe a autoridade. Walt disse que não podia confiar nela: "Eu não lhe contava nada porque ela não conseguia esconder nada do pai." Mesmo assim, achava que ela era uma santa.

Mas se era Flora quem levava a paz à família, Roy era o seu protetor – ou, ao menos, o protetor de Walt. Walt nunca foi próximo de Herbert ou Ray, que haviam deixado a casa paterna anos antes, embora ambos vivessem em Kansas City, e se referia a eles como "estranhos para mim durante toda a minha vida". Herbert se casou com uma garota do lugar e teve uma filha. Roy parecia não ter mais em comum com Walt que os outros, além do fato de ainda morar com os pais. Era oito anos mais velho que Walt e, dificilmente, seria um companheiro de batalha. Tampouco tinha temperamento igual ao de Walt. Embora nem de longe fosse tão melancólico quanto o pai, com quem se parecia muito fisicamente, não era entusiasmado ou pregador de peças ou extrovertido como Walt, e tinha muito pouco de seu charme. Mas Roy e Walt desenvolveram uma relação muito íntima, tão próxima que Walt parecia vê-lo menos como irmão que como um pai substituto, confiando nele como nunca poderia confiar em Elias. Os dois podiam discutir, e quando a noite caía, iam para a cama juntos e trocavam histórias.

Era fácil ver o que Walt ganhava com essa aliança – apoio. E Roy assumia de boa vontade o papel de pai, sentindo-se tão próximo de Walt quanto este se sentia dele.

Comprava brinquedos para Walt e Ruth com o dinheiro que ganhava como bancário, ou lhes trazia doces, ou anunciava que iam ao cinema. Brincava de atirar ferraduras em um pau fincado no chão, ou jogava cartas com eles. Roy nunca explicou por que protegia tanto seu irmão mais jovem, exceto para dizer que sentia que Walt era muito aberto, confiante e ingênuo, e precisava de alguém que cuidasse dele – na verdade, que não tinha bom senso. Anos depois, Roy falaria sobre o velho inventor da televisão, Lee de Forest, que tinha sido enganado e extorquido de tudo a que tinha direito, e fora forçado, nos anos de velhice, a pedir dinheiro a um amigo que trabalhava no estúdio Disney. "Eu realmente acredito que Walt teria sido derrubado por ladrões... Teria sido presa fácil da extorsão, como fizeram com Lee de Forest, e o que lhe dei foi um escudo." Mas nem tudo era autossacrifício. Roy saía ganhando também. Walt dava a Roy o que este não tinha e não poderia gerar por conta própria. Roy se alimentava da energia e do entusiasmo, e até da inquietação de Walt. Walt era o canal de fuga de um jovem comedido e cauteloso. Walt era a própria fuga de Roy.

••••

Enquanto isso, Walt encontrava alívio fora da família, duas portas acima na rua. Os Pfeiffers eram, segundo Walt Pfeiffer, "a verdadeira família" de Walt, e sua casa era o que Walt chamaria mais tarde, imitando tio Remus,[14] de seu "lugar de rir". "Minha própria família era muito séria, gente que trabalhava duro", escreveu Walt para um repórter, expressando sua vontade constante de viver em um ambiente mais exuberante. "Não havia infelicidade neles – eles apenas não estavam acostumados a brincar. Mas isso não acontecia com os Pfeiffers. Eles se divertiam com qualquer coisa que faziam, e estavam sempre juntos." Walt Pfeiffer foi mais direto: "O velho Elias não gostava de nada que tivesse a ver com diversão. Ele era meio 'carola', como dizíamos naqueles dias... Ele lia a Bíblia".

Na verdade, os Pfeiffers "adotaram" Walt, que escapou para dentro dessa família. Walt conheceu Walt Pfeiffer no quinto ano da escola Benton, antes mesmo que os

14 Uncle Remus, negro idoso, fictício, dos estados escravistas do sul dos EUA, que narrava contos parecidos com as *Fábulas de Esopo* e La Fontaine, compilados pelo jornalista Joel Chandler Harris. O primeiro dos sete livros de tio Remus saiu em 1881. (N.T.)

Disneys tivessem se mudado para o mesmo quarteirão em que viviam os Pfeiffers. Eles eram conhecidos então, mas a relação seria consolidada mais tarde, quando Walt Pfeiffer caiu de cama com caxumba, e Walt Disney, dando pouca atenção às advertências da Senhora Pfeiffer e dizendo que já tivera caxumba, foi para a casa dos Pfeiffers e ficou fazendo companhia ao adoentado, ensinando-o a desenhar. Os dois tornaram-se inseparáveis, passando o tempo juntos, desenhando ou brincando com o cachorro dos Pfeiffers, Brownie.

O maior laço entre eles não era, no entanto, a proximidade; era o exibicionismo. Como seus disfarces comprovavam, Walt Disney adorava atuar, assim como Walt Pfeiffer, um garoto de rosto redondo, tão extrovertido quanto o amigo. Na verdade, os Pfeiffers eram uma família de performáticos. O Sr. Pfeiffer era o tesoureiro da seção local do Sindicato dos Trabalhadores em Couro, mas seu verdadeiro amor era o *show business*, e o filho o chamava de "canastrão". Na casa dos Disneys, Elias, achando que Walt se tornaria um músico, insistia em lhe dar aulas de violino e lhe dava um tapa no ombro quando o filho errava. (Walt dizia que tinha "péssimo ouvido" para música, e as lições terminaram em mútuo desagrado alguns meses depois.) Mas o que era motivo de punição na casa dos Disneys, era razão de alegria na casa dos Pfeiffers. A irmã de Walt Pfeiffer, Kitty, tocava piano enquanto os outros cantavam, e acompanhava seu irmão e Walt quando os dois encenavam seus quadros cômicos. Walt gostava tanto dessas sessões que se esgueirava pela janela – ele recebia ordem de ir para a cama às nove para poder cumprir o roteiro de entrega dos jornais – e ia para a casa dos Pfeiffers se divertir, depois voltava silenciosamente. "Eu ia cansado para a cama", disse, "mas sabendo que a última hora e meia tinha sido a melhor parte do dia".

Walt já atuava na escola. "Faço qualquer coisa para chamar a atenção", dizia. No quinto ano, fez uma cartola de papelão, pintou-a de negro com graxa de sapato, desenhou uma verruga na bochecha, envolveu-se em um xale e entrou na sala como Abraham Lincoln. Ele tinha decorado o discurso de Gettysburg para recitar. Deliciado, o professor de Walt disse que ele seria um ator – "porque eu semicerrava os olhos em certas passagens" – e chamou o diretor, que, então, exibiu Walt em todas as salas de aula. Walt também encenava peças com seus colegas de classe. "Eu sempre arranjava algo em que 50 meninos pudessem atuar, porque os garotos sempre riam uns dos outros e, desta maneira, eu conseguia as risadas."

Logo os "dois Walters maus", como Pfeiffer e Disney chamavam a si mesmos, estavam atuando rotineiramente na escola. Com a Sra. Pfeiffer ensinando-lhes e ensaiando-os começaram a entrar nos concursos de talento realizados no cinema local

Agnes, e dependendo de como contava a história, Walt ora dizia que ganhara alguns prêmios, ou que os dois repartiram uma vez um prêmio de 25 centavos. (Pfeiffer disse que Walt também tinha de sair pela janela do quarto para essas excursões para que Elias não soubesse, "porque nós tínhamos um pouco de medo dele"). Às vezes, encenavam o que chamavam de ato "holandês", como Hans e Mike. Walt Disney vestia um velho casaco de decano, dos dias de igreja de Elias, e Walt Pfeiffer prendia em sua jaqueta vários crachás e medalhas que o pai juntava das convenções. Os dois cantavam canções e contavam piadas: "Minha irmã é uma princesa." "Como você sabe que sua irmã é uma princesa?" "Porque ela usa uma combinação de princesa." "Meu irmão usa uma jaqueta do sindicato, mas isso não o faz pertencer a um sindicato!" Depois ficaram fascinados com o ator cômico de cinema Charlie Chaplin, cuja popularidade estava em alta na época. Os garotos viam todos os filmes de Chaplin, não apenas uma, mas várias vezes, estudando-os, cuidadosamente, e depois discutindo sua técnica. Isso mudou o ato. Walt Disney agora fazia o papel de Chaplin. "Ele o fazia com perfeição", recordou-se um colega de infância, lembrando até de Walt "chutando o cigarro para trás", em um dos movimentos característicos de Chaplin. Walt Pfeiffer fazia o papel do conde, a nêmesis de Chaplin. "Nós sempre recebíamos mais palmas que quaisquer outros que imitavam Chaplin porque éramos jovens e formávamos uma equipe", disse Walt.

Mesmo sendo o ato amadorístico, e aplaudido, tanto pela juventude quanto pelo talento, Walt Disney se viu fisgado pela atuação artística – fisgado pelo prazer de representar, como fora fisgado em Marceline pelo reconhecimento de seu talento para o desenho. Essas performances, segundo Walt, provocavam nele "o mesmo efeito que o gosto de sangue em um leão": "Em outras palavras, eu gostava de atuar! Gostava do aplauso, dos prêmios em dinheiro que nos entregavam, gostava dos cheiros estranhos e das visões ainda mais bizarras por trás dos cenários." Começou até a pensar na atuação como carreira. Walt encontrou outra fuga no entretenimento.

Mesmo antes de Walt começar a pensar em uma carreira no *show business*, a escola se tornou uma preocupação menos importante para ele. Como em Marceline, fora colocado na mesma classe de sua irmã mais nova, e ambos, devido às vicissitudes do sistema escolar em Kansas, tinham sido obrigados a repetir o segundo ano, o que significava que a diferença de idade entre ele e seus colegas de classe era bem maior que um ano. O roteiro de entrega de jornais não ajudava. Walt frequentemente cochilava em classe, e os professores o descreveram mais tarde como "cortês", mas também "sonolento" e "preocupado" e "raramente interessado no engraçado negócio dos três 'erres'".[15] Um professor chegou a reservar-lhe o assento designado ao "segundo mais estúpido" da classe. Walt, obviamente inteligente, atribuiu sua desatenção mais à criatividade que ao desinteresse e chamou a si mesmo de "sonhador". Um colega de classe disse que ele estava sempre imaginando coisas. Walt admitiu que, "quando se sentava na sala de aula, ia para muito longe dali".

Walt também tinha algo de iconoclasta, mesmo que fosse apenas para chamar a atenção. Uma vez pegou um rato do campo, amarrou um cordão em seu pescoço e o levou para a sala de aula. Quando um de seus colegas gritou, a professora correu até a mesa de Walt e lhe deu um tapa no rosto. Walt, no entanto, não ficou nem um pouco ressentido. "Eu a amei ainda mais por isso", escreveu para a professora anos depois, sugerindo o quanto estava faminto de atenção. E, quando todos os outros garotos do sétimo ano fizeram artes manuais, Walt optou por ciência doméstica, especialmente administração do lar, com as garotas, carregando uma maleta azul com seus materiais de classe. Até Walt Pfeiffer achou isso um tanto incomum. "Os outros garotos riam dele por carregar a maleta para todos os lugares", lembrou Pfeiffer. "Isso mostra que ele era um pouco fora do comum." Mas Ruth disse que, em vez de se sentir castigado, Walt adorava ser o único garoto da turma. "Ele costumava vir para casa e contar como se divertia lá."

Isso pode ter sido um sinal de que Walt desejava um sentimento de comunidade, de ser parte de alguma coisa. Especialmente depois de perder o apoio que sentia em Marceline, Walt olharia para trás e veria seus dias na escola Benton com afeto e, frequentemente, não pela educação que recebeu lá, mas pela aceitação calorosa que experimentou. Recordava do diretor, James Cottingham, que não tinha pruridos em entrar, de repente, dentro de uma sala de aula e interromper a lição com uma história, e se lembrava dos professores – especialmente da Srta. Daisy Beck, a que lhe deu um tapa no rosto por causa do rato – que demonstravam preocupação, mesmo que Walt fosse, em sua própria descrição, um "retardado". (Ele continuaria a se corresponder com muitos até a morte deles.) Sobre Daisy Beck, em particular, falou na "grande paciência, compreensão e incrível fé" que depositava nele. O roteiro de entrega dos jornais impedia Walt de participar de atividades extracurriculares, mas ele contaria mais tarde, frequentemente, como Beck, treinadora da escola, junto a Cottingham, pressionaram-no a conseguir uma folga para poder participar do campeonato de corrida de

15 "Three Rs", reading, 'riting (writing) e 'rithmetic (arithmetic) (ler, escrever e aritmética), abreviatura dos três elementos considerados básicos do currículo da escola primária nos EUA. (N.T.)

revezamento. Walt acabou ganhando uma medalha na equipe de revezamento de 60 libras[16] e, provavelmente porque nunca teve nada de atleta, sempre cultivou a memória e o papel que Beck desempenhara, nunca deixando de mencionar seu nome sempre que conversava sobre seus dias em Benton.

Durante a maior parte do tempo, no entanto, o jovem Walt Disney estava isolado em seu próprio mundo – longe do roteiro de Elias e da escola. Os Pfeiffers e as representações proviam uma fuga para os aborrecimentos. O desenho continuava a representar outra, mais forte ainda. Ele nunca parou de desenhar. Na escola, segurava os livros como uma cortina para poder desenhar escondido. Passava horas decorando as margens dos livros escolares com figuras e depois divertindo os colegas, pois, ao folheá-los, dava a impressão de que os desenhos se movimentavam. Um dos colegas lembrou-se de tê-lo visto ir ao quadro-negro e fazer um retrato perfeito de Teddy Roosevelt com giz, enquanto um professor se lembrou de Walt desenhando flores e animando-as durante uma aula de arte. Sempre disposta a encorajá-lo, Daisy Beck fez com que desenhasse cartazes para os eventos escolares, e Walt Pfeiffer disse que Walt começou a fazer anúncios de desenhos animados em painéis de vidro para o cinema Agnes. Depois da escola e da entrega de jornais, enquanto a maioria dos garotos jogava basquete na quadra da escola, ele, Walt Pfeiffer e um ou dois outros garotos interessados em arte sentavam-se em um muro de pedra e desenhavam. Quando um grupo de garotos da vizinhança construiu um clube, Walt decorou-o com seus desenhos. Em casa, pegou o jornal socialista que o pai lia, *Appeal to Reason*, e praticou copiar as caricaturas do capital e do trabalho que o jornal trazia na primeira página até "conseguir fazê-las com perfeição".

Foi isso que os seus colegas de classe da Benton lembraram: Walt Disney desenhando. Ele desenhava constantemente. Desenhava mesmo que nem sempre fosse socialmente aceitável desenhar. "Era meio efeminado um cara desenhar", admitiu Walt Pfeiffer, mas isso não deteve Walt Disney. Ele desenhava, e desenhava bem para um garoto de sua idade. Desenhou até que isso se tornou seu principal traço de distinção na escola: Walt Disney, o artista. "Na sétima série, na aula da Srta. Beck", recordou um colega de classe, "todos sabíamos que você seria realmente um artista, um tipo de gênio... e quando ouvi dizerem uma vez que você não sabia desenhar, certamente os corrigi. Porque até mesmo no sétimo grau, você só sabia fazer isso."

---

16 Uma libra = 0,4535923 quilogramas. Os corredores tinham de pesar até 27 quilos. (N.T.)

E não foi somente na escola Benton que Walt atraiu atenção para a sua arte. Ele costumava passar algum tempo numa barbearia na rua 37 em seu roteiro de entregas, logo na esquina da rua onde morava, onde desenhava caricaturas preguiçosamente. Impressionado, o proprietário, Bert Hudson, ofereceu a Walt um corte de cabelo grátis em troca dos desenhos e, depois, quando Walt não precisava cortar o cabelo, dez ou 15 centavos. Mais importante que o dinheiro para Walt, Hudson pôs os desenhos em uma moldura especial e pendurou-os na janela, exatamente como Doc Sherwood pendurara o desenho de Rupert. "Era muito estimulante saber que meus esforços eram apreciados", Walt escreveria para Hudson mais de 30 anos depois, "rapaz, com que ansiedade eu esperava a exibição da semana – ou seria mensal, em sua loja". Alguns conhecidos lembraram que a loja ficou "coberta de desenhos", e um vizinho disse que, com frequência, via Walt sentado do lado de fora da loja fazendo as caricaturas. Até Elias admitiu que os desenhos se tornaram uma atração: "Os vizinhos iam até a loja 'para ver o que o jovem Disney tinha feito para aquela semana'". Obcecado pelo desenho e estimulado pela atenção que recebia, Walt acompanhava o pai aos escritórios do jornal *Kansas City Star* quando Elias apanhava jornais ou fazia algum negócio lá e subia ao departamento de arte ou à sala de impressão para observar os cartunistas, ocasionalmente recebendo orientação até do diretor de arte, Sr. Wood. Uma vez, criou coragem bastante para pedir trabalho, mas lhe disseram que o jornal estava cortando pessoal naquele momento e que não havia vaga disponível. "Foi um dia triste, acredite", lembraria Walt. Durante esse mesmo período, Walt, pela primeira vez, buscou educação formal. Embora Elias não compreendesse a paixão de Walt, nem tivesse afinidade alguma com esse tipo de arte, quando Walt fez 14 anos permitiu que o filho fosse às aulas de sábado no Instituto de Arte de Kansas City, no edifício da Y.M.C.A.,[17] no centro da cidade, onde o garoto não apenas desenhava, como aprendia rudimentos de escultura e modelagem.

Exatamente quando contemplava a possibilidade de uma carreira como artista e recebia elogios por suas representações, Walt começou a pensar em ser cartunista de jornal. Admitiu que, na época em que se formou na escola Benton – a escola só ia até a sétima série – havia perdido o interesse em tudo, exceto desenhar e atuar e que "chegar até o sétimo ano foi um dos testes mais difíceis de todo o meu limitado período na escola". Quando Walt recebia seu diploma, em junho de 1917, Cottingham, que fazia um breve comentário divertido sobre cada um dos alunos, disse

17 ACM: Associação Cristã de Moços. (N.T.)

de Walt: "Ele o desenhará, se você quiser", sublinhando o quanto a arte se tornara parte de sua identidade. (Walt chegou até a desenhar dois retratos de garotas com chapéus de abas largas ao estilo do famoso ilustrador Charles Dana Gibson, no livro de formatura de sua irmã.) Além do diploma, Cottingham também lhe deu um prêmio de US$ 7 por um personagem cômico que Walt Disney desenhou. "Ainda sinto mais orgulho daquele dinheiro que de qualquer dinheiro que ganhei desde então", disse Walt ao *Kansas City Journal Post* quase vinte anos depois. "Eu realmente acho que foi o que iniciou minha carreira de artista."

Então, Elias Disney escapou novamente. Durante anos vinha investindo seu dinheiro – e o de Walt também – em uma companhia de geleias e sucos de frutas de Chicago, chamada O-Zell. Em março, vendeu o roteiro de entrega de jornais – segundo relato, ganhou US$ 16 mil na venda – e comprou cotas adicionais da O-Zell, com a intenção de voltar para Chicago e chefiar a construção e manutenção da fábrica da companhia, obviamente sentindo que, desta vez, poderia, finalmente, encontrar o sucesso que fugia dele há tanto tempo. Aos 57 anos, esta seria, quase certamente, a última chance que teria de rivalizar com o irmão. Quando Elias e Flora partiram, Walt ficou para trás, para ajudar o homem que havia comprado o roteiro de entrega, e viveu com o irmão Herbert, que se mudou para a casa na Bellefontaine com a esposa e a filha de um ano. Quando a transferência do negócio foi completada, Walt, por sugestão de Roy ou de Herbert, assinou um contrato com a Van Noyes Interstate News Company e passou o resto do verão como vendedor de jornais, doces, refrigerantes e tabaco para os passageiros do trem de Santa Fé, na viagem entre Kansas City e Spiro, em Oklahoma. Roy, que providenciou os US$ 15 para a afiliação do irmão à companhia e que durante um verão fora vendedor também, achou que isso seria "educativo" para ele.

Aconteceu que, de fato, foi. Embora Walt simplesmente gostasse da ideia de ficar em um trem – algumas vezes subornava o maquinista com um pedaço de tabaco para poder viajar no carro que levava o carvão; outras vezes sentava-se no vagão de materiais, olhando para as máquinas e sonhando em acendê-las – queria conhecer Colorado e Oklahoma e, substituindo outros vendedores, se aventurou para o leste até o Mississippi. Ficou particularmente impressionado com os vagões-leito Pullman e, anos depois, segundo um dos roteiristas que trabalhavam para ele, se lembraria "da elegância desse mundo de sofisticação e veludo que viu pela primeira vez". Ele também recebeu uma breve educação sobre o turbulento mundo dos negócios. Uma vez, um grupo de soldados a quem tinha vendido refrigerantes se recusou a lhe devolver as garrafas, com as quais fazia seu lucro. (Walt teve de chamar o chefe do trem para forçá-los a pagar.) Outra vez, Walt foi encher a cesta de artigos durante uma parada em Lee's Summit, no Missouri e, ao voltar, descobriu que os carros tinham sido desengatados da locomotiva na estação e suas garrafas tinham ido com eles. Também afirmava que havia "fraude" e que recebia fruta podre em sua cesta, mas Roy atribuía as perdas ao próprio descuido de Walt. "Ele andava para cima e para baixo no trem, deixava o armário destrancado e, quando voltava... muitas garrafas vazias de Coca-Cola e alguns doces tinham desaparecido." Walt admitiu que comia os lucros. Dois meses depois pediu demissão.

Nessa altura, Roy havia partido. A América entrou na I Guerra Mundial na primavera daquele ano,[18] e Roy ingressou na Marinha apenas catorze dias depois da formatura de Walt, que também foi embora no verão, para reunir-se aos pais em Chicago. Sempre diria depois que, apesar de ter nascido em Chicago, era um missouriano por temperamento e, normalmente, apontava para sua infância em Marceline como a pedra fundamental de sua vida, mas os seis anos em Kansas não foram menos instrutivos. Se Marceline foi onde Walt Disney forjou sua fantasia, Kansas City foi onde forjou sua mitologia pessoal – o que um estudioso chamou de "os capítulos iniciais de uma história americana de sucesso, onde o bem triunfou sobre o mal e o progresso sobrepujou a adversidade". Embora Ruth, especialmente, fosse contradizer a visão sombria do irmão sobre a família Disney, e o próprio Roy, que, apesar de confirmar a descrição do distanciamento e do temperamento do pai, disse, no entanto, que a vida doméstica da família Disney era "maravilhosa", descartando as afirmações de que Walt havia sofrido maus-tratos e negligência, Walt, um melodramático desavergonhado, choraria as privações de sua infância em Kansas City – as dificuldades do roteiro de distribuição de jornais, a rigidez do pai, a necessidade de buscar alívio no palco ou no bloco de desenho. Verdadeiro ou falso, ele concebeu os primeiros anos de sua vida em termos dickensonianos, com a gentileza dos Pfeiffers, de Daisy Beck e Bert Hudson funcionando como alívio para o fardo. Para Walt Disney, Marceline tinha de ser recapturada, mas Kansas City, o sofrimento contra o qual sua vida se chocara, tinha de ser lembrada para mostrar de onde ele se erguera. Em Kansas City, Walt Disney não apenas começou a direcionar sua fuga; ele começou a criar a própria identidade Walt Disney – a ideia de alguém que venceu a pobreza, as dificuldades e a indiferença.

---

18 6 de abril de 1917. (N.T.)

IV

Apesar das declarações dos filhos sobre a frugalidade do pai, Elias Disney não guardava todo o dinheiro. Em vez disso, provavelmente sob a supervisão do irmão Robert, continuou a investir e a especular na esperança de ainda poder ficar rico, mesmo em sua idade avançada. Não se sabe bem como ele acabou investindo na O-Zell Company, mas a firma, que se tornara uma corporação no Arizona, com matriz em Chicago, tinha um escritório em Kansas City, além de um armazém onde estocava equipamento. Mas sem entrar no mérito de como a firma lhe chamou a atenção, Elias começou a investir pouco depois de chegar a Kansas City – e a investir pesado. Flora comprou cem ações em abril de 1912, e Elias comprou mais duas mil poucas semanas depois. Em maio de 1915, comprou mais 1.054 ações e outras 3.700 em setembro daquele ano. No ano seguinte, comprou 50 ações com as economias de Walt e mais 275 ações para si mesmo – tudo a US$ 1 por ação. Em dezembro de 1916, com os funcionários da O-Zell queixando-se de "dificuldades" nos negócios, de um embargo do frete e da "falta de capital", Elias concordou em investir mais US$ 3 mil e se mudar para Chicago a fim de trabalhar na fábrica sob a condição de que Walt fosse colocado na folha de pagamento "um pouco mais tarde".

Quando chegou a Chicago no fim do verão, passando por Marceline no caminho, Walt se registrou como calouro na William McKinley High School, no West Side de Chicago, não distante da casa dos Disneys, na avenida Ogden. Mas McKinley, como Benton, despertava-lhe pouco interesse. O desenho, sim, e Walt mergulhou nele com a mesma alacridade com que o fizera em Kansas City. Mal completara um mês na McKinley, quando a revista da escola, *The McKinley's Voice*, anunciou: "Walter Disney, um dos recém-chegados, demonstrou um talento artístico incomum, e se tornou cartunista da *The Voice*." Um dos gerentes de circulação da revista disse que estava sempre escrevendo justificativas para que Walt pudesse faltar às aulas para desenhar. "(Já naquela época", o gerente escreveu para Walt mais tarde, "era a paixão de sua vida!") Walt parece ter ficado a maior parte daquele ano desenhando caricaturas para *The Voice*, muitas delas com conteúdo político, comentando a guerra: uma paródia de Marco Antônio fazendo o discurso fúnebre de César foi ilustrada com um grupo de homens de roupas vistosas de pé sobre o cadáver do Kaiser; outra caricatura atacava as pessoas ociosas, com dois homens, um com chapéu de panamá, o outro de cartola, zombando de um soldado de infantaria ferido com a legenda: "Suas férias de verão. Trabalhe ou lute. Você fará as duas coisas?" Um colega de classe lembrou-se de Walt fazendo esboços de vinhetas cômicas "mesmo quando o professor pensava que todos fazíamos coisas comuns, como o trabalho de casa", enquanto outro se recordou da mesa de Walt, abarrotada de desenhos de lindas garotas dançando. Sua irmã afirmou que, durante os encontros sociais da escola realizados todas as quintas-feiras à tarde, ele se levantava e desenhava, e outro estudante lembrou de Walt entretendo os colegas de classe, mostrando-lhes o desenho de uma cabeça de homem em uma grande folha de papel e, depois, virando-o de cabeça para baixo para mostrar outro rosto inteiramente diferente. Walt era tão excepcional em ilustração que, quando sua professora de arte lhe passou o trabalho de casa de desenhar o corpo humano e Walt apresentou-lhe um desenho perfeito, ela pensou que ele o copiara e ordenou-lhe que fizesse outro na frente da classe. Ao descrever os estudantes com epítetos de uma ou duas palavras, *The Voice* chamava Walt simplesmente de "artista".

E, quando não estava desenhando, estava pensando nisso. De vez em quando faltava à escola e ia para o Instituto de Arte ou se demorava em frente às redações dos jornais: "de boca aberta, observando as coisas fascinantes (ao menos, para mim) que aconteciam, e esperando que, algum dia, eu também fizesse parte da equipe de um grande jornal." Ele reverenciava um cartunista do *Chicago Tribune* chamado Carey Orr, que desenhava uma tira de quadrinhos chamada *A pequena Trib*, que sumariava as notícias do dia em ilustrações cáusticas, e Walt começou a desenhar uma paródia por conta própria chamada *A pequena voz*. No inverno, estimulado por um dos editores da *The Voice*, tinha aulas três vezes por semana no centro da cidade, na Academia de Belas Artes de Chicago, no edifício The Willoughby, onde Orr ensinava. Walt levou o pai a pagar pelas aulas, convencendo-o de que tinham valor educacional. Foi a primeira vez que Walt trabalhou com modelos vivos, e ficou tão envolvido no processo que não parava de desenhar nem para ir ao banheiro. Mas, apesar das aulas, Walt percebeu que jamais seria um grande artista e que seu talento estava na caricatura. O que mais o entusiasmava na academia era ter uma aula de caricatura com LeRoy Gossett, que trabalhava para o *Chicago Herald*. No fim, Walt foi às aulas na academia por um curto período apenas – provavelmente até a primavera de 1918 –, mas, depois, disse que o período lá tinha sido, sem dúvida, "o momento decisivo" de toda a sua carreira.

Então, percebendo talvez o quanto eram pequenas as chances de conseguir trabalho em um jornal, ele ainda não abandonara completamente a ideia do *show business*. Aproveitava todas as oportunidades para desenhar, mas também encomendou livros sobre mágica, com a ideia de fazer truques no palco. Ao mesmo tempo, ele e um colega calouro da McKinley, chamado Russell Maas (o epíteto que a *McKinley Voice* lhe deu foi "Pequeno", o que pretendia ser irônico, uma vez que Walt o descreveu como grande e alto), formaram uma dupla burlesca, como a que Walt fizera com Pfeiffer, mas quando foram fazer um teste em um teatro decadente numa noite de sábado, foram imediatamente dispensados. Walt admitiu que ficou arrasado. Começou até a pensar na fotografia como carreira alternativa.

Na verdade, como um recém-chegado em Chicago, sem amigos ou posição segura, ele perdera um pouco de sua extroversão de Kansas City, o que pode explicar seu fracasso no palco. Enquanto um conhecido de Kansas dizia que Walt era um "'garoto convencido e esperto', inclinado a atitudes ligeiramente esnobes", a editora da *The Voice* o descrevia como "extremamente tímido e reservado", possivelmente porque – ela suspeitava – ele era mais velho que seus colegas de classe, e disse que, quando Walt apresentava seus desenhos, "literalmente fugia de cena". Com as garotas era, normalmente, tímido e, apesar de sua irmã Ruth ter dito que ele era "um tanto mulherengo" e que uma vez o viu de braços dados com duas garotas, isso, provavelmente, ocorreu mais em função do quanto elas se sentiam atraídas por ele – era um bonito adolescente – que pelo fato de Walt sentir-se confortável na companhia delas. A amiga de um dos editores da *The Voice* sentiu-se atraída por ele, mas foi incapaz de fazê-lo descontrair-se. Quando ele, de fato, começou a namorar, foi com uma colega de classe chamada Beatrice Conover, mas a relação parecia mais social que romântica, com os dois trocando histórias de fantasmas ou correndo pelo parque Humboldt. Ela pensava nele como "o animado e cabeça fresca Wally", embora também tenha descrito seu hábito de ranger os dentes, o que significava que ele já não era tão "cabeça fresca".

Conover estava convencida de que Walt seria famoso um dia e lhe disse isso, mas quando a escola fechou no verão, ele não buscou nem o desenho, nem o *show business*. Em vez disso, arranjou trabalho na fábrica O-Zell, construindo caixas, esmagando maçãs para obter pectina (um dos ingredientes das geleias) e tomando conta de uma máquina de lavar e tampar os vidros de geleia. Às vezes, substituía alguém como vigia noturno. Era um trabalho pouco inspirador, até aborrecido, mas Sarah Scrogin, a jovem esposa do presidente da O-Zell, viu seus desenhos e o estimulou, chegando a comprar alguns. Ela também encarregou Walt de desenhar o cartaz para o piquenique anual e deu-lhe tempo durante o trabalho para fazê-lo. Anos depois, ela se lembrava de ter sentado ao lado de Flora e discutido o potencial de Walt como artista.

Em julho, entretanto, deixou o trabalho na O-Zell por outro no correio como entregador de correspondência substituto. (Adorava contar como, inicialmente, lhe foi negado o emprego porque parecia jovem demais para a responsabilidade. Então, foi para casa, trocou de roupa, desenhou um bigode em si mesmo, pôs um chapéu em lugar da boina, voltou e falou com o mesmo homem, e obteve o emprego.) Ele chegava ao posto dos correios no centro da cidade às sete da manhã, pegava a correspondência e a entregava, e voltava às três ou quatro da tarde. Embora já pudesse ir para casa, frequentemente fazia o roteiro de entrega especial, ou pegava um cavalo e a carroça ou o caminhão branco Ford e coletava a correspondência das caixas. Aos domingos, pegava um grande saco dos correios e tomava o metrô para o Grand Avenue Pier a fim de recolher os cartões postais. Ganhava 40 centavos por hora, o que descrevia como uma "corrida do ouro para mim". Alguns dias, quando terminava a entrega e não havia mais trabalho, pegava o metrô de superfície até o terminal na rua 35, vestia o uniforme e trabalhava como porteiro, enchendo os carros e fechando as portas – trabalhando, tipicamente, de doze a treze horas por dia, no total. "Era excitante andar naquela coisa", disse mais tarde.

Em meio a essas sensações, no entanto, uma disputa naquele verão quase lhe custou a vida. Em 3 de setembro, Walt acabara de completar seu roteiro e estava caminhando pelo posto do correio no edifício Federal de Chicago, quando ouviu um barulho que descreveu como "VRUMMMM!!!!" – uma explosão ensurdecedora que sacudiu o piso. No saguão, caía pó de todos os lados. A polícia imediatamente fechou o edifício. Descobriu-se que alguém havia plantado uma bomba, ferindo 30 pessoas e matando quatro, inclusive um homem que trabalhava a duas mesas de distância de Walt. As autoridades discutiam se os criminosos eram radicais que esperavam libertar o cabeça da ala esquerda do sindicato trabalhista Industrial Workers of The World, William Haywood, que estava preso no 18º andar do edifício, ou anarquistas, ou ainda alemães tentando lançar suspeita sobre o IWW.[19]

Os alemães estavam na mente de cada americano no verão de 1918, com o país em guerra com a Alemanha e tropas americanas na Europa. Walt pensava na Alemanha também. À medida que o fim do verão se aproximava, ele não tinha planos de retornar à escola, escrevendo mais tarde para o diretor Cottingham que se sentira "desgostoso" durante seu ano na McKinley, embora não tivesse outros planos. Caminhando um dia ao longo da praia com Bea Conover, Walt perguntou-lhe se ele deveria comprar uma câmera de cinema ou uma canoa com a poupança do seu trabalho no correio. Quando ela disse uma canoa, ficou "desapontado", mas, de qualquer maneira, deu entrada em uma câmera. Começou por filmar a si mesmo como Chaplin na rua atrás da casa de

19 Meses depois, uma mulher denunciou seu ex-marido, um membro da Mão Negra, gangue do crime organizado, de ter planejado o envio da bomba pelo correio, o que foi feito por seu próprio irmão. *The New York Times*, 24 de dezembro de 1918. (N.A.)

seus pais, com seu amigo Russell Maas provavelmente girando a manivela, e depois teve a ideia de fazer filmes para crianças. Mas, antes que pudesse realizar o projeto, a câmera foi tomada de volta pela loja.

Embora namorasse o entretenimento, contraíra o vírus da guerra. Dois de seus irmãos já estavam prestando serviço militar; Ray tinha sido convocado para o exército, e Roy, que se alistara voluntariamente, encontrava-se na estação naval Great Lakes, fora de Chicago. Walt disse mais tarde que se sentiu cheio de ímpeto patriótico quando viu Roy no depósito de trem em Chicago, durante uma visita que tinha feito naquele ano ao irmão, e o oficial, confundindo Walt com um dos soldados, ordenou que trocasse de roupa. O sentimento só aumentava quando lia as cartas de Roy. "Eles estavam tocando os clarins e isso era ainda mais patriótico", recordaria mais tarde. "Eu simplesmente tinha de entrar lá." Embora fosse menor de idade, apenas 16 anos, Walt admitiu sentir-se envergonhado por permanecer em casa enquanto outros marchavam para a guerra; disse a Ruth que não queria que seus netos lhe perguntassem por que não fora lutar. E também não se deve subestimar a atração do próprio uniforme. Walt, que fora auxiliar de pastor na McKinley, assim como carteiro, porteiro de metrô e vendedor de trem com um paletó com botões dourados de latão, adorava vestir uniformes. Como Walt disse a respeito de Roy: "Ele ficava bem naquele uniforme de marinheiro".

Até mesmo antes de ir trabalhar nos correios, Walt tentara alistar-se na Marinha com Maas, mas ambos foram rejeitados por serem muito jovens. Em seguida, tentaram alistar-se nas forças canadenses, mas Maas, que usava óculos, foi rejeitado por causa da visão deficiente, e Walt não queria prestar serviço sem ele. Rechaçados, ambos se candidataram a um emprego nos correios, onde se viam pressionados, todos os dias ao meio-dia, por bandas com cornetas e tambores, do lado de fora, na rua, conclamando os homens a se alistarem. Foi Maas quem teve a ideia de juntar-se ao Corpo de Ambulâncias da Cruz Vermelha, pois a Cruz Vermelha não era tão rigorosa quanto as forças armadas, e a idade permitida para alistamento era 17 anos, não dezoito, como nos serviços regulares. (Walt disse que a Cruz Vermelha atraía os que eram jovens demais, velhos demais, ou incapacitados demais para o serviço militar.) Como tinham apenas 16 anos, alistaram-se sob nomes falsos, como os irmãos St. John, mas a artimanha não deu certo. Eles ainda precisavam da assinatura dos pais para certificar a idade e, de qualquer maneira, a mãe de Maas achou um par de meias em sua mala de viagem, suspeitou de que algo estivesse acontecendo e alertou Flora. Depois que Walt confessou, Elias se recusou a assinar os papéis. "Se eu fizesse isso", disse, "poderia estar assinando sua sentença de morte." Flora não estava mais ansiosa que o marido para mandar o filho caçula para a guerra, mas Walt implorou, e ela, finalmente, cedeu, assinando por ela e por Elias e dizendo que, se não assinasse, provavelmente Walt fugiria. Flora, evidentemente, não sabia que Walt, com 16 anos, ainda era muito jovem para o Corpo de Ambulâncias, então, depois que a mãe assinou o certificado, ele converteu o último número de 1901, seu ano de nascimento, em um zero e, no dia 16 de setembro, alistou-se.

Ele só pensava na guerra como uma aventura. Foi destacado para o Acampamento Scott, as novas instalações de treinamento da Cruz Vermelha, no South Side de Chicago, perto da Universidade de Chicago, em terrenos onde, antes, existira um parque de diversões e um rinque de patinação. O treinamento pedia uma semana dirigindo ambulâncias e caminhões, outra semana em oficinas, aprendendo como montar e desmontar um carro, e duas semanas mais de exercícios militares antes de zarpar para a França. Nem bem Walt chegou ao acampamento, escreveu para a amiga de Beatrice, Virginia Baker, dizendo que estava "se divertindo lá", que tinha encontrado "muitos velhos amigos" e que já havia feito "novos amigos". Em poucos dias, porém, contraiu a influenza, uma epidemia que logo daria volta ao mundo e resultaria em 20 milhões de mortes. Como os hospitais eram considerados lugares não seguros, Walt foi levado de ambulância para casa para se recuperar. Quando isso aconteceu, três semanas depois sua companhia partiu para a França. Walt voltou para o acampamento Scott em 4 de novembro e foi mandado de trem para o Acampamento King, em South Beach, Connecticut, para aguardar transporte para a França como parte da Companhia A, Seção Automotiva e Mecânica. Enquanto estava no Acampamento King, em tendas armadas em Ye Olde Greenwich Inn, um local de férias vazio, recebeu notícias que para ele foram terrivelmente decepcionantes: fora assinado um armistício e a guerra acabara. "Nunca vi um bando mais deprimido que o nosso", lembraria. "Todos os demais celebravam o fim da guerra, mas nós sabíamos que tínhamos ficado de fora de algo muito importante." Walt convenceu-se de que agora seria mandado de volta para casa, mas a companhia foi acordada às três da manhã e informada de que 50 deles iriam para a França para ajudar na ocupação. Walt sempre afirmou que o dele foi o último dos 50 nomes chamados e que voltou para dormir em desespero por não poder partir para a Europa, quando seus compatriotas o despertaram com a notícia.

Na manhã seguinte, os 50 rumaram para a Europa em um navio de transporte de gado que passara por uma reforma, o Vaubin, carregado de munição. Os voluntários estavam tão exultantes que faziam piadas com a possibilidade de explodirem. Chegaram a Cherbourg em 30 de novembro e encontraram a baía fechada por um barco que afundara. Partiram então para Le Havre, onde desembarcaram do navio e seguiram em um trem para Paris e ali, transferidos para caminhões em que viajariam para um posto distante da Cruz Vermelha, em St. Cyr, perto de Versalhes. Não foi uma apresentação auspiciosa da França. A comida era execrável. As noites eram frias, e o castelo em que foram alojados não tinha aquecimento. Walt teve de embrulhar-se em jornais antes de enrolar-se no lençol. St. Cyr também era perigoso: um grupo de soldados argelinos desmobilizados havia se organizado como uma equipe de trabalho e, de vez em quando, se esfaqueavam. Mas, em meio a tudo isso, Walt, pequeno, com cara de jovem e parecendo mais jovem ainda, celebrou seu 17º aniversário logo depois da chegada, brindando com uma rodada de licor de romã para os voluntários mais jovens e de conhaque para os mais velhos e, para isso, teve de penhorar um par de sapatos. Na semana seguinte, a companhia foi despachada de caminhão para Paris para aclamar o presidente Woodrow Wilson em sua aparição na conferência de paz. Walt teve de içar-se a uma árvore para conseguir dar uma olhada nele.

Embora a França estivesse se recuperando da devastação e da morte, Walt, que antes de seu alistamento nunca estivera mais a oeste que o Colorado, nem mais a leste que o Mississippi, parecia encarar o dever na Cruz Vermelha como outra rota de fuga. Depois da doutrinação em St. Cyr, foi transferido para o hotel Regina, perto do Louvre, em Paris e, depois, para o hospital de evacuação nº 5, na pista de corrida de Longchamps, em Auteuil, onde o campo interno estava cheio de barracas com homens feridos que passavam por uma triagem que iria mandá-los de volta para a América, para a Inglaterra ou para hospitais de base na costa francesa. Ficou pouco tempo ali, antes de ser mandado de volta para Paris, onde estava a frota de veículos militares, e ali jogou pôquer e foi chofer da Cruz Vermelha e de oficiais. Esses deveres permitiram-lhe conhecer a cidade. Foi transferido, então, para Neuilly, vizinha a Paris e, no início de fevereiro, foi transferido novamente, desta vez para o hospital nº 102 em Neufchâteau, situado em pleno campo, cerca de 150 milhas a leste de Paris, uma pequena cidade rural, classicamente gaulesa, com ruas calçadas de pedras estreitas, lojas fechadas com persianas pitorescas, edifícios muito juntos e uma igreja cuja torre dominava o horizonte.

Embora a Cruz Vermelha operasse o hospital, entre 70 e 80 leitos eram usados, prioritariamente, para isolar pacientes contagiosos que pudessem infectar as tropas americanas, e Walt tinha pouco contato com os doentes. Durante a maior parte do tempo percorria as cantinas que serviam soldados substitutos que passavam por Neufchâteau de trem, a caminho da Alemanha, ou dirigia o carro da cantina, transportando as garotas que trabalhavam ali para os alojamentos, ao comissariado para buscar provisões, pelas fazendas em busca de ovos, ou até, ocasionalmente, para piqueniques, especialmente quando havia visita de dignitários. (Ele se tornou um guia turístico tão habilidoso que logo estava sendo requisitado.) A proprietária da cantina e chefe de Walt era uma enfermeira corpulenta, de meia-idade e óculos, nascida em Nebraska, chamada Alice Howell, cuja principal responsabilidade era fazer todos os dias 600 rosquinhas para os soldados que passavam por lá e depois distribuí-las enfiadas em duas longas varas, uma em cada mão. Os soldados iam passando e tirando as rosquinhas. Walt amava Howell. Ela se tornou sua mãe substituta na França e a fonte de sua mais estimada lembrança de lá. Por coincidência, Howell era uma grande amiga do general John J. Pershing, o chefe da Força Expedicionária Americana. Pershing, que crescera perto de Marceline, era o herói de Walt. Por causa das relações de sua família com Howell, o general, alojado no quartel-general perto de Chaumont, mandou o filho de dez anos para a cantina de Howell uma tarde, para um piquenique. Embora o garoto tivesse chegado de limusine, insistiu em ir no velho Ford de Walt para Domrémy, lugar de nascimento de Joana d'Arc, onde comeram frango frito sentados na grama em frente ao santuário. Walt sempre lembrou com profundo afeto daquele dia com o filho de Pershing, e tinha muito carinho por Howell por torná-lo possível. Como fez com seus professores na escola Benton, manteve correspondência com Howell até a morte dela e, em troca, ela lhe mandou a bandeira que ondulava acima da cantina.

Ao escrever para Howell anos depois, Walt recordaria aqueles dias em Neufchâteau com "uma mistura de alegria e tristeza", mas as tristezas pareciam raras. Ele achou os franceses cordiais até que a conferência de paz começou a virar contra eles, e eles se tornaram cada vez mais hostis em relação aos americanos; uma vez uma garota francesa agarrou seu chapéu e tirou-o de sua cabeça e, outra vez, ele se viu envolvido em uma briga. Quanto aos alemães, seu único contato com eles aconteceu quando estava conduzindo um grupo de prisioneiros de guerra; foram atacados por crianças francesas que atiravam pedras. Fora isso, brincou em um cartão postal que enviou para casa, dizendo que estava "fazendo algo que raramente fazia – 'trabalhar'".

Seu mais movimentado incidente aconteceu quando estava dirigindo um caminhão cheio de açúcar e feijão rumo a Soissons. Nevou durante a viagem, e queimou um mancal do caminhão. Ele mandou um colega pedir ajuda, depois passou os dois dias seguintes na cabana de um patrulheiro da estrada de ferro esperando socorro. Como o colega não voltara, Walt caminhou até a cidade para fazer uma refeição, dormiu, e caminhou de volta, dando por falta do caminhão. O colega fora para Paris, onde desmaiara, bêbado, antes de informar sobre o incidente. Quando uma equipe de resgate finalmente chegou, Walt saíra em busca de sua refeição, e a equipe levou o caminhão embora. Walt enfrentou uma comissão de inquérito, mas, graças a um sargento compreensivo, foi liberado, com apenas uma reprimenda por deixar o posto.

Quando não estava dirigindo ou em pequenas viagens, fazia o que sempre fizera. Desenhava – cenas cômicas para o cardápio da cantina, apresentando um personagem que havia inventado, um soldado de infantaria, cartazes anunciando chocolate quente e chuveiro para os soldados, desenhos nas janelas de lona das ambulâncias, caricaturas de seus colegas voluntários para que enviassem para as suas garotas e famílias, pelas quais Walt cobrava, caricaturas para os editoriais da *McKinley Voice* e para os amigos nos Estados Unidos com sentimentos ásperos, como, por exemplo, uma em que um soldado da Força Expedicionária Americana empurrava o kaiser alemão de um penhasco e dizia: "Caia fora e fique longe", e até tiras de quadrinhos. Ele desenhava sentado em um tripé, que montou na base militar, sob a janela, e em seu caminhão. "Descobri que dentro ou fora de uma ambulância é um lugar tão bom para desenhar quanto qualquer outro", lembraria. Pedindo ideias a seus companheiros, começou a enviar caricaturas para a *Life* e a *Judge*, então as mais populares revistas cômicas da época, mas só recebia pequenos bilhetes amarelos de rejeição. Teve mais sorte quando um soldado francês desmobilizado foi designado para cuidar de seus alojamentos, e Walt copiou a Cruz de Guerra do soldado em sua própria jaqueta de couro como brincadeira. Impressionados com o desenho, muitos de seus companheiros de alojamento queriam uma Cruz de Guerra pintada na jaqueta, e Walt ganhava 10 ou 15 francos por desenho. Ganhou mais ainda quando um de seus colegas, um garoto da Geórgia apelidado de "Invasor", percebeu que as tropas substitutas que vinham a Neufchâteau estavam desejosas de comprar suvenires. Combinou, então, com Walt, que desenhasse camuflagem nos capacetes germânicos que encontrava nos depósitos de lixo do lado de fora da cidade. Depois, o Invasor os esfregava no solo, disparava uma única bala neles e os vendia como autênticos botins de guerra, dando a Walt uma parte do dinheiro.

Apesar de toda essa diversão na França, Walt sentia cada vez mais saudade de casa. "A França é um lugar interessante", escreveu para *The McKinley Voice*, "mas, mesmo assim, quero ir para...", e inseriu na carta uma caricatura de um homem gritando, "Oh! Eu quero voltar para a minha mamãe". E assinou "seu velho artista". Nessa época, Ray e Roy já haviam deixado o serviço e voltado para Kansas City. Walt, no entanto, apesar da saudade de casa, estava pensando em assinar um novo contrato com a Cruz Vermelha e transferir-se para a Albânia, onde o salário era de US$ 150 por mês, quase três vezes o que estava ganhando na França. Em julho, foi novamente designado para Paris e, mais tarde, diria que, ao observar Pershing ir embora com seus soldados no início de setembro, foi subitamente envolvido pela solidão e imediatamente pediu para ser desmobilizado. Mas isso fazia parte do sentimento dramático dos Disneys. Antes mesmo de Pershing partir, Walt já pedira para ser desmobilizado, em 7 de agosto, e "ser mandado para casa o mais rápido possível".

Enquanto esperava em Paris, reencontrou-se com Russell Maas, que também fora designado para a cidade. Os dois adolescentes decidiram que, quando voltassem para casa, juntariam seu dinheiro para comprar uma barca e flutuariam no rio Mississippi, como Huckleberry Finn.[20] Enquanto isso, cada um comprou um filhote de pastor alemão. Walt punha o seu em sua bolsa de fumo e o levava para onde ia. Na mesma tarde em que Pershing se retirava, 3 de setembro de 1919, Walt deixava Paris rumo a Marselha e a viagem de volta para os Estados Unidos. (Maas já partira com os filhotes.) Não foi uma travessia fácil. Uma greve nas docas impediu-o de iniciar a viagem conforme o programado. Gastou os 23 dias seguintes da greve indo para Nice, onde as acomodações eram mais baratas, e os trabalhadores amigáveis, e matava o tempo indo todas as manhãs de trem para Monte Carlo. Finalmente, partiu no *SS Canada* com um grupo de enfermeiras, médicos e correspondentes que voltavam da conferência de paz. A viagem foi lenta. Devido à greve, o *Canada* não tinha carga e estava com pouco combustível, e só ao chegar aos Açores pôde reabastecer-se de carvão. Logo depois de voltar ao mar foi atingido por violenta tempestade. O *Canada* finalmente entrou, vagarosamente, na baía de Nova York em 9 de outubro. Walt foi desmobilizado no dia seguinte e viajou de volta para casa.

Após quase um ano, retornava cheio de ânimo, mas rapidamente ficou abatido. Saiu atrás de Maas para recuperar o filhote de pastor alemão e soube que o animal havia morrido de vermes ou outras infecções durante a travessia. Quanto à viagem que tinham combinado pelo Mississippi, Maas arranjara uma garota, um emprego e abandonara os planos para a aventura. Walt ficou ainda mais desapontado com Beatrice. Ela lhe escrevera fielmente enquanto ele esteve na França; ele guardara as cartas. Quando se preparava para partir de Paris, comprou perfumes e blusas para ela. Quando chegou a Chicago, no entanto, ficou chocado ao ouvir dizer que ela se casara. (Na verdade, embora Walt insistisse em que sua garota o traíra, Beatrice ainda não estava

20 Personagem famoso do escritor norte-americano Mark Twain. (N.T.)

casada. Ela só se casaria em abril.) Devastado pelas notícias, nem se deu ao trabalho de procurá-la e, em vez disso, guardou os presentes para a cunhada, em Kansas City, e declarou que "não queria mais saber das mulheres".

Além de todos esses desapontamentos, teve outro. Walt havia poupado quase US$ 600 de seus ganhos na França, inclusive US$ 300 ao vencer um jogo de dados em Neufchâteau, e mandou a maior parte do dinheiro para casa, para ser colocado em um banco até seu retorno. Pensava, agora, em usar o dinheiro para se sustentar enquanto tentava conseguir emprego como artista. Elias ficou alarmado com a falta de espírito prático do filho. "Ele nunca me compreendeu", disse Walt mais tarde. "Achava que eu era uma ovelha negra. Esse absurdo de fazer desenhos! Ele disse, 'Walter, você não vai transformar isso em carreira, vai?'" Elias tinha outros planos para o filho. Conseguira um emprego para Walt na O-Zell, com salário de US$ 20 por semana, e não conseguia entender por que Walt queria sacrificar a segurança da fábrica de geleias pela incerteza da arte.

Mas Walt Disney voltara outro homem da França. Ele havia se transformado fisicamente. Partira de Chicago com 5 pés e oito polegadas e magricela. Voltara pesando 165 libras,[21] fortalecido pelo intenso trabalho manual, ombros largos e mãos grandes. Começara até a fumar na França, um hábito que era um anátema para o pai. Mais que isso, mudara emocionalmente, adquirindo na França, ele disse, "experiência de vida de uma vez só". Embora ainda pregasse peças infantis – depois da volta, andava com uma caixa em que fizera um buraco embaixo, pelo qual mostrava seu próprio polegar "ensanguentado" – Walt havia amadurecido, tornara-se mais confiante e independente. "Eu estava resolvido", foi como explicou mais tarde. "Eu... era capaz de traçar uma linha direta até o meu objetivo. E fui atrás dele."

21 1 polegada = 2,54 cm; 1 libra = 0,453 kg. Por esses dados, Walt Disney teria 1,72 m e pesaria 74,7 kg. (N.T.)

Capítulo 2

Homem de ação

I

Walt Disney precisava agora de um emprego, e saiu à caça. Voltara da França cheio da própria exuberância juvenil, mas também carregado da exuberância dos tempos. Embora tivesse devastado a Europa e deixado o que Willa Cather chamou de “mundo partido”, a guerra liberou um otimismo que na América beirava a arrogância, onde a economia prosperava, e o poder global americano agora não tinha rival, “A América do fim da Grande Guerra era a Cinderela com o vestido mais bonito do baile, um baile para o qual não fora convidada; Parecia ser o destino americano obter ganhos imensos sem ter que pagar o preço.” Não se tratava apenas de um estado de espírito. Ele se traduzia em uma nova disposição nacional de esperança e despreocupação que deu origem, por sua vez, a um novo tipo nacional que parecia personificar a irreflexão cheia de esperança do pós-guerra: o homem de ação. Este, talvez mais bem exemplificado e caricaturado pelo comediante do cinema dos anos 1920, Harold Lloyd. Com seus óculos redondos, chapéu de aba curta e confiança precipitada e desatenta, era jovem, infantil, entusiástico, imperturbável, infatigável, cabeça leve, cheio de energia e, acima de tudo, determinado. Assim como seu país, ele nunca duvidava do poder de sua vontade para realizar seus sonhos ou da justiça essencial de sua busca. "Coragem e bondade em conjunto", escreveria o crítico Walter Kerr sobre Lloyd.

"Coragem e bondade" também poderiam descrever o Walt Disney intrépido e inocente que desembarcou em Kansas City no outono de 1919, determinado a ser bem-sucedido. Quase todos os seus conhecidos da época notaram a atitude resoluta e a absoluta fé em si mesmo, manifestada não tanto em sobrancelhas franzidas e dentes apertados, mas em uma alegre ebulição. Depois da atenção de que fora alvo em Benton, na McKinley High School e na França, Walt transbordava de uma autoconfiança que não era nem inteiramente justificada, nem particularmente bem direcionada, pois voltara sem plano nenhum. Era um homem de ação que não sabia para onde estava indo: apenas que chegaria a algum lugar.

Quase imediatamente depois de chegar a Kansas City, viu um anúncio de emprego de contínuo no Star, jornal em que sonhava trabalhar havia muito. Vestido com o uniforme da Cruz Vermelha, porque achava que isso o fazia parecer mais responsável, foi ao edifício do Star para candidatar-se, mas, com a experiência e a maturidade que ganhara na França, Walt não parecia mais um contínuo e, apesar de insistir em que tinha apenas 17 anos, foi rejeitado por ser velho demais. O gerente sugeriu que ele se candidatasse a um emprego no departamento de transporte, uma vez que dirigira uma ambulância. Walt fez isso, mas não havia vaga. Desalentado e em busca de consolo, foi para onde sempre ia nesses momentos – para Roy, que trabalhava como caixa do First National Bank. Um dos colegas de Roy mencionou que dois amigos seus administravam um estabelecimento comercial de arte e procuravam um aprendiz. Walt voltou rapidamente à sua casa, pegou amostras de seus desenhos na França e se candidatou ao emprego naquela mesma tarde. Foi contratado na hora, com a condição de que o salário seria definido após uma semana de experiência.

Os supervisores da loja eram dois artistas gráficos, Louis Pesmen e William Rubin, instalados em um edifício de dois andares de tijolo aparente, o Gray Advertising Building, no centro de Kansas City. Walt ficou tão ansioso naquela primeira semana que, como em suas aulas de arte, não se levantava da mesa de desenho nem para ir ao banheiro antes do almoço. Na sexta-feira, com a experiência concluída, Rubin aproximou-se dele, pensou por um instante e lhe ofereceu US$ 50 por mês. Walt, admitindo depois que teria trabalhado por muito menos, ficou tão grato, que, segundo disse, "poderia tê-lo beijado!" Seu primeiro impulso foi contar para a tia Margaret, que vivia agora com tio Robert em um hotel próximo, e que, Walt ainda acreditava, o havia introduzido na carreira artística ao levar para ele aqueles blocos e lápis em Marceline. "Tia, olhe, estão me pagando para fazer desenhos. Eles estão me pagando para fazer desenhos", disse, de forma emocionada e efusiva. Foi um desapontamento, "de partir o coração", como Walt descreveu, quando tia Margaret, agora idosa, frágil e paralítica, mostrou muito pouco entusiasmo por sua conquista.

Mas o próprio Walt mal conseguia conter a alegria. Ele era, aos 17, um artista profissional e sentia que estava "fazendo um grande sucesso", como diria mais tarde. O trabalho era ilustrar anúncios e catálogos, e ele reconheceu que não foi tremendamente criativo, especialmente porque só fazia esboços e os contornos nos anúncios, depois que seus chefes criavam os layouts. Na verdade, a maioria de seus desenhos era refeita por Rubin ou Pesmen, de tal forma que o próprio Walt nem sempre os reconhecia quando apareciam impressos. Mesmo assim, era uma experiência valiosa. Desde o breve treinamento na Escola de Arte, Walt buscava a delicadeza no traço. Em Pesmen-Rubin, aprendeu a ser prático e rápido – cortar, colar, raspar com lâminas, usar um pantógrafo para copiar desenhos e qualquer outra coisa que pudesse levar à conclusão rápida da tarefa. Ele trabalhava tenazmente. Pesmen recordou ter incumbido Walt do anúncio de uma loja de rosquinhas na capa da revista do teatro Newman. Quando se aproximou de Walt no fim do dia, o garoto estava sorrindo com todos os dentes. Walt fizera os anúncios da capa e também da contracapa e até acrescentara alguns detalhes que Pesmen não incluíra no layout original.

A alegria de Walt teve curta duração. No fim de novembro e início de dezembro, a corrida para os anúncios de natal terminou, e Walt foi amigavelmente dispensado. Foi ser empregado de fim de semana nos correios, onde seu irmão Herbert trabalhava, e entregou correspondência até o fim do ano. Então, novamente sem emprego, ficou na casa da Bellefontaine com a família de Herbert e com Roy e desenhava em seu quarto, ainda acalentando a esperança de tornar-se autor de histórias em quadrinhos ou conseguir emprego como cartunista político. (Uma caricatura que Walt desenhou naquele mês tinha um bebê que usava uma faixa com os dizeres "Ano Novo de 1920" e estava de pé atrás de uma porta em que se lia: "O mundo"; a porta estava quase sendo arrombada pela pressão de palavras que se espremiam pelos umbrais: "IWW", "Linchamento da Máfia", "Tratado de Paz", "Greves", "Tumulto", "Escassez de açúcar" e

"Vermelhos".) Walt fez várias tiras de uma história em quadrinhos que intitulou "A esposa do Sr. George", sobre um marido intimidado por sua briguenta companheira, e trabalhou em várias outras, a que deu o nome de "Como o acaso dispôs" e "É uma questão para o senado". Quando um recenseador federal foi à sua casa naquele mês, Walt disse que era um "artista comercial", mas depois, em aparente mudança de opinião, fez o recenseador reclassificá-lo, desta vez como "cartunista", o que preenchia sua ambição.

Para alguém virtualmente sem treinamento ou experiência, para alguém que tinha acabado de perder o emprego, ele foi vaidoso – "Sentia-me bem qualificado", diria após apenas seis semanas em Pesmen-Rubin – já pensando em abrir sua própria loja de arte enquanto esperava ter uma tira de quadrinhos ou um emprego em um jornal. Parecia ridículo, mas o plano ganhou um inesperado empurrão quando recebeu a visita de um de seus colegas de trabalho da Pesmen-Rubin, um "caipira", como Walt o chamava, com o improvável nome de Ubbe Iwerks. Habitualmente reservado e calmo, Iwerks estava perturbado. Ele também fora demitido. Queixou-se de estar sem dinheiro e sem perspectivas de trabalho e ter de sustentar a mãe, o que o deixava especialmente desesperado. Enquanto Iwerks estava sentado no quarto de Walt, deprimido e atormentado, este de modo súbito e impulsivo, teve a ideia de trabalharem juntos. Iwerks, mais lento e metódico que homem de ação, ficou confuso e inseguro, mas Walt lhe disse que pegasse amostras de seus desenhos para que pudessem começar a buscar clientes para a loja.

Além do fato de terem ambos deixado a escola após o secundário e serem ambos artistas putativos sem emprego, os dois sócios em perspectiva não poderiam ser mais diferentes. Walt, com a grandiosidade dos Disneys, tinha sonhos e aspirações desmesuradas. Iwerks só pensava no futuro imediato. Walt era gregário e extrovertido, seus gestos, dramáticos, seu cabelo, descuidadamente atirado para trás, mas sempre com mechas incorrigíveis caindo na testa. Iwerks era dolorosamente tímido, até recluso, triste e sem esperança; raramente falava, e seu cabelo era cuidadosamente modelado para trás da cabeça, em um efeito quase cômico. Os dois também divergiam em sua abordagem da arte. Para Walt, desenhar era tanto uma fuga do pragmatismo duro do pai quanto um apelo por atenção. Para Iwerks, que se especializou mais no desenho das letras que na caricatura, a arte era quase uma forma de evitar contato social e manter o foco em sua mesa de trabalho. Em Pesmen-Rubin, onde Iwerks chegara um mês após Walter, eram mais conhecidos que amigos, e Iwerks até parecia ter ciúme de Walt estar sempre abstraído, voltado para os próprios pensamentos. Uma vez observou que, enquanto ele e os outros artistas jogavam pôquer nos intervalos, Walt sentava-se à mesa e praticava várias formas de assinar.

Mas se Iwerks parecia recolher-se diante do mundo enquanto Walt o abraçava, a diferença era compreensível. Iwerks, "simplesmente, não teve na infância algo que pudesse recordar com alegria", disse um de seus filhos. Nascera em Kansas City em 24 de março de 1901, filho de uma garota local e de um imigrante holandês de 57 anos que ganhava a vida como barbeiro. Era o terceiro casamento do pai, e Ubbe foi seu quarto filho. Ele havia abandonado as outras esposas e também abandonaria a mãe de Ubbe quando o garoto estava no secundário, o que forçou Ubbe a parar de estudar e conseguir um emprego no Union Bank Note Co., onde fazia litografias para sustentar a mãe. (Iwerks nunca falava no pai e rejeitava qualquer conversa sobre ele; quando Evert Iwerks morreu e perguntaram a Ubbe o que queria que fizessem com o corpo do pai, ele, segundo relatos, disse: "Joguem-no em uma vala.") Iwerks deixou Kansas City por um breve período para trabalhar em uma fazenda no Arkansas. Voltou no fim de 1919 e arranjou trabalho na Pesmen-Rubin, mas sempre foi tão distante e sua vida tão reservada que sua mãe uma vez censurou Pesmen por ter apresentado o refrigerante Coca-Cola ao filho.

O distanciamento de Iwerks e sua inaptidão para a vida social, no entanto, o tornavam o complemento perfeito para Walt, e foi, sem dúvida, por esta razão que Iwerks o procurou. Enquanto Iwerks, que era diligente, meticuloso e extremamente hábil com o pincel, ficava em sua mesa de trabalho, Walt convencia os clientes e conseguia trabalho. Em uma versão da história contada por Walt, ele ia diretamente às gráficas e, rapidamente, conseguia trabalho, desenhando títulos e cartazes de peças teatrais. Em outra versão, ele primeiro fez um acerto com *The Restaurant News*, publicação gratuita, distribuída pela filial de Kansas City da Associação Nacional de Restaurantes, que havia surgido em consequência de um esforço de união dos donos de restaurantes locais para combater as greves. O acerto não foi, no entanto, inteiramente o resultado da capacidade de persuasão de Walt e de seu charme, ainda que fossem eficazes; Clem Carder, irmão do presidente da associação, Al Carder, era vizinho dos Disneys na Bellefontaine. Com essa recomendação, Walt chegou até Al para pedir trabalho, e quando Carder se queixou de não ter dinheiro para manter um departamento de arte, Walt lhe fez uma proposta: que deixasse Iwerks-Disney, como os dois chamavam sua parceria (Walt disse que deu precedência a Iwerks porque, de outra forma, o nome dos dois juntos poderia parecer um exercício optométrico), fazer as ilustrações e os cabeçalhos para os anunciantes da revista; em troca, teriam espaço gratuito nos escritórios da News, que se situavam na esquina das ruas 13 com Oak, e US$ 10 por página, que era o que Carder pagava aos impressores para reciclar os mesmos velhos trabalhos de arte a cada edição. Carder concordou.

Agora, Walt tinha espaço em um escritório, mas necessitava de equipamento básico – escrivaninhas, mesas de desenho, um aerógrafo e um compressor para colocá-lo em funcionamento. O dinheiro que juntara na França ainda estava depositado em Chicago, e ele pediu aos pais que retirassem os fundos e os enviassem para ele poder fazer as compras. Uma vez mais, entretanto, Walt colidiu com a frugalidade do pai. Antes de concordar em mandar o dinheiro, seus pais queriam saber exatamente como ele o usaria. Respondeu com indignação, dizendo que o dinheiro era seu e que poderia fazer o que quisesse com ele. Seguiu-se uma movimentada troca de cartas, após a qual Elias e Flora finalmente concordaram em enviar para Walt metade de sua poupança – uma concessão que afrouxou ainda mais seus laços com a autoridade dos pais.

Com a questão do equipamento resolvida e os dois sócios instalados no escritório da *Restaurant News*, Walt saiu para vender novamente. Quando chegou a Kansas no outono anterior, ele havia reatado a ligação com Walt Pfeiffer. Este convenceu o pai a deixar Iwerks-Disney fazer os cabeçalhos para o jornal do Sindicato dos Trabalhadores em Couro. Eles terminaram fazendo a capa para a edição de fevereiro também com gravuras de selas, arreios e malas tipo Gladstone. Enquanto isso, Walt continuou a visitar as gráficas, oferecendo tornar-se uma espécie de departamento comercial e de arte para elas *ad hoc*. Algumas aceitaram. (Ele se lembrava especialmente de um trabalho em que desenhou um poço de petróleo do qual jorravam dólares. Walt, entusiasmadíssimo, disse que encheu a página de dólares.) No fim do mês, ele e Iwerks tinham dinheiro suficiente para mudar-se para seu próprio escritório no Railway Exchange Building. Walt disse que os dois ganharam entre US$ 125 e US$ 135 naquele primeiro mês – mais do que ganhavam juntos em Pesmen-Rubin.

Mas apesar do início promissor, nenhum dos sócios parecia pensar na Iwerks-Disney como uma proposta de longo prazo. Walt ainda estava inquieto, e Iwerks, nervoso com a insegurança de administrar seu próprio negócio. De sua parte, Walt ainda não desistira do sonho de ter sua própria tira de quadrinhos. Na esperança de impressionar algum empregador em perspectiva, levava algumas das tiras que havia desenhado para as gráficas, depois as gravava nos espaços vazios das chapas de seus clientes, imprimia-as em papel-jornal e desenhava novas histórias em torno, para dar a impressão de que tinham sido publicadas. Um sinal da precariedade do compromisso entre os sócios foi Iwerks dizer a Walt que fosse atrás do emprego quando viu um anúncio no Star, no fim de janeiro, procurando um artista para a Kansas City Slide Co., Walt achou que a Slide Co., que produzia slides promocionais projetados nos cinemas antes do filme, poderia usar a Iwerks-Disney como subcontratada, mas, quando levou suas amostras e fez a sugestão, disseram-lhe que queriam um empregado em tempo integral. Ubbe, então, aconselhou Walt a aceitar o posto, que pagava US$ 35 por semana, uma vez que o anúncio pedia um cartunista. Os dois acertaram que Ubbe continuaria a tocar a loja.

A Kansas City Slide Co., em que Walt começou a trabalhar no início de fevereiro, localizava-se na Central Street nº 1015, praticamente do outro lado da esquina de seu Railway Exchange Office, em um edifício estreito, de dois andares e meio e tijolos cor de baunilha, com janelas compridas e articuladas na parte lateral, para prover luz para os artistas. Havia menos de vinte empregados quando Walt começou, mas a companhia de venda e entrega de slides por correio já era a maior do país e estava em rápida expansão. Walt disse que a Slide Co., faturava US$ 1 milhão por ano. O presidente da operação e entrevistador que havia contratado Walt era Arthur Verner Cauger, mas a maioria das pessoas o chamava simplesmente de "A.V." Cauger referia-se a si mesmo como um dos pioneiros do negócio do cinema animado e, de forma modesta, ele o era. Nascera em Indiana em 1878 e estudara engenharia, mas seu interesse por mecânica aparentemente o levou para o cinema. Abriu um teatro em Granite City, em 1907, e quando um competidor o tirou do negócio oferecendo um espetáculo de maior duração pelo mesmo preço, construiu outro teatro em Carlyle, Illinois, e depois outro, em Neosho, Missouri. Como Neosho não permitia que o teatro de Cauger consumisse eletricidade da usina pública durante a tarde, ele começou a fazer slides no tempo que sobrava. Finalmente, vendeu o teatro, mudou-se para Kansas City e entrou para o negócio de slides em tempo integral, filmando ele próprio e depois cruzando o meio-oeste e vendendo-os para exibidores. Quando os competidores começaram a fazer anúncios de filmes, Cauger entrou no negócio também e, com o tempo, mudou quase exclusivamente para filmes.

Eram anúncios de filmes o que Walt fazia agora, e eles o fascinavam. Muitos eram filmes ao vivo, mas aqueles para os quais tinha sido contratado eram desenhos animados. Por quaisquer padrões, a animação da Slide Co., era primária, voltada menos para o artístico que para o comercial. Basicamente, os artistas desenhavam uma figura, cortavam as partes móveis, prendiam-nas com alfinetes em uma tábua, moviam as partes ligeiramente e fotografavam a imagem, moviam de novo ligeiramente e voltavam a fotografar a imagem, repetindo o processo inúmeras vezes de forma que, quando o filme era rodado, os movimentos adicionais uniam-se visualmente uns aos outros e davam a impressão de uma ação contínua. O fato de ser uma técnica primitiva, entretanto, não fazia a menor diferença para Walt, que desejava apenas ganhar experiência. "Consegui um bom trabalho aqui em K.C.", escreveu, orgulhosamente, para seus antigos colegas da Cruz Vermelha, poucos meses depois de entrar para a Slide Co., "e vou ficar por aqui. Desenho vinhetas para filmes de cinema – filmes de propaganda... e o trabalho é interessante."

Apesar de Walt desejar manter a Iwerks-Disney para complementar sua renda e dar alguma flexibilidade à sua carreira, a companhia não sobreviveu depois que a deixou. Iwerks simplesmente não tinha o temperamento para administrar o negócio sem ele. Como Walt mais tarde explicou: "Os poucos clientes que eu tinha telefonavam para ele – e ele, simplesmente, ficava sentado ali porque não tinha conversa de vendedor." Incapaz de promover o negócio e procurando a segurança de um emprego regular, Iwerks perguntou a Walt se não haveria outra vaga na Slide Co. Então, os dois sócios fecharam a loja menos de dois meses depois de tê-la aberto e, em março, Iwerks foi trabalhar para Cauger também, sentando-se ao lado de Walt e de outros artistas em suas mesas compridas e desenhando slides e caricaturas.

Walt, que era otimista a respeito da maioria das coisas, não pareceu muito aborrecido com o fim de sua pequena firma e, embora já tivesse imprimido seu próprio papel de cartas – com uma caricatura de si mesmo à mesa de desenho e páginas voando dali, declarando-se disponível para "caricaturas, ilustrações, desenhos, anúncios para vitrines, trabalho de arte para todos os tipos de anúncio" – ele havia começado a redirecionar, em seu curto período na Slide Co, sua atenção da arte comercial e talvez até de seu sonho de ser cartunista de um jornal. Na verdade, segundo um relato, ele, finalmente, recebeu, naquela primavera, a oferta que ambicionava havia tanto tempo – ser cartunista do Star ou do *Journal-Post* –, mas a rejeitou e ficou na Slide Co. Isso aconteceu porque Walt Disney, um jovem que parecia estar sempre dominado por alguma paixão, encontrou um novo amor: estava inebriado pela animação como estivera antes com o desenho, na escola Benton. "O truque de fazer as coisas se moverem em um filme foi o que me prendeu", disse a um entrevistador anos depois.

Walt, claramente, amava a combinação de desenho e tecnologia. Ele sempre gostara de consertar velhos utensílios domésticos e, em sua última primavera em Kansas City, antes de partir para Chicago, até comprara as peças para construir um novo chassi de automóvel, com a intenção de colocar o velho motor da motocicleta de Roy embaixo do capô, até que Roy, inadvertidamente, frustrou o plano, vendendo a moto quando entrou para a Marinha. Mas para o homem de ação em Walt, e para o Disney que havia nele, a animação tinha outro atrativo. Era um caminho para fazer seu nome, à diferença de caricaturas para o jornal, porque a animação era algo que Walt achava que podia fazer melhor que ninguém, porque poucas pessoas trabalhavam com isso na época e poucas pessoas eram especializadas nisso, e a ideia de ser o melhor, o mais notado, claramente o atraía.

Era raro Walt Disney ter um interesse apenas superficial em alguma coisa. Todos os que o conheceram comentaram, enfaticamente, a intensidade de seus sentimentos; quando alguma coisa o intrigava, ele se concentrava inteiramente nela, como se fosse a única coisa que importasse. Agora era a animação que importava. Na primavera, começou uma autodidática intensiva nesse meio de comunicação, usando a Slide Co., como escola. No entanto, a Slide Co., não parecia ser o lugar onde ele se matricularia. Alto, irritável e com a mandíbula protuberante, A.V. Cauger era fisicamente dominador, e sua voz rouca e maneiras bruscas eram ainda mais intimidadoras; um empregado se lembraria de A.V. distribuindo instruções e ordens e, ao mesmo tempo, cuspindo no bebedouro. Mas para os que chegaram a conhecê-lo melhor, suas maneiras eram mais informais que aterrorizadoras, e ele administrava a empresa mais ou menos democraticamente, o que significava que Walt tinha um espaço extraordinário para um jovem de 18 anos. Estava lá fazia relativamente pouco tempo quando convenceu Cauger, como medida de economia, a deixá-lo escrever e fotografar os anúncios pelos quais era responsável em vez de depender do departamento de cópia. (Walt tinha facilidade para gracejo. Para o anúncio de uma companhia que restaurava as capotas de lona dos automóveis, desenhou um homem que falava com o dono de um carro com a capota reformada: "Olá, capota velha e carro novo?" "Não, capota nova, carro velho.") E não levou muito tempo depois disso para Walt convencer Cauger a deixá-lo pegar emprestada uma velha câmera de mogno que havia encontrado em uma das prateleiras do escritório, vencendo as objeções de Cauger de que a companhia poderia precisar dela para alguma emergência ao prometer que a devolveria imediatamente se fosse o caso.

Mas se a Slide Co., era a sua escola, ele ainda necessitava de um estúdio para fazer desenhos animados. Encontrou um em seu próprio quintal. Naquela mesma primavera, Elias e Flora voltaram de Chicago para a casa na Bellefontaine, após fracassar mais uma vez. A O-Zell havia ido à bancarrota – em consequência, segundo um relato, das trapaças financeiras de seus funcionários, que por causa delas foram parar na penitenciária federal Joliet. Mas isso parece improvável, porque os Disneys mantiveram relações cordiais com a família do presidente Earl Scrogin durante anos após a falência. Walt, obviamente querendo impressionar a família e sempre enamorado dos grandes gestos, saudou seus pais e sua irmã na Union Station em um carro de passeio sem capota alugado. Seus pais não tinham carro, mas não muito tempo depois de sua chegada, Elias decidiu construir uma garagem no gramado atrás da casa em Bellefontaine com a intenção de conseguir algum dinheiro extra com seu aluguel. Mal terminara de construí-la quando Walt anunciou que ele próprio iria alugá-la e ofereceu US$ 5 por mês ao pai, mas, segundo Roy, Walt nunca pagou o aluguel.

A garagem, que ocupava o pequeno gramado e mal tinha 15 pés[1] quadrados, tornou-se o primeiro estúdio de Walt. Ele e Roy instalaram na garagem a câmera de Cauger, sobre um tripé alto com luzes incandescentes. Durante seu curto período em Pesmen-Rubin, Walt havia tomado emprestada uma câmera de negativos em vidro que encontrara ali e iniciou experiências com imagens fotográficas na garagem da irmã de Pesmen, possivelmente fazendo slides de si mesmo. (Sua irmã não gostava nada da bagunça que Walt fazia, segundo Pesmen.) Concentrado em animação a ponto de, virtualmente, excluir tudo o mais – "Walt era um homem centrado desde criança", disse sua sobrinha, Dorothy, que vivia na casa em Bellefontaine na época –, Walt passava na garagem todos os dias depois de voltar do trabalho, emergia para jantar, e depois voltava para o tripé da câmera fotográfica. "Quando eu chegava muito depois de todo mundo ter ido para a cama", lembrou Roy, "Walt ainda estava lá, andando, trabalhando, experimentando, tentando isso e aquilo, desenhando, e assim por diante." "Cada segundo seu era totalmente ocupado", disse Dorothy, embora ninguém na família prestasse muita atenção nele. "Não achávamos que fosse grande coisa."

Mas, para Walt, as noites que passava experimentando eram uma grande coisa, e significaram uma enorme mudança em suas ambições. O que a família de Walt não percebia era que Walt Disney, que durante muitos anos estivera determinado a se tornar caricaturista de jornal, estava agora, subitamente, tão determinado quanto antes a se tornar alguma coisa que, para a maioria dos observadores, era ainda menos prática, algo em que não tivera nenhum treinamento real e para o qual não parecia sequer existir emprego. Queria fazer desenhos animados.

II

Ele não precisaria de muita atualização. Em 1920, quando começou a movimentar-se em sua garagem, a animação mal fazia vinte anos de existência, e não havia evoluído muito nesse período, em parte porque a ideia de fazer desenhos se mexerem

1 1 pé = 30,48 cm. (N.T.)

ainda era uma novidade tão grande que requeria pouco mais que apenas o movimento para entreter o público. Os primeiros animadores, como o francês Émile Cohl e o inglês Stuart Blackton, pegaram emprestada a tradição do palco de "esquetes rápidos" – artistas performáticos que ficavam diante de um cavalete e, enquanto falavam, desenhavam com muita rapidez, mudando, constantemente, seus desenhos. Aproveitando a natureza inerente aos filmes de criar ação contínua a partir de uma tira de imagens estáticas, os pioneiros da animação faziam *lightning sketching*[2] melhor. Seus filmes, com frequência de forma autorreflexiva, mostravam a mão do cartunista desenhando a imagem antes de, como em um passe de mágica, colocá-la em movimento, chamando a atenção para o truque tecnológico e, ao fazer isso, transformando a animação em uma forma de trapaça. De fato, as primeiras animações não foram nada mais que a excitação da novidade da própria animação.

Só a partir de 1910, quando Winsor McCay[3] fez uma apresentação em que ele (no palco) contracenava com suas animações (em tela) foi que melhorou muito a qualidade do desenho e se estabeleceu sua integridade como uma realidade em separado, mais que um truque. McKay tinha sido ilustrador e caricaturista da *Cincinnati Commercial Tribune* e, depois, do *Enquirer*, antes de mudar para o *New York Herald and Evening Telegram*, onde criou várias tiras de quadrinhos, das quais a mais conhecida foi *Little Nemo in Slumberland* (Pequeno Nemo na Terra do Sonho), que lhe trouxe fama nacional e um contrato no *vaudeville*. Inspirado por um "flipbook" que seu filho havia trazido para casa, em que, ao se folhearem rapidamente as páginas, as figuras ali desenhadas pareciam movimentar-se, McCay converteu "Nemo" em uma animação curta para mostrar durante seu ato no palco. Quando fez seu segundo filme, *How a Mosquito Operates*, em 1912, McCay declarou que a animação era "uma nova forma de arte que revolucionará todo o campo". Quando desenhou *Gertie the Dinosaur* dois anos depois, também para o seu ato de *vaudeville*, acelerou essa revolução ao lançar, nas palavras de um historiador da animação, "as bases da *animação de personagens*, a arte de delinear a personalidade de um personagem em um estilo único de movimento".

---

2 *Lightning sketches:* forma de animação em que o cartunista aparecia ao fundo e desenhava sem parar. Seguindo um princípio essencial da animação, chamado "metamorfose", as estações do ano mudavam em um só esquete, rostos envelheciam e cachorros se tornavam gatos diante dos olhos do público. Esses esquetes se chamavam "pincel de tinta mágico" ou "dessinateurs express". (N.T.)

3 Aclamado desenhista de histórias em quadrinhos da época que entrou para o cinema de animação. (N.T.)

Onde McCay ia, muitos ilustradores e cartunistas o seguiam, até que o desenho animado emergiu, gradativamente, como um novo gênero de filme, que enfatizava o caráter dos personagens mais que a mágica do movimento. No fim de 1914 ou início de 1915, um ilustrador franco-canadense chamado Raoul Barré e o velho artista de revistas e jornais chamado John Randolph Bray, abriram os primeiros estúdios de animação em Nova York e, em poucos anos, tinham no mínimo uma dúzia de rivais ali que esperavam colher os lucros da novidade. Para esses pioneiros, o primeiro desafio não era artístico; era técnico. McCay, fazendo filmes de apenas dois minutos, tinha de desenhar um a um os quatro mil quadros que suas animações exigiam em folhas de papel diferentes, tanto o personagem quanto o cenário e, depois, fotografar cada uma delas. (Sua especialidade era desenhar os cenários.) Mas isso consumia, inevitavelmente, muito tempo de quem quisesse produzir animações de qualquer tamanho e em qualquer quantidade. Para economizar, o objetivo era separar os movimentos dos personagens à frente, que tinham de ser continuamente redesenhados, do fundo ou cenário, que, assim, só precisaria ser desenhado uma vez. Bray inventou um sistema alternativo para McCay, mediante o qual imprimia numerosas cópias do cenário e depois removia as partes que seriam encobertas pela animação, raspando-as ou pintando-as de branco. Barré, percebendo que o cenário e a ação não precisavam ser colocados na mesma folha de papel, já que a câmera poderia combiná-los em único fotograma (*frame*), inventou o que foi chamado de método de animação "corte e remova", porque colocava o cenário em uma folha e depois abria buracos nele para revelar a ação em uma segunda folha, embaixo da primeira. Mas foi Earl Hurd, outro "ilustrador de jornal que virou animador", que resolveu o problema ao desenhar os personagens que se movimentavam em folhas de papel translúcido, mais tarde o celuloide transparente, e colocá-los sobre uma segunda folha, onde o fundo estava pintado, eliminando a necessidade de abrir buracos.[4] Isto fez surgir o nome *cel* para se referir às folhas individuais de celuloide com seus desenhos para animação. Foi um sistema tão eficiente que continuaria a ser a técnica básica da animação por mais de 80 anos, ou até o aparecimento das imagens geradas por computador, no final do século XX.

Mas se um *cel* de animação facilitava o trabalho de animar, ele não tornava o desenho mais artístico, como se revelou. Os desenhos e o movimento eram rudimentares,

---

4 Hurd patenteou sua invenção em junho de 1915. Quando foi trabalhar para Bray naquele mesmo ano, Hurd acabou unindo suas patentes com as de Bray. Os dois iniciaram uma guerra contra os competidores que se arrastou por anos, enquanto os tribunais tentavam determinar se Hurd e Bray tinham o monopólio da animação. (N.A.)

em parte porque os animadores tinham de abrir caminho tateando por uma trilha que ainda não fora iluminada. A maioria deles era de jovens e ávidos ilustradores de papel impresso, como Walt, que não haviam treinado para animar desenhos; na melhor das hipóteses, estudavam em livros – havia um punhado deles no período de pós-guerra – que pretendiam explicar como as figuras se movimentavam. "Animadores eram raros", recordou Grim Natwick, um dos primeiros ilustradores de desenhos animados. "Não havia ninguém para dizer como fazer aquilo. Eles faziam a ponta em um punhado de lápis, sentavam-se à uma mesa de desenho e começavam a animar."

E o que era verdade sobre o desenho era igualmente verdade sobre as histórias que os desenhos contavam. Baseadas, primariamente, em tiras de quadrinhos familiares, as primeiras animações não tinham mais refinamento narrativo que o capítulo de um dia daquelas tiras – não havia tentativa real de contar uma história, muito menos de seguir um curso traçado. Em geral, quando os animadores começavam a desenhar, eles sequer tinham um plano mestre de narrativa para seguir. "O cenário provavelmente estava em uma única folha de papel", disse Dick Huemer, um animador que trabalhou no estúdio Barré em 1916, "sem modelos, ou esboços; você criava enquanto ia fazendo". Cerca de vinte anos após o aparecimento da animação, seu atrativo ainda era, em grande medida, o fato de ser uma novidade, mas esse atrativo estava diminuindo. "Arrancávamos muito poucas risadas", acrescentou Huemer. "Ainda me lembro do dia em que levei minha família para ver uma animação de que eu estava particularmente orgulhoso e, justamente quando ela estava sendo projetada na tela, alguém atrás de mim disse: 'Oh, odeio essas coisas'".

Mas se envolvia muito pouca habilidade visual ou narrativa, a animação tinha, apesar disso, um poderoso significado subjacente que iria emergir lentamente e, no mínimo, subliminarmente ecoar no público, um significado de que nem os próprios animadores pioneiros podiam estar conscientes. A maioria deles havia chegado à animação para se divertir – tipicamente uma forma de tirar vantagem da rápida prosperidade do cinema para obter ganho financeiro. Suas "características distintivas", como um eminente historiador da animação descreveu esse grupo pioneiro, eram "background jornalístico, compulsão por esquetes, tendência para trabalhar compulsivamente e um bem desenvolvido, mas idiossincrático, senso de humor." Exceto pela experiência jornalística, que, em uma época, tão dolorosamente ansiou, Walt Disney certamente preenchia essa caracterização. Mas a crescente ligação de Walt com a animação parecia impelida por algo além da inércia da passagem da impressão para o filme, que ostensivamente motivava tantos animadores, ou a perspectiva de dinheiro, ou o atrativo tecnológico do meio, ou a possibilidade de sucesso, ou até mesmo a atenção que poderia chamar para si – fatores que podem ter sido as iscas iniciais. Walt Disney tinha também uma ligação psicológica com a animação, uma conexão forjada por suas experiências infantis.

O processo da animação era um processo de dar vida, de, literalmente, pegar o inanimado e torná-lo animado. Era, basicamente, um processo de excesso de autoconfiança em que o animador assumia e exercia um controle divino sobre a matéria com que trabalhava, razão pela qual também oferecia uma sensação de poder ao público, que sentia o controle. No caso de Walt Disney, o choque de poder foi tão grande que se poderia concluir até que a animação tomou o lugar da religião para ele, uma vez que, quando adulto, mostrou pouco ou nenhum interesse pela religião formal e nunca foi à igreja. Na verdade, o animador criou seu próprio mundo – uma realidade alternativa de sua imaginação, na qual as leis da física e da lógica podiam ser relevadas. Walt Disney nunca explicou, completamente, por que foi atraído pela animação, e caiu, em vez disso, em vagas generalidades, mas a animação sempre representou essas duas grandes e inconfundíveis tentações. Para um jovem que se irritava com o mundo austero, moralista e sem prazer de seu pai, era um canal de escape e, para alguém que sempre fora subjugado por esse pai, a animação fornecia controle absoluto. Com a animação, Walt Disney tinha um mundo próprio. Na animação, Walt Disney podia ser o poder.

No fim da primavera, ainda determinado a dominar a animação, Walt submergira completamente nessa arte. Pegou um livro na Biblioteca de Kansas City – "havia apenas este único livro na biblioteca (sobre animação)" – e o devorou. O livro, *Animated Cartoons: How They are Made*, Their Origin and Development (Desenhos Animados: Como São Feitos, Sua Origem e Desenvolvimento), de Edwin G. Lutz, acabara de ser publicado e imediatamente se tornou, nas palavras de um historiador da animação, a "vulgata da moderna animação industrial". Lutz expunha, essencialmente, as últimas técnicas de animação de Nova York para áreas remotas como Kansas City. Descrevia como se podiam desenhar cenários em uma única folha de celuloide e depois colocá-la sobre a ação animada e sugeria, igualmente, que se desenhassem partes estáticas de uma figura no celuloide e se animassem as partes que se moviam em um papel embaixo. Também explicava como um suposto animador, usando uma caixa de luz ou painel luminoso com dois pregadores de roupa no alto para segurar o papel no lugar – se as imagens sucessivas estivessem desalinhadas, a imagem "pularia" – poderia desenhar os extremos de uma ação e depois fazer com que um "traçador" ou desenhista, fizesse os desenhos do meio (o que os animadores chamariam de "trabalhar os extremos"), como a maioria dos profissionais de Nova York fazia. Lutz até delineava o tipo de pessoa que, com maior probabilidade, seria bem-sucedida na animação: alguém com "noção de forma", que fosse um "incansável e corajoso trabalhador" e que possuísse "habilidade como gerenciador".

Mesmo que, anos depois, Walt fosse minimizar o livro de Lutz como "não muito profundo" e "apenas algo que o sujeito montou para ganhar uma grana", seus colegas disseram que todos o estudaram atentamente e que seu efeito sobre Walt foi quase o de uma revelação. Na Slide Co., ele havia utilizado um sistema rudimentar de animação de corte com membros que se movimentavam. Agora, começava a experimentar a animação em celuloide – a verdadeira animação. Também começou a pedir informações a um antigo animador da Slide Co., chamado Scarfoot, McCory, que havia ido embora para administrar uma escola de animação em Nova York, mas voltava de tempos em tempos a Kansas City, e também pode ter feito um curso por correspondência com Bill Nolan, importante animador de Nova York. Para melhorar a qualidade de seu trabalho, Walt estudou tanto o movimento quanto a técnica. Iwerks havia tomado emprestado na biblioteca uma cópia das fotografias de Eadweard Muybridge de movimentos de animais, de modo que pôde desenhar o jeito de correr de um galgo para um anúncio, e Walt acabou fazendo uma cópia fotostática do livro para sua própria coleção. Sobre o anúncio do cão, Iwerks disse, mais tarde, que havia sido sua "melhor cena de animação de todos os tempos". E Walt começou, novamente, a assistir às aulas noturnas no Instituto de Arte de Kansas City com Iwerks e outros colegas da Slide Co.

Mas ainda não bastavam para Walt as horas que passava desenhando na Slide Co., as horas em que desenhava e fotografava com a câmera na garagem dos fundos de casa, o tempo que levava estudando Lutz, Muybridge e Nolan, e as noites no Instituto de Arte. Ele estava embriagado com animação. Precisava de mais. No verão seguinte, a Slide Co., se mudou para um prédio novo e mais espaçoso no número 2449 da Charlotte Street, a pouco mais de uma milha[5] a sudoeste da velha sede, no chamado distrito dos hospitais e teve o nome alterado para Kansas City Film Ad Co., para refletir a mudança no negócio de slides para filmes de publicidade. Com a paixão de um convertido, Walt tentou seduzir Cauger a entrar na animação com celuloide, mas este era um tradicionalista. Rejeitado, Walt decidiu ele próprio fazer isso e, mais tarde, naquele verão ou no início do outono, recrutou Fred Harman, o irmão mais velho

5 1 milha = 1,609 m. (N.T.)

de Hugh Harman, um dos cotrabalhadores da Film Ad Co., para fazer as ilustrações de um desenho animado a que deram o nome de "O Pequeno Artista" e no qual um artista e sua tela ganhavam vida.

Esse foi apenas um exercício de aprendizado, e Walt, além de obcecado, também era ambicioso. Em seu livro, Lutz sugeriu que aqueles que desejavam transformar-se em animadores pensassem em assuntos locais e correntes: "Foi considerado sensato combinar filmes de notícias com caricaturas que satirizassem os assuntos do momento, tanto por razões de negócios quanto para garantir o caráter de variedades." Walt e Harman já haviam feito um filme de ação, que intitularam *Kansas City Journal Screen Review*, aparentemente esperando fazer com que o jornal se interessasse em investir no negócio de filmes. Isso não deu resultado, mas Walt, sem dúvida inspirado pela sugestão de Lutz, decidiu fazer um desenho animado editorial curto e ver se podia vendê-lo para a rede composta pelos três cinemas Newman, para a qual havia ilustrado a programação de filmes em Pesmen-Rubin. De quem foi a ideia de ir a Newman é impossível dizer. Louis Pesmen lembrou-se, mais tarde, de que Walt convidou-o a ver os desenhos animados, um comentário bem-humorado sobre a lentidão do serviço de bondes de Kansas City. Um deles mostrava uma flor crescendo nas meias de uma mulher enquanto ela esperava o bonde, e ela já coberta de flores quando o bonde chega; outro mostrava um jovem cuja barba crescia enquanto esperava o bonde. Pesmen diz que riu "muito e alto" e depois sugeriu a Walt que os mostrasse a seu velho cliente, Frank L. Newman.

Newman era o "maior empresário de espetáculos de Kansas City na época", segundo Elias Disney, e tinha essa exata aparência. Era grande, forte, com um cabelo negro penteado para trás e cheio de brilhantina, nariz proeminente e mandíbula quadrada. E se Newman parecia o rei do *show business* de Kansas City, seu cinema, que havia sido inaugurado no ano anterior na rua Principal, certamente parecia seu palácio. Com mil assentos e medindo mil pés[6] do palco até a entrada e com tetos de 75 pés de altura, o Newman era feito em estilo renascentista italiano, com "cada pé quadrado do piso... de mosaico ou mármore branco", segundo a *Newman Theater Magazine*. Mudando de estilo, o cinema tinha até toalete à Luís XV, que era, segundo a revista, "inquestionavelmente o mais bonito aposento de sua espécie jamais construído".

Walt foi a esse edifício ornamentado, levando sua bobina de desenhos animados de um minuto, que ele, prevenidamente, intitulou Newman Laugh-O-grams. Como fazia com frequência, Walt, mais tarde, contaria duas versões do que aconteceu em

6 1 pé = 30, 48 cm. (N.T.)

seguida – uma versão prosaica que, provavelmente, estava mais próxima da verdade, e uma exagerada, mais persuasiva. Na menos dramática, ele mostrou o rolo para Milton Feld, o gerente de Newman, que se tornaria mais tarde produtor de Hollywood e empresário de circo, e Feld imediatamente fez uma encomenda. (Anos depois, Walt escreveria para Newman: "Naturalmente, todos os meus contatos na época eram feitos com Milton Feld, e eu não via muito você".) Na versão mais dramática, ele disse que se sentou atrás de Newman no teatro, "nervoso como um gato", enquanto o rolo era projetado. Quando terminou, Newman caminhou rapidamente em círculo e disse que havia gostado do que vira e perguntou se eram muito caros para produzir. Walt gaguejou que podia fazê-los por 30 centavos cada 30,48 centímetros. Newman fechou negócio na hora, e disse que compraria todos os Laugh-O-grams que Walt conseguisse desenhar. Walt disse que saiu "andando nas nuvens". Só uma hora depois percebeu que a cotação de preço que dera a Newman era o preço de custo, sem o lucro.

Agora, após um aprendizado relativamente curto, ele era um animador. Seu primeiro rolo estreou no Newman Theater em 20 de março de 1921. Mas produzir os Laugh-O-grams consumia tempo, especialmente com Walt trabalhando em tempo integral na Film Ad. Co. Assim, eles apareceram irregularmente nos meses seguintes. Percebeu que teria de arranjar colegas e aprendizes, e pôs um anúncio no jornal procurando aspirantes a ilustradores de desenho animado, oferecendo não remuneração, pois não tinha como pagar, mas experiência. Um estudante secundarista chamado Rudy Ising – "eu estava intrigado com a ideia da animação", diria Ising – respondeu ao anúncio e começou a ajudar Walt na garagem em Bellefontaine. Para os Laugh-O-grams, Walt trabalhava na tradição dos lightning sketches. Seguindo outra tradição de Lutz, ele desenhava uma imagem com lápis azul claro, que não era registrado pelo filme ortocromático que usava. Então Ising preenchia as linhas, inserindo uma foto da mão de Walt (a mão real era muito espessa para ser colocada entre a câmera e o desenho) após cada novo acréscimo, constantemente desenhando e fotografando, de forma que, quando o filme era projetado, a imagem parecia desenhada pela mão com rapidez sobrenatural.

Como seria de esperar de um novato de 19 anos, os Laugh-O-grams eram rústicos e sem sofisticação, embora desenhados com competência. Comentavam não apenas o serviço de bonde, como buracos de rua, novas modas e até um escândalo policial, que Walt satirizou desajeitadamente, mostrando caricaturas de policiais entrando uniformizados na delegacia e saindo com roupas de presidiário. Mas Milt Feld estava mais que satisfeito. Encarregou Walt de fazer letreiros para as atrações seguintes e espetáculos de aniversário, além de animações para serem mostradas antes do programa que falavam sobre o comportamento adequado nos cinemas. Em um desenho animado, um professor adverte os frequentadores de cinema a não lerem os títulos em voz alta, sob o risco de serem atingidos na cabeça por um comprido martelo de madeira.

Apesar de toda a sua obviedade e imaturidade, os Laugh-O-grams, exibidos no maior e mais opulento cinema de Kansas City, foram notados e, embora não tivesse nenhum lucro com eles, Walt obteve algo que lhe daria mais prazer que dinheiro. Conseguiu chamar atenção para si. "Fui uma pequena celebridade do negócio", disse. Assim como nos dias em que se tornou conhecido pelos desenhos que adornavam a barbearia de Bert Hudson, os velhos amigos da escola Benton agora o viam como o homem que desenhava os Laugh-O-grams. Até na Film Ad. Co., A.V. Cauger o apresentava aos clientes como o artista do Laugh-O-gram e pegava o rolo de Walt emprestado para mostrar o que a Film Ad. Co., poderia fazer. Cauger até aumentou o pagamento de Walt para US$ 60 semanais.

Além de reconhecimento, obteve estímulo para fazer mais. Mais tarde, naquela primavera, apesar de obcecado com animação, ele e Harman começaram a fazer experiências com filmes ao vivo, sem dúvida porque eram mais fáceis e baratos de produzir que os desenhos animados. Os esforços foram, na maior parte, juvenília e *nonsense* – uma cena de Walt entrando por uma porta onde está escrito "Precisa-se de cartunistas", seguido por um grupo de outros jovens, que depois saem correndo quando um homem aparece e arranca a placa; uma mulher e sua filha pequena brincando de bater palmas e, depois, a mulher e a menina empurrando bonecas em um carrinho; a sobrinha de Walt, Dorothy, quebrando uma garrafa de leite; depois, Walt projetou o filme de trás para frente para que os pedaços se unissem e a garrafa inteira aparecesse novamente; mais filmagem de Walt e um grupo de amigos fazendo caretas para a câmera no Kansas City Swope Park; a imagem de uma garota tirando a meia comprida e pondo o pé na água. Walt estrelou muitos desses filmes e, geralmente, aparecia caracterizado; em muitos, os atores apareciam e desapareciam instantaneamente, enquanto Walt brincava com os truques de efeito da câmera. Harman e Disney até deram um nome ao seu pequeno empreendimento: Kay Cee Studios.

Embora a ideia de ter seu próprio estúdio fosse apenas uma expressão de desejo, ela não era inteiramente frívola, não mais que a ideia anterior do estúdio de arte comercial. Com a popularidade dos Laugh-O-grams, que eram apenas de um ou dois minutos de duração, Walt começou a pensar em fazer desenhos animados mais longos, de seis e até sete minutos. A princípio teve a esperança de interessar Cauger pelo projeto, planejando fazer os desenhos sob os auspícios da Film Ad Co., mas Cauger declinou, ainda desconfortável com a animação no celuloide e obtendo lucros consideráveis com seus anúncios. A.V. Cauger, no entanto, encomendou cem folhas de celuloide – refugos, Walt diria – para suas experiências e deixou-o alugar um acanhado estúdio, uma casa vazia situada em uma elevação pequena e suja, a uns 20 metros para cima, como Cauger lembrou, vizinha à Film Ad Co., Walt ia para o estúdio após cada dia de trabalho e desenhava em seu tempo vago.

Mas não estava apenas desenhando. Sendo tanto um artista como alguém que buscava aproveitar as oportunidades, começou a pensar em entrar ele mesmo no negócio, usando o seu emprego na Film Ad Co. para subsidiar o esquema. No outono, com economias de US$ 300, comprou uma câmera Universal e um tripé e começou a pôr novamente anúncios em busca de animadores em potencial, a quem iria pagar, como pagava Ising, com experiência, prometendo que, se o negócio fosse um sucesso, ele lhes daria emprego em seu novo estúdio. Vários começaram a trabalhar na casa à noite, ajudando nos desenhos. Nesse meio tempo, para conseguir ganhar mais dinheiro, Walt e Fred Harman, que agora trabalhava com o irmão Hugh e com Walt na Film Ad Co., compraram um Ford Modelo T de segunda mão e rodavam buscando trabalho e filmando material para o noticiário com a câmera Universal. "Nossos olhos", disse Harman, "estavam voltados para o dinheiro e a fama." Os dois receberam um pedido da Pathé para filmar a convenção da Legião Americana no fim de outubro e início de dezembro – o pai de um amigo de Walt tinha um escritório do outro lado da rua, de onde Walt poderia filmar – e, depois, com uma inspiração súbita, alugou um avião para fotografar a convenção de cima, mas Walt subexpôs o filme, que voltou completamente preto. "Nosso projeto de enriquecer rapidamente foi destruído", lamentou Harman.

Walt não desanimou. Esses esforços, pouco importando os sonhos de glória financeira por trás deles, eram apenas atividades extracurriculares para ajudar a dar suporte ao projeto real de Walt naquele outono, mais grandioso que os desenhos animados curtas e o noticiário filmado. Influenciado pelas paródias das *Fábulas de Esopo* do animador nova-iorquino Paul Terry, que as chamou de Fábulas do Terry, estreadas em junho, Walt decidiu que suas animações iam parodiar contos de fadas, situando-os em um contexto mais moderno e atribuindo-lhes tendência mais contemporânea. Propôs fazer *Red Riding Hood* (*Chapeuzinho Vermelho*), embora não esteja claro se animou primeiro este ou o pastiche de *The Musicians of Brementown* (Os Músicos de Bremen), conto de fadas dos Irmãos Grimm.[7] Ao mesmo tempo, praticava com um rolo de piadas e comentários semelhantes aos Laugh-O-grams, que chamou de Lafflets, possivelmente como um meio de apresentar sua equipe. Como Walt só podia trabalhar depois da jornada na Film Ad Co., e seus recrutas eram jovens e inexperientes, ele levou seis meses, que entraram pela primavera de 1922, para completar o conto de fadas. Imediatamente tentou vendê-lo – um amigo seu, de uma distribuidora local de filmes, conseguiu produtores. Nesse meio tempo, no entanto, Walt dirigia o Modelo T até cinemas distantes do Missouri e Kansas e se oferecia aos exibidores para fazer anúncios como os que realizava para Cauger e que poderiam manter seu futuro estúdio funcionando. "Aquilo era exatamente a cara de Walt", lembrou Roy, "dirigir o carro, freneticamente, dia e noite".

Roy achou que Cauger começou a suspeitar de que Walt pudesse vir a ser um competidor, e Walt parecia estar indo nessa direção, mas Fred Harman, que acompanhava Walt nessas expedições de venda, disse: "Nós, simplesmente, não conseguíamos dar conta de tudo" e, finalmente, o Ford foi retomado pelo vendedor. Entretanto, Walt estava longe de ser derrotado. Ao contrário, parecia estranhamente orgulhoso, certo de que seus contos de fadas encontrariam um distribuidor e ele logo estaria gerenciando seu próprio estúdio em tempo integral. Começou a pensar seriamente em deixar a Film Ad Co., mesmo sem nenhuma proposta concreta, apenas mais uma de suas expressões de desejo. Seu pai, que sofrera tantos reveses, aconselhou-o a não montar negócio próprio, dizendo-lhe que poderia falir. Walt recebeu mais estímulo de Roy, mas, de qualquer modo, estava inclinado a sair. Entusiasmado, autoconfiante e até um pouco afetado – na Film Ad Co., começou a usar viseira e a fumar cachimbo –, era independente demais, mesmo aos vinte anos de idade, para pensar em si mesmo como empregado de alguém por muito tempo. Dando o nome dos desenhos animados que fazia para Newman à sua empresa, a Laugh-O-Gram Films Inc., Walt teve o estatuto da sociedade registrado em 18 de maio, e um certificado de incorporação emitido pela Secretaria do Estado do Missouri cinco dias depois. Walt foi registrado como presidente da companhia, embora fosse menor e legalmente jovem demais para ser membro da diretoria de uma empresa. O propósito da sociedade, como estava escrito no documento, era "possuir, fazer, produzir, comprar, alienar, alugar, vender,

7 Embora Walt Disney dissesse depois que *Red Riding Hood* havia sido o primeiro de uma série de contos de fadas, e os historiadores da animação Russell Merritt e J.B. Kaufman também afirmassem que essa foi sua primeira produção, é provável que "Os quatro músicos de Bremen", paródia de *The Musicians of Brementown* tenha sido, de fato, a primeira realização, pois é este filme e não *Red Riding Hood* que foi listado entre os bens de Walt em maio de 1922. Ver Articles of Association, Laugh-O-Gram Films, Inc. 18/mai/1922. (N.A.)

comunicar, distribuir e negociar anúncios comerciais e filmes de cinema de qualquer espécie ou natureza" e, por precaução, alugar equipamento e operar um laboratório de fotos também. Walt Disney, após pouco mais de dois anos no negócio, era agora o chefe de seu próprio estúdio de animação. O homem de ação parecia ter chegado lá.

Walt Disney tinha outra motivação para abrir um estúdio além da obstinada perseguição à animação, à fama e ao lucro que, tinha certeza, resultariam dele. Durante todo esse tempo, de seu curto período em Pesmen-Rubin até o primeiro ano na Film Ad Co., Walt viveu na tranquila e arborizada rua Bellefontaine, 3028, em que ficava a casa de dois andares de sua infância com seus irmãos Roy e Herbert, a esposa de Herbert, Louise, sua filha, Dorothy e, mais tarde, com Flora, Elias e Ruth. Era reconfortante, mas não duraria muito. Desde que voltara da Marinha, Roy era acossado por doenças irritantes. Seu médico sugeriu que removesse as amídalas, e Herb recomendou um médico que se ofereceu para fazer a operação enquanto Roy estava no intervalo do almoço para não ter de faltar ao trabalho. O médico, entretanto, revelou-se um charlatão. Roy começou a ter hemorragia na rua e foi levado às pressas para casa por um colega de trabalho e, depois, para o hospital. No hospital, uma chapa de raios X revelou uma mancha em seu pulmão, diagnosticada como tuberculose. Uma vez que foi determinado que ele só poderia ter contraído a doença enquanto prestava o serviço militar, a Administração dos Veteranos o enviou, em outubro de 1920, para um sanatório em Santa Fé, Novo México, e quando Roy achou o clima ali muito frio, para outro hospital, em Tucson, Arizona. Pensando que tinha muito pouco tempo de vida, decidiu ir do Arizona para a Califórnia para passar ali o resto de seus dias.

Depois que seu defensor, protetor e confidente foi para o oeste, Walt perdeu o resto da família também. Herbert candidatou-se no correio a uma transferência por razões médicas para Portland, Oregon, para onde disse que o médico da família recomendara que fosse em busca de um "clima mais ameno". (A irmã de Elias, Josephine, já se mudara para lá com a família, e é provável que esta tenha sido a razão de Herbert ter escolhido esse destino.) Ele, Louise e Dorothy partiram de Kansas City em julho de 1921. No outono, Elias, Flora e Ruth, novamente cansados dos invernos de Kansas City, decidiram juntar-se a eles. Mudaram-se em um domingo, 6 de novembro. Walt foi despedir-se na estação. "Nunca conheci muito bem as emoções de Walt", disse Ruth, "mas ele, subitamente, não pôde conter-se. Virou de costas e partiu. Estava, claramente, muito perturbado. Sabia que ia ficar sozinho".

Para alguém tão sociável quanto Walt Disney, alguém que amava o companheirismo, a solidão era uma praga, e faria qualquer coisa para evitá-la. Mudou-se da casa em Bellefontaine – ela foi vendida quando Elias e Flora partiram – e pulou de uma pensão para outra, cujos quartos eram ocupados por jovens tão desenraizados quanto ele. Durante um período, dividiu um sótão mobiliado, em uma casa de cômodos, com Marion, sobrinho de Cauger, que tinha vindo trabalhar para o tio na Film Ad Co., mas isso não satisfez completamente a necessidade de companheirismo de Walt, nem preencheu o vazio deixado pela partida da família. Em maio de 1920, antes mesmo de Roy ir embora, Walt associou-se à Ordem DeMolay. DeMolay, que tinha o nome do rei dos templários, era uma fraternidade para jovens, fundada em Kansas City no ano anterior por um dono de restaurante de 28 anos e nobre maçom chamado Frank Land. (As charges a seu respeito o chamavam de "Pai".) Walt descreveria sua associação à DeMolay "como um dos mais importantes eventos de minha juventude e um dos mais felizes também", e mais tarde escreveria a Land dizendo que a DeMolay incutira nele "a crença em um Ser Supremo, na irmandade entre os homens e na santidade do lar". Tudo isso pode muito bem ter sido verdade. Mas ele também encontrou um canal de distribuição para seus desenhos como editor de arte da revista DeMolay e, sem dúvida, se divertiu com os uniformes de ópera bufa que os membros da DeMolay usavam e, acima de tudo, tinha companheiros.

Agarrou-se também a outra fonte de segurança: a família da namorada de Roy, Edna Francis. Roy havia conhecido Edna quando seu colega, Mitch, que trabalhava com ele no First National Bank – Mitch foi um dos que levaram Roy para casa após a fracassada operação de amídalas – a levou a um baile. Edna, mulher simples e despretensiosa, era quatro anos mais velha que Roy (estava, provavelmente, com 29 anos quando o conheceu) e tinha uma vida sofrida. Seu pai, trabalhador de estrada de ferro, de vida errante, levara a família de seis filhos de Pittsburgh para Kansas City, onde, finalmente, os abandonou. A mãe de Edna era quase totalmente surda. Para Roy, que gostava do papel de guardião e defensor e que era tão modesto e despretensioso quanto ela, Edna parecia a companheira ideal, e o romance dos dois sobreviveu aos anos de serviço militar de Roy e, depois, aos sanatórios de tuberculose. Antes de partir para o Novo México, ele decidira casar-se com ela se sobrevivesse. "Era só uma questão de eu me sentir melhor e ter dinheiro suficiente", disse.

Enquanto ele estava ausente, os Francis convidavam Walt para jantar. Algumas vezes ele aceitava, depois ficava tão envolvido no trabalho que não se lembrava do convite até 10 ou 11 horas da noite. Outras vezes, ia jantar e, segundo Edna, "falava e falava até quase meia-noite. Parecia envolvido em alguma espécie de batalha e, quando ficava com fome, vinha, e nós lhe servíamos uma boa refeição e, depois, ele simplesmente falava. Sempre fui uma boa ouvinte".

Mas a cura real para a solidão de Walt, sua verdadeira comunidade, não estava na família Francis ou na DeMolay. Estava no trabalho e, se Walt fundou seu estúdio para perseguir a paixão pela animação e fazer seu nome, também o formou para aliviar a solidão que sentiu com a partida da família. Como a DeMolay, a Laugh-O-Gram se tornaria uma espécie de fraternidade – neste caso, uma com a qual jovens livres e felizes, ansiosos para aprender animação, podiam colaborar. Seria um local de trabalho, mas também de diversão, um lugar em que o senso de comunidade seria quase tão importante quanto as animações, e um lugar onde as exigências da vida adulta podiam ser mantidas à distância. E Walt Disney, que desde Marceline exultava com os laços comunitários, seria o criador e proprietário dessa pequena e exuberante utopia, onde não seria preciso crescer nunca. A Laugh-O-Gram seria sua primeira Terra do Nunca. E não seria a última.

III

Não era bem um estúdio. Seus primeiros bens foram os rolos de Lafflets e *The Four Musicians*, desenho animado de um conto de fadas que Walt avaliava em US$ 3 mil e o equipamento, que estimava em menos de US$ 1.500. Planejara financiar as operações com seu próprio dinheiro e quaisquer empréstimos que pudesse implorar de seus *trainees* – Ising pôs US$ 1 mil de seu dinheiro –, mas Walt percebeu que podia levantar mais recursos com a incorporação e terminou dando a Ising ações da companhia em vez de pagar-lhe o empréstimo. A Laugh-O-Gram estava capitalizada em US$ 15 mil, metade dos quais era dinheiro e equipamento, divididos em 300 ações de US$ 50 cada. Walt pegou 70 ações e parcelou-as em um número de ações de menor valor para uns poucos amigos e seus jovens associados. Mesmo assim, teve de reservar o restante do dinheiro, alguns milhares de dólares após a gorda porcentagem do corretor, para alugar escritório e estúdio, pagar os empregados e comprar material.

O desafio era alguém tão jovem e com apenas os Laugh-O-grams a seu favor atrair investidores. Walt Disney certamente era persuasivo – "um senhor vendedor", diria Rudy Ising. Parecia um garoto, entusiasmado e falante, e tinha jeito para entusiasmar os outros também quando descrevia seus planos, o que adorava fazer, e o que as noites na casa dos Francis comprovavam. Tinha de ser persuasivo, já que o sucesso provável da empresa para a qual solicitava recursos, administrada por um jovem sem experiência gerencial e que empregava rapazes mais jovens com menos experiência ainda, não era, por quaisquer critérios, garantido. Roy contribuiu com algum dinheiro – e continuou a contribuir com US$ 30 aqui e ali, provindos de seus cheques por invalidez –, mas o verdadeiro anjo de Walt em Laugh-O-Gram foi um bem relacionado médico de Kansas City chamado John V. Cowles.

Walt, provavelmente, conheceu Cowles por intermédio de outro exuberante especulador, o tio de Walt, Robert, de quem Cowles aparentemente era sócio em um esquema de refinaria de petróleo para o qual o próprio médico buscava investidores na época. Alto e corpulento, com cabelos espessos que ficaram brancos como a neve quando envelheceu e um manquejar visível, resultado de um acidente quando cavalgava e, possivelmente, ocorrido durante um breve período em West Point, Cowles era, ao mesmo tempo, uma figura tão grandiloquente quanto importante em Kansas City. Nasceu lá e cursou a Universidade do Missouri e, depois, a faculdade de medicina da universidade. Voltou para casa e construiu uma lucrativa carreira como cirurgião e clínico geral; Thomas Pendergast, chefe da famosa máquina política democrata da cidade, e Harry Truman, mais tarde senador e presidente dos EUA, estavam entre seus pacientes e amigos. O sucesso era evidente em seu grande consultório no centro da cidade, no andar de cima do Main Street Bank, e no palacete onde morava, na rua 34.

Mas John Cowles não era conhecido em Kansas City principalmente como clínico geral, e sim, era como quebrador de galhos. De sua associação com Pendergast conhecia pessoas, e as pessoas sabiam que ele tinha conexões políticas, razão pela qual buscavam sua ajuda. Ele era também muito respeitado por sua astúcia financeira e até aconselhava o First National Bank em investimentos. Estava, em geral, à procura de novos esquemas de investimento e, sem dúvida, foi por aí que conheceu Robert Disney. Walt nunca disse como convenceu Cowles a investir, apesar de, provavelmente, a intercessão do tio Robert ter ajudado, e o fato de Cowles, segundo seu filho, ser sempre generoso com as pessoas humildes que lhe pediam dinheiro: "Papai estava sempre ajudando as pessoas." Naqueles primeiros meses, o doutor investiu US$ 2.500 com o consentimento de sua esposa.

Percebendo que não tinha dinheiro suficiente para se atrasar, Walt agiu rápido. Alugou quartos pequenos e espartanos no andar de cima do prédio McConahy, de dois andares, na 35, a apenas poucos quarteirões de sua velha casa em Bellefontaine. Em semanas conseguiu que o *Motion Pictures News*, jornal importante do negócio de filmes, anunciasse o lançamento de sua companhia: "Eles vão produzir as caricaturas animadas Laugh-O-grams, que serão desenhadas por Walter E. Disney." Mas a nota também dizia que ele vinha fazendo filmes para o cinema Newman havia dois anos e que já concluíra seis obras – e nenhuma dessas informações era verdadeira. Naquele mesmo mês, comprou um novo tripé e, em julho, fez seu primeiro anúncio no News, prometendo uma série de doze filmes, presumivelmente os contos de fadas.

Nesse meio tempo, contratava. Hugh Harman, irmão de Fred, uniu-se a Walt para ser animador, assim como o velho trainee de Walt, Rudy Ising, e dois outros: Carmen Maxwell, jovem secundarista contratada quando entrou no escritório para pedir emprego depois de ver o símbolo da Laugh-O-Gram na janela, e um jovem chamado Lorey Tague. William "Red" Lyon, que operava a câmera na Film Ad Co., tornou-se o operador de câmera da Laugh-O-Gram. Um animador, Otto Walliman, juntou-se a eles mais tarde. Walt também contratou os serviços de um gerente de negócios, Adolph Kloepper, e de um vendedor, Leslie Mace. Poucos meses depois, seu velho amigo Walt Pfeiffer – que havia prosseguido com seu treinamento de arte no Instituto de Arte de Chicago, após ter concluído o secundário e antes de voltar para Kansas City – tornou-se editor de cenários da Laugh-O-Gram, o que, ele admitiu, significava que comprava assinaturas de jornais e oferecia-lhes caricaturas.

Disney tinha uma equipe, mas não tinha contrato para suas supostas animações, das quais só uma existia na época em que anunciou no *Motion Pictures News*. Embora, como sempre, estivesse certo do sucesso, Walt parecia desconhecer a fragilidade geral do mercado de desenhos animados na época. Ninguém ia ao cinema para ver animações, e os distribuidores não sentiam necessidade de pagar preços melhores por elas. Com o aumento da capacidade das salas durante o auge de sua construção, no fim dos anos 1910 e início dos anos 1920, e a alta do preço dos ingressos, os desenhos animados eram essencialmente complementos para preencher duas horas de programação que, habitualmente, também incluíam um longa, um ou dois rolos de comédia ao vivo, um rolo de notícias e um seriado e, com menos frequência, um filme de viagem, uma apresentação teatral curta, ou até um pequeno número de *vaudeville*. Segundo uma pesquisa de 1922, 75% dos cinemas usavam dois rolos de comédia ao vivo, 59% um rolo de noticiário, e 35% um seriado, mas apenas 23% exibiam desenhos animados, o que significava que o campo em que Walt estava entrando não era dos mais lucrativos.

Ele logo descobriu isso por si mesmo. Devido a escassez de respostas ao anúncio no *Motion Pictures News*, Walt mandou Mace, ex-representante local da Paramount Pictures, a Nova York, em meados de agosto, para caçar um distribuidor. Mace estava acompanhado do dr. Cowles, que fora dar uma olhada em seu esquema de petróleo, mas não teve mais sucesso pessoalmente do que o obtido com o anúncio. Como disse mais tarde Adolph Kloepper, o gerente administrativo, Mace ficou no Hotel McAlpine, "e as contas subiram mais que todo o dinheiro que tínhamos no banco". Walt já havia ordenado a Mace que voltasse para casa de mãos vazias quando, no último momento, Mace concluiu um acordo com William R. Kelley, representante no Tennessee da Pictorial Clubs, Inc., que distribuía filmes principalmente para igrejas e escolas.

Mas isso não foi, realmente, a salvação de Walt. A filial no Tennessee da Pictorial Clubs, Inc., era tão inconsequente quanto seu nome soava, e o acordo que Mace fechou tão inconsequente quanto a própria Pictorial. O acordo só funcionava para um dos lados. Embora o contrato estabelecesse o pagamento de US$ 11.100 por seis animações a serem entregues em 1º de janeiro de 1924, ele também estipulava que a Pictorial pagaria apenas US$ 100 na assinatura e os restantes US$ 11 mil só seriam saldados na data da entrega, quase dezoito meses depois. Isso significava, na verdade, que a companhia trabalharia de graça, unicamente com a perspectiva do pagamento. (Mace, reconhecendo, talvez, o beco sem saída a que havia levado a companhia, deixou a Laugh-O-Gram quase imediatamente após retornar a Kansas City.) Walt teve de usar a promessa de pagamento da Pictorial para levantar recursos destinados a saldar velhas dívidas e a gerar novos fundos. Após a assinatura do contrato, em 16 de setembro, Walt imediatamente transferiu-o para Fred Schmeltz, proprietário de uma loja local de equipamentos, a fim de pagar o dinheiro e o equipamento que este lhe havia adiantado e saldar a dívida de US$ 2.500 que a Laugh-O-Gram tinha com a Sra. Cowles, da qual Schmeltz era fiador, além de pequenas somas que a companhia devia em pagamentos atrasados aos seus empregados.

No início de setembro, antes que o acordo com a Pictorial tivesse sido concluído, Walt havia colocado anúncios no Kansas City Journal e no Post à procura de outro cenarista (ele punha anúncios nas seções de homens e de mulheres) e garotas "com habilidade para montar filmes, desenhos animados". Agora que tinha um contrato em mãos, em novembro ele também convenceu Iwerks a sair da Film Ad Co., e juntar-se a ele na produção de letreiros para os títulos e um pouco de desenho animado. Em um sinal de autoconfiança, audaciosamente ofereceu a Iwerks US$ 50 por semana.

O gesto foi mais uma mostra do estonteante irrealismo de Walt. Apesar de todo o estudo e a experimentação, ninguém na Laugh-O-Gram conhecia realmente animação, pelo menos não tanto que desse para funcionarem como estúdio. "Nossas únicas referências eram o livro de Lutz", disse Hugh Harman, "e os filmes de Paul Terry... Costumávamos consegui-los por meio de troca com uma garota que trabalhava lá... e, depois, pegávamos tesouras e tirávamos talvez 50 ou 75 pés (para examinar)...

Aprendemos muito com Terry." Walt Pfeiffer disse que conseguia, da mesma maneira, novos desenhos animados de Krazy Cat, os levava para o estúdio e os projetava para que os animadores pudessem saber como os profissionais de Nova York faziam o trabalho. E não era apenas de conhecimento sobre a técnica de animação que necessitavam; eles também precisavam desenvolver a habilidade de desenhar. Em certo momento, Walt chegou a dar aulas de arte, segundo Rudy, "porque tinha a ideia de que, talvez, devêssemos saber desenhar um pouco melhor".

Eles pesquisavam, aprendiam à medida que caminhavam, improvisando até no equipamento. O suporte da câmera tinha quatro pernas e uma tábua em cima, e ali a câmera Universal de Walt era montada. Uma corrente ia da câmera a uma manivela; um giro da manivela significava um fotograma exposto para a câmera. Os personagens eram desenhados com base em folhas que traziam os modelos para assegurar uniformidade, mas as folhas – que correspondiam à longa distância, meia distância e ao *close-up* – também restringiam a flexibilidade. E, embora Walt usasse celuloide, foi apenas no terceiro desenho animado que Ising sugeriu que desenhassem direto no celuloide em vez de colar desenhos nele. A pesquisa, às vezes, resultava em aperfeiçoamento. Nos estúdios de Nova York, os prendedores normalmente fixavam o papel no alto da mesa de desenho, longe das mãos dos animadores. Walt colocou-os perto dos animadores, para que pudessem folhear as páginas com mais facilidade e ver a ação.

Havia uma área, no entanto, em que Walt Disney não improvisava. Percebendo que ainda não podia desafiar os animadores de Nova York em sua habilidade de desenho, podia ao menos desafiá-los em suas deficiências narrativas, fazendo o que os animadores de Nova York quase nunca faziam: Walt descrevia os cenários em detalhes escrupulosos, como se fossem roteiros de filmes ao vivo. Sua história de Cinderela começava: "*close-up* rápido em uma senhora gorda em uma cadeira de balanço que lê 'Coma e emagreça' – outra garota muito magra sentada em uma cadeira – elas estão comendo – garota magra baixa o livro – ela é vesga – ela começa a falar com a garota gorda – a garota gorda responde." Nas margens, a lápis azul, estavam as iniciais dos animadores para cada cena: D para o próprio Walt, H para Harman, R para Ising, e U para Iwerks.

A pressão para terminar era forte – eles não tinham dinheiro –, mas Walt não permitia que os apertos financeiros subvertessem seu outro propósito: criar uma comunidade que tomasse o lugar da família que perdera. Apenas um dos empregados, Lorey Tague, era casado. Os outros, que não tinham nem responsabilidades, nem envolvimentos românticos, formavam um grupo infantil de brincalhões e artistas amadores.

Um amigo que visitou o escritório de Walt na época perguntou-lhe se estava ganhando algum dinheiro. "Você sorriu e disse, 'Não', mas você estava se divertindo. Novamente, me perguntei: será que algum dia ele vai crescer?" Walt Pfeiffer disse que o grupo chegava às nove da manhã ao trabalho e só saía à meia-noite. "Era mais diversão que emprego", recordou. "Não se olhava aquilo como trabalho." Adolph Koeppler falou do "espírito feliz que existia" e os fazia "apreciar e rir de uma boa piada: Lembro-me também das gargalhadas que dávamos quando discutíamos uma história ou um material, e Walt soltava uma piada louca que se incorporava à história." Às vezes, eles iam para o teto do prédio e posavam para a câmera, ou iam ao lago Troost, que ficava próximo, e fotogravam uns aos outros. Nos fins de semana, a equipe pegava a câmera Universal e saía sem destino pelas ruas, procurando acidentes. Se não os encontravam, frequentemente montavam um para fotografar. Em certa ocasião, sentindo que a câmera Universal não tinha uma aparência suficientemente impressionante, eles amarraram duas grandes latas de filme a uma caixa e depois saíram, fingindo que filmavam. "As pessoas vinham, posavam e perguntavam 'De onde vocês são?'", disse Rudy Ising. "Somos de Nova York", dizíamos.

A brincadeira servia de compensação e alívio para a constante dificuldade que era conseguir dinheiro. O estúdio era um clube maravilhoso, mas não tinha em Walt um bom gerente e, segundo ele próprio admitiu, era descuidado com dinheiro. (Da frugalidade de seu pai, disse: "Não herdei nada.") Em outubro, o operador de câmera Red Lyon escreveu para a mãe: "Serão necessários mais cinco mil para levantar o lugar e mais de 50 a 100 mil para montar uma instalação de produção verdadeira na próxima primavera. Só capitalizamos para produzir quatro filmes da nossa série. Nosso quinto está quase feito." Mas apesar da pressão e da falta de fundos, afirmou: "Vou esperar. Tenho a maior oportunidade que já tive e aposto qualquer coisa, exceto meus dentes falsos." No mês seguinte, Cowles emprestou mais US$ 2.500 para Walt, mas o dinheiro só passou por ele. "Os cheques de Walt continuavam a bater e voltar", lembrou Ising. "Todos nós trabalhamos de graça." Um oficial de Justiça já visitava o escritório, perguntando pelo Sr. Dinsey. Walt o pôs para fora em várias ocasiões, insistindo em que o Sr. Dinsey não se encontrava, até que Walt Pfeiffer chamou Walt pelo nome quando, por coincidência, o homem estava no escritório, e Walt confessou: "Está bem, eu sou Walt Disney, mas meu nome é Disney e não Dinsey!" Duas semanas depois de ter escrito para a mãe dizendo que "aguentaria tudo", Lyon voltou a escrever, desta vez dizendo que a companhia "estava pior que quebrada", US$ 2 mil em dívidas e perdendo mais US$ 4 mil por semana, e que ia "tentar vender" suas ações-empréstimo para a companhia e, "possivelmente, sair e procurar algo mais seguro". Mesmo assim, disse:

"Estamos produzindo filmes de verdade." Os filmes eram contos de fada adaptados – *A Puss in Boots* (O Gato de Botas), em que um gato convence um jovem que está em busca de uma esposa que ele pode conquistar a mão de uma princesa se imitar "Rudolf Vaselino", uma sátira do ídolo do cinema mudo Rodolfo Valentino, e vencer uma tourada; ou *Red Riding Hood*, onde Red é caçada por um jovem em um calhambeque, enquanto a avó dela está fora, no cinema.

Embora a situação financeira nunca fosse menos que terrível desde a criação da companhia, Walt conservava a confiança e a persistência que lhe eram peculiares. "Ele tinha o ímpeto de 10 milhões de homens", afirmou uma secretária do outro lado do corredor que namorava um fotógrafo da companhia de Walt e fazia um pouco do trabalho burocrático para ele na época. Foi uma indicação tanto do desespero quanto da ingenuidade de Walt que, no final de outubro, ele ainda pusesse um anúncio no jornal, afirmando que a Laugh-O-Gram havia acrescentado ao "seu trabalho regular de fazer desenhos animados, a fotografia de jovens" e oferecia aos clientes um serviço de projeção para mostrar os filmes. Na verdade, Walt tentava fazer fotos de bebês para manter a Laugh-O-Gram à tona.

Enquanto a companhia continuava a afundar, houve novas tentativas de sair do buraco. Um mês depois, provavelmente por interferência do dr. Cowles, Walt foi abordado por um dentista chamado Thomas B. McCrum, do Instituto Dental Deaner, de Kansas City. McCrum ia receber doações de US$ 500 dos comerciantes locais para financiar filmes educativos sobre higiene bucal e perguntou se a Laugh-O-Gram estaria interessada em produzir um, *Tommy Tucker's Tooth* (O Dente de Tommy Tucker), sobre dois garotos – Jimmy Jones, que não tomava cuidado com seus dentes e, assim, não conseguiu emprego, e Tommy Tucker, que fazia higiene dental e conseguiu o emprego. Walt rapidamente concordou, mas quando McCrum lhe perguntou se poderia ir ao instituto fechar o acordo, Walt teve de pensar duas vezes. Ele havia deixado seu único par de sapatos no sapateiro e não tinha o US$ 1,50 para recuperá-lo. McCrum, que vivia a apenas uma rua de Walt, ofereceu-se para pagar o sapateiro e retirar os sapatos e, depois, pegou Walt para fechar o negócio.

Walt recrutou seu elenco nas escolas locais, inclusive na Benton, e filmou durante o horário escolar uma ou duas vezes por semana durante aquele mês. (O filme incluía uma breve seção de desenho animado, mostrando as bactérias com picaretas acabando com os dentes.) "Quando filmava, Walt Disney sabia exatamente o que queria que fizéssemos e como queria que fizéssemos", lembrou John Records, que fez o papel de Jimmie Jones. "Todos gostamos dele de cara." Records disse a outro entrevistador que era óbvio que Walt gostava de crianças e sabia como tratá-las. No final de cada filmagem, levava as crianças para o escritório, onde os animadores estavam curvados sobre suas mesas trabalhando nos contos de fadas, e recompensava as crianças com cédulas de US$ 5 ou US$ 10.

Mas os US$ 50 ou US$ 60 limpos que Walt disse ter tirado do filme, dificilmente deram para um respiro, especialmente depois que a filial Tennessee da Pictorial Clubs se declarou em falência meses após fechar o acordo com a Laugh-O-Gram. A matriz de Nova York da Pictorial assumiu os ativos de sua filial no Tennessee, mas nenhum dos débitos e detonou um longo processo em que a Laugh-O-Gram tentou fazer valer um contrato de que já havia cumprido parte significativa e em relação ao qual a Pictorial tinha uma substancial dívida. No início de janeiro de 1923 com a pressão econômica aumentando, Walt foi processado por seu senhorio pelo não pagamento do aluguel do escritório e, novamente, devido apenas à generosidade do dr. Cowles, a companhia, finalmente, cobriu o débito, pagou as contas de luz e telefone e o salário ainda atrasado de Leslie Mace, que havia deixado a firma. Mesmo assim, apesar dos empréstimos de Cowles e do empresário Fred Schmeltz, dono da loja de equipamentos, a Laugh-O--Gram não tinha absolutamente nenhum dinheiro de reserva. Kloepper lembrou ter saído do escritório de Cowles com Walt, em uma sexta-feira, depois de obter o dinheiro para a folha de pagamento e avistar uma nota de um dólar na sarjeta. "Acho que nós dois fizemos um gesto para agarrá-la", disse Kloepper, "mas eu peguei a nota de um dólar, a levantei e disse: 'Walt, vamos almoçar'. E almoçamos, com aquela nota de um dólar".

Mas Walt, o homem de ação, ainda não havia desistido de suas esperanças de sucesso. Sem dinheiro algum à vista da Pictorial ou de qualquer outra fonte, apresentou um novo esquema em fevereiro. Anunciou uma série de curtas que combinariam "desenhos animados e piadas apimentadas". Na verdade, já fizera isso com Lafflets e, simplesmente, arranjou uma mulher para separá-los do início dos contos de fadas e reeditá-los para serem distribuídos. Naquele mês, começou a entrar em contato com distribuidores de Nova York, entre eles a Universal Pictures, e chegou a escrever para outro comprador em potencial, em um óbvio blefe, que a Universal estava interessada nos Lafflets. Essa campanha também foi infrutífera. "Avaliamos o seu produto e achamos que a animação é muito boa", escreveu o gerente-geral da Universal Pictures, H.A. Boushey, para Kloepper em 4 de abril, "mas não vemos como poderia ser incluída na distribuição no momento." Outro distribuidor respondeu: "Acreditamos que não teríamos problema de qualquer espécie para colocar seus 'Laughlets' em um dos melhores distribuidores em base percentual", mas, como todas as beliscadas na isca, esta também não deu em nada.

Com o fracasso da manobra dos Lafflets, Walt inventou outro plano de ousadia estética. Durante vários meses – inspirado, disse, por uma série criada pelos animadores de Nova York, Max e Dave Fleischer, intitulada *Out of The Inkwell* (*Fora do tinteiro*), em que os desenhos entravam no mundo real – Walt vinha pensando em uma combinação de animação e ação ao vivo, embora tivesse escrito a um suposto animador que fazer isso era "muito experimental e dispendioso" e "até então não se havia mostrado lucrativo". Em março, novamente sem dinheiro e alternativa, decidiu ignorar esses impedimentos e tentar outra série que, segundo pensava, poderia, em suas próprias palavras, "enlouquecer o mercado" e salvar a companhia. "Acabamos de descobrir algo novo e inteligente nos desenhos animados!", escreveu, efusivamente, para inúmeros distribuidores, descrevendo seus desenhos animados como uma variação de *Out of the Inkwell*: "Mas (são) de natureza inteiramente diferente, usando um elenco de atores infantis nos mesmos cenários que os desenhos animados e contracenando com personagens do desenho animado." Ele esperava produzir um rolo, de mais ou menos sete minutos de duração, para ser distribuído a cada duas semanas ou uma vez por mês.

Especificamente, a série apresentaria uma garotinha chamada Alice, como *Alice no País das Maravilhas*, que entrava no mundo do desenho animado e interagia com os personagens. Para o papel-título escolheu uma menina loura precoce, de 4 anos, chamada Virginia Davis, que vira em um anúncio feito pela Film Ad Co., para o pão Warneker. (Davis disse mais tarde que comia um pedaço do pão, generosamente coberto de geleia, dava um grande sorriso e mandava um beijo.) Walt não ofereceu salário – não teria como pagar –, mas prometeu aos pais dela 5% de qualquer quantia que recebesse pelo filme, que havia intitulado *Alice's Wonderland* (*País das Maravilhas de Alice*). O acordo, evidentemente, incluía a utilização da casa dos Davis como cenário das filmagens.

Embora em maio Walt tivesse assegurado aos distribuidores que Alice's Wonderland seria terminado "muito em breve", isso era mais ilusão. Além de ter de conseguir dinheiro com muito esforço no mês em que começou a filmar, a companhia foi despejada do Edifício McConahy e se mudou para um novo endereço, acima do cinema Ísis, no segundo andar do Edifício Wirthman, de frente para a rua. Já em junho, Walt escrevia para um distribuidor dizendo que não havia completado o filme como planejava devido aos "numerosos atrasos e obstáculos", mas esperava levar uma cópia para Nova York em julho. A essa altura, a maior parte da equipe, inclusive Iwerks, que recebia apenas esporadicamente, já havia deixado a companhia, e Pfeiffer tinha voltado para Chicago.

No final, não haveria dinheiro para uma viagem a Nova York. Não haveria dinheiro suficiente para nada, a não ser terminar *Alice's Wonderland*, e Walt terminou fazendo virtualmente toda a animação sozinho. "Duas vezes tivemos de nos mudar durante a noite porque não podíamos pagar o aluguel", disse Rudy Ising. Não havia dinheiro bastante nem para comer. "Sequer fazíamos três refeições por dia", lembrou Carmen Maxwell. "Minha mãe costumava nos mandar um bolo de vez em quando, e aquilo era realmente uma coisa especial." Walt e os outros faziam as refeições no *Forest Inn Café*, no primeiro andar do Edifício McConahy, onde os donos, Jerry Raggos e Louise Katsis, lhes davam crédito. Quando o crédito acabou, Nadine Simpson, a secretária do outro lado do corredor, em frente à Laugh-O-Gram, que namorava o fotógrafo Baron Missakian passou a datilografar menus em troca de refeições para eles. Walt pagava as próprias refeições tirando fotos do bebê dos Raggos. "Quando meu crédito acabou fui tentado a ir até lá, fazer o pedido e comer, e dizer depois que não podia pagar", lembrou Walt. "Mas não tinha coragem. Eu estava com tanta fome." Em vez disso, vivia dos restos das sessões de fotos de Missakian até que Raggos o pegou procurando comida no lixo e lhe deu crédito uma vez mais.

E, se não havia dinheiro para comer, não havia dinheiro para viver também. No período em que fez Alice, Walt ocupou um quarto em uma casa de madeira na Charlotte Street, nº 3415, de propriedade da Sra. Gertrude McBride que generosamente, deixou Walt ficar mesmo depois de ele estar atrasado US$ 25 no aluguel – ele lhe pagaria uma década depois –, mas saiu finalmente e passou a dormir em rolos de lona e almofadas no escritório. "Dormiu lá durante bastante tempo para poupar dinheiro", lembrou Koeppler, e vivia de feijões frios que comia de uma lata. (Walt ficou tão magro que a Sra. McBride tinha certeza de que estava tuberculoso como o irmão.) Tomava banho uma vez por semana na Union Station, onde pagava dez centavos pelo privilégio.

Sem equipe ou dinheiro, a Laugh-O-Gram era agora uma casca. Sequer possuía seu único ativo, *Alice's Wonderland*, porque Fred Schmeltz, ao fazer os adiantamentos periódicos, que incluíram o aluguel do Edifício Wirthman naquele mês de julho, garantiu-os com uma hipoteca sobre bens móveis que cobriu, virtualmente, todos os equipamentos e produtos da Laugh-O-Gram, entre os quais estava o novo desenho animado. Apesar de, em março, os acionistas terem decidido aumentar o capital para US$ 50 mil e, embora o plano tivesse sido aprovado pelo estado de Kansas em julho, isso era só espuma financeira. Nada havia restado da Laugh-O-Gram e não havia mais esperança de produzir novos desenhos animados. Walt tentou um último e desesperado plano para salvar a companhia, tentando interessar o *Kansas City Post* em um rolo de noticiário filmado por semana, mas isso também falhou. "Isso pareceu esgotar totalmente as perspectivas em Kansas", disse Walt.

Era o fim. Tio Robert advertiu-o de que seu único recurso era deixar Kansas City, e Roy disse que Walt deveria dar o fora dali: "Acho que você não pode fazer mais nada aí." Walt disse que poderia, tecnicamente, ter evitado a responsabilidade, alegando que era menor quando a companhia abriu o capital, mas optou por pedir falência. De qualquer modo, ninguém parecia culpar Walt pela morte da Laugh-O-Gram. "Ninguém jamais entrou com uma ação", disse Nadine Simpson, sem estar inteiramente correta, "porque todos sabíamos que não era culpa de uma pessoa só, especialmente de Walt." Roy atribuiu o problema aos sócios de Walt. Pensando na Pictorial ou em Schmeltz, disse que Walt havia sido "jogado na sarjeta por ladrões". Rudy Ising viu problemas em outras partes e atribuiu o fracasso da companhia ao lugar. "Nossas ideias eram ótimas, mas estávamos no local errado. Kansas City não era o ambiente certo para esse tipo de trabalho."

Apesar de seu plano de um grande estúdio ter sido despedaçado, Walt, uma vez mais, parecia surpreendentemente feliz. Ao longo de todos os fracassos – os contos de fadas, Lafflets e *Alice's Wonderland* –, dos dias sem refeições e das noites de sono inquieto, de seus constantes pedidos de dinheiro a Cowles, Schmeltz e até Roy, de tudo isso, Walt jamais pareceu perder a fé. "Nunca ouvi Walt dizer alguma coisa que soasse como derrota", lembrou Kloepper. "Ele estava sempre otimista... acerca de sua habilidade e do valor de suas ideias e sobre as possibilidades do desenho animado no ramo do entretenimento. Nunca o ouvi dizer nada que não expressasse determinação e vontade de seguir em frente." Phineas Rosenberg, o advogado que administrou a falência, concordou. "A maioria das pessoas que declara bancarrota estão perturbadas ou enraivecidas", disse. "Walt, não."

Ele parecia confiante sem nenhuma razão lógica para estar assim. Parecia que nada podia desencorajá-lo. Anos depois, diria que era, por sua própria constituição, imperturbável, isento de dúvida e feliz, sempre feliz. "Não me lembro de ter me sentido infeliz na vida", disse uma vez. "Estava feliz o tempo todo. Eu era animado, sempre estava fazendo alguma coisa." Mas isso também era para mostrar aos outros. Embora, normalmente, tivesse uma espécie de fé intrépida, a fé infantil de que as coisas ficariam bem no final, o que explica tanto sua determinação como sua miopia, na época da falência da Laugh-O-Gram, aos 21 anos, Walt estava mais afetado do que podia parecer ou quisesse que os outros notassem. Mais tarde admitiu que se sentia "arrasado e angustiado" – arrasado por ter falhado e angustiado por desapontar tantos que confiaram nele e perderam seu dinheiro por isso: "Aquela primeira grande derrota me derrubou e acabou comigo." Jurou que corrigiria o erro e pagaria todos os credores. Ao mesmo tempo disse que a falência da Laugh-O-Gram o havia deixado mais resistente, mais determinado e familiarizado com o fracasso.

Agora só pensava em deixar Kansas City, deixar o fracasso para trás. Pensou em ir para Nova York ou Hollywood, depois se decidiu pela última, onde Roy se recuperava e tio Roberto havia se estabelecido. Precisava partir. Visitava a Union Station e "ficava lá, com lágrimas nos olhos observando os trens que partiam": "Estava completamente sozinho. Eu me sentia muito solitário." Walt ainda não tinha dinheiro. Vivia na casa de Iwerks, ou com a família Cowles –, mas tinha um contato: Carl Stalling, o organista do cinema Isis, no mesmo edifício para onde a Laugh-O-Gram se mudou após o colapso. Por intermédio de Stalling, Walt conseguiu um contrato com a Jenkins Music Co., para fazer o que Walt chamou de *Song-O-Reel*, um filme ao vivo com a letra da música colocada nos cartões das legendas, permitindo que a audiência cantasse com o acompanhamento musical. Com a produção de *Martha: Just a Plain Old-Fashioned Name*, baseado na canção de Joe L. Sanders, Walt ganhou exatamente a quantidade de dinheiro suficiente para dar entrada em uma câmera de filmar usada. (Ele mesmo elaborou os negativos para reduzir custos.) Como havia feito nos primeiros dias da Laugh-O-Gram, passou as duas semanas seguintes indo de porta em porta, no setor residencial de Kansas City, procurando pais que quisessem fazer filmes dos filhos. Novamente, ele mesmo fez os negativos, ganhando cerca de US$ 10 a US$ 15 por serviço, o que permitiu que pagasse o resto que devia da câmera e juntasse o suficiente para uma passagem de trem para Los Angeles. Quando um fã de cinema decidiu que ele próprio faria os filmes, Walt vendeu-lhe a câmera pelo dobro do que custou, e isso lhe deu um pouco de dinheiro extra para a viagem.[8]

Foi uma partida agridoce. Antes de ir, visitou as pessoas a quem devia dinheiro, dizendo-lhes que decidira ir para o oeste e oferecendo-lhes pequenos pagamentos iniciais. Deu a maior parte de seus pertences pessoais para os irmãos Harman com a orientação de que os vendessem e distribuíssem o dinheiro obtido entre os credores, inclusive Jerry Raggos. Hugh Harman, Rudy Ising e Carmen Maxwell obtiveram uma

8 Anos depois, a Sra. Kathleen Viley afirmou que ela e o marido, dr. Leland Viley, ajudaram o falido Walt Disney na Laugh-O-Gram com US$ 6 mil, e que, após ele ter fotografado a filha de seis meses do casal, em julho, lhe deram mais US$ 3 mil para que pudesse ir para a Califórnia. Walt admitiu ter fotografado o bebê dos Viley e ganho o suficiente para ir à Califórnia, mas não existe prova de qualquer espécie de que os Viley tenham dado algum outro tipo de ajuda a Walt. W.J. Viley para Walt, 8/9/1958, arquivo V, corr. de Walt Disney,1958,Q-Z,A1572,WDA;Kathleen Viley Cayot para Walt(out/1962),arquivo C, Walt Disney Corr.,1962, A-Christmas, AI590. (N.A.)

nota promissória no valor de US$ 302 de Schmeltz pelos ativos remanescentes da Laugh-O-Gram, o que lhes permitiu comprar a maioria dos equipamentos de animação e, depois disso, montar o próprio estúdio, *Arabian Knights Cartoons: a Thousand and One Laughs* (Desenhos Animados das Noites Árabes: Mil e Uma Gargalhadas). Os outros credores, segundo Walt, desejaram-lhe sorte e, gentilmente, disseram-lhe que precisaria de dinheiro na Califórnia e que os pagasse quando pudesse.[9]

Walt passou a última noite em Kansas City jantando com Edna Francis e queixando-se de seus infortúnios nos negócios. No dia seguinte, a mãe de Louise Rast, esposa de seu irmão Herbert, preparou três bolsas de refeições para ele comer durante a viagem de trem para o oeste e deu a Walt um terno que escolheu entre as roupas do filho. Walt não tinha um terno próprio, apenas uma surrada calça preta e branca, uma jaqueta quadriculada, uma capa de chuva de gabardine e um velho suéter marrom. Sua mala era de papelão esfrangalhado, metade da qual não levava roupas, mas equipamento de animação, e sua única extravagância foi um par de confortáveis sapatos de US$ 5 que comprou com o dinheiro da venda da câmara. Foi levado até a estação por um amigo da mãe de Louise – um homem, segundo William Rast, cuja maior bravata na vida mais tarde seria "levei Walt para a Union Station quando ele foi para Hollywood". Ninguém foi vê-lo partir, segundo Walt, embora Rudy Ising se lembrasse depois de que ele e alguns outros veteranos da Laugh-O-Gram estiveram na plataforma e filmaram a partida dele.

Em Kansas City, onde havia vivido durante dez anos de seus quase 22, Walt disse que aprendeu "o que significava cuidar de mim mesmo, tirar vantagem das oportunidades e a coisa que todo garoto americano devia aprender – suportar os golpes duros e os intervalos felizes". Kansas City deu uma lição dura em um jovem basicamente livre de preocupações. Mas Walt partiu com a esperança intacta. "Foi um grande dia aquele em que entrei naquele trem da Santa Fé, California Limited", recordou. Ele se sentia "livre e feliz". E lembrou-se também de outro sentimento, mais poderoso: "Como se tivesse luzes incandescentes dentro de mim." Apesar das contusões do desapontamento em Kansas City, Walt dirigia-se para onde, mesmo depois de tudo, tinha a certeza de que faria sucesso. O homem de ação estava indo para Hollywood.

---

9 Mas Walt deixou uma bagunça atrás de si, e o infeliz Iwerks que, provavelmente, a pedido dele preencheu a petição de bancarrota, e outros tiveram de ajeitar tudo. O pedido foi aceito em outubro, mas anos se passariam até que todas as reclamações fossem resolvidas – anos em que a Pictorial foi, finalmente, pressionada a pagar os US$ 11 mil, mais um adicional de US$ 1 mil, anos em que a prioridade de Schmeltz na hipoteca que havia feito foi contestada e anos em que o tribunal aprovou um acordo de 45 cents por dólar. (N.A.)

Capítulo 3

TERRA DA FANTASIA

I

Apesar de, em anos posteriores, frequentemente ter invocado suas raízes do meio-oeste e chamado a si mesmo de missouriano, Walt havia sido feito para Hollywood. Adorava fantasias e faz de conta, era exuberante, sociável, gostava de se promover, era histriônico e desejava atenção. Hollywood era seu destino espiritual. Até para o público em geral – cerca de 40 milhões de pessoas, ou 1/3 da população – que ia ao cinema todas as semanas, no início dos anos 1920, Hollywood era mais que uma provedora de entretenimento. Era a capital da imaginação, o centro simbólico da liberdade e da audácia, "a mais popular fábrica de mitologia desde os gregos", como mais tarde o observador britânico Alistair Cooke a descreveria. Hollywood era onde se ia para realizar os sonhos, razão pela qual os avós paternos e maternos de Walt haviam se dirigido para a Califórnia antes de serem desviados do caminho e Walt estava indo para lá agora. Justamente quando a energia de sua juventude coincidia com o espírito nacional do pós-guerra e era intensificada por ele, o sonho arraigado de escapar dos Disneys – e o próprio desejo de Walt de ir para outro lugar, acalentado na fazenda em Marceline e, depois, expressado no desenho e na animação – convergiram em Hollywood com uma vontade nacional de experimentar na imaginação. Em Hollywood ele estava em casa.

Mas se Walt Disney fora feito para Hollywood, ele próprio questionava se Hollywood havia sido feita para ele. Dificilmente ele pareceria um homem de Hollywood. Chegou em agosto de 1923 com um terno emprestado, sem nada, exceto a ousadia e a peculiar autoconfiança. (Apesar da penúria, como mais tarde sua esposa contaria, Walt havia viajado de primeira classe, porque "sempre quis o melhor".) As próprias roupas o faziam parecer pobre e dilapidado porque os meses de privação em Kansas City haviam dissolvido as libras que acumulara na França e faziam-no parecer cadavérico. "Ele estava horrível", lembrou Roy. "Lembro-me de que tinha uma tosse seca, e eu costumava dizer a ele 'pelo amor de Deus, não vá pegar tuberculose você também!'"

Apesar da aparente confiança, Walt se preocupava em como abriria caminho em Hollywood. Embora tivesse trazido o rolo de *Alice no País das Maravilhas* e seus apetrechos de desenho, não estava esperançoso sobre as perspectivas em animação. Agora sentia que havia entrado no negócio tarde demais, que o setor era muito fechado, que não conseguiria entrar no grande circuito da animação, que se situava, de qualquer modo, em Nova York. "Eu havia deixado de lado a minha mesa de desenho", Walt disse a um entrevistador anos depois. "O que queria era conseguir emprego em um estúdio – qualquer estúdio, fazendo qualquer coisa", embora, na verdade, suas aspirações fossem maiores e mais fantasiosas. Agora esperava conseguir trabalho como diretor de animação em algum lugar.

Walt adorava os estúdios de animação – a verdadeira fonte da fantasia. Em sua primeira semana em Hollywood, tomou um ônibus uma manhã para os estúdios da Universal em San Fernando Valley e obteve autorização para entrar acenando com seu velho crachá da Universal News que guardara do tempo em que trabalhou como correspondente, filmando para o noticiário. Andou pelo estúdio, caminhou pelas locações e só saiu tarde da noite. "Aquela foi uma das grandes sensações que tive", disse. Logo depois passeou pelo estúdio Vitagraph com a prima Alice Allen, que viera do meio-oeste em viagem. Também foi aos estúdios da Paramount, onde esbarrou com um velho conhecido de Kansas que estava trabalhando como extra e estimulou Walt a conseguir emprego cavalgando em um filme de faroeste; Walt conseguiu o papel, mas a chuva atrapalhou a filmagem, e ele foi substituído quando a filmagem recomeçou. Walt passou algum tempo excursionando pela Metro também.

Roy, que trabalhava como vendedor de aspirador de pó de porta em porta antes de sofrer uma recaída da tuberculose e acabar no Hospital de Veteranos em Sawtelle, que se tornaria depois o distrito Westwood de Los Angeles, achou Walt preguiçoso e autoconfiante como sempre (uma "infecção", como dizia Roy) em relação às suas perspectivas de trabalho, apenas fingindo que procurava emprego para poder perambular pelos estúdios. "O dia de amanhã seria sempre a solução para todos os problemas dele", disse Roy. "Ele ficava vagando pela cidade, e eu continuava a lhe dizer: 'Por que não arranja um emprego?' E poderia ter conseguido um emprego, tenho certeza, mas ele não queria." Ao contrário da impressão de Roy, no entanto, Walt não estava apenas passeando sonhadoramente pelos estúdios. Passou seus primeiros dois meses naquelas expedições tentando conseguir que alguém o contratasse e cometeu a temeridade de aproximar-se de produtores em busca de conselho. Ao mesmo tempo, caminhava laboriosamente por Los Angeles com sua cópia de *Alice no País das Maravilhas*, na esperança de encontrar um distribuidor. Alguém sugeriu que levasse a cópia para Nova York, onde os distribuidores poderiam ser mais receptivos. Como não tinha dinheiro para viajar para o leste, Walt enviou a cópia para um bem relacionado intermediário chamado Jack Alicoate, que representava a Lloyd's Film Storage Corp., onde o filme havia sido guardado durante a briga da Laugh-O-Gram com a Pictorial, e Alicoate, um homem generoso, a colocou em circulação. Disposto a agarrar qualquer coisa enquanto o filme era visto e esperando o veredicto dos produtores, Walt ressuscitou sua tira de quadrinhos, "A esposa do Sr. George", e a lançou também, sem maior sucesso que o obtido com o filme. Já tinha até um novo papel de cartas: Walt Disney Cartoonist.

Por volta de setembro, já sem esperança de obter trabalho como diretor e sem perspectivas em relação a Alice, Walt voltou ao seu velho plano. Uma das primeiras coisas que havia feito ao chegar a Los Angeles fora comprar uma câmera Pathé na Peter's Camera Exchange – "as câmeras o afetavam do mesmo jeito que o álcool afeta os dipsômanos", escreveria sua filha Diane – e equipou-a com um motor de segunda mão. Depois, visitou o empresário teatral Alexander Pantages, um importante promotor de *vaudeville* que também era dono de várias casas de exibição de filmes em Los Angeles. Walt não foi ver Pantages diretamente. Em vez disso, encontrou-se com um factótum do lado de fora do escritório de Pantages a quem sugeriu "um rolo de piadas", exatamente como os Laugh-O-Grams Newman, apenas com "o nome Pantages estampado em todas elas, para aumentar o prestígio e manter o nome à vista de seu público regular de cinema". O homem descartou Walt, dizendo-lhe que não estavam interessados, mas Pantages, por casualidade, ouviu um pedaço da conversa, emergiu de seu santuário e disse que gostaria de ver um rolo. Walt voltou para a casa de tio Robert, onde estava hospedado, e começou a animar uma amostra.

E houve ainda outra faísca de esperança. Antes de deixar Kansas City, Walt havia enviado dúzias de cartas, pedindo distribuidores para o filme Alice, com a promessa de ter acabado de descobrir "uma coisa nova e inteligente em desenhos animados!", recebendo recusas educadas e muitas vezes, absolutamente nenhuma resposta. Mas entre aqueles para quem escrevera quando ainda estava em Kansas City, tentando distanciar-se da bancarrota, havia uma distribuidora incomum, chamada Margaret Winkler – incomum porque foi a primeira e única mulher distribuidora de filmes do país. Imigrante de Budapeste, Hungria, Winkler era uma jovem de baixa estatura, rosto redondo, simples e bonita – estava com 28 anos –, mas sua aparência escondia o que seu filho descreveria como energia feroz, raciocínio rápido e pavio curto. Ela havia sido secretária de Harry Warner, da companhia de cinema Warner Bros., que ficava em Nova York, embora fosse ambiciosa o bastante para usar sua posição a fim de viajar para convenções de cinema na costa oeste e fazer contatos. Segundo uma história, Pat Sullivan, o criador do Gato Félix, aproximara-se de Harry Warner em 1921 para distribuir sua série de desenhos animados de Félix, recusada pouco antes pela Paramount. Warner hesitou, mas aconselhou sua secretária a explorar a oferta. Ela e Sullivan assinaram um contrato em dezembro. "Acho que a indústria está cheia de possibilidades maravilhosas para uma mulher ambiciosa", disse Winkler ao *Exhibitor's Herald*, logo depois de assinar, "e não existe razão pela qual uma mulher não seja tão capaz de conduzir negócios quanto os homens".

Margaret Winkler conseguiu isso. Quando Walt fez contato, em maio de 1923, ela também representava a série *Out of the Inkwell* (*Fora do tinteiro*), de Max and Dave Fleischer, em que *Koko, the Clown* (*Koko, o palhaço*), escapa de seu tinteiro para o mundo real, ou melhor, fotográfico; com Félix e Inkwell ela havia se tornado uma das principais distribuidoras de desenhos animados da América. Mas na época em que Walt escreveu-lhe, Winkler começava a ter problemas. Os Fleischer ameaçavam deixá-la, e ela e Pat Sullivan – uma pessoa tão difícil e prejudicada pelo álcool que, uma vez, supostamente, urinou sobre a mesa do chefe da Paramount Pictures, Adolph Zukor para forçá-lo a fazer uma concessão – estavam num impasse em uma terrível disputa sobre a renovação da opção Félix. O *timing* de Walt, então, não poderia ter sido melhor, motivo pelo qual, sem dúvida, Winkler respondeu a esse novato desconhecido quase imediatamente depois de receber sua primeira carta, dizendo que ficaria "encantada" em receber uma cópia do desenho animado e que "se ele é o que você diz, ficarei interessada em contratar uma série deles". Por mais estimulado que estivesse, no entanto, Walt não pôde mandar a cópia enquanto estava em Kansas City porque Fred Schmeltz, credor da Laugh-O-Gram, estava com ela. Walt continuou a corresponder-se com Winkler, desculpando-se pelos atrasos enquanto se recusava a admitir que a cópia não estava em seu poder, ou que teria de brigar com Schmeltz para exibi-la; quando Walt chegou a Los Angeles, Winkler estava ficando impaciente com a demora. Corresponder-nos por carta, ela lhe escreveu secamente, no início de setembro, foi "tudo a que chegamos". Mas em um sinal de seu próprio desespero com as ameaças de Félix e Inkwell e sem perceber que Walt não tinha mais que uma cópia de Alice, ela pediu: "Se você puder separar duas delas por tempo suficiente para que eu possa projetá-las e ver exatamente o que são, por favor, faça isso de uma vez".

Muito provavelmente na primeira semana de outubro, por meio de Alicoate, Winkler finalmente viu *Alice no País das Maravilhas* em Nova York e a agarrou. "Acredito série possa ser exibida", telegrafou para Walt em 15 de outubro, enfatizando que a fotografia de Alice tinha de ter um foco melhor e que a câmera devia ser segurada com mais firmeza. Também o advertiu, como forma de limitar as expectativas de Walt quanto a dinheiro, "sendo produto novo precisa de muita exploração e muito anúncio e, portanto, preciso da sua cooperação". Ela lhe ofereceu US$ 1.500 por negativo dos seis primeiros filmes e US$ 1.800 por negativo dos seis filmes seguintes. Para mostrar "boa fé" disse que pagaria os US$ 1.500 integralmente, assim que recebesse os seis primeiros filmes, em vez de esperar até ter reservas ou dinheiro por eles. Walt, claramente sem espaço para negociar e em estado de êxtase por ter recebido alguma proposta, prontamente respondeu, aceitando. Ao mesmo tempo, abandonou o projeto Pantages.

Logo no dia seguinte, Winkler enviou os contratos, inclusive os termos financeiros, e pediu que a primeira Alice fosse enviada até 2 de janeiro de 1924. Também incluiu uma opção para duas séries de mais doze filmes cada em 1925 e 1926 e uma cláusula que lhe dava plenos direitos sobre todos os filmes que Walt produzisse durante o termo de vigência do contrato. No mesmo dia, obviamente querendo andar rápido, pediu a Walt fotos da atriz que fazia o papel de Alice e dele próprio e a biografia de cada um. Muito possivelmente em uma tentativa de impressionar Walt, ela lhe telegrafou, novamente, no mesmo dia, sugerindo-lhe que escrevesse para Harry

Warner, que atestaria a competência dela. Walt, de fato, escreveu para Harry Warner, que respondeu que Winkler estava indo "muito bem" e que era "confiável em relação a qualquer coisa que assumir", mas, àquela altura, Walt, tão ansioso para seguir adiante quanto Winkler, já havia assinado o contrato, com tio Robert como sua testemunha. Ao devolver os documentos, Walt escreveu para Winkler que o primeiro filme da série, "Alice's Day at the Sea" (O Dia de Alice no Mar), já estava em produção e seria enviado até 15 de dezembro. Ela respondeu uma semana depois, de forma um tanto extravagante: "Não vejo razão para esta não ser a melhor coisa que apareceu em anos".

Mas a despeito dos meses que havia esperado por essas notícias, e apesar de sua promessa de entregar um novo filme rapidamente, Walt estava mal preparado para criar outro estúdio de animação. No dia em que recebeu o telegrama inicial de Winkler, em 15 de outubro, foi para o Hospital dos Veteranos, onde Roy convalescia da tuberculose. Como contaria mais tarde, novamente buscando um clima dramático, chegou tarde, por volta da meia-noite, esgueirou-se para dentro da varanda com divisórias onde os pacientes dormiam, sacudiu Roy para acordá-lo, mostrar-lhe a oferta e celebrar. Mas seu entusiasmo rapidamente deu lugar ao pânico. "O que faço agora?", perguntou a Roy, e implorou-lhe que deixasse o hospital e o ajudasse a começar. Roy concordou em encontrar-se na manhã seguinte na casa de tio Robert para uma conversa estratégica. Roy deixou o hospital no dia seguinte – afirmou que um exame havia mostrado que estava curado – e nunca mais voltou.

Enquanto isso, Walt tinha uma questão urgente a resolver. O contrato de Winkler se baseava em que Virginia Davis fizesse Alice, mas Virginia estava em Kansas City. No dia em que recebeu o contrato de Winkler, no dia em que se reuniu com Roy na casa de tio Robert, Walt escreveu para a mãe de Virginia em caráter de urgência, dizendo-lhe que, finalmente, conseguira um distribuidor, que havia exibido *Alice no País das Maravilhas* em Hollywood "e todos pareciam achar que Virginia era realmente bonita e tinha maravilhosas possibilidades". "Se estrelasse a série", escreveu Walt, seria uma boa oportunidade para Virginia, "pois isso lhe daria acesso a uma carreira que muito poucas crianças têm". Ele insistiu em que a Sra. Davis tomasse uma decisão o mais rápido possível, pois já esperava começar a produção em quinze a vinte dias, e encerrou a carta grandiosamente, de maneira não muito diferente da carta que Winkler havia escrito para ele: "Não levará muito tempo para que a série seja exibida em todo o mundo".

Na verdade, a Sra. Davis saíra com Virginia no início do verão para uma tentativa no cinema, mas descobriu que havia muitas outras mães tentando a mesma coisa e que os estúdios se recusavam a vê-las. Ela retornou a Kansas City e planejava outro assalto a Hollywood em novembro quando recebeu a mensagem de Walt. Quatro dias após a primeira carta, Walt escreveu novamente, desta vez fazendo uma proposta: US$ 100 por mês nos dois primeiros meses, subindo US$ 25 a cada dois meses e para US$ 200 por mês do nono ao décimo segundo mês, com uma opção de US$ 250 por mês para a série seguinte. Ele justificou o que admitiu ser um "baixo salário inicial" enfatizando o que Winkler havia enfatizado para ele – os custos da publicidade e dos anúncios.

Walt não tinha como saber, mas os Davis não precisavam de muito estímulo. O pai de Virginia era um caixeiro-viajante que vendia móveis e ficava fora de casa a maior parte do tempo. A mãe era tão obcecada por cinema que havia colocado Virginia em aulas de dança quando a menina tinha dois anos e meio, e parecia determinada a tornar sua filha uma estrela de cinema. Além disso, Virginia havia sofrido pneumonia dupla, e os médicos disseram aos Davis que o clima seco da Califórnia seria benéfico para a saúde dela. A Sra. Davis convenceu o marido de que poderia vender móveis na Califórnia com tanta facilidade quanto os vendia no meio-oeste e que Virginia teria uma carreira, mas até Roy ficou chocado ao ver o homem abrir mão de 30 anos de carreira em Kansas City por uma promessa de US$ 100 por mês. A Sra. Davis telegrafou a Walt aceitando a oferta em 28 de outubro.

Agora ele tinha o contrato e a estrela, mas não tinha companhia, nem equipe e, mais importante, nenhum dinheiro para dar partida na operação. Então, quando se encontrou em 15 de outubro com Roy na casa de tio Robert na avenida Kingswell, em um setor residencial de Hollywood, parte do plano era pedir um empréstimo a seu bem-calçado tio. Já que Robert havia estimulado Walt a vir para Los Angeles, os irmãos achavam que obter o dinheiro seria mais ou menos mera formalidade. Mas o tio recuou. A amada tia de Walt, Margaret, sua defensora, havia morrido de pneumonia, e Robert havia se casado com uma mulher muito mais jovem – Ruth Disney dizia que ele havia namorado tanto a esposa quanto a mãe dela e que as duas tiraram a sorte para ver quem ficaria com ele –, que estava grávida quando Walt pediu o empréstimo, o que parecia ter colocado tio Robert em um estado de espírito nada generoso. Além disso, Walt e o tio, tão teimoso e polêmico quanto Elias, entraram em uma discussão tola sobre se o trem em que Walt viera para o oeste havia passado por Topeka, como tio Robert insistia, ou não, como Walt insistia. Mesmo depois de a nova esposa de Robert ter telefonado para a estrada de ferro e provado que Walt tinha razão, Robert ficou fulo de raiva. "Ele exigia muito respeito, e achava que eu não o tratava respeitosamente", observou Walt.

Finalmente, havia a questão do empréstimo de US$ 60 que Walt recebera de seu irmão Ray. Walt ainda lhe devia o dinheiro quando, no Natal anterior, Roy havia escrito da Califórnia sugerindo que os irmãos se juntassem para comprar um aspirador de pó para a mãe e concordando em dar a parte de Walt, pois ele estava falido na época, se Walt pegasse a parte de Ray. Este se recusou a contribuir, dizendo que Walt devia cobrir o custo com o dinheiro que devia a ele. Na época em que Walt chegou a Los Angeles, tio Robert tinha ouvido dizer que Walt se havia furtado ao pagamento de seu débito e não achava que seu sobrinho fosse um bom risco de crédito. Mas Walt, que não estava disposto a perder a oportunidade com Winkler por causa de disputas familiares e não queria ser considerado um fracasso como seu pai, era persistente e disposto a agradar a todos. Em novembro, tio Robert amaciou e emprestou US$ 200 a Walt em meados do mês, depois mais US$ 150 após dez dias, mais US$ 75 no início de dezembro e mais US$ 75 em 14 de dezembro, um total de US$ 500, a juros de 8%, que Walt pagou integralmente no mesmo dia em que recebeu o segundo pagamento de Winkler, no início de janeiro. Os irmãos Disney também estavam pedindo dinheiro aos amigos e a outros parentes. Antes mesmo de receber a oferta de Winkler, Walt devia dinheiro a Carl Stalling, o organista do cinema Isis em Kansas City, que lhe havia emprestado US$ 75 e mais US$ 200, depois que Walt assinou o contrato; US$ 50 de Robert Irion, que era casado com a tia de Walt; US$ 25 da namorada de Roy, Edna Francis, e até US$ 200 da mãe de Virginia Davis.

Embora tivesse ajudado a pedir esses empréstimos – todos, exceto o de Edna, que Walt pediu sem o seu consentimento – nunca tinha sido intenção de Roy entrar no empreendimento e, de qualquer modo, não tinha a menor experiência em entretenimento. "Eu estava apenas ajudando Walt, como se ajuda um irmão caçula", disse mais tarde. Mas Roy nunca conseguiu resistir ao irmão mais jovem. Ele afirmava que Walt, com seu entusiasmo e sua aparência inocente, "conquistava o seu coração e você iria querer ajudá-lo, realmente", e admitiu temer que, sem a sua proteção, sua "fervente proteção", Walt teria sido enganado. Para evitar isso, Roy, declarando seu "amor por Walt", concordou em tornar-se seu agente e anjo da guarda nos negócios, como havia sido na vida de Walt. No fim de novembro, Walt mudou-se da casa de tio Robert para um quarto no Oliver Hill Apartments. Roy se mudou para lá também e, depois, novamente, em dezembro, quando Walt encontrou outro apartamento, mais barato, por US$ 15 por mês, na Kingswell, nº 4409, um edifício de apartamentos quase em frente à casa de tio Robert. Os dois até economizavam dinheiro comendo em um pequeno restaurante, onde dividiam a carne e as verduras.

O edifício ficava a apenas dois quarteirões de um prédio de um andar de tijolos aparentes de cor creme com lojas na frente, no nº 4651 da Kingswell. No início de outubro, já à espera de um acordo com Winkler, ou reservando o espaço para trabalhar no rolo de Pantages, Walt havia alugado um escritório entulhado, na parte dos fundos do prédio, atrás da corretora de imóveis Holly-Vermont, que ocupava a frente. (O aluguel era de US$ 10 por mês, aumentado para US$ 15 em dezembro.) Em dezembro, com os contratos assinados, os irmãos também alugaram um lote vazio que ficava próximo à avenida Hollywood para colocar anúncios e compraram uma nova câmera, tábuas, ferramentas, uma cortina para separá-los dos corretores imobiliários e uma caixa de charutos como presente de agradecimento para o tio Robert. Eles também tinham um nome para o estúdio: Disney Bros.

Então, começaram. Em geral, Walt levava Virginia para o terreno vazio e, como cenário, arrumava um pedaço de lona impermeável branca como se fosse uma cortina sobre um painel de anúncios e gritava instruções para ela: "Finja que está assustada!", ou "Sente-se e finja que está louca." Aquela, disse Virginia, era sua instrução favorita: Vamos fingir. Não havia ensaios e não mais que uma única tomada porque Walt não tinha filme suficiente para fazer uma segunda tomada. "Era muito informal", lembrou Virginia Davis. "Durante os dias tranquilos, um monte de crianças e de vizinhos vinha ver o que estava acontecendo." Com mais frequência era um vale-tudo, em que Walt filmava quando podia e onde podia. Uma vez estava filmando no parque Griffith, quando foi parado por um policial que pediu para ver uma permissão. Então, Walt guardou o equipamento e se esgueirou de volta por outra entrada. Toda vez que avistou o policial naquela tarde, Walt parou de filmar, empacotou as coisas e foi para outro lugar.

Enquanto fazia o filme de Alice, Walt tinha um capuz sobre a câmera e guardava de cabeça a posição dos personagens animados com quem a menina iria interagir. Então, de volta ao escritório, projetava o filme quadro a quadro para poder animar as figuras nos espaços brancos em torno de Alice – brancos por causa da lona branca. Usando a câmera fixa, fotografava os desenhos animados. Finalmente, combinava o filme de Alice e o das animações no processo de desenvolvimento para que os personagens parecessem estar no mesmo lugar – a garota real e seus colegas animados.

Apesar de animá-los sozinho – Walt animou os seis primeiros filmes de Alice praticamente sozinho –, conseguiu enviar *O Dia de Alice no Mar* em 26 de dezembro, antes da data estipulada no contrato, e recebeu seu primeiro cheque de US$ 1.500. Sabia que o filme não estava muito bom, e Winkler, que tinha sido tão generosa em suas previsões, não discordou. Disse que estava apenas "satisfatório" e que havia espaço para melhorar, embora tivesse suavizado a crítica ao dizer a Walt, "o progresso que fiz na indústria se deve ao fato de que sei exatamente o que o meu pessoal quer", e afirmar que suas exigências eram feitas dentro desse espírito. Duas semanas depois, escreveu outra carta para Walt, orientando-o a "injetar o máximo possível de humor" no desenho seguinte, acrescentando que "o humor é o primeiro requisito de filmes curtas animados como *Félix*, *Out of the Inkwell* e *Alice*". Quando enviou o segundo filme, *Alice Hunting in Africa* (*Alice caçando na África*), no fim de janeiro, Walt afirmou que "havia feito um bom progresso" e assegurou a Winkler, de forma algo humilhante: "Farei o possível para chegar ao ponto desejado, injetando tantas piadas e situações cômicas quantas forem possíveis nas próximas produções." Ela respondeu que tinha achado a comédia ainda deficiente e advertiu que "as próximas produções teriam de ter um padrão muito mais elevado que aquelas que já vimos". Finalmente, rejeitou o filme como impossível de distribuir e mandou que Walt o refizesse.

Se isso desmoralizou Walt, este não deu sinais disso, não mais do que havia demonstrado com o fracasso em Kansas City. Parecia impenetrável, continuando a seguir em frente. No início de fevereiro, mudou o estúdio para um edifício ao lado, quase idêntico, desta vez ocupando um andar inteiro. Agora, qualquer um que se aproximasse veria o nome "Disney Bros.", em letras douradas na ampla janela da frente. Atrás da janela ficava o escritório de Roy, apenas um nicho, realmente, com a mesa do lado direito, na frente, e uma mesa de reuniões no centro, onde ele e Walt faziam buracos na folha de celuloide para mantê-las imóveis no suporte da câmera. À esquerda ficava uma fileira de mesas para *inkers* e pintores – os primeiros cobriam os contornos dos desenhos a lápis de Walt no celuloide com linhas finas pretas, e os outros os preenchiam com preto, cinza ou branco antes de mandá-los para a fotografia. Nos fundos, no fim de um longo corredor, ficava a sala da câmera, onde os desenhos animados eram fotografados, e o filme virgem estocado, e à direita da sala da câmera e atrás do escritório da frente ficava a sala da animação, onde as mesas ficavam alinhadas contra a parede da direita ao fundo.

Até aquele momento, Walt não tinha ninguém para se sentar às mesas. Era, essencialmente, uma operação de dois homens. Walt concebia as histórias, dirigia a ação ao vivo, desenhava as animações e marcava as exposições para que os movimentos fossem suaves. Roy cuidava dos livros, ocasionalmente manejava a câmera e até lavava o celuloide para que pudesse ser reutilizado, embora se cansasse com facilidade e, frequentemente, passasse as tardes no apartamento, descansando. (Convidaram Ray e

Herbert a trabalhar com eles, mas os irmãos declinaram.) Em janeiro, contrataram três mulheres para cobrir os desenhos no celuloide com tinta e pintá-los, e dois homens, que provavelmente ajudavam a operar a câmera de animação e no serviço geral. No mês seguinte, contrataram seu primeiro animador, Roy "Ham" Hamilton.

Mas Walt, que tinha muito pouco talento ou inclinação para ser executivo, nunca se interessou em estruturar a operação ou administrar um negócio como em melhorar o produto, não apenas para satisfazer Winkler, embora obviamente isso fosse considerado, mas também por uma questão de orgulho pessoal e necessidade psicológica. Ele queria, sinceramente, fazer boas animações, queria sinceramente constar entre os melhores do ofício. Winkler pareceu abrandar-se com o filme seguinte, *Alice's Spooky Adventure* (A Aventura Assombrada de Alice), afirmando que tinha sido "o melhor que já havia feito" e dizendo a Walt que, com base na força do filme, seria capaz de fazer acordos para as séries, do sul de Nova Jersey ao Distrito de Colúmbia. Mas Walt, continuando a desculpar-se pela qualidade dos desenhos animados, insistia em que poderia fazê-los melhor ainda, dizendo que havia convidado críticos profissionais para as pré-estreias e que tentava ser um "pouco diferente do estilo habitual de comédia pastelão e mantê-los (os filmes) em uma linha mais dignificante de comédia". Ao receber o quarto filme, Winkler telegrafou: "Se nenhum dos filmes futuros for nem um pouco pior que este, ficaremos na dianteira do mercado de filme de um rolo".

Winkler estava tão satisfeita que, no início de junho, quando fez sua primeira visita de Nova York ao Disney Bros., discutiu acelerar a programação para dois filmes por mês. Já nessa época, Walt assediava Ubbe Iwerks para que deixasse a Film Ad Co., onde ainda ganhava apenas US$ 45 por semana e se queixava de discussões com os parentes de Cauger, para vir ajudá-lo em Hollywood; mas os convites ganharam certa urgência com a iminência de uma nova carga de trabalho, pois Walt só contava com Hamilton para ajudá-lo na animação. Exatamente quando Winkler chegou à Califórnia, Iwerks finalmente concordou com a proposta de Walt: "Rapaz, você nunca vai lamentar isso", Walt escreveu ansiosamente para ele, usando a Califórnia como um atrativo. "Este é o lugar para você – uma terra para trabalhar e se divertir." Acompanhado da mãe, Iwerks fez a viagem de Kansas City até a Califórnia em sete dias – Walt tinha combinado para que Iwerks viesse dirigindo o grande conversível do pai de Virginia Davis, que o Sr. Davis havia deixado em casa – e chegou na véspera de 1º de julho, quando foi colocado na folha de pagamento por US$ 40 semanais – redução de salário que aceitou de boa vontade para fugir de Cauger.

Pouca coisa havia mudado em Iwerks desde que Walt o conhecera cinco anos antes, exceto o nome; ele o havia anglicizado de "Ubbe Iwerks", para "Ub Iwerks", embora ninguém, exceto Iwerks, considerasse a mudança significativa. Ele ainda era tímido, reservado, inexpressivo e monossilábico. "Onde duas palavras mal bastavam, ele usava uma", observou, certa vez, um colega seu. Mas havia uma mudança, e ela era importante. Com o treinamento em Kansas City, Iwerks se tornara um animador habilidoso e rápido e, nos meses seguintes naquele verão, assumiu um volume cada vez maior de trabalho de Walt, que havia começado a duvidar de suas próprias habilidades artísticas. "Nunca fiz um desenho de que gostasse", diria a um repórter anos depois.

A mudança em Iwerks levou a uma mudança nos desenhos animados. Em parte por causa de sua contratação, a ênfase da série mudou de Alice para seus companheiros animados, e no fim do verão, Winkler estava sugerindo até que Walt abolisse a abertura ao vivo e fizesse toda a série com desenhos animados, mesmo sabendo que isso tornaria os filmes mais difíceis e dispendiosos. Ao mesmo tempo, Walt e Iwerks começaram a experimentar formas de melhorar a combinação ação-animação, usando o que era chamado de "máscara", um recorte colocado sobre as lentes da câmara para bloquear as áreas onde ficariam as figuras animadas, em vez de fotografar Alice contra a lona branca. Em agosto, Walt já assegurava a Winkler que fariam a garota "destacar-se, clara e distintamente, quando estivesse interagindo com os desenhos animados", e que a fotografia estaria boa, "senão perfeita", nas produções futuras. Acrescentou que fariam um esforço para "só incluir piadas capazes de arrancar risos".

Apesar das contínuas afirmações de Walt a respeito de seu progresso, de seu desejo genuíno de fazer filmes excelentes, os filmes de Alice, mesmo com a contribuição de Iwerks, eram apenas levemente acima da média em termos de qualidade. "O conceito de fotografia de Walt se equiparava ao da média dos entusiastas da câmera-caixão", um animador lembrou, "e a animação de Iwerks não se comparava aos desenhos sofisticados de Koko, de Dick Huemer (principal animador dos Fleischer)". Não era apenas a crueza comparativa da fotografia e do desenho que marcavam esses filmes. Eles também eram imitativos e sem imaginação. O quanto disso pode ter sido resultado da inexperiência de Walt ou de sua própria falta de imaginação é difícil dizer. Winkler insistia, continuamente, em grandes piadas à custa da história ou do personagem e, frequentemente, pressionava Walt a ver outros desenhos animados, embora Walt estivesse inclinado, como havia escrito para Winkler em fevereiro, a tentar alguma coisa diferente e mais refinada que o comum. Já que a Disney Bros., não podia dispor de uma sala de projeções, toda a equipe, inclusive Roy, pulava em seus automóveis e se dirigia ao cinema Hill Street todas as vezes que o programa mudava, apenas para ver a última das *Fábulas de Esopo*, de Paul Terry, para tirar ideias dali. "Eu era ambicioso e queria fazer desenhos animados melhores", diria Walt, "mas o alcance da minha visão pode ser medido por esta admissão: até 1930, minha ambição era ser capaz de fazer desenhos animados tão bons quanto a série *Fábulas de Esopo*". Produzindo um filme a cada duas semanas, ele não tinha tempo de ser terrivelmente criativo – trabalhar, como costumava dizer, "por uma piada de US$ 20 em vez de por uma piada de US$ 1", acrescentando: "Assim que pensávamos em uma piada, nós a animávamos." Os roteiros, embora continuassem a ser escritos como em Kansas City, consistiam em grande parte em uma relação numerada de "piadas e situações", tipo "Gato faz coisas loucas com uma corda na primeira cena", "Gato faz tobogã com cavalo para descer uma colina íngreme".

Quanto ao gato que aparece nessas piadas – a súbita aparição de um felino gordo e preto de orelhas pontudas, olhos arregalados e uma espessa cauda em *Alice's Spooky Adventure* foi, provavelmente, instigada por Winkler, sem dúvida uma forma de copiar a série de Félix, de muito maior sucesso e, talvez, especulam alguns historiadores da animação, um modo de irritar Pat Sullivan, com quem, constantemente, brigava. Walt se havia especializado mais ou menos em gatos quando fazia seus contos de fadas Laugh-O-Gram; havia um gato em *Os Músicos de Bremen* e, obviamente, um gato importante em *A Puss in Boots*. Mas a emergência do gato na série Alice, a quem ele mais tarde chamou de Julius, foi a primeira aventura contínua de Walt com um personagem de desenho animado, e não demorou muito para que ele, não menos que Margaret Winkler, optasse pelo gato em lugar da menina, cujo tempo na tela diminuía enquanto o de Julius aumentava. Embora Alice continuasse a aparecer em primeiro lugar no elenco, era Julius, astuto, corajoso e autoconfiante, que agora iniciava a ação – Julius, que se cobria com uma pele de touro para que Alice pudesse vencê-lo em uma luta de touros e ganhar US$ 10 mil em *Alice the Toreador* (Alice, a Toureira), Julius que fazia de sua cauda uma roda de bicicleta para resgatar Alice de um bando de malvados ratos chineses em *Alice Chops the Suey* (Alice Faz Picadinho), Julius que se pendura em um anel de fumaça para subir na parede de uma prisão e, depois, transforma a própria cauda em uma escada para trazer Alice em *Alice the Jail Bird* (Alice, o Pássaro Engaiolado), e Julius que amarra o balão de "ideia" que aparece acima de sua cabeça a uma extremidade de um cão dachshund, e o balão "ideia" do próprio cachorro à sua outra extremidade, para transformar o cachorro em um dirigível no desenho *Alice's Balloon Race* (Alice e a Corrida de Balão). Muitas dessas piadas –, particularmente a engenhosidade de Julius com sua cauda destacável, a maneira preocupada de ele andar de um lado para o outro, e o grande ponto de interrogação que brotava de sua cabeça enquanto ele ruminava uma ideia – eram diretamente plagiadas de Félix por insistência da distribuidora, o que, basicamente, transformava as *Comédias de Alice* em desenhos animados do Gato Félix não tão disfarçados. Em determinado momento, a semelhança entre Julius e Félix era tão grande, que Walt advertiu a equipe de que estavam a ponto de infringir a lei dos direitos autorais.

Mas com toda a imitação e as concessões que Walt fez para Winkler, subjugando seus instintos criativos aos dela, as *Comédias de Alice* de fato expressavam uma visão fundamental de Walt Disney. À diferença de *Out of the Inkwell*, onde Koko brinca em uma realidade fotográfica teimosa e insubmissa, nos filmes de Alice é uma garota real que entra em uma fantasia inventada por ela – um mundo flexível que, sejam quais forem as desventuras da menina ali, sempre, no final, se adapta aos seus desejos e às maquinações de Julius e, em que o caos, finalmente, se curva ao controle. E, ao criar essa situação, Walt também criava, mediante os desenhos animados, uma metáfora de libertação e poder. Se os Fleischer sugeriam a implacabilidade do mundo físico, Walt sugeria a maleabilidade do mundo psicológico para o qual se podia escapar, como Alice faz. No mundo de Walt, sempre se evita a captura, sempre se tenta manter as intrusões da realidade à distância. Embora cercados, como frequentemente estavam os habitantes do mundo de Walt, eles eram, apesar disso, livres e onipotentes – enquanto permanecessem ali, enquanto o mundo continuasse intacto, enquanto se mantivessem separados do mundo real.

E, a despeito disso, de forma triste e finalmente desastrosa para Walt, a realidade se intrometeu na Disney Bros., e continuou a invadi-la sob a forma de um homem chamado Charles Mintz. Mintz, que tinha 34 anos quando ele e Walt se conheceram, era um mistério até mesmo para os que diziam conhecê-lo. Mintz havia nascido em York, Pensilvânia, de pais alemães, e se graduara na Brooklyn Law School, mas os relatos divergem a partir daí. Segundo um deles, Mintz entrou no negócio de joalherias. Segundo outros, entrou no negócio de filmes como produtor. Todos concordavam, no entanto, em que ele podia ser frio, duro e impiedoso – nas palavras de um empregado, "um homem de aspecto feroz, com um par de olhos brilhantes por trás do *pince-nez*", que "nunca falava com a equipe. Ele olhava para nós como um almirante que supervisionasse uma fileira de escoras". Um tirano, fumante compulsivo, de maneiras insolentes, adorava os sinais característicos da autoridade também. Sua propriedade mais estimada era uma grande coleção de distintivos policiais.

Nada disso teria importado para Walt Disney se, justamente um mês depois de assinado o contrato com Margaret Winkler, ela não tivesse casado com Mintz, e Mintz entrado para a empresa dela e assumido, efetivamente, o controle quando ela ficou grávida. Winkler tinha sido paciente, fazendo críticas gentis e oferecendo estímulo. Mintz, ao contrário, pressionava de forma constante e peremptória por melhoras nos desenhos animados – dizia que eles eram "nervosos", e sua exposição à luz, demasiado irregular – e até despachou, temporariamente, seu cunhado George, irmão de Margaret Winkler, para Hollywood, a fim de supervisionar a produção. No verão de 1924, Walt se queixava de que, por mais que quisesse fazer desenhos animados melhores, segundo os ditames de Mintz, simplesmente não dispunha de recursos para isso. Os desenhos animados custavam quase tanto para fazer quanto recebia por eles, Walt escreveu para Mintz em agosto, e o estúdio estava em "situação apertada". Se Mintz não pudesse enviar-lhe um adiantamento de US$ 900, relativo ao filme seguinte – Walt ofereceu pagar um ágio de US$ 40 –, eles não poderiam sequer tirar o filme do laboratório onde estava sendo desenvolvido. Naquele mesmo mês, foi forçado a dar aos Davis uma nota promissória em pagamento pelo trabalho de Virginia. "Precisamos de dinheiro", escreveu Walt de novo, claramente desesperado, duas semanas depois. "Estou perfeitamente disposto a sacrificar o lucro com esta série pelo objetivo de produzir alguma coisa boa, mas espero que você mostre o seu reconhecimento nos ajudando." Walt queria os US$ 1.800 devidos pelo filme seguinte, menos o que chamou de um "desconto justo", mas Mintz também não tinha o dinheiro e aconselhou Walt a ser paciente.

Não foi fácil ter paciência. Ao longo de 1924, os irmãos Disney tinham sido forçados a continuar a pedir empréstimos ao tio Robert para cobrir a folha de pagamento, empréstimos de US$ 100, US$ 150, ou US$ 175, o que deve ter sido especialmente difícil para Walt e Roy depois da relutância inicial de tio Robert. Pessoalmente, os dois retiravam pouco dinheiro para não exaurir o tesouro. Para pretensos magnatas do cinema, viviam modestamente. O aluguel de seu apartamento era de apenas US$ 30 por mês, mas Walt, que sempre tinha os olhos voltados para coisas mais chamativas, cometeu a extravagância de comprar um conversível Moon cinza-escuro que se tornou uma fonte especial de orgulho. Só em dezembro de 1914, mais de um ano após formar o estúdio, os irmãos começaram a tirar um salário – US$ 50 por semana cada um –, mas, mesmo então, eles o faziam sem regularidade.

Por mais difícil que isso fosse, ter paciência parecia estar compensando. George Winkler deixou Nova York rumo a Los Angeles em 8 de dezembro com um novo contrato e o prognóstico de que "as coisas podem não estar 100%, mas uma boa parte delas é favorável". O contrato estipulava mais 26 filmes de Alice a US$ 1.500 cada, com US$ 900 pagáveis contra o envio do negativo e US$ 600 pagáveis 90 dias após – termos, na verdade, piores que os do contrato inicial, que pagara à Disney Bros., US$ 1.800 pelos seis últimos filmes. A única vantagem era que Walt agora compartilhava a receita acima dos primeiros US$ 4 mil, recebendo os US$ 350 seguintes e dividindo igualmente os ganhos depois disso, embora fosse improvável, na época, que os filmes pudessem dar lucro suficiente para os Disneys compartilharem.

Houve outra revisão no contrato, e esta traria outra dose de realidade. Com o aumento do número de filmes a serem produzidos de 20 para 26, a começar em 1º de março de 1925, os Disneys teriam agora de despachar um filme a cada três semanas do primeiro pacote de treze filmes e um a cada duas semanas do segundo pacote de treze filmes. Mas Walt já estava tendo problema para despachar até mesmo um filme a cada quatro semanas, quanto mais lucrar com eles. O que piorava as coisas era que ele levava a sério as advertências de Winkler e Mintz para melhorar os desenhos – advertências de que realmente não precisava. Ele estava, constantemente, gabando-se para Mintz dos melhoramentos – acréscimo de piadas, um novo motor acoplado à bateria da câmera para dar mais nitidez às fotos e um novo tripé, "firme como uma rocha", para impedir que Alice aparecesse trêmula na tela, e parecia sentir prazer ao dizer a Mintz como achava que os filmes estavam sendo recebidos.

Melhorar era o seu mantra – a única forma de ser bem-sucedido, a única forma de obter o reconhecimento que tanto queria, o único meio de criar um mundo de fantasia só para si. Walt admitia agora que havia sido muito presunçoso ao criar o estúdio e tivera de aprender muito sobre como fazer filmes, inclusive mediante a contratação de um cinegrafista da Century Studios, aparentemente por ordem de George Winkler, porque admitiu não saber operar bem uma câmera. Ao tentar recrutar, em fevereiro, dois de seus velhos colegas da Laugh-O-Gram, Hugh Harman e Rudy Ising, agora que precisava aumentar a equipe para acelerar a nova programação, seu principal argumento para convencê-los foi o quanto a Califórnia poderia oferecer-lhes, pois: "Vocês não têm muita chance de fazer grande coisa aí onde estão", e o quanto eles ainda tinham de aprender se abrigavam a esperança de ser bem-sucedidos em animação – "coisas que só podem ser aprendidas mediante a prática com gente experimentada". Como havia feito em Kansas City, Walt proveria o treinamento. E acrescentou:

"Depois que tiverem visto Los Angeles, Hollywood e as imediações, você se sentirão envergonhados por não terem vindo mais cedo para cá".

No fim de abril, depois de muita barganha salarial, Harman e Ising decidiram juntar-se à Disney Bros., aumentando a equipe para nove, fora Walt e Roy. Segundo um relato, a chegada deles, naquele verão, surtiu efeito imediato, se não nos desenhos animados, então ao menos na aparência dos animadores, os quais, inclusive Walt, fizeram um pacto amigável de deixar crescer o bigode. "Walt queria raspá-lo", sua esposa mais tarde relembraria, "e nós não deixávamos que ele o fizesse." Mas, na verdade, Walt e Iwerks vinham deixando seus bigodes crescerem antes da chegada de Harman e Ising, no mínimo desde abril. E Walt, aparentemente, com seu amor aos disfarces, vinha pensando havia anos em deixar crescer o bigode, brincando com um amigo em uma foto que enviou da França: "Bem, aqui estou, mas sem bigode." Roy disse que o bigode de Walt não era resultado de uma brincadeira e sim do fato de que precisava de um corretivo para sua aparência, demasiado jovem; precisava do bigode para parecer ter mais que os seus 23 anos, para barganhar preços com seus parceiros de negócios e com os integrantes de sua equipe, muitos dos quais eram mais velhos que ele. "Por ser tão jovem, durante algum tempo ele teve um complexo de tentar parecer mais velho", disse Roy.

O pequeno bigode à escovinha se tornaria uma característica permanente do rosto de Walt (e de Iwerks também) e o detalhe físico mais identificado com Walt Disney quando sua imagem tornou-se familiar para o público. Mas houve outra mudança na vida de Walt naquela primavera que também seria permanente e muito mais significativa para ele. Walt se apaixonou.

II

Até então mostrara um interesse surpreendentemente pequeno por mulheres. Embora sua mãe pensasse que, no secundário, ele fora um sedutor e, embora pudesse ser sensível e terno – rotineiramente encerrava as cartas que escrevia da França para Bea Conover, sua colega de classe na McKinley, e sua amiga, Virginia Baker, com "amor" –, ele não andava atrás de mulheres, nem tinha relações próximas com elas, preferindo confraternizar com homens. "Ele era um pouco diferente", lembrou Walt Pfeiffer, "quero dizer, ele não ficava de olho nas garotas, então. E mesmo quando se alistou e foi para a França depois da guerra... quando voltou também não pensava muito em garotas. Na verdade, acho que nunca ouvi dizer que tivesse uma garota."

"Eu era normal", explicou Walt anos depois, "mas as garotas me chateavam." Elas não compartilhavam seus interesses, disse.

Parte desse sentimento pode ter sido desilusão depois que Bea Conover o rejeitou. Parte pode ter sido um desejo juvenil de evitar complicações e algo que não pudesse controlar. Em Kansas City, mesmo sendo um jovem que se sustentava sozinho, concentrava-se mais em animação e na Laugh-O-Gram que em romance, apesar de, ocasionalmente, encontrar-se com Dorothy Wendt, a jovem cunhada de seu benfeitor, dr. Cowles, levando-a ao cinema Alamo, ou ao pavilhão de dança no Electric Park, e continuou a escrever para ela depois que partiu para a Califórnia. E havia outra garota chamada Peterson, a quem via esporadicamente e com quem também mantinha correspondência. Mesmo assim, Walt via o casamento como uma armadilha e disse que havia resolvido – depois de observar seus colegas de trabalho na Film Ad Co. chegarem de manhã desanimados e parecerem acorrentados ao emprego – que não se casaria até ter pelo menos 25 anos e economizado US$ 10 mil.

E não era apenas Walt que parecia desdenhar o romance. Roy, agora com 30 anos de idade, suspendera o casamento com Edna Francis enquanto convalescia da tuberculose e juntava dinheiro – mas a suspensão se arrastava havia anos – ela se arrastou, na verdade, até uma noite, na primavera de 1925. Segundo contou Roy, na maior parte das tardes ele ia para o apartamento que os irmãos dividiam para tirar um cochilo e recuperar as forças, depois voltava para o estúdio, trabalhava durante algumas horas e saía mais cedo para preparar o jantar. Na noite fatídica, Walt, insatisfeito com os esforços do irmão, brigou por causa da comida. Roy disse que ficou tão insultado com a pequena explosão de raiva que decidiu, finalmente, pedir a Edna que viesse. Embora estivessem comprometidos desde 1920, ele a pediu, formalmente, em casamento por telegrama. Edna, agora com 35 anos e a última dos seis filhos dos Francis a casar, chegou a Los Angeles com a mãe em 7 de abril – "a hora certa parecia ter chegado, sabe" – diria mais tarde a um entrevistador –, e ela e Roy se casaram quatro dias depois na casa de tio Robert, na avenida Kingswell. Walt foi padrinho de Roy, e uma moça chamada Lillian Bounds foi a dama de honra. No filme doméstico que fizeram do casamento, Walt pode ser visto dando um abraço apertado e um beijo apaixonado em Lillian.

Bounds era *inker* no estúdio e uma de suas primeiras empregadas. Viera para Los Angeles no fim de 1923 para visitar a irmã Hazel Sewell, que vivia com o marido e a filha de sete anos na avenida Vermont, em Hollywood, não muito distante do estúdio dos Disneys. Uma amiga da irmã de Lillian havia arranjado emprego na Disney Bros., para pintar celuloide, e quando os Disneys perguntaram à garota se conhecia alguém que pudesse estar interessada em trabalhar ali, a jovem disse a Lillian que a recomendaria sob a condição – Lillian contaria mais tarde, "de que não desse em cima do patrão". "Eu não tinha a menor ideia de dar em cima dele", recordou Lillian, que não pareceu muito impressionada com Walt. A primeira vez em que o viu, ele usava o velho suéter marrom e uma capa de chuva e estava se queixando de não ter um carro. (Só compraria o conversível Moon no fim do ano.) Lillian disse que só aceitou o emprego porque não ficava distante da casa da irmã e ela poderia ir a pé para não gastar dinheiro com ônibus. Entrou na folha de pagamento do estúdio em 19 de janeiro de 1924, com um salário de US$ 15 por semana.

A poucos dias de completar 26 anos, quatro anos mais velha que Walt, Lillian era a própria figura da mulher contemporânea urbana, miúda, esguia e bonita, com um grande sorriso e os cabelos escuros bem penteados, mas, assim como Walt e Roy, era, na verdade, uma descendente de pioneiros, mais estável que irrequieta. Seu avô paterno, James L. Bounds, foi um dos primeiros povoadores do Território Noroeste que se tornou o Oregon e depois fez uma pequena fortuna na corrida de ouro da Califórnia antes de se aposentar em Idaho. Willard Bounds, filho de James e pai de Lillian, fez reconhecimento em território índio, foi ferreiro e o vice-xerife dos Estados Unidos que em 1895 conduziu a carroça "pagadora" puxada por cavalos de Lewiston, Idaho, para Spalding, levando US$ 626 mil em peças de ouro de US$ 20 que o governo pagou aos índios de Nez Percé para comprar suas terras. Lillian nasceu três anos depois e cresceu entre os índios no posto militar de Lapwai, situado em um vale estreito na região de Nez Percé, na ponta norte de Idaho, onde a agência índia e a escola índia estavam situadas e por onde os rancheiros conduziam o gado pelos campos sem cercas até os currais em NorthLapwai. Era uma área isolada – embora Lewiston ficasse a apenas 12 milhas de distância, era inacessível por balsa pelo rio Clearwater – e apenas para indivíduos fisicamente fortes. Se os antepassados dos Disneys tinham a aparência de fazendeiros acostumados ao trabalho duro e pouco lucro, magros e ascéticos, os Bounds pareciam formidáveis – Willard, grande e corpulento, com um imenso bigode, e sua esposa Jeanette, ou Nettie, como era chamada, pequena e rotunda com suas mais de duzentas libras. Era uma gente sólida.

Contudo, do mesmo modo que os Disneys, eles não conseguiram superar as dificuldades em seu meio. Willard e Nettie tiveram dez filhos, dos quais Lillian era a mais jovem, e a família lutava, constantemente, contra a miséria. Se os Bounds chegaram a ganhar muito ou pouco dinheiro na corrida do ouro, essa riqueza não existia mais havia muito tempo. Além do mais, Willard, que se havia tornado ferreiro do governo, foi debilitado por problemas intestinais que, finalmente, o levaram à morte em 1916. "Eles nunca sabiam se teriam o suficiente para comer", diria, mais tarde, Diane, filha de Lillian. "Mamãe sequer tinha sapatos do seu número." Após a morte de Willard, Lillian e a mãe se mudaram para Lewiston, onde Lillian começou a frequentar a Escola Profissional e onde vivia quando decidiu visitar Los Angeles.

Quando Lillian conheceu Walt Disney, em janeiro, não houve atração, muito menos romance. No máximo, embora Lillian morasse a uma pequena distância do estúdio, Walt a levava de carro até sua casa, com uma colega de trabalho. Ela observou que ele sempre deixava primeiro a outra garota, e depois parava próximo, nunca em frente à casa de sua irmã – porque, pensava Lillian, provavelmente se sentia embaraçado por sua aparência um tanto esfarrapada. Admitiu que, apesar das roupas surradas de Walt, foi durante essas caronas para casa que começou "a olhar para ele como se ele fosse alguém". Walt também havia começado a prestar atenção nela. Uma noite em que a deixou em casa, Walt lhe perguntou se poderia vê-la socialmente se arranjasse um terno novo. Lillian concordou e, então, ele e Roy foram à Foreman & Clark's, uma loja de roupas de homem, e compraram, cada um, um terno social, o que representou despesa significativa para eles. (Roy tinha fixado um limite de US$ 35, mas Walt o ultrapassou.) Quando chegou para buscá-la para sair – Walt conseguira ingressos para *No, no, Nanette* –, ele se levantou, exibiu orgulhosamente seu terno cinza-esverdeado de jaquetão e, sem qualquer embaraço, perguntou à irmã dela, ao cunhado e à sobrinha se gostavam de suas roupas novas. A ingenuidade de Walt, disse Lillian, encantou-os. Apesar de todo o encanto e a atração de Walt, no entanto, Lillian se comportou como se estivessem saindo por falta de opção. "Eu não tinha outros encontros", ela disse, "e nem ele".

Mesmo depois que começaram a sair com regularidade, os encontros, muitas vezes, pareciam-se menos com um caso de amor que de companheirismo. Walt visitava Lillian frequentemente – "de repente, Walt deu para aparecer muito lá em casa", lembrou a sobrinha de Lillian, Marjorie – embora nem os Sewells soubessem dizer se Walt estava lá por causa de Lillian, ou por causa de Hazel, que era uma excelente cozinheira. Walt aparecia lá à noite, tirava Marjorie do sofá onde dormia e a mandava para o quarto de Lillian, para que ele e Lillian pudessem ficar a sós. Depois, antes de sair, trazia Marjorie de volta para o sofá e, gentilmente, a cobria. Depois que comprou o conversível Moon com seu farol no radiador – para as caronas até a casa de Lillian pedia emprestado o Ford do pai de Virginia Davis –, ele e Lillian davam longos passeios de carro pelos laranjais a leste de Pomona e Riverside, e para o norte, até Santa Bárbara.

Outras vezes iam aos salões de chá de Hollywood para jantar. Frequentemente iam ao cinema. Nessas saídas e nesses encontros, Walt falava, falava incessantemente, mas não falava tanto do futuro de ambos quanto de seu próprio futuro – sobre seu trabalho e seus planos e o que esperava realizar em animação. "Acho que ele nunca pensava em nada", lembrou Edna Francis, de forma mais expansiva que a própria Lillian, "além de seu trabalho e de Lilly... só pensava nela e no trabalho".

Depois de uma corte que durou um ano, a decisão de casar, assim como a de namorar, também pareceu falta de opção – o cumprimento de uma obrigação. Décadas depois, Walt pareceria ainda menos sentimental sobre o compromisso. "Como você sabe se não é apenas necessidade de um companheiro?", perguntaria, anos depois, à filha mais jovem sobre o casamento dela. Roy suspeitava de que Walt gostava da natureza complacente de Lillian. "Walt era uma pessoa dominadora. E, ela, do tipo que combinava com ele e com o que ele fazia", diria mais tarde. "Ela o adorava, e qualquer coisa que ele quisesse fazer estaria bem para ela." O próprio Walt concordou que Lillian era uma boa ouvinte. "Eu falava com ela sobre o que esperava fazer, e ela ouvia." Na época em que começou a pensar em pedi-la em casamento, Lillian havia subido de pintora de celuloide a ajudante de Roy na administração do estúdio, e até ela, mais tarde, brincou, dizendo que cometia tantos erros quando anotava os ditados que ele tinha de se casar para livrar o estúdio dela, embora, em outra ocasião, tivesse dito que Walt havia decidido casar-se com ela porque lhe devia dinheiro, pois lhe pedia que não descontasse o cheque de pagamento quando os cofres do estúdio estavam vazios. Segundo Walt, ele lhe pediu em casamento de forma indireta – pedindo a Lillian para escolher entre juntarem dinheiro para comprar um carro ou um anel, como antes havia perguntado a Bea Conover se devia comprar uma canoa ou uma câmera. Lillian escolheu o anel, então Roy e Walt encontraram um comerciante de diamantes por atacado que, por US$ 75, lhes vendeu um diamante de ¾ de quilate, montado sobre uma fina argola de platina e rodeado de safiras azuis. "Parecia o farol de uma locomotiva", disse Walt.

O plano do casal era esperar, mas depois que Roy se casou e deixou o apartamento para Walt, Lillian disse que tiveram de adiantar a programação porque "Walt não gostava de ficar sozinho". No início de julho, pegaram um barco a vapor para Seattle e, depois, o trem para Lewiston – em preparação para isso, Walt tomou US$ 150 em dinheiro do estúdio e, unilateralmente, aumentou seu próprio salário para US$ 75 por semana, US$ 25 mais que o de Roy –, onde se casaram na casa do irmão de Lillian, em uma pequena cerimônia, em 13 de julho de 1925. Lillian, em um vestido de algodão azulado, deu risadinhas nervosas o tempo todo. Passaram a lua de mel em Mount

Rainier National Park e, depois, em Seattle e seus arredores, antes de parar em Portland, a caminho de casa, para visitar Elias e Flora, que não puderam ir ao casamento. Mas, como o próprio Walt lembraria, até sua noite de núpcias, coincidindo com o namoro, foi menos que romântica, possivelmente porque ele era, simplesmente, tímido demais para criar um clima romântico. Walt disse que teve uma dor de dentes tão forte que não conseguiu dormir e passou a noite ajudando o porteiro a polir sapatos até de manhã, quando encontrou um dentista e arrancou o dente.

III

Quando voltou para o estúdio em agosto, estava na crista da onda. As críticas dos profissionais sobre as *Comédias de Alice* no verão e no outono haviam sido positivas, ocasionalmente beirando o entusiasmo: "Eis uma novidade inteligente em desenho animado... que vai dar uma variedade bastante boa ao seu programa" (Film Daily); "O primeiro filme da nova série de 'Comédias de Alice' oferece magnífico entretenimento, que mostra 'abundante criatividade de seu autor' " (Motion Picture News); "Cada um desses desenhos animados de Walt Disney... parece mais criativo e inteligente que o anterior" (Motion Picture World). Foi um sinal do sucesso de Alice que Virginia Davis tivesse começado a fazer aparições pessoais, e George Winkler informou que estava conversando com editoras sobre um portfólio da série para o Natal. Na verdade, os próprios Disney se sentiam tão confiantes em relação ao futuro que, uma semana antes das bodas de Walt e Lillian, os irmãos fizeram um depósito de US$ 400 para a compra de um terreno com um edifício de escritórios na avenida Hyperion, perto do parque Griffith, no distrito de Silver Lake, logo a leste de Los Angeles e perto de Kingswell – Walt deixou Roy escolher entre esse terreno e um em Westwood – onde tinham a intenção de erigir um estúdio maior que a frente de uma loja na Kingswell.

Mas se Walt começou a se sentir menos inseguro naquele verão, o sentimento não durou muito e, no outono, as tensões se renovaram com Mintz. Ostensivamente, o principal problema ainda era dinheiro. Com o novo contrato de janeiro, Mintz tinha acelerado a programação, mas Walt estava tão desejoso de obter mais dinheiro de Mintz e a um ritmo ainda mais rápido, especialmente agora que estava casado e visualizava um novo estúdio, que entregava os filmes a uma velocidade maior que a estipulada no contrato, um a cada dezesseis dias em vez de a cada três semanas, e Mintz tão desejoso quanto ele de, ao contrário, segurar o dinheiro, disse a Walt que parasse. Walt respondeu que, enquanto não entregasse filmes a intervalos maiores que três semanas, poderia enviá-los com a frequência que desejasse e ameaçou procurar outro distribuidor se Mintz não remetesse o dinheiro devido. A ameaça, quase certamente um blefe, levou Mintz a enviar, em outubro, uma carta longa e irritada, em que condenava a ingratidão de Walt ("se qualquer um dos primeiros sete filmes que você fez fosse entregue a qualquer outro distribuidor em todo o mundo... ele os teria descartado completamente"), sua incompetência ("a única razão pela qual você está fazendo filmes hoje foi porque nós mandamos o nosso George Winkler aí e, à nossa custa, ele ensinou a você o que era necessário saber para produzir o tipo de filme que vocês estão fazendo agora"), e sua voracidade ("não ganhamos um único dólar com nenhum dos filmes que recebemos até agora de você").

Tecnicamente, Walt tinha razão. Podia entregar os filmes quando quisesse. Mas como animador novato, de 23 anos, não tinha poder para confrontar seu distribuidor e, de qualquer modo, a disputa se complicou pelo fato de Mintz, enquanto trocava acusações com Walt, também negociar um acordo com um grande distribuidor nacional, o Film Booking Office, para que este comprasse seu produto completo – os *Krazy Kats*, que agora produzia, em lugar dos filmes de Félix e Alice. Mintz distribuía os filmes com base no que se chamava de "direitos dos estados", o que significava que ele vendia em cada estado para os circuitos locais de cinema, mas a distribuição independente rapidamente cedia lugar a organizações maiores, que vendiam para regiões maiores. Sabedor, obviamente, de que Walt era ambicioso, e esperando que ele visse a distribuição nacional como uma nova oportunidade de promover a carreira, Mintz sugeriu que pusessem as diferenças de lado e acordassem um novo contrato, nos mesmos termos do antigo – US$ 1.500 por filme, com US$ 900 pagos na entrega do negativo, mais US$ 600 após 90 dias, com 50% para cada um de todas as receitas acima de US$ 3 mil – e que Walt fosse até Nova York o mais rápido possível para fechar o acordo. "Pretendo tornar o seu produto o mais importante do gênero em todo o mundo", escreveu Mintz em óbvia conciliação, repetindo as promessas da esposa.

Como sempre, Walt precisava de dinheiro para manter sua operação, e mal conseguia fazer isso sem entrar no vermelho, apesar, segundo acreditava, da crescente popularidade da série. Uma vez mais, entretanto, o dinheiro não era a sua única e, talvez, nem mesmo principal consideração. Walt abrigava dois impulsos que, frequentemente, entravam em conflito: o impulso do homem de ação para ser bem-sucedido, o que poderia ser atestado pelo dinheiro e pelo reconhecimento, e o impulso psicológico mais profundo de controlar, que só poderia ser satisfeito se fizesse seus filmes exatamente do jeito que quisesse, sem interferência. Enquanto, finalmente, empurrava

Mintz para que este amenizasse os termos do contrato – além dos US$ 1.500, Walt agora receberia US$ 350 quando a receita bruta de cada filme ultrapassasse US$ 4 mil, e uma parcela de 50% depois desse pagamento, exatamente como o contrato atual estipulava –, acrescentou uma cláusula por conta própria que, simplesmente, indicava o quanto estava irritado com as exigências e críticas estéticas de Mintz e o quanto a explosão com Mintz podia ter sido uma briga por poder o tempo todo: "Todas as questões relativas à produção das comédias devem ser deixadas sob minha responsabilidade." Walt podia estar blefando a respeito do dinheiro, tentando forçar a mão com Mintz, mas não estava blefando sobre controle. Fazia pouco sentido criar um mundo alternativo para onde pudesse escapar se ele próprio não modelasse e conduzisse esse mundo. Quando Mintz, desdenhosamente, rejeitou a exigência, Walt rompeu as negociações e lamentou que a parceria com Mintz fosse acabar logo.

Enquanto isso, Walt se viu metido em outra briga – esta com os Davis. Para cortar custos naquele verão, Walt propôs pagar Virginia apenas pelo tempo em que ela realmente fosse usada – a uma taxa de US$ 25 diários. Uma vez que ela mal trabalhara 18 dias durante todo o ano anterior, isso representaria uma tremenda economia para os Disneys e uma tremenda perda para os Davis. Compreensivelmente, os Davis se irritaram com a sugestão, criticando Walt e acusando George Winkler de agir para livrar-se de Virginia com o objetivo de indicar a filha de um amigo para o papel de Alice. Walt não queria livrar-se de Virginia no momento em que ela estava tão identificada com a série, mas o foco estava, crescentemente, na animação, não em Alice, e as pressões financeiras, somadas às pressões de Mintz, o forçaram a indicar outra garota, Dawn O'Day, que apareceu em apenas um filme e, depois, Margie Gray, de quatro anos, ambas a US$ 25 por dia de filmagem. Os cabelos escuros e curtos, ao estilo pajem, de Margie, em contraste com os longos cachos dourados de Virginia, e seu rosto redondo de bebê, comparado ao rosto prematuramente maduro de Virginia, trouxeram uma diferença qualitativa para a série. "Virginia tinha alguma coisa de imagem pós-vitoriana – seu atrativo era o de uma jovem Lilian Gish", escreveu um historiador da animação – "enquanto Margie era mais do tipo infantil." Mas Virginia Davis tinha uma interpretação diferente que a distinguia de Gray. Ela mais tarde disparou: "Margie era adorável, com seu corte de cabelo à Clara Bow, mas tudo que fazia era bater palmas, pôr as mãos nos quadris e pular para cima e para baixo." Soubesse Davis disso ou não, era um reconhecimento implícito de que Alice se tornara uma presença incidental em seus próprios filmes.

No meio da *Sturm und Drang* (*Tempestade e pressão*) com Mintz e os Davis, Walt teve uma trégua: os Disneys mudaram de estúdio em fevereiro, dos dois aposentos na Kingswell para uma nova sede, na avenida Hyperion. Não era um lugar particularmente atraente, situado entre avenais selvagens, uma fábrica de órgãos e um posto de gasolina. Um empregado o descreveu como tendo o tamanho de um armazém – apenas um bangalô de estuque de 1.600 pés quadrados no qual os Disneys gastaram cerca de US$ 3 mil em reformas. Walt mais tarde o descreveria como uma "pequena estrutura verde e branca de telhas vermelhas e um lindo gramado à frente". Mesmo assim, o novo estúdio representava não somente o crescimento da companhia e de suas aspirações, como também o autoengrandecimento e até a pretensão de Walt em relação ao seu modesto sucesso. Aquele era o seu estúdio agora. "Uma noite, quando Walt e eu discutíamos a mudança", Roy contou a um colega, "Walt disse para mim: 'Roy, quando nos mudarmos para Hyperion, vou mandar fazer um grande anúncio de neon, escrito Walt Disney Estúdios'... Ele olhou para mim como se esperasse uma discussão. Eu disse: 'Se é assim que você quer'. E Walt disse 'É assim que eu quero e é assim que vai ser!' E foi do jeito que ele quis." O Estúdio Disney Bros., tornou-se o Estúdio Walt Disney.

Foi uma bravata considerável para alguém que havia chegado a um impasse com seu distribuidor e enfrentava o término do contrato. Mas Walt não sucumbiria ante Mintz sem luta. Ele conspirava. Logo antes de mudar para Hyperion, em uma aparente tentativa de romper o impasse, ele havia escrito diretamente para Joseph Schnitzer, chefe do Film Booking Office, queixando-se de Mintz. Schnitzer havia notificado Mintz, que mandou uma carta para Walt, dizendo-se "extremamente desapontado" com ele. Quando Schnitzer ofereceu-se para ser o mediador, Mintz recusou, dizendo que tinha os direitos de Alice e não precisava de Walt. Agora foi a vez de Walt vacilar, e ele enviou um telegrama para Mintz em 8 de fevereiro com outros termos para o contrato: pagamento de US$ 500 após os primeiros US$ 4 mil de receita bruta, depois US$ 500 para Mintz e, depois, uma divisão meio a meio da receita. Walt também pediu para reter os direitos sobre os filmes. Embora Mintz concordasse em princípio, continuou a barganhar, chegando a vir a Los Angeles para discutir o contrato. Quando o contrato finalmente foi concluído, Walt percebeu que o progresso mínimo provavelmente comprometeria a qualidade dos filmes. "Quero que você compreenda que é quase fisicamente impossível fazer de cada filme um sucesso", escreveu para Mintz durante as negociações finais, no que deve ter sido uma concessão difícil para alguém que queria tanto superar-se em qualidade, "e eu só espero que você seja justo o bastante para me informar quando eu tiver um filme bom, do mesmo jeito que me informa sobre os ruins." Quanto aos direitos, Mintz os reteve.

Assim Walt resolveu a crise com Mintz, mas não resolveu a grande crise financeira ou a sua própria crise de status. Mesmo com o novo contrato, ainda lutava para conseguir dinheiro e descobrir outras formas de suplementar o pouco que recebia pelos filmes de Alice. Durante todo o tempo em que já estava na Califórnia, Walt vinha solicitando trabalho ao dr. McCrum, o dentista para quem fizera *O Dente de Tommy Tucker*, em Kansas City, embora soubesse que não lucraria grande coisa. Também se ofereceu para produzir filmes musicais para Carl Stalling, para quem havia feito *Martha*. Enquanto isso, Walt foi subcontratado por outra companhia para desenhar os títulos de um seriado. No verão de 1926, finalmente convenceu o dr. McCrum a se comprometer com um novo filme sobre higiene bucal, *Clara Cleans Her Teeth* (*Clara limpa seus dentes*) estrelado pela sobrinha de Lillian, Marjorie Sewell, como uma criança andrajosa que fora afastada do convívio de outras crianças porque seus dentes ficaram sujos.

Após a briga com Mintz, era, obviamente, humilhante ter de fazer um filme sobre higiene dental, especialmente enquanto Walt havia tentado, de forma tão corajosa, preservar a ficção de seu sucesso até diante da própria equipe. "O escritório de Walt parece a sala de estar do presidente de um banco", um dos empregados escreveu para a família sobre Hyperion. Ao longo de 1926, entretanto, o homem do grande escritório não ganhou mais que US$ 300 por filme da série Alice, cifra que baixou para US$ 100 à medida que se aproximava o fim do ano e do contrato, e mergulhou para um prejuízo de US$ 61,25 no último da série. Quando Mintz pediu-lhe para contribuir com um fundo para combater John Randolph Bray, que acusava os animadores de infringir a lei dos direitos autorais, Walt declinou: "Já esgotei minha capacidade de pedir empréstimo e tenho de baixar meu custo ao máximo para as coisas darem certo".

E se já era difícil bancar o jovem magnata no estúdio, fazer isso em casa era impossível. Ele e Lillian haviam voltado da lua de mel para um pequeno apartamento na avenida Melbourne, perto do estúdio na Kingswell, que dava para uma rua. "Lembro-me de que me senti muito infeliz, porque nunca vivera em apartamento antes", disse Lillian. "Estava acostumada às casas em Idaho, onde se podia abrir a porta da frente e ficar no espaço aberto." Embora Walt recebesse um aluguel mensal da companhia pelo uso de seu carro, foi só no ano seguinte, quando o casal se mudou vários quarteirões para o sul, para um apartamento na avenida Commonwealth, perto de Sunset Boulevard, que Walt pôde comprar sua própria mobília.

Se não bastassem as humilhações e a economia, uma nova tensão surgiu – tensão que, a seu modo, era ainda mais significativa que os problemas com Mintz, embora fosse consequência direta deles. Enquanto lutava com as finanças e com Mintz, Walt também, pela primeira vez, começou a brigar com a equipe, que, durante 1926, ainda somava menos de dez pessoas, incluindo-se o faxineiro. Walt sempre fora brincalhão, cooperativo e informal – uma criança grande. Segundo um empregado, a equipe se reunia no escritório ou no apartamento de Walt e começava a contar piadas. "Walt tinha uma ideia", ele recordou "– bem, vamos deixar que Alice seja bombeira neste aqui, ou vamos deixar Alice ir pescar, ou o que quer que fosse. Então, trabalhávamos juntos em qualquer tipo de coisa, piadas de bombeiro ou piadas de pescador. E, depois, Walt as colocava todas juntas para formar uma história. Ele tentava dar uma ideia de continuidade." Quando animavam, sentavam-se em uma sala, lado a lado, um grupo de companheiros, com Walt supervisionando-os, ou marcando o tempo de cada cena. Fora do trabalho, o grupo frequentemente saía junto, passando o ano novo de 1926, dirigindo o conversível Moon de Walt ou o Oakland de Roy até Tijuana.

Naquele inverno, no entanto, a atmosfera do estúdio subitamente se tornou sombria e ressentida. As pressões de Mintz, a camisa de força financeira e a própria obsessão de Walt em melhorar os desenhos animados o transformaram de jovem inquieto em uma pessoa meticulosa, exigente, crítica e ofensiva. Sempre obrigado a satisfazer Mintz, ele agora fazia com que a equipe o satisfizesse. Todos pareceram notar a mudança no temperamento – de jovial para tenso e impaciente. Muitos mencionaram um "choque de personalidades". "Eu cometia erros", recordou Isadore "Friz" Freleng, um veterano da Film Ad Co. que havia ido trabalhar no estúdio em 1927 após insistentes convites de Walt, "e Walt – mesmo que expressasse paciência em suas cartas antes de eu começar a trabalhar para ele – não mostrava agora nenhuma paciência. Ele tornou-se ofensivo e me atormentava." (Freleng tinha substituído Ham Hamilton, que havia saído do estúdio, segundo Freleng, "porque não podia suportar as injúrias que Walt lhe dirigia".) Walt fazia "observações insultantes para mim", disse Freleng, e Freleng fazia o mesmo com Walt. "Walt podia fazê-lo sentir-se mal quando queria", disse outro dos primeiros empregados. "Ele era assim", concordou Hugh Harman. "A menos que estivesse 100% a favor dele, a menos que estivesse fazendo por ele, trabalhando para ele, ele pensava que você o estivesse traindo."

Era o que Harman, de fato, estava fazendo. Cansados dos sermões e insultos, ele e Ising conspiraram para levar outros animadores, inclusive Iwerks, a abandonar Walt, juntar-se a eles e iniciar seu próprio estúdio rival. Já tinham até conversado com o produtor Jesse Lasky. "Isso vai deixar Walt em uma embrulhada", Ising escreveu, alegremente, para Carmen Maxwell, outro antigo colega da Laugh-O-Gram, em agosto de 1926, "mas negócios são negócios".[1] Antes que isso acontecesse, porém, Walt despediu Ising por cair no sono sobre a câmera de animação com a mão no botão. Despediu Freleng também depois que o viu em um ônibus de dois andares quando devia estar no trabalho. Freleng disse que chegou ao estúdio no dia seguinte e encontrou sua mesa vazia. Antes de ir embora, Ising descreveu o estúdio como uma "caverna de conflitos e opressão". Iwerks, que sofria os novos maus-tratos de Walt com sua típica neutralidade e aconselhou os outros a fazerem o mesmo, descreveu o estúdio como "ninho de doidos" e "mansão de loucos". Mas os ressentimentos persistiriam por um longo tempo. Persistiriam fortemente, até destruir o estúdio.

IV

Agora havia uma sensação de crise. Em junho, Walt havia posto o estúdio para trabalhar na programação de um filme a cada duas semanas e meia e tinha até concedido um bônus para acelerar a produção para um filme a cada duas semanas, mas, com as mudanças de pessoal detonadas pelo desrespeito de Walt e outros tropeços, como o casamento de Iwerks e a lua de mel em janeiro, tornou-se cada vez mais difícil cumprir a programação. Embora Walt continuasse a pressionar a equipe a melhorar as animações, e os filmes de Alice mostrassem maior sofisticação visual, até Walt percebeu que a série perdia impulso. "Sinto que estamos em uma espécie de rotina em relação ao estilo e à construção geral de nossas tramas e piadas", escreveu para Mintz em fevereiro de 1927. "Tentei, de todas as maneiras possíveis, descobrir exatamente o que faltava e agora acho que eu 'O' descobri." Walt não disse o que era "O", mas pediu a Mintz para prestar atenção nos novos filmes e dizer a Walt o que achava. Foi pouca novidade, no entanto, a ação ao vivo continuar a encolher, mesmo porque Mintz, em nome da economia, pressionava Walt a aumentar as seções ao vivo, mais baratas, depois de passar anos insistindo em reduzi-las. No início de 1927, George Winkler substituiu Margie Gay por outra garota, Lois Hardwick, a quem Walt descreveu com grande entusiasmo como "cheia de vida e emoção" e a melhor Alice "até agora". Mintz,

---

1 Em uma entrevista, Harman disse que nutria ressentimentos de Walt desde que Walt prometeu a ele e a Ising participação no estúdio para conseguir que fossem trabalhar lá, e depois voltou atrás. Will Friedwald, "Hugh Harman, 1903-1982", Graffiti (primavera de 1984). (N.A.)

antes de, relutantemente, dar o sinal verde, resmungou que "suas pernas pareciam um pouco gordas".

Eles precisavam fazer alguma coisa. Na época, Mintz, aparentemente chegando sozinho à conclusão de que Alice estava nos estertores, já negociava com a Universal a criação de um novo personagem de desenho animado e pediu a Walt para providenciar os desenhos. "Parece que eles acham que há gatos demais no mercado", instruiu Mintz. "Naturalmente, enquanto estiverem comprando, devemos procurar vender o que eles querem." Walt enviou para ele desenhos de coelhos que poderiam ser personagens. Seis semanas depois, em março de 1927, Mintz assinou acordo com a Universal, que entrava novamente no campo dos desenhos animados após uma ausência de dez anos, para fornecer 26 curtas que apresentavam *Oswald the Lucky Rabbit* (*Oswald, o coelho sortudo*). Mintz partiu para a Califórnia naquela mesma semana, presumivelmente para encontrar-se com Walt, embora a Motion Picture World tenha informado, de forma preocupante, que George Winkler também estava partindo, para "fundar um estúdio especialmente para produzir as comédias de Oswald". Walt concluiu a última de suas 56 Alices naquele mês.

Agora, subitamente, havia um desafio inteiramente novo – não apenas o novo personagem, mas a necessidade de produzir filmes rapidamente para provar a eficiência de Walt perante a Universal. Com Mintz pressionando-o a "fazer o primeiro filme o quanto antes", Walt, imediatamente, antes mesmo da chegada de George Winkler, começou a produzir os filmes de Oswald e terminou o primeiro, *Poor Papa* (*Pobre papai*), no início de abril, em pouco mais de duas semanas. Walt, certamente, reconhecia a tremenda oportunidade que lhe estava sendo concedida – fazer uma longa série para um grande distribuidor – e o quanto um bom resultado ajudaria a impulsionar sua carreira. Mas nem Mintz nem a Universal ficaram satisfeitos com o novo personagem, e a última tomou a medida drástica de se recusar a distribuí-lo. Mintz achou que havia personagens demais competindo por espaço no desenho animado e que Oswald devia ser "jovem e impaciente e usar monóculo" e não ter o corpo curto, torso pesado e arredondado, os braços pequenos, as pernas curtas e os pés grandes, que foi como Walt pedira a Iwerks para desenhá-lo. Além disso, a Universal se queixou de que não havia uma história, apenas piadas, uma atrás da outra.

Walt respondeu que ele próprio estava desapontado e que já havia começado a reinventar o personagem – "esqueça o monóculo" –, tornando o coelho mais leve e menos maciço na parte de baixo, mas também defendeu seu personagem. Não queria que Oswald fosse apenas "um coelho animado e mostrado sob a mesma luz dos personagens gatos comuns", querendo dizer que Oswald não devia ser um simples gancho para piadas – a direção em que Mintz sempre o empurrou e que a Universal agora rejeitava. Em vez disso, queria forjar uma personalidade distinta para Oswald, "fazer com que Oswald fosse peculiar e, tipicamente, Oswald". Ao mesmo tempo, rejeitou as críticas de que a narrativa era insuficiente, dizendo que "os nossos filmes mais pobres foram aqueles em que entramos em detalhes da história" e que os desenhos animados não podem ser "construídos como um filme" sem perder o fluxo constante de gargalhadas.

O que ele defendia era algo novo: piadas que não fossem empastadas em Oswald, como as piadas da maioria dos desenhos animados, mas, em lugar disso, partissem organicamente dele – de quem ele era. Até mesmo durante a filmagem de Alice, criar uma personalidade tinha sido uma cruzada para Walt. Quando Freleng animou uma gatinha subindo para a beirada de uma banheira enquanto estava sendo esfregada, Walt destacou o fato de Freleng ter feito a gatinha agir como uma criança. "Isto é o que quero ver nos desenhos", disse à equipe. "Quero que os personagens sejam alguém. Não quero que sejam apenas desenhos." Poder-se-ia discutir se Walt realmente incorporou personalidade ao aperfeiçoamento de Oswald, mas, já no segundo filme e primeiro a ser distribuído, *Trolley Troubles* (*Problemas no bonde elétrico*), que apresentou Oswald como um agitado condutor de bonde que deve enfrentar tudo, desde uma vaca recalcitrante que bloqueia os trilhos até um carneiro mal-humorado que chifra o bonde e o manda para fora dos trilhos, a aceitação do desenho melhorou. "Eu sou o coelho sortudo", anunciou a Universal brilhantemente em seu material promocional. "Sou o bicho que a Universal descobriu após dois anos de experimentação e preparação seguindo os *Krazy Kartoon Knockout* que colocará a indústria de orelhas em pé." Embora isso fosse uma bravata – Walt mal trabalhara duas semanas em Oswald, não dois anos – não foi tanto um exagero, dado o entusiasmo inicial pela série na imprensa do ramo. "Oswald parece realmente um lutador", saudou o *Film Daily*. "Engraçado como os artistas do desenho animado nunca pensaram em um coelho antes. Com suas longas orelhas, Oswald tem chance de um monte de situações engraçadas e pode conseguir tudo que se espera dele." "Esta série está destinada a ter muito apelo popular", concordou a publicação *Motion Pictures News*. "Os desenhos são nítidos, bem executados, cheios de ação e de situações humorísticas." A Motion Picture World citou o nome de Walt por ele ter feito suas criações "simularem os gestos e as expressões dos seres humanos". Sobre o terceiro filme da série, *Oh, Teacher* (*Oh, professor*), a mesma publicação disse: "Ele tem algumas das melhores piadas que já vimos em desenhos animados".

Em grande medida, este elogio era menos o reflexo da criatividade de Walt que do nível bastante baixo da animação em meados dos anos 1920, quando até piadas pouco refinadas e personagens bem delineados podiam parecer criativos se confrontados com as piadas amorfas e os personagens pouco definidos da maioria dos desenhos animados. Alguns historiadores da animação, entretanto, consideram Oswald um avanço em relação aos seus contemporâneos em aspectos mais substanciosos. Um historiador comparou o coelho ao comediante de filme mudo Buster Keaton em sua habilidade para "transformar o absurdo contexto mecânico do mundo moderno em algo útil e humano", e também citou numerosos exemplos de imagem fálica – as orelhas de Oswald levantando-se e caindo, por exemplo – que comprovavam sua natureza libidinosa, algo que não havia sido explorado antes nos desenhos animados. Dois outros historiadores distinguiram Oswald de seu predecessor, Julius, o gato, observando que Oswald era mais consciente de seu corpo que Julius, mais capaz de sentir prazer e dor e que seu corpo era muito mais plástico que o de Julius, sendo expandido, apertado e torcido, o que levava a situações mais criativas. Até mesmo nos anos 1920 alguns animadores rivais olhavam Oswald como a referência da indústria. Dick Huemer, que na época trabalhava para os irmãos Fleischer e que havia sido ele próprio uma referência, disse que ele e seus colegas iam procurar os filmes de Oswald porque "por piores que pareçam hoje" (Huemer escreveu em 1969), "eram tremendamente superiores ao que fazíamos".

Uma vez mais Walt parecia ter saído de uma crise, tanto estética quanto financeira, e o estúdio subitamente parecia florescer de novo. Preparando-se para os Oswalds, Walt havia aumentado a equipe ao longo do inverno anterior e da primavera de 1927, contratando, entre outros, um garçom chamado Les Clark de uma confeitaria que ficava na virada da esquina de onde se situava o velho estúdio na Kingswell e que, rapidamente, se tornaria um de seus empregados mais confiáveis, e a própria cunhada de Walt, Hazel Sewell, colocada na chefia de um departamento ampliado de tinta-e-pintura. No fim do ano, a equipe havia crescido para 22 – um tributo ao sucesso de Oswald. Dois meses depois, sem dúvida sob a pressão dos competidores, agora que o trabalho de Iwerks ganhava reconhecimento, Walt aumentou o salário do lacônico animador de US$ 70 por semana, quando ele havia começado a desenhar Oswald, para US$ 120 semanais. Walt escreveu para Mintz: "Iwerks é um homem experiente a quem eu ponho ao lado de qualquer outro no setor hoje".

O próprio Walt tirava apenas US$ 100 por semana na época, e Roy apenas US$ 65, mas eles agora tiravam limpos cerca de US$ 500 em cada Oswald e dividiam os lucros no fim do ano em uma proporção de 60%-40% entre eles: US$ 5.361 para Walt em 1927, US$ 3.574 para Roy. Como nunca foi capaz de segurar dinheiro, Walt comprou dez acres de terra deserta em outubro e novembro, possivelmente por instrução de tio Robert, pois os irmãos Disney também estavam investindo em ações do empreendimento de pesquisa de petróleo de tio Robert e John Cowles. Mais importante, Walt e Roy fizeram em junho um depósito de US$ 200 cada um em lotes adjacentes na avenida Lyric, distrito de Silver Lake, ao pé das colinas Los Feliz, não longe do novo estúdio, e começaram a construir suas casas em agosto.

As casas não eram grandes, em comparação com as mansões dos magnatas de Hollywood em cujas fileiras eles esperavam incluir-se; tinham apenas 1.100 pés quadrados, com dois quartos de dormir, uma sala de jantar, uma sala de estar que, com 13 pés por 20 pés, era o maior espaço da casa e uma cozinha – toda em um estilo que se poderia chamar de imitação do estilo Tudor inglês. Eram moduladas, isto é, pré-fabricadas e, observou um repórter, "a construção mais comum da classe média em Hollywood". O custo total, segundo Roy, foi de apenas US$ 16 mil por ambas, soma não pequena na época, mas tampouco extravagantemente alta, e até essa estimativa pode ser exagerada. Mesmo assim, eram as primeiras casas próprias dos Disneys. Marjorie, sobrinha de Walt, disse que era a casa mais bonita que já vira.

O problema para Lillian era que Walt, sempre trabalhando e nada doméstico para início de conversa, raramente ficava em casa para poder apreciá-la. Possivelmente para arranjar companhia para Lillian, Walt fez com que a mãe dela fosse morar com eles logo depois de tomarem posse da casa em dezembro. "Walt era tão bom para minha avó", recordou Marjorie Sewell. "Ele a tratava como uma rainha." (Walt sempre dizia que adorava ouvir as histórias de pioneiros dos Bounds na fronteira de Idaho.) Walt compreendia a solidão de Lillian. Uma vez preocupou-se tanto com um desenho animado que passou a noite no estúdio enquanto Lillian, nervosa, o esperava em casa. Walt sentiu-se tão culpado que decidiu arranjar-lhe outra companhia no primeiro Natal na avenida Lyric. Lillian não gostava de cachorros, mas um dia Walt a pressionou a dizer que tipo de cachorro gostaria de ter se tivesse que fazer uma escolha. Lillian disse que havia lido em algum lugar que o chow chow tinha pouco cheiro, então ele seria sua escolha. Walt foi a um canil, escolheu um filhote, levou-o na noite de Natal e o escondeu na casa de Roy até de manhã, quando o pôs dentro de uma caixa de chapéu com uma fita em cima e pediu a Marjorie que fosse buscá-la – uma cena que seria incorporada ao filme *Lady and the Tramp* (*A dama e o vagabundo*). Quando recebeu a caixa, Lillian ficou preocupada, achando que Walt havia escolhido um chapéu para ela sem sua aprovação, mas, quando a abriu e viu o filhote dentro, imediatamente se derreteu. "Nunca vi ninguém tão louco por um bicho", disse Walt, embora ele próprio fosse igualzinho a ela. Deram-lhe o nome de Sunnee. Lillian não perdia a cachorrinha de vista. Ela dormia no quarto deles. Quando Walt levava Lillian, a mãe dela e a pequena Marjorie para passear no domingo, sempre parava na sorveteria no caminho de volta e fazia questão de comprar sorvete para Sunnee também, ficando no meio-fio e dando o sorvete à cachorrinha. Uma noite em que não conseguiam encontrá-la, Walt percorreu toda a vizinhança debaixo de chuva sem sucesso. Eram duas horas da manhã quando conseguiu convencer Lillian a ir para a cama. "Nunca vi ninguém tão perturbado." Ele encontrou a cachorrinha no dia seguinte na garagem de Roy, onde ela, aparentemente, havia ficado presa quando Roy voltou do trabalho para casa. Assim a calma foi restaurada.

V

Então, no início de 1928, exatamente quando tudo parecia ir tão bem, aconteceu um dos episódios mais devastadores da vida de Walt Disney, um episódio que o assombraria ao longo de toda a sua carreira. Com o sucesso de Oswald, Mintz havia se cansado das intensas discussões com Walt acerca de dinheiro e do esforço deste para assumir o controle dos desenhos, especialmente porque Walt já não estava mais desenhando e, do ponto de vista de Mintz, parecia supérfluo. Então, Mintz instruiu George Winkler, que havia chegado em julho, como prometido, para abordar Hugh Harman com a intenção de tomar o estúdio e liberar Walt de seus deveres. "Fiquei imediatamente interessado", disse Harman, "porque estava muito desapontado com Walt e queria sair de perto dele." Walt ficou completamente alheio a essas maquinações até janeiro, quando Iwerks lhe contou que Winkler, antecipando-se à renovação do contrato de Oswald com a Universal, já havia contratado, secretamente, vários animadores e pedido a Iwerks que se unisse a eles, proposta que Iwerks rejeitou. Sem saber até que ponto Mintz havia duvidado de sua importância ou de quanto seus empregados desgostavam dele, Walt não podia acreditar que Mintz tentaria traí-lo, ou que sua equipe realmente conspirasse contra ele, e descartou a ideia, inadvertidamente magoando Iwerks ao parecer atingir sua confiabilidade.

Enquanto isso, em 2 de fevereiro de 1928, Mintz, como se esperava, assinou um novo contrato de três anos com a Universal para produzir Oswald. Os Oswalds tinham sido, informou o *Film Daily* ao noticiar a assinatura, "uma das melhores bilheterias do programa 'U' de curtas animados", acrescentando que "a organização de Charles Mintz vem produzindo e bem". Ainda se recusando a acreditar na traição de Mintz e cheio de confiança, Walt se preparava, de fato, para viajar a Nova York para negociar o seu novo contrato e planejava pedir um aumento de US$ 2.250 por filme, o que vinha recebendo, para US$ 2.500. Estava tão seguro de um resultado favorável, se não com Mintz, então com outro distribuidor, se Mintz se mostrasse intratável, que levou Lillian com ele, no que ambos viam como "uma segunda lua de mel".

Chegaram na terceira semana de fevereiro a uma cidade de ventos fortes e frio severo e encontraram a mesma temperatura na sua receptividade. Com dois filmes de Oswald debaixo de um braço e um livro de recortes da imprensa no outro, Walt havia ido ver Fred Quimby, na Metro-Goldwyn-Mayer, com a esperança, na pior das hipóteses, de obter uma proposta concorrente para pressionar Mintz, mas Quimby lhe disse que os desenhos animados estavam "em declínio" e que também não tinha interesse. (Walt, pondo seu melhor tom na conversa, disse a Roy que Quimby estava apenas bancando o durão e que voltaria atrás em poucos dias.) Temporariamente rejeitado, Walt saiu da MGM em direção ao escritório de Mintz para continuar as negociações, mas Mintz também bancava o durão. Não apenas recusou-se a aumentar o adiantamento, como agora só garantia o custo dos negativos, que estimou em torno de US$ 1.400, uma divisão meio a meio do lucro e "salários substanciais", o que sugeria que Walt não era um dono de estúdio por direito próprio, mas um subcontratado de Mintz. Walt, ofendido pelos termos os quais temia, sem dúvida, o levariam novamente a abrir mão da qualidade e a ceder mais terreno, imediatamente entrou em contato com seu velho mentor Jack Alicoate, um cavalheiro "reservado e digno", nas palavras de Walt, que o havia ajudado a firmar o contrato original com Margaret Winkler para as Alices e agora editava o jornal do setor *Film Daily*. Alicoate aconselhou-o a continuar negociando com Mintz, mas, por segurança, arranjou encontros de Walt com a Metro, novamente, e a Fox.

"Ruptura com Charles à vista", telegrafou Walt a Roy naquele dia mais tarde. Antes que qualquer ruptura fosse anunciada, entretanto, e recorrendo a um pouco de chicana para prevenir-se contra Mintz, Walt pediu a Roy que arranjasse um advogado para escrever contratos de um ano "blindados" para a equipe, com opção para mais dois anos. "Todos os contratos serão comigo pessoalmente, portanto minha assinatura necessária antes do contrato completo assegurando-nos proteção sem responsabilidade." Walt avisou que os contratos deveriam estar "prontos e à mão", até que ele desse o sinal a Roy. E encerrou com segurança: "Não se alarme. tudo certo".

Mas, naturalmente, não estava tudo certo. Walt e Lillian almoçaram no Hotel Astor como convidados de Mintz e Margaret Winkler no dia seguinte, sexta-feira, 2 de março, e Mintz se recusou a discutir negócios, "mas pelos comentários feitos", Walt escreveu para Roy, "pude ver que ele tinha alguma coisa na manga". Depois que Mintz sugeriu que eles se encontrassem em seu escritório no dia seguinte, Walt telegrafou a Roy, freneticamente, dizendo-lhe que fizesse a equipe assinar os contratos de imediato, antes que Mintz ou George Winkler soubessem do plano e sugerissem um contrato feito por eles. "Faça-os assinar ou saber o motivo antes de permitir que vão embora", Walt telegrafou a Roy com o novo tom imperativo que havia afastado a equipe. Quando Roy telegrafou de volta, dizendo que a equipe se recusava a assinar, o aviso de Iwerks a Walt foi finalmente confirmado: uma vez que o trabalho para animadores era escasso e os homens rapidamente aceitavam sua oferta, Walt percebeu que, de fato, Mintz e George Winkler tinham contratado a equipe pelas costas dele. Na verdade, Walt ficou sabendo que Mintz havia conversado com um animador – referindo-se, sem dúvida, à conversa com Harman – para assumir a operação sob a supervisão de George Winkler. Walt sofrera dois pesados golpes: tornara-se descartável em sua própria empresa, e seus empregados o haviam traído.

Walt fingiu otimismo. "Posso encontrar muitos homens bons", telegrafou a Roy, confiantemente, naquele dia, depois de visitar o estúdio de *Krazy Kat*, onde a equipe o "tratou regiamente". Mas passou o resto de um dia muito longo e frenético em encontros com Bill Nolan, que fora um dos principais animadores de *Krazy Kat* para Mintz e a quem Walt vira em Nova York na tentativa de atraí-lo para a Califórnia; com a Metro, que lhe disse novamente que não lançaria nenhum desenho animado durante aquele ano; com a Fox, que disse que não faria negócio com nenhum desenho animado que ela própria não produzisse; e com seu conselheiro Alicoate, que o desestimulou, dizendo que toda a indústria estava "caótica" agora e levaria outro ano até a poeira assentar. Finalmente, Walt se encontrou novamente com Mintz, blefando que havia recebido duas ofertas não solicitadas, mas preferia fechar negócio com seu velho parceiro. Mintz, no entanto, não engoliu o blefe, elevando sua oferta levemente, para US$ 1.750 por desenho, mais meio a meio dos lucros. Walt estava tão assustado e desesperado que teria aceitado a oferta se Mintz lhe apresentasse o contrato naquele momento. Mintz disse que não podia fazer aquilo e, cautelosamente, disse a Walt que ele devia aceitar uma das ofertas que havia mencionado, oferecendo-se até para ser seu conselheiro. Quando Walt saía, Mintz falou rudemente em voz alta: "Vá para o hotel ver sua mulher e volte amanhã e vamos fechar negócio".

Mas Walt não voltou ao hotel. Em vez disso, voltou novamente para Alicoate com outro plano: iria à Universal com a proposta de fazer ele mesmo os Oswalds sem os intermediários. Isso aconteceu porque Alicoate havia assistido, recentemente, a uma luta de boxe em companhia de Manny Goldstein, um executivo da Universal, que disse a Alicoate que Mintz estava recebendo US$ 3 mil por filme e que teria interesse em se encontrar com Walt. Naquele mesmo dia, Walt encontrou-se com Goldstein, no "escritório de um figurão", como Walt descreveu para Roy. A Universal tinha de lidar com Mintz pelo resto do ano por causa do novo contrato assinado recentemente, Goldstein lhe disse, mas ficariam felizes em negociar diretamente com Walt no ano seguinte, pois "queriam bons filmes" e "não apoiariam as reduções de custo do Sr. Mintz de nenhuma forma que pudesse rebaixar o padrão de qualidade". Nesse meio tempo, se Walt não conseguisse uma reaproximação com Mintz, Goldstein se oferecia para interceder por ele. Pediu a Walt, entretanto, que não comentasse com Mintz o encontro deles. Walt telegrafou a Roy naquela noite, dizendo que estava seguro de que "Sairemos bem mesmo que um pouco desiludidos. Estávamos atirando muito alto." Acrescentou com certa satisfação que Hugh Harman e Ham Hamilton,[2] dois dos traidores, provavelmente ficariam "no meio da rua" porque não era provável que a Universal aceitasse desenhos animados de uma equipe inteiramente nova.

Mas Walt havia subestimado Mintz e superestimado a Universal. Ao concluir o negócio com o distribuidor, Mintz não concedera a Walt os direitos sobre o personagem que este havia criado, e deixou-o, assim, sem recursos. Naquele sábado em seu escritório, Mintz fez uma oferta final. Daria a Walt US$ 1.800 por filme, um aumento em relação à proposta anterior, de US$ 1.750, mais 50% dos lucros obtidos com a distribuição, mas apresentou uma nova e espantosa condição: Mintz assumiria a organização de Walt, pagando a Walt e Roy um adicional de US$ 200 semanais a cada um como seus empregados. Irado e estressado, Walt rejeitou a oferta, foi à Universal novamente – que se ofereceu para falar com Mintz – e, apressadamente, disparou um telegrama para Roy, pedindo-lhe para descobrir as intenções do resto da equipe e mandar um cheque de US$ 100 para despesas adicionais. Voltou ao hotel, Lillian lembrou,

2 Após deixar o estúdio em dezembro de 1926 em uma briga com Walt, Hamilton havia voltado em maio de 1927. (N.A.)

soltando fumaça pelas narinas por ter perdido o trabalho, mas, ao mesmo tempo, contente, porque nunca mais trabalharia para outra pessoa.

"Bem, ainda estamos aqui em volta desse buraco do inferno, esperando que alguma coisa aconteça", Walt escreveu para Roy, tristemente em 7 de março, três dias após a reunião com Mintz. "Não posso apressar as coisas – apenas fazer o melhor que posso. Mas vou lutar contra isso nesta linha mesmo que leve todo o verão e toda a nossa grana." (A viagem havia custado, na verdade, mais de US$ 1 mil.) Como se revelou, ela duraria apenas mais uma semana, a maior parte da qual Walt gastou tentando convencer Nolan, conhecido por sua rapidez e habilidade, a ir para o seu estúdio, e a buscar perspectivas. Mas Nolan finalmente juntou-se à nova equipe que desenhava Oswald, e não havia novas perspectivas. Walt não podia fazer nada a não ser esperar o ano seguinte e que a Universal cumprisse a vaga promessa de descartar Mintz. Quando deixou a cidade de volta para Los Angeles, em 13 de março – Walt não tinha nada –, nem Nolan, nem personagem, nem contrato, exceto os Oswalds, que ainda era obrigado a animar sob os termos do acordo com Mintz, nem equipe, exceto pelos poucos que permaneceram leais, inclusive Iwerks, nem plano, e talvez mais importante que tudo, nenhuma atmosfera do desenho animado para prover um refúgio do mundo real.

Nos anos seguintes, Walt falaria com frequência sobre esse episódio como uma traição, dizendo que avisou Mintz de que aqueles que se haviam virado contra ele, Walt, também se voltariam contra Mintz algum dia, o que, com o tempo, fizeram. "Ele contava isso exatamente como a trama de uma de suas histórias, onde os bons vencem e os vilões são derrotados", lembrou um de seus antigos animadores. "Ele adorava contar essa história, porque era tão poeticamente justa." Dizia que se deve ter cuidado com quem você confia; que havia aprendido que se deve controlar aquilo que se tem ou aquilo lhe será tomado; que viu como o mundo dos negócios podia ser dúplice. Disse que havia aprendido todas essas lições e nunca as esqueceria. Mas enquanto ele e Lillian voltavam para Los Angeles no New York Central Cannonball sem nada, exceto essas lições e as cartas sedativas que escrevia para casa a fim de alegrar o espírito de Roy, o eternamente otimista Walt Disney, que havia enfrentado crise após crise, tinha um pensamento aterrorizante: teria que começar tudo outra vez.

Capítulo 4

O RATO

I

Se for para acreditar na história – e ela seria repetida, interminavelmente, ao longo dos anos até poucos duvidarem dela –, esta foi uma das mais importantes jornadas dos anais da cultura popular. No início, Walt estava furioso. "Ele parecia um leão enfurecido no trem de volta para casa", recordaria Lillian. "Só ficava repetindo que nunca mais trabalharia para ninguém enquanto vivesse; seria seu próprio patrão." Lillian admitiu que teve uma reação diferente – não raiva, mas medo. Ela estava em "estado de choque, apavorada", pois não tinham mais fonte de renda e nenhuma ideia do que o futuro lhes reservava. Antes mesmo de deixar Nova York, Walt disse que tentou criar um novo personagem para substituir Oswald, sem sucesso. Quando não estava vociferando acerca de Mintz ou sobre a própria e traiçoeira equipe, passava a maior parte do tempo desenhando no papel de cartas do trem. Em algum lugar entre Chicago e Los Angeles, como contaria mais tarde, escreveu o cenário para um desenho animado chamado *Plane Crazy* (*O maluco do avião*), sobre um rato que, inspirado no voo solo de Charles Lindbergh, em 1927, sobre o oceano Atlântico, constrói para si um avião a fim de impressionar uma rata. Walt leu a história para Lílian, mas ela disse que não conseguia concentrar-se por causa do nome que Walt pusera em seu personagem: Mortimer. "A única coisa que eu ouvia", contou a um entrevistador, "era aquele nome horrível, Mortimer. Acho que dei importância demais àquilo. Muito efeminado." Quando ela se acalmou, Walt lhe perguntou o que achava do nome Mickey, um nome irlandês, o nome de um recém-chegado. "Eu disse que soava melhor que Mortimer, e foi assim que Mickey nasceu."

Como diz a lenda, Walt se inspirou em suas experiências em Kansas City para escolher um rato como personagem. Ou ele estava sentado no banco de um jardim quando um rato passou correndo; ou, enquanto trabalhava na Film Ad Co., havia apanhado camundongos que faziam um banquete em sua cesta de lixo com as migalhas que as garotas do escritório jogavam fora depois do almoço, feito uma caixa para eles e, depois, ficado com eles como mascotes, chamando um deles de Mortimer; ou, enquanto dormia no escritório da Laugh-O-Gram, ouvira um rato correr por ali; ou, em algum período indefinido, encontrou um rato arranhando a parte de baixo da janela tentando escapar e o colocou em uma lata de café – o primeiro dos muitos ratos que supostamente capturou. Nesses relatos, algumas vezes Walt dizia ter treinado os ratos, dando tapinhas em seus focinhos enquanto corriam sobre sua mesa para fazê-los mudar de direção. Ou ter-lhes dado comida com as próprias mãos e, depois, os desenhado em poses diferentes. "Nunca esquecerei o grito que uma garota deu quando entrou em meu escritório um dia e encontrou um rato sentado em minha mesa enquanto eu o desenhava", lembrou. Em uma história que contou, quando deixou Kansas City de mudança para Los Angeles, pegou seu rato mascote (apenas um rato nessa história e não vários) e o soltou no campo. "Quando olhei para trás, ele ainda estava sentado lá no campo, olhando para mim com uma expressão triste e desapontada."

Tal era a lenda, mas a verdade, provavelmente, foi muito mais banal. Anos depois, Lillian comentou que, quando voltaram para Los Angeles, Roy os esperava na estação, deprimido porque Walt não havia conseguido fazer nenhum contato e parecia desinteressado ou pouco impressionado pelo que Walt disse ser "uma ideia maravilhosa". Ub Iwerks contou a história de maneira um tanto diferente. Disse que o próprio Walt estava murcho e, dificilmente, em um estado de espírito de alguém que tivesse acabado de criar um novo personagem em que depositasse a maior confiança. Iwerks disse que aquele "foi um dos pontos absolutamente baixos da vida de Walt": "Normalmente, ele era entusiasmado, agitado e convencido, fosse qual fosse a situação. Mas havia encontrado um muro de pedra no leste." De fato, segundo a versão de Iwerks dos eventos, ao contrário do que mais tarde ridicularizou como "material publicitário altamente exagerado", ele, Walt e Roy começaram a se reunir diariamente assim que Walt voltou e a folhear revistas e debater ideias, tentando criar um novo personagem. Quanto à inspiração, a própria Lillian admitiu que as histórias de Kansas City sobre a ajuda de Walt aos ratos eram apócrifas. "Nós, simplesmente, achamos que o rato seria um personagem adorável de desenho animado", disse. As *Fábulas de Esopo*, que, com frequência, Walt declarou admirar, tinham ratos. Ratos também apareciam com destaque em várias *Comédias de Alice* – em *Alice Rattled by Rats* (*Alice perturbada por ratos*), Julius, o Gato, é cercado em uma casa cheia de ratos; em *Alice Solves the Puzzle* (*Alice resolve o quebra-cabeça*), ratos brincam em sua banheira; em *Alice The Whaler* (*Alice, a caçadora de baleias*), um rato desempenha um papel cômico nas galés; e em *Alice's Tin Pony* (*O pônei de lata de Alice*), um bando de ratos tenta roubar um trem. Os roedores figuravam com tanto destaque que, quando se mudou para o estúdio na Hyperion e quis um novo pôster de publicidade, Walt fez Hugh Harman desenhar personagens de desenho animado, inclusive ratos, em volta de uma foto dele na frente do bangalô. ("Um par de ratos se parecia com Mickey", observou Iwerks. "A única diferença era o formato do nariz.") Mais tarde, quando Walt produzia os Oswalds, os cartazes nos cinemas eram, rotineiramente, adornados com um rato irritante, de orelhas longas, que tentava roubar a cena praticando atos malvados, como cortar a corda atada a uma viga em que Oswald e sua namorada estavam sentados em *Sky Scrappers* (*Arranha-céus*), ou pulando de paraquedas de um avião em *The Ocean Hop* (*O salto no oceano*), ou segurando o anúncio em que o título estava escrito *Great Guns!* (*Canhões!*).

A real inspiração para pôr o rato no centro dos desenhos animados e o modelo para o esboço, de acordo com vários colegas de Walt, inclusive Iwerks, foram os desenhos de Clifton Meek, cujos trabalhos apareciam, regularmente, nas revistas humorísticas populares *Life* e *Judge*, que Walt, Roy e Iwerks folhearam na época. "Eu cresci com aqueles desenhos", disse Walt a um entrevistador. "Eles eram diferentes dos nossos – mas tinham lindas orelhas." Foi o desenho de Iwerks – basicamente Oswald, com orelhas mais curtas, que se tornou o padrão – como Iwerks o descreveu mais tarde, "corpo em formato de pera, redondo no alto, um par de pernas finas. Com orelhas grandes era um rato. Orelhas pequenas, um gato. Orelhas penduradas, um cachorro... Com nariz alongado, tornou-se um rato". Como observou um historiador da animação, "ele foi desenhado para facilitar ao máximo a animação", pois "formas circulares são, efetivamente, mais simples de animar." "Walt desenhou um rato", disse o animador Otto Messmer, "mas não ficou bom. Era comprido e magro." Iwerks o redesenhou.

Como contou Iwerks, depois de concordar sobre o rato, ele, Walt e Roy passaram, então, a discutir o cenário Lindbergh, ventilando todo tipo de ideias no estúdio. Quanto ao nome, embora, uma vez, tenha creditado a Lillian a sugestão de o rato chamar-se Mickey, Iwerks mais tarde se retratou. De sua parte, Walt, em um rascunho autobiográfico que editou em meados dos anos 1930, lembrou, "depois de tentar os nomes de vários amigos meus, decidi chamá-lo de Mickey Mouse", diminuindo, assim, a contribuição de Lillian. David Smith, velho arquivista de Disney, disse que a própria Lillian era vaga em sua afirmação de ter dado nome ao personagem e Walt tê-lo chamado de Mortimer alguma vez, e um perfil de Disney em *McCall's*, em 1932, apenas quatro anos após a criação de Mickey, afirmou que o nome Mortimer foi preterido em favor de Mickey porque este último era mais curto, não porque Lillian objetou. Os ratos noturnos escorregando na mesa de desenho de Walt, as sessões de treinamento nas quais Walt os domesticou e sua triste partida de Kansas City até o súbito voo de imaginação na ferrovia Santa Fé, California Ltd., pelas planícies rumo à Califórnia, e a indignação de Lillian – todos, provavelmente, enfeites da história que não existiram. Ao contrário, Mickey Mouse foi produto do desespero e do cálculo – o desespero nascido da necessidade de Walt recriar um santuário da imaginação e o cálculo do que o mercado aceitaria.

Agora eles tinham que animar o desenho, mesmo sem ter um contrato para isso, e ainda produzir os três Oswalds remanescentes do contrato com Mintz. A carga era duplamente pesada porque os animadores que haviam traído Walt ainda trabalhavam no estúdio para cumprir o compromisso com Mintz. Dos melhores animadores de Walt só continuaram fiéis Iwerks, Les Clark, o atendente da confeitaria na vizinhança do estúdio na Kingswell, e um animador chamado Johnny Cannon. Em poucas semanas, Walt contratou outro jovem artista chamado Wilfred Jackson – ele preferia ser chamado de "Jaxon" – que tinha pouca experiência, mas vinha infernizando Walt, pedindo-lhe que lhe desse uma oportunidade de uma semana, que foi sucessivamente estendida. Walt deixou que ele ajudasse o faxineiro a lavar os pedaços de celuloide e, depois, o pôs para trabalhar no departamento de tinta e pintura, onde era o único homem em uma sala cheia de mulheres.

Jackson podia ser um jovem de apenas 22 anos e recém-chegado, mas sentiu que havia algo errado no estúdio. No fim da primeira semana de abril, notou que os animadores não apenas pegavam seus chapéus e casacos no fim do expediente, como também canetas, lápis e até a almofada dos assentos. Jackson também sentiu a atmosfera gelada que resultava da desconfiança entre os que permaneceram leais a Walt e os desertores. A desconfiança se intensificava pelo fato dos desertores animarem Oswald enquanto Iwerks trabalhava em Mickey secretamente – porque ele e Walt não queriam que ninguém mais soubesse do plano e, possivelmente, roubasse a ideia. Iwerks disse que era um "sem-teto" e trabalhava em *Plane Crazy* em um quarto trancado no estúdio na Hyperion e tinha outros desenhos em cima da mesa para poder cobrir rapidamente os desenhos de Mickey se alguém entrasse no quarto. Frequentemente trabalhava à noite, depois de os outros terem saído. Hugh Harman recordou que os animadores leais a Walt trabalhavam atrás de uma cortina ou tela preta alta para impedir que ele e os outros vissem "o grande segredo que se escondia ali".

E também trabalhavam fora do estúdio, onde os desertores não podiam observá-los. "O primeiro Mickey Mouse foi feito por doze pessoas em uma garagem, depois do expediente", escreveria Walt. Dos doze, entretanto, apenas um animava: Iwerks. Iwerks ouvira dizer que Bill Nolan, que Walt havia tentado recrutar para a equipe, podia fazer 600 desenhos em um só dia, então Iwerks admitiu que fosse uma questão de orgulho pessoal fazer 700 desenhos por dia. Quando Iwerks terminou, Walt pôs bancos em sua garagem e Lillian, Edna e Hazel Sewell, irmã de Lillian, cobriram os traços dos esboços com tinta e pintaram as folhas de celuloide, enquanto o antigo empregado de Walt, Mike Marcus, operava a câmera de animação – à noite, para que os outros animadores não suspeitassem de que estavam gastando tempo no projeto secreto de Walt.

Foi uma experiência exaustiva devido à pressão para tentar terminar *Plane Crazy* o mais rápido possível a fim de que Walt encontrasse um distribuidor e conservasse sua empresa. (Os primeiros lançamentos no livro contábil da companhia sobre o filme apareceram em 30 de abril, uma semana antes dos desertores terminarem o último Oswald e deixarem o estúdio Disney, e o filme foi concluído em 15 de maio, a um custo de US$ 1.772). E já que Walt estava trabalhando especulativamente, sem contrato, não houve remuneração. "Nós trabalhávamos dia e noite", lembrou Lillian. "Comíamos verduras e carne cozida, que, felizmente, eram baratos naqueles dias. Estávamos tão sem dinheiro que tivemos uma grande crise orçamentária quando escorreguei na escada da garagem e estraguei o meu último par de meias de seda."

Embora, mais tarde, Les Clark datasse o avanço real da animação na criação de Mickey Mouse, este primeiro desenho animado completo, destinado a ser a salvação do estúdio de Walt Disney, não deu mostras disso; as próprias filhas de Walt, quando viram *Plane Crazy* anos depois, ficaram espantadas com seu aspecto primitivo. O desenho de Mickey era rústico, com linhas, em lugar de braços e pernas, saindo espetadas de seu torso circular, e o cenário, igualmente rústico, ligeiramente adaptado dos desenhos animados de Oswald, como *Trolley Troubles*, só que, em *Plane Crazy*, era um avião, mal desenhado a partir da imagem tosca de um automóvel e voando fora de controle. Quanto à personalidade de Mickey, suas principais características são a criatividade não refinada e a determinação sádica; ele arranca as penas do rabo de um peru para colocar na cauda do avião e, mais tarde, se agarra ao úbere de uma vaca para se içar de volta à cabine do piloto. De modo menos marcante, também se mostra agressivo, lúbrico e chauvinista, puxando a namorada, Minnie – mais tarde, Walt confessaria que ela havia recebido o mesmo nome da esposa do dr. Cowles, Minnie Cowles –, para que o beijasse e forçando-a a saltar do avião para escapar de seus avanços e após isso, o avião desce em espiral e se espatifa no chão. Sem se abalar quando a vê flutuar até o solo usando as ceroulas amarradas ao tornozelo como paraquedas, Mickey ri das ceroulas de Minnie e recebe seu castigo quando atira uma ferradura que ela lhe dera e a ferradura volta e o acerta na cabeça.

Mesmo sendo seu filme pouco inspirado, Walt se movimentou para vendê-lo, rapidamente, porque tinha de fazer isso. Virtualmente assim que o terminou, marcou reuniões em Los Angeles com Felix Feist e Howard Dietz, da Metro Pictures, embora também o estivesse oferecendo na cidade a distribuidores e cinemas, esperando criar um falatório sobre o curta. Um exibidor de Glendale lembrou que Walt foi, pessoalmente, até o cinema com uma lata do desenho animado e o convenceu a exibi-lo, o que ele fez, pedindo à plateia para aplaudir se tivesse gostado. (Como o exibidor se lembrava mais de 25 anos depois "foi mais aplaudido que o filme principal".) Segundo Iwerks, Walt também fez a pré-estreia do desenho animado em um cinema de Hollywood, convencendo o organista a dar-lhe o acompanhamento apropriado. Ao mesmo tempo, fez um acordo, em 21 de maio, com um agente de Nova York chamado Denison para representar *Plane Crazy* ante os distribuidores do leste do país. Quando passaram o filme, Feist e Dietz disseram a Walt que haviam gostado dele o suficiente para mostrá-lo ao presidente da Metro, Nicholas Schenck, e Robert Rubin, vice-presidente. Exultante e já antecipando um acordo, Walt pediu um adiantamento de US$ 3 mil pelo negativo do filme, acrescentando, em um telegrama para Denison, que pretendia "fazer o nome 'Mickey Mouse' tão conhecido como o de qualquer desenho animado no mercado". Uma semana depois, no entanto, as esperanças de Walt foram novamente estilhaçadas. A Metro recusou-se a produzir Mickey Mouse.

Como não havia plano alternativo, Walt tinha pouca escolha a não ser seguir em frente, fazendo novos Mickeys e exaurindo seus recursos. Mas, na mesma semana em que a Metro rejeitou o filme, ele fez outro *brainstorm* que, à sua maneira, foi tão monumental quanto a criação de Mickey. Lillian lembrou que aconteceu durante uma conversa entre Roy e Walt, quando Roy novamente lamentou o futuro instável de Walt. Walt, subitamente, falou sem pensar: "Vamos fazê-lo novamente com som." Roy tinha uma versão diferente. Disse que eles haviam projetado um desenho animado após o filme de Al Jolson, *The Jazz Singer*, tido como o primeiro a sincronizar o som e a imagem. "É isso aí. É isso aí", Walt teria dito. "Parece realista, será realista. Isso é o que temos de fazer agora. Parar com todos esses desenhos mudos." Como lembrou Wilfred Jackson, Walt primeiro checou com sua equipe a possibilidade de um encontro para discutir piadas para o segundo Mickey Mouse, que, muito provavelmente, aconteceu em 29 de maio de 1928, na casa de Walt. Todo mundo ficou imediatamente energizado, o que pode ter sido parte do cálculo de Walt para impedir que o estado de espírito de sua equipe se abatesse. Jackson disse que ficou tão excitado com a ideia de um desenho animado sonorizado que não conseguiu nem dormir naquela noite.

Walt, no entanto, não era o único animador a pensar em som. Afinal de contas, *The Jazz Singer*, aclamado por ter inaugurado a era do som no cinema, havia estreado em outubro do ano anterior, e os Fleischer já haviam trabalhado com um sistema chamado DeForest Phonofilm, enquanto Paul Terry tinha um filme de som sincronizado em produção com o processo de sonorização da RCA Photophone. Até Mintz e Winkler tinham um projeto de som. Mas distribuir o som não era apenas uma questão de colar uma trilha sonora em um desenho animado silencioso, mesmo que tenha sido isso, precisamente, o que Walt faria, mais tarde, com *Plane Crazy*. Em primeiro lugar, havia obstáculos psicológicos a vencer na própria noção de desenhos animados falantes. Embora esperasse que pessoas falassem ou cantassem, o público não estava acostumado, no início, a ouvir vozes de desenhos. "Desenhos não falam", disse Wilfred Jackson. "Por que uma voz deveria sair de um personagem de desenho animado?" Os animadores estavam preocupados com que aquilo parecesse aberrante, estranho e fora de lugar, e foi a razão que levou Walt a insistir em que o som fosse realista – nas palavras de Jackson – "como se o barulho estivesse vindo direto das coisas que o personagem fazia".

Em segundo lugar, havia a questão técnica intimidante de como sincronizar o desenho e o som – uma área em que ninguém, nem o próprio Walt, tinha qualquer experiência. "Droga, eu sei qual é a velocidade em que o filme vai", Jackson ouviu Walt matutar um dia, "mas qual será a velocidade em que a música vai?" Jackson ainda ocupava um dos lugares inferiores na hierarquia do estúdio Disney, mas pôs a cabeça para dentro da sala de Walt e disse que sua mãe era professora de piano e sugeriu que Walt usasse um metrônomo para determinar o número de quadros da animação pelo número de compassos da música. Rapidamente, Jackson inventou uma "dope sheet", mais tarde chamada de "folha de barras", que indicava o número de cadências em cada composição musical, e depois conectou as ações no desenho animado com a música. "Nós podíamos dividir os efeitos sonoros de forma que a cada 8 quadros tivéssemos um compasso, ou a cada 16 quadros, ou a cada 12 quadros", disse Les Clark. "E naquele 12º desenho, sublinhávamos qualquer coisa que estivesse acontecendo – uma pancada na cabeça, ou um passo, ou o que quer que fosse, para sincronizar o efeito de som com a música."

Era a perspectiva de som agora o que motivava a equipe – a perspectiva de fazer algo que ninguém havia feito ainda. Terminaram de animar o segundo Mickey, *The Gallopin' Gaucho* (*O gaúcho galopador*), um filme mudo que já estava em produção quando Walt teve a ideia e, ansiosamente, partiram para o terceiro desenho animado – um desenho animado sonorizado. Exatamente como havia parodiado Lindbergh em *O maluco do avião* e o inquieto aventureiro Douglas Fairbanks em *O Gaúcho*, Walt decidiu satirizar o comediante Buster Keaton, no filme *Steamboat Bill, Jr.* (*Marinheiro de encomenda*), em *Steamboat Willie* (*Willie do barco a vapor*). Ansiosa para testar a ideia do som, mais uma vez a equipe trabalhou com rapidez. Iwerks disse que resolveram a história em uma só noite e, em semanas, ele havia animado um teste de sequência musical de *Mickey/Willie do barco a vapor*, fazendo soar as chaminés do navio e assobiando. Ávido para ver se o som multiplicava o efeito do desenho animado como ele havia antecipado, Walt fez com que a cena fosse pintada e filmada antes mesmo que o restante da animação tivesse sido completado, depois convocou Jackson, único membro da equipe com algum talento musical, para tocar na gaita "Turkey in the Straw", uma das canções favoritas de Jackson, e "Steamboat Bill", a escolha de Walt.

Uma noite, provavelmente no fim de junho, por volta das oito horas, Walt pôs um projetor no jardim atrás do bangalô do estúdio para que o zumbido da máquina não interferisse com o acompanhamento.[1] A imagem foi projetada por uma janela em

1 É difícil determinar exatamente quando esse espetáculo aconteceu. Iwerks o situou no início de junho, mas uma entrada na Conta de Despesas Gerais designa uma não especificada "pré-estreia" em 29 de julho, que pode muito bem ser a primeira exibição de *Willie*. (N.A.)

um lençol pendurado em uma grande sala junto ao escritório de Walt, onde os cenários foram desenhados. Ele pôs Jackson com sua gaita, o animador Johnny Cannon, que podia fazer efeitos sonoros com a boca, e vários outros membros da equipe atrás da porta de seu escritório, que tinha uma janela que lhes permitia ver o outro lado do lençol em que o filme estava sendo projetado. Quando Roy começou a passar o filme, Jackson tocou sua música, Cannon fez seus efeitos de som e os outros batiam com lápis em cuspideiras que serviam de gongos – tudo sincronizado com as ações de Mickey. Fizeram a mesma coisa repetidamente para que cada participante pudesse testemunhar o efeito por si mesmo. E como apreciação da magnificência do evento – a sorte do estúdio dependia do resultado –, fizeram uma audição. Walt convidou Lillian, Edna, a esposa de Iwerks, Mildred, Hazel Sewell, e a namorada de Jackson, mais tarde sua esposa, Jane Ames, para assistir ao que ele esperava ser uma ocasião histórica.

"Nunca vi o público reagir daquela maneira na minha vida", o habitualmente taciturno Iwerks lembraria depois, pedindo um bis atrás do outro. "O esquema funcionou perfeitamente. O som dava a ilusão de emanar diretamente da tela." Walt exultava e repetia: "É isso, é isso! Conseguimos!" Quando o espetáculo finalmente acabou eram duas da manhã, e os convidados, ouvindo Jackson tocar suas duas músicas e a equipe bater uma e outra vez nas cuspideiras, se cansaram e caminharam até o corredor, o que apenas irritou Walt. "Vocês ficam aí falando em bebês, e nós estamos aqui, fazendo história", lamentou, segundo relatos. Iwerks disse que nunca se sentiu tão eufórico; anos mais tarde diria que "nada depois se havia igualado àquilo". Era "realmente inebriante" e, assim como Walt, Iwerks disse que sabia que estavam redimidos. "Era terrível, mas maravilhoso!", Walt diria, criticando a qualidade do desenho animado, mas reconhecendo o significado do espetáculo. "E era uma coisa nova!", que era, naturalmente, o ponto principal para o estúdio em dificuldade. A equipe ficou tão alegre que, às seis da manhã, poucas horas depois de ir para casa, havia voltado e se reunido, novamente, no estúdio para finalizar o desenho animado.

Ainda levaria mais quatro semanas, durante as quais Walt e Roy refinanciaram a hipoteca da Hyperion, para levantar dinheiro. Em 14 de julho, Walt requisitou partituras musicais e, no fim do mês, fizeram uma segunda pré-estreia como a primeira, só que, desta vez, com o filme todo. Nesse meio tempo, Walt se havia tornado praticamente messiânico em relação ao som. Mandou reimprimir seus cartões de apresentação. "Desenhos animados sonorizados", era o que estava escrito neles. Quanto a *Steamboat Willie*, o eminente historiador da animação John Canemaker chamou-o de "o Jazz Singer da animação" pelo efeito que teria. Após a perda de Oswald e da maioria da equipe, Walt, em apenas alguns meses, havia reinventado seu estúdio e, segundo pensava, o próprio desenho animado. Agora, tudo que tinha a fazer era encontrar um modo de colocar o som e a música no próprio filme para poder encontrar um distribuidor e lançar os desenhos animados antes que seu dinheiro acabasse.

II

A corrida começou. Enquanto ainda produzia *Willie*, Walt buscava, desesperadamente, distribuidores para os dois desenhos animados silenciosos de Mickey, exatamente como havia feito, nos dias da Laugh-O-Gram, com seus contos de fadas e, exatamente, como fez quando chegou a Los Angeles com *Alice no País das Maravilhas*. Mas não estava conseguindo. O problema para encontrar um novo distribuidor – ele consultou uma companhia de prospecção –, era, estranhamente, o próprio som, que ele com tanto vigor perseguia. "Eles têm medo de se amarrar ao produto silencioso até descobrir como está indo a ideia do som", lamentou, mas estão, igualmente, temerosos do som. Walt sentia que o som era "uma coisa maravilhosa", desde que usada com discernimento, o que, com frequência, não acontecia, mas concluiu que "em pouco tempo as coisas vão voltar ao normal, e eles (distribuidores) vão avaliar a qualidade do produto silencioso antes de se empolgar com uma série de ruídos irritantes e inúteis". Naturalmente, Walt procurava proteger-se, pois ainda tinha de completar seu próprio filme sonorizado, embora se incluísse entre os que estavam empolgados com ruídos, e tinha agendada uma ida a Nova York depois do Dia do Trabalho com o propósito expresso de entrar em contato com companhias sonorizadoras para ver a melhor forma de pôr uma trilha sonora em *Willie*.

Ele chegou no dia 4 de setembro e, imediatamente, entrou em contato com seu antigo mentor e descobridor de parceiros, Jack Alicoate, da *Film Daily*, que acertou encontros de Walt com várias empresas de som – encontros que terminariam apenas deixando-o confuso com a variedade de preços e tecnologias. Depois de suas andanças e após rejeitar a ideia de discos gravados sincronizados, Walt decidiu apostar em Pat A. Powers, que estava licenciando um sistema "som no filme" chamado Cinephone, que gerava o som mediante impulsos ópticos impressos na margem do filme; os impulsos eram, então, lidos por uma cabeça de som no projetor. Mas Walt estava, claramente, em território desconhecido e sabia disso. "Espero não ter tropeçado", escreveu, inseguro, para Roy e Iwerks, antes de encerrar com uma tirada típica para levantar o moral: "Segurem-se todos vocês e acreditem em mim quando lhes digo que acho que consegui uma coisa boa."

Ainda de muitas maneiras uma pessoa ingênua, Walt havia depositado sua fé e seu destino nas mãos de Powers, cuja bonomia se havia mostrado irresistível até para homens mais calejados que o jovem animador. Powers era a própria imagem do policial irlandês, o que havia sido, de fato, muitos anos antes. Aos 59 anos, era alto, de ombros largos, com uma covinha que dividia o queixo quadrado, nariz grande, olhos inquietos, sobrancelhas espessas, cabelos espetados, um aperto de mão caloroso e um sorriso de boas-vindas. Walt o chamou de "grande, amável e amigável escocês", e disse que "não se podia deixar de gostar dele". Para Roy e Iwerks, escreveu que Powers era "um sujeito de boa índole", que estava "sempre de bom humor". Mas a bonomia era enganosa. Com toda a aparente afabilidade, Powers era também uma das figuras notoriamente mais agressivas de toda a história da indústria do cinema. Nascido em Búfalo, Nova York, trabalhou como policial, metalúrgico e sindicalista, antes de começar a vender fonógrafos nos subúrbios da cidade de Nova York; finalmente, fundou um pequeno estúdio para produzir filmes quando estes justamente começavam a florescer no início do século XX. Quando a Universal Pictures foi criada, Powers tornou-se seu sócio e, rapidamente, pôs para fora dois outros sócios. Acabou tendo uma briga com o chefe da Universal, Carl Laemmle, chegando a contratar capangas para jogar fora o material usado em um filme de Laemmle na Universal que ainda estava em produção. "Quando em dúvida", escreveu um dos historiadores contemporâneos do cinema, "Powers ataca". Durante o encontro anual da companhia na sede da Universal na Broadway, 1600, em Nova York, Powers, em um incidente que se tornaria legendário no folclore do período inicial do cinema, agarrou os livros contábeis e atirou-os pela janela para um cúmplice que estava embaixo.

Quando Walt o conheceu, a poeira das batalhas travadas por Powers já se havia assentado fazia tempo, mas o velho veterano do cinema pouco perdera de sua rapacidade e reconhecia um alvo quando o via. Walt Disney, 26 anos, que parecia sempre em busca de uma figura paterna que o aprovasse e a quem pudesse ligar seu destino, era confiante e facilmente iludido e, claramente, ficara caído por Powers. Depois de passar a maior parte do dia com "um bom sujeito" logo depois de chegar a Nova York, Walt escreveu para Roy, dizendo que Powers o havia presenteado com um relato de seus vários trabalhos na Universal com Erich von Stroheim, um diretor e ator conhecido por seu perfeccionismo e extravagância, e depois o apresentou ao diretor da Tiffany-Stahl Productions, que, por acaso, passou por ali e que, claramente, impressionou Walt. Poucos dias depois, quando Walt voltou a visitar Powers, o ator George Walsh estava no escritório e conversou com Walt sobre polo, assim como o maestro da orquestra do luxuoso cinema Capitol, Carl

Edouarde, que, disse Walt, ficou "muito entusiasmado com as possibilidades do filme". "Ele se parece muito com Powers", escreveu Walt, radiante, para Roy.

Nessa altura, Walt estava quase dentro da armadilha. Ele visitou a RCA, que tentou atrasar sua decisão sobre o sistema de som e deixou-o ver um filme como amostra, a *Fábula de Esopo*. Walt achou-o horrível. "Um monte de ruídos e nada mais", escreveu para Roy. "Não temos nada com que nos preocupar por esse lado." A demonstração, aparentemente, o convenceu. Naquela mesma tarde, voltou ao escritório de Powers e fechou o acordo para usar o Cinephone em *Willie*. Powers cobrava apenas US$ 50 por seu conhecimento técnico por trás do microfone, enquanto Walt seria responsável pelo pagamento dos músicos e dos homens que faziam os efeitos sonoros. Neste ponto Powers ofereceu o recrutamento de uma pequena orquestra a uma taxa pequena e esperava que toda a sessão não durasse mais de três ou quatro horas. Walt estimou o custo em US$ 1 mil, incluindo um *royalty* de um *cent* por pé[2] em todas as cópias. "Minha ideia é aprontar a coisa, fazer uma pré-estreia em um dos cinemas da Broadway, conseguir as opiniões dos críticos e, depois, me ocupar em fazer um acordo para ter uma boa distribuição", escreveu para Roy depois de fechar o acordo com Powers.

Quatro dias depois, quando Walt deu a Powers um cheque de US$ 500 como depósito – "certifique-se de termos dinheiro suficiente na conta para o desconto do cheque", Walt preveniu Roy, uma prova da precária situação financeira deles –, os termos mudaram, abruptamente, da taxa de US$ 50 de Powers para um *royalty* de um dólar por pé de filme, mas, mesmo depois desse aumento, Walt ainda estava convencido de que "nossa melhor aposta é Powers" e se preparou, nervosamente, para a grande sessão de gravação, programada para começar cedo, na manhã de 15 de setembro. Powers conseguiu Edouarde, o maestro de cabelos brancos e rosto vermelho que Walt conhecera no escritório de Powers, para conduzir a orquestra, que consistia em dezessete músicos, com o suporte, como Walt exultou, de três "dos maiores bateristas e técnicos em efeitos sonoros da cidade", a uma taxa de US$ 10 a hora por homem, todos apertados em um pequeno estúdio de gravação.

Em suas implicações para o estúdio, 15 de setembro foi um dia que quase rivalizou com o do experimento anterior de *Willie*, naquele verão. Logo no início, entretanto, os sinais não foram estimulantes. O primeiro músico a chegar foi um tocador de baixo com uma garrafa de uísque na caixa do instrumento e que explodia uma válvula do equipamento de gravação de som todas as vezes que tocava, forçando os engenheiros a

2 1 pé = 30,48 cm. (N.T.)

pô-lo para fora do estúdio. Walt começou, então, a se desentender com Edouarde sobre a incorporação de "demasiados efeitos sinfônicos", pois o maestro parecia acreditar que a música para comédia estava abaixo de seu nível. Mas o pior – muito pior – ainda estava por acontecer. Para ajudar Edouarde, Walt havia providenciado um filme virgem com marcações feitas nele com tinta da Índia para o ritmo, mas, quando a fita foi projetada, o maestro não conseguia fazer com que a orquestra seguisse as marcações e, finalmente, convenceu Walt a deixá-lo tentar do seu próprio jeito. Mas, mesmo com o tempo correndo e os custos crescendo, Edouarde não lograva colocar a orquestra em sincronia com o filme. No fim da sessão, o próprio Walt havia estragado um trecho da gravação ao tossir no microfone quando tentava imitar a voz de um papagaio, e a música e os efeitos não entravam em acordo com o filme. Walt havia gasto mais de US$ 1 mil, quantia com que o estúdio mal conseguia arcar, e não tinha nada para mostrar da sessão de trabalho.

Walt reconheceu a magnitude da calamidade. Antes mesmo da sessão estava ansioso e agitado. Odiava Nova York; odiava estar longe de casa; odiava ter de falar com pessoas que mal conhecia, após anos em que se divertia ao fazer isso; odiava não ter ninguém que pudesse aconselhá-lo; odiava as noites solitárias; odiava até *Steamboat Willie*, enjoado de tanto ver o filme e achava a cópia "detestável". Ficou tão ocupado que, com frequência se esquecia de comer e perdeu cinco quilos, e estava tão agitado que não conseguia dormir antes das duas ou três da manhã. Para piorar as coisas, havia caminhado tanto na cidade com um novo par de sapatos que criou um abscesso doloroso no dedão, para o qual o médico prescreveu uma compressa molhada de uma em uma hora. Tudo isso em cima da desastrosa sessão de gravação. "Se vocês soubessem de toda a situação", escreveu para Roy e Iwerks com uma tristeza incomum, "tenho a certeza de que não conseguiriam dormir, nem comer... Eu não consigo".

Agora precisavam de outra sessão. Powers, obviamente antevendo os lucros no longo prazo, depois de Walt vender sua série de desenhos animados e usar o processo Cinephone, concordou em pagar a conta das despesas técnicas, e Edouarde, presumivelmente embaraçado, se havia oferecido para tentar novamente, mas Walt ainda tinha de pagar os músicos. Infelizmente, ele havia, virtualmente, esgotado o dinheiro do estúdio, o que o forçou a assediar Roy para que fizesse o que até então o estúdio havia evitado: pedir um empréstimo bancário. "Consiga maior empréstimo que puder", Walt telegrafou a Roy uma semana após a fracassada sessão. "Não acho 3500 suficientes, tente mais, nosso futuro depende do primeiro filme, portanto, não estou poupando despesas para fazê-lo bem." Dois dias depois, novamente animado e exigindo o dinheiro, escreveu para Roy, dizendo que aquela "era a velha última oportunidade batendo à nossa porta", e o pressionou a "fazer a maior hipoteca de tudo que temos, e vamos atrás disso da maneira certa".

O grupo se reuniu para a segunda sessão na manhã de sexta-feira, 30 de setembro. Desta vez, no entanto, Walt havia inventado um sistema para resolver o problema da sincronização, que estava confundindo não apenas os Disneys, mas todos os produtores de desenhos animados. Ele pintou uma bola na trilha sonora e no filme que subia e descia com a ênfase do ritmo, criando um símbolo visual e um ruído seco e suave no áudio. Tudo que Edouarde tinha a fazer era observar a bola na tela e mudar o andamento da orquestra quando o ritmo da bola mudava. "Funcionou como um relógio", Walt escreveu em êxtase, mais tarde, para a equipe do estúdio, naquele mesmo dia. "Salvou o filme." Com o sistema da bola, a sessão inteira de gravação durou apenas três horas e tudo entrou, lindamente, em sincronia. "Isso provou uma coisa para mim", acrescentou. "Isso pode ser feito perfeitamente e é uma coisa em que todos tropeçaram." No dia seguinte, mandou outra carta para o estúdio: "Todos juntos agora: 'Estamos desanimados? De jeito nenhum'".

Uma vez mais Walt havia evitado o desastre. Por mais animado que estivesse, no entanto, com os resultados de *Willie*, ainda havia um enorme obstáculo a ultrapassar, o mesmo velho obstáculo, antes de conseguir transformar o filme na fonte de receita de que o estúdio tanto necessitava: tinha de achar um distribuidor. Com o ânimo revigorado, sentiu que tudo que haviam investido em *Willie*, tudo que tinham conseguido juntar com dificuldade até então, era um dinheiro bem gasto, insistia, porque agora tinham um desenho animado de qualidade superior; ele acreditava firmemente, como havia acreditado nas Alices, que "podemos derrotar todos eles com qualidade". Antes mesmo de completar *Willie*, fez com que um intermediário abordasse a Universal, que ele sabia ter admirado seu trabalho anterior, e continuou a tentar uma aproximação com a Metro, apesar de continuamente rejeitado por lá. Quando esses esforços não deram resultado, aceitou a oferta de ajuda de outro samaritano ansioso: Pat Powers. A admiração de Walt por Powers só havia crescido, mesmo após o fracasso da sessão de gravação. "Que outro melhor vendedor nós poderíamos desejar?", escreveu para Roy e Ub. Powers, pensava Walt, tinha poder para levar os "grandões" a verem o filme – os executivos que ocupavam cargos realmente altos. "Vou ficar o mais perto dele que puder, sem cair nas suas garras", disse, aparentemente começando a perceber o quanto Powers podia ser insidioso.

Mas Walt já estava nas garras de Powers. Em meados de outubro, Powers conseguiu que Walt exibisse *Willie* para o presidente da Universal, Robert Cochrane e outros executivos, e a recepção foi entusiástica. "Este é o Oswald original", repetia um deles, enquanto os outros elogiavam a inteligência e perfeita sincronização do filme. "Nunca tinha visto uma plateia de duros e calejados executivos do cinema rir tanto", Walt escreveu para Lillian naquela noite. Walt foi convidado a visitar o escritório da Universal no dia seguinte cedo para discutir um acordo. Imediatamente correu ao escritório de Powers para lhe contar a novidade e, no calor do momento, sem consultar Roy, fez uma coisa de que iria lamentar profundamente: acabou fechando um acordo com Powers naquela tarde, dando ao magnata poder para servir de agente de vendas do estúdio durante dois anos e em troca ganharia 10% de todos os pagamentos que Walt recebesse.

Walt chegou ao escritório da Universal no dia seguinte obviamente radiante e pronto para barganhar. Por pura coincidência encontrou Charlie Mintz sentado, pacientemente, na sala de espera, um lembrete daquilo que Walt estava a ponto de conquistar. Embora Mintz tivesse ficado, compreensivelmente, sem graça, Walt fez questão de sorrir e de cumprimentá-lo cordialmente – um gesto de magnanimidade que agora podia fazer. Sabendo o quão rapidamente os boatos se espalhavam na comunidade da animação, Walt estava certo de que Mintz já ouvira falar no iminente acordo dos Disneys com a Universal. Mas quando Walt foi recebido por um executivo chamado Metzger, revelou-se que a Universal não queria distribuir Mickey Mouse, ao menos não de imediato. Em lugar disso, sem nenhuma compensação para Walt, a Universal queria *Willie* na programação com um de seus filmes, *Melody of Love*, exibido no luxuoso cinema Colony, e ver como a plateia e os críticos reagiriam. Então, contando com que a resposta fosse positiva, a Universal propunha contratar 26 Mickeys em 1928 e 52 no ano seguinte. Walt pode ter ficado desapontado, mas foi receptivo, e a Universal preparou um acordo opcional. "Imagino que isso significa que Charlie está fora", escreveu para Lillian com ar vingativo, notando que Mintz ainda estava de molho na sala de espera quando saiu.

No dia seguinte, entretanto, Walt mudou de opinião. E se a Universal exibisse *Willie* e não fizesse acordo com ele? Isso não iria prejudicar sua posição de barganha diante de outros distribuidores? Quando Walt manifestou sua súbita mudança de opinião, Metzger se enfureceu, e Walt apenas pegou seu chapéu e deixou o escritório enquanto Metzger fervia de raiva. Mas enquanto esperava que o tesoureiro lhe devolvesse a opção, Metzger reapareceu e tentou acalmá-lo. Walt saiu da Universal sem assinar o contrato, mas deixou a impressão de que havia reconsiderado. Na manhã seguinte, foi ao escritório de Powers em busca de conselho. Powers lhe disse que a Universal estava tentando "dar uma de esperta" e aconselhou-o a fingir que negociava com outro distribuidor, esperando, assim, forçar a mão da Universal. Obviamente repetindo palavras de Powers, Walt escreveu para Lillian, dizendo: "Se eu me ajoelhar diante deles, esse acordo será muito pior para nós", acrescentando que não deixaria que a Universal o "intimidasse". "Eles são todos apenas um bando de enganadores", concluiu, "e tão cheios de truques que fariam um novato de tolo", o que, agora, percebia que era. Simplesmente tinha sorte de ter um amigo como Powers.

A troca de golpes continuou na semana seguinte. A Universal disse que precisava de novos cálculos antes de fazer uma oferta, enquanto Walt dizia que não podia esperar, embora, particularmente, estivesse certo de que a Universal capitularia no final, e se encontrava, diariamente, com Powers para traçar a estratégia. "Nesse jogo, acaba vencendo o sujeito que tiver mais paciência", escreveu para Roy. Enquanto isso, ele exibia o filme para executivos da Paramount, que ficaram "surpresos", e para executivos do Film Booking Office, que ficaram "muito entusiasmados". Por volta do fim de outubro, no entanto, nem a Paramount nem o FBO haviam feito uma oferta, e a Universal, finalmente, decidiu que seu contrato com Mintz a impedia de distribuir quaisquer outros desenhos animados. Walt ficou arrasado – seu ânimo, novamente, abatido.

Durante todo esse tempo, como estava com dinheiro escasso, Walt incitava Iwerks a terminar o quarto Mickey, chamado *The Barn Dance* (*A dança no celeiro*), para que pudesse ter o filme concluído e sonorizado juntamente com trilhas musicais para *O maluco do avião* e *O gaúcho galopador* antes de voltar para casa. "Se você nunca trabalhou feito louco em sua vida, faça isso agora", Walt escreveu para Ub. A música para todos os desenhos animados, exceto *The Barn Dance*, já fora escrita pelo antigo colega musico de Walt, Carl Stalling. Na viagem para Nova York, ele havia parado em Kansas City para convencer Stalling do futuro do cinema falado e, então, deixara *O maluco do avião* e *O gaúcho galopador* para Stalling fazer a marcação enquanto Walt continuava para tentar gravar *Willie*. Stalling chegou a Nova York na manhã da véspera do dia do veredicto da Universal e ficou no quarto de Walt no hotel até depois da meia-noite, conversando e trabalhando. Três dias depois, chegou uma cópia do desenho *The Barn Dance* e eles se prepararam para gravar as partituras. Powers concordou em pagar a conta da gravação, desde que Walt pagasse os outros custos. Walt viu isso como um salva-vidas. "Eu não disse a ele o quanto realmente precisávamos dessa ajuda", escreveu para Lillian.

Walt estava novamente em apertos financeiros. Para a remuneração dos músicos, as despesas da sessão de gravação e o salário de Stalling, ele estimou que precisaria de mais US$ 1.200 a US$ 1.500, além dos quase US$ 6.000 que já gastara na viagem. Semanas antes, os irmãos haviam feito uma segunda hipoteca sobre suas casas na avenida Lyric, o que injetou mais US$ 4 mil na companhia, mas a maior parte desse dinheiro já fora drenada. Walt pressionou Lillian a fazer Roy pedir um empréstimo adicional contra as propriedades deles e "desencavar todo o dinheiro extra que puder". Um sinal de como o nó financeiro estava apertado foi Walt, finalmente, instruir Roy a vender o precioso conversível Moon, com seus faróis vermelhos e verdes e a capota dobrável – o carro em que Walt cortejara Lillian.

Mas após dois meses em Nova York, dois meses longe do estúdio, de casa e de Lillian, depois de todas as manobras financeiras e até dos esforços de Pat Powers, Walt tinha quatro Mickey Mouse sonorizados e ainda não tinha uma companhia para distribuí-los. Ele estava perdendo a paciência. Começava até a perder a confiança.

Então apareceu Harry Reichenbach. Aos 44 anos e de cabelos prematuramente grisalhos quando conheceu Walt, Reichenbach parecia um diplomata, o que ocultava o fato de ser, na verdade, um autodeclarado artista da propaganda sensacionalista, e se orgulhava disso. Nascido em Frostburg, Maryland, ao pé das Montanhas Allegheny, onde cresceu com os nickel thrillers[3] e sonhos de um mundo maior, Reichenbach fugiu com uma companhia de variedades e tornou-se ator, e depois, assistente de mágico, antes de deixar o palco e entrar para a recente profissão de publicitário. Audaciosamente enganador, logo se tornou uma lenda. Como disse, uma vez, gabando-se de seus feitos, "peguei um jovem que usava calças amarrotadas e, em três semanas, transformei-o no ídolo das matinês americanas.[4] Mudei o nome da avenida Michigan para rua dos Sonhos por voto popular, organizei uma tribo canibal em Tarrytown, Nova York, para fazer publicidade de um filme, transformei um fracasso em sucesso nacional fazendo um leão se hospedar em um hotel de primeira classe e até consegui que o coração de Rodolfo Valentino fosse exposto ao público em um museu da Califórnia".

Quando Walt o conheceu em Nova York, após anos representando uma variedade de companhias de cinema em proezas bombásticas para promover filmes, Reichenbach se tornara gerente do cinema Colony, na Broadway, exatamente o lugar em que a Universal planejava projetar *Willie* antes que as negociações com Walt fossem rompidas. Desde a sessão de gravação, Walt levava sua cópia de *Willie* de um distribuidor para outro, sentando-se na sala de projeção enquanto o desenho animado era exibido e olhando pelas janelinhas da sala para ver a reação dos executivos e só ouvia que entrariam em contato se estivessem interessados. Aconteceu de Reichenbach estar presente a uma

---

3 Livros baratos de literatura popular. (N.T.)

4 Rodolfo Valentino. (N.T.)

dessas projeções e ficar impressionado o bastante para sondar Walt sobre a possibilidade de exibir *Willie* durante duas semanas em seu cinema. Quando Walt se mostrou preocupado, como fizera com a Universal, em que a exibição pudesse prejudicar a chance de ele conseguir um distribuidor, Reichenbach lhe disse que os distribuidores nunca sabiam se um filme era bom até ouvir a resposta do público e da imprensa e garantiu a Walt que "gostariam do filme". Reichenbach lhe ofereceu US$ 500 pela exibição. De forma algo corajosa, como ele mesmo admitiu, Walt contrapropôs US$ 1 mil – "o preço mais alto que alguém já havia pagado, até aquela época, por um desenho animado na Broadway" – e Reichenbach que, obviamente, viu o potencial de *Willie*, concordou.

Willie debutou no Colony em 18 de novembro de 1928, antes do filme principal, Gang War, estrelado por Oliver Borden, Eddie Gribbon, e Jack Pickford.[5] Com o futuro do estúdio dependendo agora da reação do público, Walt e Stalling sentaram-se, nervosos, no fundo do cinema e, como Stalling recordou, "ouvimos gargalhadas e risadinhas à nossa volta." (Walt assistiu a todas as apresentações naquelas duas semanas.) De fato, a recepção foi espantosa. Antes que o compromisso terminasse, Walt recebia elogios da imprensa do setor e telefonemas dos mesmos distribuidores que o haviam rejeitado. "Não foi o primeiro desenho animado a ser sincronizado com efeitos sonoros", delirou a *Variety*, "mas foi o primeiro a atrair atenção favorável. Este apresenta um alto nível de criatividade, inteligentemente combinada com efeitos sonoros. A união trouxe risadas em abundância. As risadas soavam tão fáceis no Colony que tropeçavam umas nas outras." O crítico do *Exhibitor's Herald* disse que o desenho o "fez cair da poltrona". E até *The New York Times* publicou a resenha, considerando *Willie* "uma obra inteligente e divertida. Ele rosna, choraminga, guincha e faz vários outros sons que se somam à sua alegria".

Steamboat Willie parecia um filme pequeno demais para tanto entusiasmo, muito menos para ser um marco cinematográfico, como se tornou. Com escassos seis minutos de ação, tinha pouca narrativa – essencialmente Mickey, nos paroxismos da paixão musical, festeja em um barco a vapor e transforma tudo que vê em instrumento musical: uma cabra em um órgão à manivela, uma lata de lixo em um tambor, um conjunto de panelas em sinos tubulares, e os dentes de uma vaca em xilofone. Com um pouco de sadismo incidental, também puxa o rabo de um gato para extrair uivos, usa um

5 Por mais significativa que fosse essa data para a história do estúdio, Walt parecia ter dificuldade em lembrar-se dela. Ele citou diversas datas para a estreia, como 19 de julho, que pode ter sido a data da experiência no estúdio (*Autobiography*, 1939, 4º capítulo, p. 9), 19 de setembro (*Autobiography*, 1934) e 28 de setembro ("Mickey Mouse faz oito anos de idade", *Literary Digest*, 3/out/1936, p. 18). (N.A.)

infeliz ganso como trombone e aperta as tetas de uma porca para que produza notas de piano tremidas. Os únicos elementos de enredo são: o gato desajeitado do comandante que aterroriza Mickey – a intrusão da realidade – e de cuja crueldade foge através da música, e Minnie Mouse, que se junta ao recital quando Mickey a traz para bordo com um gancho de puxar carga. Mas o que o tornou diferente de seus antepassados da animação e dos competidores foi a extensão em que Walt o imaginou, inteiramente como um desenho animado sonoro, no qual a música e os efeitos eram inextricáveis da ação – um verdadeiro desenho animado musical em vez de um desenho animado com música. Como Wilfred Jackson analisou, mais tarde, a técnica musical Disney: "Não acredito que se tenha pensado muito na música como uma coisa e na animação como outra. Acredito que os concebemos como elementos que estávamos tentando fundir em uma coisa inteiramente nova, que seria mais que, simplesmente, movimento mais som." Até o andar de Mickey foi concebido musicalmente, segundo dois animadores veteranos da Disney. Ele tinha um balanço que coincidia com o ritmo.

Exatamente como *The Jazz Singer* enviara ondas de choque pela indústria do cinema um ano antes, os estúdios de animação rivais imediatamente reconheciam agora que *Willie* havia acarretado uma revolução em sua arte. "Ele se tornou uma paixão", escreveu um produtor. "Todos falavam nele e deliravam com as coisas engraçadas que aquele rato fazia." Outros estúdios correram para se atualizar, mas Disney tinha agora uma vantagem em seu sistema especial de sincronização, e um ano se passaria antes que os competidores fizessem seus próprios desenhos animados com algo parecido com a fusão de *Willie*. Alguns nunca conseguiram se atualizar. Hal Walker, animador do Gato Félix, lamentou: "Disney nos pôs para fora do negócio com seu som".

Agora, Walt, ou, mais acuradamente, Powers, recebia propostas, mas o que deveria ser um triunfo levou, novamente, ao desapontamento. O problema era que os distribuidores, todos eles, queriam comprar o estúdio de Walt e não apenas seus desenhos animados. Depois da experiência com Mintz, Walt estava inamovível em sua decisão de não vender, não entregar o controle, sem importar o quanto necessitava de receita, porque não queria ser apenas outro produtor de animação. Ele queria ser o rei da animação. "Eu sabia que sofreria restrições quanto aos gastos com os filmes", escreveria poucos anos depois, "e ficaria limitado à ideia deles de como os desenhos animados deveriam ser." Walt, fervoroso como nunca, e esta qualidade era a sua única vantagem real, estava determinado a gastar em seus desenhos animados o mesmo que os produtores gastavam em suas comédias ao vivo de um rolo só. Em consequência, em vez de vender o estúdio, Walt, claramente encorajado pela receptividade a *Willie*, disse aos distribuidores que insistia em um adiantamento de US$ 5 mil pelo negativo contra uma divisão dos lucros de 64% em favor do próprio Walt depois que o distribuidor recuperasse o adiantamento e os gastos com o filme. Todos os distribuidores declinaram. Com Walt aparentemente derrotado, Powers ofereceu-se para resolver o problema. Na função de agente de vendas de Walt, Powers distribuiria os filmes com base na legislação estadual de direitos, essencialmente cedendo a franquia do filme para os distribuidores estaduais e regionais e em troca ganharia 10% sobre a receita bruta que recolheriam com a exibição. Walt fora novamente salvo por Pat Powers, ou ao menos, achava que tinha sido.

E assim, em meados de dezembro, mais de três meses depois de ter chegado a Nova York, três solitários e dolorosos meses, Walt pôde finalmente voltar para a Califórnia com, no mínimo, a promessa de distribuição – uma promessa que felizmente começou a ser cumprida poucas semanas depois. Logo antes do Natal, Charles Giegerich, o homem que era a mão-direita de Powers, fechou um acordo com toda a rede de cinemas Stanley-Fabian-Warner, que incluía o importante cinema Strand, em Nova York, por US$ 3 mil por filme. "Com isso no saco (sic) ", Giegerich escreveu para Walt, "o voo deverá ser tranquilo daqui em diante." No fim do mês, Giegerich havia concluído acordos em vários estados, incluindo Nova York, por US$ 4.200. Poucas semanas depois, vendeu os direitos estrangeiros da série Mickey Mouse e um mês depois vendeu para o oeste da Pensilvânia, Michigan, Wisconsin e Cleveland e estava para assinar contratos para Minnesota e Illinois. Em maio, o representante de Powers já havia fechado com toda a costa oeste. "Damos a eles o produto e não teremos de nos preocupar muito", escreveu Walt confiantemente a seus sócios, alheio ao fato de que tudo estava nas mãos de Powers, e que Powers, dados os seus antecedentes, não era confiável. "Tudo com que queríamos nos preocupar eram os desenhos."

III

Walt não ficou muito tempo em casa. Como Powers não tinha estúdio de gravação na Califórnia, no fim de janeiro Walt estava de volta a Nova York para sonorizar mais dois filmes e promover outros projetos. Como Oswald lhe havia sido arrancado, Walt agora se preocupava em ficar dependente demais de Mickey e achava que se não diversificasse estaria pondo a si mesmo e ao estúdio em risco. Antes de voltar a Nova York já começara a pensar em uma série de comédias ao vivo de um rolo e havia escrito para seu velho investidor John Cowles, perguntando se ele não estaria interessado em financiá-las. (Até parou em Kansas City a caminho de Nova York para consultar Cowles.) Ao mesmo tempo trabalhava em outra série de desenhos animados sem personagem central e esperava que fosse bem diferente dos Mickeys, podendo ser exibida nos cinemas concorrentes daqueles que passavam Mickey, criando outra fonte de receita.

A ideia de uma nova série teve origem na visita que Walt fez a Carl Stalling quando estava a caminho de Nova York, em setembro e, aparentemente, Walt havia ventilado a ideia com distribuidores durante sua estada. O que Stalling havia proposto era uma "novidade musical" – um desenho animado que começasse com a música, e os desenhos fossem animados em função dela. E Stalling também já tinha um tema para o primeiro desenho. Quando criança, Stalling vira um anúncio na revista The American Boy de um esqueleto dançante e havia assediado o pai para que lhe desse 25 centavos para comprar a revista. A imagem colou em sua memória, e ele sugeriu que Walt animasse um grupo de esqueletos dançando ao som de uma das composições de Stalling que incorporava passagens da "Marcha dos Anões", de Edward Grieg. A imagem também ficou na memória de Walt. No início de setembro, escreveu para Roy, dizendo que "a ideia de Carl de uma dança do esqueleto para uma novidade musical estava crescendo", e citou o que chamou de "magníficas possibilidades" que evidentemente transmitiu a Powers, que se mostrou interessado. No dia 1º de janeiro, o estúdio começou a animar o filme e, duas semanas depois, pouco antes de chegar novamente a Nova York, Walt escreveu para Giegerich, dizendo que estava com algo "bastante fora do comum", embora Ub não tivesse terminado com rapidez suficiente para que Walt pudesse mostrar alguma coisa.

Nesse meio tempo, Walt estava em Nova York, fazendo a gravação da trilha sonora dos novos Mickeys e empolgado com a receptividade aos filmes já distribuídos da série. Assistindo a The Barn Dance no Strand, escreveu, orgulhosamente, para Lillian, dizendo que havia um grande cartaz de Mickey no saguão e incluiu na carta o programa do cinema como prova da crescente popularidade de Mickey. "Ele é o que se considera um 'sucesso[6]'", declarou com um pouco de exagero. Quanto aos distribuidores, vangloriou-se, "me fazem um monte de elogios pela inteligência dos desenhos", e admitiu que esperava provar que a qualidade do primeiro Mickey "não é acidental e sim um padrão consistente". Acrescentou que uma das razões do sucesso era Ub Iwerks – não apenas por sua animação, para a qual, disse Walt, "os animadores de Nova York tiram o chapéu", mas também por seu nome, que faz as pessoas "olharem duas vezes quando o veem".

6 A palavra em inglês é "hit", que além de "popular" significa também pancada, colisão. (N.T.)

Mas enquanto fazia a gravação da trilha sonora dos Mickeys e se banhava nos elogios que recebia, Walt tinha outra missão, ainda maior, em Nova York – uma missão pessoal. Durante a primeira viagem, quando tentava empurrar Mickey e enfrentava recusas, um distribuidor pegou um pacote de balas Life Savers. "O público conhece Life Savers", disse a Walt. "Eles não conhecem você. Eles não conhecem o seu rato." Aquilo impressionou Walt. Como recordou anos depois, disse a si mesmo naquele momento, "de agora em diante, se gostarem do filme, eles vão saber – eles vão saber qual é o nome do produtor". Então, nesta viagem, decidiu fazer um assalto em grande escala à indústria da animação e estabelecer "Walt Disney" como seu líder indisputável – o salva-vidas da animação. O momento era apropriado. Durante sua estada soube que Charles Mintz havia perdido o contrato com a Universal, fato que obviamente alegrou Walt, e que os Fleischer tinham perdido o contrato também, o que diminuía consideravelmente a concorrência e o deixava com uma oportunidade irresistível. "Agora é a nossa oportunidade de ter a indústria na mão", incitou Roy e Ub. "Então, vamos tirar vantagem da situação."

Parte da estratégia era garantir uma posição segura na gravação do som. Resgatado pelo próprio som, Walt decidiu agora que abriria um estúdio de gravação na Califórnia para outros produtores independentes e, com isso, escreveu para os sócios, "seremos capazes de ganhar uma boa soma". Isso também significava que Walt não teria mais de gastar tanto tempo no Leste, onde vivera cinco dos últimos seis meses – todos sem Lillian. Logo no início de outubro, durante a última viagem, havia acertado para que Jimmy Lowerre, que manejava a câmera no estúdio, viesse para Nova York, aprendesse a fazer gravação de som e se tornasse técnico de som permanente do estúdio.

Walt era fortemente encorajado por Pat Powers em seus esforços, e por uma boa razão. Powers forneceria o equipamento de gravação e estava até negociando arrendar o estúdio Marshall Neilan, na avenida Glendale, onde Walt planejava instalar não apenas o estúdio de gravação, como relocar toda a sua organização pelo atraente aluguel de US$ 100 por mês. Powers também providenciava o "empréstimo" a Walt de seu próprio especialista de som, William Garity, por seis meses pelo salário de US$ 150 semanais. O entusiasmo de Walt era tão grande – ou Powers o fez entusiasmar-se tanto – que ele até falava em uma opção para pelo menos, mais dois equipamentos de gravação de Powers: um para a costa oeste e um para o meio-oeste. Nada disso viria barato de um espertalhão como Powers. Além dos 10% da taxa de distribuição que receberia pelos Mickeys, Powers exigia um *royalty* de 25 centavos por pé de negativo finalizado, mais – e este era o inesperado – US$ 13 mil, cifra bastante substancial em

1928, anuais por um período de dez anos, quer Walt usasse o Cinephone ou não, quer outros produtores usassem ou não e quer o Cinephone ficasse obsoleto ou não. Powers também exigia US$ 5 mil após a assinatura – US$ 5 mil que Walt não tinha. Em suma, Powers, basicamente, puxava de volta a linha com que havia pescado Walt Disney.

Os termos eram onerosos, mas Walt, sempre o homem de ação e um entusiasta mais que um pragmático – não permitiria que o dinheiro o impedisse de aproveitar o que confiava ser uma extraordinária oportunidade de se tornar um especialista em som. Escreveu, desesperado, para Roy, pedindo-lhe que assediasse Cowles ou Cauger ou Stalling, ou até mesmo o sogro de Stalling, para obter fundos e, usasse uma segunda hipoteca sobre o estúdio como garantia. "Mas precisamos levantar a grana", insistiu. Stalling, de fato, emprestou US$ 2 mil. Quanto ao restante, Walt fez uma coisa que deve ter sido terrivelmente difícil para ele: pediu a Elias, que se havia mudado, novamente, para Portland, Oregon, com Flora, e possuía vários pequenos edifícios de apartamentos. Elias, provavelmente, fez uma segunda hipoteca sobre um deles para fazer um empréstimo de US$ 2.500 em fevereiro – empréstimo que Walt justificou para o pai dizendo que o estúdio de gravação "não era uma aposta, mas uma oportunidade". No mesmo dia em que recebeu o empréstimo, 14 de fevereiro, assinou o contrato com Powers, embora o tivesse feito de novo sem consultar Roy, que ficou lívido. "Você leu isso?", gritou Roy quando Walt voltou para a Califórnia naquele mês. "Claro que não", respondeu Walt. "Que diabo! Eu queria o equipamento!" O equipamento foi mandado de Nova York naquela semana.

Walt Disney, que sempre evitara o lado de negócios do estúdio e dependia de Roy para levantar os fundos de que precisava, era agora não apenas um produtor de animação, como também um empresário de gravação de som. No mês em que voltou da Califórnia, ele e Roy alugaram o Tec Art Studio, na avenida Melrose, em Hollywood, para a operação de som, embora o estúdio de animação tivesse permanecido na Hyperion. (O acordo de Powers para obter o estúdio de Neilan havia fracassado no último minuto.) Nesse meio tempo, Jimmy Lowerre foi para Nova York para aprender a usar o sistema e, em abril, William Garity, o homem de som de Powers, chegou ao estúdio para supervisionar o uso do equipamento. "Quando estiver pronta", Roy escreveu para um cliente em perspectiva, "essa plataforma será equivalente a quaisquer plataformas de som construídas até agora." Com a intenção de fornecer serviços de som completos, os Disneys começaram a equipar dois velhos caminhões com aparelhagem de gravação para as locações de filmagem, embora isso também os levasse a endividar-se ainda mais com Powers.

Enquanto organizava a ponta de lança de sua investida para tornar-se o homem indispensável da animação, Walt estava tendo menos sucesso com sua nova série, inspirada por Stalling e que chamou de *Silly Symphonies* (*Sinfonias ingênuas*). Ele havia levado Ub a apressar a animação de *The Skeleton Dance* (*A dança do esqueleto*) para poder iniciar a gravação da música de Stalling e mostrar o filme aos distribuidores em perspectiva, e Powers já falava em um pacote de doze desenhos, mas Walt admitiu que se desapontou com o que viu. Mandou o desenho para Nova York no início de março, depois que foi completado, e Powers o projetou, mas os distribuidores acharam a dança dos esqueletos esquisita e até repulsiva, e Powers não conseguiu fazer nenhuma venda. Walt tentou achar um distribuidor que vendesse o desenho em Los Angeles e encontrou a mesma reação. Mas ele conservava uma confiança inquebrantável e instintiva nas *Sinfonias*. "É difícil explicar exatamente o que pretendemos para essa série", Walt confessou a Giegerich, "mas sinto que será uma coisa incomum e deverá ter um grande público." Vários meses depois, esperando conseguir que Fred Miller, administrador do prestigioso cinema Carthay Circle em Los Angeles, assistisse ao desenho, como uma vez conseguira que Harry Reichenbach assistisse a *Willie*, Walt agarrou um amigo vendedor de filmes que conhecia Miller. Encontrou-se com o vendedor em uma sala de exibições pequena. Ele concordou em dar uma olhada, gostou e o levou a Miller, que também gostou e concordou em exibi-lo no Carthay temporariamente, tornando-se o primeiro desenho animado a ser programado para exibição ali. A plateia respondeu positivamente, mas Walt, que também viu a projeção ao lado de Iwerks, estava inseguro. "Estão rindo de nós, ou conosco?", perguntou.

Giegerich não ficou nada satisfeito com os esforços de Walt, achando que a exibição no Carthay iria sabotar seus próprios esforços para vender as *Silly Symphonies* nacionalmente, mas Walt contra-argumentou que o desenho animado estava "fazendo um grande sucesso" e "atraindo uma atenção incomum", incluindo em sua carta uma notícia favorável no *Los Angeles Times*, e que isso só poderia contribuir com as perspectivas de Giegerich. Quando Fred Miller pediu para programar o filme por um período maior, Walt escreveu para Powers: "Os funcionários da Fox ficarão 100% vendidos quando souberem da reação da plateia na noite de estreia." Walt estava certo. Se os exibidores hesitaram diante das macabras travessuras do desenho animado, o público e os críticos pareceram adorar. "Eis aqui um dos mais novos temas de desenho animado jamais mostrado em uma tela", derramou-se *Film Daily*. Samuel "Roxy" Rothapfel, empresário do grande cinema Roxy de Nova York, programou o desenho e depois escreveu para Walt, dizendo que aquela era "sem exceção, uma das coisas mais inteligentes que já vi e, como você sabe, o público se divertiu a cada momento do filme". Um jovem aspirante a animador chamado Joseph Barbera sentou-se no terceiro balcão do Roxy e assistiu à *Dança do Esqueleto*, "a mais ou menos setenta milhas de distância da tela", mas disse que, assim mesmo, o impacto do filme sobre ele "foi tremendo": "Eu vi aqueles esqueletos dançando juntos e em fila e me perguntei: como se faz isso? Como se faz para isso acontecer?"

Como suporte adicional para o assalto à indústria do cinema, Walt, durante todo o tempo em que promovia loucamente sua nova operação de som e as *Silly Symphonies*, também, novamente, preenchia sua equipe com animadores muito bem cotados, na expectativa de ter de produzir tanto os Mickeys quanto a nova série – nada menos que 36 novos desenhos animados naquele ano. Durante sua estada em Nova York, em fevereiro, Walt, mais uma vez estimulado por Powers, que parecia querer os filmes de Mickey o mais rápido possível, entrevistou recrutas em potencial e acabou por contratar Burt Gillett, animador veterano que trabalhava no estúdio de Pat Sullivan desenhando o gato Félix ("que ele diz não serem tão bons") e que Walt descreveu como "um cara terrivelmente inteligente". Gillett recomendou Ben Sharpsteen, que havia trabalhado com ele anos antes, animando a série Mutt and Jeff. Quando voltou de Nova York, Walt escreveu para Sharpsteen, que fazia *freelances* em San Francisco e o convidou a ir ao estúdio. Antes de se encontrar com Walt, Sharpsteen jantou com Bill Nolan e Walter Lantz, outro animador, que o advertiram a não se juntar a Disney porque os desenhos animados sonoros eram muito limitados para serem bem-sucedidos. Mas quando Sharpsteen conheceu Walt – ele andou uma milha do ponto de bonde até o estúdio na Hyperion – Walt estava tão entusiasmado com o som que pegou vários filmes de Mickey e levou Sharpsteen até um cinema do centro para mostrá-los. (O estúdio ainda não tinha a sua própria sala de projeção.) Sharpsteen ficou impressionado com a qualidade e entrou para o estúdio no fim de março, por US$ 125 por semana, mais de duas vezes o que o próprio Walt estava tirando de salário na época.

Nos meses seguintes, Walt acrescentou à equipe Jack Kind, um animador altamente conceituado de Nova York, que havia animado as *Fábulas de Esopo*, que Walt tanto admirava. Walt também tentou recrutar os principais animadores de Félix, o gato – Al Eugster e Otto Messmer. "Que pressão!", lembrou-se Messmer. "Ele implorava e argumentava." Mas Messmer estava estabelecido em Nova York e, de qualquer modo, sentia que Félix continuaria para sempre. No fim do verão, Roy foi para Nova York e continuou a recrutar, chegando a avistar-se com o veterano quadrinista Dick Huemer, que não estava trabalhando para ninguém, para discutir uma possível tira de quadrinhos de Mickey, sem sucesso. Mesmo assim, por volta de agosto, Walt havia empregado oito animadores em uma equipe de vinte – oito dos mais conhecidos profissionais de desenho animado.

O estúdio para o qual os recém-chegados vieram, instalado em uma área remota do distrito de Silver Lake, de Los Angeles – que um visitante descreveu como "um daqueles infindáveis conjuntos suburbanos de bangalôs Barcelona cor-de-rosa e postos de gasolina vermelhos" – ainda era, depois de três anos, fisicamente insignificante. Consistia em um prédio de estuque, o bangalô original, com escritórios para Walt e Roy e uma grande sala com uma divisória no meio – tinta e pintura de um lado, animação do outro. Colado ao prédio principal havia um pequeno galpão onde latas de filme e desenhos antigos estavam estocados e, atrás, ficava o palco em que Walt havia filmado os últimos filmes de Alice. Na primavera de 1929, Walt começou a fazer pequenos acréscimos à medida que a necessidade aparecia. Havia o que Sharpsteen chamou de "nicho" para o quarto da câmera a fim de proteger os animadores do incômodo dos ruídos da câmera, embora, certa vez, a fábrica vizinha de campainhas musicais tivesse testado uma campainha de porta o dia inteiro e quase deixado os artistas loucos. Houve outro acréscimo, que Walt chamou de "espaço da música" porque ali havia um piano para Stalling e, logo depois, outro mais, para novos escritórios. Juntando tudo, as construções posteriores quase triplicavam o espaço original.

Mas se o efeito exterior era descuidado e casual, a operação interna podia ser tudo menos isso – ao menos em comparação com os baixos padrões do resto da indústria de animação. Quando Sharpsteen se encontrou com Walt naquela tarde na Hyperion, Walt expressou, apaixonadamente, sua antiga convicção de que "a salvação era fazer um produto tão superior aos outros que o público o reconheceria e apreciaria como o melhor entretenimento e iria, mais ou menos, exigir ver filmes de Disney". A partir de sua própria experiência como animador, em que tudo parecia ser feito sem método, Sharpsteen achou que Walt estava sendo ambicioso demais, mas logo percebeu que o estúdio Disney era "completamente ao contrário" do que havia encontrado em Nova York. No estúdio Disney, a atmosfera podia ser despreocupada, mas, quando se tratava de trabalho, tudo era cuidadosamente planejado. Cada desenho animado tinha uma folha de exposição que delineava, precisamente, cada cena, cada movimento e cada desenho, individualmente. No início, Walt quis que os animadores gastassem parte de seu tempo fazendo o trabalho de layout – esboçando os cenários e as posições precisas dos personagens naqueles cenários –, mas logo instituiu uma de suas primeiras divisões de trabalho, contratando um artista, Carlos Manríquez, apenas para a tarefa de fazer o layout. À medida que a equipe crescia, não era mais Iwerks quem se responsabilizava por toda a animação básica; em vez disso, fazia os esquetes principais, que outros animadores, então, executavam. À noite, dava aulas de animação. No fim do ano, Iwerks concentrava-se em preparar folhas de barras, folhas de exposição e chefiar a unidade de *Silly Symphonies*, enquanto Burt Gillett chefiava os Mickeys.

A maior diferença, entretanto, entre o estúdio Disney e os estúdios de animação em Nova York não estava na preparação, nem na especialização; estava na expectativa. Walt Disney tinha que ser o melhor. Como havia feito com os filmes de Alice e de Oswald, embora com resultados insignificantes, Walt insistia na excelência, e Sharpsteen admitiu que logo teve dúvidas sobre sua entrada para o estúdio quando percebeu como os padrões de Walt eram altos. Encarregado de desenhar uma cena que acreditava ser comum em um dos primeiros filmes de Mickey, Sharpsteen viu que Walt não via dessa forma nem essa cena nem nenhuma outra cena. "Na estimativa de Walt, tudo que era feito tinha de ser executado com uma grande dose de reflexão voltada para o refinamento para fazer a cena melhor." Podia ser uma batalha convencer homens que tinham passado a vida considerando a animação algo descartável, que eles podiam e deviam conseguir um resultado melhor. "Tenho tido muito trabalho para fazer com que meus novos empregados se ajustem ao nosso método de trabalho", Walt queixou-se para Giegerich em abril, "mas as coisas estão melhorando e parece que estaremos em condições de seguir adiante, tranquilamente, a partir de agora".

Parte do segredo de Walt estava em que, ao insistir na qualidade com indivíduos que nunca tinham ouvido essa exigência, ele inspirava um compromisso. "Nós detestávamos ir para casa à noite", lembrou Iwerks, "e mal podíamos esperar para chegar ao escritório de manhã. Tínhamos muita vitalidade e precisávamos descarregá-la." Embora pouco tempo antes a atmosfera tivesse sido de desânimo, o sucesso dos Mickeys levantou os espíritos. Os animadores agora pregavam peças uns nos outros – derramando água em uma cadeira quando alguém estava para se sentar nela, ou pondo queijo embaixo da lâmpada da mesa de animação do colega, ou raspas de lápis de Art Gum em seu cachimbo. "Mas todas as peças e piadas", disse Iwerks, "nunca atrapalhavam o trabalho. Todos nós adorávamos o que fazíamos, e o entusiasmo passava para a tela." De fato, quando um repórter descreveu, radiantemente, a atmosfera descuidada em Hyperion, Walt ficou ofendido, na verdade, dizendo com intensidade para Giegerich que "irão concluir que não somos nada, exceto um bando de preguiçosos sem nenhum sistema ou organização e que tudo que faço é pôr o rabo na cadeira e passar os cheques para os caras".

Havia algo mais que dava ao estúdio Disney um espírito e um sentimento de fraternidade: a própria informalidade de Walt. Livre das constantes exigências e tensões financeiras da era Mintz, ele era um homem diferente. Orgulhava-se de ser um dos "garotos", até cultivava isso. "Não temos nenhum presidente, nem outros cargos", disse, orgulhosamente, a um repórter em visita ao estúdio. "Na verdade, não somos sequer uma corporação. Acho que você não poderia dizer que somos uma companhia. Manifestamos as nossas opiniões e, às vezes, temos as nossas brigas ao estilo antigo, mas, no final, as coisas são acertadas e temos alguma coisa da qual nos orgulhamos." A maioria dos empregados tinha até a chave da porta da frente do estúdio. Walt podia ser exigente e cáustico, especialmente com colegas de toda a vida, como Iwerks, mas tendo aprendido com a experiência dos amotinados que o detestavam, Walt se aproximava dos animadores, parando em frente às suas mesas para falar não apenas em trabalho, mas também em coisas do interesse deles, e fazia sugestões sem parecer impositivo. "Os caras adoravam isso", disse Iwerks, "e todos correspondiam".

Por mais suave que Walt fizesse funcionar a nova operação, sua perseguição por excelência, finalmente, chocou-se contra uma realidade intratável que sempre parecia aborrecê-lo: dinheiro. Qualidade era dispendioso, e nunca parecia haver dinheiro suficiente para garanti-la. A produção dos primeiros filmes de Mickey custou entre US$ 4.180, de *Mickey's Follies* (*As tolices de Mickey*) e US$ 5.357 de *The Karnival Kid* (*O garoto do Carnaval*), sem incluir os *royalties* de Powers pelo sistema Cinephone, ou os onerosos US$ 13 mil anuais, ou a dívida para sonorizar *Steamboat Willie*, que os Disney ainda pagavam quase um ano depois. Por volta de maio, Walt havia recebido quase US$ 40 mil em pagamentos e aluguéis de Powers, mas tinha de pagar os custos da distribuição e despesas e tinha de retirar as parcelas dos empréstimos, o que o deixava virtualmente sem nada, especialmente agora, que havia expandido a equipe e pagava bem aos animadores. "O dinheiro estava entrando em um volume bastante bom", afirmaria Roy naquele ano, acrescentando que só *Willie* tivera um faturamento bruto de US$ 15 mil e poderia faturar mais US$ 25 mil. "A questão são as despesas – e elas são suficientes, pode apostar", disse. Ao mesmo tempo, Walt arcava com as despesas do estúdio de gravação de som, que, a despeito das brilhantes previsões, ainda tinha que se tornar lucrativo e estava drenando dinheiro. Walt fora obrigado, na verdade, a pedir US$ 2.500 emprestados a Powers para manter o estúdio à tona.

Para desenredar-se das dificuldades financeiras, Walt pensou em tentar um velho remédio – produzir os Mickeys a um ritmo mais rápido – um a cada duas semanas – e fazer uma *Silly Symphony* todo mês, aumentando o número de desenhos animados para 38 ou 39 por ano. Para isso, entretanto, precisaria de outra infusão de US$ 10 mil, que Powers recusou, insistindo nos 26 curtas-metragens originais. Tentando outro curso de ação, Walt fez com que um amigo seu produzisse noticiários para vender para Powers, mas Giegerich e outro sócio de Powers, Ed Smith, "sabotaram isso". Em junho daquele ano, Walt até produziu um curta sonoro de estrelas do cinema – Al Jolson, Douglas Fairbanks, Jr., e Joan Crawford entre outros – assistindo a uma estreia cinematográfica, e Will Rogers fazendo um discurso informal em um jantar – para uma série que chamou de *Hollywood Screen Star News*, e tentou atrair o interesse da Columbia Pictures para a série, mas a Columbia também hesitou.

Cada vez mais desesperado, Walt começou a percorrer os estúdios, novamente, com suas animações, esperando que algum deles se interessasse em comprar os direitos de Powers. O escritor Frances Marion afirmou que dois editores da Metro-Goldwyn--Mayer tinham visto os desenhos animados de Disney e os recomendaram a Marion e aos diretores da Metro, George Hill e Victor Fleming. De pé na sala de projeção, como Marion lembrou, estava "um jovem alto, tímido, que usava um terno surrado e cujo olhar apreensivo em nossa direção falava com muita clareza de desapontamentos passados". Ele até se desculpou pela rusticidade da animação. Mas o grupo ficou totalmente fascinado por Mickey. Fleming, "com seus longos braços chicoteando o ar", exclamou: "Rapaz, você conseguiu! É o mais extraordinário que eu já vi!" Marion disse que Walt havia levado outro desenho animado, uma *Silly Symphony*, que, por sua descrição, soou como *Springtime* (*Primavera*), apesar de isso ser improvável, pois esse desenho animado ainda seria feito, e que o grupo ficou igualmente entusiasmado com o segundo desenho – tanto, que Marion, imediatamente, dirigiu-se à sala do chefe da Metro, Louis B. Mayer e o arrastou para a sala de projeção.

Mayer, entretanto, não ficou impressionado. Ao assistir a *Symphony*, apertou o botão para parar o projetor, dizendo que o desenho era "ridículo", e resmungou que, se homens e mulheres dançam juntos, e meninos e meninas dançam juntos, flores não dançam juntas. Quando Mayer se levantou para sair, Fleming levou-o de novo, calmamente, para a cadeira e lhe disse para assistir a Mickey Mouse. Mal o filme havia começado, no entanto, Mayer deu um grito e exigiu que a projeção parasse. Dirigindo o punho contra a boca do próprio estômago, declarou que mulheres grávidas viam os filmes da MGM e que as mulheres têm horror a ratos, especialmente um de dez pés de altura na tela do cinema. Mayer saiu tempestuosamente da sala de projeção, batendo a porta atrás de si, enquanto Walt ficou ali de pé, embaraçado.

Foi a Columbia que lhe deu alívio temporário. Frank Capra, um imigrante siciliano que abrira caminho escrevendo piadas para as comédias mudas do produtor Mack Sennett e havia se tornado o principal diretor da Metro, foi convencido pelo técnico do laboratório do estúdio a ver um desenho animado, numa noite em que projetava as primeiras tomadas de um de seus próprios filmes. Capra estava cansado e sem entusiasmo ante a perspectiva e ficou menos entusiasmado ainda quando o técnico do laboratório o apresentou a Walt – um "sujeito magro, indefinível, de aspecto faminto, com uma barba de dois dias e um chapéu caído". Mas quando o desenho foi projetado, Capra ficou hipnotizado e insistiu em que o chefe da Columbia Harry Cohn o visse. Cohn, que a princípio também resmungou por ter de assistir a um desenho animado, ficou igualmente impressionado. A Columbia, não um dos grandes estúdios, mas aspirante a isso, estava desejosa em ter seus desenhos animados.

Powers foi receptivo, pois ficaria com o grosso das receitas. Naquele agosto, após o sucesso de *The Skeleton Dance* no Carthay Circle e no Roxy, Giegerich concluiu um acordo de distribuição com a Columbia – uma *Symphony* por mês por US$ 5 mil adiantados. (Esse acordo foi um testemunho do quanto *The Skeleton Dance* foi bem-sucedido e da crescente reputação de Disney porque a Columbia fez a oferta sem ter visto sequer outra *Symphony* – simplesmente ainda não havia outra *Symphony* para mostrar.) Já que Powers havia vendido os direitos estrangeiros por US$ 3.500, os Disneys receberiam US$ 8.500 por desenho animado, menos os 10% da comissão de Powers e menos outras despesas como negativo, publicidade e o *royalty* do som. O acordo também estipulava uma divisão dos lucros de 65%-35% em favor de Powers até que todos os custos fossem pagos e uma divisão de 50%-50% depois disso. Roy calculou que a receita do estúdio após as deduções seria grosso modo de US$ 6 mil por desenho, que admitiu não ser excepcional, mas regular, e que "até US$ 6 mil líquidos certos – com poucas semanas de diferença durante o ano seriam uma grande ajuda para nos estabelecermos firmemente".

Mas não era sobrevivência o que o jovem Walt tinha em mente. Depois dos problemas com a Laugh-O-Gram e com Mintz, ele queria domínio – domínio que tornaria sua posição inatacável. No outono daquele ano, com o acordo com a Columbia assinado, o fluxo de caixa assegurado e a maioria dos rivais cambaleando, Walt concentrou-se em um novo objetivo em sua busca maior de se tornar o soberano da animação: ele estava determinado a fazer Mickey Mouse suplantar Félix, o gato. Havia muito que Félix, um peludo gato negro de olhos ovais, orelhas pontudas e uma cauda expressiva era a principal estrela do desenho animado, não apenas na América, mas em todo o mundo.

Havia uma música de Félix, uma tira de quadrinhos de Félix, livros de Félix, bonecas, lápis e figurinos, até charutos de Félix. Quando a RCA mostrou seu novo sistema de televisão no verão de 1920, a primeira imagem transmitida foi uma reprodução de doze polegadas em *papier mâché* do personagem Félix. O melhor tributo à sua popularidade, no entanto, pode ter sido o fato de que ao longo dos anos surgiu no mínimo meia dúzia de imitações, onde se incluem Krazy Cat, de Mintz, e Julius, do próprio Walt.

Mas o criador de Félix, o imprevisível Pat Sullivan, não tinha nada do ímpeto nem da visão de Walt. Quando seu distribuidor o pressionou a converter Félix em um desenho animado sonoro após o triunfo de Mickey, Sullivan perdeu tempo e finalmente, perdeu o contrato. Quando decidiu acrescentar som aos seus desenhos animados, foi precisamente isso o que fez – acrescentá-lo a desenhos animados feitos previamente, em vez de concebê-los como Walt havia feito, em termos sonoros. “Por volta de 1930, Félix estava acabado”, disse um de seus animadores, “porque ele era um personagem silencioso de pantomima. Tentamos sonorizá-lo, mas foi um fracasso”.

A morte súbita de Félix deu a Walt uma oportunidade. No início, nenhum esforço para projetar Mickey ao estrelato era pequeno. Amigos de Walt até telefonavam para os cinemas e perguntavam a que horas seria exibido o desenho animado de Mickey Mouse. Se recebiam a resposta de que não haveria Mickey, perguntavam o motivo, de acordo com instruções de Walt. Em uma iniciativa mais agressiva, Walt conseguiu que um cinema do centro da cidade exibisse um desenho animado de Mickey conduzindo a orquestra do próprio cinema ao vivo e depois sendo despojado pelos músicos. Em troca, o cinema programou outro desenho animado de Mickey e pôs o título na marquise, que Walt podia fotografar para fazer publicidade. Em agosto, o cinema fez anúncios de página inteira dos desenhos animados de Mickey Mouse nos jornais que cobriam a indústria do cinema, declarando que os filmes de Mickey Mouse eram: “Espantosamente inteligentes – Gritantemente engraçados – Perfeitamente sincronizados”.

Mas o grande incentivo a Mickey Mouse, à parte o som em si, não decorreu das promoções de Walt, que eram tiros dispersos, mas da iniciativa de Harry Woodin, o jovem gerente do cinema Fox Dome, em Ocean Park, subúrbio de Los Angeles. Por sua própria conta, Woodin organizou, já no fim do verão, um *Clube do Mickey Mouse*, enchendo seu cinema de crianças nos sábados à tarde. As crianças recebiam uma promessa de Mickey Mouse, tocavam em uma banda improvisada de Mickey Mouse e depois, viam os desenhos animados de Mickey Mouse. Woodin convidou Walt para uma dessas matinês, e Walt disse que “se sentiu energizado ao ouvir cerca de mil crianças gritarem ‘Mickey Mouse’”. Mas o próprio Woodin, da mesma maneira que

Walt Disney, tinha aspirações maiores. Convenceu Walt de que o que estava fazendo localmente podia ser feito em todo o país. Walt ficou animado. "Achei positivo que uma façanha publicitária como essa, combinada com uma tira de quadrinhos e vários brinquedos e novidades em torno de Mickey", Walt escreveu a Giegerich "possa nos ajudar a transformar essa série em uma das maiores coisas que já apareceram".

Em janeiro, sob os auspícios do estúdio, Woodin lançou a campanha do *Clube do Mickey Mouse*. Os cinemas comprariam um pacote do estúdio que lhes permitiria fazer matinês especiais de Mickey Mouse e desenvolver várias atividades, desde concursos de comer torta até campeonatos de bola de gude, com a onipresente Banda Mickey Mouse. O estúdio, então, canalizava aquele dinheiro para vendedores que apregoavam bótons, bandeirolas, cartazes e outras parafernálias nos cinemas; a venda disso, aconselhou Walt, podia ser subsidiada pelos comerciantes locais. Woodin criou até um *Credo do Mickey Mouse* – "Os camundongos Mickey não praguejam, fumam, trapaceiam ou mentem" – isso era recitado em todos os encontros, e uma música do Mickey Mouse, composta por Stalling, intitulada "Minnie's Yoo Hoo" (O 'iu-ru' da Minnie), cantada antes de cada jornada:

> Sou o cara que chamam de pequeno Mickey Mouse
> Arranjei uma namorada no galinheiro,
> Nem gorda nem magricela
> Ela é o meigo relincho do cavalo
> Ela é a minha pequena Minnie Mouse

Havia, então, um coro de sons de animais, e a conclusão: "Com todas as vacas e galinhas, elas todas soam como diabinhos / Quando ouço o 'iu-ru' da minha pequena Minnie".

É difícil determinar o quanto os clubes foram responsáveis pela popularização de Mickey e o quanto Mickey foi responsável pelo estímulo aos clubes, mas a promoção cresceu rapidamente e continuou a crescer, dando aos cinemas a receita das matinês de sábado, aos pais, três horas de descanso das crianças, à indústria do cinema, uma luz guia em prol do bem-estar infantil que podia usar para rechaçar os críticos, e a Walt Disney, um poderoso meio de promover sua criação e a si mesmo. O cinema Biltmore, em Miami, inscreveu 1.200 membros; o cinema Fox Eckel, em Syracuse, Nova York, 1.300; o cinema Fox MacDonald, em Eugene, Oregon, 1.500, regularmente tendo que dispensar centenas de outras crianças que chegavam para participar dos espetáculos. Em um cinema, as crianças começaram a se juntar na calçada às 9 horas da manhã para a matinê das 11 horas. Em Milwaukee, 3 mil membros fizeram uma parada, que foi o destaque da convenção do *Clube do Mickey Mouse*. No auge, Roy estimou que existissem 800 clubes em todo o país, reunindo, segundo outra estimativa, mais de um milhão de membros – mais, segundo o *Motion Picture Herald*, que o número somado de bandeirantes e escoteiros da América. Os Clubes do Mickey Mouse haviam se transformado em movimento.

Walt também estava atento aos jornais em sua campanha para tornar Mickey uma figura nacional, exatamente como Pat Sullivan, que havia usado uma tira de quadrinhos para consolidar Félix. Desde junho de 1929, ao menos, quando Iwerks recebeu uma carta de J.V. Connelly, do consórcio de jornais *King Features*, elogiando os desenhos animados de Mickey Mouse e sugerindo a possibilidade de uma tira de quadrinhos, Walt vinha pressionando agressivamente Powers e Giegerich, não tanto para explorar Mickey, mas para promovê-lo mais. No início de agosto, o *King Features* fez uma oferta firme – isso aconteceu quando Roy tentava recrutar Dick Huemer para desenhar a tira – e em 13 de janeiro de 1930, ela apareceu pela primeira vez. Walt contribuía para as histórias, enquanto Iwerks desenhava a tira e outro artista, chamado Win Smith, cobria com tinta os traços a lápis dos desenhos. Quando Smith repentinamente deixou a empresa quatro meses depois, Walt deslocou um jovem animador chamado Floyd Gottfredson para o trabalho em bases temporárias. No fim, Walt estava envolvido demais em outras obrigações para encontrar um substituto, e Gottfredson continuou a desenhar a tira até aposentar-se, em 1975.

Assim como havia acontecido com os Clubes do Mickey Mouse, a tira de quadrinhos foi outro sucesso instantâneo e um imenso impulso para a popularidade de Mickey – um instrumento tão poderoso, talvez, para a disseminação de sua imagem quanto os próprios desenhos animados. Já no verão seguinte, a tira estava sendo distribuída para 40 jornais e 22 países e rendia aos Disney US$ 1.500 mensais, dos quais gastavam US$ 800 com salários e outros custos. Uma prova da atratividade da tira foi o fato de os jornais, cerca de uma dúzia deles, oferecerem aos leitores uma foto de Mickey Mouse para promover a tira e receberem mais de 20 mil pedidos.

Durante todos os meses em que pressionou pelo lançamento dos Clubes do Mickey Mouse e da tira de quadrinhos, Walt também incitou Giegerich a fazer um acordo para produzir mercadorias de Mickey Mouse, oferecendo-lhe uma porcentagem dos lucros – oferta que Giegerich acabou rejeitando. Neste caso, Walt, quase certamente, pensava na associação entre Pat Sullivan e George Borgfeldt & Co., que manufaturava os brinquedos Félix, inclusive um popular boneco Félix que segundo relatos, rendia a

Sullivan *royalties* substanciais; mas também, sem dúvida, Walt considerava que já existiam mercadorias piratas de Mickey Mouse – outro sinal da popularidade de Mickey – pelas quais não recebia direitos. Como Walt contaria depois, estava em Nova York com Lillian, no início de 1930, quando um homem se aproximou dele no hotel e agitou US$ 300 à sua frente, oferecendo o dinheiro pelo direito de pôr a imagem de Mickey Mouse em blocos escolares infantis baratos. Walt disse que precisava do dinheiro e então o aceitou, tornando-se esta a primeira venda da licença de um produto Mickey Mouse.

Mas esse foi mais um acidente que um esforço premeditado. Walt vinha pedindo a Giegerich havia meses para que entrasse em contato com Borgfeldt, e como Giegerich falhou em fazer isso, o próprio Walt aparentemente fez contato durante a mesma viagem a Nova York e fechou acordo com ele em 29 de janeiro, para brinquedos e outros artigos. No início de abril, a oficina do estúdio fazia modelos de bonecos Mickey Mouse para mandar para Borgfeldt, embora Walt, tão minucioso com a mercadoria quanto com os desenhos animados, não tivesse ficado contente com os bonecos e pedisse que fossem retirados do mercado. Ao mesmo tempo, Roy pedia às editoras um livro de histórias de animais em que Mickey aparecesse em destaque, discutia uma revista em quadrinhos de Mickey com uma empresa e tentava interessar vários fabricantes de doces, entre os quais a companhia Curtiss and Mars, em um confeito Mickey Mouse.

"As coisas estão acontecendo depressa para nós agora", Roy escreveu para seus pais em janeiro, com os clubes, a tira de quadrinhos e as mercadorias, todas rapidamente tornando-se realidade, "a ponto de deixar nossas cabeças flutuando". Acrescentou que, em meio ao sucesso da campanha de Mickey feita por Walt, eles também procuravam um novo distribuidor – "tentando descobrir qual o melhor deles, temos ofertas de todas as empresas do ramo, inclusive Fox, Paramount e Warner Bros. O que lhes parece?" Naturalmente, eles ainda estariam comprometidos durante algum tempo com Pat Powers em relação aos Mickeys, mas isso não os impediu de, secretamente, abordar outros distribuidores e receber propostas sem o conhecimento de Powers; nem impediu Charles Giegerich, o homem que era a mão-direita de Powers, de aproximar-se deles com uma oferta para ser seu distribuidor e tirar Powers do negócio. Nat Levine, o presidente da Mascot Pictures, especializada em seriados, e velho conselheiro dos Disneys, ofereceu-lhes US$ 50 mil de adiantamento para fechar acordo. Ao mesmo tempo, Walt estava em discussões com a Metro-Goldwyn-Mayer e esperava que ela lhe enviasse um esboço de contrato, e o velho estúdio de animação Van Beuren propôs comprar imediatamente os Mickeys. Quando Roy foi a Nova York em janeiro para acompanhar as ofertas, assegurou a Walt: "Se os desenhos animados não fossem bons e não pagassem bem eles (os distribuidores) não estariam lutando tão duro para levá-los de nós. Nunca estivemos em uma posição tão boa para discutir com eles como agora".

••••

Havia uma razão para os Disneys conduzirem negociações secretas, e a razão era a desonestidade daquele que uma vez foi a salvação de Walt, o genial Pat Powers. No outono anterior, as tensões entre Walt e Powers começaram a vir à tona acerca da remessa de *royalties* dos desenhos animados. Jack Cohn, da Columbia, acreditando que a disputa pudesse explicar o que via como uma piora de qualidade da segunda *Silly Symphony*, já havia solicitado a Walt que fosse a seu escritório para discutir o assunto. Walt insistia em que as relações com Powers eram boas e que qualquer sugestão do contrário era "absurda", e se queixou da aparente falta de iniciativa da Columbia em promover as *Symphonies*. A queixa, por sua vez, levou Powers a escrever para Walt em tom sombrio, exatamente como Mintz fizera uma vez, dizendo que Walt o havia colocado em "posição embaraçosa" e mostrado ingratidão "após cada distribuidor no negócio ter se recusado a pegar o produto sob quaisquer bases, o que não permitiria sequer recuperar o custo". Powers acrescentou que de fato não conhecia nenhum exemplo "de que estivessem sequer receptivos ou considerassem seriamente pegar o produto".

Se a atitude de menosprezo de Powers não fosse suficiente, as tensões aumentaram ainda mais quando ele se negou diversas vezes a fazer a prestação de contas completa aos Disney do dinheiro que lhes devia. Roy sabia que havia muito dinheiro em jogo e quando foi a Nova York para expressar suas objeções, Powers novamente declinou. Roy voltou para o estúdio e disse a Walt que Powers era um "ladrão".[7] Walt ficou desconfiado, mas não totalmente convencido ("Sabe, minha maior fraqueza é que eu julgo mal as pessoas", comentou certa vez) e disse que Roy era um "criador de problemas". Enquanto isso, Powers, sentindo que os Disneys podiam estar tentando contratar um novo distribuidor por trás dele, telegrafou a Walt de forma irritada, dizendo que os Disneys obviamente haviam decidido terminar o acordo, e ele queria a cortesia de uma notificação para poder fazer negócio com outro animador. Roy,

---

7 Um relato mais simpático a Powers o absolveu porque ele descobriu que os maiores distribuidores o haviam posto para fora do mercado em alguns territórios, forçando-o a subcontratar os desenhos da Columbia. E mais: segundo esta versão, Powers se recusou a prestar contas aos Disney porque queria um contrato legal em lugar das cartas de entendimento sob as quais ele e os Disneys vinham operando. Arthur Mann, "Mickey Mouse`s Financial Career", Harper`s 168 (maio 1934), p. 176. (N.A.)

cauteloso, não desejava fazer nenhum movimento até receber o dinheiro e então sugeriu a Walt que fosse pessoalmente a Nova York para confrontar Powers. Walt viajou com Lillian em 17 de janeiro de 1930.

Quando Walt chegou a Nova York, a disputa havia escalado para uma guerra total, assustadora reminiscência do desentendimento com Charles Mintz apenas dois anos antes e até para a traição de um dos amigos mais próximos de Walt. Na manhã de 12 de janeiro, Ub Iwerks foi ao escritório de Roy e anunciou abruptamente, que queria deixar o estúdio o mais rápido possível e pediu para ser liberado do contrato e da sociedade que havia formado com os Disneys. Roy ficou chocado e magoado, mas ofereceu US$ 5 mil a Iwerks por sua participação de 20% na companhia. O que Roy não sabia naquele momento e somente mais tarde ficou sabendo por um telegrama de Walt – que por sua vez, só soube quando Powers, alegremente, jogou isso em sua cara num encontro em seu escritório – foi que Iwerks havia sido convencido pelo próprio Powers a deixar a firma. Embora inicialmente negasse ter contrato com Powers, Iwerks admitiu embaraçadamente, em uma longa conversa com Roy enquanto arrumava as coisas para deixar o estúdio, que Giegerich havia feito contato com ele em setembro – na mesma época em que Giegerich entrara em contato com os Disneys com o plano de trair Powers – para discutir a ideia de Iwerks criar seu próprio estúdio.

Iwerks não era tremendamente ambicioso e jamais havia demonstrado talento ou inclinação para administrar um estúdio, mas confessou ter gostado da oferta, porque fazia muito estava silenciosamente irritado com o domínio de Walt. Ele ficava fulo quando Walt ia até sua mesa de animação à noite e mudava a ordem dos desenhos nas folhas de exposição, apesar de Iwerks já as ter programado e determinado o tempo de duração das cenas. E ficou mais fulo quando, após ter esboçado uma cena de *The Skeleton Dance*, Walt insistiu em que a desse para um "*in-betweener*" (intermediário), ou animador novato, para que este a completasse, acreditando que o tempo de Iwerks era valioso demais para ele animar tudo. Na verdade, a maioria dos animadores trabalhava agora desenhando os "extremos", como eram chamados – poses-chaves ou extremas – e deixando um assistente preencher o "meio", ou a parte intermediária, da ação. Iwerks, no entanto, acreditava que animava melhor quando animava tudo e não tinha desejo de mudar.

Finalmente e mais importante, Iwerks começou a perceber que vivia à sombra de Walt e se ressentia de não receber o crédito de que se achava merecedor pelos desenhos animados, cujo título de apresentação dizia: "Uma comédia de Walt Disney por Ub Iwerks." A esposa de Iwerks lembrou ter ido a uma festa em que um garoto se aproximou de Walt com uma caneta e um papel e lhe pediu que desenhasse Mickey. Walt prontamente entregou o papel a Iwerks, ordenou-lhe que fizesse o desenho e disse que o assinaria. Iwerks, normalmente imperturbável, explodiu, "desenhe o seu próprio Mickey", e foi embora. Iwerks estava de fato, tão ressentido pelo crédito que lhe era negado que, obviamente sob o estímulo de Powers, ameaçou processar os Disneys depois que saiu do estúdio pelos direitos autorais de Mickey Mouse. "Se o gesto de Ub chegar ao conhecimento da equipe", Walt escreveu para Roy de Nova York, "aconselho-o a ridicularizar Ub, dizendo como ele está sendo tolo ao se deixar usar como instrumento por Powers e que poderá nunca mais fazer um filme".

Três dias depois de renunciar, quando visitou Roy para explicar-se, Iwerks insistiu em que não sabia que Giegerich representava Powers, na verdade, até receber o contrato, o que acontecera dias antes.[8] Isso amoleceu um pouco Roy – "sabemos como Ub é ingênuo e facilmente conduzido, e sabemos bem como são falsos Charlie Giegerich e P.A.", escreveu para Walt – mas ainda expressou o quão "profundamente chocado e magoado" se sentia com a traição de Iwerks e retirou a oferta de US$ 5 mil. Agora que Powers estava envolvido, daria a Iwerks apenas US$ 2.920, pagáveis em um ano, o que Iwerks aceitou como acordo em relação a todas as suas reivindicações. Roy avisou que a alternativa seria dissolver a sociedade, o que forçaria Powers a abrir seus livros, e isso sem dúvida, o faria despejar sua raiva em Iwerks. Quando deixava o escritório de Roy, Iwerks expressou seu remorso e disse que pretendia escrever para Walt, porque não queria que Walt "ficasse com raiva dele – que nunca teria entrado naquilo se tivesse alguma ideia de como iria acabar". Embora nunca tivessem sido amigos pessoais, segundo um conhecido, Walt "obviamente amava aquele cara", e quando um jovem animador entrou para o estúdio na semana da partida de Iwerks e encontrou Walt, este ainda estava magoado e irado com a deslealdade de Iwerks e quase não falava em outra coisa.

Perder Iwerks teria sido um golpe em qualquer situação, mas ele não foi o único desertor naquela semana. Inquieto com a partida de Iwerks e crescentemente perturbado pelo que considerava arrogância de Walt, Carl Stalling, conhecido de Walt desde os tempos de Kansas City, emboscou Roy na mesma manhã em que Iwerks

8 De fato, é difícil dizer para quem Giegerich negociava exatamente. Embora trabalhasse para Powers, ele havia feito contato com o estúdio Van Beuren e oferecido os contratos de Iwerks e Carl Stalling, que sequer tinham assinado com ele, e afirmado a Van Beuren que "a maior parte da publicidade de Mickey Mouse e *Silly Symphonies*... era em nome de Ubbe Iwerks (sic), com muito pouca, ou nenhuma, menção a Walt Disney". Roy para Walt, 1º/fev/1930, Walt & Roy Disney Corr., 1929-1930, Walt Disney Early Corr., WDA. (N.A.)

renunciou e começou a se queixar de suas obrigações para com o estúdio e dos *royalties* que esperava ganhar por Minnie's Yoo Hoo, se ela fosse editada. (Stalling tinha razão. O advogado de Walt avisara que o direito autoral da canção devia ficar em nome de Walt porque, escreveu Roy para Walt, "não seria uma boa ideia para nós que ele (Stalling) tivesse muita interferência nas coisas – pelo menos até assumir uma atitude 100% cooperativa".) Roy ofereceu comprar a parte de Stalling no estúdio de gravação, o que pareceu apaziguá-lo. Mas Stalling voltou ao escritório de Roy na manhã seguinte, dizendo que estava infeliz, que não conseguia entender-se com Walt e que sentia, como Iwerks, que devia sair imediatamente do estúdio. Roy achou que Stalling havia se tornado "perigoso". Quando o compositor exigiu pagamentos retroativos e brandiu notificações legais escritas por ele próprio, Roy fez com que o contador do escritório entregasse um cheque para Stalling e o mandou embora.

A deslealdade de Stalling e Iwerks feriu Walt, dois homens que estavam com Walt virtualmente desde o início; também o fato de Iwerks ter sido cooptado. Não ficou claro se Powers havia assinado com Iwerks para pressionar Walt a renovar o contrato de Mickey, como o próprio Powers disse a Walt, ou se, como Mintz, Powers também acreditava que Walt era supérfluo e que Iwerks era o verdadeiro talento por trás de Mickey. Fosse o que fosse, o fato é que Walt pareceu afetado pela ideia de que Iwerks pudesse gozar de conceito melhor que o seu. Para Walt, o estúdio era Walt Disney. Roy provou seu ponto de vista ao lhe dizer que, apesar de chocada com a saída de Iwerks e Stalling, a equipe do estúdio havia cerrado fileiras atrás de Walt. Ben Sharpsteen disse a Roy que os "os caras do ramo que estão nesse negócio há tanto tempo sabem quem é a 'força' da organização... Sabemos que a diferença desses desenhos em relação à média é nada mais nada menos que a personalidade de Walt... Ninguém se enganaria achando que não é assim". Roy assegurou a Walt que "o ano que virá vai mostrar a eles quem é realmente responsável por Mickey Mouse".

Enquanto a guerra com Powers continuava – os Disneys ainda não tinham cortado seus laços ou assinado com um novo distribuidor – e Powers acelerava a montagem de seu próprio estúdio, forçando a Universal a contratar Ham Hamilton, arrebatando Hugh Harman de Mintz e tentando atrair o técnico de som William Garity, de Walt. Walt e Roy não perderam tempo em buscar reforços. No mesmo dia em que Stalling renunciou, Roy encontrou-se com Ollie Wallace, ex-organista do cinema Million Dollar, no centro de Los Angeles, que havia sido recomendado pelo empresário do *Clube do Mickey Mouse*, Harry Woodin, como possível substituto. Wallace riu desdenhosamente quando Roy lhe propôs um salário de US$150, mas Roy argumentou que se ele fizesse um bom trabalho, seria amplamente recompensado. Por insistência de Walt, Roy também ofereceu um contrato a Tom Palmer, que tinha trabalhado para o produtor Walter Lantz na Universal, e promoveu a animador Bill Cottrell, que se havia juntado ao estúdio no ano anterior como *inker* e pintor. Naquela mesma semana, Roy contratou o animador Dave Hand, treinado na Academia de Belas Artes de Chicago, onde Walt estudara uma vez, e que depois trabalhara no estúdio Bray. Quase todos os recrutados ganhavam mais que Walt, cujo salário flutuava entre US$ 125 e US$ 150 por semana, dependendo de quanto dinheiro havia na caixa registradora no momento.

Enquanto isso, Walt se preparava para o confronto final com Powers. Ele e Roy decidiram que tentariam trazer a Columbia para o lado deles, queixando-se de que, ao atrair Iwerks, Powers havia rachado a organização dos Disneys, atrasado a agenda de produção e espalhado o caos, o que aumentava os custos não apenas para os Disneys como para a Columbia. Roy sugeriu até que Walt usasse Powers como desculpa para interromper as *Symphonies*, ou deliberadamente, produzir alguns filmes de qualidade inferior para provar o que estavam dizendo. (Na verdade, Walt havia avisado a Roy para suspender, temporariamente, a produção dos Mickey Mouse, que Powers distribuía, e se concentrasse nas *Symphonies*, que a Columbia distribuía.) Para defender suas alegações, os irmãos contrataram um jovem advogado californiano chamado Gunther Lessing, que foi para Nova York a fim de ajudar Walt a enfrentar Powers. "Advogados asseguram contrato pode facilmente ser abandonado se não ajustado satisfatoriamente", Walt telegrafou a Roy, acrescentando que ele e Lessing estavam tentando um acordo com Powers. Na realidade, apesar de toda a hostilidade entre eles, Powers ainda não havia desistido de conservar Walt. Prejudicando Iwerks, disse a Lessing que estava disposto a dar a Walt um salário de US$ 2 mil semanais, soma estonteante em 1930, se Walt cumprisse o contrato em vigor e assinasse outro que permitisse a Powers distribuir os Mickeys no ano seguinte.

Por incrível que pareça, Walt ainda não tinha fechado totalmente a porta para Powers – Roy tinha receio de que Powers, de algum modo, passasse a conversa em Walt e o levasse a assinar outro contrato. Mas Walt ficara desiludido demais com a recusa de Powers em fazer a prestação de contas dos lucros e por lhe ter roubado Iwerks e não o via como seu último recurso. Além disso, esperava conseguir um novo distribuidor para o desenho animado agora que Mickey Mouse fazia tanto sucesso. "Powers é desonesto", Lillian escreveu para Roy e Edna, sem dúvida fazendo eco a Walt, "então, não sei como isso vai acabar." Ao mesmo tempo, Walt recebia uma oferta da Warner Bros., de compra imediata do estúdio e se aproximou de novo de Felix Feist, gerente de compras da MGM, propondo-lhe que comprasse os Mickeys, e conversou com a Columbia sobre acordo semelhante.

A diferença entre esse confronto e o que houve com Mintz era que Walt agora parecia dar as cartas – os Mickeys, afinal de contas, eram populares – mas Powers era tão astuto e incorrigível quanto Mintz era opressivo. Embora a MGM estivesse pronta para fechar acordo, Powers os amedrontou, ameaçando-os com um processo, e Walt ficou preocupado com que Powers e a Columbia pudessem se unir de alguma forma para forçá-los a assinar novamente. Roy também se preocupava em que, se rompessem com Powers, este montaria outra operação Cinephone para competir com a deles, e eles nunca seriam capazes de pagar os *royalties*. Como se as ameaças de Powers não fossem suficientes, naquela mesma semana John Randolph Bray, o pioneiro da animação, exigiu uma reunião com Walt durante a qual lhe disse que pretendia fazer cumprir todas as suas patentes e limitar o número de desenhos animados no mercado. "Rapaz, estão atirando nele de todos os lados", Lillian escreveu para Roy e Edna, "e ele está morrendo de vontade de voltar e fazer filmes e está ficando muito nervoso".

Na verdade Walt, usualmente imperturbável, estava frenético, certo de que Powers intimidaria outros interessados, como havia intimidado a MGM, e preocupado com a possibilidade de Powers processá-lo por quebra de contrato, o que os deixaria sob risco de procedimentos judiciais. Walt se movimentava constantemente em busca de uma solução. Correndo de reuniões com advogados para reuniões com distribuidores e reuniões com Powers, fazia duas semanas que estava em Nova York e ainda não se encontrara com Lillian para almoçarem ou ver um show da Broadway. Durante um almoço com o animador Dick Huemer, a quem ainda tentava recrutar para o estúdio, Walt estava incomumente distraído, triste e monossilábico. "Durante toda a refeição", lembrou Huemer, "acho que Walt não dirigiu cinco palavras a mim", o que o levou a pensar que "estranho rapaz" era Walt Disney, especialmente porque estava ali para convidar Huemer a trabalhar para ele.

Após uma semana de nervos em frangalhos e luta com Powers, que ainda se recusava terminantemente a abrir os livros, Walt finalmente rompeu com ele, instruindo Roy a parar de produzir os Mickeys. Walt preparou-se então para o inevitável processo, que quando veio, desencadeou um jogo absurdo de esconde-esconde. Lessing telefonou para Walt no Hotel Algonquin, avisando-o de que Powers estava para entregar-lhe intimações judiciais. Walt e Lillian rapidamente jogaram as roupas em um baú, chamaram um carregador do hotel, pagaram a conta e tomaram um táxi, dizendo ao motorista que fosse para qualquer lugar. Finalmente, encontraram um pequeno hotel, o Piccadilly, e se registraram sob os nomes de Sr. e Sra. Walter E. Call, o nome de solteira de Flora Disney. Após uma semana deixaram Nova York de volta à Califórnia.

Durante todo o tempo em que esteve na cidade, Walt enviou mensagens basicamente alegres para Roy, tranquilizando-o repetidamente e dizendo-lhe que tudo acabaria bem. "Mas ele, de fato, teve uma derrota séria e ficou completamente abalado", Roy se lembrou do rompimento com Powers. "A caminho de casa, Walt me disse, 'está tudo bem, quando eu voltar, vamos começar em grande estilo'... Mas ele não tinha nada, na verdade. E, então, fez, ansiosamente, alguns planos. Isso era característico dele." A situação era igualzinha – Roy poderia ter acrescentado – à que havia acontecido com Charles Mintz. Mesmo tendo Mickey Mouse agora, eles pareciam ter voltado ao início – tendo que lutar, novamente, por seus desenhos animados.

Mas a situação em fevereiro não era tão terrível quanto Roy e até Walt pareciam pensar. Em primeiro lugar, o estúdio de som começava a dar lucro, tanto que a companhia, ocasionalmente, tomava dinheiro emprestado dele para cobrir a folha de pagamento; naquele ano, para o censo federal, Walt se identificou como "produtor", mas Roy se identificou como "gravador de áudio". Em segundo lugar, e mais importante, a Columbia Pictures, que havia faturado quase US$ 400 mil com as primeiras treze *Symphonies* e obviamente reconhecendo o quanto poderia lucrar se também distribuísse os Mickeys, surpreendentemente decidiu entrar na briga e negociar com Powers. Semanas depois de Walt ter voltado para a Califórnia, seus advogados completaram um acordo com a Columbia e depois conseguiram um ajuste com Powers, embora um advogado confessasse que os papéis do ajuste eram "complicados", o que era um eufemismo. Segundo estimativa de Roy, Powers ganhara US$ 100 mil nos dois anos em que distribuíra Mickey, mas o velho patife não deixaria barato a saída de Walt. Exigiu US$ 50 mil, que a Columbia concordou em pagar em dez meses, tendo como garantia as arrecadações extras de qualquer fonte dos Disneys e retenção de qualquer receita que Powers tivesse recolhido dos Mickey até a data. Roy mais tarde barganhou isso para 40% do recolhimento de Powers dos exibidores a quem já havia alugado desenhos animados e 25% dos franqueados que já tinham comprado os direitos dos desenhos animados, mas isso excluiu as despesas de quase US$ 150 mil com negativos e equipamento de som. Além disso, Powers receberia a participação de Walt nos lucros líquidos do Cinephone até US$ 62 mil. A Columbia retiraria seu dinheiro dos porcentuais sobre os primeiros 15 filmes de Mickey, que agora estava autorizada a redistribuir, e das primeiras seis *Silly Symphonies*, enquanto os Disneys receberiam 80% dos lucros da programação restante de Powers da qual este ainda tinha de receber os aluguéis. O acordo não era particularmente favorável aos Disney; somente as despesas legais lhes custaram US$ 50 mil. Mas Powers os havia deixado sem alternativa. "O sacrifício me enfurece", Gunther Lessing telegrafou para Roy, "mas acredito imperativo e menos dispendioso acertar toda essa confusão a longo prazo".

Apesar disso, a coisa ainda não se encerrara. Walt, Columbia e Powers haviam concordado com os termos, mas o negócio não foi concluído até Roy ir a Nova York no início de abril e acertar as últimas questões que, como era típico com Powers, mostraram ser difíceis. Após oito horas de negociações em 22 de abril, Roy, Powers, os executivos da Columbia e todos os advogados – "um verdadeiro exército", segundo Roy – tiveram de reunir-se novamente no dia seguinte por mais oito horas. "Se alguém não levantava uma objeção a qualquer coisinha", Roy escreveu para Walt naquele dia, "outra pessoa o fazia." Durante todo o tempo, Powers comportou-se jovialmente e continuou a referir-se a Mickey Mouse como Mickey Louse.[9] No fim do dia, à exceção do acordo do Cinephone – que Roy mais tarde renegociou de US$ 13 mil por ano para US$ 8.500 – os Disneys livraram-se de Pat Powers de uma vez por todas.

Agora era Roy quem escrevia as missivas otimistas. "Honestamente sinto-me animado com tudo", telegrafou a Walt quando finalmente deixou Nova York após três dias de negociações. "O acordo funcionará bem e futuro muito brilhante." Tendo escapado do controle de Powers, Walt estava em êxtase. George Morris que recentemente se juntara ao escritório de negócios dos Disneys, disse que o acordo havia tirado "uma carga de preocupações dos ombros de Walt" e o habilitara a voltar a fazer cinema após meses de perturbação.

Sob o novo contrato com a Columbia, Walt receberia US$ 7 mil de adiantamento por desenho animado além de uma porcentagem dos lucros. Mas após a nova traição sofrida nos negócios – e Walt foi relembrado da realidade traiçoeira fora de seu mundo de desenho animado – os Disneys dificilmente viam a Columbia como refúgio contra o mal. Enquanto negociava com Powers e a Columbia, Roy ficou sabendo que a Columbia havia abordado secretamente a sua nêmese com uma oferta de US$ 60 mil por todos os direitos sobre os Mickeys, ou, alternativamente, US$ 30 mil e 20% dos lucros que teria com eles, dizendo a Powers que iria, nas palavras de Roy, ela mesma (Columbia) "lutar conosco (isto é, com os Disneys)". Imediatamente, Roy encurralou os executivos da Columbia, Joe Brandt e Jack Cohn, que confessaram a deslealdade,

9 Trocadilho com "lousy", que, na gíria, significa detestável ou extremamente rico, dependendo do contexto. (N.T.)

mas Roy, ainda desconfiado dos novos sócios, insistiu no direito contratual de examinar os livros da Columbia periodicamente, com a total expectativa de um confronto com ela também algum dia.

Mas até lá Walt podia voltar novamente para os Mickeys e as *Silly Symphonies*. Até lá estaria livre.

IV

A razão pela qual a Columbia desejava gastar US$ 50 mil para desenredar Walt de Pat Powers e a razão pela qual distribuidores maiores e mais sólidos haviam perseguido Walt desesperadamente antes que Powers os desencorajasse, foi que Mickey Mouse estava virando um fenômeno. Quando a Columbia fez um anúncio de página inteira no *Film Daily* em dezembro daquele ano, proclamando Mickey "o personagem mais popular da tela", ela podia não estar longe da verdade. Mesmo antes do acordo com a Columbia, um crítico observou: "'Mickey Mouse' é uma das poucas 'estrelas de desenho animado' que têm seu nome apresentado nos letreiros dos cinemas em termos quase iguais aos dos astros dos filmes ao vivo." No outono, uma caricatura no *Saturday Evening Post* mostrou um homem rico de *pince-nez* e bengala na janela da bilheteria de um cinema, buscando em seus bolsos dinheiro para comprar a entrada e perguntando ao balconista: "Cheguei muito tarde para ver Mickey Mouse?". Um artigo no *Literary Digest*, que comparou Mickey Mouse a Charlie Chaplin, ao condutor de uma banda de jazz Paul Whiteman e a histórias de detetives, afirmou que o rato também fora descoberto pela *intelligentsia*, como tinham sido esses outros exemplares da cultura popular. Segundo relatos, Chaplin exigiu que um desenho animado de Mickey Mouse fosse projetado antes de seu novo filme *City Lights* (Luzes da Cidade) e o Museu Madame Tussaud pediu permissão para imortalizar Mickey em cera. Em um período de três semanas, Mickey Mouse recebeu 30 mil cartas de fãs e segundo outra estimativa, um público de um milhão de pessoas por ano via desenhos animados de Mickey no início dos anos 1930.

A popularidade de Mickey Mouse não era confinada à América. *Photoplay* disse que Mickey "era a mais popular estrela de cinema em todos os países europeus" e observou que os exibidores ingleses, frequentemente, escreviam seu nome usando luzes "quatro vezes maiores que as usadas para estrelas bem conhecidas". O biógrafo alemão Rene Fulop-Miller chamou Mickey de "a mais proeminente personalidade da tela hoje em dia, e o único 'artista' que mostrava em seu trabalho e em sua técnica a pura forma dos filmes falados". Os críticos franceses de um lado a outro do espectro estético o elogiavam, e um crítico austríaco queixou-se de que ele era agora mais popular que Mozart.

Talvez o mais revelador de toda a popularidade de Mickey fosse a quantidade de competidores de Walt que tentavam imitá-lo, da mesma forma como antes imitavam Félix. Os Disneys processaram as companhias Pathé e Van Beuren por personagens copiados de Mickey e advertiram Mintz acerca de um personagem que se parecia supostamente a Mickey. Ao mesmo tempo, Harman e Ising criaram um novo personagem chamado Bosco, parecido com Mickey. Dick Huemer disse a Walt que os animadores da Paramount e os que desenhavam *Krazy Kat* para Mintz pegavam cada desenho de Mickey e o passavam repetidas vezes até poderem copiar o trabalho, ao que Walt se gabou: "Nossos desenhos são o centro das atenções aqui também – todos os artistas de Nova York estão tentando competir com eles".

No início dos anos 1930, muitas análises dissecaram as razões exatas do porquê de um rato gordinho e feliz exercer uma atração tão grande. Quando Walt foi pressionado a explicar, suas primeiras declarações foram surpreendentemente rotineiras e superficiais. Citou a constante movimentação nos desenhos de Mickey, a inteligência e brevidade das piadas e o exagero das emoções baseadas na experiência humana, familiares a todos. A outro entrevistador disse que o tamanho de Mickey atraía solidariedade e quando o pequeno sobre o grande triunfava, o público se regozijava com ele. Em outra ocasião, ao celebrar o 25º aniversário de Mickey, Walt atribuiu à sua criação o atrativo da simplicidade: "Mickey é tão simples e descomplicado, tão fácil de compreender, que não se pode evitar gostar dele." E ainda em uma outra ocasião, quando Aldous Huxley perguntou a Walt que teoria usava por trás de Mickey, Walt jogou os braços para o alto e disse: "Nós apenas fizemos um Mickey, e depois os profissionais vêm e nos dizem o que temos."

Entretanto, os profissionais tampouco conseguiam se entender acerca da fonte da atratividade de Mickey; alguns achavam que se encontrava nas correntes culturais dos anos 1930. O historiador da animação John Culhane diria que, em seu desenho muito circular, sinalizando uma espécie de invulnerabilidade, Mickey era a "expressão perfeita do que simboliza – sobrevivência" – o que, na época em que a importância de Mickey cresceu, nos primeiros dias da Grande Depressão, constituía um poderoso fator de atração para um país que estava, ele próprio, tentando sobreviver. Com mais perspicácia, o escritor e produtor William de Mille viu em Mickey um idealismo altruístico nos moldes de Franklin Roosevelt que, durante toda a sua vida, sugeriu "o amado *Dom Quixote*, com Minnie Mouse como a linda Dulcineia, e o velho e bom Pluto (o cachorro de Mickey), no papel de Sancho Pança". Outro estudioso o viu como um representante da nova e agitada idade da máquina em que "o ritmo espasmódico de seus movimentos, as constantes colisões, explosões e arremessos, simbolizam o homem moderno vivendo em um redemoinho de forças mecânicas que multiplicam todas as ações físicas por dez ou por mil". Naturalmente, qualquer pessoa sujeita às mesmas forças – e todos estavam – se identificava com Mickey. Outros, ao ver a ascensão do totalitarismo na Europa, acreditavam que Mickey fosse um contrapeso e antídoto a uma "era de ditadores e tiranos… que dão passos largos pelo mundo como colossos" – querendo dizer, na verdade, que Mickey Mouse alterava a realidade para cada pessoa da mesma forma que alterava a realidade para seu criador.

Mickey foi parte de seu tempo a tal ponto que, escrevendo quase quarenta anos depois da primeira aparição de Mickey, o historiador cultural Warren Susman afirmou que enquanto os historiadores políticos eram propensos a chamar os anos 1930 de "era de Franklin D. Roosevelt", os historiadores culturais deviam considerá-los a "era de Mickey Mouse", tanto pelo jeito como o rato parecia confrontar as rupturas do período e suas agonias como pela maneira como parecia sugerir um remédio para elas. "O mundo de Disney é um mundo disfuncional: todas as formas tradicionais não parecem funcionar ali", observou Susman. "E, mesmo assim, o resultado não é um pesadelo de comiseração e terror, um mundo trágico, mas um mundo de diversão e fantasia com a satisfação do desejo final, com o reforço final dos meios tradicionais e dos valores tradicionais." "Não importa o quão desordenado o mundo possa parecer", escreveu, "Disney e seu Mickey Mouse – e seus heróis ou heroínas – encontram o caminho para um final feliz seguindo as anunciadas regras do jogo".

Enquanto isso, abordagens psicológicas viam Mickey atingir profundos veios psíquicos. Esses analistas consideravam a iconografia de Mickey reconfortante ("Os círculos nunca causaram problema a ninguém", observou John Hench, velho parceiro de Walt, ao comparar o formato de Mickey a seios, bebês e botões, "mas as pessoas têm experiências ruins com pontas aguçadas."); ou sugestiva do humano, pois a cara de Mickey era achatada como o rosto humano; ou, como Iwerks explicou uma vez, com um aceno para Jung, uma expressão de completude, pois sua cara, "uma trindade de hóstias e o símbolo circular", une o irreconciliável. O paleontólogo Stephen Jay Gould aplicou a Mickey o argumento do antropólogo Konrad Lorenz de que, certos traços da juventude – "cabeça relativamente grande, predominância da caixa craniana, olhos grandes e baixos, região da bochecha protuberante, extremidades curtas e grossas, uma consistência elástica e movimentos desajeitados" – detonavam respostas inatas de afeto, de forma que Mickey Mouse, com todas essas características, foi virtualmente construído para provocar amor.

O autor infantil Maurice Sendak situou a atratividade de Mickey em sua plasticidade. Sendak descobriu nos primeiros desenhos animados de Mickey, que apresentavam "chutes no traseiro, puxões de orelha, beliscões no nariz, pescoços torcidos", uma "apaixonada investigação do corpo". "Principalmente tateável", do ponto de vista de Sendak, e como a um bebê, Mickey finalmente deu ao espectador "licença para tocar". O crítico do *New York Times* e depois roteirista de cinema Frank Nugent assumiu um ponto de vista diferente no tema plasticidade. Ele acreditava que Mickey Mouse "roubava" a comédia pastelão dos atores vivos e depois a exagerava, porque sua elasticidade superava a deles, e era essa comédia pastelão que tornava os desenhos animados atraentes.

Outros observadores ligaram o atrativo de Mickey ao modo como ele despertava memórias da infância no próprio espectador: "o espírito da criança no homem que se delicia em caricaturar todos os heróis a quem, habitualmente, olharia com temor e respeito", como escreveu o professor de Harvard Robert D. Feild. Um famoso psiquiatra dr. A.A. Brill, escreveu em 1934 que achava que Mickey "narcotizava" o público adulto ao levá-lo de volta à infância, quando "tudo ainda podia ser conseguido pela fantasia", da mesma forma como Mickey conseguia as coisas. Outro médico, apelando para Freud, chamou Mickey de "ideal de ego", que atrai as pessoas para a parte feliz da infância.

Um dos mais populares veios de análise era a ideia de que Mickey era uma representação da liberdade, inerente ao desenho animado. "Pode quebrar todas as regras naturais (ele nunca quebra regras morais) e sempre vence", observou a revista *Time* em 1933. "Ele vive no presente, tem poucas inibições." Não era tão grande a distância entre sua liberdade e sua incorrigibilidade – Mickey, tão "rápido, arrogante e cruel, na melhor das hipóteses um garoto jovem e travesso, na pior, um pequeno monstro sádico", nas palavras de Richard Schickel, ou possuidor de "um elemento de ultraje que acho muito apaziguador", na opinião de E.M. Forster. De fato, alguns acharam Mickey sugestivo demais. Uma equipe de censores de Ohio rejeitou um desenho animado de Mickey em que uma vaca lia o escandaloso romance de Elinor Glyn, *Three Weeks* (Três Semanas), enquanto um cinema do meio-oeste, Balaban & Katz, objetou a que Mickey tirasse leite de uma vaca em *The Karnival Kid*, contra o que Walt protestou, dizendo que "nunca foi nossa intenção inserir nada de natureza obscena", mas escreveu: "Eu ainda não consigo ver como alguém poderia ofender-se com qualquer uma das 'coisas' em nossos filmes". Mesmo assim, Maurice Sendak encontrou uma "anarquia" e uma "voracidade" no sorriso de Mickey, "o alegre sorriso da liberdade sexual", e disse que, quando desenhava suas próprias Wild Things (Coisas Selvagens), para o livro *Where the Wild Things Are* (Onde vivem os monstros), baseava seus desenhos no lascivo Mickey.

A lascívia ligava Mickey Mouse a outro ícone do cinema: Charlie Chaplin. Quase todas as análises do Mickey inicial invocavam Chaplin e citavam as semelhanças entre eles – a malícia agressiva, a impertinência, o sentimento de abandono e, especialmente, o que o historiador do cinema Terry Ramsaye chamou, na época, de "a vitória cósmica do perdedor, o poder dos humildes" que eles compartilhavam. O próprio Walt, certamente, sabia das semelhanças, porque, conscientemente, usou Chaplin – a quem uma vez chamou de "o maior de todos" – como modelo. Ao inventar Mickey Mouse, disse Walt, "queríamos uma coisa atraente, e pensamos em um rato muito pequenino que tivesse algo do desejo de Chaplin – um sujeito comum tentando fazer o melhor que podia". Ben Sharpsteen disse que Walt, constantemente, projetava os filmes de Chaplin, tentando identificar com exatidão seu atrativo básico, e outro animador, Ward Kimball, lembrou que "Walt estava sempre nos mostrando como Chaplin fazia determinada coisa". "Ele simplesmente não conseguia tirá-lo da mente", disse Dick Huemer sobre a obsessão de Walt por Chaplin. "Walt conservou o tipo de ternura engraçada desse patético personagem comum que estava sempre levando a pior. Mas, inteligentemente, dava a volta por cima em qualquer circunstância." Quando Edward Steichen fotografou Walt para *Vanity Fair*, Walt mandou para ele um esboço de Mickey personificando Chaplin.

Mas se Walt Disney pensava em Mickey Mouse como um substituto animado de Chaplin, o outro pai de Mickey, Ub Iwerks, pensava nele em termos muito diferentes – como Douglas Fairbanks. "Ele era o super-herói de sua época", disse Iwerks sobre Fairbanks, "sempre vencedor, galante e inquieto." Quanto a Mickey, "nunca se pretendeu que fosse um covarde. Ele foi sempre um personagem aventureiro... Eu o fiz fazer com naturalidade o tipo de coisa que Douglas Fairbanks faria." Assim, Mickey Mouse nasceu entre duas concepções – Chaplin e Fairbanks, um traquinas e um aventureiro, entre a compaixão e a empatia, entre a autopiedade que se traduzia em poder através da ingenuidade e a corajosa afirmação do próprio poder. Desde o início Mickey foi uma criação instável, frequentemente indo de um polo a outro, de um desenho animado a outro, *Plane Crazy* a *Steamboat Willie*, o que significava que podia satisfazer um amplo espectro de demandas, mas estava sempre à beira da autodestruição. Este é o porquê de o Mickey inicial parecer tão errático e desenraizado, menos um personagem que um ícone visual. Ele não sabe quem é.

No final, apesar da paternidade de Chaplin e Fairbanks, Mickey encontraria sua identidade em outro lugar. Ele se descobriria como uma projeção do próprio Walt.

Walt se identificava intensamente com sua criação, quase apaixonadamente, como se Mickey não fosse apenas filho de sua imaginação, mas uma extensão dele. "Walt e Mickey são tão compatíveis", disse Lillian, "eles pareciam ter quase a mesma identidade." O dramaturgo, crítico de cinema e mais tarde redator de discursos presidenciais Robert Sherwood, ao encontrar-se com Walt em 1931, escreveu: "Sempre que ele menciona Mickey Mouse, uma entonação de respeito reverencial é evidente em sua voz. Ele ama aquele animalzinho esquisito como qualquer mãe amaria seu filho preferido." O animador Les Clark disse que "Walt era Mickey e Mickey era Walt", observando que até os gestos de Mickey eram copiados dos gestos de Walt quando ele representava Mickey em reuniões para discutir enredos, e uma das críticas mais frequentes de Walt à história era: "Acho que Mickey não agiria assim". Anos depois, em uma demonstração do quanto estava ligado a Mickey, Walt insistiu que "enquanto existir um estúdio Disney, haverá desenhos animados de Mickey Mouse", porque "não posso viver sem ele!"

De algum modo, Walt Disney, de 28 anos, cujos desenhos animados anteriores haviam oferecido um mundo discreto mas não uma atitude, encontrou voz em Mickey Mouse. O intrépido otimismo de Mickey, sua coragem, sua ingenuidade, que com frequência lhe criava problemas, e sua determinação, que normalmente o tirava de problemas, até seu autorrespeito, o marcaram como o alter ego de Walt – a expressão mais completa de Walt Disney. Isso era verdade tanto em relação aos temas dos filmes de Mickey quanto às suas características. Quando embarcava na fantasia e a via desinflada pela realidade, o que acontecia com tanta frequência em seus desenhos animados, Mickey vivenciava a tensão central da vida de Walt Disney. E se Walt encontrou voz em Mickey, Mickey Mouse encontrou sua voz, literalmente, em Walt Disney. O nono Mickey, *The Karnival Kid*, lançado em julho de 1929, foi o primeiro em que Mickey falou – suas primeiras palavras foram "Hot dog, hot dog" ("Cachorro quente, cachorro quente") –, mas dali em diante, segundo informou Walt ao seu distribuidor, os desenhos incluiriam canções e falas. Walt, porém, não estava satisfeito com a voz de Mickey, que era baixa, monótona e sem inflexão (podia ter sido Carl Stalling), e prometeu encontrar alguém cuja voz se adequasse melhor à sua personalidade, chegando a adiar a sonorização do Mickey seguinte enquanto perdia uma semana testando candidatos. Segundo um relato, uma mulher chamada Helen Lind deu voz a Mickey temporariamente. Mas enquanto continuava a procurar, Walt demonstrou um dia como achava que a voz de Mickey deveria ser, falando em falsete. Uma pessoa da equipe perguntou por que ele mesmo, simplesmente, não fazia a voz, e Walt concordou, brincando: "Eu sabia que estaria sempre na folha de pagamento e então, fiz." Frequentemente, Walt ficava embaraçado quando fazia a voz de Mickey e mais tarde admitiu que outros podiam fazê-la, mas disse que sua voz era melhor porque havia "nela mais emoção".

Enquanto servia como expressão da mitologia pessoal de Walt de tentativa e triunfo, Mickey também proporcionava um comentário autorreflexivo sobre a imaginação de seu criador, e isso, tanto quanto as ressonâncias culturais ou as invocações da infância ou a sugestão sexual, pode ter respondido pela profunda e permanente popularidade de Mickey. Não importa o que mais ele seja – e ele é muitas coisas, indistintamente –, Mickey Mouse é escravo de suas habilidades de transformação criativa. Seja transformando um automóvel em um avião, ou uma vaca em um xilofone, Mickey, como Chaplin e como o próprio Walt Disney, está sempre em processo de reinventar a realidade, e isso é uma conexão fundamental, empática, com o público – a fonte de seu poder. Vê e ouve coisas que os outros não veem e não ouvem. Faz o mundo ser o seu mundo.

Não foi por acidente que Mickey surgiu com som e música, porque a música tornou-se a metáfora de sua musa interior e condição *sine qua non* de sua existência. Nos primeiros desenhos animados, alguns deles revistas musicais, Mickey é uma criatura completamente musical – tanto quanto Fred Astaire ou Charlie Chaplin. Ao ouvir notas musicais, Mickey não consegue evitar dançar, cantar e fazer música ele próprio, transformando tudo que vê em um instrumento musical e convertendo a realidade em felicidade. Até sua relação com Minnie Mouse é musicalmente inspirada; eles literalmente fazem uma bonita música juntos e extraem alegria e harmonia, até fluidez, daquilo que com frequência é ameaça e caos. E este é o motivo pelo qual os desenhos animados terminam sempre com Mickey sorrindo ou gargalhando, um espírito alegre, não importa o que aconteça a ele. Com todos os atrativos subliminares de sua forma, ou de seu tamanho, ou de sua sexualidade, o segredo de Mickey, o atrativo do que é óbvio e não está limitado à América da Depressão, é que ele sempre pode consertar as coisas em sua cabeça – como Walt Disney, o artista da escapada, podia. No final, Mickey Mouse era a eterna promessa do alegre solipsismo.[10]

V

Com a crescente popularidade de Mickey e o novo e potencialmente lucrativo contrato com a Columbia, o santuário de Walt Disney na avenida Hyperion

10 Solipsismo: é a filosofia de que qualquer conhecimento de qualquer coisa de fora da mente é injustificada. (N.R.)

experimentava sua própria transformação. Uma vez mais, como já fizera quando as coisas iam bem, Walt estava contratando – escolhendo os maiores talentos. No inverno de 1930, acrescentou à equipe Ted Sears, um animador e piadista do estúdio Fleischer de quem se dizia ter sido responsável por parte do material mais engraçado dos Fleischer. Sears fizera uma "semipromessa" aos Fleischer de que ficaria, mas Walt, em um sinal da crescente especialização do estúdio, o atraiu para ser o seu primeiro argumentista e levantou a possibilidade de Sears ajudá-lo a produzir comédias ao vivo – uma ideia a que Walt sempre voltava. Outro animador, Harry Reeves, que havia trabalhado para Pat Sullivan nos desenhos de Félix, também assinou com Walt – o abandono de Félix por Mickey foi um sinal de como as mesas de animação tinham mudado. Reeves estava tão ansioso para unir-se aos Disney que até ofereceu pagar suas próprias despesas de viagem. Mais ou menos na mesma época, Walt aproximou-se de Grim Natwick, outro veterano dos Fleischer, desenhista da personagem Betty Boop, e o convidou a ir trabalhar para os Disneys no oeste, a despeito de uma oferta simultânea de Walter Lantz da Universal. Natwick decidiu permanecer em Nova York, mas ficou tentado porque, Sears disse a Roy, ele "pensa um bocado na 'arte' e só quer se associar aos melhores". (Anos depois, Natwick de fato foi para o estúdio.)

A parte física do estúdio também sofria outra série de acréscimos provisórios e alterações para acomodar os novos contratados. No início de 1930, pouco depois do acordo com a Columbia, Walt fez a parede do escritório avançar seis pés na calçada para ter mais espaço, embora a operação ainda continuasse apertada naquele bangalô e em várias casas ainda menores. Um visitante em janeiro de 1931 encontrou um prédio pequeno, de um andar só, um lugar que dificilmente se notaria ao passar de carro pela avenida Hyperion. Dentro, cômodos muito pequenos, um escritório cheio demais, uma sala de reuniões com uma grande mesa e um piano; depois, cômodos estreitos como corredores e em cada um deles fileiras de homens e mulheres sentados com não muito mais espaço que o suficiente para pôr o cotovelo entre eles, cada qual curvado sobre uma mesa que às vezes tinha um painel de vidro no centro. Cerca de 50 pessoas ao todo. Tudo era silencioso. Tudo sugeria trabalho definido e ordenado.

No verão anterior, Roy e Walt já haviam comprado o lote vizinho, a velha fábrica de campainhas, e feito planos para construir um prédio neo-espanhol de dois andares com cobertura de estuque, para abrigar negócios e animação, de 50 por 80 pés, um estúdio de gravação de concreto de dois andares para onde a operação de gravação se mudaria da Tec Art; e um aposento de um andar para os arranjos musicais – que ficaram prontos no verão de 1931 a um custo de US$ 45 mil, sem incluir os novos equipamentos. Em cima do novo edifício da animação, afirmando seu novo status, Walt havia colocado um letreiro de 12 pés quadrados com o nome "Walt Disney" em letras de neon azul de dois pés de altura, Mickey Mouse e *Silly Symphony* em neon vermelho e uma imagem de Mickey em cilindros azuis, vermelhos e dourados de 5 pés de altura. O estúdio que uma vez tivera uma aparência indefinida não era mais indefinido.

Mas dentro, apesar do crescimento da equipe e do tamanho do prédio, o velho espírito de camaradagem prevalecia. Muitos na Hollywood dos anos 1930 buscavam conforto na comunidade política. Os empregados da Disney encontraram sua comunidade no enclave artístico da Hyperion. Um animador, obviamente orgulhoso dos lauréis de Disney como o melhor estúdio de animação, disse que trabalhar ali fazia todos sentirem "como se fizessem parte da mesma turma de West Point". Outros lembraram a atmosfera fraternal – as reuniões para discutir os enredos que frequentemente duravam até a noite, com Walt representando Mickey ou algum outro personagem das *Silly Symphonies*, as peças pregadas no trabalho, os piqueniques de fim de semana e os jogos no parque. "Nossa, como o dia voava!", disse um piadista, afetuosamente. E presidindo tudo aquilo estava Walt – como disse Wilfred Jackson, "todo o dia, todos os dias, para conversar conosco sobre o que quer que estivéssemos fazendo, cada passo do caminho".

Aos 29 anos, as feições acentuadamente jovens tornadas ainda mais jovens pela magreza e por seu ainda indomado tufo de cabelo castanho, ele não parecia o chefe de um estúdio ou o rei da animação. Tampouco se vestia como um. Em Los Angeles, nem um pouco mais preocupado com a moda do que estivera em Kansas City, ele normalmente usava tênis e compridas meias de lã, "coisas muito alegres e coloridas", disse sua secretária na época, "com muitos desenhos". Quase sempre usava suéter em vez de paletó. Roy Williams, que se tornaria um animador e um piadista, candidatou-se a trabalhar no estúdio e ficou esperando no escritório de Walt – "nada além de uma pilha de lixo naqueles dias" – e conversou com alguém que lhe pareceu o contínuo. Quando Williams disse, finalmente, que teria de vir outro dia porque o Sr. Disney, obviamente, estava ocupado demais para conhecê-lo, descobriu que o contínuo era Walt Disney. Mas apesar de toda a juventude e informalidade Walt irradiava uma impressão de autoridade e segurança. "Walt me impressionou pela absoluta segurança em si mesmo", disse Ben Sharpsteen. "Era claro sobre o que queria fazer. Ele me impressionou por ser 'jovem' – mas o próprio fato de ser vários anos mais novo que eu e estar no negócio vários anos menos que eu e, ainda assim, ter habilidade para diagnosticar os requisitos para fazer filmes melhores me impressionou muito." E com essa confiança vinha uma atmosfera que permeava o estúdio e o governava. Nas palavras de Grim Natwick: "O que quer que fizéssemos tinha de ser melhor que o que qualquer outro fazia, nem que se tivesse que animar nove vezes, como eu fiz uma vez".

Obter essa qualidade era muito difícil, mesmo com a nova equipe mais experiente. Em novembro de 1930, Walt estava tendo dificuldade para cumprir a programação de distribuição da Columbia e tentava encontrar um jeito de acelerar a produção sem sacrificar os valores que lhe renderam aplausos, mas também percebia que fazer bons filmes com mais rapidez custaria mais, consumindo os adiantamentos da Columbia. Em março, os atrasos na produção tornaram-se tão grandes que o vice-presidente da Columbia Joe Brandt foi ao estúdio para o que Roy descreveu como um "confronto decisivo", que só foi evitado porque Walt instituiu rapidamente um novo sistema, dividindo a equipe em três grupos, que trabalhariam simultaneamente em três desenhos animados diferentes. Roy esperava que isso cortasse o tempo de produção de cada desenho animado de três semanas ou mais para duas semanas ou menos.

Mas se o novo sistema apressou a entrega, ele pouco fez para ajudar no resultado final dos Disneys. O contrato com a Columbia era o que se chamava um "60/40, 40/60", o que significava que eles recebiam seus adiantamentos de uma parcela de 40% dos faturamentos brutos recebidos pela Columbia como taxa de distribuição, enquanto os 60% remanescentes dos faturamentos eram dedicados a repagar os adiantamentos, mais os custos dos impressos e da publicidade. Quando esses custos eram cobertos, os Disneys recebiam 60% dos lucros, e a Columbia, 40%. De fato, a Columbia estava garantida com os primeiros dólares que recebia enquanto os Disneys ficavam tanto à mercê do mercado quanto da Columbia, que não apenas coletava o dinheiro como fazia a contabilidade. "Isso levava", reclamava Roy, "a uma situação muito injusta".

Desde o início da associação, depois de suas experiências com Mintz e Powers e o abortado conluio entre o último e a própria Columbia, Walt suspeitava profundamente de seu distribuidor. Ele compartilhava a opinião que Roy havia manifestado na semana em que fizeram o acordo, que era preciso ficar vigilante com a Columbia porque "eles não estão sobrecarregados de 'boas intenções'". Em poucos meses, Walt sentiu que a Columbia, aparentemente contente com os lucros que estava tendo com os Mickeys e as *Sillies* e com uma coleção bastante grande de outros curtas-metragens para distribuir, já economizava esforços para promover os desenhos animados dos Disneys, sem mencionar o dinheiro que dava de menos aos Disney sobre o que coletava.

Mas, desta vez, Walt estava determinado a não ser traído ou enganado. Em vez disso, começou a tramar um ataque preventivo.

Naquele outono, Sol Lesser, conhecido de Walt e antigo exibidor e distribuidor, apresentou Walt a Joseph Schenck, uma das figuras mais importantes da indústria que fora ele próprio um produtor, e agora presidia a United Artists. Walt admitiu que ficou intimidado. A Columbia era um pequeno estúdio localizado no que era chamado de "fila da pobreza" em Hollywood. A United Artists era a criação de quatro dos mais brilhantes luminares do cinema: o diretor D. W. Griffith, Douglas Fairbanks, a esposa de Fairbanks, Mary Pickford, e o ídolo de Walt, Charlie Chaplin. O objetivo de Walt ao conseguir ser apresentado a Schenck era simples: ele queria que a United Artists distribuísse seus desenhos animados quando o contrato com a Columbia expirasse em abril. Walt e Gunther Lessing tinham ido até os escritórios da United Artists em meados de novembro para discutir a possibilidade e ficaram esperando o dia inteiro. Para salvar seu ego, Walt deu a desculpa de que os executivos deviam ter tido uma reunião importante. Quando ele e Lessing voltaram naquela mesma semana, a United Artists ofereceu aos Disney o que Lessing afirmou, chegava a US$ 50 mil de garantia por filme durante dois anos – um acordo que segundo George Morris, o novo gerente de negócios subordinado a Roy, iria "mais que dobrar a renda atual".[11] Após uma reunião de três horas na UA, Walt concordou em que "se não podemos conseguir algo tão bom ou melhor com o nosso atual distribuidor... uma mudança poderia ser melhor". Então, o homem que tanto havia detestado o acordo secreto de Mintz com os animadores amotinados, concluiu sigilosamente um acordo por conta própria em dezembro. O jovem Walt Disney estava agora afiliado à venerável United Artists.

Os Disneys não podiam deixar a Columbia saber do acordo por receio de que ela reduzisse ainda mais seus esforços para promover Mickey e as *Sillies*, especialmente uma vez que somando os filmes estipulados no contrato de Powers assumido pela Columbia, e os determinados no próprio contrato da Columbia com os Disneys para as *Sillies*, ainda havia 25 desenhos animados a serem entregues até a UA assumir a

11 O acordo final estipulava que a UA receberia uma taxa de distribuição de 40% a partir do primeiro dólar com um adicional de US$ 1 mil para a UA quando a receita atingisse US$ 60 mil, e outros US$ 2.500 quando chegasse a US$ 75 mil, e uma divisão de 64% a favor dos Disneys acima de US$ 60 mil de receita. Como Roy explicou, "nosso pensamento sobre a questão era tirar o nosso dinheiro das letrinhas miúdas o mais cedo e rápido possível". Roy para Irving Lesser, 15/abr/1931, Arquivo Irving Lesser, Corr. Roy O. Disney, G-Lo (1930-1941), A2996, WDA. (N.A.)

operação de distribuição. Na verdade, Roy continuou a negociar com eles como se um novo contrato com a Columbia ainda fosse uma possibilidade e para dar maior credibilidade ao estratagema, até se encontrou com o presidente da Universal, Carl Laemmle, que pressionava Roy para continuar a distribuir os desenhos animados, como se ainda houvesse competição entre as distribuidoras. Quando no início de abril, os executivos da Columbia finalmente souberam do acordo com a UA, ficaram enraivecidos. O vice-presidente da Columbia, Abe Schneider disse que tinha sido um "otário" em negociar com Roy, e o presidente Jack Cohn advertiu agourentamente, "você vai perder muito em consequência desse acordo", querendo dizer presumivelmente, que a Columbia não promoveria tão agressivamente como antes os desenhos animados dos Disneys que ainda estavam programados, ou prestariam contas deles tão acuradamente. Mesmo assim, os Disneys não pareciam nem arrependidos ou derrotados, e sim animados com a nova associação – a desforra pelo que ambos haviam sofrido. "Frequentemente fomos perguntados sobre a questão de distribuir curtas-metragens", Joe Schenck declarou após o anúncio oficial do contrato com os Disneys, em 13 de abril, "mas, até agora, acreditamos na teoria de que a United Artists é uma organização apenas para as maiores estrelas. Mickey Mouse, no entanto, é diferente. Disney criou um personagem de um tipo nunca igualado na história do cinema".

Deveria ter sido um momento de triunfo e foi, de muitas maneiras, mas mesmo com o sucesso dos desenhos animados e até com a perspectiva de uma receita maior sob o novo contrato, a alegria foi moderada pelo problema endêmico dos Disneys: eles ainda estavam com dificuldade para pagar as despesas enquanto entregavam o que deviam à Columbia e esperavam a virada do ano para o novo contrato entrar em vigor. "Com franqueza, nosso negócio tem crescido tão rápido e se expandido em duas ou três direções, que ainda estamos com uma margem muito pequena, como sempre", Roy escreveu para seus pais logo depois do anúncio da UA, mencionando os custos explosivos dos desenhos animados – Walt agora orçava cada desenho em US$ 13.500 – e as despesas da expansão do estúdio. Já em maio, Roy procurava – e recebeu – um empréstimo de US$ 25 mil do Bank of America a ser pago com o excesso de arrecadação da Columbia, esperando tanto injetar dinheiro novo no caixa extremamente curto do estúdio como forçar a Columbia, que também era financiada pelo Bank of America, a ter "muito cuidado com seus truques", pois "(Joe) Brandt hesitará antes de se meter a engraçado se o Bank of America estiver lá para chamá-lo a saldar seus compromissos." Roy concordou em não contar "muito" a Walt sobre o empréstimo por medo de que o irmão queimasse os novos recursos.

A sensação de alívio não durou muito. No fim de julho, os pagamentos da Columbia diminuíram, como Cohn havia predito, deixando o estúdio Disney em risco de não cobrir a folha de pagamento, apesar de o próprio Schenck estar pressionando a Columbia a tratar os Disneys com justiça. Roy tentou resolver a questão simplesmente mandando os desenhos antes do combinado, exatamente como os Disneys haviam feito com Mintz e Powers, e assim encerrar o compromisso mais cedo, mas a Columbia se recusou a recebê-los. Por volta de junho, o estúdio pagava US$ 27 mil por mês de salários, o que era mais que os US$ 14 mil que recebia de adiantamento por dois desenhos mensais, e os US$ 9 mil de arrecadações extras que a Columbia agora remetia mensalmente para o estúdio e que o estúdio repassava para o Bank of America para amortizar o empréstimo. "A menos que alguma coisa muito drástica seja imediatamente feita, como um corte nos nossos compromissos salariais", George Morris escreveu em um bilhete para Walt, "nos encontraremos em uma situação carregada de complicações tão sérias que terão efeito sobre toda a estrutura de nossa organização… se sobrevivermos".

Morris não exagerava. Roy já negociava com Joe Schenck um empréstimo pessoal de US$ 25 mil, mas só em agosto o dinheiro estaria disponível e, de qualquer maneira, US$ 14 mil seriam dedicados ao pagamento de compromissos prévios. A situação se tornou tão desesperada que Morris e Lessing haviam proposto o inimaginável: vender participação no estúdio. "O negócio se tornou grande demais para que Walt continue a se agarrar à ideia de que 'Roy arranjará o dinheiro de alguma forma'", Lessing escreveu para Roy. "É uma ideia bonita construir uma organização ideal, como Walt deseja, e fazer um produto da melhor qualidade, na esperança de futuras distribuições; mas existe uma coisa que é exagerar… É absolutamente essencial que vocês barateiem o produto no momento."

Mas se esperava que Walt concordasse em baratear o produto, Lessing, para começo de conversa, entendia muito pouco do motivo pelo qual Walt Disney estava no negócio de desenhos animados. Aos olhos de Walt seu estúdio não estava sujeito às pressões do mundo; era o seu refúgio delas – um lugar sagrado. E as suas animações não seriam comprometidas; elas tinham de ser melhores que as de qualquer outro, ou ele não sobreviveria no negócio; nem iria querer sobreviver. A excelência não era apenas uma estratégia de negócios de Walt e sim a razão pela qual ele tinha o estúdio e a força que conservava seu mundo pessoal intacto. "Se você quer saber o segredo real do sucesso de Walt", diria seu animador de muitos anos Ward Kimball, "esse segredo é que ele nunca tentou ganhar dinheiro. Walt estava sempre fazendo alguma coisa que o divertisse e da qual poderia orgulhar-se." Previsivelmente, Walt chamou Morris ao seu escritório e insistiu em que ele não poderia aceitar investidores externos, ou pedir aos empregados que aceitassem cortes salariais, ou acelerar a produção, ou cortar a equipe, pois "isso significaria cortar a qualidade dos filmes e o subsequente interesse do público nos produtos Disney". Em vez disso, Walt sugeriu – de modo fantasioso, Morris notou – que tomassem um empréstimo da UA contra lucros futuros, enquanto Morris pensou em sondar Schenck para outro empréstimo pessoal. No fim, Walt, após explodir com Lessing e Morris e desabafar que todos no lado comercial eram "um bando de gente podre", disse que tentaria produzir cinco desenhos a cada dois meses em vez de quatro, e o estúdio atravessou o outono em situação complicada.

A tensão constante se concentrava em Walt, mas mesmo sem as pressões financeiras, ele era um homem obcecado. Sempre viveu para o seu estúdio. Bill Cottrell, que frequentemente trabalhava à noite no estúdio com a câmera, disse que Walt nunca ia embora às cinco ou cinco e meia, como a maior parte da equipe. Ficava até as seis ou sete horas e depois voltava, muitas vezes com Lillian. O próprio Walt admitiu gostar de passear pelo estúdio à noite, visitando as mesas de animação e olhando os esboços de cenas, acrescentando ou subtraindo desenhos. Mesmo quando não estava no estúdio, seu pensamento se focava nele. Ben Sharpsteen lembrou quando Walt, a caminho do trabalho, recebeu uma multa de trânsito. Walt não estava nada satisfeito quando comentou com a equipe sobre isso naquela manhã, mas quando encenou o encontro com o policial – e Walt sempre representava suas histórias –, começou a ver graça naquilo e Sharpsteen disse: "a atitude de Walt mudou". O episódio rapidamente tornou-se a base de *Traffic Troubles* (Problemas no Trânsito). Em outra ocasião, Sharpsteen encontrou-se com Walt quando Walt e Lillian chegavam a um restaurante e ele saía. Imediatamente Walt parou na porta, alheio às pessoas que tentavam entrar ou sair, e começou a contar uma história que havia acabado de inventar para um novo desenho sobre uma peça teatral em um celeiro com um público de gatos. Lillian estava ficando impaciente por ter de esperar e quando Walt chegou ao desfecho – os gatos pulando sobre o telhado de um banheiro externo, que então desaba – ela disse desdenhosamente que não queria ver aquele desenho, mas Walt parecia não ouvir nem se importar. "Naquele momento, Walt não percebia onde estava, ou qualquer outra coisa; tudo que sabia era que queria contar sua história." "Seu hobby é seu trabalho", disse George Morris a um repórter que fazia um perfil de Walt, "e cada instante de seu tempo é voltado para ele".

Mas a obsessão representava um peso muito maior para Lillian que apenas ter que esperar pelo marido, ou ouvir suas histórias. Ela se sentia solitária. A uma repórter da *Time*, disse que era uma "viúva de rato" e brincou que achava a conversa de seu marido "fascinante" porque ela é "inteiramente devotada a Mickey Mouse". Havia pouco tempo para qualquer outra coisa. Os Disneys saíam apenas ocasionalmente, iam em geral apenas à casa de Roy para um churrasco no domingo e um jogo de croqué,[12] e tinham poucos amigos íntimos. Seu melhor companheiro, dizia Walt, era Lillian, e seu cachorro Sunnee, em "segundo lugar muito próximo". A maior parte do tempo livre ele passava com Lillian, a mãe dela e Sunnee, indo de carro de cinema em cinema para assistir desenhos animados – "ele sabia a que horas estariam passando", disse Lillian – enquanto seus acompanhantes esperavam no carro. Quando não estavam fazendo a ronda dos desenhos animados, ele e Lillian saíam para dar uma volta, e Walt invariavelmente, dizia que se lembrava de alguma coisa que queria fazer no estúdio. "Não havia uma noite que não terminássemos no estúdio", lembrou Lillian. Então, ela se enroscava no grande sofá no escritório dele e dormia enquanto Walt trabalhava, acordando de tempos em tempos para perguntar se já não era tarde, ao que Walt respondia, não importando a hora: "Não, não é tarde." Walt admitiu anos depois, que virava de costas o relógio que tinha em seu escritório enquanto Lillian dormia para que ela não soubesse até que horas ele trabalhava. Mesmo quando estava na cama, disse Lillian, Walt se mexia e se virava, pensando nos problemas do estúdio, depois levantava cedo e declarava, "acho que encontrei a solução".

Já estressado pela obsessão de Walt e a insuficiência financeira, o casal sofreu outra tragédia, mais pessoal, naquele verão. Ele próprio uma criança, Walt sempre esperou ter filhos seus. "Quero ter dez filhos", disse uma vez a Ruth, "e deixá-los fazer o que bem entenderem", em óbvia compensação pelas atribulações que havia sofrido durante a infância. Apesar de seus sentimentos maternais por Sunnee, Lillian, a caçula de dez irmãos, era mais cautelosa quanto a ter filhos, dizendo que se sentia desestimulada ao ver o quanto sua mãe e suas irmãs tiveram que trabalhar. Enquanto Walt e Lillian pensavam em ter filhos, Roy e Edna tentavam ter um – chegando até, segundo um relato, a ter relações sexuais no consultório do médico para que ele pudesse monitorá-los. Finalmente, em 10 de janeiro de 1930, justo antes do confronto com Powers e da partida de Iwerks e Stalling, Edna deu à luz Roy Edward Disney. "Walt e Lillian ficaram loucos por ele", Roy escreveu para a mãe, mais tarde, naquele verão. "Ele parece ter um pouco de medo de Walt, mas é louco por Lillian. Walt, simplesmente, ainda não sabe como brincar com ele."

---

12 Jogo em que as pessoas batem com um taco em forma de malho em bolas de madeira que devem passar por baixo de arcos pequenos fincados na grama. (N.T.)

O tempo que Lillian passava com Roy Edward pode ter neutralizado sua relutância em ter um filho, e Walt recebeu um estímulo naquele mesmo ano, quando Hazel, irmã de Lillian, entrou com um pedido de divórcio, e ela e sua filha Marjorie de 13 anos se mudaram para a casa dos Disneys, na avenida Lyric. Walt assumiu o papel de pai substituto e tinha muito afeto por Marjorie. "Ele costumava esperar até eu voltar para casa", ela lembrou. "Estava no alto da escada quando eu chegava à noite, especialmente se chegava muito tarde." Quando foi para o colégio interno, Marjorie só ia para casa nos fins de semana. Walt ficava aborrecido quando ela fazia seus próprios planos e perguntava: "Por que se dá ao trabalho de vir para casa? Por que faz isso se não vai ficar em casa?"

Na primavera de 1931, pouco mais de um ano após o nascimento de Roy Edward e um ano de supervisão de Marjorie, Lillian engravidou. Walt ficou radiante. Imediatamente começou a procurar um novo lugar para morar – entre um e três acres, exagerou para os corretores. Mas em junho, Lillian sofreu um aborto espontâneo. O casal ficou devastado. "Foi muito triste", lembrou Marjorie. Walt escreveu para sua prima Lena de forma mordaz: "Sou casado e até agora, só posso me gabar de minha linda esposinha e de um chow chow dândi". Embora o trabalho no estúdio estivesse obviamente sob pressão e a situação financeira fosse desesperadora, Roy sugeriu a Walt e Lillian que fizessem uma viagem de algumas semanas, possivelmente para Honolulu.

Se o nascimento de Roy Edward havia aliviado o fardo durante a batalha com Powers em 1930, o aborto de Lillian lançou uma sombra sobre a luta para sobreviver naquele verão. Walt não saiu imediatamente de férias, como Roy havia aconselhado. Ele ficou, submerso – e, se possível, ainda mais obsessivamente – no trabalho, tornando-se cada vez mais tenso e irritável. Nunca satisfeito com a qualidade do que o estúdio produzia – "não importa se os filmes que produzimos estejam bons, eu sempre vejo modos de melhorá-los quando vejo o produto acabado", diria mais tarde – Walt agora estava menos satisfeito que o comum. Tornou-se distraído e esquecido. Até sua saúde começou a se deteriorar e em junho, apenas duas semanas depois do aborto, foi levado às pressas para o hospital para operar amídalas inflamadas. "Francamente, estou preocupado com Walt", Roy escreveu para Lessing e Morris. "Ele precisa de umas boas férias e de descanso. Nós dois estamos trabalhando duro demais há muito tempo." Roy também endossou a ideia de trazer um novo investidor e sócio, aparentemente Schenck, para aliviá-los um pouco. "Naturalmente, de forma alguma abriríamos mão do controle, mas a responsabilidade seria dividida, em vez de sermos apenas nós dois. Se não houver nenhuma outra razão, sou fortemente a favor da ideia para proteger a saúde de Walt, sua energia, seu entusiasmo e seu talento."

Embora nunca tivesse concordado em dividir responsabilidades, Walt percebeu que seu entusiasmo estava desaparecendo, mesmo enquanto a dedicação aumentava, e que havia algo terrivelmente errado com ele. "Acho que estava trabalhando demais e me preocupando muito", disse depois. "Esperava mais de meus artistas do que eles estavam me dando, e tudo que eu fazia o dia inteiro era pressionar e pressionar. Os custos subiam; cada novo filme que terminávamos custava mais caro do que imaginávamos que ele fosse render." Enquanto conduzia a equipe impiedosamente e se tornava novamente insuportável, como havia sido nos maus dias de Mintz, Walt também estava emocionalmente fragilizado. Quando falava ao telefone, ele, súbita e inexplicavelmente, se surpreendia chorando. À noite, não conseguia dormir. No estúdio, começou a parecer fisicamente doente enquanto olhava o último desenho animado e, incapaz de ver algo a não ser falhas, afirmou que estava com nojo daquilo – tão enojado que nunca mais iria querer ver aquilo novamente. Walt ficou tão preocupado com sua condição física que finalmente foi a um médico, que lhe disse que precisava fugir, ironicamente, do próprio lugar que lhe dera refúgio. Como Walt descreveu a situação, ele "estava em pânico emocional".

Mas era mais que um distúrbio emocional. Anos de luta e de perda e de ter que reagir, anos mantendo uma fachada corajosa como Mickey Mouse em face do prejuízo e da traição, anos de sentir-se obrigado a fazer desenhos tão bons que tornariam os Disneys inatacáveis na indústria, enquanto lutava contra apertos financeiros opressivos e constantes que mal permitiam que sobrevivessem e, mesmo agora, não ter afrouxado, depois do fracasso em começar sua própria família, que tanto desejava – tudo isso se acumulou até que Walt, normalmente tão teimosamente feliz, descuidado e autoconfiante, desabou. Uma vez mais não conseguiu manter o mundo real à distância ou proteger dele seu mundo criativo. Walt Disney, o novo rei da animação e pai de Mickey Mouse, sofreu um colapso nervoso.

Capítulo 5

O CULTO

I

Walt Disney atravessou basicamente incólume a depressão econômica que chegou vagarosamente após o choque da quebra dos mercados em outubro de 1929 e, depois, sufocou a nação – uma depressão que pôs um quarto da força de trabalho na rua e causou indizível sofrimento. Embora se possa pensar nos cinemas como refúgio para a penúria, a indústria do cinema dificilmente ficaria imune à recessão. O estúdio Disney, entretanto, ficou. Enquanto outros estúdios viam suas receitas despencarem – não tanto porque a audiência havia caído, embora isso tivesse acontecido porque os estúdios haviam se expandido rápido demais, em uma febre de aquisição de salas de exibição nos anos 1920, o valor da propriedade se reduziu drasticamente – os Disneys, sem cinemas ou investimentos pessoais além da participação que tinham em um dos esquemas "fique rico rápido com petróleo" do tio Robert e algumas propriedades imobiliárias, atravessaram o pesadelo nacional sem ser afetados. Embora tivessem sofrido contusões financeiras, a maioria delas foi autoinfligida, resultado da falta de disposição de Walt em comprometer a qualidade de seus filmes. Em vez de cortar custos, ele continuou a aumentá-los. Até o usualmente comedido Roy sentiu que ele e Walt, de alguma forma, haviam enganado a Depressão ao reinvestir constantemente em seu próprio estúdio em lugar de investir no mercado de ações. "Tudo que poupamos foi colocado em nosso negócio", Roy escreveu para os pais em 1932. "Fizemos nossa própria aposta. Esses últimos três anos vão ser uma lição muito boa para as pessoas em geral", aparentemente querendo dizer que outros teriam de aprender também a investir em seus próprios negócios.

Mas se a Depressão não afetou Walt economicamente, ela foi muitas vezes, reproduzida em sua própria depressão emocional. Exatamente como a nação não podia escapar aos golpes econômicos, Walt não conseguiu proteger seu mundo de fantasia dos ataques do mundo real, torná-lo de fato perfeito, ou resistente o bastante, o que o levou a um colapso nervoso. Seu primeiro plano, quando o médico disse a ele que tinha de se afastar do estúdio, foi fazer uma viagem por mar até Seattle e depois visitar os pais em Portland e os pais de Lillian em Idaho. Seu segundo plano foi ir ao Havaí, e reservou passagens para ele e Lillian em um cruzeiro de navio. Na ocasião, no entanto, ele e Lillian agiram impulsivamente, cancelando a viagem ao Havaí e reservando passagens em um barco que vinha de Havana pelo Canal do Panamá, e depois, comprando traveler's checks e pulando em um trem para St. Louis, onde esperavam pegar um barco para descer o rio Mississippi, exatamente como Walt e seu velho amigo Russell Maas pensaram fazer quando voltassem da França, em 1919. Do ponto de desembarque, Walt e Lillian planejavam ir a Key West e abordar o barco para Cuba. Como se revelou, não havia mais barcos no Mississippi, apenas barcaças, então o casal improvisou novamente e tomou um trem para Washington D.C., ficando três dias no Hotel Mayflower, visitando os monumentos e passeando sem destino pelos parques, ou simplesmente, sentando-se nos bancos e alimentando os pombos. Depois, pegaram um trem para Key West e o barco para Havana, onde passaram a semana seguinte descansando no Hotel Nacional e fazendo excursões ao interior do país antes de voltar pelo canal, como haviam planejado. As duas visitas anteriores do casal a Nova York haviam terminado em desastre, e agora os dois tinham suas primeiras férias reais em seis anos de casamento. "Passamos o melhor período de nossas vidas", disse Walt, porque atingira o ponto de "não se importar com nada". Sentiu-se liberado do fardo de seu próprio perfeccionismo.

Retornou ao estúdio parecendo "muito descansado", disse a George Morris, mas "ainda nervoso e, certamente, gostaria de escapar por mais duas semanas". Em vez disso, mergulhou em um novo regime – fora do estúdio. O colapso, disse, "me acordou para o fato de que a vida é boa, e o trabalho não é tudo". Começou, então, a praticar esportes, para os quais nunca teve tempo quando criança – patinação no gelo, natação, equitação e boxe. Entrou até para o Clube Atlético Hollywood e lutava lá duas ou três vezes por semana, embora admitisse que não gostava de ter que "vestir o calção e a camiseta suada de alguém". Durante um período começou a aprender a jogar golfe, levantando-se às quatro todas as manhãs para poder chegar ao curso às cinco, sem invadir seu horário no estúdio, jogava cinco buracos, depois tomava um abundante café da manhã e ia para o trabalho "cheio de ânimo", como dizia. Lillian o acompanhava em muitas dessas atividades, nadando no clube, andando a cavalo no parque Griffith e até se levantava para ir com ele às sessões de golfe pela manhã, que eram comumente interrompidas. "Walt ficava com tanta raiva quando errava uma tacada", Lillian disse, "que eu ficava inevitavelmente histérica ao observá-lo." Walt dizia que toda essa atividade o relaxava, tornava-o mais capaz de se concentrar e superar os problemas.

Mas apesar de sua dedicação ao novo regime de exercícios e das afirmações de que havia voltado para o estúdio um "novo homem", Walt ainda estava inquieto e descontente. Poucas semanas depois de voltar para o estúdio, ele e Lillian viajaram novamente, desta vez para Kansas City, onde Walt recebeu um prêmio da (Ordem) DeMolay e fez um discurso em sua convenção, e depois se pôs a caminho de Nova York, pela primeira vez como turista em vez de pedinte. "Walt se sente muito melhor que antes das férias", Roy escreveu para Elias e Flora, logo depois da volta de Walt, "mas ainda não voltou a ser exatamente como é. Confidencialmente, estou um pouco preocupado com a saúde de Walt, achando que deve existir alguma coisa basicamente errada." Walt ainda estava cansado e melancólico. Continuava a ir aos médicos na esperança de descobrir o que o afligia, e um dos médicos achou que era um parasita intestinal que parecia drenar a energia do paciente. Roy se consolava com o fato de Walt, finalmente, cuidar de si após anos importando-se apenas com o estúdio, onde, achava Roy, as coisas iam bastante bem "porque o trabalho é muito menos estressante que antes".

Roy estava certo de que um pouco da pressão financeira diminuíra. Em janeiro de 1932, fechou o acordo com a UA, acrescentando cinco novas *Silly Symphonies* ao contrato com um adiantamento de US$ 15 mil por filme e uma taxa de distribuição de 30%. Mais importante que esse acordo foi um empréstimo de US$ 195 mil para ser usado como Walt achasse melhor. Roy disse que aquele foi "o primeiro contrato bom" dos dois. O único problema era que o estúdio atrasara a entrega dos desenhos animados de Mickey Mouse e para colocá-la em dia, seria necessário desviar animadores das *Symphonies* por seis meses.

Tudo isso devia ter deixado Walt feliz, mas se não estava mais assediado por dificuldades financeiras, ainda era presa de sua própria obsessão por excelência, que o tornava compulsivamente insatisfeito, e ele agora tinha um novo fardo – o fardo da expectativa. Todo mundo parecia reconhecer que Disney não apenas produzia, consistentemente, os melhores desenhos animados, como havia reinventado a animação. Ele a estava transformando de uma novidade tosca, juvenil, em algo que se aproximava singelamente da arte. Realmente, esse era o novo empreendimento Disney, uma verdadeira revolução: fazer o que fosse necessário para elevar a animação a uma forma de arte. "Praticamente todas as ferramentas que usamos hoje tiveram origem no estúdio Disney", diria mais tarde Chuck Jones, famoso animador e produtor da Warner Bros., que comparou Disney ao grande diretor de filmes ao vivo D.W. Griffith, glorificado por ter levado arte ao cinema mudo. Os próprios animadores do estúdio Disney sabiam que eram pioneiros. Les Clark afirmou que a animação se desenvolveu "por causa da insistência e supervisão de Walt", e os animadores Frank Thomas e Ollie Johnston escreveram: "Nenhum de nós poderia resistir à euforia em romper barreiras rumo a novos horizontes".

Mas a grande diferença entre as animações de Walt Disney e as de seus antecessores e competidores era, como sempre, menos uma questão de inovação que de aspiração – a velha exigência dos Disneys de lutar pelo que era extremamente bom. "Walt não aprovaria – repito, não aprovaria – nenhuma animação que não correspondesse a esse padrão muito alto de aceitação", escreveu um empregado dos Disneys. Na prática, significava que tudo que alguém fazia tinha de ser analisado, interminavelmente analisado, para se ter certeza de que funcionava, para se ter certeza de que correspondia ao padrão, e de que não poderia ser melhorado. Como observou o animador Dick Huemer, todo mundo no estúdio se surpreendeu "analisando e tornando a analisar... analisando outra vez e descartando e começando tudo novamente", o que era completamente contrário à rotina dos estúdios de animação rivais, onde, como descreveu outro animador, "se era pago para fazer de qualquer jeito entre 30 a 35 pés por semana, alguns bons, outros ruins, mas a única coisa importante era que a metragem fosse completada".

A ênfase na análise necessariamente levou ao desenvolvimento de novas técnicas que a facilitariam, e logo se tornariam procedimento operacional padrão em animação.

Desde cedo, os animadores do estúdio Disney faziam os chamados "testes a lápis" para seu próprio uso – fotografando os esboços a lápis em negativo de filme barato para poder ver o resultado antes de a animação ser finalizada. Segundo um relato, Tom Palmer, provavelmente no início de 1931, fotografou um pequeno teste a lápis e estava vendo o filme em uma moviola[1] – instrumento com uma pequena tela que permitia que se vissem os filmes – quando Walt, coincidentemente, passou por ali e perguntou o que Palmer estava fazendo. Impressionado com a importância de ver a animação dos esboços, Walt a instituiu como política do estúdio.

Sem demora, Walt instalou a moviola em um closet sem janela, entulhado e sufocante, que logo foi apelidado de "cela". Curvados sobre a pequena tela, de não mais de 4 polegadas[2] de largura por 4 polegadas de comprimento, Walt e o animador viam e analisavam a ação durante horas, uma e outra vez e novamente, tentando determinar como melhorá-la, fazê-la mais engraçada. "Acho surpreendente que nós tenhamos sido o primeiro grupo de animadores, até onde sei, a ter a oportunidade de estudar seu próprio trabalho e corrigir os erros antes que chegasse à tela", Walt diria poucos anos depois. "Em nosso pequeno estúdio na rua Hyperion (sic), cada pé de esboço de animação era projetado na tela para ser analisado, e cada pé era desenhado e redesenhado até podermos dizer 'isto é o melhor que podemos fazer'." Finalmente, Wilfred Jackson começou a unir os testes a lápis e os desenhos para as cenas que ainda não haviam sido animadas em sequências longas que chamava de "filmes Leica", a câmera usada para fotografá-los, para que os animadores pudessem ver as cenas em relação umas com as outras. Walt também os estimulou a juntar o som. Efetivamente depois disso, Walt e os quatro ou cinco animadores que conseguiam espremer-se dentro da "cela" com ele podiam prever todo o desenho animado antes que os desenhos fossem limpos e delineados com tinta e pintados no celuloide. O aumento do controle parecia energizar Walt, ele adorava perscrutar os "filmes Leica". Mesmo assim, o processo não era à prova de enganos. Depois que um desenho animado era concluído e visto, Walt frequentemente, mandava a equipe de volta para a "cela" para melhoramentos.

O efeito dos testes a lápis e dos filmes Leica não foi apenas elevar a qualidade dos desenhos animados Disney; eles alteraram a própria natureza da animação. Antes da inauguração dos testes a lápis, os animadores se concentravam em fazer desenhos limpos e "intermediários" bem ajustados que requeriam pouca revisão. O resultado, no

1 Equipamento de edição de filmes munido de visores, cabeças de som e outros acessórios. (N.T.)

2 1 polegada = 2,54 cm. (N.T.)

entanto, era de inflexibilidade e rigidez. "A velha animação era feita de pose em pose sem muita reflexão", disse Dick Huemer. "Era quase como um desenho plano. Sem nenhum peso." Naqueles desenhos, um personagem "chegava a uma parada completa e, depois, congelava. E seus olhos piscavam. Ou seu cabelo ficava em pé, ou qualquer outra coisa. Ou, se sua cabeça girava, o resto ficava parado, rigidamente." Como dizia Walt sobre esse tipo de animação, "o personagem morre e parece um desenho".

Ub Iwerks tinha o conhecimento básico das técnicas de animação e podia desenhar ações, mas nunca conseguia dar aos seus personagens uma impressão de volume e fluidez de movimentos. Ainda assim, Iwerks havia sido um exemplo no estúdio e o próprio Walt admitiu que "o trabalho mais duro era conseguir que os caras deixassem de perder tempo com os desenhos individualmente e pensassem no grupo de desenhos em movimento". Sem Iwerks como luz-guia e com os testes a lápis para ajudar, os animadores ficaram livres para experimentar, e o fizeram. Quando Norm Ferguson concluiu *Frolicking Fish* (*O peixe travesso*) em 1930, Walt recomendou que os outros animadores o estudassem porque Ferguson fizera os desenhos de forma a existir um fluxo constante de ação. "Logo, todo mundo começou a desenhar mais solto", lembrou outro animador. "Isso deu mais liberdade de movimento." Já em 1931, os personagens dos desenhos de Disney não mais pulavam de uma pose para outra. Eles se movimentavam suavemente entre elas, criando o que pode ser chamado de "ação estendida", em que o movimento fluía. "A ação contínua foi uma invenção de Disney", disse Dick Huemer. "Por isso é que a animação de Disney parecia tão diferente."

As animações de Disney eram narrativamente diferentes também. Todos os desenhos animados se baseavam em piadas – uma piada visual ou uma breve situação cômica. A piada era sagrada e inviolável, razão da existência dos desenhos animados. A maioria dos estúdios de animação simplesmente unia piadas de forma aleatória. Walt mandava uma sinopse para a equipe e pedia que fizessem piadas sobre a situação: "Então, vamos todos começar logo isso e ter algumas boas gargalhadas prontas na terça à noite", era um pedido típico dele. Depois, concedia prêmios para as piadas que usava – um ou dois dólares, ocasionalmente US$ 3,5 no início dos anos 1930, embora a taxa logo fosse padronizada em US$ 2,50. A piada também era o componente fundamental da narrativa no estúdio Disney, a base do sucesso ou fracasso de um desenho. "Você deve aprimorar a habilidade de chegar logo à essência da piada, sem confundir os acessórios com o centro da ação", Walt uma vez instruiu Huemer, enquanto avisava a outro animador que ele parecia não ter "entendimento da forma apropriada das piadas".

Em outros estúdios, os animadores ou selecionavam ou recebiam uma situação básica e depois a animavam como queriam, mas era irrelevante se a piada de um animador realmente se conectava com a de outro. Boas piadas eram tudo. As piadas Disney podiam não ser nem um pouco melhores que as de seus rivais, mas, como disseram os animadores Frank Thomas e Ollie Johnston, "eram mais bem encenadas, e havia mais cuidado ao se definir a situação. Havia mais preocupação com o detalhe, com a construção da comédia, para fazer com que a piada compensasse." "Nosso erro era que não estabelecíamos nada a princípio", observou Dick Humer sobre seus dias pré-Disney. "Dávamos o final sem o desenvolvimento (da piada)... Disney foi sempre muito cuidadoso ao planejar as coisas, para que tudo fosse compreensível, e uma coisa acontecia após a outra, logicamente." Um historiador da animação disse que a diferença entre os primeiros desenhos animados de Disney e os de 1931 eram uma questão de "densidade". Nos últimos desenhos, cada piada individual era mais complicada, e as piadas se acumulavam, cada piada sendo construída sobre a precedente.

Mas enquanto analisava e depois refinava a piada, Walt também mudava a unidade narrativa básica de seus desenhos. Começou a pensar não apenas em termos de piadas, mas em termos de uma história à qual as piadas estariam subordinadas, o que pode ser visto como um avanço tão revolucionário para a animação quanto a ação contínua. (Na verdade, a história foi, exatamente, o que Walt desprezou quando trabalhava para Mintz.) Quando contratou Ted Sears, em 1930 – o velho animador dos Fleischer que, segundo a descrição de um colega, usava um colarinho alto, emplastava o cabelo na cabeça, falava por um lado da boca e parecia um "monge sem batina" –, Walt o indicou para ser o chefe de um novo departamento de enredos, algo de que nunca se ouvira falar em qualquer estúdio de animação. O departamento consistia em Bill Cottrell, o "*inker* pintor câmera que virou animador", Webb-Smith, um ex-jornalista, e Pinto Colvig, que depois fez a voz do personagem Goofy (Pateta). Esses homens eram inicialmente, encarregados de ajudar a inventar piadas melhores sem a responsabilidade de ter que animá-las. Walt lhes propunha uma determinada situação – por exemplo, o cachorro de estimação de Mickey, Pluto, enrolando-se em papel usado para pegar moscas. "Voltei dois dias depois (de dar a instrução a Webb Smith)", Walt recordou, "e havia uma parede cheia de coisas que poderiam acontecer com aquele cachorro se ele se metesse com papel pega-moscas, vê? O processo seria então, sentar-se com aquilo, pegar algumas daquelas ideias, copiá-las se pudéssemos e colocá-las em alguma espécie de rotina e continuidade".

Foi na continuidade que os argumentistas, com a bênção de Walt, começaram a se concentrar. Walt queria que as histórias e as piadas fossem tão esmeradas quanto a própria animação. Para elevar o status da história, Walt, além de fazer os piadistas irem de animador a animador para mostrar as ideias, instalava-os em seu próprio escritório, onde toda a equipe se reunia no início de um desenho animado para discutir a trama e as piadas, e para onde os diretores mais tarde iriam para rechear as histórias, acrescentar detalhes e convertê-las em imagens. Enquanto isso, um dos argumentistas – algumas fontes dizem que foi Webb Smith, outras, Ted Sears – teve a ideia de apresentar todo o desenho animado cena por cena, em uma série de esquetes rascunhados, processo equivalente para a história ao que os testes a lápis eram para as imagens, e dispô-los em um quadro de cortiça de quatro pés por oito pés – um *storyboard*,[3] como foi chamado – que permitiu aos argumentistas, animadores e a Walt ter uma visão geral do fluxo narrativo do filme.[4] Agora, o estúdio Walt Disney estudava o desenho animado antes mesmo de ele ir para os testes a lápis. Como disse um animador, "você tem a sensação de que cada um dos quadros daquela coisa foi trabalhado até ficar perfeito!".

Quando um elemento mudava, isso detonava uma reação em cadeia. O novo olhar para a história exigia uma nova abordagem das figuras animadas. Quando os desenhos simplesmente ligavam piadas "acústicas", os personagens eram pouco mais que ícones. Até Mickey Mouse, inicialmente, era uma forma de acomodar as situações cômicas – malicioso quando a situação requeria malícia, medroso quando a situação exigia medo, ousado quando a situação pedia coragem, alegre quando a situação demandava alegria. Mas os enredos mais elaborados que o departamento de Sears começou a produzir a pedido de Walt requeriam personagens mais elaborados também – atores, em vez de personagens que, meramente, exibissem expressões de acordo com as situações exigidas pelas piadas. "A grande razão pela qual ninguém lembra o que aconteceu no início do desenho animado é que não havia nenhuma história real, nem personalidade", observou um animador. "Esse é o motivo de todo mundo pensar que foi Walt Disney quem inventou o desenho animado."

Um personagem como o gato Félix, Walt disse a Frank Thomas certa vez, tinha "pequenos traços de personalidade aqui e ali", e o próprio Walt tentou forjar uma personalidade para Oswald, o coelho e, mais tarde, Mickey Mouse, mas sentia que esses

---

3 Sequência cronológica de desenhos das cenas e ações mais importantes de um filme, programa de televisão ou anúncio de publicidade. (N.T.)

4 Segundo o animador Shamus Culhane, Sears foi quem realmente inventou o *storyboard*, em maio de 1930 para os Fleischer, pouco antes de sair, um expediente para ajudar jovens animadores a ter uma percepção melhor da sequência, pois a maioria dos melhores animadores dos Fleischer havia levantado acampamento rumo à Costa Oeste e a Disney. Culhane, *Talking Animals*, p. 36. (N.A.)

traços não eram suficientes. Walt, que estava sempre tentando aproximar a animação dos filmes ao vivo de Chaplin ou Keaton, entendia que a plateia precisava envolver-se. O público necessitava importar-se com os personagens na tela e não apenas rir deles. Walt começou a insistir com seus animadores sobre a importância de criar personagens que pudessem extrair reações emocionais do público. "Era o que vinha em primeiro lugar", lembrou Wilfred Jackson desse período, "e tudo aconteceu porque Walt queria tornar os personagens mais verdadeiros para as pessoas. Desde o início, ele não queria que eles fossem simplesmente objetos que se movimentavam na tela e faziam coisas engraçadas". "Os personagens tinham de ser do tipo com que o público pudesse se relacionar", concordou Eric Larson. Como o próprio Walt descreveria mais tarde sua estética em uma formulação simples: "O mais importante objetivo de qualquer uma das belas artes é conseguir uma reação puramente emocional do observador".

A única forma de extrair essa resposta, pensava Walt, era através de personalidade – um conjunto de características próprias do personagem que se fundiam para defini-lo. No estúdio Disney, Walt baixou um édito de que os personagens animados não mais seriam, simplesmente, funcionais para a piada. Eles tinham que ser "de corpo inteiro", ou como um animador descreveu, "acreditáveis em moção e emoção". À parte a aspiração geral pela perfeição, de todas as numerosas contribuições e inovações que Walt Disney levou ao desenho animado esta pode ter sido a mais importante, pois foi a que mudou a animação de forma mais radical, não apenas em sua aparência física ou em sua amplitude narrativa, como em sua relação básica com o espectador, e foi a que mais distinguiu os desenhos de Disney de seus antecessores: todos os personagens tinham de ser tratados não como se fossem meramente animados e sim vivos – uma abordagem que pode ser chamada de "animação de personalidade". "Tudo em seus desenhos tinha que ter personalidade", disse o animador Ward Kimball. "Ele insistia em que, se uma árvore fosse tímida, devia agir com timidez. Se fosse uma árvore má, tinha de comportar-se como uma vilã. Ele sempre exigia de seus animadores uma delineação completa do personagem." Em uma reunião para discutir enredo, Walt perguntou: "Como se sentiria um piano se Mickey começasse a dedilhá-lo com muita força?".

Para Walt, a personalidade não era uma função ou comportamento físico ou até as respostas emocionais que se podiam aplicar a um personagem. A mágica da animação, a mágica da animação Disney era que a personalidade parecia emergir dos desenhos como se tivesse sido internalizada. "Você tem de retratar não apenas que essa coisa está se movendo", disse Walt uma vez, "mas que, na verdade, está viva e pensa." A ideia de um personagem de desenho animado pensante e sensível, um personagem com psicologia e profundidade emocional, foi uma revelação até mesmo no estúdio Disney, onde poucos anos antes havia existido preocupação com a resposta do público a uma voz que emanasse de um desenho. Quando Norm Ferguson animou a sequência de Webb Smith de Pluto em luta com o papel pega-moscas em *Playful Pluto* (*O alegre Pluto*) em 1934, o efeito no estúdio foi elétrico – "um dos maiores" – definiu Wilfred Jackson. "Foi uma sensação, porque se podiam ver as engrenagens funcionarem na cabeça do personagem", lembrou Ward Kimball. "E nós estávamos mais ou menos saindo daquela fase saltitante, dançante, musical, dos curtas-metragens Disney, onde todos os personagens, com grandes sorrisos, mantinham-se no ritmo da música ou tocavam um instrumento. Chegava agora um personagem que se envolvia com uma situação que continua a se desenvolver, quase como uma sequência de Chaplin, Buster Keaton ou Harold Lloyd." Ferguson, cuja animação já havia conquistado a admiração de Walt por sua fluidez, agora ganhava mais admiração por sua psicologia e profundidade. "Fergy, você é um grande ator", anunciou Walt na frente de toda a equipe, e quando Ferguson sorriu sem graça e se encolheu, Walt insistiu: "Sim, você é. Eis o motivo de a sua animação ser tão boa, porque você sente. Você sente o que os personagens sentem."

Walt Disney receberia o crédito – e frequentemente as críticas também – por trazer mais realismo à animação; e ele quase sozinho quebrou uma longa tradição, a qual um dia ele próprio se submetera, de desenhos autorreflexivos em que se via a mão do animador, em favor de uma nova estética, na qual o mundo do desenho animado era exibido como alguma coisa independente, autônoma. Mas o realismo visual que ele estimulava era, de fato, produto do realismo psicológico e emocional que exigia, não sua fonte. Walt queria um campo visual verossímil para seus personagens animados mais verossímeis, a fim de forjar aquela ligação emocional com o público – um universo animado que chamava de o "impossível plausível" e que "esticava" as leis naturais sem rompê-las inteiramente.

Como resultado desse novo imperativo e da análise das cenas mediante os testes a lápis, os animadores do estúdio Disney começaram a abandonar o estilo de animação prevalecente e consagrado, chamado com desprezo de "mangueira de borracha", que renunciava ao realismo e suas dificuldades em prol da facilidade de desenhar. Na animação estilo "mangueira de borracha", quando a forma de uma figura ou objeto mudava, o mesmo acontecia com seu volume, como se ele fosse feito de borracha. Não se considerava a gravidade, ou o peso. Isso aborrecia Walt. Ele sentia que a falta de realismo comprometia a realidade psicológica e emocional dos personagens e rompia o laço emocional com o observador. "Quando Walt começou a insistir um pouquinho demais em tornar os personagens verossímeis", disse Jackson, "toda essa mangueira de borracha teve que desaparecer." Agora a gravidade entrava no mundo do desenho animado pela primeira vez, como também as "ações secundárias", ou a resposta à gravidade de coisas como cabelo, roupas e folhas. Antes de Disney, lembrou Dick Huemer, "ninguém pensava nas roupas se movimentando, estendendo-se e caindo alguns quadros depois, que é o que elas fazem, naturalmente". Todo mundo começou a pensar nessas coisas no estúdio Disney, e a força da gravidade tornou-se uma obsessão. Entre os muitos cartazes que pendiam nas paredes dos animadores havia um que dizia: "O seu desenho tem peso, profundidade e equilíbrio?".

Às vezes, no entanto, os animadores não eram suficientemente bons. Para corresponder às novas exigências de realismo, eles sabiam que tinham de aperfeiçoar suas habilidades. "Definitivamente sinto que não podemos fazer as coisas fantásticas baseadas no real sem conhecer o real primeiro", avisou Walt. Eles precisavam de treinamento. Já em 1929, Walt levava vários animadores seus ao centro de Los Angeles para que assistissem às aulas na sexta à noite, no Chouinard Art Institute, depois ia para o estúdio trabalhar, e depois voltava para buscá-los. Em algum momento de 1931 contratou o Chouinard para treinar mais ou menos uma dúzia de seus artistas uma noite por semana. Um deles, Art Babbitt, decidiu que seria melhor para os artistas reunirem-se em sua casa, perto de Hollywood Bowl, para sessões informais de desenho com modelos vivos, e no fim do verão ou início do outono de 1932, começou a fazer as reuniões. Na primeira semana, convidou oito artistas, e apareceram 14. Na semana seguinte, convidou os 14, e 22 apareceram. Várias semanas depois, Walt chamou Babbitt ao seu escritório. "Suponha que chegue aos jornais que um bando dos artistas de Disney está desenhando mulheres nuas em uma casa particular", disse. "Não cairia muito bem." Em vez, disso, esperando atrair mais artistas de sua própria equipe, Walt ofereceu, gratuitamente, o estúdio de gravação de som na Hyperion e materiais de desenho. Depois da proposta de Walt, outro jovem animador que havia frequentado as sessões na casa de Babbitt, Hardie Gramatky, sugeriu que formalizassem a educação, convidando o homem que ministrara as aulas no Chouinard, Donald Graham, para ser o professor. Babbitt entrou em contato com Graham e, em 15 de novembro, a "grande escola de arte Disney", como Graham a chamou, teve sua primeira aula.

A princípio, o grupo se encontrava no estúdio de gravação apenas duas noites por semana, com vinte a trinta homens assistindo às aulas. Em um mês os números cresceram, obrigando Graham a chamar outro instrutor, Phil Dike, e dividir a classe em duas. Nas duas semanas seguintes, a média de audiência semanal ultrapassou 50 por sessão, e Graham, finalmente, teve que chamar um terceiro instrutor para atender ao grupo. Logo, eles estavam se reunindo cinco vezes por semana, e embora a presença, de início, não fosse obrigatória, "era melhor ir!", como colocou Babbitt.

Canadense de nascimento e estudante de engenharia na Stanford antes de frequentar as aulas do Chouinard e se comprometer com a arte, Graham tinha apenas 29 anos quando assumiu a tarefa – um homem bonito, forte, com cabelo negro ondulado, queixo quadrado, olhos profundos, braços compridos e os dedos longos de um artista. Ficava à frente da classe, naquele aposento cavernoso, segurando um cigarro aceso que passava de uma mão para a outra enquanto falava, fascinando os alunos à medida que a cinza se aproximava de seus dedos. Nas palavras de um estudante, a tarefa a que ele se propôs era "necessariamente impossível". Graham não tinha treinamento em animação, mas não era animação que Walt queria que ensinasse. Em lugar disso, Graham ensinou a um grupo de rabugentos animadores de Nova York, a ex-cartunistas de jornal, algumas vezes a estudantes de arte e a amadores talentosos a arte do desenho figurativo sem impor um só estilo a todos, segundo um animador. Ele dava a base, ensinando-os a desenhar, realmente desenhar, o que significava, como um animador percebeu, que Graham "atacava sozinho a concepção tradicional de desenho animado como apenas tiras de quadrinhos" e a trocava por realismo. Foi Graham quem lhes mostrou em detalhes, o efeito da gravidade sobre a massa, e como a carne e o músculo se moviam, e o papel dos efeitos secundários. Art Babbitt disse que foi Graham quem o ensinou a "analisar" e ensinou-lhe também que "o mais sutil elemento fora de ritmo no movimento de uma pessoa a transforma em um personagem totalmente distinto". Shamus Culhane, outro animador, chegou ao ponto de dizer que depois do próprio Walt Disney, Don Graham teve "o maior impacto sobre a filosofia do meio ao tentar criar um grupo de sofisticados animadores, educando-os nas teorias dos velhos mestres, na arte moderna, na atuação e nos princípios científicos do movimento".

Em um estúdio dedicado a excelência, Graham tornou-se uma espécie de herói por conduzir os animadores em direção às belas artes. Enquanto os estudantes desenhavam, Graham passeava entre eles, olhando por cima de seus ombros para os blocos e fazia apenas dois comentários: ou dizia "está com problemas?", ou "parece que você está se divertindo". O segundo comentário, de acordo com um animador, era "o apotegma supremo, o *nec plus ultra*, porque se divertir significava que algo se encaixava, que as lições estavam dando frutos. Eu preferia ouvir Don Graham dizer "divertindo-se?", afirmou o animador, "a ganhar um prêmio da Academia".

No devido tempo, Don Graham entraria para a folha de pagamento do estúdio em tempo integral, ensinando três dias e duas noites por semana, enquanto a escola do estúdio se expandia para cinco noites por semana com 150 estudantes, a um custo, estimava-se, de US$ 100 mil por ano. Enquanto isso, Walt complementava a instrução de Graham mediante a contratação de estudos fotográficos em câmera lenta, ele disse, de "vidros quebrando-se, bolhas formando-se e estourando, pingos de água caindo em uma banheira", até fumaça de cigarro dispersando-se, para os animadores analisarem; instituindo uma biblioteca no estúdio que, no final, cresceu para 2 mil volumes, onde uma equipe de três pessoas provia desenhos e fotografias para os animadores; entregando cópias fotostáticas dos movimentos humanos em tamanho compatível com o quadro do desenho animado, para que os animadores pudessem desenhar por cima as fotos e descobrir por si mesmos a base da ação; fazendo até alguns animadores assistirem a aulas de atuação. Os animadores de outros estúdios queixavam-se de que, se tivessem o mesmo tempo que os animadores de Disney, fariam um trabalho tão bom quanto o deles. Mas a mentalidade era diferente, não o tempo. William Tytla, que trabalhara para Paul Terry em Nova York antes de entrar para o estúdio Disney, disse que, quando sugeriu a Terry que contratasse um modelo para ajudá-los a melhorar a técnica, recebeu a resposta de que ele mesmo arranjasse um, e que Terry havia descartado a ideia de contratar um instrutor como Graham. Finalmente, Tytla parou de pedir, queixando-se: "Eles diziam que qualquer um que vai a uma escola de arte é um *homo bolshevista*." Shamus Culhane teve experiência semelhante no estúdio Fleischer. "Eles não aceitavam o fato de que a questão não era tempo; era educação", escreveu. "O pessoal do Fleischer operava por instinto e pela desdenhosa rejeição da ideia de que existiam princípios de animação e redação."

Agora que o realismo era a base da evolução rápida da animação Disney, provendo uma ligação com a plateia que os desenhos mais rudimentares não proviam e permitindo que o público se reconhecesse nos personagens Disney da mesma forma que se reconhecia nas estrelas do cinema ao vivo ou nos personagens da literatura, Walt Disney estava no negócio de criar vida. "A maioria das pessoas acha que a palavra 'animação' significa movimento", explicou certa vez Ken Peterson, um animador de Disney, "mas não é assim. Ela tem origem em *animus*, que significa 'vida' ou 'viver'. Criar movimento não é animação, é apenas a sua mecânica." "Nós os investimos de vida", disse Walt a um repórter sobre suas criações animadas.

As animações de Disney eram da vida, mas também maiores que a vida. O que Walt buscava não era uma imitação da vida tal qual ela é, mas da vida até onde se pode exagerá-la – uma "caricatura da vida", como Walt a chamava, com raízes no realismo, mas expandindo-se além dele. A animação de Walt não seria apenas mais exagerada que a vida; ela seria mais simples, mais clara, mais inteligente e, finalmente, melhor. "Nossos atores devem ser mais interessantes e menos comuns que você e eu", Ham Luske, um dos mais importantes animadores do estúdio nos anos 1930, avisou, formalmente, a equipe. "Seus processos mentais devem ser mais rápidos que os nossos, e suas passagens desinteressantes de uma situação para outra devem ser puladas." E esse pode ter sido o âmago da questão para Walt Disney. Com todos os benefícios comerciais em perspectiva gerados pelo realismo, isso também representou um profundo benefício pessoal para um homem que passou a infância criando uma realidade alternativa como compensação para os ferimentos que ele sentia que havia sofrido: o realismo o ajudava a simplificar e aperfeiçoar seu mundo e aumentar o controle sobre ele. O realismo o ajudava a criar um mundo maravilhoso do impossível plausível.

E o que era realismo sem cor? Antes mesmo de explorar o som, Walt Disney tinha sido cativado pela ideia de animações coloridas. Estava tão ansioso para melhorar a qualidade visual de suas imagens, que, em janeiro de 1930, o estúdio começou a usar o estoque de filme positivo, mais sensível que o negativo, embora isso custasse mais US$ 1 mil por desenho animado. Pouco depois, Walt encarregou Bill Cottrell, então no departamento de câmera, de fazer uma experiência para uma *Silly Symphony* atmosférica intitulada *Night* (*Noite*). Por instrução de Walt, Cottrell pôs nitrato de prata no filme para ver que efeito isso teria, depois pintou o desenho com tinha azul para imbuí-lo de uma tonalidade escura, que se aproximasse da cor do céu à noite. Uma sequência de incêndio foi pintada com tinha vermelha, e uma cena debaixo d'água, de verde. "Acho que ele esperava que alguma coisa aparecesse para que pudéssemos fazer algo que criasse um filme colorido", disse Cottrell mais tarde.

Walt queria desesperadamente avançar, embora a tecnologia não acompanhasse. "Estou convencido de que uma boa cor, que não force demais os olhos, seria uma coisa valiosa para um desenho", Walt escreveu para um laboratório de cor em perspectiva. "No entanto, todas as amostras de cores que vi até agora mais prejudicariam que somariam a um desenho animado." Mesmo assim, Walt continuou a procurar e, quando a Technicolor, uma companhia dedicada ao filme colorido, anunciou um processo de três cores no início de 1932, que prometia reproduzir os tons com mais fidelidade, diz-se que Walt teria exclamado: "Finalmente! Podemos mostrar um arco-íris na tela".

Se ele poderia fazer isso, no entanto, era motivo de briga com Roy. Walt admitia que as animações coloridas fossem proibitivamente caras – três vezes o custo do preto e branco em despesas de laboratório e cerca de um quarto mais em custos de produção – com pouca chance de recuperação desses custos no curto prazo, especialmente porque o contrato da United Artists não exigia cor nem previa reajuste em dinheiro se Walt decidisse entregar os desenhos em cores. Roy se opunha terminantemente e pediu a outros que dissuadissem Walt, mas Walt não seria dissuadido, argumentando que os desenhos coloridos teriam vida mais longa que os em preto e branco. "Descobri que as pessoas que vivem sob o domínio dos números são *post-mortem*, nunca estão à frente, foi sempre o que aconteceu", Walt disse, desdenhosamente, das objeções de Roy. "Bem, quanto ao meu objetivo particular, sempre estive à frente." Walter Lantz, na Universal, já fizera uma sequência em Technicolor no filme *The King of Jazz*, estrelado por Paul Whiteman. Agora Walt sentia que era a sua vez.

De sua parte, a Technicolor estava ávida para dar assistência, pois havia encontrado dificuldade em convencer os estúdios que faziam filmes ao vivo a arcar com a tremenda despesa da cor; em 1932, a companhia perdeu US$ 235 mil. Walt já havia começado a produzir a *Silly Symphony* seguinte em preto e branco, uma história sobre duas árvores que se apaixonam e descobrem que seu romance é ameaçado por uma árvore velha e ciumenta. Agora, com a cooperação da Technicolor, Walt decidiu, no meio do caminho, convertê-la em um filme colorido. Então, fez o departamento de tinta e pintura lavar o verso dos celuloides em preto e branco, o lado com as sombras brancas e cinzentas, deixando apenas os contornos negros do outro lado. Depois, fez com que os celuloides fossem repintados com cores no lado que havia sido lavado. Walt ficou tão entusiasmado com o resultado, que convidou Rob Wagner, um amigo, escritor e bem-relacionado *bon vivant* de Hollywood, para ver cenas do filme. Wagner, em troca, recomendou que o filme fosse exibido para Sid Grauman, o principal empresário de cinema de Los Angeles e chefe do cinema Grauman's Chinese. Grauman ficou tão impressionado quanto Walt e Wagner e o programou para julho no Chinese com o filme da MGM, *Strange Interlude* (*Estranho interlúdio*), um novo filme que garantiria ampla audiência a *Flowers and Trees* (*Flores e árvores*). "Todos opinam que será uma sensação", George Morris escreveu para Roy, após a projeção no estúdio Disney, acertadamente, como se revelou. Grauman disse que o desenho animado "era a criação de um gênio que estabelece um novo marco no desenvolvimento cinematográfico". Walt, mais tarde, afirmou que a exibição no Grauman's provocou "uma avalanche de encomendas e reservas para exibição". *Flowers and Trees* também ganhou o prêmio da Academia de curtas animados.

Agora Walt estava fisgado, exatamente como havia sido fisgado pelo som em *Willie*. Desenhos em preto e branco subitamente pareceram antiquados e estilizados, mais desenhos que vida. "Uma cópia em preto e branco parecia tão sem brilho ao lado de *Flowers and Trees* quanto um dia cinzento junto a um arco-íris", escreveu mais tarde. "Podíamos fazer outras coisas com as cores! Podíamos fazer muitas outras coisas com cores, coisas que nenhum outro meio poderia fazer." As engrenagens, no entanto, moviam-se lentamente. Quase um ano depois, Walt ainda estava fazendo lobby dentro de sua própria companhia para converter toda a programação para cor, quer a UA mudasse ou não o contrato para compensar o aumento de custo, quer o estúdio tivesse que arcar com todas as despesas ou não. "Walt está fazendo muita questão da cor", Gunther Lessing escreveu para Roy, que estava em Nova York na época. "Ele quer cor." O que Lessing não podia expressar era o quanto Walt a queria. Estava tão decidido, que, até sem a perspectiva de alguma compensação adicional da UA, começou a negociar com a Technicolor o direito exclusivo de usar o processo; esperava fechar um acordo quando Herbert Kalmus, o chefe da Technicolor, se encontrasse com a diretoria do estúdio, e temia que, se não fechasse um acordo imediatamente, algum estúdio rival o faria. Roy achou que Walt estava, desnecessariamente, nervoso, pois todos sabiam que os Disneys não estavam recebendo nenhum grande adiantamento por desenhos animados coloridos e sim por desenhos preto e branco, mas Roy, curvando-se uma vez mais aos desejos de Walt, reuniu-se com Kalmus para discutir os termos do acordo.

Roy tinha razão em que nenhum outro estúdio parecia estar batendo à porta da Technicolor, e que a Technicolor estava mais ansiosa ainda que Walt para concluir um acordo, pois os desenhos animados de Walt seriam uma forma de exibir o novo processo. Na verdade, a Technicolor ofereceu um empréstimo ao estúdio para ajudar a compensar os custos adicionais – a completa conversão para cor teria requerido mais US$ 195 mil – e, em determinado momento, propôs bancar todo o custo da conversão em troca de uma participação de 50% no estúdio, polidamente rejeitada por Walt (Lessing foi menos polido). Em vez disso, Walt concordou em fazer 13 desenhos *Silly Symphonies* em cores em troca do uso exclusivo em desenho animado do processo de três cores da Technicolor durante dois anos, o bastante para lhe dar uma vantagem significativa em relação aos rivais, mas recusou qualquer ajuda financeira da companhia.

Roy já estava nervoso ante a perspectiva de novas despesas e até convocou uma reunião da equipe, admoestando: "Temos de deixar de gastar dinheiro nesses filmes ou vamos quebrar." Ao mesmo tempo escreveu para os pais, queixando-se de que Walt "continuamente (no mínimo, sem uma pausa) lutava até o fim por algo que não fora feito antes. Esse tipo de política, naturalmente, é sempre custoso." Como sempre, Roy foi encarregado de arranjar o dinheiro para financiar as ambições de Walt. Com a UA relutando em pagar mais pela cor, Roy, claramente esforçando-se para apaziguar Walt, procurou um banqueiro de investimento de Nova York chamado Rosenbaum a quem fora apresentado por um amigo comum, mas as condições do empréstimo eram usurárias e se dizia que o banco era inescrupuloso, e Roy rompeu as negociações. Saiu até uma notícia na imprensa, que os Disneys negaram com veemência, que Roy seria forçado a abrir o capital da companhia e admitir sócios.

O que complicou a tarefa de Roy foi que, no exato momento em que tentava assegurar financiamento para a cor, o remanescente do empréstimo de US$ 195 mil que a UA havia adiantado ao estúdio sob o contrato revisado devia ser pago, se a UA decidisse cobrar, de acordo com uma provisão do contrato. Tanto Roy quanto Walt desejavam renegociar com a UA, esperando uma extensão de dois anos no pagamento para poderem dispor dos recursos necessários à conversão para cor, e Roy foi a Nova York em maio para discutir os termos. Mas a UA – com a "mentalidade da Depressão", disse Roy – não estava inclinada a conceder a extensão, em parte porque duvidava de que Walt fosse continuar a entregar desenhos animados de qualidade tão alta. "Eles parecem achar que existe alguma armação", Roy escreveu para Walt, "ou que você vai perder a inspiração, ou ir para Hollywood, ou para algum outro lugar, mas não continuará a fazer bons filmes." Roy, assumindo a causa do irmão, acreditava que "nunca erraram no passado ao apostar em nós mesmos e em nosso produto", sugeriu que esquecessem a UA e buscassem recursos em outro lugar. Deixou Nova York com outro pequeno empréstimo da UA – US$ 12 mil por filme entregue de 10 de maio a 27 de junho, para quando o grande pagamento estava programado – e a determinação de encontrar outro benfeitor para a nova obsessão de Walt.[5]

Tal como aconteceu, o benfeitor os encontrou. Ele foi Attilio Giannini, filho de imigrantes italianos, apelidado de "Doc" porque obteve um diploma de medicina antes de entrar para a firma bancária sediada na Califórnia de seu irmão mais velho, Amadeo, o Bank of America. Doc Giannini se tornara legendário em Los

5 Ouvindo boatos de problemas financeiros, Pat Powers, incorrigível como sempre, escreveu para Walt – "esta carta, sem dúvida, irá surpreendê-lo. Não tenha, no entanto, um ataque do coração" – para oferecer ajuda. Powers para Walt, 3/abr/1933, Powers Cinephone Equipment Corp., Corr., 1930-1936, WDA. (N.A.)

Angeles por fazer empréstimos mais pelo caráter que pelas garantias, e era especialmente estimado na indústria de cinema, onde esteve entre os primeiros a prover capital para a construção de estúdios quando ninguém mais fazia isso. Os Disneys já haviam obtido pequenos empréstimos do Bank of America e, enquanto Roy estava em Nova York, George Morris conversava com o banco, buscando aconselhamento financeiro. (Ao ouvir dizer que a UA estava se recusando a conceder uma extensão, Giannini disse a Morris que a UA precisava mais dos Disneys que estes dela e que Morris devia "dizer àqueles filhos da p... para ir pro inferno!") No fim de maio, durante uma das reuniões no Bank of America com um funcionário chamado Normanly, o dr. Giannini apareceu, apertou a mão de Morris e, abruptamente, perguntou-lhe "se a United Artists ficaria muito aborrecida se nós os tirássemos dela", confidenciando que o banco estava desejoso de pagar o empréstimo da UA. Quando Morris disse que, na verdade, a UA ficaria aliviada se o empréstimo – os US$ 112 mil que estavam faltando – fosse pago, Normanly e Giannini foram à sala do último para discutir a questão. Quando voltou, Normanly disse a Morris que o banco agora queria assumir todo o empréstimo da UA. Morris escreveu para Roy excitadamente, dizendo que "isso corta, absolutamente, todo o controle que eles têm sobre nós", mas, ao contrário do que dissera a Giannini, não via por que a UA iria concordar com aquilo. A UA, no entanto, concordou. Não apenas o Bank of America assumiu o empréstimo, a ser liquidado em seis meses, como também concordou em adiantar ao estúdio US$ 12 mil por filme pelo resto do contrato com a UA. Uma semana depois, Roy encontrou-se com o dr. Giannini para negociar um limite de crédito, sem relação com a entrega de filmes, que permitiria ao estúdio, pela primeira vez, pedir emprestado quando quisesse.

Os Disneys tinham agora, finalmente, os recursos de que necessitavam para fazer desenhos animados coloridos, ou qualquer outra coisa que quisessem fazer. Pelo acordo com a UA, que continuava a distribuir os filmes do estúdio, embora não mais os financiasse, os desenhos de Mickey Mouse permaneceriam em preto e branco pelo futuro previsível – Roy não via benefício em interferir com o sucesso –, mas as *Silly Symphonies*, dali em diante, seriam coloridas. Então, no final, apesar das apreensões de Roy, Walt Disney havia conseguido o que queria, como habitualmente acontecia.

II

Na época em que Walt obteve o contrato exclusivo com a Technicolor, a série *Silly Symphonies* já havia começado a rivalizar com Mickey Mouse, se ainda não em popularidade, ao menos na receptividade dos críticos. O crítico Gilbert Seldes, escrevendo para *The New Republic*, em junho de 1932, disse que a série *Symphony* era a "perfeição do cinema", acrescentando que os desenhos animados haviam chegado "ao ponto em cuja direção o filme fotografado e dramático deveria caminhar, e que, como nos filmes mudos, todo o possível é expresso em movimento, e o som é usado para apoiar e clarificar o contraste." A linha entre os elogios da crítica e do público foi cruzada, decididamente, na mesma semana em que Walt fechou o acordo com a Technicolor, com a entrega em maio de 1933, de um dos mais extraordinários desenhos animados que o estúdio jamais produziria.

O projeto, sobre três porquinhos irmãos aterrorizados por um lobo voraz, aparentemente originou-se em uma história do livro *Green Fairy Book* (*O livro verde de fadas*), de Andrew Lang, que havia circulado no estúdio em dezembro, com um sumário e uma longa crítica anexada, provavelmente de Walt, observando que "esses três porquinhos personagens parecem ter sido trabalhados de uma forma muito bonita", e acrescentando, a propósito do novo foco do estúdio: "Nós seríamos capazes de desenvolver um bocado de personalidade neles." Quando o *storyboard* de *Os três porquinhos* foi feito – segundo um relato, esse foi o primeiro desenho animado a receber esse tratamento – Walt mostrou interesse especial. Ben Sharpsteen recordou que "Walt praticamente vivia na sala de música, enquanto o diretor (Burt Gillett) trabalhava no filme... Ele visualizava todo o filme, e gastou mais tempo com ele que com qualquer outro filme até então". O desenho foi até animado de forma um tanto diferente dos filmes anteriores, por uma equipe pequena, consistindo em Norm Ferguson e Dick Lundy, ajudada por Art Babbitt e Freddie Moore, em lugar do grupo comumente maior, em que cada indivíduo contribuía com uma cena ou piada.

Dos quatro, Moore, o mais jovem, se distinguiria. Moore, que entrara para o estúdio em agosto de 1930, com pouco menos de 19 anos, era baixo, vestia-se mal e tinha um nariz bulboso – na verdade, ele próprio parecia um personagem de desenho animado. Apesar disso, era um homem engraçado e um atleta natural que começou a jogar polo assim que agarrou um taco, e era igualmente natural quando se tratava de desenhar. "Animar era muito fácil para ele", disse Les Clark, a quem Moore originalmente ajudava. "Ele não precisava fazer nenhum esforço real." A facilidade de Moore com o lápis o tornava particularmente adepto do novo estilo do estúdio, mais relaxado, introduzido por Ferguson, e um importante historiador da animação deu-lhe o crédito maior por substituir no estúdio Disney, de uma vez por todas, o velho estilo de animação "mangueira de borracha" pelo mais sofisticado "aperte e estique".

O forte de Moore não era o realismo, entretanto. Era o charme. Ele tinha talento para criar personagens atraentes que eram suaves, redondos e querúbicos e pareciam transpirar a personalidade que Walt tanto queria. Ferguson desenhou o lobo em *Os três porquinhos*, Lundy, a maioria dos passos de dança, e Babbitt, as duas sequências de ação, mas foi o desenho e a animação dos porquinhos feitos por Moore que deram alma ao filme, provando ser impressionantes, indeléveis e, para o estúdio, icônicos. Os porquinhos de Moore foram um marco da personalidade dos personagens dos desenhos animados, assim como o Pluto de Ferguson havia sido um marco da psicologia. O animador Ollie Johnston disse acerca de Moore que, "sob sua influência, o estilo de desenho do estúdio Disney mudou acentuadamente para melhor". Outro animador, Marc Davis, foi além. "O desenho em que as pessoas pensam quando pensam em Disney", observou, "foi inspirado por Fred Moore", o que quer dizer que o estilo dele, tal como se evidenciou nos Porquinhos, tornou-se o estilo do estúdio. Depois dos Porquinhos, Moore tornou-se tão influente no estúdio que até Walt parava na mesa de animação de Moore apenas para observá-lo.

Apesar de todo o apelo dos porquinhos de Moore, outro elemento contribuiu poderosamente para o sucesso do desenho. Durante uma reunião para fazer o *storyboard*, Walt estudou atentamente a continuidade e sugeriu que uma pequena canção fosse inserida. Frank Churchill, agora o compositor do estúdio, imediatamente começou a tocar uma melodia ao piano. Ted Sears proveu mais duas linhas no mesmo ritmo e, quanto ele terminou os versos, Pinto Colvig, o homem do enredo e artista da voz, improvisou um assovio para completar a frase musical. Mais tarde, dois cantores *freelances* foram contratados para uma sessão de gravação de um dia inteiro, a US$ 10 cada um, e "Quem Tem Medo do Grande Lobo Mau?" começou sua jornada na história da música.

Walt, sempre notoriamente insatisfeito com qualquer coisa que o estúdio produzia, declarou-se feliz com os Porquinhos. "Ao menos conseguimos personalidade verdadeira em todo um filme!", teria escrito para Roy depois de ver o desenho. Roy, que naquela época estava em Nova York, na reunião com a UA sobre a extensão do contrato, transmitiu o entusiasmo de Walt para o encarregado das vendas do distribuidor. Mas quando assistiram ao filme, queixaram-se de que era um engodo, querendo dizer com isso que o estúdio os havia enganado porque Porquinhos tinha menos personagens que a *Silly Symphony* anterior, *Father's Noah Ark* (*A arca de Pai Noé*). Coube ao publicitário da UA Hal Horne defender o filme como "a maior coisa que Walt já havia feito".

O público pareceu concordar com a avaliação de Horne. Desde a pré-estreia, recordou Dick Lundy, a plateia deixou o cinema assobiando "Quem tem Medo do Grande Lobo Mau?". Pouco tempo depois de o filme estrear, a música começou a tomar conta do país – não apenas um fenômeno musical, mas cultural, que tocava incessantemente. "Não se consegue escapar", queixou-se o crítico de cinema Richard Watts, Jr., do *New York Herald Tribune*.

(A música) explode em cima de você em qualquer cinema; o rádio atira-a sobre você; tente escapar dela indo a algum bar, e algum infeliz alcoólatra vai começar a cantá-la para você; você pega um jornal em busca de alívio e a encontra gritando para você em uma caricatura na página do editorial. Nos chás, homens e mulheres, outrora inofensivos, subitamente irrompem, tímida ou resolutamente, em seus incessantes acordes ou acanhados versos. Vá ao teatro e você a ouvirá, tocada pela orquestra no intervalo, enquanto homens e mulheres bem-vestidos da sociedade, misturados ao público, se unem a sussurrá-la alegremente, com a boca fechada, só para mostrar que são espirituosamente sofisticados.

J.P. McEvoy, escrevendo para o *New York Daily Mirror*, concordou. "Pessoalmente, gostaria de levar você para um canto e lhe perguntar se já viu *Os três porquinhos*, e gostaria de continuar a perguntar umas cento e cinquenta vezes", resmungou. "Isso lhe daria alguma ideia do que tenho suportado no último mês (ouvindo 'Quem Tem Medo do Grande Lobo Mau?')."

A United Artists, surpreendida pela demanda do desenho, tinha poucas cópias e, em alguns bairros, foi forçada a contratar mensageiros de bicicleta para levar as cópias de um cinema para o outro. Começaram até a exibir versões em francês e espanhol – qualquer coisa em que pudessem pôr as mãos. Um cinema de Nova York exibiu-o durante semanas, finalmente pondo barbas em um cartaz dos porcos do lado de fora do cinema e aumentando as barbas à medida que o filme continuava em exibição. Naquele outono, o magnata da imprensa William Randolph Hearst pessoalmente sugeriu que deveria existir uma tira de quadrinhos *Os três porquinhos*, uma ideia que Walt afirmou que só levaria em consideração se conseguisse uma página inteira na seção de quadrinhos. A indústria do cinema prestou atenção também. Walt já era um herói folclórico menor em Hollywood por Mickey Mouse, mas logo depois de *Os três porquinhos* ele foi homenageado em uma reunião do Clube dos Escritores, onde Chaplin, que raramente representava em público, subiu a um pequeno palco improvisado e fez uma pantomima em homenagem a Walt e onde o chefe de cerimônias anunciou que ia ler um poema para Walt, tirou um bolo de papéis do bolso, tomou alguns goles de água, limpou a garganta e, depois, disse simplesmente, "Walt Disney... Bem, é ele, não?" como se nada mais precisasse ser dito. No ano seguinte, *Porcos* deu a Walt outro prêmio da Academia.

Por incrível que pareça, entre o custo do filme, que George Morris calculou em US$ 15.568, e o custo dos impressos, que chegou a quase US$ 14 mil, Morris se preocupava em que o estúdio pudesse ter prejuízo com o filme e, quando a UA, tirando vantagem da demanda, começou a cobrar pelos *Porcos* tanto quando cobrava para distribuir filmes ao vivo, Walt sentiu-se compelido a divulgar um pedido de desculpas aos exibidores no jornal *The Hollywood Reporter*, afirmando que estava longe de cobrir os custos e precisava do dinheiro.[6] Lucrativo ou não, *Porcos*, como *Willie* antes dele, foi amplamente visto como uma conquista notável na animação. "Percebi que ali acontecia algo que não havia acontecido antes", disse o animador Chuck Jones sobre o efeito de *Porcos*. O filme demonstrou que "não era a aparência de um personagem e sim como ele se movimentava que determinava sua personalidade. Tudo aquilo com que nós, animadores, lidamos depois de *Os três porquinhos* foi atuação". Jones acreditava até que a animação com personalidade realmente começou com *Porcos*.

Walt também acreditou que *Porcos* quebrara barreiras. "Ele nos trouxe honrarias e reconhecimento de todo o mundo e chamou a atenção de artistas jovens e de artistas mais velhos e destacados para o nosso meio como uma forma de expressar talento", escreveu, e muitos migraram para o estúdio na avenida Hyperion para unir-se à causa. E mais: o desenho teve o efeito de uma onda financeira sobre todo o estúdio; no ano seguinte, graças, em grande parte, à atenção dada aos *Porcos*, o lucro líquido do estúdio foi estimado pela revista Fortune em US$ 600 mil. Mas o efeito real do desenho foi sobre o status da animação em geral e sobre o status do estúdio Disney em particular. Como disse Walt anos depois: "A principal coisa sobre *Os três porquinhos* foi um certo reconhecimento da indústria do cinema de que essas coisas podiam ser mais que um rato saltitando em volta ou algo assim." Elas podiam ser arte.

A diferença entre *Os três porquinhos* e a maioria dos marcos anteriores de Disney foi que ele não era apenas uma conquista em animação, mas também, como a canção, uma conquista cultural, que foi, certamente, a fonte de sua espantosa popularidade. Os críticos imediatamente reconheceram que ele se incutiu na

6 No final, Walt afirmou ter ganhado US$ 4 mil com o filme, que faturou US$ 125 mil. *New York Herald Tribune*, 12/mar/1934; Disney "Growing Pains", p. 139. (N.A.)

consciência nacional, tanto refletindo quanto, de certa forma, aliviando a ansiedade em relação à Depressão. Walt, como sempre, alegou ignorância, dizendo que nem ele nem sua equipe tinham qualquer mensagem em mente quando fizeram o filme. De fato, após quase quatro anos de turbulência econômica nacional, Walt ainda estava surpreendentemente indiferente a ela, e uma vez até observou para a sua equipe que, se não fosse a Depressão, ele não teria nenhum de seus principais animadores. Mesmo assim, os Disneys não ficaram inteiramente livres dela. Flora e Elias em Portland estavam sofrendo; seus inquilinos não tinham como pagar o aluguel, que era, de qualquer modo, metade do que havia sido antes da quebradeira; e, quando Roy sugeriu que seu pai "trocasse" o aluguel com um inquilino por pintura e trabalhos para reformar os imóveis que tinham, Elias disse que tinha US$ 100 em aluguéis atrasados que lhe eram devidos. "Naturalmente, isso não é muito para qualquer pessoa que tenha um estúdio Mickey Mouse ou algo semelhante", escreveu para seu filho Raymond zombeteiramente. "Para nós significa muito." Sua esperança, disseram, repousava na eleição do novo presidente.

Quando Franklin Roosevelt iniciou seu mandato em março de 1933 e instituiu um feriado bancário na mesma semana para ajudar a deter uma possível corrida às instituições financeiras, Roy ficou abalado, frenético, sem saber como o estúdio pagaria a equipe com os ativos congelados. Ele foi ao banco para protestar e recebeu uma barra de dez dólares em ouro por empregado como garantia contra a conta, mas, antes que a semana se encerrasse, o ouro foi declarado moeda ilegal. Agora Roy começou a "suar", para usar suas próprias palavras. Walt, que não tinha interesse em política e cujo principal interesse no dinheiro era reinvesti-lo em seus desenhos, não demonstrou solidariedade. "Deixe de preocupar-se", falou, indiferente. "As pessoas não vão parar de viver só porque os bancos estão fechados. Que diabo, usaremos qualquer coisa – transforme as batatas em meio de troca – pagaremos a todos com batatas."

Por acaso, *Porcos* foi distribuído em 27 de maio, pouco mais de dois meses após a posse e o feriado bancário, e a ocasião não poderia ter sido mais feliz. Esmagada pela Depressão e amparada pelo novo presidente, a nação pareceu converter o desenho de dois porquinhos despreocupados, mas de visão curta, e seu irmão trabalhador e previdente em uma parábola de sofrimento (o lobo era a adversidade econômica) e triunfo (o porquinho industrioso como a personificação do New Deal do presidente Roosevelt que prometia alívio ao país), que foi exatamente como numerosas charges políticas da época interpretaram. O historiógrafo Lewis Jacobs disse que o filme tornou-se "por força das circunstâncias e da época... um alívio ao povo de um país preocupado". Alguns observadores até creditaram ao filme não apenas o fato de refletir a Depressão, mas ajudar a vencê-la. "Ninguém saberá jamais até que ponto ele foi responsável por nos puxar para fora da Depressão", Robert D. Feild, professor de Harvard, escreveu poucos anos depois do lançamento do filme, "mas, certamente, a canção que ridiculariza o Grande Lobo Mau muito contribuiu para levantar o moral do povo e seu desafio à circunstância." Em seu relatório anual, Will Hays, presidente da Motion Picture Producers and Distributors of America (Produtores e Distribuidores de Filmes da América) disse que os "historiadores do futuro não vão ignorar o fato interessante e significativo de que o cinema, literalmente, afastou da mente do público o grande lobo mau da Depressão por intermédio do protagonismo de *Os três porquinhos*". Qualquer que tenha sido o impacto do desenho no moral em baixa, "Quem Tem Medo do Grande Lobo Mau?" indiscutivelmente tornou-se o novo hino nacional, seu grito entusiástico e feliz lançado contra os tempos difíceis.

Um dos muitos efeitos do sucesso de *Os três porquinhos* sobre os Disneys foi a expansão ainda maior do estúdio, cujo estafe, no fim de 1933, beirava 200 empregados. Walt dizia, não com tom desaprovador, que o estúdio na Hyperion estava parecendo uma "fábrica Ford", com a diferença de que "nossas peças móveis são mais complexas que alavancas – seres humanos, cada um com seu próprio temperamento e valores, que devem ser avaliados e colocados no lugar certo". Walt sempre fora tão preocupado com o processo de fazer desenhos quanto com os próprios desenhos e, ao comparar seu estúdio com a linha de produção de uma fábrica, reconhecia a pressão que existia para tornar o processo mais fluido. Uma das razões era que ele vinha sendo incessantemente lembrado por Roy, e agora também por George Morris, a encontrar um meio de economizar para que o estúdio pudesse ter lucro. Outra coisa é que ele estava, permanentemente, buscando formas de usar da melhor maneira possível os talentos de sua equipe, tendo em vista não apenas a produtividade como a qualidade. Precisamente por não desejar sacrificar seu status como o melhor produtor de desenhos animados é que Walt foi levado a encontrar uma forma melhor de fazer desenhos, tentando produzir, efetivamente, excelência.

Assim começou outra revolução. Exatamente como havia reinventado a animação e tentado aperfeiçoá-la mediante novas técnicas, Walt agora começava a reinventar e tentar melhorar o sistema de produzir as animações. Isso o colocou na posição incomum de tentar enfeitiçar novamente um mundo moderno que havia perdido suas ilusões, em parte devido ao racionalismo excessivo, mediante a invenção de um sistema de produção que seria em si mesmo mais racional. Mesmo que Walt quisesse, o estúdio não poderia mais operar como uma espécie de fraternidade gigante, onde os papéis eram mal definidos e todo mundo opinava em tudo. Já antes de *Porcos*, Walt instituíra seu departamento de enredo, com Sears e Smith, que, no fim de 1932, foi separado do departamento dos animadores. Ao longo de 1932 e 1933, este último departamento foi novamente dividido entre os animadores principais, que desenhavam as grandes poses ou extremos, os *in-betweeners*, ou intermediários, que desenhavam a ação entre os extremos, e os assistentes, que limpavam todos os desenhos de animação e os preparavam para terem os contornos a lápis delineados com tinta e serem pintados sobre o celuloide – uma divisão de trabalho que somava a vantagem de permitir que os animadores mais jovens aprendessem com os mais experientes. Agora novos papéis surgiam, assim como uma especialização ainda maior, para tornar a produção menos irregular.

O processo, em geral, começava com a história. Nos primeiros dias, as histórias, usualmente, se originavam em Walt, que as relatava aos seus animadores para que estes o ajudassem a torná-las engraçadas durante sessões de *brainstorming*. Quando, no final dos anos 1920, Walt começou a indicar desenhos animados para que diretores os executassem – Iwerks ou Jackson, e depois que Iwerks saiu, Burt Gillett – ele os fazia desenhar esquetes aproximados da continuidade, que examinava e aprovava ou melhorava. "O filme que Walt pretendia estava em sua cabeça, não em pedaços de papel", disse Wilfred Jackson. Embora a criação do desenho animado continuasse a ser o estágio menos formal do processo, essa informalidade mudou gradativamente, graças às atividades do novo departamento de enredo. Walt ainda podia apresentar para a equipe uma situação que ela refletiria, ou, depois que o estúdio se expandiu, podia distribuir um sumário mimeografado de uma nova animação para solicitar piadas ou histórias engraçadas de toda a equipe que seriam contadas em grandes reuniões de piadas no estúdio de gravação.[7] (Em 1934, ele pedia que essas piadas fossem desenhadas em vez de escritas: "Este seria um meio ideal de apresentar a história porque, então, ele mostra as possibilidades visuais, em vez de um monte de palavras que explicam coisas que... se tornam impossíveis de colocar em animação.") Mas, no início dos anos 1930, Walt também criou uma nova posição, a do artista de esquete, que trabalhava com os argumentistas e produzia os *storyboards*. Após um encontro de piadas, o argumentista e o artista de esquete se reuniam com um diretor para desenvolver a continuidade. Quando

7 Como Walt descreveria mais tarde o processo, "o que fazemos é isto... todos os caras, isto é, os diretores, os argumentistas e todos os que têm que ver com a história selecionam o material a ser transformado em curta, e eu aprovo as seleções deles. " Memo, Walt para Chuck Clark, 4/abr/1944, Pasta C, Walt Disney Corr. Interescritórios, 1938-1944, A1626, WDA. (N.A.)

se sentiam prontos, o argumentista e o artista do esquete arrastavam os gigantescos suportes dos *storyboards* para uma das salas de música a fim de fazer uma apresentação para Walt. Essa parte nunca mudou, não importava o quanto o estúdio se expandisse: Walt era sempre a autoridade final, aquele a quem todo mundo tinha de agradar.

De pé em frente aos quadros, com uma plateia formada pelo diretor, possivelmente os animadores designados para o curta, e Walt, que, invariavelmente se sentava no meio, o argumentista narrava os eventos e lia os diálogos embaixo dos desenhos. Esta não era apenas uma reunião informativa. Ele tinha que "vender" seu projeto para Walt. Ser um bom argumentista não significava apenas criar uma trama ou piadas, mas convencer Walt de seu valor. "Os melhores criadores de histórias faziam uma verdadeira tempestade, gargalhando furiosamente de suas piadas favoritas, e superavam todos os outros, usando uma haste de madeira para enfatizar os elementos principais", lembrou o diretor Jack Kinney. Um argumentista, Roy Williams, ficava tão envolvido na apresentação que quebrava a haste de encontro ao quadro.

Durante essas sessões, Walt, em geral, ficava impassível, a menos que visse alguma coisa que o inspirasse. Então, levantava-se de um salto e tinha um acesso criativo, tecendo rapidamente novas ideias, uma atrás da outra, às vezes anulando suas próprias contribuições e oferecendo outra ideia, depois outra e mais outra. Quando não estava inspirado, um assistente lembrou, "uma sobrancelha subia e ele começava a tossir ou a bater com a mão no braço da cadeira" – a sobrancelha levantada, a tosse e os dedos tamborilando barulhentamente, porque as pontas dos dedos de Walt eram calcificadas devido à quantidade de cigarros que fumava, três gestos reveladores que podiam criar medo no coração de qualquer animador. No fim da apresentação, Walt, "como um imperador romano diante da arena de combate dos gladiadores", como descreveu um membro da equipe, ficava, tipicamente, em silêncio e, após essa dramática pausa, durante a qual o argumentista e o artista do esquete tremiam, começava a sua análise, que levava a uma revisão, ao abandono, ou ao cobiçado sinal verde. Mesmo depois disso, entretanto, o processo de criar a história não estava concluído. Em meados dos anos 1930, Walt submetia os *storyboards* a questionários em que a equipe do estúdio era perguntada sobre o que gostava e o que não gostava e convidada a dar sugestões, pelos quais Walt oferecia prêmios, como fazia com as piadas.

No início, os argumentistas eram basicamente intercambiáveis, mas logo, começaram a desenvolver especialidades. Um podia ser bom em estruturar as histórias, outro no desenvolvimento de personagens, um terceiro em reciclar piadas velhas, e um quarto, em encontrar possibilidades visuais, e Walt os escolhia, como se escolhesse atores, dependendo do que uma determinada animação precisava mais. Mas agora Walt acrescentava outra especialização ao processo da história: o homem da piada, ou *gagman*, cujo trabalho era pegar a continuidade e torná-la mais engraçada. Às vezes isso acontecia em sessões de piadas, com argumentista e diretor. Outras vezes, Walt percorria o estúdio com vários *gagmen* ao lado, visitando as salas de música para acrescentar piadas sob sua supervisão. Mas até as piadas estavam caindo na rotina. Mais ou menos na época em que o piadista apareceu, o estúdio negociava com Hal Horne, publicitário da United Artists, seu grande arquivo de piadas e, no fim da década, o estúdio tinha 1,5 milhão de piadas arquivadas, agrupadas sob 124 classificações.

Nos primeiros dias do estúdio, depois que a história tinha sido desenvolvida e recheada de piadas, Walt, então, supervisionava a animação, funcionando tanto como produtor quanto como diretor. No final dos anos 1920, sob a pressão de dois programas completos de animação – os desenhos animados de Mickey Mouse e as *Silly Symphonies* – ele abriu mão do papel de diretor. O diretor era um coordenador, que unia a história com a animação, o layout do cenário ou fundo e a trilha sonora. O diretor era quem finalizava as "cinzas", folhas cinzentas de papel em que estavam listados todos os diálogos e sons. Depois, desenhava as folhas de barras que uniam os sons e as imagens quadro a quadro e lado a lado. Ele também era responsável pela gravação do som, a designação de animadores para as cenas, a preparação dos testes a lápis para serem revistos por Walt, supervisionando a cobertura dos contornos a lápis com tinta e a pintura do filme, editando-o e juntando-o e, talvez, acima de tudo, transmitindo as instruções de Walt para todos os que estavam no projeto de forma que a visão de Walt se realizasse – uma tarefa nada invejável, porque Walt frequentemente era impreciso acerca do que queria e, depois, normalmente, censurava um diretor por não ser capaz de ler a sua mente. Como disse Bem Sharpsteen, "Walt era o antagonista. Ele não aceitava desculpas por um filme ruim e tendia a censurar o diretor pelas fraquezas do filme", Iwerks e Jaxon (Wilfred Jackson) foram os primeiros diretores depois de Walt largar essas rédeas. Mais tarde, quando foi forçado a dividir o trabalho em unidades para dar velocidade à produção, Walt designou Jaxon, Gillett e Sharpsteen para chefiá-las e, quando Gillett foi contratado por Van Beuren após o sucesso de *Porcos*, um animador chamado Dave Hand, que entrara para o estúdio dois dias após Iwerks sair, assumiu o controle de uma unidade.

Agora, Walt interpolava duas posições mais no processo, que novamente, pareciam contribuir para a qualidade às expensas da eficiência. Ele contratou o artista Albert Hurter, que trabalhara no estúdio Barré, em Nova York, e cujo estilo era inclinado à ilustração europeia, para fornecer os chamados "desenhos inspirativos" – desenhos destinados a criar uma atmosfera ou sugerir um olhar que iria tanto guiar quanto inspirar os homens encarregados de animar os desenhos. Era um luxo que outros estúdios de animação não podiam bancar. "Albert Hurter tinha uma grande sala e uma grande mesa e fazia exatamente o que lhe agradava", lembrou Grim Natwick. "Walt dizia: 'Bem, vamos fazer um desenho de animais, ele será situado assim e assado. Veja se pode pensar em coisas pequenas e engraçadas.' E Albert brincava com aquilo."

Mais ou menos nessa época, Walt também aumentou as responsabilidades dos artistas que faziam os fundos, que eram os primeiros responsáveis pela disposição visual de todo o desenho antes de ele ser animado. Daí o nome artista de layout. O historiador da animação John Culhane disse que "o diretor 'via' o filme no tempo, e o artista de layout o via no espaço". O artista de layout trabalhava estreitamente com o diretor, não apenas para criar os cenários, como no passado, mas também os personagens e a execução das cenas, indicando até os ângulos da câmera e as edições, de forma que os animadores, que haviam trabalhado antes principalmente a partir dos desenhos dos artistas do esquete, agora tinham uma direção clara para seguir.

Depois que o diretor e o artista do esquete chegavam a um acordo sobre a abordagem, o diretor distribuía a animação, um processo chamado de *hand-out* (doação), e os melhores animadores, então, desenhavam as poses principais. A divisão de trabalho de Walt em animadores-chefes, *in-betweeners* e assistentes pode ter sido em parte uma concessão à economia e, de fato, isso poupava o tempo dos melhores animadores para as coisas mais importantes, enquanto delegava as coisas menos importantes para os animadores menos experientes, especialmente porque cada desenho animado requeria algo entre seis mil e sete mil desenhos, com a vantagem extra de que ter assistentes para limpar a animação conferia uma consistência entre os trabalhos dos animadores-chefes. Outro motivo, menos mercenário, também estava por trás do pensamento de Walt e mexia com as técnicas de animação que ele estimulava. Walt acreditava que limitar os animadores-chefes ao desenho das poses extremas resultaria em uma animação mais solta, poderosa e ativa do que se eles tivessem de preocupar-se em desenhar mais "limpo" para a tinta e a pintura. No início dos anos 1930, Walt insistia em que seus melhores animadores fizessem esboços e que os assistentes que limpavam o desenho o "refizessem mais definido do que havia sido feito", nas palavras de Eric Larson, de forma que o processo produzia um trabalho mais espesso e notável. (Thomas e Johnston disseram que esse processo de redesenho respondeu pela beleza da animação na época.) Alguns tiveram dificuldade para se ajustar. Um animador, Jack King, resistia tanto às injunções de Walt, que fazia com que seus assistentes transformassem em esboços "sujos" seus desenhos limpos até que o Walt o pegou em flagrante e armou um escândalo.

Quando recebiam as atribuições, os animadores começavam a desenhar poses. (Finalmente, começaram a fazer "testes de pose", nos quais as poses eram fotografadas de forma que os animadores pudessem ver como apareciam na tela.) O esboço da animação levava aos testes a lápis, após os quais os animadores reviam seus desenhos e, depois, iam para a "cela", ou moviola, com Walt, o que equivalia para os animadores às sessões de *storyboard* e eram tão extenuantes quanto aquelas. "Uma sessão na cela podia determinar o destino de um homem na organização; uma boa sessão podia levar à fama e à fortuna, e uma ruim, ao outro lado do portão principal", escreveu Jack Kinney, que trabalharia tanto como animador quanto como diretor. "À medida que a sessão prosseguia, o ar se tornava quente e, depois, cheio de vapor e até malcheiroso, em consequência da transpiração, do monóxido de carbono e das esperanças despedaçadas que flutuavam na escuridão." Isso não mudou nem quando a cela foi transferida de sua alcova sob a escada para um aposento de projeção com ar-condicionado. Depois dessas sessões, as mudanças eram feitas, um "filme Leica" fotografado e, finalmente, um filme tosco do desenho animado era editado, ainda sem a "limpeza" e a cobertura com tinta e pintura.

Agora entrava um outro controle de qualidade. Walt projetava para a equipe os testes a lápis de cada animação, ao meio-dia, no estúdio de gravação, e entregava questionários para observações, exatamente como fazia durante a revisão do *storyboard*. Ele também podia registrar a reação da plateia em um disco de acetato para poder ouvir precisamente o que funcionava e o que não funcionava. Só então, depois que mudanças eram feitas de acordo com as respostas, a animação era limpa, passada à tinta, pintada e fotografada por uma câmera em que o ar comprimido segurava o celuloide enquanto o operador pressionava um botão para ativar o obturador. Depois que o filme era processado, o desenho animado tinha sua pré-estreia em um cinema próximo, normalmente em uma noite em que a casa estivesse lotada. Os animadores deviam comparecer e envolver-se em uma autópsia com Walt no saguão ou na calçada do lado de fora do cinema – outra experiência dolorosa se o público não tivesse sido entusiástico. Um embaraçado diretor saiu furtivamente para evitar Walt, correndo para o estacionamento, e o encontrou lá, fumegando. "Mesmo bloqueando o tráfego no estacionamento", lembrou Sharpsteen, "Walt ficou lá e disse a ele o quanto estava infeliz com o filme!".

Todo o processo, do início da produção de um desenho até sua pré-estreia, poderia levar apenas três meses, que era de fato, o intervalo típico, ou se estender por dois anos, mas o tempo nunca foi importante para Walt, exceto como um aborrecimento. A única coisa que o interessava era que ele havia feito tudo ao seu alcance para obter o melhor desenho animado possível.

III

Era um fardo. As exigências não apenas da produção das animações, mas da reeducação dos animadores e da reinvenção de todo o processo teriam sido enormes mesmo se Walt não fosse o viciado em trabalho que era. Para prevenir outro colapso nervoso, ele tentava manter a nova programação de exercícios, cavalgando com Lillian, ocasionalmente chegando mais cedo do trabalho para fazer isso, nadando e esquiando no gelo. Em determinado momento, chegou a tomar aulas de dança com Lillian ("apesar de todo o trabalho, ainda sou um péssimo dançarino", escreveu, anos depois, para seu instrutor, depreciando-se) e, em outro momento, aulas de boxe. Mas essas eram concessões, extraídas dele com dificuldade. Antes gregário e sociável, Walt agora canalizava seu entusiasmo para o estúdio e, fora dali, vivia, virtualmente, em retiro. Tinha ainda menos vida social que antes, afirmando que isso "consumia muito a energia de uma pessoa" e dizia que preferisse "uma boa noite de sono, que me deixa em melhores condições de continuar o trabalho pela manhã". Às vezes, convidava alguns dos animadores – Fred Moore, Ham Luske, Norm Ferguson – para ir à sua casa na avenida Lyric para um jogo de *badminton* no quintal, mas essas ocasiões eram raras e, gradualmente, ele se afastou, disse um de seus convidados, porque Walt se tornou importante demais para se misturar com sua equipe; Walt afirmava que era porque Lillian preferia a privacidade e que "a casa pertence à mulher". Ele parou até de ir às festas do estúdio porque, segundo Lillian, as esposas dos animadores às vezes se embriagavam e o criticavam por algum imaginado insulto aos seus maridos. "Esta é uma parte deles que não quero ver", disse Walt. Embora tivesse feito outra viagem de negócios a Nova York, em julho de 1933, e parado em Chicago na volta para ver a Feira do Século do Progresso que se realizava lá, e viajado de avião pela primeira vez no trecho final, de Salt Lake City a Los Angeles, Walt raramente viajava e admitia que preferia passar as férias em casa.

Mas tinha uma paixão recreativa, uma atividade fora do estúdio que parecia estimulá-lo: polo. Por estranho que pareça, o polo tornou-se uma espécie de mania em Hollywood nos anos 1930, onde era considerado por aqueles que haviam sido marginalizados antes, muitos deles imigrantes judeus, como uma forma de elevar o status pela imitação dos hábitos dos bem-nascidos. "Da Polônia para o polo", era a observação ambígua sobre os chefões de Hollywood. Walt contou que estava ficando frustrado com seus jogos de golfe pela manhã, quando, em algum momento da primavera de 1932, o humorista Will Rogers e o executivo de cinema Darryl F. Zanuck, ambos entusiastas de polo, sugeriram que ele jogasse polo em lugar de golfe. Após assistir a algumas partidas a convite deles, Walt decidiu que aquilo era "golfe sobre cavalos" e comprou alguns cavalos. Naturalmente, não era da natureza de Walt Disney fazer nada sem compromisso. Ele, imediatamente, começou a recrutar uma equipe no estúdio, incluindo Roy, e contratou um campeão de polo chamado Gil Proctor para ensinar-lhes os pontos inteligentes do jogo, na sala de reuniões no estúdio. Às seis da manhã, ao longo da primavera e do verão, oito jogadores se reuniam na DuBrock Riding Academy (Academia de Equitação DuBrock), em San Fernando Valley, onde se dividiam em times e praticavam. Walt, finalmente, instalou uma gaiola de polo no estúdio para que os jogadores pudessem praticar com as bolas durante o horário de almoço e colocou uma imitação de cavalo em seu quintal, e passava as manhãs, antes mesmo de ir para a DuBrock, sentado ali, batendo nas bolas com o taco. Nos domingos de manhã, uma equipe se reunia, com frequência no rancho de Will Rogers, para partidas improvisadas. Durante os jogos, Rogers brincava com Walt, chamando-o de Mickey ou Mickey Mouse.

Na primavera de 1933, trajando uma jaqueta de tweed, calças de equitação e botas de cano alto, Walt estava pronto para jogar partidas no mais rigoroso Riviera Country Club, no luxuoso Brentwood, onde jogavam estrelas de cinema e executivos de estúdios, como Zanuck – uma indicação de como o status de Walt, se não suas habilidades de polo, havia subido. Chamando a si mesmos de time do Mickey Mouse, Walt reunia-se com Roy e outras pessoas do estúdio, como Norm Ferguson, Dick Lundy e Gunther Lessing, mas ele também jogava, entre outros, com Will Rogers, o produtor Walter Wanger e os atores Johnny Mack Brown, James Gleason, Leslie Howard e Spencer Tracy, que se tornou "uma das pouquíssimas pessoas fora da família mais próxima de Walt a ser convidada a ir à casa dos Disneys", segundo o colega jogador de polo Bill Cottrell, que cortejava a irmã divorciada de Lillian na época e, assim, era quase parte da família de Walt. Cottrell acreditava que Tracy foi "por um tempo (o homem) que Walt considerou seu melhor amigo", embora fosse, basicamente, um amigo do polo, o que comprovava como eram poucas as relações reais de Walt.

Na maioria dos domingos, agora, Walt e Lillian iam de carro para a Riviera, parando no meio do caminho para comprar um grande saco de pipocas que Lillian comia enquanto assistia às partidas. No fim do ano, mesmo sendo apenas um jogador medíocre – seu melhor *handicap* era um índice de uma tacada a gol em dez –, estava recrutando pessoas para jogar com ele e se aventurava pela Califórnia e o México para partidas. Na época, tinha seis cavalos e, logo, compraria um estábulo de quatro animais para Roy, finalmente fornecendo cavalos para os que não podiam comprá-los. "É o meu único pecado", escreveu para a mãe em dezembro. "Não aposto, nem saio e gasto meu dinheiro com outras mulheres, ou algo parecido, então acho que está tudo ok. De qualquer modo, minha esposa aprova."

A súbita exuberância de Walt no polo e seu regime atlético, em geral, não eram apenas um meio de mantê-lo feliz e saudável. Os médicos haviam avisado tanto Walt quanto Lillian de que ambos teriam mais chance de ter um filho se fizessem exercícios mais vigorosos, e este foi um poderoso incentivo. Felizmente, isso pareceu surtir efeito. No verão de 1932, Lillian ficou grávida de novo, criando outra onda de euforia. Walt, imediatamente, comprou um acre e meio de terra na Working Way, rua estreita e tranquila perto do estúdio, no distrito de Los Feliz, em Los Angeles, que subia as colinas de Hollywood, e começou a construir uma casa de US$ 50 mil com doze quartos em estilo normando francês. "Estávamos vivendo em um lugar apertado, onde eu não podia me virar", Walt disse a um entrevistador, "então fiz o arquiteto acrescentar de três a quatro jardas[8] a todos os aposentos da casa." Walt admitiu que a construção foi acelerada, dois meses do início ao fim –, obviamente apostando corrida com o nascimento do bebê.

E então, Lillian sofreu outro aborto espontâneo. Quando, mais tarde, na primavera de 1933, os Disneys, já instalados em seu novo e espaçoso lar, souberam que Lillian estava grávida mais uma vez, sua atitude foi de cautela. Apenas aos poucos, enquanto o verão avançava, eles se permitiram algum entusiasmo. "Lillian está se sentido bem e não há problema nenhum", Walt escreveu para a mãe em setembro. "Na verdade, ela está tão bem que até se preocupa com isso." Lillian queria uma menina, disse Walt, porque "parece sentir que terá mais prazer em vestir uma menina que um menino. Pessoalmente, não me importo, desde que não fiquemos desapontados de novo." À medida que a esperada data de nascimento em dezembro se aproximava, ele preparava tudo. Montou um grande quarto de bebê com um pequeno berço e objetos cor de rosa e azuis de decoração, "miniaturas", como ele os chamava, comprou antecipadamente um cavalo para o bebê e, agora, apenas esperava a sua chegada. "Realmente, é um clima bastante estranho para mim", escreveu para

8 1 jarda = 91,44cm. (N.T.)

Flora, novamente. "Não posso conceber nada que pertença a nós. Parece certo para outra pessoa ter essas coisas em torno, mas não para nós. Acho que me acostumarei com isso e acho que serei um pai tão ruim como qualquer outro. Fiz um monte de promessas de que não vou fazer todas as vontades do meu filho, mas duvido – ele pode transformar-se no fedelho mais mimado de todo o país."

Depois do sequestro e assassinato do filho do aviador Charles Lindbergh no ano anterior, Walt tinha a esperança de manter o nascimento no maior sigilo possível. Mas não funcionou dessa forma. Ele estava recebendo um prêmio da revista *Parents* por Mickey Mouse, em um almoço informal no estúdio, em 18 de dezembro, com a presença de 75 membros da imprensa, quando alguém o interrompeu e cochichou em seu ouvido. "Obrigado", disse Walt aos jornalistas, "este é o maior momento da minha vida. Espero que os senhores me perdoem, se eu sair correndo para mostrar esse bonito prêmio para a minha esposa e..." Antes de encerrar, Walt agarrou o casaco e saiu correndo, deixando o dr. Rufus von KleinSmid, presidente da University of Southern Califórnia, para explicar aos confundidos convidados, "temo que terei eu mesmo de aceitar o prêmio para o Sr. Disney. Sua esposa vai presenteá-lo com outro tipo de prêmio. Ele está a caminho de ser tornar pai e, assim, ser um leitor plenamente qualificado da revista que o homenageia hoje". Walt chegou ao hospital justo antes do nascimento. Lillian disse que soube que ele havia chegado quando ouviu sua característica tosse seca. "Sou pai orgulhoso de uma menina. Lillie e o bebê estão bem", telegrafou a Roy, que estava em um trem de volta para casa depois de contestar um processo por infração de direitos autorais. Os Disneys agora tinham uma filha de oito libras e duas onças:[9] Diane Marie Disney.

Mickey Mouse, o filho animado de Walt, ainda crescia, mesmo com sua atenção desviada para os desenhos das *Silly Symphonies*. Walt admitiu que *Os três porquinhos* havia ofuscado Mickey e disse a um repórter que estava desapontado, mas acrescentou: "Pensarei em alguma coisa que trará Mickey de volta, maior que nunca." Na verdade, embora os *Porcos* tivessem empolgado a nação, Mickey continuou, nos dois anos seguintes, a ter uma popularidade que rivalizava com a de Chaplin em seus dias de glória. Os Clubes do Mickey Mouse se multiplicavam, e Walt se vangloriava, com uma pesada dose de exagero, que os membros do clube haviam alcançado 50 milhões no outono de 1933. Menos hiperbolicamente, *Literary Digest* informou que Mickey fora exibido para quase 500 milhões de espectadores pagantes em 1935. Ele também

9 Uma onça = 28,349 gramas. Diane pesava pouco mais de 3,7kg. (N.T.)

continuava a receber críticas positivas de quase todos os lugares. Gilbert Seldes, escrevendo para a *Esquire*, derramou-se em elogios a propósito do primeiro desenho de Mickey em cores, *The Band Concert* (*O concerto da banda*), dizendo que "nenhum entre as dúzias de trabalhos produzidos na América ao mesmo tempo em todas as formas de arte pode comparar-se a este", e *The Nation* glorificou Mickey como "o supremo movimento artístico do cinema". Até a primeira-dama Eleanor Roosevelt comentou, certa vez, que seu marido "adorava Mickey Mouse e sempre tinha que ter o desenho na Casa Branca", embora, talvez, o maior cumprimento a Mickey tenha sido feito pelo paciente de uma casa de repouso da cidade de Nova York que ficou tão empolgado durante uma exibição de Mickey que esqueceu as muletas e saiu do cinema sem ajuda.

Mickey não era menos popular nem menos enaltecido no exterior. A Fortune observou que ele era um "herói internacional, mais conhecido que Roosevelt ou Hitler, e parte do folclore mundial". Segundo um relato, a rainha Mary da Inglaterra chegou atrasada a um chá uma vez porque não queria perder o final de uma exibição de caridade de *Mickey's Nightmare* (*O pesadelo de Mickey*). O maestro Arturo Toscanini viu seis vezes *The Band Concert*, no qual Mickey conduz uma banda com resultados desastrosos e ficou tão apaixonado que fez um convite a Walt para visitá-lo na Itália. Quando um programa dos desenhos de Mickey e das *Symphonies* foi exibido em Moscou, *The New York Times* informou que "desde os tempos de escassez de comida as ruas de Moscou não viam filas como as dos que esperavam para comprar entradas para o filme americano". O diretor russo Sergei Eisenstein pediu permissão para publicar vários cenários do filme em um livro.

Nessa época, as florescentes indústrias caseiras de mercadorias de Mickey haviam começado a eclipsar seu sucesso no cinema. No fim dos anos 1930, os Disneys tinham renovado o contrato de licenciamento de produtos de Mickey Mouse com George Borgfeldt, mas decidiram restringir sua representação aos brinquedos. Ao mesmo tempo, uma costureira chamada Charlotte Clark havia costurado um boneco de Mickey Mouse o qual Roy apressou a produção para o Natal. Mesmo que a situação financeira tensa da companhia limitasse a produção e que cada boneco fosse feito manualmente, o estúdio vendeu mais de 3.600 peças em apenas cinco semanas. Roy, que há um ano vinha fazendo lobby em editoras para a publicação de um livro de Mickey Mouse, era agora assediado com ofertas e, à semelhança de Walt, insistia em um "livro realmente de alta classe". Na primavera, com Borgfeldt gabando-se para Roy de que "estamos construindo um grande negócio de Mickey Mouse com muitos dos maiores distribuidores", o estúdio abriu um escritório em Nova York para gerenciar a mercadoria que Borgfeldt não representava.

Mas Walt e Roy, que na época tentavam levantar dinheiro para a conversão em cores, estavam impacientes e insatisfeitos. Roy disse que a declaração de *royalties* de Borgfeldt para 1930 chegou "por extenso, como se fosse de algum bando de fazendeiros" e que o retorno foi de apenas US$ 63, quando só a venda das bonecas de Charlotte Clark, que Roy administrou sozinho, rendeu para o estúdio US$ 350. "Ele é de grande ajuda quando se trata de falar bastante", Walt criticou Borgfeldt. Além disso, o controle de qualidade era terrível – os produtos Disney muitas vezes eram inferiores, o que enraivecia tanto Walt quanto Roy – e o intervalo entre a concepção de um produto até sua entrada no mercado era, em geral, interminavelmente longo. Inconformados com o fato de a companhia de Borgfeldt explorar insuficientemente o personagem, mas ainda presos ao contrato, os Disneys chegaram a apelar para Harry Woodin, dos clubes do Mickey Mouse, e Irving Lesser, irmão do produtor Sol Lesser, para buscar oportunidades que Borgfeldt não parecia inclinado a encontrar no mercado.

E, então, no meio de todo esse problema, apareceu Herman Kamen, conhecido por todos – e Kamen parecia, de fato, conhecer todo mundo – como "Kay". Kamen era, segundo disse um conhecido seu, "um dos homens mais feios que já conheci". Alto, grande, desajeitado, com um nariz em forma de espátula e óculos de lentes espessas, fundo de garrafa. Ele repartia o cabelo no meio do couro cabeludo, o que acentuava sua aparência singular. Mas essa aparência era em parte proposital. Um sócio dele disse que Kamen tinha orgulho de sua feiura e que a usava para cair nas boas graças dos clientes. Na profissão que havia escolhido, ele era um mestre. Kay Kamen nascera para vender.

Vinha de uma família judia de Baltimore, havia deixado a escola para ser vendedor de chapéus e, após anos de estrada, onde se tornou especialista em pinochle, um tipo de jogo de cartas, entrou para uma firma de publicidade de uma loja de departamentos em Kansas City. Ele e um colega da firma, um publicitário chamado Streeter Blair, saíram para formar sua própria companhia, Kamen-Blair, também com sede em Kansas City. A nova firma também era especializada em criar peças publicitárias e campanhas para lojas de departamentos. Uma dessas peças, para uma loja de Los Angeles, aparentemente chamou a atenção de Walt no início de 1932, quando ele estava furioso com a negligência de Borgfeldt, e ele telegrafou a Kamen para avaliar seu interesse em promover Mickey Mouse. Kamen, então em Nova York a trabalho, foi para a Califórnia naquele mesmo dia.

Quando chegou ao estúdio, lembrou Roy, Kamen entrou em seu escritório e disse: "Não sei quantos negócios estão fazendo, mas vou garantir para vocês muito mais que isso e lhes darei 50% de tudo que eu ganhar." Foi por uma demonstração tanto de suas técnicas de vendedor bem-sucedido como da maneira bastante improvisada com que a companhia conduzia seus negócios que os Disneys assinaram um contrato com ele em julho seguinte, depois que o acordo com Borgfeldt expirou. Sob os termos do contrato, o estúdio receberia 60% dos primeiros US$ 100 mil em *royalties* e, depois disso, uma divisão meio a meio, e Kamen deveria assumir todas as despesas, inclusive de seu estafe, do escritório de Nova York, de um salão de exibição e da suíte do hotel em Chicago.

Agora Kamen partia para fazer pela Walt Disney Enterprises, o novo braço comercial do estúdio, o que Walt vinha fazendo pela Walt Disney Productions, o braço de produção de filmes. Ele iria reinventá-la – transformá-la em uma operação inteligente, com controle de qualidade, geradora de recursos que, com o tempo, teve o efeito de tornar Mickey Mouse ainda mais popular como marca que como estrela de cinema. Acreditando que Disney só poderia ser representado pelas melhores indústrias, Kamen rapidamente cancelou os contratos com companhias menos prestigiosas e agressivas e assinou com as maiores e melhores – National Dairy Products, relógios Ingersoll, General Foods (que logo depois pagaria US$ 1 milhão pelo direito de pôr Mickey Mouse e seus amigos em caixas de cereal Post Toasties) e até com as joalherias Cartier, que logo estavam vendendo um bracelete de diamantes Mickey Mouse. (A grande realização de Kamen, no entanto, segundo ele próprio disse, foi "colocar um anúncio luminoso de *Os três porquinhos* no gueto estritamente *kosher* de Nova York e fazê-los gostar dele.") Kamen era um furacão. Em um ano, havia 40 licenciados para vender produtos Mickey Mouse. Um ano depois, Kamen, com uma equipe de 15 pessoas só em Nova York, ajudou a orquestrar US$ 35 milhões em vendas das mercadorias Mickey Mouse nos Estados Unidos e uma cifra igual no exterior e criado filiais na Europa e até na Austrália.

Graças em grande parte aos esforços de Kamen, a imagem de Mickey Mouse era ubíqua e inescapável. "Consumidores carregam sacolas e pastas Mickey Mouse", informou *The New York Times* em um tributo ao fenômeno de marketing, "explodindo com sabonetes, doces, baralhos, emblemas, escovas, porcelana, despertadores, garrafas térmicas embrulhadas em papel Mickey Mouse, amarradas com fitas Mickey Mouse e pagas com dinheiro que saía de carteiras Mickey Mouse com dinheiro poupado em bancos Mickey Mouse." As crianças, prosseguia o texto, vivem em um novo mundo Mickey Mouse:

Elas usam bonés, cintos, meias, sapatos, chinelos, elástico para meias, luvas, aventais, echarpes e roupa de baixo Mickey Mouse, e capas de chuva e guarda-chuvas Mickey Mouse. Elas vão para escolas onde objetos escolares Mickey Mouse transformam as lições em prazer.

Elas brincam com velocípedes, bolas de futebol, beisebol, pingue-pongue, bastões, luvas de beisebol, luvas de boxe, casas de boneca, pratos de boneca, piões, blocos, tambores, quebra-cabeças e jogos Mickey Mouse. Além de objetos de pintura, de costura, desenho, impressão, brinquedos de armar, chicletes, carrinhos para empurrar e puxar, brinquedos de corda, tendas, bancos de lona, pás de areia, máscaras, quadros-negros e balões.

E nem mesmo essa lista sequer começava a esgotar o número de produtos Mickey Mouse.

Assim como Mickey nos filmes havia começado a ser olhado como um antídoto tonificante contra a Depressão, o mesmo aconteceu com a imagem de Mickey para o comércio. Mickey Mouse, redondo, colorido e atraente, tornou-se a representação gráfica da indômita felicidade até em face do desespero nacional. "Para onde quer que ele corra, aqui ou no exterior", observou o jornal *Times*, "o sol da prosperidade irrompe através das nuvens." Quando a Ingersoll lançou um relógio Mickey Mouse, ele se tornou tão popular que a companhia teve de cancelar a campanha de publicidade porque a capacidade de produção da fábrica ficou esgotada durante os meses seguintes. (Até Roy comprou uma dúzia para seu uso pessoal.)

A Lionel Corporation, que fabricava trens elétricos de brinquedo, estava em processo de falência em 1934, quando comprou a licença de um caminhão movido à manivela Mickey e Minnie. A companhia vendeu 235 mil unidades no Natal, tornando-se lucrativa novamente e desembaraçando-se de seus credores. "Não existe um caso de que eu me lembre que teve mais sucesso que este", comentou o juiz da bancarrota.

Como mercadoria, o camundongo teve mais ou menos o mesmo efeito em seu próprio estúdio. Em seus quatro primeiros anos, Kamen aumentou a participação dos produtos licenciados em 10.000%, para pouco menos de US$ 200 mil em *royalties* por ano, e em 1934, Walt declarou que ganhou mais dinheiro com os direitos subsidiários de Mickey que com os desenhos Mickey. Assim, Disney tornou-se o primeiro estúdio a admitir o que se tornaria uma prática dos estúdios de Hollywood 40 anos depois – a de que podia colher imensos lucros de brinquedos, jogos, roupas e outros produtos relacionados com filmes. De fato, como informou o *Literary Digest*, "não é exagero afirmar que a Walt Disney Enterprises tornou-se o rabo que balança o rato".

Havia outra razão, além do apelo visual de Mickey, para que a comercialização de mercadorias estivesse, aparentemente, tornando-se mais popular que os desenhos: o Mickey da tela já não era o de antes; perdera o interesse do público, o favor dos críticos e era menos celebrado até dentro do estúdio. Mal havia completado cinco anos e, devido à sua personalidade dividida entre Chaplin e Fairbanks, começou a sofrer de uma inevitável crise de identidade. Reconhecendo o problema, Jack Hannah, um animador na época, lembrou: "Começamos a ter uma dificuldade terrível para definir histórias para Mickey… Ele começou como um criador de casos, mas logo depois se tornou um tipo de pequeno herói, e não se podia maltratá-lo muito." O historiador da animação Michael Barrier acreditava que havia diferentes concepções de Mickey em diferentes mídias, mas que o desenho animado de Mickey, que havia chegado como um sorridente traquinas, com colorido anárquico, começou a se parecer, cada vez mais, com a tira de quadrinhos Mickey, com o personagem envolvendo-se em situações em que era obrigado a agir heroicamente – essencialmente sacrificando a metade Chaplin à metade Fairbanks. Mickey agora estava sempre resgatando Minnie das garras do sádico Peg Leg Pete.

Enquanto as metades de Mickey estavam em guerra, ele era atormentado por outra questão, quase metafísica: o que era, exatamente, Mickey Mouse. Era um rato com atributos de rato que o levavam a atormentar seus antagonistas, ou era um ser humano em forma de rato? Mais especificamente: ele era um garoto em forma de rato? Essa questão vinha preocupando Walt e os animadores também, e havia até inspirado alguns críticos a especular se, como afirmou a *Theatre Arts Monthly*, Mickey seria "abandonado, gradativamente, em favor das *Symphonies*", ou se seus criadores "o divorciariam do mundo animal e o casariam com o mundo humano". Em 1928, ele parecia ter sido concebido como um rato com comportamentos humanos, mas, em 1932, ele se parecia com uma criança feliz e, às vezes, sem sorte, o que pode ter transformado Mickey na primeira baixa da crescente obsessão do estúdio com o realismo.

O Mickey inicial e despudorado parecia pertencer a um universo semelhante ao que o animador George Herriman criou para o seu *Krazy Kat* – um planeta árido e abstrato onde o estilo "mangueira de borracha" parecia mais apropriado que o aperta e estica. "No início dos anos 1930", reconheceu o animador Eric Larson, "Mickey podia fazer quase tudo: esticar os braços, usar o corpo; no final dos anos 1930, ele não podia mais fazer isso." O que aconteceu entre esses dois Mickeys foi o realismo. O Mickey do início não era real, como os porquinhos eram reais, isto é, completamente compreendidos; de fato, ele mal chegava a ser um personagem. Da mesma forma que tinha ações tipo "mangueira de borracha", também tinha amplas emoções tipo "mangueira de borracha", que se adaptavam a qualquer situação, em lugar de uma personalidade essencial, que, no "estica e aperta", poderia mudar, mas conservaria sua identidade básica. Mas quando Walt introduziu o realismo como forma de desenvolver a personalidade e, assim, extrair uma reação mais forte da audiência, Mickey ficou à deriva. "Walt percebeu que, no minuto em que começamos com histórias verossímeis que mexiam com motivações, caráter e personalidade", afirmou o animador Ward Kimball, "abriu-se um mundo ilimitado, onde o rato era limitado".

Como não toleraria despachar seu alter ego para o esquecimento, Walt tentou ajustá-lo ao novo cenário. Ao longo de 1932 e 1933, Mickey, gradativamente, se tornou mais redondo, mais baixo, mais gordo, menos forte – suas características de rato encolheram e suavizaram-se, e suas feições humanas – mãos, cabeça e pés – cresceram, assim suas características de rato tornaram-se mais delicadas, humanas. Em 1936, Les Clark descreveu Mickey para um grupo de candidatos a animador como possuidor de "encanto e infantilidade" e disse: "Ele, em geral, é considerado e tratado como um garotinho." Rápido e impaciente em seus primeiro dias, os pés de Mickey eram pesados agora – "os pés deveriam ter, no mínimo, metade do tamanho do corpo", avisou Clark – o que lhe dava um peso que ele não tinha antes. Mais: nem sempre usava agora os shorts característicos de sua marca registrada. No início de 1932, trajava roupas novas, vivia em uma casa e tinha um cachorro de estimação, Pluto. Walt insistiu uma vez em que Mickey e Minnie eram casados na vida real, apesar de fazerem o papel de namorados na tela.

Mas o renascimento e a domesticação que tinham por objetivo "humanizar" Mickey Mouse acabaram, na verdade, neutralizando-o, tornando menos aguçadas as poucas arestas que ele tinha. Ao perder a angularidade, ele também perdeu a impertinência e a coragem, de forma que, se Walt, uma vez, o comparou ao incorrigível Chaplin, ele agora o comparava a Harold Loyd, ansioso para agradar. Mickey perdeu até o alheamento autocentrado que o tornava uma figura tão adequada à Depressão. "Para mim, havia uma coisa perfeita na forma como Mickey era nos anos 30", observou, certa vez, o autor de livros infantis Jan Wahl. "Quando lhe deram aquele terno exibicionista e o tornaram parte dos subúrbios da Califórnia, parei de prestar atenção nele. Foi quando ele caiu em nosso mundo comum – foi quando perdeu o brilho."

Se Mickey Mouse era uma vítima da acomodação, também foi vítima de sua própria popularidade: a tragédia do sucesso. Ele havia conquistado aquela popularidade com uma travessa subversão, e só poderia conservá-la, pensava Walt, tornando-se inofensivo. O roedor que iniciara a vida fazendo Minnie pular de um avião e, maliciosamente, apertava as tetas de uma vaca para fazer música estava agora mais bem-comportado que nunca. "Se o nosso grupo tivesse, alguma vez, colocado Mickey em uma situação menos saudável que em um raio de sol", Walt escreveu em 1933, "Mickey tomaria Minnie pela mão e se mudaria para algum outro estúdio." Na verdade, prosseguiu Walt, "ele nunca é malvado ou ameaçador. Ele nunca mente ou engana ou rouba. É um sujeitinho limpo e feliz que ama a vida e as pessoas. Ele nunca tira vantagem do fraco e nós asseguramos que nada que aconteça poderá tirar sua fé no destino transcendente de um Mickey Mouse ou em sua convicção de que o mundo é apenas uma grande maçã... Ele é a juventude, o grande inacabado e não contaminado". A isto, *The Nation* resmungou que Mickey se havia tornado "uma chateação internacional".

Com Mickey começando a definhar como força estética, o estúdio precisava de um novo astro, um personagem concebido com a insolência que Mickey internalizara e perdera – um personagem que pudesse gerar piadas que Mickey agora não podia e um personagem imune às expectativas de civilidade que sobrecarregavam Mickey. O novo personagem que se desenvolveu na verdade contrastaria com Mickey – um indomável id para o seu ego anódino. Para um estúdio já exasperado com sua estrela, o novo personagem seria o antimickey, ou antes, todas as coisas que Mickey havia sido e mais.

Mas foi uma longa gestação. Mickey havia começado a existir visualmente e depois encontrara uma voz, então era um desenho antes de ser um personagem, o que havia sido parte do seu problema. Seu contrário começou a viver como uma voz, e depois, teve de encontrar uma forma física, o que foi parte de seu sucesso. A voz pertencia a um entregador de leite baixinho, de bochechas vermelhas, 29 anos, nascido em Oklahoma e chamado Clarence Nash. Na escola rural em Missouri, para onde seus pais se mudaram, ele desenvolveu um talento precoce para imitar ruídos de animais, que, mais tarde, usou para imitar o som do bandolim e de cantos de pássaros no circuito do Liceu Redpath e de Chautauqua. Quando se casou, prometeu à noiva de 18 anos que deixaria o *show business* por uma posição mais segura, e os Nashes mudaram-se para a Califórnia, onde ele conseguiu trabalho com Adohr Dairy, visitando escolas em uma carroça de leite puxada por cavalos em miniatura e fazendo sons de animais para divertir a garotada. Ele também atuava periodicamente em um programa da rádio local. Durante uma dessas transmissões, no fim de 1933, Walt, que estava buscando vozes para usar nos desenhos, disse que ouviu Nash e, em seguida, convidou-o a ir ao estúdio. Nash tinha uma versão diferente. Disse que visitou o estúdio por iniciativa própria, conseguiu uma entrevista com Jaxon e fez uma apresentação de "Mary Had a Little Lamb" (*Mary tinha um carneirinho*) com uma voz em que imitava uma cabra balindo. Enquanto Nash recitava, Jaxon, disfarçadamente, apertou o intercomunicador para o escritório de Walt, e Walt entrou, intempestivamente, gritando: "Este é o nosso pato falante!" Walt não sabia exatamente o que fazer com Nash, mas, de qualquer modo, assinou com ele um contrato com pagamento adiantado.

Outro ano se passaria – durante o qual Nash voltou a trabalhar para a fazenda – antes que Walt o chamasse (Nash disse, uma vez, que foi porque ele disse a Walt que o estúdio de Iwerks queria usar sua voz para um pato) e o pusesse no elenco, em 1934, como um pato irascível, egoísta, de rabo grande, bicudo e pescoçudo em *The Wise Little Hen* (*A galinha sábia*) que se recusa a ajudar a galinha a plantar e colher seu milho, fingindo que está com dor de estômago toda vez que ela se aproxima. Não foi um sucesso instantâneo, embora o estúdio tivesse patenteado o personagem logo depois, vestindo-o com uma roupa azul de marinheiro e um boné de marinheiro porque, disse Walt mais tarde, "sendo um pato, ele ama a água. Marinheiros e água são facilmente associados". Quando o estúdio decidiu que ele faria dupla com Mickey em *Orphan's Benefit* (*Em benefício dos órfãos*), o antimickey e Mickey juntos, Ward Kimball, que ajudou a animar o desenho, chamou-o de "momento decisivo" para o estúdio e para o desenvolvimento posterior da animação com personalidade. No desenho, Mickey, no papel de mestre de cerimônias de um espetáculo em benefício de camundongos órfãos, apresenta Donald, que recita *Mary Had a Little Lamb* e depois fica enraivecido quando a plateia o vaia quando ele começa a declamar "Little Boy Blue" ("Menininho triste"). No fim do desenho, os ratinhos o atormentam com um bombardeio de tijolos e luvas de boxe, e Donald está apoplético. "Bem, a reação que chegou aos poucos ao estúdio vinda de todo o país foi tremenda", lembrou Kimball. "Os garotos no cinema amavam ou odiavam e vaiavam o Pato Donald."

No início de 1935, quando Donald assediava Mickey em *The band concert*, considerado por muitos o melhor desenho de Mickey Mouse, o pato já começava a assumir o papel de estrela do desenho animado. "Havia indícios de que a malícia e a arrogância do rato estavam diminuindo, que Mickey estava ficando educado", observou Gilbert Seldes no *New York Journal*. "Em *The Band Concert* o pato toma conta. É um pato ruim, malvado, um pato malicioso e incômodo, um pato que concentra todo o atrativo irritante de meninas e meninos malvados – um personagem soberbo."

Em alguns aspectos, o Pato Donald parecia oferecer às plateias tanto uma liberação indireta do comportamento convencional e da moralidade a que elas tinham de restringir suas próprias vidas e que o pato claramente transgredia e, uma vez que ele, normalmente, recebia a punição merecida, uma vingança indireta contra os pretensiosos, sem atrativos e os maus em uma época em que o mundo inteiro parecia turvar-se com a ira e a violência. Mickey havia se transformado em uma nulidade sorridente, mas o desastrado pato era autocomplacente, autoindulgente, arrogante, desconfiado, esquentado, egoísta, gabola, mal-educado, uma taxonomia de mau comportamento e agressividade. O público rapidamente identificou-o com o falante e irritável Harold Ickes, Secretário do Interior do presidente Roosevelt, conhecido em geral como o "Grande Ranzinza". "Às vezes, era difícil para a plateia dizer se Ickes imitava o pato ou o pato imitava Ickes", disse Walt.

Se o rabugento Donald liberava ou não o público, ele, certamente, libertou os argumentistas e animadores do estúdio das algemas de Mickey. "Todas as vezes que o colocávamos em um ato enganoso, em um acesso temperamental, ou uma piada", disse um redator do rato, "milhares de pessoas nos criticavam com cartas desagradáveis. Isso é que tornava o Pato Donald tão fácil. Ele era nossa válvula de escape... Todo mundo sabia que ele era mau e pouco se importava com isso. Então, podíamos fazer três histórias do Pato Donald no tempo que levava fazer apenas uma do rato." Walt concordou, dizendo que Mickey era engraçado apenas quando a situação era engraçada, enquanto o destemperado Donald era inerentemente engraçado. "O pato pode explodir de raiva e criar o caos", Walt disse uma vez a um interlocutor. Mickey, não.

Nash, cuja voz que imitava o grasnido de um pato havia inspirado o personagem, creditou a Walt o enriquecimento da gama de emoções de Donald e sua transformação em uma personalidade ao sugerir que Nash tentasse fazer a voz do pato zangado ou rindo. Jack Hannah, que mais tarde dirigiria muitos desenhos do Pato Donald, disse: "Donald podia ser qualquer coisa. Tinha todas as emoções de um ser humano. Podia ser bom, destrutivo, ir de caloroso a frio a qualquer momento. Você podia deixá-lo meio morto, e ele voltava imediatamente. Ele causava problemas. Não era mau, mas sempre via uma chance de se divertir à custa dos outros." Em resumo, Donald foi o primeiro exemplo da realidade caricaturada de Walt e a primeira estrela de Disney a nascer e ser completamente desenvolvido dentro dessa estética.

Agora que começava a passar de personagem importante para ator principal, o pato alto e magro que Art Babbitt e Dick Huemer haviam desenhado para The Wise Little Hen ficou mais baixo, foi suavizado e arredondado pelo animador Fred Spencer, como tinha acontecido com Mickey, para tornar-se visualmente mais bonito e expressivo. Em

1935, estava sendo caracterizado em sua própria série de livros e, no outono do mesmo ano, como Donald estrelaria seu próprio desenho animado, Walt já se preocupava com que Nash, a quem fora oferecido uma extensão de três anos do contrato a US$ 55 semanais, tentasse pressioná-los. "Se começarmos a usar muito o personagem do pato", Walt escreveu em um memorando para Roy, "não vamos querer que Clarence comece a ter ideias exageradas de sua importância por aqui." Depois, tentou afastar as preocupações, dizendo que, se Nash deixasse o estúdio e fizesse a voz do pato em outro lugar, os Disney, provavelmente, poderiam processá-lo. No final, Nash assinou o contrato, e Donald finalmente, conseguiu seu papel estelar em *Donald and Pluto* no ano seguinte, e depois, uma série completa; antes mesmo que isso acontecesse, porém, a *Variety* comentou sobre a possível aparição de Donald em um desenho de Mickey: "Novamente é manifesto o crescimento da moda do Pato Donald, o irritado e volúvel pato que aposta em formar uma boa dupla com Mickey como a criação favorita de Disney." Para a maioria dos americanos, Donald já era isso.

IV

O Pato Donald não foi a única figura no estúdio a atingir o estrelato em meados dos anos 1930. Prêmios e reconhecimento vieram aos borbotões para o próprio Walt. O Art Institute of Chicago (Instituto de Arte de Chicago) exibiu cem desenhos de Disney, que o diretor do instituto afirmou "serem arte em quase todos os sentidos". O The Writers Club of Los Angeles (Clube de Escritores de Los Angeles) fez um jantar de gala em homenagem a Walt com Will Rogers e Charlie Chaplin como convidados, a American Art Dealers Association (Associação Americana de Marchands) concedeu-lhe uma de suas quatro medalhas de ouro e a Art Workers Guild of England (Associação de Trabalhadores em Arte da Inglaterra), cujas fileiras incluíam George Bernard Shaw, deu o título de membro honorário a Walt – o primeiro em sua história a ser entregue a um produtor cinematográfico. A Câmara Júnior de Comércio dos Estados Unidos nomeou-o o homem de destaque do ano, em lugar do promotor público Thomas E. Dewey, que logo seria governador e, mais tarde, candidato a presidente. A Legião de Honra Francesa premiou-o com sua fita vermelha, e ele recebeu uma medalha de ouro no Festival de Veneza. Na época, os críticos, habitualmente, diziam que ele era um gênio.

Visitantes famosos reclamavam uma turnê pelo estúdio para conhecê-lo – entre eles Douglas Fairbanks e Mary Pickford, H. G. Wells e Chaplin, a atriz Madeleine

Carroll, o diretor Ernst Lubitsch, o humorista Robert Benchley, o crítico Alexander Woollcott e o diretor russo Sergei Eisenstein, que escreveu que, às vezes, se assustava ao ver os filmes de Disney – "assustado por causa da absoluta perfeição com que ele os faz" e porque Disney parecia conhecer "todas as mais secretas fibras dos pensamentos, imagens, ideias e sentimentos humanos". Mais tarde, entre outros notáveis, o arquiteto Frank Lloyd Wright, o romancista Aldous Huxley e o compositor Igor Stravinsky também o visitaram. "Todos batiam à porta de Disney", lembrou Dick Huemer. E havia a cobertura da mídia – um perfil na *Time*, em 1933, um artigo em *The New York Times* Magazine, em 1934, uma foto de página inteira de Walt Disney pelo fotógrafo Edward Steichen, na *Vanity Fair*, com Mickey e Minnie atrás dele, e montes de entrevistas em jornais. Sua face estreita e seu bigode eram agora familiares o bastante para que ele fosse qualificado, quando ainda não tinha 35 anos, como celebridade. "Eu, às vezes, sinto que deveria me espetar para ter certeza de que não estou sonhando", confessou, encabulado, para o repórter de um jornal de Kansas City.

Ele era famoso e também tinha uma imagem. Adorava recontar as dificuldades de sua juventude e a adversidade que havia superado, e esses elementos de sua mitologia pessoal tornaram-se parte de sua história pública. Os repórteres se referiam a ele como o "Horatio Alger do cinema" por sua longa e dura escalada para a fama, enquanto, em geral, ignoravam a incontrolável exuberância que o mantinha lá. Perguntado como era ser uma celebridade, Walt hesitava e dizia que ela o ajudava a obter lugares melhores nos jogos de futebol e era um aborrecimento quando tinha de lidar com caçadores de autógrafos. Mas acrescentava: "Que eu me lembre, ser uma celebridade nunca me ajudou a fazer um bom filme, ou dar uma boa tacada em uma partida de polo, ou conseguir que minha filha me obedeça, ou impressionar minha esposa. O fato de ser uma celebridade sequer tira as pulgas de nossos cachorros".

O dramaturgo Robert Sherwood, ao ser apresentado a Walt Disney, esperava que este fosse arrogante e mal-educado e, em vez disso, parecia "quase dolorosamente tímido e inseguro". Walt também se autodepreciava, respondendo, sarcasticamente, quando um admirador lhe disse que ele tinha personalidade, que "é o rato que tem personalidade". Quase todos comentavam sua informalidade – as roupas simples que usava e a ordem para que todos no estúdio o chamassem de "Walt". Seu escritório era modesto e austero, com uma mesa preta e alguns prêmios emoldurados nas paredes. Ele não era afetado pelo orgulho. Quando o vento da hipocrisia cessa, escreveu o crítico Otis Ferguson, em *The New Republic*, "o ar clareia e ele se torna o que era desde o início: comum e familiar, não inacessível, não em uma linguagem estrangeira, não silenciado, ou patrocinado, ou qualquer coisa. Apenas Disney", o que o tornou o exato paradigma do artista americano simples, despretensioso e trabalhador. Walt cultivou essa ideia, dizendo que raramente lia e tinha poucas conexões com a arte, levando outro repórter a escrever: "Disney é tão livre quanto Al Smith (um ex-governador de Nova York que tinha a voz rouca) da poluição da cultura livresca; nenhum homem poderia ser mais livre da maldição da sofisticação".

Para completar o quadro, Walt era retratado como uma pessoa indiferente a tudo que não fosse seu trabalho. Centenas e centenas de indivíduos desesperados apelaram para ele durante a Depressão, perguntando-lhe se poderia arranjar trabalho para eles ou dar algum dinheiro de sua fortuna. Ele quase invariavelmente recusava, rejeitando ajuda até ao dr. Cowles, seu antigo benfeitor e agora em apertos financeiros, afirmando que não tinha dinheiro simplesmente porque reinvestia todo ele na companhia para assegurar qualidade. Ele não tinha muito de homem de negócios, como sugeriu um dos primeiros perfis que fizeram dele, e não dava a menor importância para o dinheiro exceto como um meio para um fim. Um artigo após o outro promoveu a ideia de que a única ambição de Walt era produzir grandes desenhos animados, não uma grande fortuna.

Todas essas coisas eram mais ou menos verdadeiras. Walt, de fato, acreditava que havia superado as dificuldades de sua infância. Era informal e evitava a celebridade e o cenário hollywoodianos, apesar do seu fetiche pelo polo. Não era um intelectual, nem nunca fingiu ser. De fato reinvestia a maior parte de seu dinheiro na companhia. E era levado a produzir grandes desenhos animados tanto como proposição comercial quanto psicológica. Mas Walt era profundamente consciente do valor de divulgar e exibir essas coisas publicamente, mesmo que apenas durante suas próprias aparições. No estúdio, podia ser rude. Em público ele era, em geral, generoso e acessível a um fã que o cumprimentava por um desenho animado ou com o garçom que o servia. Jack Kinney acreditava que Walt havia estudado Will Rogers e imitava seus maneirismos despretensiosos, ocultando o fato, disse Kinney, "de que podia praguejar como um policial e tinha um ego terrível". Ward Kimball concorda em que houve algum planejamento na construção da imagem pública de Walt. Walt, disse, "desempenhava o papel de um magnata que se sentia embaraçado em público", mas "sabia, exatamente, o que fazia o tempo todo". Na realidade, Walt Disney começava a assumir o seu próprio papel. Foi um papel que desempenhou com variações pelo resto da vida.

Enquanto Walt se transformava em uma figura internacional, o pai de Mickey e agora de Donald, a confusão reinava exatamente naquilo que ele fazia em seu próprio estúdio. Muitos, se não a maioria das pessoas de fora do estúdio, pensavam que ele próprio desenhava as imagens – uma impressão que pouco fez para desestimular. Na verdade, Walt não desenhava mais coisa alguma, embora levasse o crédito pelas produções e o exigisse, em parte porque ainda se sentia ferido pela descortesia com que fora tratado por Charles Mintz e Pat Powers, que pareceram descartá-lo como nada mais que um supervisor venerado. "Aqui só existe uma coisa que vendemos", Walt disse a Ken Anderson, quando o jovem animador entrou para o estúdio, "e ela é o nome 'Walt Disney'. Se aceitar isso e se sentir feliz em trabalhar por isso, você está comigo. Mas se tiver alguma ideia de vender o nome 'Ken Anderson', é melhor sair imediatamente." Os empregados de Disney esperavam compartilhar o crédito. Quando Pinto Colvig foi apresentado como o letrista de "Quem Tem Medo do Grande Lobo Mau?", em um jantar em homenagem a Walt, Colvig imediatamente se levantou e atribuiu o crédito a outros. "Bem sabia ele", Colvig escreveu para um colega, falando de si mesmo, "que um tal rompimento do código da 'Ética Disney' seria para sempre uma mancha feia em seu caráter sem defeitos".

Se Walt não mais desenhava as animações, também fazia muito tempo que não escrevia os cenários, ou dirigia os desenhos, ou fazia qualquer uma das tarefas agora transferidas para a sua grande equipe. Em 1933, quando Burt Gillett saiu, depois de *Porcos*, para o estúdio Van Beuren, Walt ficou tão enraivecido que decidiu ele mesmo dirigir o desenho animado seguinte, aparentemente para mostrar que Gillett era descartável. O filme era uma *Silly Symphony* intitulada *The Golden Touch* (*O toque de ouro*), contando a história do rei Midas. "Foi uma operação muito confidencial, em que os dois animadores envolvidos (Norm Ferguson e Freddie Moore), tiveram de jurar segredo", lembrou Jack Kinney. Após um ano da concepção do desenho houve a sua pré-estreia no cinema Alexander, em Glendale, mas a recepção do público foi fria. Walt havia fracassado, e essa notícia se espalhou rapidamente pelo estúdio, tornando-se uma ironia sempre que um empregado ofendido sentia necessidade de diminuir o patrão. Durante uma discussão com Jaxon, quando *The Golden Touch* foi jogado na cara de Walt, Walt saiu intempestivamente, depois voltou, avisando: "Nunca, nunca mais mencione esse filme de novo".

E embora Walt não pudesse nem animar, nem escrever ou dirigir, ele era o poder indisputável no estúdio, não apenas no sentido de que era o chefe, como também no sentido mais importante de que a sua sensibilidade governava tudo que o estúdio produzia. À primeira vista não parecia um ditador. Era jovem, embora muitos de seus empregados agora fossem mais jovens ainda. Não era uma figura impressionante. "Parecia um homem americano jovem, agradável e de boa aparência, em um sentido mais de boa saúde que de beleza", disse um animador, enquanto outro o descreveu como excepcionalmente magro – media cinco pés e dez polegadas e pesava 150 libras – e com "cara de rato". Ele não transpirava poder ou carisma naturalmente e não parecia se importar com isso. À diferença de outros magnatas do cinema, nunca arrogava poder para si mesmo pelo simples fato de parecer poderoso e, às vezes, recordava, vividamente, um incidente que assombrou sua infância em Marceline, em que capturou uma coruja e, quando ela resistiu, ele, inexplicavelmente, atirou-a ao chão, matando-a – um incidente, ele disse, que desencadeou pesadelos e parecia indicar sentimentos ambivalentes sobre o controle de seus próprios impulsos.

Mesmo assim, o estúdio se curvava à sua vontade e somente a ele. Seus estados de espírito, que mudavam com mais frequência desde o colapso e sob a pressão crescente, determinavam o clima em Hyperion, e alguns empregados diziam brincando que Walt fazia uma escala no porão de sua casa todas as manhãs para vestir "o traje climático" do dia, enquanto outros advertiam que era preciso ligar para o segurança que ficava no portão para saber qual dos Walt havia chegado. Se Walt vestia seu "terno de urso", como os empregados descreviam seu pior estado de espírito, ele poderia ser cruel – "capaz de rasgar um *storyboard* sem motivo aparente", escreveram Frank Thomas e Ollie Johnston. Similarmente, todo o estúdio tinha de estar sintonizado com suas ideias e seus desejos, e este era o primeiro objetivo de cada pessoa em seu emprego: determinar o que Walt queria.

O problema era que, apesar de toda a racionalização do processo de animação, Walt operava quase inteiramente por instinto – um problema agravado pelo fato de ele ter dificuldade para transmitir o que seu instinto lhe dizia, especialmente porque já não desenhava tão bem para mostrar aos animadores como queria e porque era tão instintivo que mudava de ideia com a mesma frequência com que mudavam seus estados de espírito. "Grande parte de minha carreira foi decidir se Walt realmente queria dizer uma coisa, ou não queria", disse Jaxon. "Em geral, eu tentava dizer a Walt o que tinha em mente enviando-lhe um memorando. No texto, eu informava como pretendia gastar o dinheiro dele. Mandava o memorando à tarde e ele o lia em casa à noite. Se o telefone estava tocando quando eu chegava, eu sabia que tinha feito bem em checar." Outros diziam que perscrutar Walt era uma questão de osmose: você o observava nas reuniões de enredo, nas sessões na "cela", nas pré-estreias, e tentava imaginar o que ele estava pensando.

Apesar das queixas e do ressentimento de que Walt era insuportável, instável, ingrato e impossível de agradar – tudo que ele, realmente, era – ninguém no estúdio duvidava da importância fundamental de sua contribuição, embora todos parecessem ter opinião diferente sobre qual seria essa contribuição. Uma coisa em que todos concordavam era que Walt era um soberbo contador de histórias, e o próprio Walt achava que esse era o seu principal atributo. "De todas as coisas que fiz", disse ele uma vez a um entrevistador, "gostaria de ser lembrado como um contador de histórias." Walt sempre teve, desde o início, uma habilidade especial para construir piadas. Dick Huemer considerava Walt "a melhor cabeça para piadas que jamais conheci". Mas à medida que as histórias se tornavam mais elaboradas, as piadas organicamente interligadas e inseridas nas idiossincrasias do personagem, Walt realmente brilhava. O veterano diretor Ken Annakin, que trabalhou com Walt anos depois, disse: "De todos os chefes de estúdio com quem trabalhei nunca conheci alguém que conduzisse reuniões de enredos de forma tão magnífica quanto Walt. Você ia para uma reunião com ele cheio de grandes ideias, e ele coçava o nariz e dizia: 'Isso é apenas algo que me ocorreu, mas acho que deveríamos fazer isso e isso...' E seria, normalmente, como ouvir um novo conto de fadas, e saíamos da reunião felizes e espantados com a solução tão simples e diferente para os nossos problemas de enredo."

Embora as histórias não mais tivessem origem em Walt, cada história, no final, tinha que obter seu sinal verde antes de ser colocada em produção. Os argumentistas "faziam um esboço por alto e o mandavam para Walt... e ele dizia 'Vão em frente', ou 'Não, pessoal, continuem com aquela outra coisa. Acho que ela tem mais possibilidades'," lembrou Ward Kimball. Mesmo depois de conceder a aprovação inicial, entretanto, e os argumentistas prepararem um esboço para as críticas de Walt e eles as incorporarem ao *storyboard* final, Walt sempre voltava à ideia inicial da história e às piadas em longas reuniões para discuti-la, buscando formas de melhorá-la. "E ele era o líder em todas essas reuniões", afirmou Kimball. Na verdade, alguns chegaram a dizer que era Walt quem, realmente, escrevia todo o diálogo.

Naturalmente, havia aquele temido silêncio, quando Walt olhava fixa e inescrutavelmente. "Walt estava sempre muito preocupado nessas reuniões de enredo, pensando em ideias novas para histórias e personagens", lembrou Ollie Johnston. "Uma sobrancelha se levantava, e ele ficava com aquela expressão concentrada. Às vezes, seu olhar pousava em alguém, e este pensava que ele se preparava para saltar sobre seu pescoço por causa de alguma coisa que lhe tivesse dito. Na verdade, era seu tremendo poder de concentração em funcionamento, e eu duvido que ele soubesse para quem estava olhando na maior parte do tempo." Eric Larson afirmava que Walt não estava sequer ouvindo – que quando um argumentista começava a expor a história no quadro, ele já olhava para os esquetes finais, o que Larson interpretava como um sinal de que Walt havia visitado o estúdio na noite anterior e olhara os quadros para estar completamente preparado. (Alguns argumentistas juravam que encontravam pontas de cigarros Chesterfield, que Walt fumava, em seus cinzeiros.) Então, vinha a sua análise, que não era uma sugestão e sim uma diretriz. "Ele podia ser brutal", o animador e mais tarde diretor Jack Hannah disse. "Ele dava a ideia para uma sequência de piadas, e nós dizíamos 'isso é ótimo, Walt!' e, subitamente, sua disposição mudava completamente, e ele replicava, 'Não, não vamos fazer isso'." Em uma ocasião, um extrovertido argumentista chamado Homer Brightman apresentou os quadros para um desenho do Pato Donald e fez a sala inteira rir com seu desempenho. Quando Brightman terminou, Walt se virou, secamente, para a sua estenógrafa e lhe perguntou se ela rira de Brightman ou da história. "De Homer", ela disse e, após isso, Walt fez sua crítica.

Não era tanto a análise de Walt que se imprimia nos desenhos, mas a sua misteriosa habilidade para residir no personagem e entrar na situação. Walt pensava como Mickey ou Donald ou Pluto. "Se Walt dissesse para mim, 'Mickey não pensaria assim'", afirmou o argumentista Leo Salkin, "quem sabe como Mickey pensaria? Mas, na mente de Walt, isso era o que Mickey pensaria ou sentiria, e era válido." O artista de layout John Hench disse que Walt entrava em "um tipo de transe" quando ouvia uma apresentação. "Ele podia visualizar toda a história muito bem e se inclinava para frente sem perceber, e se tornava uma coruja velha – encurvada, e seu bico matraqueava um pouco. Quando saía (do 'transe'), dizia: 'Vocês sabem, o que precisamos fazer é...' e, então, se punha de pé de um salto e começava a interpretar a cena com um novo diálogo e uma nova ação."

Todos no estúdio ficavam maravilhados com sua atuação – Walt, agora bastante reservado em geral, levantava-se nas reuniões de enredo, entrava em transe e, subitamente, se transformava, desinibido, em Mickey ou Donald, ou em uma coruja ou em um velho cão de caça. "Você sabia que esse velho cara viria farejando como um aspirador de pó, o focinho colado no chão", Walt dizia quando recordava um cão de sua infância em Marceline e se transformava naquele cachorro. "E à medida que Walt atuava, aquilo se tornava cada vez mais engraçado", Frank Thomas e Ollie Johnston escreveram. Então, à medida que sua plateia começava a reagir, Walt mergulhava mais fundo no personagem, encontrando mais possibilidades cômicas. "Ele imitava as expressões de um cachorro, olhava de um lado para o outro e levantava primeiro uma sobrancelha, depois, a outra, tentando entender a situação." E, ao fazer isso, demonstrava para os argumentistas e os animadores que estavam na sala, nas palavras de Thomas e Johnston, "o que era engraçado acerca do próprio personagem", inspirando os animadores a desenhar o que Walt havia representado para eles. Este se tornou seu principal meio de transmitir suas ideias e a base dos desenhos do estúdio. "Você tinha a percepção da coisa toda", observou Dick Huemer. "Você sabia exatamente o que ele queria."

Após todos concordarem sobre a contribuição de Walt como contador de histórias, as opiniões divergiam quanto à priorização de seus mais importantes talentos. Ward Kimball achava que Walt era um "supervendedor", que acreditava tão devotadamente em seu estúdio e em seus desenhos animados que poderia convencer de seu valor qualquer um, até o banqueiro mais aborrecido. Eric Larson atribuía a Walt uma sensibilidade singular em saber o que o público queria. Art Babbitt citou seu julgamento sem paralelo: "Ele muitas vezes não sabia exatamente o que buscava, mas podia localizar uma coisa errada em um trabalho." Seus instintos eram tão aguçados que, em determinado ponto, Walt colocou uma mesa no meio da sala dos animadores, fez com que os animadores levassem seus desenhos até ele, e depois dizia, sumariamente, o que funcionava e o que não funcionava. Sharpsteen acreditava que "o forte de Walt era a supervisão do trabalho – cada detalhe dele – e o sentimento de que tudo que era feito, cada desenho, era o resultado de sua orientação." Outros, nem sempre apreciativamente, diziam que o profundo devotamento de Walt ao estúdio gerava uma atmosfera de obsessão que afetava todos os que trabalhavam lá. "Muitos caras com quem trabalhei lá não conseguiam suportá-lo por causa disso", disse o roteirista Maurice Rapf. "Ele metia o nariz em tudo."

Outros ficavam maravilhados com a percepção de Walt para o detalhe. Ele observava "coisas simples que podiam fazer uma grande diferença", disse Jaxon. Earl Colgrove, um câmera, lembrou-se de Walt chamando-o para uma sessão na "cela" para uma *Silly Symphony* intitulada *The Country Mouse* (*O rato roceiro*), para ver algumas cenas, incluindo uma em que o rato vê seu reflexo em uma tampa de Jell-O. Walt perguntou se Colgrove via alguma coisa diferente na cena e, quando Colgrove respondeu que "parecia muito boa", Walt mandou projetar a cena, novamente, e parar em um único *frame* borrado, em que o celuloide, aparentemente, havia sido colocado debaixo da parte de trás da câmera. "Depois de um breve silêncio, Walt acendeu as luzes e disse: 'Por aqui tentamos ficar orgulhosos de cada pedacinho do que fazemos'." Em outra ocasião, notou que o rabo de Mickey estava faltando na tira de quadrinhos e ordenou que ela fosse consertada. "As pessoas não percebem a importância que ele tinha – a ponto de decidir se um personagem devia olhar para a direita, ou para a esquerda, ou para cima", disse Ward Kimball. "Walt era o editor final de cada maldita cena."

Outros citavam Walt como fonte de inspiração, definindo padrões, esperando a perfeição, criando entusiasmo, estimulando os espíritos. "Acho que a coisa mais destacada em Walt", disse Jaxon, "era sua habilidade de fazer as pessoas sentirem que aquilo que ele queria que se fizesse era algo terrivelmente importante de fazer." Outro disse que "o maior dom" de Walt era o seu talento "para sugerir coisas que nem você sabia que estavam dentro de você e que você jurava que não poderia fazer de jeito nenhum". Walt também era um grande líder de torcida, exortando seus empregados a pensar com ousadia. "Eu não quero apenas um novo filme", dizia. "Ele tem que ser uma nova experiência, uma nova expressão dramática." Quando estava entusiasmado, em geral levava os outros a se entusiasmarem também. "Ele ficava muito estimulado com tudo que fazia", observou John Hench, citando uma qualidade que Walt já tinha quando garoto. "E vivia aquilo e respirava aquilo e, finalmente, esfregava aquilo em você."

Finalmente, e talvez mais importante, havia a habilidade de Walt não apenas para supervisionar, como também coordenar todo o aparato do estúdio. O próprio Walt comparava os desenhos a uma sinfonia, com ele como maestro, que pegava todos os empregados – os argumentistas, animadores, compositores e músicos, os artistas da voz, as garotas da tinta e da pintura – e os punha para "produzir uma coisa completa, que é bonita". Para outro entrevistador, Walt correu de um lado para o outro no quarto de um hotel e imitou uma abelha para demonstrar o que fazia no estúdio. "Preciso saber se uma ideia vai aqui", ele disse, deixando cair "pólen" sobre uma cadeira, "ou aqui", correndo para o entrevistador e deixando cair o pólen invisível nos joelhos do homem. Quase todos no estúdio se admiravam de como Walt, tanto quando os conduzia, como quando se movimentava entre eles, conseguia forjá-los em uma unidade. "Todos nós temos ego", Eric Larson admitiu, "mas Walt tem uma forma de pegar esses egos e fazê-los trabalhar como uma equipe." "Ele conseguia desarmar as pessoas usando a palavra 'nós' em vez de 'eu'", disse Ben Sharpsteen. "Obviamente, tudo se baseava no que Walt fazia, no que ele queria fazer e no que esperava fazer, mas ele, invariavelmente, dizia 'nós'." Bob Broughton, que trabalhava no departamento de câmera na época, disse: "Esse era o maior talento de Walt, eu acho... Ele fazia você se sentir parte de uma família." Walt parecia concordar. Embora dissesse que queria ser lembrado como um contador de histórias, ele disse à sua filha Diane: "De todas as coisas que faço, a mais vital é coordenar aqueles que trabalham para nós e dirigir seus esforços para uma determinada meta."[10]

---

10 Maurice Rapf, que mais tarde trabalhou como escritor no estúdio, achava que Walt, ao dividir responsabilidades entre os empregados, como fazia enquanto detinha ele próprio a autoridade de coordenador, era capaz de manter seu poder sem ter de se preocupar com subordinados desapontados ou ambiciosos. Patrick McGilligan e Paul Buhle, Tender comrades: A backstory of the Hollywood blacklist (Nova York: St. Martins's Press, 1997), p. 296. (N.A.)

Entre os empregados, a soma total de todos esses atributos provocava a adulação ilimitada ao jovem que os possuía. Muitos, inclusive Walt, já haviam observado previamente, a similaridade entre o animador e Deus. No estúdio Disney, esta similaridade era manifestada na atitude dos empregados em relação ao seu líder, de quem falavam em termos quase religiosos. "Quando ele entrava em uma sala, o cabelo se levantava na parte de trás de seu pescoço, figurativamente", lembrou Dick Huemer. "Ele tinha esse efeito sobre você. Você sentia a presença dele. Era assustador." O diretor Jack Hannah afirmava que Walt provocava "veneração". "Você simplesmente sentia quando ele estava na mesma ala do edifício que você. Sei que isso parece bizarro, mas você nunca superava aquela veneração por ele." "Ele tinha um poder irresistível sobre as pessoas e a voz de um profeta", disse o animador Joe Grant. "Você sempre tinha a sensação de que ele sabia o que você ia dizer e parecia saber as coisas antes que acontecessem. Esse tipo de onipotência exercia um controle mental sobre você." "Você fala como se ele fosse Deus", foi a censura que a cunhada do piadista Roy Williams, casada com um pastor, lhe fez porque ele falava reverentemente de Walt. Ao que Williams respondeu: "Ele é".

Se aquilo era uma tática para integrar a equipe, ela não poderia ter sido mais bem-sucedida. Quase todo mundo estava desesperado para agradar a Walt Disney. "Eu não conseguia entender aquilo", confessou um redator descontente do estúdio. "Mas você fazia qualquer coisa para obter a aprovação dele. Trabalhava como um cachorro, como um garotinho dizendo: 'Ei, olhe para mim. Estou fazendo uma coisa tremenda.' Você fazia qualquer coisa por um sorriso, mesmo que no dia seguinte pudesse ser demitido." Alguns admitiram que a tensão de ter de agradar a Walt, necessitar agradar-lhe, era quase insuportável. O efeito era que o estúdio Disney não operava como qualquer outro estúdio de Hollywood, com um chefe tirânico que, arrogantemente, controlava um grupo de pessoas descontentes que se queixavam de estar sendo frustradas. Na verdade, o estúdio Disney não operava de maneira alguma como uma instituição comercial, onde os produtos e os lucros predominavam. Em meados dos anos 1930, o estúdio Disney operava como um culto, com uma figura messiânica inspirando um grupo de devotados e, às vezes, fanáticos acólitos. No estúdio da Hyperion, os empregados não estavam apenas fazendo desenhos para divertir ou entreter o público. Eram discípulos em uma missão.

E essa missão estava para mudar.

Acima à esquerda: Flora e Elias Disney, cerca de 1913, em Kansas City. Eles tinham os rostos castigados pelo tempo, dos pioneiros que efetivamente eram: o rosto do gótico americano.

Acima à direita: tio Robert Disney, o dândi da família, que representava um padrão inatingível para seu irmão Elias, mesmo quando o ajudava. Robert também emprestou dinheiro aos sobrinhos Walt e Roy.

Abaixo: Marceline, Missouri: o Éden de Walt Disney e seu arquétipo da cidade pequena americana. Ele passou a vida tentando recuperar essa sensação de conforto e segurança. A rua principal, mostrada aqui, não tinha asfalto na época em que os Disneys chegaram.

Acima: Walt (direita) e Roy observam sua velha casa de fazenda em Marceline, numa visita que fizeram em 1956.

Abaixo: os dois Walts: Disney (direita) e Pfeiffer. Walt Disney chamava a casa de Pfeiffer, na mesma rua onde morava, de seu "lugar de rir", onde podia escapar da disciplina do pai.

Acima: a casa na Bellefontaine, onde Walt passou a maior parte da adolescência. Estava no roteiro de entrega de jornais a que a família Disney estava acorrentada. Na frente da casa está Dorothy, sobrinha de Walt.

Abaixo: Walt na França, em frente ao seu caminhão na missão da Cruz Vermelha, logo após a I Guerra Mundial: "fazendo algo que muito raramente faço: 'trabalhar'". Ele acrescentou: "De vez em quando faço viagens com esse caminhão." Quando não estava dirigindo para visitantes, ele desenhava.

Acima: Walt, segundo à esquerda, com viseira e cachimbo, na Kansas City Film Ad Co., onde começou a se interessar por animação. Fred Harman, que se uniu a Walt no esforço deste para iniciar sua empresa, está em sua mesa, canto esquerdo. Ub Iwerks, sócio de Walt uma vez, está na segunda mesa, no segundo assento.

Abaixo: na cobertura do edifício McConahy, onde ficava a Laugh-O-Gram: Walt (esquerda) "estrangula" um colega enquanto Ub Iwerks dirige de sua cadeira, e o gerente de negócios Adolph Kloepper roda a câmera.

Acima à esquerda: Califórnia: Walt (direita), que veio para Hollywood para fazer seu nome no cinema, e Roy, que veio para a Califórnia para convalescer de tuberculose, em um laranjal.

Acima à direita: Walt (esquerda) e Ub Iwerks, o homem "interior" dolorosamente tímido que fazia dupla com o homem "exterior" de Walt e cocriador de Mickey Mouse. Iwerks tinha um dos lápis mais rápidos do ramo da animação.

Esquerda: Margaret Winkler, a voluntariosa mulher de negócios que distribuía as *Comédias de Alice* produzidas por Walt. A oferta de Winkler deslanchou a carreira de Walt.

Abaixo: Walt (segundo a partir da esquerda) a alguns quarteirões do escritório na Kingswell no terreno em Hollywood onde as *Comédias de Alice* eram filmadas. Virginia Davis está no centro, seu pai no canto esquerdo, e Roy à direita, com a câmera.

Acima: Walt e a equipe da Disney Bros. em frente à fachada de sua empresa na avenida Kingswell, em 1924. Esquerda para a direita: Iwerks, Ham Hamilton, Walt, Thurston Harper e Roy.

Abaixo: Edna Francis (esquerda), noiva de Roy, e Lillian Bounds, a garota de Idaho que se tornaria a Sra. Walt Disney.

Acima: a festa de casamento de Walt e Lillian, em 13 de julho de 1925, na casa da irmã de Lillian em Lewiston, Idaho. A irmã de Lillian está à esquerda, e a mãe, à esquerda de Lillian; Sidney, irmão de Lillian e chefe local dos bombeiros, está no canto direito. Lillian deu risadinhas nervosas durante toda a cerimônia.
Abaixo: a casa na avenida Lyric, na região de Silver Lake, em Los Angeles. Era pequena e pré-fabricada, e Roy tinha uma idêntica ao lado, mas sua propriedade era um sinal do status ascendente dos Disneys na animação.

Acima: Charles Mintz (centro) com Oswald, o coelho sortudo, depois de assinar o contrato com o vice-presidente da Universal Pictures Robert H. Cochrane. Mintz se tornaria a nêmese de Walt, e sua traição nunca deixaria de atormentá-lo.

Ao lado: Pat Powers, uma das figuras beligerantes mais lendárias da história do cinema e o homem em quem Walt ingenuamente depositou sua confiança. Powers se revelaria tão criador de problemas para Walt Disney como tinha sido para seus outros sócios.

Capítulo 6

EXTRAVAGÂNCIA

I

Mesmo quando consumido pelo trabalho – e ele estava sempre consumido pelo trabalho – Walt Disney se inquietava, talvez cauteloso, após as traições que sofrera nas mãos de Charlie Mintz e Pat Powers, achando que a mais leve complacência poderia levar a um problema. Por volta de meados de 1933, na mesma época em que desfrutava o enorme sucesso de *Os três porquinhos*, decidiu que precisava mapear um novo caminho para o estúdio – algo grande e dramático. Durante anos sofrera com as flutuações do negócio de produzir curtas-metragens e dos lucros relativamente magros que eles davam – e que se tornavam mais magros à medida que suas expectativas aumentavam e, consequentemente, as despesas cresciam. Embora as *Silly Symphonies* trouxessem receitas que eram 50% mais altas que as dos desenhos competidores, elas também custavam apreciavelmente mais para produzir, cerca de US$ 30 mil em meados de 1933, o que significava que, somadas as despesas gerais, Disney deveria ter um faturamento bruto acima de US$ 100 mil para obter lucro. Nem sob as melhores circunstâncias isso era fácil, e piorou principalmente quando os donos de cinema, tentando atrair o público em dificuldades financeiras por causa da Depressão, instituíram entradas que davam direito a ver dois longas-metragens, reduzindo tanto o tempo de que dispunham para exibir os curtas quanto o dinheiro que tinham para alugá-los.

No que diz respeito aos Disney, entre as receitas e os *royalties* das mercadorias, o estúdio faturou cerca de US$ 600 mil em 1934, o que certamente não foi ruim durante uma depressão econômica. "A primeira década foi rastejando – apenas bacon e ovos, sem o bacon", Roy comentaria, mais tarde, sobre os primeiros anos do estúdio. "Depois, a segunda década, quando o país estagnou – nós éramos relativamente prósperos e, enquanto nossa escala era pequena... podíamos pagar todas as nossas contas, todos os salários. Até aquela época nunca tivemos salário regular." Mas Walt reconhecia que, se quisesse continuar a desenvolver o estúdio, os curtas tinham pouco futuro. "O curta se destinava apenas a preencher o tempo de qualquer programa", ele lembraria depois com desdém. "E, então, simplesmente, senti que tinha de diversificar o negócio e entrar nessas outras coisas, e isso me daria uma oportunidade melhor." As "outras coisas" que ele então avaliava, assustavam até seus próprios colegas. Ele havia decidido fazer um longa-metragem animado.

Se era verdade que os curtas não geravam lucro suficiente, as considerações econômicas, como sempre para Walt Disney, eram apenas parte do problema que o levava a mudar de rumo. Ele também desejava o desafio estético – ficar à frente do rebanho e continuar a ser melhor que qualquer um, o que era agora fonte de enorme orgulho. Até em um nível mais pessoal, quanto mais profundamente explorasse seu mundo de fantasia e mais extraísse dele, mais plenamente compreensível esse mundo teria de ser. Como seu velho personagem Alice, ele precisava construir um mundo imaginativo melhor para onde escapar.

"Acho que Walt estava impaciente com as restrições do desenho animado", disse Ken Anderson, um diretor de arte na época. "Ele lutava por mais e mais realismo, mais naturalismo nos filmes." Anderson lembrou que tinha um caderno de ângulos de câmera dos filmes de ação ao vivo que havia visto, e Walt ficou tão impressionado que ordenou aos outros que fizessem anotações semelhantes. "Seu objetivo era sempre exceder as limitações do meio." Walt admitiu isso também. "Sentimos que havíamos ido o mais longe possível no campo do curta-metragem sem nos metermos em um beco sem saída", escreveu em 1941. "Precisávamos dessa nova aventura, dessa reprimenda, para liberar um novo entusiasmo e uma nova inspiração." Na verdade, Walt queria sacudir o estúdio com um terremoto.

Walt disse, certa vez, que a ideia de produzir um longa animado lhe ocorreu pela primeira vez quando estava na Europa e viu o público assistir a um programa de cinco ou seis desenhos de Mickey Mouse de uma vez só. O problema com essa lembrança é que três anos antes de ter visitado a Europa, ele já preparava terreno para um longa, dando até pistas disso para a imprensa. Em junho de 1932, Roy perguntava sobre a disponibilidade dos direitos de *Alice no País das Maravilhas*, que, segundo tomou conhecimento, era de domínio público. Enquanto o projeto de Alice avançava vagarosamente, M. Lincoln Schuster, da editora Simon & Schuster, estimulava Walt a fazer um filme de um romance de Felix Salten, publicado na Europa pela primeira vez em 1923 e lançado nos Estados Unidos em 1928, intitulado *Bambi: Uma Vida na Floresta*, sobre o ciclo de vida de um veado. Embora Sidney Franklin, um dos mais respeitados diretores da Metro-Goldwyn-Mayer, tivesse adquirido os direitos de filmagem do romance enquanto Walt hesitava, Joseph Schenck, da United Artists intercedeu, oferecendo-se para ser o intermediário de uma aliança entre Disney e Franklin. "Schenck falou como se eles fossem financiar o filme em troca da distribuição e da participação nos lucros", Roy escreveu, ansiosamente, para Walt de Nova York. "Gostaria de ver você tentar um longa, e acredito que é altamente desejável que o filme seja gerenciado comercialmente pela mesma fonte que está cuidando do nosso outro produto." Roy pressionou Walt a entrar em contato com Franklin, que aparentemente, estava desejoso de cooperar e de começar a trabalhar para que o filme fosse entregue no outono de 1934. Walt evidentemente falou com Franklin, embora o projeto tenha parado principalmente porque Walt temia que o estúdio ainda não tivesse capacitação artística suficiente para animar uma história tão realista.

Nesse meio tempo, Walt era inundado de sugestões para projetos de filmes que poderia fazer. O velho ator e diretor do cinema mudo Hobart Bosworth escreveu para Walt: "Você não pode levar o animal e o pássaro, e árvores, flores etc. muito adiante", e achava que Walt deveria tentar "todos os elfos, duendes, ninfas, fadas, de histórias sobrenaturais do folclore de todas as terras em seu meio!" O cartunista James Thurber recomendou que Walt animasse a *Odisseia* e a *Ilíada*, de Homero. Douglas Fairbanks discutiu a possibilidade de eles colaborarem nas Viagens de Gulliver. E, já em abril de 1933, a esposa de Fairbanks, a atriz Mary Pickford, pressionava

Walt a fazer uma combinação de animação e filme ao vivo de *Alice no País das Maravilhas*. Pickford ofereceu-se até para garantir um adiantamento correspondente a sete de seus desenhos e arcar com os custos de produção, mas Walt vacilou, temendo um "grande desapontamento", escreveu, "se o acordo fracassasse". Quando a Paramount decidiu começar a produzir um filme de Alice ao vivo, Walt abandonou os planos com Pickford, levando-a a lamentar: "A sua aparente falta de entusiasmo em nossa última reunião e os muitos obstáculos que você parecia antecipar foram o golpe final na esperança que eu cultivava".

Na realidade, na mesma semana de maio de 1933 em que trocava cartas com Pickford e que coincidiu ser a semana de lançamento de *Porcos*, Walt já havia se decidido sobre o longa e, aparentemente, instruíra Al Lichtman da United Artists a registrar o título: *Snow White* (*Branca de Neve*). Mais tarde, Walt diria que havia escolhido o material com base em seu potencial estético. "Era bem conhecido, e eu sabia que podia fazer alguma coisa com sete anões 'excêntricos'", disse. Em outra ocasião, enumerando os elementos da história, afirmou: "Eu tinha anões simpáticos, vê? Tinha uma vilã, tinha o príncipe. E a garota. O romance." Mas a história também oferecia a atração da memória. Walt disse que se lembrava de ter visto uma peça *Branca de Neve* quando era pequeno, embora, provavelmente, estivesse se lembrando da versão cinematográfica da peça estrelada por Marguerite Clark e exibida em 27 e 28 de janeiro de 1917 no cavernoso Salão de Convenções de Kansas City de doze mil lugares quando ele tinha 15 anos. O jornal *Kansas City Star* patrocinou cinco projeções para recompensar os garotos jornaleiros e 67 mil deles apareceram. Para acomodar as multidões, o filme foi projetado simultaneamente em quatro telas arrumadas em ângulos retos formando um tipo de caixa. Como os projetores eram operados à mão, e os projecionistas não conseguiam manter uma sincronização perfeita, Walt, sentado na galeria, disse que podia ver em uma tela o que aconteceria na tela adjacente, o que fez com que, de alguma maneira, o espetáculo parecesse ainda mais mágico. Escrevendo para Frank Newman, para quem fizera os Laugh-O-grams em Kansas City, Walt disse: "A impressão do filme ficou comigo ao longo dos anos, e sei que teve muita influência na seleção de *Branca de Neve* para ser a minha primeira produção de longa-metragem".

Walt citou os elementos estéticos do material e o apelo à sua infância como razões para ter escolhido *Branca de Neve*, mas também pode ter tido razões psicológicas mais profundas. *Branca de Neve* tinha quase todos os atrativos narrativos – progenitor tirânico, a punição do trabalho duro, a promessa de uma utopia infantil – e agregava quase todos os grandes temas de sua vida juvenil, principalmente subjugar a geração anterior para afirmar sua própria maturidade, as recompensas do trabalho duro, os perigos da verdade e, talvez, acima de tudo, a fuga para a fantasia como um remédio para a realidade inóspita. (Ao discutir contos de fadas, o psicólogo Bruno Bettelheim citou histórias que falam em pais que envelhecem e decidem que chegou o tempo da nova geração assumir o comando. Mas antes que isso aconteça, o jovem deve provar ser capaz e merecedor – um cenário que, mais ou menos, se encaixa tanto em *Branca de Neve* quanto na vida de Walt Disney, exceto que, nestes dois casos, o progenitor relutava em ceder o lugar.) Embora alguns analistas aplicassem uma interpretação freudiana – um viu *Branca de Neve* com "vestígios de uma personalidade anal obsessiva" que teria de superar para atingir a maturidade sexual, e os anões como crianças assexuadas –, outros impuseram uma interpretação cultural, a de que o filme promovia os valores da Depressão, do trabalho duro e da comunidade, e o desenho tornou-se, em última instância, uma parábola da juventude de Walt. Ele era Branca de Neve, ameaçado pelo poder caprichoso e ciumento do pai e forçado a fugir para o seu próprio mundo, o mundo da animação, onde finalmente encontra apoio, amor, independência e autoridade. *Branca de Neve* era a história do crescimento pessoal de Walt Disney, a história do que teve de superar e o que havia conquistado.

Agora ele precisava de uma versão adaptável para a tela. O original, tal como contado pelos Irmãos Grimm, era rudimentar demais; os anões não eram sequer identificados pelo nome. O filme de Marguerite Clark poderia ter elementos mais vívidos – mas o material havia se perdido na época em que Walt decidiu fazer o seu próprio filme animado e ele se baseou em sua memória – e Walt, então, consultou a peça de Winthrop Ames, da qual o filme havia sido adaptado, até finalmente, adquirir os direitos por medo de ser processado. Mesmo assim, as semelhanças eram pequenas. Ele também examinou outra peça *Branca de Neve*, esta de 1913, escrita por uma mulher chamada Jessie Braham White e, embora tivesse usado muito pouco da peça, na verdade tomou emprestado alguns pequenos detalhes: Branca de Neve beijando os sete anões quando eles saíam para trabalhar, e a rainha, que quer matar Branca de Neve para assegurar seu lugar como a mulher mais bela do reino, disfarçando-se de vendedora para se aproximar da inocente garota.

Quaisquer que fossem as fontes de onde Walt extraiu ideias, na primavera de 1933 ele já as havia sintetizado mentalmente e forjado algo inteiramente novo – algo que começava a internalizar, recitando a história em todas as oportunidades. "Tivemos uma reunião de negócios hoje sem muito sentido", um colega escreveu em maio para Roy, que estava em Nova York na época. "Mas foi uma reunião muito interessante porque, entre outras coisas, Walt nos contou a ideia de desenvolver a história de *Branca de Neve*, e honestamente, o jeito como aquele rapaz conta uma história é fora do comum. Praticamente fiquei em lágrimas durante uma parte, e já havia lido a história muitas vezes quando criança sem ficar particularmente comovido. Se o desenho ficar um décimo do que ele espera será um tremendo sucesso." O animador Dick Huemer afirmou que, quando foi trabalhar para Disney naquele mesmo ano, os dois estavam sentados no escritório de Walt, e Walt começou a descrever em detalhe *Branca de Neve*. "Walt era um ator tão maravilhoso que minha garganta começou a ficar apertada e meus olhos ficaram úmidos", lembrou Huemer, "foi maravilhoso o jeito como ele contou." Durante uma visita a seu velho amigo Walt Pfeiffer, que vivia em Chicago na época e trabalhava em uma agência de publicidade, Walt começou a representar *Branca de Neve* enquanto passeavam pelo Museu de Campo de História Natural. Quando chegou à parte em que os abutres mergulham sobre a vendedora de maçãs enquanto ela foge, Walt foi tão fiel à cena que um guarda do museu pensou que Pfeiffer estivesse sendo atacado, e os dois tiveram que sair de fininho.

Pode ter sido no inverno de 1934[1] que Walt se sentiu preparado para fazer sua primeira apresentação pública. Como Ken Anderson se recorda, Walt aproximou-se de um grupo de empregados em um fim de tarde, deu a cada um 50 centavos, disse-lhes que fossem comprar o jantar do outro lado da rua e depois voltassem para o estúdio de gravação naquela noite. Ninguém tinha a menor ideia do que Walt pretendia. Quando chegaram, cerca de 50 deles, às 7h30 mais ou menos, e tomaram seus lugares nas filas de cadeiras do fundo, Walt estava de pé na frente, iluminado por um único refletor, enquanto o resto do estúdio estava na escuridão. Anunciando que ia lançar um longa-metragem animado, ele contou a história de Branca de Neve, não apenas falando, mas atuando, assumindo os maneirismos dos personagens, criando vozes para eles, deixando que sua plateia visualizasse exatamente o que veria na tela. Ele se tornou Branca de Neve e a rainha malvada e o príncipe e cada um dos anões. Anderson disse que a performance durou mais de três horas. "Ele era fascinante", lembrou o animador Joe Grant. Quando terminou, o grupo estava totalmente maravilhado e entusiasmado. "Nós simplesmente ficamos encantados", disse Anderson. "Não pensávamos em fazer qualquer outra coisa, ou sequer em querer fazer outra coisa. Queríamos fazer o que ele havia acabado de nos contar!" "Aquela única

---

1 Em *Branca de Neve e os Sete Anões* de Walt Disney, os autores Martin Krause e Linda Witkowski discutem a data porque os animadores Marc Davis e Ollie Johnston afirmaram que estavam nesse encontro, e eles só entraram para o estúdio mais tarde (p. 25-26). Mas Walt contou a história tantas vezes e em tantas situações que é provável que Anderson esteja certo e, em qualquer caso, o período de tempo é plausível. (N.A.)

performance durou três anos", afirmou um animador. "Quando ficávamos sem saber o que fazer, nos lembrávamos de como Walt havia feito naquela noite."

Walt inspirou a equipe com a ideia de uma nova missão e, apesar disso, houve dúvidas e estremecimentos. "A princípio vimos aquilo como uma extravagância de Walt", disse Joe Grant. Até Walt se perguntava, às vezes, se alguém iria querer assistir a um desenho animado de longa-metragem. Contudo, ao mesmo tempo em que Walt contava a história de Branca de Neve, ele e Roy também desestimulavam os exibidores a apresentar programas inteiros com desenhos de Mickey por medo de que, como Roy escreveu para um deles, "pudessem tirar o interesse pela ideia do filme animado e dar às pessoas a impressão de que um desenho de longa-metragem é, meramente, uma mistura heterogênea de assuntos conectados." Havia também a questão sobre se as plateias se envolveriam emocionalmente com os desenhos – pois anos antes a preocupação de Walt era que a plateia sequer aceitasse que uma voz emanasse de um desenho –, envolvimento emocional que ele achava necessário para sustentar um filme. E dentro do estúdio também havia preocupação sobre se Walt, que tinha tantas responsabilidades, poderia concentrar-se em um único filme em um período de um ano a 18 meses, tempo que disse ser preciso para completar o filme, enquanto outros debatiam se o seu estilo gerencial de, constantemente, dar novas ideias e mudar de opinião era compatível com a firmeza e a convicção que um longa-metragem exigia. Apesar de seu entusiasmo, Walt comentou com um repórter em 1934, bem depois de se comprometer com *Branca de Neve*, que precisava ter certeza de que o estúdio estava preparado para o filme; de outra forma, disse, "vamos destruí-lo".

Finalmente, havia uma questão mais prática: como financiariam o filme? Os Disney, virtualmente, não tinham dinheiro próprio, pois reinvestiam tudo no estúdio. De sua parte, a United Artists, o distribuidor dos curtas-metragens, não tinha obrigação de financiar ou distribuir um longa-metragem, embora, ao contrário de relatos posteriores, não se opusesse tampouco a um longa-metragem, e um executivo da UA disse a Gunther Lessing que "os países estrangeiros estavam gritando por um longa-metragem e poderíamos faturar US$ 1,75 milhão sem problemas, no mundo inteiro", o que seria um retorno extraordinário na época. Mesmo assim, devido à incerteza sobre quanto tempo levaria para produzir o filme e quanto ele custaria exatamente, a UA não estava ansiosa para prover um adiantamento substancial. Já em novembro de 1933, Roy se encontrou com Jock Whitney, chefe da Pioneer Pictures e um dos homens mais ricos do país, para discutir o financiamento do filme, e também conversou com Darryl Zanuck, chefe de produção da Twentieth Century Pictures, e Joseph Schenck, seu velho aliado, para levantar o dinheiro. Roy achava que todos queriam uma participação grande demais nos lucros, mas escreveu para Walt dizendo que eles pareciam "vendidos (sic) pela ideia de que pelo menos o primeiro desenho longa-metragem seria um sucesso". Mesmo com o orçamento estimativo continuando a subir, de US$ 250 mil para US$ 400 mil, Schenck, um dos poucos executivos em quem os Disneys confiavam, concordou em participar e decidiu cobrir o orçamento em troca de um terço dos lucros, mas quando Schenck sofreu um súbito baque nos negócios e parou de financiar o filme, os Disneys tiveram de juntar tudo que podiam na época e adiar a obtenção do resto do empréstimo até começar de fato a produção. Quando os "do contra" disseram que Roy estava comprando um bilhete de aposta em uma corrida de cavalos ao investir um volume tão grande dos lucros do estúdio em *Branca de Neve*, ele disse: "Compramos todos os malditos bilhetes".

Nesse meio tempo, na primavera de 1934, Walt deslanchou a primeira fase do projeto: melhorar a história e escrever o roteiro. Nos estúdios que faziam filmes ao vivo, os executivos contratavam um redator para escrever a história, e depois produziam o roteiro. O processo de Walt era diferente. Ele instalou uma pequena unidade anexa ao seu escritório integrada por vários de seus argumentistas de desenho animado – Dick Creedon, Larry Morey, Harry Bailey – e depois, começou a enviar para eles várias versões do conto de fadas, entre elas uma do príncipe sendo aprisionado pela rainha, a rainha cometendo três atentados contra a vida de Branca de Neve e a rainha dançando até morrer com sapatos em brasa. Na época em que o estúdio começou a produzir os esquetes, a própria apresentação de Walt, no entanto, pareceu prevalecer, e se alguém, em meio à confusão de esboços e bilhetes, pode ser apontado como autor do roteiro, ele seria o próprio Walt Disney. Quando o grupo se reuniu pela primeira vez com Walt em outubro para rever os esquetes e as anotações, Walt já reprocessava e refinava o material e fazia sugestões detalhadas: "Passarinhos perturbam anões no trabalho – 'A rainha!' Uam! Por sobre as pedras – através das árvores – vira para as videiras – 'Tarzan' vai em socorro – escorrega do tronco de madeira sobre o rio – por penhascos – bancos de areia – vê rainha fugindo." Ou depois que Branca de Neve dá uma dentada na maçã envenenada que a vendedora/rainha a induziu a comer: "Anões voltam para casa – 'Tarde demais.' Tiram seus chapéus – um lidera a prece – ruído pungente de soluços – todos choram e soluçam." Embora pareçam ter saltado, diretamente, da imaginação de Walt, essas cenas ficaram muito parecidas com as do filme finalizado.

Mickey Mouse e Pato Donald eram agora secundários, pois Walt havia delegado o máximo possível a responsabilidade pelos curtas para poder concentrar-se em *Branca de Neve*. Já que os primeiros esboços tinham sido apresentados, Walt começou a se reunir com os roteiristas várias vezes por semana, em outubro e novembro, em reuniões que eram, com frequência, sessões-maratona. Sua primeira ordem de serviço, depois que ele e a equipe estabeleceram as linhas básicas da história, foi dar nome aos anões. As listas iniciais incluíam Scrappy, Cranky, Dirty, Awful, Blabby, Silly, Daffy, Flabby, Jaunty, Biggo Ego, Chesty, Jumpy, Baldy, Hickey, Gabby, Shorty, Nifty, Wheezy, Sniffy, Burpy, Lazy, Puffy, Dizzy, Stuffy e Tubby, além de Grumpy, Happy, Doc, Bashful e Dopey, que estariam na seleção final, não sem que antes ainda houvesse uma grande pesquisa.[2] Enquanto avaliavam esses nomes – e eles foram avaliados durante meses –, Walt decidiu segmentar a história em blocos narrativos da mesma forma que segmentava os desenhos animados em cenas, a começar da apresentação dos anões a Branca de Neve. "Em vez de gastarmos agora nossa energia, trabalhando nas sequências iniciais, menos importantes", dizia uma instrução do estúdio no fim de outubro, "Walt prefere começar a trabalhar do ponto em que Branca de Neve encontra a cabana dos sete anões. 'Deste ponto em diante', nosso enredo básico está quase estabelecido em definitivo. O que acontece 'até esse ponto' ainda está bastante nebuloso." O primeiro diálogo, muito provavelmente transcrito da apresentação de Walt por Dick Creedon, foi datado de 19 de outubro, e Creedon entregou um esboço completo da cena três dias depois.

Na semana seguinte, em um sinal de como Walt mobilizava furiosamente o estúdio e alistava todos no projeto, houve uma reunião de três horas no estúdio de gravação para criar novos detalhes do enredo e designar personagens para os animadores para que estes pudessem fazer experiências com suas próprias interpretações. (Entre outras coisas, Walt ainda tinha de decidir se a rainha devia ser uma "gorda, tipo desenho animado", como um elemento cômico, ou um "tipo de beleza majestática".) Ao mesmo tempo em que o departamento de enredo escrevia as cenas e os diálogos, Walt encarregou o departamento de música de compor canções para o filme e emitiu uma outra instrução, esta destinada ao chefe do departamento de enredo Ted Sears, para que procurasse colher piadas de todos os funcionários do estúdio. "Tente obter, no mínimo, uma boa piada para cada seção individual de toda a sequência", pressionou

2 Brigão, Bizarro, Sujinho, Horrível, Falante, Tolo, Bobo, Gordão, Alegre, Grande Ego, Robusto, Nervoso, Careca, Soluço ("sempre com soluço no momento errado"), Tagarela, Tampinha, Esperto, Chiado, Nariz-torto, Fanfarrão, Preguiçoso, Cheio de vento, Zonzo, Rechonchudo, além de Zangado, Feliz, Mestre, Dengoso e Dunga. Os últimos cinco nomes foram os definitivos, além de Soneca (Sleepy) e Atchim (Sneezy). (N.T.)

Walt em relação à cena de apresentação dos anões a Branca de Neve. "Há boas possibilidades de piadas ao longo da sequência." Ele fazia pedidos similares todas as vezes que cada cena era submetida a análise. Em resposta, recebeu caixas cheias de sugestões de piadas, outro sinal de que os empregados estavam entusiasmados com o novo projeto.

Embora estivesse afastando-se das piadas havia anos em favor de blocos narrativos maiores que provocassem reações mais complexas da plateia, Walt estava recorrendo às piadas para o filme como uma forma de segurança. Piadas eram o que o estúdio fazia melhor. "No início (de *Branca de Neve*) tudo eram piadas e mais piadas", lembrou o animador Frank Thomas. Mas ao longo do outono e do inverno de 1934, com o roteiro em desenvolvimento, Walt, nas palavras de Thomas, "estava enxergando alguma coisa nova e mais coisas que podia fazer com animação, e os homens de layout entregavam-lhe novos desenhos e todos tinham novas ideias, então Walt só dizia 'O que tenho aqui?' Ele era como um tocador de órgão que tocava em todos os diapasões". Em essência, a visão de Walt se expandia à medida que ele concebia o filme.

Ao longo do inverno, ele continuou a se reunir interminavelmente com a equipe de redatores, não apenas durante o dia, mas ocasionalmente à noite, revendo e revisando cada linha, cada piada, cada ponto da história na cena de introdução, não apenas uma ou duas, mas dúzias de vezes em sessão após sessão, antes de relutantemente, seguir para as cenas em que a rainha faz perguntas ao seu espelho mágico sobre quem é a mais bela sobre a terra, induz Branca de Neve a comer a maçã e despacha seu caçador para a floresta junto a Branca de Neve com a ordem de matá-la. Mas apesar de toda a atenção dada à história e de todo o talento convocado para realizá-la, Walt avançava tão devagar – cena por cena, linha por linha, até palavra por palavra – que, se na primavera de 1935 ele ainda tinha que dar nomes a todos os anões e caracterizá-los, que dirá finalizar o roteiro. Ele parecia determinado a não ignorar qualquer possibilidade de melhorar as cenas. *Branca de Neve* não seria apressada, mesmo que isso significasse desrespeitar o cronograma original. Ela seria esticada pelo tempo que fosse necessário para o filme ficar pronto.

Houve outro empecilho no processo durante a primavera e o inverno além do perfeccionismo de Walt: Ele não estava bem. Sentindo-se adoentado, vinha tomando injeções para o que seus médicos diagnosticaram como "tireoide deficiente", mas Roy achou que o tratamento fez com que Walt ficasse mais agitado. Ele também estava exausto. Vinha trabalhando infatigavelmente em *Branca de Neve* havia meses – suas últimas férias tinham sido um cruzeiro para Honolulu, no verão anterior – enquanto tinha de supervisionar também toda a produção dos curtas-metragens. Obviamente sabedor do quanto todo o estúdio dependia do bem-estar de Walt, Roy sugeriu que os dois levassem suas esposas para uma extensa turnê pela Europa para celebrar o décimo aniversário de casamento de Walt – a primeira vez que Walt visitaria o continente desde a guerra. Walt, que detestava deixar o estúdio, relutantemente ou não, partiu para Nova York em 2 de junho de 1935 e subiu a bordo do *Normandie* em sua viagem inaugural a Plymouth, Inglaterra, em 7 de junho, chegando cinco dias depois. Preocupado com tudo que tinha de ser feito, instruiu a equipe "a não permitir que os assuntos se acumulassem" até seu retorno, que de qualquer modo, interromperia a produção, e pôs Ted Sears no comando.

Mesmo com Walt sobrecarregado de preocupações, o cruzeiro foi divertido. "Todo mundo a bordo é 'famoso' ou um repórter", Roy escreveu para a sua equipe em Los Angeles. "Meu deus, que bando de caras esnobes." Edna Disney lembrou: "Não estávamos acostumados a celebridades, então nos divertimos muito. Parecíamos fazendeiros." Uma noite durante o jantar, eles se sentaram ao lado de um dos Rothschild, que pediu a Walt para desenhar Mickey no cardápio para o presidente da França. Mas se os Disneys se sentiam como fazendeiros entre os ricos e a elite, eles subestimaram a própria fama. Quando chegaram à estação de Paddington, em Londres, ao trem que levava os passageiros do navio, a multidão que esperava por eles era tão grande que a polícia teve de proteger os Disneys e quando pararam em Grosvenor House, segundo um relato, "cem repórteres seguiam os Disneys a cada passo, em cada cômodo", chegando a entrar em fila atrás deles no banheiro. Daquele ponto em diante, ao longo da viagem, Lillian ficou provocando Walt, chamando-o de "Chefão".

Nas seis semanas seguintes, os Disneys viajaram pela Europa, indo de carro para o norte, para Escócia e Lake Country, que Walt amou, depois para Paris, onde foram convidados de honra de uma festa da Liga das Nações. Pensando na formalidade da ocasião, Walt e Roy mandaram fazer fraques, "apenas para descobrir", Walt lembraria mais tarde, que "todos lá queriam que os rapazes de Hollywood se sentissem em casa e, então, vestiram roupas informais!" Walt nunca mais usou o fraque. Durante duas semanas passearam de carro sem destino pelo interior da França, visitando lugares onde Walt havia acampado durante a guerra; depois foram para a Alemanha, parando em Baden-Baden e Munique, cruzaram os Alpes para a Suíça, e tomaram o trem de Veneza para Roma, onde Walt foi novamente saudado na estação por uma multidão substancial e teve audiências com o papa Pio XI e Benito Mussolini, que se gabou para Walt de que os trens italianos agora estavam seguros contra bandidos.

A viagem pareceu ter o desejado efeito restaurador. Quando voltaram para casa, depois de embarcar em Gênova no navio italiano de luxo Rex, em 25 de julho, os

Disneys disseram que estavam "cansados, mas felizes". Certamente tinham sido estimulados pela recepção que tiveram. "Poucos americanos", informou o *Los Angeles Times*, "foram tão festejados na Europa em anos recentes quanto Walt e Lillian", mencionando uma charge da revista britânica *Punch*, na qual John Bull[3] saudava Walt como "benfeitor público nº 1." Feliz, Roy confirmou as boas-vindas. "Walt foi recebido como rei em todos os lugares", escreveu para os pais. "Vocês têm bom motivo para estarem orgulhosos de Walt. Ele se comportou de uma maneira maravilhosa. À parte a questão de merecer ou não todas as honrarias conferidas, Walt mantém a cabeça fria e ainda é o mesmo garoto que vocês conheceram." Quanto à sua condição física, Walt se sentia rejuvenescido. Quando a recepcionista de seu médico telefonou e lhe disse para ir ao consultório e recomeçar as injeções para a tireoide, Walt se irritou: "Diga ao doutor que eu nunca me senti melhor em toda a minha vida. Ele pode espetar aquelas coisas em seu próprio rabo de agora em diante".

Walt disse que havia aprendido algumas lições do mundo em geral e de seus desenhos animados dentro dele. Perguntado sobre o que achava das tensões políticas na Europa com a ascensão de Adolf Hitler na Alemanha, Walt disse que não estava alarmado. "Quando um telegrama de Chicago diz '150 pessoas adoecem com o calor' parece que todo o meio-oeste está queimando", disse a um repórter, "mas quando você descobre que um caso aconteceu em Columbus, um em Omaha, e assim por diante, e milhões de pessoas estão cuidando de suas vidas como sempre, não parece tão ruim, embora os relatos sejam muito verdadeiros." Acerca de seu próprio negócio, Walt disse que agora acreditava que o diálogo deveria ser reduzido ao mínimo. "Descobri que, no mundo inteiro, as pessoas querem rir", comentou com a colunista Louella Parsons depois de voltar, "mas não se pode traduzir a gíria americana e o humor americano para outra língua, então vou tentar manter minha comédia em pantomima tanto quanto possível".

Ele também voltou à sua obsessão com *Branca de Neve*. Decidiu que, em vez de dividir a atenção a cada dia entre o longa-metragem e os curtas, o que, obviamente, o estava levando ao desespero, iria em vez disso, passar semanas alternadas em cada um. Mas antes que muito tempo se passasse, violou as próprias regras. *Branca de Neve* era a única coisa que importava. Escrevendo para Roy em dezembro, Walt disse que o filme era para eles "a grande chance de reconhecimento real" e, com esse pensamento em mente, afirmou que ia concentrar-se no filme, "mesmo à custa dos curtas-metragens", para tê-lo pronto em um ano a partir de então. Durante todo o outono e o inverno ele voltou a se

---

3 Personagem de caricatura que representa o inglês típico. (N.T.)

reunir com os roteiristas de *Branca de Neve* em longas sessões durante o dia, a encontrar-se à noite com animadores para pedir piadas e até aos sábados pela manhã durante horas, quando representava repetidamente as cenas (ainda concentrado em Branca de Neve limpando a casa e, depois, encontrando-se com os anões) e ditava a continuidade. E, durante todos esses meses, enquanto lutava contra uma gripe feia que não conseguia curar, estava continuamente passando a história em sua cabeça, detectando filigranas – "Branca de Neve pega esquilos varrendo coisas para debaixo do tapete – os repreende" ou "Ponha alguns passarinhos nas vigas pegando teias de aranha com o rabo" – e até escrevendo o diálogo em sua própria caligrafia confusa no verso da continuidade, onde a maior parte de seu diálogo já havia sido datilografada, cortando apenas uma palavra aqui e ali, tornando *Branca de Neve* um pouco mais agradável e, aparentemente, absorvendo a história através da mão como fizera com as representações. E durante todos esses meses, vinha pensando e repensando: deveria haver mais piadas ou mais ênfase na personalidade? Deveriam preocupar-se com o que era mais bonito, ou com o sentimento mais profundo? No início de dezembro, após bem mais de um ano de intensa concentração, sentiu que havia dominado, no mínimo, as linhas gerais e o tom, se não todos os detalhes do filme. "Tenho a continuidade pendurada em volta do pescoço como um punhado de espaguete", escreveu para Sidney Franklin em dezembro, explicando por que não havia podido fazer mais progresso com *Bambi*. "Apesar de minha história ainda não estar completa, acredito que temos alguma coisa boa." Ele agora esperava ter a história finalizada na primavera, disse a Franklin, e todo o filme pronto em um ano, quando, então, poderia continuar a animar *Bambi*. Nesse meio tempo, estava ansioso para representar Branca de Neve para Franklin e ouvir suas críticas.

Embora Walt já estivesse pedindo a seus principais animadores para começar a imaginar as cenas visualmente – ele havia até mandado a continuidade para o animador Bill Tytla, que estava no hospital recuperando-se de um acidente de polo –, ele havia subestimado seu próprio perfeccionismo e errado feio no cálculo do cronograma. O caminho que faltava para a conclusão de *Branca de Neve* ainda era muito, muito longo – e estava muito, muito distante de tudo que queria e que precisava que fosse.

II

Walt pediu que a equipe fosse aumentada. Antes mesmo de ele começar a acelerar a realização de *Branca de Neve*, a obrigação de produzir duas séries de desenhos – os Mickeys e as *Sinfonias* – e a sempre crescente sofisticação com que tinham de ser feitos agora que ele era o Walt Disney exigiram que contratasse novos animadores. Walt estava sempre caçando talentos, sempre buscando acrescentar à equipe animadores capazes de melhorar o produto. Alguns de seus novos recrutas eram veteranos que queriam trabalhar no proeminente estúdio de animação. Carmen Maxwell, um dos antigos colegas de Walt em Kansas City, que então trabalhava para Harman-Ising, escreveu para Walt que "não podia mais sentir-se satisfeito lá porque lhes faltam ideias fundamentalmente amadurecidas, sem as quais eles nunca serão capazes de fazer filmes realmente de primeira classe". E acrescentou: "Acredite ou não, eu preferiria trabalhar mais e ganhar menos se soubesse que meus esforços iriam para filmes que fossem cuidadosamente planejados e feitos da forma adequada".

Abrigando o mesmo sentimento, vários animadores, ao longo de 1932, 1933 e 1934, desertaram para o estúdio Disney, e Walt, obviamente com *Branca de Neve* em mente, deu-lhes as boas-vindas. Um de oito filhos de um pai empobrecido que crescera em Nebraska e Iowa, Art Babbitt havia partido para Nova York ainda adolescente com a intenção de abrir caminho até a Columbia University e tornar-se psiquiatra, mas após seis semanas dormindo na escadaria de uma igreja e procurando o que comer em latas de lixo, conseguiu emprego em uma agência de publicidade, tornou-se artista freelance e, finalmente, foi parar no estúdio de animação Paul Terry. Quando viu *A dança do esqueleto*, o desenho foi como uma revelação para ele: "Eu sabia que aquele era o lugar onde queria trabalhar." Deixou Terry, viajou para a Califórnia e foi diretamente ao estúdio Disney. Quando não conseguiu marcar uma entrevista com Walt, escreveu-lhe uma carta gigantesca – de 20 pés por 24 pés –, na qual pedia uma entrevista e mandou-a por entrega especial. Walt capitulou, concedeu-lhe uma audiência e contratou-o poucos dias depois.

Esse tipo de esforço para trabalhar no estúdio Disney se tornaria história familiar entre animadores insatisfeitos, deflagrando uma espécie de hégira para a Hyperion. Dick Huemer, que havia deixado o colegial para ir para a Arts Students League (Associação de Estudantes de Arte) e depois, deixou a Art Students League para se juntar ao estúdio Raoul Barré nos primeiros dias da animação, trabalhava para Charles Mintz quando Mintz determinou um corte salarial. Imediatamente, Huemer partiu para a Califórnia e entrou para o estúdio Disney em 1933, embora fosse ganhar pouco mais da metade do que recebia de Mintz. Grim Natwick tinha sido cortejado por Roy e Walt depois que Walt viu uma cena de Betty Boop subindo em um trem em movimento que Natwick havia desenhado para os Fleischer. Natwick declinou do convite e, finalmente, foi trabalhar no novo estúdio de Ub Iwerks em 1931 "por causa do boato no

Leste de que o gênio (do estúdio Disney) era Iwerks". Três anos depois, como tantos animadores, ele tentava aproximar-se dos Disneys, embora se dissesse que Walt não contratava quem o rejeitara antes. Mesmo assim, Ted Sears, amigo de Natwick, interveio e, após uma turnê de duas horas pelo estúdio conduzida pessoalmente por Walt, Natwick recebeu uma oferta formal de contrato.

Talvez o mais importante acréscimo entre os veteranos tenha sido um homem grande como um urso nascido em Yonkers, Nova York, filho de pai ucraniano e mãe polonesa. Com frondoso bigode, sobrancelhas espessas e cabelos desalinhados, Vladimir "Bill" Tytla parecia o ditador russo Stálin e nas festas, batia com uma das mãos no peito, com a outra levantava uma vodca e exclamava: "Sou um cossaco!" Não era apenas a pose – ele também tinha uma atitude no trabalho. Grim Natwick disse que Tytla "se curvava sobre sua mesa de desenho como um gigantesco abutre protegendo um ninho cheio de ovos de ouro. Era um trabalhador intenso – ávido, nervoso, absorto". Às vezes, desenhava com tanta concentração e paixão que o lápis abria buracos no papel. O que tornava Tytla especial era que ele transferia sua ferocidade para a tela. Seu trabalho no estúdio Paul Terry era tão diferente que Walt podia identificar as cenas que Tytla havia desenhado e, quando Roy visitou Nova York em maio de 1933, levou Tytla para jantar, na esperança de atraí-lo para o oeste. "Ele manifesta um intenso desejo de ter a oportunidade de fazer um 'trabalho melhor'", Roy escreveu para Walt, mas não deixaria Terry sem uma "oferta lucrativa".

Enquanto Tytla se mostrava inflexível, os Disneys jogavam duro à maneira deles. Ben Sharpsteen, encarregado de recrutar e convencer animadores de estúdios concorrentes, escreveu para Tytla em dezembro, dizendo que "trazer um estranho para o estúdio sem comparar sua habilidade com a dos outros seria uma injustiça para com os membros do nosso próprio estafe de animação". Ofereceu US$ 100 por semana, o que, para um animador da estatura de Tytla era claramente inaceitável. Mesmo assim, à medida que *Branca de Neve* se aproximava de sua conclusão, Roy continuou a cortejá-lo durante o ano seguinte, levando-o para jantar todas as vezes que visitava Nova York. Tytla descrevia isso como "romance intermitente", até que Walt e Roy o convenceram a voar para a Califórnia e conhecer suas instalações. Em novembro de 1934, após um voo de 18 horas e uma turnê pelo estúdio ele se rendeu ao assédio dos Disneys. Sua chegada criou o que Don Graham, instrutor de arte residente do estúdio, chamou de uma nova escola de animação, a "Forças e Formas", com base no fato de que Tytla transmitia muita força no movimento. Ele era tão admirado, que depois que deixava o estúdio, no fim do dia, os jovens animadores corriam para a sala dele e pegavam os desenhos que jogava na cesta de lixo.

Ao mesmo tempo em que contratava veteranos, Walt, com sua necessidade urgente de mão de obra, também selecionava um grupo de jovens artistas maleáveis que, ou lhe eram recomendados, ou o venceram pela persistência; com o tempo se tornariam os principais mantenedores do estiloDisney e defensores do estúdio. Como disse o animador Ham Luske, Walt havia importado esses animadores de Nova York e "a ideia era como uma corrente – cada animador necessitava de dez assistentes e dezenas de *in-betweeners*". Então, eles chegaram. Nascido na Alemanha, Wolfgang Reitherman, conhecido como "Woolie", era o caçula de sete crianças do dono de um estabelecimento de engarrafar água que havia levado a família para Kansas City para escapar do que chamou de "inquietação política" e depois para Sierra Madre, Califórnia, pelo clima, quando uma de suas filhas contraiu tuberculose. Após frequentar o secundário e se interessar por arte, Reitherman trabalhava na Douglas Aircraft Company – alto, esguio e bonito à maneira de Lindbergh, sonhava ser aviador – quando perdeu a esperança e, subitamente, resolveu estudar arte no Chouinard. Um de seus instrutores foi Phil Dike, assistente de Don Graham no estúdio. Dike sugeriu que Reitherman, então com 24 anos, se candidatasse a um emprego no estúdio Disney, onde começou a trabalhar em junho de 1933, ganhando reputação, como Walt dizia, como "o tipo de sujeito a quem você entrega um trabalho difícil e ele sorri... Ele tem habilidade para desenhar volumes – coisas grandes, massudas".

Eric Larson era o filho de imigrantes dinamarqueses que se haviam estabelecido em Utah. Larson cursava a Universidade de Utah, especializando-se em jornalismo, até que uma brincadeira trágica – colegas estudantes invadiram o escritório da revista de humor da universidade e um deles caiu pela janela e morreu – o levou para Los Angeles para trabalhar em uma firma que produzia anuários. Ficou seis anos lá, alguns dos últimos como diretor de arte. Quando se casou, em 1933, e precisou aumentar a renda, decidiu escrever roteiros para a estação de rádio KHJ, que encaminhou a um de seus antigos empregados, Dick Creedon, a fim de receber dicas para melhorar o texto. Creedon, que trabalhava para os Disneys, sugeriu que Larson se candidatasse a uma vaga lá, pois Walt estava expandindo o estafe para *Branca de Neve*. Larson, então com 28 anos, relutantemente tentou uma vaga como animador e, após dois dias, foi contratado como assistente.

Ward Kimball, outro desse grupo de recrutas, acabava de completar 20 anos de idade quando foi trabalhar no estúdio Disney, em abril de 1934. Enquanto Reitherman e Larson eram pessoas fáceis de lidar, Kimball era um iconoclasta nervoso que olhava de lado, com um rosto redondo, maleável, de expressão maníaca, testa alta, bochechas cheias e um sorriso descomunal. O pai de Kimball era caixeiro viajante e se mudou com a família de uma cidade para outra – Kimball disse que frequentou 22 escolas – antes de, finalmente, estabelecer-se na Califórnia, na sua adolescência. Quando criança, Kimball havia sido enviado pelos pais para viver com a avó viúva em Minneapolis, onde começou a desenhar e, quando a família se mudou novamente para o oeste do país, fez cursos de arte por correspondência e cursou a Santa Barbara School of the Arts (Escola de Artes de Santa Bárbara). Foi quando tentava financiar a estada na escola como integrante da banda do *Clube do Mickey Mouse* do cinema local, que viu *Os três porquinhos*. Eles "simplesmente me derrubaram!", disse Kimball. Um instrutor estimulou-o a se candidatar a um emprego no estúdio e sua mãe se ofereceu para levá-lo de carro de Santa Barbara para uma entrevista. Segundo contou Kimball, ele chegou com seu portfólio, o que aparentemente ninguém nunca havia feito antes e, quando lhe pediram que o deixasse no estúdio para ser avaliado, respondeu honestamente que não tinha dinheiro para pagar a gasolina para vir buscá-lo outro dia. A recepcionista passou isso para Walt, e Kimball começou a trabalhar na semana seguinte. Quando ascendeu de assistente para animador, Kimball já era conhecido por quebrar regras. "Ele nunca fazia o que se esperava", escreveram seus colegas animadores Frank Thomas e Ollie Johnston, motivo pelo qual, de acordo com Sharpsteen, Walt finalmente "procurou uma oportunidade para usar Kimball em alguma coisa em que pudesse ser um indivíduo e não ter que fazer exatamente o que os outros faziam".

Um mês depois que Kimball começou a trabalhar, Milt Kahl, então com 25 anos e residindo no nordeste da Califórnia, foi para o estúdio por sugestão de Ham Luske, velho amigo seu que já era um dos principais animadores de Disney. Kahl tivera uma infância difícil. Depois que seu pai, um imigrante alemão, abandonou a família, e sua mãe se casou novamente, Kahl teve brigas com o padrasto e foi forçado a deixar a escola para ganhar dinheiro. Como Walt, encontrou uma válvula de escape na arte. Aos 16 anos, iniciou o que seria uma sucessão de empregos em departamentos de arte de vários jornais da área da baía de San Francisco – foi em um desses que conheceu Luske – antes de desenhar anúncios para uma rede de cinemas da costa oeste e depois, viver como freelance até Luske sugerir seu nome. Kahl foi contratado.

Frank Thomas começou a desenhar quando criança porque era solitário e sem amigos. Perseguiu o desenho no curso secundário em Fresno, Califórnia, e mais tarde, na universidade; primeiro na Universidade Estadual de Fresno, presidida por seu pai, depois em Stanford. Quando se formou, Thomas, que usava óculos e era professoral, partiu para Los Angeles e se inscreveu no Chouinard. Jim Algar, artista amigo de Thomas em Stanford e que também havia ido para Los Angeles, chamou a atenção de

Walt, e Algar sugeriu que Thomas se candidatasse também. Thomas passou por uma semana de experiência e começou a trabalhar em setembro de 1934. Enquanto isso, outro amigo de Thomas em Stanford chamado Ollie Johnston, trabalhava como gerente de um time de futebol americano de Stanford e visitava Los Angeles para o Rose Bowl quando decidiu inscrever-se no Chouinard. Ele dividia um quarto com Thomas quando Donald Graham o convidou a tentar o estúdio. Três semanas depois foi contratado e, em pouco mais de um ano, substituiu Thomas como assistente de Fred Moore.

Outro desses talentosos recrutas, John Lounsbery descobriu o desenho aos 13 anos, quando o pai morreu, e frequentou a escola de arte em Denver após trabalhar por um breve período para a ferrovia. Continuou os estudos no Centro de Arte de Los Angeles, onde um de seus instrutores o recomendou para o estúdio Disney. A ele se reuniu Marc Davis, que seria o último do que se tornaria, finalmente, o grupo dos principais animadores de Disney. Davis era filho de uma primeira geração de judeus de extração russa que viajou pelo país com um número de vaudeville de leitura da mente antes de se estabelecer, finalmente, em Klamath Falls, Oregon. Assim como Ward Kimball, Davis havia frequentado quase duas dúzias de escolas, o que resultou para ele em um tipo de infância solitária e peripatética que parecia praticamente obrigatória para animadores que se divertiam com o desenho. Davis mudou-se para o norte da Califórnia, onde desenhava pôsteres para cinema e anúncios de jornal. Foi o dono de um cinema em Yuba City que lhe sugeriu que fosse trabalhar para os Disneys e, quando o pai de Davis morreu, ele e a mãe se mudaram para Los Angeles. Visitou o estúdio Disney e foi contratado em dezembro daquele ano como assistente. "Eu assistia às aulas dia e noite", descreveu seu aprendizado do método Disney, "e trabalhávamos um bocado depois da jornada diária, recebíamos tíquetes para refeições e ficávamos deliciados de estar ali".

Embora pudessem ter chegado ao estúdio por acidente, muitos tinham sido contratados durante um período de recrutamento que Walt lançara em junho de 1934 a fim de atrair jovens animadores para *Branca de Neve*, apesar do fato de eles não saberem que o estúdio estava embarcando naquele tipo de projeto. "A qualificação", dizia a carta de recrutamento escrita por Ben Sharpsteen e enviada para escolas de arte em todo o país, "é a habilidade para desenhar bem, criativamente, além de alguma imaginação que seria útil no estudo de arte dramática, que os animadores precisam adquirir". Quando a carta foi divulgada, milhares responderam – 1.300 só do Chouinard, segundo um relato, e 30 mil, em geral, por volta do fim da década.

Por mais popular que o estúdio se tivesse tornado, não era apenas a atração de Disney que os empolgava; era a atração que qualquer emprego exercia. Anos depois,

Marc Davis diria, como o próprio Walt já havia feito, que "a Depressão foi a melhor coisa que poderia ter acontecido a Walt", já que ele não poderia ter reunido esses talentos de outra forma. Davis provavelmente estava certo. "Parecia uma utopia real no auge da Depressão", concordou John Lounsbery. Dos milhares das escolas de arte que responderam aos anúncios ou panfletos, enviando amostras ou portfólios, cerca de 1.500 eram selecionados em um primeiro escrutínio e entre eles, 75 tinham oportunidade de tentar durante uma semana no estúdio. Destes, apenas vinte passavam ao estágio seguinte de treinamento.

Agora começava o verdadeiro teste. Walt não estava contratando esses homens para animar – ainda não – e certamente, não para carregar o peso principal. Na verdade, segundo um animador, eram necessários dez anos de aprendizado para um trainee sair do trabalho de *in-between* e atingir a classificação de mestre animador. Walt os estava treinando para a hercúlea tarefa que estava à frente entre ser um *in-betweener* e um assistente em *Branca de Neve*. Walt ainda se queixava de que, quando contratava animadores veteranos, tinha de ter paciência com os "malditos hábitos de trabalho adquiridos enquanto faziam filmes baratos". Ele acreditava que era mais fácil começar com jovens artistas estudantes e inculcar-lhes o sistema Disney. Na realidade, Walt os enviava para um tipo de acampamento artístico.

Era um treinamento intensivo, mas Walt queria que *Branca de Neve* fosse perfeito. Os *trainees* assistiam a aulas ao vivo com Don Graham durante toda a manhã, depois do horário de almoço e pelo resto da tarde – oito horas diárias ao todo. Após algumas semanas eram designados para os animadores como *in-betweeners* a US$ 80 por semana. Mesmo assim, ainda assistiam às aulas durante um terço ou metade do dia e, a partir de fevereiro de 1935, esperava-se que frequentassem uma aula todas as quartas-feiras à noite no estúdio de gravação. Graham descreveu esse curso como "palestras intensivas sobre construção de personagem, animação, layout, cenário, técnica e direção que passavam o conhecimento do estúdio para o mais jovem neófito".

Mas não eram apenas *trainees* que assistiam às aulas agora. No outono, com o roteiro de *Branca de Neve* passando pelo ajuste fino, e o filme aproximando-se de seu estágio de animação, Walt reinstituiu aulas obrigatórias para toda a equipe artística do estúdio nas terças à noite após tê-las suspendido em face da sobrecarga de trabalho. As sessões se alternavam entre análises de ação e apresentações recentes de filmes ao vivo que, segundo anunciava Walt, "estão ligadas, de alguma forma, às coisas que estamos fazendo... tendo em mente que temos de nos preparar agora para o futuro", o que significava *Branca de Neve*. Além disso, disseram Frank Thomas e Ollie Johnston, os animadores tinham de duas a três aulas por semana onde Graham analisava pequenos pedaços de filme, passando-os de frente para trás e de trás para frente repetidamente; as aulas eram gravadas, transcritas, mimeografadas e depois distribuídas para todo o estúdio. Quando não analisava ação ao vivo, Graham analisava os movimentos de Mickey Mouse e do Pato Donald, não apenas para melhorar a animação desses personagens, como também afiar as habilidades dos animadores para *Branca de Neve*. "Colocada em termos simples", disse Graham, "toda a coisa se resumia a isso: um princípio de desenho é um princípio de desenho. Se ele funciona em um Rubens, deve funcionar no Pato Donald. Se funciona no pato, deve funcionar em *Branca de Neve*".

Quando eles se avizinharam do início da animação de *Branca de Neve* – e, devido à relutância de Walt em começar sem estar totalmente preparado, eles estavam sempre se avizinhando – Walt intensificou o treinamento. Além das aulas à noite, das projeções e das sessões de análise da ação dirigidas por Graham e Phil Dike, Walt incumbiu os animadores veteranos de dar aulas para os mais jovens – "para discutir com eles a cronometragem e os meios de obter certos efeitos... Deste modo, espero estimular nesses homens um entusiasmo e um conhecimento de como obter resultados que os farão avançar rapidamente". (Mais tarde Walt escreveu para Graham: "Imediatamente em seguida a essas conversas tenho notado uma grande mudança na animação.") Ele pediu a Joe Grant, um jovem artista que se especializara em caricatura, para dar uma "aula de caricatura", em que os animadores não apenas receberiam informação como compartilhariam ideias. Expandiu os cursos para incluir outros artistas: Jean Charlot em composição, Rico Lebrun em desenho de animais e Faber Birren em teorias sobre a cor. Levou palestrantes ao estúdio, incluindo notáveis como o arquiteto Frank Lloyd Wright. Expandiu a biblioteca visual para que os animadores que quisessem ver animais ou objetos em movimento pudessem ver filmes na moviola. Fez até Graham levar os animadores em uma excursão de um mês ao zoológico para observar os animais. "Estou convencido de que existe uma abordagem específica para este trabalho", Walt escreveu a Graham em um longo memorando em dezembro, "e acho que não devemos desistir até descobrir tudo que podemos sobre como ensinar esse negócio aos jovens." "Uma estrutura criativa estava em construção", recordou I. Klein, que trabalhava no estúdio na época. "Um cinturão analítico, educacional e artisticamente funcional de produção de desenhos animados para competir com filmes ao vivo e ir além das limitações dos atores humanos." O animador John Hubley colocou isso de forma mais sucinta: O estúdio era "como um maravilhoso salão de projetos para uma grande Renascença".

A instrução não estava restrita às artes visuais. Walt acreditava que poderia dar o mesmo tratamento científico ao lado narrativo e então, em maio de 1935, recrutou o dr. Boris Morkovin, presidente do departamento de cinematografia da University of Southern California para dar aulas em que dissecava a piada, submetendo-a ao mesmo tipo de exame minucioso a que Graham submetia a ação. Como afirmou Morkovin, "a ideia de Walt é que ele tem de preparar seus jovens artistas da mesma forma que o time de futebol da U.S.C. é preparado". Mokovin afirmou ter classificado mais de duzentas piadas em 31 tipos básicos, todos ligados por uma ideia básica: "A surpresa é a alma da piada... Podemos ver que, quando duas coisas inesperadas são colocadas em contraste, elas dão um choque nos nervos dos espectadores e estimulam uma grande hilaridade." Como resultado, aconselhou aos chargistas: "Vocês devem treinar a imaginação e ter no sangue a habilidade de criar piadas não conectadas e contrastantes." Levando sua ciência um passo além, mapeou alguns desenhos para examinar a duração das piadas e determinar se sua "proporção era adequada", fosse qual fosse o significado disso.

Sempre obcecado pela sistematização, Walt ficou tão enamorado de Morkovin que fez com que analisasse as linhas gerais das histórias da mesma forma que agora fazia Graham rever os esboços na "cela". Walt ficou obcecado pela distribuição de questionários no estúdio após as exibições, quando Morkovin começou a lançar boletins criticando as animações, o que, Walt sentia, era "o caminho ideal para promover discussões entre todos". Mas o entusiasmo de Walt pelo professor não era amplamente compartilhado. Muitos empregados achavam Morkovin, óculos e cabelo grisalho penteado para trás, coberto de laquê, tão fátuo quanto seu nome, e achavam que as palestras beiravam à comédia – um tipo de paródia de pretensão acadêmica. "Uma hora por semana com Ted Sears faria mais bem que quatro dias de enganação com classificações que mudavam constantemente, confusas e desenvolvidas pela metade", queixou-se um empregado após assistir a um curso com Morkovin. Muitos anos depois de deixar o estúdio, Morkovin continuou ali como piada – uma das poucas tentativas de Walt de levar rigor e esclarecimento ao seu estafe.

A intenção, no entanto, não era apenas educar; era criar obsessão. Como sempre, Walt queria que os empregados de seu estúdio ficassem cativados, assim como ele próprio, pela noção de excelência. Ele queria obsessão e, com o estímulo das aulas de Graham, conseguiu-a. Seguindo Walt, Graham dissera que "o personagem de desenho pensante se torna uma personalidade", então Ward Kimball e outro animador, Larry Clemmons, iam para Ocean Park, nas noites quentes de sexta-feira, para mastigar Cracker Jacks e pipoca, e refletir sobre os transeuntes, "analisando as pessoas: o que as fazia funcionar daquela maneira, e entrando na psicologia delas", como forma de refinar seus talentos. Frank Thomas, um consumado pianista, disse que estudava a plateia enquanto tocava. "Você observa aquelas pessoas e sabe que conseguiu um personagem para um desenho."

E eles estudavam não apenas as pessoas e o movimento, como também o comportamento de objetos inanimados. "Chegou-se ao ponto em que tijolos eram atirados em uma janela de vidro", lembrou Eric Larson, "para que víssemos como era a ação. E nós a passávamos em câmara lenta." Os animadores atiravam pedras na água para estudar as pequenas ondulações que se formavam, mas Josh Meador, do departamento de efeitos, não ficou satisfeito e experimentou com pedras de tamanhos diferentes e em diferentes líquidos para apreciar melhor o efeito da densidade. Eles até batiam portas para observar a reação quando a madeira se chocava contra o batente. Ham Luske tirava a gravata quando ia de barco para a ilha Catalina e a deixava pender, apenas para ver como o vento a balançava, ou podia imitar o putt de um parceiro de golfe para demonstrar "expectativa". "Ham estudava animação o tempo todo", disse Eric Larson, "era toda a sua vida". Mas a vida de todos no estúdio Disney era aprender pelo bem da animação. "Víamos todas as apresentações de balé, todos os filmes", lembrou Marc Davis. "Se um filme era bom, nós o víamos cinco vezes... Qualquer coisa que pudesse gerar aperfeiçoamento, que pudesse ser estimulante – o corte das cenas, a atuação, como um grupo de cenas era editado. Todo mundo estudava constantemente." E afirmando que aquele "foi um tempo perfeito, em que muitas coisas pareceram reunir-se em uma órbita", acrescentou: "Walt era o ímã".

Agora pareciam preparados. No final de novembro de 1935, dois anos e meio após Walt ter feito a primeira apresentação de *Branca de Neve*, ele definiu uma programação que começava basicamente com as cenas cômicas, passava para as cenas assustadoras e terminava com as cenas tristes, aparentemente esperando que a sofisticação de sua equipe aumentasse enquanto o projeto era executado, e começou a distribuir o trabalho de animação. Ham Luske seria "o primeiro a começar" e foi, claramente, indicado como o principal animador. Em meados de dezembro, Walt instruiu Luske a começar com Branca de Neve encontrando a cabana dos sete anões e depois, avançar até os anões descobrirem Branca de Neve adormecida em seu quarto de dormir, a sequência da limpeza e dos anões tomando sopa, Branca de Neve despedindo-se dos anões que iam trabalhar na mina, Branca de Neve encontrando a vendedora e comendo a maçã e, finalmente, Branca de Neve na floresta conhecendo os passarinhos. "É possível que com a experiência que

Ham vai ganhar com o trabalho que está fazendo agora, mais sua inteligência e habilidade inatas", Walt escreveu para Paul Hopkins, do departamento de pessoal do estúdio, "ele seja capaz de fazer toda a ação de *Branca de Neve*, à exceção da sequência em que os anões entretêm Branca de Neve à noite, que eu pretendo dar para Les Clark".

Joe Grant achava que Walt escolhia os animadores da mesma forma que o diretor de um filme ao vivo selecionava atores. "Ele deu Grumpy para Tytla – Tytla era uma figura zangada; quem fez Happy era uma figura feliz. Walt decidiu aquilo sozinho." Fred Moore, com sua aparência arrogante, que havia desenhado os três porquinhos e, na época, trabalhava nos porcos em uma sequência chamada *Três Lobinhos*, deveria unir-se a Luske na animação da descoberta de Branca de Neve pelos anões até a sequência em que eles tomam a sopa e, além disso, os anões partindo para a mina, reunindo-se na floresta e começando a construir uma cama, um presente para Branca de Neve. O efervescente Dick Lundy deveria animar os anões enquanto eles entretinham Branca de Neve. O austero Bill Tytla, ainda no hospital na época, recuperando-se de um ferimento no polo, desenharia os anões na mina, os anões voltando para casa, os anões descobrindo uma luz em sua casa e os anões explorando, cautelosamente, a casa. Johnny Roberts desenharia os anões construindo a cama até a cena em que a rainha pula para a morte. O mestre psicólogo Norm Ferguson, especialista em Pluto, desenharia a transformação da rainha na vendedora, a confecção da maçã envenenada, a visita da rainha ao calabouço onde havia aprisionado o príncipe (cena que Walt logo removeria) e a rainha partindo para a cabana dos anões. Ferguson também desenharia a maioria das cenas da rainha até sua morte. Les Clark desenharia a própria Branca de Neve na sequência em que os anões a divertem. E Art Babbitt, encarregado do desenho da rainha, desenharia os objetos com que ela tinha contato, incluindo o espelho mágico, além do caçador e de seus corvos, até sentir-se capaz de finalizar o desenho. De igual forma, mesmo depois de a animação ter começado, Grim Natwick, o velho especialista de Betty Boop, continuaria a trabalhar com Luske e Clark até encontrar o desenho certo de Branca de Neve. (Natwick disse depois que teve "dois meses de animação experimental" antes que lhe pedissem para animar qualquer cena do filme.) Ao mesmo tempo, Walt deu a Frank Churchill, seu compositor permanente, a tarefa de compor a música, e dividiu o departamento de enredo em seis unidades, cada um com uma cena em separado, ou grupos de cenas que continuariam a rever e refinar em conjunto com os animadores.

Quando começou a atribuir tarefas, Walt definiu quatro animadores para a supervisão – Luske, Moore, Tytla e Ferguson. Eles seriam responsáveis pelas cenas, e os outros animadores deviam reportar-se a eles. Walt ainda precisava de um diretor de supervisão para coordenar os animadores supervisores e certificar-se de que o filme seria uma peça só e não uma coleção de cenas de estilos diferentes. Inicialmente, indicou um antigo animador que havia se tornado argumentista, Harry Bailey, porque – conjeturou Dick Huemer – Bailey era alto e bonito, e Walt se impressionava com a boa aparência física. Quando Bailey falhou, Walt aproximou-se de Bill Cottrell, seu empregado de longo tempo e na época, namorado da irmã de Lillian, Hazel. Cottrell admitiu que Dave Hand, que agora dirigia os curtas-metragens, era um duro oponente político e queria ser indicado e então, Walt atendeu a Hand. (Desapontado, Cottrell disse que, se Walt realmente quisesse que ele, Cottrell, dirigisse, teria dito não a Hand). Hand disse que "os animadores principais eram como sundaes, e eu fui descrito como um deles, exceto pela cereja em cima", mas, modestamente, enfatizou: "Eu, honestamente, não estava consciente de que existia ciúme entre meus colegas e eu – apenas total cooperação, sempre." Como consolação e porque havia demasiado trabalho para apenas um diretor, Walt dividiu as 32 cenas, incluindo os títulos, entre Cottrell, Ben Sharpsteen, Jaxon, um argumentista sentencioso e fumador de cachimbo com o nome improvável de Perce Pearce, e Luske, que agora era dublê de animador e diretor de sequência.

Mas com todo esse talento agora distribuído, um gigantesco obstáculo logístico permanecia. Ao fazer os curtas, os animadores nunca haviam sentido nenhuma confusão entre desenhar uma cena e os personagens dentro dela, porque as cenas em geral continham tão poucos personagens que um homem só podia fazer a maior parte do trabalho. Ao fazer suas indicações em *Branca de Neve*, Walt casou certos animadores com certos personagens (por exemplo, Moore com os anões, Babbitt com a rainha, Natwick com Branca de Neve), mas também delegou certas cenas a certos animadores. Como os personagens obviamente apareciam em mais de uma cena, as duas abordagens conflitavam. Era possível ter animadores diferentes desenhando os mesmos personagens em cenas diferentes e esperar que houvesse continuidade, ou ter os mesmos animadores desenhando os mesmos personagens em cada cena e esperar que a própria cena mantivesse sua integridade e que os desenhos individuais se relacionassem uns com os outros. Estranhamente, embora essa questão fosse muito importante, Walt nunca a resolveu satisfatoriamente, criando uma dose ainda maior de confusão e caos do que a hierarquia teria sugerido, pois alguns animadores buscavam seguir seus personagens cena a cena enquanto outros trabalhavam cenas inteiras.

E a esse caos se acrescentou mais uma crise, exatamente quando iniciavam a animação, no início de 1936. Com todo o recrutamento e o treinamento, o estúdio simplesmente não tinha animadores suficientes para fazer o trabalho pouco especializado de *in-betweening* e limpeza, e muito menos a animação secundária. Eles precisavam de animadores, e precisavam deles rapidamente. Segundo um relato, Walt chamou Don Graham e disse: "Preciso de 300 artistas – consiga-os." Nessa altura, com suas obrigações em relação a *Branca de Neve*, Ben Sharpsteen tinha sido liberado de supervisionar o programa de treinamento. (Ele, mais tarde, fez questão de dizer que Walt nunca lhe agradeceu pelo que havia feito.) Em seu lugar ficou George Drake, um disciplinador de feições talhadas a machado e expressão sombria, que Sharpsteen trouxera originalmente para o estúdio como *in-betweener* e a quem designara para supervisionar os *in-betweeners* em treinamento, enquanto o próprio Sharpsteen recepcionava os novatos. (Acreditava-se que Drake fosse cunhado de Sharpsteen, o que para ele era fonte de autoridade, mas de fato, era parente afastado e não tinha amizade com Sharpsteen.)

Com um compromisso aparentemente impossível de ser cumprido, Drake e Graham partiram para Nova York em março e se instalaram em uma suíte de sete aposentos no edifício da RKO que M.H. Aylesworth, presidente da RKO, havia reservado para eles no último minuto. Publicando anúncios nos jornais de Nova York, atraíram candidatos a animador que selecionaram para um curso de triagem, mas Drake e Graham foram tão exigentes que, dos 700 candidatos que se apresentaram inicialmente, eles escolheram apenas 32, recrutando menos gente para os cursos. Walt respondeu a carta deles, sugerindo que não baixassem os padrões – Walt jamais aconselharia o contrário –, mas que ficassem por mais tempo e foi o que fizeram. Quando acabou, em 1º de junho, a missão havia custado US$ 15 mil ao estúdio e provera muito menos que as centenas de artistas que Walt queria e, ao mesmo tempo, tinha semeado o descontentamento dentro do estúdio entre os jovens animadores que já trabalhavam ali. Embora fosse difícil calcular o conjunto, especialmente porque Walt pedia que os candidatos promissores fossem imediatamente despachados para o estúdio, o grupo final que Drake e Graham enviou para a Califórnia consistia em apenas 22 – de mais de 2.000 candidatos.

Mesmo depois disso, no entanto, os recém-recrutados não se sentiam seguros. O grupo inicial de animadores – entre eles Reitherman, Larson, Kimball, Kahl, Thomas, Johnston, Lounsbery e Davis – tinha sido doutrinado por Graham e pela primeira geração de mestres animadores de Walt: Ham Luske, Fred Moore, Norm Ferguson e Grim Natwick. Mas os novatos de agora eram confiados a George Drake, de quem se disse uma vez era o homem mais odiado do estúdio Disney, que os mantinha sob seu chicote durante o que chegava a um mês de experiência, que consistia basicamente em tarefas que eram testes de animação. "George tinha orelhas de abano imensas, grandes e vermelhas", lembrou Ken Anderson, um dos *trainees*, "e elas ficavam ainda mais vermelhas quando ele pulava para cima e para baixo e gritava." Drake os aterrorizava, mas era ele a quem tinham de agradar, embora o próprio trabalho de Drake fosse menos que destacado. "Durante aquele período de um mês, Drake nos mantinha em cima da lâmina, andando pelo corredor e surgindo entre nós em momentos inesperados", escreveu Bill Peet, outro trainee. "A cada poucos dias, um ou dois candidatos eram dispensados e quando chegamos à última semana, nos perguntamos se Drake nos demitiria a todos."

Era torturante, mas os que sobreviviam passavam às aulas de Graham e aos outros benefícios que o estúdio fazia chover sobre seus empregados. Aqueles que sobreviviam entravam em um setor muito privilegiado, o próprio ápice da animação.

III

Ser um dos cerca de 500 empregados do estúdio Walt Disney em meados dos anos 1930, quando ele começava *Branca de Neve*, era ser varrido por um frenesi de otimismo. Um observador disse que "(o estúdio) era tão avançado, na época, que se tornou local de peregrinação, não apenas para os devotos de Mickey, como para qualquer um interessado no crescimento de uma experiência contemporânea em arte e entretenimento." Grim Natwick chamava o estúdio Disney de "sol mítico em torno do qual os outros estúdios orbitavam". "Cada filme continha melhoramentos de tirar o fôlego", escreveriam Thomas e Johnston, "os efeitos eram melhores, a animação tinha mais vida, e todo o estúdio tinha um impulso para cima. Era como ser jogador de um time campeão. Para nós, tudo aquilo era pura mágica." Outro comparou os animadores a discípulos de Michelangelo: "Fazíamos parte de uma coisa que estava sendo feita para permanecer." Havia muito pouco desentendimento e, virtualmente, nenhuma competição entre os empregados, apenas camaradagem. Trabalhar era uma alegria. "Você não tinha que fazer as coisas", disse Marc Davis. "Você queria fazê-las. Você ficava muito orgulhoso. Todo mundo saía para comprar os jornais que traziam reportagens sobre o estúdio. Muito poucas pessoas, como grupo, sentiram esse tipo de euforia."

O entusiasmo era tão grande que mal cabia no estúdio, quase como se estivesse ampliando os limites físicos em Hyperion, o que de certa maneira acontecia. Com a expectativa criada por *Branca de Neve*, disse o artista de cenário Maurice Noble, "todo o estúdio cresceu como Topsy".[4] Depois de erguer um prédio de animação de dois

4 Expressão usada para designar algo que crescia ou aumentava sem intenção ou desígnio originada de um comentário de Topsy, garota escrava, personagem do livro *A cabana do pai Tomás*. (N.T.)

andares em 1931, com um anúncio de neon no alto, os Disneys haviam comprado lotes ao longo da avenida Hyperion e adquirido outras áreas no Bulevar Griffith Park, que formavam um ângulo ao norte da Hyperion. A fábrica de campainhas vizinha no cruzamento da Hyperion com o Griffith Park, que havia distraído os animadores durante tanto tempo, foi demolida ou reformada para abrigar o novo escritório de Roy, um salão para jantares e reuniões e o departamento de contabilidade. Quando o tamanho da equipe ultrapassou o tamanho do primeiro edifício de animação, foi construído outro prédio de dois andares, de 11.200 pés quadrados, peça central do estúdio inteiro, logo atrás do primeiro edifício de animação. A construção, realizada na primavera e no verão de 1934, começou logo depois de iniciada a produção de *Branca de Neve*. Os animadores ficavam no primeiro andar, e as salas de projeção que substituíam as "celas" e continuaram a ser chamadas pelo mesmo nome se localizavam no segundo andar. Um edifício para o departamento de tinta e pintura foi erigido na primavera de 1935, depois do estúdio de gravação, sendo seguido, no outono, por um prédio para aprendizes de animação conhecido como "o anexo" ou "a incubadora" – porque seu teto lembrava a Walt os galinheiros de Marceline – do outro lado da rua. Este era o lugar onde George Drake falava longa e tediosamente, e onde os *in-betweeners* – que vinham trabalhando no abafado porão do prédio dos animadores, apelidado de "curral" – agora trabalhavam como escravos. Para acomodar a equipe cada vez maior foram construídas duas estruturas temporárias de madeira, mais baixas que o comum e chamadas de "vagões", na parte detrás do lote no Bulevar Griffith Park. Ainda não havia, no entanto, espaço suficiente para o exército de *Branca de Neve*, e o estúdio espirrou para a rua e a vizinhança em edifícios de apartamentos, escritórios e bangalôs – "qualquer estrutura que houvesse perto e pudesse abrigar artistas e argumentistas", como Thomas e Johnston descreveram. O departamento de enredo foi transferido para o outro lado do estacionamento, para uma velha casa de apartamentos de dois andares com ornamentos de gesso no Bulevar Griffith Park, onde os redatores, segundo um deles, "ocuparam todas as salas de estar, quartos de dormir, salas de jantar e quitinetes". Na época em que a expansão foi encerrada, o estúdio possuía doze prédios em cinco acres com gastos totais de reforma e construção de US$ 187 mil.

Apesar da aparente desordem e confusão, a maioria dos visitantes achava o estúdio, como disse Bill Tytla entusiasmado, "uma bonita instalação", com seu pequeno gramado na frente, dando para a Hyperion, uma mesa de pingue-pongue de um lado e uma garagem pequena com carros em miniatura para Mickey e Minnie do outro, e um passeio pavimentado de pedra que levava ao novo edifício de animação.

Um observador disse que o estúdio parecia um "pequeno jardim de infância municipal com grama verde que as crianças não podiam pisar e, no telhado, uma imagem gigantesca e gloriosa de Mickey para lhes mostrar o melhor caminho". Outro visitante disse que a aparência era "estranhamente charmosa, confortável, apropriada para uma companhia que lida com a diversão e a fantasia".

Os interiores não eram menos criativos, ao menos depois de pronto o novo edifício de animação. "Para começar, tudo era pintado em tons luminosos de framboesa, azul claro e branco brilhante, nada daqueles verdes institucionais e marrons biliosos como em outros estúdios", recordou Shamus Culhane, então um jovem animador. Em lugar das mobílias dos estúdios de Nova York que pareciam "ter sido roubadas do Exército da Salvação", no estúdio Disney "cada equipe de animação tinha sua própria sala, com três mesas lindamente desenhadas, cadeiras estofadas, prateleiras para guardar o trabalho que estava sendo feito e, o mais espantoso de tudo... cada sala tinha uma moviola". "A mobília do escritório era incrível", concordou Ward Kimball. "Eles resolveram usar um motivo espanhol porque o primeiro prédio construído na Hyperion tinha telhas em estilo espanhol, então essas telhas prevaleceram em todo o estúdio." Para harmonizar com o estilo, as mesas de animação eram pintadas de branco com adornos amarelo-amarronzados. "Depois, espalharam um tipo de mistura de cor vermelho-amarronzada dentro das prateleiras e nos cantos para dar um efeito envelhecido ou de antiguidade. Espanhol Hyperion original!"

A maioria, no entanto, não recordava o estúdio como um jardim de infância ou uma *hacienda*, mas como um campus universitário – "talvez um campus da Ivy League", disse um empregado, "porque dava uma sensação de exclusividade". Com todas as pressões para que o trabalho fosse feito, e bem-feito, um trabalho extenuante que exigia que a pessoa ficasse curvada sobre uma mesa quente, hora após hora – na verdade, por causa das pressões – o velho espírito de brincadeira e informalidade da universidade prevalecia, intensificado, sem dúvida pela relativa juventude da equipe; segundo um relato, a idade média da equipe, em meados dos anos 1930, era de 25 anos. A secretária de Walt, Carolyn Schaefer, editava um folheto mimeografado mensal chamado *The Mickey Mouse Melodeon*, que espalhava as fofocas do estúdio. Com o consentimento de Walt, Pinto Colvig, argumentista e áudioartista, criou uma banda do estúdio com 25 integrantes. Na hora do almoço, a equipe podia cruzar a rua e ir para o anexo, onde Walt construíra uma quadra de vôlei para uma partida, ou correr para o lote vizinho ao estúdio de gravação que estava vago ou, depois que construíram ali, para o lote da Hyperion para uma partida de beisebol, em geral casados contra solteiros. Apesar de ainda ser um atleta desajeitado, Walt jogava com frequência também, invariavelmente chegando à base graças à generosidade de seus empregados. "Ele ficava furioso se tinha que sair", lembrou um jogador.

À medida que o prazo para concluir *Branca de Neve* terminava, as brincadeiras juvenis se tornaram mais frequentes e elaboradas. Fred Moore, que havia dominado a arte de atirar as tachinhas que prendiam os desenhos aos *storyboards*, pegava duas em cada mão e as lançava ao teto, de forma que este finalmente, ficou cheio de tachinhas. Ou Ward Kimball e seu colega animador Walt Kelly que jogavam futebol americano nos corredores. Ou Kimball que chegava ao estúdio com uma fantasia de gorila. Ou Milt Kahl que subia até o basculante do lavatório que dava para o curral dos *in-betweeners* e expelia gases para lá. Ou alguns brincalhões que punham um peixe dourado no refrigerador de água de Art Babbitt. Um redator tinha uma pequena tartaruga de estimação no estúdio e não podia entender como a tartaruga crescia com tanta rapidez e por que encolhia, subitamente. Os colegas dele haviam colocado uma série de tartarugas no lugar da de estimação. Um repórter descreveu o estúdio como "o paraíso de um psiquiatra" e uma "casa de loucos", e um artista novo no estúdio disse, em carta a amigos, que "se isto não é um hospício, então não sei o que é". Walt não interveio, embora tenha se queixado das tachinhas no teto e sido forçado a mandar distribuir uma ordem "proibindo visitas demais de uma sala para outra... Não quero dizer com isso que vocês devam ficar na mesa de desenho todos os minutos; mas se você, realmente, quer ficar de pé e relaxar, não faça isso à custa de outra pessoa". Em geral, depois de alguma brincadeira, ele dizia: "Por que não colocam algumas dessas brincadeiras nos filmes?".

Animadores e argumentistas encontraram mais duas formas de aliviar a pressão: bebida e sexo. Comumente, os animadores bebiam muito, tanto para aliviar as tensões quanto para perder as inibições; o alcoolismo era praticamente um risco ocupacional, embora também pudesse ter relação com o fato de o tipo de homem atraído para a animação ser provavelmente imaturo e solitário, perdido em sua própria cabeça. Todas as tardes às quatro horas, o contínuo do tráfego entregava cerveja para os animadores, e eles frequentemente iam depois para o bar do Leslie, perto do estúdio. "Talvez mais ideias tenham morrido sufocadas que nascido em nossos frequentes ataques aos bares favoritos em busca de inspiração líquida", lembrou Jack Kinney. "Mas no dia seguinte, de qualquer jeito, conseguíamos despejar ideias como o garçom havia despejado drinques na noite anterior." Como estavam bêbados, também ficavam sexualmente excitados. Às vezes levavam para o estúdio um filme só para homens, e os animadores o assistiam fascinados. Outras vezes para relaxar, passavam horas fazendo desenhos pornográficos com os personagens Disney. Apesar de uma política informal proibir misturar mulheres e homens empregados (um grupo grande de mulheres jovens trabalhava próximo, em tinta e pintura), os animadores nunca ficavam sem companhia feminina – o que Jack Kinney chamava de "mergulhar a caneta na tinta da companhia". (De acordo com Kinney, os animadores que levavam suas garotas para hotéis com frequência assinavam "Ben Sharpsteen" no registro, usando o nome do ex-supervisor, adversário deles.) Um empregado do estúdio disse que sabia de pelo menos 35 casais em que "as flechas de Cupido acertavam em cheio e com frequência". Muitos acabaram se casando, embora o sexo acidental fosse o desfecho mais provável. Respondendo a um questionário, Milt Kahl escreveu que seu hobby era "intercurso sexual", e Art Babbitt ganhou prestígio entre os colegas por sua reputação de *playboy*.

Mas toda a hilaridade e o divertimento diários, a liberdade e informalidade no estúdio Disney nunca foram acidentais ou incidentais; eram essenciais para Walt Disney – e mais essencial agora que estavam produzindo *Branca de Neve*. Se o filme delineava o próprio amadurecimento de Walt através do personagem Branca de Neve, ele também retratava o senso de insegurança de Walt dentro de sua família e a contínua busca de uma comunidade ou família substituta a que pudesse pertencer e de onde extraísse apoio emocional – a família que Branca de Neve encontra nos anões. Walt Disney, então, não estava apenas produzindo um desenho animado. Na própria organização do estúdio e dos meios de produção, ele criava um ambiente, e o estabelecimento desse ambiente tinha para ele exatamente o mesmo grau de importância que a realização do desenho. Exposto de forma simples, o estúdio imitaria o desenho.

Da Cruz Vermelha, da DeMolay e do Laugh-O-Gram ao seu primeiro estúdio em Los Angeles, na avenida Kingswell, Walt sempre havia adorado organizações sociais, sempre adorou reunir pessoas em uma comunidade feliz – "a grande família feliz de Walt Disney", um repórter descreveu o estúdio na Hyperion. Alguns viam isso como paternalismo e, certamente, seu estilo de gerenciamento tinha algo disso. "Papai queria cuidar de todo mundo", disse sua filha Diane. "Ele queria saber se um empregado estava doente ou precisava de alguma coisa. Ele conhecia a vida particular de todas as pessoas." A partir desse mesmo impulso, Walt se certificava de que as condições de trabalho no estúdio fossem exemplares. Como revelou a própria organização do pessoal para a produção de *Branca de Neve*, o estúdio não tinha organograma funcional, apenas palpites de Walt. Não tinha relógio de ponto também, porque Walt se havia ressentido de ter de bater cartão de ponto na Kansas City Film Ad Co. Os empregados podiam ficar doentes por três dias em uma só semana e receber pagamento integral antes que alguém fosse investigar e, se a desculpa fosse legítima, continuavam a receber enquanto convalesciam. Antes de *Branca de Neve*, Walt, como era próprio dele, fechou o estúdio em meados de agosto, dando aos empregados longas férias, e selecionando empregados que teriam férias ainda mais longas. “Quero que você aproveite ao máximo esse período de férias”, escreveu para Bill Garity, o ex-engenheiro de som que se tornou gerente de produção de Walt no início do verão de 1934. “Saia, vá a algum lugar – a Feira Mundial continua – e há Havaí, Cuba, Nova York, Alasca e muitos, muitos lugares interessantes – de qualquer modo, faça alguma coisa que divirta você e esteja de volta ao estúdio sentindo-se ótimo e faminto de trabalho.” Até quando estavam acelerando os preparativos para *Branca de Neve*, qualquer pessoa que fizesse um ano no estúdio em 1º de julho de 1935 recebia férias de duas semanas.

E Walt não distribuía apenas benefícios. O estúdio também pagava bem. Os animadores ganhavam, em geral, entre US$ 100 e US$ 125 por semana, uma verdadeira fortuna durante a Depressão, e os principais animadores, como Art Babbitt, ganhavam algo em torno de US$ 15 mil por ano, suficiente para ele manter três carros e dois empregados. Walt se recusava a economizar mesmo com os repetidos avisos de Roy para que monitorasse o dinheiro. Walt estava constantemente vigilante de qualquer empregado que se sentisse mal remunerado e, então, instruía o funcionário da folha de pagamento para fazer um ajuste. Um repórter escreveu que “a ambição” de Walt era “pagar o bastante a seus empregados para que possam economizar e quando estiverem velhos ainda gozarem a vida”.

Mas se isso era paternalismo, era um paternalismo a serviço de um princípio maior – não apenas eficiência ou felicidade ou relações públicas ou até mesmo uma qualidade honorável de Walt, mas um novo tipo de organização de negócios que prometia um novo tipo de relacionamento que remontava à velha Associação Americana pela Justiça, de Elias Disney: Walt queria criar um céu na terra, como fazia em seus desenhos; queria uma organização em que todos se sentissem felizes e sem egoísmo. Joe Grant lembrou-se de estar trabalhando em sua mesa em um domingo quando Walt se aproximou. “‘Sabe, Joe’, disse com orgulho pelo jeito como as coisas caminhavam, ‘todo esse lugar funciona como um comunismo de Jesus Cristo’”, não percebendo, sem dúvida, que ele era Cristo. Walt, entretanto, estava certo ao dizer que o estúdio Disney operava de forma diferente de qualquer outro estúdio e, a propósito, de qualquer outro negócio também, em relação ao sentimento de compromisso de seus empregados, e ele não era o único a dizer isso. Observadores de esquerda em particular o elogiavam por sua abordagem coletiva da arte. Otis

Ferguson, crítico de filmes da *New Republic*, dizia que Disney era "um pioneiro em mais coisas que concepção e experiências incansáveis com desenhos animados", mencionando o "método de reunião" de Disney, em que os artistas sem egoísmo uniam seus talentos individuais para fazer um filme. Outro crítico elogiou a "arte comunalista de Walt Disney", enquanto um terceiro, escrevendo na publicação esquerdista *New Theatre*, exaltou "os maravilhosos valores criativos gerados pela colaboração coletiva" nos filmes de Disney. Na verdade, embora o estúdio ainda fosse um culto, e as contribuições individuais sempre fossem submetidas à visão de Walt e, normalmente, fossem apresentadas sob seu nome também, Walt chegou a vê-lo como uma comunidade de artistas unidos em direção a uma meta. Para um homem que durante muito tempo havia fugido para dentro de sua arte, o próprio estúdio se tornara um mundo alternativo, um mundo quase perfeito.

A organização, entretanto, não crescia com mais facilidade que as animações. Era constante a tensão entre a criatividade e os negócios, entre fazer o serviço bem-feito e assegurar que fosse lucrativo. Mesmo que recursos tivessem sido alocados para *Branca de Neve*, o estúdio ainda estava comprometido com os Mickeys e as *Sinfonias* a produzir um desenho animado a cada duas semanas, o que significava mais ou menos 75 pés diários de filme. Para cumprir o cronograma, os *in-betweeners* começaram a trabalhar à noite, mas agora se sentiam "fisicamente incapazes de produzir" durante o dia, pois estavam "cansados e exaustos das sessões noturnas", relatou o chefe de pessoal Paul Hopkins a Walt. Mesmo com o estafe tão satisfeito e entusiasmado e mesmo que Walt tentasse aliviar as pressões do tempo o melhor que podia, a situação era estressante devido ao volume de filmes a ser produzido, à qualidade e ao autoimposto desejo de fazer um grande trabalho. Thomas e Johnston disseram que os animadores achavam que eram tão bons quanto a última cena que desenhavam e sempre temiam escorregar. O artista Rico Lebrun, que deu aulas de arte no estúdio, afirmou: "Nunca encontrei um bando mais completo de autocríticos em minha vida." Um animador esgotado pediu autorização para ir para outro estúdio e agradeceu a Walt pela liberação, dizendo: "Acredito que isso ajudará a me recuperar um pouco".

Como um utópico, Walt não gostava de ser o chefe de serviço; preferia ser o inspirador. Quando a autodisciplina do estafe não era suficiente para mantê-lo no cronograma, Walt indicava Ben Sharpsteen para dar alguma impressão de disciplina. A própria esposa de Sharpsteen comentou a respeito do marido: "Ben percebia que não tinha talento, que não podia competir. Ele foi demitido de todos os empregos que teve até

Disney." Careca, a cabeça em forma de lâmpada e um pequeno bigode, Sharpsteen – que havia saído da animação para ser chefe do programa de treinamento e, depois, o principal diretor de curtas e, efetivamente, seu supervisor de produção enquanto Walt estava concentrado em *Branca de Neve* – parecia uma pessoa covarde, mas tiranizava os outros diretores que, por sua vez, tiranizavam os animadores. Depois de George Drake, Sharpsteen devia ser a pessoa menos estimada do estúdio. Bill Peet dizia: "Ele é bom. Apenas não pensa bem." Outro, menos diplomaticamente, o chamava de "filho da puta", acrescentando: "Sou um de seus melhores amigos." Ward Kimball achava Sharpsteen abusivo, especialmente com os animadores mais jovens, porque era sensível em relação à própria inabilidade para desenhar bem, mas também achava que o sadismo de Sharpsteen era o troco pelas broncas que sofria de Walt. "As surras verbais e as noites insones que sei que ele teve (porque falei com sua esposa) eram um tremendo preço a pagar para ter o nome no alto da tela", lembrou Kimball. O próprio Sharpsteen disse algo parecido: "Eu era constantemente chamado a tomar decisões em nome de Walt. As boas decisões raramente recebiam elogios. Os erros eram apontados, frequentemente de forma áspera".

Quanto ao equilíbrio entre criatividade e custo, a maldição permanente de Walt, ele e Roy pensaram em um novo e ousado plano à luz da necessidade de acelerar *Branca de Neve*. Eles pegariam os 20% de participação na companhia que haviam comprado de Iwerks quando ele deixou o estúdio e os transformariam em uma espécie de fundo para os empregados, dando bônus para os melhores e os mais eficientes. Antes mesmo de o plano ser implementado, porém, Roy sugeriu que fosse revisto, de forma que os bônus distribuídos permanecessem com a companhia para ajudar a financiar *Branca de Neve* e depois "fossem reembolsados pelos ganhadores dos bônus se e quando o filme fosse concluído e pagasse seus custos." Em resumo, o estafe seria bem recompensado se o filme fosse bem recebido.

A começar em 1934, Walt distribuiu bônus no valor de US$ 32 mil naquele ano, a seu próprio critério. "Eu estava sempre procurando meios de compensar meus empregados se possível, porque estava construindo a organização tanto para eles quanto para mim", Walt testemunharia mais tarde, não inteiramente em causa própria. Mas à medida que o estúdio crescia e a necessidade de acelerar a produção se intensificava no início de 1936, Walt não mais se sentiu capaz de determinar quem merecia compensação. As decisões sobre incentivos tinham de ser tomadas objetivamente, até cientificamente. Sob o novo sistema de bônus, o salário de cada animador seria depositado em uma conta. O animador e o diretor definiriam quanto ele deveria desenhar. Uma vez que o desenho – ou no caso de *Branca de Neve*, a cena – estivesse terminada, o trabalho receberia uma nota de qualidade de um grupo de supervisores; um preço por 30,48 centímetros de animação tinha sido estabelecido por grau em uma escala decrescente de US$ 8 por 30,48 centímetros para animação de grau A até US$ 4 para grau C. Para determinar quanto o animador ganharia de bônus, caso tivesse esse direito, o grau seria multiplicado pelo número de pés de animação com que contribuísse. Tudo que excedesse seu salário lhe seria pago e qualquer pessoa que consistentemente excedesse seu salário, seria recompensada com um reajuste permanente no ano seguinte.

Nem todo mundo gostou do novo sistema. "Ninguém gostou, na realidade", disse Sharpsteen com algum exagero, "exceto alguns vigaristas espertos que davam um jeito de fazer com que parecesse bom para eles". Os animadores mais lentos obviamente ficavam em desvantagem, o que era exatamente o fundo da questão, e alguns se queixavam de que os melhores animadores eram forçados a refazer o trabalho dos mais lentos sem nenhuma compensação. E mais: os animadores que trabalhavam nos filmes sentiram que era mais difícil dar a nota, pois o trabalho em si era mais difícil que o trabalho nos curtas. Nem a escala era tão objetiva quanto se propunha ser. Walt ainda examinava atentamente cada filme e interferia, fazendo ajustes *ad hoc*, acreditando que os animadores deviam ser amplamente recompensados se fizessem seu trabalho da melhor maneira possível. Como lembrou Ward Kimball, "uma espécie de luz mágica brilhava sobre o estúdio... e de uma hora para outra se recebia um aumento". Embora mais tarde o sistema de bônus tivesse repercussões devastadoras, no curto prazo, com todas as suas falhas, teve o efeito pretendido. Pareceu acelerar a produção, particularmente dos curtas, sem necessariamente sacrificar sua qualidade. O sistema aparentemente pôs rédeas nos custos, pois dava aos animadores uma participação financeira maior no estúdio. Como disse um empregado a Walt depois de receber seu bônus: "Eu definitivamente, pretendo fazer tudo que puder para preservar minhas responsabilidades para com você e a firma".

Era o que Walt precisava.

IV

E então finalmente, em fevereiro de 1936 – após quase três anos de incessantes mudanças e ajustes, após as sessões de treinamento, o contínuo recrutamento, a expansão do estúdio e o estabelecimento do sistema de bônus – a animação de *Branca de Neve* começou. Mesmo assim, enquanto o estafe desenhava os esboços e fazia os testes a lápis, a paixão de Walt não se abatia. Ele ainda se ocupava com trivialidades, ainda se atormentava, ainda revia o roteiro cena por cena durante três horas ou mais e em certo período, várias vezes por semana e nos fins de semana também – cenas em que já havia trabalhado e com que implicava havia anos. Era como se não conseguisse deixar passar, possivelmente porque sabia que como não podia desenhar melhor que aquilo, estaria reduzindo seu controle absoluto sobre o filme quando a animação começasse. Frank Thomas disse que Walt estava envolvido com *Branca de Neve* "dia e noite, noite e dia. Walt vivenciava cada detalhe desse filme". Milt Kahl concordou: "Era o amor de sua vida, na época".

Todas as semanas, do inverno até o outono, continuidades revistas chegavam do departamento de enredo, continuidades que, em grande medida, Walt havia determinado e, toda semana, Walt se debruçava sobre elas novamente fazendo sugestões. "Abra com a dança. Feliz tocando órgão e outros instrumentos sendo tocados pelos anões", aconselhou em uma reunião típica de enredo sobre a sequência em que os anões encenam um divertimento para Branca de Neve, "Terminem – ideia do pessoal dançando – concentrar naquilo que poderia se encaixar aí – depois, a especialidade de cada anão – depois a coisa dos instrumentos – depois Branca de Neve quer ouvir mais alguma coisa – então, a Dama na Lua (uma canção) – quando terminam – eles querem que ela faça algo, e ela lhes conta uma história de amor –'Era uma vez' – muito dramático – não exploramos todas as possibilidades." Em um período de três semanas, uma única cena poderia ser submetida a cinco prolongadas reuniões.

E sempre, como fazia havia anos, Walt recitava a história para quem quisesse ouvir e para muitos que já a haviam escutado, qualquer coisa entre uma versão curta e uma performance de três horas. Em dezembro de 1936, depois que uma grande parte da animação dos esboços já havia sido completada e alguns trechos recebido aprovação final para a limpeza, Walt ainda contava toda a história em uma reunião – cada corte, cada *fade-out*, cada linha de diálogo. "Ele contava a história o tempo todo", lembrou Eric Larson. "Ele se sentava e simplesmente falava com qualquer um de nós sobre ela, e contava toda a história em cinco minutos. Estava muito entusiasmado com ela." Joe Grant disse que ele deixava a equipe maluca. "Toda vez que entrava em uma sala onde estavam os *storyboards*, ele contava toda a história do filme novamente, do começo ao fim, para ter certeza de que ninguém entendera errado." Grant disse que deve ter ouvido essas performances de três a quatro dúzias de vezes, mas cada uma delas era ligeiramente diferente da anterior. Toda vez, Walt incorporava algo novo nas continuidades, algum pequeno detalhe que alguns dos animadores podia ter acrescentado, de forma que estava, constantemente, revendo e refinando verbalmente a história. Como descreveu Sharpsteen, "quer usasse a ideia inteira ou modificada em grande parte, a ideia tinha de se tornar parte dele".

Algumas das suas contribuições eram conceituais. Foi Walt quem decidiu que a floresta para onde Branca de Neve escapou devia estar viva e causar apreensão: "Seria bom para ela (Branca de Neve) ser apanhada entre arbustos que mostram mãos grotescas, depois o vento e todas as coisas que a assustam. Mostre coisas que façam com que ela pense que essas coisas estão vivas, mas, ao mesmo tempo, a plateia deve ter a percepção de que tudo se passa na mente de Branca de Neve... Como os espinhos que se transformam em mãos e novamente em espinhos." Algumas eram dramáticas. Sobre a cena na qual o caçador da rainha está pronto para matar Branca de Neve antes que sua inocência o faça envergonhar-se e arrepender-se, Walt sugeriu que Branca de Neve se curvasse para cuidar de um filhote de passarinho doente. "Ela está inclinada, o que dá uma boa posição para a facada nas costas", comentou. "Deixe a ameaça aparecer ali, quando ela beija o passarinho, e o passarinho se recupera e voa para longe – isso cria uma conexão para o caçador abrandar-se." Outras eram psicológicas. Walt estava sempre pensando não apenas no que funcionaria na tela, como também em como os personagens deveriam sentir-se. Deve ser Zangado, Walt decidiu, quem chora quando encontra Branca de Neve em coma depois de comer a maçã envenenada, enquanto os outros ficam apenas com os olhos umedecidos: "Faça-o amolecer agora. Exterior duro, interior suave." Outras contribuições eram detalhes muito pequenos, alguns deles debatidos interminavelmente. Na cena em que os anões voltam para a cabana e percebem que alguém pode estar à espreita do lado de dentro, um par de sapatos vazios em que rãs pularam dentro e perseguem Dunga deve ultrapassá-lo ou ficar ao lado dele? (Na versão final, não foi nenhum dos dois.) Mesmo então, Walt proclamou: "Gosto de coisas de boa comédia, mas acho que teremos de amarrar nossos sapatos de outra maneira... a continuidade como um todo é mais importante que uma piada". E dito isso, nada era pequeno demais para ser corrigido. Examinando na "cela" uma cena inicial animada por Eric Larson, Walt notou que "as nádegas de um anão na metade da última cena estão muito altas", e "faça o beija-flor subir quatro vezes em vez de seis". Até observações descuidadas de Walt podiam abrir caminho para dentro do filme, como quando ele sugeriu que, durante a cena dos anões na mina, "Dunga podia entrar, ver duas pedras e se comportar como um palhaço. Coloque as pedras em seus olhos". Ele visualizava todo o filme, tomada por tomada, piada por piada, detalhe por detalhe, como se tivesse um projetor na cabeça.

E era por isso que, apesar de toda a conversa sobre colaboração, ninguém duvidava de que seu trabalho no estúdio era menos para exibir o próprio talento que para realizar na tela o que Walt visualizava em sua mente. Na verdade, havia uma estenógrafa em todas as reuniões de enredo, para que as sugestões de Walt fossem distribuídas e interpretadas como as escrituras sagradas. Quando Walt descrevia era fácil. Mas quando estava em uma sessão criativa, jogando ideias uma após a outra, isso podia causar problemas. Uma das mais frequentes queixas no estúdio sempre foi que com frequência, não se conseguia saber o que Walt queria porque Walt nem sempre conseguia verbalizar o que queria, a menos que representasse a cena. Em *Branca de Neve* isso foi especialmente estressante para a equipe. "Era difícil saber exatamente o que Walt via em um trecho do filme", escreveram Thomas e Johnston, "e após cada reunião, havia algum desacordo sobre o que ele dissera e mais confusão ainda sobre o que pretendia dizer." Em geral, era Ham Kuske quem esclarecia. "Alguém dizia que Walt tinha dito que queria as coisas de uma determinada maneira. Ham dizia, 'não, não foi isso que ele quis dizer. Isto é o que ele quer dizer.'" O que Walt queria dizer era o que guiava a equipe.

"O que tentamos fazer com Walt é construir o filme tal qual ele o vê", disse à equipe Dave Hand, o diretor supervisor de *Branca de Neve*. "Temos que confiar no julgamento de um homem, ou não teremos um bom filme." Anos depois, o animador Joseph Barbera, rival de Disney, diria brincando sobre os antigos animadores de Disney que encontrava que, "todos os que alguma vez estiveram ligados a Walt Disney diziam que, ou haviam criado *Os três porquinhos* ou *Branca de Neve*." Mas apesar dessa arrogação injusta, Wilfred Jackson acreditava que os animadores eram realmente irrelevantes e que Walt era o único que importava. "É minha opinião", disse a Thomas e Johnston, "que se Walt tivesse começado em um lugar diferente ao mesmo tempo, com um bando de caras diferentes, o resultado teria sido mais ou menos o mesmo." *Branca de Neve* pertencia a Walt Disney, assim como Walt Disney pertencia a *Branca de Neve*.

Após meses de animação preliminar, fazendo os esboços da ação e os testes a lápis, os artistas começaram a animação final no verão de 1936[5] com quase tanto nervosismo quanto Walt mostrava para dar a aprovação final à história. Bill Tytla disse que "todos pisavam sobre ovos em relação a isso. Não sabíamos o que esperar. Estávamos cheios de todos os tipos de emoções." Todo mundo percebeu que embarcava em algo novo e importante. "Há muita coisa nos curtas com que se pode conviver, mas não

5 É difícil dizer com exatidão quando começou a animação de *Branca de Neve*. Walt distribuía tarefas no fim de 1935 e via os esboços na moviola e fazia testes com movimento desde, no mínimo, o início de fevereiro de 1936, mas as folhas-modelo finais dos personagens foram concluídas até setembro de 1936, que poderia ser considerada a data da animação real ou final. (N.A.)

neste filme", Tytla afirmou em uma aula sobre análise da ação em dezembro, "e Walt não deixará aquela pobre coisa passar despercebida... Ele mencionou que algumas coisas vistas na 'cela' podiam ser sensacionais para os curtas, mas não bastam para o filme." Os desenhos para os curtas se baseavam, disse Tytla, na forma simples da bola, em que o preenchimento com tinta suavizava a "linha dura, incisiva". Para o filme havia necessidade de textura – "a textura da carne, as mandíbulas dos anões, os desenhos dentro dos olhos, a boca, a textura do cabelo e da roupa velha." E Tytla acrescentou, ameaçadoramente: "Eles estão sendo muito específicos comigo sobre o que querem e como querem – e isso vai valer para todo mundo." Ted Sears escreveu um memorando expressando preocupações semelhantes a respeito da história. O filme exigia sutileza, mas sempre se corria o risco de ser sutil demais: "Acho que eles temem que essa sutileza não possa ser demonstrada em um personagem de desenho animado." Ao mesmo tempo, Ham Luske advertia os *in-betweeners* para não se aproximarem do filme com reverência e reserva além da conta, pois isso o afetaria. "A única coisa que eu não quero é que vocês imaginem que isso é um filme – e –, consequentemente, devemos fazer desenhos individuais mais cuidadosos que os dos curtas", avisou Luske. "Queremos um bom trabalho, mas não do tipo detalhado que amarre a animação."

Enquanto a animação começava nesse estado de tensão e ansiedade, as rivalidades, gradativamente, subiram à superfície em um estúdio que meses antes se orgulhava de seu clima de coleguismo – rivalidades que eram menos pelos obséquios de Walt que para demonstrar quem fazia melhor o que ele queria. Alguns argumentistas objetavam que os animadores não estavam maximizando o material, e o departamento de enredo colocou um cartaz: "(O filme) era engraçado quando saiu daqui!" Entre os próprios animadores agora surgiam facções, o que provocou críticas indiscriminadas. Sharpsteen disse que os novos recrutas viam a si mesmos e eram olhados por outros como "pretensos artistas", enquanto os mais antigos, especialmente os menos talentosos e seus assistentes, "se dedicavam à arrancar risadas". O primeiro grupo achava que o segundo não estava à altura das exigências emocionais de *Branca de Neve*, enquanto o segundo achava que o primeiro não entendia de entretenimento. "Não sei o que mais eles estão procurando por aqui", queixou-se Burt Gillett, que voltara havia pouco para o estúdio. "A experiência parece que não conta para mais nada. Contrataram um bando de garotos impertinentes por aqui em que não se pode tocar." O animador Bill Roberts chamou os graduados da escola de arte de "bando de Cinderelas".

E enquanto os animadores se dividiam em campos opostos sobre a abordagem do desenho, outra divisão se abriu em relação à própria Branca de Neve. Todo mundo no estúdio admitia que o grande desafio visual do filme fosse desenhar os humanos. O estúdio havia tentado caracterizações de personagens humanos em *The Pied Piper*, em 1933, mas Walt ficou desapontado. Quando I. Klein apresentou um *storyboard* com personagens humanos no outono, Ted Sears escreveu para ele que haviam "chegado à conclusão de que nossos melhores valores na tela estão em personagens em forma de animais bonitos e pequenos, não avançamos o suficiente para lidar com humanos da forma apropriada e fazê-los atuar bem o bastante para competir com atores reais." No ano seguinte, obviamente com *Branca de Neve* em mente, o estúdio tentou *The Goddess of Spring*, que contava a história de Perséfone sendo capturada pelo diabo. Novamente, a ação não foi satisfatória, os humanos muito rígidos, e Les Clark foi obrigado a pedir desculpas a Walt, que disse, simplesmente: "Imagino que você fará melhor da próxima vez."

Não muito depois, Walt confiou a Ham Luske o trabalho crítico de desenhar Branca de Neve. Naquela época, ele também contratou Grim Natwick, que, no início de 1935, testou seu próprio progresso em desenhar figuras mais parecidas com humanos na cena de *Cookie Girl* sendo transformada em *Cookie Queen* em uma *Silly Symphony* intitulada *The Cookie Carnival*. Apesar das queixas de que era lento, desorganizado e tecnicamente deficiente, Natwick recebeu a tarefa de desenhar as cenas animadas de *Branca de Neve*, presumivelmente a partir das folhas-modelo de Luske. Desde o primeiro momento foi uma parceria infeliz. Luske via Branca de Neve jovem e inocente, essencialmente uma criança, e a desenhava com proporções de desenho animado, suave, redonda, feições exageradas para transmitir essas qualidades. Natwick a concebia de forma completamente diferente. Fazendo jus ao homem que havia feito sua reputação animando Betty Boop, sereia do sexo, ele via Branca de Neve madura e feminina, e deixou de lado os modelos de Luske, arguindo que não tinham senso de anatomia – não tinham espinha, como afirmou.

Que essas duas concepções tenham competido durante meses, com animadores alinhando-se com uma ou com a outra, foi ainda outro exemplo de como o estúdio tateava o caminho para o filme, aprendendo enquanto avançava. Branca de Neve deveria ser um personagem do desenho animado tradicional, imaginário, ou mais novo, realista? Walt novamente relutou em tomar uma decisão, mas, finalmente, alinhou-se com Luske, em parte porque o próprio Walt sempre falara nela como uma garota e, em parte, porque a Branca de Neve de Luske era mais fácil de desenhar. Mas mesmo depois de ficar do lado de Luske, Walt descartou a maior parte da animação experimental feita por Luske e pôs Natwick e Jack Campbell, mais tarde assistente de Luske, para redesenhar Branca de Neve, para fazê-la mais magra, mais definida, menos desenho animado e mais realista. Natwick concordou, afirmando depois em uma mudança completa de opinião, que "Branca de Neve era uma garotinha graciosa e meiga e tentamos não caricaturá-la". Mesmo assim, Natwick se sentia tão inseguro sobre o que Walt realmente pretendia que, segundo sua própria estimativa, animou 26 cenas antes de mostrar uma delas a Walt.

Mas os esbarrões entre Luske e Natwick eram o menor dos problemas de Walt. Uma preocupação muito maior eram os anões. Selecionar a lista de possibilidades havia levado quase dois anos e, em novembro de 1935, quando já definia quem faria os modelos e esboços, Walt ainda não se decidira sobre os nomes dos anões ou suas personalidades. Foi no fim daquele mês que decidiu que Dunga seria mudo (Mestre: "Este é Dunga! Ele não fala!"), e apenas em janeiro de 1936 um anão chamado Surdinho, usado de forma intercambiável com Dunga e descrito como "o tipo do sujeito feliz" que, no entanto, desconfia do que não entende devido à surdez, acabou sendo descartado e substituído por Atchim.

Com o prazo fatal se aproximando rapidamente, Walt sabia que precisava de ajuda para definir os anões, algum apoio para os animadores se firmarem. No início do verão de 1935, pediu a James Gleason, ator especializado em dar voz a personagens e um dos parceiros de polo de Walt, para recomendar comediantes que pudessem servir de modelo para ajudar a dar forma aos anões. Em janeiro de 1936, aparentemente por sugestão de Ward Kimball, um comediante de baixa estatura do teatro burlesco chamado Eddie Collins foi ao estúdio para apresentar pantomimas de Dunga, na esperança de inspirar os animadores. "Ele fez todos aqueles movimentos inspiradores com a língua", lembrou Kimball, "que foram ótimos para a sequência da sopa." Walt mandou outros animadores verem Joe Jackson e sua bicicleta em busca de ideias sobre os movimentos dos anões. Naquele mesmo mês, os atores estavam fazendo testes para as vozes dos anões. Em fevereiro, Fred Moore e Bill Tytla produziram uma folha-modelo que foi uma espécie de matriz para os animadores. (Walt sempre extraiu uma maliciosa alegria em unir opostos, como fez com o feroz Tytla e o fleumático Moore, esperando que saíssem faíscas.) Mas foi apenas em novembro, a pouco mais de um ano da data de estreia do filme, que Walt, percebendo que o tempo estava se esgotando e que ainda não havia superado o problema, reuniu seu estafe para mais uma discussão sobre os anões.

Havia claramente um senso de urgência. Ao longo de novembro e dezembro, um grupo de argumentistas e animadores se reunia à noite durante horas na sala de projeção nº 4, no fundo do corredor onde ficava o escritório de Walt, frequentemente com a presença de Walt e o expresso propósito, como Dave Hand lhes disse, de "trabalhar as características dos anões". "Há sete deles", avisou, "e, de fato, é difícil dominar cada um." Como sempre, Walt representava os anões nessas sessões, ficando frequentemente tão envolvido que, segundo Thomas e Johnston, "se esquecia de que estávamos ali". Apesar das performances de Walt e de suas repetidas descrições, entretanto, os animadores ainda lutavam entre si sobre como fazer cada anão emocional ou psicologicamente único enquanto faziam todos eles basicamente parecidos. "Os animadores ainda não sabem como desenhá-los depois de trabalhar esse tempo todo", Tytla admitiu em uma aula, na época, e Tytla havia desenhado os anões com Moore.

Cada vez mais desesperados, os animadores tentaram impor excentricidades aos anões como forma de individualizá-los – "Chegamos ao ponto de ter uma característica para cada anão para podermos capturar o personagem e, todas as vezes que tivermos aquele anão, ele terá essa característica", disse Dave em um encontro –, e depois de semanas de debate infrutífero, contrataram um anão verdadeiro chamado Major George e dois tampinhas chamados Erny e Frank para representar no filme e sugerir algumas poses, mas Walt não se impressionou com aquilo. "Para mim, Erny, Tom e Major George não são muito bonitos", escreveu para a sua bloqueada equipe. "Não posso evitar sentir pena deles. Acredito, é claro, que certas características deveriam ser inspiradas nesses rapazes, mas de forma restrita, para que suas ações não sejam causadas por suas deformidades." Sobre seus próprios anões, Walt disse: "Não posso deixar de sentir que esses caras são imaginários; são criaturas da imaginação." Enquanto os animadores lutavam para descobrir comportamentos característicos básicos, Art Babbitt recomendou que evitassem o "maneirismo superficial". "Vocês têm de ir mais fundo que isso", disse, soando muito parecido a Walt. "Vocês têm de entrar nele para saber como se sente." Walt concordou. O que ele realmente queria era o que sempre quis: um desenho animado conduzido pela personalidade. "Acho que vocês têm de conhecer esses caras em definitivo antes de desenhá-los", aconselhava agora aos animadores.

Mas não era mais simples encontrar uma personalidade que inventar pequenos hábitos ou tiques. Tentando trabalhar de dentro para fora, os animadores começaram a imaginar figuras da vida real que pareciam capturar os anões: o ator Roy Atwell para Mestre, a quem o estúdio já havia selecionado para dar voz a esse personagem no filme ("ele é, como Mestre, um tipo arrogante", escreveu Walt. "Ele adora falar nos velhos e bons dias quando..."), Otis Harlan para Feliz (Harlan tem a característica de ouvir com avidez e expectativa. Seu rosto parece tornar-se subitamente muito vazio quando se fala com ele... Isso contrasta com a súbita luminosidade em seu rosto assim que registra o que foi dito."), o ator cômico negro Stepin Fetchit para Atchim, Will Rogers para Dengoso e, por sugestão de Walt, o comediante com cara infantil do cinema mudo Harry Langdom para Dunga. Para romper o bloqueio, Fred Moore se levantou, em uma reunião realizada em dezembro e, trabalhando em cima das anotações que Perce Pearce havia transcrito de conversas com Walt, começou a desenhar poses para cada um dos anões que achava que pudessem expressar sua essência e, sutilmente, distinguir um do outro, baseado em grande medida na forma como carregavam o próprio peso. Mestre: "Ele é um cara pomposo. Mesmo sendo grande, tem de manter a pose." Feliz: "Feliz é mais gordo e deixa seu peso escorregar e cair, enquanto Mestre mantém seu peso para cima." Zangado: "Zangado é um sujeito com o peito estufado e uma nádega insolente – pernas arqueadas. É um tipo muito agressivo." Dengoso: "Dengoso, como Walt gosta dele, tem pernas curtas e é redondo. Ele é o que anda com a cabeça baixa e olha com o rabo dos olhos, com o queixo encostado no peito." Soneca: "Soneca tem um corpo longo que se inclina para frente quase como se estivesse desequilibrado... A cabeça parece virar para cima quando ele olha mas, quando esta em uma posição afundada, a cabeça cai." Atchim: "A cabeça de Atchim deve ser desenhada em forma oblonga, com um nariz mais ou menos de bom tamanho plantado no ar e com o lábio superior grande." E Dunga: "Suas mangas cobrem as mãos... Ele tem um tipo de personalidade de nariz pequeno e olhos bem grandes e ligeiramente amendoados para parecerem brincalhões".

Por mais difíceis que os outros anões fossem, Dunga era o mais desafiador, como Walt colocou, porque era de quem "nós dependíamos para provocar a maioria das gargalhadas". Havia até algumas dúvidas a respeito do nome de Dunga (Dopey). Alguns objetavam que era uma gíria moderna demais ou que possivelmente, sugeria um "viciado em drogas", como disse Walt, embora o próprio Walt desviasse as críticas dizendo que Shakespeare havia usado a palavra e que não podia levar a sério as conotações de uso de drogas porque "esse não é o jeito que minha mente trabalha". Quanto a delinear o personagem, todo mundo continuava a buscar uma marca. "Dunga tem um pouco de Harpo (Marx)", declarou Perce Pearce em um encontro, citando o que o próprio Walt dissera em abril, "e Walt diz que ele é feito de Harry Langdon, com um pouco de Buster Keaton e um pouco de Chaplin. O que estou entendendo é que Dunga tem um pouco de tudo nele." O problema com essa caracterização é que havia apenas uma linha tênue entre ser um pouco de tudo e não ser nada".

"Os rapazes pareciam não conseguir captá-lo", diria Walt anos depois. "Tentaram fazê-lo demasiado imbecil, o que não era o que tínhamos em mente", embora o próprio Walt tivesse contribuído para essa noção. "Ele é vagaroso em compreender as coisas, do jeito de Stan (Laurel[6])", disse Walt em uma longa discussão sobre Dunga em dezembro. "Dunga não consegue nem segurar a colher direito. Ele a segura de uma forma tal que, quando a afunda na sopa, ele a traz de volta de um jeito que ela fica de cabeça para baixo e sem nenhuma sopa." E invocou Harry Langdon uma vez mais, relembrando uma cena em que o comediante é convidado a acompanhar um grupo de colegas trabalhadores em uma fábrica e fica tão contente de estar com eles que fica correndo à frente deles e olhando para trás, sorrindo. Mas se Walt descrevia Dunga como ansioso e mentalmente confuso, como seu velho tio Ed, ele também insistia em que fosse bonito. "Acho que a melhor expressão de Dunga é que ele não cresceu – é meio infantil", disse em um encontro que não pareceu ajudar muito os animadores. Em um sinal de sua incerteza, Dave Hand, novamente agarrando-se a palhas, sugeriu que convidassem Eddie Collins novamente para o estúdio para ele representar a parte de Dunga, na esperança de que isso os estimulasse.

Segundo descreveu Walt, a superação da barreira finalmente aconteceu quando decidiram pensar em Dunga não como um elfo, ou um ingênuo, ou uma criança, mas como um "ser humano com intelecto e maneirismos de cachorro", voltando assim, a uma ideia que Walt colocara em um bilhete para a equipe um ano antes, em que descrevia Dunga "de certa maneira como Pluto". "Vocês sabem como é um cara que se concentra tanto em farejar um rastro que não percebe que o coelho está na frente dele", disse Walt, "e, quando o coelho corre para longe, o cachorro demora a começar a correr atrás dele? Dunga era assim. Fizemos com que fosse capaz de mexer uma orelha independentemente da outra, da forma que um cachorro afasta uma mosca. E quando tinha um sonho, Dunga passava a mão no rosto, como um cachorro esfrega o focinho com a pata quando está dormindo." Com essa decisão, os anões foram finalmente resolvidos, embora provisoriamente, pois tudo em *Branca de Neve* era provisório e, em 8 de janeiro de 1937, Walt pôde lançar um memorando que estava devendo havia muito tempo: "Detalhes sobre os anões aprovados por Walt." Agora começaria o verdadeiro trabalho de levar a visão para a tela.

V

Durante os meses em que Walt e a equipe faziam o ajuste fino no roteiro e ponderavam sobre os anões, completavam também outras tarefas igualmente urgentes,

6 O magro de *O Gordo e o Magro*. (N.T.)

para que fosse possível terminar o filme até a estreia programada para dezembro de 1937. Em primeiro lugar, os animadores cuidaram da trilha de vozes; então, antes de animar qualquer cena em que os personagens falavam, as vozes tinham de ser selecionadas e os diálogos gravados. No início de 1936, vários anões tinham recebido as vozes dos atores que os inspiraram – Atwell para Mestre, e Harlan para Feliz – o argumentista Pinto Colvig, que havia feito um filme ao vivo de Zangado para Tytla, fazia duas vozes: Zangado e Soneca. E o veterano comediante cinematográfico Billy Gilbert, cuja marca registrada era um espirro, deu voz a Atchim, e o antigo comediante de esquetes cinematográficos Scotty Mattraw fez Dengoso.

O estúdio fez testes com dúzias de atrizes para a rainha, a maioria das quais, de acordo com Bill Cottrell, havia sido fatalmente influenciada por uma feiticeira que dava uma longa e cacarejante gargalhada em um popular programa de rádio. Quando Lucille La Verne, que tinha personificado "A vingança" em *A Tale of Two Cities* (*Um conto de duas cidades*), de David Selznick, fez o teste, Cottrell ofereceu-lhe o *storyboard* para que desse uma olhada, mas ela declinou. "Ela lia as linhas", lembrou Cottrell. "Poderíamos ter gravado e usado a primeira leitura que ela fez, ela era muito boa. E quando chegou à transição (para a vendedora), ela concluiu com uma risada maníaca, de gelar o sangue, que repercutiu em todo o estúdio de gravação." (De acordo com Joe Grant, La Verne assumiu a voz da vendedora removendo seus dentes postiços.) Foi imediatamente contratada.

Quanto à Branca de Neve, segundo um relato, 150 garotas foram testadas para fazer sua voz e supostamente entre elas estava Deanna Durbin, que mais tarde se tornaria uma aclamada estrela mirim da Universal, mas a quem Walt rejeitou porque achou que soava como uma mulher de 30 anos. Virginia Davis, que fizera as *Comédias de Alice* uma década antes, disse que fez algumas ações preliminares ao vivo para o personagem e estava acertada para fazer a voz quando rejeitou o contrato como inaceitável. A aspirante bem-sucedida foi Adriana Caselotti, que sempre contaria a história de como seu pai, um professor de voz, estava falando ao telefone com um caçador de talentos do estúdio Disney quando ela ouviu a conversa pela extensão e recomendou a si mesma para o trabalho. Segundo contou Walt, seu caçador de talentos trazia as candidatas ao estúdio e o avisava quando achava que existia uma possibilidade. Walt se dirigia então para o seu escritório ao lado do estúdio de gravação e ouvia por um microfone, para que a aparência do candidato não afetasse seu julgamento. Quando ouviu Caselotti, observou Walt, "ela soou para mim como uma garota de 14 anos", que era exatamente o que estava procurando. Ela foi contratada por um pagamento nominal e gravou as primeiras trilhas sonoras em 20 de janeiro de 1936.

Mais ou menos ao mesmo tempo em que selecionava as vozes, Walt também trabalhava na música, que, como tudo o mais no projeto, se arrastou por bem mais de um ano. Walt sempre havia pensado em *Branca de Neve* em termos musicais, até descrevendo o diálogo poeticamente, "não rimado, nem com um ritmo definido", contou em uma reunião de debate do enredo, "mas deve ter métrica e, exatamente no tempo certo, conectar-se com a música, para que a coisa toda tenha um padrão musical... fraseando e adequando o clima para fugir do diálogo direto." A questão imediata – fonte de debate contínuo – era o tipo de música que se adequaria melhor ao filme. Walt suspeitava da música popular moderna. "Eu não gosto do gênero Cab Calloway, ou muito 'oh de oh do'", explicou durante uma discussão da sequência em que os anões entretêm Branca de Neve. "O público ouve muita coisa apimentada. Se pudermos ter algo fora do comum, isso chamará mais atenção que a coisa excitante."

Enquanto trabalhava para unir o incomum ao "apimentado", seguindo as instruções de Walt, a equipe também lutava com a instrumentação. Durante uma reunião em que o argumentista e letrista Larry Morey cantou "You're Never Too Old to be Young" ("Você nunca é velho demais para ser jovem"), mais tarde cortada do filme, uma longa discussão se seguiu sobre como os anões deveriam apresentar a canção – Walt chegou a encenar uma dança suíça, batendo nas nádegas para demonstrar o que imaginava – e com quais instrumentos tocariam. A fim de gravar uma trilha experimental para a sequência do entretenimento, como Frank Thomas e Ollie Johnston lembraram, cerca de 30 colaboradores se juntaram e "ficaram soprando em garrafas, jarras e outros estranhos instrumentos domésticos". Walt gostou quando ouviu. "Sim! É uma canção feliz... um grupo alegre!", e acrescentou que a única coisa que faltava era alguém cantando em falsete como um tirolês. O especialista em efeitos sonoros Jim Macdonald fez o tirolês, criando o que se tornou um momento memorável no filme.

A equipe começou a gravar as canções em janeiro de 1936 e continuou em 1937, mas Walt, que estava presente em muitas dessas sessões, não ficou mais satisfeito com a música do que estivera com a animação. Na primavera de 1937, ainda instruía a equipe sobre como queria que os anões cantassem ("Dengoso podia meio falar e meio cantar. Vocês podem trazer suas personalidades para o jeito de cantar"), ainda se queixava de que uma trilha não tinha ritmo e trabalhava em novos versos para "The Silly Song", mesmo com o filme a menos de seis meses de ficar pronto. Na verdade, ele tinha amostras de versos tocados para a equipe uma tarde e pediu que votassem em suas seis favoritas. (Walt chegou a arrastar Lillian para a votação.) Mas apesar de toda a filtragem e procrastinação, na esperança de surgir com alguma coisa nova, ele continuou desapontado com o fato de que as canções não eram completamente integradas ao filme. "Ainda é a influência dos musicais que eles fizeram durante anos", resmungou Walt após rever uma sequência. "Realmente, deveríamos estabelecer um novo padrão. Espero que possamos fazer isso em *Bambi*... uma nova forma de usar a música; entretecê-la na história de forma que, simplesmente, não se esbarre com a música."

Esta era sempre a injunção. Tinha de ser diferente, melhor em todos os aspectos e, enquanto buscava um meio de fazer *Branca de Neve* musicalmente distinta, Walt também pressionava para que ela fosse visualmente distinta, não apenas no estilo da animação, mas em sua paleta de cores também. Walt havia trabalhado durante anos para melhorar as cores em seus desenhos animados. Embora após muitas tentativas e erros usasse tintas opacas aquosas fabricadas pela F.R. Miller Paint Company, os que cobriam os contornos e os que preenchiam os desenhos com tinta se queixavam de umidade excessiva, rachaduras, viscosidade, falta de intensidade, diferenças na cor, variedade limitada de cores e ferrugem. Walt procurava avistar uma solução. Finalmente, o estúdio desenvolveu sua própria cola com base de goma arábica, que mantinha a tinta aderida e que podia até ser liquefeita de novo para que os pintores pudessem corrigir erros. O estúdio também moía toda a tinta que usava com um conjunto de trituradores em forma de disco que serviam para moer alimentos, e possuía um espectrofotômetro, um dos vinte que existiam no mundo na época, para medir as cores com exatidão. Segundo um relato, o departamento de pintura Disney tinha 1.200 pigmentos diferentes. Sabendo que a Technicolor não podia reproduzi-los com exatidão, Walt tinha um grande gráfico na parede, de cerca de 6 ou 7 pés de altura, que mostrava como as cores seriam registradas na tela.

Desde *Flowers and Trees*, a cor tinha sido uma preocupação de Walt, e alguns críticos afirmaram que ele foi o primeiro artista do cinema a usar a cor expressivamente, mais que realisticamente, o que, em geral, significava que ele dispunha de brilhantes cores pop não encontradas na natureza. Isso podia ser perfeitamente aceitável para os curtas-metragens, mas para *Branca de Neve* Walt tinha outra coisa em mente. Ao falar sobre um desenho animado de Harman-Ising que vira recentemente, Walt disse aos seus funcionários de layout que estava lutando por um efeito mais artístico. "Eles põem cores em todos os lugares", disse, "e elas parecem vulgares. Não existe nada sutil ali. É como um pôster. Muita gente acha que é essa forma que um desenho animado deveria ter. Acho que estamos tentando alcançar algo diferente aqui. Não estamos atrás da coloração suplementar a comédia. Temos de lutar por um pouco de profundidade e realismo." "A cor dos curtas", instruiu, "começaria a cansar o público" se fosse usada em um filme. O que ele precisava era de uma paleta menos brilhante, com tons mais próximos da cor de terra, e sequências escuras para o espectador descansar os olhos. Walt pensou até em que a aplicação da cor em *Branca de Neve* deveria ser diferente dos curtas-metragens; onde as cores nos curtas eram, tipicamente, espessas e sem nuances, requerendo que as garotas da pintura, simplesmente, preenchessem os contornos, *Branca de Neve* tinha um efeito *chiaroscuro* suave, modelado, que rompia completamente com a tradição da animação e exigia maior cuidado. Era o trabalho de um pintor de telas.

Para obter "a profundidade e o realismo" que queria, Walt também se apoiou em seus homens de layout para prover cenários bonitos e detalhados: "Para *Branca de Neve*... eles tinham desenhistas trabalhando com diferentes argumentistas, e cada piadista tinha o seu desenhista, que fazia um desenho bonito e detalhado da piada mais simples", disse o artista Carl Barks a um entrevistador. "Só para Dunga torcendo o nariz havia uma pintura de US$ 2 mil." O principal responsável pela criação dessas pinturas, senão por pintá-las ele próprio, era Albert Hurter, o antigo artista de esquete do estúdio, que havia feito os primeiros esquetes dos três porquinhos que Moore arredondou para os personagens definitivos. Mesmo entre os excêntricos da Hyperion, Hurter, nascido na Suíça, um dos mais antigos funcionários e com pouco mais de 50 anos, era conhecido por suas peculiaridades. "Ele ficava sentado o dia todo rabiscando", lembrou Eric Larson. "Não queria se envolver em layouts detalhados, ou nos detalhes disso ou daquilo; queria ser uma inspiração." Segundo um relato, Hurter produzia entre 50 e 100 esquetes por dia – tudo, desde a própria Branca de Neve à cabana dos anões, à mobília dentro dela e à floresta. Obcecado por seus desenhos e maníaco por sua mesa, chegava ao estúdio pontualmente às oito da manhã, desenhava freneticamente e fumava um cigarro atrás do outro, ficava exatamente até às cinco da tarde e nunca sociabilizava com a equipe fora do trabalho ou, aparentemente, sequer tinha uma vida além do trabalho, embora alguns acreditassem que era porque ele sofria de uma severa doença do coração e sentia que devia poupar energia. Em excursões de fim de semana, Larson e a esposa ocasionalmente topavam com Hurter dirigindo o carro furiosamente pelo deserto, aparentemente sem destino.

Mas Walt o valorizava e logo de início confiou-lhe a tarefa de desenhar praticamente tudo no filme, até desenhos preliminares dos personagens. "Lembro-me, claramente, de Walt olhando coisas antigas (que Hurter havia desenhado)", disse Eric Larson, "e ele ficava loucamente ansioso e dava a Albert mais um monte de coisas para desenvolver". Isso fez de Hurter alguma coisa parecida com o responsável visual de *Branca de Neve* – aquele que concebeu o aspecto germânico geral do filme, incorporando técnicas europeias de ilustração e pintura na animação. Na verdade, Hurter serviu como desenhista de cenário, decorador de cenário e figurinista e, embora Dave Hand, como diretor de supervisão, passasse a orientação para o departamento de layout e Sam Armstrong fosse a autoridade nominal para "a cor de todos os objetos, cenários, figuras etc.", Hurter tinha autoridade específica para aprovar o estilo e os personagens de cena para cena e garantir a continuidade (da aparência deles). Como Hand afirmou quando Walt fez objeção a algumas rochas em um cenário que Hurter ainda não havia aprovado: "Albert conhece a natureza desse filme melhor que ninguém".

Mas se Hurter era o criador, mesmo assim fazia parte de uma equipe dedicada à visão de Walt de um campo visual mais sofisticado. Outro artista nascido na Europa, o húngaro Ferdinand Horvath, fez os desenhos preliminares e, quando a animação já estava sendo feita em 1936, Hurter e Horvath receberam a companhia de Gustaf Tenggren, ilustrador sueco altamente conceituado, que ajudou a criar a fuga de Branca de Neve pela floresta e a perseguição dos anões à vendedora de maçãs. Como os desenhos desses artistas eram muito mais detalhados que os cenários dos curtas, o estúdio teve de introduzir um novo tamanho para o papel de animação – de 9½ polegadas por 12 polegadas, para 12½ por 12 polegadas – a fim de acomodá-los, e como eram muito mais artísticos, o estúdio criou uma nova textura para o papel, umedecendo-o, espremendo o excesso de umidade e depois aplicando uma base com aquarela.

Por mais que a paleta modificada e os layouts detalhados contribuíssem para o realismo e por mais que sugerissem profundidade, quando Walt falava nesta última, ele não estava apenas sendo figurativo; queria dizer "profundidade" literalmente também – outro meio de modelar um ambiente mais completo, para um homem que estava sempre buscando conformar seu ambiente às suas próprias especificações. Walt também pensava no público, acostumado à profundidade dos filmes ao vivo.[7] "Ele temia que 80 minutos de animação plana, unidimensional, fosse demasiado para o público aceitar", escreveria sua filha Diane, reiterando o argumento de Walt em favor de cores mais sutis. O público necessitava de variedade visual maior em um filme que em curtas animados.

---

7 Aqui Disney antecipou a fotografia de foco profundo que o diretor Orson Welles usaria tão celebremente em *Cidadão Kane* para criar um efeito psicológico de relações espaciais. Embora buscasse, obviamente, um senso maior de realismo psicológico, Walt buscava também, ainda que subliminarmente, um senso maior de realismo físico, que era o que o foco profundo proporcionava. (N.A.)

Na animação tradicional seria virtualmente impossível replicar as perspectivas em mutação da vida real sem mudar constantemente o tamanho dos cenários em relação às figuras animadas – tarefa proibitivamente dispendiosa, e isso era um grande problema para o filme. Ken Anderson lembrou Walt, em discussões sobre *Branca de Neve*, já no início de 1935, insistindo na busca de caminhos melhores para criar a ilusão de profundidade e, naquele ano, fez Anderson desenhar figuras e cenários em uma cena para uma *Silly Symphony* intitulada *Three Orphans Kittens* (*Os três gatinhos órfãos*), aparentemente para que Walt pudesse ver como ficaria uma perspectiva mais realista, sempre em mutação. Querendo ir além em *Branca de Neve*, Walt incumbiu Anderson de trabalhar com o animador de efeitos especiais Cy Young, o especialista em iluminação Hal Halvenston e o engenheiro Bill Garity para criar camadas reais de ação para um teste da vendedora de maçãs na floresta – camadas que transmitiriam a impressão real de profundidade e perspectiva que uma simples folha de celuloide contra um fundo não poderia transmitir. Anderson se lembra de que eles modelaram árvores de barro na frente e depois desenharam três planos de árvores animadas recuadas na moldura, colocadas em grandes placas de vidro. As árvores, as placas e a câmera foram, então, montadas em suportes enquanto a equipe testava as distâncias. Walt ficou satisfeito com o resultado e ordenou que fosse feito outro teste – desta vez da cabana dos anões e de Branca de Neve. O verdadeiro teste, entretanto, foi quando Walt, em uma irresistível reminiscência do avanço representado por *Flowers and Trees*, dos curtas preto e branco para cores, decidiu transformar uma *Silly Symphony* então em produção, chamada *The Old Mill* (*O velho moinho*), de curta tradicional, bidimensional, celuloide sobre cenário, em um que exibisse planos de ação, como os testes que havia feito.

Já era bastante difícil fotografar um celuloide sobre um fundo com uma câmera estática. Fotografar vários planos de celuloide – do plano fechado para o médio e para o fundo – com uma câmera que parecia movimentar-se através deles pode ter sido o mais importante feito da animação até os dias de hoje. Na tentativa de simular a tridimensionalidade, Ub Iwerks havia construído uma câmera "multiplano" em seu próprio estúdio com as peças de um velho Chevrolet, mas a câmera era tão intimidadora tecnicamente que ele não a usava com frequência. Walt não era tão facilmente dissuadido. Para *The Old Mill*, basicamente um poema atmosférico sobre animais que se refugiam em um velho moinho enquanto uma tempestade se aproxima, fez com que as oficinas do estúdio construíssem uma câmera multiplano. Era um objeto imenso, pesado, vertical, em formato de caixa, que ficava a cerca de 12 pés de altura sobre quatro suportes de metal, com um nível no alto para a câmera e quatro níveis ou prateleiras abaixo para quatro planos de animação, e exigia no mínimo quatro homens para operá-la – embora, dependendo da dificuldade da sequência, poderia haver oito homens subindo nela, cada um deles avançando um centésimo de polegada para a frente a fim de simular uma câmera em um carrinho, ou da esquerda para a direita para simular uma panorâmica. Como cada nível tinha de ser iluminado em separado – por oito lâmpadas de 500 watts – e porque o multiplano era, necessariamente, situado em um quarto escuro fechado, o calor era insuportável. Além disso, como a equipe não tinha experiência com a câmera, fotografar para *The Old Mill* foi dolorosamente vagaroso – mais doloroso para Walt, que queria ver resultados o mais rápido possível para poder usar a câmera em *Branca de Neve*, cuja animação estava bem adiantada.

Mesmo assim, Walt venerava sua multiplano, olhando-a como o brinquedo mais moderno – tanto uma chave para o muito ambicionado realismo, como um monumento ao seu próprio sucesso. "Sempre foi minha ambição ter uma maldita câmera", gracejou para a *Time*, na semana em que *Branca de Neve* estreou, "e agora, finalmente, consegui uma. Fico animado só de observar os rapazes operando-a, e lembrando-me de como eu costumava fazer isso 'com barbante de embrulho'". Naturalmente, era o que a multiplano fazia que a tornava tão impressionante. Como a câmera parecia movimentar-se através dos planos ou fazia uma panorâmica deles, a animação ganhou, pela primeira vez, um senso de perspectiva real e uma tridimensionalidade tão espantosa, que Thomas e Johnston escreveram que o curta-metragem *The Old Mill*, basicamente sem enredo, demonstrou como "uma plateia podia ser cativada pela simples sutileza e ficar profundamente envolvida em um desenho animado". Eric Larson derramou-se em elogios ao desenho – o modo como a multiplano combinou os efeitos "para exibir a beleza do vento", ou a forma como os pingos de chuva "não tinham contornos duros, mas davam a sensação real de chuva", ou o jeito como as nuvens eram "suaves e se movimentavam e... em sua densidade passavam de nuvens carregadas a nuvens leves e céu azul de maneira sutil". Um observador exagerou, dizendo que a multiplano podia tornar-se demasiado poderosa, um fim em si mesmo. "Mesmo aos olhos do estúdio", escreveu, "ela é considerada um instrumento tão carregado de dinamite artística que, se não for manuseada com cuidado, pode jogar completamente o filme animado sonoro fora de seu curso".

Mas essa não era a preocupação de Walt Disney. Para ele, a multiplano estava atirando *Branca de Neve* à frente de seu curso, além da animação, em que podia desafiar e até superar o filme ao vivo. Para ele, a câmera multiplano levou *Branca de Neve* para mais perto do realismo e mais perto de seu próprio mundo completamente realizado.

VI

Um refrão se tornou incessante: o tempo está acabando. No fim do inverno de 1936, Walt e Roy tinham fechado um novo acordo de distribuição com a RKO, uma operação muito maior que a da United Artists e com mais impacto no mercado, que era do que os Disneys precisavam. "Os grandes estúdios que têm os seus próprios desenhos animados praticamente dão de graça os desenhos com seus filmes", Roy escreveu para os pais logo após assinar com a RKO. "Nós, durante todo o tempo, temos que nos manter sobre os nossos próprios pés sem nenhuma conexão com outro produto." Walt andou insatisfeito com a UA durante algum tempo, queixando-se de que o distribuidor ficava com uma parcela grande demais das receitas estrangeiras e insistindo em que, enquanto "os desenhos animados da concorrência ficavam rapidamente pelo caminho", os desenhos animados Disney "aumentavam firmemente em termos de valor de uma plateia". Quando Roy importunou Walt para dar uma chance à UA, Walt escreveu de volta, irritado, "se você pedisse demissão da UA e viesse trabalhar para Disney durante algum tempo, seríamos capazes de fazer algum progresso... Se ficar com remorso, sugiro que entregue a eles nossas instalações, nossas marcas, patentes e direitos autorais, e trabalhe para eles por um salário – ou, talvez, se não ficarem satisfeitos com isso, poderei conseguir um emprego com Mintz e você poderá vender aspiradores de pó novamente". No fim, com as bênçãos dos próprios artistas unidos – Chaplin escreveu para Lessing, "não quero ganhar dinheiro algum à custa de Walt, e qualquer coisa que puder fazer por ele, farei contente" –, os Disneys se foram da UA. Uma das razões declaradas para romper os laços com a UA foi que ela queria reter os direitos para a televisão e Walt, que tinha um interesse antecipado e ávido pela televisão, recusou-se a cedê-los. A razão mais provável, no entanto, foi que Walt, e finalmente Roy também, queriam o poder da RKO por trás de *Branca de Neve*, e o presidente da RKO, M.H. Aylesworth, ao anunciar o contrato com Disney, disse: "Pessoalmente, vi o suficiente desse primeiro longa-metragem animado, *Branca de Neve*, para perceber que será considerado um dos filmes mais incomuns jamais produzidos no campo dos desenhos animados".

Naturalmente, Aylesworth não poderia ter visto muito de *Branca de Neve* àquela altura porque havia muito pouco que mostrar. Mas Walt estava ansioso para agradar ao novo distribuidor – o que foi, aparentemente, uma das razões pelas quais embarcou na produção de *The Old Mill* – e fazer uma grande entrada. Ao contratar o fornecimento de seis *Silly Symphonies* e doze Mickey Mouse (estes incluíam desenhos animados do

Pato Donald também) para o ano seguinte, depois que cumprisse as obrigações com a UA, Walt tinha a intenção "de fazer ao menos metade das *Sinfonias* de uma forma bonita, encantadora, com músicas e coisas de fantasia", e insistiu com a RKO para vendê-las como um bloco, "o que nos permite pôr assuntos sobre os quais estejamos inspirados", em vez de apenas comédias farsescas. Mas se Walt queria impressionar a RKO, a RKO também estava determinada a conseguir *Branca de Neve*, e Walt se comprometeu a apresentar uma cópia em novembro de 1937 para ser distribuída no Natal. Agora ele ficou sob tremenda pressão para entregar o filme.

Após anos de deliberação e procrastinação, Walt chegava ao inverno de 1937 com, virtualmente, o filme inteiro para animar e menos de dez meses para fazer isso. Na verdade, embora a animação tivesse começado em 1936, os primeiros celuloides não foram mandados para tinta e pintura senão em 4 de janeiro de 1937 e não chegaram ao departamento de câmera antes de 13 de março. "Muitos achavam impossível ter o filme terminado, pronto para ser exibido, no Natal de 1937", confessou mais tarde Dave Hand, "mas nós, responsáveis, nunca fraquejamos". Walt passou a primavera ou na moviola vendo testes a lápis horas a fio, em geral quando um animador havia terminado o suficiente para mostrar a ele, mesmo que toda a cena ainda não estivesse completa, ou reunindo-se durante longas horas com os argumentistas para refinar sequências que ainda não haviam ido para animação, outra vez linha por linha, inflexão por inflexão. A cena em que os anões entram na cabana e pensam que está sendo habitada por fantasmas, uma das primeiras cenas discutidas e submetidas a dúzias de reuniões, foi objeto de outros vinte encontros do início de janeiro ao fim de setembro, muitos à noite, e estes eram apenas os encontros com a presença de Walt. Em julho, Walt ficava na moviola o dia inteiro, dia após dia, examinando esboços. Não havia um detalhe, um gesto, uma piscada, uma ênfase ou uma postura que não estivesse sob análise.

Os animadores sentiram uma "tremenda pressão", disse Ollie Johnston, e os temperamentos começaram a pegar fogo. Dave Hand, diretor supervisor, chegou ao ponto de não conseguir conversar com um animador sem gritar. Quando Les Clark teve problemas com uma cena e tentou explicá-los, Hand explodiu, jogou a mesa de desenho para o ar e berrou: "Temos que fazer esse filme!" Ciente de que se tornava o alvo da ira dos animadores, Hand protestou: "Minha crítica é totalmente impessoal, e eu não hesito em criticar qualquer um no estúdio, exceto Walt." Mas as tensões se tornaram tão grandes que Hand criticou, sim, Walt. Hand objetou que uma cena em perspectiva era longa demais e, quanto Walt se ofereceu para representá-la a fim de provar que não era muito longa, Hand, secretamente, acionou um cronômetro em seu bolso, depois o tirou para mostrar o quanto Walt havia excedido o tempo alocado. Segundo admitiu o próprio Hand, Walt "ferveu de raiva" e saiu pisando duro da sala.

Tentando evitar esses confrontos, Hal Adelquist que no início de fevereiro havia sido nomeado primeiro assistente do diretor, advertiu sua equipe a não levar questões a Hand ou a Walt a não ser que isso fosse absolutamente necessário. "Devemos evitar tomar o tempo de homens que ganham mais dinheiro e cujo tempo, por conseguinte, vale mais", disse. Mas isso criou outro problema. Os empregados duvidavam de que as ordens que recebiam vinham realmente de Walt, o que levou um chefe de departamento a pedir a Walt para ter uma conversa de estímulo com sua equipe. A resposta de Walt foi oferecer-se para pagar um jantar, tanto como meio de afirmar autoridade como de reduzir tensões, pois um jantar "poderia colocá-los em um clima mais receptivo e tornar a noite mais benéfica para eles". Não foi esta a única vez em que Walt teve de levantar espíritos desanimados. Muitos animadores estavam agora se desesperando de sequer conseguir completar o projeto satisfatoriamente, e Walt se queixava de que quando as cenas estavam terminadas e prontas para a limpeza, os animadores pareciam perder a iniciativa para garantir que tudo fosse aprontado para a câmera. "Esse filme é uma coisa tremenda", Adelquist disse aos diretores assistentes, passando instruções de Walt. "Vocês pensam que nunca vão terminar o trabalho. À noite, quando vão embora, parece haver o dobro de trabalho sobre a mesa, mas, se persistirem, descobrirão que as coisas vão funcionar direito."

Uma vez mais, precisando de *in-betweeners* para apressar a animação, o estúdio contratou *trainees*, colocando anúncios em revistas ou recrutando em escolas de arte – George Drake foi para a Chouinard em pessoa para alistar artistas – e passando os candidatos por um programa rápido de treinamento, reafirmando o tempo todo como era importante que terminassem *Branca de Neve*. Apesar de toda a ênfase na velocidade, entretanto, havia sempre a mensagem contraditória da qualidade. Durante uma aula no mês de junho, ao doutrinar os estudantes sobre o método Disney, Bill Tytla lhes disse: "O trabalho que está sendo planejado e o que continuará a ser feito aqui requer homens que saibam desenhar melhor que o diabo, não apenas no sentido convencional, mas que tenham absoluto controle do que tentam fazer. Os homens que estão sobrevivendo compreendem isso." E continuou: "Hoje, estamos à beira de algo realmente novo, que exigirá muito desenho real – não inteligente, ou sofisticado, ou bonito –, mas um desenho sólido e de boa qualidade para atingir esse resultado".

À medida que o verão se aproximava e o prazo fatal avultava, Hand partiu para a ação drástica. Por mais de um ano os animadores vinham assistindo á filmes ao vivo, não apenas dos anões, mas da feiticeira, interpretados por um ator teatral chamado Nestor Pavia, e por um homem que daria voz ao espelho mágico, Moroni Olsen, vestido de mulher, e de Branca de Neve, por Marjorie Belcher, a filha adolescente de um instrutor de dança local. (Ela se casaria mais tarde com o dançarino e coreógrafo Gower Champion e os dois formariam uma dupla popular de dançarinos nos anos 1950.) Walt tentara até combinar filmes ao vivo de Belcher com um modelo da cabana dos anões desenhado por Albert Hurter. Esses filmes tinham o objetivo de inspirar ou sugerir movimento ou comportamento. "Acho que vocês podem usar esses filmes ao vivo para construir personalidades, etc. e absorver ideias que surgem durante o trabalho", disse Fred Moore em uma reunião, enquanto Art Babbitt disse que os animadores se concentravam demais no movimento e que "estamos conseguindo agora algo que levaria anos para adquirir". Em fevereiro, toda a ação importante dos anões era, primeiro, filmada ao vivo, e os animadores ficavam, na verdade, no estúdio de gravação e dirigiam eles mesmos as cenas de ação – com Pinto Colvig pondo um grande nariz e interpretando Zangado ou Atchim, ou Eddie Collins interpretando Dunga, ou Dave Hand ou Perce Pearce fazendo o papel dos outros anões com uma gravação em áudio do diálogo. O animador, então, observava o filme por um visor e escolhia as poses que lhe agradavam. Walt temia que os animadores terminassem copiando os filmes de ação – "Enfatize muitas vezes o ponto de que, ao desenhar modelos, se deve captar o sentimento por trás dos modelos em vez de copiá-los", Babbitt disse em uma reunião ao expressar o ponto de vista de Walt – e ordenou, explicitamente, como recordou Sharpsteen, que "não queria que os animadores traçassem aquele personagem e o colocassem na tela como traço; deviam usá-lo apenas como guia".

Sob a pressão crescente, no entanto, a ordem de Walt foi infringida. A equipe teve de traçar a ação ao vivo – o que foi chamado de "rotoscopiar"[8] – para terminar o filme a tempo. "A ação ao vivo é que vai apressar o filme", anunciou Hand em um almoço informal em meados de fevereiro. Ham Luske recomendou que trouxessem atores infantis para interpretar os anões em escala, e isso era especialmente necessário acerca de Branca de Neve e da rainha – os personagens humanos que ainda se mostravam difíceis de desenhar. Já em março, Perce Pearce sugeria que fizessem mais rotoscópias de *Branca de Neve* – "existe muito de *Branca de Neve* que ainda tem de ser completado

---

8 Rotoscópio é um dispositivo que projeta e aumenta os quadros individuais de filmes ao vivo para permitir que sejam usados para criar sequências de filme. Considerado precursor da moderna captura de desenho digital. (N.T.)

com rotoscópio" – e em junho, cópias fotostáticas da rainha descendo a escada estavam sendo entregues aos *in-betweeners* para que traçassem o desenho. Certamente havia apreensão em ter de fazer isso, um sentimento quase de trapaça, embora a ação ao vivo com frequência, revelasse o quão longe os animadores ainda tinham de ir para capturar a realidade. "Você olha para algumas daquelas cenas ao vivo", admitiu Eric Larson anos depois, "e elas eram, na verdade, mais animadas que o que, finalmente, obtivemos na tela em alguns exemplos." Mesmo assim, Walt era peremptório em que o rotoscópio fosse ocultado do público. Ao preparar a campanha de lançamento, ordenou que nenhuma ação ao vivo fosse mostrada. "Quero isso definitivamente fora, porque o público pode ter uma impressão errada", escreveu para o publicitário chefe Roy Scott. "A única coisa que poderíamos dizer é que usamos modelos ao vivo com o propósito de estudar o movimento etc., mas não que fotografamos ação ao vivo e copiamos nossos desenhos dela" – embora, na verdade, fosse exatamente isso que ele estivesse fazendo.

Havia tão pouco tempo, e agora novas medidas eram necessárias para cumprir o prazo e comprimir o próprio filme. Cenas tinham de ser "aceleradas", disse Walt, "conservando todo o trabalho de boa qualidade, mas acelerando e tirando os excessos de diálogo". E a aceleração também se estendeu ao corte de cenas. No início de novembro de 1936, o argumentista Dick Creedon havia sugerido a possibilidade de duas cenas serem cortadas – uma em que os anões se reuniam para discutir se deveriam deixar Branca de Neve ficar ou, temendo represálias da rainha, fazê-la partir, e outra em que os anões, decidindo deixá-la ficar, resolvem construir uma cama para que Branca de Neve não queira partir. "Acho que elas não têm sentido na história agora e vão nos desviar em um momento em que devemos começar a construir o ritmo de suspense", afirmou Creedon. Sem se convencer, Walt determinou que as cenas fossem animadas de qualquer maneira, da mesma forma que uma outra – em que os anões estão tomando a sopa sob o olhar reprovador de Branca de Neve, que tenta ensinar-lhes boas maneiras –, apesar de ele ter dito sobre a construção da cama: "Tirem fora todas as coisas supérfluas." As cenas ainda estavam no filme no fim de junho de 1937 – elas não foram finalizadas até abril, mas Walt, como Creedon, finalmente decidiu que tinham de sair do filme porque quebravam o fluxo da narrativa. Ward Kimball, que havia animado a maior parte da sequência dos anões tomando sopa, ficou arrasado. Ele havia passado quase um ano e meio construindo a sequência.

Com Walt cortando, apressando e pressionando, os animadores começaram a ceder sob a pressão. Como o cronograma estava atrasado, espalhou-se o boato de que o

Bank of America logo assumiria a companhia – uma perspectiva que "criou uma tensão no estúdio que quase fazia o ar estalar", escreveu o animador Shamus Culhane. Mas mesmo quando eram pressionados a se apressar, sentiam medo de produzir alguma coisa que desapontasse Walt e temiam deixar que outra pessoa limpasse seus desenhos e, possivelmente, sugasse a energia deles. Então, seguravam sua produção e não a mandavam para a limpeza final, mesmo depois de ela ter sido aprovada, o que resultou em um atraso maciço, justo quando as coisas deviam ser aceleradas. "Rapazes, vocês estão tentando conservar seu trabalho o melhor possível", lhes disse Dave Hand, melancolicamente, depois de saber que estavam gastando uma média de duas horas por desenho. "Somos simpáticos a isso, mas não somos simpáticos ao fato de olharem cada desenho com tanto cuidado que não estão permitindo que o filme vá adiante" – uma estranha admoestação em um estúdio onde todos sabiam que o próprio Walt observava, cuidadosamente, cada detalhe. Foi um sinal do desespero crescente que, em julho, os animadores não mandassem mais suas cenas para serem limpas e, em vez disso, "terminassem todos os detalhes dos esboços de forma a estarem completos o bastante para serem entregues rapidamente à tintura". Nessa altura, alguns animadores estavam tão entorpecidos que encontravam alívio em desenhar Branca de Neve nua cercada de anões excitados – um meio de desafiar a sufocante perfeição do mundo de Walt Disney, opinou Ward Kimball.

Quando entraram no outono, a equipe trabalhava 24 horas por dia em turnos de oito horas cada, e muitos trabalhavam aos sábados e domingos também e, como prova do compromisso com seu culto, não recebiam hora extra. As luzes nas mesas de trabalho dos animadores ficavam tão quentes que os artistas podiam queimar os braços e as mãos. Faltavam tantos celuloides para serem fotografados que o departamento de câmera trabalhava em dois turnos de doze horas cada – das oito às oito. O especialista em efeitos Cy Young precisou fazer uma cirurgia, mas a adiou, porque estava trabalhando na "realização do ideal" e, quando um animador pediu uma folga porque estava tendo que sustentar seus dois irmãos e suas famílias e sentia que estava com "problemas psicológicos", Walt lhe disse irritado: "Sugiro que se concentre no trabalho e esqueça toda essa situação e aproveite o melhor possível as oportunidades que você tem aqui." Para ajudar na tinta e pintura, Walt pediu emprestadas algumas garotas do estúdio Harman-Ising, chefiado por dois velhos colegas de Kansas City que, recentemente, haviam perdido o contrato com a MGM para produzir desenhos animados. Quanto aos curtas, Roy preparou o arrendamento de alguns para o estúdio Harman-Ising enquanto todo o estúdio Disney se voltava para *Branca de Neve*, opinando que a RKO não teria motivo para processá-los porque Walt continuava como supervisor nominal dos curtas. "Com toda a ajuda adicional", Roy escreveu para Gunther Lessing, "isso deve aumentar consideravelmente nossa chance de lançar *Branca de Neve* no Natal." Na ocasião, o estúdio interrompeu totalmente a produção dos curtas até o filme animado ficar pronto.

Mas fossem quais fossem as pressões sobre o estúdio, as maiores delas se exerciam sobre o próprio Walt. Embora tivesse viajado a negócios a Nova York em meados de maio, em parte para planejar a publicidade de *Branca de Neve* com a RKO, ele estava agora efetivamente preso ao estúdio. "Negócios inesperados exigem que fique todo o dia no estúdio no sábado", telegrafou a um conhecido em julho desculpando-se por não ir a um acontecimento social. Também se desculpou por telegrama com o produtor de filmes Hal Roach por não poder comparecer a outra obrigação social: "A supercolossal Branca de Neve me tem atado de pés e mãos, e todo o nosso estúdio trabalhando durante a noite para encerrar o filme no natal." E Walt não estava trabalhando só em *Branca de Neve*. Em agosto ele já se reunia com argumentistas para decidir a estrutura da primeira parte de *Bambi* e, em novembro, devotava muitas de suas manhãs a um curta-metragem adaptado do livro de Munro Lead, *Ferdinand*, sobre um touro tímido, decadente, que não queria subir ao ringue para lutar.

Somando-se a todas essas exigências, havia outra, terrivelmente familiar: dinheiro. Quando, no início, Walt disse a Roy que *Branca de Neve* provavelmente custaria em torno de US$ 250 mil, ele calculou completamente errado, como mais tarde confessou, porque, no fim dos anos 1930, eles estavam gastando mais ou menos o mesmo em três *Silly Symphonies*. Mesmo assim, quando foi ao Bank of America para pedir um empréstimo, em agosto de 1935, percebendo que todo o financiamento teria de vir de fora do estúdio, Roy pediu US$ 250 mil. "Acredito que nossa única dificuldade para conseguir o dinheiro", escreveu a Walt confidencialmente, "seja por causa do tempo que envolve a confecção do filme e não a situação de nosso negócio".

Mas à medida que o tempo de produção se arrastava, o orçamento inflava. Foram forçados a pedir outros empréstimos ao Bank of America, um de US$ 630 mil em maio de 1936 e outro de US$ 650 mil em março de 1937, dando como garantia o valor residual dos curtas. (Isso foi o que Walt quis dizer quando afirmou a um repórter que teve de "hipotecar tudo que tinha, inclusive Mickey Mouse e Pato Donald e todos os outros", para fazer *Branca de Neve*.) Agora as tensões com Roy vieram à tona. Roy estava furioso antes de o custo ultrapassar um milhão", disse Walt anos depois. "Naquela época, ele não estava acostumado a números maiores que cem mil dólares. A cifra o surpreendeu. Quando os custos ultrapassaram um milhão e um milhão e meio, Roy sequer piscava o olho. Ele não podia; estava paralisado. Na verdade, Roy fez tudo que pôde para pressionar Walt a reduzir o orçamento, chegando a convidar o contato deles no Bank of America, Joe Rosenberg, a ir ao estúdio para ter uma conversa com ele, o que era a última tentativa, pois Walt nunca discutia com os homens do dinheiro.

Rosenberg, graduado em Yale, era novato em Hollywood, embora, dificilmente, fosse um iniciante. Quando jovem, havia cavalgado 320 milhas de Nevada ao Colorado e atravessado o rio Colorado para pleitear o emprego que um amigo lhe havia oferecido. Trabalhou como supervisor de uma estrada de ferro mexicana e foi engenheiro de minas antes de mudar de direção e entrar no setor bancário. Quando o chefe do Bank of America lhe entregou a conta de Disney para *Branca de Neve*, Rosenberg começou a dar telefonemas para os notáveis de Hollywood. Alguns o advertiram contra o projeto, mas o produtor Walter Wanger, um dos colegas de polo de Walt, lhe disse: "Joe, se Disney fizer essa coisa tão bem quanto eu sei que vai fazer, milhões de pessoas vão adorar." Rosenberg disse, mais tarde, que aquilo foi tudo que precisava ouvir. Mas agora, Walt estava irritado com a tensão financeira. Rosenberg lembrou que, quando foi ao estúdio no início de 1937 para argumentar com Walt, este se queixou de que os banqueiros eram todos "um bando de sob's."[9] Walt negou ter dito isso, insistindo em que os chamou apenas de "malditos banqueiros".

Infelizmente, com *Branca de Neve* avançando e Walt gastando cerca de US$ 20 mil por semana, ele precisava dos "malditos banqueiros". Embora Roy tivesse escrito para Walt depois do empréstimo de março, dizendo "estamos confiantes em que ele seja suficiente para os nossos propósitos, ao menos até quase o fim deste ano", por volta de setembro o estúdio necessitava de outra infusão de dinheiro. Em setembro, depois de os Disneys pedirem outro empréstimo, este de US$ 327 mil, Rosenberg foi ao estúdio em um tenso sábado à tarde para ver um trecho pequeno de um teste a lápis de *Branca de Neve*. Recebido com relutância por Walt, Rosenberg ficou sentado durante a projeção silenciosa, enquanto Walt, nervosamente, explicava como certas cenas, que agora estavam esboçadas somente a lápis, mais tarde seriam delineadas à tinta e pintadas. Após a projeção, enquanto se dirigiam ao estacionamento, Rosenberg evitou falar sobre o filme, o que apenas aumentou a tensão. Quando chegou ao seu carro, Rosenberg escorregou para dentro dele, disse adeus e

9 "SOB's: sons of a bitch" (filhos da puta). (N.T.)

acrescentou com expressão impassível: "Aquela coisa vai lhe dar uma quantidade enorme de dinheiro." E se foi.

Ou, ao menos, foi como Walt contou anos depois, como outro exemplo de sua coragem e visão correta. Na verdade, apesar de toda a sua professada relutância em deixar que qualquer pessoa visse *Branca de Neve* antes que o filme estivesse terminado, ele projetou cenas coloridas do filme no estúdio de gravação, no início de uma noite de setembro, para a equipe do estúdio. (De acordo com Frank Thomas, Walt ainda era tão "inocente e sem sofisticação, que ele e Lillian vieram rapidamente de casa por medo de não terem lugar para assistir".) Foi uma noite triunfante. Como Walt escreveu para o chefe da RKO, "apesar de a maior parte da plateia ter acompanhado *Branca de Neve* bem de perto durante os últimos dois anos e meio – sua reação foi tudo que eu espero de qualquer público". Walt havia passado um questionário – desde que Morkovin havia começado a trabalhar no estúdio, Walt rotineiramente entregava questionários nas projeções no estúdio –, perguntando se alguns trechos pareciam muito longos, ou se alguma coisa era objetável, ou se a personalidade de algum personagem parecia inconsistente no decurso do filme e também em uma análise de cena a cena. Dos 359 que responderam o questionário, apenas um disse que não tinha gostado do filme. "Fique nos curtas!",[10] o dissidente, aparentemente, escreveu em um cartão, palavras que Walt empregaria depois como forma de cortar qualquer um que exibisse um julgamento errado. "Se em uma reunião você tentasse vender uma ideia de forma pouco clara e convincente", lembraram Thomas e Johnston, "subitamente se ouvia um 'Ahrrá!', e o dedo de Walt apontava para você; com voz triunfante, explicava: 'Você deve ser o cara que disse 'fique nos curtas!" E, durante aquele dia, você era o cara; todos os outros ficavam olhando para você e pensando."

No caso de *Branca de Neve*, no entanto, os dissidentes eram poucos. Diane Disney, que ainda não tinha quatro anos na época, viu o filme em uma tela no estúdio de gravação enquanto olhava volta e meia para os dedos e começou a chorar quando a rainha se transformou na vendedora. A criança foi prontamente retirada da sala de projeção. "Obviamente, minha reação não impediu meu pai de fazer o filme que visualizava", diria anos depois. Todos os demais pareceram encantados com o que viram – até o cauteloso Roy. "Estou tão contente que você tenha ficado tão entusiasmado

10 O antigo empregado John Hench diria mais tarde que Roy era o culpado, embora isso pareça improvável, pois Roy apoiou o projeto desde o início. Watts, *Magic Kingdom*, p. 426. (N.A.)

com as imagens de *Branca de Neve*", Kay Kamen, o chefe do setor de *merchandising* do estúdio, escreveu para Walt. "Estou animadíssimo – isso vai ser um grande sucesso."

Quando Walt projetou mil pés de filme para Joe Rosenberg, Depinet, e vários outros executivos da RKO em 14 de setembro, sábado à tarde, eles pareceram igualmente entusiasmados. Depinet felicitou Walt pelo filme e por sua coragem em fazê-lo e disse que ele ganharia "muito dinheiro". Depois mandou um telegrama para M.H. Aylesworth, presidente da RKO, exaltando o filme. "Ned diz que seu investimento vai se pagar muitas vezes", escreveu Aylesworth para Walt. Na verdade, segundo Gunther Lessing, que também assistiu à sessão, o único que não pareceu especialmente efusivo foi Rosenberg. Rosenberg seguiu Lessing até seu escritório, declarando-se "satisfeito" com o filme e depois se encontrou com Walt para adverti-lo a não gastar nenhum dinheiro com *Bambi* enquanto não terminasse *Branca de Neve*. Também expressou preocupação com que o filme não ficasse pronto até o Natal. Se Rosenberg achou que o filme daria "muito dinheiro", não pareceu ter dito isso a Walt, apesar da lembrança de Walt.

O fato de o dinheiro ser apenas instrumental para Walt, uma forma de fazer seus filmes, explica por que, com tanta frequência, ele estava às turras com Roy, encarregado de arranjar o dinheiro. "Ele fica gritando que estou gastando dinheiro demais com *Branca de Neve*", Walt queixou-se uma vez para sua equipe. "Não posso ficar amarrado a um orçamento limitado." Em qualquer outro estúdio, onde os homens do dinheiro normalmente tinham a palavra final, Walt teria sido contido muito tempo antes. Somente pelo fato de ser dono do estúdio e de seu irmão guardar a chave do cofre é que ele ainda não havia sido inibido e tinha permissão para gastar. Entre outras coisas, Walt insistia em que a equipe fosse bem recompensada, apesar do aperto econômico, tanto para conseguir dos empregados um trabalho melhor durante a prolongada corrida de *Branca de Neve*, como para preencher a própria fantasia de uma comunidade de artistas felizes. Em fevereiro, ele rasgou o contrato com Sharpsteen e o premiou com um novo, de US$ 200 semanais durante três anos. Em abril, já concedia reajustes salariais por *Branca de Neve*: US$ 2.900 para Fred Moore, US$ 3.900 para Dave Hand e Sharpsteen, US$ 5.200 para Ham Luske. Uma grande parte desses aumentos era paga como incrementos adicionais ao salário, embora Walt também premiasse animadores com somas em dinheiro, como fez com Bill Tytla em abril, se achava que o empregado estava sendo mal pago, ou como adiantamento, se o homem necessitasse.

Mas sua generosidade pouco parecia contribuir para energizar o processo, e os animadores ainda pareciam claudicar para atingir a linha de chegada. Embora a média de produção aprovada para limpeza devesse ser de 50 pés por semanas para que o prazo fatal natalino fosse cumprido, os animadores atingiam, em média, apenas metade disso. Em uma especificação do estúdio sobre a produção diária de cada animador, os resultados foram espantosamente baixos – entre eles, Tytla, 1'10",[II] Babbitt, 2'2", Ferguson, 4'7", Moore, 2'1", Thomas, 3'1". (Como trabalharam mais no filme, Tytla e Moore teriam a maior contagem final de produção no filme – 944 pés e 974 pés, respectivamente.) Além disso, a desajeitada multiplano atrasava o processo ainda mais. Em setembro, muitos da equipe admitiam que o filme não ficaria pronto para o Natal, e os animadores não pararam de desenhar de outubro até o início de novembro, tentando cumprir a programação. A animação final não foi completada senão em 11 de novembro, os últimos celuloides pintados em 27 de novembro, e as fotografias finais feitas em 1.° de dezembro, apenas seis dias antes da primeira pré-estreia "furtiva" e mal a tempo da primeira distribuição geral. "Espalhou-se pelos cinemas a notícia de que o filme não possuía impressos publicitários", disse o animador Bill Peet, "e estávamos mortos de medo".

As cenas finais – Branca de Neve no caixão depois de dar a dentada na maçã envenenada, os anões colocando flores em volta dela, e ela sendo acordada e levada embora pelo príncipe – tinham sido deixadas para o final porque Walt entendia que eram as mais difíceis do filme. Eram as cenas em que a plateia era convidada a chorar com os anões, um espaço emocional em que os animadores ainda não haviam entrado e que constituiria o maior teste da eficácia do filme, embora, desta vez, Walt tivesse pouca dúvida de que iriam ser bem-sucedidos. "Haverá muita simpatia por esses companheirinhos", disse em uma reunião sobre a história em julho. "Podemos despedaçar seus corações (da plateia) se quisermos um pouco de lágrimas." A Frank Thomas, ex-assistente de Fred Moore, foi dada a incumbência de animar o luto dos anões a partir dos desenhos de Albert Hurter, e ele fez isso com a menor quantidade de movimentos possível – basicamente os anões parados, lágrimas escorrendo pelas bochechas e, como Walt havia instruído em uma reunião para discutir o enredo, "concentrando em Zangado, quando ele desmorona e começa a chorar", desfazendo sua estoica fachada. Como aconteceu com todas as cenas, Walt também mexeu um pouco nela, antes da limpeza – "o movimento (da câmera) sobre os anões está muito abrupto". "Como está agora, há dois tipos de posições-chave em relação a Zangado que não parecem próprias dele e, depois, subitamente, ele desmorona." "Separe as piscadas dos animais em vez de fazê-los todos piscar ao mesmo tempo" – e, então, ele terminou. Gostasse ou não do filme, tinha de terminar para poder entregar no prazo.

II ' = pé (30,48 centímetros); " = polegada (2,54 centímetros). (N.T.)

Mas Walt não gostou de fazer isso. Quando os animadores começaram a se apressar no fim da primavera, Dave Hand disse que "Walt, na verdade, ficava de coração partido ao aprovar coisas que desejava examinar melhor e, depois, desculpava o animador dizendo: 'Ele está tentando tocar o filme o melhor que pode'". Em uma sessão na "cela", Walt lamentou que os anões agissem como se estivessem seguindo ordens em uma filmagem e não "como se soubessem, em suas mentes, o que iam fazer". Em outra, lamentou que o espelho mágico estivesse com muita dificuldade para dizer suas palavras. E, em outra, criticou a rainha por parecer como "que estava carregando um grande cesto de roupa lavada", por se movimentar abruptamente, sem nenhum indício prévio, e por ter sobrancelhas afastadas demais. Foi especialmente duro com Fred Moore, que havia animado os anões, sentando-se com ele na cela e, repetidamente, revendo as cenas desenhadas por ele, chamando-o diversas vezes à atenção pelo tamanho de um dos dedos de Zangado, que Moore, intencionalmente ou não, se recusava a corrigir, até que Walt lhe ordenou que o fizesse. Walt resmungou até que a voz de Adriana Caselotti era muito estridente. "Quando alguém canta, deve fazer isso bem, ou então não fazer em absoluto", Walt disse à equipe. E, durante todo o tempo, tinha consciência do perigo que ele próprio representava para o seu amado projeto enquanto o conduzia: que o filme perdesse a espontaneidade por causa das constantes revisões. "Tomem cuidado para evitar que a cena dê a impressão de ter sido bem ensaiada", advertiu no final de uma reunião de enredo. "Queremos dar a sensação de espontaneidade."

No fim, mesmo depois de todos os retoques finais terem sido feitos, Walt, sempre perfeccionista, ficou desapontado. "Trabalhamos duro e gastamos muito dinheiro e, a essa altura, estamos um pouco cansados dele", confessou a um jornalista pouco depois de o filme ter sido concluído. "Vi *Branca de Neve* tantas vezes que só estou consciente dos pontos em que o filme poderia ser melhorado. Você vê, aprendemos tanto desde que começamos essa coisa! Gostaria de poder voltar atrás e fazer tudo de novo." Uma década depois, Walt ainda suspirava por causa das falhas do filme. "Houve algumas coisas em *Branca de Neve* que me fazem rastejar quando as vejo hoje", disse. "A ponte de seu nariz flutua sobre todo o rosto. E o príncipe se movimenta como se fosse paralítico." Walt ficou especialmente perturbado com esse último detalhe, tão perturbado que Roy sugeriu até que animassem novamente a cena para eliminar a vibração. Walt rejeitou a oferta, dizendo que isso custaria mais US$ 250 mil a US$ 300 mil. Segundo contou Roy, "eu disse para esquecerem a sugestão". *Branca de Neve* seria distribuída com a vibração.

Se fizeram um voo cego enquanto produziam o filme, também voavam às cegas na promoção e distribuição. O estúdio era experiente na publicidade de curtas, não na de um filme. Mesmo assim, após a recepção ao filme nas projeções no estúdio, Walt estava confiante – quase confiante demais. Ele gostava de contar depois que, antes da divulgação de *Branca de Neve*, muitos na indústria e na imprensa haviam depreciado o projeto, chamando-o de "extravagância de Disney, como um jornal fez", mas isso foi, provavelmente, apenas mais um exagero de Walt para mostrar que superara outro obstáculo, pois se algo existia era uma tremenda expectativa em relação ao filme desde o momento em que começou a ser feito. De fato, no encontro de Walt com a equipe de publicidade da RKO, em maio, ele os estimulou a não pensar que o filme venderia só por ser uma novidade. "Quero que todos estejam tão informados sobre o filme que não superestimem nem subestimem seu poder de caminhar sozinho", disse a Roy sobre seu plano. "Acho que teremos de fazer um bocado de venda indireta para a imprensa", com o qual queria dizer colocar histórias em jornais e revistas.

Quaisquer dúvidas que pudessem abrigar sobre os esforços de publicidade da RKO, no entanto, elas eram pequenas diante da questão muito maior que os Disneys tiveram com seu novo distribuidor – um problema que pareciam quase temerosos de abordar. Por mais ingênuo que isso possa parecer, depois de quase 15 anos no negócio de filmes, os Disneys ainda não tinham ideia de quanto deviam cobrar dos exibidores pelo filme e de quanto a RKO deveria retornar para eles, e isso – eles compreendiam bem – os deixava totalmente vulneráveis às maquinações da RKO. Era comum os estúdios maiores venderem os filmes em pacotes, mas esse conselho não era particularmente útil para um estúdio com apenas um filme para vender. O que os Disneys necessitavam era de um produtor independente que os orientasse, e havia muito poucos deles em Hollywood, na época. Como se revelou, o cavaleiro que veio em socorro de Walt foi seu velho ídolo, Charlie Chaplin. Chaplin ofereceu entregar aos Disney todos os "seus registros e a sua experiência" e, mais significativamente ainda, seus livros de contabilidade de *Modern Times* (*Tempos modernos*), o que permitiu a Roy pressionar a RKO "a sair e perguntar pelos preços de Chaplin" e conseguir os mesmos preços que Chaplin havia conseguido nos mercados estrangeiros. Agradecendo a Chaplin depois da distribuição de *Branca de Neve*, Walt disse que seu gesto havia sido um "serviço inestimável", e escreveu "seus registros têm sido a nossa Bíblia – sem eles teríamos sido como ovelhas em uma cova de lobos".

Com as finanças resolvidas, o dia que o estúdio inteiro esperava havia anos, 21 de dezembro de 1937, finalmente chegou. Na última semana de novembro, Walt tinha sido filmado para um trailer de *Branca de Neve* e, na semana seguinte, o estúdio foi em peso para Pomona, a uma hora de carro a leste de Los Angeles, para a primeira pré-estreia informal do filme – sua primeira exposição para uma plateia de fora do estúdio e da indústria do cinema. Como Ben Sharpsteen lembrou, a maioria dos funcionários do estúdio não foi informada, e os que foram, o pessoal da direção, chegaram ao cinema de ônibus, sem nenhuma cerimônia. O público foi pego totalmente de surpresa e apenas alguns saíram do cinema, o que, aparentemente, era uma raridade em uma estreia de surpresa. Os empregados do estúdio saíram do cinema com um sentimento de orgulho, justiça e expectativa. Com a estreia se aproximando, os animadores ficaram tão entusiasmados que pegaram cartazes no estúdio e os espalharam por toda Los Angeles.

O local da estreia foi o cinema Carthay Circle, uma casa em estilo *Mission Revival* de 1.500 lugares no Bulevar San Vicente, perto da região de Hancock Park, em Los Angeles, e o lugar onde Walt havia exibido *The Skeleton Dance*, pela primeira vez, em 1929. O Carthay era um palácio ornamentado onde holofotes vasculhavam os céus nas estreias, e a estreia de *Branca de Neve* foi um evento de gala, com locais destinados aos fãs e dúzias de luminares de Hollywood na assistência – um testemunho tanto das expectativas em relação ao filme quanto do status de Walt, com apenas 36 anos, como um ícone americano. Anos depois, ao pensar naquela noite, Walt recordaria um incidente ocorrido na plataforma do trem quando ele foi pela primeira vez para o oeste, para Los Angeles. Ele conversava com um homem que lhe perguntou o que fazia. Quando Walt lhe disse que estava no negócio de cinema, o homem disse que conhecia pessoas no cinema e perguntou em que área Walt atuava. "Faço desenhos animados", Walt lhe disse, o que foi recebido com impassível desdém que Walt nunca esqueceu e que o levou a decidir que, algum dia, seus desenhos animados mereceriam o mesmo respeito que os filmes ao vivo. Agora, um deles merecia.

"Estou convencido de que nossas mais caras esperanças se realizarão nesta noite", Chaplin telegrafou a Walt naquele dia mas, apesar das exibições positivas, das palavras encorajadoras e da própria e transbordante confiança de Walt, ele ainda sentia uma iniludível ansiedade, especialmente sobre como as pessoas reagiriam aos anões no velório de Branca de Neve – a velha ansiedade sobre se o público poderia ou iria se emocionar com personagens animados. Walt entrou no cinema eufórico e ansioso ao mesmo tempo. "Bem, foi muito divertido fazê-lo", Walt disse não muito honestamente ao entrevistador Buddy Twist para os ouvintes de uma rádio nacional. "Estamos felizes com esta grande estreia aqui nesta noite e com todas essas pessoas vindo para dar uma boa olhada no filme. E espero que não fiquem desapontadas." Perguntado se ele próprio assistiria ao filme, brincou: "Sim, e minha esposa vai segurar minha mão".

Mas o nervosismo que se havia acumulado lentamente durante os anos que levou criando, escrutinando, recontando a história, examinando trivialidades, mobilizando e pressionando, e com a imensa dívida de mais de um milhão de dólares em que o estúdio havia incorrido no processo, prontamente se dissipou. "Acredito que todas as pessoas daquela primeira exibição de *Branca de Neve* podiam ter previsto o enorme sucesso do filme", disse o habitualmente dispéptico animador Bill Peet. "Foram envolvidos desde o início e, à medida que o filme avançava, todos borbulhavam de entusiasmo e, frequentemente, irrompiam em aplausos espontâneos." Ken O'Connor, um diretor de arte do filme, disse que "todos aplaudiam os cenários e desenhos mesmo quando não havia animação na tela". O'Connor estava sentado ao lado do ator John Barrymore, "que começou a pular na cadeira de entusiasmo" quando apareceu na tela a cena da rainha empurrando o barco com uma vara em meio à neblina.

Mas o "ponto alto", como Ward Kimball comentou, foi a cena do velório. "Clark Gable e Carole Lombard estavam sentados perto, e quando Branca de Neve foi envenenada, estendida sobre aquela lápide, eles começaram a assoar o nariz. Eu podia ouvir o choro, e esta foi a grande surpresa. Nós nos preocupamos com as coisas sérias e se eles se comoveriam com aquela garota e, quando eles se comoveram, eu sabia que estava no papo." Todos no cinema pareciam estar chorando ou enxugando os olhos, homens e mulheres. E, no final, a plateia explodiu no que um assistente chamou de "retumbante ovação". Até os animadores pareciam maravilhados com a realização. "Não sei como o fizemos", disse Grim Natwick a um entrevistador anos depois. "Não acho que alguém saiba."

"Fiz uma aposta de que o filme geraria receitas perto do recorde e espero comprar um pônei argentino com o dinheiro que vou receber", escreveu o produtor Hunt Stromberg para Walt depois da estreia. Expressando sua "profunda admiração", Harman e Ising telegrafaram a Walt, "Nosso orgulho com a produção é com certeza menor do que o seu deve ser e estamos gratos por você ter cumprido uma ambição que muitos de nós tínhamos há muito tempo para a nossa indústria." O produtor Nat Levine comparou *Branca de Neve* ao primeiro filme sonoro e disse que ao comparecer à estreia "não pude evitar sentir que estava no meio da história do cinema". O diretor Cecil B. DeMille mandou um telegrama dizendo, "Gostaria de poder fazer filmes como *Branca de Neve*". Até Joe Rosenberg, que parecia tão relutante na exibição de setembro, escreveu para Walt: "É, provavelmente, muito cedo para falar em 'bilheteria', mas qualquer que ela seja, sempre acharei que foi um trabalho verdadeiramente grande que você e seu grupo fizeram – ele fará muitas pessoas felizes."

O estado de êxtase dos críticos não foi menor. Escrevendo no *The New York Times* depois que *Branca de Neve* debutou no Radio City Music Hall, o cinema de Nova York para estreias cinematográficas, Frank Nugent foi efusivo: "Aquietem seus temores de uma vez. O Sr. Disney e sua espantosa equipe técnica se superaram. O filme mais que corresponde às expectativas. É um clássico, tão importante cinematograficamente como 'O nascimento de uma nação' ou o nascimento de Mickey Mouse." A revista *Time*, que pôs Walt na capa em uma foto colorida com ele brincando com os modelos dos anões em sua mesa, imediatamente declarou que "era uma autêntica obra-prima, para ser mostrada nos cinemas e amada pelas novas gerações muito tempo depois que a atual safra de astros, roteiristas e diretores estiver dormindo onde nenhum beijo de príncipe poderá despertá-los". Otis Ferguson, em *The New Republic* foi além, relacionando-o "entre as genuínas realizações artísticas deste país", e o colunista Westbrook Pegler o chamaria de o evento "mais feliz desde o Armistício". O crítico Gilbert Seldes, admirador e defensor de Disney havia muito, assistiu a uma projeção privada e saiu dizendo que "achava que a Metro-Goldwyn-Mayer poderia, simplesmente, fechar seus estúdios enquanto você produzir filmes". Até o jornal *Daily Worker*, comunista, elogiou o filme, vendo os anões como "uma sociedade comunista em miniatura" e os abutres que atacam a rainha como "trotsquistas".

Esses veredictos da crítica seriam, entusiasticamente, endossados pela reação do público, e *Branca de Neve* se situaria, firmemente, como um dos filmes mais populares já realizados. Os observadores divergiam, no entanto, quanto ao motivo do público de amar o filme. Na época do lançamento, muitos críticos atribuíram seu atrativo ao desejo de escapar da situação mundial tumultuada, do mesmo jeito que haviam feito com Mickey Mouse. Frank Nugent, voltando a escrever sobre o filme no *New York Times*, em janeiro de 1938, afirmou: "Guerras estão sendo travadas enquanto o filme se desenrola; crimes estão sendo cometidos; ódios estão sendo cultivados; distúrbios estão sendo gerados. Mas o mundo se desvanece quando o Sr. Disney começa a tecer sua magia, e a fantasia assume o comando." Outros citavam o espantoso poder da simples realização técnica: a colaboração de quase seiscentos empregados que desenharam, cobriram os contornos dos desenhos com tinta e pintaram quase 250 mil desenhos, o que totalizou duas centenas de anos de homem-hora. Se nenhum desenho animado jamais se parecera com *Branca de Neve* e, certamente, nenhum deles havia provocado semelhante impacto emocional, também era verdade que, em nenhum deles, o investimento em tempo, energia e devoção seria tão palpável. Em alguns aspectos, o filme seria o equivalente cinematográfico a uma catedral gótica

– só que, no caso, todos os homens-hora foram gastos a serviço da visão de um homem em lugar da glória de Deus.

Além do trauma político dos anos 1930 e da novidade da conquista técnica do filme, *Branca de Neve* tinha apelos mais subliminares, mas não menos poderosos. O ciúme da rainha em relação à juventude e à atração núbil de Branca de Neve davam um subtexto sexual ao filme – a luta entre uma geração cuja sexualidade declinava e o despertar sexual da geração subsequente, literalmente representado quando Branca de Neve recebe o beijo ressuscitador do príncipe. Visto dessa maneira, Branca de Neve e os anões representam um tipo de ritual pubescente de desejos desconhecidos, um exercício prático de maturidade até que o príncipe chega para consumar a paixão e a leva para a maturidade. Embora a maioria dos que viram o filme, especialmente os mais jovens, obviamente não tivesse reconhecido esses elementos abertamente, a sexualidade era também uma metáfora de algo que eles, muito provavelmente, teriam entendido. Como o psicólogo infantil Bruno Bettelheim descreveu o tema fundamental de todos os contos de fadas, *Branca de Neve* é sobre uma pessoa assumir o seu lugar na ordem natural das coisas, essencialmente sobre crescer, aceitar responsabilidades, como Branca de Neve faz pelos anões e como os anões fazem por Branca de Neve e assumir o poder.[12] A história não é apenas a expressão da própria assunção ao poder de Walt Disney, com os anões representando os curtas-metragens, e o príncipe, as ambições mais amplas do filme animado, mas uma expressão da assunção ao poder de todos os que cresceram e pretendem crescer, e se tornou a matriz de todas as grandes animações de Disney, na qual uma criança supera os obstáculos e as traições do mundo adulto e depois encontra sua própria autoridade dentro dele.

Dentro dessa ideia de ganhar o controle, o tema do filme e sua virtuosidade técnica se fundem. Qualquer outra coisa que *Branca de Neve* possa significar este, que é um dos mais discutidos filmes da história do cinema, transmite um senso de controle, o senso de um mundo totalmente pré-fabricado. Para o público do período da Depressão, especificamente, assim como para todos que assistiriam ao filme em décadas sucessivas, o efeito de *Branca de Neve* não estaria tanto em seu escapismo, como os

12 Bettelheim fala no poder dos contos de fadas de ajudar a trabalhar problemas complexos em crianças: "Eles falam sobre as severas pressões internas da criança de uma forma que ela, inconscientemente, compreende, e – sem diminuir as mais sérias lutas interiores que o crescimento envolve – oferece exemplos tanto de soluções permanentes quanto temporárias para as persistentes dificuldades." *The Uses of Enchantment: the Meaning and Importance of Fairy Tales* (*Os usos do encantamento: o significado e a importância dos contos de fadas*) Nova York: Alfred A. Knopf, 1976, p. 6. (N.A.)

críticos ao tempo de sua divulgação informaram, mas em sua sugestão de poder indireto – para as crianças, sobre suas próprias vidas, e para os adultos, sobre o mundo real, que, frequentemente, parecia além de seu controle. Por mais que os espectadores do filme tenham sentido sua história pessoal codificada em *Branca de Neve* – a história da assunção ao poder de Walt Disney, que se traduziu na assunção ao poder de cada um –, eles também sentiram o eco de seu maravilhoso senso de disciplina. Ao criar um mundo para si desde o início, Walt Disney demonstrou, de forma mais completa e vigorosa que nunca em seu trabalho, o domínio potencial do homem, que havia sido sempre a metáfora inerente da animação. Esta era a sua força real.

E ao menos até onde dizia respeito aos animadores, ele abriu caminho para uma nova era. Depois de *Branca de Neve*, não se poderia realmente voltar a Mickey Mouse e ao Pato Donald. Era preciso ir adiante. Como disse Walt a um visitante que foi ao estúdio logo após a liberação do filme, "nós nos tornamos conscientes de que os dias do desenho animado, como nós conhecemos, tinham acabado". Agora, tudo seria diferente.

Capítulo 7

Parnasso

I

Os nove meses posteriores à estreia de *Branca de Neve* podem ter sido os melhores meses da vida adulta de Walt Disney. O filme fez um imenso sucesso. Na primeira semana no Carthay Circle faturou US$ 19 mil, na segunda, US$ 20 mil e, quando terminou a temporada de dez semanas, havia faturado quase US$ 180 mil. No Radio City Music Hall, em Nova York, onde as filas, com frequência, dobravam as esquinas, faturou mais de US$ 500 mil. Depois de entrar na fase de exibição geral, em fevereiro, e depois que Walt reanimou seu claudicante príncipe, o filme faturou US$ 3,5 milhões só nos Estados Unidos e Canadá e deu um retorno acima de US$ 1 milhão para o estúdio. Em maio de 1939, com US$ 6,7 milhões de receita, tornou-se o filme americano com maior arrecadação até então, finalmente superando o recordista anterior, *The Singing Fool* (*A última canção*), com Al Jolson, em cerca de US$ 2 milhões. Por causa do baixo preço do ingresso na época e porque as crianças que eram um segmento significativo da audiência do filme pagavam ainda menos, Walt sempre insistia em que *Branca de Neve* fora visto por mais gente nos Estados Unidos que qualquer outro filme.

A Europa foi igualmente eufórica. O filme ficou 28 semanas em cartaz em Londres, faturando mais de US$ 500 mil em apenas um cinema e, quando foi exibido nas cidades costeiras no verão, os cinemas foram forçados a fazer reservas de ingressos com três semanas de antecedência, com sessões matinais especiais para satisfazer à demanda. "Eles entravam (nos cinemas) às centenas", informou o *New York Times*, "garotinhas com baldes e pás, garotinhos em roupa de banho, mães com compras domésticas, jovens sofisticados com chapéus arrancados pelo vento e os mais recentes bronzeadores." O filme faturou US$ 155 mil em um cinema em Paris na primeira semana e mais de US$ 1 milhão quando completou a segunda semana na cidade. Em 21 semanas em um cinema em Sydney, Austrália, arrecadou US$ 132,2 mil. Quando os censores na Holanda proibiram crianças menores de 14 anos de assistir ao filme, porque o achavam demasiado aterrorizante, os jovens fizeram um boicote nacional imediato contra uma barra de chocolate Branca de Neve holandesa, e os censores cederam. Quando terminou a temporadas em 1939, *Branca de Neve* havia sido exibido em 49 países e dublado em dez línguas.

Mas o fenômeno não se deteve à porta do cinema. Foram lançados, segundo um relato, 2.183 produtos diferentes de *Branca de Neve* e só de copos de refrigerante foram vendidos 16,5 milhões de unidades. Walt lançou uma tira cômica *Branca de Neve* e autorizou uma peça teatral baseada no filme, embora no final, foi resolvido que os donos de cinema poderiam objetar à competição, e a peça foi interrompida. Motivado, em grande parte, pelo sucesso de *Branca de Neve*, o estúdio inaugurou um programa nacional de rádio em janeiro que foi rapidamente cancelado porque, Walt disse, "se ouvir o programa, e algo não estiver certo, vou ficar perturbado e preocupado". Walt chegou a ganhar US$ 15 mil com a venda de celuloides originais do filme na galeria de arte Courvoisier, em San Francisco. Quando Kay Kamen informou, já em maio de 1938, que as vendas de brinquedos *Branca de Neve* somavam US$ 2 milhões, e outros US$ 2 milhões tinham sido faturados com a venda de lenços de assoar o nariz *Branca de Neve*, o *New York Times* publicou alegremente em um editorial que o filme animado poderia ser um caminho para sair da Depressão.

Depois, houve os lauréis. Já em janeiro, Walt investigava se *Branca de Neve* se qualificava para um prêmio da Academia e lhe disseram: "Está bem dentro dos limites do provável que o comitê de premiação o avalie para honrarias especiais." *Branca de Neve* já havia sido escolhido um dos filmes de destaque do ano pela *National Board of Review* e havia obtido citação especial dos críticos de filmes de Nova York. Quando os Oscars foram entregues em fevereiro de 1939, Walt de fato, recebeu um prêmio especial pela realização de *Branca de Neve*: uma grande estatueta do Oscar e sete menores. "Ela não é luminosa e cintilante?", chilreou a atriz Shirley Temple, então com 10 anos, quando entregou o prêmio. "Oh, ela é bonita", disse Walt. "Não está orgulhoso dela?", perguntou Temple. "Estou tão orgulhoso que acho que vou explodir", sorriu Walt. Ao que Temple replicou: "Oh, não faça isso, Sr. Disney!" O diálogo entre os dois, segundo um convidado, "fez a assistência vir abaixo".

O sentimento de júbilo se estendeu a toda a família Disney. Apenas duas semanas depois da estreia em Los Angeles de *Branca de Neve*, os Disneys – todos, exceto Ruth, que permaneceu em Portland – se reuniram no restaurante Ivar House em Hollywood para celebrar o 50.° aniversário de casamento de Elias e Flora e pôr fim ao que fora uma década difícil para o casal, mesmo que o status de Roy e Walt estivesse subindo firmemente. A Depressão não foi uma época boa para os senhorios, que era como Flora e Elias ganhavam a vida. "As condições para nós não melhoraram", Elias escreveu para Walt em uma carta típica no fim de 1933, "na verdade, elas estão mais duras, porque os preços estão mais altos. Não temos alugado, e muito poucas pessoas procuram apartamentos para alugar." Roy e Walt investiam seu lucro no estúdio com grande dificuldade, e eram, portanto, incapazes de contribuir muito para aliviar as dificuldades dos pais, presenteando-os, principalmente, com assinaturas de revistas, férias periódicas em Los Angeles para visitá-los, um novo refrigerador *Sears Coldspot* e, em 1934, uma viagem para a Flórida via San Francisco e Chicago para rever amigos e parentes. Embora isso parecesse sovinice, considerando que os irmãos Disney eram agora figuras nacionais, Elias não pensava assim. Escreveu para Ray, dizendo: "Roy é muito generoso, e eu às vezes, acho que é generoso demais, mas ele não parece perder (sic) nem um pouco com isso." Elias não fazia essas afirmações a respeito da generosidade de Walt. Quando Walt recebeu uma oferta para fazer publicidade de um automóvel DeSoto em troca de um carro dessa marca, Walt objetou, dizendo que não dirigia um DeSoto e não iria dizer que dirigia, mas quando Flora sugeriu que ele lhes desse o carro, ele se acalmou, posou para o anúncio e lhes deu o DeSoto de presente.

Além dos problemas econômicos, havia os problemas de saúde. Flora sofreu uma sucessão de pequenos derrames, e o médico ordenou que ela repousasse todas as tardes durante 90 minutos para baixar sua pressão alta. A saúde de Elias fraquejava também e, por volta de 1937, estava quase cego. Seu médico propôs que Roy e Walt fizessem ao pai um empréstimo de US$ 2 mil para pagar as contas médicas, mas Roy declinou. "Temos uma tremenda carga para levar no estúdio e precisamos da força de todos os nossos recursos" escreveu, citando um episódio em que fora fiador de uma nota promissória para um amigo seis meses antes, e o amigo o defraudou.

Flora e Elias também estavam sozinhos. Eles raramente tinham notícias de Roy, e Walt lhes escrevia apenas uma vez por ano. Herbert, sua esposa Louise e a filha deles Dorothy, a quem Elias e Flora haviam seguido para Portland, visitavam-nos todos os domingos para jantar, mas, em julho de 1930, Herbert pediu e lhe foi concedida uma nova transferência nos correios, desta vez para Los Angeles, onde sentia que o clima poderia ser melhor para a persistente bronquite de Dorothy. Quando Ruth se casou com um empreiteiro local chamado Ted Beecher e se mudou para a velha casa de Herbert, Elias e Flora ficaram sozinhos. A casa deles era enfeitada com a parafernália Disney – uma foto de Mickey Mouse ficava ao lado de uma foto de Walt sobre o piano, e Flora conservava um álbum de retratos das aventuras de Walt –, mas isso só fazia lembrar a saudade que sentiam de seus filhos. "Gostaria de poder vender tudo aqui e mudar para Los Angeles, para que pudéssemos estar juntos novamente", Flora escreveu para uma de suas sobrinhas em 1931. "Essa Depressão terá de ir embora para que possa existir alguma oportunidade para isso."

Agora, graças a *Branca de Neve*, a Depressão fora embora para os Disneys. Como presente de aniversário, os irmãos se cotizaram para comprar para os pais uma casa escolhida por eles na Califórnia. "Acho que é um grande dia na minha vida", Elias escreveu para seu primo Peter Cantelon. "Não espero ter outro igual."

Branca de Neve teve um efeito salutar sobre a família mais próxima de Walt também. Seus anos de obsessão com o filme, os dias e noites e fins de semana gastos no estúdio pesaram sobre a relação com Lillian que, para começar, nunca se havia interessado muito pelo trabalho de Walt e uma vez chamou a si mesma de "a crítica mais severa" de seu marido porque "sempre olho para o lado ruim". (Ela foi uma das poucas pessoas do círculo íntimo de Walt que fracassou ao avaliar as perspectivas de *Branca de Neve*, dizendo: "Não suporto olhar para os anões" e "minha previsão é que ninguém jamais pagará um centavo para ver um filme de anões.") Quando Walt estava no estúdio, o que significava a maior parte do tempo, os dois raramente se comunicavam, embora Lillian realmente tenha dito que procurava chegar em casa às cinco ou cinco e meia todas as tardes, horário do jantar de Walt, para servi-lo. "Ele exige um bocado de todos que estão perto dele", disse para explicar sua agenda. "Ele sempre faz todo mundo se movimentar." Era essa agitação que Lillian nem sempre apreciava. Segundo um relato, mais ou menos na época de *Branca de Neve* o casal chegou a discutir o divórcio.

Um problema era que Walt se concentrava tanto no estúdio quanto Lillian na família. "Ele era muito próximo de Lilly até Diane nascer", disse Dolores Voght, secretária de Walt, anos mais tarde. "Depois que Diane veio, Lillian ficou mais interessada na menina. Então, afastou-se dos assuntos do estúdio e se concentrou no lar." Era, sem dúvida, uma forma de encontrar a si mesma enquanto Walt estava fixado em *Branca de Neve*. Certamente, Lillian parecia ressentir-se da preocupação de seu marido com o trabalho e a avalanche de atenções que ele recebia, mas ela não seria uma esposa silenciosa e sofredora por muito tempo. Lillian explodiu. Diane lembrou-se de ter descido uma manhã para o café e ver uma grande mancha marrom na parede. Mais tarde soube que sua mãe havia atirado uma xícara de café em Walt. "Mamãe era uma pessoa contida, equilibrada, que nunca perdia a paciência conosco", disse Diane, "mas ela também não se deixava dominar. Brigava por seus direitos".

Embora a mais profunda devoção de Walt parecesse reservada para sua filha, seu estúdio e seus bichos de estimação – seu chow chow Sunnee, e um gato preto, Manxie, que mais tarde desapareceu quando foi dormir no carro do jardineiro e depois pulou no meio do tráfego – as coisas pareceram melhorar com Lillian depois que ela sofreu seu terceiro aborto espontâneo, e o casal, instigado por Walt, decidiu adotar. Em 31 de dezembro de 1936, justamente quando *Branca de Neve* chegava ao estágio de maior obsessão, Walt e Lillian receberam sua nova filha de seis semanas, Sharon Mae, mas um ataque de pneumonia mandou-a de volta para o hospital para um mês de recuperação. Pai e mãe eram devotados a ela. Não faziam nenhuma distinção entre ela e Diane, e Walt sempre tinia de raiva ante qualquer menção a ela ser adotada. De fato, Walt e Lillian fizeram tanto segredo da adoção, que ele fez com que seu jardineiro, a babá de Diane e Marjorie Sewell pegassem Sharon no hospital para que não houvesse o risco de alguém reconhecer os Disneys. Quando a adoção foi citada quase vinte anos depois em um perfil de Walt para a revista Look, ele escreveu furioso para o editor: "Não me importo com o que digam a meu respeito, mas me ressinto profundamente da referência que fizeram à adoção de minha filha Sharon." (A revista interrompeu a impressão, e a linha foi apagada.) De qualquer maneira, o mútuo amor por Sharon pareceu o início de uma reaproximação entre Walt e Lilly e, pouco depois do lançamento de Branca de Neve, eles podem ter investigado a possibilidade de uma segunda adoção que, por alguma razão, nunca se realizou.

A família se tornou mais importante para Walt à medida que suas atividades sociais continuavam a diminuir. Durante toda a longa produção de Branca de Neve, Walt estivera tenso e frequentemente adoentado, mesmo após a revigorante viagem à Europa. Vários médicos o visitavam no estúdio diversas vezes por semana, às vezes diariamente, para prover de tudo, desde tratamento para queda de cabelo (a despeito de sua abundante e selvagem cabeleira) até sessões de massagem quiroprática para uma contusão do polo que o incomodaria pelo resto da vida, forçando-o a curvar-se para aliviar a dor quanto se sentava e apunhalando-o durante a noite, fazendo-o perder o sono. Embora durante a produção ele continuasse a jogar polo, o que também roubava parte de seu tempo com Lillian, o interesse por polo desapareceu após um acidente no Riviera Country Club em 28 de outubro de 1935. Durante uma partida entre o pessoal da MGM e o estúdio Disney, o cavalo de um jogador de 31 anos, chamado Gordon Westcott e contratado pela MGM, aparentemente colidiu com o de Walt, e Westcott caiu; segundo um relato, o cavalo de Walt caiu sobre o jovem. Westcott morreu três dias depois, sem recobrar a consciência. Um mês após o ocorrido, Roy informou a Walt que havia decidido deixar o polo e estava se desfazendo de alguns de seus pôneis. Walt reduziu o tempo que jogava até que, em maio de 1938, escreveu para o Riviera dizendo que "o estúdio exige tanto do meu tempo que terei de desistir inteiramente do polo". Pediu que o clube recebesse ofertas por dez de seus doze pôneis – dois ele estava trazendo para Griffith Park para que ele e Lillian pudessem cavalgar ali – e como a venda fracassou, disse que os soltaria no pasto. Desse ponto em diante, sua principal atividade atlética seria *badminton*.

Menos tempo para o polo significava mais tempo para Lillian, e um mês depois de notificar o Riviera de que estava vendendo seus pôneis, ele e Lillian viajaram de férias para Nova York. Mas o fim do polo significou também o fim das amizades do polo, que estavam entre os poucos amigos que ele conservava. Walt nunca teve muita vida social – nunca teve tempo para isso – e a pouca que tinha foi em grande parte arruinada por Branca de Neve. Nos primeiros dias do estúdio, quando Walt confraternizava principalmente com seus empregados, a vida profissional e a social normalmente convergiam. Mas, na época em que começou a produzir Branca de Neve, ele se afastou deles socialmente. Como o animador Marc Davis explicou, "quando o estúdio realmente começou a ficar importante, alguns desses homens não cresceram no mesmo grau que Walt. Então, com muita rapidez, as associações de Walt passaram a ser em sua maioria com pessoas de fora do estúdio, e a vida privada dele tornou-se divorciada do estúdio. Muitos desses homens nunca entenderam que Walt havia crescido mais que eles – ele mudou".

Mesmo afastado socialmente de seus empregados, entretanto, Walt não mergulhou no cenário hollywoodiano. Embora ele e Lillian tivessem socializado ao longo dos anos 1930 com os Spencer Tracy, convidando-os para a sua nova casa em Woking Way para uma tarde de natação e *badminton*, esses convites eram ocasionais e feitos por telegrama ou carta, mais que por telefone. Igualmente, depois que conseguiu atrair seu amigo de infância Walt Pfeiffer para o estúdio, para trabalhar no departamento de enredo, os dois ficaram surpreendentemente distantes e formais – empregado e empregador em vez de amigos. Muitos de seus associados sentiam que ele não era próximo de ninguém. "Era difícil chegar perto de Walt", disse o animador Ward Kimball. "Ele era um *workaholic*. A carreira era toda a sua vida. Acho que fui o melhor amigo que ele teve." Outro empregado descreveu Walt como "amigável, mas um homem que não parecia aceitar amizades próximas." Lillian concordou. Quando um entrevistador lhe pediu que citasse os maiores amigos de Walt, ela disse: "Ele realmente não tem muito tempo para fazer amigos... Walt tem muito que fazer. Tem que estar com a cabeça clara para o dia seguinte." Ninguém, nem mesmo Lillian, conseguia romper a reserva de Walt. Ele era tão absorto em si mesmo, tão completamente dentro de sua própria mente e de suas ideias, que emergia apenas para compartilhá-las e fazer com que as executassem.

Walt parecia perceber que era irremediavelmente viciado em trabalho a expensas de sua família e de seus amigos. Durante anos, ele e Lillian tentaram comprar uma fazenda para onde ele pudesse fugir, mas, no final, Walt escreveu para um vendedor em perspectiva e disse que seus deveres no estúdio deixavam "pouco tempo para recreação". Uma de suas poucas atividades extracurriculares começou em maio de 1938, uma excursão anual a cavalo que durava uma semana a uma área distante e não povoada da Califórnia, perto de Santa Bárbara, com um clube de homens de negócios que se autodenominavam "Rancheros Visitantes". Mas Dave Hand, também membro e produtor de Disney, observou que os Visitadores "poderiam trazer mesas e cadeiras com eles", pois "Walt falava cada vez mais de suas novas ideias, sempre terminando com novas orientações para que eu cuidasse de certas operações novas ou que diferentes fossem efetuadas, ou funcionários fossem transferidos, ou revisões na programação do trabalho fossem feitas após nosso retorno à 'civilização'. Ele não sabia de mais nada", disse Hand, "não conseguia falar em nada além daquele estúdio".

O estúdio continuou a ser a prioridade de Walt, mas, nos meses após Branca de Neve durante uma breve calmaria em sua agenda de trabalho, ele começou novamente a se concentrar na família, em parte porque era apenas com ela que não precisava ser "Walt Disney", uma obrigação cada vez mais onerosa após o sucesso de seu filme animado. Walt adorava a ribalta, mas odiava a *persona* pública que era forçado a assumir e, com sua despretensiosa educação do meio-oeste, detestava o senso de importância inflada conferido às celebridades, uma das quais certamente ele era. Walt podia não ser um homem sem ego, mas pensava em si mesmo como um homem simples, e o era, de fato. A casa de dois andares em Woking Way era bonita e muito mais espaçosa que a casa pré-fabricada de madeira fina na avenida Lyric, com três quartos de dormir, uma combinação de biblioteca, sala de projeção e bar com painéis de madeira, uma piscina com instalações, um grande gramado que subia a colina, que dificilmente, seria a espaçosa mansão na qual poderia se esperar que vivesse Walt Disney. Ele vivia modestamente em outros aspectos também. Até comprar seu primeiro Cadillac, no início dos anos 1940, dirigiu Plymouths e Packards, e comprava roupas em lojas de departamentos. Gostava de comida simples; sua refeição favorita era feijão enlatado. Tampouco se cercava dos signos característicos de sua celebridade. Walt disse a um entrevistador que mantinha os produtos Disney fora de sua casa deliberadamente: "Vivi com eles durante muito tempo e, simplesmente, não queria viver com eles em casa", explicou.

Por mais preocupado que estivesse, no entanto, quando se tratava de Diane e Sharon era um pai amoroso e indulgente, que as protegia de sua própria fama. Gostava de contar como sua filha de seis anos, Diane, lhe perguntara se ele era Walt Disney. "Você sabe que sou", ele respondeu. "O Walt Disney?", ela perguntou. Quando ele, rindo, respondeu que era, ela pediu seu autógrafo. Ele corria atrás das garotas pela casa, imitando a risada da feiticeira de Branca de Neve, ou segurava-as pelos calcanhares e as girava "durante horas e horas", contaria Diane, ou ficava na piscina e deixava que elas subissem em seus ombros. "Eu achava que meu pai era o homem mais forte do mundo e o mais engraçado também", recordou Diane. À noite, lia para elas. E aos domingos, depois que as pegava na igreja, levava-as ao Griffith Park para andar no carrossel, ou para o estúdio, onde elas o seguiam enquanto ele bisbilhotava, ou pedalavam suas bicicletas no terreno vago do estúdio enquanto ele trabalhava. "Elas adoravam ficar comigo naqueles dias", Walt recordaria. "E aqueles foram alguns dos dias mais felizes de minha vida. Elas estavam apaixonadas por seu pai."

No início da temporada de Branca de Neve nos cinemas, até o normalmente sofrido Roy ficou entusiasmado. Naquele mês de abril, com o filme arrecadando US$ 200 mil por semana, ele foi à Europa para fazer acordos com distribuidores estrangeiros e adquirir uma coleção de direitos para futuros filmes. Os Disneys já haviam assegurado os direitos de filmagem do clássico *Winnie the Pooh*[1] de A.A. Milne (Diane sempre abraçava um boneco de Winnie the Pooh bem gasto quando ia dormir), e *The Wind in the Willows* (*O vento nos salgueiros*) de Keneth Grahame, e estavam negociando os direitos de *Archy e Mehitabel* de Don Marquis, sobre uma barata precoce e um gato. Enquanto estava na Inglaterra, fechou contrato pela cessão dos direitos dos desenhos de Sir John Tenniel para *Alice no País das Maravilhas*, e concluiu um estranho acordo por *Peter Pan* com o Great Ormond Street Hospital, a instituição para a qual Sir James Barrie havia doado os direitos de sua peça quando morreu, em 1937. O hospital deu aos Disney a oportunidade de fazer um acordo com a Paramount Pictures, que havia adquirido os direitos para um filme de ação ao vivo de *Peter Pan* e, como isso havia falhado, estava desejosa de vender-lhes os direitos para o desenho animado; com isso, os Disneys evitaram que os direitos fossem comprados pelos Fleischer, que embarcavam em seu próprio programa de filmes animados. Mesmo assim, após a rápida excursão à Europa, um repórter comentou que Roy "ainda tinha o olhar de um homem que não sabia ao certo se já chegara o tempo de parar de se preocupar".

Esse tempo chegou. Embora Branca de Neve tivesse custado uma espantosa soma de dinheiro (mais de US$ 100 mil apenas pelo desenvolvimento da história, quase US$ 300 mil pela animação e bem acima de US$ 1 milhão no total) e apesar de o estúdio ter contraído pesadas dívidas para financiar o filme (os Disneys haviam pedido emprestado um total de US$ 2,3 milhões ao Bank of America entre maio de 1936 e maio de 1938), seu sucesso mais que os recompensou. Em 20 de maio de 1938, apenas cinco meses após a estreia de Branca de Neve, o estúdio pagou todos os compromissos, justificando a fé de Walt no projeto. "Roy trouxe o Sr. Giannini para um encontro comigo, para me apressar a terminar Branca de Neve", Walt se gabou para um grupo de animadores em um almoço após uma reunião. "Em vez disso, fiz com que o Sr. Giannini ficasse tão interessado e entusiasmado com o nosso próximo projeto, *Pinóquio*, que ele nos adiantou outro monte de dinheiro... saí-me melhor que o Roy desta vez." Além disso, pela primeira vez, o estúdio estava adiantado no cronograma dos curtas, e a RKO – a distribuidora – havia oferecido criar um fundo de US$ 1 milhão do qual

1 Personagem urso do livro de Milne. O filme passou no Brasil sob o título Puff, o ursinho guloso. (N.T.)

Walt poderia sacar para seus dois próximos filmes animados, se renovasse o contrato. Informando Roy de que a RKO estava disposta a lhes dar tudo que pedissem, Gunther Lessing brincou: "Nós já tiramos deles a última gota de sangue, então pode não ser justo extrair fígado, coração e estômago. No entanto, não importa o que consigamos, Walt vai fazer um escândalo e querer um acordo melhor". E concluiu: "Não tenho dúvida de que todos os que estão ligados à RKO consideram Disney o mais importante e proeminente elemento. Somos absolutamente essenciais para eles".

Ao mesmo tempo em que esbanjava satisfação com o sucesso de Branca de Neve, Walt queria cumprir a promessa que havia feito de que todos se beneficiariam com o filme. Em maio, entrou de supetão na sala de George Morris e exigiu que fossem pagos os bônus de Branca de Neve. (Inicialmente ascendiam a US$ 115 mil, embora em julho, Walt tivesse declarado que cada empregado iria receber três meses de salário, que finalmente custaram ao estúdio mais ou menos US$ 70 mil.) "Eles merecem", disse Walt ao colunista Ed Sullivan. "Eles tornaram o filme possível, não é?" Após anos de trabalho aos sábados até o meio-dia, ele também decidiu pôr o estúdio em um regime de cinco dias de trabalho por semana no verão seguinte. Finalmente, em um gesto de gratidão, anunciou que pagaria a hospedagem dos empregados e suas famílias durante um retiro que começaria em 4 de julho, no Clube e Hotel Lake Narconian, perto de Palm Springs.

Como se revelou, o retiro foi um desastre. Todos os anos de energia inibida com Branca de Neve transbordaram. O álcool correu livremente. Homens e mulheres formavam pares abertamente para ligações românticas. Um dos guardas do estúdio jogou a esposa na piscina, depois correu para o telhado do hotel e mergulhou de lá de cima para salvá-la. Outro funcionário entrou a cavalo na recepção do hotel. Fred Moore, bêbado, caiu de uma janela do segundo andar, mas aterrissou em uns arbustos e saiu andando sem ferimentos. Walt ficou constrangido e desapontado.

As brincadeiras pesadas não combinavam com os encômios efusivos que Walt recebia. Além dos elogios que colecionava como um dos grandes artistas do país, em junho recebeu um diploma honorário da University of Southern California, seu primeiro prêmio dessa natureza, mas também havia sido notificado em fevereiro que a Universidade de Yale lhe concederia um diploma no início de junho, e o de Harvard rapidamente se seguiu – o primeiro diploma honorário que a universidade concedeu a uma pessoa da indústria do cinema. Os diplomas de Yale e Harvard foram conferidos, na verdade, em dias sucessivos, 22 e 23 de junho, e Walt recebeu um "prolongado aplauso" na cerimônia em Harvard. Essas honrarias motivaram Walt e Lillian a viajar para o leste, onde ele também foi recebido por um grupo de notáveis no Music Hall da cidade de Nova York, entre os quais David Sarnoff, chefe da Radio Corporation of America e o publicitário Ogden Reid. Quando voltou ao escritório na Hyperion, Walt instalou caixas de troféus para exibir os numerosos prêmios que havia recebido – como o crítico Frank Nugent, do *New York Times*, os enumerou após uma visita: "Uma taça de cristal e prata da Rússia, lindas taças da maioria das Câmaras de Comércio juniores, medalhas e placas da França e do Brasil e de outros países, pergaminhos honorários da Motion Pictures Arts and Sciences Academy (Academia de Artes e Ciências do Cinema)" e, naturalmente, os diplomas honorários.

Inevitavelmente, a despeito dos malfeitos em Lake Narconian, um novo senso de dignidade perpassava o estúdio – e uma nova pressão. Branca de Neve comprovara o poder do desenho animado e dera ao estúdio um colchão financeiro, mas também levantou as apostas uma vez mais, especialmente porque os rivais dos Disneys, os Fleischer e Walter Lantz, preparavam seus filmes agora. Após a excitação de Branca de Neve, Walt começou a se preocupar. "Temos de provar para o público que Branca de Neve e filmes animados não são uma novidade passageira", escreveu em maio para um de seus maiores apoiadores, Gus Van Schmus, o gerente geral do Radio City Music Hall, "mas têm um lugar muito definido no mundo do entretenimento e estão aqui para ficar." Walt admitiu para um repórter que depois de Branca de Neve "estava com medo de não conseguir realizar outro filme que o igualasse" – uma atitude "bastante oposta à filosofia de Hollywood de repetir durante o maior tempo possível a fórmula de um filme de sucesso", observou o repórter. E em uma sessão na "cela" em julho, Walt já se queixava de que seus diretores não pensavam criativamente, "tomando de forma literal tudo que é dito ali... e levando adiante mecanicamente – apenas por fórmula, em vez de inventar o tempo todo e aperfeiçoar". Ele exortou-os a começar "a elevar seus valores".

Devido à ênfase repentina em longas-metragens animados era natural pensar em Branca de Neve como o início de uma nova era para o estúdio, uma idade dourada dos desenhos animados em que os valores seriam elevados e o estúdio, realmente, se transformaria na associação comunitária com a qual Walt sonhava. A verdade, como se revelou, foi outra. Branca de Neve foi menos um começo que um fim – de velhas formas de fazer desenhos animados e administrar o estúdio. Em primeiro lugar, com o sucesso do filme ocorreu uma grande expansão da força de trabalho, enquanto Walt pelejava pelos novos filmes que viriam. Quase 800 empregados foram acrescentados à folha de pagamento nos dois anos que se seguiram a Branca de Neve, mas como Walt tardou em adiantar a produção de filmes enquanto esperava os resultados do último acabou criando um excesso de mão de obra. Muitos dos novos empregados simplesmente ficaram sentados sem fazer nada durante a maior parte de 1938. Sharpsteen não queria trabalhar com eles porque não tinham experiência suficiente. Ham Luske tentou encontrar trabalho para eles, mas lembrou disso como uma "tarefa horrível".

Com tantos empregados novos e o estúdio se convertendo virtualmente da noite para o dia de um lugar dedicado à produção de desenhos animados de 6 a 7 minutos em uma instalação voltada para a produção de filmes de 70 a 80 minutos de duração, o problema começou a se instalar. Branca de Neve havia sido um longo e deliberado trabalho de erro e acerto, mas era sui generis; pouco orientou a confecção de filmes em uma programação regular, que era do que o estúdio precisava agora. Segundo reconheceu o próprio Walt, os dois anos após Branca de Neve foram "de confusão, expansão rápida, reorganização". E ele descreveu o treinamento dos novos recrutas como "a adaptação a uma máquina para a manufatura de entretenimento que se havia tornado de uma complexidade desconcertante" –, um grito distante da colaboração impetuosa, bagunçada, instável, para Branca de Neve. Como diria mais tarde aos seus empregados, "a única forma de garantir uma posição (de comando) no meio é ter uma organização tal que assegure que nada ruim possa sair dessa instalação". Mas apesar de todas as tentativas anteriores de rotinizar o processo de animação e de toda a crescente especialização, o estúdio nunca havia sido realmente uma máquina. Agora Walt tinha de tentar transformá-lo em uma.

A transformação se refletiu em uma proposta de mudança do nome da companhia naquele ano. Roy decidiu consolidar as várias entidades Disney – estúdio, divisão de *merchandising* e um braço imobiliário que os irmãos haviam criado no início dos anos 1930, chamado Liled Realty, combinação do nome de suas esposas, Lillian e Edna – sob a marca "Walt Disney Enterprises". O novo nome pode ter soado mais formal e majestático que Walt Disney Productions, mas desencadeou uma tempestade de protestos dentro da companhia. Nas palavras de Roy, os críticos argumentaram que Walt Disney Productions "soava menos como um projeto de um bilhão de dólares – uma empresa mundial com um bocado de poder e dinheiro", que o nome proposto, e que Walt Disney Enterprises talvez desse ao público a impressão errônea de que o estúdio Disney havia se transformado em uma corporação. No final, Roy capitulou, mas o incidente, apesar disso, indicou um novo tom e direção no estúdio.

••••

Em maio, o estúdio viu um exemplo mais dramático e direto de seu status ascendente e transformação em corporação. Embarcando em um ambicioso programa de filmes com a equipe recém-aumentada, Walt percebeu que precisava de novas instalações. A princípio decidiu construir um edifício novo para a unidade de curtas na Hyperion, do outro lado da rua do estúdio principal, mas em um fim de semana, enquanto repensava o projeto e examinava os planos com seu engenheiro-chefe Bill Garity e um empreiteiro chamado Frank Crowhurst, subitamente mudou de ideia. Agora, virtualmente sem nenhuma deliberação, decidiu que iria construir um estúdio completamente novo e, imediatamente, pediu a George Morris do escritório de negócios, para montar um esquema financeiro. Quando Morris protestou, dizendo que precisava saber antes qual seria o custo do novo estúdio, Walt, com seu costumeiro desdém por dinheiro, encolheu os ombros: "Bem, vá em frente e imagine US$ 500 mil, e falaremos sobre o resto mais tarde".

Sem demora, Walt lançou-se em um frenesi em relação ao novo estúdio. Mesmo com Roy na Europa, começou a procurar terrenos, e Morris, desamparado, mandou um memorando para o irmão ausente: "Parece que vamos em frente com o novo estúdio." Na verdade, Walt estava tão entusiasmado com a perspectiva e tão ansioso para avançar que Gunther Lessing também entrou em contato com Roy e pressionou-o a voltar antes que as coisas saíssem de controle. Apesar de o *Los Angeles Times* informar em junho que Walt examinava terrenos na região de Westwood, em Los Angeles, e no árido subúrbio de Burbank ao norte, seis semanas após a decisão de construir o estúdio Walt já havia se fixado em uma área de 51 acres em Burbank, que servira de campo de polo para a Academia Militar de Black Fox e iniciado negociações com o Departamento de Água e Energia, dono da propriedade. O preço pedido era US$ 100 mil.

"Vocês sabem como consegui isso, não?", Walt perguntou uma vez em uma reunião com seus funcionários. "Eles achavam que ficariam muito felizes se Branca de Neve faturasse três milhões, então, quando faturou mais que isso, eu disse: deixem-me ficar com isso – quero construir um novo estúdio... E foi assim que consegui o novo estúdio." Na verdade, não foi assim tão simples. A parte do leão dos lucros de Branca de Neve havia sido usada para saldar os débitos, então Walt despachou Morris e Garity para consultar Joe Rosenberg no Bank of America sobre um empréstimo. Rosenberg foi receptivo, mas depois de mandar um avaliador olhar o terreno em Burbank, achou o preço alto demais e disse que só adiantaria US$ 30 mil a Walt e aconselhou-o a ver outras propriedades. Sem desanimar, Walt rapidamente fechou acordo com o

Departamento de Água e Energia em julho e anunciou que a construção começaria em semanas. Como sempre, Roy conseguiria o dinheiro para ele.

Depois de assegurar seu vasto pedaço de terra diante das colinas de Hollywood, Walt não estava mais inclinado a construir outro estúdio nem tão pouco produzir desenhos animados às pressas, como fizera na avenida Hyperion. Planejado desde o primeiro traço, o novo estúdio seria perfeito, a realização física de um antigo sonho para uma utopia de animação. Para desenhá-lo, contratou não um arquiteto convencional, mas um desenhista industrial de aparência lúgubre, nascido na Alemanha, chamado Kem Weber, cuja primeira experiência em arquitetura havia sido desenhar cenários e, ocasionalmente, planejar prédios para a Paramount. Weber passou por uma conversão artística durante uma viagem à Europa em meados dos anos 1920 e se tornou um expoente do estilo moderno, que buscava expressar o *zeitgeist*[2] da tecnologia sob forma arquitetônica – limpa, cintilante e funcional como um avião, sem floreios ornamentais. Parecia o estilo apropriado para uma indústria que combinava arte e tecnologia, sem mencionar um chefe de estúdio que sempre se considerara uma pessoa avançada, além de, acreditava Walt, claramente ter impacto psicológico positivo sobre os empregados, pois, como Weber escreveria depois acerca das instruções de Walt, o "conforto da mente e a felicidade no local de trabalho não dependem apenas de soluções puramente práticas e funcionais, mas igualmente de sua aparência".

Weber, para quem o projeto do estúdio Disney foi até então seu maior trabalho, era descrito como "desenhista supervisor", mas Walt não permitiria que a visão de alguém se sobrepusesse à sua própria. Não menos que Branca de Neve, este era o seu sonho. "Walt planejou tudo com muito cuidado", disse Ben Sharpsteen. "Planejou os prédios, fez protótipos rústicos e convidou todos os que quisessem a contribuir com ideias; teve tanto trabalho ali quanto tinha com o lado criativo de seus filmes." Como queria que ali fosse o paraíso dos trabalhadores, Walt não apenas pedia ideias aos seus funcionários, como os envolvia ativamente no processo. Frank Thomas lembrou-se de Walt chamando a equipe para encontros à noite na Hyperion, onde tinha uma planta do novo estúdio e modelos dos prédios. "Ele dizia 'que tal se pusermos o cinema aqui, o prédio da animação lá, o restaurante aqui, o estúdio de gravação aqui, o estúdio da orquestra lá, o departamento de câmera, tinta e pintura, edição, laboratório de processamento, todas essas coisas'. Nós mudávamos todos os modelos de lugar, então alguém dizia, 'o que se faz em um tempo chuvoso?' E, então, Walt calculava quantos

2 Expressão alemã que significa o espírito, ou as características artísticas e culturais de uma época. (N.T.)

dias chuvosos seriam prováveis e começava um *brainstorming* sobre cavar túneis entre o prédio da animação e o prédio de tinta e pintura. Ele, realmente, pensava em tudo e envolvia todos o tempo inteiro."

Como sempre, se tornou obcecado. Um empregado lembrou-se de ter entrado no escritório de Walt e encontrá-lo a desmontar uma cadeira para determinar como poderia mandar manufaturar uma mais confortável para os animadores. Outro se lembrou de Walt confiando a Frank Thomas a tarefa de desenhar o protótipo para uma nova mesa de animação, que Weber depois, mandaria fabricar. As novas mesas teriam tampas rotatórias, lâmpadas fluorescentes e um papel de animação maior – 30% maior para que fosse mais fácil desenhar. No prédio da animação seriam desenhadas aberturas com proteção de toldos para deixar entrar a luz sem ofuscar. Em lugar das atulhadas "celas" haveria duas espaçosas salas de projeção, uma delas ao lado do escritório de Walt. (O nome "cela", no entanto, permaneceu, como havia acontecido no estúdio da Hyperion.) E, após a sufocação nos currais dos *in-betweeners* e nas salas de animação na Hyperion, haveria controladores de umidade, reguladores de temperatura e aparelhos de ar-condicionado soprando 250 mil pés cúbicos de ar frio. Walt não deixava nada ao acaso em seu mundo de sonho.

II

No outono de 1938, enquanto planejava o novo estúdio, o intervalo feliz e despreocupado pós-Branca de Neve terminou, e Walt voltou a Hyperion para pilotar *Bambi*, filme subsequente a *Branca de Neve*. Ele vinha trabalhando no projeto em investidas irregulares desde o início de 1935, quando se encontrou com o produtor-diretor Sidney Franklin, que tinha os direitos e estava ansioso para começar a produzir o filme. Preocupado com Branca de Neve, Walt adiara *Bambi*, enquanto Franklin pressionava para que o filme saísse, chegando a dizer aos Disney que havia recebido uma oferta pelo material da MGM, estúdio com o qual tinha contrato, apesar de Roy achar que Franklin estava apenas blefando a fim de conseguir que o projeto andasse. Na primavera de 1937, ele começou a avançar, e Bianca Marjolie, que havia sido colega de classe de Walt na McKinley High School em Chicago antes de lhe pedir um emprego e conseguir um no departamento de enredo, apresentou uma sinopse, que continuou a aperfeiçoar durante o verão. Em agosto, com a corrida para concluir Branca de Neve chegando ao fim, Walt encontrou-se com Larry Morey e Dorothy Ann Blank, que tentavam transformar a sinopse de Marjolie em roteiro e, no fim do mês, começou a organizar a equipe, embora ainda relutasse em tirar alguém de Branca de Neve até que o filme estivesse completo.

Quando Walt convocou o primeiro encontro formal para discutir a história de *Bambi*, em 4 de setembro, e Dave Hand anunciou a programação – a animação começaria em 1º de dezembro, com a distribuição marcada para um ano depois –, ficou imediatamente claro que as coisas seriam muito diferentes de Branca de Neve, em que a história havia passado não por meses, mas por anos de intenso escrutínio. Walt estava diferente também. "A equipe olhou esperançosamente para Walt", escreveriam mais tarde, Frank Thomas e Ollie Johnston, mas desta vez, ele não mostrou a firme liderança habitual. Os argumentistas disseram que Walt estava preocupado com toda a ideia do filme e não tinha certeza do caminho a seguir. Parte do problema estava em que Franklin tentava resolver o roteiro havia anos, sem sucesso; o que Walt admitiu gostar no romance de Felix Salten, uma sequência de incidentes mais que propriamente uma narrativa, foi "das possibilidades com os animais" e "não filmar o livro da forma em que estava". E parte do problema era que Walt estava apressado para aproveitar a vantagem do impulso criado por *Branca de Neve*. Quando Larry Morey sugeriu que trabalhassem, primeiro, a ideia de Bambi e sua mãe andando pela floresta, o tipo de coisa que haviam feito na cena em que os anões descobrem Branca de Neve, Walt contra-argumentou que deveriam começar a selecionar as vozes ao mesmo tempo. "Vamos começar a avançar nessa coisa e não arrastá-la por muito tempo", avisou. Ele não queria perder tempo desenhando os personagens no início; disse que deveriam resolver os personagens, escrever seus movimentos e gestos e construir a primeira metade do filme, depois gravar o diálogo, a música e fazer os desenhos depois. "Se tivermos gravados em uma trilha a música, a ação, o diálogo e as canções para os primeiros 4 mil pés", disse à equipe, "vocês serão capazes de visualizá-lo sem os desenhos". Walt recomendou até que Luske usasse as vozes que haviam gravado para inspirar o desenho das folhas-modelo dos personagens, mas avisou: "É mais sábio construir o filme a partir de poucos personagens." Em resumo, Walt estava trabalhando quase inteiramente do som para o visual, e tentava fazer isso com rapidez.

E a equipe de fato trabalhou rápido. Em duas semanas a partir da reunião para tratar da história, Perce Pearce – atuando como produtor – montou uma continuidade rústica para a primeira seção do filme, do nascimento de Bambi até sua primeira caminhada na floresta; cenas tinham sido divididas entre vários membros do departamento de enredo; e vozes tinham sido gravadas. Um mês depois, a equipe se encontrava com Franklin e tentava obter informações dele. Franklin estava preso à ideia de uma lebre engraçada que, ao longo de todo o filme tenta contar uma história a Bambi, mas não consegue porque é assediada por uma raposa antes de conseguir terminar. Finalmente, a lebre é morta por um caçador e, enquanto tenta pela última vez concluir sua história antes de expirar, arqueja, "não era mesmo uma história engraçada. Não fazia sentido." A cena nunca chegou ao roteiro final, mas teve um efeito. De acordo com Johnston e Thomas, "mostrou uma nova dimensão possível para a animação: drama real com a comunicação de uma ideia que comoveria o público". De sua experiência com filmes ao vivo, Franklin lhes mostrava como ir além de Branca de Neve em domínios mais pungentes e dramáticos.

Franklin pareceu estimular Walt também. Quando se encontraram, novamente, para uma prolongada reunião sobre a história em 15 de dezembro, uma semana antes da estreia de Branca de Neve, Walt subitamente se envolveu com o material, descrevendo uma montagem de abertura do inverno transformando-se em primavera virtualmente foto por foto, exatamente como havia feito em Branca de Neve e fazendo o mesmo com a história de um devastador incêndio na floresta. Franklin ficou impressionado com a sensibilidade de Walt no tratamento do filme. "Você captou a história com isso", disse a Walt. "Isto é *Bambi*. Não existe piada que se destaque mais que o próprio Bambi. Ele é parte de tudo." Mas, de certa forma, o entusiasmo de Franklin, simplesmente, sublinhou os problemas de Walt com *Bambi*. O filme requeria demasiada sensibilidade, demasiada delicadeza de tratamento. Walt não estava pronto para o filme, nem o estúdio. No mesmo dia do encontro com Franklin, Walt anunciou para a imprensa que havia decidido adiar *Bambi* e fazer *Pinóquio* em seu lugar.

Pinóquio deveria ser mais fácil e, de qualquer modo, Walt o empurrava desde o outono, na mesma época em que lutava com *Bambi*, em parte por causa de sua cautela em relação a este último projeto. O animador Norm Ferguson afirmou que foi ele quem deu a Walt uma tradução do famoso romance do italiano Carlo Collodi sobre as aventuras de um impertinente boneco que se transforma em um menino de verdade e que, depois de lê-lo, Walt estava simplesmente "explodindo de entusiasmo". Presumivelmente pensando nele para ser seu terceiro filme, Walt instruiu Lessing a assegurar os direitos de filmagem em setembro. No outono, já havia fechado o acordo e encarregado Marjolie da sinopse, mas achou que ela foi fiel demais ao texto original. "Acho que a coisa a fazer é pegar as situações no livro e tentar construir a história em torno daqueles com quem podemos fazer alguma coisa e não nos sentirmos limitados pelo livro", aconselhou em uma reunião para discutir o enredo antes de mandar a equipe trabalhar em sequências individuais. Quando o pessoal de enredo assumisse teria meses para trabalhar as coisas. Não tiveram. Um dia Walt entrou na sala de música, anunciou que *Bambi* estava sendo adiado e apontou Sharpsteen para ser o produtor supervisor e Jack Kinney o diretor de animação do filme substituto: *Pinóquio*. Agora a velocidade, subitamente, se tornava essencial. Como relatou Kinney, "a palavra de ordem era 'produzam', e foi o que fizemos".

Naquele inverno, na esperança de distribuir *Pinóquio* em dezembro do ano seguinte, Walt se reuniu continuamente com a equipe que cuidava do enredo, lembrando com frequência o Walt Disney das reuniões de Branca de Neve, visualizando cenas, definindo personagens, interpretando movimentos e gestos e acrescentando piadas. Normalmente, o grupo se reunia na sala de projeção nº 4, depois Kinney, ou Webb Smith, ou outro argumentista, Otto Englander, ou o próprio Walt, começava a ler a continuidade, desencadeando uma dissertação quase talmúdica sobre cada ponto da história, cada linha, cada piada – exatamente como haviam feito em Branca de Neve. E, como em Branca de Neve, enquanto faziam isso, Walt ficava revendo cenas, repetindo linhas ou gestos e movimentos uma e outra vez e novamente, internalizando o filme, pois era o único no estúdio, como disse F. Scott Fitzgerald em *The Last Tycoon* (*O último magnata*), a respeito dos raros executivos de Hollywood "capazes de manter toda a equação dos filmes" na cabeça. Roy Young Disney, o jovem filho de Roy, lembrou até de estar acamado com catapora quando Walt e Lillian visitaram seus pais; Walt foi vê-lo em seu quarto, depois se sentou na beirada da cama e contou-lhe a história de Pinóquio como costumava contar a história de Branca de Neve.

Por mais que *Pinóquio* pudesse parecer-se com Branca de Neve, entretanto, o cronograma tornou-o diferente. Walt precisava que a história avançasse; não havia tempo para meses e meses de refinamento, não havia tempo para esmiuçar cada *frame*. Antes mesmo de uma cena estar inteiramente criada, ele queria que fosse mandada para os piadistas, e tão logo uma sequência individual parecia pronta para ser animada, queria que fosse mandada logo para os animadores, estivesse o resto do filme desenvolvido ou não. E até mesmo quando se debruçavam sobre o roteiro, o processo era muito menos desordenado que em Branca de Neve devido às pressões do tempo: as cenas eram rapidamente imaginadas e, depois, descartadas com a mesma rapidez. O artista de esboços Bill Peet lembrou-se da equipe sendo convocada para uma reunião sobre *Pinóquio*, e os animadores carregando o que estimou, no mínimo, em 70 *storyboards* quando se juntaram em torno da poltrona de Walt na sala de projeção nº 4. A disposição despreocupada de Walt quando a reunião da manhã começou, gradualmente se ensombreceu. "Há coisa demais aqui", disse rispidamente e, como fazia de tempos em tempos, lembrou Peet, levantou-se e rasgou um monte de folhas que estavam em cima da mesa, encurtando sumariamente o filme. A única calmaria na tempestade ocorria quando chegavam ao personagem Honest John Foulfellow (João Honesto Desprezível), uma raposa manipuladora que embosca Pinóquio, e Walt se transformava no vilão para interpretar a cena. Quando a reunião de dois dias se encerrou, Walt havia eliminado metade dos *storyboards*, mas "quando estava saindo, voltou-se para nós com um sorriso satisfeito e disse, 'esta foi uma p... reunião'". E a isso Peet escreveria: "Aquilo me deixava imaginando como seria uma reunião ruim".

As sessões ruins viriam. De janeiro até junho, quando os animadores trabalhavam simultaneamente nas sequências, Walt continuou a encontrar-se com a equipe de enredo e os artistas de esboço para trabalhar o roteiro, mais ou menos cronologicamente, em vez de terminar primeiro as cenas mais importantes, como havia feito em Branca de Neve: o fazedor de bonecos Geppetto esculpe Pinóquio e depois observa que sua nova marionete pode movimentar-se (evitando excesso de emoção na cena, porque Walt sentiu que havia muito sentimentalismo em Branca de Neve); Pinóquio sendo emboscado por João Honesto; Pinóquio sendo enviado para a Terra dos Burros (mais tarde o nome foi trocado para Ilha do Prazer), onde lhe permitem satisfazer seus desejos, e ele é transformado em um burro em consequência disso; sua fuga da Terra dos Burros; e a tentativa de resgatar Geppetto que havia sido engolido pelo monstro baleia. Ocasionalmente, Walt recitava as cenas nos mínimos detalhes, corte a corte. Outras vezes, definia o tema geral e o significado da cena e deixava os que desenvolviam o enredo escrever as linhas, depois voltava para o ajuste fino das linhas. Como sempre, seu foco estava menos na narrativa que na emoção e psicologia da cena. "Quero senti-la antes de começarmos a trabalhar nela", disse a respeito da busca de Geppetto por Pinóquio.

Enquanto trabalhavam, existia a presunção de que Walt de fato sentia essa história. Após o impasse em *Bambi*, ele havia decidido seguir adiante com *Pinóquio* porque, como explicou um argumentista, "*Pinóquio* era um filme que Walt sabia como fazer, e *Bambi* ainda o confundia". A equipe sentia o mesmo. Encorajados pelo sucesso de Branca de Neve, apesar das expectativas que o filme impunha, continuaram a fazer *Pinóquio* com segurança. "Estávamos muito vaidosos ao sair de Branca de Neve", admitiu Ward Kimball depois. "Pensamos que seria possível simplesmente sentar e fazer outro filme. E mergulhamos nele." Na verdade, Walt previu, confiantemente, que o estúdio produziria um filme a cada seis meses. Mas mesmo quando tentava acelerar a produção de *Pinóquio*, Walt encontrava problemas. Alguns eram pequenos – ter de escolher, novamente, as vozes de Pinóquio e Geppetto ou tornar mais ágeis cenas que, na estimativa de Walt, estavam arrastadas. Outras, no entanto, revelaram-se tão intratáveis como *Bambi*. Ken Anderson sentiu que havia um problema desde o início – um problema de espírito. Ben Sharpsteen foi um dos que estimularam Walt a tocar *Pinóquio* quando *Bambi* atrasou, e como Sharpsteen, mais que Walt, assumiu o comando do filme, Anderson achou que "*Pinóquio* se tornou mais uma realização técnica que… do coração", como Branca de Neve obviamente havia sido. Sharpsteen tinha sua própria análise de por que *Pinóquio* não fluía sem sobressaltos: havia diretores demais trabalhando simultaneamente sem a mão forte da coordenação de Walt que havia impelido Branca de Neve. Em lugar disso, Sharpsteen estava encarregado de supervisionar as unidades, e Walt só era chamado quando havia algum problema sério, ou se as unidades precisavam de um empurrão. O resultado foi uma espécie de caos.

A perspectiva de Walt era outra. Ele se queixou de que pôs *Pinóquio* em produção sem o planejamento adequado para que os animadores não ficassem sem fazer nada, tentando manter engajada sua sempre crescente equipe quando *Bambi* foi adiado. "Tentamos envolver todo o estúdio em *Pinóquio*, e foi aí que tivemos problemas", disse em um encontro com a equipe de *Bambi* meses depois. "Não tínhamos nada preparado. Tentamos construir uma história antes sequer de conhecê-la." Em outra ocasião, queixou-se de que "começamos *Pinóquio* e não planejamos sequer uma música. Não planejamos nossas músicas nem os diálogos entre elas".

A maior desvantagem da falta de preparo foi o fracasso em abordar plenamente a personalidade de Pinóquio. Como Walt expôs francamente no início, "uma dificuldade em *Pinóquio* é que as pessoas conhecem a história, mas não gostam do personagem" que, no livro, frequentemente é cruel. Foi um sinal da insatisfação de Walt com a personalidade de Pinóquio a sugestão de que ampliassem o papel da Fada Azul e a fizessem aparecer em disfarces diferentes, inclusive o do grilo falante, para ajudar a orientar Pinóquio e mantê-lo no bom caminho. Mas isso foi apenas um expediente. Walt, claramente, não tinha controle de *Pinóquio*, descrevendo-o em um momento como "impertinente", como o sabido Charlie McCarthy, boneco do ventríloquo Edgar Bergen, ou cheio de vitalidade, como Harpo Marx, tentando agarrar a fada sempre que ela aparece. Ele não sabia nem se Pinóquio devia agir como um boneco ou um menino pequeno e se devia parecer rígido, feito de madeira, ou flexível. Quando Frank Thomas, Milt Kahl e Ollie Johnston o trataram como se fosse de madeira e animaram 150 pés de filme no início de fevereiro, Walt não gostou.

A história que se conta e que está nos registros oficiais do estúdio é que, logo após ver a animação de Thomas, Walt decidiu colocar *Pinóquio* em suspenso de fevereiro até setembro enquanto a equipe refazia o roteiro. Na verdade, Walt continuou a trabalhar direto até julho, revendo e até passando cenas na "cela", mas sabia que havia esbarrado em uma parede. Após ver os *storyboards* das cenas em que Pinóquio aterroriza Fígaro, o gato de Geppetto, Ham Luske disse ter sugerido a Walt que o público perderia a simpatia por *Pinóquio* a menos que o boneco tivesse algum meio de discernir entre o certo e o errado. Esse comentário, disse Luske, foi que levou Walt a começar a pensar em recriar o filme. Como disse Ward Kimball, "após seis ou oito meses, Walt olhou para ele e disse, 'não está funcionando direito'. Então, tivemos de jogar tudo fora e começar tudo de novo". Desta vez, ele se fixou em um personagem que tinha apenas um papel menor no romance de Collodi – um grilo que morre com uma pisada de Pinóquio. Em uma sinopse revista de junho, "um pequeno grilo, que canta a plenos pulmões", faz sua primeira aparição. Desta vez, no entanto, a fada o aponta como a consciência de Pinóquio. Os argumentistas tiveram de reescrever todo o roteiro para incorporar o grilo. Como Walt explicou mais tarde, "nós dissemos, 'aqui está um sujeito que conseguimos para ir do começo ao fim da coisa', então nós o colocamos em todos os trechos do filme".

Talvez o problema real com *Pinóquio* e, aliás, com *Bambi* também, e a razão principal de Walt não ter encontrado solução para os dilemas que colocavam, como em Branca de Neve, é que ele estava sobrecarregado, motivo pelo qual foi obrigado a delegar autoridade a Hand e Sharpsteen. Ele não apenas revisava os roteiros de *Bambi* e *Pinóquio*, como projetava cenas desses filmes na "cela", desenhava o novo estúdio, supervisionava a produção dos curtas-metragens e lançava outro filme, seu mais ambicioso projeto até então, provisoriamente intitulado *The Concert Feature* (*O filme do concerto*), que, no plano original de Walt, deveria ser distribuído depois de *Bambi* e *Pinóquio*. Realmente, em um único dia típico, Walt discutia uma cena em que Pinóquio aprende a rezar, ouvia discos para *The Concert Feature*, via a ação ao vivo que tinha sido filmada para *Pinóquio* e assistia a uma reunião sobre enredos para os curtas. Acrescida a todos esses assuntos havia a maior dedicação de Walt à sua família, embora a família sempre fosse sacrificada quando o estúdio chamava.

Mesmo antes de *Bambi* e *Pinóquio* terem sido temporariamente postos nas prateleiras, *The Concert Feature* havia crescido muito na imaginação de Walt. De certa forma, era a realização de um anseio. Desde *A dança do esqueleto*, Walt abrigava o sonho de fazer *Silly Symphonies* em que, como disse a um entrevistador, "a pura fantasia se desdobra em um padrão musical" sem ser restringida pela "ilusão de realidade", em resumo, filmes abstratos. Com suas obrigações para com Branca de Neve, Walt não teve tempo de realizar a ideia até, provavelmente, o verão de 1937, quando jantava sozinho no restaurante Chasen's, em Los Angeles, e localizou o leonino maestro nascido na Polônia Leopold Stokowski, que também jantava sozinho e o convidou para a sua mesa. Walt já conhecia Stokowski, uma das figuras mais reconhecíveis da alta cultura, com seu cabelo longo e revolto e seus casos amorosos de tabloide; ele havia visitado o estúdio Disney em 1943 e mantinha correspondência ocasional com Walt. Como Stokowski contou mais tarde, no jantar daquela noite Walt discutiu um projeto em que vinha pensando: um filme de curta-metragem do scherzo sinfônico de Paul Dukas "*L'apprenti Sorcier*", ou *The Sorcerer's Apprentice* (*O aprendiz de feiticeiro*), sobre um poderoso feiticeiro em cuja ausência um aluno curioso usa o chapéu e o cetro com resultados infelizes. Segundo um relato, Stokowski ofereceu-se para conduzir a peça de graça. Segundo outro, começou a descrever, detalhadamente, um sonho próprio: fazer um desenho animado para a música clássica. De qualquer modo, a colaboração entre Walt e Stokowski começou.

Com Branca de Neve terminando na época, *O aprendiz de feiticeiro* pareceu tocar uma corda sensível de Walt. Se o primeiro filme era uma história da juventude de Walt, o último era a história de seu novo poder e de sua confusa relação com ele. Bill Tytla desenharia o feiticeiro com a famosa sobrancelha erguida de Walt e o chamaria de Yen Sid, "Disney" ao contrário, para fazer a conexão entre a onipotência mágica do feiticeiro e a de Walt. No universo da animação, Walt de fato controlava os elementos, como Yen Sid no desenho. Ele era o mestre, o único com "toda a equação" na cabeça, enquanto seus servos eram os aprendizes, incapazes sem ele. Mas outra possível interpretação podia estar na mente de Walt enquanto ele esperava a reação do público a Branca de Neve: ele não era o feiticeiro e sim o desafortunado aprendiz que põe o chapéu do feiticeiro e invoca os elementos apenas para descobrir que eles o esmagam. Como descreveu uma apresentação de *O aprendiz de feiticeiro*: é o filme "de um típico homenzinho e do que este gostaria de fazer se lhe fosse dado o controle completo da Terra e de seus elementos". Isso transformou *O aprendiz de feiticeiro* em uma profecia para o estúdio. (Com a guerra fermentando na Europa e na Ásia, o filme pode ter se transformado em uma profecia para o mundo em geral.) Com Branca de Neve concluído, Walt pode ter sentido que o estúdio não servia mais a Walt Disney; ao contrário, Walt Disney servia cada vez mais ao estúdio, incapaz de administrar as forças que havia liberado. De fato, o desenho animado, em si mesmo uma espécie de orgulho excessivo, pode ser visto como o próprio pesadelo de Walt, no qual ele é derrotado por sua própria arrogância.

Mas se Walt estava usando *O aprendiz de feiticeiro* para expressar as próprias preocupações, ele tinha outro incentivo, mais prosaico, para fazer o curta-metragem: a dedicação a um de seus mais vigorosos apoiadores. A atriz Helen Hayes recordou-se de ter visitado o estúdio em 1937 e de Walt Disney ter lhe mostrado um novo desenho de Mickey Mouse. "Naturalmente, você sabe que a grande coisa agora é Donald", Walt lhe disse. "Mas ele não vai durar muito. Mickey é para sempre. Ele terá seus momentos de sombra, mas sempre voltará para os holofotes." Na verdade, a sombra se tornara ainda mais escura para Mickey Mouse. O Mickey inicial, como descreveu John Updike, foi "a América como ela se sente – corajosa, impositiva, inventiva, resiliente, bem-humorada, divertida". Mas com a sua crescente domesticação, Mickey também se tornou cada vez mais um ninguém. "Nosso dilema era buscar material novo e lógico para Mickey, um material mais sofisticado, digamos assim", refletiu Ward Kimball. "À medida que colocávamos mais personalidade e mais personagens em outros desenhos animados, tornou-se cada vez mais difícil administrar Mickey... Mickey era realmente uma abstração. Ele não se baseava em nada que fosse remotamente real." O animador Friz Freleng concordou: "Mickey Mouse era um nada, realmente. Depois que a novidade do desenho animado se foi, não ficou nada, exceto um desenho em preto e branco movimentando-se por ali. Realmente, você não se identifica de forma alguma com o personagem." Diretores e animadores começaram a chamar Mickey de "escoteiro", aludindo à sua falta de arestas – sua brandura.

Mas Walt não abriria mão de Mickey com tanta facilidade. Pediu a Jack Kinney para desenvolver a narrativa de Mickey para que ele fosse mais que um parceiro de apoio para o Pato Donald e deu a Fred Moore e Ward Kimball (segundo um relato, Moore agiu por sua própria iniciativa) a tarefa de redesenhar Mickey para que ele se tornasse mais interessante – o ponto forte de Moore. Como relataram Thomas e Johnston, Walt viu Mickey redesenhado por Moore na "cela", pedindo que o esboço fosse projetado repetidas vezes até que, finalmente, parou, voltou-se para Moore, e disse: "Agora é desse jeito que eu quero que Mickey seja desenhado de hoje em diante!" Moore suavizara Mickey. Em lugar do rato previamente construído como uma série de círculos, o que o tornava mais fácil de desenhar, Moore sugeriu que "o corpo fosse desenhado mais ou menos em formato de pera, bem pequeno e rechonchudo", para que

Mickey tivesse mais curvas e menos rigidez.[3] Também aumentou a cabeça e encolheu o corpo. "Mickey fica mais bonito quando é desenhado com ombros menores e com uma sugestão de estômago e nádegas, e eu gosto dele com pés virados para dentro", disse Moore em um curso de análise da ação.

Mickey ganhou massa e peso – "movimentos contrários, pressões contrárias", nas palavras de Kimball. Suas bochechas começaram a mover-se com a boca, e o próprio Kimball converteu os olhos de Mickey de grandes e inexpressivas pupilas pretas em pupilas em olhos de formato oval. Todas essas alterações tornavam Mickey mais parecido com uma criança e menos semelhante a um roedor – de qualquer modo, o caminho de sua evolução. Embora a cabeça de uma criança se torne obviamente menor em relação a seu corpo à medida que ela cresce, o biólogo evolucionista Stephen Jay Gould observou que Mickey "percorreu ao contrário esse caminho ontogênico": os animadores infantilizaram sua aparência aumentando o tamanho da cabeça, baixando o cós das calças e cobrindo as pernas para encurtá-las, engrossando a parte de baixo da cara e colocando as orelhas mais para trás na cabeça, a fim de aumentar a testa e torná-la mais arredondada.

Esse novo Mickey era indiscutivelmente mais charmoso que o antigo, como disse Moore, e o charme parecia ser a ordem do dia. "Acho que as pessoas pensam em Mickey como um personagem bonito", Walt diria em uma reunião de discussão de enredo após o personagem ter sido redesenhado. "Ele é um personagem bonito – e deveria ser mais amigável em tudo que faz." Mas ao fazê-lo mais bonito e mais infantil, os animadores removeram os últimos remanescentes de sua energia rude – "sua vitalidade, sua agilidade, sua prontidão de olhos esbugalhados de desenho animado para a aventura", nas palavras de Updike. A velha diabrura chaplinesca foi completamente expurgada. (Na verdade, Chaplin havia perdido a maior parte de seu espírito traquinas também.) Se Mickey ficou mais expressivo, ele agora tinha menos a expressar. Como escreveu Updike, referindo-se, especificamente, aos novos olhos de Mickey, mas a observação é igualmente aplicável a todo o redesenho: "Isso o tornou menos abstrato, menos icônico; meramente mais bonito e nanico".

Embora tivesse aprovado o redesenho, Walt entendia que não havia solucionado o problema de Mickey. (Anos depois diria sobre a morte de Mickey: "Ficamos cansados e tínhamos novos personagens com que brincar.") Mickey precisava

---

3 Embora Ub Iwerks tivesse descrito o Mickey original com "formato de pera", ele não foi inteiramente preciso. Mickey era circular – em parte porque a construção em círculos era mais fácil de desenhar. Às vezes os artistas simplesmente pegavam moedas de 25 cents e as usavam para desenhar os componentes básicos. (N.A.)

de algo mais para sobreviver; precisava de um veículo. Ben Sharpsteen negou que Walt tenha decidido fazer *O aprendiz de feiticeiro* porque pensou que esta fosse a forma de reabilitar Mickey, e disse que Dunga foi avaliado no começo. Assim mesmo, aparentemente bem no início do processo, o argumentista Chester S. Cobb foi encarregado de investigar as possibilidades para o filme, e concluiu: "Seria difícil inventar um aprendiz interessante – um garoto não seria engraçado o bastante." Mas, continuou Cobb, "Mickey ou o Pateta (referindo-se a um personagem secundário) em uma boa atmosfera imaginativa seriam muito mais valiosos em termos de audiência como o aprendiz que qualquer personagem de sinfonia que pudéssemos inventar." Stokowski não foi persuadido. "O que você pensaria de criar um personagem inteiramente novo para esse filme em vez de Mickey?", escreveu para Walt em novembro de 1937. "Uma personalidade que pudesse representar você e eu – em outras palavras, alguém que representasse na mente e no coração de todos que vissem o filme sua própria personalidade, para que eles pudessem entrar em todo o enredo e nas mudanças emocionais do filme de maneira mais intensa." Foi uma das poucas vezes em que Walt não ouviu uma sugestão de Stokowski. Walt de fato pensava em Mickey como "você e eu" e, como último recurso de sua missão de resgate, decidiu que o aprendiz de feiticeiro seria seu "alter ego".

Fosse qual fosse a atração que *O aprendiz de feiticeiro* exercia sobre ele, Walt, cujas decisões eram meticulosamente lentas, foi adiante com uma urgência pouco característica, muito provavelmente porque precisava de algo para avançar. Em julho de 1937, assegurou os direitos da música e, no fim de agosto, o roteirista Otto Englander submeteu um rascunho, com Walt insistindo em que "devíamos tentar seguir a ideia da música tanto quanto possível e mudá-la apenas o necessário". Quando Stokowski entrou na história, Walt ficou energizado – "todos alvoroçados", como disse em uma carta para Gregory Dickson, executivo de publicidade da RKO que, por coincidência, havia conhecido Stokowski em um trem e discutido o projeto com ele. "Todos gostaríamos muito de ter a oportunidade de trabalhar com ele nesse filme e, se possível, iniciá-lo imediatamente", continuou Walt, oferecendo colocar "os melhores homens do estúdio, dos encarregados da pintura aos animadores, no feiticeiro." Encerrou dizendo: "Estou muito entusiasmado com a ideia e acredito que a união com Stokowski e sua música, junto dos melhores de nosso meio, será um grande sucesso e levará a um novo estilo de filme." Pediu a Dickson, de novo, para ver se convencia o músico a começar a trabalhar no filme o mais rápido possível. Na semana seguinte, Stokowski escreveu a Walt, igualmente excitado – "você não tem um admirador mais entusiástico em todo o mundo que eu" – e disse que faria uma gravação preliminar da partitura nos dias seguintes.

Enquanto Stokowski fazia gravações em Filadélfia, onde conduzia a Orquestra Sinfônica, Walt apressou a equipe de enredo com um comunicado e começou a solicitar sugestões, embora os advertisse a "evitar piadas burlescas". "Nunca me senti mais entusiasmado em minha vida com alguma coisa", escreveu Walt para Stokowski em meados de novembro, informando-o de que "enquanto aguardamos ansiosamente a sua chegada para começar a pôr as engrenagens da produção em movimento, estamos preparando uma história que, esperamos, terá sua aprovação". Stokowski chegou a Los Angeles em 2 de janeiro de 1939, com grande fanfarra – Walt sugeriu que Dickson não explorasse o divórcio recente de Stokowski e seu badalado romance com a atriz Greta Garbo para a publicidade do filme – para aprovar a história e gravar as últimas partituras. O estúdio de gravação em Hyperion era pequeno demais para os 85 músicos que Stokowski selecionara pessoalmente, então Walt alugou o estúdio Selznick e, à meia-noite de domingo, 9 de janeiro, Stokowski regeu a partitura de Dukas. (Ele disse que escolheu gravar à noite porque os músicos tinham de beber café para ficar acordados, o que os fazia ficar mais alertas.) O maestro foi tão arrebatador que toda a música – gravada, por insistência de Stokowski, em seis trilhas separadas – durou apenas três horas. Como lembrou um observador, quando acabou, Stokowski desceu do pódio ensopado de suor. Foram necessárias duas toalhas de banho para secá-lo.

Mas a colaboração apenas começou ali. Stokowski chegou a Los Angeles armado do que um amigo descreveu como uma "considerável porção de seu repertório" e estava, aparentemente, incentivando Walt a ir além de Aprendiz. Semanas após a sessão de gravação, sem dúvida como resultado de discussões que Walt e Stokowski tiveram no fim de janeiro, Walt chegou a uma decisão: *O aprendiz de feiticeiro* seria agora apenas o segmento de um filme que associaria o desenho animado à música clássica, exatamente como Stokowski supostamente descrevera sua visão para Walt no Chasen's. Novamente, Walt se movimentou com rapidez, temendo que a paixão de Stokowski pudesse declinar. Por volta de fevereiro, o estúdio havia cancelado o contrato de Stokowski para o Aprendiz, que lhe dava 10% do faturamento, e escrito um novo contrato, que lhe pagava US$ 125 mil para conduzir a música e aparecer no novo *Filme do concerto*.

Exatamente por que Walt se movimentou com tanta rapidez para fazer um novo filme, quando já tinha *Bambi* e *Pinóquio* em produção e fazia o trabalho preliminar de *Peter Pan* e *Alice no País das Maravilhas* pode não ter ficado imediatamente claro para todos no estúdio. Sharpsteen diria que era uma questão de conveniência econômica. *O aprendiz de feiticeiro* era, simplesmente, longo demais e caro demais para ser viável tanto do ponto de vista artístico como financeiro como um curta-metragem, e um filme com a compilação de músicas regidas por Stokowski lhe dava uma saída. Sharpsteen podia estar certo quanto à avaliação do aspecto econômico – Walt disse que precisava fazer outro filme desafiador, ou seus animadores poderiam ficar entediados ou inquietos e decidir deixar o estúdio – mas esta, dificilmente, pareceria ser a causa principal. Sempre havia sido desejo de Walt fazer curtas mais poéticos, musicais e, ao longo de 1935, 1936 e 1937, continuou a voltar a uma ideia de *Silly Symphony* que chamava de *Balé das flores*, para o qual argumentou, explicitamente, contra um enredo fechado e em favor de alguma coisa tonal. Mesmo no auge de Branca de Neve, Walt não desistiu do curta.

Sua crescente animosidade em relação à narrativa convencional e sua predileção por esse tipo de animação era outro exemplo da necessidade contínua de desafio de Walt; necessidade de certificar-se de que não havia estagnado e que ainda era o melhor; necessidade de ampliar seu mundo criativo e repelir as incursões de pretendentes ao seu trono. "Não posso entrar na rotina, nem deixar que os meus garotos entrem em rotinas", diria a um repórter. "Se deixarmos de crescer mental e artisticamente começaremos a morrer." Durante os preparativos para *O filme do concerto*, Walt pronunciaria essa ideia repetidas vezes, exatamente como havia feito em relação à sua própria carreira: Eles precisam crescer. Eles precisam superar-se. Eles precisam continuar "acrescendo-se". Perguntado por um argumentista se achava que eles estavam explorando completamente as possibilidades do desenho animado como meio de comunicação, Walt retorquiu: "Este não é o meio do desenho animado. Ele não deveria se limitar aos desenhos animados. Temos mundos a conquistar aqui... Temos mais a fazer neste meio que arrancar risadas das pessoas." As piadas, antes tão integradas aos filmes, as piadas em torno das quais o estúdio antes parecia orbitar, agora o enfureciam. "É uma luta contínua neste lugar para fugir do humor vulgar de dar tapinhas na bunda de alguém ou fazer alguém engolir alguma coisa", queixou-se para a equipe. "Vai levar tempo até chegarmos ao ponto de realmente obter algum humor no que fazemos além de gargalhadas; e obter beleza, em lugar de apenas um brilhante cartão postal." Em outro momento, falando sobre *O filme do concerto*, Walt exortou: "Não estamos fazendo um desenho animado comum, e sinto que tocamos a corda errada nessa coisa"; depois, simplesmente, acrescentou o que teria sido uma heresia poucos anos antes: "Não acredito nessa coisa de piada".

Ele aspirava a algo muito mais elevado que piadas – muito mais elevado até que a fantasia sentimental de Branca de Neve e *Pinóquio*, ou o realismo de *Bambi*. Ao estender a mão para Walt, Stokowski, que cultivava, cuidadosamente, a imagem romântica do artista de longos cabelos para consumo popular, tentava forjar uma união entre o clássico e a massa como forma de popularizar não apenas a música clássica, como também, e não incidentalmente a ele próprio. Walt trabalhava pela mesma união, só que do outro lado. Desta vez, propunha, explicitamente, unir forças com a grande arte e tirar o desenho de suas origens na cultura popular, onde sentia que estava condenado a ser tosco e juvenil. Walt nunca chamaria a si mesmo de artista – era demasiado cético em relação à cultura e honesto para isso –, mas queria fazer arte, quanto mais não fosse porque aquela era a evolução natural para ele, e *O filme do concerto*, pensava, era arte certificada. "Eles estão preocupados com o enfoque intelectual", Walt lamentou-se em uma reunião para discutir o enredo após almoçar com o consultor da RKO, Neil Spitz. "A única coisa que preocupa é que o filme poderia ficar pouco intelectual demais... Se colocássemos Dunga nele, achariam excelente."

Como Stokowski, Walt parecia ter orgulho de servir como o conduto entre os compositores clássicos e sua despretensiosa plateia americana. Ele achava que a música clássica havia se tornado rara e inacessível. Em *O filme do concerto*, ele e Stokowski iriam desmistificar a música visualizando-a. "Não estou nem um pouco preocupado com os engomadinhos para os quais, supostamente, essa música é criada", Walt disse aos seus argumentistas em uma sessão, relembrando uma recente ida sua à ópera. "Há um número enorme de pessoas que apreciaria essa música se não tivesse que suportar algo como a ópera. Eles querem sentir as emoções." Em outra reunião, discutindo suas próprias razões para fazer *O filme do concerto*, citou a *Tocata e Fuga* em dó menor, uma das peças que estava avaliando. "Há coisas nessa música que o grande público não entenderá a menos que veja coisas na tela que a representem", disse, adotando o ponto de vista de que a música tinha um análogo visual. "Eles vão sentir a profundidade da música. Nosso objetivo é exatamente pegar as pessoas que foram embora quando essa *Tocata e Fuga* foi tocada porque não a compreenderam; sou uma dessas pessoas; mas quando a compreendo, gosto dela."

Para Walt era uma vez mais, uma missão, muito mais que aventura comercial, e ele não iria permitir que fosse comprometida por considerações comerciais. Quando, durante uma discussão, Roy perguntou os motivos pelos quais não podiam escolher uma música que "um cara comum como eu possa gostar", Walt lançou-lhe um olhar gelado e mandou que saísse da sala, dizendo-lhe: "Volte a tomar conta dos livros contábeis." A importância da peça estava em educar a audiência e expandir o meio. "Mesmo que essa coisa seja um fracasso", disse à sua equipe, "teremos adquirido a dimensão completa do que pode ser feito com a música".

Por mais entusiasmado que estivesse com *O filme do concerto*, entretanto – e o filme parecia reenergizá-lo após as enervantes dificuldades de *Bambi* e *Pinóquio* – Walt avançou cautelosamente, de novo, depois que *O aprendiz de feiticeiro* foi gravado e Stokowski deixou o estúdio para retomar seus compromissos com a orquestra. "Estou envolvido até o pescoço com *Pinóquio*", escreveu Walt para o crítico musical Deems Taylor, com quem conversava sobre o novo projeto, "e com *Bambi* começando e o novo estúdio sendo construído, não acredito que terei muito tempo para devotar ao filme musical que discuti com você enquanto estava em Nova York".

Realmente, assim que voltou da viagem em que foi receber seus títulos honoríficos, Walt afundou nos filmes paralisados, de que, embora continuasse a ser o espírito orientador, revendo roteiros e aprovando esboços, não era mais o diretor. Naquele outubro, com Hyperion incapaz de acomodar fisicamente todas as equipes de produção que trabalhavam simultaneamente, a equipe de *Bambi* foi amontoada, primeiro do outro lado da rua e, depois, em uma casa de cômodos com aposentos pequenos em um prédio na rua Seward, em Hollywood, onde Harman-Ising tinham antes seus escritórios. (Foi, como Marc Davis recordou, gozar a incongruência, defronte de um estúdio de filmes pornográficos que ficava do outro lado da rua.) De acordo com Thomas e Johnston, inicialmente a equipe se ressentiu por ter sido transferida; isso os afastava da movimentação do estúdio. Com o tempo, no entanto, perceberam que era vantajoso não ficar em Hyperion: ninguém os perturbava. Marc Davis calculou que Walt só apareceu três, quatro ou cinco vezes por lá. Em seu lugar, o fumador de cachimbo Perce Pearce conduzia as sessões para discutir o enredo e orientar a produção, muito no espírito de Walt, representando as cenas e elaborando a continuidade com a equipe de enredo. Significativamente, Walt não comparecia a nenhuma dessas reuniões.

Para um estúdio desesperadamente necessitado de outro filme, a lentidão do avanço era angustiante. Frank Churchill, que havia escrito a música de Branca de Neve, foi incumbido de compor o motivo de *Bambi*, embora fosse um alcoólatra melancólico e não confiável, e o roteirista Larry Morey, nas palavras de Gunther Lessing, "estivesse montado nele". O estúdio também estava trazendo animais para os animadores estudarem, enquanto mandava outros animadores para reservas florestais a fim de estudar veados. Ao mesmo tempo, um jovem artista chinês, chamado Ty Wong, contratado como *in-betweener* para *Pinóquio*, apresentou desenhos para *Bambi* por iniciativa própria que, aprovados por Walt, logo se tornaram a base para o estilo do filme, da mesma forma que os desenhos inspiradores de Albert Hunter haviam estabelecido o estilo de Branca de Neve. Mais sugestivos que altamente realistas, o desenho de Wong representou uma descoberta visual para os artistas.

Entretanto, mesmo enquanto avançavam, seu ritmo era lento – presos entre a narrativa amarrada, comprimida, de Branca de Neve e a poética livre d*O filme do concerto*, entre os exageros do desenho animado que já dominavam, e os efeitos de pintura mais abstratos de Wong, muito mais difíceis de obter. Ainda desapontado, Walt, em determinado momento, voltou a indicar Ham Luske para trabalhar nos curtas-metragens enquanto o roteiro de *Bambi* era revisto. Enquanto isso a insatisfação do resto da equipe aumentava, muito embora os animadores estivessem felizes por ficar longe do olhar de Walt. Thomas e Johnston disseram que eles nunca confiaram que conseguiriam capturar o poder emocional da história e, finalmente, começaram a se perguntar se o filme realmente seria feito – temor intensificado pelo fato de, como diziam, "Walt nunca vir".

Enquanto o estúdio trabalhava, simultaneamente, em *Bambi*, *Pinóquio* e *O Filme do Concerto*, trabalho que não dava pausa a Walt, ocorreu um fato que acabaria completamente com os tempos efervescentes para Walt Disney. Desde que os filhos lhes haviam prometido uma nova casa pelo 50º aniversário de casamento, Elias e Flora Disney viviam em um apartamento alugado na rua Commonwealth enquanto, juntamente com Roy, procuravam uma residência de que gostassem. Finalmente encontraram uma em setembro – uma casa absolutamente nova na Placedia nº 4.605, no setor Hidden Village de Hollywood Norte em um lote de 75 por 125 pés cujo dono havia morrido de repente e que a viúva vendia por US$ 8.300. Tinha três quartos, dois banheiros, uma sala de estar e uma garagem dupla, mas, escreveu Roy para Walt, "o mais importante é que tem um bom sistema de calefação" – um aquecedor central a gás com circulação dirigida. Os irmãos contribuíram com US$ 2.300 e gastaram entre US$ 2.500 e US$ 3 mil para mobiliar a casa e seus pais se mudaram para lá pouco depois.

Mas assim que Elias e Flora se instalaram, o muito elogiado sistema de aquecimento começou a dar defeito. "Acho melhor consertarmos essa fornalha, ou algum dia vamos acordar e descobrir que morremos", diz-se que Flora comentou com sua empregada, Alma Smith. Roy e Walt mandaram um trabalhador do estúdio para repará-la. Na manhã de 26 de novembro de 1938, Flora foi ao banheiro ligado a seu quarto. Percebendo que ela não voltava, Elias se levantou para investigar e encontrou-a caída no banheiro. Sentindo-se mal também, caminhou trôpego pelo corredor e desmaiou.

Embaixo, no quintal, Alma Smith limpava uma vassoura da aveia que tinha varrido quando se sentiu tonta e percebeu que alguma coisa estava errada. Correu para a casa e subiu correndo os degraus. Encontrou Elias caído no corredor, chamou um vizinho e, depois, telefonou para Roy. Enquanto isso tentava abrir a janela, que estava emperrada. Então, ela e o vizinho arrastaram Flora e Elias para fora pelos degraus, e o vizinho fez respiração artificial. Elias reviveu, Flora, não. Morreu envenenada pelo dióxido de carbono do aquecedor com defeito; uma rampa do exaustor havia escorregado, fazendo com que o ar exaurido circulasse novamente dentro da casa.

Esse pode ter sido o momento mais devastador da vida de Walt Disney. Embora raramente exibisse emoção fora do estúdio, ele ficou inconsolável – um sofrimento aprofundado, sem dúvida, pelo fato de ela ter morrido na casa nova que Walt lhe dera e por culpa de um de seus próprios funcionários. (Um relatório sobre o aquecedor ordenado por Roy estabeleceu que "a instalação da fornalha mostrava tanto uma completa falta de conhecimento das exigências impostas por uma fornalha ou uma flagrante negligência dessas requisições, se fossem conhecidas pelo instalador".) Quando chegaram a Los Angeles, seus pais só queriam ver o grande Forest Lawn Cemetery, e uma vez Walt deixou-os no portão do cemitério de manhã cedo e só voltou bem mais tarde para pegá-los. Walt e Roy decidiram enterrar a mãe lá. "Vocês deviam ver aqueles dois irmãos", lembrou o homem que oficiou o funeral, reverendo Glenn Puder, marido de Dorothy, filha de Herbert. Nos meses posteriores à morte de Flora, eles visitavam regularmente o túmulo da mãe, mas Walt nunca mais falou na morte dela para ninguém. Quando, anos depois, Sharon lhe perguntou onde seus avós estavam enterrados, Walt respondeu, irritado: "Não quero falar sobre isso."

III

O pesar não o imobilizou por muito tempo. Com a equipe de *Bambi* se arrastando na rua Seward, Walt voltou a focar em *Pinóquio* naquele outono – uma vez mais analisando as cenas, distribuindo os trabalhos de animação, gravando vozes, revendo os "filmes Leica" e, acima de tudo, construindo um novo arcabouço de história. Para resolver o problema da anomia moral de Pinóquio, a ênfase da identificação havia sido transferida para o grilo – "Jiminy", como ele agora se chamava – como agente moral e consciência. Durante o hiato na primavera e no verão, o papel de Jiminy havia sido substancialmente expandido, e o cantor-comediante Cliff Edwards tinha sido contratado para dar-lhe voz.[4] À diferença de *Bambi*, Walt em geral ia às reuniões para discutir a história e fazia sugestões – tudo desde a sequência musical que melhor se adaptava à sequência submarina ("harpas elétricas, blocos de música suave"), à reação de Pinóquio ao transformar-se em um burro ("sua risada baixa se transforma em um zurro quando ele a testa. Ele engole. É ele!") até a seriedade com que Jiminy Cricket aceita sua designação como a consciência de Pinóquio. Em dezembro, Walt declarou que estava satisfeito. "A linha geral da história me parece bastante boa", disse à equipe de roteiristas. "Em outras palavras, acho que podemos ir em frente com segurança. Nós experimentamos de todas as maneiras e funcionou." Na realidade, diante do cronograma e da necessidade de um filme, ele não teve escolha a não ser aprovar o material.

Walt fez um último acerto, no entanto. Reuniu-se em janeiro com Bill Cottrell, Jaxon, Ted Sears, Dorothy Blank e Dick Creedon, do departamento de enredo, para discutir a possibilidade de Jiminy Cricket tornar-se não apenas o centro moral do filme, como também seu narrador. "Eu gosto quando ele começa a narrar uma história nesse pequeno assunto do prólogo", disse Walt e, então, continuou a descrever a nova entrada de Jiminy enquanto a câmara passeia pela cidade até a janela de Geppetto e Jiminy canta "When You Wish Upon a Star" e para, a fim de contar sua história. A cena do passeio da câmera, na edição final do filme, foi um dos usos mais espantosos da multiplano e acabaria custando quase US$ 50 mil.

Pôr Jiminy Cricket no papel central e unificar o filme em torno dele pareceu solucionar um dos maiores problemas de *Pinóquio*, mas criou outro. Se o grilo agora estava completamente concebido em termos narrativos, ninguém sabia ainda qual seria a sua aparência. Ham Luske sugeriu que Walt falasse com Ward Kimball. Kimball fervia de raiva desde que Walt cortara suas cenas em Branca de Neve e havia decidido deixar o estúdio. Estava na sala de Walt para apresentar a demissão, quando Walt começou com sua conversa de vendedor, falando sobre Jiminy e de como ele lembrava seu amado e mentalmente confuso tio Ed. Então, perguntou a Kimball se ele tomaria conta de Jiminy. "Deus, ele fez um trabalho tão bom", lembrou Kimball, que "saí de sua sala muito feliz e

4 Walt teve uma atitude algo diferente ao designar vozes depois do triunfo de *Branca de Neve*. Ele queria que um ator infantil popular chamado Frankie Darro fizesse o papel de Lampwick, o dissoluto companheiro de Pinóquio e, confiantemente, previu que ele o faria. "Quando se tem pessoas como Burgess Meredith querendo fazer a voz – certos atores que querem fazer as vozes dos nossos personagens olham o filme de forma diferente da que costumavam olhar." Ele agora sugeria que se desse crédito na tela aos atores "de forma que atribuam alguma importância e certo prestígio ao filme, porque necessitamos daqueles bons atores, você sabe." Reunião para discutir a história *Pinóquio – Terra dos burros* e *Fuga*, dez. 8, 1938, Reuniões de enredo 1938-39, *Pinóquio*, material do enredo, A2961, WDA. (N.A.)

disse: Que lugar maravilhoso é este aqui!" Kimball começou a desenhar "uma espécie de coisa incompleta", com olhos grandes, cartola, dentes, antenas, braços e um corpo alongado com pernas grossas. Walt não se impressionou. "Não podemos ter um personagem como esse. Ele tem que ser bonito", disse, estabelecendo a mesma injunção que havia usado para o novo Mickey Mouse. "Ele é tosco demais." Então, Kimball voltou para a mesa de desenho e converteu-o em um homenzinho com uma cabeça grande. Embora Jiminy agora não tivesse nenhuma semelhança com um grilo, Walt gostou. Como Kimball colocou, "ele era um grilo porque nós o chamávamos de grilo".

Mas isso ainda não encerrava a discussão contínua sobre se Pinóquio seria mais um boneco de madeira ou um garotinho. A concepção de madeira fazia sentido – ele era um boneco de madeira, que, mais tarde, se tornou um menino –, mas Walt vira os desenhos que Fred Moore havia animado e, como Ollie Johnston lembrou, "sentiu que o personagem tinha de ser mais atraente", exatamente como Jiminy. Milt Kahl havia sido um crítico do personagem, dizendo que ele não se movimentava direito, então Luske, que recomendara Kimball para Jiminy, disse a Kahl que fizesse ele mesmo uma tentativa de Pinóquio e o fizesse, essencialmente, como um menino com juntas de madeira. Kahl aceitou o desafio, animou a cena de *Pinóquio* sob a superfície do mar, chutando a concha de uma ostra e, depois, mostrou-a a Walt, que, segundo Johnston, "extasiou-se". Até Fred Moore ficou impressionado, embora esse redesenho o tivesse tirado da posição de animador favorito do estúdio. Dali em diante, Kahl ficou encarregado da animação de Pinóquio, ajudado por Frank Thomas e Ollie Johnston, enquanto Moore animava Lampwick, o dissoluto guia de Pinóquio na ilha do Prazer, um personagem que tinha mais que uma semelhança passageira com o próprio Moore.

Mesmo depois de resolver os problemas narrativos e definir Jiminy e um Pinóquio mais parecido com um menino, Walt ainda estava preocupado. Ele sabia que *Pinóquio* era mais convencional que *Bambi*, ou *O filme do concerto*; e esta era precisamente a razão de ele sentir que podia apressar a produção. Mas Walt não queria que *Pinóquio* fosse, simplesmente, mais um desenho animado – uma cópia de Branca de Neve. Era imperativo que fosse maior, mais impressionante e tivesse uma animação mais realista. De outra forma, não haveria justificativa estética para fazê-lo. Na verdade, uma das razões pelas quais Walt estava tão focado em uma sequência submarina era que, como escreveu para Otto Englander, "isso nos dará a chance de fazer algo fantástico". Embora todo o filme já tivesse sido rodado ao vivo para o rotoscópio, Walt perguntou ao artista Joe Grant, excelente caricaturista, como poderiam melhorar a técnica do estúdio. Grant sugeriu um departamento de modelos, onde poderiam criar estatuetas dos personagens para que os animadores pudessem estudá-los de ângulos diferentes. (Na verdade, Grant havia confeccionado uma dessas estatuetas para a velha vendedora de maçãs em Branca de Neve.) Walt concordou e, depois, pôs Grant a cargo do departamento. Finalmente, começaram a construir modelos não apenas para os personagens, como para os objetos inanimados, como a gaiola em que Pinóquio é atirado que, depois, foi filmada balançando para que pudessem seguir os fotogramas. Walt também queria ainda mais dimensionalidade nos cenários e personagens que a existente em Branca de Neve, então inventou um outro sistema de aplicação de tinta chamado "mistura", que combinava pintura a seco com *airbrushing*[5] para criar volume, especialmente nas bochechas. Era um processo extremamente caro – segundo um relato havia cerca de vinte mulheres só no departamento de *airbrushing* – e Walt advertiu que o usassem com parcimônia ("Precisamos evitar ir à falência com esse filme"), mas, ainda assim, insistia em que era um meio de melhorar a aparência de Pinóquio. Só Jiminy Cricket tinha 27 partes e 27 cores diferentes. Como Frank Thomas disse mais tarde a um entrevistador, "isso aconteceu em uma época em que ele queria que as coisas fossem reais; queria que tivessem volume, fossem sólidas, próximas da perfeição".

Mas *Pinóquio* se tornara uma coisa batida, uma obrigação. A verdadeira obsessão de Walt agora era *O filme do concerto*. Ele diria aos animadores que o filme, como Ollie Johnston colocou "mudaria a história do desenho animado". *O filme do concerto* seria inteiramente diferente de tudo que ele havia feito. "Não acho que ele será comum", Walt disse à equipe. "Nós sempre quisemos fazer esse tipo de coisa, mas não podíamos arriscar – entre um filme de notícias e um desenho animado." Agora, como Branca de Neve lhe dera o capital estético para fazer isso, eles podiam. Durante todo o verão, mesmo quando trabalhava duro em *Pinóquio*, Walt estava ansioso pela volta de Stokowski da Europa, onde o maestro visitava parentes de compositores – entre eles a viúva de Debussy e o irmão de Ravel – para assegurar os direitos para possíveis seleções musicais, chegando a escrever para Walt em código por medo de ser descoberto e alguém se antecipar a ele. Quando Stokowski voltou para Los Angeles, em setembro de 1938, com o crítico Deems Taylor, Walt mal podia esperar para começar a ouvir e selecionar músicas. Os três gastaram virtualmente todo o mês na sala 232 ouvindo discos de peças clássicas, dúzias delas, e avaliando possíveis visualizações: *Moto Perpétuo*, de Paganini, ou *Fundição de Ferro*, de Mosolov ("Podíamos fazer alguma coisa boa com maquinário", disse Walt); *Pássaro de Fogo*, *Raposa ou Petrusca*, de Stravinsky; *Amor por Três Laranjas*,

5 Instrumento de pintura que usa ar comprimido para produzir um fino jato de tinta. (N.T.)

de Prokofiev; *Marcha Fúnebre para uma Marionete*, de Gounod; *Canção de uma Mosca*, de Mussorgsky (com a estrela da ópera, o cantor Lawrence Tibbett, espantando uma mosca imaginária durante a performance); *Carnaval Romano*, de Berlioz; uma obra de Debussy que Walt chamou de *Destino*; *O Anel dos Nibelungos*, de Wagner (que, um membro da equipe sugeriu, poderia ser usado para uma nova história infantil chamada *The Hobbit*, por J.R.R. Tolkien); e até uma versão sinfônica de *Pop Goes The Weasel*. Eles discutiram a ideia de colocar um simples pianista por peça (Walt queria Rachmaninoff e pensou em ter um cenário russo com a neve caindo, e a neve se transformando em formações de cristal) e de incluir ou não músicas americanas. (Walt decidiu que os "americanos se sentiriam insultados se a música americana fosse deixada de fora", enquanto Stokowski declarou, "Disney é um gênio que está entrando em coisas novas. Voltar para o rio Swanee e aquela coisa sentimental – isso não é para este filme, eu não acho.") Em meio ao intenso e deliberado escrutínio de cada música, Walt mal conseguia conter o entusiasmo. Depois de se arrastar em *Bambi* e *Pinóquio*, esbarrando em obstáculo após obstáculo, ele disse a Stokowski que designaria um determinado número de unidades de produção para *O filme do concerto* e pensava poder esboçar uma história em duas ou três semanas – depois que tivessem concordado sobre as composições. Dessa forma, quando Stokowski voltasse ao estúdio em janeiro, eles poderiam, de fato, iniciar as orquestrações e gravar a música por volta da primavera.

Eles formavam um estranho par – o epítome do artista clássico e o epítome do artista comercial – o que pode ter sido parte da atração pessoal, da mesma forma que era parte da parceria artística. Stokowski parecia amar a liberdade de espírito do estúdio Disney. Walt parecia amar a legitimação intelectual que Stokowski transmitia. Às vezes, eles se sentavam juntos, com Deems Taylor, e ouviam música durante horas. Outras vezes, como um animador descreveu, Stokowski "passava, rapidamente, pelos corredores, seguido por Walt e um séquito de roteiristas e desenhistas de esquetes de enredos, todos lutando para acompanhar seus passos". Nos encontros, Walt era atencioso com seu parceiro. Mesmo sendo informal como de costume, sempre chamava seu colega de "Sr. Stokowski", nunca "Leopold" ou "Stoki", que era o apelido do maestro, e sempre privilegiava as opiniões de Stokowski, raramente contradizendo-o.

Apesar de toda a civilidade e a amizade real entre eles, às vezes as culturas se chocavam. Em uma reunião, Walt aumentou o volume quando a música era suave e baixou-o quando era ruidosa, levando Stokowski a explodir: "O que é alto deve ser alto e o que suave deve ser suave!" Mas se Stokowski podia passar reprimendas em Walt, Walt, por sua vez, não deixava de zombar de seu estimado parceiro. Em uma sessão de gravação, ele observou para um colega que Stokowski, com seu longo cabelo, parecia o comediante Harpo Marx. Ainda assim, apesar de seus lugares diferentes na constelação cultural, os dois compartilhavam um senso de entretenimento e grandiosidade. Ao discutir um trecho especialmente alto de uma música, Walt comparou-o a "explodir o topo de uma montanha", acrescentando: "Stokowski adora fazer isso. Ele explodiria o topo dos microfones com isso." Naturalmente, o mesmo faria Walt.

Após dois meses de trabalho, Walt, Stokowski e Taylor tinham selecionado mais ou menos uma dúzia de composições e, na noite de 29 de setembro de 1938, Walt reuniu entre 50 e 60 de seus artistas no estúdio de gravação para um concerto de duas horas e meia de piano enquanto ele exibia um comentário escrito do que a plateia veria no filme. Também lhes mostrou um esboço de *O aprendiz de feiticeiro* que, de acordo com um dos presentes, os fez dar vivas e aplaudir "até todas as mãos ficarem vermelhas". Como esse observador colocou, "parecia, realmente, que Walt e seus garotos haviam cruzado o portal de uma nova forma de arte". Claramente inspirados, Walt, Stokowski e Taylor, em novo exame na manhã seguinte, prontamente removeram a abertura, o solo de piano "Moto perpétuo" e, com surpreendente confiança, selecionaram a composição final: "Tocata e fuga" em dó menor, de Bach, "Cydalise e o pé-de-cabra", de Pierné, "Suíte Quebra-Nozes", de Tchaikovsky, "Noite na Montanha Careca", de Mussorgski, "Ave Maria", de Schubert, "Dança das horas", de Ponchielli, "Clair de lune", de Debussy, "A sagração da primavera", de Stravinsky e, naturalmente, "O aprendiz de feiticeiro", de Dukas, um total de pouco mais de duas horas de música. "Não sei o que mais a plateia poderia querer por seu dinheiro, sabe?", Walt brincou com seus colaboradores. Ele já definia equipes para trabalhar em cada uma das sequências, encerrando o que pode ter sido o mês mais produtivo de sua vida.

Walt estava feliz, e as reuniões sobre a história para *O filme do concerto* naquele outono foram menores e muito mais brincalhonas e produtivas que os encontros sobre *Bambi* ou *Pinóquio*. Em parte, isso aconteceu porque, desta vez, Walt não carregava todo o peso sozinho; já que, claramente, não entendia mais de música que seus colaboradores, ele dividia a carga com Stokowski e Taylor. Outra razão foi que Walt sentiu que não precisava ter todo o filme na cabeça; como esse filme não tinha uma trama densa, ele podia ter muitas ideias e experimentar. "Estamos pesquisando aqui, tentando fugir do manuseio predeterminado das coisas o tempo todo e em todas as coisas", disse à equipe com o que pareceu ser uma sensação de alívio, "e a única forma de fazer isso é deixar as coisas abertas até termos explorado completamente cada pedacinho delas". De fato, suas preocupações eram menos estéticas que culturais. Embora mais tarde fosse acusado de adulterar as composições, Walt foi quase reverente em relação às partituras, temendo fazer cortes e preocupando-se com a reação se ele se afastasse da ideia declarada do compositor para uma peça musical. Foi Stokowski quem assegurou a Walt que cortar uma música era perfeitamente aceitável. ("É como podar uma árvore. Às vezes, ela fica mais forte com a poda") e que dar sua própria interpretação visual da música era bom, "se o espírito da música está conosco".

Mas a principal razão pela qual Walt estava tão entusiasmado com *O filme do concerto* era que se sentia abrindo caminho novamente. E o efeito era libertador. Depois de expressar seu antagonismo a piadas, ele agora expressava seu antagonismo à própria ideia da narrativa. Nem tudo tinha de estar conectado, instruiu os roteiristas. Nem todas as coisas tinham de ser trabalhadas em termos de história. "Sei que todo mundo tem tendência a contar uma história", disse em uma reunião para discutir *O filme do concerto*, "mas fico dizendo a mim mesmo que isso é diferente – estamos apresentando música", o que significava que a música não apenas embelezaria a parte visual, mas teria a mesma hierarquia: "Eu gostaria que essas coisas se entrelaçassem e completassem, mas não formassem uma trama." Em outro encontro, descrevendo com admiração um pacote recente de oito curtas-metragens não ligados entre si que o estúdio distribuía naquele mês de setembro como uma espécie de teste para *O filme do concerto*, Walt disse à equipe de enredo: "O enredo aborrece vocês".

Mas Walt não pensava apenas em termos de novas explorações narrativas; pensava em *O filme do concerto* como um tipo inteiramente novo de experiência dramática. Ao ver um curta de Pete Smith chamado *Audioscopiks*, para o qual o autor distribuía óculos especiais para os efeitos tridimensionais, Walt teve a ideia de usar um efeito similar em uma sequência de seu filme e distribuir óculos com o programa, e encarregou alguns homens de efeitos especiais do estúdio de trabalhar nisso. Ele também discutiu com Stokowski a possibilidade de aspergir perfume no cinema durante a cena com as flores. "Estou falando sério sobre toda essa ideia de perfume", disse a Stokowski. "Poderíamos espaçar a borrifação para que o perfume só viesse em determinados momentos." Acima de tudo, agarrou-se à ideia de inventar um novo sistema de reprodução de som para o cinema, com um alto-falante na frente e outro no centro do salão e outros alto-falantes à direita e à esquerda e embaixo, ao longo das laterais, para dar a sensação de orquestra completa. "Seria uma tremenda sensação se aquela coisa dimensional aparecesse na tela e tivesse trombetas soando com ela", disse Walt. "O som e as imagens vão ficar em torno de você." Ele chamou o sistema de Fantasound.

Naquele outono, Walt inventou novos caminhos para apresentar seu filme, começou a trabalhar a parte visual com a mesma determinação e o mesmo entusiasmo que havia, generosamente, dedicado à música. Para *Tocata e Fuga* decidiu colocar as oscilações da trilha de som óptica e descartar quaisquer outras representações figurativas, mas avisou o homem de efeitos especiais Cy Young: "Não queremos seguir nada que outra pessoa tenha feito no abstrato." Para *Noite na Montanha Careca*, Walt teve a ideia de pôr o diabo tocando um violino ou um órgão, ou os dois ao mesmo tempo e elevando-se das profundezas de um vulcão – "uma espécie de músico louco, exultando com o efeito que sua música tem sobre os espíritos". Mais tarde – na verdade, em um encontro de três horas e meia de duração, na tarde do concerto no estúdio –, Walt elaborou a ideia, transformando o diabo em "um imenso Gulliver na aldeia com sua capa flutuando e todos esses espíritos em volta dessas casas", e essas imagens seriam acompanhadas do ruído de um vento soprando no cinema, graças ao novo sistema de som. Para *Cydalise*, Walt pensou em centauros e faunos brincando em um campo Elísio, onde um velho fauno está dando aula em uma escola de música mitológica e tem que censurar repetidamente um jovem fauno convencido de que sabe tudo; depois, decidiu acrescentar uma cena com fêmeas de centauro e um final em que os centauros correm atrás das fêmeas. Mas tinha dúvidas sobre o fauno – "se você torná-los bonitos, não poderá ser cruel demais com eles" –, pensando que os centauros poderiam servir também e começou a questionar se a música em si combinava com as imagens que tinha em mente. Quando Dick Huemer sugeriu que contratassem Stravinsky para escrever alguma coisa, Walt respondeu: "Esses caras não trabalham assim", embora estivesse tão confiante em seus esforços que disse a Huemer que podia prever o dia em que os compositores escreveriam para desenhos animados da mesma forma que escreviam para o palco.

Para *Dança das Horas*, Walt, citando as ilustrações de Heinrich Kley, imaginou um balé de animais, com cada grupo representando horários diferentes do dia – avestruzes (amanhecer), hipopótamos (dia), elefantes (tarde) e crocodilos (noite) –, mas objetou a qualquer coisa do "tipo óbvio de comédia pastelão" para a qual os próprios animais contribuíssem. "Acho que a principal coisa que devemos ter em mente é que os animais estão sérios", disse Walt à equipe de roteiristas. "Eles não estão fazendo palhaçada." Ele queria personalidade real. "Poderia ser uma pessoa grande e gorda tentando dançar balé. É para isso que nos dirigimos, e queremos animadores que possam nos dar isso." Em novembro, Walt fez com que a jovem Marjorie Belcher, que havia servido de modelo vivo para Branca de Neve, atuasse em um filme para dar sugestões aos animadores, atirando ideias com a mesma excitação e o mesmo detalhe que em Branca de Neve.

Visualizando uma dança entre uma fêmea de hipopótamo e um crocodilo, disse: "Acho que, lá no final, o cara finalmente a deixa cair, bum, e todo o cenário balança... Você vê a expressão no rosto dela – um branco e, imediatamente, ela faz uma daquelas poses".

A *Suíte Quebra-Nozes* foi mais difícil, em parte porque tinha várias seções. A princípio, Walt tinha a ideia de fazer a imagem aparecer gradualmente a partir de Stokowski regendo sua orquestra e depois regendo uma orquestra de insetos em um tipo de abertura. Isso levaria a uma procissão, a dança da fada açucarada com gotas de orvalho, e uma dança russa com tartarugas que se transformaria em dança chinesa, com lagartos com flores na cabeça como chapéus chineses apresentando-se para uma rã mandarim, além de uma dança árabe, com "animais pequenos". O *finale* seria um balé das flores, seguindo o desenvolvimento das flores através das estações. De acordo com a descrição de Walt, uma "bailarina aparece – uma garota bonita e graciosa – e ela põe um pouco de sexo na coisa toda... Quando dá um salto e gira no ar, veem-se suas calcinhas e seu pequeno bumbum – isso ficará excelente! A plateia vai delirar se pudermos fazê-la sentir sexo em uma flor". No final, folhas caem sobre as dançarinas enquanto as flores se exaurem. À medida que as folhas continuam a cair, o filme retorna à orquestra, agora na penumbra.

Mas nada estava escrito em pedra em *O filme do concerto*. Em novembro, Walt reconsiderou, depois reincorporou e, finalmente, abandonou toda a abertura ("Vocês querem dizer que tudo bem?", Walt perguntou incredulamente à equipe como nunca havia perguntado em Branca de Neve. "Eu esperava uma batalha"), recolocou as tartarugas da dança russa com espinhos e eliminou os pequenos animais da dança árabe em troca do que chamou de "extravagância submarina, incorporando todos os tipos de vida silvestre Marinha e peixes bonitos." A única sessão que o preocupava era a dança chinesa. Sentia que não haviam encontrado o exato correlativo visual. Mas se apegou ao elemento de que gostava. "Existe algo muito interessante nesses pequenos cogumelos que parecem caracteres chineses", disse Walt em um encontro. "Pegue esses pequenos cogumelos – há algo ali que ficará muito bonito, e as pessoas vão lembrar –, todas as vezes que olharem para um cogumelo depois disso vão tentar ver aqueles chineses." Por volta de janeiro de 1939, a procissão havia seguido o caminho da abertura, os lagartos e a rã mandarim também se foram e os cogumelos se haviam tornado as estrelas do segmento.

A sequência que realmente acendeu a imaginação de Walt, no entanto, foi A Sagração da Primavera, de Stravinsky. Walt já havia entrado em contato com Stravinsky em abril de 1938 sobre a possibilidade de usar *O Pássaro de Fogo* em *O Filme do Concerto*, embora esse plano tenha sido eliminado. Mas o nome de Stravinsky surgiu novamente, quando Walt, Taylor e Stokowski selecionavam músicas, e Walt, subitamente, perguntou se havia uma peça musical em que pudessem encenar "alguma coisa com temas pré-históricos – com animais pré-históricos". Taylor imediatamente respondeu, "A sagração da primavera" ,[6] e Walt, sem fazer uma pausa, começou a visualizar: "Haveria alguma coisa atemorizante nos dinossauros, lagartos voadores e monstros pré-históricos." Quando Stokowski pôs a música para tocar, Walt ficou em êxtase. "Isso é maravilhoso!", disse e, uma vez mais, descreveu os animais pré-históricos e os homens das cavernas. "Essa coisa pré-histórica seria algo completamente diferente de tudo que já fizemos. Seria grotesco e exagerado."

Agora Walt voava alto. Se *O filme do concerto* deu uma nova direção ao seu trabalho anterior, "A sagração da primavera" daria uma nova direção a tudo que existia em *O filme do concerto*. Quando alguém que fora ao concerto no estúdio reclamou que a peça era longa demais e triste, Walt rejeitou as queixas – "o final feliz novamente!" – e disse com entusiasmo exagerado: "Sinto que existe muita coisa que queríamos fazer há muito tempo e nunca tivemos a oportunidade ou a desculpa, mas quando se pegam peças de música como essas, realmente temos razão de fazer o que queremos fazer." O que Walt queria fazer era seguir a história da Terra a começar da criação e terminar com o homem triunfando sobre o meio ambiente pelo uso do intelecto – não apenas a animação como um ato de criação, mas animação como a própria Criação. Walt disse a um animador "que deve parecer que o estúdio mandou uma expedição a 6 milhões de anos atrás" e, por sugestão de Joe Grant, decidiu pedir ao estimado escritor de ficção científica H. G. Wells para zelar pela precisão do filme. Embora mais tarde Walt tivesse desistido da ideia da evolução e do triunfo do homem – um amigo disse que ele não desejava antagonizar-se com cristãos fundamentalistas – nunca desistiu da ideia básica de um cataclismo cósmico que testaria os limites da animação. "É o que eu vejo na última metade", disse. "Vulcões contínuos – o mar se revolvendo em fúria. Ponha os vulcões e a lava, e o mar e tudo o mais – os animais tentando escapar. Encerre isso com a grande explosão em algum lugar. Algo explode bem alto para terminar o quarto lado da gravação". Na verdade, Walt estava interpretando o aprendiz de feiticeiro, orquestrando as forças da natureza.

Naturalmente, essa era a interpretação pessoal de Walt da música. Stravinsky havia escrito "A sagração da primavera" não como uma interpretação musical da criação

6 Dick Huemer sugeria que Walt era tão ignorante em música clássica que, quando ouviu a palavra "sacre", perguntou, "sock (meia)?" Mas a transcrição desse encontro indica que Walt Não fez isso. De fato, ele mal parou. Dick Huemer, "Thumbnail Sketches", Funnyworld, outono, 1979, p. 41. (N.A.)

ou da evolução, mas como a celebração dos rituais indígenas americanos, e alguns da equipe de Walt sentiam que reinventar o tema dessa forma era uma injustiça para com a música, embora Walt tentasse se justificar dizendo que Stravinsky havia admitido uma vez que estava trabalhando temas primitivos. Outros objetaram que ninguém levaria os dinossauros a sério e o segmento seria ridicularizado. Walt considerou essa crítica e, durante algum tempo, pensou em fazer toda a sequência cômica. "Será mais seguro e nos divertiremos mais ao fazê-la, e acho que faremos uma coisa boa", disse ao departamento de enredo em uma abrupta mudança de rumo e, depois, começou a imitar como os dinossauros andavam, manquejando em volta da sala, com os joelhos curvados e o traseiro levantado. No espaço de uma semana, no entanto, Walt havia recuperado a postura e estava de volta, sem inibições, à livre associação com a música: "Alguma coisa como aquele último 'uarrumf' eu sinto que é um vulcão – mas ele está na terra. Eu tenho aquele 'âg uarrumf' na terra, mas podemos olhar para a água antes disso e ver a água espirrar." No fim, disse: "Há uma espécie de pausa... pulsando como uma velha máquina a vapor... 'tchu! tchu!... tchhhhh.'" Ele ficou tão excitado enquanto ouvia que disse sem pensar: "Stravinsky vai dizer, 'Jesus, eu não sabia que escrevi aquela música'."

Na época, a mãe de Walt tinha morrido e Stokowski deixara o estúdio para cumprir outras obrigações, embora tivesse dito a Walt que sempre poderia estar ali em poucas horas se Walt precisasse dele, e o filme ficou em um limbo temporário. Quando Stokowski voltou, em janeiro de 1939, Walt estava pronto. Juntos, nos dois meses seguintes, ouviram novamente as músicas, reexaminaram as continuidades, assistiram aos filmes na Leica e organizaram as sequências de forma que o filme tivesse um ritmo. Decidiram até tirar *Cydalise* e substituí-la por um segmento da *Sexta Sinfonia* de Beethoven, *Pastorale*, para o trecho do fauno e do centauro. "Se você tivesse escolhido qualquer outra sinfonia de Beethoven", Deems Taylor escreveu para Stuart Buchanan, que estava a cargo dos direitos musicais no estúdio, "eu diria, nada disso, vetado; perigoso demais. Não se pode brincar com o Mestre." Mas a *Pastorale*, sentia Taylor, era leve o suficiente para que alguém tomasse algumas liberdades com ela. Além do mais, "Beethoven era, em grande medida, um pagão, e do que mais teria gostado seria topar com um grupo de faunos e fêmeas de centauro".

Em março, Stokowski partiu novamente, desta vez para voltar à Filadélfia e gravar a trilha sonora. Walt reuniu-se a Stokowski semanas depois para as sessões na Academia de Música e, embora o maestro se irritasse com algumas restrições – em alguns trechos da música ele tinha de trocar de lugar parte da orquestra a fim de conseguir uma melhor reprodução do som e ouvir "deixas sonoras" enquanto conduzia a orquestra para sincronizar a gravação do som com o ritmo do desenho animado – Stuart Buchanan escreveu para Walt que "o Sr. Stokowski é um pouco difícil, às vezes, mas acho que estamos lidando bem com ele". Realmente, ao menos segundo um relato, Stokowski estava mais feliz com as gravações que Bill Garity, o engenheiro de som do estúdio, e Leigh Harline, seu diretor musical. De qualquer modo, no fim de abril, Walt estava de volta ao estúdio com a gravação encerrada. Agora, tudo que tinham a fazer era animar o filme.

Mas ele também tinha que lutar com *Pinóquio* e precisava terminá-lo antes que se passasse muito tempo e o estúdio perdesse impulso. Em pouco mais de seis meses conseguira desenvolver *O filme do concerto*. *Pinóquio* sempre fora uma proposta muito mais teimosa e, antes mesmo que a parte principal da animação começasse, o filme já estava bem acima do orçamento. Walt passou grande parte do verão e início do outono vendo cenas na "cela" e apresentou um esboço de montagem a seus funcionários no estúdio de gravação em setembro. A reação não foi entusiástica, mas Walt descartou a maior parte das críticas. "Existem certos caras que escrevem longas cartas para você... e criticam tudo de cima a baixo", Walt reagiu irritado, muito embora a dele fosse a voz mais crítica do estúdio, "e eu tenho conhecido alguns que vão pela arte e sequer sabem que diabos é arte." De qualquer modo, partiu poucos dias depois para férias de três semanas com Lillian no Havaí. Walt estaria menos depreciativo ao voltar das férias e mostrou o rascunho para Joe Rosenberg, do Bank of America, e Ned Depinet e George Schaefer, da RKO, em 26 de outubro. "Essas pessoas vieram examinar o filme em circunstâncias especiais e muito incomuns", escreveu o publicitário William Levy para Walt naquela mesma semana, claramente tentando distrair Walt do que, aparentemente, havia sido uma estreia menos que satisfatória, e concluiu: "Considero que ele pode e deverá superar *Branca de Neve* em faturamento em todos os mercados normais por uma considerável margem".

Mas o próprio Walt não tinha tanta certeza. Ele se gabou para a equipe de *Bambi* que o tempo extra que tinham sido obrigados a fazer em *Pinóquio*, quando tiveram que escrever novamente o filme, na verdade valera muito a pena, porque os animadores, com o benefício dos filmes ao vivo e das trilhas de diálogo, tinham agora mais domínio dos personagens – mais ainda do que tinham com os personagens de Branca de Neve. Em vez de operar da forma mais solta que havia prevalecido em Branca de Neve, onde os animadores com frequência eram deslocados para onde eram mais necessários, os diretores de *Pinóquio* trabalhavam com os animadores em pequenas unidades em personagens isolados e até faziam suas próprias sessões na moviola, de forma que nunca havia necessidade de chamar, por exemplo, Fred Moore para explicar os personagens, como Walt tivera que fazer em Branca de Neve. Walt ficou tão satisfeito com o jeito como os diretores e animadores internalizaram os personagens que achou que todos os filmes deveriam ser organizados daquela maneira dali em diante: um diretor e um animador-chefe responsáveis por apenas um personagem e trabalhando com a própria equipe de verificadores, *in-betweeners* e limpeza.

Mas Walt sabia que o sistema parecia melhor e mais eficiente do que realmente era. Ele admitiu que, como alguns animadores só podiam desenhar Pinóquio, e outros apenas o grilo, certas cenas não "se juntavam tão bem". Pior, como diretores e animadores trabalhavam exclusivamente em suas sequências, sem muita coordenação entre as equipes, eles estavam cegos para o resto do filme, especialmente porque Walt, que havia oferecido essa coordenação em Branca de Neve estava preocupado, na época, com *O filme do concerto*. "Toda aquela maldita coisa era uma operação confusa", o animador Milt Kahl diria mais tarde. "Eles tinham múltiplos diretores... Quatro ou cinco unidades com diretores. E então, cada um estava inclinado a... Não sei... a sequência dele se tornava a mais importante do filme... Se você aceitasse todas as sequências com o tamanho que os diretores queriam, o filme teria ficado com seis horas." O diretor de arte Ken O'Connor concordou em que o filme era uma desordem: "Havia pessoas querendo superar uma às outras... Sempre achei notável que as seções do filme se conectassem tão bem como sempre o faziam".

Com a distribuição de *Pinóquio* prevista para o Natal de 1939, o estúdio se viu, novamente, em luta contra o tempo. "Nós trabalhamos todas as noites durante todos os meses precedentes, e estávamos absolutamente exaustos", lembrou a pintora Jane Patterson. Embora a distribuição tivesse sido adiada para fevereiro, a equipe ainda teve de trabalhar na véspera do Natal. Mas, naquela noite, por volta das 9h30, as portas do departamento de tinta e pintura se abriram e Walt entrou, com um chapéu de aba redonda na cabeça, empurrando, silenciosamente, um carrinho de lavanderia. No carrinho, havia presentes de Natal para as garotas – estojos de maquiagem e cigarreiras, cada um "lindamente embrulhado". "Walt não desejou a ninguém um feliz Natal", lembrou Patterson. "Ele não conversou... Apenas entregou presentes para todas as garotas e saiu", mas ao fazer isso, disse Patterson, levantou, consideravelmente, o moral delas. No final, apesar do trabalho ininterrupto, o estúdio perdeu o prazo original do Natal em mais de um mês. Walt ficou fatigado e desanimado e lamentou para Gus Van Schmus, do Radio City Music Hall: "Foi o trabalho mais duro que os animadores jamais tiveram, e eu espero não ter de passar por uma coisa dessas nunca mais em minha vida".

Enquanto *Pinóquio* se aproximava rapidamente do fim, Walt estava focado em sua verdadeira paixão no momento: *O filme do concerto*. Agora, na ausência de Stokowski, o estúdio enfrentava uma tarefa urgente: precisava de um título para o filme. Desde o início ele fora chamado de *O filme do concerto* ou *Filme Musical*, mas, à medida que progredia, o publicitário da RKO, Hal Horne foi pressionado a criar algo mais eufônico – algo, ele esperava, que pudesse registrar para eliminar a possibilidade de outro estúdio de animação usá-lo. Sua própria sugestão era Concerto Filme-harmônico, mas Stuart Buchanan decidiu fazer um concurso no estúdio em busca de outras possibilidades. Duzentos e cinquenta e nove empregados apresentaram quase 1.800 títulos, incluindo *De volta a Stravinsky e Bach* e *Eruditovski por Stokowski*.[7] Mesmo assim, a favorita entre os que supervisavam o filme continuou a ser um título muito prático, *Fantasia*. Na época do concurso, até Horne começou a gostar dele. "Não é a palavra sozinha, mas o sentido que nós lhe atribuímos", escreveu para Buchanan em maio. No final da mesma carta, Roy deu sua aprovação: "*Fantasia* se tornou cada vez mais atraente para nós, tem um som bonito e é intrigante." Só Stokowski não parecia convencido. Em outubro, sugeriu que ele e Walt buscassem mais títulos "tentando encontrar aquilo que queriam dizer para o público através desse filme e de seu título". Se chegaram ou não a fazer isso, o título permaneceu. Desde então, o filme passou a ser conhecido como *Fantasia*.

Nessa época, a animação do filme estava bem encaminhada, e Walt, profundamente envolvido, apesar de periódicos desvios para *Pinóquio* e *Bambi*. Seu objetivo era a grandeza. Para *Tocata e Fuga*, contratou um animador alemão chamado Oscar Fischinger, bem conhecido nos círculos da animação por suas abstrações. Embora gostasse do trabalho de Fischinger, Walt não se impressionou com a personalidade dele – um homem alto, arrogante, que se vestia inteiramente de negro – e Fischinger retribuiu o tratamento, dizendo que "não havia artistas" no estúdio, "só cartunistas". Jules Engel, outro bom artista que havia conseguido trabalho em *Fantasia*, disse que tinha sido prevenido a não usar no estúdio a palavra "abstrato", porque, lhe disseram, "você verá as pessoas olharem para você como se você fosse um personagem estranho". Na verdade, enquanto avisava aos animadores para evitar o que chamava de "abstração selvagem", Walt estava ainda mais cansado de animação figurativa para aquela seção do filme. "Ponha figuras nele, e ele se torna comum", disse em um encontro para discutir

7 No original, *Highbrowski por Stokowski*. (N.T.)

o enredo em agosto. "Vamos vender essa coisa por cinco milhões de dólares e não vamos vulgarizá-la e vendê-la por uma ninharia." A despeito das queixas de Fischinger e Engel de que Walt não desistia do figurativo, o oposto era, de fato, verdadeiro. Em *Tocata e Fuga*, Walt não tentava realizar sua visão consciente, como fizera em Branca de Neve e *Pinóquio*; ele queria investigar sua psique. "Isto é mais ou menos como desenhar coisas subconscientes", Walt disse à sua equipe depois de descrever como a música parecia chegar a ele "através da pele". "É um clarão de cor que perpassa uma cena, ou o movimento de uma porção de coisas indefinidas. É o mais próximo que consigo chegar da descrição de coisas abstratas."

Ele adotou a mesma abordagem para *Suíte Quebra-Nozes*. Buscava alguma coisa que parecesse ter sido sonhada. "É como alguma coisa que se vê com os olhos meio fechados", disse à equipe, tocando o poético. "Quase se pode imaginá-las. As folhas começam a parecer como se estivessem dançando, as flores que flutuam na água começam a parecer bailarinas com suas saias." Às vezes, nos encontros para discutir a história, ele simplesmente punha a música para tocar e deixava a equipe ouvir para poder descobrir as impressões que a música evocava nos artistas. Ele sempre queria mais imaginação. Seu medo nunca era que a animação pudesse ser inteligente ou esotérica demais para o seu público. Seu medo era querer fazer tanto em *Fantasia* que poderia assoberbá-los. "Existe uma teoria que sigo: o público sempre fica encantado com uma coisa nova", disse em um encontro de roteiro, "mas mostre coisas demais, e ele fica inquieto." Em outro encontro, advertiu que "as coisas devem ser grandes, impressionantes, mas simples. Não ponham coisas demais ali".

Como Walt podia fazer o que lhe agradasse sem ter que se preocupar com uma narrativa, ou ter que representar as coisas realisticamente, *Fantasia* pareceu velejar durante a primavera e o verão de 1939 sem nenhuma das barreiras que havia encontrado em *Bambi* e *Pinóquio* – exceto em uma seção. Quando trocou *Cydalise* pela *Pastorale* de Beethoven, Walt se ajustou a um preconceito em relação à música. Ele tinha visualizado uma seção inspirada pela mitologia grega, descrevendo os deuses no Monte Olimpo e as criaturas mitológicas ao pé da montanha – aqueles centauros e faunos. "Não ficamos sérios demais porque eu, realmente, não sinto nada sério demais", disse aos seus roteiristas em agosto, quando estavam começando a dar forma à seção; mas advertiu: "Não vamos para a comédia pastelão; existe algum refinamento na coisa toda." Walt estava tão ansioso para ir adiante que prometeu pôr o estúdio inteiro a trabalhar na sequência.

Até esse ponto, Stokowski, que assistiu a muitos encontros de roteiristas no início da primavera e fim do verão, em geral apoiava as ideias de Walt, estimulando-o até a ignorar as críticas antecipadas pelos aficionados da música clássica. Mas quando se chegou à *Pastorale*, Stokowski pôs um limite. "Não quero sair do meu próprio campo – sou apenas um músico", disse, não demonstrando total honestidade, em um encontro para discutir a história em julho, "mas acho que o que você tem ali, a ideia de grande (sic) mitologia, não é exatamente, a minha ideia do que trata essa sinfonia. É uma sinfonia da natureza – ela é chamada *Pastoral* (sic)." Ele repetiu a objeção poucas semanas depois, quando foi sugerido que as formas da natureza fossem completamente eliminadas. "Se as árvores e as formas da natureza forem deixadas de fora", disse, "então se deixará de fora o que a música é." Quando Walt pareceu dar pouca importância às queixas, Stokowski, dizendo que queria ser "leal a você e ao seu filme", mesmo assim explicou, energicamente, que Beethoven era "adorado" e que se eles se distanciassem demais de sua intenção estariam buscando problemas com entusiastas ofendidos da música.

Nesse ponto, Walt defendeu sua opinião contra a de Stokowski. Retorquiu que não queria pôr natureza na tela porque achava que as cenas bucólicas seriam demasiado convencionais. "Desafio qualquer um a criticar centauros ou deuses fazendo uma tempestade", disse, "este é o nosso meio, e é assim que eu me sinto sobre isso." Com isso, Walt expressou, intencionalmente ou não, que o tema real do filme era poder – seu próprio poder. E insistiu em que, de qualquer modo, as liberdades que tomava eram leves demais. Em vez de se passar nas florestas em torno de Viena, como Beethoven tencionava, a sequência seria nos Campos Elíseos e, em vez de dança camponesa, teria Baco. "Ele traz todos os centauros para seu alegre baile, e eles se divertem alegremente." E Walt fez uma declaração que os críticos, mais tarde, usariam para dilacerá-lo por seu suposto desprezo pela arte e senso de imperialismo cultural: "Acho que isso dará conta de Beethoven".

Mesmo enquanto finalizava *Fantasia*, ele ainda tinha *Bambi* para resolver. Naquela primavera, começou a pressionar a equipe para acelerar a produção. Ele esperava que em maio, fosse animado o esboço da morte da mãe de Bambi e, em agosto, todo o filme estivesse terminado. O problema era que a equipe na rua Seward, abandonada aos seus próprios recursos enquanto Walt trabalhava em *Pinóquio* e *Fantasia*, ainda tinha de determinar como iria prosseguir. Após quase um ano e meio dizendo-lhes para imaginar os personagens antes de animá-los, Walt os direcionou para começar a animação das seções do filme o mais rápido possível, revê-la nos "filmes Leica" e, depois, revisá-la. Somente então seriam trazidos os animadores-chave, "os melhores animadores de animais que temos no estúdio", como Perce Pearce disse, para pôr os personagens em movimento. Quando Pearce descreveu o processo em uma reunião para discutir a história em abril, os "filmes Leica" lhes deram uma oportunidade de experimentar e descartar o que não funcionava. "Não existem fórmulas para nada disso", afirmou, admitindo essencialmente, que não haviam finalizado o projeto. "É apenas erro e acerto."

No fim de agosto, Walt, que tinha dito que não queria sentar-se para longas reuniões sobre a história, havia revisado as primeiras quatro bobinas na Leica e não estava feliz. Parte da ação era muito lenta, havia muito pouca tensão na cena quando o homem entra na floresta, e as vozes eram inadequadas. Mesmo assim, instruiu a equipe a começar a animar, na esperança de que, no processo, os personagens se firmassem. "Fizemos isso em *Pinóquio*", disse à equipe, em uma reversão do método em Branca de Neve e do que vinha dizendo à equipe de *Bambi*, "que você não descobre o seu personagem até começar a fazer um pouco de animação com ele". Mas a questão de como animar persistia. Designa-se um personagem para um animador durante todo o filme, como fizeram em *Pinóquio*, ou ele recebe apenas uma cena, na qual desenha todos os personagens? Divide-se o filme em sequências com suas próprias equipes de roteiristas e animadores, ou se tem uma única equipe de história e animação trabalhando durante todo o filme?

As respostas foram dadas durante um encontro que durou o dia inteiro na "cela" em 1º de setembro de 1939, o dia em que a Alemanha invadiu a Polônia – um evento que pareceu não ter efeito sobre o estúdio. Walt, agindo por sugestão de Milt Kahl, que reclamou ter "mofado" desenhando apenas *Pinóquio*, decidiu romper o bloqueio e designou Kahl, Fred Moore e Frank Thomas para o projeto como uma equipe, porque "eles têm a mente muito analítica", muito embora Kahl e Thomas ainda estivessem preocupados com *Pinóquio* e não estariam disponíveis durante mais dois meses. Uma semana depois, Larson substituiu Moore, mas a ideia continuou a ser que, em vez de distribuir a animação entre indivíduos, como Walt havia feito em Branca de Neve e *Pinóquio* e como estava fazendo em *Fantasia*, os três animadores, agindo juntos, controlariam toda a animação do filme – concebendo os personagens, dividindo a ação em blocos e, depois, supervisando os outros animadores necessários para encerrar o projeto. Revertendo novamente o curso, Walt avisou aos três que começassem como em Branca de Neve, concentrando-se em uma única cena, a cena em que Bambi aprende a andar, e transformando-a em um guia para os animadores que viriam.

Foi um processo mais longo – deixar os animadores apenas desenharem e animarem até captar o sentimento do personagem –, mas Walt já admitira que *Bambi* não ficaria pronto logo e *Fantasia* seria distribuído após *Pinóquio* e, depois, ele liberaria o que chamava de "filmes de curtas", três desenhos animados longos empacotados como um filme, depois outro filme e, depois, "talvez" *Bambi*. "Haveria um desastre se começássemos a apressar todo mundo nesse filme", disse à equipe. Quando Kahl perguntou a Walt quando esperava que a produção começasse, Walt replicou que ela começaria quando ele e sua equipe sentissem que estavam prontos para começar. Ele não mais os pressionaria. "É sábio avançar sem pressão", disse, citando sua experiência em *Pinóquio*, "e todo mundo tem chance de sentir o que está fazendo".

Os animadores usaram parte do tempo para estudar veados. Em Branca de Neve, comentou Eric Larson, os veados tinham sido "sacos de trigo" porque a equipe ainda não havia adquirido a técnica de desenhá-los apropriadamente. Para *Bambi*, os animadores passaram três ou quatro meses apenas concentrados em desenhar veados. Walt juntou milhares de pés de filmes de veados, pediu emprestado a outros estúdios e contratou um fotógrafo só dele, Maurice Day, para ir ao Maine fazer estudos fotográficos, incluindo um do nascimento de um bebê-veado – "um sortimento bastante variado de veados", segundo Walt. Para dar mais orientação aos animadores, Day, finalmente, mandou duas fêmeas de veado para o estúdio, onde eram mantidas em um abrigo ao lado do edifício da animação, o que levou a aventuras quando um veado macho apareceu e teve de ser laçado por um assistente de direção e, depois, quando os veados escaparam para as montanhas, e os animadores foram enviados para recuperá-los. Enquanto isso, o artista Rico Lebrun dava aulas no fim da tarde em que analisava a anatomia dos veados. Ele havia conseguido com um guarda florestal a carcaça fresca de um veado e, a cada aula, removia uma camada de pele ou de músculo até finalmente atingir o osso – a essa altura Eric Larson era o único da equipe que conseguia suportar o fedor, então ele fazia desenhos e os distribuía. "Ele apenas nos treinava e nos treinava para que entendêssemos o que era a anatomia, o que era a estrutura do osso... o que acontecia quando uma perna era levantada, o que acontecia quando o peso do corpo caía sobre aquela perna", disse Larson sobre as aulas de Lebrun.

Na maior parte do tempo, Walt prestava pouca atenção a *Bambi*. Mas Perce Pearce, o supervisor nominal, obviamente seguindo indicações de Walt, avançava tão devagar e se fixava em detalhes tão pequenos que começou a frustrar a equipe, então Walt indicou Dave Hand, que havia coordenado Branca de Neve para supervisar Pearce. Hand tinha razão ao dizer que algumas grandes decisões foram tomadas sem a contribuição de Walt. Foi Ham Luske, por exemplo, quem sugeriu em um encontro em setembro que eles centralizassem em um dos coelhos para que ele servisse como uma espécie de guia, da mesma forma que Jiminy Cricket em *Pinóquio*. Isso deu ao amigo de Bambi, Tambor, um papel muito maior e mudou a apresentação de *Bambi* à floresta. Como Thomas e Johnston mais tarde descreveram o filme, "agora, a primeira parte do filme começou a ser sobre crianças maravilhosas que, por acaso, eram animais, inocentes e alheios à realidade de seu futuro".

Contrariamente a Hand, no entanto, Walt de fato, gastou um considerável volume de tempo em novembro e dezembro revisando as continuidades e, se não participava da produção de *Bambi* tão ativamente quanto em Branca de Neve e *Pinóquio* ele era, mesmo assim, a sensibilidade primária que podia inventar uma sequência inteira em uma explosão súbita de inspiração. Walt interrompeu, abruptamente, uma reunião para o que chamou de "apenas um clarão que ocorreu em minha mente aqui" e começou a descrever uma nova abertura para o filme. "Digamos que a abertura seja uma manhã na floresta. Tudo está despertando e se erguendo. E depois você vai para a velha coruja, e ela vai dormir. E depois apresentamos o esquilo e o esquilo listrado. Vamos apresentar todos os personagens que quisermos naquela manhã." E, depois, "um rebuliço se espalha, 'está aqui' – aconteceu –, e eles começam a voar de um lado para outro e toda a danada da floresta começa a falar alto e se movimentar" com o nascimento de Bambi. A versão final ficou muito parecida com o que Walt descreveu no encontro. Poucas semanas depois, refletindo sobre a sequência do inverno, ele veio com a ideia de *Bambi* sobre o lago de gelo. "Ele nunca esteve sobre gelo antes. É como Pluto com patins no gelo. Simplesmente não consegue ficar de pé. Passa por terríveis dificuldades". Esta cena também aparece no filme final.

IV

Em dezembro, enquanto consertava *Bambi*, Walt ainda tinha de cumprir uma tarefa mais importante: supervisar a mudança do estúdio de Hyperion para Burbank. Durante todo o tempo em que trabalhou em *Pinóquio*, *Bambi* e *Fantasia*, entre dúzias e dúzias de reuniões e sessões na "cela", ele também esteve engajado no planejamento e na construção em Burbank, tipicamente consultando os engenheiros e arquitetos três vezes por semana e fazendo avançar o projeto em um estilo de erro e acerto não muito diferente do de *Bambi*. "Tudo estava nebuloso então", disse Frank Crowhurst, o empreiteiro geral, a respeito das várias ideias em análise. "Esperávamos que funcionassem." Eles haviam começado o prédio da animação no fim de fevereiro de 1939, com a intenção de encerrar tudo, exceto o prédio da administração, em outubro. Uma vez mais, o tempo era essencial. Com tantos filmes em produção, o estúdio não podia suportar uma transição procrastinada. "O estúdio poupará um bocado de dinheiro se pudermos construir todos esses prédios e os ocuparmos tão logo seja possível e mais ou menos todos ao mesmo tempo e nos causando o mínimo de perda de tempo ou confusão na mudança", escreveu Roy para Crowhurst e Bill Garity, que cuidava dos detalhes técnicos, com a ideia de que se pudessem fazer a maior parte do trabalho internamente, poderiam acelerar a construção.

Se o tempo era essencial, o mesmo acontecia com o dinheiro. Antes mesmo do início da construção, Roy discutia se, para cortar custos, podiam colocar os escritórios administrativos no prédio da animação, ou eliminar uma ala do prédio da animação, ou se realmente necessitavam de um grande estúdio de gravação e um cinema.[8] Também discutiram se deveriam manter o programa de treinamento na rua Seward, onde estava temporariamente instalado, porque o espaço no novo estúdio seria disputado, e eles não teriam recursos para construir nada novo durante anos. No fim, cortaram surpreendentemente pouco, a despeito do fato de, com os atrasos na produção, o dinheiro não estar mais fluindo para o estúdio como havia acontecido depois de Branca de Neve. Em lugar disso Roy, aconselhado por Joe Rosenberg e com a intervenção de Doc Gianini, do Bank of America, entrou com um pedido no governo de um Empréstimo de Reconstrução Financeira em junho de 1939 e viajou a Washington mais tarde, naquele mês, para defender seu caso pessoalmente. "Todas as perguntas e discussões pareciam direcionadas para a tentativa deles de encontrar razões e desculpas para apresentar à diretoria uma recomendação de que o empréstimo fosse feito", Roy escreveu para George Morris após seu encontro.

Enquanto Roy levantava o dinheiro, Walt parecia deliciar-se com a construção tanto quando desfrutara o planejamento. Visitava frequentemente as obras, levando às vezes Diane e Sharon, que adoravam entrar nos salões cavernosos e gritar. (Walt citou suas admoestações a elas para uma equipe de história de *Bambi* a fim de sugerir o comportamento da coruja.) Ele também levou o pai até lá, esperando arrancá-lo da depressão em que afundara desde a morte de Flora. "Pensei que ele fosse ficar animado com o tamanho dessa coisa", disse Walt depois, revelando talvez, que o novo estúdio era mais uma demonstração de seu sucesso e poder para um pai que, com tanta frequência, o havia rejeitado. Mas Elias não se impressionou. "Para que mais ele serve?", perguntou, levando Walt a responder que todas as instalações poderiam ser transformadas em um hospital se o estúdio afundasse.

---

8 Eles acabaram eliminando o edifício da administração e alojando seus escritórios no prédio da animação. (N.A.)

Quando abriu, três meses depois, o estúdio seria tanto a realização de um desejo quanto *Fantasia* prometia ser. Agora Walt tinha sua utopia física. Dizendo que havia evitado delicadezas estéticas, afirmou que o desenhara fundamentalmente para ser funcional. "Dê-me os planos, as funções, inteligentemente planejados", ordenara a Crowhurst, "e eu não me importo com o que você faça depois desde que não destrua essas funções." Mas para Walt, a função era generosamente definida, o que significa que a estética era muito levada em consideração. Ele queria que o lugar desse uma sensação de conforto, até de alegria, para que os empregados trabalhassem por diversão em lugar da obrigação. Para evitar a monotonia e permitir uma mudança de ritmo, ele determinou que as alas e os andares fossem pintados de cores diferentes, cores brilhantes e ousadas, o que foi uma coisa que o designer Kem Weber nunca havia feito antes. Para aliviar qualquer impressão de instalação industrial sombria, Walt aprovou tijolos de tons diferentes, incorporando uma paleta Califórnia com o bege do deserto equilibrando o vermelho. Hyperion tinha sido frequentemente descrito por repórteres que destacavam sua atmosfera de campus universitário; Walt determinou que o novo estúdio tivesse a aparência de campus também. Nada subia até as nuvens em Burbank. Tudo era baixo e horizontal, mais se integrando que se impondo. Os caminhos eram amplos, o gramado verde plantado com carvalhos, o ar parado e tranquilo e cheio da fragrância de grama recém-cortada. Havia até codornas, pombos, coelhos e o ocasional veado, e comumente se via Walt sob uma das árvores observando-os. A muito própria Marceline de Walt.

Mas era imponente à sua maneira. "Só quando se chegava ao novo estúdio em 50 acres de terra é que se percebia como aquela instalação era grande", disse Bill Cottrell. O custo estimado foi de quase US$ 2 milhões, com praticamente metade disso alocado para o prédio da animação de 152 mil pés quadrados, que era três vezes o tamanho do prédio da animação em Hyperion. Tinta e Pintura também era três vezes maior que os galpões em Hyperion, e o estúdio de gravação quase cinco vezes maior que o do velho estúdio. Englobando tudo, Burbank era quatro vezes maior que Hyperion.

Não era apenas uma questão de tamanho. Hyperion era atraente, mas dilapidado, Burbank era limpo e eficiente, exatamente como pretendia ser o novo processo de produção. O prédio da animação tinha três andares e oito alas compridas que se projetavam de um corredor e formavam duas figuras de "H" lado a lado. A ideia era que a produção fluísse sem obstruções do terceiro andar, onde Walt tinha seu escritório na ala H, ao lado do departamento de enredo e onde os filmes eram iniciados, para o segundo andar, onde os diretores e homens de layout dividiam as histórias dos filmes em sequências, planejavam a execução e, finalmente, passavam os esboços nas moviolas situadas ali, para o primeiro andar, onde cerca de 200 a 300 animadores, separados em grupos e sob a orientação de animadores-chefes em cada ala, faziam os desenhos, e para o porão, onde se alojava uma câmera de teste e os esboços eram fotografados. Cada ala tinha uma unidade – três devotadas aos filmes e uma aos curtas-metragens.

Em meio à pretensa nova eficiência, Walt não economizou nas amenidades. Havia não apenas um refeitório cuidadosamente planejado, onde Walt e Roy democraticamente faziam suas refeições, como também uma lanchonete no primeiro andar do prédio da animação e um bufê na cobertura. Quem quisesse um sanduíche ou um milk-shake podia simplesmente pedir um, e ele seria entregue por um garoto do tráfego no escritório. Havia também uma barbearia para quem precisasse aparar o cabelo. Walt também providenciou um ginásio na cobertura, onde um treinador sueco chamado Carl Johnson dirigia sessões de exercício, e um deque no telhado, onde os animadores podiam – e de fato o faziam – banhar-se nus. Diariamente ao meio-dia, no cinema do estúdio, era exibido um espetáculo de trinta minutos de animações, notícias e cenas de outros filmes. Embora, na verdade, tivesse sido modelado como um campus e, frequentemente, ainda era comparado a isso, o estúdio tinha tantos luxos que o próprio Walt o comparava agora a um "pretensioso hotel". A única coisa que faltava, sentia Walt, eram casas no terreno para os empregados, de forma que nunca precisassem deixar o estúdio, e ele estava pensando em como fazer isso. Esse era o último elemento de seu velho sonho comunitário.

Alguns sentiam que Walt havia transplantado para Burbank o sentimento de camaradagem e companheirismo de Hyperion. "Toda a atmosfera promove a despreocupação e a alegria que se encontram nos filmes de Disney", trinou a colunista Hedda Hopper sobre a mudança. "Depois do almoço, encontram-se executivos jogando de tudo, desde softball a pingue-pongue com os empregados." Ela citou o fato frequentemente observado que todos chamavam o chefe de "Walt". Uma repórter do *New York Times* que visitou o estúdio mais tarde naquele ano, escreveu em espírito semelhante, que um "passeio pelo gramado ao meio-dia era como um passeio pelo Central Park aos domingos. Os empregados sentavam-se ou se reclinavam relaxadamente na grama; eles chamavam, 'Alô, Walt... Oi, Walt... Walt... Walt.' E Disney acenava e retribuía o cumprimento" – um impacto sublinhado pelo fato de as ruas do estúdio receberem o nome dos personagens de Disney: entrada Dunga e avenida Mickey. Outros descreviam as mesmas brincadeiras, o mesmo espírito de cooperação, a mesma devoção, o mesmo sentido de propósito de Hyperion. "Você não consegue evitar sentir que vai agarrar aquele danado do Santo Graal", disse um empregado a um escritor que fazia uma reportagem sobre o novo estúdio para *The Atlantic Monthly*. Um bailarino que havia interpretado alguma ação ao vivo para *Dança das Horas*, escreveu para Walt agradecido, dizendo: "Todo mundo parecia feliz e satisfeito" e atribuiu isso ao "bom humor, gentileza e cortesia" de Walt.

Mas alguma coisa havia mudado – algo indescritível, mas importante, que estava minando o sentimento de felicidade e contentamento. Após o fluxo inicial de apreciação, alguns empregados começaram a sentir que o estúdio era bom demais, perfeito demais. "A atmosfera de coleguismo tornou-se quase opressiva", queixou-se um empregado. Outro lembrou: "Tudo era tão bonito que quase senti vontade de usar gravata." Antes que o estúdio mudasse para Burbank, Joe Rosenberg, o banqueiro, vagamente advertira Walt que as novas instalações seriam tão bonitas "que você vai causar descontentamento!" Rosenberg estava certo. Alguns atribuíram isso a uma nova sensação de impessoalidade, agora que o estúdio era maior e mais rotinizado. Ollie Johnston disse que, se quisesse falar com um colega animador, tinha de caminhar e passar por secretárias e subir ou descer escadas. Até Walt tinha agora dois escritórios adjuntos – um que chamava de escritório formal, o outro, um escritório de trabalho – no fim de um comprido corredor e guardado por duas secretárias que, efetivamente, o isolavam do resto do estúdio. Outro empregado dos Disneys acreditava que as tentativas de obter mais eficiência, ineficazes como em geral eram, haviam tomado o controle, sabotando no novo estúdio a informalidade e o espírito do velho Hyperion. Comentou ainda que em vez de "forma de arte improvisada", a animação de Disney se tornou um "negócio eficiente". Ao menos um animador atribuiu a mudança no estúdio a uma mudança no próprio Walt, que agora estava mais isolado de seus empregados e circulava ainda menos que antes. "Quando Walt começou a ter a ideia do novo estúdio", disse o animador, "ele se tornou um homem diferente; de alguém que trabalhava coletivamente, muito próximo de seus empregados, transformou-se em chefe."

Ele até descreveu Walt em Burbank como um déspota.

Qualquer que tenha sido a causa, muitos empregados com o tempo, passariam a considerar a mudança para Burbank, como disse um deles "uma linha de demarcação entre a era do sentimento de alegria" e o "começo da perda de moral". Walt descobriria um ano depois a espessura dessa linha.

O próprio Walt notou que alguma coisa estava mudando. Um ano antes, em meio aos atrasos na produção, ele se preocupara com o moral baixo e forçara Roy a alugar um cinema para que ele pudesse falar aos empregados e anunciar uma nova forma de bônus a ser pago com o tempo. "Era um pensamento dele", disse George Morris a Roy. "Ele queria manter o espírito da organização para cima a fim de receber todo o benefício do anúncio e do pagamento posterior quando mais precisava da cooperação daqueles que participavam desse esforço." isso não ocorreu, mas em 30 de janeiro de 1940, após a mudança para Burbank e com *Pinóquio* finalmente pronto para ser distribuído, Walt reuniu alguns empregados, escolhidos a dedo, na sala 3C12 do prédio da animação. Quando se dirigiu a eles durante duas horas e quarenta e cinco minutos, no que pode ter sido o desempenho solo mais exuberante e revelador de sua vida, Walt explodia de confiança. O estúdio era agora grande o bastante, disse, para que pudessem fazer o que bem entendessem – o que quer que ele quisesse fazer – e descreveu como, dali em diante, teriam três unidades trabalhando simultaneamente em três filmes. "Este complexo, este estúdio – é mais que uma coisa comum", disse, emocionado. "Existe um certo espírito que prevalece aqui. Posso ver isso nos garotos. Eles têm a sensação de que isto não é uma empresa." Mas o que queria, o que esperava, o que pode ter começado a sentir que perdia com as novas divisões no prédio da animação e as rivalidades que pareciam surgir entre as equipes que trabalhavam em filmes diferentes era o velho espírito de colaboração. "Não senti que *Bambi* foi uma de nossas produções", confessou Walt. Ele queria mudar isso. "Quero um grupo de caras que vão reunir-se e discutir seus problemas, e nós cuidaremos de suas recomendações", anunciou. "Queremos descobrir o que eles pensam… E eu quero ouvir isso deles em primeira mão." Walt pediu "uma certa informalidade" na discussão de ideias. E continuou: "Quero que os grupos de enredo se reúnam. Quero que falem sobre o seu trabalho… Quero reunir diretores, artistas de layout e de cenário… Temos de encontrar a forma mais eficaz de unificar esta planta. Quero unificar de tal maneira que todos estarão trabalhando juntos." Ele queria o divertimento de volta.

Mas essa não foi apenas uma conversa para elevar o moral das tropas ou recuperar o que tinham em Hyperion durante a realização de Branca de Neve. Walt disse que queria criar uma comunidade financeira, assim como artística. Ele disse ao grupo que, sob o sistema de pontuação da animação, esperava um reajuste salarial de US$ 150 mil em *Pinóquio* e queria pagar-lhes em bônus, exatamente como fizera em Branca de Neve. Mas nem este era o ponto principal. Walt disse que vinha trabalhando havia algum tempo em um esquema mais amplo, no qual cada empregado seria pontuado de acordo com seu valor para a companhia, sua permanência ali, sua cooperação, sua ambição e, depois, ter reservada para ele uma participação mensurada nos lucros. Este seria – Walt disse aos seus empregados – o único meio de assegurar a sobrevivência da companhia "no caso de eu morrer". "Temos de acertar isso para que o negócio não acabe... Tenho medo de que este negócio seja jogado na rotina normal de Hollywood, e eles comecem a jogar esses desenhos animados em cima do público", afirmou. "Talvez eu tenha tido demasiadas experiências ruins. Conheço sujeitos, no entanto, que são assim. Tudo em que pensam é quanto dinheiro vão conseguir tirar de determinada coisa." No estúdio Disney seria diferente. Todo mundo teria uma participação no sucesso contínuo da companhia. Todo mundo teria participação na manutenção da qualidade que, Walt sempre sentiu, era a chave do sucesso. Ele não sabia ao certo como distribuir o dinheiro – se lançar ações preferenciais, o que hesitava em fazer, ou instituir um fundo dos empregados, ideia de que também não gostava, ou algum outro mecanismo –, mas estava certo de que o faria. Se essa era a utopia de Walt, então todo mundo no estúdio seria parte dela.

O que tornava possível esse tipo de utopia era a expectativa de Walt de obter algum retorno – ele não sabia exatamente quanto – de *Pinóquio*, após os seus intermináveis problemas e atrasos. Em 7 de fevereiro de 1940, uma semana após a reunião com os empregados, *Pinóquio* estreou em Nova York, dezoito meses após a data original de distribuição. (Walt, mencionando a recente mudança para o novo estúdio, declinou da estreia de gala.) Mas o atraso não emudeceu a recepção crítica. Se aos olhos dos críticos *Pinóquio* não tinha exatamente as emoções de Branca de Neve ou a narrativa tensa daquele filme, eles reconheciam que o filme tinha uma amplitude maior e que o padrão da animação era muito melhor, algumas vezes de tirar o fôlego. "*Pinóquio* supera todos os desenhos animados que eu jamais vi", escreveu Arthur Miller, crítico do *Los Angeles Times*. Frank Nugent, do *New York Times*, disse que o filme era "o evento mais alegre desde a guerra" e "superior a Branca de Neve em todos os aspectos, exceto um: sua música". Mesmo assim, concluiu, era "o melhor desenho animado já feito". Otis Ferguson, escrevendo em *The New Republic*, considerou-o episódico, mas achou que "leva o desenho animado a um grau de perfeição que a palavra desenho animado não cobre". E acrescentou: "Nós contornamos o problema de não existir nenhuma palavra velha para uma coisa nova dizendo é um Disney." Howard Barnes, no *New York Herald*, foi além. Chamou Disney de "infalível". Cumprimentando Walt após a estreia, Stuart Buchanan, o diretor de elenco e diretor musical do estúdio, disse a Walt que, se ele estivesse lá, "quaisquer preocupações que pudesse ter sobre o sucesso de *Pinóquio* teriam terminado. As resenhas críticas falam por si mesmas, mas eu nunca vi uma plateia tão grata". Buchanan disse que se sentia orgulhoso de fazer parte da organização Disney. Até Roy, escrevendo para Walt a caminho de Nova York para discutir a questão de como distribuir a participação dos empregados, parecia satisfeito: "No meu ponto de vista, tudo parece estar indo muito bem em todos os sentidos."

Mas Walt se preocupava – e acertadamente, segundo se revelou. Apesar das resenhas efusivas, o comparecimento foi bem inferior ao de Branca de Neve e, por volta de abril, George Morris avisava que a receita estimada de *Pinóquio* teria de ser cortada em um milhão de dólares, o que significava, entre outras coisas, que os propostos bônus de Walt teriam de ser eliminados. Morris agora previa "severas perdas" com o filme. Algo saíra errado. Ben Sharpsteen atribuiu o desapontamento do público ao fato de *Pinóquio* ser interessante apenas para crianças, enquanto Branca de Neve tinha mais atrativo para adultos. "O que se comentava no Music Hall era que as matinês eram maravilhosas com o ingresso reduzido para crianças", Sharpsteen disse a um entrevistador anos depois. "Mas, meu Deus, podia-se disparar um canhão no corredor à noite!" Outros sentiam justamente o contrário: que *Pinóquio* era muito sombrio e perturbador para crianças e apresentava, como um estudioso de Disney mencionou, "a visão mais desolada de todos os filmes de Disney". Realmente, muito mais que Branca de Neve, *Pinóquio* descrevia, racionalmente, o tema central de Disney sobre as responsabilidades da maturidade e o que se tem que sacrificar para crescer. Então, se Branca de Neve representava um alívio para um mundo fatigado da Depressão, *Pinóquio* servia como um lembrete das dificuldades da Depressão e da guerra na Europa. O próprio Walt, que se enfurecia ante qualquer sugestão de que *Pinóquio* não se saíra bem, tinha uma explicação mais simples. Ele responsabilizou a concorrência do filme *E o Vento Levou*, o "arrasa-quarteirão" distribuído semanas antes, e a própria guerra, que cortou significativamente os lucros. Por causa da guerra, o filme foi traduzido para apenas duas línguas, espanhol e português, e teve apenas 45% de seu faturamento fora dos Estados Unidos e Canadá, substancialmente menos que Branca de Neve. Só na Inglaterra, onde Branca de Neve havia faturado US$ 2 milhões, *Pinóquio* faturou apenas US$ 200 mil. Quando tudo terminou, o faturamento global havia sido de US$ 2 milhões, dos quais o estúdio recebeu US$ 1,2 milhão, para um investimento de US$ 2,7 milhões. Mesmo assim, muitos veriam *Pinóquio* como a obra-prima de Walt Disney, o pináculo da arte da animação. Walt, relutantemente, discordava. "*Pinóquio* carecia de algo intangível", finalmente confessou para um repórter.

Agora, com a derrota recente de *Pinóquio* deprimindo temporariamente sua confiança, Walt voltou a *Bambi*, que arrastava como um fardo havia mais de dois anos. A equipe de enredo de *Bambi* esteve entre as primeiras a serem transferidas para Burbank, na ala 3B do prédio da animação. Com a mudança e a finalização de *Pinóquio*, o envolvimento de Walt se intensificou. Segundo um relato, sempre que Walt se aproximava da sala, Perce Pearce gritava: "Homem na floresta!" – a fala em *Bambi* que anuncia a ameaça dos caçadores. Depois de todas as paradas e reinícios e depois de suas longas ausências da rua Seward, Walt agora promovia a ideia de que a equipe devia trabalhar muito próxima a ele – aparentemente percebendo que podiam sentir-se intimidados – e que não tivesse medo de falar durante os encontros e, nesse ponto, Pearce fez uma notável admissão, pois a equipe trabalhava no roteiro havia anos: "Gostaríamos de envolver você a ponto de não sentir que essa coisa toda tenha de fazer sentido."

Obviamente, Walt entendeu que *Bambi* era difícil. Ele sabia que o filme tinha menos uma história cativante que um ciclo e requeria sutileza. Os personagens não podiam ser desenhados com muita amplitude, ou o filme perderia o tom poético de que necessitava para ser grande, e a grandeza era a meta, especialmente agora que *Pinóquio* parecia ter ficado aquém das expectativas. Embora vacilasse entre deixar a equipe de história ter mais tempo para dar mais suporte à continuidade e pressioná-la a apertar o passo, Walt sempre terminava dando mais tempo, sugerindo até que pensassem em fazer o filme mais longo e apresentá-lo como um *roadshow*, com apresentações por tempo limitado e lugares reservados em cinemas especialmente equipados com seu sistema Fantasound e suas múltiplas caixas de som e, talvez, uma projeção especial em telas grandes. "Esses filmes representam um bocado de trabalho e um bocado de pensamento", disse à equipe de *Bambi*. "Eles não são o tipo de produção rotineira que vem de Hollywood... eles se destacam." Lutando para consertar o filme, precisando que ele saísse direito, Walt passou a maior parte de fevereiro em reuniões, analisando e tornando a analisar cena após cena, exatamente como havia feito com Branca de Neve e, pela altura do fim do mês, havia concluído que o filme necessitaria de outros 15 meses – dois meses e meio apenas para os efeitos especiais.

Walt sentiu que o filme tinha de ser grande. Desde *Fantasia* ele ficara fascinado com a ideia da apresentação. Não bastava o filme ser grande; tinha de ser montado de tal maneira que a exibição no cinema também fosse grande. "Quero um espetáculo especial", foi como expôs a coisa. E isso foi parte da razão pela qual insistira tanto na noção de um sistema de som customizado para *Fantasia*. Em maio de 1939, um mês após as gravações em Filadélfia, Walt entrou em contato com David Sarnoff, chefe da Radio Corporation of America, propondo que a RCA fabricasse o novo sistema que, escreveu Walt, "criaria a ilusão de que a própria Orquestra Sinfônica estaria tocando no cinema".

Sarnoff rejeitou a ideia, dizendo que, embora fosse tecnicamente viável, era comercialmente problemática, mas Walt e Roy eram persistentes. Cada um deles visitou a RCA em Nova York naquela primavera e, em julho, Roy chegara a um acordo, mediante o qual a RCA faria o equipamento desde que os Disneys arcassem com os custos, estimados pela engenharia da RCA em US$ 200 mil. Walt teria seu Fantasound de seis trilhas.

Como seria usado apenas em cinemas selecionados, o sistema Fantasound era uma proposta muito dispendiosa. O novo estúdio e *Fantasia* também eram muito caros, assim como *Bambi* e os vindouros *Peter Pan* e *Alice no País das Maravilhas* – todos os quais constringindo como um laço de forca em volta de Walt, especialmente com as receitas menores do exterior e as reduzidas perspectivas para *Pinóquio*. Walt não discutia as novas contingências econômicas com seus empregados; tinha sido sempre um ponto de honra para ele poder resistir às pressões financeiras, abrigar seus empregados e proteger seus filmes e, de qualquer maneira, nunca expressava nada em relação a dinheiro, apenas desdém. Dave Hand lembrou uma reunião em que Roy se queixou, como frequentemente fazia, de que os filmes estavam muito caros. "Houve um silêncio completo", contou Hand. "Então, a sobrancelha de Walt se ergueu em um ângulo anormalmente acentuado e, virando-se para Roy, em uma resposta indiscutivelmente prosaica e honesta, disse muito simplesmente: 'Roy, nós fazemos os filmes, você consegue o dinheiro.' E foi o bastante."

Mesmo antes do sucesso de Branca de Neve, Walt atribuiu a si mesmo um generoso salário – entre os mais altos da indústria do cinema. Depois de Branca de Neve, seu salário básico foi registrado em US$ 108.298, excluindo mais US$ 25.605 provenientes das corporações estrangeiras do estúdio e, em 11 de março de 1940, assinou um contrato de sete anos com o estúdio, a US$ 2 mil semanais que, novamente, não incluíam os dividendos das ações que possuía. Em comparação, Roy ganhava US$ 72 mil, e Gunther Lessing, menos de US$ 15 mil. Mesmo assim e por mais que cultivasse ativamente a imagem mais de artista ou, pelo menos de artesão, que de empresário, Walt era honesto quando dizia que o dinheiro era um feliz produto secundário do trabalho, não a sua razão. "Eu poderia comprar uma grande casa na Flórida e enchê-la de pinturas caras e outros lixos", disse a um repórter que lhe perguntou o que faria com seu dinheiro. "Mas para quê? Isso é para gente entediada ou que deseja impressionar os vizinhos."

Ele também estava sendo honesto quando dizia que continuava a reinvestir a maior parte de seu lucro no estúdio. Dinheiro não era para prazeres pessoais. Dinheiro era para qualidade e dinheiro era para independência. "Eu pertenço a este estúdio, essa 'coisa' que cresceu aqui", disse uma vez. "Isto aqui é para onde o meu dinheiro vai." Quando se formou, em 1923, a companhia era uma parceria entre Walt e Roy e, mais tarde, entre Walt, Roy e Ub Iwerks quando este se reuniu aos dois na Califórnia. Em 1929, depois que Iwerks saiu, a Walt Disney Productions se tornou uma corporação e emitiu 10 mil ações – 3 mil para Walt e Lillian cada um, e 4 mil para Roy. Quando a companhia se reorganizou em 1938 e suas propriedades, *merchandising* e ramos de produção foram consolidados, a nova entidade lançou 150 mil ações, com Walt e Lillian recebendo cada um 45 mil ações, e Roy e Edna, 30 mil cada. Ninguém, senão um Disney, possuía ações da companhia, e era exatamente assim que Walt queria. Em 1928, quando permitiu que o publicitário Harry Reichenbach exibisse *Steamboat Willie* no cinema Colony, Walt já dizia que ninguém deveria vender nunca os direitos de um filme. Depois de suas experiências com Charles Mintz e Pat Powers, ele estendeu a mesma filosofia para toda a empresa. "Não precisamos dar satisfações a ninguém", gabou-se Walt após Branca de Neve, ignorando convenientemente o fato de que tinha, sim, de responder ao Bank of America. "Não precisamos ter lucro para nenhum dono de ação. Os investidores de Nova York não podem nos dizer que tipo de filme eles querem ou não que nós façamos."

Mas isso podia ser verdade apenas enquanto o estúdio continuasse a dar lucro e, na esteira de *Pinóquio*, subitamente emergiu uma nova crise financeira. Enquanto esperava os resultados de Branca de Neve, o estúdio havia hesitado em pôr qualquer outro filme em plena produção; isso pode ter sido prudente, mas também significou que, quando Branca de Neve mostrou ser bem-sucedida, o estúdio não estava em posição de tirar vantagem imediata desse sucesso – situação piorada pelos inesperados problemas e adiamentos de *Pinóquio* e *Bambi*. E piorou ainda mais com os efeitos da guerra na Europa e o retorno frustrante de *Pinóquio*. Ao mesmo tempo, o estúdio em Burbank que depois de concluído havia custado cerca de US$ 3 milhões, um milhão a mais que a estimativa, e *Fantasia* que estava custando bem acima de US$ 2 milhões – a soma de todos eles significava que o estúdio tinha US$ 8 milhões em investimentos importantes. De um lucro de US$ 1,25 milhão no ano fiscal de 1939, o estúdio registrou prejuízo de US$ 260 mil no ano fiscal de 1940. Além disso, depois de pagar os empréstimos com os lucros de Branca de Neve, a companhia voltou a entrar em déficit e devia ao Bank of America US$ 4,5 milhões. Com tão pouco dinheiro entrando, Roy foi chamado à sede do banco em San Francisco para discutir a situação e descreveu a atmosfera como "realmente fria" até Doc Gianini vir mais uma vez em defesa dos Disneys e perguntar aos seus assessores quantos filmes Disney eles haviam visto. Quando eles coletivamente emudeceram, "Doc" disse que havia visto quase cem e depois declarou: "Sugiro que deem uma chance a esses garotos. Essa guerra não vai durar para sempre."

Mas não foi tão fácil assim. Além da hemorragia de dinheiro dos filmes, havia a sangria dos curtas que o estúdio ainda tinha a obrigação contratual de produzir. Embora houvesse delegado grande parte da responsabilidade dos curtas à equipe, Walt ainda se reunia com as equipes de enredo, aprovava os roteiros e examinava os *storyboards*. Os curtas de fato, renderam mais de um milhão de dólares para o estúdio, mas essa receita não cobria os custos – Walt estimou que gastava US$ 45 mil em um curta típico sem incluir despesas de impressos, marketing, distribuição ou aquilo que Roy chamava de "despesas gerais administrativas" – e a renda líquida raramente excedia o que vinha de *merchandising*, revistas e licenças. Além disso, Walt se ressentia cada vez mais por ter de fazer os curtas, não apenas porque davam tão pouco retorno sobre o investimento, como porque sentia que havia crescido mais rápido que eles. Embora muitos animadores estivessem ociosos enquanto *Bambi* estava sendo preparado para a produção e *Peter Pan* e *Alice no País das Maravilhas* estavam sendo escritos, Walt queixou-se a George Morris de que não transferiria animadores dos filmes para os curtas porque, disse a Morris, "você gasta um dinheirão e o que obtém em troca?"

Os Disneys precisavam outra vez de dinheiro. Já em fevereiro de 1939, Roy viajara a Nova York para investigar a possibilidade de lançar debêntures de longo prazo, certificados de depósito garantidos pelo crédito em geral em lugar de ativos específicos. Roy sentia que, desta maneira, o estúdio não teria de transferir para os credores os lucros futuros dos filmes, como tivera de fazer para assegurar o financiamento do Bank of America. Em fevereiro de 1940, circularam boatos de que a companhia avaliava fazer algo que Walt sempre afirmara que nunca faria: lançar ações para o público. E Roy viajou novamente a Nova York para consultar Peabody, um banqueiro da firma de investimentos Kidder. Foi uma negociação dura, mas os Disneys tinham pouca alavancagem. No final, o estúdio acertou o lançamento de 155 mil ações preferenciais no valor de US$ 3,875 milhões a juros de 6%, convertíveis em ações comuns quando o preço de uma ação preferencial alcançasse 30,4% do valor de uma ação ordinária.[9] (Como os Disneys tinham todas as ações ordinárias e não queriam diluir suas posses, Roy achou o percentual muito baixo, mas a Kidder ficou inamovível.) A Kidder também insistiu em colocar um de seus próprios executivos, Jonathan B. Lovelace, na diretoria da Disney. E pediu ao estúdio para comprar uma apólice de seguro de vida

9 Honrando seu compromisso com os empregados, Walt reservou 5 mil ações preferenciais para os principais membros da sua equipe, incluindo sues 35 animadores preferidos. "In the Matter of Walt Disney Productions and Arthur Babbitt", Decisões da Diretoria Nacional de Relações de Trabalho, Arquivo nº C 2415, 31/mar/1943, p. 899. (N.A.)

de Walt Disney no valor de US$ 1,5 milhão pagáveis em custódia para os acionistas se ele morresse antes de 1º de abril de 1944, quatro anos depois da data do lançamento da apólice, e para o estúdio, se morresse depois dessa data. Na verdade, Kidder estava protegendo os acionistas da perda do maior ativo do estúdio: o próprio Walt Disney.

"Vai parecer um pouco estranho correr o dedo pelas colunas da página financeira algum dia e ver Mickey, Inc. (ou Walt Disney Productions, se alguém insistir na formalidade) subir e descer como um termômetro", comentou o *New York Times* em editorial logo depois da oferta de ações. Era incongruente, menos por Mickey Mouse que por Walt Disney que nunca havia operado segundo os procedimentos habituais de negócios e sempre havia considerado Wall Street um anátema. Os negócios haviam atravessado o caminho da criatividade. Quando Fred Moore, não o animador, mas o executivo da Kidder, visitou Walt que estava de férias em Palm Springs na semana anterior à oferta, encontrou-o muito mais interessado em conversar sobre fazer esqui aquático no resort de Sugar Bowl que sobre o negócio das ações. Walt tentava não pensar sobre o fato; claramente tinha dúvidas quanto a entregar seu estúdio às incertezas de Wall Street e à tirania dos lucros. Três dias depois do lançamento, impulsivamente decidiu ir a Nova York para assistir a uma demonstração de um sistema de reprodução estereofônica no Carnegie Hall, convidando Lillian, Ben Sharpsteen e a esposa de Sharpsteen a juntar-se a ele. No caminho de volta, o grupo parou em Dearborn, em Michigan, onde Walt visitou a fábrica de automóveis Ford, e Greenfield Village, um parque histórico construído por Henry Ford. No fim de um almoço em homenagem a Walt, o próprio Ford, um dos heróis de Walt, apareceu de surpresa. Durante uma conversa, Walt por acaso mencionou o recente lançamento de ações. Ford foi franco. "Se você vender uma parte, deve vender tudo", advertiu. Walt admitiu que aquilo o havia deixado "pensativo e meio cismado por um tempo", perguntando-se se havia cruzado uma ponte e nunca mais poderia voltar, perguntando-se se havia entregado o controle de sua empresa.

V

Se eles precisavam de uma infusão de dinheiro, também precisavam desesperadamente pôr um novo filme em produção depois de *Fantasia* para gerar lucro. Walt já apressava uma versão de *Jack and the Beanstalk* (*João e o pé de feijão*) com Mickey Mouse como Jack para ser lançada na Páscoa de 1941 e, embora pensasse com otimismo que *Bambi* estaria pronto no outono daquele ano, nesse meio tempo havia saltado sobre outro projeto. Ele leu o pequeno livro infantil intitulado *Dumbo*, sobre um jovem elefante de circo que é ridicularizado por suas enormes orelhas e descobre que aquelas orelhas balançantes servem para voar. O que Walt amou nessa ideia – após a batalha com *Bambi*, *Pinóquio*, e até sua amada *Fantasia* – foi sua simplicidade. "Está lá", afirmou em um encontro para discutir o argumento de *Bambi*. "Quero dizer, posso ver as personalidades de imediato." Convenientemente, a equipe de Norm Ferguson acabava de animar os hipopótamos e elefantes da sequência de *Dança das Horas*, de *Fantasia*, e podia ser transferida para *Dumbo* sem passar meses aprendendo a desenhar os personagens, e o estúdio tinha outros animadores também, acreditava Walt, que podiam não ser muito adequados ao realismo e à sutileza demandados por *Bambi*, mas podiam desenhar os volumes maiores de *Dumbo*. O melhor, da perspectiva de Walt, era que *Dumbo* não requeria nenhum dos efeitos especiais que atrasaram a produção e inflaram os orçamentos de *Pinóquio*, *Bambi* e *Fantasia*. "*Dumbo* é obviamente um desenho animado", proclamou Walt. "Vou fazê-lo deliberadamente dessa forma. É do tipo que se faz assim. É uma caricatura o tempo todo."

O objetivo era evitar as dificuldades em torno da história que haviam empestado os outros filmes e exigido meses e meses de revisões e despesas cada vez mais altas. "Ele me disse, com muita ênfase, que esse filme tinha de ser feito por US$ 350 mil", disse Ben Sharpsteen, designado para a produção e percebendo que Walt não poderia de forma alguma limitá-lo àquele orçamento, mas que falava sério desta vez acerca de as coisas serem feitas com economia, embora sem produzir trabalho de má qualidade. Walt havia designado Joe Grant, chefe do departamento de modelos, para a tarefa de adaptar o livro, com Dick Huemer, e os dois apresentaram um trabalho de 102 páginas em janeiro. "A razão por que o fizemos por um preço baixo", diria Joe Grant, "foi porque o fizemos rápido e com um número mínimo de erros. A história era clara e coerente para todos os envolvidos no projeto. Não fizemos um monte de coisas devido a bobagens da história. Não houve sequências iniciadas e, depois, colocadas na prateleira, como em *Pinóquio*. Walt estava seguro do que queria e sua confiança era compartilhada por toda a equipe. *Dumbo*, desde o primeiro desenho, foi direto até o final com muito poucas coisas mudadas ou alteradas." Ward Kimball se lembrou de ter sido emboscado por Walt no estacionamento um dia e informado que ia começar a trabalhar em um desenho de circo, animando uma cena em que corvos cantam uma canção em que dizem ter visto um elefante voar. Walt, então, contou toda a história em cinco minutos. "E ouvindo-o contar aquela história", disse Kimball, reconhecendo claramente que Walt lhe havia contado a história em um tempo recorde para ele, "pude ver que aquela história ia funcionar. Porque tudo parecia certo. Tinha um grande enredo."

E houve outra razão para fazerem *Dumbo* tão rápido. Walt, pela primeira vez, havia removido a expectativa de uma animação perfeita, o que significava que os animadores não se atormentariam em relação ao enredo mais que a equipe de história. Na verdade, ele designou muitos recém-chegados para o desenho. "Eu era um dos 'garotos pobres'", lembrou o animador Bill Peet. "Eles puseram todos os garotos ricos, os principais animadores, que ganhavam os grandes salários, para trabalhar em *Bambi*. Queriam que o filme fosse uma pedra preciosa." Isso não era inteiramente verdade. Bill Tytla, que certamente era um dos principais animadores e havia feito o diabo na sequência Montanha Careca, de *Fantasia*, animou o bebê Dumbo, mas até ele admitiu que "era da natureza do filme ir muito rápido e ficar pronto depressa". Para acelerar a animação, Walt usou cópias fotostáticas dos esquetes em vez de layouts completos, como nos outros filmes, e recrutou alguns dos melhores animadores para supervisar os mais jovens e menos experientes que tinham sido colocados no desenho. Um animador disse que sequer animava poses-chaves, mas animava "direto", como nos velhos tempos.

Mas por mais rápido que avançasse, *Dumbo* não ficou pronto a tempo de gerar a receita de que o estúdio precisava na época. Walt teve de encontrar outra oportunidade, algo que pudesse ser aprontado ainda mais rápido. No início daquele ano, ele havia convidado o humorista Robert Benchley a ir até o estúdio para discutir a possibilidade de ele narrar um desenho animado intitulado *How to Ride a Horse* (*Como andar a cavalo*), estrelado por um cachorro alto, de orelhas grandes e burro, chamado Pateta, que havia aparecido em alguns desenhos de Mickey Mouse. Após o encontro, Walt teve a ideia de fazer Benchley aparecer em uma combinação de filme de ação/curta animado, no qual o humorista faz um passeio pelo estúdio e, no início de maio, Walt aceitava ideias sobre qual seria exatamente o conteúdo do filme – "para resolver alguma coisa", como colocou. Ele foi franco sobre a situação com sua equipe ao apoiar algo que teria ridicularizado meses antes, mas sua concordância de agora transmitia a gravidade das condições presentes do estúdio: ele não estaria simplesmente apressando a produção, como fazia com *Dumbo*; estaria fazendo um filme apenas pelo lucro, como forma, ele sentia, de proteger a qualidade de seus melhores filmes. "Achei que a melhor resposta (para a crise financeira) era fazer um par de coisas que chamamos de 'rapidinhas' e de baixo orçamento, mas que seriam um tremendo divertimento." O filme com Benchley era uma dessas rapidinhas.

Embora Walt e a equipe de enredo debatessem várias ideias, ele finalmente, decidiu-se pelo que chamou de enredo mais simples e mais direto: Benchley viera ao estúdio para propor um filme chamado *The Reluctant Dragon* (*O dragão relutante*) e, no processo de tentar encontrar Walt, ele se vê jogado de um departamento para o outro, deixando por um triz de encontrar o chefe, mas, essencialmente, permitindo à plateia ver todo o estúdio e observar o processo de animação. No final, quando finalmente encontra Walt, descobre que *The Reluctant Dragon* já havia sido feito pelo estúdio.

A vantagem, tal como Walt via, não era apenas que o filme possibilitaria que ganhassem tempo, porque era muito mais fácil e rápido fazer um filme ao vivo com um pouco de animação que fazer um filme animado. Ele também o via como um tipo de publicidade para o estúdio e recomendou que fossem incluídas referências a *Bambi* e *Dumbo* como *teasers*. Quando alguém da equipe sugeriu que o filme ficaria melhor se fosse sobre "como fazer" animação, Walt discordou com veemência. "Não acho que se deveria fazer um filme sobre qualquer estúdio de desenho animado", replicou irritado. "Acho que deveria ser sobre este estúdio. Este estúdio é conhecido em todo o mundo... Haverá público se nós mostrarmos este estúdio em operação, se isso for apresentado da forma adequada." Ao fazer o filme, Walt tinha ainda outro motivo. Exatamente na época em que o moral estava começando a afundar e se ouviam os resmungos dos descontentes, Walt, sempre o engenheiro social, queria mostrar ao mundo simplesmente como era alegre a comunidade que havia criado. "A coisa que devemos passar durante todo o filme", disse em um memorando para Al Perkins, que escrevia a história, "é que o bando geralmente se diverte".

Não era, obviamente, a primeira vez que Walt tentava apressar o ritmo da produção, embora seus esforços nesse sentido fossem meio desanimados, como sempre –, mas foi a primeira vez que isso funcionou – em parte porque ele não estava envolvido o bastante para prestar atenção obsessiva a pequenos detalhes e falhas e atrasar as coisas. Ele, de fato, ia às principais reuniões de enredo e fazia observações importantes, mas o diretor de filmes ao vivo Alfred Werker, emprestado pela Twentieth Century-Fox disse: "Walt me deu carta branca para fazer o filme", mesmo sendo a ação ao vivo, como a animação, completamente decupada em *storyboards*. A produção caminhou tão rápido que Benchley chegou ao estúdio em meados de outubro para filmar suas cenas e, no final do mês, Walt examinava o copião. Ele até chegou a pensar que seria possível o filme ser distribuído no Natal.

Mas nem todos no estúdio estavam enamorados da ideia. Alguns sentiam que, na pressa de fazer o filme e nos atalhos que tomaram na animação, eles haviam produzido um filme sobre o novo estúdio Disney que era, distintamente, um não Disney. Ward Kimball, que trabalhava nas sequências animadas do filme, chamou-o de "um tipo muito revolucionário de desenho animado Disney" porque era mais minimalista que maximalista, parte dele realmente apenas de esquetes e trilha sonora, sem nenhuma pretensão de realismo, e disse que alguns dos "grandes cérebros" do estúdio o advertiram de que Walt ficaria enraivecido quando, finalmente, o visse. Estavam enganados. Segundo Kimball, "na primeira noite em que o exibimos no estúdio, o filme matou todo mundo. Era um marco... Você não pode imaginar o contraste dele com as coisas que fazíamos quando ficou pronto". Na verdade, lembrou Kimball, Walt achou o filme muito bom e fez com que outras pessoas o assistissem.

A urgência em relação a *The Reluctant Dragon* no verão de 1940 foi reforçada pela lentidão de *Bambi*, embora Walt e a equipe tivessem se reunido ao longo de junho e, finalmente, encerrado a continuidade. "Todas as sequências remanescentes de *Bambi* estão agora na fase ativa de modelagem da história", informou Perce Pearce a Walt no início do mês, "incluindo a sequência final do filme." Os últimos pontos problemáticos da narrativa tinham sido as questões do retrato do homem e a encenação da morte da mãe de Bambi pelas mãos de caçadores. Walt sentiu que deviam realçar a ameaça representada pelo homem, "o medo do homem que eles têm" e minimizar a importância das dificuldades naturais que enfrentavam. Era o homem o inimigo real. Ele também estava fortemente ciente do impacto que a morte da mãe de Bambi teria sobre o público e ficava voltando a ela nos encontros para discutir o enredo. O público vai vê-la ser atingida? Ela é atingida quando está protegendo Bambi? Bambi vê o corpo abatido da mãe? Walt, finalmente, decidiu que ela seria atingida quando saltava um tronco, mas o público não a veria ser atingida e não veria seu corpo depois. Isso seria mais do que o público poderia suportar – seria "enfiar uma faca em seus corações", disse Walt. Em vez disso, ele optou pela atenuação. "Bambi continua a procurar a mãe e nunca a encontra", Walt descreveu a cena em uma reunião, "e o veado simplesmente, lhe conta... Ele fica andando ao léu. A última coisa que se vê deles são formas desvanecidas de silhuetas em meio a uma severa tempestade e eles logo desaparecem e não resta nada a não ser a neve que cai." Mas, novamente, ao amplificar o que seus argumentistas haviam feito, ele criou uma das cenas mais famosas e fortes da história do cinema.

Mas se após três anos haviam, finalmente, acertado o problema narrativo de modelar um enredo a partir de um ciclo de vida, um grande problema ainda permanecia, aquele com que haviam continuamente topado, de tentar encontrar um estilo de animação apropriado ao clima do filme. Isto era o que tornava *Bambi* tão intratável antes de qualquer coisa. Ollie Johnston e Frank Thomas escreveram que "Walt exigia eloquência de imagens que sequer havia imaginado antes. Ele não pressionava mais por personagens, situações cômicas e atitudes engraçadas tanto quanto por sentimentos e sensações que temos quando visitamos florestas fechadas". Alguns animadores ficaram tão frustrados que deixaram o projeto, informaram Thomas e Johnston. O objetivo era encontrar o equilíbrio. Walt queria realismo – era o caminho para ele fazer a animação avançar –, mas também precisava caricaturar para tornar as personalidades atraentes. (Os personagens que receberam as respostas mais positivas, em uma exibição de "filmes Leica" em setembro tinham sido o gambá, desenhado por Marc Davis, e a coruja, ambos em grandes traços.) "Gostaria que encontrássemos coisas, vocês sabem, que nos afastassem da coisa puramente naturalista, que trouxessem um pouco de fantasia para elas", afirmou Walt em uma reunião já em fevereiro de 1940, revertendo ligeiramente sua direção. Realismo demais, finalmente percebeu, seria risível.

Ainda buscando encontrar um estilo que combinasse realismo e caricatura e seguindo a sugestão dos desenhos de Davis, Milt Kahl e Frank Thomas animaram cerca de cem pés do filme cada um e, em 1º de março de 1940, mostraram o material para Walt na sala 3C13. Johnston e Frank escreveriam que aquele "foi, possivelmente, o dia mais importante da história do filme". Walt assistiu ao material animado, depois se voltou para eles com lágrimas nos olhos, disseram – um gesto altamente não característico de um homem que, exceto por explosões de raiva, raramente mostrava alguma emoção. "É sensacional – sem brincadeira", lhes disse. E Johnston e Thomas disseram que Walt acrescentou entusiasticamente, "é o seu filme. Vocês tiveram sensibilidade para este filme. Vocês pertencem a este filme", o que era, sem dúvida, o que havia sentido em relação a *Branca de Neve*, *Pinóquio* e *Fantasia*. Ele saiu do encontro dizendo que confiava nos animadores para que fizessem sua própria sessão na "cela" e até sua própria agenda. Estava tão satisfeito que disse que agora faria uma viagem.

Como se revelou, 1º de março foi um dia histórico não apenas para *Bambi*, mas para todo o estúdio: o começo de uma mudança de atitude. O que Walt havia percebido com *Bambi*, *Dumbo*, *Fantasia* e até *The Reluctant Dragon* foi que não poderia existir mais um estilo Disney porque nenhum estilo isolado poderia dar conta de todos os variados projetos que Walt tinha em mente. Durante anos, Walt treinara seus artistas em um método de desenho que continuava a tender para o realismo e havia tentado impor aquela técnica e aquela meta a todos; aceitar esses padrões se tornou uma condição para trabalhar no estúdio. Ele sempre havia sentido que a animação tinha que evoluir e, em *Bambi*, Walt claramente sentiu que havia finalmente encontrado algo diferente, algo excitante, mesmo que ele não pudesse dizer exatamente o que era. "Isso é o início de alguma coisa", disse entusiasmado, aos animadores de *Bambi*. "Este é um novo estilo", para o qual poderia designar seus melhores animadores, como Davis, Thomas, Kahl e Larson. "Acho que este será um tremendo passo à frente", disse a eles.

Ao mesmo tempo compreendera que um filme como *Dumbo* e, certamente, os curtas, não exigiam a sutileza de *Bambi*; exigir isso seria não apenas caro, como contraproducente. Os animadores menos experientes e os animadores que não evoluíam e cujas técnicas não eram tão refinadas podiam ser designados para esses filmes. Ao introduzir a ideia de estilos diferentes em lugar de um estilo do estúdio, Walt também criou uma ordem hierárquica não apenas entre os animadores supervisores e o resto da equipe, como entre o primeiro nível de animadores e um segundo nível. Jovens e brilhantes animadores estariam agora na vanguarda do estúdio. Alguns da velha guarda, incluindo Norm Ferguson e Fred Moore, que tinham sido as estrelas da Walt Disney Productions poucos anos antes, quando o estúdio embarcou pela primeira vez no realismo, foram relegados a um papel secundário porque não dominavam o estilo de *Bambi*. Como Walt agora dizia de Ferguson, o homem que praticamente havia inventado a psicologia no desenho animado, "ele precisa de coisas mais amplas".

Com a equipe de enredo dominando a narrativa, e os animadores, o estilo, Walt sentiu-se confiante para mostrar um rolo de *Bambi* para os executivos do Bank of America no fim de junho, e no dia 6 de julho, um sábado, Joe Rosenberg foi ao estúdio para assistir ao material. Roy e Walt estavam cortejando Rosenberg novamente porque haviam decidido pedir outro empréstimo ao banco. (O lançamento de ações ajudara a pagar as dívidas, mas não era um fundo do qual podiam sacar continuamente.) "Eles têm absoluta confiança em nós", Roy escreveu para Walt antes da visita de Rosenberg. "Eles confiam em tudo que dizemos a eles até o enésimo grau, mas estão tão pessimistas em relação ao mundo exterior que não acreditam que teriam justificativas para emprestar qualquer dinheiro envolvendo expectativas em relação a países estrangeiros, não importa onde estejam." O banco desejava fazer outro empréstimo de US$ 2 milhões com um adicional contra a inflação de US$ 250 mil, mas Roy advertiu Walt que já dissera ao banco que ele economizaria, reduziria a equipe e os salários. "Acredito fortemente", encerrou Roy, "que para nós, a coisa a fazer não é nos opormos a eles ou até discutir muito com eles, mas concordarmos com eles."

VI

Se o desespero do estúdio por mais dinheiro nunca mudava, outra coisa que também nunca mudava era a corrida frenética para cumprir os prazos. Depois de muito agendar e reagendar, o estúdio decidiu distribuir *Fantasia* em novembro de 1940 em vez de correr com *Bambi* ou *Dumbo*, que já avançavam a um ritmo acelerado. Deems Taylor chegou ao estúdio em meados de agosto para gravar a narração enquanto Stokowski partia para uma turnê pela América do Sul com a garantia de Walt de que "estamos usando nosso melhor julgamento para fazer o filme e a música se misturarem como deveriam". Como havia acontecido com Branca de Neve e *Pinóquio*, a equipe trabalhou durante longos turnos no verão e início do outono. Um câmera disse que ficou doze horas por dia durante um ano inteiro trabalhando em *Fantasia* porque os efeitos especiais eram muito extravagantes; uma cena que demorava apenas três segundos na tela podia requerer doze exposições. (Walt era especialmente atento aos efeitos que despertavam admiração.) À diferença de *Bambi* e *Dumbo*, Walt supervisava tudo. Olhava os *dailies*, filmes que tinham sido feitos no dia anterior, todas as tardes, às três horas, na sala 3E, no corredor onde também ficava a sala dele. Enquanto isso, os animadores trabalhavam furiosamente. Anos depois, quando estudantes fumavam maconha enquanto assistiam a *Fantasia* por seus efeitos alucinatórios, perguntaram a Art Babbitt se ele havia animado sob a influência de quaisquer drogas. "Sim, é verdade", ele respondeu. "Eu era viciado em Ex-Lax e Feen-a-Mint", dois laxantes.

Uma vez mais Walt deixou a cena mais difícil por último. Ele havia decidido que a sequência da Ave Maria devia seguir-se a Montanha Careca, em parte como antídoto: "Estamos retratando o bem e o mal." Da forma como Walter concebeu, o som dos sinos da igreja em Ave Maria sairiam dos alto-falantes no fundo do cinema para os da frente – expulsando os demônios de Montanha Careca da tela. Isso proporcionaria, ele pensou, o tipo de clima lento e sombrio necessário para encerrar o filme – o tipo de detalhe gracioso que lamentou não existir no final de Branca de Neve, onde achou que a passagem do sono para o despertar foi muito rápida. Ele também achou que a cena deveria ser comercial. "Ainda existem muitos cristãos no mundo, apesar da Rússia e de alguns outros", disse em um encontro para discutir a história, "e ver as coisas por esse ângulo teria um apelo tremendo". Se o filme fosse ser exibido em um país não cristão, advertiu Walt, poderiam, simplesmente, cortar a cena.

Ele havia deixado para si e sua equipe uma tarefa difícil. Exatamente como havia criado a sensação de estar na floresta, em *Bambi*, o efeito que Walt agora buscava para Ave Maria era "o sentimento de estar dentro de uma catedral sem mostrar nada que seja reconhecível como uma catedral". E a sequência tinha de ter um grande clímax: "Tem que ser como um espetáculo no palco", ordenou, algo praticamente hipnótico pela fascinação que exerceria. Mas Walt não estava apenas lançando ideias gerais a serem implementadas. Ele deu ao diretor, Wilfred Jackson, instruções detalhadas sobre o que queria até o desaparecimento gradual da cena.

Como se isso não fosse suficiente, Walt surgiu com mais uma ideia para a sequência, ideia que despertaria a necessária admiração, esperava, mesmo quando o prazo fatal estava sobre eles. Decidiu que queria uma *tracking shot*[10] com um movimento de 220 pés de filme dentro da catedral gótica. Para conseguir isso, fechou um estúdio de gravação porque precisava de um espaço grande assim para movimentar a câmera entre os painéis de vidro que constituíam os planos dentro da igreja. Segundo um relato, a tomada consumiu seis dias com a equipe trabalhando 24 horas por dia em turnos de 12 horas para finalizá-la. Em determinado momento, toda a equipe trabalhou 48 horas direto, sem descanso. Quando Walt ouviu dizer que a produção seria paralisada porque um dos operadores de câmera ia casar-se, ele ofereceu conseguir Stokowski e a Orquestra da Filadélfia para tocar no casamento do homem se ele e sua noiva fizessem os votos no estúdio e mantivessem o filme em produção. E depois de tudo isso, quando viu o filme desenvolvido, Walt decidiu que não podia usá-lo porque havia um tremor. "É um trabalho ruim", disse, e ordenou que fosse feito novamente. Durante a refilmagem, houve um pequeno terremoto, e uma vez mais a cena foi arruinada. Quando conseguiram fazer a cena corretamente era véspera da estreia em Nova York. Herb Taylor, que mais tarde se tornou o chefe do departamento de som, lembrou que havia uma motocicleta esperando na porta para levar o filme para o aeroporto, para que fosse levado para Nova York e colocado na última bobina. Taylor não deixou o estúdio até às oito horas da manhã seguinte. Escrevendo para Walt dois dias após a estreia, Stokowski elogiou o filme como "algo que atrairá a atenção de todas as classes de homens e mulheres em todas as partes do mundo", mas sentia que Ave Maria teria de ser gravada novamente para "ter mais apelo". Walt declinou. Ele havia interferido bastante.

Agora o filme estava nas mãos do público. Walt admitira havia muito que, se *Fantasia* seria um marco estético e um início inteiramente novo para a animação, ele também "faria dinheiro lentamente, mas no longo prazo faria muito dinheiro". Essa não era, exatamente, o tipo de conversa que o deixava bem perante seu distribuidor, a RKO. Com uma perspectiva pequena de retorno imediato, eles pareceram ter pouco interesse no filme, especialmente uma vez que, para aumentar o prestígio de *Fantasia*, Walt sempre insistira

---

10 Sequência em que uma câmera é montada sobre uma plataforma com rodas puxada sobre trilhos enquanto a filmagem é feita. (N.T.)

em que fosse exibido como um espetáculo com dias marcados e cadeiras reservadas em um número restrito de cinemas equipados com seu dispendioso sistema Fantasound. Foi Roy quem propôs que o estúdio encontrasse suporte financeiro e, depois, ele mesmo distribuísse o filme. Sugeriu que alguém como Nelson Rockfeller, herdeiro da fortuna em petróleo dos Rockfeller e fortemente interessado nas belas artes, poderia participar de uma *joint venture*. Achou que o nome Rockfeller ajudaria a legitimar o filme. No fim, não houve Rockfeller. Os Disneys financiaram a exibição do filme mediante os empréstimos habituais, mas contrataram um jovem vendedor de filmes chamado Irving Ludwig para acertar a distribuição da primeira exibição do filme em onze cidades.

Os problemas com a RKO foram, no entanto, um anúncio do que viria. No mesmo momento em que brigavam com a RKO pela distribuição de *Fantasia*, Roy e Walt também negociavam um novo contrato com a companhia. Em dezembro anterior, o executivo da RKO, M.H. Aylesworth, havia escrito uma carta a Walt prometendo um "excelente programa de financiamento" e brincando que, enquanto Walt continuasse a trabalhar, "Roy e Gunnie (Lessing) têm do que viver, mas, se você pular fora, Deus sabe o que qualquer um de nós fará". No verão, entretanto, os dois lados ainda negociavam, e United Artists, Warner Bros., Paramount e Metro-Goldwyn-Mayer estavam todas bajulando os Disneys. A despeito das dúvidas da RKO acerca de *Fantasia* – em julho, o publicitário da RKO, Hal Horne, ainda pensava que o título era elegante demais –, ela ficou com os Disneys e ofereceu condições que lhe permitiram recuperar o custo dos impressos, dos anúncios e da promoção das primeiras exibições, mas a impedia de receber a taxa de distribuição, 22,5% nos Estados Unidos e Grã-Bretanha, e 27,5% no resto do mundo, até os Disneys recuperarem os débitos provenientes da realização do filme, dando, assim, à RKO, um incentivo adicional para promover o filme. Roy concordou com relutância, dizendo que não confiava em nenhum distribuidor, mas confiava na RKO mais que nos outros. Mas mesmo enquanto fechava o acordo, já contemplava a possibilidade de eles mesmos distribuírem seus filmes, exatamente como haviam feito na primeira exibição de *Fantasia*.

Para *Fantasia*, os Disneys haviam reservado, pagando um ano de aluguel, o cinema Broadway, de duas mil poltronas, na rua 53 em Nova York, o mesmo cinema, então chamado Colony, onde Mickey Mouse havia estreado doze anos antes, e fizeram William Garity, o engenheiro do estúdio, restaurar o cinema para o sistema Fantasound. (O equipamento pesava mais de 3,5 toneladas e, coerentemente com o estilo Disney, a instalação do sistema levou mais de uma semana com equipes trabalhando dia e noite.) Depois de ficar hospitalizado durante dois dias com uma severa gripe, Walt partiu para a estreia em Nova York, em 1º de novembro, com Lillian, Ham Luske e Bill Cottrell, dando uma volta por Nova Orleans e Atlanta, onde disse que estava absorvendo a atmosfera para um possível filme sobre as histórias do fabulador sulista Joel Chandler Harris, também conhecido como tio Remus. A agenda de Walt em Nova York incluía uma palestra em um clube de mulheres que, ele brincou, "apenas vai servir para mostrar o que *Fantasia* fez comigo!" No entanto, ele passou a maior parte do tempo na Broadway, conduzindo apresentações e falando com a imprensa. "Não sei quando dinheiro esse filme vai ganhar ou perder", disse a um repórter, reduzindo as apostas, "mas os garotos e eu ganhamos uma experiência incalculável." Ele admitiu que corria um grande risco sem o mercado estrangeiro, mas sentia que estava "se expandindo, abrindo novos campos", o que era o equivalente estético, afirmou, de colher lucros para a companhia. Para outro repórter foi menos grandioso e mais tenso. Com a perna jogada em cima de uma das cadeiras do teatro e a mão nervosamente correndo pelos cabelos, declarou: "Estamos vendendo entretenimento e é isso que espero que *Fantasia* faça – entretenha. Eu espero, espero, espero."

Choveu muito durante todo o dia da estreia, 13 de novembro. Estranhamente, um homem que havia passado todo o ano anterior completamente imerso em seu próprio trabalho, tomando pouco conhecimento do tumultuado mundo exterior, com a guerra devastando a Europa, e cujo trabalho serviu como uma espécie de refúgio daquele tumulto, dedicaria a estreia como evento beneficente, ao British War Relief (Ajuda ao Esforço de Guerra Britânico). Entre as patronesses do evento estavam a Sra. Henry F. DuPont, esposa do chefe da companhia química; Sra. Henry Luce, esposa do editor de revistas; Sra. William Randolph Hearst, esposa do titã do jornal; Sra. David Sarnoff, esposa do chefe da RCA; Sra. William K. Vanderbilt, esposa do filantropo; Sra. Paul Felix Warburg, esposa do banqueiro de investimento; e Sra. Kermit Roosevelt, esposa do filho do ex-presidente – o que apenas enfatizava o quanto Walt e o próprio desenho animado haviam progredido desde os dias de Mickey Mouse. Até Walt se impressionou com o número de espectadores, escrevendo para sua velha professora Daisy Beck como um fã fascinado pelos astros sobre a "estreia de gala" e as "mulheres influentes" que estiveram presentes.

Por quaisquer medidas foi uma noite de triunfo. O público vibrou com o filme, e vibrou com a experiência; graças ao Fantasound, os assentos efetivamente vibraram quando a música explodiu. Bosley Crowther, do *New York Times*, que foi à estreia, mal podia conter-se em sua resenha na manhã seguinte. Ele escreveu que "a história do cinema tinha sido feita naquela noite no cinema Broadway" e que *Fantasia* foi "a melhor coisa que jamais aconteceu na tela". Terminou seu comentário com uma referência à guerra: "É uma benção tremenda nestes dias." A página editorial do Times também elogiou o filme, por sua "fusão de música, emoção e arte gráfica", e disse, ecoando o comentário de Crowther, que Walt Disney fizera história ao colocá-los juntos.

Mas se a noite e as primeiras repercussões foram triunfantes, muitas das últimas foram desanimadoras.[11] Enquanto os críticos de cinema ficaram amplamente encantados, alguns críticos musicais queixaram-se de que o filme era um desserviço aos clássicos. (Como Stokowski previra, muitos se ofenderam com a interpretação da *Pastorale* de Walt.) Olin Downes, do *New York Times* elogiou generosamente a qualidade da reprodução do som, mas achou o filme uma confusão por tentar abranger demais. "Está claro", escreveu com argúcia poucos dias depois da estreia em uma análise dominical "que, em muitos casos, o experimento nobre e altamente provocativo do Sr. Disney separou certos amantes das respectivas artes mais que os uniu". Outros acharam que Disney não havia despojado a arte mas, finalmente, capitulara a ela. Otis Ferguson, do *New Republic*, um dos mais ardentes admiradores de Walt, disse que *Fantasia* foi "seu primeiro erro", porque tinha pretensões. "Primeiro Chaplin aprende sobre a luta de classes", escreveu Ferguson, referindo-se aos *Tempos modernos*, de Chaplin, "agora Disney encontra a batuta performática", querendo dizer Stokowski.

As críticas mais duras, no entanto, foram políticas. Harry Raymond, no *Daily Worker*, resmungou que até os críticos esquerdistas ficaram tão encantados com as conquistas técnicas de *Fantasia* que fracassaram em reconhecer como o filme era reacionário, especialmente em uma época de crise internacional. "As forças do mal não são mostradas como exploradoras e causadoras de guerra", ele disse, "mas como um demônio mítico no topo de uma montanha contra o qual os poderes humanos são inúteis." Em resumo, Walt havia abdicado da responsabilidade pessoal e social pelo que Raymond, obviamente pensando na Montanha Careca e Ave Maria chamou de "teologia". Muito mais venenosa foi Dorothy Thompson, cuja coluna era distribuída nacionalmente, que afirmou ter deixado o cinema "em uma condição que beirava o colapso nervoso", sentindo como se tivesse sido sujeitada a um "assalto" – uma "brutalização da sensibilidade nesse notável pesadelo". A queixa de Thompson era que Disney e Stokowski pareciam glorificar a selvageria da natureza à custa do homem.

---

11 Em um apanhado geral das resenhas tanto de críticos de cinema quanto de música, Paul Anderson, pesquisador do estúdio Disney, chegou à conclusão de que 33% foram muito positivos, 22% positivos, 22% tanto positivos quanto negativos, e 16% negativos, o que significou que a resposta geral ainda foi esmagadoramente favorável. Paul F. Anderson, "The Disney statistic", POV I, nº 2 (Inverno, 1992), p. 6. (N.A.)

(O que Thompson não disse era que Walt estava glorificando não tanto a natureza como o seu próprio poder de recriar a selvageria da natureza na tela.) Aos olhos de Thompson, a natureza de Disney era tão esmagadora que o homem não tinha escolha a não ser sucumbir e, como Raymond, via isso como uma abdicação da responsabilidade que obliquamente conectava ao terror nazista na Europa. Junto a outro recente trabalho de Disney, o filme, concluiu, era "cruel", "brutal e brutalizador", como uma "caricatura do declínio do ocidente".

Walt declarou que se divertia com a controvérsia. Duas semanas após a estreia, escreveu para um amigo que a briga "não podia ter sido mais doce" porque gerou muita publicidade para o filme. "O público respondeu fazendo fila na bilheteria e o resultado de que nossas vendas antecipadas foram simplesmente sensacionais. Temos praticamente casa cheia todos os dias, com sábados e domingos esgotados com um mês de espera." Walt disse que Nova York "estava andando nas nuvens". Enquanto ia a Los Angeles a bordo do Twentieth Century para a estreia na costa oeste, escreveu despreocupado para Stokowski, afastando as críticas a Ave Maria e anunciando que tinha a intenção de concentrar-se em adicionar novas seções ao filme.

O público da estreia em Los Angeles, no Carthay Circle, em 29 de janeiro de 1941 – a estreia havia sido adiada por problemas contratuais para assegurar o cinema – foi até mais entusiasmado que o de Nova York, embora um número menor de celebridades estivesse presente. "Todo o público da estreia ficou inquestionavelmente deliciado com a produção", escreveu Edwin Schallert, um repórter cinematográfico do *Los Angeles Times* em um artigo intitulado "*Fantasia* aclamada como obra-prima do cinema". "O aplauso foi entusiástico durante a maioria dos interlúdios e até irrompia de quando em quando durante o filme." O filme, ele disse, era "incrivelmente corajoso". Arthur Miller, escrevendo para o Times, disse que o filme era "um terremoto na história do cinema". O diretor Cecil B. DeMille, que ficara tão encantado com Branca de Neve, disse "não existe nada em nossas fantasias mundanas que se iguale, que dirá ultrapasse, o que Disney realizou".

O próprio Walt ainda parecia em ebulição. Antes da distribuição ele tinha chamado *Fantasia* de a "grande experiência" de sua vida. Depois da distribuição, afirmou que era o ápice do desenho animado e duvidava de que jamais pudesse ser duplicado porque a perda dos mercados estrangeiros tornaria "suicida" qualquer tentativa de fazer um filme tão dispendioso e ambicioso quanto aquele. Por mais orgulhoso que estivesse do filme, Walt ficou profundamente ferido com as críticas e começou a abrigar dúvidas sobre si mesmo. Roy diria mais tarde que *Fantasia* foi um "desapontamento" para Walt. "Foi como se tivesse visto mais no filme – as possibilidades – do que conseguira extrair dele", disse Roy, "porque Walt realmente não conquistou os artistas." Segundo Joe Grant, apesar de todas as manifestações externas de confiança, mesmo a caminho da estreia em Nova York, Walt estava deprimido. "Ele disse algo a respeito de 'todo aquele trabalho e toda aquela fanfarra'", lembrou Grant. "Ele percebeu que havia ficado acima da compreensão do público com *Fantasia* e, ao mesmo tempo, o desapontara, porque o filme não era o que esperavam de Disney." Anos depois, Walt diria: "Cometi um erro todas as vezes que caminhei em uma direção onde, na verdade, não sentia as coisas. E eu, realmente, tentei dar uma de espertinho."

A crítica que mais feriu talvez tenha sido a de Igor Stravinsky que, simplesmente, podia estar tentando distanciar-se do filme após a condenação de tantos críticos de música. Walt lembrou a visita de Stravinsky ao estúdio com o coreógrafo George Balanchine em dezembro de 1939 quando ele lhes mostrou *O aprendiz de feiticeiro* e os *storyboards* para *A Sagração da Primavera*. Segundo Walt, foi um encontro ameno e agradável. A lembrança de Stravinsky foi diferente. Ele disse que havia recebido um pedido do estúdio para permitir o uso de *A Sagração*, "acompanhado de um aviso gentil de que, se não houvesse permissão, a música seria usada de qualquer maneira", pois os direitos autorais da música não haviam sido registrados nos Estados Unidos. Walt propôs US$ 5 mil pelos direitos no exterior, quantia que, segundo Stravinsky, foi reduzida durante as negociações. Segundo lembrou Stravinsky, durante a visita lhe ofereceram a partitura musical e, quando ele disse que tinha a sua própria partitura, disseram-lhe que a música havia sido modificada. "E, de fato, foi", escreveu Stravinsky zombeteiramente. A instrumentação era diferente, a ordem das peças rearranjada, as passagens difíceis eliminadas. Quanto ao visual, disse Stravinsly, "não desejo criticar uma supina imbecilidade".

Apesar de todas as suas supostas objeções na época, Stravinsky voltou ao estúdio em 12 de outubro de 1940 para ver a edição final, e disse que após isso, saiu intempestivamente. A versão do estúdio, novamente, foi diferente. Quando Walt sugeriu que Stravinsky fizesse uma visita aos animadores, Woolie Reitherman lembrou-se de que eles riram e brincaram com a trilha de "A sagração da primavera" que tocava ao fundo, na moviola. "Não está mal aí atrás também", brincou Stravinsky. Stravinsky voltou ao estúdio outra vez em outubro para discutir a possibilidade de o estúdio animar *Raposa*, antiga peça sua, e terminou vendendo os direitos desta peça, de *Fireworks* (*Fogos de artifício*), e de *Pássaro de fogo*. "Não parece que ele estava muito aborrecido, parece?", Walt observou, ironicamente, para o *Los Angeles Times*.[12]

---

12 Também contradisse o suposto sentimento de ultraje de Stravinsky o fato de ele ter recebido cordialmen-

A despeito das queixas sobre as pretensões do filme, a compreensão ingênua da música e a brutalidade fascista, Roy estava mais que satisfeito com os retornos iniciais de *Fantasia*. "Encerraremos esta semana com vinte e sete mil (dólares)", telegrafou a Walt de Nova York após a segunda semana. "Todas as noites estão esgotadas e as matinês de segundas, terças e quartas cerca de 80 por cento." Com gastos de US$ 11 mil por semana, Roy achava que as perspectivas eram "muito sólidas e estimulantes". Em suas primeiras dezesseis semanas na Broadway, onde a procura era tão grande que o cinema teve de colocar mais oito telefonistas para receber os chamados e alugar uma loja vizinha para as vendas antecipadas de bilhetes, *Fantasia* faturou mais de US$ 300 mil. O filme teve um faturamento líquido de mais de US$ 20 mil em cada uma das dez primeiras semanas tanto no cinema Majestic, em Boston, quanto no Carthay Circle, e havia faturado tanto quanto isso após apenas cinco semanas no cinema Geary, em San Francisco. Enquanto isso, Roy pressionava a RCA para enviar sistemas Fantasound para os outros cinemas que exibiriam o filme pela primeira vez para poderem ampliar a distribuição. "Não vejo razão para não sermos capazes de recuperar todo o nosso custo negativo na altura do fim de 1941", escreveu para Walt alegremente.

Mesmo antes de saber do resultado, Walt vinha planejando uma sequência e, em maio de 1940, encontrou-se com Stokowski para discuti-la. Na época, ambos estavam quase tontos de entusiasmo, avaliando a *Till Eulenspiegel*, de Richard Strauss, a *Primeira Sinfonia de Brahms*, *Os Pinheiros de Roma*, de Respighi, *Os Planetas*, de Holst, e até a sinfonia de jazz de Gershwin, *Rapsódia em Azul*. Quando Stokowski sugeriu usar a *Sinfonia do Novo Mundo*, de Dvorak, mas com cortes, Walt contra-argumentou que a música não devia ser cortada e que havia sentido que algumas peças usadas em *Fantasia* tinham sido cortadas demais. "Estávamos assustados", admitiu. E quando Stokowski trouxe à baila a música de Debussy, *O Mar*, dizendo que era difícil de entender, Walt afastou a objeção. "Você disse que "A sagração da primavera" era difícil de entender, lembra-se?", disse a Stokowski. "Talvez devêssemos abrir com essas coisas em lugar de rebaixar o nosso meio até o nosso público. É exatamente a coisa de que gostamos, um desafio."

---

te o executivo de Disney Don Niles em sua casa em setembro de 1942, quando Walt despachou Niles para discutir a renovação da opção sobre a música de Stravinsky. Niles informou que Stravinsky "estava feliz por negociar uma nova opção", embora achasse que a guerra tornava óbvia essa necessidade e que Stravinsky "declarou que estava muito desejoso de disponibilizar seus serviços para nós" a uma taxa adequada quando a guerra terminasse. Memo, Don Niles para Walt, Re: Opção Stravinsky, 01/out/1942, arquivo N, Walt Disney Corr., Entre-Escritórios, 1938-1944, N-Q, A1630, WDA. (N.A.)

Enquanto avaliava a possibilidade de uma sequência, Walt também pensava em acrescentar sequências individuais ao filme original, o que tinha a vantagem de ser mais fácil de fazer e de prover continuidade de trabalho aos animadores quando precisassem disso, sempre uma das maiores considerações de Walt. Também tinha a vantagem de dar a Walt, que odiava ter de entregar um filme para distribuição, a oportunidade de continuar a "acrescentar" – fazê-lo melhor. Na época em que o filme estava sendo distribuído, Walt falava sobre ele como se fosse análogo a uma ópera ou companhia de balé que tivesse seu próprio repertório. "O cliente regular em perspectiva consultará o programa antecipadamente e determinará o tempo que ficará assistindo à *Fantasia* com base em sua preferência pelos números musicais e personagens cinematográficos", disse ao *Hollywood Citizen News*. Walt disse até que o filme poderia variar de cinema para cinema, de um dia para o outro. Em outro momento, disse que estava pensando em refazer o filme todos os anos. Stokowski, que ainda assistia a exibições e verificava os níveis de som nos cinemas mais de um mês após a estreia, concordou, entusiasticamente, em que *Fantasia* deveria ser um mecanismo orgânico. "Por todas as conversas que ouço dentro e fora de Nova York sobre *Fantasia*, acho que, se acrescentarmos um novo número, quase todo mundo iria ver o filme todo novamente", escreveu para Walt.

Quando retornou ao estúdio após a estreia de gala de *Fantasia* em Nova York, Walt imediatamente mergulhou no desenvolvimento de novas sequências de *Fantasia*. Qualquer coisa que não tivesse sido feita corretamente no filme original poderia ser feita da forma certa nos acréscimos. Ele estava especialmente ansioso para fazer a *Cavalgada das Valquírias*, de Wagner, porque, disse à equipe, "isso agitaria os círculos musicais". Ele também estava excitado com a perspectiva de animar *Pedro e o Lobo*, de Sergei Prokofiev. Como Walt relataria depois, Prokofiev havia visitado o estúdio anos antes e tocado a peça para Walt enquanto um narrador traduzia e lhe disse que a escrevera com o expresso propósito de Disney animá-la. Agora, Walt pretendia fazer isso.

Mas em janeiro, com seu fervor inicial deprimido, talvez, por alguns dos tijolos arremessados contra *Fantasia*, Walt levantou a questão do custo. Por mais que quisesse fazer Valquírias, ele disse à sua equipe que tudo dependeria de eles poderem fazer o segmento dentro do custo. "Se não pudermos fazer por uma determinada quantia", disse, "então, é melhor esquecer." Similarmente, discutindo *O Cisne de Tuonela*, de Sibelius, Walt sugeriu que fotografassem o modelo de um cisne e animassem as ondulações na água. "Não temos que fazer todos os desenhos do cisne – que custam caro", disse à equipe, parecendo-se muito pouco consigo mesmo. Discutindo uma sequência de *Humoresque*, de Tchaikovsky, apresentando os cogumelos do segmento

Quebra-nozes, aconselhou os animadores a repetir ciclos de ação para poupar dinheiro e que, de seis cogumelos, três repetissem a ação dos outros três, de forma que os animadores só tivessem que desenhar as ações de um conjunto, em vez de animar todos os seis desde o início.

A essa altura, o grande entusiasmo sobre as receitas de *Fantasia* tinha começado a desinflar também. O sistema Fantasound, em que Walt insistia, mostrou-se proibitivamente dispendioso, forçando o estúdio a exceder seu limite de empréstimo no Bank of America e impedindo o filme de ser exibido para um público maior e, portanto, obter receita. "Em minha opinião, não é viável que continuemos a utilizar o Fantasound", Roy escreveu para Walt em abril, o que deve ter percebido que seria um golpe esmagador. "Não acho que exista nenhum lugar no país que vá garantir os custos." Enquanto isso, em uma derrota pessoal, Roy discutia com o chefe da RKO George Schaefer a possibilidade de a RKO assumir a distribuição geral do filme, embora insistisse em que continuasse a ser exibido em períodos e horários predeterminados e assentos marcados como um *roadshow* "até na menor cidade que possa pagar por esse espetáculo".

A RKO continuou a distribuir *Fantasia* naquela primavera como uma atração *roadshow*, e os engenheiros da RCA chegaram a inventar um sistema de som modificado que era menos caro que o Fantasound e, assim, podia ser instalado em um número maior de cinemas. Mas o aviso fora dado. Para fazer uma distribuição ainda mais ampla e em uma base que não fosse de *roadshow*, a RKO agora insistia em que o filme fosse cortado. Roy pediu a Walt que falasse com Stokowski, a quem o estúdio era contratualmente obrigado a notificar de quaisquer mudanças, embora tenha sido Ed Plumb, o arranjador musical, e não Walt, quem tenha passado adiante a notícia: "Para grande parte das pessoas", Plumb escreveu para Stokowski, "a experiência de *Fantasia* é mais do que podem aceitar sem cansaço." Stokowski não seria convencido, mas Walt, que estava igualmente entristecido, se sentiu impotente. "Eu, francamente, não sei o que fazer", Walt escreveu para Roy, dizendo que Roy talvez quisesse falar pessoalmente com Stokowski.

Se ele não quisesse falar com Stokowski, Walt também não se envolveria na edição. Ed Plumb e Ben Sharpsteen fizerem os cortes sem nenhuma opinião de Walt, reduzindo o filme de seu tempo de projeção original de duas horas e cinco minutos para uma hora e quarenta minutos e, depois, para uma hora e vinte e quatro minutos, reduzindo, basicamente, as apresentações de Deems Taylor. Walt ficou deprimido. "Devemos lembrar que há muita gente que viu o filme", avisou a Roy, "e agora vão voltar a ver *Fantasia* novamente, e nós não queremos estragá-lo para aqueles que apreciam as coisas mais bonitas para vender algumas entradas para estudantes." Mas eles o fizeram, embora após fazê-lo, Roy se mostrasse ansioso: "Estou temeroso do que possam fazer na distribuição geral." Mais ou menos nessa época Stokowski declarou--se pronto para voltar ao estúdio e preparar as gravações para as sequências adicionais. Mas a ideia de sequência havia sido abandonada fazia muito – "os segmentos seriam agora pensados como 'especiais individuais'", o gerente de controle de produção do estúdio, Herb Lamb informou ao estúdio, e até os "especiais" estavam ameaçados. Se o filme fosse bem-sucedido em sua distribuição geral, escreveu Walt, de forma humilhante para Stokowski, "tenho a certeza de que terei permissão para prosseguir com as músicas em que tínhamos trabalhado na última primavera. Até lá, terei de suspender tudo". Falando para o *New Yorker*, Walt foi menos otimista, se possível. "Aquela coisa infernal custou duzentos mil dólares", reclamou da *Suíte Quebra-Nozes* e das dificuldades para animá-la. "Estamos voltando direto para coisas do tipo 'Pato Donald' e 'Porcos'." Foi um triste recuo para um homem que se havia gabado durante anos sobre os novos horizontes que *Fantasia* iria abrir.

Entrincheirado em seu estúdio enquanto o mundo se agitava em torno dele, Walt esperava, como sempre, isolar-se da realidade. Uma vez, quando arrumava blocos que representavam os prédios do novo estúdio, perguntaram-lhe como a guerra afetaria as coisas. Walt, supostamente, replicou irritado: "Que guerra?" Esse era o poder da realização de seu desejo e um dos maiores apelos de seu trabalho: contrariamente à interpretação de Dorothy Thompson, os desenhos animados de Walt Disney continuavam a demonstrar a habilidade do homem de construir sua própria realidade. Era por isso que seu público se maravilhava com o que via. Mas se Walt se tornara mais sério e menos fantasioso em *Pinóquio* e *Fantasia* do que tinha sido nos desenhos animados de Mickey Mouse ou em Branca de Neve, também era verdade que as condições sociais e políticas haviam mudado em torno dele. Como acontecia com a noção de responsabilidade, uma coisa era transmitir poder a uma nação que esperava vencer a Depressão, e outra falar a uma nação que esperava evitar ser engolida por uma guerra na Europa, o que pode ter sido um dos motivos da frieza maior do público em relação a *Pinóquio* e *Fantasia* que em relação a Branca de Neve. De fato, embora os filmes fossem frequentemente vistos como um alívio para uma nação preocupada, Walt não podia proteger-se de considerações sociais. E também não podia proteger seu estúdio delas. Na verdade, no início de 1941, o mundo invadiria até os Campos Elíseos de Burbank e, quando o fez, tudo em que Walt Disney havia acreditado seria destruído, e todas as suas esperanças despedaçadas.

Acima: o estúdio na Hyperion, primavera de 1931. Ele cresceu rapidamente a partir do edifício à direita, junto à calçada, para uma instalação de produção ativa, embora se localizasse nas terras improdutivas e remotas de Glendale. O anúncio em neon proclama que ali é o estúdio dos desenhos animados sonoros de Mickey Mouse e *Silly Symphonies*.

Abaixo: a equipe Disney em frente ao estúdio, cerca de 1929: (atrás, a partir da esquerda), Les Clark, Jack King, Bem Sharpsteen, Jack Cutting, Burt Gillett, Ub Iwerks, Win Smith, Wilfred Jackson, Bill Cottrell e Floyd Gottfredson; à frente, Dick Lundy, Charlie Byrne, Carlos Manríquez, Norm Ferguson, Merle Gilson, Chuck Couch, Carl Stalling, Johnny Cannon e Walt com um dos chapéus de abas largas que eram sua marca registrada.

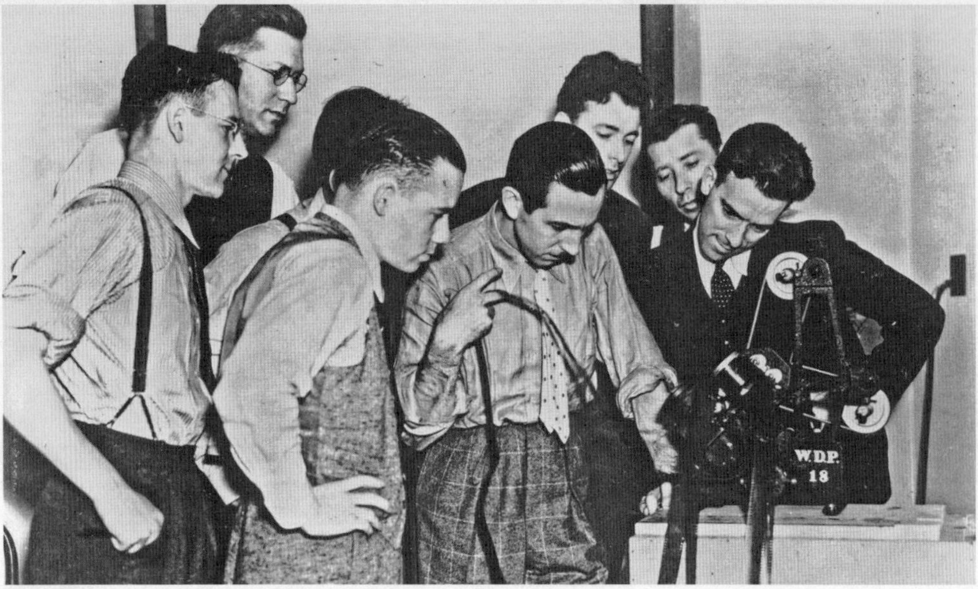

Acima: a "cela de prisão", o nome apropriado para o closet em Hyperion onde Walt examinava os esboços na moviola. Esta era uma experiência exaustiva para aqueles que aguardavam o veredicto de Walt, o único que importava no estúdio.

Abaixo: o *Clube do Mickey Mouse* em frente ao Grand Theater em Yoakum, Texas. Ideia do jovem gerente de cinema da Califórnia, Harry Woodin, o clube atraiu centenas de milhares de membros (Roy diria milhões) para as matinês de sábado e ajudou a consolidar Mickey Mouse como o principal personagem da animação nos anos 1930, antes da ideia desaparecer, em meados dos anos 1930.

Acima: Walt com Herman "Kay" Kamen, o pouco atraente gênio do merchandising que assumiu o licenciamento dos produtos Disney e o transformou em uma fortuna para si próprio e para os irmãos Disney.

Abaixo: Walt com os produtos de merchandising de Mickey Mouse. Já no início dos anos 1930, Mickey se transformara em uma pequena indústria.

Acima à esquerda: Walt observa sua casa em Woking Way, nas Colinas Los Feliz, em Los Angeles. Ele havia preparado a casa apressadamente para um novo bebê, mas Lillian teve um aborto espontâneo; à direita: Walt no uniforme de polo. Ele começou a praticar o esporte como uma maneira de relaxar após seu ataque nervoso, comprando pôneis, criando um time de polo e praticando todas as manhãs; ele abandonou o esporte depois que um oponente morreu devido a ferimentos infligidos durante uma partida.

Abaixo: Walt observa dois homens dançando, sem dúvida animadores preparando uma cena. Embora Walt exigisse perfeição, existia uma camaradagem e um clima de brincadeira no estúdio que o tornavam invejado em todo o mundo da animação. Ben Sharpsteen está atrás, à direita de Walt, e Norm Ferguson está olhando para um espelho.

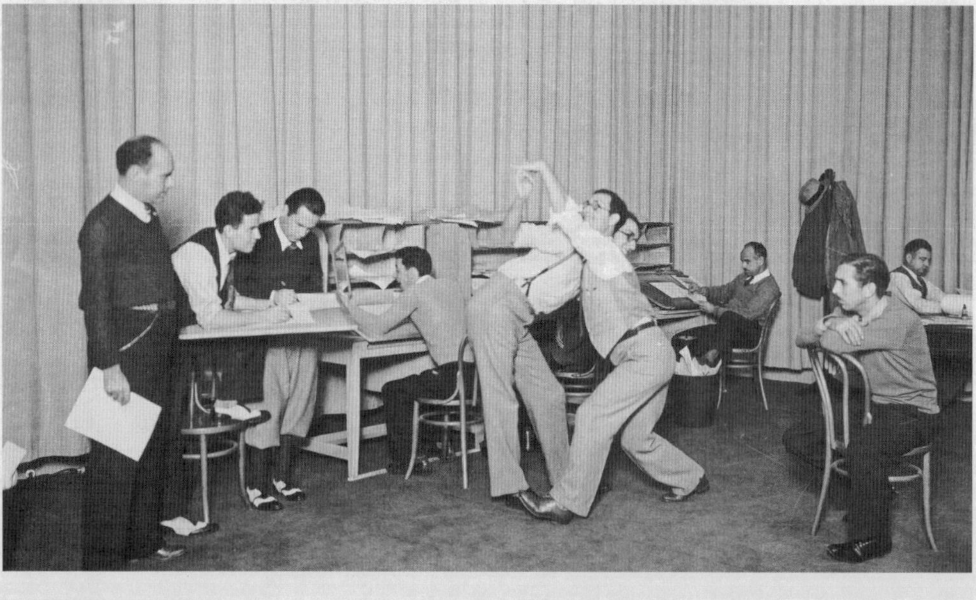

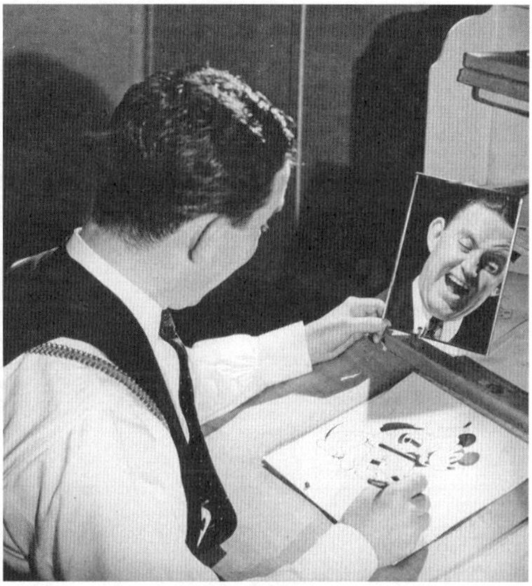

Acima à esquerda: Walt e sua câmera multiplano, desenhada a serviço do realismo, para criar uma sensação de tridimensionalidade na animação. Usada pela primeira vez na filmagem de *The Old Mill*, tornou-se uma valiosa e cara ferramenta em *Branca de Neve*, *Pinóquio* e *Fantasia*; à direita: Norm Ferguson estudando-se para uma animação. Ferguson era visto como o pioneiro da animação psicológica, na qual se tinha a impressão de que o personagem animado estava realmente refletindo.

À esquerda: Fred Moore, o incorrigível e jovem animador, responsável como nenhum outro pela suavidade e beleza do estilo Disney. Moore desenhou os porcos para *Os três porquinhos*.

À direita: Bill Tytla, que se parecia com Stalin e que trouxe um elemento altamente dramático e emocional para a animação Disney. Aqui ele está com um modelo do diabo para "Noite na Montanha Careca", de Fantasia.

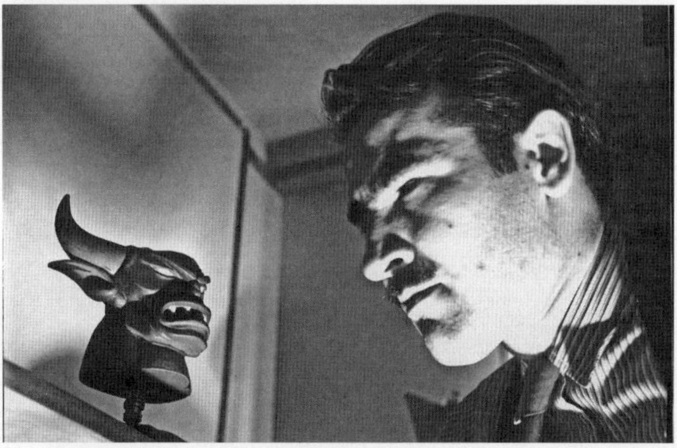

Walt com Lillian na estreia de *Branca de Neve e os sete anões*, em 21 de dezembro de 1937, no cinema Carthay Circle em Hollywood, onde ele havia conseguido exibir *A dança do esqueleto* oito anos antes. Ele havia subido aos píncaros.

Walt olhando para a torre da caixa d'água no canteiro de construção do estúdio em Burbank, um dos frutos do sucesso de *Branca de Neve*. Walt encontrou o terreno e desenhou ele próprio o estúdio em estilo moderno: uma instalação de desenho animado *state-of-the-art*.

Acima: Walt de pé defronte ao prédio da animação, onde ele e Roy tinham seus escritórios, o centro da produção Disney. O novo estúdio parecia um campus universitário. Observe as venezianas desenhadas a fim de regular a luz para os animadores.

Abaixo: Walt atuando para seu estafe. Embora fosse pessoalmente reservado, nas sessões de enredo ele se animava e se transformava nos personagens, de modo que suas performances se tornaram a base da obra Disney.

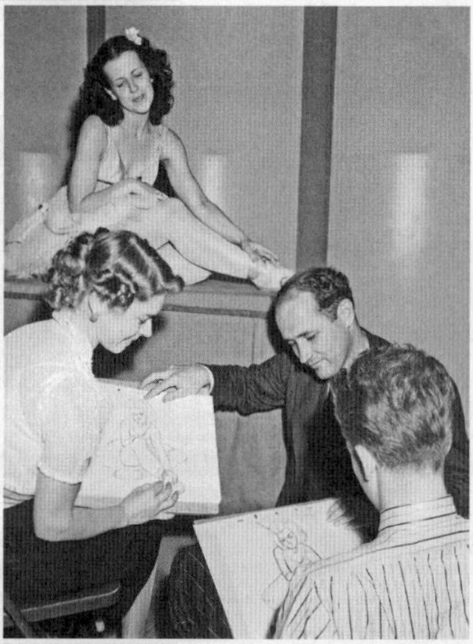

Acima: o triunvirato de *Fantasia*: Walt (esquerda) com o crítico/moderador Deems Taylor (centro) e o maestro Leopold Stokowski (direita) em frente aos storyboards de *O aprendiz de feiticeiro*.

Ao lado: Don Graham instrui animadores. A escola de estúdio Graham melhorou a qualidade da animação e simbolizou o compromisso de Walt com a animação como forma de arte.

Abaixo: os animadores Disney preparando-se para *Bambi* sob a orientação do artista Rico Lebrun. Durante a idade de ouro do estúdio Disney, no fim dos anos 1930 e início dos anos 1940, a animação não era apenas a ocupação do estúdio; era um modo de vida.

Capítulo 8

Duas guerras

I

As nuvens de tempestade vinham se juntando no mínimo desde a mudança para Burbank e, possivelmente, até antes, enquanto o estúdio avançava com grande esforço em seus filmes à espera de lucros que não viriam. Durante *Fantasia*, Roy ordenou um aperto de cinto, proibindo novas contratações, requisições de quaisquer novos materiais ou o início de algum novo filme sem a aprovação do escritório de negócios – infringindo, assim, diretamente e pela primeira vez o poder de Walt. Pouco depois da distribuição de *Fantasia*, Walt pediu a Roy que restaurasse alguns aumentos salariais por mérito para reforçar o moral que baixava novamente, mas Roy, que sempre capitulara no passado, não estava disposto a satisfazer seu irmão desta vez. Em vez disso,

Walt, aparentemente sem o conhecimento de Roy, avisou a Herb Lamb, o gerente do departamento de controle da produção, para aumentar os salários gradualmente durante um período longo para não chamar a atenção.

Ao recompensar seus empregados de forma sub-reptícia, a preocupação de Walt era que o Bank of America descobrisse e "fizesse um inferno conosco". Embora o estúdio tivesse registrado um lucro – sem contar os impostos – de US$ 140 mil nos primeiros quatro meses do ano fiscal de 1941-42 e tivesse distribuído, na verdade, US$ 149 mil em bônus para a equipe, a maior parte em ações preferenciais, o banco estava novamente preocupado com as perspectivas financeiras da companhia, especialmente com a guerra corroendo as receitas estrangeiras. Graças ao lançamento de ações em abril de 1940, a companhia conseguira liquidar todos os empréstimos sobre o financiamento do novo estúdio e a maior parte dos empréstimos para a produção de filmes. Mas em agosto, com as perdas de *Pinóquio*, o estúdio havia sido forçado a aumentar a linha de crédito e a buscar mais recursos que, com otimismo, pensou que pudesse retirar dos lucros de *Fantasia*. Com *Fantasia* sendo um desapontamento também, e as dívidas beirando US$ 3 milhões, o Bank of America convocou Walt à sua sede em San Francisco, em 24 de fevereiro, para instituir algumas medidas de corte de custos. Não foi um encontro agradável. Quando um parceiro de negócios perguntou a Walt se ele venceria a batalha, Walt respondeu irritado: "Nunca se vence com banqueiros." No mês seguinte, Joe Rosenberg visitou o estúdio para continuar sua lição sobre responsabilidade fiscal, e ele e Walt tiveram uma discussão diante de um repórter na qual Rosenberg insistia em que a companhia tinha que dar lucro e Walt insistia em que a comunidade de negócios tinha de expandir seus horizontes em vez de se concentrar de forma estreita no retorno imediato. Como o repórter descreveu, "entre os dois havia um abismo tão profundo quanto a mente humana".

"Sei que o banco está nervoso com o nosso endividamento", Roy escreveu em um memorando para Walt no início de março "e está (sic) indo adiante para algo maior com relutância porque está no limite e não pode agir de outra forma", mas Roy percebia que o estúdio andava "em gelo muito fino". Ele recomendou uma redução de 20% das despesas, em parte abandonando todos os projetos, exceto os curtas e os filmes de longa-metragem que deveriam ser distribuídos no ano seguinte – Bambi e *Dumbo*. Também aconselhava que fechassem o laboratório de processamento de filme e a querida escola de arte de Walt e que examinassem a lista de empregados e desligassem os que "pudessem ser mandados embora de imediato sem afetar o trabalho que estava sendo feito". Sem saber dos aumentos salariais concedidos por Walt, exigiu que todos os empregados aceitassem cortes salariais. Roy reconhecia que essas medidas, sem dúvida, sabotariam tudo que Walt havia feito para construir seu estúdio como um paraíso dos trabalhadores, mas disse que as únicas opções seriam vender os filmes através de uma franquia em termos irrisórios ou ser forçados a ficar sob o controle dos credores ou ir à bancarrota. A situação era tão ruim que, quando um editor de filme requisitou um *splicer*,[1] Walt sentiu que tinha de recusar o pedido.

Antes mesmo das novas pressões financeiras, tensões haviam começado a emergir entre Walt e a equipe. Parte disso era consequência do tamanho. Em apenas cinco anos o estúdio havia inchado de três centenas de empregados para 1.200 e, se antes Walt sabia o nome de todos os seus empregados e também interagia com eles, era impossível para ele fazer isso agora. Na verdade, em Burbank, ele não apenas estava fisicamente separado – em uma ala do terceiro andar, unidade 3H – dos animadores no primeiro andar, mas qualquer um que quisesse chegar ao seu escritório tinha de subir dois lances de escada, caminhar por um corredor, uma sala de recepção e o cubículo de uma secretária. (Walt estava ciente do isolamento. Na noite anterior à mudança para Burbank, ele disse a Joe Grant que tinha sonhado que vagava por corredores vazios.) Parte disso também eram as necessidades que competiam por sua atenção e a necessidade de delegar. "Walt começou a deixar de se envolver com a animação depois de *Pinóquio*", lembrou Wilfred Jackson, obviamente esquecendo-se de *Fantasia*. "Até *Pinóquio*, absolutamente nada acontecia sem que ele estivesse envolvido. Ele via todos os modelos coloridos antes de aprovar. Todo o esboço da animação. Antes que qualquer coisa fosse para limpeza e tinta e pintura nós a submetíamos a ele." Mas, "nos últimos anos, houve uma retirada gradativa de Walt do trabalho próximo e pessoal em todos os detalhes de cada departamento, e ele começou a deixar as coisas mais e mais a critério dos animadores, a critério dos diretores e do departamento de enredo. Ele controlava as coisas em uma base mais ampla."

Mas se Walt ficou menos visível e menos engajado pessoalmente, para consternação de muitos de sua equipe, isso aconteceu de fato tanto por escolha quanto por necessidade. Embora amasse a sensação de comunidade em Marceline e, depois, em Kansas City e, mais tarde, na Hyperion, ele não dispunha mais de tempo para indulgências e charme e, de qualquer modo, passou a desconfiar de associações depois que se tornou "Walt Disney" – mais desconfiado do que as pessoas esperavam dele. Um gerente de produção disse que Walt "parecia ter problemas para se relacionar naturalmente com seus empregados. Ficava com a guarda alta, seus empregados à distância,

1 Mecanismo que emenda pedaços de filme ou fitas magnéticas. (N.T.)

e era mais irritável". Dick Huemer, animador e argumentista, lembrou que Walt raramente se engajava em conversas amenas agora e havia tensão em torno dele. O animador Milt Kahl disse que ninguém em Burbank jamais teria se aproximado sem aviso de Walt ou confraternizado com ele, embora fosse exatamente o que os animadores faziam antes. Surpreendentemente, o draconiano Roy era muito mais acessível e passível de confraternizar. "Podia-se pôr um braço no ombro de Roy também, e se fazia isso", disse Frank Thomas. "Mas não com Walt." Com toda a sua bonomia e insistência em ser chamado de "Walt", ele agora estava distante – se não era exatamente um déspota, como um empregado o chamou, então, pelo menos, era o "patrão".

Somente com aqueles que o haviam conhecido antes de ele se tornar célebre – sua família e amigos de infância e até os primeiros empregados – ele era engraçado e leal, aparentemente sentindo que haviam sido leais a ele quando não precisavam ser.[2] Não houve dúvida sobre a razão de ele atrair Walt Pfeiffer para o estúdio e continuar a designá-lo para novas tarefas, mesmo depois de ele ter falhado nas primeiras, e de contratar Bianca Marjolie, velha colega de classe da McKinley School, para o departamento de enredo. Walt levou um guarda com ele do estúdio na Hyperion para Burbank para tomar conta do portão da frente, apesar do homem frequentemente estar bêbado; um empregado especulou que o motivo era que o guarda "havia ficado com Walt nos tempos difíceis, e Walt nunca o demitiria".

Uma das mais radicais demonstrações de sua consideração pelos fantasmas de seu passado foi o tratamento que deu ao homem que, na mente de Walt, havia cometido uma das piores traições: Ub Iwerks. Após deixar o estúdio abruptamente em 1930, atraído pelas bajulações de Pat Powers, Iwerks passara maus pedaços. Seu próprio estúdio fracassou, forçando-o a ser subcontratado da Warner Bros., e depois, Columbia, mas esses acertos tinham sido encerrados também. "Ele foi um dos primeiros – senão o primeiro – a dar aos seus personagens profundidade e redondez", explicou o animador Chuck Jones. "Mas não tinha nenhuma capacidade para enredo, e acho que não sabia

2 Embora Walt fosse assediado por pedidos de dinheiro, alguns de perfeitos estranhos, outros de amigos e conhecidos, e embora, normalmente, dissesse que não tinha nada para emprestar, ele, ocasionalmente, recompensava serviços passados. Deu US$ 200 à irmã de um velho amigo de Kansas City para ela atualizar sua hipoteca e mais US$ 200 para um colega de Kansas City que precisava pagar dívidas enquanto buscava outro emprego; dinheiro para um colega da Cruz Vermelha; empréstimos para Carl Stalling, o compositor que havia deixado o estúdio no início de 1930; e mais de mil dólares para Jerry Raggos, o proprietário de um café em Kansas City que lhe dera refeições quando ele estava sem sorte, e Jerry pôde abrir um restaurante em Phoenix. Ele até escreveu uma carta de referência para George Winkler, que o havia ajudado a planejar a saída da operação Mintz. (N.A.)

muito sobre humor; ele era um homem nada engraçado." Em 1940, Iwerks ensinava animação em uma escola vocacional local e, em julho, tomou coragem suficiente para escrever para Walt sobre a possibilidade de abrir uma escola própria, presumivelmente a fim de ajudar a treinar os animadores Disney. Walt mandou a carta para Vern Caldwell, do departamento de pessoal, que descartou a sugestão. Enquanto isso, Ben Sharpsteen, ouvindo falar dos problemas de Iwerks, telefonou para ele e disse que iniciar uma nova escola seria um "desmerecimento" e ofereceu-lhe um emprego para conferir a animação, que Iwerks aceitou agradecido. Quando Sharpsteen, que obviamente tentava intermediar uma reaproximação entre eles, disse a Walt que havia chamado Iwerks de volta, Walt disse que era prerrogativa de Sharpsteen contratar quem quisesse. Mas, em 9 de agosto, Walt e Iwerks almoçaram no estúdio e, nesse almoço, Iwerks contou mais tarde, Walt lhe perguntou o que realmente gostaria de fazer ali. Iwerks, sempre mais interessado em tecnologia que em animação, disse que respondeu: "Pesquisar por aí." Deixando de lado a disputa passada, Walt mandou que ele ajudasse a desenvolver uma nova câmera óptica para efeitos especiais, ilustrando tanto o compromisso de Walt com qualquer coisa que ajudasse seu estúdio a despeito de seus sentimentos pessoais como sua ligação com antigos colegas, agora que presidia uma crescente burocracia impessoal.

Mas Walt não mostrava nenhum indício de sentimento quando se tratava de empregados mais recentes, especialmente enquanto seu sonho de utopia se desvanecia sob a luz ofuscante das realidades econômicas. Walt os via puramente em termos instrumentais: em que poderiam contribuir para tornar sua visão uma realidade? Até um empregado antigo como Ben Sharpsteen diria: "Eu sempre soube que ele se aproximava de mim até onde achava que valia a pena." Walt não pensava um segundo para demitir alguém que achava que havia perdido a utilidade, dizendo que aquilo era "remover pessoas marginais" ou livrar-se de "material supérfluo". Ninguém estava a salvo, nem mesmo seus familiares. Quando sua cunhada Hazel Sewell sofreu um colapso nervoso e ele suspendeu seu pagamento, Sewell – que estava no estúdio fazia 11 anos, finalmente chefiando o departamento de tinta e pintura – apresentou sua demissão, dizendo que suas economias haviam poupado dezenas de milhares de dólares para o estúdio. Walt foi rude: "Pessoalmente, fico muito chocado com sua atitude injustificada. No entanto, se estivesse em seu lugar e me sentisse como você se sente em relação à organização onde trabalhei eu, provavelmente, faria a mesma coisa." Outro antigo empregado queixou-se de que nunca era promovido. "A razão pela qual você nunca foi colocado na chefia do seu departamento", Walt escreveu para ele friamente, "é que não sentimos que seja capaz de nos dar o padrão de trabalho que precisamos ter... Se avaliar a qualidade de seu trabalho, acredito que entenderá por que não progrediu." Quando Clarence Nash, que fazia a voz do Pato Donald, pediu um aumento, Walt falou com ele "como conselheiro, para reduzi-lo ao seu próprio tamanho", e quando Pinto Colvig, que fez as vozes do Pateta e de dois dos anões, queixou-se de que era mal pago, Walt ordenou que fosse demitido. "Ele é apenas um palhaço e, de forma alguma, o tipo de pessoa de que necessitamos para continuar a fazer filmes", Walt escreveu para Roy. "Ele vem chorando para mim desde que começou a trabalhar aqui." Um argumentista foi demitido porque, durante uma reunião, anunciou que era meio-dia e deveriam fazer uma pausa para almoçar.

Apesar de sua distância e de sua gelada desconsideração, muitos empregados ainda reverenciavam Walt que, apesar de ter apenas 39 anos em 1941 era, mesmo assim, significativamente mais velho que seus animadores, cuja idade média era agora de 27 anos, e um dos mais famosos ícones culturais da América. Mas após anos de obediência subserviente às suas ordens e após anos de alegre adesão ao seu culto, alguns haviam começado a ficar ressentidos com ele, e o diretor Jack Kinney observou uma divisão crescente na equipe entre os que continuavam a adorá-lo e os que não.

Muitos entre os apóstatas haviam começado a questionar o que viam como paternalismo de Walt, que achavam que se revelava na expressão "meus garotos" com que, habitualmente, se referia à sua equipe sempre que falava nela. Alguns também viam como paternalismo os bônus de Walt, cuja distribuição animadores descontentes consideravam arbitrária. Sentiam-se manipulados, não apenas pelos bônus, como pela forma como Walt os tratava em geral. (Walt orgulhosamente admitia que lera um livro de psicologia e tentava aplicar seus preceitos ao relacionamento com seu estafe.) Outros começaram a se irritar com o fato de, apesar de toda a conversa de colaboração, Walt ser um autocrata cuja palavra era a única palavra. "Normalmente, cada um de nós pensava 'por que não pensei nisso?'", escreveram Frank Thomas e Ollie Johnston sobre o respeito às ideias de Walt sem admitir um novo sentimento de rebelião, "mas com muita frequência pensávamos 'nosso jeito é melhor!'" Todos sabiam que Walt só se interessava por ideias que se coadunavam com as dele. "Que Deus o ajudasse se você pegasse a ideia e fosse com ela para a direção errada", disse um redator do estúdio. "Se fizesse isso, uma sobrancelha se levantava, a outra baixava, e ele dizia 'parece que você não está entendendo nada'." Quando Bill Cottrell sugeriu uma cena em *Pinóquio* e Walt a vetou, Cottrell protestou: "Mas se não tentarmos do meu jeito jamais saberemos se ela funcionaria ou não." A isso, Walt respondeu, "não, não saberemos". Ward Kimball observou: "Você aprendia logo a nunca discutir com ele ou irritá-lo." De fato, durante as sessões na "cela", todos ficavam sentados, em um silêncio nervoso, enquanto Walt olhava, fazia avaliações e lançava seu veredicto. Apenas, então, expressavam suas opiniões – sempre papagueando Walt. Como disse um empregado: "Todo mundo que tivesse algum juízo esperava por Walt."

Com o distanciamento e o despotismo, a equipe começava agora a dar voz a outro ressentimento: Walt nunca lhes dava crédito. "Nenhuma pessoa pode levar o crédito pelo sucesso de um filme", ele disse uma vez. "É estritamente um esforço de equipe." Mesmo assim, Walt sempre se certificava de que o seu próprio nome fosse o mais proeminente, mesmo quando afirmava que essa era, essencialmente, uma decisão de marketing. De acordo com Dave Hand, era um édito no estúdio: "Não mencione nenhuma outra pessoa, exceto aquela, Walt." Quando se tratava dos curtas, os argumentistas e animadores dificilmente se incomodavam. Mas os filmes, nos quais muitos deles trabalharam durante anos, eram uma questão diferente. Não receber crédito feria e despertava uma profunda hostilidade. "Ser deixado de fora dos créditos me fazia perceber que eu era apenas outro cara que fazia esboços, apenas um na multidão, e eu ficava deprimido durante semanas após o filme", observou Bill Peet depois que foi à estreia de *Pinóquio* e não viu seu nome na tela. Quando um animador levou a Walt a ideia de distribuir prêmios pela melhor animação, Walt lhe disse: "Se houver prêmios, eu vou ganhá-los." Na verdade, era Walt quem frequentemente expressava ressentimento em relação aos seus animadores pelo que via como arrogância e orgulho, chamando-os de "não me toques" e "vacas sagradas". Em troca, quando antes festejavam Walt por orquestrar a equipe, um deles mais tarde se queixou: "Ele é um gênio em usar o gênio dos outros."

E a briga não era apenas entre Walt e a equipe, mas entre os próprios membros da equipe, agora que Walt não estava lá para acertar os desvios e o sentimento de missão era minado pelos problemas econômicos. Os *in-betweeners* e os homens que limpavam os desenhos, a maioria dos quais ganhava menos de US$ 20 por semana, começaram a ficar aborrecidos com os animadores, que ganhavam entre US$ 75 por semana (Don Lusk e John Lounsbery) a US$ 300 por semana (Norm Ferguson e Freddie Moore). Muitos desses funcionários mal pagos trabalhavam em experiência durante meses e, mesmo assim, não progrediam dentro das funções do estúdio, e por isso se tornavam, nas palavras de Ben Sharpsteen, "zangados" e, como Walt raramente demitia esses subordinados, o ressentimento grassava. Mas até mesmos entre os principais animadores havia divisão. Os animadores da costa oeste se melindravam com os artistas que Walt havia contratado no leste, frequentemente por salários maiores, especialmente uma vez que os da costa oeste tinham de treinar os do leste, e o sistema exagerado de bônus criava tensões não apenas entre Walt e os animadores, como entre os animadores que sentiam que estavam fazendo essencialmente o mesmo trabalho, mas recebendo salários menores, e os que recebiam salários maiores. "Se eu dava um bônus a uma pessoa, eles não conseguiam imaginar porque outra pessoa não recebia um bônus, e eles não o mereciam, mas não conseguiam entender isso", observou Walt mais tarde. O sistema era tão complicado que ninguém nunca o entendeu completamente.

Além dos bônus, alguns empregados se enraiveciam com o que acreditavam ser um tratamento preferencial dispensado a outros. Para ajudar a nutrir o sentimento comunitário, Walt permitiu que Ward Kimball organizasse uma banda de jazz que Kimball chamou de "Huggajeedy 8", mas isso teve o efeito oposto. "Sua atuação podia ser ouvida em todo o estúdio durante o horário de trabalho, e os sons nem sempre eram agradáveis para os ouvidos", um animador comentou mais tarde. "Esses estímulos espalhavam o descontentamento entre os que não acreditavam nessas coisas e aqueles que simplesmente ficavam enciumados." Outros censuravam o estúdio por reforçar as distinções de classe. No Penthouse Club, por exemplo, a admissão era restrita aos empregados que ganhavam US$ 200 por semana ou mais, separando os membros mais bem pagos de todos os outros. "Acho que nenhum de nós sabia sobre sindicatos na época", disse Ken Peterson, um *in-betweener* na época. "Mas todos nos sentíamos meio discriminados."

Sentimento de discriminação e zanga – condição que tornava o terreno fértil para uma rebelião incipiente. Durante anos, como parte de uma mobilização geral na indústria do cinema, organizadores vinham tentando sindicalizar os estúdios de animação e os departamentos de animação dos grandes estúdios. No antigo estúdio de Iwerks, vários animadores decidiram entrar para o sindicato depois que um de seus colegas morreu de ataque cardíaco, mas o estúdio impôs o trabalho após a jornada regular mediante o pagamento de horas extras para impedir os empregados de ir a uma reunião em que se tornariam membros do sindicato, e o esforço se perdeu. Os animadores fizeram mais progresso no estúdio Fleischer em Nova York, onde estourou uma greve em maio de 1937, pouco depois dos Fleischer dispensarem quinze empregados que se haviam sindicalizado para protestar contra as condições de trabalho. A greve durou seis meses – os piqueteiros carregavam cartazes que diziam, "Sou Popeye, o sindicalista", com o nome do personagem mais popular dos Fleischer – até uma eleição ser finalmente realizada, e o sindicato, reconhecido. (Max Fleischer reagiu transferindo o estúdio para a Flórida e dissolvendo o sindicato.) Em seguida, Herbert Sorrell, o chefe da Conference of Studio Union (Conferência dos Sindicatos de Estúdios) à qual a Screen Cartoonists Guild (Associação de Cartunistas da Tela) era afiliada, visou o departamento de desenho animado da Metro-Goldwyn-Mayer, em grande parte porque ele era tão pequeno que o estúdio não se arriscaria a aguentar uma greve por ele; depois, visou a Warner Bros., onde, sob a chefia de Leon Schlesinger, os animadores ganhavam 50% menos que na MGM. Schlesinger zombou das ameaças de Sorrell, insistindo em que os animadores o amavam e que sempre que precisavam de dinheiro, ele emprestava. Seguiu-se uma greve, durante a qual Schlesinger pôs um cartaz em sua porta dizendo que estava fora, em seu iate. Em pouco tempo, chamou Sorrell para um acordo, depois lhe perguntou: "E agora, que tal Disney?"

Essa era a pergunta que se fazia nos círculos do desenho animado. Na verdade, depois que os Fleischer haviam feito um acordo em 1937, um animador assistente chamado David Hilberman disse a Art Babbitt que a International Alliance of Theatrical Stage Employees (IATSE) (Aliança Internacional de Empregados de Entretenimento), sindicato rival do de Sorrell, estava lançando uma nova campanha para sindicalizar a indústria do cinema, aparentemente incluindo os estúdios Disney. A IATSE era chefiada por dois criminosos notórios, George Browne e Willie Bioff, ex-associados da família mafiosa de Al Capone em Chicago, e Babbitt se assustou. No mesmo dia em que falou com Hilberman, Babbitt se encontrou casualmente com Bill Garity, então chefe do controle de produção e, quando Babbitt mencionou suas preocupações, Garity lhe disse que a IATSE já havia enviado uma delegação ao estúdio e que, se Babbitt não gostasse, deveria agir. Babbitt encontrou-se com Roy Disney, que o mandou ao advogado Gunther Lessing. Ansioso para impedir a entrada da IATSE, Lessing aconselhou Babbitt a formar o que chamou de "algum tipo de organização, preferentemente uma organização social" e ofereceu ajuda. No início de dezembro de 1937, Babbitt e outros 40 funcionários e Lessing se encontraram na "cela" 1 em Hyperion para criar uma federação que representasse os empregados do estúdio em suas relações com a direção da empresa. O grupo fez uma reunião para a sindicalização geral no American Legion Hall (Salão da Legião Americana) em Hollywood, em 25 de janeiro de 1939, em que Babbitt foi eleito presidente, e a organização, agora chamada Cartoonists Federation (Federação de Cartunistas), fez um pedido para ser reconhecida pela National Labor Relations Board (NLRB – Direção Nacional de Relações de Trabalho) o que aconteceu em julho de 1939. A essa altura, a IATSE tinha sido rejeitada, frustrando o interesse por um sindicato. Mas com o reconhecimento, os líderes da federação se inspiraram para fazer uma lista de exigências contratuais. Roy se espantou, dizendo que "não precisava de nenhum sindicato" e que não negociaria. Uma indicação do quanto

Walt havia conquistado a fidelidade dos empregados foi o fato de, a despeito de sua irritação, os dirigentes da organização terem decidido dissolvê-la em vez de lutar.

Mas em outubro de 1940, após Sorrell ter negociado seu acordo com a MGM, Dave Hilberman, o animador assistente que originalmente advertira Babbitt sobre a IATSE, decidiu começar a organizar o estúdio Disney em nome da Associação de Cartunistas da Tela (SCG), de Sorrell. Em 5 de dezembro, a SCG informou ao estúdio que havia sindicalizado a maioria dos empregados e que pediria seu reconhecimento. Walt ficou frenético. Na manhã seguinte, chamou Babbitt para um encontro em seu escritório, mostrou-lhe a carta do advogado da SCG anunciando o pedido e ordenou-lhe que reorganizasse a federação para "podermos deter essa coisa". Quando Babbitt declinou, dizendo que seria ridicularizado depois da companhia ter se recusado a negociar com ele, Walt ficou louco. "Bem, onde estaria eu se não pudesse aguentar um pouco de ridículo?" Walt insistiu em que nunca negociaria com sindicatos. "Vocês sabem como sou, garotos", disse a eles, "se não puder fazer do meu jeito... se alguém tentar me dizer para fazer alguma coisa, farei exatamente o contrário e, se for necessário, fecharei este estúdio". A ideia de Walt era assinar um acordo fechado com a federação para manter fora qualquer outro sindicato. No dia seguinte, o estúdio mandou fichas de inscrição para os empregados por intermédio dos supervisores de departamento.

Muitos dos que pensaram seriamente sobre o fracasso do sindicato abandonariam o plano da federação aos pés de Gunther Lessing, o conselheiro legal dos Disney. Quando era um jovem advogado em El Paso, Texas, Lessing se envolveu na defesa de inúmeros revolucionários mexicanos e entrou na Cidade do México com Francisco Madero, quando este assumiu o governo mexicano. Depois do assassinato de Madero, Lessing representou o bandido revolucionário Pancho Villa. Lessing chamava a si mesmo de "idealista". Na época em que se uniu aos Disney, no início dos anos 1930, no entanto, seu idealismo dera lugar a um truculento conservadorismo que o tornou um pária entre grande parte dos empregados do estúdio, incluindo os que eram conservadores também. Até Roy disse que, depois de Branca de Neve, todos começaram a chamar o careca Lessing de "Dunga".

Fosse por influência de Lessing ou não, os próprios Disney nunca olharam os sindicatos com simpatia. Apesar de todo o seu suposto idealismo, Elias Disney havia contado a seus filhos uma história sobre ter sido atacado por recrutadores do sindicato quando trabalhava em um canteiro de obras; e Walt certamente detestava a ideia de alguém tentar intimidá-lo, especialmente seus próprios empregados. Mas qualquer antagonismo que os Disneys podiam ter foi exacerbado por Lessing, a quem indicaram em 1937, para aconselhar Babbitt a respeito de formar uma federação. "A escolha não poderia ter sido menos sábia", escreveria o animador Shamus Culhane. "Durante os encontros preliminares sobre sindicalismo, a abordagem de Lessing era escorregadia, fácil e arrogante demais". Quando algum empregado cometia a temeridade de se levantar e fazer uma pergunta, Lessing, enquanto ouvia, revirava os olhos para o céu, no típico gesto de paciência cansada ante estupidez tão berrante. Do ponto de vista de Culhane, Lessing apenas fomentou a hostilidade ao próprio sindicato da companhia que estava encarregado de organizar.

No mês seguinte, Babbitt desertou e juntou-se a Hilberman na organização dos animadores sob a Associação de Cartunistas. (Babbitt disse que foi levado a fazer isso quando uma das mulheres que cobriam de tinta os contornos dos esboços desmaiou porque não tinha dinheiro para pagar o almoço.) Em um encontro de afiliação no Hotel Roosevelt, Sorrell fez um discurso impressionante, prometendo "apertar as bolas de Disney até ele gritar". Enquanto isso, a velha federação, com as bênçãos de Walt e Lessing, fez uma reunião aberta em 28 de janeiro de 1941 na escola Abraham Lincoln, três quadras ao norte do estúdio, para discutir um plano em que atuaria como intermediária dos trabalhadores através de um presidente imparcial e uma diretoria de conselheiros composta de dois representantes dos trabalhadores e dois da administração, para resolver as disputas. (Não se especificava exatamente como esse presidente seria indicado.) Poucos dias depois, a SCG acusou o estúdio de patrocinar um sindicato da companhia. Walt retaliou distribuindo um boletim em 6 de fevereiro, que proibia os empregados de se engajar em atividades sindicais durante o horário de trabalho ou em propriedade da companhia.

Mas Herbert Sorrell não era um homem que pudesse ser detido com facilidade. Tinha uma aparência rústica, compacta, com ombros redondos e caídos, testa alta e queixo quadrado, e um nariz achatado talvez pelos muitos golpes recebidos em seus tempos de lutador de boxe profissional. Também era, aos 44 anos, tão duro quanto parecia. Filho de um alcoólatra nômade, Sorrell foi trabalhar aos 12 anos em uma estação de tratamento de esgoto em Oakland, onde foi impiedosamente espancado por colegas de trabalho até bater em um com uma pá e mandá-lo para o hospital. Mais tarde vendeu canos, trabalhou como rebitador, prestou serviço militar durante a I Guerra Mundial e voltou para se tornar um lutador de boxe profissional. Depois, se mudou para Los Angeles para trabalhar como pintor nos estúdios. Ele dizia que o momento mais importante de sua vida aconteceu quando um supervisor da Universal perguntou se ele era membro do sindicato e, quando ele respondeu que sim, demitiu-o sumariamente. Isso o transformou em um radical. No entanto, foi durante uma greve na Paramount em 1937, que Sorrell se tornou um poder a ser respeitado. Ele chamou dezesseis trabalhadores fura-greves, disse que o estúdio precisava deles imediatamente e ofereceu-lhes uma carona. "Fomos pegá-los", lembrou secamente mais tarde, "e, na segunda-feira, havia dezesseis com braços quebrados". Ao formar a Conferência dos Sindicatos de Estúdios (CSU), um bloco de dez sindicatos de cinema, e assumir sua presidência, Sorrell tornou-se o mais poderoso sindicalista de Hollywood – um sindicalista para ser levado a sério. Agora, como Walt lembrou mais tarde, Sorrell ameaçava transformar o estúdio Disney em uma "lata de lixo" se os Disneys não reconhecessem a SCG.

Preparando-se para o confronto decisivo entre esses dois personagens históricos, o estúdio estava tenso. Walt sabia que tinha de tomar a iniciativa e agir com rapidez, e ele fez o que sempre fazia quando enfrentava uma crise: apelava para o zelo missionário de seus empregados e sua crença de que não eram apenas operários industriais trabalhando por um salário, e sim, engajados em um grande empreendimento. Em dois turnos, às cinco horas de 10 de fevereiro de 1941 e, novamente, no dia seguinte, Walt dirigiu-se a seus empregados no cinema do estúdio. Anunciando que havia sido aconselhado a ler seu discurso e gravá-lo por receio das consequências legais para o que dissesse, começou sobriamente, dizendo que o estúdio se encontrava em uma crise financeira, crise que, admitia, era parcialmente culpa sua. Ele simplesmente tinha fé demais no desenho animado. "Tenho tido uma confiança cega, teimosa, no desenho animado como meio", disse aos empregados, "uma determinação de mostrar aos céticos que o desenho animado estava merecendo um lugar melhor; que era mais que um 'enchimento' da programação; que era mais que uma novidade; que poderia ser um dos maiores canais de fantasia e entretenimento já desenvolvidos." Aquela convicção havia guiado sua vida e frequentemente o levou à pobreza. Mesmo assim persistiu, recusando-se a cortar salários quando todos os outros estúdios haviam feito isso e até distribuindo os bônus para manter sua equipe intacta e satisfeita. Ele não tirava virtualmente nada para si mesmo, chegando a aceitar voluntariamente um corte de 75% em seu próprio salário quando os mercados estrangeiros secaram. Havia três opções agora, ele disse: cortar drasticamente os salários, cortar a produção e dispensar trabalhadores, ou vender a companhia para alguém que só estivesse interessado nos lucros. Ele resistia a todas as três, preferia, em vez disso, economizar mediante pequenos cortes de salário e reduções orçamentárias. Eles estavam de acordo com isso?

Respondendo aos ressentimentos pessoais, Walt negou que existisse um sistema de classes no estúdio. Empregados criativos tinham certas vantagens sobre a equipe de negócios, ele disse, porque contribuíam mais, mas o Penthouse Club agora seria aberto a todos. Para aqueles que se queixavam da presença da polícia no terreno do estúdio, presumivelmente para impedir a organização do sindicato, Walt insistiu em que isso era necessário por uma questão de segurança. Sobre o rumor de que estava treinando garotas a um salário mais baixo para assumir a limpeza dos esboços, disse que o estúdio precisava de flexibilidade, particularmente com a perspectiva da guerra. E em relação às queixas de que não estava mais disponível e delegava demasiada autoridade, disse: "É minha natureza ser democrático", mas com o tempo percebeu que "era muito perigoso e injusto com a organização como um todo que eu me tornasse próximo demais de todos", porque isso recompensava "puxa-sacos" à custa dos que trabalhavam duro. Além do mais, disse, não queria que o estúdio dependesse de um só homem. O estúdio teria de sobreviver a ele para que o desenho animado sobrevivesse. E concluiu invocando uma vez mais o sentimento de missão do estúdio: "Acreditem em mim quando digo que se saíssemos do negócio amanhã, o desenho animado cairia a um baixo nível comercial." A qualidade ainda era a meta principal, e os melhores animadores seriam sempre os mais bem recompensados. "Não se esqueçam disso – é a lei do universo que os fortes sobrevivam e os fracos caiam à beira do caminho, e eu não dou a menor importância aos planos idealísticos que estejam sendo feitos, nada pode mudar isso." Cada um dos dois discursos durou cerca de três horas, e Walt não disse nada sobre sindicatos em nenhum dos dois.

Embora sua intenção tivesse sido, obviamente, desmobilizar a situação mediante um apelo aos empregados, em vez disso Walt exacerbou a mobilização porque pareceu sublinhar exatamente as falhas que seus empregados haviam descoberto nele. Muitos acharam o discurso uma "choradeira", nas palavras de Ward Kimball, e não foram convencidos pela invocação da crise feita por Walt. Um disse que ele os havia tratado como se fosse um "pai benevolente e compreensivo" e eles fossem "filhos rebeldes" e disseram que alguns na plateia chegaram a vaiá-lo. Como mais tarde disse a revista esquerdista *The Nation*, "o discurso recrutou mais membros para a Associação de Cartunistas da Tela que um ano de campanha".

Se assim aconteceu, Walt pareceu alheio a tudo, pensando que havia reprimido a insatisfação de seus empregados. Logo no dia seguinte, ele se reuniu com o gerente de controle da produção Herb Lamb para discutir como poderiam controlar as despesas mediante a redução do custo de cada departamento do estúdio e estabelecer controles de orçamento tão estritos que cada um saberia exatamente quais as metas que teria de atingir para permanecer lucrativo. Aqueles que alcançassem as metas receberiam bônus. "Quando os caras virem que a economia está resultando em aumentos salariais, isso se espalhará pelo estúdio inteiro, e aí você verá o que vai acontecer", Walt disse a Lamb. E recomendou que um grande cartaz fosse colocado em frente ao cinema do estúdio – Walt ofereceu-se para pagar por ele pessoalmente –, listando cada departamento e sua produção diária para que todos soubessem quem estava ficando para trás. Mas até Walt percebia agora que estava afundando. "Fiquei todo confuso", confessou mais tarde sobre seu desespero. "Eu não sabia onde estava. Eu tinha uma grande equipe. Detestava ter de demitir alguém, tentava segurá-los. Tentei pensar em outros caminhos. A guerra ainda não estava aqui. Mas eles ainda recrutavam. Alguns de meus garotos tiveram de ir. Foi um período terrível."

Tornou-se mais terrível ainda quando os empregados começaram a se revoltar por causa das fissuras na utopia que Walt tentava conservar a tão duras penas. "Ficamos desapontados com ele", disse um animador, "com a promessa de um novo e grande estúdio onde todo mundo seria cuidado – isso simplesmente não estava funcionando na realidade." Dias após o discurso, o jornal comunista The *Daily Worker* chamou Walt de "um personagem quase patético" e disse que suas relações de trabalho eram um conto de fadas baseado em sua imagem como um sujeito comum, embora os empregados fossem tiranizados por um sistema que acelerava o trabalho. Um líder de sindicato disse que os empregados mais novos que entravam para o estúdio, ao contrário dos animadores antigos, não tinham "aquele intenso brilho no olhar em relação a Walt... Eles haviam circulado por aí durante a Depressão e possuíam algum tipo de consciência social", enquanto os animadores mais velhos provavelmente diriam "se não fosse Walt, eu não estaria onde estou".

Agora os descontentes começavam a ferver. Cinco dias após o discurso de Walt, muitos empregados desiludidos foram a uma reunião da SCG, no Hotel Hollywood, onde Art Babbitt, o ex-presidente da federação, disse a seus colegas em um longo discurso que a federação não tinha dentes. Pouco depois, Babbitt começou a receber menos tarefas e, quando protestou ante Hal Adelquist, chefe do departamento de pessoal, disseram-lhe que era o resultado de suas atividades sindicais. Três semanas depois, aparentemente perdendo a esperança de vencer a batalha, Gunther Lessing concordou em que a SCG comparasse a folha de pagamento de Walt com os pedidos de filiação ao sindicato para fundamentar a afirmação da SCG de que representava a maioria dos funcionários do estúdio. Depois, tão repentinamente quanto havia permitido que a SCG fizesse a comparação, Lessing insistiu em que a NLRB fizesse a checagem, sabendo muito bem que ela estava proibida de fazer isso enquanto julgava a legalidade da federação. Quatro dias depois, a federação convocou uma reunião no estúdio e anunciou que Anthony O'Rourke, ex-funcionário da NLRB e advogado que o estúdio havia contratado para aconselhar sobre questões sindicais, havia sido nomeado o "presidente imparcial" que o estúdio propunha para a diretoria de conselheiros.

Walt, pensando que podia extinguir o sindicato ao reafirmar a própria autoridade, continuou a abanar suas chamas. Em 22 de março, com as atividades do sindicato se intensificando, anunciou um novo plano de austeridade, cortando 5% dos salários dos que ganhavam entre US$ 50 e US$ 100 semanais, 10% dos que recebiam entre US$ 100 e US$ 200, e 15% de todos os que ganhavam acima de US$ 200 e instituindo uma semana de cinco dias, 40 horas de trabalho, reduzindo desta forma o pagamento de horas extras. O estúdio também eliminou o serviço gratuito de refeições para as salas e fechou a cafeteria, exceto durante o horário de almoço. "Vamos nos certificar agora de que podemos voltar mais uma vez ao trabalho com uma atitude mental sintonizada com a produção da quantidade de trabalho que temos a certeza de que vocês são completamente capazes de cumprir", Walt declarou com a mesma atitude peremptória que já havia irritado tanto seus empregados.

Naturalmente, os empregados não foram timidamente para o trabalho como Walt instruiu. Mas ainda não estava clara a disposição que ele teria para uma batalha sindical e o quanto estaria disposto a permitir que seu amado estúdio fosse feito em pedaços. Em meados de abril Walt parecia disposto a ceder e reconhecer a SCG, mas O'Rourke, o presidente "imparcial", escreveu para ele dizendo que esse gesto seria como "Munique", referindo-se ao acordo de 1938 entre a Inglaterra e a Alemanha nazista com o objetivo de apaziguar esta última, dizendo que ele havia levado "a uma aliança final com os 'sovietes'" e declarando sua intenção de sair se Walt fizesse isso. De qualquer modo, Walt logo invalidou os boatos e, alegremente, pressionou seus empregados a esquecer das tensões e simplesmente "realizar a tão necessária produção que é, afinal de contas, a coisa mais vital agora ou em qualquer outra ocasião".

Enquanto isso, mesmo com a NLRB colhendo depoimentos sobre a acusação da SCG de que a federação era um sindicato da empresa, a federação negociava com o estúdio seu reconhecimento e um novo contrato e até fez uma votação para eleger novos funcionários. Em maio, a NLRB decidiu contra a federação – o examinador disse que a responsabilidade pelo "sindicato" devia ser "colocada na porta de Gunther Lessing" e ordenou que ela se dissolvesse. Relutantemente, o estúdio, com um novo conselheiro de trabalho, começou a negociar com a SCG, que agora exigia reconhecimento imediato e, após meses de manobras, Walt, escrevendo para Eleanor Roosevelt – que havia visitado o estúdio naquela mesma semana e expressado suas preocupações em relação à situação do trabalho lá – minimizou a briga dizendo que não era mais que uma disputa de jurisdição. "Em toda a nossa história nunca tivemos o menor indício de problemas trabalhistas", ele disse à primeira-dama.

Nem mesmo após a morte do sindicato da empresa, a chamada disputa jurisdicional se encerrou. Apesar de o estúdio assinar um mandato legal em que concordava em não desestimular a organização do sindicato, Walt, sem desejar ceder nenhuma autoridade, recusou-se a reconhecer a SCG e insistiu em uma votação secreta e não apenas uma comparação de listas de pagamento, para determinar se a SCG representava a maioria dos empregados do estúdio. Enquanto o impasse se arrastava, a federação realizou um encontro no Hotel Knickerbocker onde se dissolveu como havia sido ordenado e reapareceu naquele mesmo fim de semana sob um novo nome, a American Society of Screen Cartoonists (Sociedade Americana de Cartunistas da Tela) com, essencialmente, os mesmos funcionários da federação e até o mesmo endereço de correio. E, como a federação, também queria ser reconhecida. Claramente, nem mesmo sob ordens do governo, Lessing desistia.

Walt também não. Ele fervia de raiva o tempo todo com as tentativas de desafio ao seu poder. Logo após a decisão da NLRB, partiu em sua cavalgada anual dos Rancheros Visitadores mas, antes disso, encontrou-se com Babbitt no corredor uma manhã e ordenou-lhe que desistisse de organizar o sindicato. "Não me interessa se você fica com o seu maldito nariz colado na prancheta durante todo o dia ou quanto você produz ou que tipo de trabalho faz", resmungou Walt, irritado, "se não parar de organizar meus empregados, vou pôr você para fora do portão." Era uma ameaça que Walt ficaria muito contente em executar.

Isso acontecia porque, além de detestar a ideia do sindicato, Walt também detestava seu organizador, Arthur Babbitt. Babbitt fora trabalhar no estúdio em 1932 e avançara firmemente em sua carreira no estúdio até se tornar um dos principais animadores. Entre outras coisas, havia animado a vendedora de maçãs, em Branca de Neve, os cogumelos em *Fantasia* e a sequência da cegonha em *Dumbo*. Mas quase desde o início experimentara uma tensão em sua relação com Walt – Babbitt chamava de uma "eletricidade entre nós". Harry Tytle, um executivo do estúdio, observou que Babbitt era uma "pessoa que parecia apertar todos os botões errados com Walt". Barulhento e indisciplinado, Babbitt, segundo ele próprio admitia, não tinha tato. Desdenhava as regras de comportamento no escritório e não as cumpria. Era também mulherengo notório. "Minha mentalidade era: caiu na rede é peixe!" Walt ficou especialmente irritado quando Babbitt começou a ter um caso com Marjorie Belcher, a modelo para Branca de Neve, e estava a ponto de demiti-lo quando Babbitt decidiu casar-se com ela.

Naturalmente, o ódio aumentou quando Babbitt desertou da federação e não apenas entrou para a SCG e foi eleito seu representante no estúdio, como também convocou um boicote aos filmes Disney a menos que o estúdio reconhecesse o sindicato. Lessing havia advertido Babbitt de que se aceitasse a posição de cabeça do sindicato, "estaria se expondo a um bocado de problemas", mas Babbitt pareceu não se importar com a ameaça. "Ele era um lutador", disse Ward Kimball. "Gostava de ter uma causa. Era um ator. Gostava de ficar no palco." Em março, Walt já começara a se queixar de Babbitt, chamando-o de "rígido, antiquado" e disse a Jaxon para pressioná-lo a fazer melhor seu trabalho. "Ele é um sujeito muito teimoso", disse Walt, "mas temos de tirá-lo da rotina em que está." Como forma adicional de intimidação, alguém no estúdio, provavelmente Lessing, armou para que Babbitt fosse preso e trancafiado em uma cela sob a alegação de posse secreta de arma no dia em que iria depor ante a NLRB sobre a federação – "tão secreta", disse Babbitt anos depois sobre a arma, "que até hoje ninguém a encontrou". Mas Babbitt também respondia às provocações. Em meados de abril chamou Walt para pedir aumento para o seu assistente, que ganhava apenas US$ 18 por semana. Walt se enfureceu, dizendo-lhe que "metesse o nariz nos seus próprios assuntos", e chamou-o de "bolchevique". Babbitt continuou a fazer campanha no estúdio e distribuiu cópias da *Variety* com a história da decisão da NLRB. "É Babbitt", Lessing escreveu para Walt, "quem está causando distúrbio neste estúdio."

Nessa altura, Walt já chegara ao fim de sua paciência. Em 20 de maio, aparentemente esperando suprimir a revolta de uma vez para sempre, começou a dispensar animadores, vinte deles, todos membros da SCG. Protestando contra o que chamou de "blitzkrieg", o sindicato telegrafou para Walt solicitando uma reunião de cúpula para discutir as demissões ou enfrentar uma greve. Walt se recusou. Em 27 de maio, Walt convocou outro encontro no cinema, durante o qual leu uma breve declaração, dizendo que não concordaria com nenhum acordo que forçasse seus empregados a entrar para o sindicato e só negociaria com um sindicato escolhido pela maioria em votação secreta. A SCG, insistindo em que seus cartões já comprovavam que ela tinha a maioria dos funcionários, acreditava que a votação era desnecessária e uma tática para acabar com o sindicato. Após o discurso, Anthony O'Rourke, o advogado trabalhista que ainda aconselhava Walt, telefonou para Lessing e disse que a declaração "caiu com estrondo e teve um efeito maravilhoso". O sindicato, afirmou, já sofria uma reação, e predisse que, em cinco dias, "a espinha da greve estará quebrada". O sindicato respondeu concedendo a Walt mais 36 horas para explicar as demissões e depois fez uma votação pela greve.

Walt fora longe demais agora para recuar. Ele só poderia restaurar o paraíso expulsando os traidores. Na tarde seguinte, Babbitt estava saindo da cafeteria depois do almoço quando o chefe da polícia do estúdio segurou-o pelo braço e lhe entregou uma carta, dizendo-lhe que eram "más notícias". Babbitt perguntou se poderia levar o carro até a entrada do prédio da animação para retirar seus pertences. Quando chegou, um pequeno grupo se reunira ali e ajudou-o a levar suas coisas para o carro. Quando terminaram, uma hora depois, várias centenas de empregados haviam se mobilizado, gritando que se encontrariam com ele no piquete na manhã seguinte.

II

"Greve – 6h da manhã – hoje" dizia a primeira anotação da agenda na mesa de Walt Disney em 28 de maio, embora com o adiamento ela só tenha começado, na verdade, no dia seguinte. A atmosfera naquela manhã era tanto festiva quanto inflamada. Sorrell reuniu piqueteiros no portão enquanto alto-falantes explodiam com músicas e mensagens para os empregados que chegavam de carro. Ward Kimball, que tinha um diário, escreveu "carros paravam ao longo de toda a rua Buena Vista", em frente ao estúdio. "Os caras despejavam seus discursos individuais nos ouvidos dos que estavam na cerca." Kimball ficou espantado com a magnitude de tudo aquilo. Como se poderia esperar de animadores, os cartazes eram coloridos. Um grevista sentou-se em uma pequena elevação vestido com uma espécie de avental e boina e pintava a cena. Outros cantavam e gritavam. Quando Kimball passou pelo portão, Babbitt agarrou-o e disse que a SCG estava colocando animadores supervisores sob sua jurisdição. Ao entrar no estúdio, Kimball estava desafiando o sindicato.

Quando o próprio Walt passou pelos portões naquela manhã, abrindo caminho entre a multidão em seu Packard e, amigavelmente, acenando para os grevistas, Babbitt tirou o megafone das mãos do ator John Garfield, que estava na linha de piquetes para apoiar a greve, e berrou, "Walt Disney, você devia envergonhar-se!". Depois, conforme relatou o próprio Babbitt, ele se voltou para a multidão e gritou "Ali está ele, o homem que acredita em fraternidade para todos, exceto para si mesmo!" Quando a multidão aplaudiu, Walt saltou do carro e correu atrás de Babbitt até ser contido. Walt era muito mais confiante atrás dos portões do estúdio. Kimball almoçava na lanchonete das mulheres e viu Walt lá, sorridente. Depois, naquela mesma tarde, Walt chamou à sua sala argumentistas e animadores que não haviam aderido à greve. Instantâneos fotográficos de vários grevistas já estavam dispostos em volta da sala e, à medida que passava por eles, Walt comentava: "Droga, eu não pensei que ele ficaria contra mim", ou "podemos continuar sem ele". Como lembrou Jack Finney, "tivemos a sensação desconfortável de que ele estava arquivando seus sentimentos em sua memória prodigiosa para alguma vingança futura." Enquanto isso, Lessing apareceu e disse que achava que a greve só duraria 24 horas. Walt abriu uma garrafa de Harvey's Bristol Cream para um brinde.

Exatamente quantas pessoas estavam em greve dependia do lado que fazia a contagem. Babbitt afirmava que dos 500 empregados em posições sobre as quais a associação tinha jurisdição 472 eram sindicalizados e, destes, 410 estavam em greve. James Bodero, que liderava a rival American Society of Screen Cartoonists, disse que 735 trabalhadores estavam sob a jurisdição da associação e 435 deles ainda estavam trabalhando. Lessing disse ao *New York Times* que apenas 293 empregados estavam em greve. A própria associação estimou que 700 empregados houvessem aderido à greve. A maioria deles era de trabalhadores com os menores salários – *in-betweeners*, assistentes, *inkers*. Apenas dois animadores-supervisores – Babbitt e seu grande amigo Bill Tytla – fizeram greve. Os outros, disse um animador, foram "doutrinados por Disney... eles cresceram lá". Walt, insistindo em que a intranquilidade não era culpa sua, chamava os grevistas de "insatisfeitos" – "os insatisfeitos que sabiam que seus dias estavam contados e que tinham tudo a ganhar com uma greve".

Escrevendo para Walt pouco depois que a greve começou, um antigo empregado com pena do ex-patrão, recordou saudosamente "os bons velhos dias, quando éramos uma grande família feliz e ficávamos juntos em um pequeno prédio... Naqueles dias, todos os homens da organização tinham o bom espírito 'faça ou morra por Disney'." Depois, ele disse, quando a companhia cresceu, "começou a se infiltrar um sentimento de trabalhar para o ganho pessoal. A situação atual era inevitável". O sucesso, necessariamente, destruía o comportamento civilizado. Mas Walt, para quem a paz despedaçada agora significava sonhos despedaçados, não achava que isso era inevitável. Conforme analisou a situação, sua utopia tinha sido estragada não pelas forças inelutáveis do corporativismo, mas por algumas maçãs podres manipuladas por uns poucos e determinados ideólogos. Ele podia não acreditar, como fez Leon Schlesinger na Warner Bros., que seus empregados o amassem, mas acreditava que eram dedicados ao bem maior da animação e à comunidade artística que havia criado. "Aquilo o feriu", disse Ward Kimball sobre a greve, "porque aqueles em que confiava o estavam desapontando." Walt se considerava benevolente, e achava que, após ter conservado todos na folha de pagamento mesmo durante a Depressão, os trabalhadores zangados eram ingratos por convocarem uma greve apenas porque ele exigira votação secreta. Não fazia sentido para ele que estivessem irritados por queixas relativamente menores. A única explicação que fazia sentido era que eles – Hilberman, Sorrell, Babbitt e outros – eram comunistas ou simpatizantes de comunistas voltados para destruir Walt Disney. "Comunas filhos da puta", era como Walt dizia.

Esta seria sempre a versão Disney da greve. O estúdio nunca tivera problemas trabalhistas, como colocou Walt, "até os comunistas entrarem". Roy concordou. "O dinheiro nunca foi o problema básico nisso", disse, "quanto o comunismo." Nessa visão, Walt, politicamente ingênuo foi, sem dúvida, exacerbado por Gunther Lessing. Mas também foi influenciado por agências direitistas do governo que apostavam politicamente em culpar os comunistas pela intranquilidade entre os trabalhadores. Walt disse que mostrou as fotos dos grevistas ao FBI e a parlamentares do comitê da Câmara sobre atividades antiamericanas que investigava o comunismo e lhe disseram que os grevistas eram agitadores profissionais. Anthony O'Rourke escreveu uma carta para Walt assinar, convidando o senador da Califórnia Jack Tenney, que presidia um comitê de investigação para a Justiça sobre atividades não americanas naquele estado, para apurar as afiliações dos líderes grevistas, e o FBI tinha um dossiê sobre Herbert Sorrell que o listava como membro registrado do Partido Comunista apesar de suas afirmações em contrário. "Havia um monte de pessoas apenas esperando que aquilo fosse o fim, sabe?", afirmaria Walt, querendo dizer que os comunistas queriam derrubar Walt Disney.

Embora fosse uma tática antitrabalhista comum na época chamar os sindicatos de comunistas para deslegitimá-los, a crença de Walt de que a SCG tinha inspiração comunista era indubitavelmente sincera. E também pode não ter sido inteiramente errada. Arthur Babbitt certamente não era um comunista, nem qualquer outro dos animadores, mas Dave Hilberman, o assistente que havia começado a organizar o sindicato no estúdio, tinha sido, como ele próprio admitiu, membro do Partido Comunista e até viajara à Rússia quando jovem. Além disso, um relatório do FBI dizia que William Pomerance, que logo seria o gerente de negócios do sindicato, era "um dos líderes comunistas na indústria do cinema" e afirmava que no mínimo desde julho de 1941, um mês após o início da greve, o sindicato havia seguido a linha do Partido Comunista. Citando uma fonte interna próxima à situação trabalhista, o relatório concluiu que a greve no estúdio Disney provou "conclusivamente" que a SCG era dominada pelos comunistas e que eles "jogaram toda a força da máquina comunista em Hollywood", na disputa. Verdade ou não, isso deu a Walt uma desculpa conveniente para ficar contra a SCG. Também lhe deu uma desculpa para se abster de lidar com as insatisfações reais que cresciam no estúdio.

Agora, a despeito do otimismo de Walt e Lessing, os dois lados se prepararam para um longo sítio. Sorrell instalou o quartel-general da greve em frente ao estúdio, em uma pequena elevação em um bosque de eucaliptos, onde uma cozinha com fogões de campanha foi erguida por carpinteiros da Warner Bros., e operada por trabalhadores grevistas que atendiam na cafeteria do estúdio Disney. Um grevista comparou as filas de carros que subiam a colina como "algo saído de *The Grapes of Wrath* (*Vinhas da ira*)".[3] Isso criava uma cena pitoresca, mas esta era uma greve pitoresca. Os piqueteiros seguravam cartazes que diziam: "Michelangelo, Rafael, Ticiano, Rubens, Da Vinci e Rembrandt, todos pertenceram a associações!" ou "Nada de grasnidos espertinhos (com uma imagem do Pato Donald). Queremos nossas associações!" ou "Branca de Neve e os 700 anões" ou "1 gênio contra 1.200 ratos de laboratório." Outro cartaz, com a imagem de Pinóquio, dizia, "Nada de cordinhas em mim." E outro com Mickey Mouse declarava: "Somos homens ou ratos?" O jornal esquerdista *PM* disse que aquela foi a mais singular linha de piquetes da história. Estrelas de cinema iam até a linha para mostrar apoio. Leon Schlesinger deixava seus animadores saírem mais cedo para fazer piquete e assediar Disney, e um dia o próprio Schlesinger foi até a linha, o que levou um porta-voz do sindicato a anunciar, "Herb Sorrell está falando agora com Leon Schlesinger, que assinou um acordo muito bom com a Associação de Cartunistas".

Dirigindo seu carro por entre a multidão todas as manhãs, Walt parecia, nas palavras de Babbitt, "muito confiante". Um dia, segundo Ollie Johnston, ele até ficou perto da entrada, com o casaco em cima do braço e o chapéu jogado para trás, sorrindo para os grevistas e até fazendo observações sarcásticas. Mas se a greve começou com certa alegria, logo se tornou sombria e violenta, quando ambos os lados perceberam que, apesar da previsão de O'Rourke, nenhum acordo era iminente. Os grevistas gritavam para os trabalhadores que passavam pelos portões – "coisas tremendamente insultantes", lembrou Dick Huemer, "chamando um deles de alcoólatra ou algo assim". Jack Kinney se lembrou de grevistas esvaziando pneus ou arranhando carros com chaves de fenda quando não grevistas entravam no estúdio. Ocasionalmente, houve brigas de socos, e Kinney disse que alguns tiros foram disparados. Walt pediu 50 policiais ao Departamento de Polícia de Burbank, mas o chefe recusou, dizendo

3 Romance do americano John Steinbeck sobre pequenos agricultores durante a depressão. (N.T.)

que não podia colocar tantos homens ali sem a cooperação do sindicato por medo de um confronto. Walt, então, contratou 50 ex-policiais de Los Angeles para empurrar os piquetes para longe até o chefe da polícia de Burbank ordenar que eles ficassem do lado de dentro dos portões do estúdio. Em uma concentração e passeata em frente ao estúdio no início de junho, um boneco de Gunther Lessing foi enforcado, enquanto a Federação Americana do Trabalho (AFL) formou um "esquadrão de panfletagem" para fazer piquete nos cinemas que exibiam filmes do estúdio Disney.

Com as negociações prosseguindo esporadicamente, o sindicato aumentou a pressão. A AFL pôs filmes e produtos Disney em uma lista "desonesta", técnicos de som recusavam-se a cruzar a linha de piquetes e, talvez o pior de tudo, os técnicos de laboratório da Technicolor recusaram-se a processar os filmes de Disney até o estúdio reconhecer a associação. Uma pré-estreia de *O dragão relutante*, o testamento de Walt à harmonia do estúdio, teve de ser cancelada porque a American Newspaper Guild (Associação Americana de Jornais), que representava os repórteres, pediu aos jornalistas que não comparecessem e, quando Walt distribuiu o filme no fim de junho, linhas de piquetes foram colocadas nos cinemas RKO e Pantages em Los Angeles enquanto uma passeata de simpatizantes da associação em Nova York descia pela Broadway até o cinema Palace, onde o filme estava sendo exibido, e armava outra linha de piquetes.

Mesmo assim, Walt permaneceu intransigente. Ele continuava a insistir em que só reconheceria a SCG se ela fosse eleita em votação secreta, um convite que o sindicato rejeitou novamente, desta vez não apenas porque a maioria dos trabalhadores estava em greve – prova *prima facie* de que a SCG já representava os trabalhadores –, como porque não havia uma instância imparcial para presidir a eleição e contar os votos e porque claramente desconfiava da capacidade de Walt de fazer isso honestamente. Ao mesmo tempo, durante negociações diárias no fim de junho, Walt concordou em readmitir os trabalhadores que havia dispensado em maio – exceto Arthur Babbitt – enquanto advertia que novas demissões viriam. Isso também foi rejeitado por unanimidade pela diretoria do sindicato. Apesar do impasse, Walt parecia estranhamente jovial, escrevendo para um jornalista que "nos sentimos muito como o jovem casal que tem seu primeiro bebê!" e, de maneira ridícula, dizendo a outro repórter que o estúdio havia aumentado a produção durante a greve, porque se livrara do "material supérfluo", dos "talentos duvidosos" e dos "novatos".

Mas Walt nunca perdeu a esperança de encontrar uma forma de se livrar do sindicato. Em determinado momento, Dave Hand, Ben Sharpsteen, Wilfred Jackson e outros se encontraram – um deles diria que com o conhecimento de Walt – para discutir a dissolução completa do estúdio e a formação de outro, chefiado por Roy e Walt, mas sem nenhum envolvimento do sindicato. Em outro momento, Bill Tytla, que havia entrado em greve, mas ainda assim sentia uma profunda lealdade para com Walt, encontrou-se por acaso com ele em um jantar e se aproximou, dizendo que achava a coisa toda "tola e desnecessária". Satisfeito, Walt sugeriu que Tytla voltasse ao trabalho, onde encontrariam uma solução da forma como Walt resolvia um problema em um filme. Tytla concordou, mas queria primeiro ir para casa, tomar um banho e trocar de roupa. Quando Tytla chegou à sua casa, Walt havia telefonado para a esposa dele e cancelado o encontro. Tytla imaginou que alguém convencera Walt, presumivelmente Lessing.

Mais ou menos ao mesmo tempo em que o sindicato rejeitava as propostas de Walt, muito possivelmente a mais notória figura de Hollywood entrava em cena: o líder da IATSE, Willie Bioff, um homenzinho de mandíbulas grandes e cabeça redonda, óculos de aros finos em forma de hexágono e um cigarro sempre pendente dos lábios. Bioff, a quem Babbitt tanto temera dois anos antes, foi quem o fizera reunir-se com Lessing, na época, para formar a federação. Naqueles dois anos, Bioff havia sido indiciado sob acusações federais de pertencer ao crime organizado, mas isso pareceu ter pouca influência sobre o seu poder. A IATSE de Bioff era rival da CSU de Sorrell. Não está claro se foi Walt quem fez contato com Bioff para que este ajudasse a fechar um acordo (Bioff era conhecido por ser duro com os estúdios), ou foi Bioff quem propôs, voluntariamente, uma forma de solapar o poder de Sorrell.[4] Como quer que isso tenha acontecido, em 30 de junho Bioff chegou a um rápido acordo com Disney, depois que um de seus assistentes aproximou-se dos líderes da greve no saguão do sindicato, na esquina da Sunset com a Highland, e pediu uma reunião no Hotel Roosevelt. Todos eles se amontoaram em um carro e partiram para o encontro e só depois perceberam que estavam na estrada, sendo levados não para o Hotel Roosevelt, mas para o rancho de Bioff em San Fernando Valley. (Hilberman, temeroso do que Bioff pudesse fazer na privacidade de sua casa, exigiu que o chofer parasse o carro e saltou.) Quando o resto chegou, Roy, Lessing e Bill Garity esperavam por eles com Bioff, que anunciou que, se assinassem com a IATSE, poderiam voltar ao trabalho na manhã seguinte. Babbitt disse que lhe ofereceram até um aumento de US$ 50 e folga quando quisesse.

---

4 Walt mais tarde afirmou que Bioff se envolveu quando Sorrell pediu ao líder da "IATSE" que convocasse para a greve os projecionistas de todo o país, a quem a "IATSE" representava, onde quer que os filmes de Disney estivessem sendo exibidos. Foi quando Bioff ofereceu seus serviços para resolver a greve. "Los Angeles *Daily News*", 10/jul/1941. (N.A.)

Mas assim como o discurso de Walt em março, o encontro também teve efeito oposto na solução da greve. Os grevistas ficaram furiosos por Walt ter envolvido o criminoso Bioff e rejeitaram a oferta e, após isso, o estúdio anunciou que estava rompendo todas as negociações com a SCG. "Ele honestamente tentou acertar a coisa", Walt diria de Bioff. Mas quando Sorrell o contradisse, Walt afirmou: "Isso prova para mim que Sorrell é sujo, enganador e nojento e não há dúvida de que é um instrumento do 'grupo comunista'." Uma semana após o fiasco de Bioff, o governo federal ofereceu-se para entrar nas negociações, e Stanley White, funcionário do Serviço de Conciliação do Departamento do Trabalho, voou para Los Angeles para conferenciar com as partes em conflito e ver se podia intermediar um acordo. Ele recomendou que deixassem a arbitragem a cargo de um júri e que os grevistas voltassem ao trabalho. A SCG, em assembleia geral, aceitou a oferta por unanimidade. Lessing, entretanto, rejeitou-a, dizendo que outro sindicato reorganizado da empresa, o Animated Cartoon Associates (Companheiros do Desenho Animado), era quem realmente representava os trabalhadores. Enfurecido porque a NLRB se metera nos assuntos da companhia, chegando a entrar em contato com os banqueiros do estúdio para que pressionassem por um acordo, afirmou que estas ações davam margem a uma investigação do Congresso e, uma vez mais, acusou o sindicato de ser comunista.

Então, súbita e inesperadamente, em 23 de julho, Lessing mudou de ideia e telegrafou para o Serviço de Conciliação aceitando a oferta de mediação. Os Disneys claramente não haviam suavizado suas posições; eles ainda acreditavam com veemência que a SCG era um cavalo de Troia pronto para tomar o estúdio. Mas agora tinham de lidar com outra força, ainda mais resoluta que Sorrell. Como Sorrell contou mais tarde, Stanley White, o conciliador federal, o havia chamado esperando romper o impasse e recomendou que entrasse em contato com o Bank of America – que foi o que Lessing acusou a NLRB de fazer (ou seja, usar o banco para pressionar o estúdio). Sorrell, que conhecia por acaso A. P. Giannini dos tempos em que vivia em Oklahoma, telefonou para ele e foi passado para Doc Giannini, irmão de A. P. "Sorrell não fazia greve por nada que não pudesse ganhar na arbitragem", disse Giannini, e sugeriu que aquilo seria resolvido logo. Quando White perguntou se Disney, após semanas de obstinação, concordaria, Giannini respondeu: "Eu garanto que ele vai para a arbitragem ou não terá estúdio." Os grevistas voltaram ao trabalho quando a arbitragem começou, e uma tentativa de acordo foi alcançada em 30 de julho. A greve acabara.

Ou assim parecia. Os lados haviam concordado com aumentos salariais – 10% para os artistas que ganhavam menos de US$ 50 por semana – cem horas de pagamento para os grevistas, readmissão dos trabalhadores demitidos, incluindo Babbitt, naturalmente, o reconhecimento da SCG como intermediária da maioria dos empregados do estúdio. Futuras demissões teriam de ser decididas por um comitê conjunto, mas Babbitt foi expressamente excluído das demissões. Alguns trabalhadores se espantaram. "Fui de US$ 32,50 por semana para US$ 65 por semana pelo mesmo trabalho", lembrou o operador de câmera Bob Broughton. "Meu pagamento dobrou do dia para a noite." Walt, no entanto, não estava feliz. Escrevendo para a colunista Westbrook Pegler, que pedira a versão de Walt dos eventos, disse que a greve havia sido uma "catástrofe" que destruíra o espírito do estúdio. Sem mencionar o Bank of America, criticou o fato de ter de fazer um acordo e insistiu: "Não estou derrotado... Estou irritado." Seus olhos agora estavam abertos para "o que está acontecendo com o nosso governo hoje", presumivelmente infiltração comunista. E com tantos trabalhadores agora e tão pouco trabalho, disse que teria de fechar o estúdio por algum tempo para sobreviver.

Mas Walt não estaria lá para experimentar a dor das demissões. Em vez disso, partiu.

III

Enquanto as questões mais difíceis do acordo estavam sendo acertadas – as inevitáveis demissões –, Walt partiu para a América do Sul. Ele chamou a viagem de "dádiva dos céus", embora admitisse, mesmo assim, que não estava "tão animado, mas isso me dá uma chance de me afastar desse terrível pesadelo e trazer algum trabalho extra para essa planta". Ele disse que tinha "um caso de d.d. – desilusão e desestímulo". O estúdio precisava desesperadamente de filmes agora, tanto para conseguir receita quanto para manter a equipe trabalhando. Uma fonte em potencial que, repentinamente, se disponibilizou naquele verão foi o Office of the Coordinator of Inter-American Affairs (Escritório do Coordenador de Assuntos Interamericanos), criado em agosto de 1940 para promover as relações entre os Estados Unidos e a América Latina. O escritório era a invenção do multimilionário do petróleo Nelson Rockfeller. Rockefeller se interessava pela América Latina havia muito, motivado primeiro por sua coleção de arte, depois por investimentos na subsidiária da Standard Oil na Venezuela e, mais tarde, pela campanha de construção de um hotel em Caracas que ele havia iniciado a pedido do presidente venezuelano Eleazar López Contreras. Em suas frequentes viagens, Rockfeller se comovera com a pobreza na Venezuela e, na primavera de 1940, conseguiu enviar um memorando para o presidente Roosevelt sobre as formas de melhorar as relações interamericanas. O memorando levou-o a ser apontado coordenador do novo escritório do governo.

Um dos métodos de Rockfeller de unir as duas Américas era compartilhar cultura. Ele mandou dúzias de celebridades para a América do Sul, incluindo Douglas Fairbanks, Jr., a atriz Dorothy Lamour, e até o coro musical Yale Glee Club. Rockfeller também recrutou seu amigo e colega milionário John Hay Whitney, conhecido como "Jock", para chefiar uma divisão de cinema destinada a fornecer filmes para os cinemas sul-americanos que, de outra forma, poderiam mostrar filmes provenientes das potências do Eixo. De alguma forma, possivelmente por intervenção de Walt, Gunther Lessing foi apontado presidente do comitê de curtas da seção de cinema de Whitney. No outono de 1940, Walt se encontrou com Whitney para discutir a possibilidade de fazer filmes para o Escritório do Coordenador. Em maio seguinte, Walt encontrou-se no estúdio com Whitney e seu assistente Frances Alstock e, em junho, Roy e Lessing reuniram-se com Whitney para discutir um contrato de US$ 150 mil para diversos filmes sobre temas sul-americanos. "Vamos tentar fechar com Jock Whitney essa questão dos filmes da S. A.", escreveu Roy para Walt de Nova York. "Do jeito que ele falou, estão esperando que nós entreguemos algum plano definido."

Em um mês, Rockefeller e Whitney elevaram a aposta. Pediram a Walt que fizesse uma viagem de boa vontade pela América do Sul, onde ele era sem dúvida, muito conhecido e querido. Não está claro se a viagem foi originalmente pensada como alguma outra coisa que não um tipo de missão de embaixada, mas depois que Walt concordou em ir, ela se tornou um empreendimento cinematográfico também. O Escritório do Coordenador pagaria todas as despesas da viagem para Walt e um grupo de artistas e pagaria os filmes que Walt, finalmente, faria. Walt chamou-a de "viagem combinada de 'prazer e negócios'" e, apesar do trabalho, disse que esperava "ter um bom descanso de tempos incomuns". Naturalmente, os filmes e o resto seriam bônus. O principal para Walt era esquecer o estúdio. "Não sabemos se teremos trabalho quando voltarmos para lá!", brincou de forma azeda.

O grupo (Walt, Lillian e dezessete colegas, incluindo Norm Ferguson, Bill Cottrell, Ted Sears e Webb Smith) deixou Los Angeles em um DC-3 em 11 de agosto e foi fazendo escala por todo o país, parando em Fort Worth, Nashville e Jacksonville antes de chegar a Miami, onde pegaram um barco voador Sikorsky e atravessaram o Caribe para San Juan e Porto Rico. Na manhã seguinte, partiram a bordo de um Boeing Strato Clipper para Belém, Brasil, um ponto remoto na foz do Rio Amazonas. "Aterrissamos para reabastecer em algum lugar aberto na selva, no Brasil", lembrou

Cottrell, "E havia centenas e centenas de crianças para saudar Walt. Eles sabiam quem era Walt Disney. Podiam não saber quem era o presidente de seu próprio país, mas todos conheciam Walt Disney." De Belém voaram para o Rio de Janeiro, onde ficaram durante dez dias. A ideia inicial era absorver a atmosfera local para os filmes que o estúdio pretendia fazer sobre o folclore e os costumes da América do Sul. Mas o verdadeiro motivo parecia ser a exibição de Walt Disney para os fãs que o adoravam e os aristocratas sul-americanos, incluindo chefes de Estado. "Éramos recebidos para jantares e drinques em todos os lugares, e era realmente difícil fazer algum trabalho."

Do Rio de Janeiro, o grupo foi para Buenos Aires, Argentina, onde ficaram durante todo o mês seguinte em um grande salão no último andar do hotel Palace para começar a planejar os filmes. Ali eles desenharam *storyboards*, divertiram os locais com histórias para os filmes e ouviram a música latino-americana para se inspirar. Como no Rio, Walt foi festejado – "danças e banquetes e bebidas", lembrou Cottrell. (Lillian observou que Walt era muito mais reconhecido e elogiado na América do Sul que em seu próprio país.) Walt, que se preocupava mais com o trabalho que com a aclamação pública foi paciente, visitando jardins zoológicos e fazendas mas, no fim do mês, anunciou para a equipe que estava partindo para o Chile porque estava "farto de ser vestido como um gaúcho e posto sobre um cavalo".

Quando Walt partiu em um DC-3 para Santiago, tomando a rota do correio que ele descreveria em um de seus curtas-metragens sul-americanos sobre um pequeno avião de correio chamado Pedro, o remanescente do grupo se dividiu: um contingente foi para o norte da Argentina para fazer mais pesquisa, o outro se dirigiu a La Paz, Bolívia, e a região do lago Titicaca. Após uma semana no Chile, Walt e a equipe foram para o norte, tomando um barco para uma viagem sem rumo certo pela costa de Peru, Equador e Colômbia, onde embarcaram numa lancha e entraram 30 milhas pela selva. Apesar de a equipe destinar parte do barco para trabalhar nos filmes Walt, mais tarde, confessou a um amigo que estava "tão cansado" quando chegou ao Chile que a viagem de barco de volta para casa havia sido a única maneira de ele "ter algum descanso". Eles tomaram o navio Santa Clara na Colômbia e subiram pelo Canal do Panamá – onde um exibidor local pediu que desembarcassem para que Walt pudesse assistir à estreia de *Fantasia* na Cidade do Panamá –, depois seguiram pela Costa Leste até Nova York para a estreia de *Dumbo* e, depois, de volta a Los Angeles de avião. "Somando tudo, foram doze semanas", Walt escreveu para sua velha professora Daisy Beck, "e poderíamos ter ficado por muito mais tempo se não estivéssemos com saudade das crianças... e, naturalmente, elas estavam loucas para que voltássemos, e tudo isso nos deixou muito felizes".

A única coisa que eles não discutiram durante a viagem foi a greve. Em 12 de agosto, um dia depois de Walt partir, o estúdio, sob a pressão do Bank of America, submeteu sua lista de demissões ao sindicato, que objetou contra a demissão indiscriminada de grevistas. (Havia 207 membros da associação na lista e 49 pessoas que não eram da associação.) Ambos os lados pediram ao conciliador federal James E. Dewey para rever a questão, mas Dewey estava hospitalizado em Detroit na época. Boatos e má vontade agora circulavam pelo estúdio, então Roy decidiu voar para Washington no dia seguinte para discutir o assunto diretamente com o chefe do Serviço de Conciliação, dr. John Steelman. Mas, antes de viajar, Roy instruiu a diretoria a fechar o estúdio completamente no dia 18 de agosto, abrindo-o exclusivamente para uma pequena equipe que encerrava *Dumbo* e outra que fazia a tira de quadrinhos de Mickey Mouse, à espera da chegada de Dewey a Los Angeles. Como se revelou, Dewey, muito doente ou muito exasperado, nunca chegou realmente, e a associação rejeitou um pedido do Serviço de Conciliação para aceitar as demissões até que a relação pudesse ser revista. Nas duas semanas seguintes, com o estúdio ainda fechado, Roy fez mais duas viagens a Nova York, na tentativa de resolver o problema – "chapéu na mão e joelho dobrado", de acordo com Dave Hand, que o acompanhou – e, em 10 de setembro, finalmente, o Serviço de Conciliação emitiu uma decisão, fixando uma proporção para cada departamento de grevistas e não grevistas e ordenando que as demissões seguissem aquela proporção.

E, assim, em 16 de setembro, após três meses e meio, o trabalho finalmente recomeçou no estúdio em Burbank com 694 trabalhadores na folha de pagamento – de 1.200 no início da greve. Apesar das demissões, Roy e Walt sentiram que haviam sido coagidos pelo Serviço de Conciliação que, em seu ponto de vista, havia favorecido o sindicato.[5] De suas excursões a Washington, Roy escreveu para Walt: "Estamos definitivamente em um período de revolução social e mudanças e, se vamos continuar a conduzir nosso negócio, teremos de descobrir como trabalhar com os problemas sociais atuais e com a atitude da administração de Washington." Em resumo, o governo, como Lessing havia sugerido antes, era tão problemático quanto o sindicato.

---

5 Da mesma forma que em relação à influência comunista no sindicato, Roy pode não ter errado a respeito de um arranjo do governo. Anos depois, Sorrell gabou-se de que enquanto Roy estava em Washington defendendo o seu caso, ele havia entrado em contato com o Senador Sheridan Downey, que telefonou para o Serviço de Conciliação e disse para conduzir a coisa em favor do sindicato. Depois, Downey levou Sorrell para ver o Senador Hiram Johnson, que telefonou para o escritório e fez o mesmo pedido. O contrato final incluiu pagamento retroativo e pagamento pelos dias parados, que Sorrell vinha exigindo. Sorrell, p. 73-75. "Até hoje acho que ele (Sorrell) estava "por dentro" em Washington", queixou-se Walt anos depois. Walt Disney int., Pete Martin, Bobina 6 & 7, Bobina 7, p. 40. (N.A.)

Enquanto Walt estava na América do Sul, algo mais aconteceu. Desde a morte de Flora Disney, Elias havia estado, nas palavras de sua filha Ruth, "completamente perdido e de coração partido". Embora seu médico considerasse que ele estava "em uma condição física notável para um homem de sua idade", Elias sofria aos 82 anos de lapsos de memória, como seria de esperar e, ocasionalmente, parecia achar que sua esposa ainda vivia. Ruth achava que ele ainda estava confuso pelo efeito do gás. Walt levava Diane e Sharon para visitá-lo todos os domingos na casa em Toluca Lake, para a qual Elias havia retornado após a morte de Flora, mas era, na descrição de Walt, "realmente uma pessoa perdida". Walt disse que nunca sentiu tanta pena de ninguém em toda a sua vida. O homem duro que uma vez tiranizara seus filhos e fizera Walt buscar um mundo melhor em sua imaginação não existia mais.

Em 6 de setembro, com Walt na América do Sul, Roy partiu para uma de suas viagens a Washington para discutir o acordo da greve. Na tarde em que partiu, uma sexta-feira, recebeu um chamado urgente de Alma Smith, a empregada de Elias Disney. Elias tinha começado a vomitar. Na tarde em que viajaria, Roy passou a última hora antes da decolagem com o pai, que ainda estava de cama e vomitando periodicamente embora, Roy escreveu para Walt, "entre os vômitos ele estava racional e disse que se sentia muito bem, exceto que seu abdome estava inchado e que tinha algum distúrbio nos intestinos". Ele e Roy conversaram, principalmente, sobre a viagem de Walt. Quando Roy partiu, Elias lhe deu "um adeus despreocupado". Elias dormiu à noite mas, quando acordou na manhã seguinte, começou a vomitar novamente e o médico chamou uma ambulância para levá-lo ao hospital Hollywood. Na segunda-feira, piorou. Os médicos suspeitaram de uma obstrução no intestino e discutiram se deviam operá-lo. Tio Robert, que fora para o hospital para ficar à cabeceira de seu irmão, acusou os médicos de tentarem ganhar dinheiro, mas Roy telefonou de Washington com a decisão de que fossem adiante. Elias ficou na mesa de operação durante duas horas. Saiu bem da cirurgia, e Roy voou de volta naquela sexta-feira para visitá-lo. Já se ouvia um ruído borbulhante em seu pulmão, sugerindo um ataque de pneumonia. Quando Roy e o irmão Ray chegaram na manhã seguinte, 13 de setembro, Elias estava com uma temperatura de 40,5 graus, e os médicos disseram que "não havia esperança". Os irmãos saíram às nove para tomar o café da manhã e voltaram para casa enquanto Elias descansava. Ao meio-dia receberam um chamado urgente da enfermeira que cuidava do doente, convocando-os à cabeceira do pai. Quando Roy foi pegar Edna para voltar ao hospital, soube que o médico de Elias havia telefonado: Elias Disney morrera.

Os serviços funerários se realizaram em Wee Kirk o' the Heather no cemitério de Forest Lawn, e Elias foi enterrado em uma cripta, no Santuário da Verdade, ao lado de sua esposa. Em Washington, quando Roy soube pela primeira vez do estado do pai, escreveu uma mensagem endereçada a Walt, mas desistiu de enviá-la para não alarmar seu irmão desnecessariamente. Quando Elias morreu, Walt finalmente recebeu um telegrama, mas preferiu não voltar para o funeral – talvez um último ato de oposição ao homem que, Walt sentia, o havia atormentado tanto. A equipe que estava na América do Sul mandou uma cruz de lírios de três pés e meio para a capela. "Acredito que quando você chegar, teremos acertado tudo e extraído algum sentido de toda essa coisa", Roy escreveu para Walt após o enterro, falando novamente da greve. "Não se surpreenda com nada que encontrar quando voltar para casa. Enfrentamos uma proposta dura e fizemos o melhor que pudemos."

Walt retornou ao estúdio em meados de outubro e descobriu que quase tudo mudara, embora menos como resultado da negociação entre a administração da empresa e o sindicato que entre o estúdio e seu principal benfeitor. Agora que a greve fora resolvida, o Bank of America fazia novas exigências. Roy havia escrito para Joe Rosenberg que esperava que *Dumbo* e *Fantasia* faturassem US$ 2 milhões cada um, e o atrasado Bambi, US$ 3 milhões, o que permitiria que a companhia reduzisse seu débito para menos de um milhão. Mas Joe não se acalmava. Preocupado com o que via como prodigalidade de Walt, convocou Roy e George Morris para a sede do banco em San Francisco em 9 de outubro e lhes deu um ultimato. O banco concordaria com um limite absoluto de empréstimo de US$ 3,5 milhões. Em troca, ordenou que o estúdio se limitasse à produção de curtas. O estúdio teria permissão para terminar os filmes já em produção – *Dumbo*, *Bambi* e *Wind in the Willows* –, mas nenhum outro filme seria iniciado até estes serem distribuídos e recuperarem seu custo. Embora Roy objetasse, dizendo que concentrar exclusivamente nos curtas custaria ao estúdio em termos de perda de mão de obra, redução de estoques e despesas gerais, sem mencionar a dificuldade de mobilizar mão de obra se decidissem reiniciar a produção de filmes, Rosenberg ficou impassível, e Roy terminou dizendo-lhe, de forma humilhante, que "toda a organização tinha agora uma abordagem e atitude mental totalmente novas", voltadas para o corte de custos, e que falaria com Walt sobre aceitar as mudanças, que ele sabia, iriam arrasá-lo.

Mas houve mais. O banco estava com tanto receio de Roy não conseguir controlar Walt, que Rosenberg insistiu na criação de um "comitê executivo" que incluísse um representante do banco. O comitê, como Roy mais tarde explicou a Walt, "funcionará como um corpo governativo do estúdio, onde os assuntos de política geral serão discutidos e acordados antes de alguma ação ser executada". Roy acrescentou que, ao mesmo tempo em que não faltava ao banco confiança neles, "eles têm restrições em relação ao seu entusiasmo e possíveis planos de futuras produções", embora tivesse sido precisamente com aquele entusiasmo que Walt e Roy haviam construído e sustentado o estúdio. Hal Adelquist, chefe de pessoal, e Vern Caldwell, que trabalhava com ele, haviam até desenhado um novo mapa organizacional. Na verdade, o estúdio não era mais domínio de Walt Disney. Ele estava agora sob o controle dos homens de negócios.

Especialmente doloroso no novo arranjo era a moratória da produção de longas. Os longas-metragens se haviam tornado a razão da existência do estúdio. Apenas um ano antes Walt havia afirmado que colocara o estúdio em condições de distribuir cerca de nove filmes em dois anos. Agora estava tendo que adiar tudo: o filme de Mickey Mouse; *Alice no País das Maravilhas*; um filme baseado nas histórias de tio Remus; outro chamado Lady, sobre o romance entre uma cadela de raça e um vira-lata; e um filme sobre a história de Sinclair Lewis, *Bongo*. Eles continuariam a ir devagar com *Wind in the Willows*, um dos filmes permitidos porque já estava em produção, embora depois de ter pensado sobre o assunto durante o Dia de Ação de Graças, Walt tivesse informado a Roy que faria *Peter Pan* em vez disso, porque achava que os dois filmes custariam a mesma coisa e o último tinha mais apelo de bilheteria. No final, o estúdio logo parou de trabalhar em *Peter Pan* também.

Mas os efeitos do Bank of America não foram sentidos apenas na programação de produção de filmes. As economias que ele demandou resultaram no fechamento de todos os restaurantes do estúdio exceto a cafeteria, a devolução das máquinas IBM que haviam alugado e a instalação de um relógio de ponto – o relógio que Walt tanto temia em Kansas City. "Era como estar em outro mundo!", escreveu Dave Hand mais tarde. "Acho que essa única decisão (do relógio de ponto) encerrou minha proximidade com Walt" porque Walt insistiu em que Hand, seu supervisor e braço-direito, também marcasse o ponto, como os outros empregados. Ao mesmo tempo, todos os bônus e planos de incentivo profissional foram suspensos. Até as amadas aulas de arte de Walt foram encerradas. "Minha esposa me acusava de dirigir uma unidade comunista", Dick Huemer se lembrou de Walt ter dito sombriamente. "Bem, tudo acabou agora."

"De todos os relatos que recebo e por minhas próprias observações, sinto que existe uma nova vida, um novo entendimento e uma nova apreciação por parte dos atuais empregados do estúdio", Roy escreveu para Walt em outubro. "Eu realmente acho que um bocado de boa vontade surgiu de todo o problema passado e que estamos agora em uma base boa e firme para seguir adiante." Mas isso era iludir-se. Nada de bom surgia dali, a não ser que se olhasse o necessário aperto de cinto como uma bênção. Com outra rodada de demissões em novembro, o número de empregados do estúdio desceu a menos da metade. Adaptando-se o melhor que podia àquela situação, Walt mais tarde afirmou que as demissões foram um purgativo necessário e que haviam livrado o estúdio de um mau elemento. "Algumas vezes é preciso inchar e depois explodir", diria. "E depois você meio que começa a juntar os pedaços e checa o que sobrou, sabe?"

Mas isso era uma racionalização. Entre as demissões e as recriminações que se seguiram à greve, ele perderia alguns de seus melhores animadores, inclusive Bill Tytla, que animou a sequência do banho em Branca de Neve, a sequência de *Fantasia* do diabo na Montanha Careca e Stromboli, o cruel dono de bonecos, em *Pinóquio*. "Ele ficou distante; apenas se isolava", observou Bob Carlson, assistente de Tytla, sobre seu chefe. "Ele vinha trabalhar, ficava em sua sala e ia para casa." Embora perseverasse o mais que pudesse, finalmente sentindo-se discriminado por Walt por ter feito greve, saiu e foi para o estúdio Paul Terry, no leste. Outros deixaram o estúdio também, entre eles alguns dos mais jovens inovadores do estúdio, como Walter Kelly, que mais tarde criou a popular tira de quadrinhos *Pogo*, e John Hubley, que se tornou um desenhista experimental de alto conceito por seu próprio valor. Alguns, como Hubley, juntaram-se ao antigo animador de Disney Frank Tashlin, no estúdio Screen Gems onde, nas palavras de Hubley, "fazíamos um monte de coisas loucas opostas à abordagem clássica de Disney".

As relações de Walt com aqueles que permaneceram também sofreram. Cada vez mais distante antes da greve, Walt tornou-se rude e suspeitoso. "Aquilo o feriu profundamente", disse Joe Grant sobre e greve. "Ele se sentiu traído, sentiu que todo mundo que antes estava com ele agora o havia deixado." Ham Luske acreditava que aquilo "quase partiu o coração de Walt" e que a atitude dele "mudou radicalmente a partir da greve". Estava amargurado. Acreditava sinceramente que havia criado o mundo perfeito para seus empregados e que eles não souberam valorizá-lo. Voltou-se até contra Gunther Lessing, achando que ele havia falhado durante a greve. Lessing conservou sua posição e sua sala mas, de acordo com Ward Kimball, "apenas por pura compaixão." Ele era, disse Kimball, "um homem desmoralizado".

O lugar onde outrora todos se comportavam informalmente era agora um "lugar muito sério", disse Jack Kinney, exatamente igual aos outros estúdios. A alegria se fora. Walt podia ter sido inspirador, mas nunca fora um líder muito efusivo, e agora estava pior. Sempre distribuíra elogios parcimoniosamente, dizendo a um empregado uma vez que "o elogio não obtém nada, exceto um pouco de autoconfiança", e advertindo que "isso também podia ser um fator perigoso". Quando ele, de fato, fazia um elogio, raramente isso acontecia diante do elogiado. Tipicamente, o animador ouvia dizer que Walt o elogiara para um colega. Na mesma medida, Walt era contrário quando se tratava do elogio de outra pessoa. "Sempre dissemos que, se você quisesse se vingar de alguém, deveria elogiá-lo na presença de Walt", observou Ward Kimball, "ou se quisesse fazer um favor a alguém, devia falar mal dele na frente de Walt, e ele iria defendê-lo."

Mas a nova atmosfera depois da greve não era apenas uma questão de descortesia ou contrariedade de Walt. Havia medo de Walt agora, um medo que sempre estivera latente nas palmas das mãos suadas e nos silêncios nervosos nas reuniões de enredo, o medo de desagradá-lo, mas que agora emergia como o medo de despertar sua ira. Até Bianca Marjolie, que conhecia Walt desde o segundo grau, vomitava depois de fazer uma apresentação para ele. Todos no estúdio ficavam aterrorizados com o som da batida rápida de seus calcanhares no piso de cerâmica cinzenta e de sua tosse seca de fumante quando ele se aproximava de uma sala, e os animadores pulavam para suas cadeiras quando ele entrava. "Não tenham medo de mim", resmungava Walt. "Não quero vê-los pulando para seus assentos desse jeito." Mas eles tinham medo. "Ele tinha uma forma de olhar feio para você, com o dedo apontado para o seu peito, que era muito intimidante", escreveria Jack Kinney. "Ele pontuava as palavras com, 'você sabe, você sabe, você sabe', até você responder 'sim, sim, sim' – soubesse ou não sobre o que ele estava falando."

O medo era tão denso que qualquer pessoa que parecesse estar em desgraça perante Walt se tornava um pária para todos os outros trabalhadores do estúdio. Em uma ocasião, o artista de layout Ken Anderson involuntariamente queimou ligeiramente o bigode de Walt quando acendia um cigarro com um novo isqueiro durante uma sessão de *storyboard*, e Walt saltou da cadeira e berrou para Anderson: "Mas que droga está tentando fazer? Me queimar?" e correu para fora da sala. Anderson jogou fora o isqueiro e nunca mais fumou. Enquanto isso, ninguém no estúdio falava com ele. Anderson admitiu que chorou e pensou que seria demitido embora, desta vez, Walt o tivesse chamado e convidado para almoçar, e demonstrado para a equipe que Anderson voltara às suas boas graças. Foi um raro instante de benevolência.

Além do medo que inspirava, Walt agora exibia um espírito vingativo que, ocasionalmente, beirava a crueldade e que não aparecia desde seus dias com Mintz – uma crueldade que apenas seus mais ardentes defensores podiam desculpar como estímulo para o aperfeiçoamento do trabalho. Ele podia ser duro com um empregado que cometia um erro, embaraçando-o na frente de toda a equipe. "Você ia a uma reunião e tentava ser o mais invisível que pudesse porque queria evitar isso", disse Ward Kimball. Em uma ocasião, um artista de esboço de enredo expressou sua raiva de forma visível quando Walt estava para arrancar um de seus esboços do *storyboard*. Então, Walt, "cuidadosa e deliberadamente", segundo Frank Thomas e Ollie Johnston, "arrancou aquele esboço e os três seguintes do quadro, rasgando os cantos onde as tachinhas os prendiam; depois, soltou o papel para deixá-lo flutuar desamparadamente até o chão". Outra vez, projetou alguns velhos filmes que Ben Sharpsteen havia animado e ridicularizou-os perante a equipe. "Sua atitude em relação a todos", disse Kimball, "era pôr para baixo."

Mas ele reservava sua maior ira para o homem que acreditava ser o grande responsável pela destruição de seu paraíso. Art Babbitt voltou para o estúdio quando este reabriu em 17 de setembro, após o acordo da greve. Ficou agradavelmente surpreso quando descobriu que não grevistas como Jack Kinney e Dick Lundy pareciam aceitá-lo e queriam trabalhar com ele novamente, mas também descobriu que sua antiga sala fora cedida a um não grevista e sua nova sala não tinha moviola. Recebeu a incumbência de desenhar novamente duas cenas que haviam sido rejeitadas durante a greve, uma para um desenho do Pateta e outra para um curta do Pato Donald, e completou-as em 1º de novembro. Pediu mais trabalho e não recebeu nada. Estava em sua sala em 24 de novembro quando um rapaz do tráfego lhe deu a notícia de que ele seria demitido no próximo corte de pessoal, que se tornaria efetivo em 45 minutos. Walt afirmou, desonestamente, que Babbitt não era mais um animador "capaz de progredir" e que desde Branca de Neve apoiava-se demais no rotoscópio e, por isso, seu trabalho havia ficado rígido. Perguntado uma vez por que pagava tanto a Babbitt se considerava seu trabalho inferior, Walt respondeu que era porque precisava "inspirar confiança em Babbitt". Walt foi apenas um pouco mais honesto poucos meses depois quando Lessing lhe pediu para fazer um depoimento. Ignorando a organização do sindicato como a causa da demissão, disse que Babbitt "era uma pessoa difícil" de se trabalhar junto.

Walt pode ter pensado que, finalmente, se livrara de sua nêmesis. Em janeiro, Babbitt foi de barco para a América do Sul para trabalhar em uma companhia argentina de desenho animado. Voltou quatro meses depois e arranjou trabalho com Leon Schlesinger na Warner Bros., depois pediu demissão e se alistou nos fuzileiros navais em novembro. Mas antes de fazer isso, Babbitt entrou com uma acusação de prática de trabalho injusta na NLRB contra o estúdio Disney por sua demissão. Walt devia saber que o estúdio tinha pouca chance de vencer, especialmente depois que animadores importantes testemunharam que Babbitt estava entre os melhores de sua profissão. Em novembro, o investigador do julgamento decidiu contra o estúdio, declarando que as razões dadas por Walt para demitir Babbitt eram "falsas e sem mérito" e ordenou que Walt o recontratasse após 40 dias da data de sua demissão e lhe pagasse esses dias.

Mas até mesmo com Babbitt temporariamente fora e a greve presumivelmente resolvida, o estúdio continuava nervoso. Amigos de toda a vida se tornaram inimigos de toda a vida. "Costumava ser 'alô, como vai você?' e uma pancadinha amigável no ombro", um empregado lembrou os dias de antes da greve. Após a greve, o tom de voz e o comportamento mudaram. Do lado do sindicato, um grupo de filiados caminhava lado a lado pelos corredores e não deixava que nenhum dos não grevistas passasse. Do outro lado, recordou o animador Bill Melendez que fizera greve, os não grevistas "nunca nos perdoaram por destruir o espírito do estúdio". Shamus Culhane acreditava que os dois lados abrigavam um sentimento de culpa – os não grevistas se perguntando se haviam ficado ao lado de Walt por covardia, os grevistas pensando se deviam ter dilacerado o estúdio como fizeram. No final, escreveu Culhane, "a camaradagem que tornou possível todos os brilhantes filmes dos anos 1930 estava morta como um dodó".[6] No final, o sonho de Walt de um refúgio perfeito se frustrou.

IV

Uma guerra acabara, mas outra estava a ponto de começar. Enquanto Walt esteve na América do Sul, os animadores supervisores que permaneceram no estúdio durante a greve trabalhavam para terminar *Dumbo*, para o estúdio ter alguma coisa com que gerar receita. Quando o filme foi lançado, em outubro, recebeu críticas extravagantes, embora tivesse custado consideravelmente menos que os três filmes que o precederam e até mesmo sua animação ser menos caprichada que a dos filmes anteriores. Bosley Crowther, do *New York Times*, chamou-o de "o mais genial, o mais cativante, o mais precioso filme de desenho animado que jamais sairia das paletas mágicas dos surpreendentes artistas de Walt Disney!" Otis Ferguson, do *New Republic*, escreveu com entusiasmo exagerado sobre uma cena em que *Dumbo*, tendo inadvertidamente ingerido alguma bebida, tem alucinações de elefantes cor de rosa. "Nunca vi nada que chegasse perto disso e nem você", escreveu Ferguson, "porque nunca existiu nada igual." Alguns analisaram o filme como uma volta à forma despretensiosa pré-*Fantasia*. A colunista Westbrook Pegler disse que, pouco tempo antes, os "intelectuais de

6 Ave não voadora de cerca de 1 metro de altura e asas atrofiadas que vivia na Ilha Maurício, costa leste da África. (N.T.)

palavras compridas" haviam vendido a Disney um "pacote de produtos inferiores" e festejou aquele Disney que havia feito "outro grande trabalho, que conseguiu ignorar todo o mal em torno e levantar o moral de seus semelhantes". O mal-humorado crítico Alexander Woollcott, que admitiu ter sido menos entusiástico sobre Branca de Neve, *Pinóquio* e *Fantasia*, escreveu para Walt elogiando *Dumbo* como "a maior realização das Sete Artes desde que o primeiro homem pisou neste continente" e o "acontecimento divino na direção do qual toda a sua criação se tem encaminhado". Ao que Walt respondeu: "Foi apenas uma dessas pequenas coisas que produzimos entre os épicos."

Walt não estava sendo inteiramente modesto. Era uma pequena coisa que eles haviam feito e, apesar de novamente seguir o tema de Disney de abraçar a maturidade e a responsabilidade e assumir o controle do próprio destino, mesmo sob o risco de ser exilado da segurança e satisfação do oásis da infância, Walt realmente não teve muito que ver com o filme. Quando a *Time* publicou uma reportagem em que deu maior crédito à equipe, Walt queixou-se para Dick Huemer e Joe Grant, que haviam escrito o filme, que a reportagem o fazia parecer irrelevante. A reportagem do *Time* tinha sido originalmente programada para ser capa em 8 de dezembro de 1941, mas foi preterida em função de um evento mais importante, e o editor do *Time* pediu desculpas a Walt dizendo que havia tentado reprogramá-la para capa do Natal, mas foi vencido por coeditores que temiam que os leitores achassem que a revista tentava ser "engraçadinha" diante do que o país enfrentava agora.

O que o país enfrentava – e que havia jogado *Dumbo* fora da capa – era sua entrada na II Guerra Mundial, precipitada pelo bombardeio japonês da base naval americana de Pearl Harbor, no Havaí, em 7 de dezembro. Como era domingo, Walt ouviu as notícias sobre o ataque pelo rádio e depois recebeu um telefonema do gerente do estúdio que fora avisado pela polícia que 500 soldados armados estavam entrando no terreno em Burbank e acampando no estúdio de gravação, onde sua tarefa era construir uma instalação antiaérea para proteger a fábrica da Lockheed que ficava perto e fazia aviões para as forças armadas. Logo, caminhões do exército entraram no terreno, a camuflagem foi estendida em torno dos prédios, as garagens do estacionamento e os galpões de armazenagem foram convertidos em depósitos de munição e uma cozinha de campanha instalada. Basicamente, o exército havia requisitado o estúdio.

No dia do ataque, Kay Kamen, chefe da divisão de produtos da companhia, estava em Washington, D.C., procurando clientes potenciais para filmes comerciais e industriais e sondando agências do governo sobre a possibilidade de o estúdio fazer filmes para elas – o governo que Walt tão recentemente caracterizara de comunista.

Embora lamentasse a perda de vidas em Pearl Harbor e escrevesse a Walt sobre a necessidade de vencer a guerra, Kamen também via novas oportunidades de negócios no envolvimento da América e pensou que o relacionamento de Walt com o coordenador de assuntos interamericanos poderia servir como entrada para outros ramos do governo que pudessem necessitar de filmes de treinamento e relações públicas. "Você deveria ser parte disso, Walt", escreveu Kamen, pressionando seu patrão a visitar a capital, "eles precisam de você e querem você, e eu acho que a viagem é muito importante".

Na verdade, embora desdenhasse qualquer coisa contrária ao "propósito essencial" do estúdio, que era o entretenimento, Walt havia começado a solicitar trabalho ao governo muito antes da greve como um caminho para tirar o estúdio de seus problemas financeiros. Em outubro de 1940, discutira com um representante das forças armadas sobre filmes de treinamento e, no mês seguinte, ofereceu assistência ao comitê de defesa que havia sido formado pela Motion Pictures Producers (Produtores de Filmes) para cooperar na realização de filmes para o governo. Em março, havia colocado o argumentista Robert Carr a cargo da Unidade de Filmes de Treinamento da Walt Disney para solicitar trabalho da indústria e do governo e, naquele mês, Carr mandou um memorando aos diretores educacionais das indústrias de aviação oferecendo a assistência do estúdio. Como dizia o memorando: "Um engenheiro ou outro representante do cliente simplesmente se senta à uma mesa de reuniões no estúdio Disney e conta sua história para um grupo altamente treinado de desenhistas e artistas." O estúdio faria o resto.

Mas Walt não estava deixando nada ao acaso. Em 3 de abril de 1941, ofereceu um almoço e uma conferência no estúdio para funcionários do governo e representantes das indústrias da defesa – 30 pessoas ao todo. "Temos as instalações, o equipamento e o pessoal", disse, "e estamos querendo fazer tudo que pudermos para ajudar de alguma forma". Complementou o encontro com uma carta enviada depois, em que declarava estar motivado "apenas pelo desejo de ajudar o melhor que eu puder na atual emergência" e que faria o filme pelo custo, sem lucro. O estúdio estava organizado de tal forma, mentiu, que poderia fazer os filmes sem atrasar a produção de seus próprios filmes, sem mencionar que a produção dos filmes já estava comprometida pela redução de despesas no estúdio. Enquanto esperava uma resposta, contratou um engenheiro da Lockheed, George Papen, para ajudá-lo a fazer um desenho animado educacional intitulado *Four Methods of Flush Riveting*[7] (*Quatro métodos de embutir rebites*), que mostrou para John Grierson, produtor de documentários que esteve presente à conferência

7 Em folhas de alumínio na construção de aviões. (N.T.)

como contratador de filmes do Canadá. Pouco depois, Walt conseguiu seu primeiro contrato, de Grierson, para um filme sobre os fundamentos de embutir rebites, um filme instrutivo sobre um rifle antitanque e quatro curtas para promover a venda de bônus de guerra do Canadá. O filme sobre rebitar foi orçado entre US$ 4 mil e US$ 5 mil, preço muito distante do que o estúdio pagava por seus próprios curtas, mas a animação também estava muito distante da que o estúdio vinha produzindo. Walt confiava em usar cenas recicladas de velhos desenhos animados e animação restrita – isto é, animação com menos movimento.

Em maio de 1941, com a greve se aproximando, Walt sentiu uma nova urgência em obter trabalho do governo, e o estúdio intensificou seus esforços para isso. Walt despachou Vern Caldwell, do departamento de treinamento, para Washington com o filme *Embutir Rebites* e fez com que fosse de escritório em escritório do governo, incluindo os escritórios do general George Marshall e do estado-maior. Walt continuou a insistir em que a companhia fazia apenas seu dever patriótico, mas o fato era que o estúdio precisava dos contratos, nem que fosse para manter os animadores trabalhando e cobrir as despesas gerais. Durante todo o verão e o outono, Walt continuou a pescar trabalho com a isca do filme canadense de rebites que, de acordo com Bob Carr, os canadenses haviam enaltecido como "Miraculoso! O melhor que já vimos!" Em novembro, depois de voltar da América do Sul, Walt se encontrou com membros do comitê de defesa e falou com um publicitário e conselheiro da Divisão de Transferência de Alimentos do Departamento de Agricultura chamado Henry Sell sobre a confecção de filmes que promovessem o programa e, possivelmente, outros filmes promocionais para vários clientes comerciais de Sell, algo que Walt se recusara a fazer antes porque achava humilhante.

Então, quando Pearl Harbor foi atacada, Walt já estava profundamente envolvido em trabalhos para o governo e a ponto de ir muito além. No início da noite seguinte, em 8 de dezembro, ele recebeu o telefonema de um oficial da Marinha que ofereceu ao estúdio um contrato para a confecção de vinte filmes sobre a identificação de aviões e navios de guerra a um custo total de US$ 90 mil e, logo depois, o Escritório do Departamento de Marinha da Aeronáutica mandou um oficial a Burbank para supervisar o projeto.[8] (Os animadores desenharam asas no prédio da animação, onde a Marinha estava agora sediada.) Enquanto isso, Walt completou e despachou os filmes

8 Como relatou um empregado do estúdio, o oficial da marinha compeliu Walt a aceitar o orçamento mínimo e depois disse a ele que a conversa havia sido gravada para assegurar o acordo. Erwin Verity, entrevista por Dave Smith e Rick Shalem 19/jan/1976, p. 2 WDA. (N.A.)

que Grierson havia contratado para promover a compra dos bônus canadenses de guerra e ainda barganhava com Henry Sell sobre a transferência de alimentos.

Mas a grande prova de que as coisas estavam a ponto de mudar radicalmente no estúdio veio naquela mesma semana do início de dezembro, quando Walt recebeu um telefonema de John L. Sullivan, vice-secretário do Tesouro. Antes mesmo do ataque a Pearl Harbor, o Departamento do Tesouro vinha avaliando a produção de filmes que pudessem estimular os americanos a pagar seus impostos, algo que se tornou subitamente mais urgente com a entrada do país na guerra. Agindo por sugestão do subsecretário George Buffington, Sullivan disse ao secretário do Tesouro Henry Morgenthau que "o que John Barrymore não pode fazer, Mickey Mouse poderia", e aconselhou que se reunissem com Walt Disney. Walt não desejava ir a Washington, especialmente porque era aniversário de Diane, mas o Departamento do Tesouro insistiu em que a questão era urgente, então Walt viajou em 12 de dezembro, encontrou-se com Morgenthau, jantou na casa de Sullivan naquela noite, onde traçaram um cenário enquanto bebiam martinis e, depois, telefonaram para Diane para lhe desejar feliz aniversário. Walt assinou uma carta de acordo no dia seguinte, prometendo produzir o filme por não mais de US$ 40 mil, o que era menos que o custo de um curta típico de Mickey Mouse.

Não era o orçamento, apesar de reduzido, que criava problema – Walt estava ficando acostumado a poupar dinheiro quando precisava fazer isso. Era a agenda. O Departamento do Tesouro queria o filme para o dia 15 de fevereiro ou antes, o que efetivamente, dava à equipe um mês para escrever e depois polir o cenário, compor a música e animar. Ben Sharpsteen, que estava produzindo o filme, e Hal Adelquist, do pessoal, disseram a Walt que precisariam de vinte homens para o filme, agora intitulado *The New Spirit* (*O novo espírito*), e que, devido ao prazo fatal, todo o curta teria de ser animado em uma semana. Nunca, nem mesmo durante os últimos dias de Branca de Neve e *Pinóquio*, quando todos corriam para aprontar os filmes para a estreia, o estúdio estivera sob tal pressão.

O que aumentava a tensão era que eles não eram mais seus próprios senhores. Tinham de agradar Morgenthau. Após trabalhar incansavelmente nos *storyboards*, incluindo reuniões tarde da noite na véspera do Natal, Walt voou de volta para Washington com Roy e os argumentistas Dick Huemer e Joe Grant em 4 de janeiro para conseguir a aprovação de Morgenthau. O secretário atrasou o encontro por um dia, quando não havia dias sobrando – estava com enxaqueca. Finalmente, levantou-se para cumprimentá-los calçando chinelos de dormir com seu grande cão dinamarquês ao lado. Um auxiliar objetou à intenção de Walt de usar o Pato Donald – ao que Walt retrucou que o estúdio Disney dar o Pato Donald ao Departamento do Tesouro era como a MGM lhes dar Clark Gable –, mas Morgenthau aprovou e Walt correu de volta para Burbank para terminar o projeto.

"Dormíamos no estúdio", lembrou Walt mais tarde. "Tínhamos camas lá. Ficamos direto ali. Trabalhávamos 18 horas por dia." Não houve animação de rascunhos. Em vez disso, os desenhos originais iam diretamente para limpeza, tinta e pintura. O filme foi completado e enviado para processamento no laboratório em 20 de janeiro; a canção-tema foi gravada no dia seguinte; a Technicolor pegou o filme no fim daquela semana e entregou uma cópia três dias depois e, depois de mais três dias, entregou 250 cópias. "Este foi o tempo mais rápido de produção de um desenho animado", Walt telegrafou para o subsecretário Buffington.

Mas foi produzido a um custo psicológico. Como Wilfred Jackson lembrou, quando Walt, ainda o perfeccionista, viu o filme acabado, ficou infeliz porque achou que uma parte da animação não estava natural, e sentou-se lá, ponderando sobre o filme, sem querer liberá-lo. "Finalmente, ele se virou e disse, 'Jack, ah...'", disse Jackson. "Ele coçou a cabeça. 'Você sabe... Bem, Jack...' Ele se mexeu na cadeira. Levantou-se e disse como quem encerrava, 'sim.' E saiu. Ele tinha um monte de ideias e não podia consertar o filme. Não havia tempo." Walt Disney fora obrigado a aceitar que sua animação não seria a melhor.

O Departamento do Tesouro não tinha tais escrúpulos. Buffington e Morgenthau disseram-se satisfeitos com o filme e, como George Morris telegrafou para Roy, "muito animados com ideias para outros filmes". Morgenthau convidou Walt e Lillian para ir a Washington para a estreia do filme, em 2 de fevereiro, e um jantar de comemoração. Como se revelou, *The New Spirit* foi um tremendo sucesso. Segundo uma estimativa, mais de 32 milhões de americanos viram o filme em quase doze mil cinemas e, entre os que o viram, de acordo com uma pesquisa Gallup, 37% disseram que o filme afetara sua disposição em pagar impostos, e 86% acharam que Disney devia fazer curtas para o governo sobre outros assuntos.

Mas a pesquisa continha uma questão perturbadora que logo importunaria Walt: apenas 46% dos americanos acreditavam que o governo devia pagar a conta do filme. Dias depois da estreia, a Câmara debateu as apropriações do Departamento do Tesouro e votou por 259 a 112 pela eliminação dos US$ 80 mil que o departamento havia requisitado para pagar a produção de *The New Spirit*. (Os recursos cobriam os custos de confecção das cópias, distribuição e promoção.) "Eles o contrataram para fazer um filme que vai custar US$ 80 mil para persuadir o povo a pagar seus impostos", discursou o parlamentar republicano John Taber de Nova York na Câmara. "Meu Deus! Seria possível pensar em algo que chegasse mais perto de fazer o povo odiar pagar impostos que o conhecimento de que US$ 80 mil, que deveriam ir para um bombardeiro, será gasto em um filme para divertir pessoas?" "Bilhões para a defesa", discursou Taber, "mas nem um dólar para o Pato Donald." O parlamentar de Nebraska Carl Curtis disse que a apropriação era "o mais ultrajante e escandaloso desperdício de dinheiro que eu já soube". Outros republicanos que se opunham à administração Roosevelt compararam Walt a uma aparente inutilidade – um dançarino designado para um posto na defesa civil, disseram os republicanos, cuja maior qualificação era uma aparente amizade com Eleanor Roosevelt. Na Câmara Alta, embora vários senadores viessem em defesa de Disney, os gastos com *The New Spirit* não foram restaurados à lei de apropriações.

A ironia era que Walt, na verdade, havia perdido dinheiro com a realização de *The New Spirit* – cerca de US$ 6 mil com a produção e outros US$ 50 mil em multas pelo adiamento da programação de curtas comerciais substituídos pelo curta do governo. Em sua ingenuidade em matéria comercial, Walt também assinara um acordo desfavorável com o Departamento do Tesouro, cujo texto dizia que ele faria o filme, "incluindo seus gastos" por até US$ 40 mil, sem perceber (como Roy mais tarde o criticou) que isso não incluía os "custos indiretos de supervisão, iluminação, aquecimento, impostos, depreciação e muitas outras coisas" e que o Escritório de Contabilidade Geral o manteria preso à letra do contrato. Realmente, Walt havia aprendido duas terríveis mas valiosas lições que dominariam sua conduta em negócios durante toda a guerra: primeiro, os filmes do governo operavam com uma programação diferente e sob padrões diferentes dos filmes comerciais e, segundo, que o estúdio teria sempre de responder ao governo, que seria um supervisor de tarefas ainda mais severo que o Bank of America.

Se algum alívio houve para Walt do trabalho, da crítica, do desapontamento e da pressão financeira, aconteceu quando ele e Lillian voltaram para Los Angeles após a estreia de *The New Spirit*. Walt nunca fora um nostálgico. Era mais provável que dramatizasse os piores momentos de sua vida que rememorasse os melhores. Mas a escola Benton era o que mais amava de sua juventude em Kansas City em meio aos traumas e à entrega de jornais. Durante todos aqueles anos mantivera contato com sua professora do sexto ano, Daisy Beck, escrevendo para ela fielmente, e se correspondendo com outros professores também. Então, foi convidado a visitar a escola quando voltava de Washington para celebrar a instalação de dois murais que havia doado e aceitou o convite, apesar de declinar rotineiramente de convites para falar ou ser homenageado; sempre dizia que estava ocupado ou que era um orador muito ruim.

O retorno de um dia a Benton foi triunfante. Acompanhados da orquestra Works Progress Administration, de oitocentos estudantes, pais e professores cantaram para ele em uma assembleia onde Walt exibiu *The New Spirit* e outro desenho animado e depois assistiram Clarence Nash fazer a voz do Pato Donald. Também foi presenteado com a taça de prata que o time de 70 libras da escola havia conquistado na corrida de revezamento de 1917, quando Daisy Beck convencera Walt a competir. Em um almoço em sua honra em uma cafeteria na rua Troost, perto de seu velho estúdio Laugh-O--Gram, Walt apresentou Arthur Verne Cauger, seu patrão na Film Ad Co., e a mulher de cujo bebê fizera filmes e cujo pagamento financiara sua viagem para a Califórnia em 1923. Depois, visitou a barbearia de Bert Hudson, onde seus desenhos foram exibidos pela primeira vez. Sua escala terminou com um jantar acompanhado de Daisy Beck em uma casa local, que, como todos os outros eventos do dia, mostraram de onde ele vinha e como havia ido longe desde então.

O estúdio precisava de trabalho. No curto prazo, enquanto esperava que as solicitações do governo dessem mais frutos, a corda de salvamento de Walt eram os filmes da América do Sul. Na tarde do próprio dia do ataque a Pearl Harbor, um domingo, ele estava no estúdio discutindo como fazer esses desenhos animados. Sua intenção, disse ao *New York Times*, era não repetir os erros de seus filmes mais impressionantes e financeiramente malsucedidos que, reconhecia agora, eram bem-feitos demais. "Vou fazer esses filmes sul-americanos simples, não artísticos", disse, em uma mudança completa de seus habituais preparativos para o trabalho. "A melhor forma é trabalhar instintivamente. Não ter nenhum roteiro mas, simplesmente seguir em frente, e ninguém saberá o que vai acontecer até depois de acontecer."

O plano original tinha sido fazer uma série de curtas sul-americanos, doze no total, que seriam, apesar disso, distribuídos no mercado mundial. Roy disse ao distribuidor deles, a RKO, que esses curtas-metragens tinham "um atrativo tão grande quanto os nossos outros filmes". A RKO não se convenceu. Já em janeiro, o produtor David O. Selznick, que também havia sido envolvido pelo Escritório do Coordenador por intermédio de uma organização chamada Motion Pictures Society for the Americas (Sociedade de Cinema para as Américas), tentava convencer Walt e Jock Whitney a empacotar os curtas como filmes, o que ele achava que lhes daria maior visibilidade e melhores condições de comercialização, e Walt começou a gostar da ideia como uma forma de ampliar artisticamente a sua equipe e cumprir seus compromissos de *Silly*

Symphony. "Se os doze curtas sul-americanos puderem ser colocados em pacotes de 4 cada, somando 3 no total, para serem lançados neste ano", escreveu para Roy, "acho que poderíamos aumentar nosso programa de curtas, o que nos daria chance de incluir algumas ideias para *Silly Symphony* que estão agora em vários estágios de produção na planta." Para juntar esses curtas disparatados sob a rubrica mais ampla da América do Sul no entanto, Walt teve de usar filmes de 16 mm que fizera pessoalmente durante sua viagem, desculpando-se com Selznick por "minha má fotografia e mão nervosa".

Agora veio o dilúvio. Em sua viagem a Washington em dezembro, Walt fora estimulado por Jock Whitney a tentar convencer os funcionários do governo a centralizar toda a produção de filmes em Hollywood, em uma unidade especial a ser estabelecida no estúdio Disney. "Talvez o desenvolvimento acima seja a resposta ao nosso problema", Walt escreveu para Kamen, esperançosamente. Como se revelou, os funcionários guardavam seu poder com demasiado ciúme para ceder qualquer parcela de autoridade a uma organização central, mas com Kay Kamen agressivamente solicitando filmes às agências do governo e aos industriais e empreiteiros contratados pela Defesa, o estúdio Disney se viu no vórtice da atividade do governo. Em semanas após o ataque a Pearl Harbor, os filmes para a Marinha sobre a identificação de navios de guerra estavam em produção; o Departamento de Agricultura tinha contratado um filme sobre transferência de alimentos; o Conselho de Defesa Nacional havia encomendado uma série de pôsteres para uma campanha que advertia os americanos a não divulgar informação sensível; e o diretor Frank Capra, nomeado major do Army Signal Corps (Corpo de Comunicação do Exército), com o propósito de apressar a produção, encontrou-se com Walt a fim de convencê-lo a entrar para o Signal Corps. Walt declinou, dizendo que, se Capra precisasse dele, bastaria fazer um pedido para obter os serviços do estúdio. Capra o fez, e Walt animou a série de Capra, *Why We Fight* que explicava por que a América tinha entrado na guerra. Ao mesmo tempo em que Walt vadeava com dificuldade entre essas ofertas, o Escritório do Coordenador pressionava o estúdio a produzir uma nova série de filmes educativos sobre saúde e agricultura e ainda outra série que iria, como colocou Whitney, "lidar diretamente com a ameaça do Eixo à liberdade na América Latina". Além disso, o estúdio estava inundado de pedidos de esquadrões militares por insígnias que fez o possível para atender, destacando uma equipe de cinco homens, embora não houvesse remuneração para esse serviço.

Não parou por aí. Walt pessoalmente fizera lobby com o tenente J.C. Hutchinson, que chefiava o programa de filmes da Marinha e terminou, naquela primavera, com contratos para filmes sobre aerologia, condições meteorológicas, sinais de pouso de aviões de transporte, movimentos e qualificações de aviões de transporte, métodos de formação da aviação, artilharia fixa e, finalmente, um filme chamado *Rules of the Nautical Road* (*Regras da estrada náutica*). Enquanto isso, sob pressão para diversificar do Bank of America e da Kidder, Peabody, que havia lançado as ações Disney, Walt se reuniu com executivos dos produtores de aviões Curtiss-Wright, Lockheed, Beech e Aeronca para discutir a possibilidade de fazer filmes de treinamento para eles. "Não existe nada mais importante no momento que começar nesse campo industrial", escreveu Fred Moore, da Kidder, Peabody, para Walt, acrescentando uma vaga ameaça de "enquanto você não procurar estender a mão para ampliar seu campo, sua previsão futura não é o que esperávamos". A melhor parte, Roy disse entusiasmado para Walt depois de se encontrar com representantes da Curtiss-Wright, era que essas companhias à diferença do governo, podiam pagar mais que o custo. O estúdio poderia na verdade, ter o lucro de que necessitava com tanto desespero.

Naturalmente, se a melhor parte desse trabalho eram seus lucros potenciais, a pior parte era que o estúdio Disney não era mais o estúdio Disney. Era agora uma instalação que produzia filmes industriais e educativos, um braço do governo, com Walt e Roy virtualmente trabalhando entre Los Angeles e Washington. E embora Walt claramente reconhecesse o quanto era imperativo fazer negócios com o governo se o estúdio quisesse sobreviver ele, que vivera apenas para produzir grandes filmes, estava frustrado. Frustrado, em primeiro lugar, com a briga por tostões dos burocratas do governo. Inicialmente, a Marinha havia vetado a ideia de o estúdio acrescentar um percentual fixo aos seus contratos para cobrir as despesas gerais e ter lucro. Um funcionário sugeriu que, em lugar disso, o estúdio estabelecesse um preço fixo. Se os custos de produção fossem mais baixos que o orçamento, a Marinha pediria um reajuste; se os custos excedessem o orçamento, o estúdio teria de absorver a perda. Walt também estava frustrado porque burocratas menores revisavam *storyboards*, emitindo avisos e advertências em um domínio em que ele próprio havia sido o poder decisivo apenas meses antes. Quando o funcionário da Marinha, J.C. Hutchinson ameaçou Walt, dizendo que ou ele entregava o filme sobre aproximação e aterrissagem prontamente, ou aguentava a crítica "a Disney, que poderá ser ouvida uma vez mais nos corredores", Walt respondeu indignado, dizendo que havia se aborrecido com o comentário. Mas na verdade, não podia fazer nada a respeito daquilo porque precisava manter boas relações com o departamento. "Walt mais ou menos perdeu o controle", lembrou Joe Grant, "porque tínhamos um monte de oficiais do exército no estúdio, e todos eles se consideravam produtores".

Finalmente, Walt estava frustrado com o tipo de filme que agora era forçado a fazer. Ele havia ficado furioso com a ideia de produzir filmes educativos e de treinamento totalmente sem imaginação e com animação primitiva, mas compreendera a necessidade econômica e patriótica de fazer isso. Foi menos ameno, entretanto, quando foi abordado pelo Departamento do Tesouro e o Escritório do Coordenador para produzir propaganda aberta, filmes cujo objetivo era influenciar a opinião em vez de educar. "Disney está temeroso de ser tachado de propagandista na mente do público, com os consequentes danos para a sua reputação como artista de entretenimento apolítico", disse Wallace Deuel, coordenador para informação do Departamento do Tesouro antes da visita de Walt ao departamento em março para discutir outro conjunto de filmes. "Ele está chateado com cartas abusivas que tem recebido sobre o "New Spirit" que o acusam de afiliações políticas e raciais variadas", e Walt aparentemente lembrou-se de uma pergunta que Lowell Mellett, o chefe do Escritório de Informação de Guerra, lhe havia feito durante o jantar na casa do secretário Morgenthau durante sua primeira visita: "Você não tem medo de prejudicar sua reputação fazendo esse tipo de coisa?"

Os filmes de propaganda que Morgenthau e Jock Whitney o pressionavam a fazer, com o atrativo de eles proverem financiamento conjunto, seriam uma sequência que atacaria frontalmente os nazistas e seu modo de vida. A *Reader's Digest* de fevereiro publicara uma reportagem intitulada "Education for Death" ("Educação para a morte"), que descrevia e lamentava a doutrinação nazista das crianças. No mês seguinte, após sua viagem a Washington, Walt fora a Pleasantville, Nova York, à sede da Digest, para discutir uma série de filmes que poderia ser patrocinada pela revista, e os editores rapidamente levantaram a ideia de um filme baseado em "Education For Death". Jock Whitney assumiu a causa e Morgenthau também, embora houvesse desacordo quanto ao governo patrocinar os filmes (em cujo caso, Walt sentia que os exibidores se recusariam a apresentá-los), ou a *Reader's Digest* patrociná-los (em cujo caso seria mais provável que os exibidores os apresentassem, mas o coordenador e o Departamento do Tesouro perderiam o controle sobre o conteúdo do filme). Os direitos de *Education for Death* já haviam sido vendidos para a Paramount, mas Walt estava certo de que poderia recuperá-los.

Relutantemente, Walt Disney cruzou a linha para a propaganda. Com o financiamento do Coordenador "por trás da cena", como Roy colocou, o estúdio pôs *Education for Death* em produção naquele mês de junho. No verão seguinte, por recomendação do produtor Walter Wanger, que chefiava a Sociedade de Cinema para as Américas, Walt começou a preparar a animação de um curta chamado *Reason and Emotion* (*Razão e emoção*), de um livro chamado *War Politics and*

Emotion (*Política de guerra e emoção*), que mostrava como a emoção havia sobrepujado a racionalidade na Alemanha nazista. Mais tarde, Walt ainda pôs em produção um curta chamado *Donald in Nutzi Land* (*Donald na Terra dos Doidos*), que usou o Pato Donald para ridicularizar o líder germânico Adolf Hitler. Ambos os filmes foram feitos, aparentemente, com financiamento da *Reader's Digest* e do Escritório do Coordenador. Walt encarregou o compositor do estúdio Oliver Wallace de escrever uma música para o último filme, que Wallace disse ter composto em uma hora, incorporando ao coro uma gozação a Hitler. Quando Spike Jones (então um trombonista da orquestra de John Scott Trotter e líder de sua própria banda cômica chamada City Slickers) selecionou a canção "Der Fuehrer's Face" ("A face do führer") completa, com a gozação, para ser o lado-B de um novo disco, ela se tornou um sucesso instantâneo, levando o estúdio a mudar o título do filme para o título da música. A versão de Jones vendeu 1,5 milhão de cópias e se tornou um hino para a guerra, exatamente como "Quem tem Medo do Grande Lobo Mau?" se havia tornado um hino contra a Depressão. Finalmente, sob a pressão do Escritório do Coordenador, Walt preparou uma versão com temática nazista de *Chicken Little*, em que Foxey Loxey (uma raposa) ganha acesso ao galinheiro usando táticas nazistas.

Mas essas eram pequenas excursões propagandísticas, que fortaleciam o estado de espírito popular ao atacar o nazismo e o líder nazista. Elas não mudavam a opinião pública; elas a reforçavam. Agora Walt mirava mais alto. Se ele tinha que fazer propaganda, então queria liderar uma cruzada, não seguir uma; queria ajudar a mudar o curso da guerra e, talvez mais importante após o hiato dos filmes, queria fazer um filme que tivesse importância real para ele. Ainda pensando em fazer dupla com Disney, a *Reader's Digest* extraiu e enviou para Walt as provas de um novo livro escrito por um ex-comandante da aeronáutica russa sob o imperioso nome de Major Alexander P. de Seversky, que havia perdido a perna direita aos 22 anos na queda de um avião durante a I Guerra Mundial, mas era um piloto tão bom que recebera dispensa especial para voltar ao posto e havia derrubado mais treze aviões antes de vir para os Estados Unidos como assistente naval adido da embaixada russa e, depois da Revolução russa, se tornara consultor do Serviço Aéreo dos Estados Unidos. Na América, onde adquiriu a cidadania, desenvolveu o primeiro visor de bombardeio automático e a primeira turbina com turbocompressor refrigerado a ar para aviões de combate.

Não apenas seu nome era imperioso. O homem também. Seversky era o filho de um cantor de ópera que foi o primeiro russo a ter e operar seu próprio avião particular. Aos 48 anos, o major causava uma notável impressão com suas pálpebras pesadas, olhos verdes profundos, nariz aquilino, lábios cheios e cabelo preto salpicado de branco penteado para trás em um espesso bico de viúva. Ele tinha um escritório no 34º andar do Rockfeller Center, onde a única foto existente em meio às recordações era uma do general Billy Mitchell, o campeão do poder aéreo americano. Seversky também era dono de uma casa com terraço no Central Park e uma casa de praia em Northport, Long Island. Supremamente confiante, Seversky, como seu amigo Billy Mitchell, não hesitou em enfrentar a elite militar, que era exatamente o que fazia agora. Seu livro, intitulado *Victory Through Air Power* (*Vitória por meio do poder aéreo*), propunha a tese que, como ele disse, "apenas o poder aéreo pode impor ao inimigo uma guerra ofensiva, e apenas a ofensiva pode vencer a guerra". Em essência, tanto a infantaria do exército como os navios de guerra eram irrelevantes. Mais tarde, ele afirmou que agora o poder aéreo tornava possível "reduzir uma nação inimiga à impotência sem as antigas preliminares de invasão e conquista milha por milha". E defendia que o melhor caminho para atingir esse objetivo eram os bombardeiros de longo alcance com cargas pesadas atacando os centros nervosos do inimigo em vez de aviões pequenos decolando de porta-aviões.

Quando o livro foi publicado no fim de abril de 1942 tornou-se imediatamente um best-seller – terminaria como o quinto livro mais vendido do ano –, mas também provocou muita controvérsia e refutações. O *Philadelphia Record* achou que Seversky havia ignorado a cooperação entre os serviços que era necessária para a vitória. O *Washington Post* disse que ele havia relegado "todas as outras armas à classe de lança e arco e flecha". O *Daily News* de Nova York queixou-se de que demoraria até 1945 para se terem bombardeiros de longo alcance suficientes para cumprir a missão de Seversky, e o *New York Times* opinou que, se Seversky pudesse garantir qual seria o teatro de operações dentro de dois anos e que tipo de aviões seriam necessários, "as autoridades militares e navais receberiam deliciadas a informação".

Mas se os críticos – e a maioria dos militares – ficaram céticos, Walt Disney ficou encantado. Walt amava tecnologia em geral, e acreditava fervorosa e especificamente no avião. "A coisa que eu sinto que combinou inteiramente com nosso século, você vê", Walt disse mais tarde a um entrevistador. "Eu apenas senti, bem, se eles saírem e tentarem usar navios de guerra e todas as outras coisas, eu apenas não acredito que vá funcionar." Em maio, antes mesmo de ler o livro, enviou propostas a Seversky sobre a adaptação do livro para a tela, embora advertisse seu contato para "eliminar definitivamente" o seu nome "de todas as propostas feitas". Em julho, Walt fechava o acordo.

Ele sabia que não seria fácil fazer o filme. A Marinha, que lhe dava muitos de seus negócios com o governo, temia que bombardeiros de longo alcance com bases em terra tornassem inútil o porta-aviões, e era terminantemente contrária à teoria de Seversky, e até chamou Walt para uma reunião do pessoal durante uma de suas frequentes viagens a Washington para dissuadi-lo de fazer o filme. "Toda a questão com Seversky, Walt, não é que alguém discuta com ele o valor do poder aéreo", um oficial da Marinha lhe disse diplomaticamente, "mas que ele acredita no uso do poder aéreo de longo alcance, com bombardeiros estacionados em terra que, para levar adiante suas ideias, terão de carregar cargas de explosivos impossíveis e voar a distâncias impossíveis." (Mais tarde a Marinha chegou ao ponto de prometer trabalho suficiente ao estúdio para que produzisse quaisquer outros filmes.) Outros, como o comandante John S. Thatch, aviador condecorado que havia servido como consultor técnico nas séries de artilharia fixa e táticas de aviões de combate, disse a Walt que as ideias de Seversky eram irrealistas e que missões de curto alcance eram preferíveis; ele até desafiou Seversky para um combate aéreo – Seversky em seu bombardeiro de longo alcance, e ele em seu caça.

Mas Walt não seria dissuadido. Excitado pela ideia de um filme de Victory que usasse animação para mostrar como aviões de longo alcance podiam vencer a guerra, sentiu sua velha paixão surgindo novamente. Começou a sentir-se engajado. Descobrira algo que poderia ocupá-lo durante o verão, algo importante, enquanto o resto do estúdio executava a rotina de filmes de treinamento e educacionais. O animador Marc Davis disse que Walt "ficou completamente vendido. Dedicado àquilo". E quando se voltou para o filme, Walt gabou-se de que o estúdio "se tornou uma espécie de Meca para aviadores visitantes", que concordavam com Seversky e enviavam para Walt as informações mais recentes, de forma que Walt era agora parte de um pequeno movimento. O próprio Seversky podia ter a reputação de arrogante, cabeça-dura e contencioso, mas Roy se encontrou com ele em julho e ficou impressionado, dizendo que era "estimulante e interessante" e – o que era importante para Roy – não tinha a intenção de extorquir dinheiro do estúdio, além do que ganharia pelo direito de filmagem do livro. Tanto para Seversky quanto para Walt tratava-se apenas de patriotismo, apenas de promover um novo meio de vencer a guerra – o que Seversky achava que era o único caminho de vencer a guerra.

Agora, pressionado a convencer o público da teoria o mais depressa possível para poder fazer uma diferença, Walt começou outra corrida. (Ele também sentia outra pressão: uma pesquisa preliminar conduzida pelo estúdio mostrava que o público estava cansando de filmes de guerra, de forma que, como o pesquisador expôs, "Quanto mais rápido *Victory Through Air Power* puder ser lançado, melhor".) Walt encontrou-se com Seversky pela primeira vez em 28 de julho no estúdio, já armado de *storyboards* e cercado de sua equipe, inclusive Dave Hand, Bill Cottrell e Perce Pearce. Repetindo seu comportamento com Leopold Stokowski, Walt foi cerimonioso, reconhecendo que o projeto era de Seversky e que ele próprio era apenas o facilitador. O artista de layout Ken Anderson lembrou-se de um fim de semana chuvoso de agosto quando ele e seu colega artista Herb Ryman estavam trancados no estúdio e forçados a criar um *storyboard* final. "Seversky entrava e nos estimulava", disse Anderson, "e Walt nos lançava olhares ameaçadores tipo 'é melhor fazerem um bom trabalho, rapazes, porque estou contando com vocês'", pelo que Anderson sentia que Walt queria dizer que o país contava com eles.

Walt estava focado novamente, talvez pela primeira vez desde *Fantasia*. Naqueles meses de agosto e setembro, enquanto Seversky voava entre o estúdio e vários compromissos de palestras, ficando normalmente apenas poucas horas antes de ter de partir novamente, a equipe correu para completar tanto o roteiro quanto os *storyboards*. Walt continuava a enfatizar a viabilidade da tese. "Temos que fazer isso para que o povo seja convencido – ele está do nosso lado nisso", disse em uma reunião sobre o argumento. "Se formos fantásticos demais, isso fará com que o povo ignore a coisa toda." De fato, foi Seversky e não Walt que insistiu no valor do filme como entretenimento mais que como propaganda e, quando Walt objetou em relação a um ponto, Seversky replicou, irritado: "Se for para ficarmos presos à lama dos dias de hoje, poderemos da mesma forma, simplesmente eliminar todo o filme."

Mesmo assim, Walt viu as possibilidades estéticas também. Embora o chamasse de "filme bastardo", assim como *O dragão relutante*, pois combinava cenas ao vivo de Seversky falando com desenho animado ilustrando seus pontos, exatamente como Dragão havia combinado Robert Benchley e animação, e já que, como em Dragão, a animação era menos refinada que nos filmes, Walt falou com entusiasmo sobre como os animadores podiam apresentar o futuro. "Podemos mostrar torpedos atingindo navios", disse. "Podemos mostrar grandes aviões de carga e bombardeiros, tal como Seversky antevê." Ele ficou especialmente entusiasmado com uma sequência final planejada que mostrava o inimigo como um polvo, e a América como uma águia. "Você bombardeia o coração do polvo e mostramos a coisa grande quando a atingimos", disse efusivamente, "martelando nos órgãos vitais da coisa, ela solta os suprimentos e afrouxa cada tentáculo... enquanto martelamos os tentáculos, ainda estamos visando o coração com o nosso poder aéreo americano." Da forma que Walt a via, esta não seria propaganda comum; seria uma propaganda grande, de fazer a terra tremer. "A ideia básica é grande", escreveu para Perce Pearce, Dave Hand e o roteirista do filme, R. C.

Sherriff, depois de ouvir que o interesse da plateia era grande. "É a primeira vez que Gallup é capaz de relatar isso sobre qualquer filme que já tenha pesquisado", e Walt pressionou para que tentassem apressar o filme para antes do fim de dezembro a fim de tirar partido da expectativa do público.

Walt começou a filmar as cenas de Seversky no início de outubro de 1942. A filmagem tinha de acontecer à noite por causa do ruído dos aviões decolando e pousando durante o dia na planta da Lockheed que ficava próxima. Devido à agenda ela foi febril. "Mal fiquei em minha sala nos últimos dez dias", Walt escreveu para o produtor Walter Wanger no fim do mês, "com a filmagem das cenas ao vivo de Seversky e tudo o mais não fiquei um minuto em minha mesa." Walt estava esgotado e com aspecto cansado, frequentemente sem barbear-se e desarrumado em sua calça larga e o colarinho da camisa aberto. Por mais tempo que devotasse à supervisão de Victory, Walt, como sempre, não ficou inteiramente satisfeito. Observando as tomadas, queixou-se de que Seversky repetia a mesma coisa uma e outra vez e pulava informação de que o público precisava para dar valor à teoria. Também sentiu que podiam estar se baseando demais no que chamava de "feitos ousados", e sugeriu que mudassem o pensamento "dos truques para a coragem". E Walt estava preocupado com o tempo que se esgotava. Como disse a dois executivos da United Artists que visitaram o estúdio e concordaram em lançar o filme quando a RKO declinou, "existe agora um pouco de otimismo demais", com os americanos pensando que a guerra podia acabar em um ano, enquanto Seversky achava que poderia continuar por mais cinco.

Se Walt achava que estava salvando a América do nazismo com *Victory Through Air Power*, ele também estava ajudando a salvar a América com seus outros filmes. Durante toda a primavera e o verão de 1942 o estúdio completava o pacote de curtas, agora chamado *Saludos*, inspirado na viagem à América do Sul no ano precedente. "É melhor acertar logo isso ou esquecer o filme", Walt admitiu depois de olhar um rolo do filme em maio, esquecendo-se, entretanto, de que não tinha essa opção. Ele passou uma grande parte de maio e junho ajeitando o filme, e depois o despachou em julho para que Nelson Rockfeller e o presidente Roosevelt pudessem assisti-lo. "Todos em nosso escritório estão muito entusiasmados com *Saludos*", escreveu Fran Alstock – agora diretor da Divisão de Cinema do Escritório do Coordenador – para Walt após a estreia em 29 de julho. "Foi mostrado ontem à noite para algumas das pessoas mais importantes do governo", e "seu sucesso ultrapassou em muito o de quaisquer filmes que temos mostrado." O próprio Rockfeller escreveu a Walt, dizendo que o filme "excedeu em muito nossas mais altas expectativas". O estúdio já estava sendo considerando para produzir uma sequência, descrevendo outros países sul-americanos.

Enquanto isso, ao mesmo tempo em que tentava salvar a América do Sul dos nazistas, Walt também estava encarregado de salvar aquele continente da doença, da poluição e da má nutrição. No fim de maio, antes mesmo de completar *Saludos*, ele e sete de seus artistas foram a Washington para se encontrar com o vice-presidente Henry Wallace e discutir uma série de filmes educativos – com títulos pouco inspirados como *The Winged Scourge* (*A praga com asas*, sobre mosquitos), *Water: Friend or Enemy* (*Água: amiga ou inimiga*), e *The Grain that Built a Hemisphere* (*O grão que construiu um hemisfério*) – além de quatro filmes de propaganda com o Escritório do Coordenador. Walt, certamente, entendia a importância desses filmes tanto para a América do Sul quanto para o estúdio, mas eles eram basicamente trabalho corriqueiro, usado para manter os animadores desenhando e o estúdio funcionando. Na verdade, o estúdio que uma vez existira para fazer filmes, agora fazia filmes para continuar a existir. Para Walt, que entendia exatamente o que estava acontecendo, era deprimente.

Enquanto Victory parecia satisfazer sua necessidade de um projeto maior, proporcional às suas ambições, Walt também buscava comprar os direitos para um filme animado sobre a guerra que pudesse ter possibilidades comerciais, já que estava impedido de fazer seus próprios filmes de entretenimento. E pensou ter encontrado um em julho, quando recebeu a história de um tenente da Real Força Aérea chamado Roald Dahl. A história de Dahl dizia respeito a "*gremlins*", criaturas fictícias que levavam a culpa dos variados defeitos que pareciam atormentar os pilotos de guerra. Walt claramente gostou da ideia, principalmente após uma breve loucura nacional por *gremlins* naquele outono, e conseguiu impedir outros estúdios de fazerem os seus próprios filmes de *gremlins* dizendo que estava colocando um em produção. Walt, ansiosamente, encomendou um roteiro, e Dahl visitou o estúdio em novembro, mas o projeto parecia tão confuso quanto os próprios *gremlins*. Antes mesmo de assinar o contrato, Roy queixou-se de que Dahl fracassou em dar uma razão lógica ou motivo para o comportamento dos *gremlins*. Perce Pearce achou que a única abordagem exequível seria combinar ação ao vivo com animação, mas, apesar de suas tentativas, os *gremlins* continuavam a ser "vilões muito, muito maus" por fazer uma bagunça nos aviões e ameaçar a vida dos pilotos. Ward Kimball disse que o primeiro problema era que ninguém parecia saber qual deveria ser a aparência de um gremlin.

Dahl voltou ao estúdio em abril de 1943 para desenvolver o filme, e Walt continuou a tentar modelar a história, mas seu interesse começou a desaparecer quando foi confrontado com problemas materiais. Um artista acompanhou Walt a uma reunião com pilotos da Royal Air Force (RAF) para discutir seus encontros com "*gremlins*" mas, em vez disso, os pilotos preferiram contar histórias, e Walt deixou o encontro à meia-noite frustrado, declarando que não faria o filme. "Definitivamente, os *gremlins* não serão um filme por causa do sentimento da parte do distribuidor de que o público ficou cansado de tantos filmes de guerra", Walt escreveu para Dahl em setembro de 1943, depois de um ano e meio tentando criar a história. Ele disse que havia tentado interessar a equipe em fazer um curta, mas tivera pouco sucesso nisso também. "Se conseguirmos encontrar um ângulo que pareça certo para a produção, entraremos em contato com você." Ele nunca o fez.

V

Mesmo com o estúdio totalmente devotado à produção de guerra, um filme comercial vagarosamente ainda abria caminho pela produção, uma relíquia de um tempo que agora parecia muito distante: Bambi. Durante toda a greve e após a entrada da América na guerra, de 35 a 40 empregados continuaram a trabalhar nele mas, até mesmo com outra pequena infusão de US$ 150 mil do Bank of America, Walt foi forçado a economizar no filme. Algumas cenas foram cortadas, outras tiveram de ser mudadas para a colocação de personagens em silhueta para não terem de ser completamente animados, os movimentos de câmera foram simplificados, os testes finais de limpeza estavam sendo enviados diretamente para a cobertura dos contornos com tinta e a pintura era menos precisa. Quando Walt avisou Frank Thomas de que não haveria nenhum filme se eles não reduzissem drasticamente os custos, e Thomas começou a chorar, Walt inclinou-se para ele e disse, "Frank, eu sei que dói, mas droga, é o que precisa ser feito, temos que fazê-lo". A outro diretor que lamentou depois de Walt ter ordenado os cortes que eles "estariam perdendo algo", Walt disse: "Você está me dizendo que vocês vão perder. Aqui estou eu, sentado aqui, perdendo minha camisa, e você me diz o que vocês estariam perdendo." No fim, Walt não teve outra saída a não ser cortar cenas por atacado, diminuindo o filme de 8.500 pés para 6.259 pés. "Não houve muita expectativa ou o suspense comum do encerramento nos últimos dias de Bambi", confessariam depois Frank Thomas e Ollie Johnston, "mas, finalmente, ele foi completado."

Bambi, que havia custado US$ 1,7 milhão, mesmo depois dos cortes, teria de render US$ 2,5 milhões para não dar prejuízo, mas os primeiros sinais não foram encorajadores. O estúdio perdera sua previsão de estreia em dezembro de 1941 porque

Walt decidiu acrescentar letras a algumas músicas e, quando finalmente houve a estreia do filme em Pomona em fevereiro seguinte, uma adolescente gritou depois da morte da mãe de Bambi e o chamado de Bambi por ela, "aqui estou, Bambi!", quebrando o encantamento do filme. "A volta para Burbank foi ainda mais silenciosa que a ida para a estreia", escreveram Thomas e Johnston. Parecia um sinal. Os adiamentos prejudicaram a campanha de publicidade, e os planos de Walt de lançar o filme como um *roadshow* tiveram de ser abandonados. Uma pesquisa Gallup encomendada pelo estúdio descobriu que "a audiência imediatamente disponível era baixa" e o percentual "dos que querem ver" o mais baixo de todos os filmes no índice da pesquisa. Os entrevistados disseram que "não gostam de desenhos animados compridos", que os consideravam "infantis" e que esperavam que fosse um "filme sobre a selva". O Gallup disse que a única esperança seria vender o filme como um "futuro clássico" e pegar depoimentos de pessoas famosas. Enquanto isso, Roy escrevia para Walt que "os negócios de Bambi estão entrando devagar", parte porque o mercado estava cheio de filmes, parte porque os filmes recentes de Disney tinham causado desapontamento e parte porque o distribuidor de Disney, a RKO, parecia ter perdido a fé neles, mas Roy ainda acreditava que o filme pagaria o débito e talvez desse lucro.

A melancolia parecia encobrir todo o projeto agora. Em maio, Frank Churchill, o compositor frágil, infeliz, alcoólatra, que havia escrito as músicas de Branca de Neve e Bambi, suicidou-se com um tiro. Sempre triste e sensível, não havia dúvida de que se deprimira ainda mais com a contínua insatisfação de Walt com seu trabalho em Bambi. (Churchill escrevera uma grande canção para "o círculo musical de Hollywood", criticou Walt, mas ela era monótona e não criava a alegria de que o filme necessitava.) O último pedido de Churchill foi que *Love Is a Song* (*O amor é uma canção*), escrita para Bambi, fosse dedicado à sua esposa Carolyn, que tinha sido secretária pessoal de Walt de junho de 1930 a janeiro de 1934, quando se casou com Churchill. Mas até isso foi negado porque a canção já fora para o editor.

Quando Bambi foi finalmente liberado, em agosto de 1942, os críticos o receberam quase como se ele fosse uma ideia tardia, que foi realmente no que se transformou, e o realismo que Walt havia lutado tanto durante tantos anos para alcançar, o realismo que lhe havia causado tanta tristeza, não foi visto como um avanço na animação e sim como um declínio. "Em sua busca pela perfeição, o Sr. Disney chegou perigosamente perto de lançar fora todo o seu mundo fantástico de desenho animado", observou o *New York Times*, uma queixa que se tornou cada vez mais comum contra Disney. O crítico Manny Farber, chamando Bambi de "totalmente desagradável", concordou em que ao tentar "imitar o realismo fabricado dos filmes de carne e sangue, ele (Disney) desistiu da fantasia, que era, em certa medida, o elemento mágico. Mickey Mouse e Pato Donald viviam em uma bonita terra da diversão, onde voavam pelos ares, nadavam sob a água, morriam mil mortes e viviam para ver o fim de cada filme." Em Bambi, os animais "se comportam exatamente como Hollywood pensa que nós nos comportamos", o que torna o filme "velho e chato". Em resumo, os críticos acharam que ao tentar aperfeiçoar o mundo na tela, Walt restringira a energia rude, subversiva, dos primeiros desenhos animados e abandonara a própria razão de eles serem desenhos animados em primeiro lugar – porque desafiam as leis da realidade –, mas o que esses críticos pareciam não perceber era que o realismo animado era, em todos os sentidos, tanto um exercício de controle quanto os seus mais loucos e "imaginativos" curtas, e esse controle era o objetivo.

O maior problema com Bambi pode ter sido a dissonância cultural entre o filme e sua audiência. Por um lado, enquanto proclamavam que queriam escapar da seriedade da guerra, cidadãos em volta do mundo pareciam pensar que o desenho animado agora era juvenil e inapropriado, o que claramente, era coerente com a antipatia detectada pela pesquisa Gallup. Os desenhos animados tinham elevado o moral e provido diversão durante a Depressão, quando os espíritos precisavam ser levantados e os desenhos animados pareciam um correlato para uma nação corajosa sob dificuldade e tentando uma reação. A guerra foi um teste completamente diferente e muito mais difícil – para o qual a leveza do desenho animado parecia insuficiente. Por outro lado, o realismo e a seriedade de Bambi não eram qualidades que o público parecia desejar em um tempo em que todos viviam dentro de uma realidade grave e cruel. A própria Diane queixou-se para seu pai de que a mãe de Bambi não precisava ter morrido a que Walt respondeu que estava apenas seguindo o livro. Diane protestou que ele havia tomado outras liberdades e que, de qualquer modo, ele era Walt Disney e podia fazer tudo que quisesse. Mas Walt não quisera aliviar o drama. "A vida se compõe de luzes e sombras", diria mais tarde, "e seríamos desonestos, insinceros e açucarados se tentássemos fingir que não existem sombras." Ao tomar aquela posição em tempos de guerra, entretanto, Walt Disney, que outrora dedilhava as cordas psíquicas de todo o mundo, estava agora fora de sintonia.

Com a recepção indiferente a Bambi, a única fonte de publicidade efetiva para o filme foi um ataque de outro setor. Raymond J. Brown, o editor de *Outdoor Life* vira o filme em uma pré-estreia e elogiou Walt, dizendo que "era um triunfo artístico e sua maior realização". Mas Brown tinha pequenas críticas também. Certas sequências, opinou, podiam ser ofensivas para os esportistas e ambientalistas, e ele sugeria que Walt acrescentasse um prólogo em que dissesse que o filme era uma fantasia e não uma imitação da realidade. Se Walt farejou um golpe de publicidade ou se, realmente sentiu-se ofendido, o fato é que respondeu no mesmo dia que era muito tarde para acrescentar um prólogo e que, de qualquer modo (obviamente falando com desonestidade) ele nunca havia pensado em que o filme tinha um reflexo negativo para os caçadores. "Tudo que vi nele foi um entretenimento que atrairia todo mundo."

Brown, mordendo a isca e intensificando sua crítica, escreveu um editorial condenando o filme como "o pior insulto já feito aos esportistas e defensores do meio ambiente", e Walt, a pedido de Howard Kempo, um colunista esportivo do *Rochester Democrat and Chronicle*, respondeu que o público acharia que ele o tinha na conta de "imbecil" se acrescentasse um prólogo avisando que o filme era uma fantasia quando isso, claramente, não era verdadeiro. A discussão então, desencadeou um debate acalorado em jornais de todo o país sobre se Bambi havia manchado a imagem dos caçadores. Roy não achou aconselhável que Walt se metesse nesse tipo de controvérsia, mas o publicitário Vern Caldwell escreveu para Walt que os ataques estavam "obtendo resultados". "O problema é manter essa coisa viva e ao mesmo tempo não permitir que Disney seja colocado em posição comprometedora", disse Caldwell, e recrutou os jornalistas Bob Considine, Grantland Rice e Paul Gallico para defender Walt de "ser falsamente acusado ou por um fanático... ou por um astuto aproveitador de oportunidades".

Qualquer empurrão que o filme recebeu da publicidade no entanto, foi breve. Roy lutou para que o Radio City Music Hall, onde Branca de Neve tinha sido exibido durante semanas, ficasse com Bambi por meras três semanas, mas admitiu para George Morris que "nossos amigos no Music Hall parecem determinados a nos passar adiante ao fim de duas semanas". No final, Morris calculou que o estúdio havia perdido cerca de US$ 200 mil com o filme. Mesmo desesperado como estava para ver lucro e pôr outro filme em produção, Walt não pareceu surpreso. "Ao conviver com Bambi como fizemos, durante cinco anos, perdemos todo senso de perspectiva", escreveu para o colunista Jimmy Starr, que elogiou o filme, "mas o seu telegrama e comentário editorial levantaram as nossas esperanças de que tenhamos conquistado o que queríamos quando decidimos fazer o filme." Acrescentou, lamentando-se: "Uma coisa que aprendemos com essa experiência é que nunca mais gastaremos tanto tempo com outro projeto."

Foi uma admissão dolorosa. Walt Disney havia vivido para gastar tempo com seus filmes, viveu para criar um universo completo que testemunhou seu poder e permitiu sua fuga. Mas Bambi foi um lembrete do quanto tudo havia mudado desde a greve e o advento da guerra. A guerra havia imposto austeridade em Burbank. Sob pressão de Roy, o estúdio foi classificado como indústria estratégica de defesa, e todos os empregados tinham que tirar impressões digitais e usar uma etiqueta de identificação cor de laranja brilhante. Ao mesmo tempo, embora Walt visitasse pessoalmente as mesas de desenho para insistir em que seus desenhos animados representavam um serviço vital para o esforço de guerra (ele até desencavou seu velho emblema dos Veteranos de Guerras Estrangeiras para exibir "patriotismo" em um quadro de avisos que expressou ceticismo sobre o valor do trabalho do estúdio), 173 empregados, inclusive Woolie Reitherman e Frank Thomas, haviam deixado o estúdio para entrar para as forças armadas – quase 28% do estafe. Soldados patrulhavam o terreno protegendo uma bateria antiaérea altamente secreta, e um oficial da Marinha que supervisava a produção de *The Rules of the Nautical Road* tomou conta do quarto de dormir de Walt para viver nele e lavava as roupas em um balde. Animadores até disparavam pequenos foguetes do teto do prédio da animação para ver os padrões de explosão e poder desenhá-los melhor. Além da presença militar havia o fato de que a Lockheed ocupava espaço no terreno. E depois ainda havia a economia dos tempos de guerra. Os empregados e Walt também davam carona uns aos outros para poupar gasolina. Perturbado com a recente militarização do estúdio, Carl Barks, que mais tarde se tornaria a principal força por trás das revistas em quadrinhos do Pato Donald, saiu. "Você ficaria trancado ali enquanto durasse a guerra", disse, "e eu, simplesmente, achei que não queria ficar trancado naquele lugar enquanto durasse a guerra."

A maior mudança foi filosófica – o que Carl Nater, a quem Walt pôs a cargo dos filmes do governo, chamou de reprogramação necessária do "equipamento mental" dos empregados. O estúdio que havia posto ênfase na qualidade não mais se preocupava com ela. Eficiência e economia eram soberanas. Logo no início, Hal Aldequist, chefe de pessoal, escreveu para Walt que as economias feitas em *The New Spirit* – acelerar a animação sem revisão na "cela", mostrar aos diretores desenhos em lugar de testes, ter homens fazendo a limpeza dos esboços assim que fossem entregues – seriam procedimentos-padrão agora. "Devemos nos livrar inteiramente dos métodos de erro e acerto, dos sistemas de refacimento", aconselhou Aldequist. "Devemos restringir os animadores a apenas um teste. Temos de abolir as limpezas de layout, e toda a animação deve ser restrita a duas exposições em um só celuloide. Tomadas complicadas, trabalhos técnicos difíceis para a cena e uso da multiplano deviam ser abandonados em função da perspectiva de custo e velocidade." De forma simples, o estúdio Disney, que sempre se orgulhara de sua excelência, seria agora igual a qualquer outro tipo de estúdio de animação, vangloriando-se de sua rapidez. Ou, como Roy orgulhosamente disse à Fortune, "eu realmente acho que Walt está começando a saber o que é um dólar".

A ironia, a terrível ironia para Walt Disney, foi que, apesar de todos os atalhos e economias que impôs, a guerra era a única coisa que o estava salvando. Se ele dependesse de seus filmes e curtas, o estúdio quase certamente teria ido à falência e sido forçado a fechar. Não que Walt estivesse ganhando muito com o trabalho para o governo; ele cobrava do governo em média US$ 12 por pé de filme e, algumas vezes, até US$ 4 por pé, quando suas animações comerciais tinham custado cerca de US$ 65 o pé e, às vezes, US$ 250. (Ele também não ganhava muito pessoalmente, tendo aceitado, voluntariamente, um corte em seu salário de US$ 2 mil semanais, para US$ 850.) Embora os Disneys cortassem as despesas gerais, o estúdio, parte por patriotismo, parte por ingenuidade, ainda cobrava do governo apenas os custos, o que enfurecia Joe Rosenberg. Em um encontro em janeiro de 1942, em que George Morris e Gunther Lessing discutiam os empréstimos do Bank of America, Rosenberg disse irritado, que estava "fazendo empréstimos todos os dias por causa de preocupações com o trabalho para o governo e em nenhuma instância houve sequer uma pergunta sobre o contratado ter um lucro justo". Quando Morris replicou que os filmes para o governo propiciavam uma vitrine para o estúdio, Rosenberg avisou que esperava lucro assim mesmo e que estaria observando-os atentamente, sob a ameaça de congelar os empréstimos.

E havia uma ironia mais: embora tivesse fracassado como produtor de filmes comerciais, Walt Disney se tornou no fim de 1942, o líder da produção de filmes para o governo. "Este ano que passou não foi apenas um dos mais excitantes", escreveu para o tio Robert no Natal, "mas um dos mais exaustivos que já experimentei. Desde janeiro último, quando fizemos o filme sobre os impostos para o Departamento do Tesouro, mergulhamos em um tipo de trabalho que nunca esperei tocar." O mergulho incluiu quase 300 mil pés de filme produzidos naquele ano, alta mais que expressiva em relação ao total de 30 mil pés de filme antes da guerra, motivo pelo qual os atalhos eram necessários. Mais de 75% da produção do estúdio era agora destinada ao governo. Com os filmes de treinamento demonstrando o potencial educacional do cinema, Walt era crescentemente reconhecido como "um dos maiores professores de todos os tempos", nas palavras da Fortune. Mas até mesmo quando explicava essa notoriedade e dizia que "era uma grande oportunidade de mostrar o que o nosso meio pode fazer", as palavras de Walt eram um grito muito distante das grandes coisas que ele sempre quis que o meio fizesse. "Às vezes, parecia que havíamos escorregado para um universo paralelo, ligeiramente alterado", foi como o agora executivo do estúdio Harry Tytle descreveu, "onde as regras normais tinham sido mudadas, ou não mais se aplicavam". Tytle tinha razão. Eles haviam mudado.

VI

Walt estava ocupado. Ele concluiu 1942 com uma viagem de duas semanas ao México, acompanhado de Lillian e de doze membros de seu estafe para pesquisar uma sequência para *Saludos*. Começou o ano novo com outra viagem, desta vez para o leste, para assistir à estreia de *Saludos* (cujo título fora mudado para *Saludos Amigos Alô, amigos*), discutir outros filmes a serem feitos para o Escritório do Coordenador e encontrar-se com um professor de antropologia de Harvard chamado Earnest A. Hooten, que escrevera um livro sobre as teorias raciais nazistas que Walt estava considerando para um de seus filmes de propaganda para o coordenador. Embora fosse uma compilação de curtas animados, editados com os filmes domésticos que Walt havia feito na América do Sul, e embora sua intenção fosse ser um instrumento tanto de boa vontade quanto de entretenimento, *Saludos* era, de qualquer modo, a maior possibilidade de filme comercial que o estúdio podia produzir, agora que Bambi estava encerrado. Foi também uma das poucas razões para otimismo. O crítico Gilbert Seldes, ferrenho defensor de Walt, viu *Saludos* em janeiro e escreveu para ele: "Espero que você tenha todo o sucesso que merece – e escape de todos os problemas que teme."

Mas Walt não escapou. Bosley Crowther, no *New York Times*, saudou o filme como o registro "de uma das mais felizes missões já despachadas desta terra" e disse que seu efeito era de "crescente entusiasmo", mas essa foi opinião minoritária. Críticos que haviam se queixado da pretensão de Walt em *Fantasia* e de seu submisso realismo em Bambi, agora denunciavam sua alegria tensa e estridente. James Agee, em *The Nation*, disse que o filme o "deprimiu". "Essas tentativas egocêntricas e tardias de agradar me embaraçam, e o famoso encanto Disney, por mais ricamente que possa refletir o infantilismo nacional, me faz mal ao estômago", disse. John T. McManus, na esquerdista PM, concordou e admitiu "uma mescla de orgulho e tristeza com o crescimento de algo que se ama e que todos tolamente esperávamos que permanecesse jovem para sempre". Em outras palavras, o famoso toque de Disney envelhecera.

Mas o filme não fora feito para os críticos, e o único conforto de Walt foi que seus patrões no Escritório do Coordenador haviam gostado enormemente de *Saludos* e que o vice-presidente dissera a Nelson Rockfeller que o filme era "uma destacada realização no desenvolvimento da solidariedade hemisférica". Mais importante, os sul-americanos gostaram também. Alguns cinemas interromperam a política de exibir dois filmes para mostrar *Saludos* com mais frequência e, segundo um relato, pelo menos uma vez a plateia ameaçou pôr abaixo o cinema se o projecionista não reexibisse *Saludos*. Um funcionário da Embaixada americana na Bolívia escreveu que Walt Disney era "completamente adorado na América do Sul desde *Saludos*" e seu nome "eletrizava" os empregados bolivianos da embaixada. De fato, o único problema com *Saludos* foi que os países não representados no filme se queixaram da negligência ao coordenador, levando um de seus representantes a sugerir o vazamento da informação de que Disney estava trabalhando em uma sequência em que aqueles países seriam mostrados, como de fato ele estava.

Mas *Saludos* e sua sequência nunca interessaram muito Walt. Eram trabalhos essencialmente destinados a manter o fluxo de caixa. Ele estava muito mais entusiasmado com *Victory Through Air Power*, ao qual retornou no início de 1943. Mais que nunca Walt estava convencido de que a guerra não poderia ser vencida por forças terrestres e ataques navais e que, de qualquer maneira, o país não poderia sustentar um exército completamente equipado e a força aérea simultaneamente. E ainda acreditava que Victory pudesse mudar não apenas o curso da guerra, como o curso do mundo. "É importante", disse ao *New York Times*, em fevereiro. "As pessoas precisam saber disso. Muitas delas ainda estão limitadas às formas tradicionais de pensamento, e um filme como esse pode acabar com uma série de mal-entendidos."

O claudicante filme tinha valor de entretenimento. Victory não era outro filme subsidiado do governo. Estava sendo financiado pelo estúdio e tinha de dar lucro. Quando foi mostrado com rolos e *storyboards* finalizados no fim de fevereiro, o executivo de uma rede de cinemas Spyros Skouras enfatizou que o filme tinha de ser uma diversão e não uma "exibição científica". Walt, que sempre enfatizou o valor do entretenimento até *Fantasia*, não estava tão seguro. Desta vez, havia algo mais valioso que o entretenimento. "Você não acha que, se depois de ver esse filme, o público sentir que aprendeu alguma coisa – que aquilo ficou claro de uma vez por todas em sua mente", respondeu Walt, "não será mais importante?" E enquanto Skouras continuava a repisar a importância do entretenimento, Walt continuava a insistir em que estava fazendo o filme não porque proveria uma válvula de escape, mas porque "acreditamos demais nessa coisa. Senti aqui uma mensagem que é maior que muita coisa que temos feito sobre propaganda. Pensei que aqui havia uma mensagem que podia fazer algum bem".

Walt abriu caminho, afastando as contínuas objeções e ameaças da Marinha e trabalhando nas folgas da agenda de palestras cada vez mais lotada de Seversky.

Naquele inverno, depois de repensar o filme, Walt decidiu cortar as cenas ao vivo de Seversky que havia gravado em outubro e reescrever o roteiro para reduzir o diálogo do major e simplificar e fortalecer seus argumentos. Cercando Seversky durante dois meses, iniciados em abril de 1943, Walt contratou o diretor H.C. Potter, recém-saído de *Hellzapoppin'*,[9] e o fotógrafo Ray Rennahan, que acabava de ganhar um prêmio da Academia por *Blood and Sand* (*Sangue e areia*), para filmar as novas cenas. As principais tarefas de Potter eram "amaciar" o pesado sotaque russo de Seversky e assegurar que o major obedecesse aos tempos quando estivesse dialogando. Quando Seversky se queixou de que era difícil demais falar e, ao mesmo tempo, obedecer aos tempos, Potter lembrou a quantidade de coisas que Seversky tinha de fazer simultaneamente quando voava e lhe disse, imitando o sotaque russo, que ele devia "dividir a atenção", lema que a equipe começou a gritar todas as vezes que a filmagem começava.

Trabalhando a toda velocidade – as cenas de Seversky foram filmadas em seis dias – Walt conseguiu encerrar o filme no fim de maio e, em junho, promoveu no estúdio uma celebração que combinou a exibição do filme e uma festa de despedida do major. A campanha publicitária, entretanto, iniciou-se antes mesmo de o filme ser finalizado. Roy estava em Nova York em maio, vendendo o filme, e escreveu para Walt, deliciado: "Tenho a certeza de que vamos provocar um furor neste país de costa a costa!" Perce Pearce acompanhou Seversky ao Leste para ser *ghost-writer* de seus artigos de promoção do filme e, no fim de junho, o estúdio exibia o filme em Nova York e Washington para notáveis variados, entre eles o executivo de publicidade Albert Lasker, que ficou tão enamorado do filme e de sua teoria que organizou sua própria campanha de publicidade em separado. Lasker e sua esposa, Mary, disseram que o filme era "o documento mais poderoso e vital já colocado ante o público americano" e previram que seu impacto seria "dinâmico".

Lasker estava certo. Walt quis mudar o mundo e teve sua oportunidade. Antes mesmo da estreia formal em Nova York, em 17 de julho de 1943, Walt recebia elogios em privado. O magnata do jornal William Randolph Hearst telegrafou a Walt após uma projeção dizendo que o filme "era, verdadeiramente, uma grande produção" e "havia prestado um valioso serviço à comunidade", e Nelson Rockfeller disse que não era apenas uma contribuição para o esforço de guerra, mas uma demonstração das possibilidades ilimitadas do cinema. Em uma pré-estreia de gala presidida por Lasker e pela rainha da alta

9 Filme de 1941 considerado "a mãe de todas as comédias loucas", que tem inspirado desde então muitos diretores e roteiristas de cinema e televisão. (N.T.)

sociedade de Washington Elsa Maxwell, a plateia aplaudiu espontaneamente durante todo o filme e concedeu uma prolongada ovação no final. As críticas foram igualmente entusiásticas, chamando o filme de "revigorante", "estimulante", "inteligente" e tão simples que "até um menino de 11 anos mais ou menos não teria dificuldade de entender do que trata". As únicas objeções vieram de Agee novamente, que se preocupou por lhe estarem "vendendo algo sob uma pressão bastante grande", e do comunista *Daily Worker*, que objetou que as teorias de Seversky eram fantásticas e militavam contra a abertura de uma segunda frente para ajudar os aliados russos da América.

Mas as reações mais importantes foram dos militares, que teriam de aceitar e implementar a nova política de Seversky. Vern Caldwell exibiu o filme para a Marinha, que havia sido tão contrária ao projeto, e telegrafou a Walt: "Resposta entusiástica." (Walt apareceu a duras penas no filme para assegurar à Marinha que suas missões ainda eram necessárias.) Ao mesmo tempo, Henry "Hap" Arnold, o comandante geral da força aérea e havia muito um dos principais defensores no país da força aérea, viu o filme, mas não transmitiu sua reação – na opinião de Caldwell, porque Arnold, como Seversky, estava fazendo lobby para uma força aérea em separado e acreditava que sua aprovação ao filme pudesse ser vista como uma "pista". Mesmo assim, o ajudante de Arnold pediu que fosse feita uma segunda projeção no dia seguinte para uma meia dúzia de outros generais da força aérea que, disse Caldwell, aplaudiram o filme apesar do fato de não terem Seversky em grande conceito. Roy e Caldwell ficaram com eles até 3 da manhã.

Segundo alguns relatos, o funcionário mais importante a ver o filme naquele verão foi o próprio comandante-em-chefe. Aparentemente, Albert Lasker havia conseguido uma cópia para o primeiro-ministro britânico Winston Churchill, que ficou tão impressionado que pediu que uma cópia fosse enviada durante a noite para a Conferência de Quebec, em agosto, onde se encontraria com Roosevelt. Em Quebec, Roosevelt não apenas assistiu ao filme, como pediu que também fosse projetado para os chefes do estado-maior-conjunto. "Fiquei certo", escreveu Seversky para Elsa Maxwell orgulhosamente, "que isso fortaleceu muito as opiniões daqueles que argumentavam que a invasão não poderia ser feita até que o controle do ar fosse atingido."

Walt fez Victory para influir e pelo próprio sentido de utilidade do filme. "Quer fature ou não", escreveu para o comentarista de rádio Upton Close, "ficarei feliz se ele ajudar a agitar o país e fizer as pessoas começarem a pensar sobre a real importância da força aérea", embora o quanto o filme tenha, realmente, afetado a política seja uma questão de debate, pois o governo, na verdade, não adotou a estratégia de bombardeiros de longo alcance durante a guerra e já não existia nenhuma dúvida de que o país teria poder aéreo, como afirmou Woolie Reitherman, que havia deixado o estúdio para se juntar à força aérea. Com todos os elogios que recebeu e a controvérsia que criou, o filme, realmente, não teve público. Havia custado menos de US$ 800 mil – dos quais apenas US$ 5 mil foram para Seversky. George Morris informou ao quadro de diretores naquele outono que o filme havia gerado prejuízos entre US$ 400 mil e US$ 500 mil para o estúdio. No fim, anos depois, quando todos os circuitos tinham sido completados, quando Walt remexia em partes do filme para dar outros usos a elas, ele mal atingiu o equilíbrio – outro fracasso no que se tornava uma longa sucessão de fracassos para Walt Disney.

Agora, sem filmes que o interessavam, mas com um estúdio para manter, ele se tornou menos um produtor de filmes que um vendedor e embaixador de boa vontade, atraindo trabalho do governo para o estúdio porque era Walt Disney, uma das celebridades favoritas da América. Seu principal cliente continuou a ser o Escritório do Coordenador, e Walt fez ainda outra viagem para o México em março para gravar música para a sequência de *Saludos Amigos* e juntar material preparatório para uma conferência que o coordenador promoveria no estúdio em maio com o propósito de determinar qual o melhor meio de erradicar o analfabetismo na América do Sul – um projeto que prometia cerca de US$ 500 mil para o estúdio só no primeiro ano. Ao mesmo tempo, Walt despachou Bill Cottrell e Jack Cutting para a América Central e outra delegação para Cuba a fim de preparar terreno para os filmes; e mais tarde, naquele verão, em parte para preparar um filme sobre alfabetização de US$ 200 mil, financiado pelo coordenador e, em parte, para receber um prêmio do governo mexicano por seus esforços, Walt, Clarence "Pato" Nash e o relações públicas do estúdio Joe Reddy voaram para a Cidade do México. Em outubro, Walt e Lillian juntaram-se à equipe no México novamente para uma nova "viagem de campo", como a chamavam, e levaram um susto quando o voo de volta foi atrasado por um furacão que destruiu a cidade de Mazatlán.

Se Walt parecia viajar com frequência para trabalhar no México, o mesmo acontecia na ponte aérea entre Los Angeles e Washington, quando ele ainda tentava obter mais trabalho do governo, ainda tentava manter o estúdio solvente, embora, em determinado momento, tanto trabalho estivesse entrando, que Roy e Walt tiveram de lançar uma ordem que proibia qualquer contrato novo que não fosse pessoalmente aprovado por um dos dois. De certa forma, o estúdio se viciou em trabalhar para o governo, saciando-se com isso porque precisava e porque não podia fazer nada mais. De fato, o estúdio se distanciou tanto de sua missão original, que Walt agora começava a examinar outra ideia que havia muito era pressionado a avaliar, e ele de fato a avaliara, mas no fim, sempre rejeitara: filmes comerciais e industriais de relações públicas em vez de treinamento. O estúdio havia produzido um curta-metragem de Mickey Mouse para o pavilhão da Nabisco na Feira Mundial de Nova York de 1939, mas Walt delicadamente rejeitou outros interessados. Agora contratou um contato chamado John Sheehan, cujo trabalho era receber ofertas. Entre as companhias que queriam o toque Disney estavam Westinghouse, Firestone Tire, General Motors, Ford Motor Company, Owen Glass, Standard Oil of Indiana e National Dairy Products, a maioria das quais desejava negociar pessoalmente com Disney. Walt até fechou um acordo para fazer um filme para a Coca-Cola e, depois, pediu uma série para sua rival, Pepsi-Cola.

Roy, buscando um meio de organizar o processo e proteger o estúdio de "erros ruins ao nos apresentarmos e às nossas proposições para grandes contas", finalmente sugeriu que o estúdio se vinculasse à sua firma publicitária Foote, Cone & Belding. Mas Walt – não vendo valor residual em comerciais e sentindo-se vagamente humilhado por ter de fazê-los após anos de corajosos pronunciamentos sobre grandeza – vacilou, mesmo enquanto instruía a equipe a continuar a persegui-los. Ele dizia aos clientes que podiam encontrar alguém que fizesse filmes mais baratos, ou lhes dizia que podia ver a si mesmo fazendo comerciais para a televisão algum dia, mas não agora; por outro lado, também ponderava que comerciais podiam ajudar a ocupar a mão de obra do estúdio. Em qualquer caso, fazer comerciais não era o que ele queria fazer e, apesar de todo o trabalho que o estúdio discutia, pouco na verdade era contratado e menos ainda entregue.

Mas então, em 1943, o estúdio havia escorregado ainda mais para dentro do pântano da guerra, se tornara mais uma fábrica da defesa e menos um estúdio de cinema. Noventa e quatro por cento da produção agora era para o governo e, só em junho de 1943, o estúdio produziu apenas 2.300 pés menos que havia produzido durante todo o ano de 1941. "Se todos os americanos pudessem visitar o estúdio Disney", escreveu radiantemente Walter Wanger em setembro para *The Saturday Review of Literature*, "ele teria uma nova admiração por seu país. Não existe nada que se compare no mundo. Um número maior de especialistas, cientistas e técnicos opera sob o telhado de Disney que em qualquer outra organização do universo." Patriótico como era, Walt, mesmo assim, queixou-se para a esposa de A.V. Cauger quando ela lhe escreveu perguntando se ele poderia arranjar um emprego para o seu velho patrão da Kansas City Film Ad., "todos temos de nos ajustar às condições capitais da guerra e esperar pelo tempo em que o mundo uma vez mais volte ao seu estado de normalidade". Até lá, ele tinha apenas que seguir em frente.

Mas, enquanto esperava, sentia-se confuso e desconsolado. Ollie Johnston, que fora classificado 4-F[10] devido a uma úlcera, lembrou ter encontrado com Walt no corredor, e este ia começar a conversar, quando parou, subitamente, e se apoiou durante vários minutos na parede sem dizer uma palavra. "E eu não quis ir embora", disse Johnston, "porque sabia que ele queria alguém ali. Ele estava deprimido porque, simplesmente, não havia nada em que ele quisesse se envolver." Embora os curtas-metragens de Pato Donald, Pateta e Pluto continuassem a ser feitos pelo estúdio para cumprir as obrigações contratuais com a RKO, o mercado estava completamente saturado e, de qualquer modo, Walt deixara de se importar. Depois de Victory, Walt tentou interessar Roy na possibilidade de transformar *The Wind in the Willows*, que, vagarosamente, ainda abria caminho na produção, e o filmete de Mickey Mouse em *Jack and the Beanstalk* em um só filme, ou até juntar *Willows* e *Gremlins*, mas Roy não se animou. Se não obtivessem nenhum retorno, o orçamento não poderia exceder US$ 450 mil – e até *Dumbo* custara US$ 200 mil mais que isso –, e o melhor que Walt podia fazer, após cortar e eliminar, seria US$ 523 mil. Roy ainda disse que os filmes sobre um só assunto eram mais promissores, a despeito de o estúdio atualmente não poder produzi-los e, se o fizesse, o escritório de negócios havia fixado um orçamento máximo para novas produções muito abaixo dos de Branca de Neve, *Pinóquio* ou *Fantasia*. A única opção de Walt era continuar a ir para Washington e bajular os funcionários, na esperança de manter o governo investindo em filmes.

Ele não tinha abrigo. Se a missão do estúdio sofreu durante os anos de guerra, o mesmo aconteceu com a família de Walt Disney. Mesmo antes de a guerra ter colocado tantas exigências para Walt, Lillian e as garotas tinham sido sempre subordinadas ao estúdio. Walt fez tentativas para abrandá-las. Lillian frequentemente o acompanhava em suas viagens ao leste e até ao México, e ele era um pai tão atento quanto poderia ser naquelas circunstâncias, ainda levando as garotas para o estúdio nos fins de semana, onde elas o seguiam de sala em sala ou ao aeroporto para ver os aviões levantarem voo e aterrissarem, ou à estação de trem, onde ele podia encostar a orelha no trilho e ouvir o trem da forma que fazia quando era garoto em Marceline. E ele comprou para elas um filhote de cocker spaniel, Taffy, que segundo Walt, era mais apreciado por ele e Lillian que pelas garotas. Quando Walt ficava "importante" demais, eram as garotas, ele dizia, especialmente a séria Diane, de dez anos, que o olhavam de um jeito "que me tirava de

10 Recrutas rejeitados pelo exército americano durante a II Guerra Mundial devido a doenças. (N.T.)

minhas altas cavalarias". Mas apesar de sua devoção muito real, a pressão do trabalho e a necessidade de relaxar tornavam muito difícil para ele agora ser um pai tão engajado quanto gostaria de ser. "Domingo passado foi a primeira vez em meses que não ouvi rádio", escreveu para Deems Taylor, no início de 1944. "Para variar, fui andar a cavalo com minha filha mais velha e mais tarde brinquei de pegar com as duas no jardim."

Os dias mais felizes agora eram as férias na área de esqui aquático do Sugar Bowl, ou no resort do lago Arrowhead, 90 milhas a leste de Los Angeles – ou, melhor ainda, no tranquilo resort de Smoke Tree em Palm Springs, onde até antes da guerra ele havia passado várias semanas com a família todas as primaveras, normalmente indo e voltando do estúdio a cada poucos dias e onde, tipicamente, passava o Dia de Ação de Graças com Lillian e as crianças durante a guerra. Lillian dizia que ele amava a "amplidão" de Palm Springs, mas, claramente, não era apenas a largueza física do deserto plano e quente com as montanhas vermelhas à distância que ele apreciava. Era, sem dúvida, a ausência da sufocação do estúdio e da esmagadora presença de trabalho do governo. Era a liberdade de não ter que prestar atenção a mil detalhes que, realmente, não lhe importavam, mas pelos quais seria responsabilizado.

Em 1944, o volume de trabalho não diminuíra, mas o sentido de comprometimento de Walt sim. Ele se tornara tão indiferente que, quando Dave Hand, que fora seu produtor durante anos, apresentou a demissão, Walt, em vez de pressionar Hand a ficar, friamente chamou Roy e lhe disse que cancelasse o contrato com Hand – um reconhecimento de que a retomada dos filmes animados não era iminente. Walt passou grande parte do ano trabalhando, ida e volta entre Los Angeles e Washington, ou em viagens a Nova York – para onde fez, no fim de maio, uma viagem de um mês com Lillian – e depois outra longa viagem em agosto, programada para levá-los ao México, Cuba, Williamsburg, Virginia e depois, novamente, Nova York, embora a estada em Cuba fosse cancelada mais tarde. (Foi a primeira visita de Walt à área recreativa colonial de Williamsburg e ela lhe deixou uma profunda impressão.) A principal ordem de negócios, além de manter o estúdio funcionando, foi a sequência de *Saludos Amigos*, intitulada *The Three Caballeros* (*Você já foi à Bahia?*) por seus três protagonistas de desenho animado – Pato Donald, um papagaio chamado Zé Carioca, e um galo que leva um revólver chamado Panchito. Já em março, Roy havia mostrado o *storyboard* a Nelson Rockefeller e tocado gravações para ele, mas o estúdio perdeu o prazo fatal de junho e, em meados de julho, Walt telegrafou para Vern Caldwell dizendo que não podia dar nenhuma data definida para o fim do filme. Uma grande parte do atraso podia ser atribuída aos experimentos do estúdio com novas técnicas de combinar um ator ao vivo com um personagem de desenho animado no mesmo fotograma – exatamente como Walt fizera com muito menos sofisticação nas velhas Comédias de Alice.

O filme não foi completado até novembro, mas quando isso aconteceu, Walt pareceu satisfeito com os avanços tecnológicos da união de ação ao vivo e animação e com a energia modernista maníaca do filme, telegrafando a Rockfeller que "ele se movimenta com a velocidade de um trem expresso". Ward Kimball animou uma canção no filme em que, segundo lembrou, o Pato Donald corre freneticamente por toda a tela e, às vezes, ultrapassa a margem do filme, e mais tarde disse que "aquele foi um trecho de animação do qual me orgulhei". O diretor Gerry Geronomi discordou. Ele não queria sequer mostrar a sequência para Walt, porque, segundo disse Kimball, Donald corria para fora do *frame* de um lado e reaparecia no alto do *frame* – uma violação do velho princípio de realismo Disney.[II] Kimball disse a Geronomi que o "enfiasse no traseiro" porque o filme já estava atrasado e Walt agora queria ver todo o filme. Segundo Kimball, Walt viu a cena e "gargalhou". "Ele achou que aquilo foi ótimo. Ele disse, 'meu Deus, é isso.'" Ollie Johnston e Frank Thomas acreditavam que a cena, junto a outra que Kimball animou depois para o curta *Pecos Bill*, "iniciou uma onda de ações absurdas e *timing* rápido em toda a indústria", o que significava que o estúdio Disney, que havia liderado o realismo, estava agora levando longe o movimento autorreflexivo".

Mas nem todo mundo gostou dessa nova direção. James Agee detestou o "traço de crueldade" em *Caballeros*, um traço que, segundo observou, se fortalecia havia anos nos filmes de Disney, talvez como a resposta de Walt aos problemas que havia sofrido. Bárbara Deming, escrevendo na *Partisan Review*, também acreditava que Disney "havia criado algo monstruoso", mas achava que, ao fazer isso, ele externou um comentário efetivo sobre os tempos. Como Deming via, o "talento" de Disney era "ser capaz de aceitar de todo coração a perspectiva da hora e improvisar com ela, qualquer que fosse", que era como Mickey Mouse podia expressar a agressiva rebelião da Depressão, e *Pinóquio*, o novo compromisso moral requerido pela chegada da guerra. Em *Caballeros*, ao fazer de todo o filme uma fantasmagoria em que os personagens e as formas se transformam em outros personagens e formas, em que o objeto do desejo de alguém parece ser alcançado para desaparecer em seguida e na qual tanto os personagens quanto a plateia perdem o senso de direção, Walt Disney havia conseguido

---

II Kimball pode ter confundido as cenas aqui. Existem várias cenas de um Donald frenético, mas é o pássaro Aracuã que deixa o *frame* por um lado e, depois, reaparece em outro. (N.A.)

encontrar a metáfora perfeita para um mundo que gira no vórtice da guerra. "Nada mantém sua forma", observou Deming, concluindo que o Pato Donald de *Caballeros* "pode assemelhar-se em suas aventuras aqui, suas confusões e transformações, à maior parte dos grandes personagens que agora passam por nossas telas" e, presumivelmente, aos americanos em geral: perdidos.

Nenhuma dessas reações tornou as perspectivas comerciais mais favoráveis, e Kay Kamen ouviu um representante da RKO reclamar que ia ter de dar duro para vender o filme. Como se revelou, o caos de *Caballeros* era mais atraente que a terna solenidade de Bambi ou a tendenciosidade de *Victory Through Air Power*. O filme faturou US$ 900 mil em apenas onze semanas (*Bambi* levou 31 semanas para obter esse faturamento, e *Dumbo*, 48). Na América do Sul foi tremendamente popular. A revista mexicana *Tiempo* elogiou Walt como "um dos maiores criadores do cinema mundial" e disse que ele havia trazido "um mundo de amizade e entendimento para pessoas de todos os países". Um jornal brasileiro, *A Noite*, foi além, dizendo que o filme "é a melhor coisa que Disney fez até agora".

Financeiramente falando, se não artisticamente, o ano se anunciava bom. Graças à quantidade de produtos gerados pela guerra e pela liberação de US$ 141 mil em fundos que tinham sido confiscados pela Grã-Bretanha, assim como pela suspensão, depois de abril de 1941, da distribuição de dividendos das ações que havia lançado, o estúdio conseguira reduzir sua dívida com o Bank of America para pouco menos de US$ 1 milhão e tinha um capital operacional de US$ 3 milhões. Agora que a companhia começava a dar lucro novamente, no entanto, o Bank of America advertiu Walt e Roy que não era provável que os acionistas continuassem a ser tão pacientes e sugeria que a companhia convertesse as ações preferenciais em debêntures e ações ordinárias, o que daria aos Disney ainda mais capital operacional e eliminaria um grande "fundo para o pagamento de débitos" que tinham sido obrigados a manter como garantia para os possuidores de ações preferenciais.

Esta não era apenas uma questão econômica – era uma questão de controle. "Queremos manter 100% de controle e operação de uma companhia sobrecarregada de dívidas e confrontada com grandes possibilidades, esperando um golpe de sorte, como um filme que fature muito ou a televisão, para nos manter seguindo adiante", Roy perguntou a Walt, "ou reconstruímos toda a composição de nossas ações de forma que seja mais seguro e mais certo, e tenhamos participação menor – mas, de qualquer maneira, uma participação controladora – de uma companhia saudável e, portanto, mais segura e mais capaz de responder ao futuro apropriadamente?" Roy não deixou dúvidas quanto à sua posição, especialmente uma vez que, como avisou a Walt, se qualquer um dos Disneys morresse eles, de qualquer maneira, teriam de vender ações para pagar a taxa de herança, e quanto a deixar que seus empregados tivessem ações, citou Carl Stalling e Ub Iwerks como exemplos de acionistas comuns a quem faltou perspectiva para compreender o valor do que lhes havia sido concedido. Depois da greve, Walt podia ter desistido de sua ideia grandiosa do estúdio como uma comunidade de trabalhadores – ele queixou-se de que seus empregados venderam as ações quando seu valor caiu porque "perderam fé em mim" – e ele já havia cedido poder ao comitê instituído pelo Bank of America, mas sempre quis reter o máximo de controle possível; era uma parte de sua pequena fortaleza contra o mundo. Agora, com o estúdio afundando e sem direção, Walt cedeu a Roy. Preferiu a estabilidade à autoridade, o dinheiro ao risco.

Mas o estúdio ganhou outra fonte de renda naquele ano além do refinanciamento, e isso lembrou a Walt o que o estúdio era antes da guerra. Quando voltava de trem de uma de suas viagens a Washington, no início de 1942, conheceu Nate Blumberg, chefe da Universal Pictures, que disse a Walt que havia buscado em sua velha filmoteca películas que pudessem ser relançadas e aconselhou o estúdio Disney a fazer o mesmo. Walt havia sondado Roy sobre o assunto, pedindo que avaliasse o relançamento de Branca de Neve e, possivelmente, de alguns outros filmes a tempo do Natal de 1943. Roy, finalmente, concordou com Branca de Neve, embora a companhia perdesse a temporada de feriados e relançasse o filme em fevereiro de 1944. Foi a primeira vez em anos que a RKO pareceu energizada pela perspectiva de vender um filme Disney, mesmo um filme antigo, e Vern Caldwell escreveu a Walt que a RKO esperava um "faturamento excepcional". De fato, seu sucesso se tornara tão importante para o estúdio, que Roy, citando "problemas de produção", pressionou Walt a assistir à estreia em Cincinnati, o que Walt fez. Quando o filme começou a ser exibido em Nova York, no início de abril, Walt gabou-se de que, em todas as suas receitas até então, Branca de Neve havia igualado o faturamento da média do filme-A e superado as receitas da maioria dos filmes Disney recentes.[12] Roy gritou em triunfo para Walt que "Branca de Neve parece realmente quente".

Enquanto isso, quando as tropas americanas invadiram as praias da Normandia na França, em junho – nos quartéis-generais aliados o nome-código da operação era "Mickey Mouse" –, e a guerra começou seu longo e lento progresso até sua conclusão,

12 Em outubro de 1944, o escritório de negócios do estúdio calculou que *Pinóquio*, *Fantasia*, *O Dragão Relutante*, *Bambi* e *Victory Through Air Power* tinham perdido um total de US$ 2.396.500. Memorando, Paul L. Pease para a Diretoria, 24/out/1944, Arquivo Paul Pease, Walt Disney Corr., Entre-Escritórios, 1938-1944, N-Q, A1630, WDA. (N.A.)

Walt estava supervisando os filmes de treinamento e os sul-americanos para o Escritório do Coordenador. Quando a fase europeia da guerra terminou, em maio de 1945, e a fase japonesa quatro meses depois, o estúdio fechou por três dias em celebração. Embora tivesse mostrado um interesse surpreendentemente pequeno na guerra em si mesma exceto por Victory, Walt Disney fizera contribuições significativas para o sucesso americano. Entre as menores contribuições, havia provido 1.200 desenhos de insígnias militares, e o Departamento do Tesouro disse que o estúdio ajudara a vender mais de US$ 50 milhões em bônus de poupança. Entre as maiores contribuições estiveram os filmes para o governo – segundo uma estimativa (inexata porque os registros eram inexatos), o estúdio fez entre 150 e 300 horas de filmes em apenas quatro anos, embora Walt não pudesse estar mais feliz agora que a produção dos filmes terminara. "Pelo amor de Deus, Marc", disse ao animador Marc Davis pouco depois da guerra, "nunca mais farei outro filme de treinamento enquanto eu viver!"

Por mais importantes que os filmes de treinamento tenham sido, Walt pode ter deixado uma marca ainda maior com os filmes que produziu para o coordenador. Os filmes sobre saúde e alfabetização tiveram efeito profundo na vida das pessoas, e Jack Cutting, que chefiava o departamento estrangeiro do estúdio, escreveu para Walt, no início de 1945, que *The Winged Scourge*, o filme sobre o controle dos mosquitos, "criou mais sensação que '*E o Vento Levou*'" em uma pequena cidade cubana onde a infestação de mosquitos era abundante. Escrevendo um ano depois do fim da guerra, Nelson Rockfeller disse que a viagem sul-americana de Walt e os filmes que fluíram dali foram "o trabalho mais eficaz nas relações interamericanas" e "que fizeram mais que qualquer outra coisa para unir os povos das Américas".

Agora esse trabalho havia terminado. E Walt Disney podia esperar fazer novamente o que sempre quis: grandes filmes para divertir o público e demonstrar seu próprio poder para criar vida. Pelo menos, era isso que ele pensava que faria.

Capítulo 9

Sem rumo

I

Por quase quatro anos Walt Disney esperou – esperou para reclamar o comando do estúdio aos soldados e aos banqueiros que haviam tomado seu lugar, esperou para pôr seus amados filmes em produção para poder voltar a ser um produtor de filme, esperou para restaurar seu mundo imaginativo, esperou para seguir por novos trilhos. "Estou esperando que possamos fazer agora dois ou três filmes por ano", escreveu para sua irmã Ruth naquele mês de dezembro, "e preparar histórias para quase cinco anos à frente." Ele já tinha no forno não apenas *The Wind in the Willows*, mas *Alice no País das Maravilhas*; *Peter Pan*; um novo conjunto de curtas de Mickey Mouse baseado nas histórias de Horatio Alger; a história de Bongo, de Sinclair Lewis; uma biografia de Hans Christian Andersen com sequências animadas que discutiu ao longo da guerra com o produtor Samuel Goldwyn para uma produção conjunta; a história de Andersen, *O Imperador e o Rouxinol*; um pacote de curtas musicais; uma história de fadas irlandesa intitulada *The Little People*; o romance infantil best-seller *Midnight and Jeremiah*, de Sterling North; uma adaptação de Don Quixote; uma série dos heróis populares americanos; o filme de tio Remus que vinha preparando desde 1940; e, no mínimo, uma meia-dúzia de outros projetos comprados antes da guerra no calor do sucesso de *Branca de Neve*. Ao mesmo tempo disse à colunista Hedda Hopper que planejava aumentar a produção de curtas e, com a experiência adquirida durante a guerra, entrar em filmes educacionais e industriais, quanto mais não fosse, admitiu, para manter sua equipe ativa. Ele estava até examinando de novo a possibilidade de um programa Disney de rádio.

A guerra havia aumentado o público e gerado lucros para o negócio de filmes em geral, e não apenas para Walt. E embora acreditasse que, uma vez terminada a guerra, "o negócio de cinema realmente levará um tombo", Walt estava apesar disso, praticamente obcecado pela perspectiva de fazer cinema verdadeiro de novo.[1] "Acho que temos um grande futuro diante de nós", escreveu para Lee Blair, que havia trabalhado no estúdio com a esposa Mary, antes de ir para o exército, "e temos planos maravilhosos com uma coisa boa sendo trabalhada e que ficará pronta no ano que vem... Não há dúvida em minha mente de que, quando novos desenhos animados forem feitos, você sabe onde serão feitos!" Para outro correspondente disse que estava devotando às suas instalações "100% para aumentar o nosso estoque a fim de colocar a companhia em termos lucrativos", acrescentando, "com os velhos lucros entrando, é possível experimentar e fazer o que se quiser".

Após os quatro anos que acabavam de passar, fazer o que se fazia antes da guerra não era o bastante. No mínimo para demonstrar que não estava ultrapassado, Walt queria, precisava, fazer algo novo, algo diferente, algo incomum. Na altura do início de 1944, ele viu um livro do pintor surrealista espanhol Salvador Dali sobre a mesa do animador Marc Davis e perguntou a Davis se podia levá-lo para casa. Em fevereiro, Walt escreveu para Dali, pedindo-lhe um autógrafo em um exemplar próprio e

1 Após um ano recorde em 1946, a indústria do cinema levou um tombo com a resolução de um processo antitruste que o governo abrira contra os grandes estúdios. Uma lei consensual de 1946 resultou no divórcio da exibição, produção e distribuição e no desmantelamento do velho sistema de estúdio. Disney, que não tinha salas de exibição e nenhum braço de distribuição, não foi diretamente afetado, mas toda a indústria sofreu. (N.A.)

sugerindo uma colaboração. Era uma combinação incongruente – o sujeito simples e terra a terra do meio-oeste e o excêntrico Dali – e o bigode à escovinha de Walt *versus* o bigode fino, laqueado e ondulado de Dali, uma representação dessa incongruência. Mas Dali que, por acaso, estava no sul da Califórnia na época em que recebeu a nota de Walt, respondeu entusiasticamente, chamando uma possível *joint venture* de "única, do 'nunca visto'!" Eles não se conheceram até junho, quando Dali visitou o estúdio e almoçou com Walt, e não fecharam negócio senão em novembro, mas nessa altura já se encontravam e se correspondiam com frequência. Dali terminava uma sinopse para um curta-metragem baseado em uma canção folclórica que Walt intitulara "Destino", sobre como o destino modela as vidas de dois amantes, e expressando "novas e revigorantes possibilidades de visualização." "Aguardamos com grande esperança o novo mundo que nascerá de nossa colaboração", Dali telegrafou a Walt em dezembro.

Walt esperava o mesmo. As críticas a Bambi foram especialmente dolorosas. Embora houvesse buscado o realismo desde o início como o melhor meio de criar um universo alternativo, Walt sabia que, mesmo que continuasse a marcha em direção ao realismo (o que não podia fazer), ele era agora crescentemente visto pelos intelectuais como um troglodita estético que perdera a marca especial de artista popular que desfrutara. "A coisa que mais me desagrada são as pessoas que tentam me manter em rotinas banais", disse a um repórter após embarcar em sua parceria com Dali. "Temos de continuar a abrir novos caminhos", afirmou, citando *Fantasia* como um exemplo de filme pioneiro duramente criticado em seu lançamento, mas que continuou a aumentar a audiência. E disse que tinha um slogan colado em seu chapéu de aba redonda desde o tempo em que fora pressionado a fazer uma sequência de *Os três porquinhos*: "Não se pode superar porcos com porcos!"

Esteticamente falando, ele se via como um novo Walt Disney – um Walt Disney reabilitado. Sempre notavelmente sintonizado, como a crítica Bárbara Deming dissera, às mudanças de estado de espírito do público, mesmo quando o público não respondia, ele estava agora menos interessado em simplesmente replicar uma realidade externa que em afundar em uma realidade interna, psicológica, como Dali havia feito e alguns artistas americanos estavam fazendo, em uma busca do ser do pós-guerra, e estava interessado em incorporar mais belas artes e menos elementos comerciais do design aos desenhos animados. (Quanto ao interesse de Walt em belas artes, em 1943 foi nomeado fiel depositário do Museu de Arte Moderna de Nova York.) Não foi apenas Dali a quem alistou ao tentar estender os limites da animação, trazendo para o meio uma sensibilidade nova e mais subjetiva; ele também recrutou o diretor executivo do

Museu de Arte do Condado de Los Angeles para encontrar no país artistas que quisessem colaborar com o estúdio Disney e já se havia encontrado com o pintor Thomas Hart Benton para discutir um projeto.

Dali instalou-se no estúdio naquele inverno, e ele e Walt passaram grande parte dos primeiros meses de 1946 trabalhando em *Destino* antes que Dali partisse para Del Monte, onde continuou a se reunir com um dos artistas de layout, John Hench. A colaboração Disney-Dali, assim como a parceria Disney-Stokowski, foi feliz. "Na noite em que nos conhecemos eu quase não dormi", Dali escreveu a Walt depois de uma sessão, referindo-se às ideias que pululavam em sua cabeça. Walt, por sua vez, disse que, enquanto para si mesmo as ideias de animação vinham lenta e relutantemente, elas pareciam jorrar de Dali – "na verdade, espirravam em todas as direções, como máquinas, mobília, joalheria... até um invento extraordinário para indicar que a pintura terminara." Depois que Dali e Hench desenharam *storyboards* daliescos nos quais o deus Júpiter se metamorfoseava em um relógio de sol, e o relógio de sol em uma mão coberta de formigas e as formigas em ciclistas, enquanto a heroína aparecia como a sombra de um sino, que se transformava em uma garota de verdade e depois em um tufo de dentes-de-leão, e a coisa toda terminava em um jogo de beisebol que virava um balé, a esposa de Dali, Gala, disse efusivamente: "Será um dos mais brilhantes momentos da carreira artística dele." Mas Walt, que apenas meses antes pressionava constantemente por velocidade e economia, aconselhou Dali a não correr: "Não vamos deixar que a pressão do tempo nos impeça de obter algo à altura dos talentos de Dali."

Essa nova abordagem foi típica da nova orientação nos meses seguintes ao fim da guerra. Agora que as tropas haviam partido e a tristeza parecia encerrar-se, os limites foram derrubados, e ele pensou que podia desfazer o que a guerra fizera. Poderia ser grande novamente. Mas havia problemas, e estes podiam subir rapidamente à superfície. Em primeiro lugar, Roy não estava disposto a permitir que Walt perseguisse seus planos ambiciosos. Apesar da administração econômica que o estúdio havia adotado em consequência da guerra e da infusão de dinheiro das debêntures, apesar até do fato de o maior acionista externo, o industrial Floyd B. Odlum, presidente da Corporação Atlas, estimular o estúdio a retomar a produção de filmes, Roy não sentia que o estúdio tinha recursos suficientes para voltar à sua velha agenda de programação agora que o trabalho para o governo havia secado. Não que Roy quisesse se firmar no poder à custa de Walt, ou vingar-se do tratamento severo que Walt lhe dava; ele sempre vira seu trabalho como de submissão e facilitação, mas sentia que tinha de salvar Walt de seus próprios excessos. Como explicou mais tarde. "Depois que a guerra acabou, éramos como ursos saindo da hibernação. Estávamos magros e emaciados e não tínhamos nenhuma gordura sobre os ossos, e eu lembro que os anos 47, 48 e 49 foram anos perdidos para nós." Walt Disney, no entanto, não tinha tempo para mais anos perdidos. Por suas estimativas, já havia perdido quatro anos.

Naturalmente, a despeito de sua cordialidade pessoal, Roy sempre havia sido o catastrofista e disciplinador – nas palavras de um animador "o típico homem de negócios pão-duro, maquiavélico". Ele chegava até a visitar os animadores, de vez em quando, quando Walt estava fora, para pressioná-los a segurar os custos. E Walt sempre resistia a essas incursões, ordenando literalmente a Roy que voltasse ao seu escritório sempre que este invadia seu lado criativo. Mas este não era um dos desacordos comuns entre os dois. Walt dizia que a discussão era "praticamente um berreiro" e uma de suas "grandes preocupações". Roy ficava confuso, Walt mais tarde concluiu, e exausto. Entre outras coisas, estava sendo debilitado pela artrite e, não se sentindo muito bem em geral, internou-se em um hospital para operar o apêndice. Estava sem energia e desconcentrado. "Parecia quase uma tarefa desagradável manter a bola rolando", observou Walt, mas insistia com o irmão em que o estúdio não poderia continuar ao largo. "Se fizer isso", berrou Walt, "você vai ficar para trás. Será apenas uma forma lenta de liquidação", e exigiu que Roy fizesse qualquer coisa para, em suas palavras, "terem um pouco de movimento".

Mas as preocupações de Roy eram legítimas – e seu irmão não era a menor delas. Uma das principais razões para ele resistir aos rogos de Walt e enfatizar a responsabilidade fiscal era o próprio estilo de administração de Walt – caprichoso, idiossincrático, extravagante e irremediavelmente ineficiente, e que Walt havia justificado com base em que o que contava era a criatividade, não a eficiência. Os empregados sempre se queixaram de que Walt raramente provia orientações claras e não tinha uma hierarquia de autoridade. "Walt tinha um jeito de dizer a uma pessoa que fosse em frente e conseguisse o que fosse necessário, fazer o que fosse para completar o trabalho sem dizer a nenhuma outra pessoa envolvida no projeto", escreveram os animadores Frank Thomas e Ollie Johnston. Isso levava a supervisores "tentando resolver problemas novos de que não haviam ouvido falar, operar seus departamentos com eficiência e ainda dar a Walt o que ele queria". Outros diziam que sempre era difícil distinguir as ocasiões em que Walt, nas palavras de Wilfred Jackson, "apenas falava" para testar ideias e as ocasiões em que "falava a sério", embora Walt esperasse que se soubesse a diferença e agisse em conformidade. Um executivo dizia que ele, ocasionalmente, podia "mudar o curso sem notificar os marujos apropriados, depois chicoteá-los no mastro quando não perseguiam o plano original traçado". Marc Davis achava que, por mais que Walt falasse no estúdio como família, "ele não gostava que as pessoas ficassem juntas demais" e, constantemente, desfazia equipes de animadores ou argumentistas, na crença, segundo a conjectura de Davis, de que, "se dois caras gostassem demais um do outro eles, simplesmente, se sentavam ali e se acomodavam", embora isso também tivesse o efeito de perturbar a continuidade. Dick Huemer acusou Walt de ser um péssimo avaliador de pessoas – acusação que Walt levantou contra si mesmo uma vez – e disse que ele tinha "o hábito de pegar qualquer indivíduo e colocá-lo em um trabalho arbitrário, dar-lhe um título e esperar que fizesse o trabalho", que, frequentemente, não podia fazer.

Mas a maior queixa contra Walt era que ele tinha aversão à organização – organização que era absolutamente necessária agora que o estúdio crescera e a disciplina burocrática tinha de ser imposta. Não importava quantas vezes pedisse a um de seus subordinados para criar um organograma, não importava quantas vezes tentasse delegar autoridade – normalmente precedidas do anúncio "estamos todos desorganizados aqui. Não sabemos o que estamos fazendo" –, ele acabava ou se ausentando inteiramente e deixando que as questões se resolvessem ao acaso e somente retornava no final do processo e anulava o que os outros haviam decidido ou, mais possivelmente, administrava cada detalhe a um ponto que, de acordo com um técnico de som, Walt tinha na cabeça todo o estoque de equipamento do estúdio, incluindo o número de lâmpadas menores em estoque. Como colocou o executivo Harry Tytle, "a queixa mais comum que encontrei contra Walt de seus produtores, redatores, diretores e da administração foi que ele não delegava autoridade criativa". Nas próprias palavras de Walt, "um estúdio não pode ser operado por uma comissão. Alguém tem de tomar a decisão final", embora, em um sinal de sua irresolução, ele também tivesse escrito a um empregado depois de descrever uma nova rotina do estúdio: "Estou convencido de que existe um sentimento maior de segurança na organização que em permitir que uma pessoa tome todas as decisões."

Por mais que odiasse a burocracia e as divisões corporativas e por mais que as olhasse como sabotadoras de seu poder, Walt permitiu que o estúdio contratasse Edward DeBord, um especialista em eficiência, para prover um plano de reorganização em 1941, depois da greve. Como aconteceu com todos os outros, esse plano nunca foi implementado mas, com o custo das despesas gerais subindo de 18% em 1942 para 30% em 1944, DeBord, presumivelmente a pedido de Roy e dos banqueiros, voltou ao estúdio nos meses do fim da guerra para sugerir a Walt como poderia controlar os custos e aumentar a produtividade. A maioria das recomendações de DeBord eram fórmulas conhecidas: determinar um custo prático para cada pé de filme no estúdio, depois estabelecer orçamentos estritos para os curtas e filmes e cumpri-los; oferecer bônus de incentivos para os empregados cujos filmes fossem inferiores ao orçamento; organizar o departamento de pessoal e instalar um departamento central de distribuição de tarefas para coordenar o trabalho de talentos e prevenir a ociosidade. Mas havia uma recomendação muito mais problemática para Walt: DeBord sugeriu a indicação de um diretor-geral para coordenar as operações do estúdio.

Walt concordou, embora hesitasse – ele nunca quis que ninguém no estúdio fizesse nada mais que obedecer às ordens dele. Sabia o quanto o estúdio dependia dele e percebeu o quanto a carga de trabalho sobre si mesmo aumentaria com a revitalização da operação. Também admitiu o quanto o estúdio precisava de um choque de energia após a anestesiante rotina da guerra. Walt e sua equipe passaram a maior parte de 1945 examinando candidatos antes de escolher um executivo de publicidade de Nova York chamado Jack Reeder, de 42 anos, educado em Dartmouth, que viera recomendado por Vern Caldwell. Reeder juntou-se ao estúdio naquele mês de agosto como o novo vice-presidente e diretor-geral, o primeiro que a companhia jamais tivera, com um salário de US$ 30 mil. Foi seguido no mês subsequente por um novo diretor do estúdio e de produção chamado Fred Leahy, que havia trabalhado quinze anos na Paramount antes de ser promovido a diretor de controle de produção e depois ido para a MGM.

Outras coisas mudaram também. Naquele dezembro, Walt, que sempre ignorara qualquer tipo de plano de organização, anunciou um novo plano para o estúdio com base em que ele próprio estava tão ocupado que era obrigado a delegar autoridade. Dali em diante, um comitê administrativo com Reeder como presidente tomaria as decisões de negócios. Do lado criativo haveria uma apertada cadeia de comando liderada por Harry Tytle (que supervisaria a produção de curtas), Walt Pfahler (que administraria os serviços de produção), Jack Lavin (que negociaria os contratos com os artistas) e Chuck Wolcott (que serviria como diretor musical), até Fred Leahy e de Leahy para o próprio Walt. Nesse meio tempo, Walt disse que renunciava como presidente da Walt Disney Productions, seu título nominal, para tornar-se presidente da diretoria, enquanto Roy assumia a presidência e Reeder os deveres de Roy. Walt até anunciou que um novo organograma estava sendo desenhado para distribuição em toda a companhia.

Esse anúncio desencadeou o que seria uma febre de reorganização nos dezoito meses seguintes, que Walt pareceu ter legitimado porque acreditava que o estúdio estava novamente crescendo. Além de instalar o comitê de administração e redistribuir as tarefas da equipe, designou Ub Iwerks chefe de um departamento de Processos Especiais e Câmera para desenvolver novos efeitos e, mais tarde, criou uma nova diretoria de animação, composta de animadores de ponta pessoalmente selecionados por Walt e que estava encarregada de ajudar a aconselha-lo em outras animações e desenvolver políticas para os próximos desenhos animados. (Naturalmente, para os que não foram selecionados, essa diretoria se tornou outra fonte de ressentimento e outro golpe para o moral.) A diretoria tinha nove membros: Les Clark, Marc Davis, Ollie Johnston, Milt Kahl, Ward Kimball, Eric Larson, John Lounsbery, Woolie Reitherman e Frank Thomas, o último dos quais voltara recentemente do serviço militar. Em uma brincadeira à parte, Walt uma vez chamou os membros da diretoria de animação de seus "nove velhos", após a referência do presidente Franklin Roosevelt aos nove membros da Suprema Corte. O grupo seria conhecido dali em diante como "os nove velhos".

Mas depois de construir o que parecia ser uma estrutura formalmente burocratizada, Walt era claramente ambíguo em relação a ela – ele não queria abrir mão de suas próprias prerrogativas. Harry Tytle reclamou que nem Walt nem Roy haviam preenchido os papéis para a indicação de Reeder, mesmo quando o novo diretor-geral estava a ponto de se dirigir ao estúdio, e que Walt não havia distribuído um memorando em que anunciava a contratação de Leahy, preferindo esperar que Leahy chegasse e discutisse seus deveres com ele antes de contar a alguém. E mesmo durante essas discussões, Walt se preocupava abertamente com Leahy, pois este, quando trabalhava na Paramount e na MGM, não tivera nenhuma autoridade significativa e aprovava tudo que os produtores queriam. Walt também começou a duvidar de que Jack Reeder, vindo de uma cultura de firma publicitária, pudesse ajustar-se à cultura muito diferente de um estúdio de cinema, especialmente o estúdio Disney. Quanto ao novo comitê de administração, Walt nunca foi a nenhuma reunião, acreditando que sua tarefa era apenas lidar com assuntos de rotina, não de política geral, domínio dele e de Roy. Na verdade, Roy também parou de assistir a essas reuniões.[2]

---

2 Walt raramente assistia às reuniões da diretoria também, apesar da pressão de Roy, que escreveu para Walt, em janeiro de 1946, dizendo que os diretores "têm demonstrado desinteresse e o sentimento de que não estão sendo tratados da maneira certa quando você, como pessoa que desencadeia o processo criativo e chefe da produção, não comparece". Memo, Roy para Walt, Re: Confidencial, 31/jan/1946, Walt Disney 1941-1954 Arquivo, Roy O. Disney, Corr. Entre-Escritórios, Disney, Roy O. – viagens à Disneylândia

As linhas de comunicação e de comando, sempre tão misturadas, não ficaram mais diretas sob o novo plano de reorganização. Walt primeiro disse aos executivos Harry Tytle e Hal Adelquist que a contratação de Leahy não teria efeito sobre eles; depois, que teriam de se reportar a Leahy sobre assuntos administrativos e a Walt sobre todos os assuntos de criatividade; depois, que deviam reportar-se a Leahy exclusivamente. Mas assim que Reeder e Leahy tentaram exercer sua autoridade, tensões começaram a se desenvolver entre Walt e a equipe administrativa. Quando Walt reivindicou que alguns de seus administradores secundários participassem de deliberações de salários porque queria resistir às pressões para limitar os salários ou à instituição de períodos de espera para aumentos, eles brigaram, e quando o comitê declarou-se ocupado demais para discutir aumentos individuais por mérito, eles também brigaram. Brigaram novamente em abril, quando o comitê, em apoio ao novo estímulo para o aumento da produtividade, tentou estabelecer regras de produção. Walt explodiu ante o que considerava arrogação indevida de poder. Disse que ele estava a cargo da produção e ninguém mais e, embora Reeder e Leahy tivessem sido contratados para dirigir a produção – e, de acordo com um dos que participaram da reunião, Walt afirmou e reafirmou isso "não uma, mas seis ou sete vezes". Walt também insistiu em que ele e Roy tocavam a companhia, "apesar do quadro de diretores" e que, se não tivesse permissão para controlar a produção, deixaria a empresa. "A vida é muito curta", disse-lhes.

Mas Reeder e Leahy ainda não haviam entendido o recado de que aquele era o estúdio de Walt Disney e não deles. Em agosto, Reeder preparou um relatório para Walt sobre a situação do estúdio. (No passado, Walt não precisaria de um relatório; ele saberia.) Reeder, citando a necessidade premente de reduzir custos, aumentar novamente a produtividade e enfrentar uma nova negociação com a Screen Cartoonists Guild, sugeriu outra rodada de demissões e submeteu à análise outro plano de reorganização, aparentemente por recomendação de Walt. Sob o novo plano, Leahy seria promovido à posição de Reeder e colocado no quadro de diretores. Eles precisariam de "um alto posto administrativo a ser preenchido por um homem em quem você e Roy tenham completa confiança"; o indicado seria responsável por todos os departamentos do estúdio. "Ele deve ser bem-vindo a todos os lugares do estúdio", escreveu Reeder, "não como chefe administrativo ou homem de vendas, mas como o coordenador, que está fazendo o melhor possível para que a organização funcione como um todo". Reeder não precisava dizer que se via nesse papel. Havia apenas um problema. No estúdio Disney,

---

(1954-1961), A3002, WDA. (N.A.)

Walt Disney era quem coordenava todos os departamentos e garantia que a organização funcionasse. Esta tinha sido sempre a sua primeira responsabilidade.

Walt não demitiu seus novos administradores, mas eles logo ficaram pendurados, exatamente como todos os administradores de Walt tinham ficado pendurados, sem saber exatamente onde sua autoridade acabava e a de Walt começava. Tytle pensou que Walt havia percebido que precisavam de alguém na posição de Reeder para fazer o trabalho logístico enquanto Walt fazia o trabalho criativo – "na parte mecânica, embora não espiritual", como Tytle colocou –, mas "era quase impossível deixar alguém mais tomar as decisões, não importava o quanto fossem banais", motivo pelo qual Walt continuava a sabotá-los. Ao mesmo tempo, com a nova equipe constantemente promovendo novas medidas para maior produtividade e gritando com os subordinados – Reeder até terminou com os jogos de pôquer amigáveis no Penthouse Club – a reorganização teve menos resultado em tornar o estúdio mais eficiente e energizá-lo, como Walt tencionava, e mais em torná-lo ainda mais nervoso. Como recordou um empregado, "as novas pessoas estavam entre Walt e Roy e a equipe e, à medida que primavera e verão se passaram, a atmosfera se tornou ainda mais sombria".

Se a atmosfera do estúdio estava mais sombria, o entusiasmo que havia crescido brevemente em Walt com o fim da guerra havia decaído também, quando ele começou a perceber como seria difícil para o estúdio voltar à sua antiga glória. Ele estava pronto, uma vez mais, a acabar com os sempre periclitantes curtas-metragens quando o estúdio concluísse os que, por obrigação contratual, deveria entregar nos dois anos seguintes, até que a nova equipe administrativa impôs níveis draconianos de eficiência que baixaram os preços, mas então, Walt disse que o estúdio não poderia manter a qualidade e perdeu o interesse. (*Destino* estaria entre as baixas.) O estúdio produziu menos desenhos animados de Mickey Mouse, apenas dois durante a guerra, agora que Mickey praticamente deixara de existir e Walt, simplesmente, odiava os desenhos do Pateta, ameaçando constantemente acabar com eles antes de desistir, em grande parte para dar trabalho aos seus animadores – outro exemplo da vacilação de Walt ante as novas exigências financeiras. A única estrela sobrevivente foi o explosivo e irritadiço Pato Donald e até ele teve de ser revitalizado, como aconteceu quando ganhou dois novos parceiros, um par de importunos esquilos chamados Chip e Dale, que apareceram pela primeira vez em um desenho de Pluto, em 1943.

O declínio de qualidade dos curtas foi, no entanto, apenas um sintoma do declínio da qualidade da animação do estúdio depois que a guerra reforçou seus limites.

Sem filmes em que aplicar as velhas técnicas de animação, as habilidades dos animadores decaíram. "Gradualmente, as pessoas se esqueceram de como as coisas tinham sido feitas", Frank Thomas e Ollie Johnston escreveriam mais tarde. Até mesmo o equipamento precioso e outrora inovador de Walt, disseram, "enferrujava no terreno dos fundos, e os recém-chegados que andavam pelo terreno ao meio-dia se perguntavam por que alguém guardava um lixo como aquele." Finalmente, foi retirado em favor de um novo maquinário.

O que era pior, os velhos animadores encolheram também. Entre junho de 1945 e julho de 1946, 53 deles deixaram a companhia por várias razões, e o estúdio continuou o processo, como um memorando expressou, "de remover talentos marginais" e "até pessoas de alto nível, se razões de produção requeressem essa decisão". Várias baixas haviam sido estrelas do estúdio. Fred Moore fora o "Chopin" dos animadores, segundo seu antigo assistente, Frank Thomas. Ele podia derramar suas "claras emoções" no papel, e todo mundo admirava o estilo atraente de seus desenhos, que tinha sido um padrão do estilo Disney. Com a disposição de espírito certa seria capaz de fazer desenho após desenho, cantarolando enquanto desenhava em sua mesa. Mas Thomas também notou que a "insatisfação" e o "tormento" arruinaram Moore. Ward Kimball disse que o infantil Moore, que estava com apenas 34 anos depois da guerra, sentiu que sua estrela caía, e se queixava sem cessar de como o estúdio era "um mau negócio para ele". Bebedor inveterado, seu crescente descontentamento levou a uma autoindulgência cada vez maior, a tal ponto que Kimball, seu assistente, frequentemente tinha que terminar seus desenhos.

Moore não estava errado se achava que estava perdendo a preferência. A nova e mais moderna estética minimalista e, aparentemente, mais artística que Walt vinha perseguindo com Dali e que estimulava como forma de manter-se atualizado com a mudança dos gostos visuais e reconquistar o favor dos críticos estava a uma longa distância da estética de Moore. Os animadores mais jovens e acadêmicos como Frank Thomas (a quem Walt recebeu pessoalmente no portão do estúdio em 1º de abril de 1946 quando ele voltou do serviço militar) e Woolie Reitherman (a quem Walt encurralou por horas e o convenceu a ficar quando Reitherman visitou o estúdio após o serviço militar para pegar suas coisas) eram agora os garotos preferidos porque seguravam seus lápis com mais agilidade e estavam mais atualizados. Dentro dessa nova estética, onde o traço e a técnica eram mais importantes que a emoção, o trabalho de Moore começou, como disse Kimball, "a parecer tosco". O que lhe sobrava em charme, faltava em sutileza – ou, ao menos, era isso que os autoproclamados animadores progressivos, que apostavam na morte de Moore, pareciam pensar. Moore e Norm Ferguson, que havia sido uma estrela antes mesmo de Moore, "não haviam seguido o avanço do estúdio", lembrou Eric Larson – situação que Larson descreveu como "trágica". Ben Sharpsteen concordou, dizendo que "lhes faltava habilidade para analisar o desenho animado e captar a finura que ele requeria", e Sharpsteen acreditou que Moore e Ferguson perceberam que estavam ficando para trás, razão por que ambos se sentiam miseráveis. Embora Ferguson tenha se agarrado ao estúdio, apesar da crescente insatisfação de Walt com seu trabalho, Moore, irremediavelmente perdido para a bebida, foi demitido em agosto de 1946. Ele se havia tornado, segundo o termo empregado por Walt, material inútil.

Moore não foi o único que se perdeu no período de pós-guerra. Walt Disney também. À medida que seus planos encontraram resistência naquela primavera, e o estúdio enfrentava uma nova crise financeira, ele se tornou "psicologicamente frágil", segundo a avaliação de Frank Thomas. Walt havia começado a perder sua base e sua confiança e, com Roy pressionando-o a cortar orçamentos e até a iniciar outra rodada de demissões, chegou a uma percepção terrível, quase imobilizadora, que parecia queimá-lo: mesmo que fosse adiante com seus filmes, eles nunca seriam tão bons quanto os que fizera antes da guerra – nunca teriam uma animação tão bonita, nunca um enredo tão bem amarrado, nunca um cuidado tão minucioso, nunca o produto de um compromisso quase religioso com a grandeza. O estúdio simplesmente não tinha os recursos financeiros, o tempo, o talento, ou talvez, mais importante que qualquer coisa, o sentido de missão espiritual que tinha antes. O culto tinha acabado. Era até questionável se a nova estética, mais despojada e menos realista levaria ao tipo de grandeza intensamente dramática dos primeiros filmes. E se os filmes nunca mais poderiam ser tão bons quanto haviam sido, existiria realmente alguma razão para fazê-los – senão manter o estúdio intacto e funcionando, exatamente como Walt fora compelido a fazer durante a guerra? Ele compreendia que, se havia sido um artista despretensioso antes da guerra, depois um vendedor e um embaixador da boa vontade durante o conflito, estava agora se tornando um empregador, motivo que o levou a começar agora a falar em vender o estúdio ou deixá-lo. "O caviar acabou", relutantemente aceitou. "De agora em diante é purê de batata e ensopadinho."

Foi desanimador. Mil novecentos e quarenta e seis deve ter sido o mais infeliz de uma meada de anos infelizes no estúdio, especialmente porque a indústria do cinema, graças ao retorno das tropas e à paz, desfrutava seu melhor ano. "Walt era um urso naqueles tempos preocupantes", escreveria o animador e argumentista Bill Peet, "sempre resmungão e difícil de lidar." E quando não estava se queixando, suspirava – suspiros "prodigiosos", de acordo com um empregado. Walt também se sentia inseguro porque cada vez mais abria mão de seu próprio julgamento ao julgamento do Instituto de Pesquisa de Audiência (ARI), que agora fazia pesquisas de audiência não apenas de filmes prontos ou das animações dos rascunhos, como Walt fizera sob seus próprios auspícios para testar seus próprios instintos em meados dos anos 1930, mas das próprias sessões de enredo, de tal forma que, antes mesmo de um filme ser animado, tinha de passar por um teste com dois grupos de interesse – um composto de pessoas recrutadas nas ruas, outro de pessoas criativas do estúdio. (Walt fazia questão de nunca fazer essas pesquisas com crianças porque sempre havia insistido em que seus filmes não eram feitos para crianças.) Walt ia a quase todas essas sessões, a maioria realizada na sala de projeção situada no corredor onde ficava a sua sala, e alguns filmes eram submetidos a até vinte avaliações separadas. Walt, cujo gosto outrora era o único critério que importava no estúdio, invariavelmente se curvava à audiência. De fato, no que dizia respeito aos curtas, decidiu que o ARI seria o único determinante da qualidade.

Enquanto aguardava os filmes, esperando fazê-los avançar, ele se comprometeu novamente. Durante a guerra, quando perdera a esperança de fazer outro filme, havia começado a planejar uma série de curtas musicais – principalmente remanescentes da proposta de sequência de *Fantasia* – que tencionava empacotar em um filmete de 45 minutos, apenas para não deixar seus animadores vulneráveis e manter a própria afinação em desenho animado verdadeiro. "Tenho uma forte convicção", costumava dizer, "que precisamos de uma mudança de direção. O campo do desenho animado foi suficientemente flexível. Ele me forçou a fazer um curta-metragem animado de sete a oito minutos de duração ou um filme animado de 70 a 80 minutos. E eu tinha uma série de ideias que achava que ficariam boas se pudesse fazê-las dentro desses dois extremos." Mas esta foi mais uma racionalização de Walt. A verdade era que os curtas não davam lucro e ele não podia fazer um filme. O melhor que podia fazer era costurar os remanescentes, agora dez deles, fazendo o filme inchar até virar um longa-metragem. Os segmentos incluíram *Blue Bayou* (*Nascente azul*), uma revisão da animação para *Clair de Lune*, cortado de *Fantasia*; *Pedro e o Lobo*, que Sergei Prokofiev compusera para Disney anos antes; *All the Cats Join In* (*Todos os gatos se unem*), com o clarinetista de jazz Benny Goodman, que Walt tinha em preparação desde 1940; *Casey At the Bat* (*Casey no beisebol*), narrado pelo comediante Jerry Colonna; e *The Whale Who Wanted to Sing at the Met* (*A baleia que queria cantar no Metropolitan*), com a voz da estrela da ópera Nelson Eddy. O custo total foi estipulado em modestos US$ 395 mil mas, apesar disso, um executivo escreveu para Walt que ele devia reunir-se com a equipe criativa para estabelecer uma direção "de forma a completar o pacote o mais economicamente possível".

Walt não se enganou sobre a qualidade do filme que, por sugestão de Perce Pearce foi reintitulado *Make Mine Music* (*Música, maestro!*), depois de se chamar *Swing street* (*Rua do ritmo*). Os personagens eram muito mais estilizados que as típicas figuras Disney, e Marc Davis sentiu que Walt "não tinha simpatia por eles". Além disso, a adorável, mas proibitivamente dispendiosa mistura que dera o efeito claro-escuro nos primeiros filmes não existia mais, assim como a qualidade arredondada, táctil, que fizera aquelas imagens iniciais parecerem tão vivas e bonitas. Em seu lugar havia uma superfície mais dura e brilhante. E se Walt não dava importância a esses pacotes de compilação, os animadores tampouco se preocupavam. "Nós no estúdio meio que brincávamos e os chamávamos de liquidação do resto de Walt!", lembrou Ben Sharpsteen. Os críticos não foram mais amáveis. Até Bosley Crowther no *New York Times* se desapontou, chamando o filme de "experiência de altos e baixos" e repreendendo Disney por "ajustar sua arte ao que considera o gosto mais rasteiro da plateia de massa", ao usar música popular melodramática no filme em lugar das peças clássicas de *Fantasia*. Escrevendo em *The Nation*, James Agee, que agora estava longe de ser um fã de Disney, achou que o filme era "sem gosto" e que o deixara "nauseado", embora não tanto quanto a Walt.

Apesar disso, dado seu custo, *Make Mine Music* teve bilheteria razoavelmente boa, o que estimulou o estúdio a produzir mais compilações, embora o súbito entusiasmo de Walt por juntar curtas novos e reempacotar antigos também fosse um sinal da bancarrota criativa do estúdio. Outra "liquidação do resto", *Fun and Fancy Tree* (*Como é bom se divertir*) já estava em produção na época em que *Make Mine Music* foi distribuído, no início da primavera de 1946. Incorporou duas histórias: uma sobre Bongo, um urso de circo que volta à floresta, onde é obrigado a usar seus truques, apresentado por Jiminy Cricket, a consciência de Pinóquio, e *Mickey and the Beanstalk* (*Mickey e o pé de feijão*), narrado pelo ventríloquo Edgar Bergen, uma das pouquíssimas pessoas com quem Walt se dava fora do estúdio. Ambas as histórias estavam pelo estúdio havia anos – *Mickey and the Beanstalk* desde 1940, no mínimo, quando Walt buscava em vão meios de ressuscitar o camundongo fazendo-o estrelar uma série de contos de fada. Na época, Bill Cottrell e outro argumentista, com o improvável nome de T. Hee (na verdade, Thornton Hee), apresentaram a história a Walt e, como Hee mais tarde contou, Walt "explodiu em risadas, as lágrimas escorrendo pelo rosto" e chamou outras pessoas para a apresentação. Mas quando Cottrell e Hee perguntaram quando seria posto em produção, Walt disse que não seria. Por mais que gostasse do filme, Walt lhes disse "vocês mataram meus personagens" e "destruíram o que levei anos para construir". A audiência tinha certas expectativas em relação a Mickey Mouse, e não era isso o que esperava.

De qualquer modo, o filme havia sido interrompido pela greve e pela guerra mas, mesmo antes da guerra, o estúdio estava tão necessitado de material simples e barato – Walt queria que o filme fosse feito pelas equipes dos curtas e com a eficiência dos curtas – que Walt superara suas hesitações sobre Mickey como Jack – outra indicação do quanto Mickey cessara de ser Mickey – do quanto havia sido desenraizado ao longo dos anos até ser, essencialmente, apenas mais um ator. Outro exemplo da morte de Mickey era o próprio Walt. Quase desde o início, Walt fora a voz de Mickey, mesmo durante uma operação de amídalas no início dos anos 1930 – sinal de sua devoção à sua criatura. Mas durante a produção de Mickey and the Beanstalk, um técnico de efeitos sonoros, Jimmy Macdonald, que trabalhava no estúdio desde 1935, foi chamado ao escritório de Walt. Segundo o relato de Macdonald, Walt disse que os animadores o estavam pressionando a fazer os diálogos de Mickey mas ele, simplesmente, não tinha tempo. (Macdonald também suspeitou de que Walt estivesse ficando rouco demais para fazer a voz de falsete de Mickey, possivelmente por fumar cigarros Camel sem filtro, um atrás do outro.) Walt perguntou se Macdonald gostaria de tentar. Macdonald, um homem forte, pesado, cuja voz aguda parecia incongruente a Walt, gravou uma trilha, e Walt outra, para comparação. Walt ouviu e aprovou, como Macdonald mais tarde contou, e "imediatamente trocamos, passando a usar a minha voz para Mickey, no meio de Mickey and the Beanstalk". Macdonald daria voz a Mickey durante os 38 anos seguintes, mas a facilidade com que a troca se efetuou foi reveladora; deu testemunho do afastamento de Walt de Mickey e, talvez, da animação em geral.

Com esses filmes, a reputação artística de Walt entre os críticos e intelectuais que vinha caindo havia muito, chegou ao nadir. A maioria achou os filmes grosseiros, abertamente comerciais e profundamente desagradáveis. (Uma exceção foi Sergei Eisenstein, que achou *Make Mine Music* "absolutamente genial" e ficou especialmente impressionado com a seção "Willie the Whale", que comparou a *Moby Dick* e *The Pit and the Pendulum* [*O poço e o pêndulo*], de Edgar Allan Poe.) A emoção profundamente trabalhada dos filmes iniciais dera lugar ao que muitos críticos viram como sentimentalismo barato e *kitsch* em *Make Mine Music* e *Fun and Fancy Tree*, como se os filmes tivessem sido criados com o objetivo específico de ganhar dinheiro, o que era verdade. O crítico Richard Schickel acreditava que foi quando Disney começou repudiar suas exigências artísticas e enfatizar sua *persona* de homem comum depois da guerra que os críticos começaram a rejeitá-lo, mas o processo, de fato, havia começado com *Fantasia*, quando as aspirações artísticas de Walt tinham sido as mais elevadas. Para aqueles que pensavam que *Fantasia* apenas expusera a obtusidade cultural de Walt, a compilação de filmes apenas confirmou essa análise. "Suponha que você visite um amigo", escreveu um ex-admirador na revista esquerdista *Theatre Arts*, em junho de 1946. "Você sabe que ele tem bom coração e é gentil com os animais, que seu senso de humor é contagioso, sua habilidade profissional sem comparação. Mas, quando entra na casa dele descobre, para o seu desapontamento, que as paredes são adornadas de arte de qualidade inferior", e "sua mobília é reunida sem muito cuidado com a harmonia ou qualquer outra preocupação, exceto preencher espaço." Isso não o levaria a odiar o homem, disse o crítico; apenas a "admitir com pesar que seu gosto é deplorável". Walt Disney era agora aquele homem.

II

Ele não era mais o rei da animação, apenas um entre o grupo de pretendentes ao trono. Os intelectuais e críticos que o haviam bajulado e ungido nos anos 1930 como um dos maiores artistas da América agora preferiam seus competidores. Durante anos, todos os demais, disse o animador de um estúdio rival, "eram como um grupo de galgos que perseguia um coelho mecânico". Todos o imitavam. Mickey Mouse gerou uma multidão de outros ratos, cachorros, gatos, porcos, uma rã e até um cachorro preto chamado Bosko que se parecia com Mickey – todos tentando reclamar a coroa de Mickey. A *Silly Symphony* deu origem a *Merry Melodies*, da Warner Bros., *Happy Harmonies*, da Harman-Ising, *Comicolor Classics*, de Iwerks, Color Classics, dos Fleischer e Color Rhapsodies, de Charles Mintz. E até *Branca de Neve* originou os longas animados dos irmãos Fleischer, *Gulliver's Travels* (*Viagens de Gulliver*) e *Mr. Bug Goes to Town* (*O Sr. Besouro vai à cidade*), assim como o esperado *Ali Baba* (*Ali Babá*), de Walter Lantz, eliminado quase tão logo foi anunciado porque a Universal não tinha dinheiro para fazê-lo. Durante anos, os estúdios rivais haviam caçado às escondidas artistas do estúdio Disney, como Van Beuren havia atraído Burt Gillett, e Pat Powers seduzira Ub Iwerks, esperando capturar a mágica de Disney. Mas o resultado era sempre o mesmo. Podia-se imitar Disney, mas não era possível comparar-se a ele. Como admitiu Paul Terry: "Disney é a Tiffany de nosso negócio, e nós somos a Woolworth."

Outra razão para o sucesso era o dinheiro. Disney gastava mais ou menos US$ 40 mil por curta enquanto Warner Bros., MGM e Paramount gastavam metade disso. Outra razão é que o monopólio inicial de Disney sobre o processo de três cores da Technicolor fazia seus desenhos parecerem muito melhores que os de todos os demais. Mas uma razão muito maior era a velha disparidade entre o talento reunido no estúdio Disney e o talento em todos os outros lugares e o que havia ajudado a atrair esse talento: o compromisso que existia no estúdio Disney e o compromisso existente em todos os outros lugares. Se a animação era uma obrigação sagrada para Walt Disney, uma forma de reinventar o mundo, para os outros sempre havia sido um produto. "Fazer desenhos animados é como entregar leite", foi como um dos animadores de Paul Terry descreveu a filosofia de Terry. "As pessoas esperam as garrafas na porta todas as manhãs. Se você falhar uma manhã, as pessoas ficam perturbadas. Tomo cuidado para não perdermos uma manhã, e ninguém fica perturbado." Dick Huemer falava sobre Charles Mintz de modo semelhante: "Ele não se importava. Realmente não estava muito interessado nos desenhos. Era apenas um produtor, ele os financiava." Mintz uma vez reuniu sua equipe, mostrou-lhe um desenho animado de Fleischer sobre dois cisnes enamorados e, depois, ordenou a seus animadores que fizessem um desenho animado como aquele com não mais de dois personagens. Em todos os estúdios, salvo no Disney, os desenhos animados ainda entravam em produção. Walter Lantz, na Universal, não tinha um departamento de enredo, apenas um quadro em que se afixavam boletins nos quais se expunha uma história. De fato, o único estúdio que alimentava sonhos de se equiparar a Disney, o de Max e Dave Fleischer, ficou irremediavelmente sem fôlego, quando tentou isso e, no início dos anos 1940, foi forçado a vender a operação para a Paramount, depois de partir inesperadamente para a Flórida e se endividar pesadamente com a companhia para fazer seus filmes.

Mas após todos os anos de incontestada proeminência do estúdio Disney, a guerra criou oportunidades para os competidores, não apenas porque os desenhos animados de Disney estavam estagnados sob a pressão dos negócios com o governo, como porque muitos de seus animadores rivais, alguns deles refugiados de Disney, sentiram-se crescentemente encorajados a atacar o estilo Disney. Como diria mais tarde o diretor Frank Tashlin, que deixou o estúdio Disney pelo Screen Gems logo antes da greve, "mostramos àqueles sujeitos da Disney que desenhos animados não precisam parecer-se com a droga de um livro infantil".

Na MGM, o chefe do departamento de curtas, Fred Quimby – um homem conhecido pelos ternos estilo jaquetão impecavelmente cortados, o sotaque brâmane e o cheiro de talco – passava o dia lendo os jornais de Hollywood sobre negócios no setor de cinema, fazia a barba na barbearia do estúdio, almoçava, retornava ao escritório para um cochilo e depois ia para casa às três horas – rotina que um de seus animadores dizia ser "tão inevitável quanto a morte e os impostos". Mas enquanto Quimby perdia tempo, seus diretores usavam a liberdade relativa para fazer o que quisessem. Dois deles, Joseph Barbera e William Hanna, juntaram-se para criar um gato e um rato em guerra que, no início dos anos 1940, foram chamados Tom e Jerry e, no fim da guerra, estrelavam uma série de desenhos animados que se alternavam loucamente entre o sentimentalismo e uma violência crescente, de um tipo que Disney não teria tolerado por medo de ofender seu público. (Usurpando a Disney, que virtualmente se apropriara de todos os Oscars nos anos 1930, Hanna e Barbera ganharam quatro prêmios consecutivos da Academia como Os Melhores Curtas Animados, de 1943 a 1946.) Outro diretor, Tex Avery, que saíra da MGM em 1942 depois de anos na Warner Bros., e uma breve estada na Paramount, especializou-se em desenhos animados autorreferenciados com uma louca e irrefreável energia, o mais famoso dos quais – iniciando-se com uma versão contemporânea de 1943 de *Little Red Riding Hood* (*Chapeuzinho Vermelho*), intitulada *Red Hot Riding Hood* (*Chapeuzinho Vermelho fogosa*) – caracterizava um lobo do tipo luxurioso que, novamente, teria sido sugestivo demais para Walt Disney.

Enquanto a MGM despejava suas barulhentas fuzilarias de desenhos, a Warner Bros., rival ainda maior, mirava na estética Disney, não apenas atirando melhor que ele, como sendo mais inteligente. A diferença entre os departamentos de desenho animado Disney e Warner Bros., não poderia ser maior. Enquanto o estúdio Disney em Burbank era silvestre e imaculado, a unidade da Warner Bros., no Sunset Boulevard em Hollywood, se localizava em um prédio velho que os animadores chamavam de "terraço dos cupins" que, segundo um de seus residentes, "parecia e fedia como o casco de um navio negreiro". Seus assoalhos de pinho sem pintura estavam empapados de óleo de motor, cujo cheiro impregnava os animadores, e as tábuas cheias de buracos que os animadores haviam cavado para ver o andar de baixo. As paredes finas eram de placas de papelão, que os animadores atravessavam com o punho e um deles tentou incendiar apenas para ver se era inflamável. Até Leon Schlesinger, chefe do departamento, que o visitava semanalmente para entregar os cheques de pagamento, comentava: "Pelo amor de Deus, me deixa sair daqui! Isso parece um mictório imundo".

Ajustando-se ao escritório, os desenhos animados produzidos na Warner Bros., eram igualmente despretensiosos. Como disse Friz Freleng, que trabalhara para Disney nas Comédias de Alice, "Walt gastava mais em *storyboards* que nós nos filmes". Enquanto as extensas equipes de Disney incluíam meia dúzia de roteiristas e criadores de piadas para um curta, na Warner Bros., um desenho começava com apenas um diretor, um redator e um homem de layout. O diretor recebia quatro animadores, cada um dos quais recebia um assistente. Havia quatro unidades ao todo. Os animadores deviam produzir de 25 a 30 pés de animação por semana, ou 20 segundos na tela, muito mais que no estúdio Disney, o que pode se ter somado à sensação de bizarrice já existente.

Os chefes de estúdio também constituíam um estudo de contrastes. Schlesinger era um homem pequeno, redondo, pomposo que, disse um animador, "sempre cheirava à violeta de Parma" e "se vestia como um dançarino de vaudeville que ficara rico de repente". Schlesinger tentava manter a dignidade, mas falava com um ceceio que mais tarde foi imortalizado na voz do personagem Daffy Duck, da Warner Bros., Schlesinger nunca reconheceu a afinidade entre o seu modo de falar e a do pato, saltando de pé e dizendo, "Jessus Crissto, que voz engraçada! Onde conseguiram essa voss?", depois que viu um curta de Daffy. E se sua aparência era a antítese do estilo simples, de meio-oeste, de Walt, da mesma forma era sua atitude em relação aos seus desenhos animados. "Sua carteira de dinheiro falava", era como Frank Tashlin descrevia.

Mesmo com o olho de Schlesinger fixado por segurança no lucro final, a Warner foi a princípio tão imitadora de Disney quanto os outros estúdios e tão malsucedida quanto eles. Então, Tex Avery juntou-se ao departamento em 1936. Como Avery lembrou mais tarde, Schlesinger lhe disse que tinha alguns rapazes – "eles não são rebeldes, apenas não se dão com as outras duas equipes" – e sugeriu que Avery trabalhasse com eles. Entre esses insociáveis havia dois jovens animadores chamados Bob Clampett e Chuck Jones. A união de Avery com Clampett e Jones foi um momento notável na história do desenho animado. Trabalhando todas as noites, levando um ao outro muito além dos limites da animação aceitável de Disney, além do que se chamava de "coisa adorável", criaram um estilo livre, impulsivo, informal que quebrou o plano do realismo e intencionalmente desafiou a ilusão de vida real de Disney. Looney Tunes, a rubrica sob a qual muitos dos desenhos animados eram produzidos, era um nome apropriado.

"Os animadores da Warner Bros., não tinham nenhuma ilusão de grandeza de estarem fazendo alguma coisa especial", disse um deles depois. Na Warner, a coisa era divertir-se – era a equipe tentando fazer com que a própria equipe se divertisse. "Nós ríamos dez, doze, 14 horas por dia", lembrou Chuck Jones. "Nunca nos ocorreu que a Warner e Walt estivessem no mesmo negócio." No estúdio Disney, mesmo no tempo em que os animadores participavam de brincadeiras que eles próprios faziam, tudo nos desenhos animados era cuidadosa e interminavelmente planejado em busca da perfeição. Na Warner Bros., disse Jones, "diretores, animadores e redatores eram realmente um laboratório de inconsistência criativa, mutações inesperadas, acidentes felizes – um caldo primevo para descobrir a delícia do desconhecido". "Fazíamos as nossas coisas e ninguém aparecia para dizer 'não faça isso' ou 'não faça aquilo'", lembrou Friz Freleng. Nunca ocorreria à equipe da Warner fazer um filme como *Branca de Neve*. Jones imaginava que, Schlesinger, ao se perguntar se tinha aspirações de fazer algum filme animado, provavelmente responderia a si mesmo, "preciso de um filme animado como preciso de dois furos na bunda".

Mas da despretensão e do caos surgiu algo maravilhoso. Os artistas da Warner abraçaram o contrário e a irreverência. Se não tinham nem os recursos nem o talento artístico para fazer *Branca de Neve*, podiam parodiá-la em *Coal Black and de Sebben Dwarfs* (*Carvão Preto e os estafilococos anões*), de Bob Clampett, e se não tinham os recursos nem o talento artístico para fazer *Fantasia*, podiam desinflar suas pretensões em *A Corny Concert* (*Um concerto cafona*), em que um idiota com cabeça de lâmpada chamado Elmer Fudd fazia o papel de Deems Taylor, enquanto um coelho chamado Bugs dançava por ali como uma bailarina. Enquanto isso, Tex Avery torpedeava o sentimentalismo de Disney em *The Peachy Cobbler* (*O sapateiro fofinho*), e Frank Tashlin atacava o realismo de Disney com curtas autorreflexivos em que os personagens falavam com o público e admitiam estar em um desenho animado. Estes eram desenhos animados inteligentes, cheios de energia, crueldade, violência e comportamento antissocial, desenhos em que os personagens eram estúpidos como Fudd, que levou o alheamento de Pateta a outro nível, ou loucos inadministráveis como Daffy Duck, versão maníaca do Pato Donald, ou espantosamente inúteis como Porky Pig que parodiou o anódino Mickey Mouse, ou maldosamente espertos como Pernalonga, com sua marca registrada "O que é que há, velhinho", desenhado por Charles Thorson, um expatriado Disney, imitando um coelho em *The Tortoise and the Hare* (*A tartaruga e a lebre*), mas que tinha um traço mau e uma mente rápida que nenhum personagem Disney jamais teve.[3] E enquanto os desenhos animados por sua forma pareciam o produto de alguma força invisível, que era afinal, a essência do realismo, nos desenhos animados da Warner Bros., a sensibilidade dos diretores era cruamente evidente, manipulando a ação e fazendo as piadas. Na verdade, foi o retorno da velha mão do animador que Walt Disney banira longo tempo atrás, só que agora era a mente do animador que se via trabalhar.

Ao observar esses desenhos com jogos e brincadeiras inteligentes com as palavras, personagens espertinhos ou atrapalhados com as palavras, a aceitação adulta do desejo, as reviravoltas pirandellianas, as observações sarcásticas, a esperteza desprezível e o frenesi lunático, quem ficava com inveja eram os animadores do estúdio Disney. Falando de seus concorrentes, Jack Kinney admitiu que "muitos de nós desejávamos a liberdade que eles tinham" e aplaudiam seus "desenhos engraçados – desinibidos, novos, sem demasiada elaboração, como acontecia no estúdio Disney naquela época". Dick Huemer saiu-se com: "Era como admirar o tipo de mulher que não se podia apresentar à mãe." Leo Salkin, argumentista de Disney, foi mais preciso, falando em como ele e seu colega de equipe Milt Schaffer "tinham ciúme do quanto eram engraçados os desenhos animados da Warner Bros., de logo antes da guerra. Nós pensávamos: 'Toda essa coisa de personalidade não é engraçada de verdade. É bonito, e as pessoas dão risadinhas, mas os desenhos animados da Warner arrancam gargalhadas'". Em uma inversão do fluxo artístico típico, Disney tentou apropriar-se de um pouco do espírito da Warner em desenhos como *Saludos Amigos* e *The Three Caballeros*, onde o Pato Donald, às vezes, parecia possuído pelo espírito de Daffy e, ao fazer isso, Disney de fato, fez avançar a animação surrealista, mas isso significou desconstruir aquilo que o estúdio havia passado mais de uma década construindo cuidadosamente, e eles não tinham nem a habilidade nem a vontade de fazer isso. Os desenhos animados Disney tinham muitas virtudes. A despeito disso, a incontrolável energia de *Saludos Amigos* e *The Three Caballeros* não era uma delas.

Mas era essa energia desordenada, não o controle, que a maior parte do público, assim como a maioria dos críticos, apreciava e aplaudia agora – energia selvagem que capturava a força liberadora de uma guerra que, nas palavras do historiador David M. Kennedy, "havia libertado o povo americano e levantado seu ânimo", e

3 Isso foi uma evolução. Bugs começou sua vida em 1940 como um baixinho impulsivo que pregava peças loucamente e evoluiu para um personagem mais elegante e cerebral – ou, como o historiador da animação Charles Solomon descreveu a transformação, "Bugs começou à maneira de Harpo Marx, depois mudou para Groucho Marx". Solomon, *Enchanted Drawings*, p. 155. (N.A.)

era essa energia selvagem que fazia os desenhos animados mais sedativos de Disney parecerem tolos e anacrônicos.

III

Walt Disney não se apoiava nos desenhos animados porque não podia mais apoiar-se neles. Precisava de algo mais barato, algo novo para restaurar o estúdio assim como sua própria pessoa. Os desenhos animados, como disse Woolie Reitherman, se haviam tornado "uma pedra no sapato de Walt: os problemas com o pessoal, esperar que os desenhos fossem feitos, mudanças e todas aquelas coisas. Não sei de nenhum filme que tenha chegado ao fim." Reitherman poderia ter acrescentado que a razão real para o desânimo de Walt era que os desenhos animados haviam se tornado muito dispendiosos da forma em que Walt Disney os fazia. Mas havia uma forma de contornar esses obstáculos, e Walt vinha pensando nisso muito antes da guerra, desde o primeiro aperto econômico. Ele poderia reduzir a quantidade de animação exigida por um filme combinando animação e ação ao vivo, que era muito mais barata e rápida de produzir. Ele havia pensado em *Alice no País das Maravilhas* como uma primeira possibilidade, com Alice como uma menina real e o País das Maravilhas como animação – como as velhas *Comédias de Alice* que fizera nos anos 1920. Mas enquanto o estúdio lutava com um roteiro para Alice, Walt agarrou rapidamente outro candidato: as histórias de tio Remus, de Joel Chandler Harris. Walt animaria os próprios contos, mas para acomodar a ação ao vivo ele os enquadraria em um melodrama sobre um garoto branco intimidado e negligenciado que busca consolo no sábio tio Remus. Assim, Walt criaria literalmente dois mundos distintos – um "real" e um fantasioso. Era para Walt Disney, como disse o animador Marc Davis, "uma forma de entrar na ação ao vivo e ter seu desenho animado também".

Ao menos desde 1939 quando, pela primeira vez, negociou com a família de Harris os direitos, Walt vinha analisando as histórias, contadas em um dialeto negro por um empregado na era da Reconstrução, para um filme animado e, no fim do verão daquele ano já ordenara a um de seus argumentistas que fizesse uma sinopse dos contos mais promissores e desenhasse quatro quadros que valessem esboços de histórias. Um ano depois, a caminho da estreia de *Fantasia* em Nova York, Walt havia parado em Atlanta para visitar o lar de Harris, para conhecer a família Harris e, como disse a *Variety*, "obter uma percepção autêntica da terra de tio Remus para que possamos fazer um trabalho o mais fiel possível a essas histórias". Roy hesitava sobre o projeto, duvidando de que "fosse grande o suficiente em qualidade natural e calibre" para justificar um orçamento acima de US$ 1 milhão e mais de 25 minutos de animação mas, em junho de 1944, antes mesmo que a guerra acabasse, Walt contratou um escritor nascido no sul chamado Dalton Reymond para escrever o roteiro do filme e se encontrou, frequentemente, com Reymond naquele verão, com sua própria equipe e com o diretor King Vidor, em quem tentava despertar interesse para fazer as cenas de ação ao vivo. Pode ter sido o único período durante a guerra, depois que terminou *Victory Through Air Power*, que Walt pareceu totalmente engajado. O escritor Maurice Rapf, a quem Walt contratou para dar assistência a Reymond, disse que Walt era "insaciável". "Ele encerrava todas as reuniões dizendo 'bem, acho que realmente o terminamos'", Rapf lembraria. "Então, chamava você na manhã seguinte e dizia 'tive uma nova ideia'. E ele realmente tinha. Algumas vezes as ideias eram boas, às vezes, terríveis, mas nunca se podia satisfazê-lo realmente." Rapf não sabia, mas esse era o Walt Disney dos velhos tempos.

Quando Reymond e Rapf terminaram o roteiro no fim do verão, e o estúdio anunciou o projeto, surgiu um problema: membros da comunidade negra protestaram que qualquer versão em filme das histórias de tio Remus com certeza retratariam os americanos negros de forma negativa e servil. "Uma enganação ruim", disse um grupo. Walt Disney não era racista. Ele nunca, em público ou em privado, fizera comentários pejorativos sobre negros ou afirmara a superioridade branca. Como a maioria dos americanos brancos de sua geração, no entanto, ele não tinha sensibilidade para questões raciais. Em uma reunião para discutir o enredo, ele havia se referido aos anões empilhados um em cima do outro em *Branca de Neve* como uma "pilha de negrinhos" e ao escolher o elenco de *Song of the South* observou que havia encontrado uma "excelente negrinha". Como muitos produtores de Hollywood, também embarcou em estereótipos raciais, desde um melro no curta *Who Killed Cock Robin?* (*Tempo de tempestades*), que tem um sotaque forte e fica branco quando está assustado, aos corvos modernos em *Dumbo*, embora tenha ficado claro que os corvos eram simpáticos a *Dumbo* precisamente porque compreendiam o que era ser excluído. Pior, na sequência *Pastoral* de *Fantasia*, Walt se entusiasmou com a ideia de uma pequena centaura negra que carrega uma melancia e fica aterrorizada quando Pégaso galopa atrás dela. "Ela o vê e meu Deus do céu! Corre feito louca", disse em uma reunião para discutir o enredo. "Vai haver um monte de risadas e isso vai levantar o espírito da coisa toda."

Mas, como já dito anteriormente, se Walt não tinha grande sensibilidade para questões raciais, ele agora respeitava o campo minado em que andava pé ante pé com o filme de tio Remus. "A situação do negro é perigosa", escreveu Vern Caldwell, publicitário de Disney, para o produtor Perce Pearce à medida que o roteiro era feito. "Entre os que odeiam e os que amam os negros existem muitas oportunidades de se cometerem transgressões que poderiam percorrer toda a escala do que é ruim ao que é controverso." Aparentemente, Roy pediu à RKO, distribuidor de Disney, para investigar "as experiências com filmes de negros" e disse que antevia a interferência de, no mínimo, uma organização, a League for the Advancement of the Negro (Liga para o Progresso do Negro); e Walt instruiu um de seus publicitários a encontrar-se com Bill Kupper, o diretor de vendas da Twentieth Century-Fox, para ouvir suas experiências na distribuição de *Stormy Weather* (*Tempo de tempestades*), que tinha um elenco negro. Kupper disse que, no sul, o filme tivera de ser exibido em dois cinemas, um para os brancos e outro para os negros; que o estúdio tivera problemas tanto com negros quanto com brancos, e que o filme tivera de ser feito de um jeito que as cenas que exibiam negros pudessem ser cortadas, ou os exibidores sulistas não as projetariam.

Uma das razões por que Walt contratou Rapf para trabalhar com Reymond foi moderar uma possível distorção sulista pró-brancos de Reymond. Rapf era minoria, um judeu, um esquerdista declarado, e temia que o filme tendesse, inevitavelmente, para algo pejorativo, tipo Pai Tomás. "É exatamente por isso que preciso que você trabalhe nisso", Walt lhe disse, "porque sei que você acha que eu não deveria fazer o filme. Você é contra coisas do tipo Pai Tomás e você é um radical." Rapf fez pequenas mudanças no roteiro de Reymond, omitindo referências a "garoto negro" e "garota negra", usando a palavra "criança" para referir-se a todas elas e cortando uma linha que dizia que um garoto corria como "um raio negro" e afirmou que fez grandes mudanças também – mergulhando a família branca na pobreza para ficar claro que o filme se passava durante a Reconstrução e que tio Remus e outros negros não eram escravos que trabalhassem e se curvassem para o poder branco, embora, na versão final do filme, os brancos estivessem tão bem-vestidos e fossem tão educados que não se podia evitar pensar que eram donos de uma fazenda.

Além de contratar o radical Rapf – em um tempo em que Walt ainda bufava de raiva com o que havia percebido como influência comunista na greve – fez algo mais que era pouco característico: mandou o roteiro para que este recebesse comentários tanto de dentro do estúdio (Gunther Lessing escreveu para Walt 'não consigo encontrar droga nenhuma para criticar ou sugerir' e, de forma afetuosa, lembrou sua babá negra) como de fora do estúdio, para os produtores Sol Lesser e Walter Wanger, o especialista financeiro Jonathan Bell Lovelace, que estava na diretoria de Walt, e Ward Greene, chefe da King Features Syndicate. Acima de tudo, pediu comentários de negros americanos, entre eles a atriz Hattie McDaniel, que ganhara um prêmio da Academia por seu papel coadjuvante em *E o Vento Levou* que elogiou o roteiro depois de aceitar um papel no filme. Walt convidou até Walter White, secretário da National Association for the Advancement of Colored People, NAACP (Associação Nacional para o Progresso das Pessoas de Cor), para vir ao estúdio e trabalhar pessoalmente com Walt nas revisões, embora White tenha declinado, dizendo que a NAACP não tinha representante na costa oeste e que ele não viria para a Califórnia até novembro, então como correspondente de guerra.

Nesse meio tempo, Joseph Breen, encarregado de aprovar roteiros no Production Code of the Motion Picture Producers and Distributors Association (Código de Produção da Associação de Produtores e Distribuidores de Cinema), havia mandado o roteiro de Remus para um colega nascido no estado do Mississippi para que fizesse comentários, e Walter Wanger o entregara ao dr. Alain Locke, proeminente estudioso e filósofo negro da Howard University, pedindo-lhe que escrevesse diretamente a Disney com suas críticas. O colega de Breen sugeriu algumas mudanças – eliminar a expressão "pessoa negra" –, mas também avisou que as cenas em que negros cantavam felizes poderiam desagradar aos negros contemporâneos. O dr. Locke escreveu para Walt que o filme poderia fazer "maravilhas em transformar a opinião pública sobre o negro", mas apenas se evitasse estereótipos, e advertiu Walt a procurar outros representantes de negros. Para Wanger, entretanto, Locke confidenciou que Walt havia mostrado "mau julgamento" ao não ter feito contato com líderes negros antes de escrever o roteiro. Agora, disse, haveria controvérsia que podia ter sido evitada.

A controvérsia ganhava impulso. Um correspondente escreveu para Breen que a imprensa negra já se preparava para lançar um ataque ao filme e que o filme poderia "causar sérios problemas para a indústria". Com essa alusão a problemas, Walt mudou seu procedimento. Pediu a um colega para verificar se os jornais negros que lideravam o protesto eram controlados por comunistas e, aparentemente, também pediu ao FBI para descobrir por que a comunidade negra o estava assediando, suspeitando uma vez mais ser alvo dos comunistas. O FBI respondeu que Leon Hartwick, editor teatral do jornal negro Los Angeles Sentinel, havia iniciado sua própria investigação sobre o filme de tio Remus e que o ator negro Clarence Muse recebera um pedido do estúdio "para dar uma opinião de especialista sobre o filme em questão". Muse disse ao estúdio que os personagens negros não haviam sido suficientemente dignificados, objeção que afirmou ter sido descartada por Walt. Muse então, apelou aos jornais negros que protestassem contra o filme. Isso era tudo que Walt precisava saber. Segundo a versão de Walt, Muse fora até ele e lhe dissera que queria interpretar Remus. Walt recusou, e agora Muse deslanchava uma vendeta pessoal, sem dúvida com assistência comunista.

Ironicamente, Walt tinha outra pessoa em mente para o papel de Remus: o atleta, cantor, ator e ativista político Paul Robeson, cuja inclinação política ficava bem à esquerda da de Muse. Walt havia entrado em contato com Robeson sobre o papel já em fevereiro de 1941, depois de vê-lo no palco em *Porgy and Bess*, de George Gershwin, e Robeson havia concordado em rever as linhas gerais do roteiro e fazer sugestões ou críticas. Embora o filme tivesse ficado em suspenso depois que a guerra começou, Walt, assim mesmo, manteve abertas as linhas de comunicação com Robeson, desculpando-se quando não pôde comparecer a uma recepção em homenagem a Robeson e dizendo o quanto estava ansioso para trabalhar com ele em Remus. De alguma forma, possivelmente por razões políticas, Robeson não estava mais em consideração quando Walt ressuscitou o filme em 1944. Em vez disso, fez testes com inúmeros atores negros – "praticamente com todos os atores de cor", disse uma vez – antes de encontrar, virtualmente por acidente, James Baskett, de 40 anos de idade, que havia aparecido no programa de rádio *Amos and Andy*, mas sem experiência de cinema.

O fato era que o próprio Walt também tinha muito pouca experiência em filmes ao vivo – apenas as Comédias de Alice, *O dragão relutante*, e as cenas com Seversky em *Victory Through Air Power*. E embora as cenas com Stokowski em *Fantasia* e as de Seversky em Victory tivessem sido filmadas no estúdio de gravação I, o lugar não estava inteiramente equipado para ação ao vivo, e o custo estimado de adaptá-lo para esse propósito era de pouco menos de US$ 200 mil, ou cerca de um terço de todo o custo de *Dumbo*. De fato, Jonathan Bell Lovelace estava tão preocupado com a inexperiência do estúdio Disney quanto com as objeções da comunidade negra; ele sugeriu que os Disneys fizessem uma parceria com um dos grandes estúdios. Em vez disso, Walt fez contato com Samuel Goldwyn, com quem havia colaborado durante anos no abortado projeto Hans Christian Andersen e com quem tinha uma relação mais próxima que com qualquer outro produtor de Hollywood com a exceção provável de Walter Wanger. Goldwyn também emprestou ao estúdio seu câmera, Gregg Toland, que havia filmado o legendário Citizen Kane, de Orson Welles. O custo total de Goldwyn seria de US$ 390 mil – alto, mas necessário naquelas circunstâncias.

A filmagem começou em dezembro de 1944 em Phoenix, onde o estúdio construíra uma *plantation* e campos de algodão para as cenas externas, e Walt partiu para a locação para supervisar o que chamou de "tomadas atmosféricas", perdendo o aniversário de Diane e mal chegando para passar o Natal em casa. Ele estava tão ansioso para fazer um filme real no meio do trabalho do governo que voltou novamente em fevereiro e depois novamente em março. Mesmo com a parte ao vivo filmada, a maior parte da animação teria de esperar. Com seus contratos de guerra, o estúdio podia reservar apenas alguns animadores, e os que realmente trabalharam no filme o fizeram vagarosamente. Wilfred Jackson e Perce Pearce, que dirigiram em conjunto – Jackson, a animação, e Pearce, os atores – adotaram a mesma abordagem metódica da filmagem ao vivo e Walt, obviamente tenso e esperando poupar dinheiro, não ficou contente, repreendendo Jackson por estarem gastando tempo demais nas cenas animadas. Apesar de todo o cuidado de Jackson e Pearce, Walt teve de vir em auxílio no dia final de filmagem quando Jackson descobriu que os atores não estavam bem posicionados na cena em que tio Remus cantava a canção-tema do filme, "Zip-a-dee-doo-dah". "Todos nos sentamos em círculo com os dólares indo embora e ninguém tinha ideia alguma", lembraria Jackson. Então, Walt sugeriu que filmassem Baskett em *close-up*, cobrissem as luzes com um papelão, exceto um pedaço de céu azul atrás de sua cabeça, e depois removessem o papelão da frente das luzes quando ele começasse a cantar, de forma que pareceria estar entrando em um brilhante mundo novo da animação. Assim como a ideia de Walt para Bambi no gelo, esta cena foi uma das mais memoráveis do filme.

Mas tudo isso parecia ter acontecido havia muito tempo quando Walt voltou ao projeto após a guerra para completar a animação. Em junho de 1946, o filme, agora chamado *Song of the South* (*Canção do Sul*), (para consternação da família Harris, que preferia o título original, Tio Remus) foi finalmente completado – o primeiro filme Disney em quase quatro anos cujo tema não era a guerra. Walt ficou satisfeito. Embora tivesse menos de meia hora de animação, esse limite permitiu que a animação fosse feita da forma minuciosa dos velhos dias. Marc Davis, aludindo, talvez, a como o trabalho de guerra era enervante, disse que "quase todos os animadores que trabalharam em *Song of the South* diriam que nunca haviam feito algo mais divertido que aquilo", em parte porque tiveram grandes ideias com que trabalhar. Milt Kahl foi além. Disse que aquele havia sido "um ponto alto na animação". Os animadores não foram os únicos a achar que o filme poderia representar uma volta à velha forma do estúdio. "Vi *Canção do Sul* de Walt Disney nesta manhã e é minha opinião que é a mais deliciosa criação que Walt trouxe até agora para a tela", o executivo da RKO Ned Depinet comentou vivamente em um telegrama que mandou para Gus Eyssell, diretor do Radio City Music Hall, "e tem o mesmo atrativo para grandes plateias que *Branca de Neve*". Mas Vern Caldwell escreveu a Walt com ceticismo que, embora esse pudesse não ser o "sentimento real" de Depinet, ao menos era "a forma como ele está falando sobre o filme".

Walt ouviu o mesmo tipo de entusiasmo de outras procedências, mas também uma predição mais sóbria. O Instituto de Pesquisa de Audiência (ARI) determinou que o "mais alto potencial" do filme era de US$ 2,4 milhões – menos da metade do que o estúdio esperava. William Levy, publicitário de Disney, disse que o número o "surpreendeu e chocou" até perceber que o estúdio vinha "sentindo o pulso do negócio" enquanto o ARI "sentiu o pulso do público". Agora Levy escrevia para Roy que a única esperança seria a propaganda boca a boca salvar o filme. Nesse meio tempo, Walt deixou o estúdio em 6 de novembro para a estreia do filme no Cinema Loew's, em Atlanta.

A despeito das sombrias perspectivas financeiras, se Walt Disney esperava recuperar seu status artístico junto aos críticos, isso também não aconteceu. Bosley Crowther, no *New York Times*, queixou-se de que, "cada vez mais os artesãos de Disney têm preenchido seus filmes com a chamada 'ação ao vivo' em lugar das cativantes excentricidades do passado e, exatamente nessas mesmas proporções, a mágica dos filmes Disney se reduziu". Citando a proporção da ação ao vivo e da animação como de dois para um, Crowther concluiu que "essa é aproximadamente a razão de sua mediocridade em relação ao seu charme". Mesmo assim, o filme terminou arrecadando US$ 3,3 milhões, melhor que a estimativa do ARI e mais que os US$ 2,2 milhões do faturamento geral de *Make Mine Music*.

As críticas mais duras, no entanto, não eram estéticas e sim políticas. A distribuição do filme ressuscitou os protestos na comunidade negra que tinham ficado adormecidos enquanto o próprio filme estivera em hibernação. Muitos consideraram abominável a ideia de tio Remus servindo alegremente uma família branca feliz enquanto ele próprio vivia em uma palhoça. Walter White, da NAACP, queixou-se de que o filme perpetuava a impressão de uma "relação idílica entre senhor e escravo, o que é uma distorção dos fatos". O parlamentar Adam Clayton Powell disse que o filme era "um insulto às minorias". Uma linha de piquetes foi formada em torno do cinema Palace em Nova York, onde o filme estava sendo exibido, pela Theatre Chapter of the National Negro Congress (Divisão de Cinema do Congresso National Negro) e seus seguidores carregavam cartazes que diziam, "Lutamos por Tio Sam, não pelo Pai Tomás". O produtor e colunista Bill Rose acusou Walt de se submeter aos interesses das corporações e advertiu: "Você parou de ser Walt Disney e se tornou Walt Disney, Inc", acrescentando, "você sabe, colega, você não é apenas mais um produtor de cinema. Você é o cara de quem nos gabamos por aí." Até Maurice Rapf, que coescreveu o filme, disse que concordava com os ataques. Mas a pior crítica, certamente a mais efetiva, pode ter sido uma observação no B'nai B'rith Messenger, a publicação da organização social e de caridade judia, de que *Song of the South* "está de acordo com a reputação que Disney está construindo para si mesmo de arquirreacionário".

Se não tivesse os comunistas para culpar, Walt poderia estar enganado. Ele gostou do filme, e gostou, especialmente, de James Baskett, que conforme disse à sua irmã Ruth, era "o melhor ator, acredito, que descobri em anos". Muito tempo após o lançamento do filme, Walt permaneceu em contato com Baskett, comprando até um disco do cantor Bert Williams para ele quando esteve em Nova York porque sabia que Baskett era fã de Williams. Mais: quando Baskett estava mal de saúde, Walt começou uma campanha para que lhe fosse concedido um prêmio honorário da Academia por sua performance, dizendo que ele havia trabalhado "quase totalmente sem direção" e criara sozinho o personagem tio Remus. Graças aos esforços de Walt, Baskett, de fato, recebeu seu Oscar honorário nas cerimônias de 1948 e morreu poucos meses depois, após o que sua viúva escreveu a Walt agradecendo por ele ter sido "um amigo de fato e (nós) certamente o somos na necessidade".

Mesmo com *Song of the South* em seu repertório, Walt Disney estava inquieto. "Vamos fazer qualquer coisa para conseguir algum movimento", disse a Roy nesse período. A inquietação era sua condição congênita e expressava seu medo de que, se não estivesse indo para frente, retrocederia. Seus primeiros filmes – de *Branca de Neve* a Bambi – falavam de maturidade e da assunção da responsabilidade; não eram dirigidos ao que acontecia depois que a maturidade fosse atingida. Para um homem que normalmente era forçado a se afastar de seu adorado estúdio e viajava apenas porque o trabalho de guerra o compelia a isso, agora após a guerra ele continuava frequentemente na estrada, como se precisasse queimar a energia que não podia mais queimar com seus filmes – dirigindo-se ao seu refúgio em Smoke Tree, no deserto, ou a Sugar Bowl para o esqui aquático, ou para se reunir com os Dali em Del Monte. Quando *Song of the South* estava sendo completado, ele fez uma breve viagem a St. Louis, parando em Kansas City ao longo do caminho e dirigindo sonhadoramente por sua antiga vizinhança, lamentando o quanto ela parecia dilapidada agora. E em novembro de 1946, depois da estreia de *Song of the South*, voou para Nova York, subiu a bordo do *Queen Elizabeth* com Lillian, Perce Pearce, o roteirista John Tucker Battle e suas esposas para fazer um cruzeiro rumo à Inglaterra e depois, Escócia, com o objetivo de juntar material para um filme sobre duendes. Era sua primeira viagem à Europa desde a turnê triunfante em 1935.

Ele estava inquieto, rodando em uma dúzia de direções diferentes, nenhuma das quais parecia entusiasmá-lo da mesma forma que os velhos desenhos ou até *Song of the South*. Voltou para Los Angeles em 17 de dezembro, um dia antes do aniversário de Diane, que havia perdido com tanta frequência, e começou o ano examinando material para um filme de compilação sobre os heróis americanos, outra combinação de ação ao vivo e animação chamada *So Dear to My Heart* (*Meu querido carneirinho*), uma versão animada de *The Legend of the Sleepy Hollow* (*A lenda do Vale Dormente*), de Washington Irving, e uma história animada de Edgar Allan Poe que lhe fora sugerida pelo ator britânico James Mason. "Seria naturalmente um novo ponto de partida para nós e algo que o público nunca esperaria", Walt escreveu para Mason, claramente buscando uma forma de mudar sua imagem e revigorar o estúdio. Chegou até a pensar em pedir a Alfred Hitchcock para dirigir.

Mas com os problemas econômicos ainda não encerrados como esperava, e os desenhos animados ainda sem agradar, Walt estava encurralado e deprimido e, embora afirmasse que funcionava melhor na adversidade e que "um chute nos dentes pode ser a melhor coisa do mundo para uma pessoa", ele vinha levando chutes nos dentes fazia anos agora, e os chutes não estavam diminuindo. "Quando voltou para o desenho animado depois da guerra", observou Frank Thomas, "Walt nunca teve o mesmo entusiasmo... Nunca mais foi como nos primeiros filmes, quando ele sabia cada *frame*." Além disso, as demissões em 1946 e a debilitação do mercado haviam reduzido a força de trabalho; e apesar das promessas de Walt aos acionistas de que o estúdio se recuperava, apenas um empréstimo de emergência de US$ 1 milhão da RKO em 1946 resgatou a companhia da insolvência. Quando voltou para Burbank em 1947, Woolie Reitherman lembrou que "havia um bocado de desânimo no estúdio". Ele via Walt comendo no Penthouse Club e Walt "sempre parecia um pouco preocupado". Um animador lembrou-se de uma reunião para discutir o enredo em que Walt estava claramente alheio. O homem que apresentava a história ficou arrasado com a falta de interesse de Walt. "Walt olhou para ele e disse: 'Você não tem nada com que se preocupar. Sou eu. Eu sou aquele que tem de ficar preocupado. Meu Deus, tenho de ficar acordado a noite toda pensando em coisas para vocês fazerem.'"

Ele estava sempre pensando em meios de salvar o estúdio, sempre preocupado. Uma noite depois do trabalho, Walt andou vagarosamente até o escritório de Roy no segundo andar do prédio da animação, e os dois irmãos ficaram sentados lá até mais ou menos oito horas avaliando as dificuldades. "Olhe", disse Roy zangado com o irmão, "você está deixando que este lugar ponha você maluco. E este é um lugar para onde eu não vou com você." E saiu intempestivamente. Roy não dormiu à noite. Nem Walt, segundo ele. Na manhã seguinte, Roy estava em sua mesa ainda pensando na conversa com o irmão, quando ouviu os passos de Walt no corredor e sua tosse seca. "Ele entrou e estava emocionado", disse Roy. "Mal podia falar." E Walt disse, "não é espantoso como um sujeito pode ser tão estúpido às vezes?"

Embora tivesse apenas 44 anos, além da tensão mental que sofria ele também não estava fisicamente bem, o que era mais difícil de superar. Sempre magro e frágil, exceto durante seu período na França quando aumentou de peso, sofria de dolorosas recaídas de um velho ferimento no polo para o qual recebia tratamento diatérmico diário em seu escritório e que o deixava tão mal que teve de ser hospitalizado no início de 1947; sua taxa de colesterol estava pouco abaixo de 250 miligramas, quando 180 miligramas seria o normal; seus dentes o incomodavam; ele logo precisaria de óculos para ler; e não parecia curar-se das gripes, possivelmente por continuar a ser um fumante inveterado. Entre as tensões no estúdio e os incessantes problemas de saúde, um dos mais celebrados homens da América escreveu para seu robusto irmão carteiro Herbert, dizendo o quanto invejava a vida dele. Sobre o novo trailer do irmão e a liberdade que lhe dava, Walt escreveu: "Eu daria muito por um pouco dela, e acredite em mim, estou falando sério."

Mas não era apenas o sentimento de crise corporativa ou as doenças da meia-idade que afligiam Walt Disney. Da mesma forma que a greve o havia endurecido e amargurado, ele havia passado por outra transformação pessoal durante a guerra, uma transformação que se equiparava à de seu país. A América entrara na guerra poderosa, mas ingênua. Emergiu da guerra como a nação dominante no mundo; nas palavras do presidente Truman, proferidas no dia em que o Japão se rendeu, o país "detinha a maior força e o maior poder que o homem jamais havia alcançado". Nos dois anos seguintes, os Estados Unidos desfrutariam prosperidade e abundância sem precedentes. Em 1947 produziu quase a metade das manufaturas do mundo, o que levou a uma diminuição do desemprego, uma alta dos salários (45% mais ou menos em apenas quatro anos) e uma taxa de nascimentos explosiva (quase um milhão de nascimentos a mais por ano que durante a Depressão). Após duas décadas de isolacionismo, semelhante ao próprio isolamento de Walt no estúdio, o país foi obrigado a assumir uma nova responsabilidade internacional – que o editor Henry Luce chamou em seu famoso ensaio de 1946 na *Life*, *O Século Americano*. Na opinião de Luce, a nação tinha de mudar o sentimento de si mesma para assumir novas obrigações globais. Tinha de tornar-se a supervisora do mundo.

Walt Disney, que representava a América para uma grande parte do mundo, havia entrado na guerra como um dos mais populares artistas da nação, "o cara de quem nos gabamos", como dissera Billy Rose, não apenas pela qualidade do trabalho, como também pelo jeito aparentemente despretensioso e ingênuo de produzi-lo – aquele atraente primitivismo americano de Walt. Apesar dos contínuos problemas no estúdio, Walt emergira da guerra como algo mais: um homem corporativo e a personificação da nova, impressionante e poderosa América, ajudando a transmitir seus valores em torno do mundo ou, como o historiador Jackson Lears mais tarde diria, "uma figura central na reivindicação corporativa da mitologia nacional, a redefinição do modo de vida americano de um populismo vago para uma noção igualmente turva de livre empresa".

Como Lears indicou, era difícil definir exatamente o que constituía a mudança mas, assim como o país, Walt Disney agora parecia hegemônico de alguma forma, o que era outra razão para ele ter perdido o favor de intelectuais e críticos. Até seus empregados viam isso. "Se ninguém mais estivesse na sala, se você estivesse sozinho com Walt", lembrou Ward Kimball, "as coisas eram muito mais agradáveis. Ele não sentia que tinha de mostrar sua posição, e você podia falar com ele... Mas quando estava em uma sala cheia de pessoas ele era um homem diferente." Em uma sala cheia de pessoas, ele não era mais o visitante amigável, encarregado de fazer as pessoas rirem ou chorarem. Assumia pesadamente sua responsabilidade. A guerra e os filmes o haviam levado para dentro da elite governante.

Ele até parecia diferente. O jovial Walt Disney vestia roupas informais e exuberantes, muitas vezes um cachecol ou lenço em torno do pescoço em vez de gravata, com um suéter em vez de terno, ou uma jaqueta esportiva e frequentemente, um chapéu de aba larga. Um repórter descreveu em 1939 uma jaqueta tirolesa na qual Walt se "viciara" – vermelha do lado de fora, cetim vermelho do lado de dentro e botões prateados do tamanho de meio dólar. "É o tipo de coisa que seria demais para alguém menos importante", observou o repórter, "mas ele a usa graciosamente", orgulhoso da "sensação que provoca". Outro repórter chamou as roupas de Walt de "conjunto variado" e disse que ele usava mocassins quando os dois se encontraram. Agora, embora ainda preferisse os chapéus de aba larga que, segundo Lillian, ele achava que lhe caíam bem, e embora ainda usasse com frequência camisas esportivas e suéteres, ele também ia à loja de departamentos Bullock's para comprar acessórios duas ou três vezes por ano, e seus ternos seriam mais provavelmente azul forte ou cinza e com corte conservador, em lugar das roupas largas e dos padrões chamativos de antes. Até seu cabelo, outrora indomável e que contribuíra para criar um efeito ousado, estava cada vez mais untado de creme.

Uma das razões da transformação de artista despreocupado em cauteloso líder corporativo que consultava as pesquisas do ARI em vez de confiar em seus próprios instintos era a necessidade de fazer filmes sem cometer erros. O estúdio não podia arcar com o risco. Outra razão era o crescente conservadorismo de Walt, em si mesmo uma função do status consolidado do estúdio; do trabalho de Walt para o governo e de seu papel como embaixador americano da boa-vontade; de suas suspeitas do complô comunista após a greve; e até possivelmente, de sua idade, agora que estava na metade dos quarenta anos e não era mais um jovem visionário impulsivo. Walt, que nunca aspirara ser homem de negócios ou industrial influente, parecia perceber a mudança e bravamente, resistia a ela com seus projetos Dali e Poe e seu estilo de animação mais modernista. Mas as animações enfadonhas, sem inspiração, a letargia do estúdio agora e a obtusidade racial de *Song of the South* eram inquestionavelmente, produtos de um artista menos habilidoso e menos rebelde que Walt Disney havia sido antes de ter um estúdio com um grande aparato para manter. Eram os artistas da Warner que desempenhavam agora o papel subversivo que Walt Disney outrora representara com seus primeiros desenhos animados de Mickey Mouse. Os desenhos animados de Walt pareciam endereçados diretamente à média e de forma a não ofender, o que os tornava uma expressão não apenas de um Walt Disney diferente, mas de uma América diferente. Como o crítico de arte Robert Hughes descreveria a mudança em Disney, “ele se transformou de cartunista no velho mestre da cultura de massa”. O que isso representou em termos culturais, de acordo com o historiador Steven Watts, foi que “as críticas da ordem social de Disney gradativamente deram lugar a um poderoso impulso preservacionista”.

Se o conservadorismo e os desenhos animados lentos, vazios de energia, eram a comprovação da mudança de Walt, isso também se registrou em sua imagem na imprensa. O jovem Walt Disney que os repórteres adoravam chamar de democrático, informal, despretensioso, modesto e até infantil (embora na realidade tivesse deixado de ser assim havia muito tempo) tinha sido suplantado por outro Walt Disney, que quase parecia esculpido em granito, como Washington ou Lincoln. Esse Walt Disney era o símbolo de um lado diferente da América do pós-guerra daquele que os artistas da Warner vendiam – nem tanto corajoso e emancipado, mas maduro, decente, genial, sólido, autoconfiante, bem-sucedido, responsável e um pouco complacente. Ele era um homem sem vícios, paixões ou pecadilhos – a própria personificação da probidade honesta do meio-oeste. Na verdade, da mesma forma que o sucesso de Mickey Mouse o convertera de um diabinho em um símbolo de felicidade inofensiva, a tal ponto que, no fim dos anos 1940 havia trocado seus shorts vermelhos de brilhantes botões amarelos por calças e camisas suburbanas, o sucesso visível de Walt o transformou do que ele uma vez havia chamado de "artista temperamental e descuidado" no homem de negócios favorito do país. Como disse um veterano do estúdio, "o fim dos anos 40 foi quando Walt Disney descobriu Walt Disney". Ele havia sido subjugado por seu estúdio. Agora começava a ser subjugado por sua nova imagem.

Tendo sucumbido à mudança, era quase como se estivesse procurando Walt Disney dentro de si mesmo, o velho Walt Disney humano, quando embarcou em julho de 1947 para uma visita a Goderich, Ontário, para onde seu avô viera da Escócia quase um século antes e na qual seu pai nascera. Walt e Elias frequentemente falavam em fazer essa viagem juntos, mas Walt sempre estava ocupado, e Elias morrera. Agora, Walt voou para Nova York com Lillian, a irmã de Lillian, Hazel, e o marido de Hazel, Bill Cottrell. Em Nova York eles pegaram um carro e dirigiram sem pressa por Connecticut, Massachusetts, Vermont, New Hampshire e Maine, antes de atravessar a fronteira canadense rumo a Montreal, Toronto e depois, Goderich. Com o primo de seu pai, Peter Cantelon, visitou o cemitério em Homesville que ficava perto, onde os Disneys e os Richardson, a família da avó de Walt, estavam enterrados e foram até uma fazenda onde sobreviviam as ruínas da cabana do bisavô de Walt, Robert Richardson. Foi naquela cabana, disseram-lhe, que seu avô e sua avó se casaram. (Walt ansiosamente tirou fotos, apenas para descobrir mais tarde que a casa não era exatamente aquela; Lillian, que o acompanhara com relutância, nunca o deixou esquecer o erro.) Depois, ele dirigiu até Potter Farm, onde os Disneys viveram uma vez. Ele até visitou a velha escola de seu pai. Era o tipo de peregrinação solene, nostálgica, que Walt Disney raramente fazia. Mas ele precisava da viagem agora. Estava perdido.

••••

Com as animações não mais recebendo sua atenção e a combinação de filmes sendo apenas um expediente, Walt continuou a buscar alguma coisa que pudesse estimular seu interesse e o ajudasse a ativar o estúdio. Durante a guerra, ele se entusiasmou com o potencial de filmes educativos e de filmes de viagem. "Não é sonho ou presunção prever o uso de nosso próprio meio no currículo de todas as salas de aula do mundo", disse em um programa de audiência nacional em 1943. De fato, os educadores estavam demandando Disney e, já no início de 1944, William Benton da *Encyclopaedia Britannica*, entrara em negociações com Walt para fazer uma série de filmes educacionais – de seis a doze por ano. "Provavelmente o pior estudante que você jamais conheceu se tornou ligado à educação agora!", Walt brincou em uma carta para sua antiga professora Daisy Beck. Na primavera seguinte, o presidente da Universidade de Stanford, Donald B. Tresidder, convidou Walt e Lillian a irem ao campus de Palo Alto em um fim de semana para discutir filmes e modelos educacionais. Enquanto isso, Walt designou Carl Nater, que havia trabalhado nos filmes de guerra para dirigir uma divisão de filmes educacionais no estúdio.

Mas Walt logo se desiludiu, assim como acontecera com a maioria dos projetos que contemplou nesse período, ao descobrir que a qualidade dos filmes seria severamente comprometida pelo retorno mínimo que esperava obter, de tal modo que se os fizesse, voltaria à mesma posição que o estúdio se encontrava quando produzia filmes de treinamento. Sua objeção real no entanto, pode ter sido psicológica e não financeira. Ao fazer filmes educacionais ele estaria aceitando seu afastamento do entretenimento – concessão que não estava pronto para fazer. "Ele faria entretenimento", escreveu Jimmy Johnson, que trabalhava no estúdio, "e se os educadores descobrissem algum valor educacional em seus filmes, então, tudo bem para ele." Ben Sharpsteen disse que Walt estava mais abrupto. "Não podemos chatear o público com essas coisas", lembrou-se de que Walt dizia isso repetidamente. "Não podemos ser chatos. Temos de ser divertidos." Finalmente, Nater deixou o estúdio para ir para a universidade, e a divisão foi fechada.

Mas Walt ainda não desistira inteiramente de encontrar um modo de ser divertido e educacional, em particular se pudesse fazer isso economicamente. Durante a guerra, o Escritório do Coordenador de Assuntos Interamericanos havia sugerido um documentário sobre a bacia amazônica, que foi feito sob o título *The Amazon Awakens* (*O Amazonas desperta*). Ao mesmo tempo, o estúdio foi inundado de pedidos de naturalistas sobre as possibilidades de colaborar em documentários sobre a natureza e um deles, aparentemente a pedido de Walt, havia feito uma programação de curtas. Roy prontamente eliminou a ideia, dizendo que isso "certamente consumiria muito tempo e muito filme", mas Walt não se deteve. Desde seus dias em Marceline ele amava os animais e era fascinado por eles e achava que outras pessoas também eram. (Um visitante do estúdio lembrou Walt tirando gentilmente um verme de uma árvore e dizendo, "esta é uma das criaturas de Deus, e nós não lhes causamos mal.") No fim de 1944, mesmo com o estúdio mergulhado nos filmes de guerra, Carl Nater e Walt visitaram um funcionário da New York Zoological Society (Sociedade Zoológica de Nova York) com um plano, como Nater descreveu, "para finalmente fazer filmes sobre animais, vida dos pássaros, vida dos peixes e qualquer outro tipo de criatura viva sobre a qual houvesse uma história real para contar".

Enquanto Walt avaliava assuntos para a série, Ben Sharpsteen aproximou-se dele no corredor um dia, observou que os veteranos que voltavam da guerra estavam começando a povoar o Alasca e sugeriu que talvez houvesse uma história ali. Walt lhe disse para perseguir a ideia. Inspirado em um livro escrito por um antigo presidente da Universidade de Stanford chamado David Star Jordan, que ajudara a negociar o tratado entre Rússia e Japão sobre a caça de focas (o livro fora escrito do ponto de vista das focas), Sharpsteen disse que entrou em contato com um casal de fotógrafos no Alasca, Alfred e Elma Milotte. Na verdade, Al Milotte havia escrito para Walt em 1940 para oferecer filmes sobre animais no Alasca, que Walt, na pré-produção de Bambi, declinou. Mas de acordo com Milotte, foi Walt e não Sharpsteen quem fez contato com ele algum tempo depois sobre fazer filmes no Alasca – nada específico, lembrou Milotte, apenas Walt dizendo "você sabe – mineração, pesca, construção de estradas, o desenvolvimento do Alasca".

Então, os Milotte filmaram. Filmaram durante meses. Filmaram, nas palavras de Milotte, "tudo que se mexia": pessoas cortando madeira, pescando salmão, construindo ferrovias, escalando o Monte McKinley, caçando gamos – mais de 100 mil pés de filme. A ideia, ainda desorganizada, era que o filme contasse a história da última fronteira real da América. Infelizmente, a filmagem era exatamente o que Walt dissera que queria evitar: enfadonha. "Minas demais. Estradas demais. Mais animais. Mais esquimós", telegrafou Walt para Al Milotte. Ao que Milotte telegrafou de volta: "E que tal focas?" Walt deu permissão para que o casal fosse para as ilhas Pribilof, território de acasalamento de milhares de focas. O casal ficou ali durante um ano – grande parte desse tempo na escuridão devido aos dias mais curtos no círculo Ártico – filmando as lutas entre jovens machos solteiros e machos mais velhos, os acasalamentos, o nascimento de filhotes e a migração das focas durante o inverno para o oceano Pacífico. A única comunicação que diziam receber de Walt quando mandavam seus filmes era um telegrama ocasional com a mesma ordem: "Mais focas."

Roy estava certo em relação a documentários sobre a natureza. Eles de fato, tomavam muito tempo e muito filme para serem produzidos. Walt havia se reunido com os Milotte no estúdio logo depois do fim da guerra, e o casal se encontrou novamente com Sharpsteen em dezembro de 1946, enquanto Walt estava na Irlanda, embora Sharpsteen tenha dito que isso aconteceu depois que o projeto murchou, quando Walt decidiu cortar completamente os esquimós e se concentrar exclusivamente nas focas. Walt declarou não se importar com o efeito dos cortes realizados para encurtar o comprimento do filme. Ele disse a Sharpsteen: "O que for cortado, foi cortado." Em agosto de 1947 o próprio Walt visitou o Alasca, "para ver as coisas em primeira mão e ter uma pequena ideia do Alasca para ajudá-lo a fazer o filme", disse Roy, mas também para passar algum tempo com sua filha de 11 anos Sharon, que o acompanhou enquanto ele viajava de um lado para o outro no território. Um ano mais se passaria antes que os filmes dos Milotte fossem editados no que se chamaria *Seal Island* (*Ilha das focas*).

Agora que o filme finalmente estava pronto depois de todos aqueles anos a RKO, distribuidor de Disney, não estava interessada. Sem os esquimós, ou a história do povoamento do Alasca, o filme ficou com 28 minutos de duração – muito longo para um segundo filme do programa e muito curto para ser um longa-metragem. A RKO não via forma de distribuí-lo. Depois, havia a questão do assunto. "Todos diziam, 'quem quer ver focas brincando de casinha na rocha lisa?'", disse Roy a Walt depois de voltar de uma viagem de vendas a Nova York. Embora o filme tivesse saído barato – pouco mais de US$ 100 mil – Walt não estava disposto a dar sumiço nele. Como havia feito tantos anos antes com *A dança do esqueleto*, quando convenceu um exibidor a fazer uma pré-estreia do desenho animado, conseguiu que o filme fosse projetado no cinema Crown, em Pasadena, na última semana de dezembro de 1948. A plateia ficou fascinada. "Ele atinge direto a emoção das pessoas", disse Harper Goff, artista de Disney, que foi à primeira exibição. Mas Walt não estava interessado apenas em mostrar que o filme era atraente para o público. Ao exibir *Seal Island* durante uma semana em um cinema, Walt o qualificou para o prêmio da Academia de curta documentário, que ganhou meses depois. Agora ele era vendável. Quando Sharpsteen entrou no escritório de Walt na manhã seguinte à cerimônia de premiação carregando o Oscar que havia buscado para o estúdio, Walt ordenou ao seu secretário que o levasse ao escritório de Roy "e lhe dissesse para acertar a cabeça da RKO com ele".

Foi o primeiro filme do que Walt chamou de Aventuras da Vida Real, documentários sobre a natureza que levaram as velhas habilidades narrativas de Walt para os eventos naturais e, a seu modo, mostrariam ser tão revolucionárias como seu primeiro desenho animado sonoro ou *Branca de Neve*. *Seal Island* se tornaria o modelo não apenas dos documentários de Disney, mas dos documentários sobre a natureza em geral: enredo forte, animais antropomorfizados com emoções humanas imputadas a eles e uma trilha musical que Jim Algar, diretor de *Seal Island*, comparou à da música dos desenhos animados de Disney, o que transformou os documentários em desenhos animados da vida real. "Sempre que víamos uma mudança, tentávamos pegar o ritmo natural da ação e editá-lo de tal maneira que era possível ter acompanhamento musical", o que levou algumas pessoas a se maravilharem, disse Algar, com a forma como conseguíamos que os animais se comportassem segundo a música. Por outro lado, enquanto as plateias se maravilhavam, os truques levaram os puristas a se queixar de que Disney falsificava a natureza a serviço de sua cafonice de pós-guerra – queixa que o perseguiria pelo resto da vida.[4] Mas Walt, ao menos desta vez, ficou imperturbável. Havia encontrado um meio de combinar entretenimento e educação. Havia vencido uma pequena batalha no que se tornava uma longa guerra perdida.

IV

Assediado e infeliz, Walt Disney sabia quem era responsável pelo declínio de seu estúdio, sabia que essas pessoas estavam "esperando que fosse o fim" para ele, como mais tarde afirmou, e dois meses depois de retornar do Alasca foi para Washington para ajudar a vencê-las. O inimigo não era apenas a economia dos desenhos animados e os banqueiros com seus apertos financeiros, ou a mudança estética na atmosfera do pós-guerra que Walt não conseguia identificar tanto quanto havia sido capaz de perceber o clima da Depressão. O inimigo era o comunismo – o comunismo que havia destroçado o estúdio durante a greve, o comunismo que se infiltrara em Hollywood como um cavalo de Troia para promover valores deletérios à democracia, o comunismo que agora mesmo estava minando a nação como havia minado a indústria do cinema. Walt Disney ia lutar contra o comunismo.

Esta era uma missão bastante incomum para ele. A despeito do radicalismo de seu pai – Elias e, aparentemente, Flora haviam votado no candidato presidencial socialista Eugene V. Debs e depois em Norman Thomas – nem Walt nem Roy jamais

---

4 "O tom de um filme Disney sobre a natureza é quase sempre paternalista", diria Richard Schickel em uma crítica comum. "Quase sempre nos convida a ver como as humildes criaturas se comportam bem, considerando que lhes falta a nossa sofisticação e know-how." *The Disney Version*, p. 290. O maior problema era a falsidade. "Eu queria levá-las (as focas jovens) para o Yellowstone Park... sair das trilhas batidas", escreveu um naturalista que estava trabalhando no estúdio em um filme. "Fazê-las encontrar-se com filhotes de ursos que havíamos atraído alimentando-os regularmente perto de um lago. Depois, observá-los encontrar-se e brincar. Seria, de fato, uma comédia natural de verdade. Naturalmente, isso levará tempo, mas será emocionante quando conseguirmos. Será inimitável e permanecerá para sempre um clássico Disney." Emil Liers para Ben Sharpsteen, n.d. Arquivo V, Walt Disney Corr., Entre-Escritórios, 1945-1952, M-Z, A1636, WDA. (N.A.)

haviam demonstrado muito interesse em política. A política era o mundo externo, o mundo contra o qual Walt construíra seu estúdio para se proteger, e qualquer pessoa que buscasse um significado implícito nos desenhos animados se confundiria com a oscilação entre os impertinentes desenhos animados de Mickey Mouse do início dos anos 1930 e *Silly Symphonies* como *The Grasshopper and the Ants* (*O gafanhoto e as formigas*), *The Tortoise and the Hare* (*A tartaruga e a lebre*) e *The Country Cousin* (*O primo do interior*), que promoviam valores tradicionais como trabalho duro, economia e disciplina. A oscilação refletia a falta de convicção política dos Disneys. Quando o escritor Upton Sinclair venceu as primárias democratas para governador da Califórnia em 1934 com uma plataforma em que prometia acabar com a pobreza por intermédio de programas governamentais e depois foi derrotado na eleição geral por um jorro de dinheiro de Hollywood, Roy repreendeu seus pais por apoiar Sinclair, mas admitiu que "muitas coisas que ele advogou vão acontecer de um jeito ou de outro. No entanto, não acredito que se possa mudar a sociedade do dia para a noite", e ele encerrou sua carta: "Posso ouvir papai dizendo 'agora, desde que os garotos entraram para a classe capitalista e a classe dos empregadores, eles cantam uma canção diferente.' Bem, naturalmente isso é verdade."

Walt afirmaria que chegou ao conservadorismo político por outra via. Ele contou a Maurice Rapf que, quando era menino em Kansas City, fora atacado por um grupo de garotos irlandeses cujos pais trabalhavam para a máquina política democrata e que puseram piche quente em seu escroto porque Elias era socialista. Rapf nunca acreditou na história, e o velho benfeitor de Walt, doutor John Cowles, havia sido peça importante da máquina democrática, mas Walt insistia em que o episódio o havia transformado em um "completo republicano". Mais provavelmente, a posição política de Walt resultava de sua rebeldia contra Elias, mas o fato era que Walt nunca foi realmente conservador, ou republicano, ou muito qualquer outra coisa durante a maior parte da vida adulta. Ao contrário, seu comportamento político foi marcado tanto pela confusão quanto pela neutralidade. Ele votou em Roosevelt em 1936, mesmo quando Roy votou no republicano Alf Landon e, embora tivesse apoiado o candidato presidencial republicano Wendell Willkie em 1940 – Willkie visitou o estúdio e discutiu educação com Walt –, declinou de um pedido do comitê de Willkie para que o apoiasse publicamente: "Há muito tempo atrás descobri que não sei absolutamente nada sobre o jogo da política e, desde então, preferi manter silêncio sobre toda essa questão em vez de ver meu nome ligado a qualquer declaração que não seja minha." Quanto ao seu conservadorismo, Walt disse a outro correspondente que fazia lobby para que ele fizesse um filme da bandeira com música patriótica: "Não entro em patriotismo de fachada." "Ele era muito apolítico, acredite", disse Joe Grant, que acompanhou Walt em diversas visitas a Washington durante a guerra.

Depois desse fato, os detratores de Disney diriam que ele era admirador do chanceler alemão Adolf Hitler e do ditador italiano Benito Mussolini. Art Babbitt, anos depois, afirmaria ter visto Walt e Gunther Lessing em reuniões no *Bund* com simpatizantes nazistas, as quais o próprio Babbitt havia assistido por curiosidade; isso foi altamente improvável, não apenas porque Walt tinha pouquíssimo tempo para dedicar à família, quanto mais para encontros políticos, mas porque não tinha realmente inclinações políticas na época. Outros descobririam prova de sentimento pró-nazista no convite feito por Walt à cineasta alemã Leni Riefenstahl, que dirigira o filme de propaganda nazista *Triumph of the Will*, a conhecer o estúdio. Riefenstahl, de fato, visitou o estúdio em 8 de dezembro de 1938, mediante um convite solicitado a Walt por um amigo íntimo de Riefenstahl e conhecido dele, Jay Stowitts, pintor, ator e dançarino de balé que havia sido par de Anna Pavlova, estrela do *Folies Bergère*. Stowitts havia escrito a Walt que Riefenstahl chegara discretamente à Califórnia e pedira para conhecê-lo porque o considerava "a maior personalidade dos filmes americanos". Como a própria Riefenstahl descreveu mais tarde o encontro, ela passou o dia inteiro com Walt no estúdio (o diário de mesa de Walt mostra uma sessão na "cela" para "*Clair de Lune*", sequência de *Fantasia*, às duas horas) e depois ofereceu enviar uma cópia de seu filme Olympia quando Walt expressou o desejo de vê-lo. Mas ela disse que Walt subitamente hesitou e disse: "Se eu vir o seu filme, toda Hollywood vai descobrir isso amanhã", pois seus projecionistas eram sindicalizados. Ele temia ser boicotado. Três meses depois, escreveu Riefenstahl, Walt repudiou sua ida ao estúdio, dizendo que não sabia quem ela era quando fez o convite.

Naturalmente Walt sabia quem era Riefenstahl; à carta original de Stowitts, alguém, presumivelmente um publicitário do estúdio, havia anexado um anúncio da *Variety*, publicado pela Liga Antinazista de Hollywood, declarando que Riefenstahl estava na cidade e conclamando a indústria a colocá-la no ostracismo. Mesmo assim, Walt, algo ingênuo politicamente, podia não ter sabido exatamente o que ela representava, e ele certamente não desejava embrulhar-se em nenhuma controvérsia política na época. Enquanto a Europa era sacudida de um lado para o outro em meados dos anos 1930, Walt disse expressamente a um repórter que a América devia "deixá-los lutar suas próprias guerras" e que havia "aprendido a lição" da última. Quando a guerra começou para os Estados Unidos depois da greve de 1941, grupos esquerdistas frequentemente pediam a contribuição e o apoio de Walt em tudo, desde endossar uma série de palestras de Owen Lattimore (um esquerdista especialista em China mais tarde condenado pelo caçador de comunistas senador Joseph McCarthy) até patrocinar o Congresso da Amizade Americano-Soviética, e tudo isso sugeria que Walt não era visto como um reacionário irredimível. Walt concordava às vezes, mandando suas "sinceras saudações ao valente povo da União Soviética", no 25º aniversário do país, aparecendo como convidado de honra em uma "Noite das Américas", patrocinada por um grupo classificado pelo procurador-geral como subversivo e colocando um anúncio no *Daily Worker*, com Paul Robeson, Langston Hughes, o líder comunista Earl Browder e outros, em "tributo à memória de Art Young", cartunista de esquerda. (Embora Walt fosse ter uma longa associação com o FBI, ajudando a promover o bureau, o próprio arquivo do FBI citava "Noite das Américas" e o tributo a Young como fatos que lançavam dúvidas sobre o seu patriotismo.) Ao mesmo tempo, no entanto, atingido pela greve, elogiava a *Reader's Digest* por um artigo antissoviético de Max Eastman – Walt achava que o artigo iria contrapor-se à propaganda pró-soviética de Hollywood, como o filme *Mission to Moscow* (*Missão a Moscou*) – e se unia a conservadores conhecidos, como os atores Ginger Rogers, Robert Montgomery e George Murphy, para formar o Comitê Republicano de Hollywood em oposição a Cidadãos Progressistas da América, mais liberal.

O maior ataque à ala esquerdista de Hollywood, no entanto, ainda estava para acontecer. No início de outubro de 1943, a University of California em Los Angeles, sob os auspícios da League of American Writers (Liga de Escritores Americanos), foi a sede de uma conferência de escritores da América do Sul. Walt estava entre os que assistiram à cerimônia de abertura, com Theodore Dreiser e Thomas Mann. Durante ou pouco depois da conferência, James Gavin McGuinness, roteirista reacionário que, em meados dos anos 1930 liderara tentativas para sabotar a Screen Writers Guild (Associação de Roteiristas de Cinema), recebeu para um jantar amigos com ideias semelhantes onde falaram mal da conferência que, evidentemente, viam como mais um sinal da perfídia comunista e decidiram formar um "grupo de investigação" para combater o que percebiam ser influência comunista na indústria do cinema. Em algum dia do fim de outubro ou início de novembro, 30 membros da indústria encontraram-se no restaurante Chasen's, lugar muito frequentado, para formalizar o grupo e, novamente, no Hotel Beverly Wilshire em 29 de novembro e 9 de dezembro para traçar um plano para a organização. Entre os nomes ventilados para, possivelmente, se tornarem membros no encontro de dezembro estava o de Walt Disney.

Embora Walt Disney nunca tivesse sido uma pessoa que se filiasse a clubes e organizações, depois da greve provavelmente não seria muito difícil convencê-lo a participar. Walt chamou Rupert Hughes, outro roteirista notoriamente reacionário, a caminho de casa após deixar o estúdio em 31 de janeiro, aparentemente para discutir a situação política e, em 4 de fevereiro, foi a um jantar na casa de Hughes de uma organização listada em sua agenda de mesa como o Pro-American Committee of Hollywood (Comitê Pró-Americano de Hollywood), mas que na verdade havia sido batizada de Motion Picture Alliance for the Preservation of the American Ideals (Aliança do Cinema para a Preservação dos Ideais Americanos) – o grupo que havia nascido no jantar de James McGuinness. Mais tarde, naquela noite, em um encontro no Hotel Beverly Wilshire a que compareceram cerca de 200 membros da comunidade do cinema, o diretor Sam Wood foi eleito presidente da nova organização, e o desenhista de cenários Cedric Gibbons, o roteirista/diretor Norman Taurog e Disney foram eleitos vice-presidentes. Em uma declaração de princípios, a MPA proclamou: "Encontramo-nos em levante contra a maré crescente do comunismo, do fascismo e de crenças semelhantes" e jurava combater qualquer um que tentasse "subtrair a lealdade do cinema à América livre que lhe deu nascimento", embora fosse realmente o comunismo que os motivasse, inclusive a Walt Disney.

No mês seguinte, a MPA ampliou a batalha. Mandou uma carta para o senador Robert Reynolds da Carolina do Norte, acusando a indústria do cinema de abrigar comunistas e usando como prova o fato de gente como Walt Disney sentir a necessidade de formar uma organização para combater a ameaça. Reynolds pôs a carta no Congressional Record (Anais do Congresso), embora o propósito real da MPA não fosse apenas chamar a atenção do Congresso e sim levar o Congresso a investigar. Havia rumores de que o parlamentar Martin Dies, presidente do Comitê da Câmara sobre Atividades Não Americanas estava se aposentando para se tornar o chefe da MPA. Até aquele momento havia existido muita briga intramuros entre a direita e a esquerda em Hollywood. Mas com a carta a Reynolds, a MPA – e Walt Disney – havia transposto um limite. Eles não estavam mais simplesmente atacando os comunistas; estavam atacando sua própria indústria.

A esquerda que, com tanta frequência havia ridicularizado Hollywood no passado, até mesmo quando aceitava seu dinheiro, ironicamente saltou em defesa da indústria. A Screen Writers Guild convocou uma reunião no Hotel Roosevelt em 2 de maio, na qual 38 sindicatos aprovaram uma resolução que "reafirmava a confiança nas conquistas da indústria do cinema" e prometiam protegê-la contra "ataques irresponsáveis e sem fundamento". (O FBI, que monitorava toda a situação a convite da MPA, disse que o movimento tinha inspiração comunista.) Outros acusaram a MPA de protofascismo. "Os pronunciamentos públicos dos membros mais ativos da MPA são modelados estritamente segundo a ortodoxia da acusação aos comunistas e da caça às bruxas", escreveu o roteirista e dramaturgo Elmer Rice, "...e não se precisa buscar muito abaixo da superfície para descobrir que a organização e seus principais mentores são profundamente influenciados pelo isolacionismo e o antissindicalismo e, com discrição, naturalmente, por fortes tons de antissemitismo e racismo contra negros". Enquanto isso, um informante disse ao FBI que o secretário-executivo do Partido Comunista de Los Angeles havia discutido formas de manchar o nome da MPA, mas o secretário isentara Walt Disney da crítica porque este fizera um trabalho muito bom pela América do Sul.

Mas se o Partido Comunista poupava Walt Disney, seu amigo, o produtor Walter Wanger, não. Wanger e Walt tiveram conversas francas sobre a MPA, e Wanger enviou a Walt uma carta injuriosa que escrevera para um dos representantes da MPA, em que atacava o grupo por atrair "pessoas irresponsáveis" e permitir que falassem em seu nome para retratar os líderes da indústria como "ineptos, na melhor das hipóteses, e tolos, na pior". E Wanger estava preocupado com Walt, a respeito da direção que ele estava tomando. Walt lhe enviou um artigo escrito pelo acusador de comunistas George Sokolsky que atacava o vice-presidente Henry Wallace, com quem havia jantado uma vez, e pressionava Wanger a ler o artigo. Wanger respondeu pesarosamente: "No momento em que você se tornar um divulgador do tema de Sokolsky em seus filmes, temo que nunca fará uma *Branca de Neve*, um *Dumbo*, um *Saludos Amigos*, um Bambi ou um Pinóquio. Esses filmes são cheios de fé, decência, ideais e charme." E encerrou: "É melhor você se olhar no espelho e não se impressionar com agitadores."

Mas Walt se impressionava com agitadores e não fizera outra *Branca de Neve*, *Pinóquio* ou *Bambi*. Embora, publicamente, se declarasse apartidário – "como eleitor independente não devo obediência a nenhum partido político", declarou em um programa de rádio de audiência nacional antes de apoiar, em 1944, o candidato republicano nominado Thomas Dewey –, fez uma vultosa doação para o Partido Republicano, permitiu que Dewey fizesse campanha no estúdio, fez um discurso em favor de Dewey no Los Angeles Coliseum e foi selecionado para ser um dos eleitores da Califórnia se Dewey vencesse as primárias, mesmo sendo movido menos pelo entusiasmo por Dewey, comparativamente um moderado, que pela antipatia à administração

Roosevelt. Para um republicano que pedia contribuições, escreveu: "Desculpe-me por dar apenas dinheiro."

Por volta de 1947, ele podia dar mais, e deu. A conclamação que a MPA fizera ao Congresso em 1944 finalmente foi aceita. Com o Congresso sob controle republicano após as eleições parciais, o House Un-American Activities Committee (HUAC – Comitê de Atividades Antiamericanas da Câmara) anunciou que ia investigar Hollywood e, em setembro de 1947, enviou intimações para dezenove testemunhas chamadas "não amigáveis" (o termo, na verdade, era do *Hollywood Reporter*) e 26 "amigáveis".[5] Entre os amigáveis estava Walt Disney, o epítome do rosto americano de Hollywood. Walt não era um participante passivo. Ele agora estava firmemente entrincheirado com os acusadores de comunistas profissionais da direita de Hollywood – McGuinness, Hughes, Wood e atores como Adolphe Menjou, War Bond e Robert Taylor. Ao longo do ano continuou a ir às reuniões da MPA, com a equipe do HUAC e a conhecer colegas conservadores como George Murphy. Walt fez até com que Gunther Lessing submetesse perguntas ao comitê que achava que deviam ser feitas às testemunhas. Então, em 18 de outubro, Walt viajou a Nova York com uma pequena equipe para celebrar o 20º aniversário de Mickey Mouse em um jantar antes de ir a Washington para as inquirições de testemunhas. A justaposição da celebração e do testemunho mostrou o quanto aqueles vinte anos tinham sido longos. Walt se transformara de iconoclasta em guardião da ordem social.

Ele chegou ao quase vazio salão Caucus da Câmara na Colina do Capitólio, na tarde de 24 de outubro de 1947, em um sóbrio terno de flanela cinzenta, embora de gravata colorida, o cabelo normalmente rebelde penteado com brilhantina para trás da testa, para ser a primeira testemunha no segundo dia de exibição. (Os atores Gary Cooper e Ronald Reagan, entre outros, haviam testemunhado no primeiro dia, quando o Salão Caucus ficou apinhado.) Após perguntas preliminares sobre o passado de Walt na indústria do cinema e a propaganda que produzira durante a guerra, o advogado assistente do comitê H.A. Smith fez a grande pergunta: havia comunistas ou fascistas no estúdio dele? Não, declarou Walt em sua voz suave, monótona e anasalada do meio-oeste, "sinto que todos em meu estúdio são cem por cento americanos". Mas havia comunistas no estúdio no passado? Sim, respondeu Walt, e passou a contar a

5 Existe uma discrepância entre os nomes daqueles que foram intimados, relacionados no Hollywood Reporter, e aqueles que mais tarde prestaram depoimento. Vinte e quatro dos chamados "amigáveis" finalmente testemunharam. (N.A.)

história de como o chefe do sindicato Herbert Sorrell intimidou fisicamente o estúdio durante a greve, embora, disse ele, os empregados que Sorrell afirmava representar na verdade protestassem contra o sindicato. Quando Walt disse que não reconheceria o sindicato, Sorrell, que ele acreditava ser comunista, deu uma risadinha de zombaria e disse que "mancharia a reputação" de Walt, e Sorrell fizera exatamente isso. Walt não se lembrava de todos os grupos que o difamaram e boicotaram – "um que está claro em minha mente é a Liga de Mulheres Sufragistas (League of Women Voters)" –, mas citou *People's World*, *Daily Worker* e *PM* como as três publicações que sabia que o haviam criticado fortemente. Também não lembrava os empregados comunistas que haviam agitado seu estúdio – apenas o agitador do sindicato David Hilberman. E quanto ao Partido Comunista merecer ser colocado fora da lei, Walt disse que o partido era "uma coisa não americana", mas que não estava qualificado para determinar se o seu banimento seria uma violação de direitos. O presidente J. Parnell Thomas elogiou seus filmes e seu depoimento, e Walt Disney ganhou o dia.

Walt fizera sua parte – a parte do herói, do homem comum ofendido, o Horatio Alger, industrialista que tinha sido assediado por ideologias de esquerda –, e H.A. Smith disse que seu depoimento foi "tão eficaz quanto o de qualquer testemunha". Exceto por um problema. Ao citar as organizações comunistas que o haviam atacado durante a greve, Walt havia formalmente acusado o grupo cívico apartidário Liga de Mulheres Sufragistas. Atônita, a liga imediatamente ordenou uma investigação para determinar se quaisquer membros seus da filial da Califórnia haviam participado da disputa trabalhista no estúdio Disney, e um funcionário da liga escreveu a Walt pedindo os nomes das mulheres envolvidas. Walt respondeu ao pedido com uma calorosa retratação ao comitê dizendo que, em 1941, "várias mulheres (que apoiavam os grevistas) se apresentavam como pertencentes à Liga de Mulheres Eleitoras", mas enfatizou que não estava criticando a verdadeira liga. Enquanto isso, Gunther Lessing fazia freneticamente sua própria investigação e descobriu que quatro cartas em seu arquivo, uma das quais, no mínimo, Walt havia lido, era da Liga das Mulheres Compradoras (League of Women Shoppers) de Hollywood, que apoiava os grevistas, mas Lessing também escreveu a Walt que achava que a filial local da Liga de Mulheres Sufragistas "parece ter seguido a linha do partido na época da greve no estúdio Disney", o que era patentemente falso. Poucas semanas depois, Lessing cedeu e escreveu para a liga, desculpando-se pelo erro de Walt e sugerindo que Walt "falaria bem de sua organização assim que se apresentasse uma oportunidade".

Mas com sua aparição e denúncia descuidada, Walt Disney caiu na rede das políticas dos acusadores de comunistas. Pouco depois de seu testemunho, ele foi convidado para uma manifestação da Legião Americana na qual estaria presente o comandante da entidade, James F. O'Neil, que pressionava pela elaboração de uma lista negra de comunistas e apoiadores de comunistas da indústria do cinema. Walt declinou, dizendo que estaria em Smoke Tree na ocasião, para um bem-merecido descanso, mas acrescentou, "eu não hesitaria em me unir ao grupo" e disse: "Tenho a certeza de que todo o pessoal de Hollywood que esteve em Washington ficará contente em participar." Quando inúmeros chefes de estúdio se encontraram em novembro no Hotel Waldorf Astoria, em Nova York, para discutir a confecção de suas próprias listas negras, Walt mandou a Nova York seu chefe da publicidade, William Levy, que aprovou o plano para o estúdio. "Me incluir na lista negra teria sido embaraçoso para ele", disse Maurice Rapf, culpando Roy e Lessing por encorajar o anticomunismo de Walt. "Ele não teria gostado de me demitir mas, naturalmente, teria me demitido", disse Rapf, que já não estava no estúdio na época. Rapf estava certo. Walt, de fato, apoiou uma lista negra e não relutou nisso. Foi um dos primeiros assinantes de Alert, que dizia ser um "relatório semanal sobre o comunismo na Califórnia", e cooperava rotineiramente com o FBI, chegando a enviar nomes de futuros empregados ao bureau para serem investigados.

Naturalmente, a essa altura não era segredo que Walt Disney era um fervoroso anticomunista. Outra questão – que o assombraria pelo resto da vida e até assombraria sua reputação décadas depois da morte – foi se ele também era antissemita. Assim como no caso da raça negra, certamente seria possível apontar alguma falta de sensibilidade ocasional. Pouco depois da distribuição de *Os três porquinhos*, em 1933, o rabino J. X. Cohen, diretor do Congresso Judeu Americano (American Jewish Congress) escreveu irritado para Walt, sobre uma cena em que o lobo era retratado como um mascate judeu, dizendo que ela era "tão vil, revoltante e desnecessária que constituía uma afronta direta aos judeus", especialmente à luz do que estava acontecendo na Alemanha, e perguntava se a cena ofensiva poderia ser cortada. Roy, falando por Walt, respondeu que sentia que a cena não era nem vil, nem revoltante, que o estúdio tinha amigos judeus e parceiros de negócios a quem não ousaria humilhar e que a caracterização não diferia da de comediantes judeus no *vaudeville* ou no cinema. (Anos depois, quando *Porcos* foi novamente distribuído, a cena foi modificada.) O fato é que surgiu uma percepção de que a companhia Disney era antissemita, embora não fique claro se isso provinha daquela insensibilidade racial ou do fato de o estúdio Disney ser um dos poucos de Hollywood na época não chefiado por judeus. Kay Kamen, chefe do braço de *merchandising* da companhia e ele próprio judeu, pareceu reconhecer isso quando mandou para Walt o recorte de uma foto dele e Lillian publicada em um jornal hebraico com um bilhete: "Isso prova que não temos preconceito."

O quanto isso se traduzia nos sentimentos pessoais de Walt e Roy em relação aos judeus é difícil determinar. Em 1933, Roy chamou um negociante, com quem transacionava, de "judeu barato", e o filho de A.V. Cauger disse que seu pai lhe contou que Walt havia criticado os judeus quando voltou de Nova York depois de seu fatídico rompimento com Charles Mintz em 1928, embora isso possa muito bem ter sido uma interpretação própria de Cauger em uma análise posterior e não originada nos próprios comentários de Walt. Na verdade, Walt se relacionou com judeus a vida toda. Havia inúmeros judeus na escola Benton, em Kansas City, e um contingente ainda maior na McKinley High School em Chicago. E embora fizesse observações étnicas sem sensibilidade e proferisse insultos ocasionais, falando de "vozes de negro" ou se referindo a um grupo musical italiano em Pinóquio como "um bando de comedores de alho", Walt era tolerante no âmbito mais significativo e que não estava à vista do público – sua vida pessoal. Ele enviou Diane a uma escola católica e escreveu para sua irmã Ruth que, embora algumas pessoas, presumivelmente Lillian, estivessem preocupadas com a possibilidade de conversão de Diane, ele sentia de modo diferente. "Acho que ela é inteligente o bastante para saber o que quer", disse, "e acho que qualquer pessoa pode tomar sua decisão, é seu privilégio... Expliquei a ela que os católicos são gente como nós e que, basicamente, não existe diferença." E disse que ao proporcionar a Diane essa experiência, esperava "criar um espírito tolerante nela".

Existe alguma discussão sobre se o mesmo espírito de tolerância prevalecia no estúdio, mas entre os judeus que trabalhavam lá era difícil encontrar algum que achasse Walt antissemita. Joe Grant, que tinha sido artista, chefe do departamento de modelos e argumentista responsável por *Dumbo*, junto de Dick Huemer, declarou enfaticamente que Walt não era antissemita. "Algumas das pessoas mais influentes do estúdio eram judias", lembrou Grant, pensando sem dúvida em si mesmo, no diretor de produção Harry Tytle e em Kay Kamen, que uma vez brincou que o escritório de Disney em Nova York tinha mais judeus que o Livro dos Levitas. Maurice Rapf concordou em que Walt não era antissemita; era apenas "um cara muito conservador". Quando Tytle – que havia mudado a pronúncia de seu nome de Teitel, encurtado de Teitelbaum, para esconder sua etnia – entrou para o estúdio, sentiu-se na obrigação de dizer a Walt que era meio-judeu. Ao que Walt respondeu que, se fosse todo judeu, seria melhor.

Além disso, Walt contribuía frequentemente com organizações de caridade judaicas: o Asilo de Órfãos Hebreus da Cidade de Nova York, o Yeshiva College, o Lar Judeu para Idosos e, até depois da guerra, para a Liga Americana pela Palestina Livre. Ao mesmo tempo em que Walt aparecia ante o HUAC, Ned Depinet, da RKO, lhe enviava uma lista de seus amigos judeus interessados em que Walt fizesse um filme com temática judaica, o que certamente seria improvável se achassem que Walt era antissemita. Uma década depois, em 1955, seria aclamado Homem do Ano pela filial de Beverly Hills da B'nai B'rith, a organização que o havia tachado de "arquirreacionário" durante a discussão em torno de *Song of the South*. A placa dizia: "Por ser exemplo dos melhores princípios americanos do entendimento entre cidadãos e entre grupos de cidadãos e interpretando na prática os ideais da B'nai B'rith de benevolência, amor fraterno e harmonia e por levar alegria e felicidade ao povo."

Por que então Walt era chamado de antissemita com tanta frequência? Primeiro de tudo, a ideia foi estimulada por empregados insatisfeitos como Art Babbitt e David Hilberman. Hilberman disse a um biógrafo de Disney que um animador chamado Zack Schwartz fora demitido pouco depois de apresentar suas fichas do sindicato. "Ele não era um criador de caso, era um bom artista e não criava problema para ninguém. O que tinha era o sobrenome Schwartz e um narigão." (Na verdade, Walt raramente se envolvia na contratação ou demissão exceto nos níveis mais altos.) Muitos anos depois, um animador e diretor chamado David Swift, também judeu, disse a outro biógrafo que quando informou Walt de que estava deixando o estúdio por um emprego na Columbia, Walt chamou-o ao seu escritório, imitou o sotaque ídiche e disse: "Está bem, garoto Davy, vá trabalhar com aqueles judeus. Você pertence àquele lugar, com aqueles judeus." Quando voltou para o estúdio depois da guerra, Swift afirmou que Walt, ainda ressentido, lhe disse que "nada de mal aconteceu ao estúdio enquanto ele esteve longe com aqueles judeus". Certamente é possível que Walt tenha feito essas observações, fruto da amargura que sentia logo depois da greve, embora isso não fosse característico dele nem mesmo naquelas circunstâncias. Nenhuma outra pessoa, nem mesmo Art Babbitt, jamais acusou Walt de proferir insultos ou zombarias antissemitas, e Babbitt odiava Walt. De qualquer maneira, para alguém que fora insultado, Swift sempre tratou Walt com cordialidade, com frequência efusivamente, e dizia que devia tudo a ele. Walt, em troca, disse a Swift, quando este deixou o estúdio pela segunda vez: "Sempre haverá uma luz brilhando na janela se alguma vez quiser voltar."

Outro fator que pode ter contribuído para a ideia de que Walt Disney era antissemita foi que ele vivia em um nicho protestante, rico, branco e conservador que tinha tinturas antissemitas. Walt confidenciou a Harry Tytle que a sua própria e amada Smoke Tree era uma comunidade restrita e, embora em uma ocasião tivesse convidado executivos do estúdio a ir lá para passar o fim de semana – ele tinha uma casa de hóspedes construída fora do rancho – gentilmente preveniu Tytle a não aceitar por receio de que ele se sentisse embaraçado. Josie Mankiewicz, amiga de colégio de Sharon e filha do roteirista Herman Mankiewicz, aceitou e contou que almoçava com os Disneys em Smoke Tree quando um homem veio até a mesa e lhes disse que fossem embora. Ela não informou a reação de Walt.

Mas outra teoria rastreia a percepção de antissemitismo não até o próprio Walt, mas a um dos empregados em quem Walt mais confiava, Ben Sharpsteen. O homem que tinha sido tão maltratado por Walt, havia empilhado abusos cometidos por ele próprio. Um animador chamado Art Davis, entrevistado pelo estúdio mas não contratado, disse que Sharpsteen, apesar de ter um nome que podia ser confundido como judeu era na verdade um maldoso antissemita que, reconhecidamente, não contratava judeus e difamava os que tinham sido contratados, razão pela qual o estúdio ganhou reputação de hostil aos judeus. Nessa versão, Walt era culpado de antissemitismo por associação.

A explicação mais plausível, no entanto, é outro caso de culpa por associação, só que muito mais grave: Walt, ao unir forças com a MPA e seu bando de profissionais reacionários e acusadores de comunistas, também foi tachado de antissemitismo. Embora Morrie Ryskind, um judeu, fosse um de seus membros mais conservadores e influentes, a MPA era amplamente conhecida dentro e fora da indústria do cinema como um grupo tóxico quando se tratava de antissemitismo e que Ryskind era, meramente, uma cobertura. Até o FBI estava preocupado. Um agente informou na época da formação da MPA, "que é totalmente possível que pessoas antissemitas fiquem em torno da MPA, tornando a organização definitivamente um grupo antissemita". Outro relatório citou acusações de John Howard Lawson – roteirista comunista e mais tarde uma das testemunhas não amigáveis do HUAC – aos diretores Victor Fleming e King Vidor, dois membros da MPA, de que cada um deles "era um notório antissemita". O produtor David Selznick tinha a mesma opinião da liderança da MPA. Do lado de fora de uma reunião da MPA em março de 1944, Selznick fez a acusação publicamente ao presidente da MPA, Sam Wood. Wood, obviamente tentando desarmá-lo, convidou Selznick a entrar para fazer suas reclamações, mas Selznick, sem ser convencido, chamou James K. McGuinness, o fundador da MPA, de "o maior antissemita de Hollywood" e o acusou de abrigar um grupo secreto antissemita chamado Hundred Haters (Cem Odiadores) no Clube de Golfe Lakeside que McGuinness presidia. As acusações tinham credibilidade suficiente para que o sogro de Selznick, Louis B. Mayer, chefe da MGM, e o chefe de produção da Warner, Jack Warner, ambos da extrema-direita do espectro político, começassem a se preocupar com o antissemitismo do grupo.

Walt Disney certamente estava ciente do suposto antissemitismo da MPA, mas escolheu ignorá-lo, provavelmente pensando que a acusação era propaganda comunista. O preço que pagou foi que sempre seria tachado não apenas de anticomunista, como também de antissemita. Independentemente do que era ou não, Walt, por vontade própria e até com entusiasmo, abraçou o grupo e uniu seu destino ao deles. E ao fazer isso, apesar dos prêmios e das contribuições de caridade, nunca seria capaz de limpar-se dessa mancha.

V

Tantos projetos, tão pouco progresso. No fim de 1947 o estúdio passou por mais um plano de reorganização, e este pôs Ben Sharpsteen a cargo de todos os filmes animados e Hal Aldequist, que tinha sido chefe de pessoal, a cargo do departamento de enredo. Mas foi, na verdade, apenas um rearranjo de cadeiras no deque de um navio que afundava. Como Ben Sharpsteen disse mais tarde: "Sabíamos que aquilo nunca duraria. Certas pessoas seriam encarregadas disto ou daquilo, mas havia pouca possibilidade de ficarem nessas posições por muito tempo. Walt, provavelmente, daria o cargo a outra pessoa em um ato inesperado." Mesmo assim, disse Sharpsteen, Walt "continuou a reclamar que não tínhamos nenhum plano de gerenciamento e que tínhamos de nos organizar". Fred Leahy, que ainda era nominalmente o chefe de produção sob Walt, perdera a maior parte de sua autoridade ao sugerir que o estúdio desmembrasse *Fantasia* em curtas. Jack Reeder, ainda nominalmente chefe operacional do estúdio, entrou em conflito com Walt ao levar seu próprio comando a sério até Walt forçá-lo a deixar o estúdio em maio de 1948. Dois meses após a saída de Reeder, Walt reinstalou o jogo no Penthouse Club como uma espécie de pontapé final nos burocratas.

Entretanto, mesmo após retomar o leme, ele ainda vacilava e estava desengajado e desinteressado. Passara o início do ano finalizando *The Wind in the Willows* e *Ichabod Crane*, que tencionava distribuir como um único filme porque nenhuma das duas partes era longa ou substancial o bastante para constituir sozinha uma apresentação. (Walt uma vez respondeu a um fã que sugerira um filme de Willows: "Nunca o consideramos material particularmente apropriado a um desenho animado.") Enquanto o estúdio avançava lentamente em vários projetos de filmes, Walt também trabalhava em um filme ao vivo encenado na área rural de Indiana, sobre um garoto que adota uma ovelha negra, e em uma segunda *Aventura da Vida Real*, esta sobre castores. No entanto, foi outro sinal da estagnação financeira e criativa do estúdio que seu maior lançamento em 1948 tenha sido *Melody Time* (*Tempo de melodia*), compilação de sete curtas e, embora tivesse sido originalmente planejado como uma antologia dos heróis populares americanos, os únicos heróis que sobreviveram foram Johnny Appleseed e *Pecos Bill*; o resto do filme tinha partes tão disparatadas como uma interpretação musical do poema de Joyce Kilmer "Trees" e uma animação estilo Currier e Ives intitulada "Era Uma Vez um Inverno". O filme custou estonteantes US$ 2 milhões e teve um retorno de apenas US$ 1,3 milhão – perda que Roy atribuiu ao medo de uma epidemia de paralisia infantil que afastou as crianças dos cinemas – forçando-o a enviar um memorando para Walt: "Isso torna ainda mais necessária toda a economia que possamos fazer." Seguiram-se novas demissões.

Com o estúdio no vermelho, Walt tinha apenas uma fagulha de esperança de produzir outro filme animado para recuperar seu público, silenciar os críticos e jogar dinheiro de volta na operação. Mas era apenas uma fagulha, porque o estúdio perdera animadores, um dos recursos básicos para tornar um filme viável. E a fagulha era pequena porque Walt, sabendo que não havia mais talento no estúdio, era avesso a se comprometer com outro filme – avesso a se permitir sonhar. De qualquer modo, Roy insistia em que não deviam arriscar tudo em um filme. Quando voltou ao estúdio depois da guerra, Woolie Reitherman disse que Walt estava "muito, muito inseguro", querendo dizer indeciso sobre se deviam fazer um filme, ou simplesmente, vender o estúdio. Na época Walt pensava em *Cinderela*, que desenvolvia com passo incerto desde 1938, com a esperança óbvia de recapturar a magia de *Branca de Neve*; e também analisava *Alice no País das Maravilhas*, para o qual havia contratado o escritor inglês Aldous Huxley para escrever o roteiro e para o qual ventilara o nome da atriz infantil Margaret O'Brien, não apenas porque O'Brien poderia atrair público, como também porque estava sob contrato com a MGM, e seu envolvimento poderia interessar a MGM na distribuição do filme em lugar da RKO com quem os Disneys estavam desiludidos.

A decisão era claramente menos uma questão de paixão que de expediente. Segundo um relato, Walt, incapaz de decidir entre os projetos, convocou uma reunião dos funcionários que não faziam animação, tocou para eles as canções de cada um dos filmes, mostrou-lhes os *storyboards*, e depois os fez votar pelo filme que preferiam. Eles escolheram *Cinderela*, mas Alice também foi mantida em produção, de forma que as equipes de animação de ambos os filmes estavam efetivamente competindo para ver quem acabava primeiro. Na primavera de 1946, Walt recebeu uma apresentação de *Cinderela* de seus roteiristas veteranos Ted Sears, Homer Brightman e Harry Reeves e ordenou que se fizessem *storyboards* com a intenção de ter os filmes prontos para distribuir no fim de 1949. Woolie Reitherman viu os *storyboards* de *Cinderela* e foi direto ao escritório de Walt para lhe dizer o quanto gostara do filme e o potencial que achava que tinha. Reitherman contou anos depois que Walt lhe dissera que "estava contente em que eu tivesse ido vê-lo", como se não pudesse proceder de outra forma, o que apenas provava o quão inseguro se tornara o outrora infalível Walt Disney.

Finalmente, o estúdio parecia recuperar um pouco de seu calor. "*Cinderela* trouxe de volta de repente uma sensação boa", disse Ben Sharpsteen. Milt Kahl mencionou alguma euforia agora que os animadores voltavam a trabalhar em uma coisa "importante". Mas logo ficou claro que *Cinderela* não era *Branca de Neve*, ao menos não na forma como estava sendo produzida e, para um filme planejado para ser a salvação do estúdio, recebeu pouco da atenção esbanjada nos filmes iniciais. Walt relutava tanto em correr riscos (o tipo de risco que correra com *Branca de Neve*, *Pinóquio*, *Fantasia* e Bambi) que, no início de 1948, fez todo o filme ao vivo com atores, no estúdio de gravação, montando a trilha de diálogos. O objetivo não era prover filme para o rotoscópio, como o estúdio fizera no passado, mas ver, lembrou Frank Thomas, se as cenas funcionariam. "Eram longas demais? Curtas demais? Vão prender a atenção?" O filme foi editado e mandado para os animadores em grandes folhas fotostáticas para duplicação. O problema, disse Thomas, é que os animadores não podiam imaginar nada que a ação ao vivo não apresentasse, pois esse tipo de experimentação poderia demandar mudanças que custariam dinheiro extra – uma abordagem que, efetivamente, derrotava o propósito da animação e validava as velhas críticas de que Walt Disney era preso demais ao realismo. Os animadores foram até instruídos a desenhar mais ou menos da perspectiva do diretor – frontalmente – para evitar tomadas e ângulos difíceis. Thomas disse que sentiu como "se os pés estivessem pregados no chão".

Além disso, o estilo de animação era diferente – no novo estilo Disney, mais minimalista, agudo, chapado. Como Walt admitiu para um artista que recomendou abordagem mais ornada, os desenhos "tinham de ser feitos com uma grande dose de simplicidade". De fato, Walt estava tão determinado a que *Cinderela* não se parecesse com *Branca de Neve* visualmente que pediu à sua ex-artista Mary Blair para voltar e desenhar os personagens, o que ela fez de forma delicada, extremamente sensível – e contra isso, segundo Ben Sharpsteen, os animadores se rebelaram. Cenas inteiras também foram recriadas para cortar detalhes e o custo de animar aqueles detalhes. Harry Tytle sugeriu que durante a cena do salão de baile os outros casais se dissolvessem no rosto de Cinderela e do príncipe de forma que os dançarinos não tivessem que ser animados, e sugeriu que a carruagem em que Cinderela vai ao baile parecesse flutuar no ar para que os animadores não tivessem que desenhar as rodas girando e os enfeites da carruagem. Ao mesmo tempo, Walt mandava projetar cenas individualmente para as audiências do ARI tão logo os animadores as terminavam.

Em novembro, Sharpsteen informou Walt de que Bill Peet estava trabalhando na sequência da confecção do vestido, em que Cinderela obtém seu traje de baile; o compositor Ollie Wallace havia gravado uma trilha para *So This Is Love*; Ham Luske e Wilfred Jackson continuavam a filmar cenas ao vivo; e os roteiristas Winston Hibler e Ted Sears haviam passado de Cinderela para a história de *Ichabod Crane*. Não havia nada incomum nisso. O que era fora do comum era Sharpsteen ter de falar sobre essas coisas com Walt enquanto o estúdio realizava seu primeiro filme completamente animado em quase oito anos, o filme que Walt estava desesperado para fazer. No passado, Walt estaria supervisionando tudo até o último detalhe. Mas, no passado, isso teria sido importante.

Nada parecia importar porque Walt sentia agora que tudo estava irremediavelmente comprometido. Como sempre, quando não estava envolvido, Walt viajava – desta vez para Smoke Tree, para Arrowhead Springs, para Alisal Ranch e para Old Creek Lodge, no Arizona. Em junho de 1948, após a distribuição de *Melody Time*, ele fez um cruzeiro de três semanas para o Havaí. Era uma chance de passar um tempo com a família e esquecer o estúdio. Ele era especialmente próximo de Sharon, que uma das secretárias de Walt descreveu como "um cachorrinho de estimação", disposta a ir com ele em excursões como a do Alasca, ou em uma viagem noturna de trem para San Francisco, ou em uma viagem transcontinental de trem para Nova York, e os dois andavam pelo trem para se divertir. Ele ainda levava as duas meninas todos os dias para as respectivas escolas antes de ir para o estúdio e era um pai engajado, chegando a repreender o diretor da escola de Sharon por dar às crianças muito dever de casa pois isso tirava delas o tempo que pertencia à família. Era também um pai amoroso e solidário e estimulou Diane quando ela começou a frequentar o Chouinard Art Institute ("Ele colecionava todos os meus desenhos e me fazia pensar que eu era maravilhosa", Diane lembraria); ia às peças de Sharon na escola e lhe dizia depois como se saíra bem. Em determinado momento, Diane se interessou por música e pediu ao pai que lhe comprasse entradas para a temporada de ópera. "Ele ia comigo a todas elas", disse Diane, "a menos que eu arranjasse mais três ou quatro amigas para ir junto. Então, ele nos levava de carro até o Shrine Auditorium e depois vinha nos pegar novamente." Diane disse que achava que ele "odiava" ópera. Mas nunca fez a menor objeção a ir com ela. Na mesa de jantar, também gostava de contar à família o que estava fazendo, mas sempre lhes perguntava também o que estavam fazendo. "E ele ouvia", disse Diane.

Walt raramente ralhava com elas ou mostrava em sua presença a raiva que seus empregados tão frequentemente viam; embora com as garotas, assim como com os empregados, ele só precisasse arquear a sobrancelha para puni-las. Sharon disse que a única vez em que bateu nela foi quando ela fez um comentário inapropriado durante o jantar, foi mandada para o quarto e depois se queixou do castigo com sua tia Grace. Foi a queixa que o aborreceu. E Diane lembrou uma vez em que ele explodiu quando ela passou a maior parte do tempo das férias da família em Palm Springs dirigindo o velho Oldsmobile conversível de Walt, em companhia das filhas do chefe de produção da Twentieth Century-Fox, Darryl F. Zanuck, que tinha uma casa perto. "Você fica correndo de um lado para o outro", Diane disse que seu pai berrou quando finalmente a pegou em casa um dia. "Você nunca está aqui! Por que eu fico aqui se você nunca está?", como uma vez repreendera Marjorie Sewell. Então, foi embora para o estúdio. Dias depois, Diane estava dirigindo o Oldsmobile quando teve um pequeno acidente. Walt dirigiu até a cena do acidente e não lhe disse uma palavra de censura. "Ele era assim", disse Diane. "Só ficava louco quando se sentia ferido."

Lillian podia ser insensível com as meninas. Ela e Walt haviam decidido que nunca contariam a Sharon que era adotada, mas quando Sharon era adolescente, duas colegas de classe na Westlake School, elas próprias adotadas, lhe disseram que ela também o era. Quando Sharon confrontou a mãe com a informação, Lillian lhe disse sem rodeios: "Sim, você é". Diane disse: "Esta era a atitude da mamãe em relação a uma porção de coisas, talvez um pouco insensível, mas sem se dar conta." Walt era diferente. A maior parte do tempo ele era compreensivo, até terno, com suas filhas. Quando levou Sharon para o Alasca, ela o chamou de "a imagem da paciência", dizendo que ele fazia tranças em seu cabelo todas as manhãs, lavava as roupas dela e limpou o avião depois que ela vomitou após comer barras de chocolate Hershey e enjoar. Quando Diane teve sua primeira menstruação e correu para os pais chocada e confusa, ela disse que foi seu pai e não sua mãe que a consolou.

Mas por mais que amasse as filhas e gostasse de ficar com elas, havia algo de solitário nele quando não estava no estúdio – alguma coisa autoabsorvente e distante. Sem nada para ocupá-lo, decidiu que ia abrir uma trilha em volta do perímetro de sua propriedade em Woking Way e passou a maior parte dos fins de semana do verão de 1947 queimando mato para limpar sua "trilha da Birmânia" – a linha de suprimento no sudeste asiático durante a II Guerra Mundial – como a família, brincando, se referia ao caminho que ele abria debaixo de sol quente, cavando e tirando terra, transpirando profusamente, sozinho em seu próprio mundo a não ser por Sharon, a quem pagava para que lhe levasse refrigerantes. Lillian disse que uma vez em Smoke Tree ela o flagrou no terraço representando uma cena na qual estava trabalhando, rindo e falando consigo mesmo, tão completamente absorto que não via mais ninguém. Seu amado chow chow Sunnee havia morrido – "nenhum outro cachorro podia igualar-se àquele", diria Walt –, mas ele conseguiu um novo cachorro, uma cadela poodle de cor marrom chamada Duchess, que o seguia pela casa e até o acompanhava em suas excursões nos fins de semana ao estúdio, onde os empregados que por acaso lá estavam passaram a conhecer o clip, clip, clip de suas unhas no assoalho. O compositor Paul Smith disse que, quando Duchess o ouvia tocar piano, corria pelo corredor até sua sala.

Da mesma forma que as noites e os fins de semana com Duchess eram uma medida da solidão de Walt, agora que as garotas estavam crescendo e ele não sentia o mesmo espírito de colaboração no estúdio, também o era o tempo que passava com Hazel George. George era uma jovem forte, de expressão franca e fala firme que havia crescido em Bisbee, dura cidade de fronteira do Arizona, onde foi guarda do tribunal juvenil, recebeu treinamento como enfermeira psiquiátrica e foi aconselhada por um supervisor a ir para a Califórnia e ver se conseguia trabalho, entre todos os lugares, no estúdio Disney. Ela começou a trabalhar lá como enfermeira da companhia durante a greve. O médico de Walt advertiu-a: "Você vai ter dificuldades com ele."

Na verdade, não teve. Walt precisava de um confidente, uma pessoa com quem simplesmente pudesse conversar, e Hazel George tornou-se essa pessoa. Todos os dias, normalmente depois das cinco da tarde, ela ia para o escritório dele, ou ele para o dela, onde ela lhe administrava o tratamento diatérmico ou lhe dava uma massagem para aliviar o ferimento de polo e depois, Walt tomava um uísque e relaxava, desabafando com Hazel. Eles chamavam os escritórios de "lugar de rir", como a cabana de tio Remus em *Song of the South* – a mesma descrição que Walt usou para o lar de Walt Pfeiffer em Kansas City, onde compartilhou tempos alegres. Não havia nada sexual na relação; na verdade, Hazel estava envolvida com o compositor Paul Smith. Para

Walt, era estritamente uma questão de companhia e confidência, de não ter que ser Walt Disney. Com o tempo se diria que Hazel sabia de todos os segredos de Walt e era, provavelmente, a pessoa com o emprego mais seguro do estúdio. Mas Walt encontrava mais que cumplicidade em Hazel. Walt confiava nela, sem dúvida, porque sabia que ela era extrovertida, honesta e não passível de intimidação em uma época em que temia que todos os demais lhe dissessem coisas que achavam que ele queria ouvir. (Naturalmente, os empregados estavam empenhados em se autopreservar precisamente porque Walt não gostava que o contradissessem.) Ele mostrava *storyboards* para ela, e ela dizia o que achava. Ela até afirmou que deu nome aos filmes *Seal Island* e *Beaver Valley*, a aventura da vida real sobre os castores.

Hazel George, talvez melhor que qualquer outra pessoa, inclusive Lillian, sabia que Walt estava ansioso e desorientado, sem animações que o empolgassem de verdade. Foi ela quem sugeriu que fosse a uma feira ferroviária em Chicago, mesmo tendo ele voltado de uma viagem ao Havaí apenas semanas antes. Ela lhe disse que ele ainda precisava relaxar. Brincando com a ideia, Walt ponderou que Ward Kimball, um entusiasta de estradas de ferro, sempre parecia relaxado, então chamou Kimball e lhe perguntou se queria acompanhá-lo. Eles tomaram o *Super Chief* de Pasadena. Em certo momento, o presidente da ferrovia de Santa Fé convidou Walt e Kimball a andar na locomotiva e puxar a corda para dar o assovio. Kimball disse que Walt puxou a corda durante um longo tempo e com força. Quando voltaram para o vagão, Walt "apenas ficou sentado ali, olhando para o espaço, sorrindo e sorrindo", lembrou Kimball. "Eu nunca o havia visto tão feliz."

Walt recebeu mais da mesma cortesia quando chegou à feira, uma comemoração geral da construção de ferrovias na América. O presidente do Museu de Ciência e Indústria de Chicago Lenox Lohr, que sediava a feira, deixou Walt e Kimball assistir por trás das cortinas a um espetáculo chamado *Wheels A'Rolling* (*As rodas estão girando*), apresentada em uma plataforma de 450 pés junto ao lago Michigan com trilhos instalados para locomotivas históricas. Walt pôde até andar em várias locomotivas antigas e apareceu brevemente no espetáculo. "Parecíamos crianças, andando em locomotivas históricas, como a *Lafayette*, a John Bull, a *Tom Thumb*", lembrou Kimball. Além do espetáculo, a feira exibia maquetes – "lugares", um observador as chamou: uma réplica do quarteirão francês em Nova Orleans erigida pela Illinois Central Railroad; um rancho de férias; um parque nacional genérico com um gêiser que entrava em erupção a cada 15 minutos, patrocinado por várias ferrovias do oeste; e uma aldeia indígena erguida pela Santa Fé.

Mas com toda a brincadeira e diversão que Walt desfrutou na feira, o passeio foi como a viagem a Goderich no verão anterior, uma jornada ao passado também – uma jornada para redescobrir a si mesmo e acender novamente suas paixões. Durante a viagem, Walt, obviamente solitário, batia na porta do quarto de Kimball, convidava-o a ir para a sua cabine, servia dois copos de uísque de um decantador de vidro e falava. "Ele estava muito preocupado com a própria história", disse Kimball, "e passou duas noites inteiras me contando toda a sua vida, desde que era garoto, vendia jornais, e a história toda." Como sempre, Walt saboreava especialmente contar a traição de Mintz e a criação de Mickey Mouse – saboreava-a ainda mais agora, que estava afundando. "Você vê, eu estava certo", dizia a Kimball. "Eu me vinguei deles, e eles ficaram perdidos." Quando estavam em Chicago, Kimball, que era músico, quis visitar alguns clubes de jazz. Walt se recusou. Em vez disso, uma noite convenceu Kimball a andar no trem elevado com ele enquanto Walt, olhando pela janela, descrevia as cenas de sua infância na cidade. Em uma estação isolada e suja, disse Kimball, ele e Walt saltaram, e Walt explicou que era ali que fazia baldeação para chegar ao escritório do correio em 1918. "Walt estava revivendo sua juventude", avaliou Kimball.

Mas a fascinação por trens era mais que um caminho para reviver sua juventude em Marceline, quando seu tio Mike, o engenheiro, subia o caminho até a fazenda dos Disneys com seus sacos de balas, ou o verão em Kansas City, quando Walt trabalhou vendendo doces e refrigerantes no trem, ou as voltas no trem elevado de Chicago antes de partir para a guerra. Os trens eram um divertimento para Walt e uma forma de relaxar das pressões do estúdio. Lillian disse uma vez que depois da guerra, Walt esteve próximo de um colapso nervoso como o que sofrera em 1931 porque estava trabalhando demais, embora a melhor explicação fosse porque Walt se sentia deprimido com o pouco resultado que seu trabalho lhe trazia mesmo que ele continuasse a trabalhar. "Não importava quais fossem os planos que eu havia feito para o fim de semana", lembrou Lillian, "nós sempre acabávamos no estúdio. Ele não conseguia tirar o estúdio da cabeça." Walt foi um pouco mais direto quando disse que os trens "eram apenas um hobby para tirar os problemas da minha cabeça".

Por mais que amasse os trens – ele sempre insistia com Lillian para pôr o pé no trilho para sentir a vibração – e por mais que precisasse de uma distração, eles claramente se tornavam mais que um hobby. Os trens acabaram sendo um substituto para a animação, uma nova forma de controle em um mundo que se curvava menos facilmente para ele como havia se curvado nos dias dourados. Kimball disse que ele próprio havia plantado a semente já em 1945 quando concluiu uma ferrovia completa em tamanho natural no seu terreno de dois acres em San Gabriel, com 900 pés de trilhos de bitola estreita, uma locomotiva que funcionava e um vagão de passageiros. Ele a chamou de Grizzly Flats Railroad, o nome que uma vez vira escrito numa placa em uma cidade madeireira abandonada de Sierra. Walt foi à festa "do vapor" e bancou o condutor quando a locomotiva saiu da casa de máquinas de Kimball; ele sorria amplamente enquanto puxava o apito e tocava o sino. Kimball pôde ver que Walt tinha sido pescado pelo poder e pela emoção. Uma vez Walt chegou a levar um pistão de trem para casa e, orgulhosamente, o exibiu na mesa de jantar.

Aparentemente desejando que as pessoas compartilhassem seu entusiasmo comprou três ferrovias modelo Lionel para seus sobrinhos-netos no Natal de 1947 e depois decidiu comprar uma para si também, justificando que seu médico lhe dissera que precisava de um hobby. "Comprei para mim um presente de Natal", escreveu para sua irmã Ruth, parecendo exatamente uma criança, "– algo que quis durante toda a minha vida – um trem elétrico. Por ser mulher, você provavelmente não pode entender o quanto eu queria um quando era criança, mas consegui um agora e como estou me divertindo. Eu o montei em uma das salas de fora, ao lado do meu escritório, para poder brincar nos momentos de folga. É um trem de carga com apito e fumaça de verdade que sai da chaminé – há entroncamentos, semáforos, estações e tudo. É maravilhoso!" Na verdade, Walt diminuiu a importância de sua nova ferrovia para a irmã. Com a ajuda de um mecânico da oficina do estúdio, Roger Broggie, Walt havia montado um elaborado layout no escritório. De acordo com um visitante, era grande o suficiente para encher metade de uma garagem para dois carros, com dois trens, túneis, cidades em miniatura e contrapesos de chumbo para elevar e baixar pontes. Ele adorava brincar com ele, mas quando ficou pronto, perguntou a Broggie: "Isto é um trem elétrico. E se fosse de verdade?"

Mas Walt já vira como era um trem verdadeiro na festa de inauguração da ferrovia de Kimball. Quando Kimball convidou o animador Ollie Johnston para ver o trem elétrico na sala de Walt, Johnston contou a Walt sobre uma locomotiva a vapor em escala de 1 para 12 que estava construindo em seu terreno no sopé das montanhas Sierra Madre, e Walt começou a visitar a loja de máquinas em Santa Mônica, onde as peças da ferrovia de Johnston estavam sendo feitas. Nesse meio tempo, Kimball apresentou Walt a outro entusiasta de trens, Dick Jackson, que fizera fortuna com acessórios de automóveis antes de se aposentar e devotar-se à miniferrovias. Walt, junto a Lillian e Sharon, visitou Jackson em sua casa em Beverly Hills e conduziu seu engenho a vapor. Walt conheceu mais um interessado em ferrovias naquela primavera, William "Casey"

Jones, que também construiu uma miniferrovia em sua casa em Los Gatos e também deixou Walt conduzir a máquina. "Pessoalmente, invejo você por ter a coragem de fazer o que quer", Walt escreveu a Jones, claramente pensando em sua própria situação.

Agora Walt queria o seu próprio trem – não um modelo, mas um trem grande o suficiente para ele poder sentar dentro. Mandou Richard Jones, chefe da oficina do estúdio, fazer perguntas discretas a pessoas que pudessem estar querendo vender miniaturas de trens – discretas porque, obviamente, não queria que vendedores em potencial soubessem que era Walt Disney quem queria comprar. Jones também colocou um anúncio na *Railroad Magazine* pedindo informação sobre onde poderia comprar uma ferrovia a vapor de bitola 8 ou 16 e escreveu para outros entusiastas para saber como implantar uma milha de trilho em miniatura. Mais tarde naquele verão, Walt e Sharon foram a uma feira de locomotivas pequenas em Lomita, na Califórnia. Quando retornou ao estúdio, Walt fez com que Dick Jones e Eddie Sargeant, artistas de esboços, desenhassem as plantas e depois começassem a trabalhar em um modelo em escala de uma polegada e meia da locomotiva Central Pacific 173, protótipo que vira na Exposição Internacional Golden Gate na mesma viagem. Roger Broggie contou que Walt apareceu na oficina às 7h15 da manhã depois de voltar da exposição e lhe disse para começar a trabalhar no trem. Enquanto isso, Walt incumbiu William Jones de encontrar para ele uma locomotiva em escala "que possa ser comprada por um preço razoável".

Mas Walt não compraria simplesmente um trem, ou apenas teria um trem no estúdio construído segundo suas especificações. O trem, como a animação, tinha de ser totalmente absorvente – tinha de ser sua fuga da animação, como a animação havia sido sua fuga da realidade. Na verdade, o trem seria o seu trabalho. E então, ele próprio faria o trem, com Dick Jones, Eddie Sargeant e Roger Broggie. À noite, durante duas ou três horas, às vezes, e longas horas nos fins de semana, Walt começou a visitar a oficina de máquinas do estúdio localizada perto da entrada, nos chamados "vagões", onde Broggie construíra uma bancada de trabalho para si e ensinou Walt a usar o torno de relojoeiro, uma broca mecânica e uma máquina fresadora. Ele ia à oficina aos sábados, em roupas de trabalho, frequentemente acompanhado de Duchess ou Sharon, que brincava em seu escritório, ou andava de bicicleta, ou dirigiria devagar o carro do pai pelo terreno enquanto ele trabalhava. (Walt a ensinara a dirigir ali.) Com frequência ele era o único na oficina. Fabricar o trem tornou-se sua nova paixão.

E se amava os modelos de trem, também amava o processo descomplicado e democrático de fazê-los – processo em que ele era apenas um "mecânico novato", como chamava a si mesmo, e em relação a quem não havia expectativas ou exigências. "Você sabe, me faz bem vir até aqui e descobrir que não sei tudo", disse a Roger Broggie. Era como nos primeiros dias no estúdio quando ainda era divertido. Ollie Johnston se lembraria de ocasiões em que trabalhou lado a lado com Walt em seus trens e Walt dizia, "ei, acho que sei onde eles deixam o carvalho", e eles saíam para descobrir pedaços de madeira. E Walt gostava do artesanato – a sensação de, finalmente, estar fazendo trabalho produtivo novamente, e fazendo-o com perfeição, do jeito que havia feito em seus primeiros filmes. Ele levou as rodas inacabadas de seu trem a todos os lugares para onde foi no outono e no inverno. "Se ia com a família para Palm Springs, a caixa com as rodas ia junto", lembrou Diane, "e ele ficava sentado ali, limando-as ao sol." E ao ficar sentado ali, limando-as, Walt sentia-se tão feliz como não se sentia havia anos.

Pouco antes do Natal de 1948, um ano após montar seu trem elétrico no escritório, Walt terminou a Central Pacific 173, pôs trilhos de 300 pés de extensão no estúdio de gravação e ligou a máquina. Ele organizou um novo teste pouco antes do ano novo. Eddie Sargeant estava na locomotiva e fez uma curva rápido demais, caindo do carro e tirando a locomotiva do trilho, mas Walt ficou em êxtase de qualquer modo. Ele tinha o seu trem; tinha a alegria da colaboração novamente; tinha um objeto em que derramar sua afeição; tinha o prazer de trabalhar exatamente como queria e a oportunidade de exercitar o controle que havia perdido.

Mas se ele estava em êxtase, outros estavam perplexos. Ao visitar o estúdio nesse período, o crítico de filmes do *New York Times*, Bosley Crowther, ficou chocado com o desinteresse que Walt exibia pelo cinema e com a sua "total, quase estranha preocupação com a construção de uma estrada de ferro em miniatura e uma fila de vagões nas oficinas do estúdio. Toda a sua excitação de inventar, de criar fantasias, parecia dirigida para esse brinquedo." Crowther disse: "Fui embora triste" – triste porque Disney, o homem que havia ajudado a modelar a imaginação americana agora passava a maior parte do tempo brincando com trens.

VI

Por mais distraído que estivesse e por mais que desejasse evitá-las, as exigências do estúdio ainda ocupavam seu tempo e sua atenção. Enquanto brincava com trens, a equipe havia terminado outro filme combinado de ação ao vivo e animação, *So Dear to My Heart*, baseado em um romance popular de Sterling North intitulado *Midnight and Jeremiah* sobre um garoto e sua ovelha de estimação. Era estrelado por Bobby

Driscoll e Luana Patten, duas crianças que Walt contratara após terem participado de *Song of the South*. Como a maioria dos filmes Disney, *So Dear to My Heart* estivera em produção durante muito tempo. Walt começou a encontrar-se com o roteirista Edwin Justus Mayer em 1945, e Perce Pearce viajou no verão daquele ano a Indiana onde o filme se passava, para captar um pouco da atmosfera da mesma forma que Walt havia ido a Atlanta para embeber-se do clima de *Song of the South*. O filme verdadeiro, com locação em San Joaquin Valley na Califórnia, onde a cidade de Indiana foi recriada, começou no fim da primavera de 1946. Walt ficava no set por longos períodos no início e mais tarde, nos fins de semana, fazendo sugestões durante o café da manhã de domingo, embora o diretor Harold Schuster, a quem Walt recrutara da Twentieth Century-Fox depois de ver um filme de Schuster sobre um cavalo, *My Friend Flicka* (*Meu amigo Flicka*), dissesse que Walt nunca o pressionava. "Ele deixava as rédeas firmes em minhas mãos", afirmou Schuster.

Na pós-produção no entanto, Walt foi forçado a retomar as rédeas. Ele não ficou particularmente feliz com o resultado do filme e decidiu trabalhar novamente em no mínimo uma seção inteira, ordenando a Bill Anderson, responsável pelo orçamento, que saísse da reunião onde ele discutia as mudanças porque não queria ser sobrecarregado por considerações de ordem financeira. Mas até mesmo enquanto trabalhava novamente nas cenas Walt ficou desestimulado. Apesar da preocupação com seus trens, passou outro ano trabalhando no filme antes de concluí-lo, decidindo finalmente, acrescentar sequências animadas como havia feito em *Song of the South* e justificou-as dizendo que eram "histórias imaginárias da cabeça de um garotinho". Como disse o publicitário Card Walker, "ele sabia que tinha um problema." (Foi para escapar das tensões do filme que Walt foi ao Havaí e depois, para a feira de ferrovias.) O acréscimo da animação levou o "Sr. Harper", da revista *Harper's*, a observar, meio a sério e enquanto o filme ainda estava em produção, que "nenhum bem, certamente, pode advir da derrubada da barreira que ainda protege as pessoas vivas, de três dimensões, dos habitantes do mundo bidimensional do Sr. Disney que têm sido tão firmemente protegidas do medíocre e da contrafação" – proteção que tinha sido a questão durante todo o tempo. E que agora não era mais.

Entretanto, não era apenas da mediocridade que o próprio Walt Disney precisava proteger-se. Na verdade, *So Dear to My Heart* era de fato um filme mais caloroso, mais sincero, e segundo a maioria das críticas, melhor que *Song of the South*. Para Disney, o problema era que o filme foi uma concessão, um exercício de nostalgia excessiva, sem dúvida influenciada por suas memórias de Marceline. Ao celebrar a vida e os valores das cidades pequenas, Walt invadira ostensivamente o território de Norman Rockwell e reforçou sua imagem de pós-guerra, não como um ousado artista popular, mas como um artista familiar conservador. *So Dear to My Heart* – até mesmo o título era sentimental – não era um filme ruim. Era, no entanto, essencialmente um cartão postal em sua abordagem diretamente sentimental, água com açúcar e sem imaginação. Mesmo assim, Walt precisava tão desesperadamente de um sucesso que passou três semanas indo a estreias em Indiana, Ohio, Kentucky e Tennessee – isso para o homem que uma vez não teve tempo sequer de ir à estreia americana de Bambi.

Mas em um aspecto importante, o filme foi um ponto de partida e uma esperança. Walt o concebera como um filme inteiramente ao vivo, seu primeiro filme ao vivo, mesmo que não tivesse terminado dessa maneira, e como filme ao vivo era uma espécie de realização. Quase desde o primeiro momento em que pôs os pés em Los Angeles, fazer filmes ao vivo foi sua ambição. Ação ao vivo era mais fácil e barata que animação e, ao menos quando Walt começou, era muito mais prestigiosa que animação. Incapaz de começar com filmes ao vivo, ele havia recuado para a única coisa que sabia, desenho animado, mas nunca abrira mão do sonho e, na época em que a greve se aproximava, Walt, presumivelmente esperando perder alguns de seus animadores, esboçou a ideia de um filme intitulado *Hound of Florence* (*O cão de caça de Florence*), que mandou para o chefe de produção da RKO, George Schaefer, com a instrução de que Schaefer tivesse em mente "que isso não se destina a uma combinação de desenho animado e ação ao vivo, mas foi escrito inteiramente para ser um filme ao vivo, usando todos os truques que sabemos que um cachorro pode fazer e jogando com isso para criar um suspense cômico durante o filme". Ele achou que o filme poderia ser feito por menos de US$ 400 mil, consideravelmente menos do que estava gastando em seus filmes animados.

O filme não foi feito, outra baixa do aperto de cintos, mas Walt havia beirado a ação ao vivo, em grande parte como medida de economia em *Song of the South* e *So Dear to My Heart*, e os animadores ficaram preocupados. "Assim que Walt subisse à plataforma de uma câmera", brincou um animador, reconhecendo o amor de Walt tanto pelo controle quanto pela tecnologia, "nós sabíamos que o perderíamos." Ben Sharpsteen admitiu que muitos animadores ficaram "muito preocupados" e perguntaram se Walt estava desertando deles ou abandonando completamente a animação. Quando um deles, Milt Kahl, foi à sala de Walt para protestar, Walt disse: "Bem, eu lhe direi, Milt. Tenho de virar uma prostituta para pagar o seu salário. É muito simples."

Mas não era assim tão simples, porque haviam outras considerações a fazer ao se decidir produzir um filme ao vivo. O governo britânico, em uma tentativa para ressuscitar sua própria indústria cinematográfica depois da guerra, havia criado um imposto de importação de 75% sobre os filmes americanos exibidos na Grã-Bretanha e ordenou que 45% dos filmes exibidos nos cinemas britânicos fossem feitos na Inglaterra. (O Departamento de Estado americano havia acordado uma cota semelhante com a França, restringindo o número de filmes que entravam naquele país a 110, a ser suprido pelas maiores companhias produtoras o que, efetivamente, congelou os filmes Disney, e Roy escreveu para o Secretário de Estado general George Marshall para protestar.) Esses foram golpes terríveis para um estúdio que sempre se apoiara pesadamente em receitas estrangeiras e havia sido devastado pelas restrições do tempo de guerra. Para piorar as coisas, os governos britânico e francês estipularam que as receitas obtidas pelos estúdios americanos naqueles países fossem gastas ali. Para o estúdio Disney isso representava mais de US$ 1 milhão. Obviamente, Walt não podia instalar um estúdio de animação na Inglaterra ou na França, mas ele tinha outra opção. Podia fazer um filme ao vivo na Inglaterra e financiá-lo com os fundos bloqueados. Na verdade, quando Walt Disney finalmente cruzou a fronteira para filmes ao vivo, foi o governo britânico que o forçou a fazer isso.

O projeto que Walt selecionou para o seu filme ao vivo britânico, quando perdia o interesse em *So Dear to My Heart*, foi *A Ilha do Tesouro*, de Robert Louis Stevenson, sobre um garoto que se une a um grupo de piratas, e ele despachou Perce Pearce e Fred Leahy para a Inglaterra a fim de supervisar a produção. Mas Walt, que ainda não tinha nada específico para fazer, decidiu que levaria Lillian e as garotas de férias para a Europa sob o pretexto de que tinha de supervisar o filme pessoalmente. (Mais tarde foi honesto sobre isso. "Eu fazia os filmes no verão", disse sobre as produções inglesas. "Isso me dava chance de... escapar.") Era claramente um alívio se ver livre do estúdio que antes amava tão profundamente, e o representante do estúdio William Levy escreveu para Roy que Walt havia chegado em junho, "em excelente estado de espírito e cheio de confiança, e observou diversas vezes que, com um pouco de sorte, o filme poderia ser feito dentro de um orçamento razoável".

A filmagem começou em 4 de julho de 1949, "em um dia de sol fantasticamente maravilhoso", escreveu para Roy o agente britânico de Disney, Cyril James. O tempo parecia pressagiar uma produção relativamente livre de estresse. Walt, apesar de suas promessas de supervisar, visitou apenas ocasionalmente o set nos estúdios Denham, fora de Londres, e o agente do diretor Byron Haskin escreveu para Jack Lavin, coordenador de talentos do estúdio, que Walt "parecia gostar de tudo". Com o filme seguindo tranquilamente, Walt ordenou que fossem enviadas provisões para o

Dorchester Hotel em Londres (duas caixas de uísque Johnnie Walker Black Label, seis latas de bacon, quatro latas de carne bovina salgada e picada; quatro latas de conserva de outro tipo de carne, feita principalmente de presunto e salsicha, seis latas de presunto cozido e 24 latas de seu prato favorito, pimenta e feijões) e brincou de turista com a família. Quando se cansaram de Londres, visitaram a Irlanda durante dois dias, depois passaram três semanas na França, onde Walt visitou novamente os sítios do serviço da Cruz Vermelha, depois cruzaram para a Suíça.

Após cinco semanas, ele e a família partiram para a América, mas em outro sinal da inquietação de Walt, voltou para a Inglaterra um mês e meio depois, desta vez sem Lillian e as crianças, quando a produção atingia o clímax. O único suspense foi se o governo britânico emitiria uma permissão de trabalho para Bobby Driscoll, que estrelaria o filme, pois uma lei do governo britânico proibia a contratação de atores com menos de 13 anos de idade. Frenético, depois que soube disso, Fred Leahy conseguiu que o Bureau Educacional concordasse em "olhar para o outro lado" durante a filmagem, enquanto Driscoll deveria dizer que estava na Inglaterra de visita. Mas quando Driscoll foi forçado a ficar mais dias que o esperado, devido principalmente a atrasos provocados por mudanças climáticas, a equipe se preocupou com a possibilidade da polícia intimá-lo, então Driscoll viajou entre a primeira unidade (em que fez a fotografia principal) e, quando essa unidade estava acabando, a terceira unidade (em geral das cenas em que atores não são necessários). Desta forma, o tempo de Driscoll foi maximizado, embora isso significasse que todas as suas cenas tinham de ser filmadas em primeiro lugar. No final, os pais de Driscoll e o estúdio foram ambos multados por infringir a lei de permissão de trabalho, mas esse foi um preço pequeno para completar a fotografia.

Agora vinha a corrida típica para terminar o filme a tempo de sua distribuição contratada no verão. Apesar de Walt ter deixado a maior parte da produção para Pearce e Leahy, ele se envolveu de forma incomum na pós-produção – ao menos em comparação com o jeito improvisado com que vinha tratando os filmes recentes. Pediu a Pearce e Leahy para lhe mandarem de avião cenas específicas para edição e depois de um teste de projeção, no início de janeiro, ordenou-lhes que cortassem doze minutos e preparassem um fundo musical mais vigoroso; também os preveniu de que enviaria em seguida uma crítica mais detalhada. Dois dias depois, Walt mandou que o editor voasse da Inglaterra para Los Angeles, de forma que ele próprio pudesse supervisar a edição.

O filme acabado, o primeiro filme ao vivo de Disney, foi tanto um sucesso de crítica quanto financeiro – o primeiro em um longo, longo tempo. *A Ilha do Tesouro* faturou US$ 4 milhões, dando um retorno de US$ 2,2 milhões a US$ 2,4 milhões ao estúdio. Roy, olhando para o futuro, vangloriou-se de que "se tivermos um assunto que pareça ter um apelo mundial – poderemos fazê-lo em Technicolor e vendê-lo como um filme de Walt Disney", e o estúdio poderia tranquilamente gastar US$ 1,5 milhão na produção e ainda ter "um investimento razoavelmente seguro". Essa euforia levou os fãs de Disney a se preocuparem, como os animadores tinham se preocupado, pensando que a animação Disney estivesse morta, mas Walt escreveu para Douglas Fairbanks, Jr., um dos preocupados, que "não estamos abandonando o campo do desenho animado – é puramente uma medida de economia – novamente convertendo libras em dólares para fazer mais desenhos animados aqui". Era uma estranha mudança de rumo. Walt Disney tinha que fazer filmes ao vivo para salvar seus desenhos animados.

Enquanto terminavam a filmagem, os Disneys sofreram outro golpe. Ao longo de toda a adversidade, dos altos e baixos econômicos, eles tinham uma rocha sólida: a divisão de *merchandising* liderada por Kay Kamen. Walt frequentemente gerenciava detalhes da operação do estúdio, mas nunca interferia com Kamen, e ele pagou a confiança, seguindo uma política tão simples quanto a do próprio Walt. "O prestígio e a dignidade do nome Walt Disney têm de ser preservados", escreveu Kamen para um representante do *merchandising*. "A produção do prestígio Disney foi sempre mais importante que quaisquer *royalties* que pudéssemos ganhar." A política funcionou. Em 1947, Kamen afirmou que a marca Disney estava vendendo em torno de US$ 100 milhões por ano em bens, incluindo brinquedos, roupas, estatuas, lanches e uma linha completa de alimentos do Pato Donald que incluíam vagens de ervilha recheadas, manteiga de amendoim, ketchup, molho de pimenta, macarrão, maionese e macarrão de ovos. Em 1948, quando os Disneys renovaram o contrato com Kamen por mais sete anos, 5 milhões de relógios de pulso Mickey Mouse já haviam sido vendidos e mais de dois mil produtos licenciados por Disney estavam sendo fabricados. Essas vendas traziam US$ 1,25 milhão em lucro, que os Disneys dividiam com Kamen em uma base de 70%-30%, a maior parte indo para os Disneys, contra os 50%-50% que as duas partes dividiam antes da guerra. Isso não incluía a extensão de licença de dez anos em livros e revistas que o próprio Roy havia negociado com a Whitman Publishing Company no início de 1948 que também requereu que Whitman fosse o fiador de um empréstimo bancário para o estúdio de US$ 1,06 milhão.

Os Disneys não apenas confiavam em Kamen, como gostavam de sua companhia e, por uma feliz coincidência, Walt, Roy e Kamen estavam na Europa naquele outubro – Walt supervisava *A Ilha do Tesouro*, Roy fazia negócios e Kamen estava de férias com a esposa. Na noite da véspera dos Kamen partirem para os Estados Unidos, jantaram com Walt e Roy em Paris. Walt lembrou que eles estavam "muito felizes". No início daquele dia, Kamen escrevera para o vice-presidente de sua companhia em Nova York deliciado com a viagem, mas expressando medo de voar de volta. Os Kamen morreram no dia seguinte, 17 de outubro de 1949, na queda de um avião da Air France sobre os Açores.

Assim terminaram 17 anos de uma das mais felizes e menos tempestuosas parcerias dos Disneys. Na época da morte de Kamen, os lucros do estúdio com *merchandising* atingiram "um novo pico em nossa história", Roy escreveu para Walt. Kamen era insubstituível, os Disneys sabiam, e sequer tentaram encontrar outro agente. Em vez disso, decidiram operar eles mesmos o braço de *merchandising* e apontaram O.B. Johnston, que havia sido contador do estúdio, para chefiar a divisão. (Poucos meses antes, os Disneys haviam criado sua própria divisão de edição musical para reter os direitos das canções Disney e adquirir os de outras músicas que tivessem um "sabor" Disney, como os sucessos "Mule Train" ("Trem de mulas") e "Shrimp Boats" ("Barcos de Camarão"). Roy admitiu nove meses depois que, ao assumir o *merchandising* depois da morte de Kamen, eles tinham tido "alguns altos e baixos", mas "agora estamos finalmente começando a assumir o controle e progredir". Uma das mais lucrativas divisões da companhia, ela era no entanto, apenas um acréscimo à impressão crescente, se não equivocada, de Walt Disney mais como um magnata corporativo que como artista – alguém que agora buscava explorar mais que criar.

VII

Desde o início da Disneys Bros., o estúdio tinha sido o refúgio de Walt Disney e o seu verdadeiro lar. "Não importava o assunto que você estivesse falando, ele voltava para a droga deste estúdio", disse Ward Kimball, referindo-se à viagem para a Feira Ferroviária de Chicago. "Ele queria falar sobre o estúdio. Isto era ele. Isto era o seu sexo! Isto era tudo... Os orgasmos estavam todos aqui." Milt Kahl disse a um entrevistador: "Ele vivia aqui, realmente. Meu Deus, sua vida doméstica não era nada em comparação com a sua vida no estúdio." (Havia, de fato, um quarto pegado ao escritório de Walt, com uma cama e um chuveiro, onde o oficial da Marinha ficou por algum tempo durante a guerra e onde Walt, ocasionalmente, passava a noite.) Sua secretária relembrou como ele frequentemente ignorava o relógio, e às sete ou oito horas da noite ainda estava no escritório, e ela telefonava para Lillian para dizer que Walt não estaria em casa para jantar.

Então, outro sinal do descontentamento de Walt foi o fato de, enquanto embarcava na construção de trens, ele também ponderava a construção de uma nova casa para sua família como o que chamou de "uma espécie de presente de aniversário de casamento, nosso 25º". Os Disneys viviam em sua casa na colina, no número 4.053 de Woking Way, de onde viam o oceano Pacífico e Los Angeles abaixo, desde antes do nascimento de Diane e mesmo assim, apesar dos cinco quartos e cinco banheiros, da piscina e da casa de jogos e do campo de *badminton* e da sala de projeção na biblioteca, onde os painéis de madeira recuavam para revelar o projetor, era uma estrutura modesta para um executivo de cinema do porte de Walt Disney. A nova casa era em parte um projeto, algo para prender a atenção de Walt, parte um refúgio para substituir o estúdio como os trens haviam substituído a animação, e parte um meio de se proteger dos ataques do mundo ao recuar para dentro de sua família. "Acho que, no geral, este será um arranjo muito bom", Walt escreveu para sua tia Jessie Perkins, "e estou ansioso para ficar mais tempo em casa, o que não fiz no passado".

Um dos maiores atrativos era o trem de Walt. Ao procurar uma nova casa, ele buscava um lugar onde pudesse assentar os trilhos da ferrovia que consumia o seu tempo. Diane e Lillian tinham encontrado um lugar perto do Bulevar Wilshire, mas Walt o vetou porque não havia espaço para o trem. Nesse meio tempo, Lillian telefonou para Harold Janss, um conhecido empreiteiro, que sugeriu uma propriedade cheia de árvores sólidas de dois acres e meio em Holmby Hills, um rico loteamento no setor oeste de Los Angeles e propriedade da família Janss desde os anos 1920. Walt e Lillian dirigiram até o terreno em um domingo de maio de 1948 e, como Lillian descreveu, Walt deu uma olhada e disse: "'É isso!' Ele podia ver aquele trem aqui." À diferença de Woking Way que ficava perto de Burbank, o lugar tinha uma vantagem adicional, diria Walt, de ser longe o bastante do estúdio para que pudesse usar a viagem até lá como tempo precioso para meditar.

Fecharam o negócio em 4 de junho por US$ 33.250. (Walt pediu um empréstimo ao Bank of America de US$ 25 mil para construir e registrou uma renda de US$ 104 mil.)[6] O lugar tinha uma inclinação suave que ia de um penhasco, onde a casa seria

---

6 Dois anos antes Walt havia comprado um lote em "Smoke Tree" com a intenção de construir sua própria

construída, até um cânion, que separava a propriedade da estrada. A vizinhança de Walt em Los Feliz era um distrito algo boêmio; um sinal da exclusividade da nova vizinhança era que uma casa adjacente pertencia a William Goetz, genro do chefe da MGM, Louis B. Mayer e um dos mais altos executivos da Universal-International. A nova casa em si, desenhada por um arquiteto altamente conceituado nascido na Rússia e pelo fabricante de mobiliário James Dolena, chamado algumas vezes de "arquiteto das estrelas", era uma construção branca, comprida e moderna de 5.669 pés quadrados e dois níveis que se abriam em duas alas. O gramado atrás da casa levava a uma piscina de 22 por 44 pés e a uma área de recreação de 1.500 pés quadrados que abrigava uma sala de projeção, um bar, uma garagem para quatro carros e a *pièce de résistance* do próprio Walt – uma bomba de refrigerantes completamente operacional.

A casa de Woking Way fora completada em dois meses enquanto os Disneys esperavam o nascimento da criança que Lillian perderia. A construção da nova casa, no número 355 de Carolwood Drive, seguiu um ritmo muito mais vagaroso embora Walt, parecendo desejar essa distração, não ficasse impaciente. A casa levou bem mais de um ano para ficar pronta e, mesmo depois que a família se mudou, no fim de maio de 1950, Walt consumiu outros seis meses para assentar os trilhos de sua estrada de ferro e construir uma pequena casa de máquinas e uma oficina que adaptou do desenho do celeiro de *So Dear to My Heart* que, segundo Walt, havia sido adaptado do celeiro de seu pai na fazenda em Marceline.

Com dezessete aposentos, entretanto, a casa estava longe de ser palaciana. (Tendo reinvestido seu dinheiro no estúdio, ele "não ganhava a quantidade de dinheiro que aqueles caras (magnatas do cinema) ganhavam", lembrou Diane.) Walt disse que a casa era adequada às necessidades da família e havia sido desenhada para simplificar as tarefas domésticas de Lillian e também para permitir que Walt não apenas se retirasse do mundo em geral, como sempre quis fazer, como para o tipo de infância atrasada que agora desfrutava. Ele frequentemente passava as noites na oficina, fazendo móveis em miniatura para a sua ferrovia enquanto Duchess, para quem passava salsichas e cachorros-quentes que havia enfiado nos bolsos das calças, dormia em um cobertor. Então, exatamente à meia-noite, ela se levantava do cobertor e começava a empurrá-lo para ir para a cama. "E ela se sentava e olhava para mim até eu ir", lembrou Walt. "Ela não saía do meu lado até eu ir." Outras vezes, ele fazia funcionar a bomba de refrigerantes com as alavancas de couro vermelho e o comprido balcão com prateleiras de vidro

---

cabana em vez de alugar uma. (N.A.)

atrás. Walt alegremente se queixava de que supria a vizinhança inteira de sundaes, mas adorava mexer na bomba de refrigerante. Kimball disse que ele tinha todos os tipos de xarope e coberturas, e "arrumava aquelas substâncias para seus convidados, refrigerantes com sorvete e as maiores bananas split que você já viu". Sharon lembrava que ele fazia "misturas estranhas", incluindo, em uma ocasião, uma bebida com champanhe que até ele admitiu dificilmente ser tragável. Mas Walt tinha outro motivo para instalar a bomba de refrigerante além de satisfazer suas fantasias de infância. Ele esperava congelar o tempo. Para o pai de duas meninas adolescentes, a bomba de refrigerante, a piscina e outras amenidades eram, confessou, "uma forma de impedi-las de se afastar de casa depois da escola, o que estará bem para mim", de forma que as alas abertas da casa não apenas lhes davam as boas-vindas como as mantinham próximas.

Naturalmente, a principal atração da casa, no que dizia respeito a Walt, era a ferrovia. Sua intenção era que o trem corresse em volta da propriedade – cerca de meia milha de trilhos –, mas Lillian protestou que o plano arruinaria um jardim de flores que havia desenhado. Então, Walt respondeu fazendo um dos supervisores de construção do estúdio desenhar um túnel de 90 pés de extensão que passasse por baixo do jardim de Lillian. E como atração extra, o supervisor fez uma curva em S para dar aos passageiros uma emoção especial. Para registrar o compromisso, Walt e Gunther Lessing escreveram um contrato de brincadeira em que Lillian concedia à "Carolwood Pacific Railroad" o direito de passagem pela propriedade. Quando completou a estrada, Walt tinha o túnel, uma ponte de 46 pés de extensão e pouco mais de 2.500 pés de trilhos em torno da propriedade; ele gastou quase US$ 17 mil, sem incluir US$ 10 mil de mão de obra que havia transferido da casa para a conta da ferrovia. "Passamos a metade do primeiro ano na casa com escavadoras fazendo os níveis para a estrada de ferro", disse Lillian a um entrevistador. "O aluguel de escavadoras é um bocado caro. Elas enlouquecem você com o barulho." Mesmo assim, Walt não sacrificaria sua estrada de ferro, não importava o quanto Lillian reclamasse. "O pai foi compreensivo, mas firme", disse Lillian.

Do mesmo modo que gostava de brincar com a bomba de refrigerantes, Walt adorava bancar o maquinista. Ele punha um boné de maquinista e uma camisa quadriculada, sentava-se no carro atrás da locomotiva, que chamou de Lilly Belle, em homenagem a Lillian, e acendia a máquina. Os convidados à casa de Walt Disney eram invariavelmente chamados para dar uma volta no trem, e Walt fez "passes" para os "vice-presidentes" da Carolwood Pacific – uma lista que incluía Walter Wanger, a colunista Hedda Hopper, o ventríloquo Edgar Bergen, a cantora Dinah Shore, o ator

Dick Powell e até Salvador Dali, que achou a ferrovia tão perfeita que temeu que o trem tivesse acidentes que imitassem os verdadeiros acidentes das estradas de ferro "ou até sabotagem... de destruidores de trens em miniatura!" Dali disse a Walt: "Essa perfeição não pertence a modelos!" Mas esta tinha sido toda a questão. Walt Disney havia recuperado a perfeição com seu trem.

Enquanto Walt se preocupava com seu trem e sua casa, seus animadores – três equipes, chefiadas por Gerry Geronomi, Wilfred Jackson e Ham Luske – trabalhavam à toda para terminar *Cinderela*. Walt supervisava como sempre e a última palavra era a sua, mas ele estava consideravelmente menos envolvido como em *Branca de Neve* ou até *Dumbo*, e algumas pessoas da equipe se queixavam disso. "Walt não é um artista", disse um antigo empregado a um repórter. "Ele não tem o instinto ou a imaginação de um artista. Sua virtude pouco conhecida é a de um grande produtor, que por acaso, reconhece a importância de se fazer um espetáculo tecnicamente melhor que qualquer outro." Outro empregado descreveu o comportamento de Walt como sendo mais "prático" agora, menos excitável, mas também menos excitante. Harry Tytle achou Walt mais imprevisível. Walt ordenara a Tytle para não renovar o contrato com o compositor Ollie Wallace, que havia escrito parte da música para *Cinderela*, porque Walt queria desviar o aumento que Wallace devia ganhar para os *in-betweeners*; mas, meses depois, quis saber por que Wallace não estava sob contrato.

Mesmo assim, apesar da falta de engajamento e da imprevisibilidade de Walt, todos sabiam o que estava em jogo em *Cinderela*. Era o primeiro filme animado real desde Bambi, e Walt dissera a seus empregados logo no início da produção: "Meninos, se *Cinderela* não fizer sucesso, será o fim!" Ele certamente não teria recursos para começar outro filme enquanto *Alice no País das Maravilhas*, que ainda estava em produção, fosse completado. Quando o filme foi encerrado, no fim do outono de 1949, Walt como sempre não ficou inteiramente satisfeito. "O filme acabado não é tudo que gostaríamos que fosse", disse ao editor de uma revista, "mas, hoje em dia é um problema grande com os custos, o trabalho, etc., fazer todas as coisas que se quer", e se gabou de que "estamos agora em tal forma com a nossa organização que acho que vamos vir com uma produção real de pós-guerra – *Alice no País das Maravilhas* – que está agora em produção. O filme parece incomumente bom." A outro entrevistador, disse sobre *Cinderela*: "Esse foi apenas um filme."

Na verdade, apesar das economias na animação e da falta de paixão da equipe, a maioria das pessoas viu *Cinderela* como um bem-vindo retorno de Walt Disney após anos de desapontamentos. William Levy, agora representante para a imprensa do estúdio Disney no Leste, fez quatro dias de exibições em novembro e informou "elogios generosos de todos", dizendo que muitos "colocam *Cinderela* acima de *Branca de Neve*". O quanto disso era otimismo ou desespero dos admiradores de Disney para vê-lo reconquistar sua arte e popularidade é difícil dizer. Mas *Cinderela*, com uma música efervescente e uma trama secundária de ratos bons ameaçados por um felino mau, chamado Lúcifer (Walt pedira a Kimball para fazê-lo segundo um de seus próprios gatos) era uma animação mais completa e dramática que qualquer uma que o estúdio havia feito desde Bambi e recebeu as melhores críticas que uma animação de Disney recebera desde *Dumbo*. Em correspondência pessoal, o diretor Michael Curtiz elogiou-a como "a obra-prima de todos os desenhos animados que você já fez". O produtor Hal Wallis declarou, "se não é o seu melhor, está muito perto do topo". Walter Wanger escreveu para ele, "você ainda é o produtor número um da minha 'parada de sucessos'". Quando o filme começou a ser exibido, em fevereiro de 1950, a maioria das críticas seria igualmente efusiva. *Cinderela* foi um sucesso absoluto de crítica e logo se uniria aos primeiros filmes como um reconhecido clássico.

Muito mais importante para o estúdio, *Cinderela* foi um sucesso financeiro também. Viajando do Canadá para Londres, Roy escreveu para Walt, "sinto mais forte que nunca que deveremos faturar nos Estados Unidos e Canadá um mínimo de US$ 5 milhões. Não seria surpresa se chegássemos aos US$ 6 milhões. É o que se comenta." Na análise final, Roy, na verdade, havia subestimado a receita do filme. *Cinderela* custara ao estúdio US$ 2,2 milhões e faturaria US$ 7,9 milhões. E isso não incluiu o que o filme gerou em vendas de *merchandising* e música, especialmente porque uma das canções do filme, "Bibbidi-bobbidi-boo", tornou-se um sucesso popular e receberia uma nomeação para um prêmio da Academia. O filme cujo fracasso teria afundado o estúdio Disney acabou resgatando-o do desastre financeiro e do desespero espiritual.

Mas Walt Disney não parecia particularmente entusiasmado. Ele via os problemas, os compromissos, a camaradagem despedaçada e, mesmo enquanto se concentrava em seus trens e em sua nova casa, começou a busca em outro lugar, para recuperar o que sentia que lhe havia sido roubado e encontrar o que esperava ser a salvação. Buscava criar uma fortaleza ainda melhor para si mesmo, um mundo ainda mais perfeito que o mundo da animação havia sido.

Acima: a família Disney no quinquagésimo aniversário de casamento de seus pais, Elias e Flora, em janeiro de 1938. Atrás, da esquerda para a direita, Ray e Roy; na frente, Herbert, Flora, Elias e Walt. Como presente, os irmãos compraram para os pais uma casa na região de Silver Lake, em Los Angeles, não distante do estúdio.

Ao lado: Walt e sua amada mãe. A morte dela o arrasou, sem dúvida porque se sentiu parcialmente responsável.

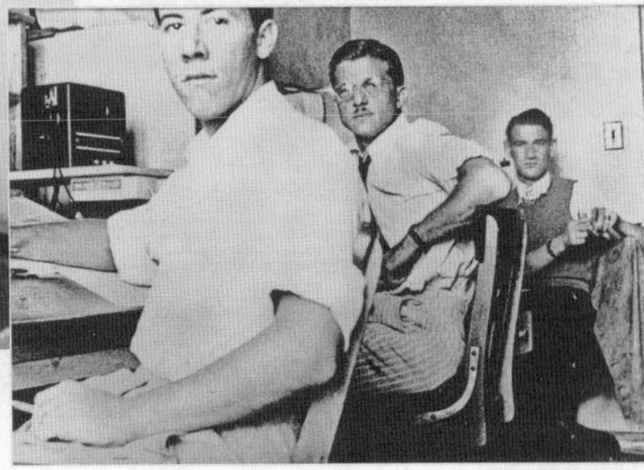

Acima à esquerda: Gunther Lessing, advogado de longo tempo do estúdio e o indivíduo que estimulou Walt e Roy a endurecer com os grevistas – decisão que destruiu o espírito do estúdio. Os grevistas queimaram a efígie de Lessing; à direita: o homem a quem Walt considerava o maior responsável pelo fim da utopia de seus funcionários: o animador Art Babbitt (centro), flanqueado por Fred Moore (esquerda) e o assistente Tom Codrick (direita).

Abaixo: paraíso perdido: os grevistas do lado de fora dos portões do estúdio Disney, em 1941. Walt recusou-se a reconhecer a Associação de Cartunistas Cinematográficos como representante dos empregados. Art Babbitt está de calça branca, à esquerda.

Acima: abandonando o caos: Walt, na Argentina, durante a turnê sul-americana da boa vontade, em 1941, financiada pelo coordenador de Assuntos Interamericanos, Nelson Rockfeller. Walt distraiu seus anfitriões, chegando a ficar de cabeça para baixo. Ele voltou e fez dois filmes sobre a América Latina, *Alô, amigos* (*Saludos, Amigos*) e *Você já foi à Bahia?* (*The Three Caballeros*).

Abaixo: Walt com o major Alexander de Seversky (de pé), o impertinente oficial da força aérea russa cujo livro best-seller de 1942, *Victory Through Air Power*, promoveu a ideia de usar bombardeiros de longo alcance para vencer a guerra. Walt estava determinado a mudar o curso da guerra ao fazer um filme sobre o livro e, assim, popularizar a ideia.

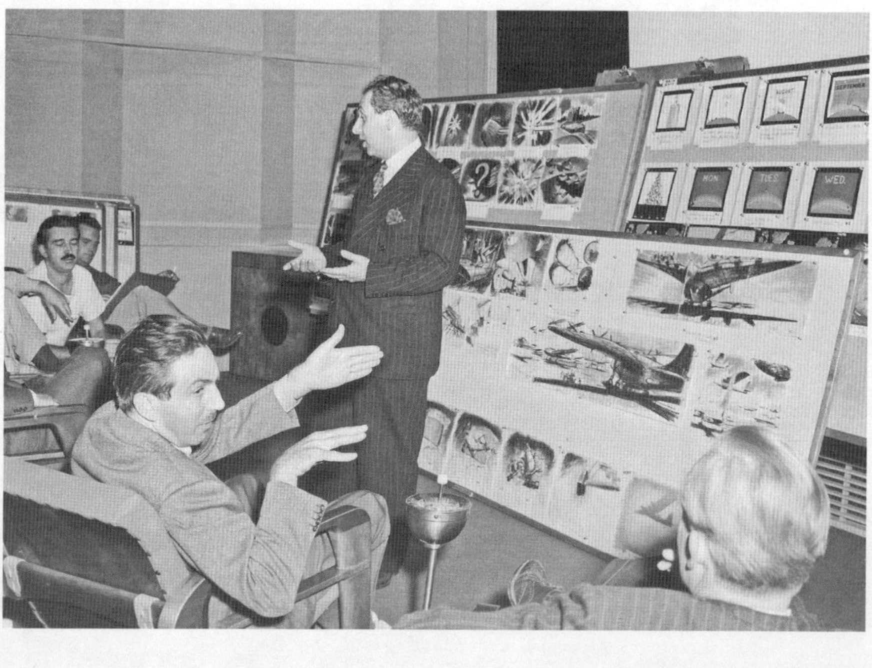

Acima: o Walt de outros tempos, revendo storyboards de *Pinóquio* com o argumentista Otto Englander. A guerra e os problemas financeiros solapariam seu entusiasmo.

Abaixo: unindo-se aos caça-comunistas: Walt depõe como testemunha "amigável" perante o Comitê da Câmara de Atividades Anti-Americanas em 24/out/1947 e descreve como os comunistas tentaram pressioná-lo durante a greve. Ele também implicou, descuidadamente, a Liga das Mulheres Eleitoras como um grupo simpático aos comunistas e mais tarde teve de se desculpar.

Acima: Walt no fim dos anos 1940 lendo para suas filhas Diane (esquerda) e Sharon (direita), a quem amava profundamente e para quem foi um pai devotado.

Acima: as animações haviam perdido o atrativo, e Walt voltou-se para os modelos de trens. Aqui ele testa seu trem, que ajudou a fazer, no estúdio de gravação.

Abaixo: Walt anda de trem com a locomotiva *Lilly Belle* em sua nova casa, em Carolwood Drive, na parte sofisticada de Holmby Hills, para onde se mudou em 1950. Um dos maiores atrativos da propriedade era o espaço que Walt tinha para o seu trem.

Acima: procurando novos mundos para conquistar: Walt dirige o dançarino Buddy Ebsen em uma cena de dança que irá usar para construir um pequeno dançarino mecânico.

Abaixo: Walt estuda um navio pequenino dentro de uma garrafa em frente à cabine da vovó Kincaid, desenhada para uma exibição que ele chamou de Disneylândia. Walt tencionava construir uma série de quadros em miniatura da cultura americana e levá-los em uma turnê pelo país.

Acima: Walt com o presidente da ABC Television, Robert Kintner (esquerda), o executivo da ABC, Robert O'Brien, e Roy, em 1954, no escritório de Walt, assinando o contrato para o programa de televisão *Disneylândia*, que ajudaria a financiar o parque temático Disneylândia.

Abaixo: Walt e o supervisor da Disneylândia, C. V. Wood, examinando os planos para o parque. Wood, um jovem bem falante de Oklahoma, seria demitido quando Walt achou que ele havia começado a usurpar sua autoridade.

Capítulo 10

Cidadela na colina

I

Sempre havia sido uma questão de controlar, de construir uma realidade melhor que a existente fora do estúdio e de demonstrar que possuía capacidade para fazer isso. Isso foi o que Walt deu à América – não a fuga, como muitos analistas imaginaram, mas o controle e o poder indireto que o acompanhava. E isso era o que a América parecia desejar dele. Embora o período imediato de pós-guerra tivesse sido triunfante para o país, o clima rapidamente mudou da euforia para a incerteza – o que o historiador William Leuchtenberg descreveria como um "banquete conturbado" em sua descrição daquela época. O banquete era o crescimento econômico sem precedentes da nação, alimentado grandemente pelos gastos militares. Nos dez anos após a guerra, os salários subiram e as horas de trabalho caíram, a aquisição de imóveis saltou, educação de alto nível foi disponibilizada para os veteranos que retornavam, e o consumo geral subiu rapidamente. Tudo isso levou o sociólogo Seymour Martin Lipset a declarar: "Os problemas fundamentais da revolução industrial foram resolvidos."

Mas a despeito da esperança, uma sensação generalizada de mal-estar se espalhava pela nação. Em parte ela resultava da Guerra Fria entre os blocos comunista e capitalista, ainda mais fria depois que a União Soviética detonou uma bomba atômica em agosto de 1949. Os americanos compreensivelmente entenderam que estavam sob a ameaça da Rússia do lado de fora de suas fronteiras. Eles também entenderiam que eram ameaçados de dentro por um quadro de comunistas e simpatizantes de comunistas que haviam aberto uma cunha até o governo – os supostos cinquenta comunistas que o Senador Joseph McCarthy levaria às manchetes. Mas não era apenas a ameaça comunista ao governo que despertava ansiedade. Uma autoridade não menor que o procurador-geral do presidente Truman, J. Howard McGrath disse que os comunistas estavam em toda parte – "nas fábricas, nos escritórios, açougues, nas esquinas das ruas e nos negócios privados. E cada um carrega dentro de si a morte da sociedade".

Por mais terrível que isso soasse, provavelmente mais importante foi a sensação de deslocamento que acompanhou as mudanças rápidas do período. Com a alta dos salários e o crescimento do consumo, a América passava pela suburbanização, uma revolução na comunicação de massa com a introdução da televisão no início dos anos 1950, maior mobilidade com os automóveis, um programa nacional de construção de rodovias e o *boom* de companhias aéreas, novas tecnologias, burocratização e até o desenvolvimento de um novo tipo de personalidade para negociar a nova sociedade – um tipo que o sociólogo David Riesman descreveria como "governado por circunstâncias externas" ou, movido menos por um compasso interno que por uma necessidade de agradar aos outros, e o que William White chamaria de "homem da organização", tão preocupado em administrar a burocracia como em adquirir aptidões. O que todos esses fenômenos – do McCartismo à suburbanização e ao homem da organização – tinham em comum, escreveria o historiador William Chafe, era que tudo estava relacionado "com o dilema existencialista de descobrir um caminho para criar um significado perante forças sobre as quais não se tinha controle".

Walt Disney, como o general Dwight Eisenhower, que seria eleito presidente em 1952 e escondia uma força de vontade de ferro por trás de uma fachada de afabilidade, prometiam controle. Quando a América experimentava sua explosão de autoconfiança imediatamente depois da guerra, os críticos geralmente desdenharam os desenhos animados de Walt Disney, em parte porque os filmes eram pobremente feitos e o senso de controle neles parecia ter diminuído. Mas quando a Guerra Fria começou, os americanos pareceram necessitar de segurança novamente, o que pode explicar porque *Cinderela*, um tipo de desenho animado antigo e familiar de Disney, uma animação controlada, foi bem recebida. (O único comentário de Walt Disney sobre o perigo nuclear foi: "Se as pessoas pensassem mais em fadas, logo esqueceriam a bomba atômica.") Disney, uma força revigorante durante a Depressão, era agora um ponto de referência, provendo conforto em um tempo de presságios.

Como tão frequentemente acontecera antes, o que era verdade para o país era verdade para Disney pessoalmente. Se a América encontrou controle e segurança em seus filmes, ele havia encontrado ambos em seu ferromodelismo, o que era uma razão para persistir nele. Mas essa não era a única razão. Os trens também estavam na posição estratégica de um esquema muito maior que se organizava na mente de Walt Disney. Já em 1947, no mínimo, começou a colecionar miniaturas – mobílias, figurinos, carruagens, barcos, maquinário de fazenda, até pequenas garrafas de bebida e baús antigos. Ostensivamente eram adornos para o layout do trem e outro passatempo para tirar a mente do estúdio quando, como escreveu para sua irmã, os "problemas se tornam frenéticos demais". Mas enquanto Walt percorria lojas de miniaturas durante a viagem à Europa em 1949 e em suas várias idas a Nova York e até à Nova Inglaterra; enquanto ia a espetáculos de miniaturas; enquanto pedia a amigos para encontrar miniaturas para ele; enquanto comprava miniaturas por catálogos, jornais do meio-oeste e revistas de hobby (usando o nome de uma secretária do estúdio como havia usado o do mecânico Dick Jones para pedir informação sobre modelos de trem), ele esbarrou em um plano. Com suas próprias mãos criaria uma cidade americana da virada do século inteiramente em miniatura, uma espécie de Marceline liliputiana, e depois a exibiria em grandes caixas pelo país. Fiel à nova *persona* de Walt pós-guerra, achava que o projeto seria um meio de transmitir os valores tradicionais, embora a metáfora subjacente não pudesse ser mais transparente. Construir a cidade era um novo caminho para Walt reafirmar seu controle, exatamente quando parecia que o estava perdendo.

Para realizar seu plano, Walt abordou o artista de layout Ken Anderson e ofereceu colocá-lo em sua folha de pagamento pessoal: Anderson pintaria cenários para Americana, a cidade a que Walt daria vida com as miniaturas. "Você pode pintar algumas coisas como Norman Rockwell", Anderson recordou Walt dizendo, "e eu as construirei." O trabalho seria feito sigilosamente, porque Walt temia que a ideia fosse copiada e que o projeto fosse contaminado e corrompido pela mentalidade corporativa do estúdio. Isso seria dele – não da companhia. Ele instalou Anderson em uma sala do terceiro andar do prédio da animação da qual apenas ele e Anderson tinham as chaves. Anderson pintava ali. Finalmente, os dois fizeram pequenas excursões ao centro de Los Angeles à caça de materiais. Às vezes, Walt desaparecia por um dia ou dois, disse Anderson, e depois voltava com "um saco completamente cheio" de vários itens para construir as cenas. O próprio Walt admitiu para um vendedor de materiais, "fui tão absorvido por isso que os cuidados com o estúdio desapareceram… ao menos por um tempo". Quando Walt perguntou a Anderson se já havia recebido, e este disse que não, ele "me pagou, e pagou, e pagou", contou Anderson.

Ao longo do tempo, Anderson desenhou quase doze esboços de cenas arquetípicas americanas – entre elas um ferreiro lendo jornal, um pastor no púlpito, uma reunião de mulheres fofoqueiras, um armazém geral, uma vovó em sua cadeira de balanço diante da lareira. Mas antes mesmo de construir seus quadros, Walt percebeu duas coisas: a primeira foi que não conseguiria fabricar sozinho os objetos e precisaria de auxílio. Recrutou então um escultor chamado Christodoro para ajudá-lo a fazer as figuras e um desenhista chamado Harper Goff, a quem havia encontrado em uma loja de modelos de trem em Londres durante sua viagem à Europa para supervisar *Treasure Island*; a segunda percepção era que os quadros não podiam ser estáticos, teriam que se mexer, o que requereu o recrutamento adicional do mecânico Roger Broggie, que havia ajudado Walt a construir seu trem, e um animador e escultor chamado Wathel Rogers.

Agora, inspirado por brinquedos de corda que encontrou e dissecou na Europa, Walt começou um experimento. Em fevereiro de 1951 contratou o ator e dançarino Buddy Ebsen para executar uma dança rápida de sapateado em frente a uma tela quadriculada. (O próprio Walt a dirigiu.) A apresentação foi filmada em 35 milímetros e depois, analisada por Broggie e Rogers para determinar como poderiam reproduzir os movimentos com uma figura mecânica que Christodoro havia feito. Broggie recordou mais tarde que analisaram o filme quadro a quadro apenas para descobrir que Ebsen nunca repetia exatamente seus passos. Além disso, como sempre fora difícil animar o movimento de roupas, Broggie e Roger nunca conseguiam que as calças da figura flutuassem da mesma forma que as de Ebsen. Mesmo assim fizeram o homem dançar, usando o mesmo tipo de sistema de roda elíptica que os brinquedos de corda empregavam, e Walt entrou em um novo território que levou adiante a metáfora do controle. Como o historiador Jackson Lears observaria dessa nova partida, "o produto quintessencial do império (Disney) não seria a fantasia, mas a realidade simulada; não o personagem do desenho animado e sim o robô 'audioanimatrônico'", dos quais o "homem mecânico" foi o primeiro. Walt Disney chegara, silenciosamente, mais perto ainda de criar e aperfeiçoar a vida.

Já em janeiro, antes do experimento de Ebsen, Walt escreveu para um especialista em mostruários, dizendo que "sempre toma um bocado de tempo desenvolver as partes dos aparelhos mecânicos e este tem de estar absolutamente certo antes de eu seguir adiante com os outros", mas que esperava ter "um espetáculo bastante bom no próximo Natal". Na época, a equipe trabalhava em outro quadro, este um quarteto musical, enquanto ele pessoalmente, trabalhava na figura da vovó em sua cadeira de balanço. Em março, quando pediu ao chefe de produção Harry Tytle para gerenciar a logística da turnê de sua exibição, Walt já gastara quase US$ 24 mil nas miniaturas e no trem e dava tanto valor ao dinheiro gasto quanto ao que despendia com as animações. Ele constantemente recebia miniaturas para aprovar, depois as devolvia por serem malfeitas ou carecerem de detalhes. Para um homem de sua importância, ele também estava surpreendentemente preocupado com o valor de seu próprio artesanato. Havia desenhado e feito à mão pequenos fogões redondos que enviou em consignação para uma comerciante de miniaturas de Nova York, mas se irritou quando ela cobrou apenas US$ 15 dólares por fogão e pediu-lhe "que ficasse com eles mais tempo na vitrine" para ver "o quanto realmente" conseguiria pelas miniaturas. Quando ela aumentou o preço para US$ 25 e vendeu um, Walt adorou: "O que me agrada é que você vendeu um fogão por US$ 25!"

Nesse meio tempo Walt avançava com sua exibição, que agora era chamada de *Disneylândia* e que descrevia como uma série de "*jukeboxes* visuais com o mecanismo de tocar os discos sendo substituído por um palco em miniatura". Ele pensava em exibir o espetáculo em lojas de departamentos ou estações de trem, onde crianças de escolas poderiam levar moedas para "tocar" as cenas, embora Walt hesitasse quanto a levar crianças a estações e, de qualquer modo, lhe disseram enfaticamente que seria impossível a exibição dar lucro. No fim, combinou exibir a cena da "vovó Kincaid" no Festival da Vida na Califórnia no auditório Pan-Pacífico em Los Angeles em novembro de 1952. A vitrine, de mais ou menos 8 pés de comprimento, continha tapetes pequenos, piso de madeira, lareira de pedra, cortinas de renda, e até um toalete com um pinico, e a narração foi feita pela atriz Beulah Bond, que interpretou a vovó Kincaid em *So Dear to My Heart*. A colunista Hedda Hopper que visitou o festival, maravilhou-se com o artesanato de Walt e perguntou, "por que ele faz isso?" Ao que Walt respondeu, "quem dera se eu soubesse".

Mas ele sabia muito bem por que o fazia. Além das tensões psicológicas do controle e da euforia tátil de seu próprio artesanato, além do modo como isso o preocupava enquanto o estúdio parecia vacilar, ele o fazia porque abrigava um plano ainda maior, mais audacioso – um plano em que a Disneylândia era somente um experimento, e um plano que parecia ampará-lo mesmo enquanto perdia interesse pelo resto da companhia.

É impossível dizer exatamente quando isso aconteceu, mas Walt Disney havia decidido construir um parque infantil.

Rudy Ising, um velho amigo de Kansas City e um dos empregados da Laugh-O-Gram, lembrou-se das visitas que ele e Walt faziam ao Electric Park, um complexo de entretenimento, e como em uma dessas excursões Walt lhe disse: "Um dia desses vou construir um parque de diversões – e ele será limpo!" Diane Disney acha que a ideia nasceu durante as tardes de domingo, quando Walt pegava as filhas na igreja – ele próprio nunca ia – e as levava ao carrossel do Griffith Park, onde passavam horas. "Ele via as famílias no parque", lembrou Diane, "e dizia 'não há nada para os pais fazerem... É preciso um lugar onde toda a família possa se divertir.'" Diane achava que ele usou aquelas tardes e depois, outras com Sharon em um pequeno parque de diversões em La Cienega e Beverly em Los Angeles como uma "espécie de projeto de pesquisa". Roy achava que tudo tinha começado com os modelos de trem. Quando Walt começou com sua locomotiva, Roy disse a um entrevistador, "ele sempre quis construir um grande trem de brincadeira para o público", embora não ficasse claro se Walt construiu os modelos de trem porque tinha o parque em mente, ou se tinha o parque em mente porque construiu os modelos de trem. Wilfred Jackson disse que Walt havia discutido a ideia de um parque de diversões durante a estreia de *Branca de Neve*, quando mandou construir a cabana dos anões do lado de fora do cinema para exposição. Enquanto passavam por ela, Walt disse a Jackson que queria construir um parque em escala infantil. Ben Sharpsteen disse que ouviu falar pela primeira vez em um parque em 1940, quando acompanhou Walt a Nova York para uma demonstração do Fantasound e Walt discutiu seu plano de construir vitrines em uma faixa de terra do outro lado da rua do estúdio, entre Riverside Drive e o rio Los Angeles – "apenas uma coisa para mostrar às pessoas que queiram visitar o estúdio Disney". Dick Irvine, diretor de arte do estúdio, lembrou-se de Walt vindo ao escritório durante a guerra e descrevendo a ideia de uma turnê do público pelo estúdio, e Irvine sentiu mais tarde, que ele havia expandido para o parque de diversões. E John Hench, animador e homem de layout, lembrou-se de Walt nos anos 1940, andando pelo estacionamento e imaginando os limites de um parque de diversões lá.

Enquanto procurava em lojas e examinava catálogos de miniaturas, enquanto juntava peças para sua própria estrada de ferro, ele pensava e até falava alto sobre instalar um modelo de trem em que pudesse transportar passageiros para circular em torno do estúdio e preencher os cenários da rota com aquilo a que se referia como "pequena cidade rural". Na primavera de 1948, Walt havia mencionado a Harry Tytle a ideia de construir um passeio de trem no terreno de sete acres de Riverside Drive e, no verão de 1948, Ward Kimball comentou com Walt sobre a concessão de uma estrada de ferro em um parque de diversões fora de San Francisco que havia recolhido US$ 50 mil no ano anterior – "suficiente para pagar todas as outras concessões do parque!" Quando Walt e Kimball partiram para a Feira Ferroviária de Chicago naquele agosto, Walt pressionava Casey Jones, seu colega entusiasta de estradas de ferro, a descobrir para ele uma locomotiva que seria como um marco para a "cidade" e se desculpando pela escala de seu projeto: "Embora eu saiba que todo o plano que tenho em mente parece bastante elaborado, sinto que seu sucesso depende dele ser muito completo." No caminho de volta de Chicago, Walt e Kimball fizeram um desvio de dois dias até a cidade de Henry Ford, Greenfield Village em Michigan, sua segunda visita à cidade, e Walt voltou para a Califórnia mais inspirado e expansivo que nunca a respeito de seu parque. Ward disse que foi tudo de que Walt falou durante a viagem.

Ele podia visualizá-lo exatamente da maneira que um dia visualizara as animações. Podia ver não apenas a volta do trem, como o parque em que o trem correria e, no fim de agosto, já havia feito extensas anotações para um designer de produção chamado Dick Kelsey. Walt descreveu uma cidadezinha com uma estação ferroviária e um parque – obviamente copiado de Marceline. "Será um lugar para as pessoas sentarem e descansarem; mães e avós podem cuidar das crianças pequenas que brincam", escreveu Walt. "Quero que seja muito calmo, bonito e convidativo". Uma pequena cidade seria construída em torno do jardim, com a estação de trem em uma ponta e o prédio da prefeitura na outra, e a delegacia de polícia e o corpo de bombeiros entre eles. "Várias lojas pequenas" poderiam cercar o jardim, onde mercadorias licenciadas Disney seriam vendidas. Haveria um combinado de teatro e cinema de 300 lugares. No meio do jardim, ele visualizava uma barraca de sorvete e cachorro quente, mas também pensou em um restaurante. E haveria outras seções: uma velha fazenda, uma cidade do oeste, uma aldeia indígena (influenciado, sem dúvida, pela aldeia de Santa Fé, da Feira Ferroviária), e uma área festiva, onde as pessoas poderiam dar voltas em brinquedos – "uma coisa típica de um parque de diversões". Uma carruagem aberta levaria os passageiros pela cidade do oeste e a velha fazenda. Walt já tentava obter um barco fluvial e havia mandado Jack Cutting, o chefe da operação estrangeira, procurar carrosséis na Europa.

Em outubro, porém, os planos foram temporariamente deixados de lado. "Para falar a verdade, tenho estado tão envolvido em assuntos de produção desde que voltei" – escreveu Walt para um executivo da Santa Fé a quem havia contado com entusiasmo seus planos, depois de voltar da Feira Ferroviária e de mais duas semanas no Arizona –, "que não pensei mais em meu projeto." Em lugar disso, sem tempo nem recursos para devotar à sua cidade, iniciou a Disneylândia, muito provavelmente porque era um modo não dispendioso e administrável de molhar o pé nas águas da diversão e testar conceitos para o parque maior enquanto supervisava sua produção. Para um homem que estava sempre impaciente – sempre batendo com os dedos durante apresentações, ou falando de forma irritada com seus subordinados quando eles não captavam imediatamente suas ideias, ou tragando cigarros nervosamente – era também uma forma de continuar a avançar em vez de esperar. "Vou seguir e fazer outra coisa porque vou perder tempo se continuar envolvido com isso", dizia frequentemente à enfermeira Hazel George sobre vários projetos seus que estavam em suspenso. "E em vez de tentar resolver o que era momentaneamente uma situação insolúvel", diria George, "ele passava a outra coisa. Assim, se mantinha constantemente em movimento."

Os assuntos de produção que agora o distraíam eram: a finalização de *So Dear to My Heart*; a combinação de *The Wind in the Willows* e *The Legend of the Sleepy Hollow*, empacotados como um único filme, *The Adventures of Ichabod and Mr. Toad* (As Aventuras de Ichabod e o Sr. Sapo); e *Cinderela* – todos os quais liberados em um período de pouco mais de um ano, entre janeiro de 1949 e fevereiro de 1950. Nenhum desses filmes isoladamente poderia ter prendido sua atenção agora que estava brincando com seus trens e imaginando sua cidade, mas todos juntos faziam suas incursões. Walt também lutava com *Alice no País das Maravilhas*, a história de Lewis Carroll de uma menina que segue um coelho para dentro de sua toca e para uma série de aventuras surrealistas. Nenhum projeto havia ficado mais tempo no estúdio – Walt o discutira pela primeira vez em 1933 com Mary Pickford e comprara os direitos dos livros de Lewis Carroll com as ilustrações de Tenniel em 1938, logo depois de *Branca de Neve* – e nenhum se havia mostrado mais rebelde. Ao longo dos anos, Walt designou vários roteiristas para o filme, entre eles o romancista Aldous Huxley que, de acordo com Dick Huemer, não conseguia dar uma palavra nas reuniões para discutir enredos sem ser interrompido por Walt. "Depois de cinco reuniões nunca mais o vimos", disse Huemer da breve permanência de Huxley. Huxley não foi o único a ter dificuldades.

"Não há história no livro", disse Bob Carr, que havia sido chefe do departamento de enredo durante uma primeira investida em Alice. Além disso observou: "Alice não tem personalidade. Ela meramente atua como uma boba para um elenco de comediantes malucos. É uma pena que qualquer personagem principal seja colocado nessa posição insustentável." Walt não discordava. "Podia-se ouvi-lo trabalhar com os animadores", lembrou Diane, "dizendo que Alice era fria, que não se podia dar nenhuma vida a ela." Ben Sharpsteen dizia que os animadores não ficavam muito entusiasmados com o filme também, mas com tantas pessoas ao longo dos anos – "especialmente pessoas sofisticadas", nas palavras de Sharpsteen – estimulando Walt a produzir Alice, ele se sentia obrigado a produzi-lo gostasse ou não.

Sua ambivalência era evidente. Enquanto persistia na tarefa, Walt discutia se devia fazê-lo completamente animado ou uma combinação de ação ao vivo e animação. Anunciou que a atriz-dançarina Ginger Rogers faria o papel-título; um ano depois, seria Luana Patten, a jovem candidata a *Song of the South*; e depois, ninguém. Contratou um professor Barnard para encontrar a "voz" certa para Alice, o que deu início a uma controvérsia na Grã-Bretanha sobre se a amada personagem do país acabaria soando como uma americana; depois designou uma atriz inglesa de dez anos chamada Kathryn Beaumont para dar voz ao que seria agora um filme completamente animado. Walt consultou até um psiquiatra para uma abordagem nova do material e designou os argumentistas T. Hee e Bill Cottrell para uma nova tentativa, mas eles empacaram também. Roy odiava o filme e Walt admitiu que o teria abandonado por *Peter Pan* se este estivesse pronto, o que não estava, mas o estúdio já investira muito em Alice para colocá-lo na prateleira. Em vez disso, todos continuaram lentamente, sentindo-se infelizes e com premonições de desastre, apesar das predições rosadas de Walt na época em que *Cinderela* foi distribuído.

No final, as premonições mostraram ser corretas. Ward Kimball achou que os diretores de sequência tinham começado a tentar ultrapassar um ao outro, o que teve "o efeito de um contradizer o que o outro havia feito". A análise de Harry Tytle foi que Alice "era muito monótono". Walt sempre sentira que lhe faltava emoção e diria mais tarde, segundo Sharpsteen: "Fiquei preso na realização de '*Alice no País das Maravilhas*' apesar de minha opinião sobre o filme", e chamou-o de "um terrível desapontamento". "É terrível transferir para a tela um capricho", disse. Para outro entrevistador admitiu, "não sentíamos absolutamente nada, mas nos forçamos a fazê-lo". A animação sofreu porque a equipe foi ainda mais desfalcada por deserções para um novo meio, a televisão. E apenas cinco dias antes de sua programada distribuição, em julho de 1951, um produtor rival distribuiu o filme em uma versão com fantoches. Walt tentou obter um mandado judicial para impedir que fosse exibido, argumentando que o novo filme tentava capitalizar o dele, mas perdeu. Até uma aparição de Walt no rádio para promover Alice acabou azedando, quando ele subitamente teve um branco e se conduziu desastradamente durante a entrevista. O filme recebeu elogios mornos – "ver o filme é como mordiscar aqueles biscoitos que Alice come", disse Bosley Crowther em *The New York Times* – e em sua primeira distribuição faturou apenas US$ 2 milhões para um investimento de US$ 3 milhões.

Mas novamente, Walt não estava em Burbank para sofrer o desapontamento. Na época em que Alice foi distribuído ele estava na Europa com Lillian e as meninas para supervisar o segundo de seus filmes britânicos ao vivo, *The Adventures of Robin Hood and His Merrie Men* (*Robin Hood*), financiado com os recursos bloqueados da RKO e de Disney, embora a visita dele, como no caso de Ilha do Tesouro, tenha parecido mais uma desculpa para uma estada prolongada em vez de viagem de negócios. Antes de partir, Walt havia projetado filmes no estúdio em busca de possíveis atores e diretores e fazendo o que chamou de "meras sugestões", deixando as decisões finais para Perce Pearce, que produzia o filme. Pearce fez esquetes miniaturizados de cada cena do filme, exatamente como o estúdio havia feito com as animações, e os enviou junto a cópias fotostáticas e o roteiro final para a aprovação de Walt, que o fez sem hesitar, não sem uma ameaça velada de que era melhor Pearce fazer o filme o mais rápido possível. "Isso é importante não apenas para a organização mas para você também como produtor", escreveu. Nesse meio tempo enquanto o filme era feito Walt, Lillian e as garotas passeavam pela Europa e visitaram os Jardins Tivoli na Dinamarca, e Walt não voltou ao estúdio até agosto.

Quando voltou, mergulhou outra vez na Disneylândia e em seu parque. Em casa, lembrou Lillian, ele entrava depois de andar na Lilly Belle e regalava a família com seus planos. Primeiro disse que o parque seria localizado nos sete acres do outro lado do estúdio, com o trem atravessando o terreno que separava o estúdio do Parque Griffith, que ficava próximo, mas os planos continuaram a crescer até que, Diane admitiu, "suas conversas sobre o assunto em casa ficaram tão exageradas que eu não as levava mais a sério". Walt no entanto, falava completamente a sério. No fim daquele verão ou início do outono, mandou Harper Goff desenhar os planos gerais e esboços do parque, que agora incluíam uma pequena ilha em um lago, e falava no parque em todas as oportunidades, da mesma forma que falara incessantemente em *Branca de Neve* enquanto a criava, em meados dos anos 1930. "Todas as vezes que se tinha uma reunião com Walt ou outra coisa", disse Milt Kahl, "o assunto do parque vinha à tona. Especialmente se você estivesse lá em cima, no escritório dele, onde ele tinha todos os desenhos e outras coisas." Um executivo da ABC lembrou de Walt ir ao seu escritório antes mesmo de sua viagem à Europa e de ter os desenhos de Goff, para discutir possíveis projetos para a tevê, mas disse que Walt só falava no parque. "Walt ficou falando sem cessar e fez uma descrição verbal dele." O executivo disse que Walt "deixou uma grande sensação de entusiasmo", mas admitiu que o seu pessoal "parecia não entender nada do que ele falava".

Os executivos da ABC não eram os únicos que não conseguiam entender o conceito de um parque imaginativo. Lillian disse que estava "com medo" do parque, com medo de que fosse ambicioso demais. Roy disse que, no início, tampouco ficou entusiasmado, embora tivesse aprovado o projeto com relutância com base em que poderia ser utilizado como estúdio para transmitir programas de televisão. Nada disso teve o menor efeito em dissuadir Walt que estava mais energizado que nunca. Ele pediu a John Cowles, o jovem arquiteto filho do benfeitor de Walt em Kansas City, dr. J.V. Cowles, para expandir os esquetes de Goff e transformá-los em desenhos arquiteturais, e o instalou em um bangalô no terreno em Burbank. Em março, usando esquetes feitos pelo animador Don DaGradi, Walt enviou uma apresentação para a Diretoria de Parques e Recreações de Burbank, de cuja aprovação necessitava, anunciando seus planos de um parque que geraria um pequeno lucro em vez de um parque que fosse operar "em escala de capacidade máxima de gerar lucros", apesar de seus planos agora incluírem um barco, uma nave espacial de imitação e uma volta de submarino. Naquela mesma semana, Walt fez com que um de seus empregados começasse a procurar uma pequena carruagem e pôneis Shetland para puxá-la; ele já havia instalado um treinador de pôneis Shetland chamado Owen Pope no estúdio, para levantar estábulos e construir carruagens. Pope, que vivia com a esposa Dolly em um trailer no terreno embaixo da torre onde ficava a caixa d'água, disse que Walt parava ali todos os dias para falar sobre o parque.

O projeto ainda não tinha nome – ocasionalmente era chamado de "Cidade Mickey Mouse" – mas, poucos meses antes, Sharpsteen escrevera um memorando para Walt, referindo-se à esperada distribuição de um filme promocional do velho *Branca de Neve*, de 16mm, não destinado aos cinemas e sim à força de vendas da RKO como *A Trip Through Disneyland* (*Uma viagem pela Disneylândia*) e o projeto em miniatura foi logo apelidado de "Disneylândia". "Não me lembro de uma ocasião específica em que alguém tenha dito que se chamaria Disneylândia", disse Bill Cottrell. "Eu me lembro de que esse nome foi dito repentinamente por Walt, e pareceu bom, e assim ficou." Dali em diante, o parque se chamaria Disneylândia, que era exatamente o que iria ser: uma terra da imaginação de Walt Disney, uma terra sob seu absoluto poder.

Mas os negócios do estúdio continuavam a interferir, e os planos continuavam a ser interrompidos. Embora o produtor Perce Pearce e o roteirista Lawrence Edward Watkin fizessem a maior parte do trabalho no terceiro filme britânico ao vivo, um drama histórico chamado *The Sword and the Rose* (*A espada e a rosa*), como haviam feito nos dois primeiros, Walt comentava o roteiro e examinava os *storyboards* em seu escritório para assegurar que a ação nunca perdesse o ritmo e sentiu a necessidade de, uma vez mais, passar o verão na Europa, ostensivamente para ficar de olho na produção.[1] Mas até com Walt basicamente descansando, as pressões voltavam a aumentar. Pouco depois de retornar ao estúdio, ele escreveu para Pearce dizendo que estivera "tão ocupado quanto os proverbiais 'dez gatos em um telhado de zinco'". Ele ajudava a preparar para o ano seguinte a produção de outro filme ao vivo britânico, *Rob Roy, the Highland Rogue* (*Rob Roy, o vilão das montanhas*), e iniciava os preparativos para o primeiro filme americano do estúdio ao vivo, *20.000 Leagues Under the Sea* (*20.000 léguas submarinas*), de Júlio Verne.

E mesmo enquanto planejava esses filmes e estava fascinado pelo parque, terminou *Peter Pan*, o relato de Sir James Barrie de um garoto que não queria crescer e seus esbarrões com o malvado Capitão Gancho, que estava em produção havia quase tanto tempo quanto *Alice no País das Maravilhas*. Ele tinha adquirido os direitos em uma rodada de compras pós-*Branca de Neve*, completado um rolo de filme já em 1939 e gastado US$ 200 mil em seu desenvolvimento até 1943, em comparação com apenas US$ 15 mil em Alice e, claramente sentindo afinidades com o material, pressionou persistentemente para que entrasse em produção antes de outros filmes que já estavam em preparação. (À parte *The Wind in the Willows*, que já estava em produção na época, *Peter Pan* foi o único filme que o Bank of America permitiu que fosse adiante durante a guerra.) Enquanto o filme avançava no processo tipicamente lento de Disney, Walt

1 Embora delegasse muita autoridade nesses filmes, Walt levava a sério a aprovação dos *storyboards*. Quando notava que uma sequência não havia sido filmada exatamente como o combinado, perguntava o motivo ao diretor Ken Annakin. Annakin respondia que havia estourado o orçamento e queria economizar. "Alguma vez questionei o orçamento?", perguntava Walt. "Alguma vez pedi a você para cortar despesas? Vamos manter o que combinamos." Ken Annakin citado em Katherine e Richard Greene, *Inside the Dream: The Personal History of Walt Disney* (Nova York: Roundtable Press, 2001), p. 87-88. (N.A.)

falou com a atriz Mary Martin, que na época, estrelava uma produção teatral da peça, para que ela fizesse a voz de Peter (Roy achou a voz de Martin "pesada demais, madura e sofisticada"), e a atriz Jean Arthur entrou em contato com Walt pedindo para ser avaliada. Walt também conversou com Cary Grant para que ele fizesse a voz do Capitão Gancho, e Grant disse que a ideia o "deixou curioso". (Walt também conversou com Grant sobre a possibilidade de ele estrelar uma adaptação ao vivo de Don Quixote com o mexicano Cantinflas como Sancho Pança, outro projeto finalmente abandonado).

Como aconteceu virtualmente com todos os filmes, enquanto a preparação de *Peter Pan* se arrastava, o estúdio topava com dificuldades. Em determinado momento pouco depois da guerra, impaciente com os atrasos, Walt ordenou ao diretor Jack Kinney que trabalhasse nas sequências consecutivamente em vez de terminar todo o roteiro antes que fosse mandado para a confecção do *storyboard*, de forma que uma cena pudesse ser aprovada em uma reunião de enredo pela manhã e, depois, imediatamente posta em desenvolvimento. Quando Kinney perguntou a Walt se queria ver se estavam fazendo conforme o combinado, Walt insistiu em que continuassem a tocar até os *storyboards* estarem terminados. Segundo Kinney, depois de seis meses e 39 *storyboards*, cada um com cem esboços, ele fez uma apresentação de duas horas e meia para Walt. Quando terminou, Walt ficou sentado em silêncio, tamborilou os dedos, depois anunciou, "Sabe, estou pensando em *Cinderela*".

Mas agora, mesmo depois de *Cinderela* ter sido finalizado e distribuído, *Peter Pan* continuava a avançar com lentidão. Como acontecera com *Cinderela*, Walt mandou filmar uma versão inteira ao vivo no estúdio de gravação. Era estrelada por Bobby Driscoll como *Peter Pan* e Hans Conried como Capitão Gancho, que fariam as vozes dos personagens, e Conried disse que foi chamado ao estúdio intermitentemente por um período de dois anos e meio para um trabalho de poucos dias ou poucas semanas. Mas com o filme ao vivo como base para o trabalho, Walt queixou-se de que achava que os animadores deixaram que muito de Driscoll se infiltrasse nos desenhos. "Alguns Peter Pans têm uma aparência horrível", disse Walt a Milt Kahl. "São machões demais, velhos demais, há alguma coisa errada aqui." "Você quer saber o que está errado?", Kahl replicou. "O que está errado é que não temos nenhum talento aqui."

Kahl tinha razão em que o talento e o compromisso em Burbank continuavam a declinar, mas até mesmo o talento que o estúdio ainda possuía lutava entre si. O argumentista Bill Peet achava que este era outro exemplo de indivíduos demais lutando uns contra os outros e disse que o desenho finalmente começou a andar quando alguns da equipe se uniram para finalizar o material. Mesmo assim, isso era feito sem a orientação que Walt sempre provia. Nos dias dourados, Walt teria imposto a sua visão e acalmado as disputas. Agora, Walt estava inseguro. Frank Thomas, encarregado de animar o Capitão Gancho, disse que Walt não se decidia se Gancho seria um dândi levemente cômico ou um vilão zangado e, finalmente, deixou a escolha para Thomas. Quando viu as primeiras cenas de Gancho, Walt disse a Thomas: "Acho que você está começando a captá-lo" e aconselhou-o a ir em frente, o que significou que Walt estava deixando quase tudo para os animadores e que o homem que outrora coordenava cada quadro de seus filmes agora deixava que o filme se desenvolvesse organicamente.

No fim, quando *Peter Pan* foi distribuído em fevereiro de 1953, Walt ficou muito mais contente com o filme do que havia ficado com Alice, assim como os críticos e o público. Ele foi saudado com um segmento especial em Toast of the Town, programa de televisão de alto índice de audiência do colunista Ed Sullivan, que contou a vida de Walt e com a capa da Newsweek, que elogiava os planos de Walt. Bosley Crowther, no *New York Times*, disse que *Peter Pan* tinha sido "franca e corajosamente criado no 'estilo Disney'" – uma reviravolta que desde *Cinderela* havia recuperado sua conotação positiva. "Eu poderia dizer que Roy está usando seu 'sorriso de Cinderela' novamente!", Walt comentou radiante, para um correspondente depois que os lucros começaram a entrar. Ele ficou tão contente que foi à estreia do filme em Londres com Lillian e, mais tarde, naquele ano (depois de passar a maior parte do verão na Europa novamente sob o pretexto de supervisionar a produção ao vivo de Rob Roy) também foi à estreia no México.

Mas Walt ainda tentava encontrar meios de melhorar a animação sem levantar o custo, apesar do sucesso de *Peter Pan* e do reconhecimento da mídia de que os piores dias de Walt Disney haviam ficado para trás, e encarregou Ken Peterson de sugerir como fazer isso. O conselho de Peterson seria previsível e familiar ante os problemas que existiam no estúdio havia muito: mais preparo e integração do talento, e a designação dos animadores só depois do roteiro totalmente pronto; mas também aconselhou a inclinar as histórias em direção "a uma ação mais de desenho animado e de personagens de desenho animado", mais fáceis para animadores menos talentosos desenharem, e trazer animadores de fora do estúdio – algo que Walt zelosamente evitara durante todos aqueles anos, acreditando na superioridade do método Disney. Peterson também disse a Walt que, apesar do sucesso de *Cinderela* e *Peter Pan* e a despeito do desejo de "produzir filmes melhores a um custo mais baixo", havia uma "atitude derrotista ou negativa que afirma que nada pode ser feito em relação a isso".

II

Mas Walt Disney, que estivera em desespero durante tantos anos, não estava derrotado agora, mesmo que seu estúdio estivesse. Ele sabia que o estúdio estava desajeitado. Sabia que o nível de talento não era tão alto quanto nos dias de glória e que o espírito nunca se recuperara da greve, muito menos do trabalho duro da guerra. Sabia que os dias impetuosos de colaboração haviam passado e que, no que dizia respeito aos desenhos animados, nunca voltariam. Sabia disso, e sentia falta daqueles dias, sentia uma falta terrível deles, e esta podia ser uma razão para ele se afastar do estúdio. Com toda a pressão que teve de suportar, Walt amara aqueles dias, quando ele e seus garotos produziram os primeiros desenhos animados de Mickey Mouse ou quando trabalharam em *Branca de Neve*, sabendo que podiam estar fazendo história. Agora, finalmente, o parque havia restaurado o sentimento de que ele fazia alguma coisa que podia marcar época. Mas não era apenas o fato de o parque tê-lo reenergizado. Ele também gostava da ideia do processo de planejar o parque, de estar de volta novamente aos velhos dias, os dias de antes do estúdio grande, da greve e das tensões financeiras que não cediam, quando os empregados estavam firmemente unidos pela solidariedade. Walt Disney, o utópico que havia passado toda a sua vida tentando recriar o espírito comunitário de Marceline, queria o parque em parte porque achava que o seu planejamento permitiria que se restabelecesse a comunidade criativa que havia perdido.

Ele sabia que o parque não poderia ser feito com a estrutura burocrática do estúdio. O processo teria de ser dinâmico e diferente – novo. Roy, sempre protegendo o estúdio do irmão e o irmão do estúdio, deu a oportunidade a Walt. Depois do verão de 1951, Roy tentou adquirir os direitos dos livros de *Oz* do falecido L. Frank Baum e descobriu que os herdeiros de Baum não tinham aqueles direitos. Horrorizado, Roy começou a pensar que Walt Disney tinha de proteger os direitos dele para a família dele e sugeriu a Walt, em setembro, que vendesse seu nome para a companhia sob a condição de que o pagamento fosse visto como ganho de capital para tributação. Também sugeriu que Walt oferecesse ao estúdio um contrato de dez anos por serviços pessoais, já que o seu último contrato havia expirado em 1947 e eles não se preocuparam em estendê-lo ou renegociá-lo. Alguns conselheiros disseram que o Departamento do Tesouro não permitiria que Walt vendesse seu nome para uma companhia que efetivamente controlava. Roy pensava de outra forma. Ele disse que também agia no melhor interesse da companhia, pois ela usava o nome Walt Disney "de muitos modos que nos trazem muita receita", e "sinto profundamente que a companhia deve ter esse direito além de qualquer dúvida em lugar de continuar como estamos agora, com base na indulgência de sua parte" – reconhecimento de que o nome Walt Disney era agora tão valorizado quanto o homem. O que Walt necessitava, no entanto, era de uma entidade separada do estúdio, que fosse propriedade total dele e de sua família, a quem Walt cederia os direitos de seu nome e com quem o estúdio poderia fazer um acordo tanto com objetivo tributário como para dar legitimidade ao contrato.

Levou um ano, até dezembro de 1952, para que Walt finalmente criasse o que foi chamado WED Enterprises, com suas iniciais, e mais três meses para que a diretoria da Walt Disney Productions concordasse em licenciar o nome Walt Disney por 40 anos e dar a Walt um contrato de serviços pessoal – de sete, não de dez anos, como foi finalmente escrito. A WED em troca, receberia US$ 3 mil por semana e entre 5% e 10% de tudo o que a companhia coletasse mediante o uso do nome Walt Disney em qualquer coisa fora da produção. Walt também podia fazer um filme ao vivo por ano fora dos auspícios do estúdio e comprar até 25% de participação acionária em qualquer filme ao vivo se contribuísse em igual proporção para o orçamento do filme. Além disso, foi concedida a Walt uma opção para comprar até US$ 50 mil da apólice do seguro de vida de US$ 1,5 milhão que a companhia fizera dele e lhe foi garantido um *royalty* de US$ 50 mil por ano durante dez anos. Os termos eram favoráveis a Walt – tão favoráveis que um acionista furioso processou a companhia naquele verão, e Walt apareceu pessoalmente no tribunal para se defender.

Mas se Roy havia estimulado a WED para proteger os interesses de Walt Disney e também para manter os direitos da companhia sobre seu nome e os seus serviços, o próprio Walt pensava em alguma coisa muito diferente para a sua nova organização. A WED seria o lugar onde Walt poderia germinar e crescer – um lugar particular, que estava dentro do estúdio fisicamente, mas não era realmente do estúdio. Ele a situou ou em um velho bangalô no limite do terreno que, com bastante propriedade, tinha sido trazido de Hyperion, ou em um trailer temporário. (Os relatos diferem.) E então, começou a recrutar uma pequena equipe para ajudá-lo a planejar. Menos de uma semana depois da diretoria e a WED chegarem a um acordo, Walt contratou Bill Cottrell, cunhado de Lillian, como o primeiro empregado da companhia para trabalhar nos nascentes projetos da televisão e do parque. O diretor de arte Dick Irvine uniu-se a ele três semanas depois e o sócio de Irvine, Martin Davis, também diretor de arte, foi junto. Harper Goff, que desenhara os esquetes originais, chegou também.

Da mesma forma Walt buscava candidatos no estúdio. O artista de layout John Hench, que havia trabalhado com Dali em Destino, lembrou que Walt parou um dia em sua mesa e disse, "quero que você trabalhe na Disneylândia e você vai gostar disso". Hench disse que tinha apenas uma ideia mínima do que Walt falava, mas se uniu à nova equipe assim mesmo. Outros finalmente se seguiriam: animadores, mecânicos, mais artistas de layout. "Quando entrou para valer na Disneylândia, ele levou um grande número de pessoas do estúdio para a WED", lembrou Bill Cottrell. "Os negócios estavam novamente lentos no estúdio e, em vez de demitir, ele colocou os funcionários em sua folha de pagamento pessoal, a folha da WED."

Mas essas pessoas eram todas de cinema, pessoas que sabiam como fazer animações e filmes ao vivo, não parques de diversão. Walt tinha os desenhos de Goff, o equivalente aos esquetes miniaturizados para os filmes, mas precisava de um arquiteto e um engenheiro para executá-los. Em abril de 1952, quase um ano antes da formação da WED e apenas semanas depois da apresentação aos funcionários de Burbank, Walt convidou os arquitetos William Pereira e Charles Luckman a vir ao estúdio para discutir o parque, e depois Pereira admitiu para Walt que havia sido "completamente ganho" para o projeto. Não surpreendeu que, entre todos os arquitetos locais, Walt tivesse convidado Pereira para uma reunião. Pereira não era apenas um notável arquiteto de Los Angeles – ele havia desenhado o Pan-Pacific Auditorium, onde Walt exibira a cabana da vovó; a loja de departamentos Robinsons, em Beverly Hills; a Marineland do parque aquático do Pacífico; e o aeroporto internacional de Los Angeles –, mas também fora diretor de arte e designer de produção da Paramount que, depois, fizera sociedade com Luckman, ex-presidente da Lever Brothers, para formar uma firma de arquitetura e engenharia. Em resumo, Pereira tinha talento.

Em janeiro, a Walt Disney Productions concordou em dar a Pereira e Luckman até US$ 3 mil para ajudar a desenhar a Disneylândia, após o que eles deveriam retornar a Walt para uma nova autorização de liberação de fundos. O plano ainda era construir o parque em Burbank. Na primavera, Dick Irvine foi encarregado de servir de contato entre o pessoal criativo do bangalô da WED e a firma de arquitetura, enquanto Martin Davis recebeu a tarefa de pegar os esquetes de Goff e transformá-los em planos para a Main Village (Cidade Principal). Mas quando Pereira e Luckman submeteram seus planos para o parque, Walt começava a ter dúvidas. Segundo um relato, o dr. Charles Straub, presidente do Saint Anita Turf Club e conhecido de Walt, convenceu-o de que ele não precisava de uma grande firma de arquitetura, que o parque era basicamente mais um assunto de entretenimento que de design, e que construir o parque, nas palavras de um diretor de arte, "era muito como montar o cenário para um filme". Walt também pode ter desgostado da formalidade de uma grande firma de arquitetura quando gostava tanto do entusiasmo informal da WED. No verão, Pereira e Luckman tinham sido dispensados. A WED estava por conta própria agora.

Desde *Branca de Neve* eles não ficavam tão mobilizados. Quase desde o momento em que Walt teve a primeira ideia do parque, ele e seus amigos saíram a campo em busca de outras ideias. Já em março de 1951, Harper Goff foi para a Europa para fotografar parques e, no outono, Roy investigou a compra de brinquedos para parques de diversão na Europa. Em março do ano seguinte, Goff visitou Nova Orleans durante o Mardi Gras,[2] depois foi a Atlanta para ver se existiam trens para o parque. Fez uma longa viagem de reconhecimento um ano depois aos museus nova-iorquinos, a Old Sturbridge Village em Massachusetts, ao velho Canal de Erie, a Greenfield Village em Michigan, ao Lincoln Museum em Chicago, ao Smithsonian Institute em Washington, a Colonial Williamsburg, a Marineland na Flórida, a Tallulah Falls Railroad na Georgia, e ao Steamboat Museum em Saint Louis, e fez parte de uma delegação que visitou parques em torno de Los Angeles para reunir informações sobre como administrar uma instalação daquele tipo. Havia tanta atividade na WED que ao mesmo tempo em que fazia suas turnês, Goff também trabalhava na miniatura do Homem Dançarino, montava uma carruagem para o parque e fazia desenhos do submarino em *20.000 léguas submarinas*.

O próprio Walt também estava em um torvelinho. Apesar dos desvios provocados pelos filmes, ele negociava pessoalmente com um especialista em carruagens em miniatura puxadas por cavalos sobre a possibilidade de o homem vender seu trabalho para a Disneylândia, para uma seção separada em miniatura; consultava operadores de outras atrações (um aconselhou-o a pôr um preço alto na entrada para o parque e uma taxa de estacionamento "para afastar os desocupados e personagens indesejáveis"); e visitava outros locais de entretenimento, como a Knott's Berry Farm ao sul de Los Angeles, com Dick Irvine. Estas dificilmente seriam viagens acidentais. "Medíamos a largura das calçadas, o fluxo de tráfego, e estudávamos como as pessoas se movimentavam nesses lugares", lembrou Irvine. "Até mesmo naquela época, Walt tinha, no fundo da mente, uma ideia de como queria movimentar as pessoas."

Walt estava expansivo novamente e, após anos trabalhando sob restrições, queria que a equipe exercitasse a imaginação também mas, em relação ao restante do estúdio, a WED operava em relativo segredo. "Walt disse: 'Céus! O sonho é imprevisível. Não há nada restrito ou estéril.'" "Escrevíamos nossas ideias em pedaços de papel",

2 Terça-feira de carnaval. (N.T.)

lembrou Irvine, comparando o planejamento do parque ao planejamento dos filmes, "prendíamos em um quadro, e ele vinha à tarde e se sentava lá, olhava-as e passava-as em torno, divertindo-se." Essas sessões duravam entre quatro e seis horas por dia. E embora Lillian dissesse que ele chegava exausto após os longos dias de planejamento, Walt tinha um quarto em Carolwood onde trabalhava na Disneylândia à noite também – "como um hobby", dizia.

Como nos velhos dias, em que constantemente pedia um pouco mais dos animadores, ele nunca ficava satisfeito. "A primeira coisa que você apresentava Walt rasgava", disse Martin Davis. "Finalmente, você aparecia com algo melhor. Ele queria ver absolutamente todas as ideias que você pudesse ter antes de decidir alguma coisa." Davis lembrou uma vez quando fez um layout para uma atração que Walt veio à noite, exatamente como costumava fazer com seus animadores, e o levou consigo para casa. Quando Davis chegou à sua mesa no dia seguinte encontrou uma folha de papel quadriculado em que Walt havia desenhado novamente toda a atração. "Aqui está, deixe de enrolar e desenhe do jeito que deve ser", ordenou a Davis.

Apesar de todo o trabalho e de todas as horas compridas, Walt se sentia mais feliz do que sentia havia anos. Ele visitava o bangalô da WED com tanta frequência como antes visitava as salas dos animadores – supervisando, provocando ideias, refletindo, estimulando, elogiando. E se deliciava na WED da forma como uma vez celebrara estar no velho estúdio da Hyperion. "Droga, eu adoro isto aqui", exultava para Marc Davis, que se mudaria da animação para a WED. "A WED é exatamente como o estúdio Hyperion costumava ser nos anos em que estávamos sempre trabalhando em alguma coisa nova." Ele havia encontrado não apenas um propósito novamente mas também, como esperava, a pequena e alegre comunidade que desejava tão desesperadamente: uma ressurreição do culto. "Acho que era por isso que ele se divertia tanto no início da WED", observou Bill Cottrell. "Porque uma vez mais era dono da WED, como tinha sido dono do estúdio, antes de abrir o capital... Acho que havia um sentimento que Walt devia ter, e certamente tinha, de que na WED ele não tinha mais que lidar com os grandes departamentos... Era simplesmente divertido voltar a ser pequeno." Walt chamava a WED de sua "caixa de areia".

Ao longo dos meses, enquanto a equipe da WED soltava a imaginação, o projeto passou pelo que se poderia chamar de transformação filosófica. Desde o início, Walt Disney nunca pensou na Disneylândia como um parque de diversões tradicional; a ideia toda era fazer algo diferente, algo melhor. Mas a conceitualização, em parte limitada pelo espaço relativamente pequeno, foi pequena também – uma espécie de combinação da Knott's Berry Farm com um cenário americano rústico e um parque infantil com brinquedos. Na época em que a WED e Walt embarcaram em uma constante ampliação, a Disneylândia evoluiu para algo muito mais incomum e grandioso – não apenas um parque que propiciaria brincadeiras e divertimentos, mas um tipo de universo completamente imaginativo que poderia proporcionar uma experiência unificada. Era realmente muito mais uma terra de diversões que um parque de diversões. Ao menos era assim que os planejadores e Walt vieram a pensar nela. A Disneylândia seria algo para o qual não existia antecedentes.

Mas se não existiam antecedentes, o parque tinha sido beneficiário de uma série de forças e influências em seu planejamento – os paradisíacos jardins europeus, como o Tivoli, que Walt visitou; as exposições e feiras, como o Século do Progresso em Chicago, em 1933, a Feira Mundial de Nova York em 1939, e até a Feira Ferroviária de Chicago; recriações históricas, como Knott's Berry Farm, Greenfield Village e Colonial Williamsburg, em todas as quais Walt estivera e se divertira; e o que pode ter sido a maior influência de todas, a própria arquitetura da Califórnia. Como Edmund Wilson uma vez descreveu a exuberância de Los Angeles: "Aqui se vê uma mescla de beleza", "um pagode pequinês feito de pés de moleque frescos e crocantes, depois um iglu de marshmallow branco como neve – ou um nugá cor de rosa à florentina, forte e delicioso com nozes inseridas." Los Angeles era uma cidade arquiteturalmente fantástica, eclética e indomável, afetada como era por Hollywood, também fantástica, eclética e rebelde, e infectada por um senso geral de possibilidades. Toda Los Angeles era um cenário cinematográfico ou, como disse um comentarista nos anos 1920: "Uma filha de Hollywood do interior de Kansas", e o "Nirvana do residente do meio-oeste", o que descreve quase perfeitamente a relação da cidade com Walt Disney. A sua Disneylândia seria de muitas maneiras a apoteose da arquitetura de Los Angeles, uma apoteose de Hollywood e, ao falar de seu parque, ele até descreveria seu layout como se fosse um filme: "Esta é a cena um, esta é a cena dois, e esta é a cena três."

Tendo tomado emprestado o idioma do cinema para o seu parque, Walt Disney também tomou emprestado o objetivo. A realidade refinada e idealizada de Hollywood – em grande medida a criação de judeus do leste da Europa que apagavam seu passado inventando um mundo melhor de sua imaginação. Assim também seria a Disneylândia, a criação de um homem ferido que apagava o que via como as passagens mais sombrias de seu passado mediante a invenção de um mundo melhor de sua imaginação, embora obviamente colorida pelas imagens de Hollywood. Uma das fontes do poder de Hollywood é que ela criava arquétipos, dizia-se com frequência, que mergulhavam em algum oceano junguiano de consciência coletiva. A Disneylândia, essencialmente um gigantesco cenário cinematográfico, exibiria os mesmos arquétipos e mergulharia nas mesmas profundezas. Como um historiador de Disney colocou: "Seria possível pegar cada aspecto dos parques (Disneylândia e, mais tarde, Walt Disney World) e explicar sua atratividade em termos de alguma resposta comum instintiva ou emocional para quase todos nós."

Na Disneylândia, Walt imaginou uma cidade do oeste que era a ideia que o cinema criou do oeste, chegando até, de acordo com a arquiteta historiadora Karal Ann Marling, instruir Harper Goff a modelar o salão como o que havia sido desenhado para *Calamity Jane*[3] (*Ardida como pimenta*). Walt imaginou um cruzeiro pela selva que modelaria como a de outro filme, *The African Queen*, que Goff amava; imaginou um castelo que era o castelo platônico da imaginação de todos; imaginou uma rua Principal com lojas antigas, carruagens puxadas a cavalo, estação de trem, grupamento de bombeiros e delegacia de polícia, prefeitura e praça que era tanto a quintessência de uma cidade americana da virada do século que até o material de propaganda de Walt se gabava: "Queremos que todos sintam que esta é a rua Principal, U.S.A. e que se está de verdade nesse período."

Da mesma forma que se inspirava nessas imagens americanas arquetípicas, Walt também se inspirava nas imagens arquetípicas que ele próprio havia criado e que se haviam implantado na consciência americana. "Entramos na terra de Disney com a sensação de que já estivemos lá antes porque voltamos a uma América unificada por nossa experiência comum", escreveu um visitante em *The New York Times*, incluindo nesse passado coletivo a experiência de *Branca de Neve*, *Cinderela*, *Os três porquinhos*, *Peter Pan* e Mickey e Minnie Mouse. Era um testamento do quanto Walt Disney havia ajudado a modelar a imaginação americana. E para ter absoluta certeza de que os visitantes do parque ficariam dentro de suas imaginações, Walt planejou um dique ou muro alto para circundar o parque e bloquear a paisagem vizinha, como a que construíra em torno do estúdio e em Carolwood para que os vizinhos não fossem perturbados por seu trem. O dique, literalmente, mantinha o mundo à distância como Walt sempre quis fazer com seu estúdio. (Quando você entrar na Disneylândia, anunciava o folheto promocional, você se encontrará na terra do ontem, do amanhã e da fantasia. Não existe nada do presente na Disneylândia.)

3 *Calamity Jane*: no Brasil foi lançado como *Ardida como pimenta*, com Doris Day. (N.R.)

Assim como tinha sido desenhada para manter o mundo afastado, a Disneylândia também fora desenhada para oferecer um tipo de experiência psicológica que não se encontra comumente em um parque de diversões, ou em uma celebração pública, e muito menos na realidade. A maioria dos parques de diversão eram como os desenhos animados da Warner Bros. do final dos anos 40 – barulhentos, caóticos, bombásticos, subversivos. Devia-se sentir que as regras sociais não se aplicavam ali, que se era inteiramente livre. Walt Disney, o provedor do conforto, tencionava que seu parque oferecesse exatamente o contrário – não liberdade, mas controle e ordem. John Hench, um de seus desenhistas, disse que o parque tinha sido desenhado com o mesmo tipo de círculos e curvas que as de Mickey Mouse e com o mesmo efeito. Tudo era harmonioso, suave e não ameaçador, o que tornou a Disneylândia uma das mais profundas experiências do que Marling chama de "arquitetura da confiança", em que se tem a sensação palpável de "uma ordem que governa a disposição das coisas". Os críticos estavam certos quando mais tarde se queixaram de que a Disneylândia era serena demais, limpa demais, controlada demais, perfeita demais. Era o que se poderia ter chamado de "tragédia da perfeição" – que, ao buscar a perfeição, Walt afastara tudo que era humano e real. Mas o perfeccionismo era toda a base da existência da Disneylândia e do seu atrativo; era uma variante moderna do sonho puritano da cidadela na colina. O ato consumado da realização do desejo.

E como tal, naturalmente, era o reflexo de seu criador e de sua própria vitória na realização de seu desejo. Mas isso se refletia para ele de uma forma mais pessoal também. Ao formular o parque com uma rua Principal em sua entrada que leva ao Castelo da Bela Adormecida no fim da rua (que Walt, tomando emprestado um velho termo do folclore, chamava de "salsicha", porque atraía os visitantes presumivelmente do mesmo jeito que uma salsicha atrai um cachorro) e depois para as várias terras que se irradiavam do castelo (Terra da Fantasia, Terra da Aventura, Terra da Fronteira e Terra do Amanhã), Walt Disney recriou o mapa da própria jornada de sua vida: "o mapa da vida de Walt Disney", como Marty Sklar, veterano da WED, descreveria. Entrava-se nos portões do parque para dentro do que era essencialmente a rua Principal da Marceline da infância de Walt. (Nas "sessões de enredo" para a Disneylândia ele contaria a toda hora reminiscências de Marceline.) No final da rua havia várias opções – fantasia, aventura, a fronteira, o futuro – de forma que a viagem pelo parque se tornava uma metáfora das possibilidades. Como o jovem Walt, os visitantes do castelo pareciam estar de pé no portal de seus sonhos com a sensação de onipotência de uma criança. "O simbolismo", escreveria Richard Schickel, "é quase perfeito demais – estranhos forçados a recapitular as experiências que formaram Walt Disney antes de terem permissão para visitar suas imaginações e fantasias em outras áreas do Reino Encantado".

O que era misterioso, como sempre, era o quanto a experiência pessoal de Walt Disney coincidia com a experiência nacional. Nos estágios iniciais de planejamento, Walt descrevera o parque como uma lição sobre a herança americana, exatamente como a Disneylândia tinha a intenção de ser, e ele queria que os visitantes apreciassem o tipo de valores fundamentais de que ele se tornara um dos representantes após a guerra, valores que ficaram especialmente salientes com o advento da Guerra Fria. "Há uma temática americana por trás de todo o parque", disse à colunista Hedda Hopper, o que significava que a meta da Disneylândia era recriar não apenas o momento de possibilidade de Walt Disney, mas também da América, quando o país, como Walt, era inocente e ambicioso.

Alguns viam essa nostalgia de uma era passada em um tempo de ansiedade como mais uma forma de conforto e outra fonte de atração do parque. "Então, os parques de Disney tocam outras duas fontes do desejo moderno de voltar no tempo para um estágio anterior da mente: a juventude do indivíduo (Rua Principal; Terra da fantasia, baseada nos clássicos infantis; e a orientação da brincadeira nas atividades do parque)", escreveu um analista, referindo-se tanto à Disneylândia quanto à sua sequência, Walt Disney World, "e à infância da nação (os cenários do início do século XX e de volta aos períodos do desbravamento e da colônia)." Outro analista observou que os visitantes da Disneylândia "se sentiam completamente submergidos em uma representação fantasiada, mas quase mais que perfeita de seus mais profundos compromissos e crenças" – compromissos e crenças que, como tanta coisa mais na vida de Walt, tinham sido agora idealizados por Walt. No final então, a Disneylândia não era apenas um parque, nem mesmo apenas uma experiência. Era também um repositório de valores.

Ela se tornara grande demais. Como antes da formação da WED, antes de Walt lançar seu planejamento em escala completa e apenas dois meses depois de ter feito sua apresentação para os funcionários em Burbank, ele já confidenciava a um funcionário da RKO que estava "examinando se valia a pena assegurar um pedaço de terra – algo até 200 acres – não que fôssemos usar tudo isso no projeto, mas isso nos daria o controle da área em torno, o que eu sinto que é importante". Na época em que a WED estava em operação, Burbank começou a hesitar, temendo que um parque pudesse afetar a calma da comunidade. "Burbank não queria ali um parque infantil", lembrou John Cowles, que havia negociado com a cidade. Nesse meio tempo, Walt investigava uma área de treinamento de tiro da polícia em Chatsworth, San Fernando Valley;

Palos Verdes, sul de Los Angeles; uma área de 440 acres chamada Descanso Gardens (Walt concluiu, "está na área errada"); Calabasas, onde Roy comprou um lote de 40 acres na divisa do pedaço de terra para proteger o terreno; e Sepulveda; e mandou Dick Irvine e outro empregado da WED, Nat Winecoff, em uma missão até Santa Ana Freeway para avaliar a possibilidade de terrenos ali.

Agora ele queria um grande terreno, mas a decisão era demasiado complexa e difícil, e as apostas altas demais para serem deixadas ao bando de amadores felizes de Walt. Em uma festa naquele ano, Charles Luckman apresentou Walt a Harrison "Buzz" Price, do Instituto de Pesquisa Stanford (SRI), que fizera pesquisas para Luckman sobre o projeto de um estádio no Havaí, e sugeriu que Walt contratasse Price para pesquisar locais para a Disneylândia. Walt e Price encontraram-se em julho de 1953, e Walt explicou que imaginava a entrada pela rua Principal e quatro terras irradiando dali e que isso necessitaria mais ou menos cem acres, mas que não tinha ideia de onde o parque deveria ser localizado. Price concordou em que sua empresa analisasse as áreas em potencial, que foram logo reduzidas de dez (em um grande quadrado limitado ao norte por Chatsworth, ao sul por Tustin; Pomona a leste, e o oceano, a oeste) para quatro áreas ao longo do corredor de Santa Ana Freeway que Winecoff e Irvine haviam investigado. Quando Price fez seu relatório no fim de agosto, concluiu que Los Angeles se tornava cada vez mais descentralizada e que a maior taxa de crescimento provavelmente seria a de Orange County, logo ao sul de Los Angeles, cuja população aumentara 65,4% de 1940 a 1950 e outros 30,4% nos três anos entre 1950 e 1953. Orange County também parecia ter menos chuvas, menos umidade e menos temperaturas extremas que as áreas que estavam sendo analisadas e, o melhor de tudo, estava bem situada para o transporte. Depois de eliminar mais de 40 sítios dentro e em volta de Orange County (por razões que iam desde exibir a desagradável vista de poços de petróleo até abrigar um campo de trabalho para mexicanos), o SRI decidiu-se por um terreno de 160 acres em Anaheim chamada de a subdivisão de Ball Road, basicamente uma grande área com quatro mil pés de laranja, em um lugar que era o maior fornecedor nacional de laranjas Valencia. Além de sua localização, tinha a vantagem de ter apenas dezessete proprietários, a maioria dos quais pensava em transformar a terra em um empreendimento imobiliário, e apenas quinze casas espalhadas pela propriedade; o preço era relativamente baixo – US$ 4.800 por acre, exceto por um lote que fora arrendado para uma fábrica de trailers que, depois do estúdio concordar em comprar os ativos da companhia, foi acertado por US$ 6.200 o acre. Walt recebeu de um amigo a notícia da compra enquanto passeava em Piccadilly Square, em Londres, embora a aquisição só fosse ser anunciada publicamente em maio seguinte.

Agora, Walt só precisava do dinheiro para construir seu parque.

III

Walt admitiu que, durante todo o tempo em que planejou a Disneylândia, não deu atenção particular ao seu financiamento. O trabalho preliminar de Pereira e Luckman e do SRI tinha sido autorizado e pago pela Walt Disney Productions. Mas antes mesmo que o planejamento se acelerasse, Walt teve de sacar de seus próprios recursos. Ele pediu um empréstimo tendo como garantia sua apólice de seguro de vida – "minha esposa ficava reclamando que, se alguma coisa me acontecesse, eu teria gasto todo o dinheiro dela", contou a um repórter meio de brincadeira – e, em parte para cobrir o custo de construção da nova casa, fizera outro empréstimo de US$ 50 mil do banco, que ele chamava de "limite de minha capacidade pessoal de endividamento". Também teve de vender a casa em Smoke Tree que mal havia terminado de construir (ele havia escrito entusiasmado para a tia que era "a primeira vez que temos um lugar afastado da cidade e estamos nos divertindo com isso"), argumentando que estava ocupado demais para se afastar do estúdio mas, na verdade, era porque precisava do dinheiro. Chegou a atrair Hazel George para investir, e com os empregados do estúdio, ela formou um clube dos seguidores e apoiadores da Disneylândia.

Walt se queixava de que Roy estava menos amigável, embora a reclamação pudesse ser mais a dramatização de alguém que sempre se retratava como tendo que lutar contra a sabedoria convencional. Sempre que abordava o assunto com o irmão, "Roy, subitamente, ficava ocupado com números, então, quero dizer, eu não ousava trazer o assunto à baila. Mas continuei a trabalhar no projeto e trabalhava nele com todo o meu dinheiro." Roy disse a um repórter: "Eu me perguntava de onde o dinheiro estaria vindo, mas não perguntava a ele; aquilo era o bebê dele, e ele podia tê-lo." Roy comentou que recebeu o telefonema de um banqueiro informando que Walt havia lhe pedido um empréstimo para o parque. "Ele descreveu seus planos", disse o banqueiro a Roy. "Sabe, Roy, aquele parque é uma ideia maravilhosa! Eu quase caí da minha cadeira." Walt obteve o dinheiro do banco para investir, e a disposição de Roy se tornou mais favorável.

Mas Roy, embora hesitasse, não era tão antipático à ideia como Walt mais tarde o retrataria, não mais que havia sido quando Walt queria fazer *Branca de Neve*. Na verdade, já em março de 1952, Roy escreveu a Walt dizendo que vinha "pensando consideravelmente" sobre o "assunto do parque de diversões" e recomendando a Walt apresentar sua ideia à Walt Disney Productions por intermédio de uma terceira parte, de modo que Walt ficasse a salvo de acusações de usar a companhia para suas necessidades pessoais. "Eu ainda não o vejo claramente", Roy admitiu na carta, "mas acho que a ideia deveria ser estudada em seus méritos; a ideia em geral me parece ter grandes possibilidades". Foi também nessa época que Roy pediu a Walt, pela primeira vez, para pensar em uma revisão de sua relação pessoal com o estúdio – uma revisão que levaria à WED. "Dessa forma", ele encerrou, "esse parque de diversões poderia ser o meio de acertar todos os nossos assuntos", que foi exatamente o que aconteceu.

Mas até mesmo enquanto financiava o planejamento do parque em grande medida do próprio bolso e esperava obter financiamento adicional do estúdio, Walt já tinha um plano: televisão. A televisão o salvaria.

Walt Disney era fascinado pela televisão no mínimo desde meados dos anos 1930, quando foi a Camden em Nova Jersey para ver uma demonstração do novo meio feita pelo chefe da RCA, David Sarnoff. Quando decidiu encerrar seu acordo de distribuição com a United Artists na mesma época e assinar com a RKO, um dos pontos polêmicos foram os direitos para a televisão. Walt exigiu que o estúdio os tivesse. Ao longo dos anos pareceu ficar mais visionário e seu interesse só aumentou. Pouco depois do fim da guerra, o estúdio solicitou à Federal Communications Commission uma licença para uma estação de televisão e anunciou planos para construir um centro de transmissão televisivo no terreno, embora Roy tivesse decidido retirar o pedido, temendo que a despesa fosse grande demais e achando que o estúdio estaria mais bem servido se esperasse pela transmissão colorida que exibiria melhor os desenhos animados do estúdio. Mas o interesse nunca diminuiu. Em 1947, Roy encomendou aparelhos de tevê de dez polegadas para todos os executivos e, no ano seguinte, Walt passou uma semana em Nova York com o único propósito de assistir televisão "dia e noite" para se familiarizar com o meio. Hazel George disse que, quando retornou ao estúdio, ele se havia tornado messiânico sobre a televisão. "A televisão é o futuro", disse a ela, desprezando todos os magnatas do cinema que a viam como ameaça.

Da forma que Walt a via – e ele estava bem isolado entre os executivos do cinema a esse respeito – a televisão não era o inimigo do cinema; era sua aliada. Podia ter o efeito de eliminar o filme-B, disse ao *New York Times*, mas ajudaria a fazer publicidade dos filmes, acreditava, e ele pretendia "tirar toda a vantagem de seu potencial de criar um novo público para o cinema e estimular a venda de toda a bilheteria de nossos próximos filmes". Roy não era menos entusiástico. Ao oferecer a possibilidade de reciclar velhos filmes e produzir novos com o suporte de patrocinadores corporativos, a televisão, ele achava, era uma forma de financiar toda a operação do estúdio. "Não seríamos pressionados a pôr um produto de entretenimento em operação a menos que tivéssemos certeza de suas possibilidades", escreveu a Walt "e isso nos daria uma média melhor de acertos no campo do entretenimento e mais segurança – da mesma forma que mais paz de espírito. Os filmes patrocinados quase transformariam o nosso negócio em um novo negócio com possibilidades ilimitadas, em lugar de nos limitarmos às perspectivas do campo exclusivamente cinematográfico".

Walt estava ansioso para dar o salto. Já em março de 1950, sugeriu a Roy que o estúdio lançasse o seu próprio programa de televisão, usando os velhos curtas Disney. Roy concordou, dizendo que era uma "grande fórmula", e disse a Walt para selecionar uma equipe e fazer um orçamento. A ideia prosperou, sem dúvida uma baixa para outras exigências em relação ao tempo de Walt, mas, no verão, Walt e Roy conversaram com a Coca-Cola sobre o patrocínio da companhia a uma hora de transmissão no Natal em que Walt apresentaria desenhos animados, assim como cenas de *Alice no País das Maravilhas*, que estava para ser distribuído, que Roy acreditava não apenas daria ao filme uma "tremenda partida", como também lhes permitiria "descobrir um bocado sobre televisão que nós não conhecemos". O programa, feito para a NBC, custaria cerca de US$ 100 mil, que seriam totalmente pagos pela Coca-Cola, mas Roy, parecendo-se muito com o velho Walt, aconselhou que ele pensasse "em termos de colocar cada dólar que nos derem no espetáculo... Dê-lhes um espantoso sucesso que será o assunto da indústria – ou até mais que isso – o assunto do mundo do entretenimento". Se o programa foi ou não o assunto da indústria, Walt se saiu bem. Jack Gould escreveu no *New York Times*, "Walt Disney pode assumir o comando da televisão na hora que quiser" e disse que o espetáculo "foi um dos programas mais envolventes e encantadores do ano". Mas o que o especial realmente fez foi provar que a tese de Walt sobre o valor da televisão para a indústria do filme estava correta. Uma pesquisa Gallup indicou que o programa criou uma nova consciência de Alice e levou Walt a falar em usar a televisão como "ponto de venda".

O que Walt queria, no entanto, era uma série regular que trouxesse uma nova fonte de renda para o estúdio. Poucos meses depois do especial, ele juntou um grupo em seu escritório para discutir um programa de meia-hora e, embora Walt tenha começado a falar de maneira evasiva, citando a dificuldade de produzir um programa semanal e se perguntando quem seria capaz de executá-lo, encarregou a equipe de desenvolver três ideias de espetáculo para o fim do ano. Roy também trabalhava no front da televisão. Em maio, ele se encontrou com Jules Stein, o chefe da Music Corporation of America. A MCA era a mais poderosa agência de talentos do país, e durante anos, mesmo antes de a televisão se transformar em uma proposta bem-sucedida, Stein vinha assediando os Disneys, tentando interessá-los em que ele os representasse no meio e oferecendo-se para buscar patrocinadores para as séries. Roy achou Stein "pouco sincero e descuidado" – Walt o chamava de "polvo" porque ele parecia ter seus tentáculos em tudo – e disse que sempre que falava com ele tinha uma "sensação de medo de cair em suas garras", à la Pat Powers. Mesmo assim, Roy estava disposto a aceitar porque temia que, se o estúdio não agisse rapidamente, outras companhias cinematográficas entrariam na brecha. Sua única exigência era que o acordo tivesse curta duração.

Mas mesmo com a MCA, a televisão estava mostrando não ser tão fácil. Falharam todas as conversas com a Ford e a Chrysler naquele verão para patrocinar filmes para a televisão que pudessem ser usados em uma série como também as discussões com a American Broadcasting Company (ABC) para levar ao ar as séries, e Roy desistiu de fazer um programa semanal de uma hora no mínimo até o outono de 1952 mas, mesmo quando essa época se aproximava, Roy ainda não tinha um programa nem a perspectiva de um. Conversas com a Lever Brothers encalharam no desejo de Walt de um compromisso de três anos, e Roy agora recomendava um espetáculo de quinze minutos para fazer publicidade dos filmes a serem lançados. O benefício adicional, escreveu para Walt que estava na Europa na época, era que um espetáculo, qualquer espetáculo, seria "uma ajuda maravilhosa na construção do nosso programa corporativo e financeiro para a companhia de diversões, como provocaria outros a participar dela". Em suma, a televisão poderia atrair interesse para a Disneylândia.

Se Roy sabia ou não disso na época, e ele provavelmente sabia, Walt já via isso como um plano. Por muito que apreciasse a televisão como uma ferramenta promocional para os filmes e por mais que valorizasse a renda que a televisão poderia trazer para o estúdio de forma que a companhia não se visse constantemente em apertos financeiros, Walt acreditava – esperava – que em troca de um programa Walt Disney para a televisão, ele pudesse induzir uma rede de comunicação, ou um patrocinador corporativo, a investir na Disneylândia; esta era a razão pela qual fazia Roy insistir em um compromisso de três anos. Ele estava, na verdade, tentando vender seus filmes antigos e o valor de sua reputação para financiar seu parque.

Durante todo o tempo em que Roy esteve falando com a MCA, com a ABC e com vários patrocinadores corporativos, Walt não ficou parado. Através da WED comprou os direitos para a televisão de um livro popular chamado A Marca do Zorro, que havia sido a base de inúmeras versões cinematográficas, incluindo uma estrelada por Tyrone Power como um aristocrata da Califórnia, governada pelos mexicanos, que usa uma máscara negra e se torna o espadachim Zorro, campeão dos pobres e oprimidos. A ideia de Walt era filmar a série no México e, no início de 1953, designou Bill Cottrell para produzi-la, contratou um veterano do cinema chamado Norman Foster para escrever e dirigir os espetáculos e indicou Dick Irvine para desenhar os cenários. Walt descreveu a série Zorro "como a minha própria aventura privada e não parte da atividade do estúdio" – uma nova tentativa de colocar distância entre ele e o produto de qualidade inferior que o estúdio estava produzindo. Agora Walt aproximou-se das redes de televisão. Foi à National Broadcasting Company, à Columbia Broadcasting System e à ABC. (Este pode ter sido o encontro em que se mostrou tão entusiasmado com a Disneylândia.) Todos exigiram que Walt filmasse um piloto ou amostra do episódio. Walt ficou perplexo e irritado. "Bem, por que eu deveria fazer um filme-piloto depois de todos esses anos em que estou no cinema?" Cottrell acreditava que Walt ficou tão desanimado que deixou a ideia de lado e decidiu concentrar todos os seus esforços no planejamento da Disneylândia.

Mas apesar de se ressentir da arrogância das redes de televisão, Walt sabia que precisava da televisão, precisava dela para obter dinheiro para a Disneylândia. Durante todo o ano de 1953, quando a fração das famílias americanas que tinham televisão subia para dois terços, Roy continuou a encontrar-se com várias agências de publicidade e patrocinadores corporativos para discutir uma série, e estava até negociando seriamente com a General Foods, embora tivesse dito a Walt que achava aconselhável não mencionar nada ainda sobre o financiamento da Disneylândia. Isso, ele disse, seria uma moeda de troca; ele faria algumas concessões no orçamento da televisão em troca do patrocinador ter uma participação no parque temático. Com uma terceira parte engajada, fosse mediante a compra de debêntures do parque, ou de ações ordinárias, ele acreditava que estaria em condições de atrair o que chamava de "outros associados amigáveis interessados, como a Western Printing", que publicava os livros Disney e os quadrinhos.

Nesse meio tempo, enquanto os planos para o parque continuavam a crescer, enquanto o estúdio comprava a propriedade e enquanto o desespero começava a se instalar, Roy foi rapidamente a Nova York no fim de setembro para discutir uma vez mais a possibilidade de uma série de televisão com a ABC, e também, inevitavelmente, a ideia da rede de televisão investir na Disneylândia. Roy já havia viajado para Nova York, quando Bill Cottrell lhe enviou um esboço de quatro possibilidades de um programa de televisão. Aparentemente, depois de todos os meses de deliberação, esses planos foram criados com tanta pressa que o programa principal, a série de uma hora, foi vagamente descrita, com a inclusão de material dos filmes Disney, promoções dos novos filmes Disney e um relato contínuo sobre o progresso da Disneylândia. Cottrell também sugeriu um programa de quinze minutos, cinco vezes por semana, chamado *O Clube do Mickey Mouse* a ser transmitido ao vivo da Disneylândia, um programa semanal de meia-hora de Aventuras da Vida Real extraído dos filmes do estúdio sobre a natureza e uma série de 30 minutos, *World of Tomorrow* (*O mundo do amanhã*), que combinaria ação ao vivo e animação para descrever o passado do homem e o seu futuro.

Espantosamente, apesar do tempo que dedicara ao parque e de seu investimento emocional nele, Walt não havia pensado na forma de apresentar a Disneylândia para a ABC mais do que pensara nos programas, o que é uma prova da forma descontraída e espontânea em que vinha trabalhando no parque. O problema é que Roy precisava de algo para mostrar aos executivos da ABC, algo mais atualizado que os velhos esboços de Harper Goff e mais sugestivo que as plantas de arquitetura de Martin Davis. Depois de meses e meses de *brainstorming*, só em setembro Walt convocou uma reunião em seu escritório com a equipe de administração da Walt Disney Productions para, finalmente, descrever o parque e discutir a produção de um folheto para investidores em perspectiva. "Walt foi muito 'provocativo' em suas sugestões", lembrou Harry Tytle, "e deu a nós todos uma visão da tremenda dimensão da Disneylândia" – dimensão que só era conhecida antes pela equipe da WED no bangalô.

Com Roy a caminho de Nova York, não havia tempo a perder, nem mesmo um dia. Herb Ryman, diretor de arte que havia trabalhado no estúdio no departamento de enredo nos anos 1940, antes de ir trabalhar na Twentieth Century-Fox, estava pintando em sua casa, na manhã de sábado, 23 de setembro, quando recebeu um telefonema de um velho colega, Dick Irvine. Irvine lhe disse que estava no estúdio com Walt e que ele queria dar uma palavra com ele. Como Ryman contou mais tarde, Walt veio ao telefone e lhe perguntou quanto tempo levaria para ele chegar ao estúdio. Ryman disse que quinze minutos se fosse como estava, meia-hora se fosse se arrumar. Walt lhe disse para ir como estava e que iria esperá-lo no portão do estúdio.

Depois que Ryman chegou, Walt foi com ele ao bangalô da WED, o prédio Zorro, como era chamado agora – o artista queria saber qual era a pressa. "Bem, vou fazer um parque de diversões", explicou Walt, e disse que Roy faria uma apresentação dele na segunda-feira para mostrar aos investidores qual seria o aspecto do parque. Ryman disse que ficou curioso e pediu para ver o desenho. "Você é quem vai fazê-lo", disse-lhe Walt. Ryman imediatamente objetou. Tinha medo de fazer bobagem com tão pouco tempo. "Walt andava de um lado para o outro", lembrou Ryman. "Então, foi para o canto e virou a cabeça com as costas voltadas para mim e disse bajuladoramente 'você fará isso se eu ficar aqui com você?'" Ryman não via como aquilo necessariamente iria ajudar, mas Walt estava tão triste – "como um garotinho", disse Ryman em uma entrevista, "com lágrimas nos olhos", disse em outra – que ele, relutantemente, concordou. Alimentado a sanduíches de atum e milk-shakes e estimulado por Walt, que dava descrições detalhadas e fumava sem parar, Ryman trabalhou direto durante o sábado e o domingo, sem dormir, 42 horas ao todo, segundo um relato, concluindo uma versão geral do parque exatamente a tempo de ela ser colorida à mão por Davis e Irvine e mandada de avião para Nova York.

Como lembrou o presidente da ABC, Leonard Goldenson, das discussões que se seguiram, foi sua a ideia de trocar a participação no parque por uma série de uma hora na televisão e, também de levar Roy para falar com a direção da empresa. Se assim foi, ele se adiantou. Como se revelou, a diretoria, preocupada com que a ABC não fosse capaz de garantir um investimento na Disneylândia, declinou. Mas Goldenson sabia que precisava dos Disneys tanto quanto os Disneys precisavam dele. A ABC era a mais nova das redes de televisão e a mais fraca. Tinha apenas catorze afiliadas, enquanto a NBC tinha 63, e a CBS, 30, e seus índices de publicidade eram substancialmente mais baixos que os das rivais. A United Paramount Theaters, constituída como uma unidade independente após ser desligada da Paramount pelo processo antitruste do governo contra os grandes estúdios de cinema, adquiriu a ABC no início daquele ano e investiu US$ 30 milhões na rede de televisão. Para se equiparar aos rivais, a ABC queria usar o dinheiro para construir relações com os estúdios de cinema em vez de perseguir o processo muito mais laborioso e exigente de desenvolver sua própria programação. Filosofando que os telespectadores queriam coisas que já conheciam, a ABC valorizava as séries, especialmente as que atraíam um crescente setor demográfico que um executivo da ABC chamou de "famílias jovens". Goldenson achava que a Companhia Walt Disney, com seus atrativos para essas famílias, seria o parceiro perfeito para a ABC.

Como a diretoria da ABC hesitou, o tempo começou a se esgotar para Walt Disney, se quisesse ter alguma esperança de abrir o parque em 1955, como havia planejado. Ele não apenas necessitava do acordo, precisava com rapidez. A NBC passou adiante a proposta mas, em fevereiro de 1954, quando a ABC empacou, Walt e Roy tinham programado um encontro com William S. Pasley, chefe da CBS. Pasley os fez esperar, devido, segundo ele, "à pressão de algumas negociações vitais que estávamos conduzindo". Aparentemente insultados, os Disneys nunca marcaram outra reunião. Nesse meio tempo, Golsenson na ABC, estava tão desesperado quanto os Disneys para forjar uma aliança, especialmente depois que os outros estúdios de cinema que cortejou vacilaram em entrar para a televisão. Para manter abertas as linhas de comunicação, os executivos da ABC continuaram a encontrar-se com os representantes da Disney para discutir vários programas. "Eles veem tremendas conexões entre a Disney e a ABC", escreveram Nat Winecoff e Dick Irvine para Walt depois de conferenciar com Goldenson, o presidente da ABC Robert Kintner e o chefe de programação Robert Weitman em Nova York. "Leonard Goldenson foi muito enfático em que transmitíssemos a vocês que eles estão 'muito interessados' e querem fazer um acordo" e Goldenson sugeriu que ficassem em "estreito contato" com o representante da ABC na costa oeste.

Mas Goldenson foi além das declarações de interesse. Ele estava tão ansioso para fechar um acordo antes da nova programação de outono da televisão que, como contou mais tarde, mandou dois de seus executivos ao Texas para encontrar-se com um homem chamado Karl Hoblitzelle, que possuía várias redes de cinemas e com quem Goldenson havia trabalhado na United Paramount Theaters antes desta empresa comprar a ABC. Goldenson sabia que Hoblitzelle havia encontrado petróleo e se transformado em banqueiro, e agora queria saber se ele poderia fazer um empréstimo à ABC para que ela pudesse investir nos Disney – dinheiro, disse Goldenson, que Walt não conseguia dos bancos de Nova York, que tinham dúvidas sobre o parque. Hoblitzelle concordou em emprestar e, após vários dias de ferozes negociações entre Roy e Kintner, o acordo foi concluído e aprovado por ambas diretorias em 2 de abril de 1954. A ABC teria seu programa Disney. Walt Disney teria seu dinheiro para a Disneylândia. Ou, como Walt mais tarde brincou, "a ABC precisava tanto do programa de televisão que comprou um parque de diversões".

O parque não saiu barato. Naquele ano, Walt havia pedido à SRI uma estimativa de seu custo. Seus números foram de US$ 5,25 milhões – dos quais US$ 750 mil[4] para

4 Ele, na verdade, saiu por US$ 879 mil. Memo, C. V. Wood, Jr., para Walt, Re: Disneyland Construction

a aquisição do terreno – além dos US$ 150 mil já gastos na propriedade, grande parte do bolso do próprio Walt. A SRI sugeriu que a companhia cobrisse parte do custo emitindo contratos de locação para os vendedores instalados no parque, o que permitiria ao estúdio tanto coletar adiantamentos quanto pedir empréstimos dando os contratos como garantia, e sugeria a venda de títulos. E a ABC cobriria todo o restante.

O acordo era complexo. A ABC concordou com um contrato de três anos para 26 programas anuais de uma hora cada, pelos quais pagaria US$ 50 mil por programa no primeiro ano, US$ 60 mil no segundo e US$ 70 mil no terceiro, e mais US$ 25 mil por reapresentação no primeiro ano, US$ 30 mil no segundo, e US$ 35 mil no terceiro. Quinze por cento desses recursos seriam, então, canalizados da Walt Disney Productions para a Disneyland, Inc., uma nova entidade corporativa, como taxa de locação, da qual a última pagaria seus títulos hipotecários. Mas como Disney estimou que cada programa custaria ao estúdio US$ 65 mil, a força real do acordo com a ABC seria o investimento da rede no parque. A ABC comprometeu-se a comprar US$ 2 milhões em títulos de dez anos, garantir empréstimos até o montante de US$ 4,5 milhões (a contribuição crucial de Hoblitzelle para o pacote), e investiria US$ 500 mil diretamente no parque – em troca de 34,48% de participação, uma fatia igual à da Walt Disney Productions. Não incidentalmente, o empréstimo permitiu que o estúdio aumentasse a linha de crédito com o Bank of America para US$ 8 milhões. Como Roy esperava, o acordo com a ABC levou outro "parceiro amigável", a Western Printing and Lithographing Company, baseada em Wisconsin, a comprar US$ 500 mil em títulos de 10 anos e arranjar um empréstimo de US$ 500 mil de um banco local, tendo como garantia os *royalties* Disney da Western, em troca de uma participação de 13,8%. (Infelizmente, o chefe da Western e um dos antigos aliados de Walt, E. H. Waldewitz, descrito por um colega como "um homem rotundo de voz esganiçada", morreria subitamente antes da abertura do parque.) Walt ficaria com os 16,55% restantes como compensação por suas contribuições para o parque.

Conseguido o financiamento, o estúdio fez um anúncio público em 1º de maio: Walt Disney ia construir um parque de diversões.

Mas as ramificações do acordo, importantes como eram, iam além da ABC e de Disney. Ao concordar em fazer um programa com a ABC, o estúdio Disney entrou em desacordo com a seita do cinema que, para a consternação da ABC, tomara posição

---

Progress Schedule (Agenda do Andamento da Construção da Disneylândia), 9/set/1954, Arquivo C. V. Wood, Walt Disney Corr., Entre-Escritórios, 1953-1955, R-Z, A1640, WDA. (N.A.)

firme contra a televisão. Embora a Columbia e a Republic Pictures tivessem produzido programas de televisão, elas o fizeram através de subsidiárias, como se desejassem manter claras as linhas de demarcação entre o cinema e a televisão. Walt Disney, ao pôr sua companhia produtora diretamente a serviço da televisão sem nenhum subterfúgio, fez o que o *New York Times* chamou de "primeiro passo de um grande estúdio no campo do entretenimento doméstico" e o Times previu que "se for bem-sucedido, poderá muito bem levar a mais dessas alianças entre os grandes estúdios e as redes de televisão". O Times concluiu: "O resultado final poderia, na verdade, mudar as condições gerais do negócio do entretenimento." Foi exatamente isso que aconteceu.

Quando a ABC e a Walt Disney Productions anunciaram seu acordo em um comunicado conjunto à imprensa em 2 de abril de 1954, eles prometeram que a Disney daria à rede de televisão "um conceito inteiramente novo na programação da televisão", que iria incorporar "o uso de ação ao vivo e técnicas de desenho animado em uma série de programas baseados em variedade, aventura, romance e comédia". Pelo menos esta era a intenção declarada. O problema foi que Walt Disney, seis meses após o memorando de Cottrell sobre formatos possíveis para a televisão, ainda tinha de criar o espetáculo para o qual dispunha agora de um contrato de três anos. Enquanto as negociações esquentavam naquele mês de março, Walt convocou catorze membros de sua equipe, com Roy, para discutir um formato. Walt sabia que o programa tinha de ter sinergia; tinha de promover tanto os filmes Disney quanto a Disneylândia, e sugeriu que fossem criadas quatro unidades de produção – uma para cada "terra" do parque da Disneylândia. Expôs francamente: "A principal ideia do programa é vender." Um programa sobre como as Aventuras da Vida Real eram filmadas iria promover a mais recente Aventura da Vida Real na África e a Terra da Aventura, enquanto um programa sobre os heróis populares americanos promoveria a Terra da Fronteira do Parque. E ele se entusiasmou com a ideia das ligações do patrocínio entre os programas e a Disneylândia. Ao mesmo tempo, Walt disse à sua equipe que não queria economizar na qualidade. Eles não deveriam reciclar tantos desenhos animados e filmes Disney que a audiência "pensasse no espetáculo como um pacote de material velho Disney". Os programas tinham que fazer jus à marca Disney: "Estamos honestamente tentando ver quantos programas poderíamos produzir de que ficássemos orgulhosos e que seriam bons para a Disney. Não queremos enganação nisso." E ele os havia exortado a "criar um formato e ver o que podemos fazer com ele", o que apenas revelava que eles ainda não tinham inventado completamente um formato.

Três dias depois, quando Walt se encontrou com o presidente da ABC, Robert Kintner, e outros executivos para descrever o programa que tinha em mente, ele estava claramente improvisando: "A Disneylândia na verdade é o formato do espetáculo da Disneylândia", disse Walt, amparando-se, sem dúvida, no velho esboço de Bill Cottrell. "Ele se torna um lugar real que salta daquilo que apresentamos na tela de tevê. O público vai vê-lo na tevê e sentirá, de verdade, que é parte daquilo." Mas fora a própria Disneylândia, ele não disse exatamente o que o público veria. Ele não podia sequer se comprometer com os 26 espetáculos antecipados no contrato. "Temos de nos organizar primeiro", disse a Kintner.

Essa foi uma meia-verdade. A equipe teve que correr com a estreia do programa Disneylândia prevista para outubro, de forma que Walt tivesse um verão inteiro para seguir adiante com a construção do parque antes da estreia. Embora Walt estivesse nominalmente envolvido na aprovação das ideias, seu principal papel seria representar "Walt Disney" e se encontrar com patrocinadores em potencial para convencê-los a anunciar no programa. Os verdadeiros líderes do esforço eram o diretor de produção Bill Anderson e um ex-agente de imprensa e atual roteirista-produtor do estúdio chamado Bill Walsh, que se tornou o especialista em televisão de Walt quando este o encontrou por acaso no salão pouco antes do especial da Coca-Cola e lhe disse: "Você – você será o produtor de TV." Walsh protestou, dizendo que não sabia nada de televisão. Ao qual Walt replicou bruscamente: "Quem é que sabe?" Juntos, Walsh e Anderson correram para fazer uma apresentação para a ABC em abril, formatando um programa que era, essencialmente, um *pot-pourri* de velhos desenhos animados e trechos de filmes ao vivo, filmes que documentavam a construção da Disneylândia, histórias por trás das cenas das últimas produções Disney, desenhos animados feitos para a TV e filmes ao vivo. Kintner declarou-se "deliciado", embora isso possa ter sido mais uma questão de confiança em Walt Disney que qualquer outra coisa.

Mesmo feito às pressas, quando Disneylândia estreou em 27 de outubro de 1954 recebeu, virtualmente, aclamação unânime, o que era em parte o resultado da oferta apática da televisão na época e, parcialmente, resultado do poder residual do nome "Walt Disney". O primeiro programa foi uma espécie de miscelânea. Começou com Walt descrevendo seu sonho da Disneylândia antes de uma transição suave para uma visão antecipada de futuros programas e, depois, para a exibição de uma sequência do "lugar de rir" de *Canção do Sul*, *O maluco do avião*, *Lonesome Ghosts* (*Fantasmas solitários*) e *O aprendiz de feiticeiro* – precisamente o que Walt avisou para não se fazer – simplesmente reciclar material velho.

Se o programa soava como um extenso comercial e parecia montado ao acaso, isso não importou muito. Mal o programa terminou, Kintner, que o assistia em seu escritório em Nova York com George Romney – presidente da American Motors, uma das patrocinadoras do programa – e um grupo de amigos de Romney, recebeu o telefonema de um executivo de publicidade reclamando para si a primeira vaga aberta de patrocínio. Os críticos foram tão receptivos quanto os anunciantes. "Se a promessa dessa noite for cumprida nas futuras semanas", escreveu Jack Gould no *New York Times*, "o resto da indústria de televisão poderá decidir suspender suas operações entre 7h30 e 8h30 nas noites de quarta-feira". *Variety* proclamou que Walt Disney "se mostrará uma figura dominante nos filmes para a televisão nessa temporada" e previu que ele iria "inquestionavelmente empurrar a ABC para os 10 programas de maior audiência pela primeira vez em anos".

A *Variety* acertou. Ao longo da estação, Disneylândia atraiu consistentemente mais de 50% da audiência no horário, e a audiência continuou a crescer e os índices a subir até suas reapresentações superarem todos os programas da tevê exceto a comédia de situação *I Love Lucy*, de Lucille Ball. (Antes de Disneylândia, a ABC não tinha um só programa entre os 25 de maior audiência). Todas, exceto uma das reapresentações, durante a primavera e o verão conseguiram um índice melhor de audiência que a transmissão original. No que dizia respeito à rede de televisão, a Disneylândia deu à ABC uma identidade que a companhia novata não tinha e, espantosamente, respondia por quase a metade de toda a renda publicitária da rede. Em abril, com apenas vinte programas transmitidos, a Newsweek já chamava a série de "uma instituição americana" – "o primeiro programa de televisão de grande orçamento voltado de forma consistente e bem-sucedida para a grande família", o que foi muito importante. Walt Disney não apenas conquistara a televisão, como conquistara a tela; estava recebendo o crédito por usar o novo meio para unir a América. Ele era o grande tio nacional do país, "Tio Walt", como alguns começaram a chamá-lo.

Walt estava agora conscientemente nutrindo essa imagem. Embora sempre tivesse afirmado que ficava aterrorizado ao aparecer na tela, sem dúvida com sinceridade, a ABC o queria como apresentador, aparentemente para dar identidade ao programa. Em maio, Walt concordou relutantemente em aparecer em não mais de três programas por ano e em comerciais, sujeitos à sua "lógica aprovação". Em um encontro duas semanas depois, após ter filmado sua primeira aparição – ele apresentaria o programa em um cenário de madeira que imitava o seu escritório –, Walt concordou em aparecer com mais frequência. Walt era extremamente depreciativo acerca de suas apresentações. Disse que não se considerava um ator, que tinha voz ruim, de "tom nasalado", e que havia ficado "travado" ao se preocupar por "aparecer demais" no programa. Por outro lado, disse, ele era sempre ele mesmo, "o que será um comercial", e percebeu que, gostasse ou não, sua participação seria provavelmente necessária para fazer o programa decolar antes que ele e a produção pudessem conseguir outras personalidades. "Tenho de ser um mestre de cerimônias para tocar o programa adiante", disse à sua equipe. "Estamos vendendo o nome e a personalidade."

Walt podia ficar "assustadíssimo", como diria mais tarde, e frequentemente atrapalhar-se com os roteiros, confundindo palavras ou pulando-as e exigindo novas tomadas mas, apesar dessas hesitações, parecia gostar bastante da oportunidade de criar uma *persona* para a televisão. Com quase 190 libras[5] em sua estrutura de cinco pés e dez polegadas, estava agora mais troncudo que nunca, carnudo e, aos 52 anos, finalmente perdera a intensidade da expressão de furão de sua juventude e fisicamente crescera para se tornar a figura corporativa imponente do pós-guerra descrita na mídia. Ele era calmo, modesto, simpático, familiar, curioso, encantador e, naturalmente, avuncular – o convidado perfeito para se ter na sala de visitas todas as semanas.

Com a popularidade de Disneylândia, Walt agora não era apenas uma espécie de logomarca do estúdio; ele próprio se transformara em uma de suas estrelas, como Mickey Mouse e o Pato Donald, e até passou a ter um publicitário pessoal para promovê-lo – para promover "Walt Disney". Naquele dezembro, 17 anos após sua primeira capa da *Time* por *Branca de Neve*, ele apareceu novamente na capa da revista, o que se somou à nova imagem de Walt Disney como um hipopótamo cultural doméstico – "um original americano genuinamente esculpido à mão com os entalhes sociais espalhados nele" – e afirmou que o "disneyismo havia varrido o mundo". Ward Kimball lembrou que quando ele e Walt foram a Greenfield Village, em 1948, ninguém o havia reconhecido até circular a notícia de que Disney estava ali. Era sempre o nome Walt Disney que criava agitação, não o rosto de Walt Disney. A televisão mudou isso – "a mudança em sua vida", sentiu Kimball. Depois de Disneylândia, Walt tornou-se, possivelmente, o mais conhecido produtor de filmes de todo o mundo, e Kimball acreditava que Walt tinha de se adaptar à sua imagem pública, que o fazia parecer a personificação extrema da face saudável e decente da América. Ele não foi meramente absorvido pela imagem, o que tinha acontecido nos anos de pós-guerra; ele sentiu que precisava internalizá-la, viver dentro dela, tornar-se um prisioneiro de

5 1 libra = 0,453kg. (N.T.)

sua imagem como havia sido prisioneiro de seu estúdio. "Eu fumo e eu bebo e existe um monte de coisas que eu faço e que não quero que façam parte dessa imagem", disse a um empregado. Diane Disney concordou em que Walt mudou. "Podia-se ver como ele cresceu entre o início da televisão e a Disneylândia", disse. "A televisão não o mudou como pessoa, mas eu acho que o levou a ter uma personalidade mais refinada."

Até nas reuniões sociais em sua casa em Carolwood, lembrou Kimball, Walt aparecia de chapéu de palha, calças jeans novas com grandes bainhas dobradas e uma velha camisa colorida de lenhador (Diane negou que ele alguma vez tivesse usado essa roupa para publicidade) e pedia licença para ir trabalhar em sua oficina, emergindo ocasionalmente para confraternizar – "deixando que as pessoas soubessem que ele era um homem comum", como disse Kimball. E apesar disso, observou Kimball, Walt pode ter "desempenhado o papel de magnata tímido que se embaraçava em público, mas sabia exatamente o que estava fazendo em todos os momentos". Para seus detratores, essa dualidade justificava o julgamento de que Disney traíra sua subversão cultural inicial. O historiador social Jackson Lears o veria como "o exemplo mais flagrante do fenômeno mais generalizado da história cultural americana: o inovador que se apresenta como tradicionalista, o inimigo mortal do conhecimento tradicional declarando-se seu principal defensor; o capitalista disfarçado de populista". "Em última análise, a maior criação de Walt Disney foi Walt Disney", escreveria o crítico Richard Schickel. "Em retrospecto, é possível ver que isso foi precisamente aquilo em que trabalhou por 40 anos", muito embora, observou Schickel, nenhum de seus admiradores parecesse perceber que "seu amado objeto era menos um homem que uma ilusão criada por uma vasta maquinaria" – da mesma forma que os desenhos animados e o parque temático.

Mas o testemunho real da popularidade do programa Disneylândia não foi nem o reconhecimento de Walt Disney, nem os índices de audiência, nem os anunciantes, ou sequer a união de gerações que provocou. O testemunho real foi Davy Crockett. Desde meados dos anos 1940 Walt flertava com a ideia de fazer um desenho animado sobre Davy Crockett, provavelmente como parte de sua antologia em perspectiva dos heróis americanos, o homem de fronteira do Tennessee que lutava contra os índios e mais tarde morreu defendendo o Álamo, no Texas. Walt chegou a recrutar o pintor realista Thomas Hart Benton para participar, embora Benton tenha finalmente declinado, escrevendo para Walt que "o material de Walt Disney já é bom o suficiente para o meu dinheiro sem um bocado de malditos pintores se metendo nele" e disse que estava "'fixado' demais em seus hábitos para se adaptar". Na época em que Disneylândia estava em seus estágios iniciais, Walt pressionava a unidade da Terra da Fronteira para apresentar histórias sobre os heróis americanos. Como lembrou o produtor de Disneylândia, Bill Walsh, a equipe, sob a pressão do tempo e com uma reunião marcada, decidiu escolher um herói e ir com ele até o fim. "E o primeiro que foi tirado na sorte" disse, "foi Davy Crockett." Walt ficou cismado – ele estava com medo, disse Walsh, de "índios demais lutando", mas a unidade elaborou uma longa abordagem com *storyboards* e Walt aprovou, ainda que relutante. Quando o diretor Norman Foster apresentou as aventuras de Crockett em grandes pinceladas, Walt perguntou: "Sim, mas o que ele faz?", o que Walsh descreveu como típico de Walt. "Ele nunca deixava você se sentar sem colocar um pouco de terebintina no assento."

Se foi uma questão de sorte a primeira escolha do estúdio ser Davy Crockett, a escolha de quem faria o papel de Crockett foi ainda mais acidental. Walt tinha projetado o filme de horror *Them!* (*Eles!*) para ver se a estrela do filme, James Arness, poderia ser um Crockett adequado, mas ficou impressionado com outro participante do filme chamado Fess Parker, um ator alto, inquieto e com sotaque, que se apresentou para Walt e ganhou o papel ao tocar uma canção em sua guitarra. Parker concedera a si mesmo um prazo de 36 meses após se formar na Universidade do Texas para ver se conseguia ganhar a vida como ator. O prazo fatal foi o mês em que começou a filmar Davy Crockett.

E houve outros golpes de sorte. Quando Bill Walsh voltou do Tennessee onde o programa fora filmado – Walt, na verdade, visitou a locação com Lillian em setembro – e depois o editou, descobriu que não tinham filme suficiente para três programas de 60 minutos, que era o plano original. Walt sugeriu que Walsh pensasse em usar os próprios *storyboards* como uma espécie de introdução no início de cada programa para preencher o tempo, mas quando Walt reviu os desenhos, achou que pareciam bobos e deu outra sugestão: que encontrassem uma canção para acompanhá-los. Walsh encarregou o compositor George Bruns e o cenarista Tom Blackburn para juntos escreverem uma balada para o início do programa.

Aconteceu, então, uma coisa que ninguém na época conseguiu explicar direito: Davy Crockett tornou-se uma sensação nacional do dia para a noite. Poucas semanas após a estreia do filme na Disneylândia em 5 de dezembro de 1954, "A Balada de Davy Crockett", com seus versos de abertura, "Nascido no alto de uma montanha no Tennesse/ O Estado mais verde da terra dos livres", se tornou tão profundamente entranhada na cultura popular americana quanto "Quem tem Medo do Grande Lobo Mau?" ou "A Cara do Fuehrer" tinham sido em sua época. (Bill Walsh, na verdade, atribuiu o sucesso do programa à canção.) As crianças não apenas cantavam a canção e compravam o disco – sete milhões de cópias nos primeiros seis meses – elas também compraram camisetas Crockett, rifles de brinquedo Crockett, facas Crockett, livros Crockett, jaquetas Crockett, lenços Crockett e dúzias de outras parafernálias Crockett em uma mania de compras rivalizada apenas pelo consumo das mercadorias Mickey Mouse nos anos 1930. Acima de tudo, dez milhões de peles de guaxinim foram vendidas, tornando-se parte essencial do uniforme de qualquer garoto e de muitas garotas no país. Ao mesmo tempo, Crockett aumentou a audiência de Disneylândia para bem acima da marca de 40 milhões – um quarto do país inteiro. Ninguém no estúdio havia previsto essa resposta; na época em que o primeiro programa foi ao ar, Norman Foster já havia filmado o terceiro episódio em que Crockett morria, eliminando assim as sequências. "A ABC não podia acreditar. Parker não podia acreditar. Nem Walt, nem eu", lembrou Bill Walsh. Walt comparou Crockett com os fenômenos Mickey Mouse, *Os três porquinhos* e *Branca de Neve*. O país ficou tão louco por Crockett que até em círculos políticos o histórico homem de fronteira se tornou objeto de debates sobre se ele era a personificação de valores conservadores, como afirmou o editor da National Review, William Buckley, ou teria sido realmente um patife beberrão e mendaz, como afirmava o editor da *Harper's*, John Fisher.

Parker foi para Washington naquela primavera, encontrou-se com o presidente da Câmara, Sam Rayburn, e os senadores Estes Kefauver e Lyndon Johnson, e depois se viu cercado por uma multidão de caçadores de autógrafos em um almoço onde os convidados ficaram tão hipnotizados por ele que ignoraram os discursos. Em uma turnê de aparições pessoais pelo sudoeste e sudeste naquele junho, multidões sem precedentes de 18 mil a 20 mil pessoas o recebiam no aeroporto. "E aonde ele vai, a reação é tremenda", o chefe de publicidade Card Walker escreveu a Walt. "E foi uma reação extremamente emocional", disse Parker mais tarde. "Não estou brincando. As pessoas me davam seus bebês para que eu os segurasse. Autografei retratos de crianças. Foi muito intenso." Parker, um desconhecido apenas seis meses antes, estava maravilhado. "Nenhum jovem jamais teve tanta sorte", escreveu para Walt com gratidão, nem fortuna maior, pois Parker, por acordo contratual, recebia um *royalty* de dez por cento de todas as mercadorias Crockett vendidas, das publicações e dos discos Crockett. Mesmo assim, um ano após a turnê, Walt foi forçado a renegociar o contrato de serviços pessoais com Parker, pois, como escreveu Bill Anderson para Walt, "mais cedo ou mais tarde ele terá que obter algum tipo de ajuste, ou nos dará problemas".

Ao se tentar analisar porque Davy Crockett subitamente se apossou da imaginação nacional, certamente seria possível apontar a amplitude física e narrativa das transmissões televisivas e a qualidade do programa, vastamente superior à da maioria dos outros programas de televisão da época e muito mais próxima da qualidade do cinema. (Poderia se dizer que Davy Crockett foi a primeira minissérie televisiva.) As crianças, para quem o programa era voltado em grande parte, nunca tinham visto nada tão grandioso na televisão. Os três filmes na realidade, tinham custado quase US$ 750 mil e, embora a MGM tivesse emprestado trechos antigos do filme de índios *Northwest Passage* (*Passo noroeste*), Walt não economizou.[6] Quando visitou a locação em setembro e Foster insistiu para ser demitido por não ter cumprido o prazo Walt, em vez disso, aproximou-se dele e pediu que filmasse novamente uma cena em que Crockett luta com um urso, porque ele havia visto um zíper aparecendo na roupa do urso.

Walt Disney havia claramente tocado a sensibilidade nacional, mesmo que por acidente, ao reviver a ideia do herói franco, sem medo, idealista, compassivo, mas intrépido, em um tempo em que os americanos lembravam os valores do seu passado que, acreditavam, os distinguiam da conformidade e frieza do seu opositor global, a União Soviética, e que demonstrariam sua superioridade em relação ao comunismo, apesar da morte de Crockett em Álamo. "Tempo de Davy", disse a *Time*, vendo Crockett como uma expressão da crescente confiança nacional e gabando, "o povo dos Estados Unidos nunca foi tão próspero. Nunca antes o chefe de família levou para casa tanto dinheiro... Desde as primeiras semanas delirantemente confusas após o Dia da Vitória sobre o Japão não existia tanta expectativa – com cautela desta vez – de paz." E um correspondente da *Time*, refletindo sobre o significado da popularidade de Crockett para os americanos, opinou: "Davy Crockett é o epítome de um homem que pode resolver qualquer problema com sua inteligência e com suas duas mãos." O próprio Fess Parker achava que podia ter sido um caso do que chamou de "fome de herói" e, no mínimo, um analista observaria que a questão podia ter menos a ver com autoconfiança do que com "autodúvida", depois do recente trauma da caçada aos comunistas do senador Joseph McCarthy, e que Crockett podia ser um paliativo. Se Crockett simbolizava o otimismo ou tentava restabelecê-lo, Walt estava engajado, como estava desde o fim da guerra, em uma exigência de restauração, e o país respondeu, presumivelmente porque gostava da imagem que Walt promovia para ele. Como colocou o historiador Steven Watts, "Walt Disney, com sua sensibilidade instintiva para os pontos de pressão culturais, meio inconscientemente

6 Os valores de produção eram tão altos que um exibidor do Texas chamado Bob O'Donnell recomendou que Walt pegasse os três programas e editasse em um único filme para exibição nos cinemas, o que Walt fez. O filme faturou US$ 2,5 milhões. (N.A.)

modelou um ideal representativo da restauração da confiança no modo de vida americano quando este se encontrava diante de uma ameaça externa intimidadora".

A restauração do passado não era tudo que Disney promovia em seu programa de televisão Disneylândia. Ele também oferecia um apelo para a Terra do Amanhã. Enquanto preparava o programa Disneylândia, ele instruiu Ward Kimball a procurar assuntos para os episódios da Terra do Amanhã, e Kimball tropeçou em uma reportagem de três partes sobre a exploração espacial na revista *Collier's* com os três maiores especialistas no assunto, Wernher Von Braun, Willy Ley e Heinz Haber. Walt leu tudo em uma noite e chegou ao estúdio no dia seguinte cheio de entusiasmo. Disse a Kimball que levasse Von Braun, Ley e Harber ao estúdio para preparar os programas. O resultado foi outra minissérie de três episódios, começando com um documentário animado chamado *O homem no espaço*, que estreou em 5 de março de 1955. Mais de dois anos antes que a União Soviética lançasse seu satélite Sputnik e esquentasse a corrida espacial, *O homem no espaço* serviu para criar um grande grupo de opinião favorável à exploração espacial, e o presidente Eisenhower ordenou que ele fosse exibido aos seus especialistas em foguetes. No fim de 1955, Walt encontrou-se com os cientistas nucleares Glenn Seaborg, Edward Teller e Ernest Lawrence para discutir um programa sobre energia atômica a ser intitulado *Our Friend the Atom* (*Nosso amigo, o átomo*), que teria o mesmo efeito em criar um consenso de apoio a essa tecnologia. Em consequência, Walt Disney, que se tornara um dos principais provedores dos valores americanos do passado, também se tornou um dos principais popularizadores e apoiadores da ciência americana do futuro.

Se Walt Disney realmente modelou, como acreditava Watts, ou não, um ideal americano – e Disney sem dúvida contribuiu para isso –, o fato é que se poderia falar nos anos 1950 como a "América de Walt Disney". Desenvolvendo-se na década de pós-guerra, assim como Walt, essa América se alimentava das tradições democráticas da modéstia, discrição, ingenuidade e determinação, que era o que Crockett personificava, embora também fosse progressista, exibindo uma confiança quase infantil na ciência e na tecnologia, coisas que pareciam ameaçar as velhas tradições democráticas. Por um lado projetava uma estranha nostalgia da terra, do tipo que Walt havia celebrado em *Meu querido carneirinho*; por outro lado projetava uma visão futurista do tipo que expressara em *O homem no espaço*. Como a própria imagem de Walt, "a América de Walt Disney" era uma confecção e uma estética – mistura suave de Hollywood, Booth Tarkington, Horatio Alger, Norman Rockwell, Thomas Edison e Buck Rogers – mas, da mesma forma que Walt havia começado a internalizar sua imagem, a

América dos anos 1950 começou a internalizar a dela. Como a *Time* sugeriu, a "América de Walt Disney" era um artifício confortador abraçado como uma realidade – o equivalente espiritual da Disneylândia. Era a face, ou a carapaça, que o país assumira para mostrar a si mesmo e ao mundo.

••••

O sucesso da Disneylândia teve muitos marcos, incluindo o estrelato de Disney, Davy Crockett, o interesse no espaço e a idealização da própria América, mas uma coisa que o programa não fez foi dar lucro ao estúdio. Quando tudo foi combinado, o estúdio imaginou que ganharia US$ 73 mil por programa da ABC, incluindo reapresentações. Mas os orçamentos, que iam de US$ 14,5 mil para um programa sobre *Alice no País das Maravilhas* a quase US$ 300 mil por episódio de Davy Crockett e para o primeiro *O homem no espaço* – ficavam em média em US$ 100 mil. Como fizera com os filmes, Walt punha cada centavo de volta na produção e depois mais alguns, embora ele também fizesse comerciais para vários patrocinadores e tivesse contrato com várias companhias para que financiassem programas de uma hora de duração que serviriam essencialmente como promoção dos planos dessas companhias. (A Portland Cement Association, por exemplo, deu ao estúdio US$ 200 mil para produzir um filme intitulado *Magic Highway U.S.A.* (*Autoestrada Mágica EUA*). O objetivo, no entanto, nunca havia sido o lucro. Era promover a Disneylândia e fazer publicidade dos novos filmes, o que tornava a própria Disneylândia comercial.

Essa sinergia se tornou ainda mais importante com uma decisão tomada por Roy logo antes do programa ir ao ar. Havia anos Roy se sentia insatisfeito com a distribuição da RKO, e apesar de ter renovado o contrato em 1943, logo no ano seguinte ficou novamente infeliz com a publicidade frouxa da RKO e recomendou que o estúdio contratasse uma agência para promover seus filmes. Mesmo sob contrato, a RKO se recusou inicialmente a distribuir *Seal Island* e *Two Fabulous Characters*, cujo título havia sido mudado para *The Adventures of Ichabod and Mr. Toad* (*As Aventuras de Ichabod e Sr. Sapo*). "Em geral, todos eles são bons sujeitos", escreveu Roy para Walt em setembro de 1948, "e na superfície, todos tentam cooperar mas, por baixo, você sente aquela resistência e, às vezes, isso subitamente explode em uma recusa aberta." Roy achava que a RKO não repassava para o estúdio nem a metade do que os filmes deviam estar faturando, especialmente, sentia Roy, porque os estúdios maiores estavam se unindo para proteger seus interesses de exibição, que o governo havia ordenado que vendessem. Para apressar esse despojamento, Roy se uniu a outros produtores independentes em um processo contra os estúdios, mas não estava confiante. "Às vezes, fico muito deprimido", escreveu Roy, "pensando em tudo isso, e tenho a sensação de que nesse caminho de custos altos, os filmes de qualidade são um rumo certo para a bancarrota." A única solução, sentia, seria que os melhores produtores independentes unissem forças em uma organização de distribuição própria.

Dois anos depois, Roy não havia seguido adiante com a ideia e, novamente, assinou um contrato com a RKO para a distribuição de *Cinderela* e *Alice no País das Maravilhas* e para continuar a distribuir os relançamentos do estúdio a uma taxa de 30% e também as séries da vida real, embora a RKO ficasse menos entusiasmada com as últimas. O excêntrico bilionário Howard Hughes comprou a RKO em 1948, sugou os recursos da companhia e recolocou-a no mercado quatro anos depois, não sem antes oferecê-la a Walt. "Eles tinham um bocado de obrigações financeiras", lembrou Card Walker, chefe de publicidade do estúdio Disney na época, "e ele lhes ofereceu, paralelamente, um crédito de US$ 10 milhões. Mas Walt disse, 'para que eu quero aquele problema? Já tenho os meus próprios problemas aqui. Não preciso de outro estúdio nas mãos.'" (Ironicamente, Walt disse que também lhe haviam pedido, em 1948, para assumir o estúdio e frustrar Hughes.) No fim, Hughes vendeu seu estúdio para uma agência.

Quase imediatamente, os Disneys tiveram problemas com os compradores da RKO. A distribuidora havia recuado na exibição dos curtas-metragens, afirmando que não era mais lucrativa para eles. Em poucos meses, Walt e Roy conversavam com John Stein, da MCA, com quem já haviam discutido projetos para a televisão, sobre outro esquema para romper com a RKO. Como Walt explicou a Roy depois de uma reunião com Stein, este queria que a companhia passasse por "uma liquidação completa e uma reorganização… em que seremos capazes de assegurar certa quantidade de dinheiro para nós e ainda ficar com o controle da companhia". A "parte vital", no entanto, era que os Disneys fizessem um acordo de distribuição com um dos grandes estúdios, em que o estúdio financiaria os filmes de Disney em troca de uma porcentagem dos lucros. Walt concordou. "Sinto que devemos tomar conta de nós pessoalmente", escreveu a Roy, "e um novo acordo de distribuição é imperativo." Até Roy, que parecia ter ficado com medo de Stein, pareceu mais entusiasmado com a ideia, imaginando que poderiam pôr o terreno do estúdio e os prédios em uma corporação em separado, vender a corporação para o novo distribuidor para levantar dinheiro e depois, arrendá-los novamente.

O plano nunca chegou a se concretizar e Roy escolheu continuar com a RKO por mais algum tempo, dizendo a Walt que, apesar dos problemas da RKO, o estúdio Disney era "tão importante para eles que poderia se dizer que estamos obtendo mais ênfase na venda de nossos produtos". (Roy também pode ter pensado melhor a respeito de se colocar à mercê de Stein ou de outro estúdio.) Mas com *20.000 léguas submarinas* – o primeiro filme ao vivo americano do estúdio Disney e um filme de grande orçamento – programado para distribuição em dezembro de 1954, e outro desenho animado, *Lady and the Tramp* (*A dama e o vagabundo*), em junho seguinte, nem Walt, nem Roy queriam deixar a sorte da companhia nas mãos cada vez mais instáveis da RKO. Em setembro de 1954, Roy anunciou que o estúdio encerraria sua aliança de dezoito anos com a RKO e passaria a distribuir seus próprios filmes por intermédio da Buena Vista, braço que havia criado para *The Living Desert* (*O deserto vivo*), outra *Aventura da Vida Real*, quando a RKO mostrou relutância em distribuí-lo. (A companhia recebeu o nome da rua onde o estúdio ficava.) Em vantagem agora, Walt chamou isso de "o projeto do meu irmão mais velho Roy que, espero, funcione como ele planejou." Agora, pela primeira vez em sua história, o estúdio poderia controlar a produção, a publicidade e a distribuição de cada um de seus filmes.

Ocasionalmente, entretanto, essas sinergias emperravam. Em dezembro, na semana anterior à primeira exibição pela tevê de Davy Crockett, o programa Disneylândia pôs no ar um documentário de uma hora, *Operation Undersea* (*Operação submarina*), sobre a produção de *20.000 léguas submarinas*, previsto para ser distribuído naquele mês. (Depois que o espetáculo notavelmente venceu o Emmy de melhor programa individual, Walt admitiu para o seu editor, "foi filmado para a TV, mas fez um belo trabalho como trailer de *20.000 léguas*".) Um programa subsequente, que também promovia os filmes Disney, continha um clipe de Kirk Douglas e sua família andando no trem de Walt em uma visita à sua casa. Douglas objetou que não havia concordado em tornar a filmagem pública. Furioso depois que foi mostrado outra vez em uma reapresentação, Douglas processou o estúdio em US$ 415 mil por invasão de privacidade. Walt retribuiu o golpe, afirmando que Douglas havia ido à sua casa voluntariamente e dera permissão oralmente. O caso não foi resolvido até 1959, quando Douglas finalmente abandonou o processo. "Isso me deixa um pouco triste – que uma coisa dessas aconteça", escreveu para Walt, "porque não tenho senão recordações agradáveis de nossa associação".

No que dizia respeito a Leonard Goldenson da ABC, Disneylândia havia sido o "momento de virada" da rede, o ponto em que ela pôde, finalmente, passar a competir com a NBC e a CBS. E também – como o *New York Times* profetizou quando o contrato de Disney com a ABC foi assinado – mudou a relação de Hollywood com a televisão. No ano seguinte, 1955, a Warner Bros. e a MGM assinaram com a ABC, e a Twentieth Century-Fox com a CBS. Como testemunhou um executivo da Warner: "Não tenho certeza de quando a iniciativa começou, mas como resultado do sucesso que o Sr. Disney estava tendo com um filme ao vivo chamado *20.000 léguas submarinas*, senti, pessoalmente, que a habilidade dele para explorar filmes na televisão era de grande valor, e comecei a me perguntar por que não poderíamos fazer a mesma coisa."

A ABC ficou tão fascinada com os resultados do programa que, em dezembro, Robert Kintner escreveu para Walt dizendo-lhe que exercesse a opção da rede para outra ideia de Cottrell, o *Clube do Mickey Mouse*, e recomendou que se encontrassem no mês seguinte para finalizar um acordo de transmissão de uma hora cinco dias por semana. Como acontecia com Disneylândia, Walt teria "absoluto controle criativo". E Kintner escreveu com entusiasmo exagerado: "Acredito que nessa série infantil exista o potencial para o show de maior audiência durante o dia; para o maior impacto sobre as crianças na história das comunicações; e para a criação de um produto que não apenas terá o entusiástico apoio dos pais, da Parent Teacher Association etc., mas trará uma nova dimensão à programação diária".

Por mais tentadora que fosse a oferta, o estúdio já tinha bastante dificuldade para produzir um programa semanal. Produzir cinco horas, além de Disneylândia, seria uma tarefa inacreditavelmente assustadora. Segundo um relato, Roy, obviamente preocupado, havia rejeitado os rogos de Kintner até que Walt chegou e perguntou a Kintner se ele realmente acreditava que o estúdio pudesse fazer aquilo; quando Kintner expressou confiança em que Walt poderia, este afastou os protestos de Roy. Naturalmente, não seria Walt quem faria o trabalho. Hal Adelquist, Bill Walsh e Perce Pearce seriam as pessoas realmente encarregadas de tocar o programa enquanto Walt aprovava e fazia comentários. De fato, em fevereiro de 1955, Adelquist e Walsh prepararam as linhas gerais preliminares dos primeiros cem programas, que Walt teria apenas de rever.

O programa foi imaginado com segmentos recorrentes – um filme sobre crianças, um show de talentos, as séries *Hardy Boys* e *Spin and Marty*, um desenho animado diário da coleção do estúdio Disney –, mas a inovação real estava no elenco. Kintner queria um mestre de cerimônias que funcionasse como Walt para Disneylândia. Mais provavelmente, Walsh, ou Adelquist, decidiu em vez disso contratar um grupo de jovens, embora Walt tivesse avisado a Walsh para não escolher "aqueles tipos com cachinhos arrumadinhos". Preferia crianças "que pareçam estar se divertindo", mesmo que não tivessem habilidades profissionais. Depois poderiam aprender a cantar e dançar. E Walt sugeriu que Walsh fizesse o recrutamento indo ao pátio das escolas e observando as crianças ali, vendo qual lhe chamava a atenção. Quando Walsh lhe alertou que a criança poderia não ter nenhum talento, Walt replicou que aquela que prendesse sua atenção teria "qualidade de estrela". "As crianças talentosas do *Clube do Mickey Mouse* serão chamadas mouse-keteers",[7] escreveu Walt para Adelquist em um memorando em abril, "enquanto os adultos serão conhecidos como moosketeers (sic)."

O mooseketeer[8] musical que servia como mestre de cerimônias era um compositor magro, de aparência infantil e cabelos cor de areia, chamado Jimmie Dodd. Walsh o havia escolhido, mas sabendo como Walt era possessivo, disse a Dodd: "Temos que deixar Walt descobrir você." Então, convidou Todd para uma reunião de discussão de enredo em que Walt estava presente e o fez interpretar uma canção que havia escrito para um segmento de Disneylândia. "Ei, Jim é que deveria estar no *Clube do Mickey Mouse*!", disse Walt a Walsh. Dodd acabou escrevendo a canção-tema, "A Marcha do *Clube do Mickey Mouse*", com um estribilho que soletrava o nome Mickey: "M-I-C-K-E-Y – Por quê? Porque gostamos de você M-O-U-S-E." O grande mooseketeer e parceiro de Dodd era Roy Williams, um homem desajeitado e enorme, que parecia um urso – "gordo e de aparência engraçada", como Walt o chamava – que tinha sido durante muito tempo redator de piadas no estúdio antes que Walt o sondasse para o programa. Foi William que, lembrando uma cena de um velho desenho animado de Mickey Mouse, em que Mickey tira seu crânio para cumprimentar Minnie, orelhas e tudo, como se fosse um chapéu, teve a ideia de um boné com orelhas de rato pretas que todos os participantes do programa deveriam usar.

Embora Walt aprovasse pessoalmente cada membro do elenco e os segmentos e frequentemente visitasse o local das gravações, *O Clube do Mickey Mouse* era uma produção Walt Disney apenas no nome. Havia simplesmente coisas demais a fazer e, para Walt, muitas outras prioridades, e o programa era feito, basicamente, de um dia para o outro. "Discutíamos uma ideia de manhã", lembrou Walsh, "os compositores escreviam canções naquele dia e filmávamos à tarde. Era provavelmente o programa mais rápido da televisão". Isso não passou despercebido. Jack Gould, no *New York*

---

7 Trocadilho com musketeer, mosqueteiro, portador de um mosquete. (N.T.)

8 Outro trocadilho, com *moose*, cervo, veado. (N.T.)

Times disse sobre a estreia, em outubro de 1955, que ela fora "desastrosa" e achou os números dos *mouseketeers* "apenas irritantemente adoráveis e artificiais e privados de qualquer semelhança com o justamente famoso toque Disney". Ele achou todo o programa "profundamente deprimente e frustrante".

Gould podia ter razão quanto ao fato de *O Clube do Mickey Mouse* ser de baixa qualidade e afetado, aquém dos talentos de Disney, mas não era, claramente, um programa direcionado para os críticos. Um grupo de 131 crianças assistiu a uma pré-estreia do programa no estúdio três dias antes da estreia; todas as 131 disseram que gostaram dele e todas disseram que o assistiriam todos os dias. Aquilo foi uma profecia. Em sua primeira temporada, mais de 10 milhões de crianças assistiam ao programa todos os dias e mais da metade desse número de adultos. O tema de Dodd se tornou um clássico instantaneamente, ainda cantado décadas depois; dois milhões de orelhas Disney foram vendidas nos três primeiros meses após a estreia do programa. Uma das *mouseke*teers, Annette Funicello, de cabelos escuros, tornou-se ídolo dos pré-adolescentes do país. Quando Dodd visitou Nova York em fevereiro de 1955, a socialite e sacerdotisa da moda Babe Pailey, esposa do chefe da CBS William S. Paley, perguntou se seus filhos poderiam conhecê-lo. Depois, Dodd contou a Walt que as crianças sabiam de cor todas as músicas do programa e que *O Clube do Mickey Mouse* era "o único programa que Babe Paley deixava suas crianças assistirem".

Walt pode ter achado gratificante, mas isso não se traduzia necessariamente em lucro, não mais do que a popularidade de Disneylândia havia conseguido. Como aconteceu com Disneylândia, o estúdio acabou gastando mais com o programa, por mais econômico que fosse e por mais numerosas que fossem as reapresentações transmitidas, do que recebia da ABC – cerca de US$ 3 milhões pela primeira temporada – que Roy atribuiu à sua própria ignorância do mercado diurno da televisão. Mesmo assim, da mesma forma como em Disneylândia, o objetivo não era nem a qualidade nem a lucratividade, nem mesmo a popularidade. *O Clube do Mickey Mouse* era outro subsídio para o parque temático, não apenas porque Walt, nas palavras do editor de notícias do programa, havia pessoalmente dado "uma série de ordens bastante diretas e importantes" para que o programa tivesse ao menos uma história sobre a Disneylândia todas as semanas, mas porque a ABC, a fim de obter o programa, havia concordado em fornecer mais US$ 2,4 milhões para o parque. E o parque era tudo com que Walt Disney se preocupava, o parque era o seu sonho agora. E a televisão era apenas um meio de alcançar o fim.

IV

O parque. Durante todo o tempo em que esteve trabalhando no programa de televisão Disneylândia, todo o tempo em que esteve negociando, preparando e aprovando, Walt pensava no parque. Todos sabiam que ele estava apenas tangencialmente envolvido com os outros projetos, mesmo com o estúdio sobrecarregado. "Uma avalanche de trabalho atingiu o estúdio", disse o produtor Winston Hibler quando Disneylândia começou. "Nós aumentamos a equipe acrescentando redatores. Usamos nossos fotógrafos da natureza para dar início aos projetos. Tivemos que aumentar grandemente os nossos esforços, de um programa que incluía talvez três, quatro ou cinco filmes por ano, para a perspectiva de 26 programas por ano." Mas Walt dificilmente participou desse esforço. "Aqueles foram os dias em que ele não tinha nenhum contato com o filme", disse Ward Kimball da falta de participação de Walt em *O homem no espaço*. Ele simplesmente assistia às apresentações, ria o tempo todo, e depois perguntava, "como foi que vocês inventaram essa coisa toda?" Milt Kahl, que trabalhava nos desenhos animados na época, teve a mesma experiência. Disse que Walt assistia às reuniões para discutir os enredos, mas não com a frequência de antes. "A diferença", acreditava Kahl, "era que nos fins de semana e à noite e sentado no banheiro e tudo isso, ele não estava pensando em nossos filmes. Ele pensava na Disneylândia."

Ele estava sempre pensando na Disneylândia. Em setembro de 1953, assim que foi confirmado o acordo sobre a propriedade em Anaheim, ele pediu a Davis que desenhasse os planos para um parque muito maior e Davis, trabalhando freneticamente, lhe entregava um novo plano a cada dois ou três dias. Um visitante da WED, no ano seguinte, enquanto os planos se consolidavam, descreveu a si mesmo cruzando com dificuldade "uma mixórdia fascinante de mundos em miniatura – da fronteira e do passado, do foguete espacial do mundo do futuro à terra do nunca-nunca da fantasia onde os contos de fadas e os personagens de Disney viviam juntos e felizes para sempre. Mapas cobriam as paredes, modelos e desenhos em escala abarrotavam as mesas e os pisos dos estúdios, nos corredores afundava-se até o joelho em modelos de locomotivas antigas, barcos a vapor, *saloons* do oeste selvagem, castelos da Bela Adormecida e naves espaciais brilhantes movidas a jato, que pareciam muito capazes de chegar até a lua. Esta era a crisálida caótica da 'Disneylândia'".

Walt ainda colhia mais ideias, mais dados, mais sugestões. Em junho de 1954, depois de assinar o contrato com a ABC, mandou uma expedição de quatro homens chefiada por Bill Cottrell para outra viagem de coleta de informações a parques de diversão, museus, até salões com máquinas eletrônicas e galerias de tiro de todo o país, e outro representante ao Playland Park em Rye, Nova York, apenas para contar os patrocinadores. Também contratou como conselheiros dois antigos operadores de parques de diversões – George Whitney, que gerenciava a Cliff House em San Francisco, e Ed Schott, que administrava o Coney Island Park em Cincinnati. "Enquanto planejávamos a Disneylândia, todos os operadores de parque de diversões com quem falávamos diziam que ela fracassaria", lembrou John Hench. "E Walt saía desses encontros ainda mais feliz do que se tivessem sido otimistas."

Ele adorava a luta, e agora que tinha algo por que lutar, adorava os obstáculos que tinha de saltar, adorava a ideia de que tinha de provar que estava certo novamente, e falava em travar as mesmas velhas batalhas que uma vez tivera de travar para fazer os filmes animados. À exceção dos conselheiros, não queria que ninguém da equipe tivesse experiência em parques de diversões porque, disse, a Disneylândia não seria um parque de diversões e porque queria gente jovem que quisesse aprender e cometer erros. Para a direção geral do projeto contratou um homem alto de Oklahoma, de 33 anos, chamado C.V. Wood, que tinha sido um campeão girador de laço e diretor de engenharia industrial de uma companhia de aviação durante a guerra, antes de se tornar diretor da filial de Los Angeles da divisão de pesquisa econômica do Instituto de Pesquisa Stanford (Stanford Research Institute), que fizera os estudos de viabilidade do parque. Encantador e afável, Wood tinha maneiras simples e um pesado sotaque do sudoeste – "a mais convincente e amável personalidade que se poderia encontrar" – disse um conhecido, e ele se saíra bem enquanto estava no SRI, usando aquele charme para persuadir donos de terra renitentes da subdivisão Ball a vender suas propriedades para Disney. Walt ficou encantado também. "Walt reagiu a ele do jeito que os fazendeiros reagem ao sujeito falante da cidade", lembrou Buzz Price. Wood por sua vez, recrutou como consultor um almirante aposentado chamado Joe Fowler, que havia chefiado o estaleiro naval de San Francisco, embora mais tarde Walt houvesse "capturado" o almirante, como Walt colocou, para assumir o papel de supervisor de construção. Os funcionários se instalaram em duas velhas casas de fazenda no local onde, exatamente como nos velhos apartamentos dos redatores em Hyperion, a equipe ocupou cozinha, salas e até closets. O escritório de Walt ficava em um quarto de dormir. Só havia um banheiro em toda a instalação.

Começaram a trabalhar em 12 de julho de 1954, o que significava que tinham de terminar em um ano para corresponder ao prazo fatal estabelecido por Walt. Todos tinham de correr. Um engenheiro de estruturas, contratado para ajudar a desenhar os prédios e trabalhar em coordenação com a equipe da WED, teve de fazer as fundações e as estruturas antes que os detalhes de arquitetura estivessem finalizados, o que causou problemas, especialmente na Rua Principal. E havia outros problemas. O solo em Anaheim era tão arenoso e poroso que os "Rios da América"[9] se infiltravam no chão, e solo de argila teve de ser trazido de caminhão para o terreno. Os sindicatos ficaram irritados. Uma greve na fábrica de Orange County que estava fornecendo asfalto obrigou-a a trazer asfalto de San Diego. Uma greve de encanadores limitou o número de fontes instaladas antes da inauguração. Um grupo de mecânicos descontentes "esqueceu" de trazer ferramentas, enquanto outra equipe de trabalhadores cortou os fios do brinquedo do Sr. Sapo porque estava zangada com o ritmo intenso de trabalho. Em uma ocasião, pintores de um sindicato atiraram areia na locomotiva Casey Jr. e a repintaram porque ela tinha sido pintada no estúdio por membros de um sindicato rival. Até a natureza se rebelou: o clima na primavera foi o mais úmido que o país havia experimentado em vinte anos.

E, além disso, havia Walt Disney caminhando esforçadamente pelo lugar com um chapéu de palha e camisa esporte berrante, como nos velhos tempos, dando ordens aos trabalhadores, alternativamente apressando-os ou mandando que diminuíssem o ritmo, desejoso de adaptar a propriedade ao seu sonho. "Ele andava em todas as polegadas da Disneylândia", disse Ward Kimball, "dando ordens aos trabalhadores para que colocassem a cerca um pouco mais para a esquerda porque não se podia ver o barco quando ele virava a esquina. Eu estava com ele lá, e ele dizia, 'o lago é muito pequeno. Talvez devêssemos fazê-lo maior. Vamos descobrir se podemos arredar o trilho do trem mais 50 pés.' Ele pensava em tudo." Morgan "Bill" Evans, cujo irmão desenhara os jardins da propriedade em Carolwood e havia sido contratado para desenhar os jardins do parque, lembrou: "A abordagem de Walt seria: 'preciso de uma selva', ou 'preciso de um sabor alpino para o passeio no céu." Ele queria a perfeição. Queria que o parque correspondesse ao parque dos olhos de sua mente. Evans lembrou um sábado de manhã quando Walt queixou-se de que uma pimenteira do Brasil tinha sido plantada perto demais do passeio na entrada da Terra da Aventura. Evans teve de embrulhar a bola de seis toneladas formada pelas raízes e mudar a árvore de lugar.

Levado a temer o estúdio, Walt adorava o parque e o tempo que passava lá; ele até se sentava na tenda de alimentação e comia cachorros-quentes com os trabalhadores.

9 "Rios da América": Atração da Disneylândia. (N.T.)

Mesmo assim, ficava impaciente com o andamento da construção e nervoso com que seus sócios não vissem para onde o dinheiro e o esforço estavam indo. Queria que os gastos aparecessem, e o aborrecia o fato de tanto dinheiro ser gasto na infraestrutura. Vários meses antes da abertura, ele resmungou para Harper Goff: "Sabe, já gastei 50% do orçamento total e não existe aí neste momento uma só coisa que você diga que é sensacional." Goff lembrou que Walt estava, na verdade, chorando quando disse isso. Em outro momento, ao ver as fundações serem construídas para a estação de trem na rua Principal, disse, fulo de raiva, para Joe Fowler e Dick Irvine: "Quando Joe terminar de enterrar todo o nosso dinheiro no subsolo, não teremos nada para o espetáculo!" Fez uma reclamação parecida quando Fowler ordenou a escavação de um muro para a doca seca do barco fluvial Mark Twain, que navegaria pelos Rios da América. Ele o chamou de "o dique do Joe".

Mas a construção era apenas uma das frentes. Enquanto Walt se inclinava para a estruturação, o rancheiro Owen Pope juntava animais em todo o país para a Terra da Fronteira. (Ele e sua esposa Dolly se mudariam para o parque três dias antes da abertura. Walt lhes deu a escolha da casa e um terreno de dez acres para os animais – cerca de duzentas cabeças na época.) E enquanto os Pope juntavam sua coleção de animais, membros da equipe da WED fabricavam os aparelhos mecânicos do parque. Walt visitou pessoalmente a Arrow Development Company, ao sul de Palo Alto, que produzia aparelhos para parques de diversões e os estava fornecendo para as Aventuras de Branca de Neve na Disneylândia, o passeio louco do Sr. Sapo e o carrossel do rei Artur, todos os quais os engenheiros da WED iriam ornamentar nos estúdios de gravação. E enquanto a equipe decorava os aparelhos, George Whitney, o consultor de parques de diversões de Walt, visitava parques e fábricas, adquirindo um carrossel em Toronto, cavalos de um carrossel de Coney Island, jogos eletrônicos, "máquinas de música" e um trilho para testar "voltas no escuro" (isto é, voltas como nas atrações de Branca de Neve e Sr. Sapo, que levavam os passageiros para um ambiente escuro), e Nat Winecoff contratava carros em miniatura da Alemanha para a pista de corrida Autopia, na Terra do Amanhã. E enquanto George Whitney e Nat Winecoff adquiriam aparelhos, Walt pressionava Casey Jones para lhe conseguir uma locomotiva; quando isso falhou, pressionou Ward Kimball a arrendar sua locomotiva para o parque. "Ele telefonava a qualquer momento do dia ou da noite", disse Kimball, e propôs a Kimball que poderia andar no trem o quanto quisesse às segundas-feiras, quando o parque estaria fechado. Kimball recusou, então Walt construiu os trens e comprou locomotivas.

E enquanto estavam freneticamente engajados nessas atividades, Walt e Roy também estavam envolvidos em uma tarefa essencial: tentar conseguir mais dinheiro para financiá-los. Antes mesmo de finalizar o acordo com a ABC, os irmãos já cortejavam executivos de grandes companhias, acompanhando-os pelo estúdio e fazendo a propaganda da Disneylândia para arrendar concessões ou financiar atrações; entre os que estavam sendo persuadidos incluíam-se American Machine and Foundry, Coca-Cola, Pepsi-Cola, Ford Motors, B.F. Goodrich Tires e a companhia Kellogg de cereais. Contrariamente aos relatos de Walt de resistência ao parque, quase todos se renderam. Um funcionário da DuPont Chemical Company disse a Walt que "odiaria ser aquele que não recomendaria a ninguém ir à Disneylândia". Winecoff e Irvine visitaram a sede da General Electric em Cleveland e acharam que eles estavam "muito empolgados". Até o usualmente reservado Joe Rosenberg, contato de longo tempo no Bank of America, agarrava arrendatários em perspectiva, e um vice-presidente da Standard Oil da California disse a ele que "nunca em sua vida vira uma imaginação tão maravilhosa e um planejamento tão detalhado"; Rosenberg disse que "eles definitivamente querem participar" e que o vice-presidente lhe havia pedido para fazer lobby com os Disneys em seu favor.[10]

Muitos desses "alvos" se renderam à visão de Disney e investiram: Walt coletou US$ 2,3 milhões em pagamentos de arrendamento, inclusive US$ 50 mil da Santa Fé Railroad para patrocinar a ferrovia, US$ 45 mil da American Motors para patrocinar uma atração de cinema de 360 graus chamada Circarama, US$ 45 mil da Richfield Oil para patrocinar a Autopia, o mesmo montante da embaladora de carne Swift para a Hospedaria Red Wagon, na rua Principal, e outros US$ 43 mil para um armazém. Mas o custo do parque continuava a aumentar, de US$ 5,25 milhões na época da assinatura do contrato com a ABC, para quase US$ 17 milhões quando foi inaugurado. Walt e Roy tinham planejado um "colchão"; entre outras contingências, compraram 11 acres e meio de terra próxima no valor de US$ 230 mil, que poderiam vender, se fosse necessário. Mas apesar do contrato com a televisão, dos empréstimos e dos arrendamentos, apesar até do colchão, eles ainda estavam ansiosos, achando que o dinheiro ficaria curto, exatamente como o tempo.

10 Entre os que pediam para entrar na Disneylândia estava uma franquia de fast-food chamada Ray Kroc. "Recentemente assumi a franquia nacional do Sistema McDonald's", escreveu Kroc para Walt. "Gostaria de perguntar se poderia existir uma oportunidade para um McDonald's em seu Empreendimento Disneylândia." Walt o encaminhou para C. V. Wood. Não haveria McDonald's na Disneylândia. Ray Kroc para Walt, 20/out/1954, Arquivo K, Walt Disney Corr., 1953-1954, G-K, A1552, WDA. (N.A.)

Desta vez, no entanto, Walt não queria poupar dinheiro, não queria comprometer sua visão. Quando um empregado sugeriu que usasse vidro polido em vez de vidro colorido na atração chamada Livro de História, Walt objetou. "Olhe, o que vai fazer a Disneylândia parecer diferente", insistiu, "é o detalhe. Se perdemos o detalhe, perdemos tudo." Mas à medida que o prazo da inauguração se aproximava, o dinheiro diminuía e o relógio corria e, assim como o príncipe em *Branca de Neve* vibrava, porque não havia dinheiro para corrigir isso, Walt foi forçado a fazer concessões na Disneylândia. Ele queria que a Terra da Fantasia lembrasse uma aquarela de Gustaf Tenggren. Em vez disso, a economia determinou que os aparelhos fossem abrigados em barracões industriais enfeitados com bandeirolas medievais. Os Barcos do Canal do Mundo, que deveriam passar por marcos em miniatura com o nome de países e foram mais tarde recriados como transporte por cenários de Contos de Fadas da Terra do Livro de Histórias, passaram por arbustos e árvores pequenas porque Walt não tinha dinheiro para finalizar a atração. Bill Evans desenhou o parque em grande parte com árvores locais que tinham sido arrancadas para a construção de rodovias, mas mesmo assim, Walt não tinha dinheiro para terminar o serviço. Ele instruiu Evans a pôr nomes latinos nos arbustos, como se fossem espécimes de plantas. "Até a inauguração", disse Evans, "fizemos um bocado de irrigação para os arbustos crescerem nas áreas improdutivas, particularmente na margem alta e suja que circundava o parque." Isso foi apenas outra ilusão.

A ilusão final foram os empregados contratados para o parque. Walt não queria que estragassem sua fantasia, então instituiu o que chamou de "Universidade Disney" para treiná-los. "Não contratamos para empregos aqui", disse a um repórter o chefe do programa de treinamento Van Arsdale France, mantendo a ideia de que aquilo não era um parque e sim um cenário, "mas escolhemos pessoas para participações, especialmente papéis no palco – bilheteiros, operadores de atrações, guias turísticos". Como dizia um manual de treinamento Disney, "você não pode subir ao palco a menos que vá ter um desempenho agradável, feliz". Walt exigia que o elenco fosse alegre e tivesse boa apresentação e, embora o vestuário no estúdio fosse sempre informal e o próprio Walt obviamente tivesse um bigode, os empregados da Disneylândia tinham de seguir um código de vestuário e havia uma ordem proibindo pelo facial. Um empregado, o primeiro diretor da Terra da Aventura e da Fronteira, sentia que Walt não gostava particularmente dele porque era gordo. "Walt não gostava de caras gordos", disse o homem.

Havia também uma questão sobre se Walt queria ou não minorias trabalhando no parque. O estúdio nunca fizera discriminação aberta. Havia alguns asiáticos, como Ty Wong e Bob Kuwahara, em posições proeminentes, mas muito poucos afro--americanos – os velhos grevistas diriam que Walt tinha antipatia pelos negros. Esse pode ter sido apenas outro exemplo da antipatia dos grevistas em relação a Walt, que nunca expressou sequer uma sugestão de racismo. Mas ele, ou alguém na companhia, pode ter sentido que membros afro-americanos no elenco teriam estragado a ilusão da Disneylândia, pois mais tarde, em 1963, o Congresso pela Igualdade Racial (Congress for Racial Equality – CORE), um grupo de direitos civis, ainda discutia com funcionários da Disneylândia sobre a contratação de negros e lhes disseram que a diretoria da Disneylândia estava avaliando seus pedidos, mas não necessariamente tomaria providências.

Walt certamente odiava sujeira e confusão. Um dos estímulos para criar o parque foi a sujeira que Walt tanto detestava em suas excursões dominicais aos parques de diversões com suas filhas. A Disneylândia seria quase assustadoramente limpa – tanto que a limpeza não seria apenas uma marca oficial do parque, como também uma espécie de piada sobre ele. "Calcula-se que uma ponta de cigarro ficará atirada por não mais de 25 segundos antes de ser recolhida", um repórter mais tarde escreveu sobre a famosa equipe de limpeza da Disneylândia. Outro chamou o parque de "uma bela e limpíssima Coney Island" que "cintila em inocência não apenas pelos sacos de pipoca e maços de cigarros descartados, como também pela película de poeira no piso, ou tinta desbotada, ou metais não polidos, e onde alguém pode sentir culpa por deixar cair uma ponta de cigarro e aliviado por vê-la instantaneamente removida por uma bonita vassoura, manejada por um jovem elegantemente vestido como limpador de ruas de época." O parque nunca ficará limpo, predisse um jornalista durante uma turnê após a sua abertura. Ao que Walt respondeu que ficaria limpo porque "as pessoas vão sentir-se embaraçadas por jogar alguma coisa no chão." Afinal de contas, isso era utopia.

Agora, como o dia da abertura se aproximava, 17 de julho de 1955, a expectativa nacional aumentava. Fazia nove meses que Walt vinha promovendo o parque em seu programa de televisão, e a ABC tinha gasto US$ 40 mil em anúncios de página inteira nos jornais para divulgar os 90 minutos de transmissão ao vivo do evento, para o qual a rede havia organizado a maior concentração já vista de equipamento e pessoal de televisão – 29 câmeras em todo o parque. A ABC esgotou a venda de espaços publicitários em março, e as equipes vinham fazendo transmissões do local todos os domingos desde 22 de maio. O interesse no parque era tão grande que em abril, a equipe contabilizou 9.500 pessoas que pararam no local para obter informações em apenas um fim de semana, do meio-dia de sábado à noite de domingo, mesmo quando não existiam sinais que identificassem a propriedade como a Disneylândia.

Se o país esperava ansiosamente, Walt Disney também. Apesar das deficiências do parque, ele parecia rejuvenescido, quase inconsequente. Foi o primeiro a andar nas atrações – "exatamente como um garotinho", lembrou Martin Davis. "Ele saía e dava uma risadinha, ou não gostava muito, sua sobrancelha subia e ele dizia, 'conserte essa coisa e vamos pôr esse show na estrada'". Harrison Ellenshaw, de dez anos, cujo pai, Peter, era um artista do estúdio, lembrou-se de ter visitado o lugar em um sábado, quando seu pai pintava um mapa do parque. O garoto estava olhando os trabalhadores colocarem o trilho da ferrovia, quando Walt aproximou-se dele, viu um vagão de trem próximo no trilho e o convidou a dar uma volta. Harrison pulou para cima do vagão e Walt o puxou. Depois, quando tinha adquirido velocidade, o próprio Walt subiu. "Ele estava se comportando como uma criança", Harrison Ellenshaw diria anos depois, ecoando Davis, "no mesmo nível que um garoto de dez anos!" Na verdade, a própria capacidade de Walt de experimentar o parque da forma que os visitantes o fariam, com o mesmo abandono infantil, contribuía para aumentar o atrativo dos brinquedos. Um conhecido disse que o parque era "o maior brinquedo do mundo para o maior garoto do mundo".

Mesmo com a inauguração pressionando-o e até com a clara euforia que sentia, Walt ainda examinava, remendava, criava. Um cenarista assistente lembrou-se de tê-lo observado cinco dias antes da inauguração andando para cima e para baixo na rua Principal examinando as fachadas. "Ele parava diante de um prédio e ficava olhando, dava um passo atrás, deixava cair um pouco a cabeça para o lado", disse o homem, "e anotava em um bloquinho. Depois, levantava e cabeça, olhava alguma coisa mais e fazia outra anotação, olhava para o fim do passeio, checava tudo e, depois de uma última olhada, passava para o prédio seguinte." Como teste final, Walt convidou as famílias dos membros do Penthouse Club do estúdio para uma espécie de pré-estreia discreta. "Armamos uma tenda, fizemos um churrasco, havia três barris de cerveja, e Walt ficou andando no trem", lembrou Walt Pfeiffer. "Todo mundo acenava, e o Mark Twain partiu com todo mundo cantando – foi simplesmente um dia glorioso."

E Walt claramente queria prolongar a alegria que sentia. A abertura do parque tinha sido programada para apenas quatro dias depois do 30º aniversário de casamento dele e de Lillian, então Walt decidiu dar uma festa na noite de 13 de julho, não apenas para celebrar seu casamento, como para mostrar o parque aos amigos e notáveis. (Convidou todo mundo, de sua tia Charlotte e Joe Rosenberg a Spencer Tracy, Cary Grant, Gary Cooper e Louis B. Mayer.) Ele esperava alegremente no portão para cumprimentá-los; depois, quando a maioria foi atrasada por um congestionamento de tráfego, ficou parado ali, fumando nervosamente e resmungando. Foi sem dúvida um sinal de como estava tenso durante a construção e do quanto se sentia aliviado agora quando a festa chegava ao fim, no Golden Horseshoe Saloon. Walt bebeu um pouco além da conta e ficou disparando balas imaginárias da varanda para o palco. Diane teve de levá-lo de carro para casa, enquanto Walt soprava em um mapa enrolado da Disneylândia como se ele fosse uma trombeta; depois, ele cantou uma canção e dormiu segurando o mapa.

Em continuação às grandes festividades, na noite seguinte Walt foi convidado de honra de uma festa no Hollywood Bowl. Fess Parker e Buddy Ebsen, que fazia o companheiro de Crockett no programa de televisão, voaram para lá da locação em Kentucky, onde filmavam um episódio de introdução ao filme Davy Crockett; Sterling Holloway, que deu voz a inúmeros personagens de Disney, narrou *Pedro e o Lobo*, como havia feito para o filme; Cliff Edwards, a voz de Jiminy Cricket, cantou canções de *Pinóquio*; o produtor Winston Hibler narrou trechos de duas Aventuras da Vida Real; e os personagens de Disney apresentaram um balé. No final, o governador da Califórnia, Goodwin Knight, declarou Walt governador honorário do estado e o presenteou com um chapéu de pelo de guaxinim banhado em prata. Segundo o *Los Angeles Times*, quando Walt foi apresentado, "os aplausos se elevaram como um furacão no grande anfiteatro verde e se chocaram com as estrelas". Crianças assoviavam. A celebração foi repetida na noite seguinte, dois dias antes da abertura.

Mesmo depois de três mil trabalhadores terem cortado 20 mil pés de madeira, enchido cinco mil jardas cúbicas de concreto e estendido um milhão de jardas quadradas de asfalto, Walt ainda não havia terminado. Na noite antes da inauguração, ele foi repentinamente tomado pela ideia de pegar o gigantesco polvo de borracha de *20.000 léguas submarinas* e exibi-lo no parque. O problema foi que a pele de látex do polvo se deteriorara desde a filmagem e teve de ser restaurada e pintada. Ken Anderson, que desenhara as miniaturas da Disneylândia, foi designado para a tarefa junto a dois outros membros da equipe mas, então, Walt apareceu. "Walt pôs uma máscara", Anderson lembraria, e "ajudou a pintar o cenário com spray (para a exibição) com tinta fluorescente." A área era fechada e a tinta, disse Anderson, "encheu o ar e bloqueou nossas máscaras". A operação levou toda a noite para terminar, e Walt ficou acordado também – "a noite inteira antes da inauguração". Apesar de toda a correria, entretanto – Walt também tinha de ir ao aeroporto naquele dia para receber os arrendatários que haviam voado até lá para homenageá-lo – ele estava excepcionalmente calmo. "Simplesmente todos estavam preocupados, exceto Walt", disse Jack Sayers, diretor de relações públicas. "Ele parecia adorar aquela excitação." Isso era porque Walt Disney sabia que estava em seu elemento novamente. E ele sabia que estava de volta.[11]

O dia amanheceu brilhante e quente e menos festivo que nervoso. C.V. Wood mandara imprimir 15 mil convites, a capacidade máxima estimada do parque, mas logo descobriu que pessoas haviam falsificado ingressos. Um homem chegou a encostar uma escada na cerca e deixava as pessoas passarem por cinco dólares cada. A equipe tentou organizar a multidão, abrindo e fechando os portões a intervalos de vinte minutos mas, assim mesmo, a pressão do número de pessoas sobrepujou o tamanho das instalações. Van Arsdale France, que havia treinado a equipe, achou que 28 mil pessoas ao todo entraram no parque. Com a multidão vieram os problemas. Quando a transmissão começou e a maré de convidados começou a descer a rua Principal, os saltos altos das mulheres ficaram presos no asfalto quente e macio. Muitos convidados queixaram-se da falta de bebedouros. Outros ficaram perplexos quando viram que a calçada da Terra do Amanhã terminava em um campo sujo porque Walt não tivera recursos para completar a área. Até Walt, correndo de uma locação para outra para acompanhar o espetáculo, viu-se barrado por um guarda, instruído a não deixar ninguém passar. "Ou você me deixa passar", ferveu Walt, "ou lhe dou um soco na cara e passo por cima do seu corpo."

A transmissão, vista por setenta milhões de americanos, segundo uma estimativa, ou cerca de metade da população, foi similarmente conturbada. Ela mostrou três convidados percorrendo o parque – a personalidade de tevê Art Linkletter, amigo de Walt e que visitara os Tivoli Gardens com ele quando Walt estava pensando no parque; os atores Ronald Reagan e Robert Cummings – e continuamente entrava em contato com eles. Mas deixas se perdiam, sinais se cruzavam, e pequenos acidentes e

---

11 A única sombra no ânimo de Walt no período foi a morte súbita, de ataque cardíaco, em 4 de julho, de Perce Pearce, o roteirista-produtor pomposo, fumante de cachimbo e trabalhador que estava com Walt desde *Branca de Neve* até os filmes ao vivo ingleses e "*O Clube do Mickey Mouse*", para o qual Pearce filmava segmentos na Europa quando morreu. June Pearce para Walt, 11 de julho 1955, Arquivo Perce Pearce, Walt Disney Corr., Entre-Escritórios, 1953-1955, M-P, A1639, WDA. "APESAR DOS MEUS PEQUENOS DESENTENDIMENTOS COM PERCE AO LONGO DOS ANOS, EU REALMENTE O AMAVA E RESPEITAVA", Walt telegrafou para a viúva. Ibid., 13/jul/ 1955. (N.A.)

defeitos técnicos foram transmitidos. Segundo um relato, antes mesmo da transmissão o diretor ficou tão exausto que sofreu um colapso e acabou dirigindo a transmissão de um hospital local. Walt certamente estava ciente do caos. Ele disse ao reverendo Glenn Puder, marido de sua sobrinha, a quem havia pedido para fazer uma prece na abertura, que as "coisas não estavam indo muito bem". Apesar de tudo isso, Walt permaneceu notavelmente composto e calmo. Vestido com um terno escuro e uma gravata de seda clara, a voz rouca e o cabelo com toques de prata, Walt leu alto a placa que declarava a Disneylândia "sua terra"; "Aqui a idade se torna uma memória do passado. E aqui a juventude pode saborear o desafio e a promessa do futuro". Em outro lugar, ele chamaria aquele de "o lugar mais feliz do mundo".

E certamente o era para seu criador. Diane, observando seu pai naquele dia, disse: "Nunca vi um homem mais feliz." A *mouseketeer* Sharon Baird disse que estava vendo a festa com Walt do apartamento dele em cima da estação de bombeiros da Rua Principal, e quando olhou para ele, Walt estava com as mãos cruzadas na nuca e um grande sorriso no rosto, e havia "uma lágrima escorrendo por sua bochecha". Mas ele nunca havia sido um homem que alimentasse o orgulho ou se deitasse em cima dos louros. No fim do dia – o mais longo e, possivelmente, o melhor da vida de Walt Disney apesar das numerosas calamidades – ele e Linkletter jantaram na varanda do apartamento e viram a exibição de fogos de artifício sobre o parque. Linkletter observou que Walt continuou a fazer anotações durante o espetáculo. Detalhista persistente até em meio ao pandemônio, ele contava os foguetes que estouravam para ver se todos tinham sido disparados.

Embora houvesse críticas – um repórter disse, "o sonho de Walt é um pesadelo" e que a inauguração havia sido um "fiasco da espécie de que não consigo me recordar em 30 anos de vida de espetáculos" – elas foram minoritárias. Em geral, os visitantes compreenderam que aquela não tinha sido apenas a inauguração de um parque de diversões, mas um evento cultural importante, uma encruzilhada transposta. "Acho que todos aqui algum dia se sentirão tão orgulhosos de terem estado presentes como as pessoas que estavam na inauguração da Torre Eiffel", Cummings comentou durante a transmissão. A maioria parecia perceber que a Disneylândia era uma extensão das animações de Disney, que era o fantástico e o imaginário que agora se tornavam tangíveis, ou como *McCall's* colocou: "O mundo do desenho animado de Walt Disney se materializa maior que a vida e duas vezes tão real." Outros o viram como a expressão física da América de Walt Disney que se havia infiltrado na psique americana. "O Sr. Disney combinou com bom gosto algumas das coisas mais agradáveis de ontem com as fantasias e sonhos do amanhã", escreveu benignamente o *New York Times* em editorial. Fosse o que fosse – uma regressão infantil, um magnificente ato de vontade, ou uma versão estética da América – ela imediatamente tocou a imaginação nacional.

O clamor foi tão persuasivo que, assim que o parque abriu, tanto observadores quanto criadores sentiram necessidade de analisar a experiência, uma necessidade que continuou durante todo o tempo em que o parque existiu. Quase desde o momento em que o imaginou pela primeira vez, Walt pensou na Disneylândia em termos cinematográficos – "um bonito cenário de cinema é o que ela realmente é", disse à sua equipe. Ben Sharpsteen disse que, à medida que o planejamento prosseguia, Walt explicava repetidamente que "o sucesso da Disneylândia se baseava primariamente nas habilidades do cinema para a construção de cenários e em suas técnicas de efeitos especiais". Para atingir efeitos cinematográficos, Walt havia manipulado as proporções do parque. Com frequência se dizia que Walt construíra o parque inteiro em uma escala de cinco oitavos. Na verdade, a ferrovia estava em escala de cinco oitavos, o que permitiu que Walt usasse trilhos de bitola estreita e restaurasse trens de bitola estreita. A rua Principal era o resultado de uma miniaturização inteligente. Os andares mais baixos das lojas eram em escala de nove décimos, o segundo andar, oito décimos, e o terceiro, sete décimos. Quanto ao resto do parque, Walt escreveu para um velho conhecido que "a escala dos objetos varia de acordo com o que são e onde estão" – o que ele chamava de "uma questão de escolher a escala que seria prática e ainda parecesse correta". O Mark Twain, disse Walt, tinha sido construído em uma escala de três quartos.

A razão, afirmou Walt, era psicológica – uma lição aprendida, sem dúvida, de suas miniaturas da Disneylândia. Em primeiro lugar, o tamanho modificado "tornava a rua um brinquedo", e provia a diversão subliminar que os brinquedos fornecem. Em segundo lugar, sublinhava o sentimento de nostalgia porque associava o passado e o fantástico ao pequeno e estranho. "As pessoas gostam de pensar que seu mundo é de alguma forma maior que o de seu pai", disse. E finalmente, pensou, a escala tornava o parque mais convidativo e acessível – um monumento humano. Ken Anderson lembrou-se de Walt dizer: "Sabe, os tiranos no passado construíam esses imensos prédios – olhem como sou grande e poderoso. E eles se erguiam acima das pessoas apenas para impressioná-las". Na Disneylândia, as pessoas teriam a sensação de que estavam acima dos edifícios.

Até efeitos mais sofisticados recriaram a sensação de que se observava um filme. Outro analista comparou o parque a uma animação Disney, com cada uma das principais atrações fazendo o papel dos "quadros principais" dos filmes: unindo os extremos da ação. Esse efeito tornou as imagens e as experiências indeléveis. John Hench, que ajudou a desenhar o parque, afirmava que Walt havia criado um "tipo de dissolução da ação ao vivo na passagem de uma área para outra da Disneylândia", referindo-se a uma técnica de edição de filme em que uma cena gradualmente se dissolve enquanto outra gradativamente aparece. Walt insistia na mudança de textura da pavimentação na encruzilhada de cada uma das terras porque, segundo ele, se pode "'obter informação sobre a mudança de ambiente pela sola dos pés'". Mas isso também mantinha a experiência fluida e orgânica – não apenas uma desarticulada série de passeios em brinquedos, mas um fluxo sensorial completo de um para o outro.

Para fazer o reconhecimento da combinação de habilidade e imaginação que existia na tarefa de desenhar o parque, a equipe da WED, ou "Imaginadores", como mais tarde seriam chamados, não apenas se inspirou no cinema para pensar nos aparelhos em que as pessoas dariam voltas; Walt lhes pediu para pensar nas voltas como experiências de cinema. A pessoa passava pelas "cenas" fisicamente, da mesma forma que quando assistia temporariamente a um filme. Na verdade, durante os estágios de planejamento, Walt, enquanto examinava os *storyboards* para as atrações, na verdade interpretava as reações dos visitantes como sempre havia interpretado as cenas das animações. De fato, o parque não havia sido desenhado somente para prover quadros arquetípicos e sim para contar uma história ou séries de histórias em que o visitante era colocado no papel do protagonista: Branca de Neve, ou Sr. Sapo ou Peter Pan ou Alice. E as histórias – acreditava um analista – se resolviam em uma temática prioritária, que Disney havia apresentado repetidamente, "que o bem triunfa sobre o mal, que o cara pequeno, por meio de uma combinação de sorte, coragem e esperteza, pode vencer no fim, vencer a grande pessoa malvada em seus numerosos disfarces, todos os quais significam o poder e o seu abuso." Subliminarmente, o parque dava poder ao visitante.

Como o parque havia sido imaginado como um cenário ou grupo de cenários, ele também, necessariamente, dirigia a transição entre a realidade externa e a fantasia dentro dele – mover-se de uma para a outra, usurpando uma da outra. Walt sempre teve a intenção de transportar seus visitantes para um espaço à parte, e uma vez censurou um publicitário que havia parado o carro onde poderia ser visto do Mark Twain porque os passageiros em 1860 não poderiam de forma alguma imaginar um automóvel de 1955. "Quero que eles sintam que estão em outro mundo", dizia aos seus Imaginadores, algo que poderia ter dito com igual facilidade sobre seus desenhos animados. Havia um acordo generalizado de que o parque havia sido amplamente bem-sucedido. Um repórter que visitou a Disneylândia disse que ela era "menos um parque de diversões que um estado de espírito, no sentido real do termo", o que se tornaria um sentimento comum quando jornalistas tentavam identificar o atrativo do parque. Mais especificamente, pelo fato de parecer tão distinto da realidade do dia a dia, alguns pensavam que era um lugar em que as pessoas não estavam apenas fazendo o que gostavam, mas sendo transformadas. "Alguma coisa nos parques Disney, se não o próprio disneyismo como tal", escreveria o crítico Greil Marcus, "traz para fora não necessariamente o melhor ou o pior, mas com mais frequência o dominante nas pessoas – deixa-as nuas, reduzindo-as ao balbucio ou provocando blasfêmias e falas indistintas". John Hench via a intenção de Walt como terapêutica. "Quando Walt construiu a Disneylândia, ele estava esforçando-se para fazer as pessoas sentirem-se melhor consigo mesmas", disse Hench. "Acho que ele descobriu o que as pessoas estavam procurando – o sentimento de estar vivas e amar a vida", o que deu ao parque uma aura quase religiosa.

A razão por que os visitantes se sentiam tão bem, acreditava Hench, era que Walt Disney havia concebido o parque minuciosamente ordenado e harmonioso. A Disneylândia não tinha ambiguidades, nem contradições ou dissonâncias. O layout e o modo pelo qual os visitantes eram sutilmente dirigidos às suas destinações, a limpeza, a eficiência com que as multidões eram colocadas em fila para esperar o passeio nas atrações, o clima, até mesmo os ruídos do parque – tudo contribuía para um sentimento de absoluto bem-estar. O publicitário Walter Annenberg, depois de visitar o parque, disse que, se fosse forçado a resumi-lo em "uma só palavra descritiva, diria saúde".

Saúde era certamente uma parte dele, parte da perfeição que a Disneylândia parecia transmitir e o casulo de alegria que proporcionava. Mas em uma análise final, o apelo mais profundo da Disneylândia pode ter sido menos a própria perfeição que a sua construção, como havia sido nos desenhos animados de Disney, onde o tema da responsabilidade se misturava com o ato de criação. A Disneylândia não dava aos seus visitantes apenas as sensações emprestadas dos personagens cujas personalidades assumiam ao andar nas atrações do parque ou seu sentimento de triunfo; ela também dava aos visitantes o poder outorgado pelo homem que havia criado tudo aquilo: Walt Disney. Tudo na vida de Walt Disney havia apontado para esse parque. Um colaborador do *New Yorker* observou que todos os esforços de Walt haviam atingido o clímax na Disneylândia, "onde, na mais elaborada das produções animadas do mestre, sua vida pública foi ajustada ao *frame* (fotograma) do desenho animado para cumprir um papel estético assim como econômico". Na Disneylândia, os visitantes faziam parte de uma atmosfera geral de felicidade e se deliciavam com a sua própria manipulação, porque ela era tão bem executada, tão confortável e revigorante, e talvez mais que tudo, porque saber que alguém de fato havia conseguido aquilo dava uma sensação de poder muito grande. No fim, não era o controle ou a imaginação que tornavam a Disneylândia tão impressionante para os que a visitavam; como tantas coisas mais na carreira de Walt Disney, era a maravilha do controle.

V

Walt Disney, desapontado tantas vezes na vida, não foi desapontado por seu parque. Quando um de seus desenhos animados era concluído e ficava aquém das expectativas, não havia nada que ele pudesse fazer – motivo pelo qual desenvolvera a habilidade de desengajar-se de seus projetos assim que terminavam. "Fico tão absorvido pela próxima coisa, pela coisa que vem que, quando termino um filme, esqueço aquela droga", disse uma vez. O parque era diferente. O parque era orgânico. Se ficasse aquém, poderia melhorá-lo, mudá-lo, expandi-lo. Ele gostava de dizer que o parque nunca seria terminado.

Ele não queria se desengajar da Disneylândia – a Disneylândia era sua vida agora. "Ele sabia de tudo que acontecia no parque", disse Dick Irvine, o mesmo comentário que se fazia antes sobre o conhecimento de Walt do estúdio. "Ele sabia onde estava cada cano. Sabia a altura de todos os edifícios." Lillian disse que ele sabia onde estava cada prego do parque. Após a desastrosa inauguração e durante a onda de calor intenso de 38 graus que se seguiu, ele passou virtualmente o tempo todo no parque "eliminando alguns probleminhas", como disse a um jornalista. Mas até com os problemas resolvidos, não conseguia afastar-se e, em dezembro, ainda passava a maior parte do tempo no parque. "Sabe, Joe", disse a Joe Fowler, "venho até aqui para descansar de verdade da monotonia de fazer filmes no estúdio. Esta é a minha verdadeira diversão. É aqui que eu relaxo."

Embora tivesse um carro elétrico, normalmente cruzava o parque a pé, com seu passo longo e rápido de garoto de fazenda, frequentemente vendo-se cercado de visitantes que o reconheciam da televisão e pediam seu autógrafo. (Mais tarde, sua política seria pedir que mandassem solicitações para o estúdio porque ele mal podia passear pelo parque com as interrupções.) Ele ia sem aviso às atrações. Algumas vezes, lembrou o operador de um barco que cruzava a selva, parava na doca e observava. Outras vezes pulava em um barco sozinho ou com outros passageiros. Quando dava uma volta de quatro minutos em vez de uma de sete minutos, queixava-se para o diretor da Terra da

Aventura, Dick Tunis: "Se a viagem é de sete minutos e você corta três minutos é como ir assistir a um filme e não ver alguns rolos importantes." Quando não estava supervisando, divertia-se no parque como uma criança em um gigantesco brinquedo. Um empregado da Sunkist Citrus House lembrou-se dele vir nas manhãs de domingo para encher de laranjas as máquinas de fazer suco. "Ele praticamente vivia lá", disse Lillian, como antes vivia no estúdio e, exatamente como antes tinha instalações particulares em seu escritório em Burbank, tinha um apartamento sobre a estação de bombeiros na Disneylândia; o apartamento era decorado com veludo vermelho, renda e brocados para lembrar uma casa do século XIX. Uma empregada disse que, ocasionalmente o via à janela do apartamento, como o vira no dia da inauguração, chorando, comovido com sua realização.

Depois de todas as dúvidas que as redes de televisão, a equipe, o irmão e até a esposa tinham sobre a Disneylândia, Walt foi absolvido. Apesar do fiasco da inauguração, o parque foi um triunfo instantâneo. Em sua primeira semana registrou um recorde de 161.657 visitantes e, no fim do mês, estava atraindo bem mais de vinte mil visitantes por dia – um total de mais de meio milhão de visitantes depois de quatro semanas de operação. Estimou-se que, em agosto, quase a metade de todos os turistas que visitaram o sul da Califórnia visitou a Disneylândia, e o parque recebeu seu milionésimo visitante no fim de setembro. Em seu primeiro ano, atraiu 3,6 milhões de visitantes. No fim de seu segundo ano, saudaria mais 4 milhões de visitantes, um aumento de 13% – 25 mil só em seu segundo aniversário. O parque receberia seu décimo milionésimo visitante menos de dois anos e meio após a inauguração, quando já havia ultrapassado o Grand Canyon, o Yellowstone Park e o Yosemite Park como atração turística.

E pela primeira vez em dezessete anos – desde *Branca de Neve* –, a Walt Disney Productions estava no azul. Cada adulto que visitava o parque pagava um dólar de entrada; cada criança, 50 centavos. Além disso, pagavam de 10 centavos a 25 centavos por atração individualmente. O estacionamento em um lugar onde cabiam 20 mil carros custava mais 25 centavos. Naquele outubro, alguns visitantes objetaram à entrada de um dólar, e como as maiores atrações, como o Cruzador da Selva e o Mark Twain, estavam atraindo uma fatia desproporcional de visitantes, o publicitário Ed Ettinger sugeriu que se oferecesse junto do tíquete de entrada um folhetinho com ingressos para oito atrações – diferenciadas entre atrações A, B e C, das menos às mais sofisticadas – por um preço único de US$ 2,50 por adulto e US$ 1,50 por criança. O plano original era oferecer esses ingressos por um período limitado, mas o sistema se mostrou tão eficaz e popular que se tornou um item básico do parque. O ingresso "D" foi acrescentado em 1956 e um "E" para as voltas mais populares em 1959. A expressão "tíquete E" logo se tornou uma gíria para descrever qualquer experiência especialmente excitante.

Enquanto esses milhões de dólares entravam no parque – a companhia teve um faturamento bruto de US$ 24,5 milhões em 1955 em comparação com US$ 11 milhões no ano anterior – Walt começou a fazer seu *brainstorming* novamente. Para atrair visitantes no Natal, quando temia que a frequência caísse, criou um circo do *Clube do Mickey Mouse* para funcionar de novembro até o ano novo. Ter um circo foi uma de suas ambições de toda a vida, escreveu para um amigo, mas quando a audiência se mostrou pequena, concluiu que os visitantes da Disneylândia não queriam desperdiçar seu precioso tempo assistindo a um circo durante duas horas, e a aventura terminou em um prejuízo de US$ 125 mil. Antes mesmo que o circo tivesse encerrado sua temporada, Walt chegara a outra conclusão: que "ele não é singular o bastante para estar no parque".

A Disneylândia precisava de grandes atrações, atrações sensacionais, atrações que não pudessem ser encontradas em nenhum outro lugar. Meses depois da abertura, Walt se encontrou com representantes de uma firma suíça para instalar um teleférico de US$ 200 mil, ou o que Walt chamava de Rota Alpina que atravessaria o parque. Ao mesmo tempo, reuniu-se com executivos da companhia química Monsanto para discutir uma Casa do Amanhã de plástico para a deficiente Terra do Amanhã. (A Monsanto pôs engenheiros no Instituto de Tecnologia de Massachusetts para desenhar a casa, e a companhia buscava um lugar para o evento.) "É possível fazermos uma apresentação para a tevê da sua Casa do Amanhã da mesma maneira que fizemos com o parque da Disneylândia", Walt escreveu para a Monsanto, explicando que poderiam documentar as fases da casa na Disneylândia. Em janeiro, a Monsanto e a Disney fecharam o acordo. Enquanto isso, Walt havia confiado a Bill Cottrell uma reavaliação geral do parque – Cottrell visitaria novamente a Europa naquele outono em busca de inspiração – e, em maio, Walt anunciou uma expansão de US$ 7,1 milhões, incluindo a complementação da Ilha de Tom Sawyer e da Terra do Livro de História, a Rota Alpina, o Astro Jet, um trem de mina das Cavernas do Arco-íris reforçado com uma *Aventura da Vida Real* intitulada Deserto Vivo, e uma aldeia indígena – tudo possível, disse Walt ao *Los Angeles Times*, porque o parque se mostrou tão bem-sucedido que os bancos estavam emprestando dinheiro a taxas de juros de 3,75%, significativamente mais baixas das que concediam aos filmes. Mas o poder de Walt Disney tinha limites. Ele perguntou a Joe Fowler se conseguiria fazer nevar na rua Principal e congelar os Rios da América. Fowler respondeu polidamente que isso não poderia ser feito.

Agora que a Disneylândia fazia sucesso, surgiu um problema. Durante todo o tempo em que o parque vinha sendo construído, Walt teve de delegar autoridade, basicamente para C.V. Wood, o agradável jovem de Oklahoma que Walt colocou a cargo da logística enquanto o próprio Walt flutuava acima da maioria das preocupações práticas. Quando a Disneylândia foi aberta, Wood liderava um comitê operacional de três homens que, efetivamente, administravam o parque. Mas como havia acontecido com John Reeder e Fred Leahy no estúdio, assim que delegou poder, Walt passou a se sentir mal com os indivíduos para quem havia delegado autoridade. Walt precisava ter controle, especialmente porque temeu que Wood tivesse começado a construir um quadro de empregados leais a si mesmo em lugar de leais a Walt. Em janeiro, Wood se foi, e Walt anunciou que assumiria pessoalmente os deveres de diretor-geral, trabalhando diretamente com cinco homens novos, teoricamente o todo-poderoso Comitê de Administração e Operação do Parque. Na verdade, Walt substituiu o próprio Wood. Quando o Comitê de Políticas e Planejamento da Disneylândia se reuniu no mês seguinte para determinar a filosofia do parque e sua agenda – questões do tipo se ele ficaria fechado fora da estação ou se abriria apenas seis dias na semana –, não houve dúvida sobre quem estava no comando. Walt Disney, o líder espiritual, havia assumido o comando temporal.[12]

Enlouquecido pelo parque, Walt ainda se aborrecia por ter de bancar o chefe corporativo de um estúdio que fazia cada vez mais filmes com os quais ele não se importava particularmente e, quando assumiu mais controle na Disneylândia, abriu mão de mais controle na Walt Disney Productions. "Sinto que o que está errado é a minha presença excessiva ali", Walt disse a um entrevistador para justificar sua ausência do estúdio e, relembrando as palavras que havia usado para se descrever logo antes do colapso nervoso de 1931 disse: "tenho sido um condutor de escravos... Sinto-me às vezes como um calcanhar sujo, do jeito que pressiono, pressiono, pressiono". Ele admitiu que fosse, essencialmente, um estrategista agora, o primeiro e último recurso, em vez de produtor que põe a mão na massa – "podemos discutir algum assunto e chegamos a alguma conclusão, e eles se vão" – e, assim, o estúdio tinha mais autonomia do que

12 Este não foi o último confronto entre Walt e C. V. Wood. Não muito tempo depois de sair, Wood começou a atrair empregados de Walt para um novo parque de diversões chamado Montanha Mágica, em Golden, Colorado. Quando o empreendimento não aconteceu, Wood, chamando a si mesmo de "desenhista-construtor da Disneylândia", reapareceu à testa de outro empreendimento de parque de diversões, este em Nova York, chamado Terra da Liberdade. Walt, furioso com a presunção, decidiu processá-lo. Memo, Donn Tatum para Walt, Re: Assunto C. V. Wood, 3/jun/1960, Arquivo C. V. Wood, Walt Disney Corr., 1961, M-Z, A1589; Memo, Cottrell para Walt, 14/abr/1960, Arquivo Bill Cottrell, Walt Disney Corr., Interescritórios, 1960-1964, A-Disney Aeronave, A1648, WDA. (N.A.)

jamais tivera. O material que tinha potencial para um filme era agora avaliado por um comitê em um encontro mensal de "sinopse", a que Walt jamais ia e, finalmente, confiou a Bill Anderson, que havia sido diretor de produção do estúdio e, depois, vice-presidente de operações, o trabalho de supervisar os filmes.

Tecnicamente, Anderson assumia autoridade apenas na ausência de Walt, mas Walt em geral estava ausente agora, no parque ou em outro lugar a serviço do parque. Ben Sharpsteen, que produzia as Aventuras da Vida Real, descreveu o novo processo, "Walt diz, casualmente, 'estarei fora durante bastante tempo', digamos seis semanas, e ele diz, 'você sabe, acumulamos um bocado de filmes sobre pássaros, isso e mais aquilo, e mais alguma coisa', e ele diz, 'a propósito, quero que você ponha aquilo em algum tipo de ordem e monte uma história.'" Esta era uma responsabilidade que Walt assumia antes, mas Sharpsteen sentia que também era uma ameaça: "Quero ver aquela coisa em condições de ser usada quando voltar, se não..." Este era o dilema em todo o estúdio. Agora que estava isolado por escalões de gerenciamento, Walt não queria ser incomodado, mas também esperava que as coisas fossem feitas exatamente do jeito que queria.

Na verdade, com Walt envolvido com o parque e frequentemente ausente, a tensão no estúdio, que vinha aumentando sem pausa desde antes da greve, passados dez anos, apenas se intensificou. A equipe vivia com medo – um medo total e humilhante. Richard Fleischer, diretor de cinema e filho do velho rival de Walt, Max Fleischer, foi ao estúdio para fazer *20.000 léguas submarinas* e ficou surpreso com o que encontrou: "Havia um sentimento geral de nervosismo e insegurança, atribuído às frequentes demissões em massa que pareciam acontecer sem motivo", escreveria. Fleischer disse que descartou a teoria até que Walt a confirmou. "'Você sabe', ele me disse, 'de vez em quando eu simplesmente demito todo mundo, depois os contrato novamente após umas duas semanas. Desse jeito eles não ficam acomodados demais. Isso os mantém afiados.'" Outro empregado disse que a equipe de Walt o cumprimentava com "todo o respeito que os camponeses normalmente mostram por seu suserano"[13] e observou que todos "concordavam ardorosamente com ele, mesmo se dissesse que 2 mais 2 eram 22." Uma jovem escritora que estava sendo avaliada para um especial na televisão sobre a biografia de Beethoven observou como a equipe parecia cautelosa ao tomar uma medida com medo de poder desagradar a Walt, muito embora alguns estivessem no estúdio havia décadas. "O medo, na realidade, parecia ser seu estado normal – e eu logo soube que era justificado", ela escreveu. "Eles haviam testemunhado a demissão de quem discordara

13 Suserano: senhor feudal; diz-se daquele que possui controle sobre o feudo. (N.R.)

uma só vez de Walt. Eles gostavam do trabalho, valorizavam as carreiras, sabiam que era melhor não atravessar o caminho do chefe tirânico." Ben Sharpsteen, que estava no estúdio desde 1929, constantemente no papel de carrasco de Walt, desenvolveu uma doença nervosa que o obrigava a tirar férias frequentes do estúdio. "Isso parece estar acontecendo com mais intensidade e por períodos maiores", ele escreveu para Walt.

Um empregado descreveu Walt como "uma mola de aço dentro de um travesseiro de seda", mas a mola estava rasgando a seda. Ele frequentemente era frio e sinistro agora. "Todo o material inútil será removido", escreveu para Gunther Lessing depois de ter sido reeleito presidente da diretoria, exatamente quando a Disneylândia estava em ascensão, e ele via material inútil em toda parte. Ordenou a Bill Anderson, na metade da primeira temporada, para demitir um membro da equipe do *Clube do Mickey Mouse* – "sinto que ele está em nossa folha de pagamento, mas não sei por quê" – Walt acrescentou: "Dê uma olhada em todos do grupo de *mouseketeers* que continuam. Acredito que fora os nove *mouseketeers*, Jimmy (sic) Dodd e Roy Williams, deveríamos começar do zero... Vamos fazer uma checagem completa na estrutura dos *mouseketeers* e ver se não estamos com gente que não é necessária" – isso depois de a equipe praticamente se arrebentar para pôr o programa no ar. Da mesma maneira, A.G. Keener, que pagou os salários do estúdio durante quinze anos, foi demitido e recebeu uma carta de referência mais apropriada a um empregado recente: "Por causa das condições do mercado mundial, nossa organização foi compelida a se submeter a uma drástica redução de pessoal. E, em linha com esse corte, o departamento do Sr. Keener foi absorvido pelo Departamento de Contabilidade Geral." Norm Ferguson, antes o primeiro animador, foi demitido porque se tornou "material inútil". Fred Moore foi recontratado, depois demitido novamente – ainda material inútil. (Ele morreria pouco tempo depois em um acidente de automóvel; Walt não foi ao funeral.) Fred Leahy finalmente foi demitido (Walt insistiu em que ele havia se demitido), e Hal Adelquist, depois de duas décadas desempenhando algumas das tarefas mais ingratas do estúdio, decidiu sair também. Quando Adelquist pediu servilmente a Wast para retornar não muito tempo depois – "não tenho preferência sobre o tipo de trabalho" – Walt recusou. Jack Kinney, que estava no estúdio desde 1931, primeiro como animador, depois como diretor de sequências em *Pinóquio* e *Dumbo*, depois diretor da maior parte dos desenhos animados do Pateta, foi demitido e mais tarde deixou o estúdio. A esposa de um antigo artista de esboços do estúdio Disney mandou a Walt uma Madona de prata na esperança de que ele a comprasse para financiar uma operação de catarata de que o artista necessitava para salvar a visão de seu único olho bom. Walt ofereceu comprá-la por US$ 100. "Não acho que exista justificativa para um preço maior, tendo em vista o mercado", escreveu para ela.

O homem que antes gostava tanto da participação de seus funcionários, agora não tolerava opiniões divergentes no estúdio. Quando a jovem escritora do filme de Beethoven sugeriu uma abordagem diferente da que Walt havia exposto, ele lhe lançou um olhar assustador, depois bateu com o punho na mesa, mandando livros e papéis para o chão. "No ameaçador silêncio que se seguiu, o rosto de Disney ficou duro", ela mais tarde escreveria. "Ele disse friamente que a reunião estava encerrada." Até um roteirista de tanto tempo como Bill Peet sentia a chicotada de Walt – não porque estivesse em desacordo com Walt, achava Ward Kimball, mas porque estava em harmonia demais com ele. Peet fazia uma apresentação, de acordo com Kimball, e Walt "implicava com detalhes". Então, Peet fazia mudanças no material e, duas semanas depois, Walt voltava à sala de Peet para dizer, "não acho que deva ser desse jeito", e então "descrevia, palavra por palavra, o jeito que Peet havia exposto originalmente". "A lei não escrita era que você não podia dizer isso a Walt... Isso seria como colocar a cabeça na boca do tigre. Isso acontecia o tempo todo", disse Kimball. O próprio Peet disse que havia sido advertido antes, "depois que você entra no canil de Walt, você pode nunca mais sair de lá", como Peet descobriu quando se recusou a refazer uma sequência de *A bela adormecida* e Walt o exilou para animar um comercial da manteiga de amendoim Peter Pan.

As explosões de Walt no estúdio eram mais frequentes agora, seu controle perdido com mais rapidez. Quando Harper Goff se esqueceu de fazer um emblema memorial para *20.000 léguas submarinas*, Walt, de acordo com o diretor Richard Fleischer, "o detonou de um lado e do outro" e Goff saiu correndo "como um gato escaldado" para consertar o erro. Nesse mesmo filme, Walt havia designado o artista de texturas Peter Ellenshaw para trabalhar com um veterano de efeitos especiais. Ellenshaw pediu para ser designado para outra tarefa. Walt insistiu em que ficasse. Quando Ellenshaw protestou, Walt disse abruptamente, "estou falando, cale a boca". Como descreveu Ellenshaw, "ele me derrubou como se tivesse uma foice na mão". "Você tem que ter uma atitude humilde, não discutir", Harry Tytle escreveu para sua esposa da Europa depois de Walt ter perdido a paciência com outro empregado de longo tempo, Gerry Geronomi, durante um jantar. E, como sempre, Walt estava fulo de raiva. "Você recebia tapinhas na cabeça desse tio velho e gentil que queria que você fosse feliz e almoçasse bem quando, subitamente, percebia que estava falando com Átila, o Huno", disse o produtor Bill Walsh.

Esse comportamento podia ser causado por um desejo ainda fervente de vingar--se da greve, ou frustração por um estúdio que não mais podia produzir filmes de que pudesse orgulhar-se, ou hostilidade por ter de lidar com um estúdio quando a Disneylândia claramente reclamava sua atenção. Bill Cottrell achava que depois do rápido envolvimento emocional no início, Walt foi tomado por um sentimento mais profundo de responsabilidade pela construção da Disneylândia. "À medida que o tempo passava, Walt ficava mais sério", disse Cottrell, e acrescentou: "Não acho que Walt estivesse se divertindo tanto quando deveria." O animador Eric Larson notou isso também. Walt, que sempre havia detestado pensar em dinheiro, agora começava a falar sobre isso e a se preocupar com ele, "porque haviam trazido gente de fora que falava com ele sobre o valor do dinheiro". De qualquer modo, para os que estavam no estúdio, Walt Disney, que tinha sido uma presença distante e atemorizadora, se havia tornado ainda mais distante e mais atemorizador.

VI

A imagem de Walt era de um "gênio adorável", como a colunista Louella Parsons o chamava. A imagem era que mesmo se ele tivesse necessariamente se tornado mais corporativo à medida que a companhia crescia ele não havia se tornado mais "Hollywood". Ele e Lillian, nas palavras de Louella, "eram duas das pessoas realmente felizes no casamento em nossa cidade". A própria Lillian parecia endossar essa visão. Perto do fim da vida, ela disse a um entrevistador que não trocaria um minuto de "nossa maravilhosa vida juntos" e disse que o "adorava". Na verdade, o casamento deles tinha tensões – sérias, persistentes. Embora Lillian amasse ser a Sra. Walt Disney e se subordinasse ao marido – quando lhe pediam um autógrafo, ela assinava no floreado do y do "Disney" de Walt – e embora soubesse que tinha de dividi-lo com seu público, ela não ficava feliz com isso. Uma vez, no Calgary Tampede, no Canadá, onde Walt era convidado especial, Lillian teve de esperar, sentada em um barril, durante duas horas. "Em geral, ela se irritava por ter de esperar assim", disse Roy. Segundo ele, Lillian observou que Walt "se preocupava mais com seu estúdio e com a imprensa que com ela". Até Diane admitia que sua mãe era "possessiva" em relação a Walt e "ciumenta das pessoas que gostavam dele", enquanto a própria Lillian era indiferente e arrogante com o público.

Ela não gostava do entusiasmo dele ou de suas efusões infantis – nem de suas animações, ou de suas miniaturas ou de seus trens, ou até da Disneylândia. Ward Kimball afirmou ter visto Lillian na abertura do parque – na verdade, ela não compareceu – e lhe perguntado o que achava dele. "Bem, pelo menos impede Walt de ter casos com outras mulheres", ela disse francamente a Kimball, embora Walt nunca tivesse casos com outras mulheres, ou sequer parecesse tomar conhecimento delas. (Sua crise de meia-idade foram seus modelos de trem.) Em outra ocasião, em um piquenique em 4 de julho, o artista T. Hee que criava cabras como hobby, deu a Walt e às garotas um filhote com uma fita vermelha e um sino. Walt pôs o filhote dentro do carro para ir embora, mas Lillian insistiu em que o animal não iria com eles. Tão teimoso quanto ela, Walt disse que era um presente e arrancou com o carro, mas Lillian derramava "lágrimas convulsivas e furiosas", disse Diane. Então, Walt deixou-as em casa, fez uma manobra com o filhote ainda dentro do carro e passou a noite no estúdio. "Essa situação quase causou divórcio na casa dos Disneys", Walt escreveu a Hee.

Para Lillian, Walt era caprichoso. Ela disse a um entrevistador que ser casada com ele era como estar "presa a um daqueles discos voadores de que falam" e que nunca sabia "quando a imaginação de Walt ia decolar ao azul selvagem lá adiante e tudo iria explodir". Aquilo era excitante, disse, mas focou menos na excitação que na insegurança. "Sempre me preocupei. Nunca me senti segura", disse a um entrevistador, "mas chegou a um ponto em que eu não podia fazer mais nada. Eu só pensava: 'É isso. Ele vai fazer isso, e está encerrado.'" (De sua parte, Walt disse uma vez a um animador que lhe pediu um aumento salarial porque a esposa dele tinha dito que precisavam de mais dinheiro: "Você dá ouvidos à sua esposa, hein? Eu odiaria dizer a você onde eu estaria se tivesse ouvido a minha".) Lillian nunca foi, no entanto, de aceitar as decisões ou o status de Walt de forma submissa, sem questionar, e admitiu que ele sempre falava com as pessoas "o quanto ele é intimidante". "Meu Deus, mamãe tinha cada briga com ele!", lembrou Diane. "Brigas saudáveis. Nada ficava abaixo da superfície em nossa família. Se houvesse irritações, elas explodiam." E Lillian, habitualmente, era quem explodia.

Ela não se deixava impressionar por ele. Ao comentar um perfil negativo que uma revista fizera dele, Walt disse a Hedda Hopper que Lillian não se importava com o que os repórteres diziam dele. "Na verdade ela, em geral, concorda com quem escreve coisas assim", ele continuou. "Eu mantenho os repórteres longe dela. Ela dá informação interna para eles." Quando a esposa de Harry Tytle mencionou para Lillian que Walt era um gênio, Lillian respondeu rispidamente: "Que tal se você fosse casada com um?" "Ela era meio inconsciente, alheia", disse Diane. "Vivia dentro de seus círculos de sessões de beleza, exercícios para emagrecer, horas marcadas com costureiros e ocasionais idas às lojas... Sempre tinha que mudar a decoração de algum canto em algum quarto. Essa era a sua vida." Walt a chamava de "madame rainha".

Walt tinha orgulho dela, orgulho da forma como Lillian se vestia e do modo como administrava a casa com tão pouca ajuda, apenas um cozinheiro e, quando as garotas eram menores, de Grace Papineau, irmã de Lillian, que vivia com eles e cuidava delas quando Walt e Lillian estavam ocupados, ou quando viajavam, embora Diane achasse que ter pessoas estranhas na casa, primeiro Hazel, irmã de Lillian, e Marjorie, filha de Hazel, e depois Grace, contribuía para as tensões familiares. E ele era fisicamente afetuoso com Lillian, como era com as filhas, quer ela pedisse ou não suas atenções. Ele "sempre estava com o braço em volta dela", disse Diane. Ela achava que os dois eram "românticos". Ele também tentava acalmá-la, nem que fosse para manter a paz doméstica. Ele tomou lições de rumba e mambo para poder dançar com ela quando iam a festas, e o animador Frank Thomas lembrou-se de tê-lo visto praticar passos atrás de uma palmeira em uma das festas. E apesar de resmungar em relação aos gastos de Lillian – como raramente se queixava de gastos no estúdio ou na Disneylândia – ele a presenteava, mas não era particularmente atencioso em relação a isso. Lillian disse que, uma vez, ele lhe entregou um catálogo de casacos de pele e disse: "Aqui está o seu presente de Natal." Da mesma maneira, quando Lillian lhe pediu um rádio, uma grande caixa de rádios foi entregue no estúdio por ordem de Walt. Em outro ano, ele lhe deu um tronco petrificado, que foi prontamente transferido para a Disneylândia. E, em outro ano, lhe deu como presente de aniversário de casamento um colar com penduricalhos que eram réplicas de ouro de todos os Oscars recebidos por ele – um tributo não ao casamento, mas a Walt.

••••

No final, a nova casa, que devia aproximá-lo de sua família, não o fez, principalmente porque, nos primeiros anos, com a construção da Disneylândia, ele não ficou em Carolwood mais que havia ficado em Woking Way. Segundo sua secretária, ele, habitualmente, chegava ao estúdio pela manhã e saía imediatamente de sua sala para uma reunião em uma das salas de animação, ou uma reunião em seu escritório com a equipe. Se estivesse fora do estúdio, ou mais provavelmente fazendo uma visita à WED, frequentemente não voltava ao escritório até o meio-dia. Depois, lia a correspondência, bebia um coquetel V-8 de suco de vegetais, comia um almoço leve no escritório ou na cantina – "ele tinha uma teoria", disse sua secretária, "comida demais torna o pensamento confuso" – e tinha mais reuniões ao longo da tarde até às cinco horas, quando encerrava o expediente. Depois, retornava as ligações telefônicas e assinava cartas e, naturalmente, encontrava-se com a enfermeira Hazel George para o tratamento diatérmico do fim do dia, a hora em que relaxava e tomava o drinque – mistura de uísque e água. E, depois, ia jantar em casa.

Mas em casa ele normalmente desenhava planos para a Disneylândia, ou ficava andando por sua oficina, ou brincando com seu trem – no mínimo até que aposentou sua adorada ferrovia Carolwood após a abertura do parque. Em uma de suas corridas, o trem saiu do trilho, quebrou o apito e emitiu um jato de vapor. Um jovem e curioso passageiro saltou para olhar e se queimou levemente. Segundo um relato, Walt levou o trem para a loja de máquinas do estúdio e o colocou sob a mesa de desenho de um dos criadores, Bob Gurr, onde ocasionalmente ia vê-lo. "Ele sempre o tocava de forma especial", disse Gurr, "assegurando-se de que estivesse bem." Sharon tinha outra versão. Embora tivesse parado de andar no trem depois desse incidente, Walt continuou a mantê-lo em casa e, em um domingo à tarde, decidiu operá-lo por controle remoto de sua oficina no celeiro. Mas, como em uma cena tirada de *O aprendiz de feiticeiro*, o trem, como Sharon descreveu, "entrou a toda na parede do lado da garagem. Papai tirou um monte de fotografias dele e o jogou para sempre em um depósito na Disneylândia. Ele encerrou com trens de brinquedo." Walt contou de maneira diferente. Ele disse que se cansou de ver todos os demais andando no trem e se divertindo, "e eu me cansando de pôr carvão o tempo todo".

De qualquer modo, mesmo sem a intervenção da Disneylândia, depois que Duchess morreu ele ficou menos inclinado a perder tempo na oficina fazendo objetos para o trem. A cadela tinha cálculo biliar e, em vez de operá-la, o veterinário queria sacrificá-la. Walt se recusou e ficou com ela. "Acho que os pegamos e ficamos devendo isso a eles", disse. Ela na verdade pareceu recobrar-se, e estava sendo lavada na clínica veterinária quando subitamente expirou. Talvez nada tenha revelado mais a natureza do relacionamento de Walt e Lillian que o fato de Walt suspeitar de que Lillian tivesse cancelado a sua ordem e dito ao veterinário para fazer eutanásia em Duchess. "Ele ficou furioso", lembrou Diane, e exigiu uma autópsia. "Foi a única maneira de ele acreditar que ela não havia feito nada por suas costas." Mesmo depois que Duchess se foi, ele não retirou o cobertor dela de seu escritório.

Se a casa não lhe proporcionou um escape do estúdio, nem o aproximou de sua família, tampouco manteve suas filhas em casa, como havia esperado. No outono de 1951, Diane, sempre uma boa estudante, entrou para a University of Southern

Califórnia, localizada na região central de Los Angeles, de onde podia vir para casa nos fins de semana. Walt gostava das visitas, embora continuasse a reclamar que ela "estava sempre ocupada indo a lugares" e "eu não a vejo muito nesses dias". Mas notou uma mudança nela desde os dias em que frequentava escolas particulares para garotas, "Até então, as relações eram sempre com garotas e mais garotas", escreveu para sua tia Jessie, "e a questão de sua aparência não parecia ser muito importante, mas a situação é inteiramente diferente agora, com garotos por perto."

Diane se apaixonara por um alto, forte e bonito atacante do time de futebol americano da USC, chamado Ron Miller, embora fosse Walt quem sugerisse que ela se casasse com Miller porque ele estava para entrar nas forças armadas, e Walt estava preocupado com que Diane se casasse com o "Sr. Errado" enquanto Miller estivesse fora. (Ao convidar seu irmão Herbert para o casamento, Walt disse que Miller era um "rapaz maravilhoso – um grande atleta de seis pés a quem todos amamos".) Eles se casaram em 9 de maio de 1954, na igreja de Todos os Santos, coberta de hera, perto da igreja Sea Episcopal em Montecito, Califórnia, na costa acima de Los Angeles, no que foi descrito como uma cerimônia de "futebol". O ministro que oficiou a cerimônia era ex-jogador e técnico de futebol, e o bolo de cinco camadas não foi encimado por uma noiva e um noivo, mas por dois jogadores de futebol – um homem e uma mulher.

Eles perderam pouco tempo para formar uma família. Diane deu à luz a Christopher Disney Miller em 20 de dezembro, sete meses e um dia depois do casamento. Exceto quanto ao nome, Walt ficou em êxtase. "Diane surgiu com um nome de repente", escreveu para um colega, obviamente ofendido. "Ela parecia determinada a que nenhum de seus filhos recebesse o meu nome. Tinha aversão especial à parte 'Elias' dele." Na verdade, Diane pensou em chamar o menino de Walter, depois decidiu que ele era uma "pessoa nova" e precisava de um nome novo. Ela disse mais tarde que se arrependeu. Mesmo assim, Walt se dedicou ao menino como se dedicara às filhas. Ele agora apresentava Diane como a "protetora do meu neto".

Quando Ron completou o serviço militar em Fort Ord no norte da Califórnia, Diane teve uma segunda criança, Joanna, nascida em abril de 1956, e Walt começou a construir uma casa para a família em Encino, San Fernando Valley, que ele desenhou pessoalmente depois de rejeitar as escolhas de Ron e Diane. Enquanto a casa estava sendo construída, os Miller foram morar com Walt e Lillian em Carolwood, e embora Walt concordasse em que "ficava um pouco frenético, às vezes, vovô e vovó estão se divertindo como nunca com os pequenos Chris e Joanna. Joanna é a fadinha mais linda que já se viu, e Chris está maravilhoso como sempre." Na verdade, Lillian, que nunca havia sido particularmente sociável, fechou sua vida ainda mais em torno de seus netos. "Com a nossa nova neta na família, ando ocupadíssimo nestes dias levando-a a todos os lugares", Walt escreveu para a chefe de uma instituição de caridade que estava promovendo uma reunião social e esperava que Walt estivesse presente.

Além de assinar a hipoteca da nova casa dos Miller, Walt tinha em mente outra fonte de financiamento para a jovem família. Durante anos, vários autores e editores haviam implorado a Walt para cooperar em uma biografia sua. Walt sempre hesitou, dizendo que ainda estava em sua melhor época e que qualquer biografia ficaria, por conseguinte, incompleta. Mesmo quando concordou com uma série no *The Saturday Evening Post*, ele foi franco, dizendo que sua biografia seria apenas para promover *Alice no País das Maravilhas*, e disse ao escritor que reconhecia que "quando se escreve uma história ou série como aquela, baseada em histórias de vida é, frequentemente, necessário mudar os fatos reais e experiências e dramatizá-los, torná-los fictícios" – admissão velada de que vinha embelezando as suas experiências há anos.

A série nunca chegou a ser publicada, mas logo depois que o programa de televisão Disneylândia foi ao ar, Walt foi procurado por outro escritor, Paul Hollister, que escrevera uma peça anterior sobre Disney para a Atlantic Monthly e recebera da revista a incumbência de fazer uma série biográfica sobre ele, que seria depois publicada em livro. Hollister, levado pela Atlantic a acreditar que tinha a autorização de Walt, acabou de escrever o livro e descobriu que Walt não havia autorizado a biografia, e pior, que Roy, para quem Walt passara o manuscrito para aprovação, advertiu-o com veemência a não deixar que o livro fosse publicado porque o estilo era "aborrecido" e os fatos pouco precisos. Irritado quando lhe ofereceram um pequeno pagamento para abandonar o livro, Hollister acusou Walt de fazer com que "o velho ajeitador Roy" tentasse comprá-lo porque Roy e Walt sabiam que Hollister precisava de dinheiro. Nem a série nem o livro jamais foram publicados.

Mas agora Walt decidiu que se alguém fosse ganhar com sua história, esse alguém seriam suas filhas. No início de 1956, o *The Saturday Evening Post* procurou Walt uma vez mais, novamente com uma série biográfica, e Walt contrapropôs que Diane fosse no mínimo a escritora nominal. "Não posso dar nenhum dinheiro para vocês, meninas", disse às filhas, aparentemente referindo-se às implicações tributárias, "e esta é uma forma de fazer isso!" Diane como escritora da história do pai era apenas uma ideia. No máximo, ela estimularia a conversa com o jornalista. O autor verdadeiro era um jornalista veterano chamado Pete Martin, que fez extensas entrevistas com Walt em Carolwood naquele verão – mais de 13 horas – e entrevistou funcionários do estúdio também. A série apareceu na revista naquele outono, e Diane recebeu US$ 75 mil do Post – não está claro se dividiu os honorários com Sharon – e outros US$ 11 mil de Henry Holt, contratado para publicar uma versão em livro, *The Story of Walt Disney*. (Martin recebeu uma parte do dinheiro de Holt e uma parte dos direitos de publicação da série no exterior.) Walt estava tão ansioso para ver suas filhas se beneficiarem que se ofereceu para reorganizar sua agenda para poder ir ao leste e promover a série.[14]

A vida era mais difícil para Sharon, a quem Walt classificava como a beleza da família, enquanto Diane era chamada de o cérebro da família. Enquanto Diane "passava facilmente de ano", como o pai escreveu para a irmã Ruth, Sharon nunca foi boa estudante. Walt concordou em que a "escola sempre foi difícil para ela" e que "ela gostava mais de andar a cavalo que de estudar". Era também muito mais tímida que Diane. Walt disse a um educador que a personalidade dela "parecia escondida sob uma cortina de timidez apreensiva", até que ele achou um programa especial para ela do qual emergiu "equilibrada e completamente confiante em si mesma". Depois de se graduar na escola feminina Westlake, na região Westwood de Los Angeles, ela matriculou-se na Universidade do Arizona – o próprio Walt a levou lá – e, embora ele tivesse dito à sua irmã que Sharon "adorava" a universidade, ela ficou apenas um ano e meio e saiu. De volta a Los Angeles, frequentou a USC à noite durante um semestre, depois a deixou também. "Eu realmente não gostava de lá", disse anos depois.

O que ela de fato parecia gostar era de ser modelo. Era alta – 5' 8 ½' de saltos baixos, enquanto Diane tinha 5' 4 ½ de salto – esguia e atraente, com cabelos castanho-avermelhados e olhos azuis. Walt até a pusera em um de seus filmes, um drama da guerra revolucionária intitulado *Johnny Tremain*, para ver se ela poderia gostar de atuar, mas ele escreveu para Ruth que "após esta pequena experiência, ela decidiu que ser modelo ainda é a coisa de que mais gosta e que vai continuar". Durante dois anos ela passou de um emprego para o outro, desempenhando várias tarefas estranhas no estúdio, de secretaria a assistente da sobrinha de Lillian, Phyllis, que produzia comerciais para a televisão no terreno do estúdio Disney com o marido, George Hurrell, famoso fotógrafo de beleza de Hollywood. Durante a maior parte desse tempo, namorou um

---

14 Walt também pensava no legado de sua animação agora. No mínimo desde 1953 vinha pedindo escritores para um livro sobre a arte da animação e rejeitava todos os candidatos porque não confiava neles. O projeto foi deixado de lado por vários anos até que Walt finalmente escolheu um repórter da Associated Press chamado Bob Thomas. Walt sugeriu que Thomas trabalhasse com Jaxon e Dick Huemer, "e uma vez que estou trabalhando com eles em outros projetos, poderia estar por perto também." O livro, finalmente, foi publicado. Memo, Walt para Jimmy Johnson, Re: Bob Thomas, 25/mar/1957, Arquivo Jimmy Johnson, Walt Disney Corr., Entre-Escritórios, 1956-1957, Disneylândia J, A1642, WDA. (N.A.)

jovem desenhista de Kansas City nascido no interior chamado Robert Brown, que havia trabalhado na Pereira-Luckman e depois, quando essa parceria terminou, na Charles Luckman Associates. Sharon apresentou-o a seu pai em março de 1959, enquanto Walt convalescia no hospital de um problema de pedra nos rins, e os dois se casaram dois meses depois, em 10 de maio, em uma pequena cerimônia na Primeira Igreja Presbiteriana em Pacific Palisades. (A festa foi organizada com tanta pressa que Roy não pôde ir devido a outros compromissos.) Embora gostasse genuinamente de Brown, Walt pareceu traumatizado por "perder" a filha. Diane disse que durante a cerimônia ele "parecia febril", e quando Sharon e o marido estavam dançando na recepção, Walt "cortou", dizendo ao seu novo genro: "Esta ainda não é a sua dança. Você a terá pelo resto da vida." Sharon admitiu que seu pai ficou "um pouco aborrecido".

Agora Lillian e Walt estavam sozinhos, jogados de volta a si mesmos. As únicas outras pessoas na casa eram o cozinheiro e a arrumadeira, Thelma Howard. Como Lillian, Howard nascera em Idaho, em uma grande família, mas fora perseguida pela tragédia. A mãe de Thelma morrera quando ela tinha seis anos, e uma irmã morreu aos oito anos de idade, quando ela e Thelma estavam cozinhando o jantar em um fogão à lenha e o vestido da menina pegou fogo. Aos 18 anos, Thelma partiu para Los Angeles. Quando foi trabalhar para os Disneys em 1951, aos 38 anos, a vida a endurecera. Era uma mulher pequena, mas resoluta, com cabelos curtos e espessos e face enrugada. Adorava fumar, como Walt, e jogar *gin rummy*. Walt encontrou nela o mesmo espírito autoconfiante e iconoclasta de Hazel George e gostava de sua companhia – em parte, sem dúvida, porque Lillian em comparação se mostrava com frequência mordaz e sensível. Ele podia brincar com Thelma, provocá-la, criticar sua comida e lhe dizer que deveria ir ao Biff's, um lugar que vendia água mineral, e descobrir como faziam a comida lá. Ela era parte da família Disney.

Quanto a Lillian, ela sabia quais eram as prioridades de Walt. "Se algum dia houver um confronto entre o estúdio e sua esposa, que os céus me ajudem!", disse meio brincando a um repórter. Thelma estava certa e ao menos sabia que a única "outra" na vida de Walt era a companhia ou a Disneylândia. Walt hesitava na presença da maioria das mulheres e, fora do departamento de tinta e pintura, a que alguém se referia como o convento, havia muito poucas mulheres no estúdio.[15] Alguns

15 Retta Scott, em Bambi, tornou-se "a primeira garota animadora", nas palavras de Walt, mas não haveria muitas outras. Em uma entrevista à Associated Press em 1946, Walt atribuiu a escassez de mulheres animadoras ao fato de as mulheres não serem particularmente boas em desenho animado e lhes faltar senso de humor – declarações pelas quais Walt recebeu muitas críticas. Quando Joe Lee, editorialista-chefe do

empregados achavam que Walt não gostava particularmente de mulheres. "Ele não confiava em mulheres ou gatos", observou Ward Kimball. "Quase todos os seus vilões eram mulheres ou gatos." Marc Davis concordou que Walt tinha "uma grande suspeita das mulheres" e ficava mais feliz quando trabalhava com filmes masculinos como *20.000 léguas submarinas* e *The Great Locomotive Chase*. Mas Hazel George tinha um ponto de vista contrário e dizia que Walt "ficava mais à vontade com mulheres que com homens" e que sentia "identificação e confiança nas mulheres", embora a diferença possa ser atribuída ao fato de ele se sentir confortável com mulheres fortes e tranquilas, como a própria George e Thelma, e ficar tímido com as outras.

De qualquer modo, como quer que Walt se sentisse em relação às mulheres, ninguém jamais o acusou de infidelidade, ou sequer de mostrar muito interesse pelo sexo oposto. Na época em que estava absorvido por seus desenhos animados, ele disse a Ward Kimball: "Amo mais Mickey Mouse que qualquer mulher que já conheci." Agora que Walt estava obcecado por seu parque, Ken Anderson lembrou uma vez em que jantava com Walt no restaurante *Plantation* na Disneylândia, uma semana antes da inauguração do parque. Walt ficou sabendo que muitos dos homens que trabalhavam ali, longe de suas famílias por um longo período, estavam tendo o que Anderson chamou de "noites selvagens". Walt ficou incrédulo. "'Sabe, Ken, não consigo entender isso. Alguns desses caras...' Ele sequer olhava para mim, e disse, '...estão se especializando em mulheres por aqui'. Ele disse: 'Rapaz, eu simplesmente não consigo entender isso, Ken. É como se as mulheres fossem o hobby deles.' Você sabe. 'Este é o meu hobby.'" E abriu os braços, indicando a Disneylândia.

Com a Disneylândia aberta e Walt cada vez mais desiludido com o estúdio, ele e Lillian entraram em uma rotina. Todos os dias, quando ele ia para casa, sua secretária telefonava para alertar Thelma e Lillian, para que o jantar estivesse pronto. (Lillian nunca cozinhava; se fosse a folga de Thelma eles, habitualmente, iam ao Tam O'Shanter ou o Brown Derby.) Quando Walt chegava, ele e Lillian normalmente tomavam um drinque e se sentavam para jantar, invariavelmente em frente à televisão. Quando as

---

Topeka State Journal saiu em defesa de Walt, Walt escreveu para ele: "Suponho que a primeira coisa que devo lhe dizer é que estou dormindo no quarto novamente", e, depois, admitiu, "acho que não existe idiota maior que aquele que expressa em voz alta sua opinião sobre o belo sexo de uma maneira que elas gostam de interpretar como danosa para elas, mas devo alegar nada a contestar ou insanidade". Mesmo assim, concluiu sem mostrar arrependimento: "Se você acha que elas têm senso de humor verdadeiro, gostaria de estar por perto uma noite dessas quando estiver explicando como ficou jogando pôquer até duas horas da manhã." Bob Thomas, AP, 18/mar/1946; Walt para Joe Lee, 25/mar/1946, L. Folder, Walt Disney Corr., 1945-1946, L-P, A1535, WDA. (N.A.)

garotas estavam em casa ele, usualmente, assistia apenas ao noticiário. Depois que elas se foram, ele se tornou menos seletivo. "Ele via tudo", lembrou Lillian. "Havia um programa ruim e eu dizia, 'quer que eu mude?' 'Não, não, só quero analisá-lo', dizia. Eu ficava chateada e subia e o deixava vendo o programa. O mesmo acontecia com os filmes. Eu dizia, 'este teve uma crítica ruim'. 'Não me importo', ele dizia. 'Quero ver o que o diretor fez.'" Quando se tratava de seus próprios programas, ficava fascinado e exigia que Lillian ficasse fascinada também. "Todas as vezes que eu levava o garfo à boca", ela lembrou, "ele olhava e dizia, 'você não está olhando.'" Ele também tinha um sistema de projeção Cinesmacope em tela grande instalado em casa, mas parou de trazer filmes do estúdio porque, disse à sua secretária, Lillian e Thelma não riam alto o bastante.

Como os Disneys raramente faziam visitas ou recebiam alguém, e Walt não voltava mais ao estúdio à noite como costumava fazer, as noites do casal geralmente terminavam cedo. Walt estava na cama por volta das nove ou dez horas. Mas assim como se movimentava atarefadamente, com energia nervosa durante o dia ele, frequentemente, ficava inquieto na cama, especialmente quando trabalhava em um projeto. Lillian disse que às vezes, ele se levantava no meio da noite e ficava sentado à penteadeira, falando consigo mesmo, ou desenhando, ou lendo um roteiro, porque seu velho ferimento no polo o fazia sentir-se desconfortável quando sentava sem se curvar.

Devido à irritação de Lillian, ele frequentemente era exilado ou se exilava, em seu estúdio ou em seu apartamento na Disneylândia. Às vezes era questão de trabalho. Um empregado se lembrou de ter visto Walt no estúdio uma noite porque, segundo Walt, Lillian não o deixava em paz, e ele tinha que ler um roteiro antes de uma reunião na manhã seguinte. Outras vezes era o temperamento de Lillian que o afastava. Antes que a Disneylândia abrisse, ele provocou a ira de Lillian quando a dissuadiu de assistir às cerimônias do Oscar de 1954 com ele, porque tinha certeza de que não venceria e acabou com quatro estatuetas. Ele decidiu passar a noite no estúdio. Em outra ocasião, Lillian teve um acesso de raiva porque Walt voltou a contratar sua sobrinha Phyllis Hurrell, apesar do fato de a irmã de Lillian, Hazel, achar que ele já dera chances demais à frívola Phyllis. Walt passou três noites no estúdio. Não telefonou uma só vez para Lillian.

Lillian e Walt viajavam a maior parte do tempo. Walt chamava essas jornadas de "viagens" em vez de "férias" – quando Milt Kahl, depois da volta de Walt, lhe perguntou certa vez se suas férias tinham sido boas, Walt respondeu abruptamente: "Maldição, estive trabalhando" –, mas apesar de frequentemente visitar locações de filmes e lugares que poderiam inspirar alguma coisa para a Disneylândia, essas excursões não eram realmente de trabalho. Eram, como sempre tinham sido, basicamente uma forma de esquecer o estúdio. Lillian e Walt viajavam constantemente. Assistiam a estreias em todo o país, iam a hotéis retirados e faziam longos cruzeiros pelo Caribe; em uma viagem em que foram de carro pela costa leste, visitaram novamente Williamsburg, encontraram-se com vários funcionários e associações do governo, viram várias maquetes no Museu da Cidade de Nova York e consultaram um professor do MIT. Walt até retornou a Marceline no verão de 1956 para uma cerimônia quando o parque local recebeu seu nome e visitou os lugares para onde ia com Roy.

Com a velha desculpa de que Walt tinha de supervisar produções no exterior, ele e Lillian faziam agora uma visita por ano à Europa e ficavam lá durante semanas, meses, às vezes. Apesar de todas as declarações de que estava trabalhando, Walt estabelecia sua própria programação. Com frequência ele e Lillian dirigiam – em várias viagens dessas foram acompanhados por William Sprackling, presidente da Anaconda Wire and Cable, e sua esposa, que se tornaram os amigos mais próximos do casal e que transportaram seu Cadillac para a Europa – e tentavam evitar a multidão. "Não quero nenhuma publicidade", Walt escreveu para um sócio, explicando que havia começado até a viajar sob o nome de Jones. "Eu só quero ser eu mesmo e fazer e ver aquilo que quero."

Quando a viagem à Europa em 1957 acabou, Walt escreveu para Ruth, "estamos mais que felizes por voltar". Eles haviam visto "alguns lugares maravilhosos" quando passeavam pela Inglaterra, França, Alemanha, Itália e Espanha; Walt estava especialmente preocupado com que a viagem à Espanha não recebesse publicidade por causa do boato persistente, mas errado, de que havia nascido naquele país. Mas "Lillian quase teve um ataque por ficar longe dos netos tanto tempo", ele disse, "e acho que tenho de admitir que estava com saudades deles também". Enquanto estiveram fora, Walt mandara construir outra casa em Smoke Tree, Palm Springs, para substituir a que havia vendido para obter dinheiro para a Disneylândia. Agora, quando ele e Lillian não estavam viajando pelo país ou ao exterior, retiravam-se para o deserto onde, Walt escreveu para um amigo, tornou uma "regra inviolável não fazer nada a não ser descansar e relaxar". Ao que alguém poderia perguntar com justiça de que ele precisava descansar e relaxar, exceto da pressão de ser Walt Disney?

VII

A animação, base sobre a qual o império havia sido construído, agora era tocada mais por tradição e hábito que para dar lucro – algo que Walt já havia reconhecido em 1953, quando disse a Bill Anderson que, embora ele não quisesse mais gastar seu tempo com animação, ela "deveria continuar" assim mesmo. Os curtas-metragens, que durante anos ficaram por um fio, finalmente deixaram de ser feitos porque o público de cinema desabou durante os anos 1950, desertando para a televisão, e os cinemas fecharam ou optaram por dois filmes. Drásticas reduções de orçamento foram necessárias para manter os curtas lucrativos e depois, apenas escassamente lucrativos, e Ward Kimball disse que o estúdio os usava frequentemente para reduzir a capacidade ociosa – "algo para manter os departamentos de animação e enredo entre os filmes; se Walt tinha algum problema com um novo filme, ele ocupava o tempo trabalhando em um curta". Em 1957, as unidades de curtas foram dispensadas uma a uma e, quando os roteiristas importunavam Walt pedindo-lhe que os deixasse tentar filmes ao vivo, Walt não recebia o pedido com simpatia, dizendo que não podia pagar seu treinamento e que, se queriam escrever para filmes ao vivo, poderiam fazer isso em outro estúdio.

Ele não dava muito apoio aos desenhos animados. Um dia, assistindo com Wilfred Jackson o material filmado de *Branca de Neve* para extrair trechos para a televisão, disse "que não parecia possível fazer um filme melhor que *Branca de Neve*" e que não estava inclinado a tentar. Todos os animadores sabiam que sua paixão havia sido redirecionada da animação para o parque temático. "Você tinha que pedir a Walt para vir às reuniões sobre '*A dama e o vagabundo*'", disse Frank Thomas, comparando isso com os tempos em que Walt "caminhava diligentemente por todas as salas para ver o que as pessoas tinham feito". Como analisou Thomas, "acho que ele realmente fez tudo que queria em animação". Agora entrava na sala de um animador quando pediam a opinião dele, olhava para o trabalho, e dizia brandamente "você não se meteu em nenhum problema". Thomas interpretava a observação como se Walt estivesse ensinando a equipe a depender de si mesma, "como uma mamãe ursa empurrando os filhotes para cima da árvore", mas outros, provavelmente com mais exatidão, achavam que era um sinal da falta de interesse de Walt. Antes ele tinha uma dúzia de filmes na fila de espera e ficava frenético para decidir qual faria em seguida, agora seu interesse era tão pequeno que os animadores tinham de pressioná-lo a colocar filmes em produção.

Ironicamente, enquanto Walt perdia o interesse, o estúdio de fato, gerava mais desenhos animados que os produzidos havia anos em consequência do programa Disneylândia e do *Clube do Mickey Mouse*, mas eles eram simplificados para serem mais fáceis de desenhar e assim, menos dispendiosos. Na verdade, em 1956, a qualidade da animação do estúdio – o estúdio que uma vez todo animador tentava imitar – se deteriorara tanto que Harry Tytle advertiu Walt de que o trabalho poderia ser feito por animadores de fora, "não apenas reduzindo grandemente o custo", disse Tytle, mas também, no que teria sido uma heresia poucos anos antes, "obtendo mais qualidade". Walt podia não estar envolvido, mas não era cego para essas deficiências. Sabia que muito do que o estúdio produzia era lixo. Ele simplesmente parecia aceitar isso agora porque, como dizia a Hazel George, "ora bolas, isso vai ajudar a construir a Disneylândia, garota".

O estúdio Disney não era o único em que a animação estava decadente. A animação do tipo que o estúdio Disney havia inspirado estava em perigo em todos os lugares – redução do custo, número menor de animadores e mais competição da televisão, onde a animação tinha que ser necessariamente mais primitiva, para cumprir prazos e orçamentos enxutos. Paul Terry vendeu seu estúdio para a CBS em 1955 e se aposentou. A MGM fechou a unidade de animação em 1957 porque, de acordo com Joseph Barbera, que a operava com William Hanna na época, descobriu que um relançamento faturava 90% do valor alcançado por um filme novo. Até a Warner Bros. fechou a unidade de animação em 1953 porque tinha desenhos animados demais em seu estoque. Quando a reabriu, ela nunca mais teve a mesma energia ou o talento que tivera nos anos 1940.

Além da economia, o tipo de desenho animado de personalidade intensiva de que Walt Disney tinha sido pioneiro e que outros haviam imitado enfrentava outra ameaça: uma nova estética de animação. O animador John Hubley, que trabalhava no estúdio antes da greve, lembrou-se de um desenho animado russo que o arquiteto Frank Lloyd Wright havia trazido a Burbank durante a visita. "Era muito moderno", disse Hubley, "com cenários chapados, personagens altamente estilizados, música moderna." Quando Hubley e outros animadores com ideias afins deixaram o estúdio após a greve e se espalharam entre várias companhias, a estética moderna foi com eles – sinal antecipado do que Hubley, que foi para a Screen Gems, admitiu ser uma "revolução" contra "a redondez e as formas opacas características de Disney".

Não foi senão até a chegada da guerra que os revolucionários políticos e estéticos descobriram um instrumento para impelir sua causa. Como David Hilberman, que havia sido animador de Disney alegremente contou, ele, outro ex-animador de Disney chamado Zack Schwartz, e um terceiro animador chamado Stephen Bosustow formaram uma parceria informal, o Industrial Film and Poster Service, para fazer desenhos animados e pôsteres para a indústria e o governo. Finalmente, fecharam um contrato para um filme patrocinado pelos Trabalhadores Unidos da Indústria Automobilística (United Auto Workers) para promover a reeleição de Franklin Roosevelt em 1944. No fim da guerra – com o estímulo do diretor de negócios da Associação de Cartunistas, Bill Pomerance, e o apoio de ex-grevistas do estúdio Disney que haviam conseguido posições de autoridade e podiam arranjar trabalho para eles e vários filmes financiados por sindicatos – o estúdio, rebatizado de United Films e depois United Productions of America (UPA) começou a atrair outros ex-animadores descontentes do estúdio Disney.

Era um negócio pequeno e sobreviveu em seus dias iniciais apenas porque os empregados concordavam em abrir mão dos salários. Mas apesar de pouco gratificante em termos salariais, também infundiu uma visão que era tão poderosa quanto a visão incutida pelo velho estúdio Disney. Foi Zack Schwartz, segundo o historiador da animação Michael Barrier, que teve a revelação de que "a câmera está mais próxima de uma máquina de impressão, do jeito que a usamos, que de uma câmera de cinema". O que Schwartz queria dizer era que a animação deveria ser feita à mão, não como um filme, como era no estúdio Disney, ou como tiras de quadrinhos, mas como desenho, e poderia ser um produto não da cultura popular, mas das belas artes. (Naturalmente, Disney tivera a mesma revelação, mas a necessidade de fazer dinheiro o impediu de avançar muito nesse campo, salvo por seu abortado flerte com Dali.) Como Hilberman explicou a evolução da UPA, "foi simplesmente que havia desenhistas que tinham treinamento artístico e começaram a se sentir vivos e cheios de energia. Pessoas que sabiam quem era Picasso e podiam reconhecer um Matisse do outro lado da sala. E ali estavam eles, na Disney, na Warner, trabalhando nessa coisa realmente cafona, bonitinha. Eles estavam prontos. A UPA foi o primeiro estúdio administrado por desenhistas, e estávamos falando para uma audiência adulta, para pessoas iguais a nós." "Nossa abordagem era a de um pintor, ou de um artista", disse Jules Engel, outro ex-animador de Disney que foi para a UPA, "a abordagem de alguém que estava consciente da superfície plana e sabia de que diabo aquilo se tratava."

Como inimigos de Disney, tanto política quanto esteticamente, os animadores da UPA conscientemente juraram renunciar a todos os padrões identificadores da animação Disney: o realismo, a profundidade, o sentido da força da gravidade e os efeitos secundários, o traço sentimental e emocional, até os animais que Disney tipicamente punha em seus filmes. "Eles achavam que o desenho animado de Disney estava morto", disse o animador Bill Melendez do senso de superioridade e sofisticação da UPA, assim como "o humor da Warner Bros.". Quando se tratava da técnica, os animadores da UPA estavam menos interessados no movimento ou no desenvolvimento da personalidade que nos traços, em como as forma brincavam na superfície plana; sua inspiração era Bauhaus, Klee, Kandinsky, Dufy e Léger. Quando se tratava do assunto em questão, eles eram mestres no que um crítico de animação chamou de "sorriso torcido:

autoironia"; suas inspirações neste campo eram as caricaturas da *New Yorker* e outras fontes do que consideravam um humor maduro e sutil.

Com todo o antagonismo em relação a Disney – Art Babbitt havia ido trabalhar para a UPA – e com toda a sua autoconsciência artística, a UPA também era em grande medida um produto de suas próprias limitações econômicas. "A grande mudança", disse Faith Hubley, esposa de John e também animadora, falando da diferença entre a UPA e Disney, "foi que descobrimos como fazer filmes em um lugar muito pequeno. Foi simples assim – filmes pessoais – que requeriam meia dúzia de pessoas". As animações da UPA tinham menos movimento que as de Disney, menos detalhes, menos refinamento. "Sou um pouco relaxada", acrescentou Hubley, "e gosto da linha fluindo livremente e da textura... Esta foi nossa contribuição... liberar a animação de si mesma, e ir para as aquarelas e o pastel". A rapidez se tornou um estilo. O resultado foi uma série de desenhos animados populares que apresentavam um homem míope chamado Mr. Magoo e depois uma descoberta, Gerald McBoing Boing, baseado em um disco de Theodore Geisel, conhecido profissionalmente como Dr. Seuss, sobre um jovem que não consegue pronunciar palavras, só efeitos sonoros, e sofre em consequência disso até ser salvo pelo diretor de uma estação de rádio que pode usar os talentos de Gerald. A *Time* previu que "'o boing!' de Gerald pode ressoar tão alto quanto o primeiro chilreio de Mickey Mouse".

McBoing Boing de fato se tornou um marco. Não apenas venceu o prêmio da Academia pelo melhor curta animado de 1950, prêmio que Disney venceu rotineiramente nos anos 1930, como recebeu o tipo de louvor crítico uma vez reservado aos desenhos animados de Disney. Com McBoing Boing e Magoo, o realismo se tornou oficialmente *démodé*. O minimalismo entrou em moda. Como também a atitude em relação aos desenhos animados da UPA. Um crítico, escrevendo em 1953 e comparando *Peter Pan* de Disney a Mr. Magoo da UPA, observou que "um novo culto está se formando; uma nova palavra está sendo impressa, magooísmo, descrevendo a miopia benevolente." Concluiu que Mickey Mouse e Pato Donald haviam perdido a popularidade porque eram criações dos anos 1930, uma época em que o público apreciava o seu anarquismo, enquanto Magoo se havia tornado popular no período de pós-guerra, quando as pessoas compreendiam os horríveis resultados da irresponsabilidade. "O Sr. Magoo representa para nós o homem que seria responsável e sério em um mundo aparentemente insano", observou o crítico; "ele é uma criação dos anos 1950, a idade da ansiedade; sua situação reflete a nossa." Naturalmente, havia uma explicação muito mais simples para o favorecimento da UPA: seus desenhos animados pareciam mais adultos que os de Disney, mais intelectuais.

O próprio estilo de animação de Disney estava mudando – e sendo minimalizado –, embora ele não gostasse da UPA desde as grandes animações do fim dos anos 1930 e início dos anos 1940. "Não há dinheiro no mundo que me faça voltar e tentar fazer desenhos animados do jeito que estão fazendo agora", disse a Pete Martin. Mas apesar da desaprovação, ele de fato tentou. "Tínhamos muitos produtos para desenvolver com baixo orçamento", lembrou Ward Kimball. "Ele percebeu que tínhamos de fazer economia e não esperava a qualidade que obtinha nos filmes anteriormente." Kimball havia recebido a incumbência de um curta que descrevia a história dos instrumentos musicais, intitulado *Toot Whistle Plunk and Boom*[16] e começou a animá-lo enquanto Walt estava em uma de suas viagens à Europa. Decidiu usar um estilo mais modernista. "Todo mundo dizia 'você nunca conseguirá que Walt aprove isso, vocês estão loucos... linhas retas e coisas assim, sem falar em cenários desordenados com coisas coladas – vocês nunca conseguirão aprovar isso", disse Kimball. Os colegas achavam que ele estava imitando a UPA e havia traído o estúdio. Kimball confessou que se sentiu estimulado apenas porque Walt estava ausente, mas quando ele voltou, disse que havia gostado, e o curta ganhou o prêmio da Academia. Mesmo assim, apesar de todos os protestos de Kimball de haver criado uma abordagem visual muito diferente da UPA, ele claramente estava trabalhando sob sua influência. "No estilo, um roubo claro dos desenhos animados de Bosustow (UPA)", informou a revista *Time*, mas acrescentou em reconhecimento: "Toot leva Disney de um salto do jardim de infância ao coquetel intelectual".

Mas o coquetel intelectual não era a ocupação de Disney e ele não sucumbiu sem luta. Enquanto a UPA produzia *Magoos*, o estúdio pôs em produção *Lady and the Tramp* (*A dama e o vagabundo*), a história de uma cadela de raça que se vê na companhia de um vira-latas. O projeto estava em desenvolvimento desde 1937, quando Walt comprou a história de seu amigo Ward Greene, chefe da King Features Syndicate, que distribuía as tiras de quadrinhos de Disney. O filme passou por uma série de roteiros: Joe Grant e Dick Huemer introduziram dois gatos siameses calculistas; Ted Sears introduziu um canil, e o próprio Greene, aparentemente, introduziu um romance – embora Grant e Huemer objetassem à ideia de dois cachorros se apaixonando como "desagradável" e "profundamente contrária à natureza". (Foi Walt quem riscou o nome "vira-lata" no

16 Onomatopeias: "toot whistle" (assobio causado pelo sopro em um chifre); "plunk" (ruído de queda no chão ou do ato de dedilhar a corda de um instrumento musical); "boom" (estrondo). (N.T.)

roteiro e inseriu "vagabundo".) Como tudo o mais na época, o filme foi uma baixa da guerra – Walt confidenciou a Greene que "deveria ter limitado meus esforços a coisas que tivessem mais que ganho de capital" – mas, em 1952, Roy estimulava Walt a colocá-lo em produção em vez de fazer outro filme literário, se conseguisse manter o custo baixo, em não mais que o dobro do preço por pé de um curta-metragem e desde que o estreasse em cinemas menores, onde poderia passar durante semanas. O filme perdeu a data original de entrega, em parte porque estava sendo animado no processo Cinemascope para tela grande, que levava muito mais tempo que o formato padrão de desenho animado a ponto de dobrar o custo do cenário. Os animadores tiveram de trabalhar seis dias por semana, e o custo do filme foi a pouco menos de US$ 3 milhões. Mas depois de distribuído, foi outro sucesso de Disney e uma rejeição temporária ao estilo UPA.

Houve uma outra razão para o atraso de Dama ao lado dos problemas com o Cinemascope. Walt decidiu tirar os animadores do filme por um período porque sentiu que estavam envolvidos demais com os detalhes e haviam perdido de vista os personagens. Ele os designou para *Sleeping Beauty* (*A bela adormecida*) durante seis meses, e depois os colocou novamente em Dama onde, disse Walt, "assumiram o projeto com renovado entusiasmo e foram rapidamente até o fim". Mesmo assim, Dama, apesar de sua longa gestação e a despeito do fato de ter um bom resultado, foi essencialmente trabalho mecânico. *A bela adormecida* era algo mais. Deveria ser uma obra-prima – "nosso mais ambicioso filme animado até agora", Walt escreveu para o autor Dodie Smith, cujo *101 Dalmatians* (*101 dálmatas*) Walt havia comprado para outra animação. *A bela adormecida* deveria ser um grande grito de saudação planejado para mostrar conclusivamente a superioridade do estilo Disney e, ao fazer isso, constituir um grande ataque a tudo que a UPA fazia.

Como Walt contou, ele deu aos animadores apenas uma instrução para o filme: "Façam os personagens tão reais quanto possível, quase carne e sangue." Para conseguir isso, disse, o estúdio "usou modelos vivos com mais cuidado que nunca". Na verdade, entretanto, Walt parecia ter menos interesse no altamente elogiado realismo Disney, ou até, a propósito, no tão gabado senso de enredo de Disney. Embora tivesse confiado o projeto a Wilfred Jackson, e embora Jackson e o veterano roteirista Ted Sears tivessem refeito todo o roteiro depois que Walt se declarou insatisfeito com a primeira tentativa, Walt ficou muito mais focado no aspecto visual do filme que em sua história. Ele havia contratado o pintor Eyvind Earle em 1951 como artista de cenário (havia feito cem cenários para *Peter Pan*), e Earle impressionara Walt o bastante para este lhe pedir que trouxesse inspiração artística para *A bela adormecida*.

"Quando vi o negócio, quase desmaiei", disse o artista de esboço Van Gerry. Earle havia preenchido cada parede de sua sala, do piso ao teto com pinturas detalhadas, pesadamente influenciadas por Dürer, Van Eyck e Brueghel, mas com um desvio modernista em que as imagens eram mais abstratas e menos realistas e tridimensionais que o típico trabalho Disney. Os artistas do layout ficaram tão impressionados quanto deprimidos com as pinturas de Earle – impressionados com a qualidade do trabalho, deprimidos porque teriam de trabalhar em um estilo que muitos deles viam como frio demais, bidimensional demais e modernista demais para um conto de fadas. "Tive que lutar comigo mesmo para me obrigar a desenhar daquele jeito", disse Ken Anderson. Mas Walt foi insistente, afirmando que no passado, a arte inspiradora que contratou sempre fora homogeneizada pelos animadores. Desta vez queria a visão distinta de Earle na tela. Disse a Eric Larson, cuja unidade foi a primeira a trabalhar no filme, que o filme seria "uma ilustração animada, a última palavra em animação". E acrescentou que não se importava com o tempo que levasse.

E levou muito tempo – mais tempo de trabalho contínuo, sem interrupções, que qualquer filme animado desde *Branca de Neve*. Começou em 1951, foi revisado em 1953 e, finalmente, ficou pronto para Walt vê-lo, em uma "discussão geral do *storyboard*", no início de 1955. Milt Kahl culpou Walt pelos atrasos. "Ele não fazia reuniões para discutir o roteiro", disse Kahl. "Ele não punha essa droga em andamento." Kahl, finalmente, concluiu que Walt se preocupava com tudo, menos com o filme. Enquanto isso, a data de distribuição foi adiada do Natal de 1955 para o Natal de 1957 e para o Natal de 1958. Além da desatenção de Walt, um problema era que ele não tinha mais a equipe para fazer esse tipo de filme, especialmente porque a televisão amarrava três unidades de animação. Mesmo depois de promover quinze assistentes a animadores, o estúdio teve de contratar um grupo de *trainees* pela primeira vez desde os anos 1930. Outro problema é que o processo de trabalhar no estilo Earle era lento e dispendioso – tão dispendioso que a equipe de limpeza trabalhava na metade do ritmo de *A dama e o vagabundo*. Em janeiro de 1957, depois de cinco anos de trabalho, 2.500 pés tinham sido animados e ainda faltavam 3.775.

Esse trabalho era executado enquanto Walt se concentrava na Disneylândia e, quando finalmente voltou a atenção para *A bela adormecida*, ele não gostou. O orçamento do filme havia subido a um ponto tal, segundo Herry Tytle, que Walt se perguntava se o estúdio poderia fazer outros filmes. Para manter os custos baixos, um sistema de cotas foi instituído. "Você tinha que fazer oito garotas por dia, 32 pássaros de tamanho médio por dia, 22 esquilos por dia", disse. "Foi assim que conseguimos terminar o filme." Mas o interesse de Walt em fazer a grande animação perdia impulso. Após a projeção do filme acabado em agosto de 1957, Tytle notou "uma diferença marcante, notável" em Walt em comparação com os velhos dias. "Ele parecia cansado; tinha tantas coisas na cabeça; não deu o tratamento que teria dado anos atrás, quando teria dedicado dois dias inteiros ao filme e passado o pente fino em todo ele." Seus comentários eram gerais, mais que específicos. Dick Huemer concordou em que Walt parecia não conseguir envolver-se com o filme e culpava os animadores por se concentrarem demais na parte visual em detrimento da história, o interesse tradicional de Walt, sem perceber que aquela tinha sido sua ordem expressa. Bill Peet comparou-o a um "mestre de cerimônias de um circo que dirigia o espetáculo em vinte circos". "Walt, o urso, era o que vinha para as nossas reuniões para discutir a história, e ele normalmente chegava com uma carranca e saía com um resmungo."

Por seu lado, os animadores trabalhavam tão devotadamente como sempre em todas as grandes animações. Um animador disse que eles foram tão cautelosos ao desenhar Aurora, a Bela Adormecida, que a equipe limpava apenas um desenho por dia, o que se traduzia em um segundo na tela por mês. "Eles mediam a largura da linha, a densidade da linha, o estreitamento ou alargamento da linha", disse. "Porque pensávamos que, com certeza, estávamos fazendo a mais importante das preces." Frank Thomas trabalhou tão duro e sob tanta pressão que desenvolveu manchas vermelhas no rosto e teve de frequentar um médico todas as semanas para curar-se. Wilfred Jackson, o diretor supervisor, sofreu um ataque cardíaco durante a produção. Teve de ser substituído por Eric Larson, que chamou a incumbência de "derrota". Larson foi finalmente substituído por Gerry Geronomi.

Com todos os anos de desenvolvimento, todo o trabalho duro, todas as inovações, todo o dinheiro gasto (cerca de US$ 6 milhões, o que o tornou, de longe, a animação mais cara do período), todas as esperanças que tinham sido colocadas nele e todas as predições de sucesso ("será uma mina de ouro na bilheteria", alguém respondeu durante uma projeção do esboço), *A bela adormecida* fracassou quando, finalmente, foi distribuído no fim de janeiro de 1959, tanto estética quanto financeiramente. O desenho de Earle era visualmente espantoso, mas os cautelosos animadores tinham razão: faltava-lhe calor e encanto. Depois, havia as questões do roteiro. Sharpsteen achava que o problema era que o filme se concentrava demais nas três fadas que ajudavam a Bela Adormecida. "Isso fica monótono no filme", disse. Dick Huemer disse que o problema era a falta de envolvimento de Walt, mas Walt não estivera menos envolvido nesse filme que na maioria de seus filmes recentes, e eles foram melhores. Na verdade, o problema real pode ter sido que o filme afundou sob o peso de suas próprias ambições – as ambições que Walt impôs a ele. Walt parecia saber disso. Depois de projetar o filme, pouco antes de ser completado, Walt saiu intempestivamente da sala de projeção, aproximou-se de Milt Kahl e Marc Davis nos degraus do prédio da animação e os criticou severamente, disse Kahl, dizendo "o quanto a animação ficara pesada, e o filme, ruim". No fim, a Buena Vista, braço de distribuição da Disney, perdeu US$ 900 mil naquele ano, em grande parte devido ao filme.

Nessa altura, a nêmese estética do estúdio, a UPA, que fora um dos alvos de *A bela adormecida*, começava a se despedaçar. Em abril de 1952, a Columbia, que distribuía os desenhos animados da UPA, havia exigido que a companhia pedisse juramentos de lealdade de seus empregados em que afirmassem não serem do Partido Comunista. A maioria concordou. Mas a ideia de fazer juramentos minou o estúdio e seu espírito de coleguismo. No final, John Hubley, um dos mais criativos animadores da UPA, saiu. Quando seu contrato com a Columbia expirou em 1953, a UPA renovou, mas o estúdio insistiu em que só se fizessem *Magoos*. Ao mesmo tempo, a companhia estava sendo assediada por um sindicato porque, sentiu o animador da UPA, Bill Melendez, Walt havia negociado um contrato com a International Alliance of Theatrical Stage Employees e, depois, os incitara contra o rival. Bosustow finalmente vendeu a UPA, que sobreviveu, mas apenas como uma casca de si mesma – não mais a ponta de lança da animação.

Mesmo enquanto expirava, no entanto, sua influência seria profunda – tão profunda à sua maneira quanto a de Disney tinha sido. A animação barata e estilizada que lançou se tornou o padrão industrial, especialmente porque a televisão se transformou no principal mercado dos desenhos animados. Os animadores "trapaceavam" agora. Usavam um número menor de desenhos, que ficavam mais tempo na tela, economizavam em detalhe e movimento e frequentemente usavam o som para sugerir uma ação sem mostrá-la. (Um produtor dizia que, se a pilha de desenhos não passasse por baixo de sua porta, a cena era longa demais.) Joseph Barbera, que deixou a MGM com William Hanna para formar seu próprio estúdio que se especializou em animação para televisão, chamou essa animação "limitada" de "arma secreta". Todos os efeitos "estica e aperta" que Disney havia implantado a duras penas, o sentido de dimensionalidade, volume, gravidade e nuance haviam desaparecido em grande parte e, com eles, todos os vestígios dos sonhos de Walt sobre a possibilidade de criar um mundo novo na tela, quanto mais de uma nova arte. Esses sonhos se transferiram para a Disneylândia. A Disneylândia era o refúgio agora. A Disneylândia era a esperança.

Acima: Walt e seu Davy Crockett, Fess Parker, em 17 de julho de 1955, na parada do dia de abertura da Disneylândia. A inauguração foi um desastre, mas Walt realizou seu sonho.

Ao lado: Walt com seu primeiro neto, Christopher, exibindo a mania de David Crockett que varreu a nação em 1955.

"Tio Walt": a imagem conservadora que engolfou Walt Disney nos anos 1950 e o transformou na personificação dos valores tradicionais e da estética quadrada. Ele está usando seu acessório favorito – uma gravata do Rancho de Smoke Tree.

Walt rodeado por seus *mouseketeers* do *Clube do Mickey Mouse* na celebração do quarto aniversário do programa.

Acima: Walt na rua Principal, na Disneylândia, que era sua utopia e seu refúgio dos rigores do estúdio. Ele frequentemente passeava pelo parque e passava noites em seu apartamento em cima da estação do corpo de bombeiros.

Abaixo: Walt examina o Carrossel do progresso, o engenho da General Electric para a Feira Mundial de Nova York, em 1964 e 1965. Disney desenhou mais três peças para serem apresentadas: a Rota Celeste Mágica da Ford, É um Mundo Pequeno, da Pepsi e da UNICEF, e o pavilhão de Illinois, que apresentava um robô audioanimatrônico de Abraham Lincoln.

Acima: na casa em Carolwood com a família: (esquerda para a direita), o genro Ron Miller, Sharon, Diane com a bebê Joanna, Lillian com Christopher e Walt com Lady. Walt amava o trem, a oficina e o salão de recreação, onde fazia misturas de refrigerantes.

Acima: a coletiva de imprensa na Flórida, em 15 de novembro de 1965, com Roy e o governador Haydon Burns, anunciando o complexo Walt Disney World. Walt tinha pouco interesse no parque de diversão e muito mais em uma cidade experimental ligada a ele.

Abaixo à esquerda: um desenho de EPCOT do próprio Walt. Os imaginadores "pescavam" os rabiscos de Walt na cesta de lixo para ver o que ele queria; à direita: Walt visita o terreno do Walt Disney World no dia seguinte à coletiva – com Joe Potter, ex-executivo da Feira Mundial de Nova York, a quem Walt contratou para supervisionar o novo parque.

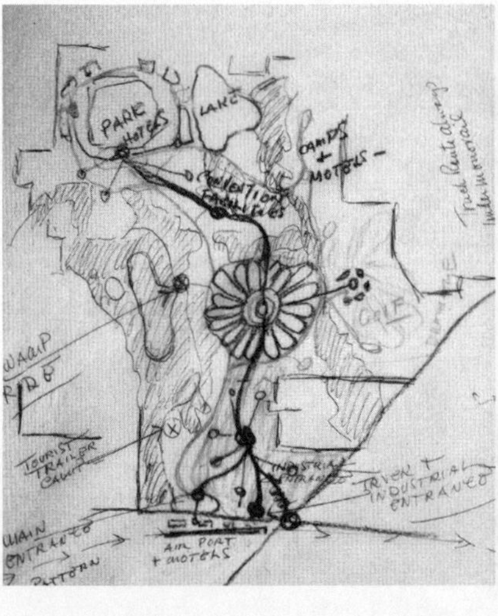

Acima: Walt na estreia de *Mary Poppins* com a autora do livro, P. L. Travers. Travers tinha sido um entrave durante a produção, mas se declarou feliz com o filme, que conquistou um Oscar de melhor atriz para sua estrela, Julie Andrews.

Abaixo: Walt e Roy: irmãos, antagonistas e companheiros. Walt via a si mesmo como a força criativa. Ele considerava que o trabalho de Roy era conseguir os recursos de que necessitava.

Walt durante a viagem a Vancouver, em julho de 1966. Diane o descreveu como "sereno", mas a saúde de Walt fraquejava e já parecia dar sinais de que o fim estava próximo.

Capítulo 11

Mergulhando na utopia

I

Após muitos anos de luta, dúvida, insegurança e infelicidade, Walt Disney vencera. Graças em grande parte ao sucesso da Disneylândia, os ganhos das ações Disney continuaram a subir – de 35 centavos sobre lucros de US$ 7,7 milhões no ano fiscal de 1952, antes do parque, para US$ 2,44 ante US$ 35 milhões de lucro sete anos depois. "Vendas e lucros líquidos desfrutaram uma tendência de crescimento igualada por poucas corporações ao longo dos últimos cinco a sete anos", um consultor de investimentos informou em 1958. A fórmula, comentou o *The Wall Street Journal* em um artigo na primeira página aclamando o novo sucesso Disney, era "espremer cada possível grunhido ou guincho de ativos como *Os três porquinhos* e Mickey Mouse – primeiro diversificando em uma ampla variedade de atividades, depois os encaixando uns nos outros para que todos trabalhem para explorar um ao outro." O artigo cita Roy Disney dizendo "não fazemos nada em uma linha sem pensar em sua possível lucratividade em outras linhas" e acrescentando: "Nosso produto é praticamente eterno."

Ao diversificar na época, a companhia reduzira sua receita de filmes para 38% da receita total, enquanto a televisão respondia por 28%, a Disneylândia por 21% e os *royalties* do *merchandising* por 13%. Em 1960, Roy recomendou que a Walt Disney Productions e a Disneylândia se fundissem para poder compensar perdas potenciais de uma companhia com os lucros da outra, e pediu à Prudential, a quem a WDP havia recentemente pedido um empréstimo, para rever o acordo a fim de incluir os US$ 5,5 milhões que a companhia devia à ABC pela Disneylândia, elevando a dívida total com a Prudential para US$ 20,5 milhões – isto em um estúdio que uma vez teve de implorar emprestados milhares de dólares para concluir *Branca de Neve* e sofrer com as indignidades econômicas da guerra até a abertura da Disneylândia. Em um ano, o estúdio ganhou US$ 70 milhões, teve US$ 4,5 milhões de lucro líquido e pagou seus empréstimos com o Bank of America, levando Walt a brincar com o colunista Art Buchwald, "pela primeira vez o banco me deve dinheiro".

Nesse meio tempo, no início de 1957, o estúdio renovou seu acordo com a ABC para continuar a produzir Disneylândia por mais dois anos a um custo de US$ 4,16 milhões e *O Clube do Mickey Mouse* por mais um ano ao custo de US$ 3,2 milhões, embora o programa fosse cortado para meia hora de duração. Finalmente, Walt também conseguiu que a ABC financiasse e transmitisse Zorro, cujos direitos ele havia comprado para a WED muito antes da abertura da Disneylândia. Walt parecia especialmente entusiasmado com Zorro, muito provavelmente porque o iniciou pessoalmente, gabando-se para um patrocinador em potencial que o estúdio estava construindo cenários "que não terão paralelo na história do filme para a televisão" e que o espetáculo teria "uma qualidade, um sabor e uma característica diferentes de qualquer outro programa no ar". Quando foi pedido aos irmãos compositores Robert e Richard Sherman para fazer a música do programa (Norm Ferguson e George Bruns acabariam escrevendo a letra), eles ficaram impressionados com "a intensidade e precisão da concentração de Walt e a completa dedicação com que discutia a história". Disseram que ele fez com que aquele parecesse ser "o projeto mais importante de toda a sua carreira". Depois que John Hench sugeriu que os títulos mostrassem Zorro riscando um "Z" com a espada, Walt foi de escritório em escritório com uma vareta de uma jarda[1]

1 1 jarda = 91,44cm. (N.T.)

desafiando os empregados para um duelo. Bill Walsh disse que podia ouvir Walt andar pelo corredor com a vareta, cortando o ar com um Z e rindo.

Ao mesmo tempo, ele ainda estava radiante com a Disneylândia e ainda voltado para expandi-la e melhorá-la. A Disneylândia "nunca será concluída", disse a um entrevistador e que seria "uma coisa viva, que necessitará de mudanças". Para outro, chamou a Disneylândia de "meu bebê" e disse que "se prostituiria por ela". Ele ainda disse a outro entrevistador que "trabalhar, planejar e desenvolver" a Disneylândia lhe dava um "prazer sem fim". Ele havia confiado à WED a invenção de melhorias e ele próprio estava sempre indo à Europa em busca de novas atrações e ideias. No fim de 1958, decidiu acrescentar uma volta de trenó em um Matterhorn[2] de 150 pés de altura, ligada a um filme recente, *Third Man on the Mountain* (*Terceiro homem na montanha*); uma volta de submarino que daria a ilusão de se estar mergulhado no mar, inspirada em *20.000 léguas submarinas*, e um monotrilho que daria a volta no parque. Jack Lindquist, gerente de publicidade da Disneylândia, lembrou-se de Roy dizer à equipe que tinham acabado "de sair do buraco" e teriam de esperar de dois a três anos antes de realizar alguma expansão. Depois, partiu para a Europa. "Dois dias depois que ele partiu", segundo contou Lindquist, "Walt chamou a WED e disse 'vamos construir o Matterhorn, o monotrilho e os submarinos.'" Quando alguém da equipe lembrou que Roy dissera a eles para desistir, Walt respondeu "bem, vamos construí-los. Roy pode descobrir como pagar por eles quando voltar". (As três atrações, a um custo de US$ 5,5 milhões, foram inauguradas em junho de 1959, com outros 90 minutos espetaculares de tevê, desta vez mostrando o vice-presidente Richard Nixon.) Em outra ocasião, Marc Davis apresentou os planos para uma nova atração audioanimatrônica chamada *Nature's Wonderland* (*O mundo maravilhoso da natureza*) para um grupo do estúdio que incluía Walt. Davis abriu a apresentação dizendo que havia duas maneiras de executar o projeto – uma não dispendiosa e outra dispendiosa. "E Walt se levantou e andou de sua cadeira até a frente da sala, onde eu estava", lembrou Davis, "pôs a mão em meu ombro e disse, 'Marc, você e eu não nos preocupamos se alguma coisa será ou não dispendiosa. Só nos preocupamos se será boa".

Ele tinha grandes ideias. Além da rua Principal havia criado outra rua, a rua da Liberdade, e outra praça, a praça Edison, que teria prédios de arquitetura americana do século XIX com exposições de ciência e tecnologia e seria patrocinada, esperava Walt, pelas companhias líderes em tecnologia da América, mais destacadamente a

2 Nome de uma das montanhas mais altas dos Alpes suíços. (N.T.)

General Electric. Na praça, Walt também imaginou o Salão dos Presidentes que teria robôs animatrônicos dos presidentes americanos. Também pensou em um quarteirão Nova Orleans com uma casa assombrada e despachou Herb Ryman e John Hench para a cidade, para tirar fotografias, que mais tarde se tornaram modelos para a atração. No verão de 1961, introduziu personagens fantasiados como característica permanente do parque e, no início do ano seguinte, anunciou uma expansão de US$ 7 milhões que acrescentaria oito novas atrações e melhorarias e ampliaria as atrações existentes. As novas construções elevaram o investimento acumulado no parque a US$ 44 milhões. Esse montante não incluiu os esforços secretos de Walt para comprar áreas de terra adjacentes ao parque, onde planejava construir hotéis e motéis, pistas de boliche, um local para acampamentos e uma piscina.

Como havia feito com projetos passados, Walt delegava o desenvolvimento do parque aos seus subordinados enquanto permanecia como estrategista-chefe e, como sempre, trocava as posições ao detectar que alguém se arrogava poder demais. Mas enquanto executivos iam e vinham, o assessor de imprensa do parque disse a um repórter do *New Yorker* que Walt estava claramente no comando. "Você nunca sabe quando vai esbarrar com Walt andando pelo parque em um velho suéter, checando se uma lâmpada queimada que havia informado antes foi substituída", disse o assessor, "ou conferindo o tempo das voltas, ou queixando-se de que o aviso de 'o brinquedo não funciona hoje' não está escrito artisticamente, ou tramando o que derrubar em seguida e o que levantar em seu lugar." E embora Walt tivesse apontado o Comitê de Operações para lidar com a operação do dia a dia do parque, e o Comitê Administrativo, em que ele estava, para traçar políticas e estabelecer metas de longo prazo, o assessor enfatizou, "a primeira coisa que você tem que entender é que todo o lugar é Walt".

Na época em que instalou a volta no Matterhorn, no monotrilho e no submarino, o parque estava atraindo mais de cinco milhões de visitantes por ano e era considerado um dos destinos básicos de dignitários estrangeiros em visita ao país. O primeiro-ministro da Índia, Jawaharlal Nehru, disse ao prefeito de Los Angeles, Samuel Yorty, que a principal razão de ele visitar a área era ver a Disneylândia, e a filha de Nehru disse: "Estávamos mais ansiosos para conhecer a Disneylândia que qualquer outra coisa em nossa viagem." Nehru passou três horas lá. O secretário de Estado, John Foster Dulles, ao apresentar a Walt os agradecimentos do presidente da Indonésia, Sukarno, depois de uma visita à Disneylândia, escreveu: "Me disseram que na Indonésia há dois americanos afetuosamente conhecidos por seu primeiro nome

– "Ike" e "Walt". Um presidente africano continuou a visita a Disneylândia mesmo depois que seu encarregado de relações públicas desmaiou e morreu de ataque cardíaco enquanto jantava no restaurante Plantation do parque.

A paixão de dignitários estrangeiros para conhecer o que agora era um marco histórico americano foi tão intensa que até detonou um incidente internacional. O premiê russo, Nikita Khruschev, fazia uma turnê pela América em setembro de 1959. Nina, esposa de Khruschev, tinha visto um filme de Disney em 1942 e fascinada, pediu que durante a visita ela e a família tivessem permissão para conhecer a Disneylândia. Walt e Lillian planejavam receber o casal e acompanhá-los em uma volta pelo parque. Mas quando Khruschev chegou a Los Angeles de Nova York disseram-lhe que sua segurança não poderia ser garantida e que a viagem à Disneylândia teria de ser cancelada. Khruschev "explodiu", como o *New York Times* descreveu. "Eu gostaria muito de ver a Disneylândia", gritou. "Mas, então, não podemos garantir a sua segurança, eles dizem. Então, o que devo fazer? Cometer suicídio?" Ainda nervoso, Khruschev perguntou aos jornalistas reunidos: "O que é isso? Existe alguma epidemia de cólera ou gângsteres tomaram conta do lugar para me destruir?" O chefe de polícia de Los Angeles, William Parker, disse que Khruschev ainda estava irado durante um almoço em sua homenagem no estúdio Twentieth Century-Fox, porque a Sra. Khruschev passou-lhe um bilhete enquanto ele falava lembrando-o do insulto. "Nós viemos a esta cidade onde vive a nata da arte americana", começou enquanto sua voz tremia de indignação. "E apenas imaginem, eu, um premiê, um representante soviético, quando vim a esta cidade, recebi um plano – um programa do que eu veria e com quem me encontraria. Mas acabaram de me dizer que não posso ir à Disneylândia." E encerrou: "Não encontro palavras para explicar isso para o meu povo."

Mas Khruschev foi além. Com a visita negada, disse à uma audiência em Los Angeles que voltaria para a Rússia ainda mais rápido do que viera. "Se querem continuar com a corrida armamentista, muito bem", avisou. "Aceitamos esse desafio. Quanto à produção de foguetes, bem, eles estão na linha de montagem. Esta é a questão mais séria. É uma questão de vida ou morte, damas e cavalheiros. Uma questão de guerra ou paz." E essa questão séria sobre o destino da civilização foi levantada apenas porque Nikita Khruschev tinha sido, como disse, "privado do prazer de visitar a cidade da fantasia".

Ele era o rei, se não da animação, então da cultura popular americana em geral. Com o sucesso da Disneylândia e sua visibilidade no programa de televisão, o status pessoal de Walt estava acima do que jamais havia estado – mais alto que o de qualquer pessoa no país. A The Screen Producers Guild (Associação de Produtores da Tela) unanimemente o premiou com seu Lewis Milestone Award por sua "contribuição histórica para o cinema". O Comitê Olímpico dos Estados Unidos o indicou para presidir o Comitê Cerimonial dos Jogos de Inverno de 1960 que seriam realizados em Squaw Valley, na Califórnia, e Walt planejou e supervisou a transmissão da tocha, a abertura e o encerramento das cerimônias e a entrega das medalhas. O presidente Eisenhower nomeou-o presidente do Comitê de Educação, onde faria uma conferência sobre educação perante o secundário, embora Walt mais tarde renunciasse ao posto, dizendo-se desqualificado por não ter ido além do primeiro ano da high school. O sucessor do presidente Eisenhower, presidente John F. Kennedy, apontou Walt para um Comitê Executivo de nove membros sob a presidência de Eisenhower para liderar o programa Povo para o Povo, destinado a promover contatos culturais, científicos e esportivos entre países. Os estudantes de Tullytown, Pensilvânia, votaram em colocar o nome Walt Disney em sua escola, e uma escola elementar em Marceline também recebeu seu nome. (Sua mesa de gramática da velha Escola do Parque de Marceline, com suas iniciais entalhadas, foi colocada em uma caixa de vidro na entrada da escola.) Walt foi às duas homenagens. Mais 17 universidades lhe ofereceram diplomas honorários, mas Walt recusou todos, exceto um, da University of Califórnia em Los Angeles. O Museu de Arte Moderna entrou em contato com ele sobre a possibilidade de uma exibição: *The Work of Walt Disney* (*O trabalho de Walt Disney*). As atrizes Lillian e Dorothy Gish visitaram Oslo em campanha para que Walt recebesse o Prêmio Nobel da Paz. Sua vida se tornou tão encantada que até a natureza parecia favorecê-lo; em novembro de 1961, quando as chamas rugiam em Bel-Air e Brentwood e ameaçavam destruir sua casa em Carolwood, elas subitamente pararam e mudaram de direção.

Apesar de seu status – e apesar do "campo magnético", como dizia Ken Anderson, que ele parecia ter em volta de si no estúdio – muitas pessoas de fora ainda o consideravam pouco atraente. Edith Efron, em reportagem para a *TV Guide* achou-o "tímido". "Seus olhos são opacos e preocupados, sua afabilidade, mecânica e desajeitada", escreveu. "Ele fala sem parar de forma lenta e casual em seu dialeto inarticulado do meio-oeste, apropriado para um armazém de secos e molhados. Sua camisa está aberta, sua gravata, torta. Quase se espera ver alças de um macacão em seus ombros e palha de feno em seus cabelos." Outro repórter descobriu uma "qualidade sobrenatural" em sua conversa e achou que ele "ria nos momentos errados".

Naturalmente, essa imagem de homem comum foi, em grande medida, criada intencionalmente. Walt a cultivava, mesmo já sendo maior que ela e mesmo tendo se tornado, no período de pós-guerra, uma instituição americana que mais parecia um imperador que um tio. Mas ele ainda era – após todos os anos sob os refletores e toda a riqueza que havia acumulado com a Disneylândia e a WED – surpreendente e genuinamente plebeu por temperamento. Por sua própria admissão, raramente lia outra coisa que não fosse um roteiro. Seu senso de humor, embora nunca licencioso, frequentemente escorregava para o escatológico, e sua risada era alta e gutural. Embora tendesse a usar ternos mais conservadores agora, normalmente preferia um lenço de mulher com um emblema de Smoke Tree a uma gravata, a menos que a ocasião o exigisse e, quando não estava em público, gostava de suéteres largos, cinzentos ou azuis e jaquetas de gabardine. Nunca usava joias, exceto o anel DeMolay de sua juventude e um anel Cladagh adquirido na Irlanda, com duas mãos segurando um coração. Usou o mesmo relógio de pulso Hamilton de ouro de 14 quilates por mais de vinte anos, até Lillian lhe dar um Rolex, e uma de suas poucas autoindulgências foi uma Mercedes 230 SL usada que comprou tarde na vida. O mesmo barbeiro cortou seu cabelo por quase 25 anos e, preferindo dirigir o próprio carro, não tinha chofer regular. Seus gostos gastronômicos ainda iam para carne e batatas, pimenta e pudim de tapioca. Ainda confundia palavras e ainda temperava seus discursos com expressões coloquiais. As coisas eram "efetivas pra diabo" ou "bonitas pra diabo" e, quando estava zangado podia, como disse um empregado na época, "xingar mais que um papagaio de pirata bêbado".

Muitos que o viam agora pareciam detectar uma falta de intensidade, que se podia perceber em seus olhos. O jovem Walt Disney tinha "incandescentes olhos escuros", como um repórter os descreveu – olhos de "um marrom tão escuro que pareciam pretos", escreveu outro. Até Roy descreveu como os olhos de Walt prendiam o ouvinte e não o deixavam ir. Mas os olhos do velho Walt Disney eram menos escuros e penetrantes que "brilhantes", de acordo com Mary Costa, a voz da bela adormecida, como se estivessem "ligados a tomadas". A atriz Julie Andrews disse que havia uma "espécie de alegre divertimento em seus olhos", sinal de um homem feliz.

Apesar de Walt Disney finalmente parecer contente e em paz consigo mesmo, por baixo ele fervia. Um jornalista visitante notou que Walt parecia "sob o chicote de algum demônio particular". Nunca confiou plenamente no sucesso ou na tranquilidade. "Funciono melhor quando as coisas vão mal que quando estão macias como creme batido" dizia, sublinhando a ironia de que o homem cuja vida havia sido dedicada à perfeição nunca se sentia inteiramente satisfeito por dentro. Walt Disney precisava sempre de ação, até de fricção. "Tenho de ter um projeto o tempo todo", disse a Ollie Johnston, "alguma coisa em que trabalhar." De outra forma, não teria para onde dirigir sua energia nervosa.

Entre os projetos nos quais focava a atenção quando a nova década se iniciava estava a televisão. Antes mesmo que Walt voltasse a assinar contrato com a ABC, a rede já se queixava do custo de produzir o *Clube do Mickey Mouse* e de um fato que, como o presidente da ABC, Robert Kinney expôs, "existe apenas um certo número de empresas que vão patrocinar um chamado programa 'infantil' e elas têm apenas um determinado valor em seus orçamentos". Nesse meio tempo, Walt se irritava com o orçamento pequeno que a ABC havia destinado à promoção de Zorro e a pressão constante da ABC para que produzisse faroestes, que a rede obviamente acreditava que seriam lucrativos. Walt consentiu – fez *Texas John Slaughter* (*O matador Texas John*) e *The Nine Lives of Elfego Baca* (*As nove vidas de Elfego Baca*) –, mas ficou tão infeliz com isso que, em grande medida, deixou de se importar. O chefe de publicidade Card Walker tinha de implorar a Walt "aproximadamente uma hora do seu tempo" para discutir a nova programação de Disneylândia, cujo título mudara para Walt Disney Presents.

Quando chegou a época de renegociar o contrato ABC-Disney no início de 1959, as tensões que fervilhavam explodiram. Roy propôs um novo acordo de três anos para Walt Disney Presents, o *Clube do Mickey Mouse* e Zorro. Quando a ABC resistiu, contrapropôs um acordo de curto prazo que excluía o *Clube do Mickey Mouse*, no qual a rede perdera interesse ou, em lugar disso, um acordo de longo prazo que permitiria aos Disney vender para outras redes quaisquer programas sobre os quais a ABC não tivesse exercido sua opção. Esta última previsão era especialmente chamativa porque a ABC concluíra que Zorro, apesar de seus altos índices de audiência não era rentável o bastante, e que de qualquer maneira, poderia produzir esse tipo de programa por conta própria. Mesmo assim, a ABC rejeitou essas iniciativas também, levando Roy a escrever para Walt: "Acho que eles são um bando desprezível."

Mas Roy não se satisfez com o insulto; correu um grande risco à espera que o adversário recuasse. Enquanto voava para Nova York para encontrar-se com o presidente da ABC, Leonard Goldenson, avisou Walt que iria entrar com uma ação antitruste contra a rede, pedindo uma liminar inibitória que a impediria de executar o contrato e permitiria que a Disney negociasse com outras redes. "Em termos de senso comum e de negócios", escreveu Roy para Walt a ponto de iniciar a reunião, "não posso acreditar que eles vão deixar isso chegar a uma grande briga na justiça... Eles têm coisas demais que vão preferir manter fora disso e não expor no tribunal."

Walt e Roy tinham uma consideração além da série de televisão mais importante que a série de tevê: a Disneylândia. A ABC investiu inicialmente US$ 500 mil no parque. Roy queria usar o desentendimento em torno do contrato de televisão para comprar a participação da ABC, escrevendo para Goldenson que "parece que vocês não estão ansiosos para continuar uma associação de longo prazo com a Disney como antes". Ou, como Walt contou mais tarde no décimo aniversário da Disneylândia, "meu irmão imaginou, 'se não os comprarmos agora, pagaremos muito mais depois'". Após entrar com a ação e enquanto a disputa se arrastava fazia quase um ano, Roy admitiu que não tivesse ideia de quanto a participação da ABC seria agora relevante e que havia tirado do ar uma cifra de mais ou menos US$ 7,5 milhões. Apenas uma hora antes de fechar o acordo em junho de 1960, Roy telefonou preocupado para Walt uma última vez em busca de sua opinião, mas Walt objetou: "Faça o que achar necessário", disse. Então, a Walt Disney Productions, com um empréstimo da Prudential, comprou a Disneylândia da ABC. No acordo, Roy desistiu da ação, a ABC liberou o estúdio do contrato e os Disneys prometeram deixar passar quatro meses antes de buscar outro canal de tevê. Como dano colateral, Zorro e o *Clube do Mickey Mouse* foram cancelados.

No entanto, antes mesmo que a moratória de quatro meses estivesse terminada, a companhia negociava um novo lar para Walt Disney Presents. Robert Kintner, com quem Walt fizera seu acordo de televisão original, deixara a ABC para ser presidente da NBC e, já em agosto, Card Walker se encontrava em Nova York com Kintner e Robert Sarnoff, presidente da RCA, companhia associada à NBC, para discutir a mudança. Embora a NBC dissesse que teria de avaliar a possibilidade de uma associação de longo prazo com o estúdio Disney, a rede prometeu não deixar que as discussões se "perdessem" como acontecera seis anos antes quando Walt os procurou. Walt, que estava em Londres na época, disse a Walker para "obter o acordo", enfatizando o quanto era importante para ele. "Ficarei de ponta cabeça na janela do Macy's", disse, "se isso fizer o acordo ser fechado."

Tanto para Walt quanto para a NBC a urgência não vinha simplesmente da necessidade de colocar um novo programa de televisão no ar. As apostas eram muito mais altas. A RCA estava fazendo aparelhos de televisão em cores, e a companhia buscava um programa que fosse o líder da nascente tecnologia, motivo pelo qual a NBC submetia a associação a deliberações tão extensas. As animações coloridas de Disney pareciam o veículo perfeito. No que dizia respeito aos Disney, Walt, pioneiro no uso da cor na tela de cinema, sempre desejara fazer um programa de televisão em cores. Era inevitável, então, que os dois lados chegassem a um acordo, o que fizeram em outubro:

três anos a US$ 5 milhões por ano por 25 programas por ano de Walt Disney Presents, reintitulado O Maravilhoso Mundo Colorido de Walt Disney. A *Variety* disse que o acordo foi "o mais importante e de maior alcance nos recentes anais do vídeo".

Walt estava entusiasmado. Na ABC, fizera o armistício entre a indústria do cinema e a televisão; na NBC, iria liderar a transformação da televisão em preto e branco para a tevê em cores. Em termos de criatividade, depois de ser forçado a fazer os faroestes para a ABC, Walt recebeu carta branca da NBC. "Eu não devia ter ouvido", disse a um repórter sobre o fato de ter concordado com a ABC sobre os faroestes. "Não estou ouvindo agora. Sou um ditador absoluto do que acontece no meu programa." "Nunca vi uma mudança tão grande do dia para a noite em um homem", disse um amigo de Walt depois do contrato com a NBC. "Enquanto preparava automaticamente, como um sonâmbulo, os programas para a ABC, agora todo o seu entusiasmo havia voltado... Ideias novas saíam dele aos borbotões. Ele ficava dizendo e repetindo: 'Rapaz! Cores, e nada de faroeste. Posso fazer o que quiser. Está me ouvindo? Posso fazer o que quiser.'"

"Newton Minow pode relaxar", opinou o *New York Herald Tribune* depois da estreia, em 24 de setembro de 1961, um domingo à noite, do Maravilhoso Mundo da Cor, referindo-se ao presidente da Federal Communications Commission que recentemente chamara a televisão de "um vasto lugar desolado". "Aqui, numa mudança maravilhosa, houve alguma coisa fora de Hollywood que contribuiu para o esclarecimento e o completo entretenimento de toda a família." Muitos críticos concordaram, com apenas alguns discrepantes que se queixaram de Walt empurrar a televisão em cores um tanto agressivamente. Mas, naturalmente, essa era a ideia. Pouco depois da estreia, Card Walker, agora chefe da publicidade do estúdio, escreveu para Walt que as vendas de aparelhos de televisão em cores estavam disparando – 105% mais que em setembro prévio. A NBC não podia estar mais feliz. Quando Walker e Donn Tatum, chefe de vendas da televisão, reuniram-se com Kintner em Nova York em novembro, informaram que "o clima está agradável e otimista" e que Kintner queria discutir outras séries. Naquele mês, a NBC renovou o contrato de Mundo Maravilhoso por mais dois anos.

II

Walt era um homem mudado novamente. Apesar dos esforços para ser retratado como um homem comum – e a despeito do fato de que sob muitos aspectos era comum, especialmente em seus gostos e maneiras – havia chegado a ter um senso muito maior do que era e do que poderia alcançar. Com o sucesso da Disneylândia, ele se viu não apenas como alguém que provê entretenimento, ou até mesmo como um operador de parque de diversões, mas como um planejador visionário, que podia impor sua vontade ao meio ambiente, como impusera na tela. A Disneylândia era apenas um protótipo do que sentia que podia fazer em todo o país. Menos de um mês depois de visitar Marceline no final de 1960 para ser homenageado com a Escola Walt Disney, ele se encontrou com um empreendedor local chamado Rush Johnson para avaliar a transformação de sua cidade natal em uma fazenda modelo. Quando Johnson perguntou como atrairiam visitantes, Walt disse: "Sabe, Rush, quando eu apresentar *O maravilhoso Mundo da Cor* de Walt Disney, no domingo à noite, vou colocar meu traseiro na mesa e dizer, 'a propósito, pessoal, quando saírem de férias, vão para a minha cidade natal.' O que é que você vai fazer com toda aquela gente?" Ele também queria comprar a velha fazenda da família em Ellis, Kansas, mas Roy não deixou que o fizesse.

Um executivo de publicidade propôs uma rede de centros de cuidados infantis Disney perto das áreas de shoppings. Walt ficou interessado, mas, uma vez mais, Roy e Card Walker o dissuadiram. Outra sugestão foi uma rede de Kiddielands (Disneylândias para crianças pequenas) em todo o país, e a Walt Disney Productions comprou uma participação de um terço na Arrow Development Company, que havia fabricado muitos dos brinquedos da Disneylândia, mas a ideia da Kiddieland morreu também. A WED contratou até um consultor imobiliário que estudou a mudança de um dos trens da Disneylândia para Newport Beach, na Califórnia, e a construção de um centro de convenções em Anaheim, perto do parque. Já em 1958, Walt chegou a olhar Smoke Tree como um local em potencial para a instalação de um novo campo de golfe, pistas de boliche, restaurante e salão de festas, tudo rodeado por uma praça com lojas para turistas, e seria financiado por Smoke Tree sob a supervisão pessoal de Walt. Ele também avaliava um motel e um rancho para 1.200 trailers lá. Mas após anos de vacilação – o conselho da cidade de Palm Springs rejeitou o plano, depois mudou de ideia –, Walt perdeu o interesse.

Se Walt perdeu o interesse no empreendimento em Smoke Tree, ele não perdeu o interesse em criar uma espécie de complexo de recreação de boliche sob a égide Disney e investiu em um centro esportivo perto de Denver que incluía não apenas 80 pistas de boliche, mas também piscina e restaurante – o modelo de uma nova espécie de franquia Disney. Novamente, no entanto, o projeto se arrastou, e quando o Passeio das Celebridades abriu, em setembro de 1960, Walt havia renunciado à diretoria. A Walt Disney Productions entrou em seu lugar, comprando uma participação de US$ 277 mil e fazendo um empréstimo de US$ 650 mil naquele ano para assumir o controle do centro. Walt e Lillian foram ao segundo aniversário do centro, e a companhia o manteve em operação, mesmo perdendo dinheiro. Roy admitiu depois que todo o projeto foi mal concebido. "Gastamos um milhão de dólares lá, construindo um restaurante de luxo e uma piscina", disse a um entrevistador. "Tínhamos 80 pistas, uma das maiores pistas de boliche do país... mas quem quer jogar boliche vestindo uma roupa de banho molhada, e qual é o jogador que usa o tipo de roupa adequada a um restaurante de luxo?"

Mesmo com o Passeio das Celebridades agonizante, Walt não perdeu seus impulsos de monumentalidade. Inspirado em sua experiência dos Jogos Olímpicos de Inverno, recrutou Harrison Price, o homem que descobrira o lugar para a Disneylândia, para investigar as possibilidades de instalações de entretenimento voltadas para alojar famílias que faziam esqui. Price descobriu que a Califórnia tinha um esquiador para cada cem pessoas. "Os dados apontavam a necessidade gritante de um bom local de esqui para o vasto, ativo, atlético e mutável mercado do sul da Califórnia", disse mais tarde. Price olhou a área da Montanha Mamute, mais ou menos a 40 milhas a nordeste de Bishop, Califórnia, localizada na Inyo National Forest, e ele e Mickey Clark, um executivo da Disneylândia a quem Walt havia encarregado de analisar as perspectivas, determinaram que "o governo vê favoravelmente qualquer empreendimento que valorize a beleza do parque e forneça instalações recreativas adicionais para o público". Mas Price achou que havia encontrado um candidato melhor na área de Mineral King, ao sul de Mamute, dentro da Floresta Nacional das Sequoias, e ele e Walt imediatamente começaram a pressionar os parlamentares a votar a construção de uma estrada até o local. Enquanto esse projeto abria caminho pela burocracia do governo, Walt estava para comprar 2.200 acres perto de Aspen, Colorado, quando o negócio subitamente fracassou porque o vendedor aumentou o preço.

Aos olhos de muitos construtores imobiliários e também aos próprios olhos, Walt Disney havia se transformado em uma força mágica, e a companhia fazia dúzias de excursões – e era requisitada a fazê-las por dúzias de outros – para pegar uma área e transformá-la do jeito que havia transformado os laranjais de Anaheim na Disneylândia. Jules Stein sugeriu que Walt comprasse a Ilha Ellis, porta de entrada dos imigrantes no passado. "Estou tão entusiasmado com isso, Walter, que simplesmente não consigo dormir", Stein escreveu para ele. Um construtor imobiliário de Monterey, Califórnia, perguntou se Walt consideraria erigir uma Cidade das Férias com um parque de diversões e tendo como tema a antiga Califórnia. (Walt visitou a área em um fim de semana.) Joyce Hall, a chefe dos cartões de festas Hallmark e integrante da diretoria do

Povo para o Povo, pediu a Walt para participar do desenvolvimento de 110 acres em Kansas City, que incluiriam zoológico, aviário, jardim de borboletas e uma pequena cidade internacional, e Walt encontrou-se com Hall e com o planejador de cidades James Rouse antes de decidir declinar. Outro grupo, que incluía a companhia de bebidas Seagram's, discutia o envolvimento de Walt no desenvolvimento de Niagara Falls.

Mas Walt já pensava menos no desenvolvimento que em algo mais ambicioso, algo mais correspondente ao seu status, algo que valesse seu tempo e sua energia, algo tão grande que parecia até extraterrestre: ele queria desenhar uma cidade inteira. Pelo menos desde 1958 já discutia com a equipe da WED o que chamava às vezes de Cidade das Artes ou Cidade das Sete Artes. Walt a imaginava como uma cidade de compras e de restaurantes centrada na ideia das artes. Incluiria uma variedade de lojas de temas artísticos – música, livros, vidraria, cerâmica, fotografia –, assim como um teatro, uma estação de TV, um salão de design que apresentasse os últimos conceitos, uma avenida de casas-modelo e uma rua internacional. No meio, haveria um shopping e uma fonte. Mas o que poderia fazer dele um projeto de planejamento urbano em lugar de apenas mais um projeto comercial era que Walt também tentava atrair o Chouinard Art Institute, à qual seu estúdio havia se afiliado nos anos 1920, para se mudar do centro de Los Angeles para a sua cidade planejada, com a Pasadena Playhouse, o Conservatório de Los Angeles e as escolas Buckley. Ele até visitou o complexo de artes do Lincoln Center, então sob construção em Nova York, para investigar o relacionamento entre as suas salas de apresentação e a Juilliard School. E o que transformou esse projeto de planejamento urbano em uma cidade real foi que, exatamente da mesma forma que antes imaginava construir casas no terreno do estúdio para seus empregados, Walt agora pretendia construir, como dizia um folheto, "casas de apartamentos, dormitórios, apartamentos duplex e moradias para solteiros", nas imediações, para acomodar estudantes, professores e empregados das escolas. Enquanto investigava locais em potencial na área de Los Angeles ouviu dizer que o arquiteto William Pereira, que trabalhara brevemente na Disneylândia, planejava desenvolver o setor de Mountain Park. Walt sugeriu que juntassem seus planos, oferecendo pegar "uma cidade inteira ou área de vale e desenvolvê-la do início ao fim" e acrescentou que esperava "fazer desta cidade uma atração turística e de entretenimento internacionalmente conhecida e o centro educacional que precisa ser para ter sucesso". Nessa altura, já procurava investidores e percorria fundações em busca de doações para criar não uma falsa utopia, como a Disneylândia, mas, finalmente, uma utopia real.

Havia na época, um homem que tinha sonhos e ego tão grandes quanto Walt Disney: Robert Moses. Educado em Yale e Oxford, Moses era o protótipo do burocrata de Nova York desde os anos 1920, quando ganhou a proteção do governador Alfred E. Smith. Usando uma série de indicações políticas, tanto em nível estadual quanto local, Moses, alto e de cabeça grande, era o principal responsável pelo planejamento da cidade de Nova York e seus subúrbios na era do automóvel. Ele construiu Jones Beach em Long Island e outros parques, abriu rodovias em regiões residenciais, ergueu pontes e cavou túneis, levantou edifícios para instalar escritórios do governo e até limpou a terra para o Lincoln Center, no meio de Manhattan. Agora Moses havia sido apontado o chefe da Feira Mundial de Nova York, marcada para 1964, e em 1960 buscou a ajuda de Walt Disney. Moses havia separado uma área de oito acres no terreno da feira para o que chamou de "cidade das crianças" – ou, como *Variety* colocou, uma espécie de Disneylândia permanente no leste. Quem melhor para desenhar o parque que Walt Disney?

Não era a primeira vez que Walt recebia um convite para uma feira mundial. Ele já havia produzido um desenho animado de quatro minutos de Mickey Mouse para os pavilhões da Nabisco nas Feiras de São Francisco e Nova York em 1939, e o coordenador do pavilhão dos Estados Unidos na Feira Mundial de 1959 em Bruxelas pedira a Walt para desenhar a atração lá – "algo para impressionar os europeus sem ofendê-los e sem fazer parecer que 'estamos nos vangloriando'", disse o coordenador. Walt acabou contribuindo com um filme Circarama de 360 graus de 90 minutos, como o que instalou na Disneylândia, chamado América, a Beleza que, de acordo com um funcionário, rapidamente se tornou "o ponto de atração não apenas do pavilhão americano como de toda a exposição". Era tão popular que os visitantes o encontravam mesmo sem sinais indicativos. Quando Walt fez com que a atração fosse transferida para um domo geodésico de plástico na Feira de Moscou no ano seguinte, novamente foi uma das atrações mais populares. A fila dos que esperavam para vê-la se estendia comumente por cem metros em torno do local de exibição.

Walt declinou do convite para a "cidade das crianças" da Feira Mundial de Nova York de 1964, achando que o Estado de Nova York não destinaria recursos para fazer um parque permanente e não vendo outro meio de lucrar com aquilo. Quando Walt explicou o problema para Moses em um jantar em Jones Beach em 3 de agosto de 1960, Moses compreendeu e imediatamente fez uma contraproposta: que Walt desenhasse pavilhões para as companhias que se exibiriam na feira. Quer Moses soubesse disso ou não, a WED já fazia contato com várias companhias sobre a possibilidade de Disney planejar suas exposições; na mesma viagem em que se encontrou com Moses,

Walt também falou com executivos da RCA, American Machine and Foundry, IBM, AT&T, American Gas Association, General Dynamics e General Electric. Nesse meio tempo, Jack Sayers, que uma vez havia dirigido o programa de leasing Disney, percorria o Leste, pressionando executivos a assinar com Disney e, em dezembro, fechara acordos de desenvolvimento com a Ford Motor Company e a IBM e recebera uma solicitação da Owens Corning-Fiberglass para fazer uma exibição para eles. Ao mesmo tempo, funcionários da Ford visitaram a Disneylândia para ver os planos de Walt para a rua da Liberdade e discutir sua viabilidade como atração na feira mundial, e executivos da GE passaram uma semana no estúdio discutindo um acordo.

Obviamente, Walt pensou que promover exibições para as grandes corporações poderia ser lucrativo para a WED. Só pelo acordo de pesquisa e desenvolvimento para a GE seriam cobrados US$ 50 mil, cifra que não incluía o custo do design e construção da atração. Mas ninguém na WED achava que Walt estava basicamente motivado pelo dinheiro. Donn Tatum, executivo da Disneylândia envolvido no planejamento da feira mundial, disse que Walt reuniu a equipe da WED, falou-lhes sobre a feira mundial e encarregou-os de inventar as atrações porque, disse Walt, "isso nos ajudará. Aprenderemos muito, e isso nos dará oportunidade de desenvolver a tecnologia em que estamos trabalhando". Bill Cottrell, que também trabalhava para a feira, achava que Walt a via como amostra do que a WED poderia fazer como uma espécie de firma de engenharia e também como publicidade para a Disneylândia, especialmente porque Walt, sob o patrocínio das corporações, esperava transferir algumas atrações para o parque depois da feira. Outro funcionário da WED, Marty Sklar, acreditava que Walt estava usando a feira como "balão de ensaio" para planos futuros. "Ele queria ver se esse tipo de entretenimento seria atraente para a audiência mais sofisticada do Leste – 'sofisticada' no sentido em que era onde os líderes da nação, os que tomavam decisões, se encontravam", disse Sklar. E pode ter existido mais uma consideração, esta psicológica: a feira, assim como a Disneylândia antes dela, permitiria que Walt ocultasse seus criadores em outro pequeno e criativo empreendimento, onde poderia desfrutar o coleguismo e, na verdade, ver os resultados descompromissados de sua própria imaginação, agora que até a Disneylândia havia crescido muito mais que sua origem.

Ao menos era isso que ele podia esperar. Na realidade, o planejamento levaria anos, nervos ficariam fragilizados e as próprias visões de Walt seriam atacadas pela interferência corporativa. O primeiro a fechar foi a Ford. Walt tentou convencer a companhia a patrocinar seu Salão dos Presidentes, mas a Ford rejeitou a ideia. Em vez disso, Walt e seus criadores desenvolveram uma viagem de doze minutos pela história das invenções, usando 160 conversíveis Ford para "guiar" o percurso pelo quadro de figuras audioanimatrônicas. (A Ford sugerira que os carros fossem dirigidos por motoristas; Walt, percebendo a impossibilidade desse sistema, recomendou que os carros fossem automatizados, e de acordo com o engenheiro-chefe Roger Broggie, ele mesmo teve a ideia de que fossem movimentados por uma série de rodas subterrâneas, depois de ter visto um lingote quente na fábrica da Ford em Dearborn, Michigan, ser movimentado por um sistema similar.) Mesmo assim, a questão ainda não estava inteiramente acertada. Quando, depois de quase um ano de planejamento, Walt e uma pequena delegação da WED acompanharam um protótipo da atração à sede da Ford em Dearborn e o demonstraram para Henry Ford III, Ford levantou-se, agradeceu e disse que Walt seria informado. Walt, que havia pensado que o encontro era uma mera formalidade, ficou chocado, e apenas quando o vice-presidente de relações públicas foi atrás de Ford e disse a Walt que o projeto recebera, de fato, o sinal verde, a tensão se dissipou.

A situação foi ainda mais tensa na GE. Walt vinha cortejando a companhia para que patrocinasse a Praça Edison na Disneylândia. O que obteve em lugar disso foi uma versão da Praça Edison na feira. Walt se decidiu por um espetáculo audioanimatrônico de seis partes, mais ou menos inspirados na Nossa Cidade, de Thorton Wilder, sobre o progresso da eletricidade mediante a exibição dos produtos da GE – um "Carrossel do Progresso", como o chamou, uma vez que todo o auditório literalmente giraria como um carrossel de um quadro para o outro. Além disso, Walt concordou em prover várias exibições para o pavilhão: um corredor de espelhos, um espetáculo de slides no Skydome Spectacular, uma demonstração de fissão nuclear controlada e um modelo da Medallion City do futuro. O orçamento para tudo isso era de pouco menos de US$ 10 milhões, dos quais US$ 850 mil seriam pagos à WED como taxa inicial. Walt também sugeriu que a GE pagasse algo pelo uso de seu nome, então Bill Cottrell, que conduzia as negociações, pediu um milhão de dólares por "Walt Disney". Quando a GE concordou com relutância, Walt, brincando ou não, disse a Cottrell: "Não acha que deveria ter pedido um pouco mais?"

O acordo inicial foi assinado em setembro de 1961, e os executivos da GE aprovaram a abordagem histórica de Walt em maio seguinte. Mas na época em que os executivos foram ao estúdio no fim de julho para ver os planos, eles mudaram de opinião. Agora a companhia decidiu que não queria a história do progresso elétrico e ofereceu-se para fornecer seu próprio enredo. Segundo um relato, Walt explodiu. "Passei toda a minha vida contando histórias nostálgicas", ele supostamente censurou os funcionários da GE, "e esta é a forma de vocês se comunicarem com as pessoas!" Walt chegou a perguntar ao departamento legal se poderia romper o contrato. Em um mês, outro vice-presidente da GE alisou as penas arrepiadas, e a companhia concordou em apoiar a visão de Walt, mas ele ainda não estava totalmente apaziguado. Executivos da GE visitavam ocasionalmente o estúdio para ver o progresso do pavilhão. Em uma dessas sessões, de acordo com Jack Spiers, um dos roteiristas do show, Walt levantou-se à cabeceira da mesa e anunciou: "Tudo bem, cavalheiros, o que eu quero que façam agora é ir ao Salão Coral para um bom almoço. Depois, quero que voltem para o Aeroporto de Burbank e entrem em seu Grumman Gulfstream e voem de volta para o leste de onde vieram e fiquem por lá até eu ter alguma coisa para vocês verem. Então, eu chamarei vocês. Obrigado, cavalheiros." E ele se virou e saiu da sala.

O diretor de arte Dick Irvine criticaria o Carrossel do Progresso como um "show do refrigerador", pois ele, essencialmente, vendia os produtos GE. Mas Walt tomou aquilo muito seriamente, em parte porque o espetáculo, ao descrever uma família desfrutando os avanços da eletricidade desde a virada do século até os anos 1960, lhe deu uma chance de experimentar suas figuras audioanimatrônicas em uma escala sem precedentes, e em parte porque era um entretenimento imenso e único. Walt ordenou que uma imitação do carrossel em tamanho natural fosse construída em Glendale, para onde a WED se mudara, e o escultor Blaine Gibson, que ajudou a fazer as figuras, disse que Walt subia ao palco e representava as ações da forma que uma vez havia representado as cenas dos desenhos animados. Em uma cena, em que um primo visitante tomava um banho e acabou inventando o ar-condicionado ao colocar um bloco de gelo em frente a um ventilador, Walt pulou dentro da banheira, meditou sobre o que uma pessoa no banho faria e, depois, começou a mexer os dedos do pés e a improvisar um diálogo. "Walt participava de tudo", lembrou Blaine Gibson. "Eu ficava trabalhando até tarde da noite no estúdio em alguma coisa para a feira e saía às 2 da manhã. Lá estava ele, em seu pijama e roupão de banho – ele estava lá, revendo nosso trabalho e trabalhando em alguma coisa." Como disse Joe Fowler, "houve mais de Walt no Carrossel do Progresso que em qualquer outra coisa que fizemos".

Mas enquanto a data da feira se aproximava, Walt não se contentou apenas com a Ford e a GE. Ao longo de 1962 e 1963 ainda buscava companhias para patrocinar um filme Circarama, sem nenhum resultado, e ele e Charles Luckman foram ao Departamento de Comércio dos Estados Unidos em Washington para sondá-los sobre a instalação do Salão dos Presidentes no pavilhão dos Estados Unidos. O departamento declinou. Ele solicitou o patrocínio da Coca-Cola para uma animação audioanimatrônica de pássaros na Disneylândia, e encarregou Buzz Price de fazer o estudo de viabilidade de um monotrilho para a feira que ele esperava que mais tarde fosse parte permanente do sistema de transporte de Nova York, mas Moses hesitou ante o preço. (O criador Bob Gurr suspeitou de que Walt também foi vítima de fabricantes-padrão que "sempre nos depreciavam como 'apenas para parques de diversão'", o que só poderia ter irritado Walt, cujas próprias visões se haviam expandido para a engenharia.)

Mesmo com a coleção de recusas, Walt não perdeu a esperança de convencer alguma corporação a patrocinar seu amado Salão dos Presidentes e lhe dar a oportunidade de perseguir experiências audioanimatrônicas. Ele vinha brincando com a ideia desde o fim dos anos 1950, dando a Jim Algar, que escreveu muitas Aventuras da Vida Real, a tarefa de ler sobre os presidentes e escrever um roteiro para a apresentação histórica. Walt produziu um espetáculo de 32 minutos com o roteiro de Algar, assim como modelos em escala e pinturas do artista do estúdio Sam McKim, e convidou patrocinadores corporativos em potencial para vê-lo, mas o projeto era caro e fracassou. Em junho de 1961, com a perspectiva da feira mundial, Walt ressuscitou a apresentação, reintitulada *One Nation Under God* (*Uma nação sob Deus*) e a levou para Nova York a fim de mostrá-la a Moses e aos chefes de corporações, entre outras Coca-Cola, Colgate-Palmolive, Union Carbide e Hallmark, no cinema RCA Victor na rua 49. Moses ficou impressionado, mas agora sentia que o espetáculo não deveria ter patrocinadores corporativos; achou que deveria ser parte de uma grande instalação no pavilhão dos Estados Unidos. Tentando estimulá-los a reverter sua negativa inicial, Moses fez lobby com o vice-secretário do comércio Franklin Roosevelt, Jr., a fim de convencer os funcionários responsáveis pelo pavilhão federal a visitar o estúdio e ver por si mesmos a apresentação do Salão dos Presidentes; quando os funcionários lhe disseram que o custo da instalação era proibitivo, ele contornou Roosevelt e, pessoalmente, pressionou o funcionário representante a ir ao estúdio. O funcionário fez isso, mas concluiu novamente que o preço era muito alto para o governo. Sem perder o entusiasmo, Moses e seu assistente, Martin Stone, estimularam Walt a construir o salão sob os auspícios da própria WED, com Stone dizendo que "ele era muito importante para a feira e para Walt Disney para ser abandonado sem que se esgotassem todas as possibilidades".

Para Walt, a atração do Salão dos Presidentes tinha sido menos o apelo da história que o apelo de criar vida. "Eu gostaria de não poder distingui-los de pessoas reais", dissera a Sam McKim de seus robôs presidenciais. Desde a experiência com o Homem Dançarino, no início dos anos 1950, ele buscava uma forma de fazer robôs humanos e, embora tivesse sido distraído pela Disneylândia, no fim dos anos 1950 pediu à WED para reinvestigar o assunto. Walt decidiu criar uma Chinatown na Disneylândia com dois prédios de dois andares separados por um caminho e ligados nos andares mais altos por uma passarela para pedestres. Um dos edifícios abrigaria um restaurante chinês, e Walt anteviu um Confúcio robótico que responderia perguntas através de alto-falantes espalhados pelo salão de jantar, dando a impressão de que os comensais faziam as perguntas. (Foi nessa época, aparentemente, que Bill Cottrell cunhou a palavra animatrônico, a que Dick Irvine acrescentou o áudio.) Ub Iwerks de fato construiu a cabeça de Confúcio e a fez falar, mas a "pele" de borracha supostamente se rasgou e, de qualquer modo, a ideia de Chinatown foi abortada.

A ideia de robôs audioanimatrônicos humanos, no entanto, sobreviveu, se não por outro motivo, disse Walt, apenas porque "não é possível ter seres humanos trabalhando durante três ou quatro turnos; não podemos pagá-los, ou eles cometerão erros, ou alguém não vai aparecer. Temos de imaginar um meio de ter shows automatizados". Ele pôs alguns de seus Imaginadores para criar um show de pássaros mecânicos para a Disneylândia que chamou de Enchanted Tiki[3] Room (Sala Encantada Tiki). (Esta foi a exibição em que se tentou interessar à Coca-Cola.) Outro grupo foi trabalhar no Salão dos Presidentes e em uma ideia específica de Walt para a atração que parecia tão quimérica quanto a ideia de construir uma cidade inteira: Walt decidiu criar um robô de Abraham Lincoln em tamanho natural.

Walt sempre admirara Lincoln, e embora lesse muito pouco além de jornais e roteiros, havia devorado informação sobre o 16 presidente – uma instituição americana levando a outra. Ele certamente estava consciente da arrogância de tentar trazer Lincoln à vida. Quando mostrou os protótipos audioanimatrônicos para um pastor, este lhe disse que "estava certo você trazer contos de fadas para a vida e criar um rato à semelhança de um homem, mas criar um homem – isso é usurpar os poderes de uma autoridade maior". Até alguns dos próprios criadores de Walt tinham dúvidas sobre tentar fazer robôs humanos. "Parecia que estávamos entrando em áreas que competiam com a atuação, algo que poderia ser feito muito melhor por atores reais", disse Blaine Gibson. Walt replicou que só um robô de Lincoln poderia ser exatamente como Lincoln. (Walt fez com que Gibson esculpisse o rosto de um molde feito da face de Lincoln enquanto ele vivia.) Ele pode ter sido mais honesto, entretanto, quando disse: "Estamos fazendo a lenda do Pigmalião se tornar realidade."

---

3 Primeiro homem na Terra, segundo a mitologia polinésia. (N.T.)

Era difícil dizer quanto do projeto era sobre Abraham Lincoln e quanto era sobre Walt Disney. Harrier Burns, que ajudou a fabricar o robô, disse que Walt visitou a WED "e levantou a sobrancelha, fechou a boca e trincou os dentes. Apontou para suas bochechas e disse, 'temos de fazer isso – os músculos do corpo. Não existe razão para não fazermos isso'." Para os mecanismos do robô, Walt fez a WED adaptar um sistema de fita usado no submarino nuclear Polaris da Marinha, cuja patente adquiriu por US$ 17 mil. Cada fita tinha catorze pistas capazes de enviar dezesseis impulsos eletromagnéticos cada uma. "Tudo que temos a fazer é calcular o tempo e poderemos fazer o espetáculo sem sequer um intervalo para o café", Walt disse a um repórter do *New York Times* ao descrever o Tiki Room, que seria apresentado, e era em si mesmo um teste para Lincoln. Os movimentos eram programados na fita de um controle usado por um dos criadores, e o maquinário era colocado dentro da figura mas, quando Lincoln começou a vazar óleo durante um teste, Walt ordenou a Bob Gurr que fabricasse as peças com material mais leve, para, segundo palavras de Gurr, o robô "pesar a metade e fazer o dobro".

No verão de 1961, os criadores já haviam feito uma figura de Lincoln que podia levantar-se de sua cadeira. No início do ano seguinte, para silenciar uma briga entre os mecânicos (que faziam os componentes mecânicos) e os engenheiros de som (que faziam os componentes elétricos e de controle), Walt fez com que seu Lincoln fosse levado para uma sala pequena e secreta no prédio da animação, onde a equipe da WED continuou a trabalhar nele. "Walt estava sempre levando gente para dentro e para fora do quarto", lembrou o mecânico Neil Gallagher. "Estávamos sempre o pondo em funcionamento para um bando de gente. Algumas vezes não conseguíamos nem colocá-lo em funcionamento. Ele apenas falava com as pessoas sobre ele." Entre os que Walt levou à sala estava Robert Moses. Moses foi ao estúdio em abril para ver os desenhos para a Ford e a GE e rever outras possibilidades da WED, e para estimular Walt a continuar sua participação na feira. Walt perguntou a Moses se queria conhecer Abraham Lincoln e o levou à sala onde fez a apresentação. Lincoln estendeu a mão, e Moses ficou instantaneamente cativado. Insistiu em que tinha de ter o Lincoln na feira. Quando Walt protestou, dizendo que faltavam cinco anos para completar o projeto, Moses não lhe fez caso. Estava determinado a ter o seu Lincoln na feira.

O obstáculo, o mesmo para o Salão dos Presidentes, era encontrar uma instituição que patrocinasse o que certamente seria uma empreitada extremamente cara. Mas Moses não seria dissuadido. Caçou durante meses e, finalmente, descobriu uma perspectiva quando a legislatura de Illinois, o estado natal de Lincoln, criou uma comissão para a feira, e a comissão decidiu que o tema de sua exibição seria "A Terra de Lincoln". Moses imediatamente fez Joe Potter, vice-presidente executivo da feira, e Martin Stone, chefe do setor industrial, entrar em contato com o presidente temporário da comissão, o executivo de publicidade Fairfax Cone, pressionando-o a ver o Lincoln de Disney. Cone visitou o estúdio em abril e se declarou "vencido". Duas semanas depois, Cone telefonou para Jack Sayers para confirmar seu interesse e dizer que ele e os líderes mais importantes de Illinois "veem muito favoravelmente a possibilidade da figura de Lincoln como a atração 'espetacular' de sua exibição na feira". A comissão se reuniu naquele mês de maio para discutir a figura de Lincoln, e Walt tentou um acordo de US$ 400 mil no primeiro ano e US$ 200 mil no segundo, mas quando os deputados do estado aprovaram apenas US$ 1 milhão para o pavilhão inteiro, o novo presidente permanente da comissão, um estudioso de Lincoln chamado Ralph Newman, pediu a Walt para reconsiderar. Até Moses telegrafou a Walt pressionando-o a baixar a exigência. Walt não se mexeu, disse que sua oferta "era a melhor proposta de negócio que podemos levar em consideração" e afirmou que se sentia aliviado por "não prosseguir com a figura de Lincoln", embora em particular, admitiu que teria fechado por US$ 250 mil no primeiro ano da feira e US$ 350 mil no segundo, depois que a atração tivesse sido bem-sucedida.

Walt estava jogando duro não apenas com a comissão de Illinois, mas com Moses também, pois Walt sabia que Moses não iria perder seu Lincoln por algumas centenas de milhares de dólares. Quando as negociações chegaram a um impasse no verão, Moses fez concessões para Illinois em segurança, taxas de aluguel e de serviços públicos e, finalmente, ofereceu ao estado um subsídio de US$ 250 mil para pagar Disney.[4] Com isso, Illinois teve a sua exibição. Em 19 de novembro, no centenário dos cerimoniais pelo discurso de Lincoln em Gettysburg, Walt, Moses e Ralph Newman voaram para Springfield, capital do estado do Illinois, para conhecer o governador Otto Kerner e anunciar o projeto. Nem todos em Illinois gostaram. Um jornal objetou que o robô de Lincoln era um "truque barato e carnavalesco que desmereceria a memória de Lincoln e degradaria a mostra de Illinois", enquanto outro o chamou de "macabro". Mas ao falar em um almoço no Elks Club, Springfield, naquele dia, Walt assegurou aos ouvintes que a sua própria reputação estava em jogo e que a exibição seria tudo

4 Quando a feira terminou, o subsídio foi revelado e se tornou motivo de controvérsia. Nenhum outro Estado havia recebido um subsídio semelhante ou concessão da feira e, embora se esperasse que o dinheiro fosse ser pago com a renda da concessão, o concessionário mais tarde admitiu que "não havia nenhuma chance de a feira conseguir grande parte daquele dinheiro de volta". Com efeito, Moses havia aplicado mal o dinheiro. Robert Alden, "Illinois recebe empréstimo da feira", *New York Times*, 3/set/1965, p. 31. (N.A.)

menos um truque. "Imaginem que estão na presença do grande homem", sugeriu, e prometeu que Lincoln pareceria genuinamente vivo – "talvez mais vivo que eu". A crítica morreu. Pigmalião encantara a todos.

Enquanto negociava com o estado de Illinois, a WED recebeu um chamado urgente da Pepsi-Cola. Com a abertura da feira a pouco mais de um ano, a Pepsi, que colaborava com o United Nations International Children's Fund (Fundo das Nações Unidas para a Infância – UNICEF), tinha hesitado entre propostas próprias e, finalmente, entrou em contato com Disney para perguntar se poderia planejar uma exibição. A oferta era assustadora. A Pepsi tinha um espaço de cerca de 90 mil pés quadrados na feira e um orçamento de apenas US$ 695 mil. Era ainda mais assustadora devido à programação. O velho supervisor do estúdio Disney, Joe Fowler, que tinha sido a ligação entre a Disney e a Pepsi, disse a esta que simplesmente não havia tempo. Aquilo, lembrou Dick Irvine mais tarde, enfureceu Walt. "Eu tomo essas decisões", insistiu e, depois, instruiu a equipe a dizer a Pepsi que faria a exibição.

Fowler tinha razão sob qualquer avaliação racional: não havia tempo suficiente. Walt sequer se encontrou com o vice-presidente da Pepsi, Don Kendall, até março de 1963. Como o escultor Rolly Crump recordou, Walt reuniu a equipe da WED um dia e anunciou que "havia mais um pedaço de terra que nos ofereceram". Walt disse que já tinha uma ideia para ela. Descreveu-a para eles como um "pequeno passeio de barco que talvez possamos fazer". Crump disse que os designers ficaram chocados. "Nós pensamos em um pequeno passeio de barco? Quero dizer, meu Deus, estávamos trabalhando no Lincoln, no Carrossel do Progresso, ambos usavam as mais avançadas tecnologias e figuras animatrônicas. E estávamos trabalhando na exibição da Ford também. Tudo isso, e Walt ainda quer um passeio de barco!"

O que Walt realmente parecia desejar era o desafio, a excitação, a corrida para o ponto de chegada, provar novamente que podia vencer sob as mais difíceis circunstâncias – provar que não podia falhar. A ideia básica da atração apropriada para a UNICEF, era um grande barco que flutuaria em um canal através de um universo de bonecas pequeninas que representariam todos os países do mundo, demonstrando a unidade fundamental da humanidade – um lugar-comum dentro do arquetípico tratamento Disney. Originalmente, Walt pensara em fazer as bonecas "cantarem" seus hinos nacionais, mas o resultado seria a cacofonia. Em vez disso, pediu aos irmãos Sherman, autores de canções para vários filmes do estúdio, para compor uma canção que seria entoada por todas as crianças. Harriet Burns, que trabalhou na exibição, lembrou-se de Walt dizendo casualmente aos Sherman: "É um mundo pequeno, afinal", que se tornou o título da canção e da atração.

Com tempo tão curto, Walt mobilizou a equipe exatamente como havia mobilizado para *Branca de Neve* e os filmes de treinamento de guerra e a Disneylândia. Fez Claude Coats desenhar a rota pelas terras. Fez o animador Marc Davis providenciar pequenos elementos decorativos cômicos, e a esposa de Davis, Alice, as roupas. Fez Rolly Crump desenhar um móbile colorido de 120 pés para ficar do lado de fora do pavilhão. Quando achou que faltava certo charme aos vestidos das bonecas, fez com que fossem redesenhados por Mary Blair, que havia sido artista de esboço do estúdio nos anos 1940 e teve que se mudar para o leste e desenhar cartões de festas e ilustrar livros de crianças. Finalmente, fez uma réplica em tamanho natural do passeio construído na WED, exatamente como havia feito com o Carrossel do Progresso. De acordo com Crump, "colocávamos Walt em um barco que estava sobre rodas e era levantado à altura dos olhos e depois o empurrávamos pelo passeio" para que pudesse experimentar exatamente o que um visitante experimentaria e pensar no que achava que precisava ser melhorado. No final, como em tudo aquilo em que investia pessoalmente, Walt estava determinado não apenas a cumprir o prazo, como a cumpri-lo espetacularmente porque, como agora ele imaginava, nada menos que a perfeição era adequado a Walt Disney.

III

Ao se aproximar dos 60 anos, com seu cabelo e bigode começando a ficar grisalhos, Walt pensava novamente em seu legado – sobre o que aconteceria com o estúdio quando se fosse. Segundo relatou Bill Peet, roteirista e artista de esboço, ele estava sentado na mesa de café do escritório de Walt, com quem discutia um projeto, quando Walt, subitamente triste, se levantou, foi até a janela e olhou para fora em silêncio. "Sabe, Bill", disse finalmente, "quero que essa coisa Disney continue por muito tempo depois que eu me for. E estou contando com rapazes como você para tocá-la." Às vezes, dizia que delegava mais responsabilidade aos subordinados e os reorganizava continuamente para ter certeza de que a companhia sobreviveria sem ele e, em seguida, se apressava a dizer que estava em perfeita saúde e esperava viver mais que todos eles. Outras vezes parecia perder a esperança de que a empresa sobrevivesse. "Eles não serão mesmo capazes de administrá-la", disse certa vez ao diretor Ken Annakin a propósito de seus executivos. "Então, vamos simplesmente deixá-la desmantelar-se."

De qualquer modo, o estúdio parecia outro agora, diferente até mesmo do que construíra em Burbank – estava fisicamente mudado. Walt acrescentara um terceiro estúdio de gravação, a um custo de US$ 250 mil, para abrigar o tanque de água de 90 pés por 165 pés para *20.000 léguas submarinas*, e construiu um quarto estúdio de gravação em 1958, tanto para a televisão quanto para o filme *Darby O'Gill and the Little People* (*Darby O'Gill e os elfos*), como parte de uma expansão de US$ 1,6 milhão do estúdio. No início do ano seguinte, o estúdio comprou os 315 acres do Golden Oak Ranch, a cerca de 25 milhas de distância de Burbank, perto de Newhall, local da primeira corrida do ouro registrada na Califórnia, que a companhia usava para gravar cenas externas de seu programa de televisão e produções de filmes e como pastagem para os animais que tinha. Walt continuou a adquirir parcelas adjacentes até que, no início de 1964, a propriedade totalizava 726,5 acres.

Se o estúdio estava diferente fisicamente, os homens que o povoavam eram diferentes também. Wilfred Jackson e Ben Sharpsteen se aposentaram, ou, mais corretamente, foram aposentados – os últimos da velha guarda executiva que trabalharam com Walt em Mickey Mouse e *Branca de Neve*. Mas, então, Walt nunca se havia importado muito com longevidade, apenas utilidade. Como Marc Davis contou, Walt demitiu até Ward Kimball depois de lhe dar a chance de dirigir *Babes in Toyland* (*Crianças na Terra dos Brinquedos*) e depois, discutira com ele sobre sua abordagem. Kimball voltou a Walt "de joelhos", pedindo para ser reintegrado, e foi reintegrado, mas Walt o relegou a animar Ludwig von Drake, um novo personagem, para *O maravilhoso Mundo da Cor*, uma clara humilhação.

Enquanto a velha guarda saía, entrava uma nova guarda, chefiada por Bill Anderson, o chefe de produção, e Card Walker, um empregado de muito tempo que subira de função, de contínuo entregador de correspondência a operador de câmera, membro do departamento de enredo, chefe de publicidade e vice-presidente de publicidade e vendas, embora suas atribuições parecessem incorporar muito mais. Nessa operação, Walt chamava a si mesmo de "produtor executivo" do estúdio, após renunciar aos seus títulos oficiais em 1963. "Sou o chefe de tudo o que se produz aqui", disse a um jornalista para explicar sua função. "Trabalho em várias histórias e piadas; trabalho em todos os roteiros, escrevendo diálogos e planejando cenas. Quando a história está definida, eu a entrego aos rapazes, e eles a fazem."

Naturalmente, enquanto Walt trabalhava na Disneylândia essa descrição não seria inteiramente verdadeira. Seu envolvimento com a produção tinha sido mínimo, então; ele, em geral, apenas revia os roteiros, aprovava os elencos e disparava memorandos em pequenos retângulos de papel de um tom de azul-escuro diferente, ou escrevia instruções com um lápis vermelho vivo, tipicamente "não" ou "ok." "Não sou mais um perfeccionista", disse a um repórter sem ser inteiramente preciso. "É a minha equipe. São eles que insistem em fazer as coisas melhor e melhor. Sou o cara que tenta apressá-los para terminar antes que arruínem o trabalho." Mas quando a Disneylândia entrou na rotina, Walt, evidentemente chateado novamente, começou aos poucos a se afastar do parque, como havia feito com o estúdio, renunciou a todos os seus títulos lá também, e reassumiu o controle de Burbank. Tornou-se novamente o páter-familias, não apenas lendo os roteiros, como os polindo detalhadamente, não apenas aprovando os elencos, como assegurando-se de que os atores se sentiam bem no estúdio, não apenas enviando memorandos, como também fazendo intermináveis reuniões de produção para certificar-se de que os filmes estavam prontos antes de serem iniciadas as gravações. "Era de cima para baixo, mas não havia homem do meio", escreveu um empregado na época. "No alto, sozinho, como Napoleão (e, às vezes, como Átila, o huno), estava o nosso líder e capitão, el Jafe (sic), Número Uno, o Homem, o Chefe – em resumo, Walter Elias Disney. Todas as coisas começavam com Walt. E Walt sempre tinha a palavra final – sempre!" "Walt nunca deixaria uma pessoa se meter e começar a construir uma grande equipe, um império", disse o diretor Robert Stevenson, ecoando críticas anteriores a Walt. "A tradição aqui era que, se alguém ficasse tão importante para que colocassem seu nome na porta, ele não estaria aqui em um par de semanas", embora Stevenson acreditasse generosamente que isso tinha menos que ver com o ego de Walt, que todo mundo reconhecia ser grande, que com o medo que tinha de grupos políticos se formarem dentro do estúdio. Walt podia delegar poder e indicar comitês para fazer o trabalho que ele próprio fazia antes, mas se reservava o direito de ser a última e única autoridade.

Se o estúdio e a equipe eram diferentes daqueles que Walt presidira antes da Disneylândia, também o eram agora os filmes que produziam. Uma das razões era que a animação havia desaparecido; nos cinco anos que se seguiram à Bela Adormecida, o estúdio produziu apenas dois desenhos animados, *A guerra dos dálmatas* e *The Sword in the Stone* (*A espada era a lei*). Quanto a Mickey Mouse, ele não aparecia em um curta-metragem desde 1935. A ênfase havia mudado para filmes ao vivo. Destes, alguns eram dramas de época orientados para a família, como o que havia feito na Inglaterra, aventuras infantis e até um ocasional filme sentimental como *Poliana*, baseado no romance de Eleanor H. Porter sobre uma garota de orfanato que vai viver com sua tia e muda o comportamento das pessoas com sua bondade. Mas o estúdio também começou a se especializar em um novo gênero: comédias para a família, como *The Absent-Minded*

Professor (*O Fantástico Super-Homem*), sobre um inventor que descobre uma substância quc permite que as coisas voem, e *The Shaggy Dog* (*Soltando os cachorros*), sobre um garoto que, às vezes, se transforma em um cão ovelheiro.

Enquanto outros estúdios demitiam suas estrelas e se reorganizavam ante o declínio do público e o crescimento da televisão, Walt recrutou um grupo do repertório Disney – entre eles a ex-*mouseketeer* Annette Funicello, agora uma adolescente; um menino que tinha grandes espaços entre os dentes chamado Kevin Corcoran, que apareceu nas séries do *Clube do Mickey Mouse* depois começou a fazer filmes como *Old Yeller* ("Ele é um achado", Walt escreveu para Bill Anderson. "Acho melhor conseguirmos alguma opção para ele."); Tim Considine, outro jovem veterano das séries do *Clube do Mickey Mouse*; outro ator da série, Tommy Kirk; o antigo ator de Hollywood Fred MacMurray, que havia migrado para a televisão; e, talvez a mais importante entre todos, uma jovem e loura atriz britânica chamada Hayley Mills, filha do ator John Mills. Ela chamou a atenção do estúdio quando Walt, que procurava infrutiferamente uma atriz para fazer o papel de Poliana, estava a ponto de desistir de produzir o filme. Bill Anderson e sua esposa estavam na Inglaterra na época, e a Sra. Anderson viu o filme de estreia de Hayley, Tiger Bay. Por sugestão da esposa, Bill Anderson correu para ver o filme, gostou, depois fez com que mandassem uma cópia para a Califórnia. O diretor de *Poliana*, David Swift, não ficou impressionado, mas Walt o atropelou. Atriz natural, sem afetação, Mills se tornou uma das maiores estrelas do estúdio, não apenas encabeçando os elencos de *The Parent Trap* e *The Moon-Spinners*, como também se tornando a estrela recordista da etiqueta Disney.

Desde os dias de Mickey Mouse, o nome "Disney" era uma marca: a melhor do que parecia ser contraditoriamente arte folclórica produzida para as massas que atraía de sofisticados a ingênuos. De fato, Walt sempre enfatizou que seus filmes não eram para crianças e nem mesmo primariamente para gerar lucro, e poucos críticos os trataram dessa forma, ao menos até o período de pós-guerra, quando, em grande medida, a arte desapareceu e não parecia haver outro motivo senão o lucro. A começar por *Cinderela*, Walt recebeu uma nova aprovação crítica durante a maior parte dos anos 1950 mas, no fim da década, os filmes ao vivo, ampla, simples e claramente orientados para as crianças mudaram a marca e revogaram o passado. Agora, o mesmo "Walt Disney" era sinônimo de entretenimento saudável para toda a família, mas que ninguém poderia confundir com arte, folclore ou coisa assim. Como o dr. Max Rafferty, o superintendente de instrução pública da Califórnia, afirmou ao elogiar Disney: "Seus filmes ao vivo se tornaram santuários isolados de decência e bem-estar em uma selva de sexo e sadismo criada pelos produtores de pornografia de Hollywood."

Walt compreendeu a mudança e a defendeu, sem dúvida em parte porque seus filmes se mostravam muito lucrativos. *The Absent-Minded Professor* faturou US$ 8,9 milhões nos Estados Unidos para um orçamento de US$ 1 milhão; *The Shaggy Dog*, US$ 9,6 milhões, e *The Parent Trap*, US$ 9,3 milhões, enquanto A Guerra dos Dálmatas faturou apenas US$ 6,2 milhões. Por comparação, dois dos mais populares filmes da rainha de Hollywood na época, a sardenta Doris Day, faturaram US$ 7,4 milhões (*Pillow Talk*) e US$ 7,7 milhões (*Lover Come Back*). (Walt havia pedido ao estúdio para fazer a comparação.) O próprio Walt, um feliz não sofisticado, sinceramente se divertia com alguns dos filmes ao vivo de seu estúdio. Ele escreveu para o gerente do Radio City Music Hall dizendo que honestamente achava The Absent-Minded Professor "uma das comédias mais engraçadas que já havia chegado à cidade", e o diretor David Swift disse que Walt rompeu em lágrimas ao ver *Poliana* na moviola. Swift, que dirigira o filme, disse que pessoalmente o "detestava", mas quando disse a Walt que teriam de cortar vinte minutos do filme porque estava grande demais, Walt protestou: "Não, não, não, não toquem nele!"

Por outro lado, Walt não se iludia sobre o significado da nova marca do estúdio. "Nossa parte é construir as linhas pelas quais somos conhecidos, com histórias felizes de família e comédias", disse à Newsweek, contradizendo uma postura muito antiga da Disney. "Nunca pensei nisso como arte. É parte do negócio do entretenimento." Para um empregado, foi mais honesto: "Estamos fazendo milho, Peter", diria ao artista de texturas Peter Ellenshaw. "Sei que não é o seu tipo de milho, mas tem de ser um milho bom. Vamos fazê-lo o melhor que pudermos. Estamos tentando agradar às pessoas." Quanto à competição crescentemente amadurecida de Hollywood que lidava com questões sérias, Walt foi rude. "Esses artistas *avant-garde* são adolescentes", disse a um repórter. "Apenas um elemento ruidoso que vai nessa direção e cria essa arte doentia. Não acho que todo o mundo seja maluco!" Referindo-se a um filme recente sobre alcoolismo, *Days of Wine and Roses*, disse: "Não quero ver esse tipo de coisa. Se quisesse, iria ao hospício do condado, ou algo assim."

Do ponto de vista de Richard Schickel, os filmes ao vivo de Walt Disney, negavam à humanidade suas "infinitas possibilidades" ao "reduzi-la a clichês cômicos que simulavam velhas imitações de vida". E, assim, concluiu Schickel, "ele passou finalmente além – ou abaixo – da crítica", e ao mesmo tempo servia de guardião contra os que criticavam a indústria do cinema pelo excesso de sexo e violência. Mas não apenas os críticos sentiam que os filmes de Walt Disney esterilizavam a arte. Bill Roberts, que escreveu o roteiro original para *The Absent-Minded Professor*, exigiu que seu nome fosse removido dos créditos após ler a revisão feita por Bill Walsh. "Sinto que a inteligência foi substituída pela beleza", escreveu Roberts irritadamente a Walt. "Quase todos os personagens falam igual, com um tipo de juvenilidade insípida que são reminiscências de comédias de vinte anos atrás." Os pais de Hayley Mills se irritaram com os roteiros "adocicados" que a filha recebia e decidiram não renovar seu contrato até, como Bill Anderson expressou suas preocupações para Walt, "terem tido oportunidade de ler o material envolvido e o papel a ser representado". Walt, por sua vez, achava que os Mills não sabiam que tipo de filme era apropriado para a filha e, ofendido, disse para Anderson: "Não quero meu nome ligado ao tipo de filme que Mary (Mills) aparentemente deseja que Hayley faça." Mas até mesmo Walt, com toda a sua beligerância em relação à nova franqueza de Hollywood, parecia ter apreensões por se limitar a produzir filmes pueris. Depois de assistir a *To Kill a Mockingbird* (*O sol é para todos*) em uma projeção em sua casa, lamentou: "Esse é o tipo de filme que eu gostaria de poder fazer." Mas ele não podia. Ele era Walt Disney, e Walt Disney estava agora comprometido a fazer filmes inócuos o bastante para serem apreciados por toda a família.

Enquanto se preocupava com o futuro de seu império, ele pensava na segurança de sua família também. Enquanto estava na Inglaterra lera um artigo sobre a morte de uma companhia depois da morte de seu proprietário e escreveu para Roy, "isso me levou a pensar sobre a nossa situação aqui, tendo todos os ovos em uma só cesta", querendo dizer que todos os seus ativos estavam em ações Disney. Walt estava preocupado com o que aconteceria se sua família fosse forçada a vender as ações para pagar os impostos estaduais. "Quando eu estiver no céu tocando a minha harpa, não poderei realmente me empenhar, se pensar que deixei as coisas uma confusão aqui embaixo!"

Roy, no entanto, tinha outra preocupação financeira. Em 1935, ele pilotara o acordo entre a WED e a WDP e o contrato de serviços pessoais entre Walt e a WDP na diretoria da WDP com a objeção de três membros, que finalmente renunciaram, e o desacordo de um dono de ações minoritário que entrou com um processo contra a companhia. Agora, Roy se preocupava com que o crescimento da WED ao longo dos anos em consequência da Disneylândia e da feira mundial e as grandes somas de dinheiro que a feira e a WED retiravam da WDP pudessem provocar um novo e nada bem-vindo escrutínio da Securities and Exchange Commission e uma possível revolta de acionistas com o contrato favorável a Walt.

O problema era abordar a questão com Walt. Como o biógrafo de Roy, Bob Thomas, contou, Roy decidiu confrontar Walt no que deveria ser um fim de semana prolongado em Smoke Tree. O que se seguiu, em lugar disso, foi uma briga de gritos que durou um dia – "um monte de berros e gritos e tudo o mais", contou Ron Miller (que estava lá com Diane) a Thomas – depois da qual Roy e Edna prontamente voltaram para Los Angeles. Walt não podia ver por que alguém se oporia ao seu contrato. "Tentei explicar uma vez a Walt que mesmo que fosse limpo e aberto", disse o advogado do estúdio Neil McClure, "ele tinha de ser como a mulher de César – acima de suspeita". Walt explodiu. 'O que quer dizer? Não fiz droga nenhuma errada'".

A relação de Walt com a WED era uma questão sensível. Walt amava a WED e guardou sua independência em relação à WDP e a Roy, mudando-se em 1961, na época da exibição da Ford, para um edifício alugado em um parque industrial de Glendale que os criadores chamavam de casa da panqueca porque tinha um telhado com um pico alto e pintado de alaranjado e azul como a franquia da Casa Internacional das Panquecas. À medida que a Disneylândia se expandia e os contratos com as feiras mundiais entravam, a WED cresceu também, para três centenas de empregados, e necessitava de organogramas funcionais e planos de crescimento; mas Walt continuava a vê-la como um refúgio seu da burocracia do estúdio. "Ninguém tinha que pedir permissão a ninguém do estúdio", disse Bill Cottrell. "Se você quisesse começar a desenvolver algo como audioanimatrônicos, você o fazia enquanto houvesse dinheiro para isso. E, nessa época, Walt tinha o dinheiro."

A razão pela qual Walt tinha o dinheiro era o contrato com a WED e o seu próprio contrato com a WDP. Walt não apenas recebia um *royalty* pelo uso de seu nome e os porcentuais por seus investimentos pessoais nos filmes; a WED também recebia taxas de engenharia e design da WDP e do faturamento do trem e do monotrilho na Disneylândia, ambos propriedade da WED, provavelmente com base em que Walt havia desenvolvido essas atrações pessoalmente. No ano fiscal de 1960, as taxas ascenderam a US$ 156 mil pagos a Walt e US$ 188.835 à WED. (Nessa época, ele havia vendido sua participação na Disneylândia para a WDP.) Agora, no fim dos anos 1960, com o contrato de serviços pessoais de sete anos aproximando-se da expiração – ele havia sido estendido previamente por um ano –, Loyd Wright, advogado de Walt e um dos mais proeminentes advogados de Los Angeles, pediu a Roy um percentual de 5% do faturamento bruto de todos os filmes que Walt supervisava e 10% do faturamento bruto de todos os filmes que ele pessoalmente produzia. Roy, que sempre esteve na indefensável posição de ter de navegar entre o irmão e sua companhia, se opôs terminantemente.

Ele achava que ninguém, nem mesmo Walt, tinha o direito a uma parte do bruto, apenas de uma parte dos lucros.

Ao longo dos anos, os irmãos tiveram suas diferenças em torno de dinheiro, de controle, e da direção em que levar a companhia. "Podia-se ouvi-los gritar um com o outro o tempo todo, mesmo por trás de portas fechadas", diria a antiga secretária de Walt, Dolores Vought. "O palavreado era terrível." O filho de Roy, Roy E. Disney, disse que sempre sabia quando seu pai e Walt tinham tido uma discussão porque podia ouvir a porta do carro bater quando o pai voltava para casa. Walt frequentemente desdenhava Roy como homem de negócios com pouca sensibilidade para a arte. Uma vez, quando Walt projetou um filme para Roy, e Roy depois perguntou quanto tempo havia durado a projeção, Walt replicou, irritado: "Trabalhamos anos criando esses filmes e tudo que Roy diz é 'quanto tempo leva?'" Após sobreviver a tantas profecias de condenação, ele também achava que Roy era covarde. John Hench explicava a tensão contínua, que não se abrandava: "Imagino que a grande ambição de Roy era ficar sem dívidas. E o método de Walt na vida era manter Roy endividado."

Essas disputas eram típicas de Hollywood, produto do choque fundamental entre a metade criativa e a metade financeira do negócio do cinema. Isso podia ser ocasionalmente exacerbado em Burbank porque, à diferença da situação em outros estúdios, onde os produtores estavam no oeste, e os homens de negócio no leste, os braços criativo e financeiro dividiam não apenas o mesmo litoral, como o mesmo edifício. A tensão, muitos sentiam, era também uma fonte de força para a companhia – o aventureirismo de Walt contrabalançado pelo pragmatismo de Roy. De forma similar, se Roy contrabalançava a impulsividade de Walt, este também contrabalançava a frieza de Roy. Harry Tytle via suas contribuições individuais em termos de dinâmica de família. Walt era "o pai trabalhador, chefe da família", e Roy, o "avô mais relaxado", que provia uma dose de sabedoria; Walt era o brusco, que conduzia todos rudemente, enquanto Roy era o calmo e agradável que compensava a severidade do irmão.

Mas agora, quando brigavam em torno do novo contrato de Walt, os anos de animosidade que fervilhavam parecerem transbordar. Roy claramente não gostou da atitude imperiosa de Walt e de seu desejo de tirar a maior quantidade possível de dinheiro da companhia – a companhia que haviam construído juntos – como se ela fosse apenas outro cofre corporativo a ser arrombado. Walt claramente não gostava das tentativas de Roy de limitá-lo como se ele fosse apenas mais um empregado e não o nome no título da companhia e a força criativa que era a principal responsável por seu sucesso. Desde que Roy assumiu o leme financeiro do estúdio, os irmãos nunca mais foram particularmente próximos. Desde os anos 1930, quando suas famílias se reuniam aos domingos na casa de Walt e ocasionalmente tiravam férias juntos, eles raramente ficavam juntos e sequer compartilhavam a mesa de almoço na lanchonete do estúdio. Mas enquanto prosseguiam as negociações em 1961 os irmãos também pararam de se falar. Card Walker tornou-se o intermediário. "Walt dizia a ele, 'desça e diga a Roy o que eu disse'", lembrou Walter Pfeiffer, "e Roy dizia a Card o que queria e que fosse de volta a Walt e lhe dissesse. Não sei quanto tempo aquilo durou."

Durou meses, na verdade. Meses de silêncio, raiva e recriminação em que Walt se sentia ferido e Roy protestava que apenas tentava proteger Walt e a companhia de acionistas descontentes. Alguns sentiram que a tensão se agravava por uma rivalidade entre Roy E. (filho de Roy), que trabalhava no lado criativo do estúdio, e Ron Miller, que Walt havia levado para o estúdio depois de Miller sofrer um ferimento durante sua breve carreira de profissional de futebol americano jogando pelo Los Angeles Rams. Verdade ou não, a situação certamente piorou bastante quando, durante as negociações, Loyd Wright ameaçou contratar um agente que poderia vender Walt para outro estúdio, o que Roy viu como ato de perfídia. "Aquela foi a primeira vez que testemunhei uma explosão de raiva de Roy", disse Bill Cottrell. Era também o assalto final da batalha. Quando Cottrell informou Walt do aviso de Wright, Walt, aparentemente cansado da disputa e da má vontade que havia gerado, disse a Cottrell para acertar o assunto.

Aparentemente, Roy tinha a mesma intenção conciliadora. Como Cottrell contaria a Thomas, Roy entrou na sala de reuniões ao lado de seu escritório e interrompeu uma discussão particularmente acesa de seus negociadores: "Nenhum de nós estaria nesses escritórios se não fosse Walt. Todos os seus empregos, todos os benefícios que vocês têm, tudo veio de Walt e de suas contribuições", afirmou. Quando as negociações foram concluídas em abril, o estúdio havia, relutantemente, concordado com um novo contrato pessoal de serviços de sete anos, que pagaria a Walt US$ 3.500 por semana, um aumento de US$ 500 em relação ao contrato anterior, e US$ 1.666 semanais em pagamentos atrasados – em acréscimo aos porcentuais sobre os lucros, mas não o faturamento, dos filmes em que ele investisse pessoalmente. Walt havia conseguido grande parte do que queria. Ao mesmo tempo, a WDP também concordou em um novo contrato com a WED de US$ 1.500 semanais por seus serviços de design e concordou em pagar 20% dos custos dos salários de quaisquer empregados que a WED tivesse na Disneylândia, agora totalmente de propriedade da WDP. Ambos os contratos estavam sujeitos à aprovação dos acionistas.

Em junho, no aniversário de Roy, o gelo finalmente começou a derreter. Walt mandou a Roy um cachimbo índio da paz com um cartão. "É maravilhoso", dizia o cartão, "fumar o cachimbo da paz com você novamente – as nuvens que ele levanta são muito bonitas. Penso sobre nós ao longo dos anos – construímos alguma coisa – houve um tempo em que não podíamos pedir emprestados mil dólares, e agora entendo que devemos 24 milhões!"

Roy colocou o cachimbo em cima de um retrato de Walt que havia em seu escritório. "Fizemos a paz", explicou a um visitante.

Enquanto refletia sobre seu legado no estúdio e seu legado financeiro para a família, Walt Disney também ponderava sobre algo muito maior: seu legado para o mundo. Com o aumento do senso de si mesmo, sabia que entretenimento não era o bastante, nem a Disneylândia constituía uma contribuição duradoura. Walt Disney precisava fazer alguma coisa que melhorasse a sociedade e não apenas a divertisse. Desde o início dos anos 1930 ele se interessava pelo Chouinard Art Institute e nunca esquecera a generosidade da Sra. Chouinard ao permitir que seus animadores estudassem lá quando Walt não podia pagar os estudos. Quando a Sra. Chouinard sofreu um derrame no início dos anos 1950 e se tornou fisicamente incapaz de administrar a escola, Walt não apenas a apoiou financeiramente – com dezenas de milhares de dólares de contribuições –, como também designou Mickey Clark, da Disneylândia, para auditar os livros da escola e fazer uma verificação do seu sistema. Clark descobriu que US$ 12 mil tinham sido roubados dos recursos da escola e que havia anos de contas a receber que não tinham sido cobradas. Finalmente, com a concordância da Sra. Chouinard, Walt mandou executivos da WED administrar a escola e instituiu um comitê de planejamento encarregado de responder, entre outras questões: "O que gostaríamos de começar a fazer?"

Walt decidiu que uma dessas coisas seria um novo local e, em 1957, pediu a Harrison Price para encontrar um. Enquanto Price procurava, a ideia de Walt começou a se expandir de um novo local para o projeto muito mais ambicioso da sua Cidade das Artes, da qual o Chouinard seria um elemento. Walt vinha pensando havia muito tempo em uma academia de artes subsidiada pelo estúdio com o propósito de dar a seus artistas a educação criativa mais ampla possível. "Poderíamos conseguir os melhores instrutores de todos os lugares do país", escrevera a um educador em 1939, "e seria uma espécie de escola para trabalho de pós-graduação". Walt nunca lamentou sua própria falta de educação formal; na verdade, quando uma nova secretária transcrevia uma carta exatamente como ele a havia ditado, Walt, percebendo suas próprias deficiências, dizia para outra secretária: "Você tem de fazer alguma coisa com essa garota. Ela é literal demais!" Como Roy contaria mais tarde, "Walt estava obcecado pela ideia de que na vida se vai continuamente a escola. Nunca se chega a nenhum patamar de perfeição."

Na Cidade das Artes, Walt tinha a esperança de combinar educação e outra de suas paixões: comunidade. Ele antevia a cidade como uma versão americana da Bauhaus alemã, onde estudantes podiam encontrar aplicações práticas para o seu trabalho, e ele fez com que a WED fizesse o seu layout como um lugar em que os estudantes poderiam misturar-se não apenas uns com os outros, mas também com o público a quem poderiam vender sua arte. No início dos anos 1960, ele hesitantemente desistiu da ideia da cidade por ser demasiado dispendiosa e impraticável, mas estava, na verdade, ainda mais devotado à ideia da escola. Quando o Chouinard fundiu-se com o Conservatório de Música de Los Angeles em 1962, Walt deu à instituição substituta o nome de Instituto de Artes da Califórnia. "Ele queria construir aquela escola!", lembrou Harrison Price. "Foi o mais absorvente objetivo na mente de um homem com que eu jamais deparei. Ele estava muito atento à evolução do CalArts, estava apaixonado o tempo todo. Ele disse 'é a coisa pela qual eu mais serei lembrado'."

Walt estava messiânico novamente. Da mesma forma que antes encurralava empregados para discutir *Branca de Neve* e, depois, Disneylândia, ele agora os pegava para discursar sobre a CalArts. "Quero que as pessoas que vão para lá sejam realmente capazes de fazer alguma coisa", disse ao animador T. Hee em um telefonema tarde da noite. "Não quero uma porção de teóricos. Quero uma escola que forme pessoas que conheçam todas as facetas da produção de um filme. Quero que sejam capazes de fazer tudo que é necessário para se produzir um filme: fotografá-lo, dirigi-lo, desenhá-lo, animá-lo e gravá-lo." Ele disse a outro animador que o CalArts seria um lugar onde "teríamos escolas de música, de atuação, ou cinematografia, ou dança, e de artes gráficas e artes aplicadas, todas sob o mesmo teto, enquanto os estudantes vão de uma aula para outra, passando por exposições de arte, se encontrando uns com os outros enquanto ouvem música, e vivem em dormitórios com pessoas que estão todas dentro da arte." Ele disse a Alice Davis, a esposa de Marc Davis, que a escola teria um circuito fechado de televisão, "para que os estudantes que estudam belas artes ou ilustração pudessem observar e desenhar os estudantes de dança enquanto eles faziam os exercícios", e disse a Marc Davis que ia convidar Picasso e Dali para ensinar. Até sugeriu que ele próprio poderia dar um curso. "Não estou querendo dizer desenho, pelo amor de Deus!", disse modestamente a Davis. "Mas sou um tremendo contador de história! Poderia ensinar história!"

Walt sempre havia funcionado sobre o princípio da renúncia quando sentia que alguma coisa atingia seu potencial e não podia ser melhorada, e a energia que havia colocado na Disneylândia voltava-se agora para o CalArts. "Ele estava perdendo o interesse por coisas que havia feito antes", disse Marc Davis, "porque via um mundo novo à frente". E ao mesmo tempo em que fornecia a visão, Walt já estava atrás de pessoas que pudessem contribuir, instalando um trailer no terreno com uma maquete do CalArts que mostrava para investidores em potencial. "Se você achar apropriado instituir uma bolsa de estudos Joseph P. Kennedy", Walt escreveu para o pai do presidente em uma típica solicitação, "posso assegurar-lhe que seus netos vão receber originais de todos os desenhos animados Disney que forem feitos." Kennedy contribuiu.

IV

Nova York se aproximava. Quando 1964 chegou, os criadores na WED ainda faziam os preparativos finais da feira mundial que começaria em abril. Depois que Walt superou os problemas com Henry Ford, a atração Ford se revelou extremamente fácil. Ele a concluiu pouco antes da abertura da feira e se declarou satisfeito com os resultados. O Carrossel do Progresso da GE tinha sido um projeto mais difícil, particularmente porque o pavilhão tinha elementos demais além do espetáculo central. Quando os criadores o concluíram, Walt convidou os executivos da GE a irem ao estúdio para dar uma olhada. Eles ficaram satisfeitos com o resultado, mas Walt, depois de todo esse tempo, ainda tinha uma hesitação muito própria dele. "Ele não tem salsicha!", disse aos executivos da GE. "Voltem dentro de duas semanas e eu vou mostrar a vocês." Como contou mais tarde um dos funcionários da GE, eles não tinham ideia do que Walt queria dizer. Uma semana depois, receberam um chamado para voltar ao estúdio. Desta vez, o show foi virtualmente idêntico ao primeiro – exceto que Walt havia acrescentado um cachorro audioanimatrônico a cada cena. Foi o toque final da exibição.

O principal problema com "É um Mundo Pequeno", o pavilhão da UNICEF, tinha sido o tempo. Walt sequer viu o protótipo das crianças cantoras até setembro. "Estávamos vivendo de café preto de manhã e martinis no almoço", lembrou Rolly Crump. Quando ele começou, no que era essencialmente um barracão de metal, pois o orçamento não dava para mais nada, Roy se queixou da despesa, mas escreveu para

Walt que era "muito gratificante ver que o espetáculo está tendo boa receptividade", e predisse que, "teremos uma boa chance de terminar sem perdas com ele".

A grande dor de cabeça foi Abraham Lincoln. Desenhar a cabeça de Lincoln havia levado um ano, e programar o robô ainda mais que isso. Mas o problema da voz de Lincoln era mais difícil ainda. Vários estudiosos de Lincoln recomendaram Raymond Massey, que havia interpretado Lincoln no filme de 1940 de John Cromwell, Abe Lincoln in Illinois, mas Walt temia que Massey soasse demasiado teatral e não uma pessoa comum, familiar. Em vez disso, convidou para ir ao estúdio Royal Dano, que havia interpretado Lincoln em um programa de televisão Omnibus, sob o pretexto de que ele seria filmado para ajudar os programadores a criar movimentos corporais. Como lembrou o criador Bob Gurr, Walt mandou que Dano fizesse a fala e, quando ele terminou, "Walt levantou-se de um salto e disse 'Não! Não! Não! Você não está entendendo. Faça de novo'." Quando Dano interpretou a fala pela segunda vez, Walt saltou novamente e disse a Dano que sua representação estava toda errada. Depois da terceira tentativa, Walt se levantou e liderou toda a equipe no "The Battle Hymn Of the Republic". Gurr disse que na hora não viu sentido naquilo. Somente depois soube que Walt buscava um Lincoln exausto, esgotado, e que finalmente o havia extraído de Dano ao provocá-lo.

Mas os problemas de Lincoln não foram resolvidos nem mesmo depois de ele ser despachado para a feira e enquanto a apresentação pública se aproximava. Os criadores não conseguiam fazer com que o robô funcionasse do modo apropriado. "Oh, está bem, Walt estava perturbado", recordou Marc Davis, "mas devo dizer que acho que ele estava triste por nós. Ele tinha que ver as condições dos caras e o que estavam fazendo. E ele fazia perguntas e dizia, 'bem, rapazes, estarei com vocês novamente de manhã'" para resolver essas coisas. Em uma apresentação especial para Robert Moses e os administradores da cidade de Nova York, o robô funcionou corretamente – "não da forma perfeita que queríamos, mas funcionou", disse Davis. Mas logo estava funcionando mal novamente, e Walt chegou a chamar Ub Iwerks a Nova York para ver se poderia consertá-lo. "Nunca se viu uma pilha tão grande de revistas de eletrônica", disse um empregado do estúdio sobre a bagagem de Iwerks.

Walt estava nervoso. Em 20 de abril, o dia em que Lincoln estava programado para ser apresentado a uma plateia prévia que incluía o governador de Illinois Otto Kerner, o embaixador das Nações Unidas, Adlai Stevenson (ex-governador de Illinois) e jornalistas, Walt caminhou do lado de fora do pavilhão da GE assinando autógrafos antes de dizer ao designer Chuck Myall, "bem, acho que já prolongamos isso o máximo que pudemos". Quando chegou ao pavilhão de Illinois, no entanto, tanto Jack

Gladish, que desenhara a cabeça de Lincoln, quanto Dick Nunis, um executivo da Disneylândia, deram a Walt um informe realista: o robô não era confiável o bastante para ser mostrado. Walt relutantemente deu a notícia ao público. "Damas e cavalheiros", disse, "existe um velho ditado no *show business*. Se você não está pronto, não abra a cortina." Enquanto fazia o anúncio, embaixo do palco os criadores soluçavam.

Mais tarde, Walt diria que a culpa dos problemas era do atraso na instalação de energia no pavilhão e do tráfego de Nova York, que impediu peças de serem despachadas e avisou: "Isto não é um brinquedo." Outros relatos atribuíram as dificuldades à poeira, à explosão de um transformador, a flutuações na corrente elétrica e até aos sindicatos que fracassaram em completar a instalação dos fios. Ralph Newman acreditava que Walt queria, na verdade, atrasar a abertura, para que o robô não tivesse de competir com outras atrações. Mas Lincoln não começou a funcionar senão em 30 de abril, dez dias após a abortada prévia, e teve apenas sete desempenhos sem falhas antes de funcionar mal novamente, levando Marc Davis a outra explicação: "Você acha que Deus está furioso com Walt por ter criado um homem à sua própria semelhança?" Finalmente, os criadores conseguiram consertar os problemas, e Lincoln começou a dar performances regulares que apagaram os embaraços iniciais. Como Sharon mais tarde contou, "papai chorava todas as vezes que contava aquilo".

Mas apesar de todos os problemas com Lincoln – Walt imediatamente se internou em um hospital para um exame e descanso quando voltou para a Califórnia após duas semanas tremendamente estressantes na feira – Disney havia triunfado. No fim da primeira temporada (a feira teria uma segunda temporada depois de um hiato de seis meses), o Carrossel do Progresso da GE foi a terceira atração mais popular, atrás apenas da exibição da General Motors, que tinha uma capacidade de público duas vezes e meia maior que a da GE, e a do Vaticano, que expôs a *Pietà*, de Michelangelo. A exibição da Ford ficou em quarto. Lincoln não se classificou porque a capacidade do pavilhão era muito pequena, mas o robô funcionou de forma confiável o suficiente para que Walt, muito para a consternação de Ralph Newman, mandou fazer outro para a Disneylândia que, Walt avisou Newman, "sempre havia sido seu destino final".

Durante o hiato depois da primeira temporada da feira, enquanto Walt era coberto de elogios, outra coisa aconteceu: ele teve seu maior triunfo cinematográfico desde *Branca de Neve*. Como contara aos irmãos Sherman anos antes, Walt, muito provavelmente em 1943, vira Diane e Sharon lendo um livro e "rindo, realmente gostando dele". Poucas noites depois, observou Lillian lendo o mesmo livro e rindo, e ela recomendou que Walt também o lesse. O livro era *Mary Poppins*, de L. P. Travers, que relatava as aventuras da freira com poderes mágicos do título. (Joe Grant tinha uma versão diferente: Walt leu o livro pela primeira vez quando Grant mencionou-o para ele depois que a esposa de Grant o leu para seus filhos.) Pouco depois, Walt pediu a Roy para entrar em contato diretamente com Travers em vez de usar um agente para ver se os direitos estavam disponíveis e, se estivessem, levantasse a possibilidade de transformar o livro em um filme. Travers nascera na Austrália e era uma emigrante inglesa. Durante a guerra ela era uma mãe solteira que vivia com seu filho adotado em um edifício de cinco andares sem elevador em Nova York e parecia estar procurando um meio de ir para o oeste. Ela disse a Roy que pensava em se mudar para Santa Fé ou Tucson. Roy foi discreto – não iria se comprometer durante a guerra –, mas disse a Travers que Walt ficara "intrigado" com Poppins e sugeriu que ela pensasse em trabalhar com o estúdio em uma adaptação do livro.

Na verdade, o estúdio estava claramente mais interessado em *Mary Poppins* do que deixava transparecer. Roy foi casual em seu bilhete para Travers, mas, depois, encontrou-se com ela em Nova York, e Walt escreveu para Travers que voaria até o Arizona, se ela também fizesse a viagem, e acrescentou que "essas histórias seriam o material ideal para a combinação de personagens de carne e osso com desenho animado". Roy telefonou novamente para ela em março, tomando cuidado para não se mostrar muito ansioso, apenas para deixá-la saber que o estúdio ainda pensava em trabalhar com ela. Só em 1946, com a guerra encerrada, o estúdio e Travers chegaram a um acordo sobre os direitos por US$ 10 mil – ou, ao menos, Roy achou que haviam chegado a um acordo. O acordo se desfez quando Travers insistiu em aprovar o roteiro, algo que Walt não concederia a ninguém.

Mas este foi só um sinal do que viria. Treze anos e a criação da Disneylândia se passariam antes que o estúdio entrasse em contato com Travers novamente, que agora estava com 60 anos, sobre a reserva dos direitos. Desta vez, seu agente quis US$ 750 mil. Dois meses depois, em um encontro com Walt em Londres, a própria Travers aumentou a aposta. Ela queria agora 5% dos lucros, o que seria consideravelmente mais que US$ 750 mil, com uma garantia de US$ 100 mil e mais £ 1.000 para fazer a adaptação. Após encontrar-se com ela novamente nos anos 1940, Roy descreveu Travers, mulher de aparência física delicada, queixo pontudo e sobrancelhas finas e arqueadas como "do tipo de Amelia Earhardt", com o que presumivelmente quis dizer que, a despeito de sua aparência, Travers era, como a falecida aviadora, cabeça-dura e não facilmente intimidada. Roy a interpretou corretamente. Ela não era fã do trabalho de Walt Disney e não permitiria que ele a assustasse.

Mas além de ter vontade firme, Travers tampouco era uma bobinha. Ela desprezava os filmes de Disney, mas escreveu sua própria adaptação de Poppins para o cinema com um colaborador e a submeteu a Walt. Travers continuou a se encontrar com Walt, mas se recusava a assinar um contrato com o estúdio. Walt tentou sossegá-la, convidando-a a visitar o estúdio para que ela conhecesse a equipe, e disse que eles "se beneficiariam de suas reações à nossa apresentação". Depois de ler o roteiro de Disney e protestar que Mary não deveria subverter a autoridade dos pais de seus pupilos ao pedir que escorregassem pelo corrimão com ela, e que ela não deveria estimular crianças a pular em poças de lama depois de suas mães terem dito que não o fizessem, Walt ficou mais que agradecido, telegrafando para ela que "o projeto *Mary Poppins* é tão importante no (esquema) geral que, se os dois pontos levantados em sua carta fizerem você feliz, terei prazer em seguir suas sugestões". Mesmo com esse agrado, no entanto, Travers deixou o estúdio insegura; em determinado momento, concordou com um contrato que estipulava a aprovação incondicional do roteiro, contrato que Walt rejeitou, sabendo perfeitamente bem que ele não o honraria e, um ano depois, ela disse que "ainda queria pensar um pouco nele". Walt já trabalhava no filme fazia dois anos quando Travers, finalmente, assinou o contrato.

Mesmo então ela não ficou feliz. "Quando nos sentamos com a Sra. Travers para apresentar nossa adaptação", lembraram os irmãos Sherman, que estavam compondo uma trilha sonora para o filme e haviam ajudado a fechar a história, "ela odiou tudo que fizemos. Odiou com uma paixão! Para cada capítulo desenvolvido, a Sra. Travers tinha um sentimento definido de que havíamos escolhido o pior. Ela começou a citar os capítulos que achava que deveríamos ter adaptado – e eles eram aqueles que nós achávamos absolutamente não utilizáveis." Até a véspera do início da produção, após um ano inteiro de adiamentos, Travers escreveu extensas críticas ao roteiro, e Walt respondia para agradecer-lhe e assegurar-lhe que "usaremos tudo sempre que pudermos".

Ela não foi mais tolerante quando chegou o momento de escolher os atores. Em março de 1961, pouco antes de Travers chegar à Califórnia, Walt e Lillian viram Mary Martin no musical *The Sound of Music* (*A noviça rebelde*), em um teatro de Nova York, e Walt telegrafou a Martin, pedindo-lhe que considerasse interpretar o papel de Poppins. Walt também sugeriu que Travers assistisse à peça a caminho do estúdio, e ela o fez, pedindo um encontro com a atriz. Travers, no entanto, já decidira que Julie Harris devia fazer o papel, mesmo que o filme fosse um musical e Harris não mostrasse talento nessa área. Harris, sem dúvida estimulada por Travers, escreveu para Walt expressando seu interesse, forçando-o, assim, a declinar de seus serviços.

Nesse meio tempo, em agosto, Walt viu o musical *Camelot* em Nova York e voltou tão impressionado com a atriz inglesa de 27 anos Julie Andrews, que fazia o papel de rainha Guinevere, que prontamente concluiu que ela e não Mary Martin deveria ser Poppins. Embora Andrews fosse relativamente desconhecida na época – ela estrelara a produção original da Broadway *My Fair Lady* –, Walt cortejou-a assiduamente durante quase um ano, convidando-a a ir ao estúdio. "Podemos tocar as músicas, expor as linhas gerais da história e estou certo de que depois de ver esse tipo de apresentação você estará em condições de tomar uma decisão", escreveu Walt para ela. Aceitando a oferta de ir ao estúdio, Andrews, agora grávida, e seu marido, o desenhista de roupas e cenários Tony Walton, passaram uma semana com Walt em junho de 1962, mas, mesmo assim, Walt não deixava nada ao acaso. Ofereceu a Walton o trabalho de consultor de design do filme e, mais tarde, conseguiu que um paciente portador de deficiência do pai de Walton, que era médico, viesse para a América para uma operação especial. Assim como Travers, Andrews hesitava em comprometer-se com um filme Disney, seu primeiro filme, com tudo que o nome Disney agora conotava, mas Walt foi consideravelmente ajudado pelo fato de o chefe da Warner Bros. Jack Warner ter recentemente preterido Andrews em favor de Audrey Hepburn para o papel que Andrews havia ambicionado – o de Elisa Doolittle na versão para a tela de *My Fair Lady* – porque, disse Warner – ninguém ouvira falar em Andrews. Poppins era um prêmio de consolação. (Travers, desconhecendo os meandros de Hollywood, sugeriu Audrey Hepburn como possível substituta para o papel de Poppins.) As negociações pelos serviços de Andrews começaram em outubro.

Para o papel de colega de Mary Poppins, o limpador de chaminés Bert, Walt tinha Cary Grant em mente e decidiu aumentar sua parte para fazê-la igual à de Mary e, assim, atrair Grant, que disse a Walt que era receptivo à ideia. Travers não ficou feliz. Argumentou que Grant ficaria bem como o pai da família para a qual Mary dá aulas, mas que aumentar o papel de Bert seria "mutilar a história" e desequilibrá-la. Grant não concordou em nenhum dos casos, e Walt sondou Lawrence Harvey e Anthony Newley antes de se fixar no desengonçado comediante de televisão Dick Van Dyke. "Walt tinha quartos cheios de *storyboards* que mostrou para mim", recordou mais tarde Van Dyke, e "seu entusiasmo pelo filme crescia enquanto ele falava. Ele parecia uma criança, ficando tão entusiasmado com o filme que, quando fui embora, eu também estava entusiasmado. Ele me comprou. Eu queria muito participar daquele filme."

Como Van Dyke observou, Walt estava energizado. A despeito do fato de o roteiro de *Mary Poppins* ser do antigo roteirista do estúdio Bill Walsh (o autor de *The Absent-Minded Professor* e de *Son of Flubber*) e de Don DaGradi (que coescrevera *A dama e o vagabundo* e colaborara com Walsh em *Son of Flubber*) e dirigido pelo antigo diretor Robert Stevenson (que vinha de *Son of Flubber*), o filme tinha uma aura, além de ter sido trabalhado durante tanto tempo e ser o mais caro filme ao vivo do estúdio desde *20.000 léguas submarinas*, pois "não havia uma só cara triste em todo o estúdio", disse Walt. Ele também admitiu que ficou preocupado por sequer Roy ter tentado interferir quando o orçamento começou a subir; apenas lhe pediu que exibisse as filmagens diárias para os banqueiros. Fazia anos que Walt não se envolvia tanto pessoalmente em um filme. Em quase todos os filmes agora, não importava o quanto tivesse que trabalhar no roteiro ou na escolha do elenco, ele consertava, aprovava e depois desaparecia. Em *Mary Poppins*, filmado inteiramente no terreno do estúdio em Burbank, Walt visitou a locação quase todos os dias com o objetivo – nas palavras de Karen Dotrice, que fazia o papel de garotinha tutelada por Poppins – "de ter a certeza de que todo mundo estava feliz. Esta era a coisa – ele queria que todos se divertissem com a experiência". Mais tarde, Dotrice, fazendo eco a Van Dyke, disse que ele era "como uma criança grande".

Embora não pudesse – dadas as suas outras responsabilidades na época – trabalhar linha por linha do roteiro, ele obviamente conectou-se ao filme de uma forma que não se havia conectado à maioria dos filmes recentes do estúdio. Apesar de sua ênfase na produção para crianças, os melhores filmes de Disney haviam sido apenas secundariamente sobre libertação; sua principal preocupação fora sempre o amadurecimento e o poder que o acompanhava. Mesmo que a transformação de Pinóquio, de boneco em menino, e de *Dumbo*, de um elefante tímido em uma estrela de circo, tenha sido obtida mediante aceitação da responsabilidade, demonstração de empatia, teste de coragem e, finalmente, expressão de amor – marcos da vida adulta, Mary Poppins era uma espécie de reversão à infância antes da responsabilidade, ou melhor, uma reação a ela. Em uma casa que os estimulava a suprimir seu espírito de travessura e se comportar como adultos, Poppins ensinou às crianças a alegria – como combater a burocracia, a convenção e o orgulho, as coisas ruins da vida adulta. Se seus primeiros filmes falavam da necessidade de o jovem Walt Disney adquirir mais poder, Poppins falava ao Walt mais velho em sua situação desagradável de capitão corporativo sobrecarregado de deveres e ele certamente se identificaria tanto com o Sr. Banks, o banqueiro sem imaginação que tem uma criança espreitando dentro de si, e com Mary Poppins, a babá mágica que consegue libertar aquela criança. O filme personificou seu novo desejo de fugir de responsabilidades das quais sabia que não podia fugir, de ser a criança que os relatos frequentemente diziam que ele era, mas que não poderia realmente ser.

Feito com uma espécie de abandono alegre que o estúdio havia muito não sentia, Poppins concluiu sua filmagem sem incidentes no fim do verão de 1963, com Walt escrevendo para sua irmã Ruth, "acho que este será um dos nossos melhores". Mas o filme estava longe de acabar, mesmo com a fotografia concluída. Levou muito tempo para ser preparado – escolha das cenas, redação dos diálogos, composição do tema musical, seleção do elenco, evitar Travers. Terminá-lo tomaria um ano inteiro. O problema era que, mesmo que Walt sempre tivesse expressado a intenção de fazer do filme uma combinação de ação ao vivo e desenho animado e autorizasse Ub Iwerks a gastar US$ 250 mil na aquisição dos direitos de um processo de filmagem que combinaria melhor atores vivos e desenho animado – "insignificâncias" disse do dinheiro –, a filmagem ao vivo não havia sido sempre planejada para acomodar o desenho animado.[5] Uma razão era que Walt sempre atirava novas ideias para a equipe. Para a canção "Jolly Holiday", os irmãos Sherman haviam decidido que um dos coros seria cantado harmonicamente por garçons, como um quarteto de barbearia. Walt disse em voz baixa que garçons sempre o faziam lembrar-se de pinguins e sugeriu que os garçons fossem pinguins animados, o que criaria a necessidade de uma revisão completa. Como Frank Thomas e Ollie Johnston escreveram, "o animador se preocupava e brigava e dizia palavrões mas, no fim, se tornava mais criativo e divertido que se tivesse tudo facilitado para si. Nenhum animador recuaria ante um desafio daqueles", disseram, "e Walt sabia disso também".

Mais: todos pareciam saber que o filme era especial. Até mesmo em uma exibição improvisada no estúdio para a força de vendas, antes que a música e a animação tivessem sido acrescentadas, Walt informou Bill Anderson de que a reação tinha sido "excelente", embora ainda estivesse com tanto medo de se iludir que chamou um antigo exibidor para vê-lo. O exibidor confirmou o entusiasmo de Walt. No dia da estreia no cinema Grauman's Chinese, em agosto de 1964, em benefício do CalArts, a plateia ficou de pé e aplaudiu. "Você fez uma grande quantidade de filmes, Walt, que tocou os corações do mundo", escreveu para ele, depois de ver o filme, o produtor Sam Goldwyn, que discutira com Walt uma colaboração em Poppins, no início dos anos 1950, "mas você nunca fez um tão maravilhoso, tão mágico, tão alegre, uma realização

---

5 Alguns relatos dizem que Walt convidou a equipe para uma projeção de *Canção do Sul*, depois da qual subitamente decidiu que *Mary Poppins* poderia usar animação, o que instalou o tumulto entre a equipe. Ver Greene, *Man Behind the Magic*, p. 152-153. Mas os memorandos indicam que Walt pensava em Poppins como uma combinação de filme ao vivo e desenho animado desde os anos 1940. (N.A.)

tão completa de tudo que um grande filme deve ter, como *Mary Poppins*." O sentimento de Goldwyn foi o sentimento geral: *Mary Poppins* se equiparava aos melhores filmes de Walt Disney. Até Pamela Travers, que tanta dificuldade causara para Walt, veio a Los Angeles para ver o filme e disse que estava feliz. "Todo o filme é um espetáculo esplêndido", escreveu para Walt, "e eu o admiro por perceber que Julie Andrews era uma atriz que poderia fazer o papel", elogiando o desempenho "sutil" de Andrews. Ela encerrou, "sua, com um buquê de flores". (Ainda assim, durante anos, Travers expressaria seu desapontamento com o filme, aparentemente para os que não gostavam de Walt Disney).

O público não ficou menos encantado. Embora tivesse custado US$ 5,2 milhões, mais do que Disney jamais gastara em um filme ao vivo, *Mary Poppins* faturou quase US$ 50 milhões em todo o mundo, US$ 30 milhões só nos Estados Unidos, levando o faturamento da companhia naquele ano a ultrapassar US$ 100 milhões, quando, dez anos antes, nunca excedera US$ 10 milhões. Quando foi exibido em Moscou, o governo teve de transformar o Palácio dos Esportes em um cinema e recebeu oito mil pessoas em cada uma das duas exibições. O filme foi indicado para 13 Oscars, incluindo o de Melhor Filme, e venceu cinco – melhores efeitos visuais especiais, melhor arranjo musical, melhor canção ("Chim Chim Cher-ee"), melhor edição e melhor atriz, o que foi um desagravo para Julie Andrews, pois Audrey Hepburn não foi sequer indicada por *My Fair Lady*. "Essa linda estatueta – que acho difícil acreditar que seja de minha propriedade – não estaria de forma alguma aqui se não fosse por sua ajuda", Andrews escreveu para Walt após a cerimônia. "Eu só queria com todo o meu coração que tivéssemos embolsado um Oscar por 'melhor filme' também! Ele merecia." Walt, entretanto, parecia resignado ao fato de, por não ser um membro da elite de Hollywood, não poder ganhar esse prêmio. (*My Fair Lady* ganhou.) "Conhecendo Hollywood, nunca achei que havia alguma esperança de o filme conseguir o prêmio", respondeu a Andrews com um toque de autopiedade. "A propósito, Disney nunca foi, na verdade, parte de Hollywood, você sabe. Acho que eles se referem a nós como os que estão naquela plantação de milho em Burbank."

O ano, de fato, tinha sido muito bom, e Walt teve de negar boatos de que poderia, finalmente, vender o estúdio e o parque temático para a CBS e se aposentar, dizendo à colunista Hedda Hopper, que "com o dinheiro que '*Mary Poppins*' está ganhando, Disney pode fazer uma oferta para comprar a CBS." Mesmo assim, Walt confessou a um jornalista que, longe de reduzir as pressões sobre si, *Mary Poppins*, na verdade, as aumentara. "Estou sob os refletores", disse, de forma muito semelhante à que estivera depois de *Branca de Neve*. "Tenho que continuar a tentar manter o mesmo nível. E o jeito de fazer isso é não se preocupar, não ficar tenso, não pensar 'tenho que superar *Mary Poppins*, tenho de superar *Mary Poppins*'... O jeito de fazer isso é sair e ficar interessado em alguma coisa pequena, alguma ideia pequena que me interesse, alguma ideia pequena que pareça divertida" – e foi exatamente o que ele fez.

Quando começou a segunda temporada da feira mundial em abril seguinte, depois do lançamento de *Mary Poppins*, Walt, muito mais relaxado, levava empregados até a feira como recompensa. Quando chegou com Marc Davis perto do encerramento da feira para ver o desempenho das atrações, ele próprio se tornou uma espécie de atração. A todos os lugares para onde ia era cercado por pessoas que lhe desejavam sucesso – "ele me tocou!", uma mulher gritou – exceto no pavilhão da Ford, onde decidiu esperar na fila com outros visitantes, todos os quais respeitaram sua privacidade e ninguém se aproximou dele. Mas, disse Davis "(quando entramos no carro que levava visitantes para ver a exposição) toda a multidão aplaudiu. E eles o haviam deixado sozinho todo aquele tempo. Foi uma experiência impressionante. E ele ficou muito comovido".

Quando fechou, em outubro de 1965, depois de duas temporadas, a feira havia recebido 51 milhões de visitantes, e quase 47 milhões deles, ou 91%, tinham visto uma das quatro exibições de Disney, fazendo dele claramente um dos maiores sucessos da feira. Mas nem todos ficaram enamorados das contribuições de Disney. Escrevendo na revista *Life* pouco depois da abertura, o arquiteto e educador de arquitetura Vincent Scully lamentou: "Se Isto é arquitetura, Deus nos ajude." Prendendo-se à ideia de que Disney estava agora criando fac-símiles de experiências que empalideciam em contraste com a coisa verdadeira e, mesmo assim, substituta da coisa verdadeira, Scully acusou-o de ser um homem que "vulgariza tanto tudo em que toca que os fatos perdem toda a força, coisas vivas, sua estatura, e a 'história do mundo' seu significado. Disney provê um tipo de realidade falsa – mais horrivelmente exemplificada pela horrível figura de Lincoln que se movia e falava em algum lugar da feira – que todos nós aceitamos rapidamente demais em lugar da verdade. Temo que o Sr. Disney tenha o nosso número." Era uma acusação que seria feita de forma crescente a Walt Disney: ele não apenas retirava a agudeza e o perigo de sua arte; ele encontrara uma forma de fazer isso na vida em geral.

Mas Walt parecia imune à crítica. A feira não havia sido feita para agradar a intelectuais. Tinha sido uma performance. O Carrossel do Progresso foi levado de volta para a Disneylândia e instalado sem o Skydome Spectacular e a demonstração de fissão nuclear, mas com um diorama de uma cidade futurística. É um Mundo Pequeno também foi mandado de volta para a Califórnia e inaugurado na Disneylândia sob o patrocínio do Bank of America. Mesmo antes de a feira acabar, o novo e melhorado Abraham Lincoln debutou na Disneylândia como parte da celebração dos dez anos do parque. Apenas a Ford, apesar das tentativas de Walt de atraí-la, decidiu não transferir a exibição para a Disneylândia, embora Walt tivesse tirado os dinossauros e, mais tarde, os colocasse no parque como parte do Mundo Pré-Histórico (Primeval World) da Disneylândia, com a ferrovia Santa Fé & Disneylândia. Nesse meio tempo, Walt foi inundado de ofertas de todo o mundo para projetos semelhantes. O Museu de Cera Madame Tussaud até lhe pediu para fazer um Winston Churchill audioanimatrônico. Embora declinasse desses convites, Walt sempre quis usar essas exibições para atrair outras corporações para patrocinar atrações na Disneylândia e, enquanto a feira se encerrava, Jack Sayers se reunia com IBM, Cera Johnson, Hertz, Clairol e a Casa de Fórmica para sondar seu interesse.

Mas as exibições não foram a única coisa que Walt tirou da feira. No fim da primeira temporada, ele convidou o major-general William E. "Joe" Potter, o vice-presidente executivo da feira, a ir ao estúdio para discutir a possibilidade dele se juntar à companhia em um cargo especial e altamente secreto, e Potter concordou em fazê-lo. O papel de Potter seria chefiar um novo projeto, Projeto Futuro, como Disney inicialmente o chamou – para o qual a feira havia sido o que Card Walker chamou de "campo de experiência". Agora, com Potter a bordo, o teste havia acabado, e a próxima etapa, a "pequena coisa" que o impediria de ficar obcecado em superar *Mary Poppins* – estava para começar – exceto que não era pequena. Era grande – grande além do que se poderia crer.

V

Logo após a inauguração da Disneylândia, Walt foi bombardeado com perguntas sobre se construiria outro parque temático, e sempre negava a existência de planos para a construção de um novo parque. Afirmava que a Disneylândia era única e que ele não podia sequer imaginar um parque do qual não estivesse perto o bastante para supervisar, mas, em 1958, ele e a NBC, aparentemente percebendo que haviam perdido o bonde da Disneylândia, encarregaram conjuntamente a SRI de fazer um estudo de viabilidade para um parque vizinho a New Jersey Turnpike, em um pântano perto de Secaucus. O relato concluiu que o parque precisaria de 76 mil horas de capacidade de voltas em atrações em comparação com 46 mil da Disneylândia na época; que só poderia ser operado 120 dias por ano devido ao clima; que custaria US$ 46,4 milhões; e que daria um retorno baixo sobre o investimento que "não aponta para uma aventura lucrativa". Walt tinha suas próprias dúvidas. Ele não sentia que a área de Nova York daria suporte a um parque temático porque, disse a Harrison Price, "essa plateia não reage". Outras ofertas vieram da nova capital brasileira, Brasília – "Walt está interessado e pode ir pessoalmente ao Brasil se a coisa toda parecer promissora", disse um executivo da Disney aos colaboradores – de Niagara Falls; Monterey, Califórnia e Kansas City.

A perspectiva mais promissora pareceu ser um plano para o centro de Saint Louis que, aparentemente, Walt estimulou quando uma comissão de planejamento do ducentésimo aniversário da cidade perguntou se o estúdio poderia produzir um filme para a ocasião, e Walt contrapropôs com um empreendimento imobiliário. Funcionários pularam sobre a ideia. Uma delegação de St. Louis, que incluiu o prefeito da cidade, encontrou-se com Walt no estúdio em março de 1963, e após isso Walt encarregou Harrison Price de fazer outro estudo de viabilidade. Dois meses depois, Walt visitou St. Louis com Lillian, Sharon e o marido de Sharon, Robert Brown, para conhecer a área de reloteamento imobiliário chamada Riverfront Zone, e fez outra visita em novembro, na qual expôs seus termos: a Corporação Centro Cívico de Reloteamento proviria um edifício para abrigar as atrações, e Disney forneceria as atrações, das quais a companhia Disney teria propriedade e controle. No fim do mês ele se reuniu com os criadores da WED para discutir atrações em potencial: um filme Circarama em St. Louis, uma exibição audioanimatrônica, um bairro francês de Nova Orleans, uma casa assombrada, um salão de pássaros Audubon, uma caverna de Davy Crockett e um navio-pirata.

Walt continuou a conferenciar tanto com funcionários de St. Louis como com seus criadores ao longo da primavera e, em julho, o *New York Times* informou que Walt finalmente se comprometera com uma segunda Disneylândia, um parque dentro de um prédio de cinco andares a ser instalado em uma área central de St. Louis. Mas Walt ainda não se comprometera com nada e, apesar das notícias, escreveu para um correspondente que "o projeto de St. Louis está apenas no estágio de conversação". No fim do ano ele havia perdido o interesse. Alguns falsamente alegaram que August Busch, Jr., o cabeça da fábrica de cerveja Anheuser-Busch, localizada em St. Louis, havia censurado Walt, chamando-o de "louco" por declarar que não seria permitido vender bebida alcoólica no parque; outros afirmaram que Walt e funcionários locais não se entenderam sobre o custo, projetado por Disney em US$ 40 milhões.

Mas a causa real pode ter sido que Walt, pela primeira vez, havia encontrado um lugar melhor. Desde o início, quando contemplou pela primeira vez a ideia de outro parque temático, um de seus locais mais lógicos seria a Flórida, em grande parte por causa do clima e, já em 1959, Walt disse honestamente a um repórter do Miami Herald que havia passeado de carro pelo estado e chegado à conclusão que "a Flórida seria melhor que a Califórnia em muitos aspectos". Isso não era apenas conversa fiada. Na época, Walt já estava em discussões com a RCA e com o multimilionário John D. MacArthur, chefe do Banker's Life Insurance, sobre o desenvolvimento de um "empreendimento recreativo" chamado Cidade do Amanhã em cinco a seis mil acres ao norte de Palm Beach que MacArthur possuía. O plano era colocar um novo parque temático em uma comunidade planejada, exatamente como Walt havia planejado instalar escolas em uma Cidade das Artes. Como sempre, Walt havia encarregado Harrison Price de fazer um estudo de viabilidade, e Price determinou que "a área oferece um comparecimento potencial a um parque temático que se equipara ou excede o experimentado pela Disneylândia no sul da Califórnia". Até Roy percorreu a área na limusine de MacArthur, especialmente equipada com um sistema hidráulico que levantava o carro acima das pequenas palmeiras, depois foi para Nova York para fazer lobby com a RCA, na esperança, ele disse, de que os projetos da WED na feira mundial "influenciassem os planos da RCA".

Como se revelou, o plano fracassou e foi finalmente abandonado. "Simplesmente, não estava funcionando", foi como Bill Cottrell colocou. Mas o entusiasmo por um novo parque na Flórida ainda era grande. Em seus estudos, Price esbarrara com um fato teimoso: "Era que a Disneylândia em Anaheim – apesar de sua alta penetração no turismo no sul da Califórnia – tinha uma baixa taxa de penetração anual nas populações do leste." Segundo seus cálculos, levaria cem anos àquela taxa de comparecimento para saturar a população a leste do rio Mississippi, que então constituía dois terços da população do país. A única forma de atingir essa população, acreditava Price, era construir um parque no leste, e o melhor lugar para construí-lo seria a Flórida. Price já informava Walt dos locais possíveis na primavera de 1961, enquanto Donn Tatum, agora vice-presidente de administração do estúdio, foi à Flórida para pesquisar propriedades disponíveis no cinturão central do estado. "Estamos mais entusiasmados que nunca sobre os potenciais e esperamos sua orientação para levar o plano adiante", Tatum escreveu para Walt depois que voltou.

Essa orientação não viria de imediato, muito provavelmente porque Walt estava ocupado em planejar as exibições para a feira e impulsionar o estúdio novamente. Mas, em algum momento de 1963, ele convocou um grupo pequeno, altamente seleto e discreto de executivos – entre eles Tatum, Card Walker e Joe Fowler, o vice-presidente da Disneylândia – e os encarregou de encontrar de cinco a dez mil acres na Flórida para um novo parque. (O tamanho era necessário porque Walt sempre lamentou não ter mais propriedades em torno da Disneylândia para impedir a vizinhança de vulgarizar-se e anular o "efeito Disneylândia".) Ele pôs um nome em código para a empresa que variava entre Projeto Futuro ou Projeto X para manter seu segredo. Quando Walt revelou seus planos para Lillian, ela mais tarde admitiu que ficou zangada. "Para que você quer fazer isso?", perguntou. Ao que Walt, que na época trabalhava na feira mundial e no CalArts, assim como na programação de produção do estúdio, replicou: "Eu ficaria estagnado se não fizesse coisas novas."

Desde o começo foi uma operação secreta. Ninguém poderia saber que Walt Disney estava tentando comprar propriedades ou os preços subiriam. Como Card Walker explicou o esquema para Walt naquele setembro, "nós escolheríamos cuidadosamente uma terceira parte (como o governador Arnell) que seria o nosso disfarce. Ele estaria procurando a terra para outra companhia ou pessoa cuidadosamente selecionada. Em troca, essa terceira parte selecionaria um agente imobiliário ou advogado conhecido no setor que, a partir de um plano pré-determinado, reuniria a terra. O agente imobiliário nunca saberia que estamos envolvidos. Teríamos uma equipe de acompanhamento e informação de todos os movimentos à medida que eles se desenvolvessem. A terra, por exemplo, poderia ser para uma 'cidade da aposentadoria' para cidadãos idosos, por sua similaridade com o nosso projeto".

Enquanto isso, a continuação das negociações em St. Louis e as discussões com a Seagram's sobre o desenvolvimento de Niagara Falls se tornaram subterfúgios. Naquele novembro, Walt, Sharon, Bob Brown, e um punhado de executivos voaram para St. Louis e depois para Niagara Falls e Washington, D.C. antes de seguirem para a Flórida, onde Walt dirigiu de Tampa a Ocala, olhando a terra. Na viagem de volta para a Califórnia, eles voaram sobre a costa da Flórida para observa-la e, quando se dirigiram para oeste, de acordo com um relato, Walt decidiu, conclusivamente, que o parque seria situado na área central da Flórida, perto de Orlando, de forma a não ter de competir com o oceano ou com o golfo. Naquele mesmo dia, 22 de novembro, em uma escala de reabastecimento em Nova Orleans, Walt soube que o presidente Kennedy havia sido assassinado.

Walt visitaria novamente a Flórida diversas vezes ao longo dos seis meses seguintes, mas Robert Price Foster, o vice-presidente para assuntos legais da Disneylândia a quem Walt confiara a implementação do plano de Card Walker de comprar terra, achou que Walt parecia menos interessado no parque em perspectiva que em voar em seu novo jato Gulfstream, que o estúdio comprara em março. Em abril, enquanto

Walt assistia à abertura da feira mundial, Foster dirigiu-se a Miami para encontrar-se com um advogado da Flórida chamado Paul L. E. Helliwell, que viera recomendado pelos advogados da Disney em Nova York. Foster foi tão cauteloso que esperou horas antes de dizer a Helliwell, antigo oficial do OSS na II Guerra Mundial, que Walt Disney era o cliente, e quando Helliwell recomendou um corretor de imóveis chamado Roy Hawkins para identificar propriedades, Foster também não confiou imediatamente nele para dizer quem era o cliente. Na verdade, Foster começou a usar o nome Bob Price, para evitar que alguém o ligasse aos Disney.

Durante a primavera e o verão Foster escolheu propriedades e começou a comprá-las por intermédio de uma série de corporações de fachada, nove ao todo, mas Roy arriscou-se a se expor quando decidiu ir em pessoa a Jacksonville para negociar a compra de um terreno particularmente grande e importante. Mesmo assim, a companhia operava secretamente. Apenas em junho de 1965, segundo Foster, Walter reuniu um grupo em sua sala, que incluía não apenas o comitê do Projeto X, como também a diretoria, para anunciar que o novo parque seria construído e descreveu seus contornos – um encontro que Foster chamou de "nossa própria convenção constitucional".

Naturalmente, tudo isso era mantido dentro da companhia. Até memorandos internos sobre o parque eram numerados para poderem ser identificados; quando, durante uma visita à Flórida, uma garçonete o reconheceu. Primeiro Walt negou que fosse realmente Walt Disney, depois pediu a ela que prometesse não dizer a mais ninguém quem ele era. Publicamente, Walt continuava a negar qualquer interesse em um parque temático na Flórida. "Há tantas coisas que ainda não fizemos na Disneylândia", disse a um repórter do *Daytona News-Journal* em abril. "Neste momento, estamos nos preparando para gastar US$ 50 milhões nos próximos cinco anos para remodelar nossa 'Terra do Amanhã'." Mas, àquela altura, Walt já havia comprado 27 mil acres a um preço pouco superior a US$ 5 milhões – cerca de um décimo do custo por acre que ele fora obrigado a gastar na Disneylândia doze anos antes – e todo o dinheiro para a compra saiu do estúdio.

Até os funcionários do estado deviam ser mantidos no escuro. Em agosto de 1965, Roy recebeu um telefonema de um velho contato da Prudential que se aposentara e se tornara presidente da Comissão de Desenvolvimento Imobiliário da Flórida, perguntando se ele e o governador da Flórida, que voltavam de uma visita a Hong Kong, poderiam encontrar-se com Roy no estúdio "para vender a você a ideia de possivelmente construir uma planta de entretenimento na Flórida". Roy, discretamente, disse que nem ele nem Walt estariam disponíveis. "Menti um pouco sobre estarmos longe", escreveu para Walt, porque "acho que seria prematuro expormos nossas cartas". Tanto Helliwell quanto Hawkins, que finalmente ficou a par do segredo, aconselharam Roy e Walt a encontrar-se com o governador somente na presença de funcionários do condado e cidadãos importantes de Orlando para que o governador não pudesse renegar depois quaisquer promessas que fizesse.

Mas a companhia só pôde esconder seus planos até esse ponto. Uma repórter do Orlando Sentinel-Star que visitava o estúdio com um contingente da imprensa no verão de 1965 perguntou por que Walt havia percorrido a área de Orlando, ao que Walt, evidentemente surpreso, deu uma resposta vaga. "Parecia que eu havia atirado um balde de água na cara dele", ela disse. Poucas semanas depois, a secretária de Walt avisou-o de que a repórter, Emily Bavar, estava suspeitosa. De fato, em outubro, Bob Foster e Bob Jackson, vice-presidente para relações públicas da WED, estavam na Flórida, investigando locais para uma entrevista coletiva de imprensa em que anunciariam os planos para o parque, quando viram a manchete do Sentinel-Star no saguão do Cherry Plaza Hotel. "Nós dizemos: a indústria Disney é 'misteriosa'", dizia o título. A reportagem de Bavar explicava que Helliwell e Hawks vinham comprando terra para um novo parque temático Disney, e até citava o proprietário de um armazém local na periferia da propriedade de Orlando que afirmava que homens estranhos da Califórnia iam até seu armazém para comprar refrigerantes. "A única coisa que posso lhe dizer é que é grande e gordo", disse Helliwell inescrutavelmente.

O governador da Flórida, Haydon Burns, confirmou a reportagem naquele dia e Walt fez o anúncio formal no Cherry Plaza, em Orlando, em 15 de novembro de 1965, em uma coletiva – na verdade, duas coletivas – a que compareceram cerca de 500 repórteres. "Ainda temos muito trabalho a fazer antes de sequer começar a pensar em construir", Walt lhes disse. "Não se pode sair e comprar um mundo inteiramente novo de entretenimento sem um bocado de estudos e antes que nosso pessoal resolva um monte de problemas." Ele antecipou que fazer o projeto levaria 18 meses e que mais 18 meses seriam necessários para implantá-lo com o objetivo de inaugurar o parque em 1969, e disse que gastariam US$ 100 milhões só para "pôr o pé na estrada". Depois, apresentou slides para ilustrar o efeito que a Disneylândia teve no sul da Califórnia – quase US$ 1 bilhão em receitas. O governador Burns, que afirmou ser o dia 15 de novembro "o mais significativo da história da Flórida", predisse um aumento de 50% no turismo e na arrecadação tributária. Mas Walt disse que, embora obviamente esperasse ganhar dinheiro, "fazer dinheiro é a coisa mais distante de nossos pensamentos nesse novo empreendimento. Falo sério. Queremos que seja um trabalho de amor".

Walt tangenciou a filosofia ao dizer, "queremos algo educativo, alguma coisa que mantenha a família unida – isso seria um crédito para a comunidade, para o país como um todo", mas foi vago em relação a coisas específicas e disse a um empregado que havia feito um "trabalho ruim" em sua apresentação. Na verdade, não havia sido específico porque não havia coisas específicas a mencionar além da ideia de que seriam duas "cidades", a Cidade do Ontem e a Cidade do Amanhã. Realmente, de acordo com Robert Foster, Walt ainda não vira exatamente a propriedade até a manhã do anúncio, quando a sobrevoou em seu Gulfstream, e não pôs o pé nela até a manhã depois do anúncio, quando esbarrou lá com Roy, Donn Tatum, general Potter e um político local, andando em um barco a motor em um lago na propriedade com o que Foster chamou de "uma rara expressão de aprovação".

A verdade era que Walt não estava especialmente interessado em construir outro parque de diversões no Disney World, como o novo complexo se chamaria, e quando Roy formou um comitê central para estabelecer a estratégia geral para o parque, Walt não era sequer membro dele. Walt já havia construído um parque e, como disse Roy a um jornalista, "Walt resiste instintivamente a fazer a mesma coisa duas vezes. Ele gosta de experimentar coisas novas". O que ele não havia feito – o que havia esperado tanto tempo e sonhado em fazer desde, no mínimo, a Cidade das Artes – era criar um ambiente totalmente urbano desde o princípio: uma cidade perfeita. Walt não gostava particularmente de cidades – enquanto viajava no trem de volta da Feira Ferroviária de Chicago em 1948, comentou com Ward Kimball que não podia entender por que as pessoas viviam nas cidades quando podiam viver nos espaços abertos – e odiava especialmente o desenho urbano de Los Angeles. Os criadores disseram que, quando estavam planejando a Cidade do Amanhã, Walt ficava trazendo livros sobre planejamento e falando sozinho sobre tráfego, ruído e anúncios de neon, e tinha três volumes em sua sala aos quais frequentemente se referia: *Garden Cities of Tomorrow*, por Sir Ebenezer Howard (originalmente publicado em 1902 e reeditado em 1965), que propunha a visão de uma vida urbana mais pastoral; e *The Heart of our Cities* e *Out of a Fair, A City*, ambas de um arquiteto e design de shopping centers chamado Victor Gruen, que defendia a recriação da cidade de forma mais ordenada, racional, humana. O interesse de Walt em planejar a cidade era tão intenso que o escritor de ficção científica Ray Bradbury, que encontrou Walt em uma loja de departamentos em uma saída para compras de Natal e se tornara seu amigo, lhe perguntou se não queria concorrer a prefeito da cidade de Los Angeles. "Por que deveria concorrer a prefeito se já sou o rei?", disse lhe Walt.

O atrativo da Disney World para Walt – seu único atrativo para ele – era que ele finalmente teria a oportunidade de construir uma cidade utópica adjacente ao parque temático, como um lugar em que os empregados do parque poderiam viver. Para aqueles que diziam que Disney não tinha interesse em solucionar problemas contemporâneos, apenas interesse em ignorá-los, essa também foi sua resposta às enfermidades sociais, especialmente a intranquilidade das cidades. "Walt estava interessado em resolver o problema de uma área comercial central e de uma área residencial coexistente e fazer a coisa toda funcionar para promover o fluxo de pessoas e de tráfego para dentro e para fora", disse o criador da WED Martin Davis. Walt sabia que não poderia resolver sozinho todos os problemas, sem importar o quão extensivo fosse o seu planejamento, e sabia que não poderia resolvê-los imediatamente. O que antevia, em lugar disso, era uma comunidade experimental em que, disse Davis, "as pessoas que vivessem lá poderiam ser uma fonte constante de teste de nossos materiais e ideias e filosofias". Ele a chamou de Experimental Prototype Community of Tomorrow, ou EPCOT e, como Martin Davis disse, "era o verdadeiro tema" do Disney World.

Apesar de experimental, a comunidade também era real – "uma comunidade viva, que respirava", como disse Walt – com 20 mil residentes em 1980, embora em outros momentos Walt calculasse a população em 60 mil ou até 100 mil. "Ela se preocupará com educação pré-escolar", ele disse, "ambiente doméstico, emprego." Teria um centro para adolescentes, em um esforço para prevenir a delinquência, e uma instalação próxima para cidadãos idosos. Teria áreas recreativas e para templos religiosos. Para o governo, embora Walt nunca delegasse sua autoridade máxima, contemplava um sistema bifurcado em que a companhia controlava todo o planejamento e toda a construção enquanto outras questões eram determinadas por um processo democrático. Em outro momento, sugeriu que os residentes fossem alternados em "sabáticos" para que ninguém tivesse direito de voto permanente.[6] De fato, sua visão era tão expansiva e futurista que, de

6 Esta questão se mostrou difícil. Walt não queria ficar sujeito aos caprichos de eleitores ou burocratas locais, e seus advogados recomendaram que ele conseguisse fazer a legislatura da Flórida aprovar dois ou três municípios na área de Orlando para criar um zoneamento, a participação na cobrança de impostos, a adoção de códigos de construção, controle do consumo de bebidas e regulamentação de licenças. "O benefício primário derivado da formação de nossas municipalidades é o controle", escreveu com franqueza para Walt o advogado Richard Morrow. Walt não aprovou imediatamente a ideia, aparentemente porque o chefe da Universal Jules Stein avisou-o sobre os problemas que havia enfrentado na Cidade da Universal na Califórnia. Mas Walt finalmente concordou – e a legislatura da Flórida finalmente aprovou – com um distrito em separado para o parque, que efetivamente removeu o parque do controle dos eleitores e funcionários de Orlando, mas deixou sem revolver o problema do que aconteceria quando EPCOT fosse habitada. Memo, Richard T. Morrow para Walt, Re: Municipalidades da Flórida, 24/nov/1965, Arquivo

certa forma, ficava a dever tanto às suas animações quanto ao seu parque. "Walt esperava coisas que as pessoas previam para daqui a 25, 30 anos no futuro", disse Joe Fowler. "Ele esperava uma casa completamente autossuficiente, com sua própria planta de geração de energia, sua própria eletricidade, nenhuma sujeira ou coleta de lixo, tudo automaticamente resolvido por encanamentos locais... Ele esperava o transporte em todas as suas formas modernas, sem automóveis nas ruas. Esperava instalações educacionais que estivessem vinte anos à frente." Robert Moses, outro monumentalista que apreciava a escala da ambição de Walt, disse que o EPCOT era "demais" e predisse que seria "o primeiro centro urbano livre de acidentes, ruído e poluição da América".

Naturalmente, a WED não estava equipada para fornecer a tecnologia por conta própria. Walt precisava de sócios, exatamente como havia necessitado deles na Disneylândia, mas em vez de procurar arrendatários corporativos que dessem financiamento, como havia feito na Disneylândia, ele desejava capital intelectual para o EPCOT. (Esta foi sem dúvida uma das razões de ele ter sido tão rápido em forjar alianças corporativas para a feira mundial.) Meses depois do anúncio, ele e sua equipe visitavam várias companhias novamente – GE, Westinghouse, RCA – para perguntar em que estavam trabalhando e se estariam interessados em usar o EPCOT como laboratório para testar novas tecnologias, de modo que o EPCOT fosse uma amostra do know-how americano, assim como um exemplo da imaginação de Walt Disney.

Agora, com o EPCOT, ele voltava à WED, como havia voltado ao planejar estágios para a Disneylândia e antes da feira mundial. Perguntou ao seu amigo e vizinho, o destacado arquiteto Welton Becket, que havia desenhado o complexo Century City em Los Angeles na época, se queria fazer um plano para o EPCOT mas, segundo Martin Davis, Walt ficou desapontado com a apresentação de Becket. Davis suspeitou de que Walt sentia que os edifícios pareciam pouco hospitaleiros, e por isso, da mesma forma que fizera com a Disneylândia, Walt deu a tarefa para os Imaginadores. Davis disse que os planos originais de Walt tinham sido escritos em um guardanapo de papel do café da manhã e, que sempre que Walt tinha uma nova ideia, ele dava a Davis outro guardanapo com um desenho. Às vezes, os Imaginadores, tentando adivinhar as intenções de Walt, pegavam os guardanapos do lixo onde Walt os havia atirado.

À medida que os planos tomavam forma, Walt visitava os escritórios três ou quatro vezes por semana, normalmente mudando os modelos de lugar no layout e, quando o EPCOT se mudou da pequena toca em que estava na WED para uma sala maior, de

M, Walt Disney Corr., Inter-Office, 1965-1966, J-Reddy, A1654, WDA; Foster, p. 160-161, 188-91. (N.A.)

teto alto, que foi chamada de Sala Flórida, Walt sentava-se na cadeira de armar, como um criador lembraria, "desenhando com um grande lápis enquanto todos nós sentávamos em volta, as ideias indo e vindo, da direita e da esquerda". Quando terminaram, haviam desenhando uma cidade de 5 mil acres, disposta em um círculo de três milhas de diâmetro. (Como no caso de Mickey Mouse, o círculo era a forma do conforto.) No centro da cidade ficava o coração comercial de 50 acres; em alguns planos era um complexo totalmente fechado com ar-condicionado, um hotel de 30 andares, lojas, mercados e cinemas situados em zonas internacionais. Irradiando-se em círculos concêntricos do centro comercial havia um parque como um cinturão verde, áreas de apartamentos de alta densidade e áreas residenciais de baixa densidade. O tráfego e o recolhimento de lixo seriam feitos por via rápida subterrânea, e o transporte público, um monotrilho, correria dos círculos de fora para os de dentro, onde as pessoas tomariam "transportadores de gente" ou pequenos trens elétricos. Um parque industrial estaria situado próximo, conectado pelo monotrilho, e toda a cidade seria servida por um aeroporto. No meio de tudo isso, como Walt imaginou, estaria o próprio Walt. "Eu me recordo vividamente de me sentar ao lado de Walt em um avião quando ele apontou para o centro de EPCOT, uma área de forma oval", relatou mais tarde o criador Bob Gurr. "Walt disse: 'Quando o EPCOT for levantado e começar a funcionar e quando tivermos todos os participantes aqui, neste lugar haverá um pequeno banco onde Lillian e eu nos sentaremos para observar'". Mas este pequeno momento de descanso teria de esperar.

VI

Se Hollywood usou Walt Disney para se defender de acusações de depravação, da mesma maneira os protetores da cultura americana o usaram para defender o país das acusações de materialismo, imperialismo, racismo e hipocrisia que agora eram levantados à medida que protestos pelos direitos civis cresciam, o envolvimento militar no Sudeste Asiático aumentava e as fissuras no tecido social da América se alargavam. Para os otimistas, Walt Disney era o antídoto vivo para todo o tumulto, a personificação de tudo que ainda estava certo com a nação. Ele era um herói de Horatio Alger cuja vida demonstrava a mobilidade social. Era um artista ingênuo cujo trabalho mostrava despretensão e um bom senso Jamesiano.[7] Era um visionário cujos planos demonstravam a amplitude da imaginação americana e o poder da vontade americana. E não

7 Referente ao filósofo americano William James. (N.T.)

importava como ele se comportava privadamente em seu estúdio, publicamente era um homem modesto, afável e decente cuja imagem demonstrava a própria decência da América e sua generosidade de espírito.

Embora o próprio Walt mal admitisse os problemas do país em público (salvo por resmungos periódicos sobre o declínio moral de Hollywood) e apesar de já ter negado seu interesse em política e até renunciando à participação na Motion Picture Alliance, quando, sem consultar seus membros, ela atacou a Associação de Escritores por rejeitar uma resolução que barrava escritores que não haviam assinado um juramento de fidelidade, os políticos ainda procuravam seu apoio. Ocasionalmente ele o dava, e ativamente solicitou doações para a campanha de Eisenhower em 1956 e usou um adesivo dos candidatos republicanos à vice-presidência Richard Nixon e Henry Cabot Lodge no pequeno carro motorizado em que circulava pelo estúdio. (Segundo Ward Kimball, Walt tentou forçar os empregados a contribuir para a campanha de Nixon, até que Milt Kahl, ele próprio um ardente republicano, objetou.) Walt se envolveu na campanha presidencial de Barry Goldwater em 1964, encontrou-se com ele na convenção republicana em San Francisco, doou US$ 16 mil para a sua campanha e ofereceu-lhe o uso dos aviões da companhia. Ao agradecer a Diane por igualmente apoiar Goldwater, Walt comparou o apoio "a levantar armas contra o inimigo".

O apoio de Walt à candidatura ao Senado de George Murphy, ex-dançarino e estrela de musicais que Walt conhecia havia anos, foi ainda mais fervente que sua entusiástica ajuda a Goldwater, conservador declarado que se opunha à seguridade social. Quando pensou pela primeira vez em concorrer ao Senado americano, em 1964, Murphy contou que consultou Walt e este lhe disse: "Fale com bastante gente e você vai ganhar". Depois que Murphy anunciou sua candidatura, Walt não apenas contribuiu generosamente, como emprestou mobília para o comitê-sede da campanha, presidiu um jantar de levantamento de fundos para ele, pôs anúncios de página inteira nos jornais na última semana da campanha e disponibilizou um mailing maciço para a campanha. Até Lillian, democrata registrada, juntou-se a um grupo de Democratas por George Murphy. Mesmo depois que Murphy venceu, no entanto, Walt não ficou especialmente politizado. "Tive meu pequeno experimento em política no ano passado", disse a um repórter em 1965. "Não é realmente muito interessante."

Na verdade, apesar de seu republicanismo, Walt Disney pertencia a todos. Quando o Tournament of Roses estava procurando um grande representante para a sua parada de 1º de janeiro de 1966, a primeira a ser transmitida para a Europa, via satélite Telstar, seus organizadores pediram a Walt que fosse o representante porque, disseram aos executivos do estúdio Disney, sentiam que "ele era uma pessoa de que país nenhum poderia reclamar". Ele era, informou o *New York Times* na época, "reverenciado e honrado quase ao ponto do absurdo", mas nenhuma das honras poderia ter sido maior que a Medalha Presidencial da Liberdade, a mais alta condecoração civil que a nação pode conceder. Walt a recebeu do presidente Lyndon Johnson na Casa Branca durante a campanha presidencial de 1964 – Walt usava um bóton de Goldwater sob a lapela – e foi uma medida de seu status que entre seus colegas homenageados naquele dia estivessem os poetas T. S. Elliot e Carl Sandburg, o romancista John Steinbeck, o historiador urbano Lewis Mumford, o historiador naval Samuel Eliot Morison, o artista plástico Willem de Kooning, o compositor Aaron Copland, o colunista Walter Lippmann, o jornalista Edward R. Murrow e Helen Keller. Walt Disney estava no panteão.

Mas com a celebridade veio uma reação. Antes da guerra, Walt Disney era considerado uma feliz exceção à cultura de massa que muitos observadores – incluindo Dwight Macdonald, C. Wright Mills e William Whyte – avisaram que estava ameaçando a saúde cultural da nação. Desde a guerra, alguns intelectuais sentiram, como Vincent Scully, que o próprio Walt havia se tornado uma pessoa vulgar, membro de uma corporação que banalizava a cultura mediante a comercialização e a simplificação. Uma autoridade em literatura infantil disse que achava "quase tudo questionável" na versão Disney dos contos de fada. "Ele pega uma grande obra-prima e a torna menor" e não "deixa nada à imaginação infantil". Após o sucesso da Disneylândia, no entanto, uma crítica mais profunda emergiu, em que a própria Disneylândia era o principal alvo. Esses detratores sentiram que Walt Disney não havia tanto aperfeiçoado a realidade, como lhe dado uma aparência enganosa; seu mundo sintético, do qual o perigo havia sido purgado, era um meio de evitar as questões que agora confrontavam a nação e de encobrir as contradições. Não apenas a Disneylândia se tornara agora uma fortaleza contra a realidade, o que, naturalmente, tinha sido a intenção de Walt; ela também provia um modelo e até uma sensibilidade para transformar a realidade que se tornava universal, o que queria dizer que Walt havia se impregnado na consciência americana. Como disse o filósofo francês Jean Baudrillard, a "Disneylândia nos é apresentada como imaginária para nos fazer crer que o resto é real, quando, de fato, todo o entorno de Los Angeles e a América que a rodeiam não são mais reais, mas estão na ordem do hiper-real e da simulação". A Disneylândia se havia tornado uma metáfora da América – uma América que crescentemente optava pela fantasia e, acreditavam seus críticos, pagava um alto preço por fazer isso. Mais do que a arquetípica nação da imaginação que Walt havia criado nos anos 1950, esta era a América de Walt Disney.

Se a Disneylândia era uma metáfora, o próprio Walt Disney também o era, sua imagem não menos sintética que a de seu parque temático. Assim como o Walt Disney do pós-guerra se tornara a personificação do poder corporativo da América, toda a bonomia, todos os sedativos, todas as declarações de anti-intelectualismo e as sugestões de moralismo, todos os relatos dramáticos de luta pessoal, perseverança e triunfo, haviam convertido Walt Disney na própria personificação não apenas dos valores americanos sólidos, mas de algo mais: de um conservadorismo pessoal e político que não podia suportar crítica ou mudança. Desde os anos 1950, a América via o que o jornalista Geoffrey Hodgson chamou de "desapontamento das expectativas". Os americanos tinham desfrutado um crescimento econômico de pós-guerra que aumentara os salários e o padrão de vida, mas esses ganhos, escreveu Hodgson, "pareciam negados emocionalmente por uma sensação de perda e de ameaça", especialmente entre a classe média branca – a linhagem de Walt Disney – "que tinha visto seu status 'relativamente privilegiado' sucessivamente erodido por quase todos os programas de desenvolvimento social dos últimos cem anos: a imigração, a urbanização, o eclipse do protestantismo, a inflação, a depressão e, agora, o crescimento gerado pela guerra e os altos salários que trouxe para todos os outros grupos". Colocado de outra maneira, o velho ideal da América do século XIX desaparecia rapidamente.

Como representante de tudo que era bom e decente naquela velha e ameaçada América, Walt Disney era há muito uma fortaleza contra a sensação de perda e de ameaça. Mas na agitada América dos anos 1960 – politicamente perturbada por assassinatos e tumultos urbanos, passeatas de protesto, guerra, e esteticamente subvertida pelos Beatles, pela violência impressa e uma sexualidade cada vez mais franca – o tio favorito da nação se tornou um anacronismo: um símbolo da conformidade em um tempo de dissenso. Ele sabia disso. Ocasionalmente, até mostrava ressentimento em relação a isso. Durante uma sessão de fotos em seu apartamento na Disneylândia, Walt, de acordo com o fotógrafo, subitamente afundou em sua cadeira, levantou uma garrafa de gim, puxou para baixo o zíper da braguilha, pôs a camisa para fora das calças e disse: "Que tal isso para capa de uma revista de fofocas?" Mas o fotógrafo se recusou a tirar a foto, recusou-se a comprometer seu fotografado. A imagem de Walt Disney era sacrossanta.

Mas a imagem do conformista impassível estava em discordância com o conteúdo dos filmes – o conteúdo real. Embora fossem inquestionavelmente conservadores em sua estética – até juvenis, como os críticos afirmavam – quando alguém se dava ao trabalho de examiná-los atentamente e não apenas assumir que, como produtos de tio

Walt Disney, eram necessariamente antigos e vazios, os filmes eram surpreendentemente modernos em seus pontos de vista e não exatamente inócuos como Walt havia declarado que eram. O rígido republicano que praticamente havia criado a visão popular da América do século XIX, afinal de contas suspeitava da autoridade e frequentemente a questionava, odiava o dinheiro e sua aquisição, desconfiava do materialismo, detestava a afetação e chegou a acreditar fervorosamente no internacionalismo; todos esses valores estavam presentes em seus filmes e, muito possivelmente, na disposição mental da geração que se acostumou a eles. Além do mais, sempre o dramático que descrevia suas próprias lutas, Walt se beneficiou mais com os rejeitados e marginalizados que com os poderosos, e esta tendência se expressava em seus filmes também – *The Ugly Duckling* (*O patinho feio*), *Ferdinand the Bull* (*O touro ferdinando*), *Morris the Midget Moose* (*Morris, o alce anão*), *Lambert the Sheepish Lion* (*Lambert, o leão medroso*).

Como um estudioso reavaliou 40 anos depois, os filmes de Disney na verdade frequentemente contradiziam os valores conservadores dos anos 1950 e 1960. Promoviam as ideias de que a vida podia ser árdua e infeliz, mas que apesar disso, se devia continuar a lutar (como em *Meu querido carneirinho* e *Old Yeller*) e se tinha, frequentemente, que conciliar dolorosamente os ideais e a realidade, mesmo que o próprio Walt tivesse lutado contra isso; a inocência está sempre em perigo em um mundo crescentemente materialista (como em *Peter Pan* e *Mary Poppins*); que, embora a ordem seja desejável, a autoridade é com frequência repressiva e, algumas vezes, tem que ser desrespeitada (como em *Johnny Tremain*); que a rebelião é uma forma perfeitamente aceitável de protesto (como em *Robin Hood*, Rob Roy e Davy Crockett, onde o herói expressamente desobedece a ordens); que as distinções de classe não são um produto do darwinismo social e as classes têm de encontrar um terreno comum (como em *Cinderela*, *A dama e o vagabundo*, e a série Spin and Marty); que a aceitação dos outros é um bem positivo (como na música de Davy Crockett de compreensão dos índios); que o reconhecimento público é menos importante que a realização pessoal; e, finalmente, que o individualismo, essencial como é, é melhor quando opera a serviço da comunidade. Até *Poliana*, aparentemente o mais melodramático dos filmes de Disney, se não um dos mais comoventes, expõe não as virtudes da cidade pequena, mas as hipocrisias da cidade pequena e ataca as forças da tradição e da riqueza, fazendo um chamado para uma aliança progressista de promoção da tolerância; e em um filme menos conhecido, *A Tiger Walks*, o impulso menckeniano[8] é tão forte que o americano comum é descrito como avarento e

8 Referente ao escritor e jornalista americano Henry Mencken, crítico acerbo da vida americana. (N.T.)

egoísta. Em resumo, Walt Disney foi feito para parecer um conservador – e ele mesmo se fez parecer um conservador porque isso se ajustava à disposição cultural da época – em seus filmes, ao menos, pode não ter sido conservador de maneira alguma, nem o obstáculo à nova América que frequentemente se dizia que ele era.

Enquanto promovia a comunidade, Walt Disney, muito possivelmente o homem mais famoso da América, também pode ter sido o mais solitário. A idade não o tornou mais sociável do que havia sido quando era um jovem escravizado ao seu estúdio. Os convites para jantar que chegavam ao estúdio quase sempre recebiam um enfático "não!" escrito com seu lápis vermelho, sublinhado, às vezes duplamente, e ele não era mais receptivo a convites para aparecer em eventos públicos, invariavelmente declinando deles. Mesmo quando suas filhas se foram, ele e Lillian raramente iam a festas, e velhos amigos, como os Sprackling, com quem haviam viajado nos anos 1950, desapareceram de suas vidas. Ele sempre encontrou consolo em seus mascotes e, depois que Duchess morreu, arranjou outra cadela chamada Lady, mas Lady morreu também. No estúdio, apesar de toda a atividade ele, às vezes, parecia solitário. Bill Peet se lembrava de Walt afundando em sua cadeira com um "suspiro lamentoso" e anunciar "está meio solitário aqui. Eu só queria conversar com alguém", depois começar a relatar a história de seu trabalho infantil e da crueldade de seu pai. Mas quando Bill Peet começou a falar de suas próprias misérias infantis, Walt "ficou de pé em um salto e disse 'tenho de ir'!" Marc Davis lembrou que viu Walt sentado sozinho no restaurante Tam O'Shanter uma noite. Davis convidou-o a ir ao cinema com ele e sua esposa. "E ele se fechou de repente e disse, 'não, vou ficar no estúdio hoje à noite'." "Ele sempre era reservado com as pessoas", disse Davis.

No fim do dia, ele bebia. Tommie Wilck, um de seus dois secretários, lhe servia uma mistura de uísque e água – principalmente água, disse. "Ele pode ter consumido um bocado de líquido, mas não acho que tenha sido muito uísque." Mesmo assim, os veteranos do estúdio sabiam que era melhor programar reuniões com ele pela manhã ou no início da tarde. "A partir das cinco horas todos os dias, um monte de pessoas dizia, 'tenho que ver Walt antes que ele abra a garrafa, porque geralmente não se pode conseguir a decisão que se quer depois", disse Ward Kimball a um entrevistador. Jack Kinney disse que quando trabalhava até tarde no estúdio, às vezes via o carro mudar abruptamente de direção quando Walt ia dirigindo para casa. "Era um caminho bastante longo", Kinney escreveu, "mas ele sempre conseguia. Devia ter alguém olhando por ele." Naturalmente, quando chegava em casa, uma das primeiras coisas que ele e Lillian faziam era tomar um coquetel e, em determinado momento, quando um médico determinou que, para perder peso, Walt passasse seus fins de semana em Palm Springs bebendo em vez de comer, ele começou a beber pesadamente.

Ele não tinha muitos amigos, nem tampouco muitas distrações. Gostava de assistir a jogos de beisebol e, durante anos, teve um camarote de temporada para o time da liga menor Hollywood Stars, finalmente comprando uma cota do clube. Quando um grupo de notáveis locais se organizou para tentar trazer um time da Liga Americana para Los Angeles, Walt entrou para a diretoria de conselheiros e até assistiu aos jogos de treinamento na primavera depois que a cidade foi premiada com uma franquia, os Los Angeles Angels. Mas além de fã de beisebol, Walt também parecia ter outro motivo: ele queria estabelecer o time em Orange County, perto da Disneylândia, presumivelmente como forma de ajudar seu parque.

Sua principal diversão, agora que não tinha mais seu trem, era boliche de grama. Ele ingressou no Clube do Boliche de Grama de Beverly Hills e também era membro de um pequeno clube de boliche em Smoke Tree. Walt não era especialmente bom – ele nunca tinha sido bom em esportes – e, quando um bolicheiro de 80 anos o derrotou, Walt advertiu-o a não deixar que aquilo lhe "subisse à cabeça!" porque "todo o mundo" o derrotava. Mesmo assim, Walt, que tinha uma bolsa com apetrechos de boliche para jogar sozinho, levou o jogo a sério o suficiente para organizar a ida de 30 bolicheiros do clube em Beverly Hills a Smoke Tree para um torneio e voar com um grupo de amigos a Buck Hill Falls, na Pensilvânia, para competir no torneio de duplas dos Estados Unidos. Ele e Lillian que, segundo Diane, achava "tola" a ideia de torneios de boliche, até cogitaram umas férias australianas com dois colegas entusiastas e suas esposas que coincidissem com o Campeonato Australiano de Boliche de Grama lá. Esses bolicheiros de grama se tornaram os amigos mais próximos de Walt Disney.

Para gastar a energia inquieta que não era esgotada pelo estúdio, ele ainda viajava, quase sempre acompanhado de Lillian e sempre pedindo camas duplas – as viagens usuais de verão para a Europa, um cruzeiro para Bora Bora, um 4 de Julho passado em Sun Valley, um fim de semana em Baja para a pesca de marlim, um viagem à Cidade do México para o programa Povo para o Povo, uma viagem a Banff com Diane e os netos. Quando o estúdio comprou seus aviões – um Beechcraft Queen Air em janeiro de 1963 e o Gulfstream em março de 1964 –, Walt começou a viajar rapidamente pelo país como havia viajado pela Europa. Como alguém que transformara em prática desligar-se da realidade e usara até seus trens menos como forma de unir lugares que de se isolar deles, ele gostava do ar. Sempre quis aprender a voar sozinho ("muito", disse Sharon), mas Roy o desencorajou, aparentemente com medo de que alguma tragédia acontecesse. Então, em vez disso, Walt passava horas no jato – 150 horas só entre agosto de 1965 e agosto de 1966.

Muitas dessas horas se passaram entre Burbank e Smoke Tree, onde ele remodelou sua cabana e instalou uma piscina, em grande medida para entreter os netos, com os quais esbanjava atenções da mesma forma que uma vez esbanjara atenção com as filhas. Ficou especialmente feliz quando, em novembro de 1961, Diane deu à luz a um segundo filho e pôs nele o nome do pai: Walter Elias Disney Miller. "Estou contentíssimo de ter um herdeiro homem com o meu nome", escreveu para o diretor Robert Stevenson, chamando isso de "notícia sensacional" e ainda reclamando por ela não ter dado seu nome ao primeiro filho. Walt adorava a companhia das crianças. Ele as levava para Smoke Tree, ou para a escola, e depois fazia com que fossem apanhadas lá e levadas para o estúdio, onde brincava com elas em seu escritório, ou as levava à Disneylândia para ficar em seu apartamento em cima da estação do corpo de bombeiros e dar uma volta pelo parque. Em geral, elas passavam um fim de semana por mês na casa em Carolwood. "Brincávamos na grama e em volta da grande piscina", lembrou Joanna Miller. "Empilhávamos a mobília do pátio para fazer jatos e foguetes. E vovô frequentemente ficava sentado lá na grama, lendo roteiros, desfrutando a irradiação de toda a atividade em torno dele."

VII

Foi quase como se Walt tivesse uma premonição. Mas não se tratava apenas da conversa sobre sucessão, ou dos sonhos fantasiosos sobre o que aconteceria com a companhia depois que ele se fosse. Um sentimento de melancolia parecia envolvê-lo. Ele estava reflexivo e, frequentemente, pensativo. Às sextas-feiras, no fim da semana de trabalho, ocasionalmente convidava os irmãos Sherman a seu escritório e discursava sobre o futuro. Depois, inevitavelmente, passeava até a janela, olhava para o espaço, como habitualmente fazia agora, e dizia "toquem-na!" – uma ordem tão familiar para os Sherman que eles sabiam que Walt queria dizer "Alimentem os pássaros", de *Mary Poppins*, sobre uma mulher velha do lado de fora da Catedral de São Paulo que vende sacolas de migalhas para alimentar os pássaros. Se Walt se referia à canção porque ele a relacionava com a solidão da mulher, ou se em uma vida de grandes gestos ele apreciava o pequeno gesto dela, ou se reconhecia nela sua própria mortalidade, ou se a mulher simplesmente o fazia lembrar-se de sua mãe, ele nunca disse, nem ninguém jamais saberia. Mas ao ouvir a canção, ele sempre chorava.

Mesmo assim, nem tanto a tristeza, mas a atividade, uma aparente necessidade de ocupação constante o caracterizava agora. Ele estava de volta ao tumulto e contente com isso. Quando Richard Schickel propôs escrever uma biografia – "o sujeito simplesmente tinha um desejo sincero de escrever o melhor livro já escrito sobre a contribuição de Walt para a educação, entretenimento e felicidade do mundo", um assessor de imprensa do estúdio disse a Joe Reddy depois da visita de Schickel –, o estúdio e Walt concordaram; depois, subitamente, Walt mudou de ideia e decidiu adiar o projeto. "No que me diz respeito, estou apenas no meio da minha carreira", escreveu para o editor que havia sugerido Schickel. "Tenho vários anos e vários projetos para tocar antes que a história da minha vida seja escrita. Não gostaria de ser julgado apenas pelo que realizei até agora, e tenho muitos planos para o amanhã, e estou muito ocupado com esses projetos futuros para ter tempo de voltar ao passado." (Em lugar da hagiografia que havia prometido, Schickel acabou escrevendo *The Disney Version*, um severo ataque a Disney.) Para o marido de sua sobrinha ele disse que não podia sequer deixar o estúdio para aceitar um prêmio no leste, admitindo: "Não sei quanto tempo me resta" e dizendo, "tenho de ficar aqui para fazer o máximo que posso para manter esse empreendimento vinte e cinco anos à frente da concorrência".

Ele estava com pressa e tinha muito que fazer. O estúdio produzia cinco filmes por ano – todos os quais Walt supervisava, no mínimo, informalmente, e alguns, mais que informalmente. Na verdade, ele esboçou um – Lt. Robin Crusoe, U. S. N., atualização cômica do romance de Daniel Defoe sobre um homem que fica preso em uma ilha – no verso de um saco de enjoo de avião, depois o entregou a Bill Walsh e Don DeGrady para convertê-lo em um roteiro. Quando Walsh lhe perguntou se queria crédito, Walt insistiu em tê-lo. A história original foi atribuída a Retlaw Yensid – "Walter Disney" de trás para frente. Ele continuava a apresentar o programa de televisão, para o qual agora ocasionalmente fazia viagens para reunir material, como fez em uma visita ao Centro Espacial e de Foguetes dos Estados Unidos em Huntsville, no Alabama, para outro programa sobre viagem espacial. Ele trabalhava no Projeto Marceline, apesar de Roy achar que não sobrava o suficiente da casa original dos Disneys e que a cidade devia criar uma corporação não lucrativa para a qual a WDP avaliaria o licenciamento do nome de Walt e proveria a competência da companhia. E ele tinha o projeto do resort de esqui Mineral King. Walt visitou o lugar com Buzz Price, Card Walker e Donn Tatum em agosto de 1965 e, em novembro, uma delegação voou para Washington e falou com funcionários do Departamento de Agricultura durante duas horas e meia, tentando convencê-los, por US$ 35 milhões, a emitir a permissão para um empreendimento imobiliário no Parque

Nacional da Sequoia. Em dezembro, o Serviço Florestal dos Estados Unidos lhe concedeu a permissão, que dava três anos à companhia para submeter seus planos a um comitê de revisão para aprovação.

Embora houvesse há muito aberto mão de qualquer controle supervisor na Disneylândia, Walt continuou a visitar o parque uma vez por mês, normalmente quando estava fechado, ou quando estava lotado, e ele podia correr no meio da multidão e evitar caçadores de autógrafos. Ele ainda terminou uma nova exibição patrocinada pela Monsanto para a Terra do Amanhã, aprovou uma nova atração audioanimatrônica chamada Piratas do Caribe e supervisou a conclusão da praça Nova Orleans, que abriu em julho de 1966 e sobre a qual o prefeito de Nova Orleans disse: "É exatamente como em casa". Ao que Walt respondeu: "Bem, eu diria que é um bocado mais limpa."

Quanto ao CalArts, Walt regalava suas secretárias no fim do dia de trabalho com pinturas feitas com palavras do que planejava fazer ali. Mas, como quase tudo na vida de Walt Disney, havia ação por trás das palavras. Em setembro de 1965, a WDP, a pedido de Walt, deu para a escola 38 acres de um terreno em Golden Oak para um novo campus, e Roy aconselhou o estúdio a doar mais dinheiro para um estudo detalhado e uma estimativa do valor do projeto, enquanto a Fundação Disney, uma organização de caridade que Walt havia formado, deveria contribuir com outro milhão de dólares. "Com esse início, ficaremos em condições de impressionar um monte de pessoas ricas e conseguir mais cinco a sete milhões e meio de dólares sem grande dificuldade", Roy escreveu para Walt. E conseguiram. Em abril do ano seguinte, o governo federal emprestou US$ 4 milhões para a escola. Nesse meio tempo, Walt levantou US$ 2 milhões junto a doadores privados. Um sinal de como Walt estava dedicado ao CalArts foi ele, que mal podia ficar sentado sem se agitar, tamborilar os dedos, sorrir e fumar, passar duas horas ouvindo uma ópera de autoria de um amigo de um dos maiores contribuintes.

Mesmo enquanto estava submerso nesses projetos, os desenhos animados continuavam a ser um problema exasperador. Walt ainda sentia que eles drenavam recursos que podiam ser dedicados a outras coisas, mas também se sentia obrigado a produzi-los, pois eram estreitamente associados ao estúdio. Muito tempo antes, ele simplificara o sistema, indicando um diretor (Woolie Reitherman), um diretor de arte (Ken Anderson), quatro mestres animadores (Frank Thomas, Ollie Johnston, Milt Kahl e John Lounsbery) e um roteirista (Bill Peet) – isto é, um homem escrevia o roteiro, fazia os *storyboards* e gravava as vozes, quando, como se queixou Peet, mais de 40 homens eram antes designados para essas tarefas. Walt também procurou simplificar fisicamente o processo, colocando os desenhos dos animadores diretamente sobre o celuloide, sem necessidade dos homens de limpeza e das garotas que cobriam os contornos com tinta. Iwerks vinha trabalhando esporadicamente nesse processo, essencialmente xerografando os traços a lápis nos celuloides, ao menos desde *Fantasia* e, no fim dos anos 1950, voltou de uma visita à fábrica da Xerox com um meio de copiar as linhas em uma placa de alumínio sensível à luz e da placa para o celuloide.

Os animadores ficaram em êxtase. Durante anos viram seus traços engrossados e suavizados pelos responsáveis pela pintura que cobriam os desenhos. Agora os desenhos iam para a tela exatamente como eles os haviam feito na mesa de animação. "Foi a primeira vez que vimos nossos desenhos na tela, literalmente", disse Marc Davis. "Antes, eles sempre ficavam menos definidos." Um filme como *A guerra dos dálmatas* não poderia ter sido feito de outra forma, pois o pessoal do departamento de pintura teria que desenhar cada uma das manchas dos cachorros em cada celuloide em que aparecessem. Mas ao eliminar o homem do meio e ganhar em rapidez e simplificação alguma coisa também se perdeu. Eric Larson achava que a xerografia "estraga a beleza do desenho do personagem" porque a consistência e a sinuosidade das linhas se perderam. Em vez disso, obtinham-se linhas muito mais definidas, rústicas, angulares, como as feitas por um lápis, mais que por um pincel, e uma sensação mais vívida da mão do animador, o que apontava para a animação menos reflexiva da realidade da qual Disney se afastara tantos anos antes. O efeito foi aumentar o poder dos animadores – e colocar suas visões, não as de Walt, na tela.

No que lhe dizia respeito, no entanto, Walt não ficou impressionado com o novo estilo visual, mas não se importou muito. Depois de Dálmatas, como disse Marc Davis, o lado de negócios do estúdio se opunha de forma tão terminante à realização de outro filme animado que Walt uma vez mais estava pronto a recuar e desistir da animação. "Então, ele pensou novamente", disse Davis. "Sentiu que os caras sabiam como fazer esses filmes e que tinha com eles a dívida de continuar." Ainda assim, depois do fracasso de *A bela adormecida*, o estúdio cortou o orçamento e, depois de Dálmatas, cortou-o novamente; *A espada era a lei* faturou menos 40% que *A guerra dos dálmatas*, que, escreveu Ken Peterson a Walt, "vai requerer medidas drásticas em nossos procedimentos de produção que o tornem possível". Nesse meio tempo, Walt recolheu-se ainda mais, deixando que os animadores brigassem entre si, o velho espírito de colaboração quase inexistente, e intervinha apenas quando eles lhe imploravam que fizesse isso para resolver alguma questão espinhosa. Como disse Milt Kahl, "ele ficava interessado em um filme até ter todos os problemas resolvidos e, depois, simplesmente perdia o interesse".

Na primavera de 1966, a equipe trabalhava em *The Jungle Book*, adaptado de histórias de Rudyard Kipling sobre um garoto que cresce entre animais na selva, e os problemas continuaram a aumentar. Reitherman importunou Walt para que tivessem uma reunião – "levaria cerca de ½ hora", escreveu tristemente em um memorando para Walt – e Walt concordou, mas não ficou feliz com o que viu. As histórias eram mais episódicas que cumulativas; elas não tinham estrutura. Ele achou que o público não se identificaria com o menino, Mogli, e que o tom do filme era demasiado sério. Tinha medo de que o vilão, um tigre chamado Shere Khan, se tornasse um lugar-comum. E apesar de sua preocupação com outros projetos e a falta de interesse neste, ele rapidamente salvou a produção, como havia feito tantas vezes no passado, sugerindo que o cantor Phil Harris, conhecido por seu estilo relaxado, bêbado e descuidado, fizesse a voz de um urso chamado Baloo, que fica amigo de Mogli. "Quando ouviu o teste da voz de Phil, Walt adorou", escreveriam mais tarde Frank Thomas e Ollie Johnston, "a ponto de começar a representar como o urso apareceria dançando na cena de Mogli". O urso, que seria uma figura menor, tornou-se coestrela do filme, o que o converteu, de uma série de aventuras desconexas, em uma história da vida de um menino e de seu hedonístico mentor – um Hal e Falstaff selvático.

Finalmente, enquanto estava envolvido com animação e televisão e Mineral King e CalArts, ele também tinha EPCOT, o centro em torno do qual esses projetos fluíam, e agora a paixão dominante de sua vida. Walt gastou a maior parte da primavera de 1966 em missões de reconhecimento para sua cidade futurista, primeiro visitando os escritórios da Monsanto em St. Louis para discutir em que a companhia poderia contribuir para EPCOT e depois pegando o Gulfstream para uma longa turnê que o levou a um shopping de seis acres em Rochester, Nova York, desenhado por Gruen, que se gabava de ter um estacionamento de três andares no subsolo; outro shopping na Filadélfia; a nova loja de departamentos Nieman-Marcus em Dallas; um projeto de tratamento e reciclagem de lixo em Tampa; e a cidade modelo de Reston, em Virginia, uma comunidade totalmente planejada. Walt também fez um desvio para o local do Disney World. "Estou fazendo essa viagem com alguns da minha equipe a fim de verificar os últimos empreendimentos em habitação e shopping centers no país", escreveu para um amigo. "Precisamos saber o que é bom e o que é ruim em alguns desses chamados conceitos modernos para podermos tirar vantagem disso no nosso projeto na Flórida." Era um alegre surto de atividade, então Walt disse a Harrison Price que, entre Mineral King e Disney World, ele agora "tinha trabalho bastante para manter minha organização ocupada por 40 anos!" Essa parecia ser a questão – manter a companhia trabalhando.

Mas apesar do aumento rápido do volume de trabalho e do prazer que isso claramente lhe dava, ele não se sentia bem. Durante anos havia sofrido de várias enfermidades, doenças que incomodavam e enfraqueciam sua saúde. Tinha pedras nos rins. Seus dentes doíam, irradiando ondas de dor pelo rosto de forma que toda a cabeça latejava e o forçava a aplicar compressas quentes à noite para aliviar a agonia. Tinha um cotovelo ferido, para isso recebia terapia de raios-X e injeções. Tinha sinusite crônica, que requeria uma visita semanal ao médico. Sempre parecia estar lutando contra uma gripe e no mínimo duas vezes foi diagnosticado com uma pneumonia em desenvolvimento. E perdeu a batalha contra o aumento de peso, de modo que, se um dia foi esguio e de rosto magro, depois se tornou carnudo e, após os 60 anos, balofo. Embarcando em uma dieta, escreveu para Hayley Mills: "Estou de regime para perder meu grande e gordo estômago."

Acima de tudo, ainda sentia dor no velho ferimento de polo que sofrera nos anos 1930, quando levou um tombo do cavalo; a vértebra quebrada em seu pescoço se havia calcificado ao longo dos anos, pinçando seus nervos e causando dores lancinantes. Em uma viagem com ele, Peter Ellenshaw lembrou que Walt ficou acordado a noite inteira, levantando-se da cama com frequência para aplicar compressas quentes no pescoço. No início de 1966, a calcificação avançara, e Walt começou a arrastar a perna direita e, ocasionalmente, mancar enquanto caminhava. Até sua secretária admitiu que ele "ficava tão ruim que havia dias em que você jurava que ele havia bebido, mas ele nunca bebia durante o dia", isto é, durante o trabalho. "Ele constantemente se queixava de seu quadril", disse Marc Davis, chamando-se de "deficiente físico" e falando que fora "defecado". Ele dirigia seu carro de golfe pelo estúdio agora e no fim do dia retirava-se para a sala de Hazel George para receber sua tração e tratamentos de infravermelho enquanto sorvia uísque com um canudo. Preocupado com a quantidade de álcool que ele parecia estar consumindo, George lhe disse que corria perigo de se tornar um "alcoólatra" e lhe perguntou o que Lillian achava de ele voltar para casa com hálito de bebida. Walt lhe disse que ficava fora do espaço de respiração de Lillian, mas se defendeu: "Meus nervos estão em frangalhos", disse a George, "e esta maldita dor está me deixando louco!" Quando George lhe perguntou se os tratamentos não estavam funcionando, Walt confessou que ia até lá pela bebida.

Ward Kimball achava que, após todos aqueles anos de pressão e atividade constante, Walt finalmente sucumbira. "Aqui está o mesmo homem que acabou de construir o parque, depois de ter estado nele em todas as fases, que se senta em seu escritório aprovando e lendo roteiros até tarde da noite, indo às salas das pessoas e olhando seu trabalho, tomando decisões sobre os filmes, tomando decisões em nível corporativo, desenhando o novo complexo na Flórida, mais as decisões sobre a cidade do amanhã de Lake Buena Vista EPCOT, fazendo aparições pessoais, saudando visitantes, indo às locações, escolhendo", disse Kimball a um entrevistador. "Ele não admitiria que, física e mentalmente, não pudesse cuidar disso... seu corpo simplesmente desistiu." Outro funcionário, vendo-o uma vez tarde da noite no estúdio, observou do quanto Walt tinha sido forçado a desistir por causa da idade e da doença, mesmo lutando contra elas. "Sua cabeça orgulhosa caiu sobre seu peito", o homem escreveu. "Seus ombros normalmente eretos curvaram-se a ponto de ficar redondos. Quando achava que não havia ninguém mais por perto, ele abandonava sua pretensa juventude. Pareceu envelhecer vinte anos bem na minha frente." O câmera de *Wonderful World of Color* (*O maravilhoso Mundo da Cor*) começou a usar filtros de difusão para esconder as rugas de Walt, embora Walt objetasse que as lentes o faziam parecer fora de foco.

Ele sempre tivera terror da morte, aterrorizado com a própria ideia da mortalidade. "Quando papai fica deprimido, ele discute a proximidade de sua morte", Diane escreveu em sua biografia do pai, assegurando que "ele nunca vai a um funeral se pode evitar" – ele não foi sequer ao do irmão Herbert – e, se vai a um, "mergulha em um estado de meditação que dura horas depois que volta para casa". Quando Walt foi ao enterro de um aluno do estúdio chamado Charlie Philipi, Herb Ryman lembrou que Walt ficou tamborilando os dedos e esfregando as mãos nervosamente durante o serviço e quando voltou ao estúdio estava irritado, berrando com Marc Davis e Milt Kahl "para voltarem imediatamente ao trabalho". Ele odiava até a menção da morte. Quando Harrison Price brincou com suas estatísticas de morte, Walt lhe deu uma "feroz reprimenda". "A morte não é um tópico aceitável", Herb avisou Price. Assim como fazia com a maioria dos aspectos da realidade, Walt usou a fantasia para negar a morte. Uma vez se gabou para sua tia Jessie que "a longevidade parece andar em companhia dos Disneys – de ambos os lados da família, devo dizer", e parecia confortado pelo fato de seu pai ter vivido até depois dos 80 anos, e por seu tio Robert, que morrera em 1953, bem acima dos 90 anos, e pelas irmãs de sua mãe, que haviam vivido bastante também.

Com a mortalidade cada vez mais em sua mente, Walt pareceu ter alívio temporário naquele inverno quando, segundo um check-up que fez na UCLA, estava "normal para a minha idade", como escreveu para Hayley Mills. "Depois do meu check-up anual há duas semanas, no entanto, decidi partir hoje à noite para uma extensa temporada no deserto, onde vou relaxar e ler o caminhão de roteiros que devia ter lido meses atrás e, finalmente, terei tempo de colocar em dia." Sua disposição ficou mais alegre, e ele parecia não apenas aliviado, como rejuvenescido. Na primavera, estava fazendo suas viagens para o leste, para EPCOT. Em junho, visitou Mineral King e foi à estreia de Lt. Robin Crusoe, no porta-aviões USS Kitty Hawk, ancorado em San Diego, onde lhe permitiram sentar-se na cabine do piloto enquanto um avião decolava e aterrissava no deque. "Simplesmente os dois dias mais interessantes e excitantes de toda a minha vida", escreveu para o capitão. E, em julho, ele, Lillian, Diane, Sharon e suas famílias – Sharon dera à luz uma menina seis meses antes – voaram para Vancouver para um cruzeiro de duas semanas em um iate de 140 pés com dois barcos de pesca de 16 pés cada um e uma tripulação de oito pessoas, ostensivamente para celebrar o 41º aniversário de casamento de Walt e Lillian, mas, basicamente, para unir a família. "É algo que eu sempre quis fazer", Walt escreveu para um dos banqueiros do estúdio, "e foi a primeira vez que tudo funcionou, então pudemos todos ir." "Vamos apenas navegar para dentro e para fora dos estreitos", explicou em outra carta para uma ex-secretária, "ancorar, explorar e pescar". Diane admitiu que a família "brigava muito às vezes" e que ela e a mãe tinham suas discussões e seu pai servia de "pacificador". "Ele estava ficando muito mais sereno", lembrou. Ele se sentava frequentemente sozinho, quieto, no deque de cima, com seus roteiros ou um livro sobre planejamento urbano, usando um quepe de capitão e uma gravata de bordas largas, enquanto o vento soprava em torno dele.

A serenidade não durou. Semanas após voltar de Vancouver, Walt e Lillian voaram para Reno para resolver assuntos pessoais e semanas depois para Denver. Em setembro, de volta ao estúdio, Walt subitamente começou a pressionar a equipe para que preparasse um filme sobre EPCOT para atrair parceiros corporativos. Viu as primeiras projeções rápidas de *The Jungle Book*, discutindo iradamente com Milt Kahl sobre se um tigre podia subir em uma árvore e deixou a reunião, segundo um relato, notavelmente triste – "não sei, rapazes, mas acho que estou velho demais para desenho animado", mesmo enquanto encarregava Harry Tytle de descobrir como o estúdio poderia baixar ainda mais os custos da animação. No mesmo mês, fez uma coletiva com o governador Edmund Brown da Califórnia para anunciar planos para Mineral King.

Mas enquanto organizava sua própria agenda agressivamente em benefício da companhia, ele também considerava algo novo, algo que parecia desmentir a confiança que aparentava e sublinhava exatamente o quanto ele estava esgotado. Sob o pretexto de assistir a uma cerimônia para receber um prêmio de um grupo de exibidores ele, Roy, e Donn Tatum voaram para Nova York em 3 de outubro de 1966 para uma reunião de um dia inteiro com a General Electric para discutir o que foi chamado vagamente de "relação" entre as duas companhias, mas o que eles realmente pareciam ter em mente era uma fusão. "Como funcionaria o relacionamento da GE e da WDP?", indagava um texto interno oficial do estúdio. "Estrutura: se outra coisa que não subsidiária, por quê? Linhas de autoridade. Como a GE vai usar a WDP – continuar no ramo do entretenimento? Financiamento futuro para os projetos da WDP." Também continha uma análise de como a fusão afetaria EPCOT, e proteger EPCOT do lado de negócios do próprio estúdio, que estava menos que entusiasmado em relação à fusão, pode ter sido a primeira razão pela qual Walt procurou a GE. "Essencial que todas as discussões sejam mantidas em sigilo" estava escrito em destaque no alto da agenda.

As discussões não pareceram reduzir o entusiasmo de Walt por seus projetos. Ele voltou ao estúdio para mais consultas sobre EPCOT e para produzir o filme sobre EPCOT, fazendo uma apresentação para os atores Walter Pidgeon e Art Linkletter, e o arquiteto Welton Becket. Mas se a sua esperança de afastar a dor era continuar a fazer força para seguir em frente, Walt falhou. Embora seu cabelo fosse obviamente tingido, ele parecia velho e esgotado e durante a filmagem parecia tão fatigado que teve de receber oxigênio. "Podia-se vê-lo decair", disse um membro da equipe. Assim mesmo, em outubro, depois que o filme foi completado, Walt voou para o leste novamente, para visitar Charleston, Newport News e Williamsburg com Lillian, Sharon e o marido de Sharon e juntar material para Disney World.

Por mais que Walt possa ter desejado negar, ele estava claramente doente. Antes da viagem para o leste seu pescoço e sua perna o aborreciam tanto que por sugestão de seu médico ele finalmente, embora com relutância, concordou em ver um especialista que por sua vez, recomendou uma operação para aliviar a pressão sobre os nervos. O procedimento foi marcado para 11 de novembro no Centro Médico da UCLA e considerado rotineiro. Roy saiu de férias, programando a volta para logo antes da data "D" de Walt, como a chamou e escreveu para ele, "estarei pensando e rezando para que você saia da operação com tudo que esperava". O estúdio preparou um comunicado à imprensa com quase duas semanas de antecedência em que garantia a liberação de Walt em dez a catorze dias.

Embora não fosse hipocondríaco, Walt desconfiava dos médicos e estava preocupado. Tinha dificuldade para respirar e o excesso de peso, com que lutava havia anos, de repente começou a se dissolver, e ele parecia emaciado e doente. Ele deve ter sabido que seus empregados faziam comentários sobre a sua aparência – comentários sobre o quanto ele estava seriamente enfermo. O roteirista Jack Spiers estava de pé desconfortavelmente com Walt em um elevador no estúdio antes da hospitalização de Walt, quando seus olhos se encontraram. Walt usava um suéter amarelo vivo, lembrança de seu guarda-roupa do passado. Spiers brincou que lutaria com Walt pelo suéter, e os dois conversaram brevemente antes de sair do elevador. Então, exatamente quando Spiers entrava em sua sala, ouviu voz de Walt ecoar no corredor, chamando-o. "Quando eu sair do hospital", disse Walt a Spiers quando este voltou ao corredor, "vou lutar com você pelo suéter." Mais ou menos ao mesmo tempo, Peter Ellenshaw viu Walt e expressou alarme sobre a operação. "Não vou lá para morrer", disse-lhe Walt calmamente. "Não há problema."

Mas havia um problema, e Walt deve ter suspeitado. Ao fazer um diagnóstico prévio à cirurgia, os médicos descobriram manchas nos pulmões de Walt e imediatamente mandaram que ele se internasse no St. Joseph's Hospital, do outro lado da rua onde ficava o estúdio, para fazer a cirurgia. Lillian, que telefonava para Diane quase todo dia, estava à porta da cozinha na manhã seguinte. "Eles tiraram uma radiografia do pulmão de seu pai", disse à filha, "e encontraram uma massa sólida do tamanho de uma noz." O comunicado oficial à imprensa dizia que Walt estava hospitalizado para se submeter a testes e tratar o ferimento do polo. A verdade era que Walt, com quase toda a certeza, tinha câncer de pulmão.

Ele havia fumado durante anos, desde seus dias na Cruz Vermelha, um cigarro após o outro, um fumante nervoso, os dedos manchados de nicotina, a voz rouca e grossa, e quase toda conversa era frequentemente pontuada por seu pigarro. "Simplesmente não consigo imaginá-lo sem um cigarro", lembraria Diane. Sua tosse seca era temida não apenas entre seus empregados, que há muito viam aquilo como uma espécie de sirene de aviso de sua chegada, como entre sua própria família. Sharon lhe pediu uma vez que não fosse assistir a uma peça na escola na qual atuava porque, ela disse, se o ouvisse tossir esqueceria suas falas. Lillian disse que Walt havia "queimado mais mobília e mais tapetes e mais tudo com seus cigarros que qualquer pessoa que jamais conheci", e Diane afirmava que sempre era possível identificar as pontas de Walt no cinzeiro porque ele fumava o cigarro até o último quarto de polegada, quando quase já não podia mais segurá-lo. "Ele se esquecia de apagá-los", disse Diane. "Ele os acendia e depois se empolgava com o que estava pensando e simplesmente ficava segurando-os. Algumas vezes ficava com eles na boca ou na mão e eles ficavam com uma cinza de cinco centímetros de comprimento."

Ele frequentemente era encorajado a parar de fumar. Em determinado momento, mudou para cachimbo, que fumou quando jovem; depois, o cachimbo queimou seu bolso, abrindo um buraco, e ele sumariamente decidiu, segundo relembra Joe Grant, que os fumantes de cachimbo eram "lentos demais" e "despreocupados" e abandonou o cachimbo. No início de 1957, quando Gunther Lessing celebrou seu primeiro ano sem fumar, Lessing fez questão de dizer a Walt, mas Walt não ficou interessado. Quando médicos foram ao estúdio para fazer uma palestra sobre os malefícios do fumo, Walt não estava presente. Em certo Natal, Diane comprou dois pacotes de cigarros com filtro para ele, achando que ao menos seriam melhores para Walt do que os cigarros sem filtro que fumava. Walt prometeu-lhe que os fumaria. Ele simplesmente arrancou os filtros. "Eu não disse a ela como os fumaria", brincou com um amigo. Durante uma de suas últimas reuniões com Walt, Ward Kimball se lembrou de Walt ter um longo acesso de tosse. "Quando timidamente perguntei por que ele não parava de fumar", disse Kimball, "Walt olhou para mim, seu rosto ainda vermelho da tosse, e ironizou: 'Bem, tenho alguns vícios, não?'" A essa altura, Walt fumava Gitanes importados da França.

Agora, depois de quase meio século fumando, ele ia fazer uma operação que apenas alguns dias antes se pensava que seria relativamente rotineira. Embora Walt estivesse com sua aparência tipicamente confiante, até efervescente às vezes, ele sabia que seu estado era sério. Um dia antes da operação, em um domingo, ele foi dirigindo seu carro pela curta distância da casa recentemente vaga de Diane em Encino – onde ele e Lillian estavam hospedados enquanto a casa em Carolwood passava por uma reforma – para a nova casa de Diane em Encino, para uma visita. No final, ele entrou no carro, desceu pela estradinha até o pé de uma elevação e parou; ficou ali no carro durante algum tempo, sozinho, observando seu neto Christopher jogar bola com Ron, depois finalmente se foi. Ele sabia. Quando emergiu da cirurgia no dia seguinte, o médico disse à família reunida no hospital que era o que ele havia suspeitado e temido: Walt tinha um tumor maligno que dera metástase. O médico deu de seis meses a um ano de vida para Walt. Lillian não acreditou, disse Diane. Roy também estava como se estivesse anestesiado, explodindo quando disse que Walt tinha um carcinoma e sua nora o "corrigiu", dizendo que ele tinha "câncer".

Walt ficou no hospital para tratamento com cobalto e tentou continuar a tocar seus negócios. Pediu a um roteirista chamado Spec McClure para fazer uma revisão completa do processo de seleção de histórias do estúdio e depois informar sobre "quais os elementos essenciais ao sucesso de um filme Disney", como se a equipe fosse capaz de fazer as coisas apenas por especificações se Walt não estivesse mais presente. Marty Sklar e Marc Davis terminaram um Fotoplano Master Preliminar para EPCOT, e Bill Anderson o aconselhou sobre cortes em um filme ao vivo, *The Happiest Millionaire* (*O mais feliz dos milionários*), que estava com quase três horas de duração, enquanto Card

Walker preparou a programação de distribuição do ano seguinte. Harry Tytle disse que havia ido ao hospital para discutir vários projetos quando o médico apareceu e disse a Walt que eles achavam que haviam removido todas as lesões cancerosas de seu pulmão e que, com um pouco de repouso, ficaria "novo". Mas isso, Tytle logo soube, era um estratagema para impedir que Walt se deprimisse.

Walt nunca mencionava o câncer, embora carregasse com ele um telegrama do ator John Wayne, outra vítima de câncer pulmonar, dizendo "bem-vindo ao clube". Ninguém no estúdio sabia. "Vários jornais publicaram a história da queda do cavalo que Walt sofrera quando jogava polo e de seu ferimento no pescoço", escreviam os empregados ansiosos uns para os outros. "Gostaríamos de ter a confirmação de que não é nada grave." Nem todos os membros da família de Walt sabiam o que estava acontecendo. Ruth e Ray souberam da cirurgia pelos jornais, embora uma das secretárias de Walt lhes assegurasse que ele ficaria "ok.". Um comunicado oficial informou que uma lesão encontrada em seu pulmão havia causado um abcesso e que uma porção do pulmão havia sido removida. Não se fez menção da malignidade.

Nessa época, Walt fraco, mas inquieto, pediu a Tommie Wilck, que vinha entregando sua correspondência todos os dias, que o tirasse do hospital e o levasse de volta para o estúdio. Ele chegou lá no dia 21 de novembro, no mesmo dia em que saiu do hospital, para o que todos no estúdio pareciam pensar que poderia ser um discurso de despedida, embora Walt não quisesse nem pensar nisso. Depois que todos os que ele encontrou no estúdio o cumprimentaram com sorrisos grandes e rígidos, ele se irritou: "Dava a impressão de que eu ia morrer ou algo assim." Ben Sharpsteen, que visitava o estúdio naquele dia, encontrou-se com Walt em seu escritório e ficou chocado com sua aparência emaciada e cinzenta mas, quando se encontraram depois no Coral Room para almoçar, Walt descreveu seus planos em detalhes, e Sharpsteen notou que "ele recuperava as forças e parecia o Walt de antes".

O Imaginador John Hench notou a mesma transformação quando, depois do almoço, Walt visitou a WED em Glendale e discutiu o futuro. "Sua voz ficou entusiasmada e mais grave", lembrou Hench. Walt passou vinte minutos na sala de Marc Davis vendo os esboços de uma banda de ursos que Davis desenhava para Mineral King, e "riu à beça", disse Davis. Depois, Davis lhe mostrou um protótipo para uma viagem à lua e depois, Walt voltou-se para Dick Irvine e lhe pediu que o levasse de volta ao estúdio. Quando se afastava pelo corredor, Walt voltou-se para Davis e disse, "adeus, Davis" o que atingiu Davis como um golpe. "Ele nunca dizia 'adeus'. Era sempre, 'vejo você mais tarde'".

Em Burbank, Walt esbarrou no produtor Winston Hibler que, como todos os demais, ficou chocado com seu aspecto pálido e fragilizado, mas também o viu ganhar vitalidade quando falava de seus planos. "Levei um susto, Hib", ele disse. "Estou bem, mas poderei ter de descansar por uns tempos. Agora, vou superar isso e quero chegar à Flórida. Vocês, rapazes, terão de carregar o peso. Mas se tiverem um problema real e ficarem empacados ou alguma coisa, bem, estou aqui." Ele passou o resto da tarde vendo um trecho do filme *The Happiest Millionaire*, ainda não finalizado, e chorou durante toda a projeção. Depois, sem voltar à sua sala, pediu para ser levado para casa. Ele tentou garantir a todos que voltaria, que ainda havia tanta coisa para ele fazer. Mas a sensação de tristeza não podia ser evitada. Bill Walsh, a quem Walt vira naquele dia na locação de *Blackbeard's Ghost* (*O fantasma do Barba Negra*), sabia que Walt não voltaria. "Chegamos à conclusão de que ele estava condenado", disse Walsh. Walt quase certamente também sabia. Ao visitar Hazel George, ele irrompeu, "há uma coisa que quero lhe dizer", mas não encontrou palavras e acabaram caindo nos braços um do outro. Ward Kimball, vendo Walt à distância naquele dia observou, "pela primeira vez ele pareceu derrotado".

Mesmo assim, o faz de conta da recuperação continuou. Roy e Edna, que estavam na Inglaterra quando Walt teve alta, escreveram para ele e Lillian um alegre cartão postal: "Acabamos de saber que Walt melhorou e almoçou no estúdio. Congratulações. Dia feliz. Notícias que gostamos de ouvir." Dois dias depois de sua visita ao estúdio, o próprio Walt escreveu para uma antiga secretária: "No que diz respeito ao meu problema, ele foi superado e cuidado. Recebi alta do hospital e estou bem na estrada da recuperação", acrescentando que, "recebi um novo certificado de saúde e até passei umas horas no escritório só para me assegurar de que minhas garotas aqui não perdessem a prática." Ele passou os três dias seguintes na casa de Diane porque sua própria casa estava sendo reparada, e a família celebrou o Dia de Ação de Graças lá, vendo filmes que Ron havia trazido da viagem a Vancouver. No dia seguinte, sexta-feira, 25 de novembro, ele voou com Lillian para Palm Springs a bordo do Gulfstream, planejando ler roteiros e recuperar-se em Smoke Tree. Na quarta-feira, estava tão devastado pela dor que teve de ser levado de volta para Burbank. Foi levado diretamente do aeroporto para o St. Joseph's Hospital.

Lillian ainda se aferrava à esperança de que Walt se recuperaria. Ela achava que Walt acreditava nisso também, mas seria impossível dizer se ele tentava levantar o ânimo dela ou o seu próprio ânimo. Eles tinham até planejado uma viagem para depois que ele tivesse recuperado as forças. "Não acho que ele tenha aceitado isso", disse Ward Kimball. "Conhecendo Walt, acho que ele não se convenceria até fechar seus olhos pela última vez." Enquanto estava no hospital, Walt disse a Ron Miller que sentia que ele e os outros executivos seriam capazes de tocar o estúdio no futuro. O próprio Walt ainda poderia ler os roteiros e dar a última palavra mas, quando se recobrasse, devotaria a maior parte de seu tempo a Disney World e, especialmente, EPCOT. E sem dúvida pensando em EPCOT, disse a Miller que, se pudesse viver mais 15 anos, superaria tudo que fizera até então.

Mas enquanto falava confiantemente nas coisas que pretendia fazer quando tivesse alta, também colocava seus assuntos em ordem. Com o anúncio do Disney World, Walt vendeu a WED para a Walt Disney Productions e formou uma nova companhia, Retlaw, para cuidar de seus assuntos pessoais – primeiramente os direitos ao seu nome e as receitas dos trens na Disneylândia. Uma medida do valor desses ativos foi de, no ano anterior, Retlaw ter recebido US$ 3,75 milhões da WDP. Walt também tinha pouco menos de 26 mil ações da WDP em seu próprio nome e 250 mil em seu nome e no de Lillian, e esse total, somado às 28 mil ações da própria Lillian, chegava a 14% da companhia, valendo pouco menos de US$ 20 milhões. (O ano fiscal da WDP havia terminado com um lucro de US$ 12 milhões.) Walt fizera um testamento em março, deixando 45% de suas posses para Lillian e as garotas em um consórcio da família, outros 45% para a Fundação Disney em um consórcio de caridade (dos quais 95% destinados ao CalArts), e os últimos 10% em um consórcio a ser dividido entre a irmã de Walt e suas sobrinhas e sobrinhos. Mas Walt se preocupava com o que via como extravagância de suas filhas e, enquanto estava no hospital, vendeu 10 mil ações para acertar os débitos delas. "A última coisa que ele disse para mim foi, 'puxa, estou feliz que o negócio acabou'", disse Roy a um entrevistador. "Aquilo o estava preocupando. As crianças continuavam a nascer, as casas tinham de ser maiores, as despesas cresciam. Então, Diane estava sempre devendo. Ele a salvou antes de morrer."

Ele celebrou seu 65º aniversário em 5 de dezembro no hospital. Roy telegrafou para ele de Nova York falando sobre as receitas no Radio City Music Hall com *Follow me, Boys!* e encerrou: "Espero que este o encontre melhor. Este é o seu dia, e Edna e eu lhe mandamos nosso amor não apenas por hoje, mas sempre." Walt, porém, não se sentia melhor – ele estava perdendo as forças. Segundo suas instruções, ninguém podia visitá-lo, exceto a família, que estava em um quarto ao lado do dele. Quando Peter Ellenshaw pediu para ver Walt e sua entrada foi recusada, ele pintou uma cena de deserto com um arbusto, que Walt pendurou no quarto do hospital, dizendo às enfermeiras, "veem isso? Um de meus garotos pintou para mim".

Mesmo que sua condição continuasse a piorar, a família não aceitava que ele sucumbisse. Em 14 de dezembro, Diane foi fazer compras de Natal e comprou para ele chinelos forrados de pele porque ele se queixava de que seus pés estavam sempre frios no hospital. "De alguma forma, aquilo faria ele não morrer", ela disse mais tarde. Naquela noite, Lillian telefonou para ela e disse que Walt parecera melhor naquele dia. Quando ele pôs seus braços em torno dela para lhe dar um beijo de adeus, disse, ela pôde sentir sua força. "Eu sei que ele vai melhorar", disse à Diane. Roy visitou-o naquela noite, e os dois irmãos conversaram durante horas enquanto Walt traçava seus planos para EPCOT com seus dedos, usando as telhas do teto como uma grade. O marido de Sharon, Bob Brown, também o visitou e disse a Lillian que Walt de fato parecia melhor.

Na manhã seguinte, Lillian e Diane receberam um chamado de Tommie Wilck de que Walt havia piorado. Diane dirigiu até a casa em Encino para pegar a mãe, mas Lillian ainda estava se vestindo, colocando os brincos com grande deliberação e protelando a visita ao hospital, e Diane lembrou que tudo agora parecia ocorrer em câmera lenta, como se ela fosse capaz de deter o tempo e adiar o inevitável. Quando chegaram ao hospital e saíram do elevador, Diane viu seu marido entrar no quarto do pai, depois subitamente recuar como se alguém o tivesse enxotado. Na verdade, ele estava reagindo ao choque de ver o corpo sem vida do sogro. Dentro, as mãos de Walt estavam cruzadas sobre o peito. "Tio Roy estava no pé da cama, massageando um dos pés de papai", Diane lembrou mais tarde. "Apenas acariciando-o. E estava falando com ele. Pareceu alguma coisa como 'bem, garoto, acho que este é o fim.'" Sharon e Bob Brown chegaram logo depois, e Brown pediu a Diane que acompanhasse Sharon até o quarto. Diane pegou a mão de Sharon e colocou-a sobre a de Walt. "Agora papai você não sentirá mais dor", sussurrou Sharon. Walt morreu às 9h35 da manhã de 15 de dezembro, de "parada cardíaca devido a carcinoma broncogênico". "Eu tomei conta de Walt em seus últimos dias", escreveu uma enfermeira para a família, "e só queria que vocês soubessem como o pobre homem estava temeroso."

A notícia chegou ao estúdio do outro lado da rua mesmo antes do anúncio ter sido feito para cada departamento pelo sistema de comunicação interno. O estúdio foi fechado e todos foram mandados para casa, mas a maioria, chocada, não conseguia partir, preferindo ficar e conversar uns com os outros em busca de consolo. Muitos não conseguiam falar. Muitos choravam. Muitos, profundamente descrentes, foram até Hazel George em busca de confirmação ou, mais esperançosamente, de refutação. "Eu sabia que ele estava muito doente", disse Lucille Martin, uma de suas secretárias, "mas eu tinha uma fé muito grande de que trariam um supermédico e ele o salvaria."

"A morte de Walt Disney é uma perda para as pessoas de todo o mundo", disse Roy em declaração emitida pelo estúdio. "Não existe forma de substituir Walt Disney. Ele foi um homem extraordinário. Talvez nunca vá existir outro igual a ele." Mas, prometeu Roy, "continuaremos a operar a companhia de Walt como ele estabeleceu e orientou. Continuaremos a tocar todos os planos para o futuro que Walt começou." Isso não aconteceria inteiramente. Pouco antes de entrar no hospital para fazer a operação, Walt, claramente sentindo a pressão do tempo, havia repreendido Joe Potter e Martin Davis por não apressar EPCOT. "Por que estão atrasando?", perguntou-lhes. "É por causa de dinheiro? Vocês falaram com Roy? Roy não faz fé em EPCOT, mas não lhe deem atenção. O Disney World dará os lucros de que precisamos para essa operação." Ele temia que EPCOT não fosse construído se alguma coisa lhe acontecesse, e chorou quando estava com Hazel George, perguntando qual seria o seu legado se não fosse EPCOT. "Imagine ser lembrado em todo o mundo pela invenção de um rato!", lamentou. Poucos meses depois da morte de Walt, Martin Davis apresentou a Roy os planos dos criadores para o EPCOT. "Marvin, Walt morreu", disse Roy.[9] E também EPCOT.

A nação chorou sua morte. "Tudo em que Walt Disney pôs a mão invocou um sentido de inocência, alegria palpitante e curiosidade infantil; suas realizações são o modelo do que é chamado de 'boa e límpida diversão americana, que não precisa ser pouco inteligente e nem séria'", escreveu em editorial o *New York Times*. "Isso foi o que Walt Disney deu a nós e ao mundo, e tudo se soma naquele rato amigável chamado Mickey. Não foi um legado pequeno." O *Los Angeles Times* o glorificou como "um Esopo com um pincel mágico, (Hans Christian) Andersen com uma câmera colorida, Barrie, Carroll, Grahame, Prokofieff, Harris – com um toque genial que trouxe à vida o que eles inventaram". "Nós nos perguntamos se um legado tão grande jamais será acumulado por outra pessoa", encerrava. Mencionando as filas na Disneylândia e no Radio City Music Hall para ver *Follow me, Boys!*, a Time, em obituário de página inteira, opinou que "Disney estava morto, mas não sua visão de inocência, não os sonhos que construiu". Em Los Angeles, os supervisores do condado ordenaram que as bandeiras fossem hasteadas a meio mastro.

Ele mudou o mundo. Criou uma nova forma de arte e depois produziu vários clássicos indiscutíveis com ela – filmes que, mesmo não tendo encontrado público

9 Quando o EPCOT finalmente foi construído no Walt Disney World Resort, ele era uma feira internacional, não o protótipo da cidade do amanhã que Walt visualizara. Mineral King morreria também, em parte por causa das objeções dos ambientalistas, mas principalmente porque Walt não estava lá para guiá-lo. (N.A.)

ou sido lucrativos na primeira distribuição, se tornaram lucrativos, como Walt predisse, nas redistribuições. Propiciou fuga para a Depressão, força durante a guerra, e conforto depois, e mostrou a gerações de crianças como aceitar a responsabilidade, permitindo-lhes, ao mesmo tempo, expressar o antagonismo presente nelas ao mundo adulto em que logo entrariam. Refinou os valores tradicionais e intensificou os mitos e arquétipos americanos, mesmo que, como disseram seus detratores, também tenha removido seu conteúdo. E, de um ponto de vista amplo, reforçou a iconoclastia, o senso comunitário e a tolerância como valores americanos e ajudou a modelar uma geração de contracultura. Foi pioneiro dos filmes coloridos e da televisão em cores. Reinventou o parque de diversões e, ao fazer isso, alterou a consciência americana, para melhor ou pior, de forma que seus compatriotas prefeririam a ilusão à realidade, o falso ao autêntico. Estimulou e popularizou a conservação do meio ambiente, a exploração espacial, a energia atômica, o planejamento urbano e uma consciência histórica mais profunda. Construiu um dos mais poderosos impérios do mundo do entretenimento – que, apesar de seus temores, sobreviveria por longo tempo a ele. E porque seus filmes eram tão populares no exterior, ele ajudou a estabelecer a cultura americana como a cultura dominante no mundo. Fundou uma escola de artes e quase quarenta anos depois de sua morte seu nome seria colocado em um salão de concertos no centro da cidade de Los Angeles, financiado em grande parte com dinheiro da família Disney. Mas todas essas contribuições empalidecem diante de algo maior: ele demonstrou como alguém poderia impor sua vontade ao mundo no mesmo momento em que tudo parecia crescer além do controle e da compreensão. Em suma, Walt Disney não havia sido tanto um mestre da diversão ou da irreverência, ou mesmo da saúde. Foi um mestre da ordem.

O mestre da ordem estava tão aterrorizado com a morte que não deixou instruções para o seu próprio enterro. Disse a Lillian que queria ser cremado e que a cerimônia fosse pequena e reservada, porque desejava desesperadamente evitar as exibições públicas pouco dignificantes que vira no funeral de outras celebridades. Foram seus genros que escolheram a Little Church of the Flowers, em Forest Lawn, Glendale, para o serviço fúnebre, realizado no dia seguinte à sua morte, às cinco horas. Apenas a família assistiu à cerimônia, nem mesmo Ruth apareceu por medo de ser seguida pela imprensa em sua viagem de Portland à Califórnia. A pedido de Lillian, o ministro episcopal da igreja de Diane em Encino oficiou a cerimônia. Bob Brown havia sugerido que "The Battle Hymn of the Republic", que Walt amava, fosse tocado no encerramento do serviço, e quando a canção terminava, Lillian foi vagarosamente até onde estava o caixão, colocou as mãos sobre ele e lamentou, "eu o amei tanto, eu o amei tanto". Ninguém falou publicamente sobre o funeral depois.

Quase um ano depois da cremação, as cinzas de Walt Disney ainda permaneciam insepultas em Forest Lawn, a família resistindo a tomar uma decisão sobre o último local de repouso. Somente depois de Bob Brown, marido de Sharon, ser subitamente derrubado pelo câncer menos de um ano após a morte de Walt, Sharon, decidindo que seu pai e seu marido deviam ser enterrados juntos, tomou medidas para sepultar as cinzas do pai. Ela e Diane escolheram um local discreto, do lado de fora do Mausoléu da Liberdade em Forest Lawn, oferecido como "um memorial sagrado à liberdade que nos foi legada pela coragem, sabedoria e fé de nossos antepassados", situado em um sítio remoto do cemitério de 300 acres, onde seu pai, descansando com Bob Brown, não ficaria sozinho na morte como tão frequentemente esteve em vida.

Uma placa simples e retangular de bronze adorna a parede de tijolos brancos do mausoléu que rodeia um pequeno jardim para marcar o local do enterro de suas cinzas. Traz apenas o nome "Walter Elias Disney". Aqui, protegido por brincos-de-rainha alaranjados e azaleias vermelhas, escondido atrás de uma árvore sagrada e de uma estátua branca da pequena sereia de Hans Christian Andersen que contempla meditativamente água invisível, Walt Disney parece ter cumprido o destino de sua família. Ele escapou. E foi aqui que cumpriu o seu próprio destino também, pelo qual lutou sem descanso e com tanta força durante toda a vida. Ele transpôs as aflições deste mundo. Walt Disney finalmente alcançou a perfeição.

Apêndice

Longas-metragens produzidos por Walt Disney

A = animação
AV = ação ao vivo
C = combinação de animação e ação ao vivo
AVR = aventura da vida real
FVR = fantasia da vida real (documentário em contexto fictício)

1. 1937 *Branca de Neve e os Sete Anões** (A) (*Snow White and the Seven Dwarfs*).
2. 1940 *Pinóquio* (A) (*Pinocchio*).
3. 1940 *Fantasia* (A) (*Fantasia*).
4. 1941 *O dragão relutante* (C) (*The Reluctant Dragon*).
5. 1941 *Dumbo* (A) (*Dumbo*).
6. 1942 *Bambi* (A) (*Bambi*).
7. 1943 *Você já foi à Bahia?* (C) (*Saludos, amigos*).
8. 1942 *Victory Through Air Power* (C).
9. 1945 *Alô, amigos* (C) (*The three caballeros*).
10. 1946 *Música, maestro!* (A) (*Make Mine Music*).
11. 1946 *Canção do Sul* (C) (*Song of the South*).
12. 1947 *Como é bom se divertir* (A) (*Fun and Fancy Tree*).
13. 1948 *Tempo de melodia* (A) (*Melody Time*).
14. 1949 *Meu querido carneirinho* (C) (*So Dear to My Heart*).
15. 1949 *As Aventuras de Ichabod e Sr. Sapo* (A) (*The Adventures of Ichabod and Mr. Toad*).
16. 1950 *Cinderela* (A) (*Cinderella*).
17. 1950 *Treasure Island* (AV).
18. 1951 *Alice no País das Maravilhas* (A) (*Alice In Wonderland*).
19. 1952 *Robin Hood* (AV) (*The Story of Robin Hood and His Merrie Men*).
20. 1953 *Peter Pan* (A) (*Peter Pan*).
21. 1953 *The Sword and the Rose* (AV).

22. 1953 *The Living Desert* (AVR).
23. 1954 *Rob Roy – The Highland Rogue* (AV).
24. 1954 *The Vanishing Prairie* (AVR).
25. 1954 *20.000 léguas submarinas* (AV) (*20.000 Leagues Under the Sea*).
26. 1955 *Davy Crockett, King of the Wild Frontier* (AV).
27. 1955 *A dama e o vagabundo* (A) (*Lady and the Tramp*).
28. 1955 *The African Lion* (AVR).
29. 1955 *The Littlest Outlaw* (AV).
30. 1956 *The Great Locomotive* Chase (AV).
31. 1956 *Davy Crockett and the River Pirates* (AV).
32. 1956 *Secrets of Life* (AVR).
33. 1956 *Westward Ho the Wagons!* (AV).
34. 1957 *Johnny Tremain* (AV).
35. 1957 *Perri* (FVR).
36. 1957 *Old Yeller* (AV).
37. 1957 *The Light In the Forest* (AV).
38. 1957 *White Wilderness* (AVR).
39. 1958 *Tonka* (AV).
40. 1959 *A bela adormecida* (A) (*Sleeping Beauty*).
41. 1959 *Soltando os cachorros* (AV) (*The Shaggy Dog*).
42. 1959 *Darby O'Gill and the Little People* (AV).
43. 1959 *Third Man on the Mountain* (AV).
44. 1960 *O mundo fabuloso do circo* (AV) (*Toby Tyler, or Ten Weeks With a Circus*).
45. 1960 *Kidnapped* (AV).
46. 1960 *Poliana* (AV) (Pollyanna).
47. 1960 *A marca do Zorro* (AV) (*The sign of Zorro*).
48. 1960 *Ten Who Dared* (AV).
49. 1960 *Jungle Cat* (AVR).
50. 1960 *A família Robinson* (AV) (*Swiss Family Robinson*).
51. 1961 *A guerra dos dálmatas* (A) (*One Hundred and One Dalmatians*).
52. 1961 *O fantástico Super-Homem* (AV) (*The Absent-Minded Professor*).
53. 1961 *Operação cupido* (AV) (*The Parent Trap*).
54. 1961 *Nikki, Wild Dog of the North* (FVR).
55. 1961 *Meu leal companheiro* (AV) (*Greyfriars Bobby*).
56. 1961 *Babes in Toyland* (AV).

57. 1962 *Moon Pilot* (AV).
58. 1962 *Bon Voyage* (AV).
59. 1962 *Clifford, o cão gigante* (AV) (*Big Red*).
60. 1962 *Almost Angels* (AV).
61. 1962 *The Legend of Lobo* (FVR).
62. 1962 *As grandes aventuras do Capitão Grant* (AV) (*In Search of the Castaways*).
63. 1963 *Son of Flubber* (AV).
64. 1963 *The Miracle of the White Stallions* (AV).
65. 1963 *Savage Sam* (AV).
66. 1963 *Summer Magic* (AV).
67. 1963 *A incrível jornada* (AV) (*The Incredible Journey*).
68. 1963 *A espada era a lei* (A) (*The Sword in the Stone*).
69. 1963 *As três vidas de Thomasina* (AV) (*The Three Lives of Thomasina*).
70. 1964 *The Misadventures of Merlin Jones* (AV).
71. 1964 *A Tiger Walks* (AV).
72. 1964 *O segredo das esmeraldas* (AV) (*The Moon-Spinners*).
73. 1964 *Mary Poppins* (C) (*Mary Poppins*).
74. 1964 *Emil and the Detectives* (AV).
75. 1965 *Those Calloways* (AV).
76. 1965 *The Monkey's Uncle* (AV).
77. 1965 *That Darn Cat* (AV).
78. 1966 *The Ugly Dachshund* (AV).
79. 1966 *Robinson Crusoé* (AV) (Lt. Robinson Crusoe U.S.N.).
80. 1966 *The Fighting Prince of Donegal* (AV).
81. 1966 *Follow me, Boys!* (AV).
82. 1967 *Monkeys, Go Home* (AV)**.
83. 1967 *The Adventures of Bullwhip Griffin* (AV)**.
84. 1967 *The Happiest Millionaire* (AV)**.
85. 1967 *The Gnome-Mobile* (AV)**.
86. 1967 *Mogli, o menino-lobo* (A) (*The Jungle Book*)**.
87. 1967 *Charlie, The Lonesome Cougar* (AV)**.

---

* Os títulos traduzidos referem-se aos filmes exibidos no Brasil.

** Distribuídos após a morte de Walt Disney

Agradecimentos

Quando alguém trabalha em um projeto tão grande quanto este e pelos muitos anos que me tomou realizá-lo, acumulam-se muitas dívidas ao longo do caminho, mas tenho um grande credor: Howard Green. Entre estudiosos, a companhia Walt Disney ganhou a reputação nada invejável de fortaleza corporativa invulnerável, tão acessível quanto o velho Kremlin soviético. Ninguém ganha acesso completo, avisaram-me numerosos indivíduos que tentaram, a não ser que se esteja servindo aos objetivos da companhia. Essas pessoas não explicaram Howard Green. Howard Green é o vice-presidente de comunicações do estúdio há muito tempo na companhia Disney, embora a fria austeridade desse título seja enganosa. Howard não é nenhum burocrata convencional. Ele é um entusiasta, um historiador, um crítico astuto, um facilitador e um bom e generoso amigo – alguém que se encaixaria bem no velho e informal enclave da Hyperion. Sua amizade foi uma das grandes recompensas ao escrever este livro. Quando encontrei Howard pela primeira vez no estúdio, anos atrás, no início deste projeto, estava preparado para um labirinto de restrições e uma pilha de exigências legais, inclusive o compromisso de falar bem de Walt Disney. Em vez disso, uma única condição: escrever um livro sério. Tentei fazer isso, mas não teria conseguido sem a ajuda de Howard, que abriu os extensos arquivos da Disney para mim e me apresentou aos animadores da Disney, estudiosos da Disney, velhos empregados da Disney e conhecidos de Walt. Devo dizer aqui que, tendo feito tudo isso, Howard não me solicitou que submetesse o manuscrito à aprovação do estúdio, e eu não o fiz. Recebi cooperação. Não procurei nem recebi o imprimátur da companhia.

Outra pessoa que merece elogio especial é Roy E. Disney, filho de Roy O. Disney e sobrinho de Walt Disney. Disseram-me que Roy E. seria útil para facilitar a cooperação do estúdio para este livro. Ao mesmo tempo, ele nunca tentou influenciar o que eu estava escrevendo.

Perdido nos arquivos Disney, onde passaria milhares e milhares de horas abrindo caminho na correspondência de Walt Disney e lendo dezenas de milhares de outros documentos, bem como assistindo aos filmes Disney e ouvindo as gravações Disney, fui ajudado e estimulado por outros três indivíduos extraordinários a quem tenho o privilégio de chamar de amigos. Dave Smith fundou os arquivos em 1971 e os chefia desde então. Na comunidade Disney, Dave é uma lenda – a fonte primária de informação sobre Disney. Ele nunca foi menos que generoso em compartilhar essas informações comigo, em responder todas as perguntas, grandes e pequenas, e em descobrir qualquer material que eu pedisse e até alguns que eu não conhecia o bastante para solicitar. O gerente dos arquivos, Robert Tieman, também é uma autoridade que já publicou sobre Disney. Robert, um autoproclamado rabugento, uma vez ofendeu-se com um artigo que o descrevia como alegre, de modo que ele sem dúvida ficará ofendido por eu dizer o quanto sou grato por sua boa vontade em responder as numerosas perguntas que eu lhe atirava diariamente, suas excursões ao anexo para encontrar material que não estava imediatamente disponível, e – ouso dizer – o bom humor seco com que me tolerou mesmo após anos de aborrecimentos com pedidos de informações sobre Disney. As pilhérias de Robert aliviaram aquelas longas dez horas diárias de trabalho nos arquivos. Não poderia me esquecer de Rebecca Cline, a arquivista assistente. Rebecca não apenas respondia perguntas, como também trazia material, fotocopiava documentos, ajudava na pesquisa de fotos, chegando até a levar-me em uma turnê pelo estúdio, inclusive ao escritório de Walt. Além disso, ouvia pacientemente sempre que eu descobria algo que pensava ser uma pepita dourada de informação e ouvia mais pacientemente ainda enquanto eu descrevia em detalhes alguma nova teoria sobre Walt que estava formulando. A gentileza e a infatigável bonomia de Rebecca me ajudaram tanto quanto as piadas de Robert durante aqueles longos dias sem almoço. Não se poderia desejar companhia melhor ou ser humano mais decente. Além de tudo que fizeram, Dave, Robert e Rebecca leram o manuscrito e fizeram comentários que o tornaram um livro melhor do que teria sido sem a ajuda deles. Devo agradecimentos também a Brian Hoffman, dos arquivos, e Shelly Graham, da Fototeca Disney, que ajudou na pesquisa de fotos e escaneou as imagens, e Margaret Adamic, que providenciou as autorizações legais.

Também recebi estímulo e assistência da comunidade de estudiosos da Disney – que de fato é uma comunidade. Virtualmente todos eles ofereceram-se para ajudar, dando-me as boas-vindas ao grupo, compartilhando entrevistas, documentos, contatos e pontos de vista. Devo agradecimentos a Michael Danley, Katherine e Richard Greene, J.B. Kaufman, Jeff Kurtti, Les Perkins, Alex Rannie, Rick Shale e, acima de tudo, a Paul F. Anderson, o redator e editor do indispensável jornal da Disney Persistence of Vision, que não apenas forneceu material de seus próprios e extensos arquivos e seu ponto de vista informado sobre várias questões, mas também me guiou pessoalmente em uma turnê pela Los Angeles de Walt Disney. Muito me beneficiei com seu conhecimento e seus conselhos.

Em Marceline, Missouri, Kaye Malins me mostrou sua casa, que foi a fazenda de Disney, permitiu que eu passeasse pelo terreno e contou as viagens de Walt ao lugar. Dan Viets, outro estudioso de Disney, não apenas me acompanhou em minha visita a Marceline, mas me levou em uma turnê pelos lugares de Disney em Kansas City, da velha casa na Bellefontaine aos escritórios da Laugh-O-Gram no agora vazio edifício McConahy. Dan até tirou uma grande placa de madeira da porta do McConahy para que pudéssemos entrar, ainda que precariamente, na velha sede de Walt. Bárbara Babbitt, esposa de Art Babbitt, olhou sua coleção de fotos para me fornecer imagens do marido.

Também estou em dívida com muitos funcionários de Disney, membros da família, e conhecidos a quem submeti a longas entrevistas ou que me deram informação. Entre eles, eu destacaria três indivíduos para agradecer em especial: o falecido Harry Tytle, que trabalhou durante mais de trinta anos no estúdio, a maior parte deles em cargo de direção, manteve um registro diário e foi generoso o bastante para me deixar ver; Diane Disney Miller e, novamente, Roy E. Disney.

Não relacionei o número de arquivos e bibliotecas que visitei e com as quais me correspondi, incluindo bibliotecas presidenciais, sociedades históricas locais e até escritórios de igrejas. Listá-los, no mínimo, tomaria várias páginas. A equipe de cada um desses lugares tem a minha mais profunda gratidão. Minha própria biblioteca local, a Amagansett Free Library, na sublime comunidade de Amagansett, Nova York, recebeu dúzias de pedidos de livros com inquebrantável bom ânimo, frequentemente me surpreendendo com a rapidez com que a equipe conseguia localizar até os mais obscuros volumes. Por esses esforços e por nunca se contentar com um não, a bibliotecária Judith Wolfe merece um agradecimento especial.

A dificuldade básica em escrever um livro tão extenso quanto este é financeira. A John Simon Guggenheim Memorial Foundation forneceu uma bolsa que aliviou levemente esse fardo. Sou grato pela honra e pelo estipêndio.

Ao longo dos anos, meus amigos me ouviram falar sobre Walt Disney, gentis demais para manifestar o tédio que devem ter sentido. Robert Solomon me deu orientação; David Suter ofereceu percepções; Elizabeth Bassine leu o manuscrito com olho arguto; Bob Spitz, ele próprio um soberbo biógrafo, se solidarizou comigo, me aconselhou e apoiou; Craig Hoffman me deu um lugar onde ficar na Califórnia, uma família substituta, forte apoio moral; Ann e Ed Dorr foram um segundo lar em minhas muitas visitas a Los Angeles enquanto eu estava completamente absorvido pelos arquivos; Marty Kaplan e meus colegas do Lear Center na University of Southern California me deram apoio intelectual; e Phil Rosenthal e Mônica Horan foram bons amigos durante meus longos dias.

Na Alfred A. Knopf, minha editora, Jon Segal, editor com quem até agora completei três livros, foi um modelo de administração à moda antiga. Ele leu, examinou, estimulou, promoveu e advogou, elogiou o que considerou como pontos fortes do livro e incentivou-me a corrigir suas deficiências. Sua edição melhorou incomensuravelmente a obra. Ele também foi de uma paciência incomum, compreendendo o enorme tempo que se leva para reunir dados, especialmente quando se faz a pesquisa sozinho. Acima de tudo, ele se preocupou com a qualidade do livro e seu destino. Em um mundo de implacabilidade corporativa, não se poderia pedir mais.

Também estou em dívida com a assistente de Jon, Ida Giragossian, que novamente desenvolveu tantas tarefas ingratas, mas necessárias e foi peça chave para fazer o manuscrito entrar em produção; com Gabrielle Brooks, minha agente de relações públicas, que parece gostar genuinamente dos livros que promove, razão pela qual os autores genuinamente a amam; com o incomparável Mel Rosenthal, que examinou atentamente o manuscrito com seu olhar infalível e me envolveu em longos e frutíferos debates sobre estilo e gramática; da mesma forma, Soonyoung Kwon, pelo delicado design do livro; e para com Barbara de Wilde, que desenhou a terceira capa, com sua habitual criatividade e brilho. Finalmente, como a todos na Knopf, sou grato a Sonny Mehta pelos padrões que estabelece e por todo o seu apoio. Todos os que trabalham na Knopf têm algo do senso de missão que os animadores da Disney sentiram nos dias de maior sucesso do estúdio.

Em toda a minha carreira tive apenas uma agente, o que é testemunho de como é maravilhosa e do quanto a adoro pessoalmente. Durante os últimos vinte e cinco anos, Elaine Markson tem sido uma fonte de estímulo, segurança, compreensão e calma. Ela lê acuradamente, defende com ferocidade, intervém de maneira diplomática e apoia com entusiasmo. Não posso imaginar escrever um livro sem ela.

Por mais que este livro tenha sido produto de dúzias, se não centenas, de indivíduos, ele finalmente pertence à minha família, que com frequência teve de sofrer ao longo da pesquisa e da redação e certamente se sacrificou por ele. Espero que achem que valeu a pena, pois a gratidão que posso estender a elas – para a minha mulher, Christina, minhas filhas Laurel e Tänne (a quem este livro é dedicado) e minha mãe – é certamente insuficiente. Eu amo meu trabalho, mas vivo para elas.

Assumo total responsabilidade pelo que aparece nestas páginas, embora, como Walt Disney, tenha tido um exército para me ajudar. Minha esperança mais profunda é ter justificado a fé de todas essas pessoas em mim e neste projeto.

fonte
adobe garamond pro

@novoseculoeditora
nas redes sociais

gruponovoseculo
.com.br